2024 世界交通运输大会（WTC2024）论文集

（水上运输与交叉学科）

世界交通运输大会执委会　编

人民交通出版社
北京

内 容 提 要

本书为2024世界交通运输大会(WTC2024)论文集(水上运输与交叉学科),是由中国公路学会、世界交通运输大会执委会精选的112篇论文汇编而成。此论文集重点收录了水上运输与交叉学科领域的前沿研究及创新成果,可供从事交通运输工程等领域工作的人员参考,也可供高等院校相关师生学习。

图书在版编目(CIP)数据

2024世界交通运输大会(WTC2024)论文集. 水上运输与交叉学科 / 世界交通运输大会执委会编. — 北京 : 人民交通出版社股份有限公司, 2024.6. — ISBN 978-7-114-19575-4

Ⅰ. U-53

中国国家版本馆CIP数据核字第2024FS5193号

2024 Shijie Jiaotong Yunshu Dahui(WTC2024) Lunwenji(Shui Shang Yunshu yu Jiaocha Xueke)

书　　名: **2024世界交通运输大会(WTC2024)论文集**(水上运输与交叉学科)
著 作 者: 世界交通运输大会执委会
责任编辑: 郭晓旭　姚　旭
责任校对: 孙国靖　宋佳时　卢　弦
责任印制: 刘高彤
出版发行: 人民交通出版社
地　　址: (100011)北京市朝阳区安定门外外馆斜街3号
网　　址: http://www.ccpcl.com.cn
销售电话: (010)59757973
总 经 销: 人民交通出版社发行部
经　　销: 各地新华书店
印　　刷: 北京虎彩文化传播有限公司
开　　本: 889×1194　1/16
印　　张: 47
字　　数: 1354千
版　　次: 2024年6月　第1版
印　　次: 2024年6月　第1次印刷
书　　号: ISBN 978-7-114-19575-4
定　　价: 136.00元

目　录

水上运输

交叉学科

水上运输

基于船舶调度对航道通过能力影响的仿真研究

董升平* 王洪標
(武汉理工大学交通与物流工程学院)

摘 要 许多因素都可以影响航道的通过能力,为了具体了解船舶调度计划对其的具体影响和不同调度计划影响之间的差别,本文基于 Anylogic 仿真软件构造仿真优化模型,综合考虑包括航道单双向转换、大型船舶乘潮在内的各种影响,设计并建立协调调度优化模型,分别对进港优先于出港调度策略和分段乘潮进港调度策略的性能进行评估。运行结果表明:分段乘潮进港模型与进港优先于出港模型相比,对航道的通过能力有明显的提高。其中,在单位时间内,大型船舶的通行数量增加了 40.31%,通行的船舶总吨数增加了 24.27%,大型船舶所占的比例增加了 31.25%。对于船舶进出港来说,通过更加合理的调度计划,可以提高航道通过能力并减少所有船舶的总等待时间。

关键词 航道通过能力 船舶调度 船舶吨位 乘潮

0 引言

近年来,中国的航运经济逐年增长,现存的船舶数量迅速增多,船舶吨位也越来越大,港口业务量的迅速增长对港口服务能力提出了很大的挑战。小型船舶占用深水航道和泊位约束等问题都阻碍了港口的进一步发展。在面对现存各种困难和问题时,有不少港口采取了综合协调利用港口资源或者拓宽航道,以减少航道宽度限制等措施。无论是采用双向航道还是复式航道,都对提高航道通过能力有明显的提高,但是随之而来的是管理难度大增并带来一定的安全隐患,对船舶调度优化影响较大。从整体上协调各种资源,进行配合调度,综合考虑各种影响因素,可以提高港口的效率,在保证安全的情况下提高航道通过能力。

关于大型船舶乘潮和船舶调度的研究,黄志扬等[1]考虑了潮汐的影响,提出了如何计算乘潮最佳水位的方法;张宁等[2]的研究了在乘潮窗口期时,船舶进出港的不同方案对乘潮利用率的影响,得出了对乘潮窗口期利用最佳的调度方案;夏军等[3]研究了乘潮历时的影响,将进港时间和安全行驶加入限制条件之中;郑红星等[4]研究了在多港池条件下,如何确立更高效的调度计划,以增加泊位利用率和船舶进出港效率;张新宇等[5]建立了在单线航道的条件下的船舶调度优化的模型,分析了影响船舶进出港效率的因素;Sluiman[6]在双向航道的条件下,将保证船舶安全作为重点约束条件,研究计算出了船舶间的最小安全距离;何春华等[7]研究了不同船舶之间的信息传递对港口通航效率的影响,对可以双向通航的航线进行具体划分,建立模型并设计融合算法进行求解;王亚辉等[8]建立了航道通过能力的计算模型,考虑双向航道的影响,融入大量的船舶通行数据,提出新的可以满足船舶快速通行的调度策略;Liu 等[9]为提高受限航道的通过能力,考虑通航水道条件和船舶类型等因素,构建了受限航道通航能力的动态水域模型;Zhang 等[10]为了提高船舶进出港效率,建立了在单向航道的条件下,考虑泊位资源的综合优化模型;牛猛等[11]研究建立了新的船舶调度策略,考虑的泊位调度和船舶优先级等约束,新的调度策略可以减少船舶的等待时间。

关于航道通航安全和航道影响方面的研究,肖仲明[12]建立了船舶搁浅事故分析模型,并验证了模型的有效性;兰洋[13]针对大型船舶通航安全问题,结合天津港复式航道的实际情况进行研究,提出了相关的应对举措;Zhang[14]提出了新的通航风险评价指标,并建立模型进行验证;黄泰坤等[15]人基于天津港复式航道,建立了航道系统仿真模型,观察实施复式航道前后的变化,探讨了不同影响因素随船流密度变化的趋向;司文静等[16]研究了在可以双向通航的水域中,可以对航道通过能力产生影响的各种因素,综合所有因素建立了高精度的模型,并进行了检验;王更等[17]将可以双向通行的深圳港铜鼓航道作为研究对象,建立了以寻找对航道通过能力有影响的因素为目的的仿真模型。

目前大多数研究集中在如何增加对乘潮窗口期的利用,如何增加船舶进出港效率并减少船舶的等待时间,主要的研究场景是单线航道,对双向航道和复试航道以及船舶速度变化影响的研究较少。在实际情况中,可以对航道通过能力产生影响的因素相对来说比较多,应当要考虑到所有可能的影响因素。目前来看,船舶宽度和船舶吃水不断增大,需要乘潮进港的船舶也在不断增多,船舶调度计划也越来越复杂,航道宽度的约束增大,泊位资源和航行安全亦需要充分考虑。本文针对大型船舶乘潮窗口期不足、等待时间过长和船舶安全等问题,在双向航道的条件下,考虑乘潮时间窗、泊位限制和船舶速度等因素,建立关于船舶调度的协调优化模型,提供合理的船舶进出港调度计划,以提高航道通过能力和航行安全性。

1 问题描述和基本假设

1.1 问题描述

船舶在航行过程中,无论是进港和出港都是不可停止,在整个船舶航行的过程中,许多风险需要使用船舶去解决处理,更重要的是避免一切可以不出现的风险,所以在航行之前,要充分考虑所有可能会引起风险的因素,协调所有等待进出港的船舶和各种约束因素,例如基础设施、航道宽度约束等,保证船舶安全行驶,形成一个高效可行调度方案。泊位是需要进行港口作业的船舶停靠的区域,不同大小的船舶停靠的泊位也是不同的,泊位资源限制也是影响航道通过的重要因素,应进行充分考虑。

本文的调度问题可描述为:已知所有船舶的到岗时间、船舶需要在港口停留并进行港口作业的时间和所有船舶的具体吨位等等,重点考虑双向航道、泊位资源限制和乘潮时间窗等影响因素,构造出全面高效可行的船舶调度计划,确保航行的安全性,以期可以提高航道的通过能力和船舶的进出港效率。

1.2 基本假设

本文的船舶调度模型建立在以下假设基础上:(1)不考虑港口的各种资源的影响,例如港口拖轮数量,已经分配好船舶进行港口作业需要的泊位;(2)船舶的具体到岗时间和预计到岗时间保持一致,需要进出港的船舶已经做好准备,在调度开始时立刻采取相应的行动;(3)潮汐的变化规律为正弦函数状,不考虑其他不规则变化的影响,且已知其具体的时间范围;(4)大船行驶速度较慢,小船行驶速度较快,所有船舶的初始速度均符合三角分布,整个航道都只能尾随,不允许追越;(5)不考虑包括LNG船在内的所有特殊船舶的影响;(6)不考虑极端的气候环境和交通安全事故的影响。

2 模型设计和参数设置

2.1 模型设计

为解决上述问题描述部分的内容,在上述基本假设的基础上,建立充分考虑各种因素的协调调度优化模型,下面对模型的具体设计进行详细的说明。

2.1.1 智能体设计

船舶长度和宽度的设置是智能体设计的重点,据此对船舶设置不同的移动安全区,对在移动安全区内的船舶扫描检验,并进行相应的船舶速度控制。以是否需要乘潮进港将所有的船舶分为大型船舶和小型船舶两类,大型船舶在进出港时需要乘潮而小型船舶不需要乘潮,同时大型船舶在进出港过程中只能单向通行而小型船舶可以双向通行。对船舶从进港到码头装卸货再到出港的一系列连续的行为都进行合适的设置,船舶进出港作业图如图1所示。

2.1.2 流程图设计

模型开始运行时所有船舶均在外围锚地等待,不需要乘潮的小型船舶限制较小,所有航道均可通行;需要乘潮的大型船舶只能走深水航道,并且需要等待乘潮。在设计时模型采用大型船舶优先级高于小型船舶的原则,若不采用此原则,在“先到现行”原则下建立的模型,模型运行时可明显看出大型船舶在泊位等待的时间大幅度增加,在大型船舶越来越多的今天显然不合适,对航道资源也会产生较大的浪费。船舶速度控制的目的是确保航行安全并尽量增加船舶速度，本模型的船舶的速度控制只能根据情况控制后船，当后船速度大于前船速度时，会进行减速控制，以此来保持两船的距离，确保航行安全；若前船速度大于后船速度，为了提高通行效率，需要进行加速控制。

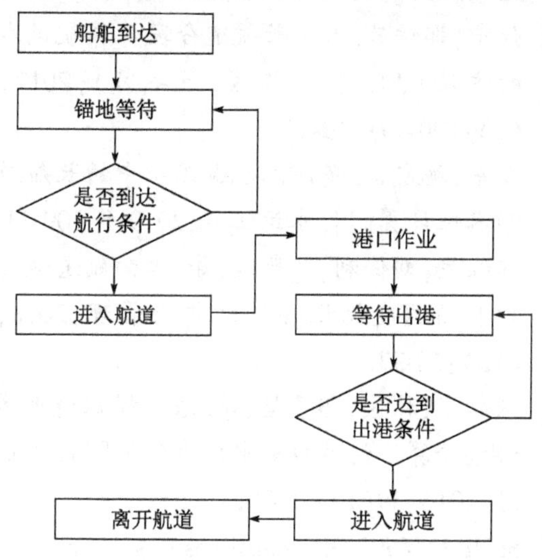

图1　船舶进出港作业图

本文对进港优先于出港和分段乘潮进港两种调度策略分别进行建模，其中在进港优先于出港的调度模式下，对小型船舶的限制较小，而对大型船舶的限制较为明显。发生这种情况是因为，小型船舶可以双向通行，大型船舶不能双向通行，只能在完成港口装卸货作业之后进行等待，等到进港封航之后，才进入下一步的行动，这会造成乘潮窗口期的利用不足。在分段乘潮进港的调度模式下，在乘潮满足大型船舶的通行条件的时间段内，可以让大型船舶分批多次进出港，大幅度减少锚地中的大型船舶的等待时间，减少对大型船舶的限制，增加大型船舶的通过数量和乘潮窗口期的利用效率，从而增加航道的通过能力。

2.2　参数设置

C_1、C_2和 M 三个参数为固定值，在模型运行前已经设置，分别代指不同船舶的载货量和泊位总数。t 是根据模型运行时间确定的，表示从调度开始到结束的模型运行时间。N_{t1}、N_{t2} 和 N_t 三个参数是通过模型运行结果得到的，在模型运行结束之后，用以上三个参数记录模型的结果，三个参数都是记录通行的船舶数量的，分别表示在模型运行时间内通过的大型船舶和小型船舶以及通过的所有船舶。Q 和 T、P_t和 R 四个参数都是得到模型运行结果之后经过计算得到的。T 记录的是模型运行并得到通过的船舶数量后，通过计算得到所有船舶的总吨数，计算方法如下(2)所示；以 1h 为单位时间，Q、R 和 P_t 的结果均表示在单位时间内计算的结果，方便进行对比分析。Q 记录的是该段时间内通过的所有船舶的总吨数，计算方法如式(1)所示；P_t 记录的是该段时间内大型船舶在全部通行船舶中的比例，计算方法如式(4)所示；R 是记录该段时间内大型船舶数量的变量，计算方法如式(5)所示。模型的目标函数为：max[Q]；其中：

$$Q=(N_{t1}\times C_1+N_{t2}\times C_2)/t \tag{1}$$

以下为上述参数的具体运算过程和需要满足的约束条件：

$$T=N_{t1}\times C_1+N_{t2}\times C_2 \tag{2}$$

$$N_t=N_{t1}+N_{t2} \tag{3}$$

$$P_t=N_{t1}/N_t \tag{4}$$

$$R=N_{t1}/t \tag{5}$$

$$N_t\leqslant M \tag{6}$$

3　实验算例分析

3.1　算例介绍

为了检验以上两个船舶调度模型是否能有效提高航道的通过能力，需要对两个模型进行有效性检验。以我国某港口为例，在该港口有三种吨位的船舶，分为 2 万 t、5 万 t 和 10 万 t，下文分别用第一种船舶代指 2 万 t 船舶、第二种船舶代指 5 万 t 船舶和第三种船舶代指 10 万 t 船舶。其中，第二种船舶和第三种船舶进出港需要在乘潮窗口期，只有第一种船舶不受航道水深的限制。根据上文已经提到过的大型船舶和小型船舶的划分原则，第一种船舶属于小型船舶，第二种船舶和第三种船舶属于大型船舶。根据进港船舶先后可到达次序将港口内部的码头记为 n_1、n_2、n_3，其中 n_1 为进港船舶最先可到达的码头，所有码头的泊位都是离散型的。经过 n_1 码头后，航道宽度的约束大大增加，里面的航道第三种船舶无法通行，因此第三种船舶只能在 n_1 码头进行相应的港口作业，另外两种船舶也可以在该码头进行港口作业。由于第三种船舶无法继续通行的原因，n_2 码头仅仅提供第一种船舶和第二种船舶需要的泊位。从 n_2 码头到 n_3 码头这段航道的宽度限制更加明显，只有第一种船舶才可以到达，而且该段航道小型船舶也不能双向通行，所以 n_3 码头仅提供第一种船舶港口作业需要的泊位。关于小型船舶双向通行的约束,除了上文提到的不可双向通行的航道,剩余航道均可双向通行。

3.2 有效性分析

上文已经详细介绍了进港优先于出港和分段乘潮进港的两种不同的调度策略,并且介绍了各种参数以及列举了得到参数后的计算方法,接下来对两种不同的调度模式下建立的模型进行多次运行,得到多组数据并按照上文提到的计算方法进行相应的计算,得出计算结果,再对多组数据计算得到的结果取平均值得到最终结果,最后根据最终结果进行优劣评估。两种调度模型的计算结果对比见表1(计算结果保留三位有效数字)。

两种调度模型的计算结果对比　　表1

调度计划	单位时间通过的船舶总吨数(万t/h)	单位时间通过的大型船舶比例	单位时间内通过的大型船舶数量(艘/h)
分段乘潮进港	42.956	0.231	2.078
先进后出	34.567	0.176	1.481

对结果进行对比分析:分段乘潮进港的模型计算结果相比于传统的进港优先于出港的模型计算结果具有相当明显的优势。在一段时间内,已经在码头完成货物装卸的船舶的总吨数增加了24.27%。成功进出港的大型船舶的数量和比例有更加明显的增幅,在单位时间内,这两个指标分别增加了40.31%和31.25%。

4 结语

为了对影响航道通过能力的因素进行协调优化,将两种调度模式进行对比分析,希望可以提高航道的通过能力。研究结果表明,与进港优先于出港的调度模式相比,在分段乘潮进港调度模式下的结果具有更佳的性能,提高了航道的通过能力。但是由于模型在建立时,没有考虑船舶数量的限制,也就是说大型船舶数量与实际相比偏高,这会导致模型结果与实际增幅相比偏高,但在大型船舶数量快速增加的现在来说,本研究可为船舶调度协调优化提供一定的借鉴。本文的两种模型都建立在上文的基本假设之上,是比较理想化的,没有考虑其他的影响因素,例如交通事故、极端天气条件和船舶故障等等。接下来的研究可将这些不确定因素纳入约束条件之中,充分考虑到所有的不确定因素,分析得到更佳船舶调度策略。

参考文献

[1] 黄志扬,徐元.长航道乘潮水位计算新方法研究及应用[J].海洋工程,2017,35(3):83-88.

[2] 张宁,邵铁政.人工长航道分段计算航道水深的方法[J].中国水运(下半月),2017,17(7):190-191,194.

[3] 夏军,施友仁.黄浦江航道维护中的长航道乘潮水位计算[J].水运工程,2019,5:109-113.

[4] 郑红星,刘保利,邓春远,等.单向航道散货港口船舶调度优化[J].运筹与管理,2018,27(12):28-37.

[5] 张新宇,林俊,郭子坚,等.基于模拟退火多种群遗传算法的港口船舶调度优化[J].中国航海,2016,39(1):26-30.

[6] SLUIMAN F I D. Transit vessel scheduling[J]. Naval Research Logistics (NRL), 2017, 64(3):1.

[7] 何春华.大数据分析下双向通航港口船舶自适应调度算法[J].舰船科学技术,2018,40(10):43-45.

[8] 王亚辉,刘亚清.大数据分析下双向通航港口船只调度方法[J].舰船科学技术,2020,42(2):205-207.

[9] LIU J X, ZHOU F, LI Z Z, et al. Dynamic Vessel Domain Models for Capacity Analysis of Restricted Water Channels [J]. Journal of Navigation, 2015, 69(3):481-503.

[10] ZHANG X, LIN J, GUO Z, et al. Vessel transportation scheduling optimization based on channel-berth coordination [J]. Ocean Engineering,2016,112:1.

[11] 牛猛.考虑使用优先权的泊位分配和船舶调度集成优化[D].大连:大连海事大学,2021.

[12] 肖仲明,王新建,章文俊.基于贝叶斯网络模型的船舶搁浅事故分析[J].安全与环境学报,2017,17(2):418-421.

[13] 兰洋.天津港复式航道超大型船舶航行安全问题及应对措施[J].港口经济,2015,5:55-57.

[14] ZHANG S H, JING Z, LI W D, et al. Navigation risk assessment method based on flow conditions: A case study of the river reach between the Three Gorges Dam and the Gezhouba Dam [J]. Ocean Engineering, 2019, 175: 71-79.

[15] 黄泰坤,王元战,李绍武,等.海港复式航道通过能力动态系统仿真[J].大连海事大学学报,2015,41(1):20-26.

[16] 司文静,江福才,刘钊,等.考虑多因素的沿海双向航道通过能力计算模型构建[J].船海工程,2021,50(4):131-136.

[17] 王更,许才广.基于Flexsim的深圳港铜鼓航道通过能力仿真研究[J].水运工程,2019,9:181-185+195.

基于生态位理论的环渤海港口群研究

詹　斌　刘韦喆*　陈宇峰　董辰煜

(武汉理工大学交通与物流工程学院)

摘　要　本文针对当前环渤海港口群存在的机制瓶颈、行政壁垒以及港口货源竞争激烈的问题,根据群落生态学理论,建立生态位指标体系测度环渤海各港口生态位大小,并结合货种运输专业化程度计算结果对环渤海港口群进行层级划分;最后,基于以上结论,提出环渤海港口群发展优化策略,促进环渤海港口群实现一体化发展。

关键词　竞合关系　生态位理论　种群生态学　环渤海港口群

0　引言

近年来,我国多个省(区、市)加快了港口整合速度,全国港口"整合潮"在近年集中爆发,各港口由城市港口、省(区、市)港口向港口群转变。环渤海港口群在规模和发展定位方面呈现出多样性。然而,当前环渤海港口群仍然存在腹地交叉重合、港口无序竞争、存在行政壁垒等问题,影响了港口运行效率和整体效益,一体化格局尚未形成。

当前,环渤海港口群经过各省(区、市)的整合已经形成四大港口集团:辽宁港口集团、河北港口集团、天津港集团以及山东省港口集团。环渤海港口群的经济腹地遍布我国的北方地区,物流服务范围广。港口腹地包括北京、天津、辽宁、山东、河北、山西、黑龙江等地。沿海港口货类主要分为煤炭及其制品、石油、天然气及其制品、金属矿石、集装箱、粮食六类。

对环渤海港口群发展情况的研究发现,环渤海地区主要沿海港口依托政策环境,发挥区位优势,得到快速的发展,但同时存在着以下问题。(1)缺乏合理规划,腹地相近,货类重合。港口集团间腹地重叠度较高,货源争夺严重。(2)过于重视竞争、忽视港口效益。环渤海地区各港口普遍存在片面追求吞吐量,而忽视港口运营效率,为了扩大港口规模,争取货源,不惜低价竞争,牺牲利润。针对上述问题,采用群落生态学内的生态位理论,基于环渤海港口群的发展阶段、竞争优势以及货物运输的专业性,对其进行了层次化的分类。

1　港口生态位理论及计算

生态位理论可以分析物种之间的竞合关系,探究多维因子对不同物种的影响作用,有助于更好地找到其适宜的发展环境。当前生态位理论已经运用于多类型研究,例如企业发展[1]、旅游竞争力[2]等方面。本文在借鉴前人研究成果的基础上,将生态位理论引入港口研究。

基于生态学理论,同时参照其他学者[3-5]对港口生态位的研究,港口生态位可定义为:在一定的区域内,港口通过与周边环境及同一港口群内其他成员的互动作用,依据其所处的环境条件,确立的相对地位、功能角色以及相互之间的联系。

在特定的时间周期内,港口生态位的"态"是指港口在所在区域内,于社会、经济、技术等多个维度下所展现出的综合运输生产状态,例如港口的吞吐量,态值反映了港口在过去某一时期内的发展水平;"势"是指在动态变化的环境中,港口在运输生产过程中表现出的变化趋势和增长潜力,势值体现了港口的增长潜力。综合生态位值是"态"与"势"的有机结合,综合生态位值越趋近于1,说明该港口在港口群中的相对地位越高,其竞争力也越强;反之,若综合生态位值越接近0,则表明该港口在港口群中的相对地位较低,竞争力相对较弱[6]。

1.1 港口生态位的基本属性

(1)港口生态位宽度。

港口生态位宽度是衡量其资源利用能力的指标,通过计算港口的资金、科技、设施等多个维度实现量化。生态位宽度反映了港口在资源利用方面的广度与深度,它体现了港口在各类资源获取与配置上的能力。

当前,港口生态位宽度的计算公式主要用Levins的Shannon-Wiener指数公式。

$$B_k = -\sum_{i=1}^{r}(P_{ki}\ln P_{ki}) \tag{1}$$

式中:B_k——港口k的生态位宽度;

P_{ki}——港口k对资源i的利用比例,$P_{ki}=N_{ki}/\sum_{i=1}^{r}N_{ki}$,其中$N_{ki}$表示港口的生态位。

多维生态位宽度计算公式为:

$$N_{ik} = \frac{S_i + A_iP_i}{\sum_{j=1}^{R}(S_j + A_jP_j)} \tag{2}$$

式中:R——指标数量;

S_i——港口i的态;

P_i——港口i的势;

S_j、P_j——港口j的态和势;

A_i、A_j——量纲转换系数;

$S_j+A_jP_j$——构成港口j的绝对生态位。

(2)港口综合生态位。

当生态位由多个指标构成时,港口的综合生态位为:

$$S_k = \sum_{i=1}^{r}N_{ik}/r \tag{3}$$

式中:S_k——港口k的综合生态位;

r——所涉及指标的总数。

港口生态位测度指标体系的构建,其设计需科学合理,以确保对港口生态位的准确度量。在体系构建过程中,遵循科学性、系统性、可操作性、可比性原则。基于上述原则,最终得到港口生态位评价指标体系见表1。

评价指标体系　表1

目标层	因子层	指标层
港口生态位	港口基础设施	生产用码头长度(m)
		生产性泊位数(个)
		万吨级泊位数(个)
	港口吞吐能力	货物吞吐量(万t)
		集装箱吞吐量(万TEU)
		外贸货物吞吐量(万t)
	港口经济支撑	地区生产总值(亿元)
		进出口贸易总额(亿美元)
		第三产业增加值(亿元)
	港口智慧程度	研发人员占比(%)
		研发资金投入(%)

本文通过查阅《中国港口年鉴》以及各地方统计年鉴,并结合相关网站的数据资源,根据前文所设定的指标,系统地搜集了环渤海港口群内共计12个港口从2017年至2021年的各项关键指标数据。

在数据分析和处理中,量纲的差异经常会导致计算结果的偏差或误解。为了保证计算结果的准确性和客观性,需要对原始数据进行标准化处理,以消除不同量纲的影响。本文采用线性变换

法对数据进行无量纲化处理,使各项数据的取值范围归一化到0~1之间。其标准化公式如下:

$$X_{ij}^{1}=\frac{x_{ij}-x_{j\min}}{x_{j\max}-x_{j\min}} \quad (4)$$

式中:X_{ij}^{1}——标准化后的数据;

$x_{j\min}$——所有港口中第 j 个指标数据的最小值;

$x_{j\max}$——所有港口中第 j 个指标数据的最大值。

1.2 港口生态位计算

(1)多维度生态位宽度。

根据式(1),结合环渤海港口群12个港口2017—2021年的指标数据,计算环渤海港口群内各港口的生态位宽度。

(2)多维度综合生态位宽度见表2。

港口多维度综合生态位宽度 表2

港口	多维度综合生态位宽度	排名
天津港	0.06719	1
青岛港	0.059812	2
唐山港	0.027327	3
烟台港	0.025776	4
大连港	0.024827	5
日照港	0.017295	6
营口港	0.001183	7
秦皇岛港	0.000819	8
黄骅港	0.000773	9
威海港	0.000639	10
锦州港	0.000618	11
丹东港	0.000116	12

通过对港口综合生态位宽度值及其各维度排名的分析可以看出,天津港在各项维度上均展现出显著的优势,在环渤海港口群中,其综合生态位宽度高居榜首,且与其他港口相比存在明显的领先优势。这说明在环渤海港口群中,天津港对各类资源综合应用能力出色。同时,青岛港虽然在基础设施因子方面排名低于天津港,但在经济环境、智慧创新等多个维度均表现出色,其综合生态位排名第二。这表明青岛港具备强大的运营实力、坚实的腹地支撑以及较高的智慧化水平,有待进一步改进和完善基础设施。相较之下,丹东港在综合排名中处于末位,反映出其在基础设施、腹地支撑以及智慧化建设等方面与环渤海港口群内其他港口相比存在明显的不足。因此,丹东港亟须加大基础设施建设力度,加快经济腹地支撑、智慧化建设进程,以提升其整体竞争力。

(3)综合生态位。

本文将2021年港口各项指标的具体数值视作"态"的数据值,2019—2021年间的年平均增量作为衡量"势"的数据值。在进行量纲转换时,我们采用 A_i 和 A_j 作为量纲转换系数,选取的时间截面为一年,量纲转换系数为1,$S_i+A_iP_i$ 和 $S_j+A_jP_j$ 可以看作港口 i 和港口 j 的绝对生态位。

根据式(2)和式(3)计算得出港口的综合生态位大小,结果见表3。

环渤海各港口生态位大小 表3

项目	综合生态位	排名
青岛港	0.5962	1
天津港	0.5766	2
唐山港	0.5151	3
大连港	0.2989	4
日照港	0.2365	5
烟台港	0.2179	6
营口港	0.1763	7
威海港	0.0924	8
黄骅港	0.0774	9
秦皇岛港	0.0723	10
丹东港	0.0538	11
锦州港	0.0524	12

青岛港、天津港的综合生态位表现最为突出,超过了0.5,显著高于其他港口,且各维度指数比较均衡,说明无论是资源储备、市场条件还是技术水平都达到了较高的水平,这两个港口是港口群中最发达、相对地位最高、港口资源利用最充分的。

1.3 货种运输专业化程度

在经济学研究中,常使用显示性比较优势指数(Revealed Comparative Advantage Index,RCA)来

反映某一国家产业贸易的比较优势。近年来,有学者将其应用于分析单个港口的货种服务集中化程度,计算结果可用于表示港口对某一货类提供的运输服务是否高于区域平均水平。

RCA 指数的计算公式如下:

$$\mathrm{RCA}_{ij}=\frac{X_{ij}/\sum_{i=1}^{m}X_{ij}}{\sum_{j=1}^{m}X_{ij}/\sum_{j=1}^{n}\sum_{i=1}^{m}X_{ij}} \tag{5}$$

式中:RCA_{ij}——i 港口对 j 货种的运输专业化程度;

X_{ij}——i 港口对 j 货种的吞吐量;

$\sum_{j=1}^{m}X_{ij}$——i 港口的总吞吐量;

$\sum_{i=1}^{m}X_{ij}$——区域内所有港口 j 货种的吞吐量;

$\sum_{i=1}^{m}\sum_{j=1}^{m}X_{ij}$——区域内所有港口的总吞吐量。

从图 1 可以看出,不同港口对于环渤海六大货物的运输专业化程度各有不同。秦皇岛港、丹东港、黄骅港对于煤炭货类的专业化程度较高;大连港、天津港对于石油、天然气及其制品货类的专业化程度较高;天津港、青岛港、营口港对于集装箱货类的专业化程度较高;丹东港、营口港对于金属矿石货类的专业化程度较高;秦皇岛港、唐山港、威海港、黄骅港、丹东港对于钢铁货类的专业化程度较高;威海港、秦皇岛港对粮食货类的专业化程度较高。

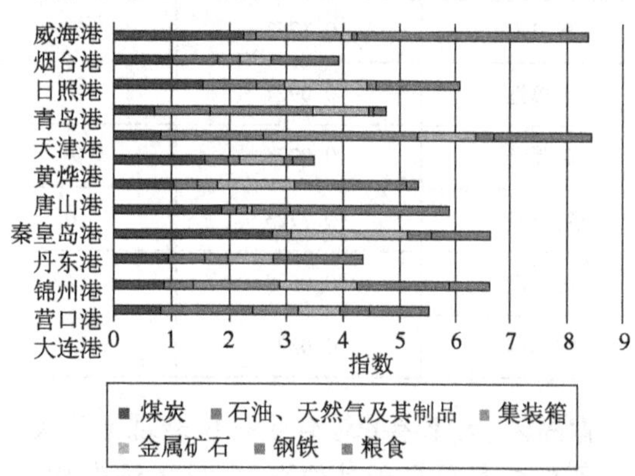

图 1 环渤海港口各货类显示性比较优势指数

2 港口层级划分

港口的生态位特征与其竞争能力和发展水平息息相关,是评估港口综合实力的关键指标。同时,货种运输专业化程度作为衡量港口货种专一化程度的重要指标,也直接反映了港口在特定货种运输领域的专业优势和市场定位。在此基础上,本文综合考虑港口在生态位宽度、综合生态位以及货种运输专业化指数三个方面的数据,可以全面而深入地揭示港口的竞争力和发展潜力。生态位宽度反映了港口在资源利用方面的广度与深度,它体现了港口在各类资源获取与配置上的能力。综合生态位则是对港口整体实力的综合考量,能够全面反映港口的综合竞争实力。而货种运输专业化指数则是对港口在特定货种运输领域的专业化程度进行量化评估,它能够帮助我们了解港口在特定领域的优势和特色。

通过运用 SPSS 软件,本文采用层次聚类分析的方法,对环渤海港口群内的 12 个港口进行了详细的层级划分。通过参考生态学中群落成员类型的分类方法,从而确保层级的划分更加科学和准确。经过分析,环渤海港口群被划分为四个层级,具体结果见表 4。

港口多维度综合生态位宽度 表 4

层级	港口
优势型	天津港、青岛港
亚优势型	大连港、唐山港
伴生型	威海港、营口港、秦皇岛港、日照港
偶见型	锦州港、丹东港、黄烨港、烟台港

3 结语

本文对环渤海港口群的 12 个港口进行分析,通过生态位宽度、综合生态位以及货种运输专业化指数对港口进行层级划分,有效评估了各港口的定位,为指定科学的优化策略提供了依据。对于环渤海港口群的一体化发展,得出更为详细的结论并作如下展望。

(1)在不同货类下的优化策略。

对环渤海港口群主营煤炭、石油、天然气及其制品、集装箱、金属矿石、钢铁以及粮食六大货类进行分析,并以环渤海港口群的港口为对象进行分析。

对处于竞争优势下的港口,集中自身优势,加大对货种的资源投入,提升该货种竞争力,如在煤炭及其制品货类下,秦皇岛港、丹东港、黄骅港作为所处竞合处境最佳的港口,结合分货种各港口吞吐量情况可知,在该货种下,处于优势地位的港口应该主动把握目前有利的竞合处境,集中挖掘自身的运输优势,提高运输水平。

作为竞合处境一般且运输能力不突出的港口集团,需调整自身发展定位,挖掘自身在其他货种的运输优势,加大优势货种的资源投入,提高整体竞争力,同时减少对货种的资源投入,在该货种运输中成为辅助型港口集团,达成互利共赢。例如对于天津港,其在煤炭货种下处于竞合处境一般的地位,应该减少对煤炭货种的投入,加大对处于优势货种石油及其制品以及集装箱两个货种的投入。

(2)不同层级港口间的优化策略。

建立港口集团间合作平台,降低港口集团间合作成本,可以正向引导港口集团竞合系统,最终选择完全合作策略,避免任意两大港口集团间竞合关系演化为完全竞争,形成无序竞争,造成资源浪费。经过分析,当前环渤海港口群仍然存在一定行政壁垒,成为制约港口群发展的重要因素,阻碍了信息流通和资源共享。所以尽快推进合作联盟平台的建立,使港口集团在业务运输过程中形成数字化网络,降低谈判、协商等的沟通成本,通过共享资源和信息,提高整体运营效率,从而可达到降低合作成本的目标。

优化集疏运体系,完善港口群协同运作网络。一方面要为港口发展提供强有力的交通支持,方便货物及时进离港;另一方面,也要加强港口群经济往来,通过便利的交通,让相邻港口之间的联系更加紧密,方便实现基础设施等资源共享,促进港口间更为深入的联系与合作。建立高效的物流服务体系,通过发展现代物流、加强丝绸之路伙伴关系等方式,优化港口群的集疏运体系,达到提升港口竞争能力、促进港口集团化发展的目的。

强化信息共享和数据整合。应着力推进信息共享和数据整合,打通各港口集团间的信息壁垒。信息共享和数据整合是实现港口间协同合作的基础。打通信息渠道,港口集团间可以加强沟通协作,实现业务流程的无缝对接,提高操作效率和服务质量,优化港口布局,实现错位发展和功能互补,形成合力,从而提升区域港口的整体竞争力。信息共享和数据整合是推动区域港口一体化发展的必由之路。通过打通信息壁垒、优化业务流程、提升服务质量,为智慧港口建设奠定基础,港口集团可以实现互利共赢、协同发展,为区域经济社会发展提供有力支撑。

参考文献

[1] 申远,陈牡丹,申俊龙."双循环"背景下我国"一带一路"企业供应链合作生态系统研究[J].河海大学学报(哲学社会科学版),2021,23(2):54-61,107.

[2] 李维航,张高军,陈森,等.粤港澳大湾区旅游竞争力与城市化的耦合协调度及其对地方经济的影响[J].自然资源学报,2022,37(3):701-717.

[3] 王慧,胡志华,刘婵娟."一带一路"倡议下港口生态位的建模与比较——以上海港和新加坡港为例[J].中国航海,2020,43(1):128-133,138.

[4] 刘芷毓.基于生态位理论的长三角邮轮港口竞合研究[J].中国水运(下半月),2021,21(5):16-17,26.

[5] 韩兵,张鹏飞,匡海波,等.基于生态位选择的港口企业价值链分工策略[J].系统工程理论与实践,2018,38(4):1024-1034.

[6] 阳盈.基于生态学理论的长三角港口群竞合关系研究[D].武汉:武汉理工大学,2021.

工程伦理视域下港口生产安全分析

景　徽*

(上海海事大学交通运输学院)

摘　要　本文以天津港危险化学品爆炸事故作为切入点,采用工程伦理分析方法,深入探讨了涉及交通工程领域的港口事故中的伦理问题。通过文献分析、分析工程伦理,以及对于事故具体分析,揭示了事故背后的伦理挑战与责任。总结出企业管理、政府监管和工程决策中存在的伦理问题,并提出了相关的管理启示。本研究不仅为工程伦理提供了实践性框架,也为类似事故下的管理决策提供了有益的经验教训,具有广泛的应用价值。

关键词 天津港 工程伦理 决策 管理

0 引言

90%的国际贸易依赖海运完成运输,因此港口也就成为一个国家重要的基础设施。随着全球化的加速和工业生产规模的不断扩大,使中国港口跻身世界一流港口行列。随着我国港口规模日益扩大,装卸、储存、运输过程、设施的技术以及复杂性不断提高,危险品数量和种类的不断增加,这些都给港口安全管理带来了巨大的挑战。安全生产的重要性愈发凸显。目前,大多数学者从港口生产技术方面分析事故,本文深入探讨天津港爆炸事故中涉及的工程伦理问题,并针对这些问题提出了相应的改善建议为类似情境下的工业安全和危险品管理提供经验教训和伦理指导。通过对该事故的伦理分析,我们有望推动相关领域的规范和管理的进步,以确保工业活动更加安全、可持续,并在伦理层面上尽责。

在分析该事故的同时本文将围绕以下问题进行研究:

(1)在天津港爆炸事故中,企业在危险品仓储和管理中是否充分履行了伦理责任?是否充分考虑了社会和环境的安全?

(2)政府在事故前实施的预防和监管机制是否存在漏洞,未能有效预防和管理类似灾难?

(3)在整个事故过程中,企业、政府和社会各利益相关者之间的权益应该如何平衡?

本文通过深入分析该事故涉及的企业管理、政府监管和工程设计等方面的伦理问题,能够认识到工业领域中存在的复杂伦理挑战。不仅有助于揭示工业实践中可能存在的伦理困境,也为未来类似情况下的决策提供了启示。并能够指导企业更加符合伦理原则地制定决策,促进伦理教育的开展,推动法规和标准的不断完善,同时引起社会对企业和政府伦理责任的更深层次关注,为建立可持续的工业伦理框架做出贡献。

1 文献综述

本文主要从交通工程范围内的工程伦理分析和港口生产安全事故分析两大类相关研究进行总结和综述。

1.1 工程伦理分析

工程伦理涉及工程师在职业实践中应遵循的道德原则和行为规范,以确保工程活动对社会、环境和经济的影响最小化,并最大限度地保障公众的安全和福祉。随着技术的不断创新和发展,自动驾驶技术的发展带来了隐私保护、道德困境等新的伦理挑战。Chiara(2021)等[1]对于自动驾驶系统在出现不可避免的碰撞情况下应该如何表现这一问题进行实际事故研究,并且研究结果表示当下的道德判断占上风。Jason(2017)等[2]认为目前关于自动驾驶汽车的文献倾向于关注与单个车辆相关的伦理复杂性,因此Jason等[2]将自动驾驶汽车的伦理、法律和政策审议纳入更深层的系统层面分析。通过不同交通场景的对比得出对自动驾驶汽车的伦理分析需要包括对这些汽车之间及其所嵌入的更广泛的社会技术系统之间相互作用的系统性分析。Sarah(2016)等[3]使用一套伦理框架将模型预测控制问题的设计决策映射到哲学原则。通过在简单驾驶场景的测试车辆上实施替代设计选择的实验,证明了道德原则与实际车辆行为之间的紧密联系。Alexander(2014)等[4]和Mark(2016)等[5]都提出了如何完全自动驾驶的汽车在道路上行驶,由谁来承担事故的责任。Alexander(2014)等[4]提出从道德角度看,自动驾驶汽车事故责任有两种考虑:干预义务和严格责任。干预义务认为驾驶人应有机会预防事故,但随技术发展,此模式可能不再适用。严格责任则主张用户应为损害承担一定责任,通过征税或保险实现。同时,考虑到自动驾驶的潜在好处,可限制制造商责任,但故意投放缺陷产品仍应担责。事故责任不仅关乎道德,也是推动技术发展的重要激励。Mark(2016)等[5]通过现象学分析用户在使用自动驾驶汽车时的体验变化。指出,自动驾驶汽车从多个方面威胁着责任的行使和归属,包括机器代替人类行为以及用户与环境之间关系的变化。因此,关于自动驾驶汽车的伦理和责任讨论不应仅局限于一般责任或汽车的智能和自主性问题,还应考虑用户体验的转变和新技术如何重塑用户的主体性。此外,还强调了认知和社会关系问题在自动驾驶汽车情境下对责任实现的重要性,并提出了对非自动化交通中责任理解的不同方式。呼吁关注自动化机器用户的道德体验及其相关方面,并考虑文化差异对责任理解的影响,以更全面地讨论自动化技术发展的伦理和文化维度。和鸿鹏(2017)[6]等提出当无人驾驶汽车面临无法避免的碰撞时,会陷入伦理困境,如著名的电车难题和隧道难题。早期无人驾驶伦理研究偏理想化,但现实更复杂。解决困境需考虑两点:一是明确现实责任,制造商应为事故负责,但也要避免过度负担;驾驶人因"道德运气"产生的责任不可控,应考虑共同承担。二是寻求共识,不同主体有不同伦理取向,可通过契约主义平衡利益、达成共识。

尽管交通工程中的伦理问题日益受到关注,但相关研究仍然相对零散,缺乏系统性和整合性的理论框架。大多数研究采用了定性分析方法,依赖于主观判断和理论推导,而缺乏基于大数据和实证研究的量化分析。难以为实际交通工程实践提供有力的伦理指导。在自动驾驶汽车等新兴技术领域的伦理挑战方面,在道德责任归属方面,现有研究尚未形成明确的责任划分标准,导致在实际案例中责任判定存在困难。因此未来的交通工程伦理分析研究应该构建一个更加系统、全面的交通工程伦理理论框架,以整合现有研究成果,并为后续研究提供坚实的理论基础;在方法论上,应加强基于大数据和实证研究的量化分析方法的应用,通过收集和分析实际交通工程数据,揭示伦理问题与现实情境之间的内在联系,为制定更加科学、合理的伦理规范提供有力支持。

1.2 港口事故分析

陈于铨等(2022)、杨宝贵等(1999)、于庆增等(2020)、雷孝平等(1998)、Jomon 等(2016)[9-13]都围绕港口危险品爆炸事故进行分析。杨宝贵等(1999)[10]对我国天津港口接收粮食主要品种伴生粉尘的爆炸性进行了测试和分析,在此基础上对卷口散粒系统主要设备发生粉尘爆炸的危险性进行了分析,并提出避免点火源,避免可爆粉尘混合,建筑防护措施,输送机上使用轴承的温度应加以控制等措施。于庆增等(2020)[11]以黎巴嫩贝鲁特港口区爆炸事故作为切入点,以引发该事件的硝酸铵作为调查对象,总结经验教训。并从开展安全专项整治、科学规划布局、建立危化品一体化安全管理体系、加强基础设施建设、打造智能化管控新模式、精准化的构建双重预防体系、做好应急管理等 7 个方面加强港口危化品安全管理提出对策。雷孝平等(1998)[12]综合国内外有代表性港口化学品事故应急准备的实践,对于应急反应组织规模的确定,应急反应计划,技术措施及装备提出相应对策。Jomon 等(2016)[13]分析了 2002—2012 年美国主要港口中工会成员资格和港口效率对船舶事故数量及经济损失的影响。结果表明,工会成员率和港口效率与事故数量正相关,但与经济损失负相关。这可能与合同工增加和港口管理层与工会的紧张关系有关。研究还发现其他港口特征也与事故相关。这些发现对改进港口规划和管理交通风险有重要意义。未来研究将扩展至其他地区港口,并考虑更多因素如技术投资和事故类型。图 1 反映了所搜集港口事故数据基本构成情况共 205 例,尤其近几年(2015—2022 年)所搜集发生的事故 140 例,占所收集事故的 68%。

因此在研究内容上,需要更加注重对港口事故深层次原因的挖掘和分析。可以采用系统工程的思维和方法,将港口事故看作一个复杂的系统问题,从人、机、环、管等多个方面进行全面分析和研究。在应用实践上,可以与港口企业和管理部门建立紧密的合作关系,共同开展事故预防和安全管理工作,针对具体港口的实际情况和特点,制定更加针对性和实效性的预防措施和管理策略。

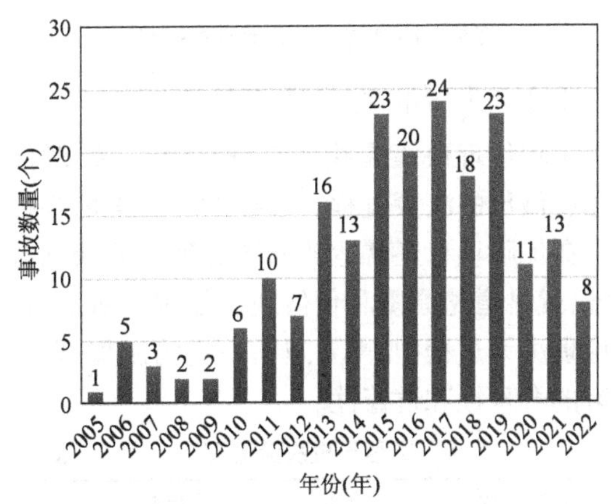

图 1 近年来港口安全事故发生统计

2 工程伦理分析

2.1 工程伦理的评价

长期以来对工程的评价侧重于绩效评价,而伦理考量则是工程遭到指责后的事后反思,这使得工程师致力于人类健康、安全和福祉的努力时常被公众质疑。Meyer Howalxt Abrams 提出:“任何艺术品的构成都涵盖四个核心要素:即创作出的作品本身、创作作品的艺术家、展示作品的环境以及欣赏作品的观赏者。”图2借鉴艾布拉姆斯的艺术四要素理论,与文学相似,一个完整的工程系统可以被视为一个“技术王国”,由四要素组成:人工物、工程师、用户和境域。本文将借鉴该理论对天津港爆炸事故中各部门人员及境遇进行责任伦理、德性伦理、公正和透明分析。从伦理角度审视一项工程时,我们必须深入考虑其不仅仅是局限于人工物的存在。这种考量既要详尽地探究人工物内部的构造与特性,又要全面地探究它与其他关键元素之间的相互关系与影响。通过这种方式,我们可以更加全面和深入地理解工程在伦理层面的意义和价值。从工程四要素的视角考虑工程伦理问题,不仅不会阻碍工程技术的进步,而且可以提供必要的价值判断和工程伦理准则,认识到工程判断本身的局限性,并进一步走向工程决策的适宜模式。

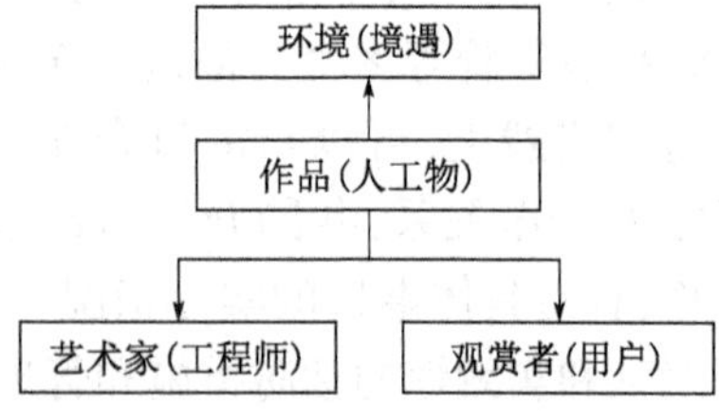

图2　艾布拉姆斯的艺术四要素理论

2.2　工程伦理决策流程

工程伦理决策是指在工程项目中,针对伦理问题所做出的决策过程。工程伦理决策的终极目标是在保障项目正常运转的同时保护公众利益和环境,遵循道德原则和价值观。如表1所示,在工程伦理决策过程中,需要遵循一定的流程,以确保决策的合理性和道德性。

工程伦理决策流程　表1

伦理问题	相关背景
问题识别	问题识别是工程伦理决策流程的第一步,通过对项目的分析和评估,确定可能存在的伦理问题和冲突。这些问题通常涉及公众安全、环境保护、职业道德等方面
信息收集	信息收集是决策过程中十分关键的一步,涉及对相关事实、数据和专家意见的收集和分析。在这一步中,需要全面深入地了解问题的背景和相关因素,以便为后续的决策提供可靠依据
伦理原则应用	在信息收集的基础上,需要从伦理的角度出发,运用伦理原则来评估和分析所面临的问题。常用的伦理原则包括公正、责任、诚实、尊重等,利用这些原则来判断和解决问题
伦理决策	在伦理原则的指导下,进行伦理决策,确定最优解决方案。这个过程需要综合考虑诸多因素,包括项目的技术可行性、经济可行性、社会影响等
实施和评估	决策的实施和评估是决策流程中的最后一步,它将决策转化为具体的行动,并对其进行跟踪和评估。如果发现决策结果与伦理预期不符,需要及时调整并采取相应的纠正措施

此外,在工程伦理决策过程中,我们还需关注多方面关键因素。表2中这些关键因素共同确保工程伦理决策的科学性、合法性、公正性和可持续性。

工程伦理决策关键因素　表2

伦理决策过程的关键因素	相关重要依据
伦理教育和培训	工程专业人员应该接受相关的伦理教育和培训,增强他们的伦理意识和决策能力。只有具备了正确的伦理观念和知识背景,才能做出负责任的决策
法律法规和规范性文件	工程项目需要遵循的法律法规和规范性文件也是决策的重要依据。在决策过程中,必须要考虑和遵守相关的法律和规定,确保决策的合法性和合规性

续上表

伦理决策过程的关键因素	相关重要依据
利益相关方的意见和影响	工程项目通常会涉及多个利益相关方，他们的意见和影响对决策的结果有着重要的影响。在决策过程中，需要广泛征求并充分考虑各方的意见和需求，确保决策的公正性和可持续性
可行性和风险评估	工程伦理决策不仅要关注伦理原则的遵循，还需要考虑项目的可行性和潜在风险。在决策过程中，必须要进行全面的可行性和风险评估，确保决策的科学性和可靠性

3 天津港爆炸事故的案例分析

3.1 事故概述

2015年8月12日晚，一场惨烈的火灾爆炸事故在天津市滨海新区瑞海公司的危险品仓库中突然爆发。据专业评估，这次事故中释放的能量惊人，相当于450tTNT炸药的威力。此次灾难造成了极其严重的后果，令人痛心的是，共有165人在这场事故中不幸丧生，其中包括24名参与救援的公安现役消防人员、75名天津港消防人员以及11名公安民警。此外，还有55名来自事故企业、周边企业的员工和居民遇难。同时，在失踪的8人里，5名为天津消防人员，3名为周边企业员工或消防人员家属。事故还造成了58人重伤，740人轻伤。此外，事故还导致304幢建筑物、12428辆商品汽车以及7533个集装箱受到不同程度的损坏。为了更直观，图3清晰地展现事故的发生和发展，关键事件和时间节点采用了关键事件和时间线。图4为事故损坏现场。

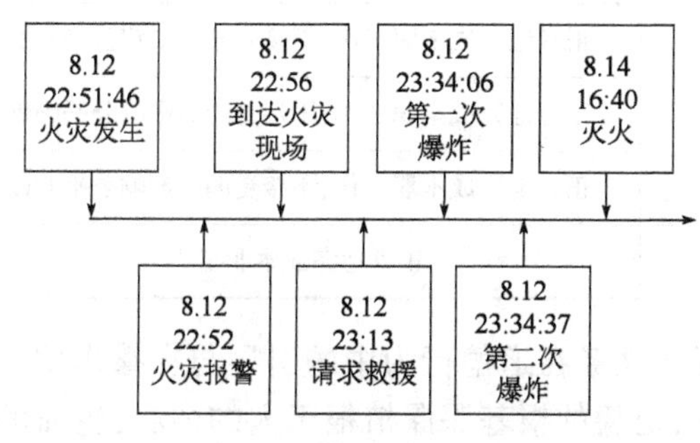

图3 事故发生时间线

图4 事故损坏现场

此次事故案件在天津第二中级人民法院及滨海新区的九家基层法院得到了公开审理，一审宣判已顺利完成。通过严谨公正的司法程序，共有49名被告人受到了法律的制裁，他们被依法判处了从死缓至一年六个月不等的有期徒刑，体现了法律的公正与威严。瑞海公司董事长于学伟因多项罪名被法院审理后决定数罪并罚，涉及非法储存危险品、非法经营、危险物品肇事及行贿等罪行，最终被判死刑，缓期二年执行，并需缴纳七十万元罚金。此外，瑞海公司的副董事长董社轩和总经理只峰等5人亦因非法储存危险物质、非法经营及危险物品肇事等罪被定罪，分别受到从无期徒刑至十五年有期徒刑不等的严厉刑罚。同时，中滨安评公司因提供虚假证明文件被罚款二十五万元，公司董事长、总经理赵伯扬等11名直接责任人亦受到法律制裁，被判四年至一年六个月不等的有期徒刑。另外，天津交通运输委员会主任武岱等25名国家机关工作人员因玩忽职守或滥用职权行为，亦被分别判处三年至七年不等的有期徒刑，以示惩戒。

3.2 事故特点

从天津港爆炸事故中可以看到，企业为了追求利益，不惜通过行贿等非法手段来逃避监管和检查。这种行贿行为不仅严重破坏了市场的公平竞争，还导致了一些本应该被严格监管和检查的企业和项目得以逃脱，从而增加了事故的风险和可能性，更是对法律和监管的公然挑战。违背了工程伦理中强调的公正、透明和诚信的原则，严重损害了公众的利益和社会的稳定。事故对环境和公众健康造成的严重影响也是工程伦理缺失的体现,工程伦理要求我们在进行工程活动时,必须充分考虑环境保护和公众福祉。然而,这起事故却对环境造成了严重污染,对当地居民的生活和健康造成了影响。这不仅损害了公众的利益,也对生态环境造成了长期损害。最后,这起事故也凸显出我国工程伦理教育的严重缺失。企业和从业人员缺乏必要的工程伦理意识和素养,无法正确处理和应对工程实践中的伦理问题,最终引发了事故。

3.3　责任伦理分析

责任伦理作为工程伦理的精髓,其核心聚焦于主体及其行为的价值取向。它强调主体应具备强烈的责任意识,对自身的行为进行正确的价值评判,并勇于承担相应的责任。在企业层面,责任伦理倡导责任主体应具备一种积极主动的责任意识,这种意识应具备预防性和前瞻性,而非仅局限于被动应对的层面。通过前瞻性地预见和预防潜在风险,责任主体能够更好地履行其职责,确保工程活动的顺利进行,并有效避免潜在问题的发生。

此次事故的突出问题如下。(1)瑞海公司的违法经营是事故的主要责任。非法经营和储存危险品违反了天津滨海新区城市总体规划和详细规划。未经批准擅自经营,建立仓库存放危险品,大大超过了危险物品的储存标准。事故发生当天,非法储存的硝酸铵多达 800t。此外,由于缺乏安全教育和培训,许多工人没有获得资格证书或接受过安全培训,他们被分配到没有证件的岗位。公司的安全管理混乱,造成了许多长期存在的安全隐患。(2)有关部门存在执法、监管不力等问题。这些部门没有执行适用的法律法规,甚至批准了非法许可证。日常监管缺失,监管职责不严格履行。一些负责的官员收受贿赂,滥用职权。此外,事故还造成中部地区严重的空气、土壤和水污染;污染大大超过标准值。表 3 详细揭露了瑞海公司危险品仓库建设中的一系列工程伦理问题。在面对各种压力和诱惑时,相关参与人员未能坚守责任、忠实和公正等核心工程伦理原则,这严重破坏了社会的公平正义和市场的正常秩序。更令人担忧的是,他们缺乏安全风险意识,隐瞒和欺诈,置公众的生命财产安全于不顾。这些问题充分暴露了瑞海公司在危险品仓库建设过程中的伦理缺失,需要引起我们深刻的反思和警惕。

事故主要参与方的责任伦理问题　　表 3

事故参与方	存在的伦理问题	违反的伦理规定
瑞海国际物流有限公司董事长	行贿;非法存储、经营危险物品	不贿赂,以防影响公平判断;考虑民众利益
瑞海国际物流有限公司副董事长、总经理	非法存储、经营危险物品	考虑民众利益
天津市化工设计院	违反规划设计,事故发生后.违规修改图纸	正直地完成本职工作
天津市交通运输委员会负责人	滥用职权;玩忽职守	正直地完成本职工作
天津港公安局局长	受贿;玩忽职守	正直地完成本职工作;不接受贿赂影响公平判断
滨海新区规划局审批处长	受贿;玩忽职守	正直地完成本职工作;不接受贿赂影响公平判断
天津安监局副局长	玩忽职守	正直地完成本职工作;不接受贿赂影响公平判断
危化品经营资质主管部门领导	受贿;滥用职权	正直地完成本职工作;不接受贿赂影响公平判断
天津海关某副关长	受贿;玩忽职守	正直地完成本职工作;不接受贿赂影响公平判断
中滨安评公司相关直接责任人	提供虚假证明文件	正直地完成本职工作

3.4　德性伦理分析

德性伦理着重强调人的内在善良本质,以及责任与义务在道德行为中的引导与支撑作用。它坚信,道德的根基深深植根于人的内心,生命的存在始终以追求善良为指引。若德性伦理丧失,那么人的天性中的善良成分以及对于责任与义务的认知将会逐渐淡化,从而对公民的合法权益造成侵害。瑞海国际物流通过符合伦理的介入手段,在天津港站稳了脚跟并逐渐发展。然而忽略了德性伦理的重要性,最终,天津港发生了严重的爆炸事故,其根源在于瑞海国际物流在经营危险化学品时,显然违背了德性伦理的核心原则。由于危险品仓储业务带来了可观的利润,其仓储费用远高于普通货物,因此,众多物流企业竞相角逐,争夺危险品经营资质,这也间接导致了事故风险的加剧。这也是该企业决定涉足危险品,特别是危险化学品的经营领域的原因。但在建设危化品仓库的过程中,瑞海国际物流却违反了相关规定,将仓库选址在距离交通干线和居民区仅600m的地方。远低于规定的安全距离。此外,他们还涉嫌伪造关于建造危险化学品储存设施的民意调查。这些行为都显示出瑞海国际物流在追求利益的过程中,严重忽视了德性伦理的重要性。瑞海国际物流在试经营危化品资格到期后,未经授权的情况下,仍持续经营危化品长达8个月。直至2015年6月,他们才正式获得了相关的经营许可证。此外,他们在危化品的堆放上也存在违规情况,瑞海国际物流公司的货场内非法储存了大量的危险品,总量高达3000t。其中,氰化钠的储存量达到700t,硝酸铵的储存量为800t,此外还包括二氯甲烷、四氯化钛等其他危险品。这些行为不仅违反了相关法规和标准,也严重损害了社会公共利益和公共安全。

3.5 公正和透明

工程伦理强调公正和透明的价值观,这在港口安全生产中显得尤为重要。它要求相关方面及时公开关键信息,接受公众的监督,确保决策和管理的公正性。

以天津港爆炸事故为例,事故一经曝光,公众方才惊觉瑞海公司所设立的危险品仓库与周边居民楼的距离仅为600m。这一数据,显然未达到我国《危险化学品安全管理条例》所明文规定的1000m安全距离标准,这不禁引发了公众对危险品管理安全性的深深忧虑。这一事实揭示了项目在安全评价和环境评价方面可能存在的问题,此外,该事故不仅造成了巨大的损失,更引发了公众对多个参与方的广泛质疑与不信任。公众开始怀疑项目的建设单位是否严格遵守了安全规范,设计单位是否充分考虑了潜在风险,安全评价机构和环境评价机构是否真实、公正地履行了职责,以及政府的审批监管部门是否严格把关,确保了项目的安全可控。这种普遍的怀疑和不信任,对各方声誉和公众信任度造成了严重影响。这种不信任不仅影响了社会的和谐与稳定,也对未来的工程建设和安全管理带来了极大的挑战。

4 结语

港口作为全球贸易和物流的重要节点,其安全生产对于维护经济秩序、保障人民生命财产安全具有举足轻重的作用。而在这其中,工程伦理的渗透与应用,为港口安全生产提供了深层次的指导和保障。第一,港口建设和运营的所有参与方,包括企业、政府、设计单位、施工单位等,都需要深刻理解并践行工程伦理原则,将安全、环保、公众利益放在首位。通过培训和教育,提高所有参与人员的工程伦理素养,确保他们在工作中始终坚守伦理底线。第二,修订和完善港口安全生产相关的法规和标准,确保其与当前的技术水平和实际需求相匹配。加强法规的执行力度,确保所有港口建设和运营活动都严格遵循相关法规和标准。第三,设立专门的港口安全生产监管机构,负责全面监督和管理港口的安全生产工作。强化对港口建设和运营过程的监管,确保所有安全规定和标准得到严格执行。第四,定期对港口进行全面的安全生产风险评估,识别潜在的安全隐患。根据风险评估结果,制定针对性的防控措施,确保隐患得到及时整改。第五,建立完善的港口应急救援体系,包括应急预案、救援队伍、救援设备等。定期组织应急演练,提高应急救援的响应速度和处置能力。第六,港口安全生产事故的发生,不仅揭示了工程师所面临的伦理困境,还凸显了公众信任的缺失以及工程伦理教育的匮乏。为解决这些问题,政府、高校、企业和新闻媒体等各方需要密切协作,共同探索并推进多种形式的工程伦理教育,以提高工程师的伦理素养和公众的信任度,从而有效应对当前的工程伦理困境。通过加强工程伦理教育,我们可以增强工程师的伦理意识,提高公众对工程的信任度,从而推动工程行业的可持续发展。

参考文献

[1] LUCIFORA C, et al. Moral reasoning and automatic risk reaction during driving [J]. Cognition, Technology & Work (2021): 1-9.

[2] BORENSTEIN J, JOSEPH R H, KEITH W M. Self-driving cars and engineering ethics: The need for a system level analysis [J]. Science and engineering ethics,2019,25:383-398.

[3] THORNTON S M, et al. Incorporating ethical considerations into automated vehicle control[J]. IEEE Transactions on Intelligent Transportation Systems,2016, 18(6):1429-1439.

[4] HEVELKE A N. Responsibility for crashes of autonomous vehicles: An ethical analysis[J]. Science and engineering ethics, 2015, 21: 619-630.

[5] COECKELBERGH M. Responsibility and the moral phenomenology of using self-driving cars [J]. Applied Artificial Intelligence, 2016, 30 (8): 748-757.

[6] 和鸿鹏. 无人驾驶汽车的伦理困境、成因及对策分析[J]. 自然辩证法研究,2017,33(11): 58-62.

[7] 周斌,梁刚,赵益栋. 我国沿海港口船舶溢油事故分析及对策研究[J]. 海洋技术,2009,28 (3):87-90.

[8] 周公佑,徐磊,李为阳. 沿海港口船舶溢油事故分析及对策研究[J]. 科技创新导报,2018, 15(6):76-77.

[9] 陈于铨. 港口危险品爆炸事故的分析[J]. 港口科技动态,2000(2):25-26.

[10] 何毅,王文辉,闫浩文,等. 贝鲁特港口大爆炸 InSAR 形变追溯与建筑受损评估[J]. 海洋测绘,2020,40(6):53-56.

[11] 斯. 阿丹特,法兰克. 赫尔特,李刚,等. 港口散粮设备粉尘爆炸危险性分析及其防护[J]. 中国粉体技术,1999,5(2):29-32.

[12] 雷孝平. 港口化学品事故应急准备要点分析[J]. 大连海事大学学报, 1998, 24 (1): 72-74.

[13] PAUL J A, LEO M. An empirical analysis of US vessel-related port accidents (2002-2012): Impact of union membership and port efficiency on accident incidence and economic damage[J]. Maritime Economics & Logistics, 2017,19: 723-748.

[14] 世界第一大危化品爆炸事故——美国得克萨斯城港口大爆炸[J]. 安全生产与监督, 2015,8:42-43.

[15] ZHAO B. Facts and lessons related to the explosion accident in Tianjin Port, China[J]. Natural Hazards, 2016, 84: 707-713.

[16] ZHANG Y, GUO W, SUN C, et al. Systems-based Analysis on the China-Tianjin Port Fire and Explosion [J]. Ekoloji Dergisi, 2019 (107):1.

[17] FU G, WANG J, YAN M. Anatomy of Tianjin Port fire and explosion: Process and causes [J]. Process Safety Progress, 2016, 35(3): 216-220.

[18] ZHOU L, FU G, XUE Y. Human and organizational factors in Chinese hazardous chemical accidents: A case study of the '8.12' Tianjin Port fire and explosion using the HFACS-HC [J]. International journal of occupational safety and ergonomics, 2018, 24 (3): 329-340.

[19] AITAO Z, LINGPENG F. A new insight into the accident investigation: A case study of Tianjin Port fire and explosion in China[J]. Process safety progress, 2017, 36(4): 362-367.

[20] 张学艳. 责任伦理视域下企业安全管理的实现路径探析——以天津港爆炸事件为例[J]. 领导科学,2016(6Z):44-46.

[21] 张龙辉. 中国类利益集团规制场域核心转移:由伦理介入到契约治理——基于天津港爆炸事件的分析[J]. 云南行政学院学报, 2016,18(3):63-71.

[22] 王超,张成良,刘磊,等. 天津港"8·12"特大火灾爆炸事故的工程伦理教育缺位探析[J]. 中国水运:下半月, 2018, 18 (12): 26-27.

[23] 曾令義. 政府危机管理问题及对策——基于天津港爆炸事故的分析[J]. 人民论坛:中旬

刊,2015,12:59-61.

[24] 于庆增,张恒洋,陈帅.从黎巴嫩贝鲁特港口区重大爆炸事故论港口危化品安全管理[J].港口科技,2020(11):4-714.

[25] HAGHIGHATTALAB S, CHEN A, FAN Y, et al. Engineering ethics within accident analysis models [J]. Accident Analysis & Prevention, 2019, 129: 119-125.

[26] 林广利,李英超,曲丽洁.港口安全事故应急处理能力评价研究[J].安全与环境工程,2019,26(5):156-160.

[27] 张泽方,詹水芬,姚玉良,等.基于统计分析的港口安全事故研究[J].水道港口,2020,41(4):505-510.

[28] 王超,李克钢,张成良,等.从工程伦理的角度谈港口安全生产事故的伦理困境及教育出路[J].中国水运(下半月),2019,1:11-12.

航道维护水深提高带来的经济效益测算方法

程子垚　陈沿伊*

(武汉理工大学交通与物流工程学院)

摘　要　为了量化中洪水期(5—9 月)航道维护水深提高带来的经济效益,采用有无对比法对航道维护水深提高带来的经济效益进行测算。本文在计算时综合考虑了航运经济效益和港口经济效益,航运经济效益包括船舶实载率提高的效益,货运量增加的效益以及转移货运量的效益;港口经济效益则是诱增吞吐量带来的效益。以长江中游宜昌至武汉段 2022 年中洪水期航道维护水深提高为例,计算得出航道维护水深提高后,航运经济效益为 2.19 亿元,港口经济效益为 1.10 亿元,验证了测算方法的可行性。

关键词　航道维护　航运经济效益　港口经济效益　有无对比法

0　引言

航道、船舶、港口、货物是港航运输系统的四大要素。航道维护水深提高的目的是改善航道通航条件,保障必要的通航尺度,一方面有利于船舶大型化,提高船舶实载率,增加货运量,降低货物运输成本;另一方面,也有助于提高港口装卸效率,带来港口吞吐量的增长。故经济效益主要包括航运经济效益和港口经济效益。

目前,在航道整治工程中虽然有对效益测算的研究,但多数是在工程的社会效益中提及并做简单的定性分析。张雨等人[1]以江阴港为例分析了航道整治建设带来的直接经济效益,但忽视了转移及诱增货运量带来的效益。马轶玮等人[2]分析了工程的经济、社会、宏观、环境效益,但其并未对节约的物流成本进行详细分析。龚正[3]采用有无对比方法,初步测算了汉江兴隆至蔡甸段Ⅱ级航道整治工程产生的直接经济效益,但其对运输成本的节约直接进行取值不具有较强的可靠性。李文杰等人[4]从航道开发、经济效益及生态压力等方面对长江上游航道生态可持续发展进行了评价,但其并未对如何测算效益做出解释。冯丛林[5]分析了开发利用长江支汊航道在扩大长江干线通过能力,提高航运效益等方面产生的影响。但其分析模型为简单的线性模型,并不适应多数工程项目。

近年来,国内外学者多采用有无对比法从船舶大型化、转移货运量等方面入手,对航道产生的直接经济效益的分析大多侧重工程产生的航运经济效益,却忽略了港口经济效益。而且研究多针对航道整治工程,对中洪水期航道维护水深提高带来的效益研究较为少见。

本文提出的效益测算模型用于研究 2022 年宜武段中洪水期航道维护水深提高对实载率、增加货运量及转移货运量的影响及其产生的效益,是在已有研究的基础上提出的一种适用性更强的测算方法。

1 经济效益识别与分析

1.1 航运经济效益识别与分析

航道维护水深提高带来的航运经济效益由三个方面构成:①船舶实载率提高带来的运费节约效益;②货运量增加带来的效益;③转移货运量带来的效益。

(1)船舶实载率提高效益。

实载率是指实际装载货物的重量与船舶总载重量之比,是衡量船舶货物装载效率的指标。航道维护水深提高后,船舶实载率会有一定提高,运输效率也相应提高,货物单位运输成本会随之越低。

(2)货运量增加的效益。

航道维护水深提高后,宜武段航道运输条件得到了有效的改善,船舶吃水增加将带来货运量的增加。根据长江干线货物周转净效益,即可得到货运量增加带来的效益。

(3)转移货运量效益。

航道维护水深提高后运输条件的改善使船舶运输成本降低,有利于提高水路竞争力,因而吸引部分陆路运输向水路转移,产生了替代陆路运输费用节约的效益。

1.2 港口经济效益识别与分析

航道维护水深提高后,航道条件得到改善,单船运输成本得以降低,水运商品货物运输成本降低,商品辐射半径扩大,该部分通过水运新增的运量带给港口的装卸增量即为港口诱增的吞吐量,由单位吞吐量净效益与诱增吞吐量可得港口经济效益。

2 经济效益测算模型构建

2.1 航运经济效益测算模型构建

2.1.1 船舶实载率提高的效益测算模型构建

本模型的核心是采用有无对比法,通过计算得到航道维护前后各船型的实载率,然后利用必要运费率测算平台,测算出各航线上航道维护前后船舶必要运费率的变化,差值即为必要运费率的节约值。必要运费率的节约值乘以该航线的货运量即为船舶实载率提高带来的效益。

不同船型对于航道水深变化的适应程度不同。在两种不同的水深条件下,不同船舶的实载率有三种变化模式,船舶实载率与水深变化的数学模型如下:

$$
\begin{cases}
T+\Delta h \leqslant H_2, \begin{cases}\varepsilon_1 = 100\% \\ \varepsilon_2 = 100\%\end{cases}; \\
H_2 < T+\Delta h \leqslant H_1, \begin{cases}\varepsilon_1 = 100\% \\ \varepsilon_2 = a(H_2-\Delta h)-b\end{cases}; \\
T+\Delta h > H_1, \begin{cases}\varepsilon_1 = a(H_1-\Delta h)-b \\ \varepsilon_2 = a(H_2-\Delta h)-b\end{cases}; \\
a = \dfrac{W_0+W}{WT}、b = \dfrac{W_0}{W}, a、b \text{ 为常数。}
\end{cases}
$$

式中:T——船舶的设计吃水(m);

Δh——某航道等级下的富裕水深,本文取0.5m;

H_1、H_2——航道维护前后航道水深(m);

ε_1——H_1 条件下的船舶实载率;

ε_2——H_2 条件下的船舶实载率;

W——船舶设计最大载货量;

W_0——船舶自重。

船舶实载率提高所带来的运输经济成本节约的测算模型为:

$$\mathrm{TC}_i^k = \sum Q_i^k (P_{2i}^k - P_{1i}^k)$$

$$P_i^k = \sum p_{ij}^k \times X_{ij}$$

式中:TC_i^k——k 航线必要运费率节约值;

i——分别对应散货船、集装箱船两种船型;

P_{1i}^k、P_{2i}^k——航道维护前后各船型必要运费率,(元/t);

Q_i^k——航线各船型货物运输量(t);

P_i^k——航线上各船型的必要运费率;

p_{ij}^k——各船型不同吨位船舶的必要运费率;

X_{ij}——各船型不同吨位船舶通过该航段的比例。

2.1.2 货运量增加的效益测算模型构建

货运量增加的效益只考虑相对于航道维护前,通过该航道的船舶增加的货运量,使得沿江港口通过更多货运量的运输带来的经济效益,该部分货运量是由于水位的增加带来的。测算模型为:

$$\Delta b = 100 \cdot TPC \cdot (T_a - T_0)$$

$$TPC = \rho \cdot A_W / 100$$

式中：Δb——货运量增加值(t)；

TPC——船舶单位吃水载重吨(t/cm)；

T_a——该船舶“有项目”时实际吃水量；

T_0——该船舶“无项目”时的吃水量。

ρ——水的密度，江水取1；

A_W——水线面面积。

货运量增加带来的效益测算模型为：

各货类水上单位周转量净效益·货运量增加量·平均运距

2.1.3 转移货运量的效益测算模型构建

现有航道维护尺度得以提高，在提高航道通过能力的同时较大的降低了船舶运输成本，从而提高水路竞争力并吸引原本选择其他方式运输的货物改走水路运输，其测算模型为：

$$TC_p = Q \cdot p \cdot \Delta C \cdot AD$$

式中：Q——宜武段中洪水期货运量(万t)；

p——陆转水比例(%)；

ΔC——水运与陆运成本差值，元/(t·km)；

AD——水路平均运距(km)。

2.2 港口经济效益测算模型构建

由1.2的分析可知，港口经济效益是由港口诱增吞吐量带来的，测算模型为：

港口经济效益 = $\Delta b \cdot d \cdot$ 单位吞吐量净效益

d为1t水路货运量拉动的港口吞吐量。

3 案例分析

3.1 宜武段航道维护基本情况

长江中游宜昌至武汉（宜昌中水门至武汉长江大桥）河段全长627km，自2022年5月1日起长江航道局试行全面提升宜昌至武汉河段中洪水期航道维护水深，长江中游航道区段标准进一步得到统一。宜昌至武汉6月至8月的航道维护水深实现5.0m贯通，5月、9月实现4.5m贯通，能够有效打通中游梗阻，协调上下游航道。

以2021年中洪水期的到港数据为基准，对航道维护水深提高后的效益进行测算。为了方便读者理解，将航道维护水深提高前即2021年中洪水期简称为试运行前，2022年中洪水期简称试运行后。

3.2 航道维护水深提高后的经济效益测算

3.2.1 航运经济效益

(1)实载率提高效益。

2022年宜武段中洪水期航道维护水深虽然有所提高，但由于到港船舶艘次增加，且出现了较为罕见的汛期返枯现象，实际上实载率提升并不明显，因此本文计算采用的实载率是通过测算模型测算获得的。根据上文的测算模型和公式，首先要计算各船型的必要运费率。以干散货船为例，试运行前后宜武段干散货船船型比例及实载率见表1。

干散货船船型比例及实载率 表1

吨级(t)			<3000	5000	7000	10000
船型比例(%)			29.44	31.68	31.70	7.18
实载率	5月	试运行前	1.00	0.83	0.73	0.51
		试运行后	1.00	1.00	0.86	0.62
	6月	试运行前	1.00	1.00	0.86	0.62
		试运行后	1.00	1.00	1.00	0.72
	7月	试运行前	1.00	1.00	0.86	0.62
		试运行后	1.00	1.00	1.00	0.72
	8月	试运行前	1.00	1.00	0.86	0.62
		试运行后	1.00	1.00	1.00	0.72
	9月	试运行前	1.00	0.83	0.73	0.51
		试运行后	1.00	1.00	0.86	0.62

根据测算，试运行前后主要航线干散货船的必要运费率见表2。

主要航线干散货船必要运费率对比 表2

船舶吨级(t)	重庆—南通		宜昌—南通		荆州—南通	
	试运行前	试运行后	试运行前	试运行后	试运行前	试运行后
5000	49.32	46.28	69.59	65.1	48.89	45.83
7000	56.25	48.70	77.07	66.46	55.80	48.27
10000	70.43	60.26	95.02	81.01	70	59.82

由于3000吨级以下的船型试运行前后都可以满载通过,必要运费率不变,因此只考虑5000吨级以上船型的必要运费率的节约值,根据公式 $P_i^k = \sum p_{ij}^k \times X_{ij}$ 可以得出试运行前后重庆-南通航线干散货船型的必要运费率为:$p_{12}^2 = 38.5$ 元/t;$p'^2_{12} = 34.4$ 元/t。

因此干散货重庆-南通航线必要运费率的节约为 $p' = 4.1$ 元/t。

同理可得其他航线的必要运费率节约值,乘以该航线货运量可得试运行后中洪水期干散货船舶实载率提高效益,见表3。

干散货船舶实载率提高效益(万元) 表3

航线	5月	6月	7月	8月	9月	合计
重庆—南通	1018	1528	1891	1673	1164	7274
宜昌—南通	395	592	733	649	451	2820
荆州—南通	581	871	1078	954	664	4148
总计	14242					

用同样的方法可以得到中洪水期宜武段实载率提升效益,总计约1.5亿元,具体见表4。

试运行后船舶实载率提高效益(万元) 表4

货类	5月	6月	7月	8月	9月	合计
干散货	1994	2991	3703	3275	2279	14242
集装箱	106	159	197	174	121	758
总计	15000					

(2)货运量增加的效益。

首先将船舶数据代入公式 $TPC = \rho \cdot A_W / 100$,得到各船型TPC见表5。

各船型 TPC 表5

吨级(t)	船长(m)	船宽(m)	A_W	TPC
5000	86	18	1238	12.38
7000	99	20	1584	15.84
10000	110	21	1848	18.48

宜武段航道维护水深的提高相应的会引起货运量的增加。以干散货为例,试运行后各吨级的吃水变化及艘次变化情况见表6,按照相关公式及数据,计算各船型增加的运量。

宜武段干散货吃水及艘次变化情况 表6

船舶吨级(t)	吃水差(m)	Δb	艘次	增加货运量(万t)
5000	0.19	206	3175	65.37
7000	0.36	499	3171	158.22
10000	0.24	388	2681	104.04
合计(万t)	327.63			

依据同样的方法可以得出，集装箱和其他货类增加的货运量分别为 4.93 万 t 和 28.43 万 t。参考长江干线相关报告，每万吨公里周转量可产生净效益：干散货 193.17 元，集装箱 590.15 元，其他货类 216.28 元。平均运距取宜武段河道长度 627km。

根据上述数据可以对试运行后的效益进行测算，货运量增加带来的效益见表 7。

货运量增加效益(万元) 表 7

货类	5 月	6 月	7 月	8 月	9 月	合计
干散货	913	794	675	1030	556	3968
集装箱	42	36	31	47	26	182
其他	89	77	66	100	54	386
总计	4536					

(3)转移货运量的效益。

2022 年宜武段中洪水期货运量为 1.27 亿 t，根据货物流量流向及区域经济分析，由陆路运输转移到水路运输的货运量(按 1% 计算)为 0.0127 亿 t。

根据相关资料测算，长江中下游水路单位运输成本相较陆路节约为 0.03 元/(t·km)，平均运距按 627km 测算，每吨运费率节约为 18.8 元/t，由此可得 2022 年宜武段转移货运量带来的效益为 2388 万元。

3.2.2 港口经济效益测算

d 为 1t 水运货运量拉动的港口吞吐量，根据 2018—2022 年全国的水运量与港口吞吐量关系，得出 d 为 1.9，见表 8。

历年全国水运货运量与港口吞吐量(万 t) 表 8

年份(年)	水运货运量	港口货物吞吐量
2022	855352	1568453
2021	824000	1554534
2020	761630	1454991
2019	747225	1395083
2018	702684	1334499

宜武段诱增的吞吐量按 3.2.1.2 中的货运量增加值 · d 计算。2022 年沿江港口每吨吞吐量净效益取值参考长江干线相关报告考虑通货膨胀进行计算。虽然 2022 年 8 月、9 月份的航道维护水深未有变化，但以后在运行过程中如果能够不受极端水位的影响，8 月、9 月份能够按要求对航道进行维护，相应的也能够带来效益，各货类诱增吞吐量及其效益见表 9。

诱增吞吐量及其效益 表 9

货类	诱增货运量(万 t)	诱增吞吐量(万 t)	单位吞吐量净效益(元/t)	诱增吞吐量效益(万元)
干散货	327.63	622.50	15.74	9798
集装箱	4.93	9.37	22.22	208
其他	28.43	54.02	18.03	974
总计(万元)	10980			

4 结语

本文首先分析了航道维护水深提高带来的航运经济效益和港口经济效益，随后对效益进行测算。在计算航运经济效益时，从实载率入手，每种主要货类选出三条主要航线，算出各航线运费的节约值，从而得出各货类实载率提高的效益；然后计算货运量的增加值，借鉴长江干线相关报告的取值，考虑通货膨胀对各货类每万 t·km 单位周转净效益进行计算，得出货运量增加带来的效益；最后根据货运增加量推算转移货运量，得出水路运输较其他运输方式的节约费用。港口经济效益则是通过货运量的增加带动了港口的诱增吞吐量带来的,该部分吞吐量与单位吞吐量净效益的乘积即为带来的港口经济效益。

模型构建完成后,本文以宜武段中洪水期航道维护水深提高为例,计算得到了航道维护水深提高后带来的经济效益。通过计算结果可以得出结论,宜武段航道维护水深提高能够带来极大的航运经济效益和港口经济效益,对社会的发展有着极大的影响。

本文构建的模型提供了量化航道维护水深提高后的效益测算方法,全面且贴合实际,而且模型中涉及的参数比较容易获得,可操作性更强。但本文也存在一些不足,2022年8月、9月份宜武段航道维护水深并未提高,相应的实载率也没有明显提高,为了量化试运行后后中洪水期的效益,本文在计算运费节约值时用到的实载率数据是使用实载率模型计算的,所以本文测算的效益是理论效益。若想知道试运行后带来的实际效益,可以对收集到的数据进行处理,得到中洪水期的实载率,然后通过上述模型进行补充测算。

参考文献

[1] 张雨,王强. 以江阴港为例浅谈南京以下深水航道整治直接经济效益[J]. 中国水运,2021,8:58-60.

[2] 马轶玮,刘翰卿,朱苏辉,等. 长江南京以下12.5 m深水航道二期工程初步效益分析[J]. 水运工程,2019,7:9-12.

[3] 龚正. 汉江兴隆至蔡甸段Ⅱ级航道整治工程效益分析[J]. 中国水运,2023,12:99-101.

[4] 李文杰,唐伯明,杨胜发,等. 长江上游黄金航道生态可持续发展评价[J]. 重庆交通大学学报(自然科学版),2021,40(10):7-13.

[5] 冯丛林,李赟,许乐华,等. 开发利用长江干线支汊航道经济社会效益分析[J]. 中国水运.航道科技,2016,5:42-45.

长江干线宜昌至武汉段中洪水期航道维护水深提高社会效益分析

钟婧雯* 陈沿伊

(武汉理工大学交通与物流工程学院)

摘　要　为厘清提高长江干线中洪水期航道维护水深提升对流域社会发展的促进作用,本文以长江干线宜昌至武汉段为研究对象,从社会影响和社会贡献两方面,对中洪水期航道维护水深提高后的行业影响、宏观经济影响、区域影响进行了定性分析,并运用投入产出模型对中洪水期维护水深提高后的GDP直接贡献、产业效益、就业效益进行了定量测算。计算结果表明,"宜武段"中洪水期航道维护水深提高后直接拉动GDP为0.24亿元,产业波及乘数效益为23.77亿元,直接拉动就业人数6130人,对区域社会效益影响显著。

关键词　航道维护水深　投入产出模型　社会效益

0　引言

长江中游宜昌至武汉(宜昌中水门至武汉长江大桥)河段全长627km,上连三峡库区,下接下游深水航道,是链接长江上、中、下游地区协调发展的重要航段[1]。自2022年5月1日起,长江航道局试行全面提升宜昌至武汉河段中洪水期航道维护水深,长江中游航道区段标准进一步得到统一。"宜武段"中洪水期航道维护水深的提高是对国家交通强国战略的响应及落实,对社会发展的贡献显著。

关于水运项目社会效益分析的内容和方法,水运行业开展了大量的研究。王加建等[2]以湖南深水航道建设为例,运用投入产出模型结合乘数效应量化计算了航道整治直接和间接效益,但缺少对于社会效益的定性分析。冯丛林等[3]从减少环境污染等方面讨论了长江干线支汊开通带来的社会效益,但并没有说明社会效益的具体测算方法。张雨等人[4]采用"有无对比"方法,测算了航道维护水深提高为江阴港带来的直接经济效益,但缺少对于区域经济等的影响分析。

综上,现有文献多侧重于整治工程的经济效益研究,而对于航道维护水深提高社会效益的研究较少,且当前对于社会效益的研究多为定性研究,缺少定量测算方法。

本文将定性分析与定量测算相结合,在定性分析"宜武段"中洪水期航道维护水深提高社会影响的基础上,运用投入产出模型测算贡献值,能够更加全面地反映"宜武段"中洪水期航道维护水深提高对于社会发展的贡献情况。

1 "宜武段"中洪水期航道维护水深提高概述

1.1 "宜武段"中洪水期航道维护水深提高试运行目标

长江中游"宜武段"中洪水期(5月至9月)航道水深年自2022年5月1日起分时分段全面提升,维护水深目标见表1。

"宜武段"中洪水期航道维护水深目标(试运行) 表1

河段	分月维护水深(m)				
	5月	6月	7月	8月	9月
宜昌中水门—宜昌下临江坪	4.5	5(4.5)	5(4.5)	5(4.5)	4.5
宜昌下临江坪—枝江昌门溪	4.5(4.0)	5.0	5.0	5.0	4.5(4.0)
枝江昌门溪—枝江大埠街	4.5(4.0)	5.0	5.0	5.0	4.5(4.0)
枝江大埠街—荆州四码头	4.5	5.0	5.0	5.0	4.5(4.0)
荆州四码头—岳阳城陵矶	4.5	5.0	5.5(5.0)	5.5(5.0)	5.0(4.0)
岳阳城陵矶—武汉长江大桥	4.5	6.0(5.0)	6.0(5.0)	6.0(5.0)	5.5(5.0)

注:括号内为试运行之前2021年5月至9月的航道维护水深,数据来源于长江航道局官网。

从表1可以看到,"宜武段"中洪水期航道维护水深提高后,长江中游航道区段标准进一步统一,"宜武段"6月至8月的航道维护水深将实现5.0m贯通,5月、9月将实现4.5m贯通,船舶通航更加顺畅。

1.2 "宜武段"中洪水期航道维护水深提高试运行效果

试运行后长江干线航道潜力得到进一步挖掘,上中下游航道维护尺度更加协调;中洪水期货运量由2021年的1.20亿t,发展到2022年的1.27亿t,增速为6.2%;船舶大型化趋势明显,5000吨级以上船舶比例由48.27%增加到50.29%;船舶平均吃水明显增加,平均吃水由3.52m增加到3.71m;典型航线船舶实载率上升明显,其中干散货船舶平均实载率由0.75增加到0.79,集装箱船舶平均实载率由0.42增加到0.45。

2 "宜武段"中洪水期航道维护水深提高社会效益识别

对"宜武段"中洪水期航道维护水深提高产生的社会效益进行识别,拟从社会影响和社会贡献两个方面进行分析。其中社会影响包括行业影响、宏观经济影响、区域影响;社会贡献包括对GDP的直接贡献、产业效益、就业效益,如图1所示。

"宜武段"中洪水期航道维护水深的提高能够协调长江上下游航道,改善航道条件,对附近城市的产业发展起到推动作用;同时使得进出港的船舶实载率提高,促进船舶大型化发展,进而拉动水运上下游产业的发展;就我国的就业与总人口状况来看,就业的增长与GDP有着密切的联系,经济的增长往往是扩大就业的前提,"宜武段"中洪水期航道维护水深的提高带来的经济增长能够较好地吸收就业人数。

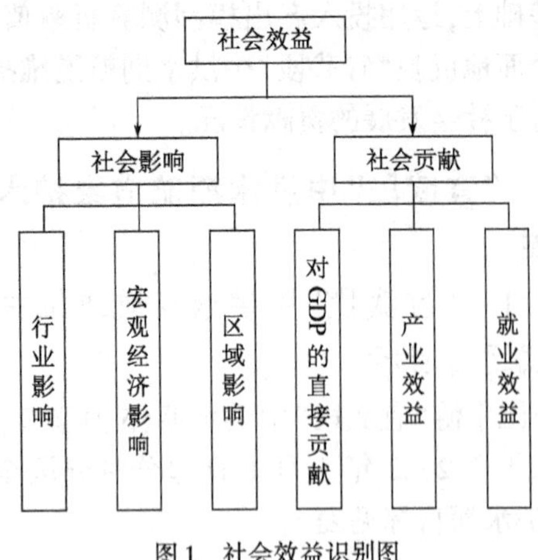

图1 社会效益识别图

3 "宜武段"中洪水期航道维护水深提高社会影响分析

3.1 行业影响分析

3.1.1 促进运输船舶标准化、大型化

近年来,长江三峡过闸船舶平均吨位呈现逐年增长的态势,特别是荆江航道整治一期工程实施以来,船舶大型化发展及要求明显[5]。充分利用自然水深提高中洪水期航道尺度,可以合理衔接上下游航段,促进长江干线运输船舶标准化、大型化。

3.1.2 促进港口专业化和规模化发展

受航道条件等多方面因素的制约,目前长江港口基础设施相对落后,长江中游沿江地区缺乏大型码头,使得沿江岸线资源的利用效能偏低[6]。提高"宜武段"中洪水期航道维护尺度,能够适应长江中游通航大型船舶数量明显增多的发展需求,有利于港口向专业化和规模化方向发展。

3.2 宏观经济影响分析

3.2.1 有利于推动沿江地区城镇化进程

"宜武段"中洪水期航道维护水深提高能够促进沿海产业向长江中上游转移,从而刺激相关区域城镇化进程的加速。在此过程中,劳动力不断由第一产业向第二、三产业转移,第三产业逐渐取代第一、二产业成为推动发展的关键要素。

3.2.2 有利于沿江地区落实"双碳"战略

内河运输具有承载能力大,单位功率运载量高、能耗低等特点。维护水深提高有利于提高沿线港口泊位和岸线使用利用率,减少船舶污染排放,缓解区域经济社会发展与资源约束日益加剧的压力。同时"宜武段"中洪水期航道维护水深提高充分利用了自然水深,从投入产出比上看,同样可以节约大量资源,减少不必要的浪费。

3.3 区域影响分析

十四五期间湖北省将主动服务和融入共建"一带一路"、长江经济带发展、中部地区崛起等国家战略,深度参与长江中游城市群建设,紧扣一体化和高质量发展要求,着力构建"一主引领、两翼驱动、全域协同"区域发展布局,加快构建全省高质量发展动力系统[7]。同时,"宜武段"中洪水期航道维护水深提高,有利于进一步构建长江湘江高等级航道网,带动长沙、岳阳等地产业项目的跨区域合作和发展。

4 "宜武段"中洪水期航道维护水深提高社会贡献分析

4.1 对GDP的直接贡献

(1)投入产出模型。

投入产出模型的基本前提是每一产业把它的产出物作为投入物,依次进行另一货物或服务的生产。每一产业的行为由货物与服务的最终需求及同其他产业的关系变化所决定,这些关系形成一张投入产出表,反映了在某一特定的时间区域内产业之间相互依赖的关系。

(2)航道维护水深提高对GDP的直接效益。

航道维护水深提高对GDP的直接效益=航道维护水深提高带来的交通运输业产值增加 · de,公式如下:

$$de = Z_j \cdot \Delta x \tag{1}$$

式中:de——航道维护水深提高带来的直接效益系数;

Z_j——航道维护水深提高的GDP增值向量;

Δx——航道维护水深提高增加的单位产值向量。

(3)投入产出系数。

①直接消耗系数。

直接消耗系数,记为 $a_{ij}(i,j=1,2,\cdots,n)$,计算公式为:

$$a_{ij} = \frac{x_{ij}}{X_j} \quad (i,j=1,2,\cdots,n) \tag{2}$$

式中：X_j——第 j 产品（或产业）部门的总投入；

x_{ij}——第 j 产品（或产业）部门生产经营中直接消耗的第 i 产品部门的货物或服务的价值量。

根据投入产出表，可得出该地区的社会生产直接消耗系数矩阵 $\boldsymbol{A}$：

$$\boldsymbol{A}=\begin{bmatrix} a_{11} & a_{12} & \cdots & a_{1n} \\ a_{21} & a_{22} & \cdots & a_{2n} \\ \vdots & \vdots & & \vdots \\ a_{n1} & a_{n2} & \cdots & a_{nn} \end{bmatrix}$$

②完全消耗系数。

完全消耗系数，记为 b_{ij}，完全消耗系数矩阵 $\boldsymbol{B}$ 的计算公式为：

$$\boldsymbol{B}=(I-A)^{-1}-I \tag{3}$$

③增加值系数。

增加值系数，是指第 j 部门生产单位产品中的增加值，记为 Z_j，用公式表示为：

$$Z_j=\frac{V_j}{X_j} \quad (j=1,2,\cdots,n) \tag{4}$$

式中：V_j——第 j 部门在生产过程中的增加值总额。

航道维护水深提高带来的直接效益写成向量形式为：

$$de=(z_1,z_2,\cdots,z_j,\cdots,z_n)\begin{bmatrix} 0 \\ 0 \\ \vdots \\ \Delta x \\ \vdots \\ 0 \end{bmatrix}=Z^{\mathrm{T}}\Delta X \tag{5}$$

根据长江海事局到港船舶数据计算得到航道维护水深的货运量诱增效益及港口诱增吞吐量效益，以二者之和作为航道维护水深提高带来的交通运输业产值增加，代入数据计算可得出“宜武段”水运量增加对 GDP 的直接贡献为 2404 万元。

4.2 产业效益分析

（1）产业波及效益测算公式。

具体模型解释参考 4.1。“宜武段”中洪水期航道维护水深的提高带来的经济效益用公式表达如下：

$$ge=fe+be+ce \tag{6}$$

式中：ge——社会效益；

be——后项乘数效益；

fe——前项乘数效益；

ce——消费乘数效益。

（2）相关系数。

①后项乘数效益 be。

根据 GNP 增值系数向量 Z，可求得即航运业的后项乘数效益为：

$$be=Z^{\mathrm{T}}(I-A)^{-1}\Delta X-Z^{\mathrm{T}}\Delta X \tag{7}$$

②前项乘数效益 fe。

若航运业增加产值 Δx，其部分产值就能作为中间投入在各生产部门间进行分配。假定这些生产部门是保持按比例协调发展的，则生产部门 i 需要的航运产值 U_i 为：

$$U_i=\begin{cases} \dfrac{x_{ij}\cdot\Delta x_i}{X_i-x_{ij}} & (i=1,\cdots,n,i\neq j) \\ 0 & (i=j) \end{cases} \tag{8}$$

同时，部门 i 扩大生产，增加的产值为：

$$\Delta x_i=\begin{cases} \dfrac{u_i}{a_{ij}} & (a_{ij}\neq 0) \\ 0 & (a_{ij}=0) \end{cases} \tag{9}$$

式中：a_{ij}——部门 i 单位产值所需要航运部门 j 的中间投入产值。

由航运部门前项联系导致的各部门产值增值相应为：

$$\Delta X'=(\Delta X'_1,\Delta X'_2,\cdots,\Delta X'_n)^{\mathrm{T}} \tag{10}$$

根据 GNP 增值系数向量 Z，可求出各部门所能创造的 GNP 值 $=Z^{\mathrm{T}}\Delta X'$。

上述各部门扩大生产，其他有关部门各自的后项乘数效益为 $Z^{\mathrm{T}}\cdot(I-A)^{-1}\Delta X'-Z^{\mathrm{T}}\Delta X'$。因此，航运部门的前项乘数效益 fe 应为：

$$\begin{aligned} fe&=Z^{\mathrm{T}}\Delta X+Z^{\mathrm{T}}\cdot(I-A)^{-1}\Delta X'-Z^{\mathrm{T}}\Delta X' \\ &=Z^{\mathrm{T}}\cdot(I-A)^{-1}\Delta X' \end{aligned} \tag{11}$$

③消费乘数效益 ce。

凯恩斯乘数原理表明：如果投资增加一个单位，GNP 增值将增加 $1-C$ 个单位，其中 C 为消费乘数，$0<C<1$[8]。$C=\sum\frac{y_{i1}}{g_j}$，可据此来分析消费乘数效益，上述三项效益所引起的消费量为：$(de+be+fe)\cdot C$。由于这些消费的作用引起的 GNP 增值，即消费乘数效益 ce 为：

$$ce=(de+be+fe)\cdot C\cdot\frac{1}{1-C} \tag{12}$$

④社会经济效益 ge。

$$ge=fe+be+ce \tag{13}$$

根据长江海事局到港船舶数据计算得到水运量诱增的净效益,将其作为投资,代入数据计算可得出“宜武段”中洪水期航道维护水深提高产生的各项产业效益见表2。

投入产出效益表(万元) 表2

后项乘数效益	前项乘数效益	消费乘数效益	综合效益
2142	161129	74436	237707

4.3 就业效益分析

(1)就业效益公式。

根据上文的投入产出分析,由于航道维护水深提高使各部门保持或增加的完全劳动报酬合计ΔL为:

$$\Delta L=(l_1,l_2,\cdots,l_n)(I-A)^{-1}(\Delta X+\Delta X') \tag{14}$$

若全社会劳动者平均年货币收入为R,则由于航道维护水深提高使各部门保持或增加的完全劳动力人数或就业岗位数合计ΔH为:

$$\Delta H=(l_1,l_2,\cdots,l_n)(I-A)^{-1}(\Delta X+\Delta X')R^{-1} \tag{15}$$

(2)相关系数。

①直接消耗系数矩阵$\boldsymbol{A}$。

具体见3.4。

②部门的增加产值$\Delta X'$。

当航运业增加产值ΔX时,其部分产值就能作为中间投入在各生产部门间进行分配,生产部门i需要的航运产值U_i为:

$$U_i=\begin{cases}\dfrac{x_{ij}\cdot\Delta x_i}{X_i-x_{ij}} & (i=1,\cdots,n,i\neq j)\\ 0 & (i=j)\end{cases} \tag{16}$$

这些部门得到航运产值的一部分增值以后,就可以扩大生产,增加产值。这时,部门i增加的产值为:

$$\Delta x_i=\begin{cases}\dfrac{u_i}{a_{ij}} & (a_{ij}\neq 0)\\ 0 & (a_{ij}=0)\end{cases} \tag{17}$$

式中:a_{ij}——部门i单位产值所需要航运部门j的中间投入产值。

由航运部门导致的各部门产值增值相应为:

$$\Delta X'=(\Delta X'_1,\Delta X'_2,\cdots,\Delta X'_n)^{\mathrm{T}} \tag{18}$$

③劳动报酬系数向量L。

由投入产出表提供的劳动报酬可以得到劳动报酬系数向量L:

$$L=(l_1,l_2,\cdots,l_n)^{\mathrm{T}} \tag{19}$$

式中:l_j——第j个部门单位产值带来的劳动报酬,

$$l_j=\frac{v_j}{X_j};$$

X_j——第j个部门的总投入;

v_j——第j个部门的劳动报酬。

④全社会劳动者平均年货币收入为R。

全社会劳动者平均年货币收入指雇佣劳动者平均每人领得的货币收入。数据来源于国家统计局。

代入数据计算,可得出“宜武段”中洪水期航道维护水深提高带来的就业岗位数为6130人。

5 结语

本文首先介绍了“宜武段”中洪水期航道维护水深提升后的航运情况,在此基础上从行业影响、宏观经济影响、区域影响三个方面定性分析了“宜武段”中洪水期航道维护水深提高对区域的社会影响,并运用投入产出模型及乘数效应定量测算了对GDP的直接效益、后向乘数效益等波及效益及就业效益。通过结果可以得出结论:“宜武段”中洪水期航道维护水深提高的社会效益显著,能够为进一步发挥水深提高的经济效益指明方向。

本文构建的效益计算模型提供了量化计算维护水深提高后的社会效益的测算方法,相比以往对于社会效益的研究,本文将定性分析与定量测算相结合,使研究更加全面、具体。本文还存在一定的不足,在区域影响分析时本文仅考虑了湖南、湖北地区,后续可补充对于上游重庆及下游江西地区的区域影响分析。

参考文献

[1] 刘涛,彭东方,刘均卫. 长江干线宜昌至武汉段航运发展对策分析[J]. 水利水运工程学报,2019,1:76-84.

[2] 王加建,张培林. 航道整治对其经济腹地的综合社会效益[J]. 物流技术,2016,35(7):94-97.

[3] 冯丛林,李赟,许乐华,等. 开发利用长江干线支汉航道经济社会效益分析[J]. 中国水运. 航道科技,2016,5:42-45.

[4] 张雨,王强. 以江阴港为例浅谈南京以下深水航道整治直接经济效益[J]. 中国水运,

2021,8:58-60.

[5] 赵艺为. 航道承载力理论及评价模型研究[D]. 武汉:武汉理工大学, 2020.

[6] 黄晶晶. 长江干线武汉至安庆段6米水深航道整治产生的经济效益分析[J]. 中国水运, 2020,12:74-76.

[7] 吴挺可. 都市圈空间发展特征、动力机制及优化策略研究[D]. 武汉:华中科技大学, 2021.

[8] 韦文景,詹斌,周圣龙,等.汉江碾盘山至兴隆段航道整治工程的区域经济贡献[J]. 水运管理, 2018,40(8):11-14.

基于多智能体的LNG船舶进出港影响研究

吴家鑫[1,2] 董升平*[1,2] 王洪標[1,2]

(1.武汉理工大学交通与物流工程学院;2.水路交通控制全国重点实验室)

摘 要 基于Anylogic多功能仿真平台,构建某港区LNG船舶进出港作业系统仿真模型。对港区开通双泊位LNG接收站后各类船舶到港作业进行全过程模拟,设计5种工况用于检验模型准确度,预测该港区在未来船舶流量压力情况下开通双泊位LNG接收站、增加配套工作设施对港区整体通航能力的影响。证明多智能体仿真对于研究LNG船舶进出港影响具有良好的适应性,可为科学实施港区生产工作设备升级优化和规划航道扩能工程提供重要参考。

关键词 多智能体 LNG船舶 仿真 通过能力 Anylogic

0 引言

随着全球能源结构的转变,液化天然气(LNG)作为清洁能源其需求持续增长,这种转变带来了LNG船舶通航量的增加。由于LNG船舶通航特殊性,进而对港口航道系统的运营产生显著影响。对港口航道现有通过能力进行分析评价,为实施港区生产工作设备升级优化及规划航道扩能工程提供重要参考,是当前所有建设LNG接收站港区的重要课题。

传统的研究方法主要为数学模型法及传统的离散事件仿真方法。目前数学模型方法中更加注重对LNG移动安全区细节刻画,有学者通过综合分析船舶航速、船舶排水量、港区能见度影响对LNG船移动安全区建模,获取不同参数LNG移动安全区,分析船舶进出港对航道通过能力的影响[1];或基于AIS数据以实证的方法定量界定LNG船移动安全区尺度构建LNG船对港口航道通过能力影响进行评价[2]均取得到领域内认同。传统的离散事件仿真领域中主要侧重于LNG进出港交通组织[3]和通航规则[4]对港口航道通过能力的影响,二者均注重于对LNG船舶从进港到完成作业出港的一系列事件进行刻画。相较于数学模型方法而言,可添加如天气、潮汐及装卸设备状态等随机因子,使仿真结果更加趋于实际且可全过程观察系统运行状态。

但是,传统离散事件仿真方法具有高度抽象性,忽略了大量细节,可能导致仿真结果与实际情况存在偏差;通用性、复用性差,传统模型大多根据实际模型搭建,仿真模型特异性强,由于不同实际系统的差异性较大导致模型很难实现模型复用;计算复杂度高,模型运行需要大量实际数据,且模型可能存在大量状态专业和事件处理,计算复杂度高导致仿真速度慢。而多智能体的建模以分布式智能方法[5],从实体细节刻画入手提高仿真精度,并将港航系统中的码头、锚地、船舶、航道进行封装以提高其复用性,便可更加精确便捷地构建仿真模型实现相关研究。

1 研究方法

1.1 评估港口基础环境

明确港航系统中影响仿真模型的主要因素及港区子系统。对港区泊位、航道锚地现状及规划情况进行深入分析,全面梳理港区自然条件,预测吞吐量和到港船型。

1.2 模型设计

宏观模型从系统仿真理论出发,参照实际研究船舶锚泊、进港、靠泊、出港等事件特点建立主要框架。微观模型,研究船舶进出港作业通航特点,对LNG船舶及其他船舶进行智能体细节刻画。

1.3 仿真实验平台介绍

AnyLogic多功能仿真实验平台,支持离散、系统动力学、多智能体和混合系统建模。且AnyLogic采用面向对象的模型设计范式,为大型模型提供模块化、层次化和增量的构造,是模型搭建更为便捷,广泛应用于各种领域,在港口、物流、制造、服务系统仿真领域有着不可比拟的优越性。

1.4 设计仿真实验

对现状港区及规划港区分别设计仿真实验,同时,结合预测数据及历时气象条件等其他因素输入模型参数。

1.5 分析实验数据

利用随机种子模式重复运行仿真模型20次,结合聚类方法,得到更准确实验数据,主要包括船舶等待时间、航道利用率、港口服务水平数值。

1.6 提出结论及通航建议

根据实验数据探究LNG船舶通航对港口航道系统运营的潜在影响,并提出相关建议。

2 港区设施介绍及仿真模型

仿真模型参照的港区主要服务于临港工业的相关物流。港池总体规划为东、中、北南四大专业港池,共112个泊位。规划码头岸线长35.3km。共规划建设5条航道,3个锚地并对锚地进行功能分区最大可满足30万吨级到港船舶锚泊。其中,LNG码头建设有1个泊位,最大靠泊船型为27万m^3 LNG船,在未来规划建设双泊位LNG泊位。

2.1 仿真模型概述

对船舶从到达锚地至驶离港口航道全过程进行仿真建模,模型主题可分为锚地智能体、船舶调度中心智能体、船舶智能体、接卸码头智能体,并采用“event”事件形式插入自然条件对船舶交通组织的影响。模型结构图如图1所示。

2.2 船舶进出港作业规则

依据相关文件及资料对船舶通航优先级、船舶领域、船舶速度限制、适航天气条件作出如下规则声明。

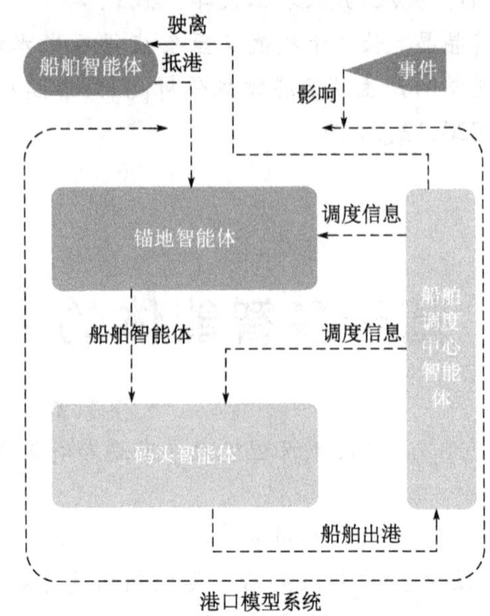

图1 模型结构图

2.2.1 船舶进出港优先级

拖船及LNG船舶具备最高通航优先级;乘潮船舶优先级高于非乘潮船舶优先级;保证大船优先级原则,对相同条件的船舶按照先到先服务原则安排优先级。

2.2.2 船舶领域

仿真模型的船舶邻域设置为经典藤井船舶领域模型,该模型以被避让船舶为中心,以船舶首尾线为长轴,船舶正横线方向为短轴作出椭圆。其中领域长轴为8倍船长,短轴长为3.2倍船长,具体形式如图2所示。

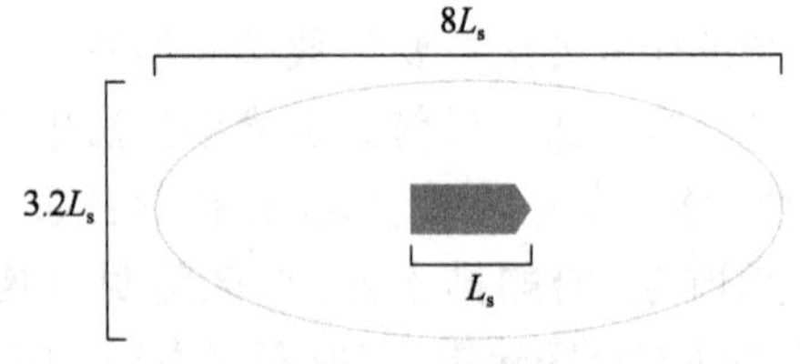

图2 藤井船舶领域模型

2.2.3 LNG码头平面布置

LNG码头泊位停泊水域、回旋水域布置于码头前方水域,港池与航道平顺衔接。其中,停泊水域长480m,宽110m,回旋水域按2.5倍船长设计,为862.5 m(取最大船长为345m)。总平面布置图如图3所示。

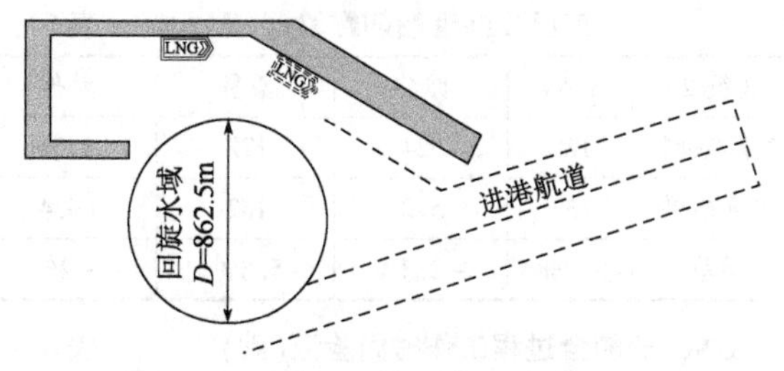

图3 LNG码头总平面布置图

2.2.4 船舶速度限制

在实际情况下，在不同水域应对船速进行相关限制。其中，在口门段以外最大速度设置为9kn；航道口门段现实航速为8kn；港池内部航道限制为6kn。

2.2.5 避让原则

船舶避让原则遵循修订后的《国际海上避碰规则公约》[6]。

2.2.6 锚泊

船舶到达锚地后会根据锚地功能分区、水深合理选择锚泊地点，且默认与其他船舶保持安全距离。

2.2.7 适航天气条件

适航天气条件参考LNG船舶到港靠泊安全作业标准：

(1)能见度≥1.5n mile，且呈现增加趋势；

(2)风速≤5级；

(3)平潮或缓流时段进港靠泊；

(4)横向浪潮≤1.2 m，顺向浪潮≤1 m。

综合上述条件及历史经验认为LNG实际可通航天数为280d/年。

2.3 锚地智能体

锚地智能体为船舶来港作业提供第一次仿真场景。包括生成相应货种船只，到船舶离开锚地整个过程。实现以一定分布生成各类船舶、船舶编组、判断通航条件等功能。

2.4 船舶调度中心智能体

该智能体负责船舶从锚地驶出到船舶驶离港口航道过程中的船舶调度。主要用于船舶安全间距判断、统计当前航道及港口码头状态、提取船舶目的地并为其指泊等。

2.5 船舶智能体

模型中将抵港船舶粗略分为散货船、杂货船、集装箱船、液体化工品船、LNG船舶五类船舶，这里采用智能体继承的方式为以上智能体赋值其特有属性，可减少模型编程工作量和内存。

2.6 码头智能体

码头智能体，为到达船舶提供接卸工作的仿真环境。主要负责从船舶驶离进港航道后到船舶驶离码头这一时间段的一系列工作。为LNG船舶指派拖轮，对到达船舶进行装卸作业及通过泊位限制反应港区状态等功能。

3 仿真实验设计

结合港区航道规划，LNG进港航道连接成品油及液体化工品泊位区的航道交织。因此，模型将以上泊位类型数量从受LNG船舶通航影响区域的总泊位数中取出细分，提供相应的到港船舶数。依据港区现状和未来规划划分为三个阶段，共设计5组工况来分析不同船舶流量和港口配置情况下，LNG通航对港口航道通过能力的影响。工况设置及输入参数见表1～表3。

实验工况设计 表1

序号	船舶流量(艘)	拖轮数(艘)	LNG泊位数(个)	总泊位数(个)
1	6356	6	1	47
2	7388	6	1	47
3	13606	6	1	78
4	13606	6	2	78
5	13606	12	2	78

各船舶流量输入参数(艘) 表2

工况	LNG	油船	液体化工	其他
1	112	207	111	5926
2	128	524	172	6564
3、4、5	217	927	2211	10251

各类型码头泊位数(个) 表3

工况	类型			
	LNG	原油	液体化工	其他
1	1	1	4	41
2	1	1	4	41
3、4、5	2	2	14	60

其中工况1、工况2为港区某两年实际统计数

据,用于模型验证。工况3、4、5用于探究在未来船舶流量下,港区开通双泊位LNG接收站后LNG船舶对港区影响、增加LNG接收站配套设施对港区生产作业的影响。为保证单一变量的原则,对第3、4、5种工况的潮汐数据与气象条件设为相同值,工况1、工况2采用实际值输入。其中,潮汐数据根据港区实际潮汐表拟合后以特定正弦函数分布,作为锚地船舶能否通航的判断条件;气象条件则综合最近历史5年大雾、雷暴、台风等不良天气平均值认为适航天数为280d/年。

4 评价指标及模型验证

4.1 评价指标

研究LNG船舶进出港对港口影响时应将航道、船舶、泊位作为系统进行整体研究。因此,选择研究指标有航道利用率、港口服务水平、拖轮资源利用率。

其中,航道利用率定义为船舶占用航道时间与总日历时间比值;港口服务水平为船舶平均等待时间与港口平均装卸时间之比,值越大表明港口服务水平越低,参考推荐值定为0.5[7];拖轮资源利用率为拖轮工作时间与全年时间之比,指代LNG接收站配套设施繁忙程度。

4.2 模型验证

工况1、工况2的船舶数量、作业时间、气象条件、泊位数作为输入参数,运行仿真模型,将实验结果与实际统计数据对比。得到:

(1)工况1中各类型船舶数误差分别为:-1%、1.9%、3.6%、-4.3%;工况2中各类型船舶数误差分别为:3.9%、-2.3%、5.8%、-2%。

(2)LNG船舶全程工作时间误差,在工况1情况下为4.5%、在工况2情况下为5.5%。

误差均在可接收范围内,说明模型可一定程度情况下反映实际系统的运行。对于研究该港口LNG船舶通航影响情况有良好的实用性。具体数据见表4~表6。

工况1到港船舶数验证(艘) 表4

工况1	LNG	原油	液货	其他
实际数据	112	207	111	5926
仿真结果	111	211	115	5900
误差	-1%	1.9%	3.6%	-4.3%

工况2到港船舶数验证(艘) 表5

工况2	LNG	原油	液货	其他
实际数据	128	524	172	6564
仿真结果	133	512	182	6434
误差	3.9%	-2.3%	5.8%	-2%

LNG船舶全过程工作时间验证(艘) 表6

工况	实际数据(h)	仿真结果(h)	误差
1	30.6	31.99	4.54%
2	34.5	36.41	5.53%

5 实验结果分析

各工况仿真结果见表7。

仿真实验结果 表7

工况	航道利用率	港口服务水平	资源利用率
3	83%	1.7	92%
4	85%	1.4	90%
5	89%	0.78	52%

(1)通过对比工况3和工况4的仿真结果可知,在船舶流量较高时港区开通双泊位LNG接收站有利于提高港口的服务水平,以及提高港口航道利用率,但相应的拖轮资源利用率仍处于较高水平,在现实系统中显然是不科学的;

(2)对比工况4、工况5仿真结果可知,在开设双泊位LNG接收站时应同时增加其配套工作船数量,使其资源利用率处于健康合理水平,在LNG接收站配套设施充足的情况下保证LNG船舶能够尽快利用航道,可显著提升港口服务水平;

(3)综合以下3种工况实验结果可得,在未来船舶流情况下港口航道利用率均处于较高水平,且港口对船舶服务水平较低。说明在现状船舶调度和航道通过能力情况下可能会产生大量船舶压港,在实际系统中可能会影响港口正常运行,导致港口拥堵现象产生。因此,需要采取航道阔建、船舶调度优化、提高装卸效率、扩大仓库容量及加强内地输运等措施应对即将到来的挑战。

6 结语

(1)Anylogic多功能仿真平台可实现LNG船舶通行对港区影响的仿真研究。

(2)首先利用真实数据设计工况1、工况2完成对于仿真模型的验证,利用预测船舶流量及港区未来建设规划，分别研究开通双泊位 LNG 接收站、增加配套工作设施对港区的影响。

(3)多智能体仿真实验方法可为港区扩能设施建设和航道建设规划提供参考。

参考文献

[1] 陈德军，陈耀，牟军敏，等. 基于移动安全区的 LNG 船舶对航道通过能力的影响研究[J]. 中国水运，2018，11：36-37.

[2] 廖诗管，翁金贤，胡甚平. 液化天然气船通航模式下的航道通过能力评价方法[J]. 交通运输系统工程与信息，2022，2：290-297.

[3] 周伟，吴善刚，肖英杰，等. 基于 Arena 软件的 LNG 船舶通航组织仿真[J]. 上海海事大学学报，2014，35(2)：6-10.

[4] 李长亮. 船舶航行作业系统仿真模型在航道通过能力方面的应用研究[J]. 中文科技期刊数据库(全文版)工程技术，2023，5：1-5.

[5] 余文广，王维平，李群. 并行 Agent 仿真研究综述[J]. 系统仿真学报，2012，2：245-251.

[6] 周京，李纪强，葛海鹏. 基于《1972 年国际海上避碰规则》和驾驶台资源管理的船舶碰撞事故分析[J]. 青岛远洋船员职业学院学报，2020，3：31-35.

[7] 马晓雪，冯敏，张哲，等. 基于 AIS 和 Anylogic 的 LNG 船舶对通航及港口服务水平的影响[J]. 水运工程，2023，1：64-69.

长江中游宜昌至武汉河段中洪水期航道维护水深提高后环境效益分析

吕世超* 陈沿伊

(武汉理工大学交通与物流工程学院)

摘　要　为了研究试运行期间长江中游宜昌至武汉河段中洪水期航道维护水深提高带来的环境效益，本文在调研和分析长江中游宜昌至武汉河段货运量、船舶流量、典型航线的基础上，采用"有无对比"法并建立环境效益测算模型，测算分析长江中游宜昌至武汉河段试运行期间所带来的环境效益。结果表明，2022 年长江中游中洪水期试运行期间，可节约燃油 2.62 万 t，环境效益显著，可为下一步推进长江干线中洪水期航道维护水深提高等相关工作提供决策参考。

关键词　宜昌至武汉河段　中洪水期　航道维护水深提高　有无对比法　环境效益

0　引言

推动长江经济带发展在探索和构建新发展格局中具有重要的战略地位，是关系国家发展全局的重大战略。1990 年以来，随着全球经济的快速发展，局部地区的环境污染加剧且能源供需矛盾等问题开始逐步显现[1]，长江经济带覆盖上海、江苏、浙江、安徽、江西、湖北、湖南、重庆、四川、贵州、云南 11 个省市，面积约 205.23 万 km^2，占全国总面积的 21.4%，人口和生产总值却超过全国的 40%[2]。长江中游城市群是长江经济带极具发展活力和潜力的区域，具有独特的区位优势，国家对长江中游的战略是在保护中有序开发，保护在开发之前[3]。

长江中游宜昌至武汉河段(以下简称"宜武段")航道全长 627km，约占长江干线航道长度的 1/5，上连三峡库区，下接下游深水航道，河段内有武汉港、宜昌港、荆州港、岳阳港等主要港口，是链接长江上、中、下游地区协调发展的重要航段。由于长江中游浅滩众多，特别是枝城至城陵矶段，河段内自然裁弯和切滩频繁，河势极不稳定、浅滩变化复杂，有藕池口、碾子湾、窑监、大马洲、铁铺、尺八口、观音洲等多处浅滩河段[4]。近些年，为缓解中游航道维护的不利形势，航道部门已陆续对一些重要浅险碍航滩段实施了航道整治工程，对河道内与航道条件关系密切的关键滩槽进行了控制,中游通航环境较过去有一定的改善[5],但目前长江中游整体航道条件较上下游均有一定差距,是制约长江黄金水道发挥更大航运效益的瓶颈。在此背景下,为进一步发挥长江经济带能效,充分利用航道水深,自2022年5月1日起长江航道局试行全面提升长江干线宜昌至武汉段中洪水期航道维护水深,本文主要测算试运行期间所产的环境效益,客观评价长江中游干线航道维护水深提高对流域经济发展的促进作用。

1 中洪水期航道维护水深提高试运行效果

1.1 航道通航条件改善

(1)宜武段航道运输潜力进一步发挥。

试运行方案在采用三峡175m试验性蓄水运用以来的分月最低水位作为边界条件,合理确定2022年中洪水期5—9月份的航道维护尺度。2022年中洪水期试运行期间,在原有中洪水期维护水深的基础上,5、9月份维护水深提升0.5m,6—8月份水深提升0.5m到1m,中洪水期代表船型由原来保证3000吨级内河船舶满载提高到基本能实现5000吨级内河船舶满载通航,使得宜武段航道货物运输潜力得到进一步发挥。

(2)宜武段航道与上下游航道协调性进一步增强。

目前,长江上游三峡库区蓄水及长江下游武汉至安庆河段6m航道整治工程的完工,特别是建设长江中游城市群、武汉长江中游航运中心以及武汉国家级综合交通枢纽等国家战略的提出,对宜昌至武汉河段航道水深提出了更高要求。试运行期间,相比5月、9月上下游4.5~6.5m维护水深,整体差距缩小到2m,且城陵矶至武汉长江大桥段维护水深提高到5.5m,与下游维护水深更加协调;相比6月至8月份上游4.5m、下游7m的维护水深,试运行后宜武段航道维护水深由上至下依次达到5m、5.5m、6m,更好地衔接了上下游航道。宜昌至武汉河段试运行期间具体维护水深见表1。

宜昌至武汉河段中洪水期航道维护水深目标 表1

河段	分月维护水深(m)				
	5月	6月	7月	8月	9月
宜昌中水门—宜昌下临江坪	4.5	5(4.5)	5(4.5)	5(4.5)	4.5
宜昌下临江坪—枝江昌门溪	4.5(4.0)	5.0	5.0	5.0	4.5(4.0)
枝江昌门溪—枝江大埠街	4.5(4.0)	5.0	5.0	5.0	4.5(4.0)
枝江大埠街—荆州四码头	4.5	5.0	5.0	5.0	4.5(4.0)
荆州四码头—岳阳城陵矶	4.5	5.0	5.5(5.0)	5.5(5.0)	5(4.0)
岳阳城陵矶—武汉长江大桥	4.5	6(5.0)	6(5.0)	6(5.0)	5.5(5.0)

注:数据来源于长江航务管理局官网,括号内为试运行之前2021年5—9月的航道维护水深。

1.2 船舶大型化趋势显著

宜武段试运行期间,航道水深提高,船舶航行条件得到改善,航道通过能力得到增强,大型船舶优势得以显现。宜武段全线船舶流量由2021年中洪水期的29838艘次增长到2022年中洪水期的33534艘次,增长了3696艘次,增长率为12.39%。同时,平均载重吨由2021年中洪水期的4260t增长到2022年中洪水期的4554t,增长率为6.90%。其中,5000吨级以上船舶的艘次均实现了正增长,占船舶总数的比例由2021年中洪水期的48.27%增长到了2022年中洪水期的50.29%,船舶大型化趋势显著,如图1所示。

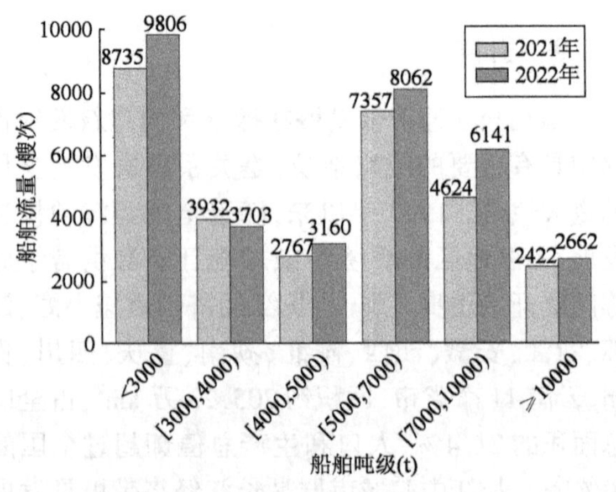

图1 宜武段中洪水期分吨级船舶流量

1.3 大型船舶吃水深度显著增加

试运行期间,干散货船中5000吨级以上的船舶吃水均有所上升,平均上升0.26m,其中,7000~10000吨级船舶的吃水增加较为明显,为0.36m,见表2。

干散货船试运行前后平均吃水深度　表2

吨级(t)	船舶平均吃水深度(m)		变化值(m)
	2021年试运行前	2022年试运行后	
[5000,7000)	3.32	3.51	0.19
[7000,10000)	3.63	3.99	0.36
≥10000	3.4	3.64	0.24

注:数据来源报港系统数据库报港记录。

集装箱船中,除7000~10000吨级船舶的吃水略微下降,5000~7000吨级、10000吨级以上的船舶吃水分别上升0.14m、0.84m,万吨级集装箱船吃水显著增加,见表3。

集装箱船试运行前后平均吃水深度　表3

吨级(t)	船舶平均吃水深度(m)		变化值(m)
	2021年试运行前	2022年试运行后	
[5000,7000)	3.41	3.55	0.14
[7000,10000)	3.83	3.80	-0.03
≥10000	4.24	5.08	0.84

注:数据来源报港系统数据库报港记录。

2 试运行后环境效益产生机理分

中洪水期航道维护水深的提高,导致大型船舶增多,同时船舶吃水深度增加,船舶实载率提高。运输条件改善以后,一方面,船舶大型化使船舶单位周转量燃油消耗量降低,从而导致单位周转量的碳排放量降低,能够产生一定的环境效益;另一方面,水路运输成本降低,从而导致部分货运量从运输成本较高的铁路、公路等运输方式转移至水路,替代陆路运输的环境效益主要体现在运输成本的节约上,具体为水路运输成本相较陆路运输成本而减少的那部分运输成本。试运行后环境效益产生机理如图2所示。

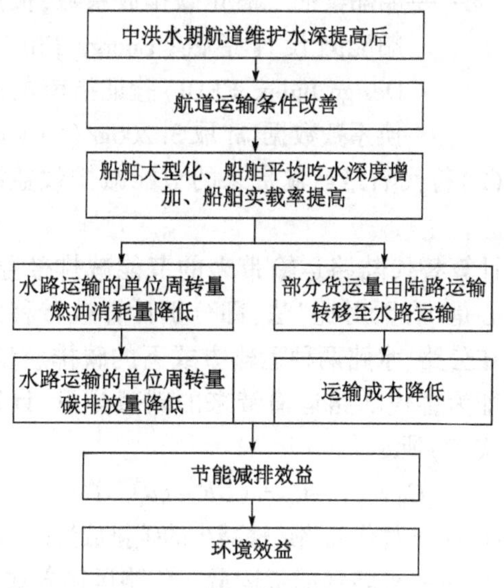

图2　试运行后环境效益产生机理

3 环境效益测算及分析

3.1 环境效益测算模型

本文对于环境效益的计算包括船舶大型化带来的节能减排效益与替代陆路运输带来的节能减排效益。节能减排效益采用"有无对比"法进行测算。"无项目"即2021年中洪水期航道维护水深提升前,"有项目"即2022年中洪水期航道维护水深提高期间的航道条件。

(1)船舶大型化带来的节能减排效益测算模型。

计算船舶大型化带来的节能减排效益时,其核心是"有无对比法"法,即计算宜武段试运行前后单位周转量燃油消耗量的差值,然后乘以船舶大型化后的中洪水期货运周转量,即可得到船舶大型化后节约的燃油消耗量,再乘以船舶燃料碳排放系数,即可得到船舶大型化后节约的碳排放量,计算公式如式(1)所示。

$$C_a = (Q_0 - Q_c) \times T_c \times m \quad (1)$$

式中:C_a——船舶大型化后减少的碳排放量(万t);

Q_0——船舶大型化前单位周转量的燃油消耗量[t/(t·km)];

Q_c——船舶大型化后单位周转量的燃油消耗量[t/(t·km)];

T_c——船舶大型化后航线的中洪水期货运周转量(万t·km);

m——船舶柴油二氧化碳排放系数,根据船舶能效设计指数(Energy Efficiency Design Index,EEDI)验证指南的碳转换系数数据,m取3.206g/(t·km)。

(2)替代陆路运输带来的节能减排效益测算模型。

计算替代陆路运输带来的节能减排效益时,其核心是"有无对比"法,即分别计算被转移的货运量在公路、水路两种运输方式下的碳排放量,其差值即为替代陆路运输带来的碳减排量,计算公式如式(2)所示。

$$C_b = C_1 - C_2 = (GF - mQ_c)T' \qquad (2)$$

式中:C_b——替代陆路运输减少的碳排放量(万t);

C_1——被转移的货运量在公路运输方式下的碳排放量(万t);

C_2——被转移的货运量在水路运输方式下的碳排放量(万t);

G——被转移的货运量在公路运输方式下的单位货运周转量所消耗的汽油量,根据赵瑞嘉[6]等人的研究,公路运输每吨公里的燃油消耗量为0.0105kg/(t·km);

F——汽油二氧化碳排放系数,根据船舶能效设计指数(EEDI)验证指南[6]的碳转换系数数据,F取3.114g/(t·km);

T'——试运行期间转移的货物周转量(t·km)。

3.2　试运行效益测算

(1)船舶大型化带来的碳减排试运行效益测算。

计算船舶大型化带来的碳减排试运行效益时,首先计算不用航线各吨级船舶单位周转量的燃油消耗量。根据货运量预测及货物流量流向分析,分不同货类、不同运距,按范围相近、距离相似的原则进行归并,选取典型干散货航线、集装箱航线,见表4。第i条航线单位周转量燃油消耗量的计算公式如式(3)所示。

$$Q_i = 10000 \times A/(P \times T_i) \qquad (3)$$

式中:Q_i——第i条航线的单位周转量燃油消耗量[t/(万t·km)];

A——燃油费(元);

P——燃料价格(元/t);

T_i——第i条航线的年总货运周转量(t·km)。

试运行前后主要货类典型航线　表4

货类	航线	运量占比(%)	平均运距(km)
干散货	重庆—南通	17	2271
	宜昌—南通	31	1623
	荆州—南通	25	1475
集装箱	重庆—南京	33	2094
	岳阳—武汉	24	231

注:数据来源报港系统数据库报港记录,表中运量占比为占该货类总量的比例。

由于宜武段中洪水期航道维护水深提高主要影响载重吨为5000吨级以上的船舶,同时5000吨级以上船舶的大型化趋势也较为明显,故计算船舶大型化带来的节能减排效益时,只考虑5000吨级以上的船舶。宜武段中洪水期试运行前后各典型航线5000吨级以上船舶的单位周转量燃油消耗量见表5。根据宜武段中洪水期分货类船舶流量统计表,见表6。

试运行前后主要货类典型航线的单位周转量燃油消耗量　表5

货类	航线	单位周转量燃油消耗量[t/(万t·km)]					
		[5000,7000)		[7000,10000)		≥10000	
		2021	2022	2021	2022	2021	2022
干散货	重庆—南通	0.0190	0.0177	0.0191	0.0164	0.0220	0.0187
	宜昌—南通	0.0422	0.0376	0.0424	0.0347	0.0489	0.0396
	荆州—南通	0.0379	0.0236	0.0381	0.0218	0.0439	0.0248
集装箱	重庆—南京	0.4509	0.4206	0.4783	0.4094	0.7768	0.6581
	岳阳—武汉	0.4238	0.3593	0.4496	0.3848	0.7302	0.6186

宜武段中洪水期分货类船舶流量　表6

货类	船舶流量(艘次)			
	吨级(t)	[5000,7000)	[7000,10000)	≥10000
干散货	试运行前	2143	2041	2660
	试运行后	3175	3171	2681
集装箱	试运行前	60	62	17
	试运行后	173	102	17

注:数据来源报港系统数据库报港记录,表中船舶流量为剔除空船的数据。

采用加权平均的方法得到宜武段中洪水期试运行前后的单位周转量燃油消耗量分别为0.02758t/(万t·km)、0.0261t/(万t·km),根据式(1)可得到宜武段试运行前后船舶大型化减少的燃油消耗量为0.59万t,由此减少的碳排放量为1.84万t。

(2)替代陆路运输带来的碳减排试运行效益测算。

替代陆路运输减少的碳排放量可通过转移的货运量计算。2022年宜武段中洪水期试运行期间货运量为1.27亿t,根据货物流量流向及区域经济分析,由陆路运输转移到水路运输的货运量按1%计算,得到宜武段中洪水期试运行期间转移的水路货运量为0.0127亿t。根据式(2),可以得到2022年宜武段中洪水期试运行期间替代陆路运输减少的燃油消耗量为2.03万t,减少碳排放量6.32万t。

4 结语

(1)试运行期间,长江干线中游宜昌至武汉段航道潜力得到进一步挖掘,可以在不进行系统性整治工程的情况下充分利用自然水深度,使得长江干线上中下游航道维护尺度更加协调,为进一步推动长江黄金水道建设和长江经济带发展发挥重要作用。试运行期间也为长江中游各市带来了一定的经济效益,在一定程度上提高了船舶的实载率及吃水深度,同时也显著增加了长江中游大型船舶的数量,使得长江中游中洪水期代表船型由原来的保证3000吨级内河船舶满载到基本能实现5000吨级内河船舶满载通航,万吨级减载通航,对于区域经济发展及长江干线绿色交通运输系统的建设具有重要意义。

(2)试运行期间,有助于长江航运节能。减排,具有良好的社会生态及环境效益,主要表现为船舶大型化和替代陆路运输带来的运输成本的节约及节能减排效益。根据测算,2022年试运行期间共节约能源2.62万t,减少各种排放8.16万t。可见,宜昌至武汉河段试运行期间生态效益明显,能够有效减少空气污染,有利于整体提高生态环境效益。

参考文献

[1] CASTÁN BROTO V, BULKELEY H. A survey of urban climate change experiments in 100 cities[J]. Global Environmental Change,2013,23(1):92-102.

[2] 林黎,王志海,肖波. 长江经济带绿色发展水平测度及优化对策研究[J]. 技术与市场,2023,30(10):122-130.

[3] 熊曦,张陶,段宜嘉,等. 长江中游城市群绿色化发展水平测度及其差异[J]. 经济地理,2019,39(12):96-102.

[4] 邓乾焕,金永宝. 提高长江中游航道通过能力的思考[J]. 中国水运,2015,1:38-40.

[5] 江凌. 长江中游宜昌至武汉河段航道建设思路探讨[J]. 水运工程,2014,12:116-121.

[6] 赵瑞嘉,谢新连,魏照坤,等. 公路与水路运输节能减排量化分析和比较[J]. 交通节能与环保,2017,13(3):46-50.

Evaluation Study on the Efficiency of Inland River Ports in Port-type National Logistics Hubs

Xuan He* Shichao Lü

(School of Transportation and Logistics Engineering, Wuhan University of Technology)

Abstract Inland ports in port-type national hubs are the core infrastructure of China's logistics system, the efficiency of resource allocation and the level of port operation of them have an important impact on the construction and development of China's logistics hubs. The inland river ports in the port-type national logistics hubs that have been approved as of 2022, including seven ports of Nanjing, Yichang, Chongqing, Suzhou, Wuhu, Wuhan, and Yueyang ports, were selected to estimate the port efficiency from 2015 to 2021 by using a 3-stage DEA (Data envelopment analysis) model. The study found that: 1) The combined efficiency of inland river ports in port-based national logistics hubs did not reach the efficiency frontier in 2015-2021. 2) Environmental variables and stochastic factors significantly affect the input-output efficiency of ports, so the external environmental variables need to be scientifically grasped and adjusted in order to improve the efficiency of ports. 3) Inland river ports in port-type national logistics hubs, Suzhou Port has been in DEA effective status from 2015-2021. 4) The real reason limiting the development of ports in the later stages of inland ports in some port-type national logistics hubs is that there is no economy of scale, and blindly expanding the scale of inputs does not yield a good return.

Keywords Three-stage DEA Port efficiency Inland waterway port efficiency National logistics hub port

0 Introduction

With the integration of the global economy and the development of new technologies, ports are constantly integrating their functions from simple transportation nodes to comprehensive logistics hubs capable of integrating resources such as capital, talents, technology and information, and playing the roles of key nodes, important platforms and backbone hubs in the national logistics network. In December 2018, the National Development, and Reform Commission (NDRC) and the Ministry of Transportation (MOT) jointly released the National Logistics Hub Layout, and Construction Plan, stating that accelerating the layout and construction of the national logistics hub network is conducive to better exerting the economy of scale effect of the logistics hubs, and improving the overall operational efficiency and modernization of logistics. Among them, port-type national logistics hubs, with seaport networks linking the world and inland river systems penetrating deep into the inland, are notably representative of the logistics industry with their relatively mature systems and large transportation volumes. In the context of building a new development pattern, inland ports, and the shipping industry have assumed the responsibilities and missions of the domestic general circulation and the communication of the domestic and international double circulation. At present, China's national logistics hubs are in an accelerated construction phase, but some completed logistics hubs are characterized by backward business practices, blind expansion, and insufficient investment in logistics infrastructure. This paper conducts an empirical study on the efficiency of inland river ports in port-type national logistics hubs, with a view to providing some guidance for future development and construction.

Port efficiency can reflect whether the port is efficient in allocating resources, which is a reflection of the port's integration of resources and comprehensive competitiveness[1], has been the shipping economy, port economy and other areas of concern of the hot spots. Scholars at home and abroad had conducted a large number of studies on port efficiency evaluation and improvement, DEA has become one of the most important methods for efficiency evaluation. The DEA method is an efficiency evaluation method developed by American operations researchers such as Charnes and Cooper[2] based on the concept of relative effectiveness. Tongzon[3] was relatively early in using the DEA-CCR model to analyze the efficiency status of container ports in four Australian ports and 12 other countries in 1996. De Oliveira[4] and others studied the operational efficiency and competitiveness of ports in different regional scopes using traditional DEA models. Zhang Jianyong et al[5] used the data envelopment analysis (DEA) method to longitudinally analyze the development situation of Tianjin port, and conducted a horizontal comparative study of several other comprehensive ports of equal size in China. A number of scholars try to combine the DEA method with other models, such as Pang Ruizhi[6] used data envelopment analysis (DEA) to analyze and evaluate the overall operational efficiency of China's 50 major coastal ports and used the Malmquist productivity index to analyze the efficiency change Guo Peng[7] and others used the DEA-TOBIT two-stage method to measure and analyze port efficiency and influencing factors of 17 listed companies in the port industry in China. Hou Lin[8] et al. used DEA crossover modeling to explore the efficiency of 14 major coastal ports in China. Du Hao[9] et al, used a three-stage super-efficiency DEA model to measure the operational efficiency of China's major coastal ports, excluding the influence of environmental and random factors. Wu Xiaofen[10] et al. used the improved four-stage DEA method and Malmquist index to measure the efficiency of 14 major ports in the Yangtze River Delta port cluster, and analyzed the dynamic characteristics of the ports and their competitive advantages.

Existing literature provides some ideas for improvement while compacting port efficiency measurement and evaluation through different research methods and perspectives: First, in the context of the new pattern and new development, inland ports are an important driving force of the domestic general circulation, but most of the current research on port efficiency focuses on coastal ports, with fewer analyses of inland ports to accurately improve efficiency. Secondly, there are many non-negligible stochastic factors in inland river ports, and most of the current studies on port efficiency use a non-parametric approach, which is more objective but does not take into account random errors. The use of Stochastic Frontier Analysis (SFA) is more capable of completing the analysis of the influencing factors in the calculation of the efficiency[11]. Therefore, this paper applies the three-stage DEA model to empirically study the efficiency of inland river ports in the approved port-type national logistics hubs up to 2022, excludes the influence of environmental factors and random errors on the assessment of port efficiency, and conducts an indepth analysis in terms of the efficiency of each port, etc., and the results of the study have a certain degree of significance as a reference for improving the efficiency of inland river ports in the port-type national logistics hubs.

1 Theoretical model

The DEA methodology is based on the concept of relative efficiency, where comprehensive technical efficiency is the degree to the level of the industry's technology when producing a production unit; technical efficiency can be measured in terms of inputs and outputs. Technical efficiency is measured by the extent to which outputs are maximized, given inputs, and by the extent to which inputs are minimized, given outputs[12]. In this paper, we use the three-stage DEA model proposed by FRIED et al[13] that takes the effects of external environmental factors and random errors into account.

Stage 1: Based on the nature and developmental dynamics of ports, this paper uses the BCC model proposed by Banker[14] et al. to obtain pure technical efficiency excluding the effect of size. The input-oriented BCC-DEA model is shown in equation (1):

$$\min\theta$$

$$s.t\begin{cases}\sum_{j=1}^{n}\lambda_j x_{ij}\leqslant\theta x_{ik}\\ \sum_{j=1}^{n}\lambda_j y_{rj}\geqslant y_{rk}\\ \sum_{j=1}^{n}\lambda_j=1\\ \lambda\geqslant 0\\ i=1,2\cdots,m;r=1,2\cdots,q;j=1,2\cdots,n\end{cases}\tag{1}$$

Stage 2: Stochastic Frontier Analysis (SFA). The input slack variable obtained in the first stage was used as the dependent variable and the environmental factors were used as the independent variables to build an SFA regression model to observe and exclude the effects of external environmental factors, stochastic factors and management efficiency.

All text paragraphs should be single spaced, with first line intended by 10 mm. Double spacing should only be used before and after headings and subheadings as shown in this example. Position and style of headings and subheadings should follow this example. No spaces should be placed between paragraphs. The SFA model is constructed as in equation (2)-equation(3):

$$S_{ni}=f(Z_i;\beta_n)+v_{ni}+\mu_{ni}$$
$$(i=1,2,\cdots,I;n=1,2,\cdots,N)\tag{2}$$

$$x_{ni}^{A}=x_{ni}+[\max_i f\{Z_i;\hat{\beta}_k\}-f(Z_i\hat{\beta}_k)]+[\max_i\{\hat{v}_{ni}\}-\hat{v}_{ni}]$$
$$(i=1,2,\cdots,I;n=1,2,\cdots,N)\tag{3}$$

Equation (2) is the SFA regression function, S_{ni} denotes the slack value of the n input of the i decision unit; Z_i denotes the external environment variable; β_n denotes coefficients indicating external environmental variables; $v_{ni}+\mu_{ni}$ denotes the mixed error term, v_{ni} indicates random interference, μ_{ni} indicates ineffective management; equation (3) is the adjustment formula for the input variables, X_{ni}, X_{ni}^{A} respectively indicates inputs before and after adjustments, $\hat{\beta}_k$ indicates the estimated value of the environmental variable, $\hat{v}_{ni}$ denotes the estimate of the random disturbance, $[\max_i f\{Z_i;\hat{\beta}_k\}-f(Z_i\hat{\beta}_k)]$ Indicates adjustments to external environmental factors, $[\max_i\{\hat{v}_{ni}\}-\hat{v}_{ni}]$ is used to eliminate the influence of external factors and place all decision-making units in an environment without interference from external factors.

Stage 3: BCC-DEA model with adjusted input factors. The adjusted input variables and original output variables of the second stage are brought into the BCC-DEA model again for calculation, and the efficiency obtained is the value of efficiency after excluding the influence of external environmental factors and random disturbances.

2 Selection of indicators and sources of data

2.1 Selection of input and output indicators

The selection of indicators for evaluating the efficiency of inland river ports in port-type national logistics hubs needs to follow the principles of representativeness, measurability and rationality. Depending on the perspective of the study and the availability of specific data, the system of input and output indicators selected by the researchers varies. In terms of port input indicators, most studies use the actual facilities, equipment and labor invested in port operations as input indicators. There are also studies that use accounting statistics such as fixed assets, main operating costs, working capital, etc. In terms of port output indicators, most studies use throughput as an output indicator, while some studies consider financial indicators such as profit and revenue with port enterprises. Referring to the relevant literature at home and abroad, from the perspective of inland river ports themselves, based on the relevance of the indicators and the availability of data, In this paper, the number of berths for production and the length of wharf for production are selected as input indicators to reflect the port's capabilities, productivity level and operational efficiency; cargo throughput and container throughput are selected as output indicators to reflect the comprehensive strength of the port by using the most direct output results of port operation.

2.2 Selection of environment variables

Port efficiency is not only directly affected by input and output variables, but also indirectly by environmental factors that are not within subjective control. Environmental variables are generally considered in terms of the socio-economic environment as well as the associated natural environment. The level of GDP of port cities can reflect the level of socio-economic development to a certain extent, and there is a close relationship between the development of inland ports and the economic development of the hinterland, the economic development of the hinterland will inevitably stimulate the demand for inland waterway transportation. In general, the more fixed assets a port's hinterland city invests, the greater its demand for shipping and the more it invests in port infrastructure, thus giving it an advantage in port efficiency evaluation. Based on this, the hinterland GDP and regional total fixed asset investment are selected as environmental variables in this paper.

2.3 The source of data

This paper selects the panel data of inland river ports in the port-type national logistics hubs that have been approved by 2022, including Nanjing Port, Yichang Port, Chongqing Port, Suzhou Port, Wuhu Port, Wuhan Port, and Yueyang Port. Data from China Port Yearbook, China Statistical Yearbook, local statistical yearbooks, local statistical bulletins, and other relevant websites. Some of the missing data or unavailable data were supplemented using estimation methods to ensure the accuracy of the data. The selected time interval is 2015-2021. The descriptive statistics for each indicator are shown in Table 1.

The descriptive statistics for each indicator Table 1

Type	Indicators	Unit	Average value	Standard deviation	Upper quartile	Maximum value	Minimum value
Input indicators	number of berths for production	numbers	251.06	194.443	187.00	813	35
	length of wharf for production	m	27990.14	18801.660	22685.00	70837	5708
Output indicators	cargo throughput	tons	20198.024490	15573.3822437	13144.071400	60456.0000	6868.0000
	container throughput	ten thousand cases	196.770626	201.3779606	126.940000	811.4900	13.0000
Environmental indicators	GDP	billions	11042.107798	7387.8886144	10819.140000	27894.0200	2366.2389
	regional total fixed asset investment	billions	6703.353351	5366.5786938	4937.563600	21744.5500	1973.3184

3 Conference program and proceedings

3.1 Phase1: comprehensive port efficiency analysis

Assuming variable returns to scale, the efficiency value of the port is measured based on the input-output data of the port-type national hub port inland river ports from 2015 to 2021, using BCC-DEA method to estimate the efficiency of the port. The calculation results obtained by running the DEAP 2.1 software are shown in Table 2.

The BCC-DEA results of phase 1

Table 2

Combined efficiency							
Port	2015	2016	2017	2018	2019	2020	2021
Nanjing	0.826	0.849	0.847	0.783	0.906	0.903	0.816
Yichang	1	1	0.27	0.185	0.27	0.234	0.34
Chongqing	0.179	0.184	0.219	0.216	0.213	0.2	0.278
Suzhou	1	1	1	1	1	1	1
Wuhu	0.652	0.642	0.672	0.597	0.758	0.748	0.716
Wuhan	0.424	0.475	0.535	0.8	0.89	0.787	0.706
Yueyang	0.808	0.825	0.742	1	1	1	1
average value	0.698	0.711	0.612	0.654	0.72	0.696	0.694
Pure technical efficiency							
Port	2015	2016	2017	2018	2019	2020	2021
Nanjing	0.89	0.917	0.999	0.839	0.95	0.962	0.821
Yichang	1	1	0.613	0.303	0.429	0.335	0.374
Chongqing	0.189	0.196	0.268	0.238	0.221	0.215	0.284
Suzhou	1	1	1	1	1	1	1
Wuhu	0.659	0.647	1	0.658	0.851	0.821	0.798
Wuhan	0.594	0.663	0.907	0.975	1	0.893	0.858
Yueyang	0.855	0.864	1	1	1	1	1
Average value	0.741	0.755	0.827	0.716	0.779	0.747	0.734
Scale efficiency							
Port	2015	2016	2017	2018	2019	2020	2021
Nanjing	0.928	0.926	0.847	0.934	0.954	0.938	0.994
Yichang	1	1	0.44	0.61	0.629	0.7	0.911
Chongqing	0.944	0.939	0.816	0.906	0.966	0.934	0.976
Suzhou	1	1	1	1	1	1	1
Wuhu	0.989	0.992	0.672	0.908	0.891	0.911	0.897
Wuhan	0.715	0.716	0.59	0.82	0.89	0.882	0.823
Yueyang	0.945	0.955	0.742	1	1	1	1
Average value	0.932	0.933	0.73	0.883	0.904	0.909	0.943

As shown in Table 2, the change in the average value of efficiency for the seven ports from 2015-2021, excluding environmental and stochastic factors, is broadly upward from an overall perspective. However, the average value of comprehensive efficiency of the seven ports in 2015-2021 is 0.684, the average value of pure technical efficiency is 0.757, and the average value of scale efficiency is 0.891, which does not reach the efficiency frontier surface, indicating that inland ports of port-type national logistic hubs suffer from the problems of low utilization of resources and low technical level. The main reason for the ineffectiveness of the combined efficiency is the low value of pure technical efficiency, which indicates that the improvement of port efficiency requires continuous strengthening of technical innovation and continuous management of technological innovations.

From the perspective of each port, the average value of efficiency of each port has a big difference, and the efficiency value of Suzhou Port is 1 in all seven years, which reaches the DEA effective, indicating that Suzhou Port has a significant advantage in resource allocation and management efficiency. Chongqing, Wuhu, and Wuhan ports have averages of 0.213, 0.684, and 0.660 respectively, which are significantly lower than the average, mainly due to purely technical inefficiencies. The comprehensive efficiency value of Yichang Port has been 1 in the first two years, but it is inefficient in the latter years, which may be caused by the imbalance between inputs and outputs due to the sudden increase in infrastructure investment in Yichang Port in the latter years, but the technology level has not been significantly improved, it shows that the low overall efficiency of Yichang port is the result of the combination of pure technical efficiency and scale efficiency. The average value of comprehensive efficiency of Yueyang Port is 0.911, and the value of comprehensive efficiency in the last four years is 1, which reaches the DEA validity, indicating that after the efficiency of Yueyang Port's pure technical level improved, the investment in infrastructure gradually increases, and resource allocation and management efficiency also get the advantage.

3.2 Phase 2: Impact of the external environment on port efficiency

The slack variable of each input variable obtained in the first stage was used as the dependent variable, GDP of the hinterland and total investment in fixed assets in the region were used as the independent variables. Frontier 3.1 software was used to calculate and regression analysis was performed on the environmental variables and the mixed error term, and the results are shown in Table 3.

The results of second-stage SFA regression Table 3

Type	Slack variable for number of production berths		
	Regression coefficient	Standard deviation	T-value
constant term	15.4315	27.1006	0.5694
GDP	-0.0022	0.0020	-1.1199
Total regional investment in fixed assets	0.0024	0.0061	0.3894
σ^2	13942.3260	2352.6589	5.9262
γ	0.8925	0.0347	25.7495
LogL	-268.8151		
LR test	42.4823		

Type	Slack variable for length of production wharf		
	Regression coefficient	Standard deviation	T-value
constant term	198.1686	1811.1473	0.1094
GDP	-0.1981	0.1672	-1.1849
Total regional investment in fixed assets	0.4899	0.4304	1.1383
σ^2	108541380.0000	1.0061	107882050.0000
γ	0.8832	0.0220	40.2313
Log*L*	-491.3215		
LR test	36.3365		

Note: log*L* denotes the value of the log-likelihood ratio function and LR denotes the one-sided likelihood ratio test.

The SFA regression does not require that all parameter t-test values pass significance, as long as the LR passes the likelihood ratio test to show that the SFA production function has sufficient explanatory.

Since the likelihood ratio test obeys χ^2 distribution, i. e., LR ~ $\chi(q)^2$, where the q degrees of freedom of the χ^2 distribution are the number of constraints in the original hypothesis. There are 2 environmental variables in the SFA regression, so the degrees of freedom are 2.

As shown in Table 3, the LR test values estimated by the SFA model for the two input slack variables are 42.4823 and 36.3365 respectively, both of which are greater than the critical value of 8.273 for χ^2 distribution with a degree of freedom of 2 and a significance level of 1%. Therefore, an SFA regression analysis is warranted and the likelihood ratio test rejects the original hypothesis at the 1% level, suggesting that there is ineffective management at the port.

Second, it can be found that the values of the 2 regression equations are 0.8925 and 0.8832, indicating that management inefficiency plays a dominant role in the mixed error term for the production berths slack variables. Therefore, GDP of the hinterland and total regional fixed asset investment, have an effect on the number of production berths, the length of production terminals redundancy and port efficiency, it is necessary to exclude the effect of environmental factors on efficiency. The positive and negative values of the regression coefficients allow the conclusion to be drawn:

First, the coefficients of hinterland GDP on both the number of production berths and the length of wharves used for production are negative, indicating that when hinterland GDP increases, input redundancy decreases, which reduces wastage and is positively influenced by the external environment. An increase in the level of economic development in the hinterland promotes the flow of goods, thus increasing port output and efficiency.

Second, the coefficients of total investment in fixed assets in the region on the number of production berths and the length of production wharves are positive, indicating that the increase in total investment in fixed assets in the region will waste the number of production berths and the length of production wharves, which suggests that the administrators should avoid blindly enlarging the number of production berths and the length of production wharves in a large-scale manner. Administrators need to formulate a reasonable plan to improve the efficiency of loading and unloading of goods in ports and port management in order to prevent the economic wastage.

3.3 Phase 3: Port efficiency analysis with adjusted input indicators

Based on the results of the second-stage regression, the SFA regression-adjusted inputs and raw outputs were used, and the BCC-DEA model was again utilized to measure the value of the port's efficiency with the exclusion of external environmental factors and stochastic factors.

3.3.1 Comparative analysis of the results of phases 1 and 3

The port efficiency values before and after adjustments for 2015-2021 are shown in Table 4. As can be seen from the table, environmental and stochastic factors have a more pronounced effect on port efficiency. The changes in the efficiency values before and after the adjustment are obvious, especially the scale efficiency, which shows a clear state of decline in the efficiency value and the average value each year.

Comparing to Phase 1, the port's efficiency averages for 2015-2021 in Phase 3 are all higher in terms of combined efficiency. In terms of pure technical efficiency, the pre-adjustment pure technical efficiency values are all lower than the adjusted values. It can be seen that the underlying cause of the decline in adjusted combined efficiency is not due to pure technical efficiency, which rises when external factors are added, suggesting that actual pure technical efficiency is much higher. In terms of scale efficiency, the adjusted scale efficiency values are much lower compared to the pre-adjustment period, suggesting that the vast majority of the decline in the combined efficiency values is due to the impact of scale efficiency. In terms of averages, the average value of combined efficiency declined from 0.684 to 0.579, the average value of pure technical efficiency increased significantly from 0.757 to 0.878, and the average value of scale efficiency declined from 0.891 to 0.654. A comparison shows that the most obvious decline after adjustment is the value of scale efficiency, which fully proves that the real reason for limiting the development of the port in the late stage is the diseconomies of scale. Therefore, the later port development not only needs to pay attention to the construction of the port, and supplement the lack of infrastructure, but also needs to consider the port's existing input and output situation. To invest as little as possible and produce as much as possible, to economize, to enhance the port's throughput on the basis of the existing inputs, to build the right amounts of port, and to achieve the optimal state of commissioning.

Comparison of the results of phases 1 and 3 Table 4

Efficiency value	Type	2015	2016	2017	2018	2019	2020	2021	average value
Combined efficiency	Adjusted	0.566	0.568	0.516	0.579	0.601	0.597	0.626	0.579
	pre-adjustment	0.698	0.711	0.612	0.654	0.72	0.696	0.694	0.684
Pure technical efficiency	Adjusted	0.874	0.882	0.901	0.852	0.882	0.872	0.881	0.878
	pre-adjustment	0.741	0.755	0.827	0.716	0.779	0.747	0.734	0.757
Scale efficiency	Adjusted	0.642	0.64	0.569	0.672	0.674	0.671	0.707	0.654
	pre-adjustment	0.932	0.933	0.73	0.883	0.904	0.909	0.943	0.891

3.3.2 Comparison of efficiency values of ports in phases 1 and 3

With the inclusion of these factors, external environment, and random disturbances, the efficiency of major ports changed to varying degrees, the greater the degree indicating that external factors had a greater impact on their efficiency. The changes in the average port efficiency in the first and third phases are shown in Figure 1.

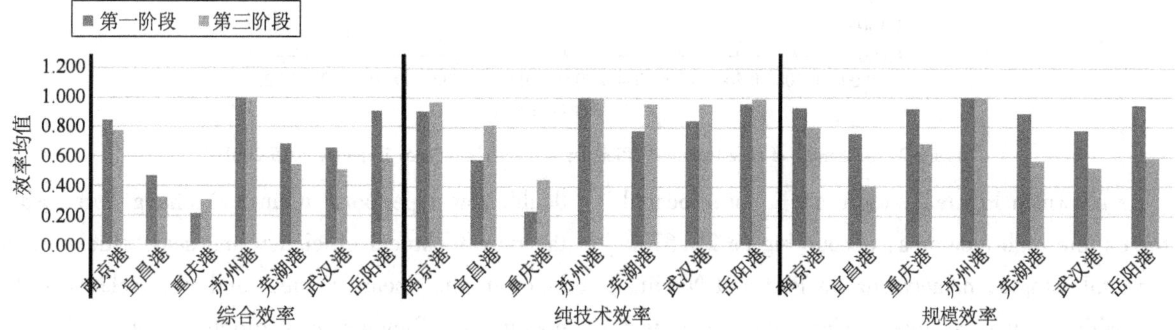

Figure 1 Changes in the average value of port efficiency in phases 1 and 3

After excluding environmental factors, the comprehensive efficiency of Suzhou Port remains unchanged and the efficiency value is 1, which is in the efficiency frontier surface, indicating that the efficiency of Suzhou Port is almost unaffected by environmental factors, with a strong comprehensive operation capability and high resource allocation efficiency. The other six ports show negative growth in their combined efficiency when they are removed from the influence of the external environment, suggesting that the environment has a significant impact on the efficiency of this segment of ports. The pure technical efficiency of all ports increased or remained unchanged, with Yichang and Chongqing ports showing the most significant increase in pure technical efficiency, indicating that the lower pure technical efficiency of these two ports was caused by the poorer external environment and stochastic factors. Excluding environmental factors, the pure technical efficiency values of these seven ports are close to the DEA effective, indicating that these seven ports have a high level of technology. The only port where pure technical efficiency is still effective is Suzhou Port, indicating that Suzhou Port's management technology is a bit higher compared to other ports, and the level of resource allocation is higher, which can be learned from other ports. The scale efficiencies of all ports remained unchanged or decreased after the adjustment, indicating that the selected environmental variables had a significant impact on the scale efficiencies of these seven ports, among which the scale efficiencies of Yichang Port, Wuhu Port and Yueyang Port even decreased by more than half. Therefore, in addition to paying attention to the economic and technical environment, port management should also face up to the existing scale of the port, so that the economic environment can appropriately match the construction of the port, and invest in the construction of the port according to the needs.

3.3.3 Comparison of efficiency differences among ports in phase Ⅲ

In order to visualize the efficiency differences among ports more intuitively, the basic research idea of the Boston Matrix is combined with a scatter depiction based on the pure technical efficiency and scale efficiency values of the sample, using technical and scale efficiency values as horizontal and vertical coordinates respectively, and the mean of their decomposition terms as the thresholds, four regions were divided: double-high ports, high-low ports, low-high ports and double-low ports. As shown in Figure 2.

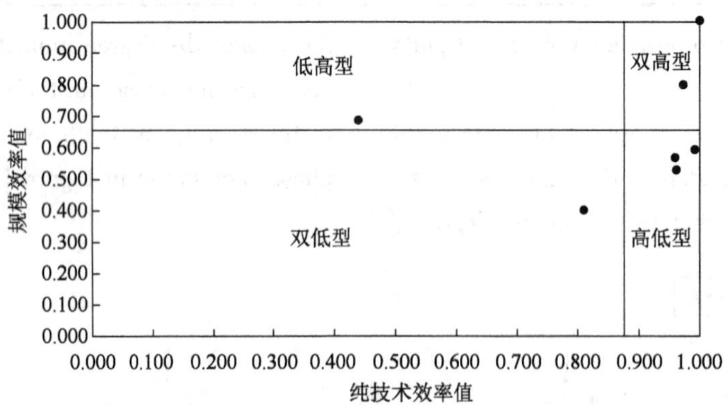

Figure 2 Scatterplot of pure technical efficiency and scale efficiency in ports, 2015-2021

As shown in Figure 2, there are 2 ports located in the double-high type area, accounting for 28.57% of the total sample, namely Suzhou Port and Nanjing Port, which have relatively high pure technical efficiency and scale efficiency, which is the ideal state of port operational efficiency. There are three ports in the high-low type region, namely Wuhu Port, Wuhan Port, and Yueyang Port, which have high pure technical efficiency, but the scale efficiency has not reached the average value, and there is still much room for improvement. Low-high type ports include Chongqing Port, which has high scale efficiency, but pure technical efficiency "bias" phenomenon exists, by technical lag will lead to the sustainable development of the port is hindered. The double-low type ports include Yichang Port, where the pure technical efficiency and scale efficiency are both at the mean value, and the relatively low operational efficiency is a problem that needs to be solved.

4 Conclusions

This paper utilizes the DEA three-stage model to empirically analyze the port operational efficiency of inland ports in seven port-based national logistics hubs from 2015 to 2021:

(1) The difference in DEA efficiency between the first stage and the third stage is obvious, indicating that environmental variables and stochastic factors significantly affect the input-output efficiency

of the port, external environmental variables need to be scientifically grasped and adjusted in order to improve the efficiency of the port.

(2) From the perspective of integrated efficiency, the integrated efficiency of inland ports in port-based national logistics hubs did not reach the efficiency frontier in 2015-2021. The better the region in which the port is located, the better the development of the economic hinterland, and the higher its operational efficiency. Port development needs to be combined with the actual development of each port, tailored to local conditions, and formulate corresponding development strategies, so as to better promote the transformation and upgrading of ports and high-quality development.

(3) The mean value of pure technical efficiency and the annual average value of scale efficiency of inland river ports in port-type national logistics hubs in 2015-2021 are higher than the mean value of combined efficiency from the aspect of pure technical efficiency and scale efficiency, the DEA efficiency less than 1 in the third stage is mainly caused by scale inefficiency, which fully proves that the real reason limiting the development of ports in the late stage is scale diseconomies, and blindly expanding the scale of investment does not get a better return.

(4) In terms of the efficiency of each port, Suzhou Port and Nanjing Port are double-high type ports, with relatively high pure technical efficiency and scale efficiency, and the operational efficiency of the ports has reached a more ideal state. The ports of Wuhu, Wuhan, and Yueyang are high and low, the port of Chongqing is a low and high port, and the port of Yichang is a double low. For High-low type ports, management level is high, but the scale is ineffective, and there are problems such as over-allocation of resources, which requires further integration of port resources, such as through strengthening multi-party cooperation, attracting cargo sources in the port hinterland, etc. to increase port throughput, and thus improve port operational efficiency.

(5) Among the inland river ports in the port-type national logistics hubs from 2015 to 2021, Suzhou Port has been in the effective state of DEA, indicating that the economic development of the port hinterland on which the development of Suzhou Port relies is in a better state, the port's own infrastructure construction is more complete, the level of internal management has reached a relatively better state, and the port's overall operational efficiency is relatively high.

References

[1] DENG J. Research on the Measurement via DEA and Improvement of China's Port Efficiency: from a perspective of Enhancement of Dynamic Comparative Advantage [D]. Hangzhou: Zhejiang University, 2012.

[2] CHARNES A, COOPER W W, RHODES E. Measuring the Efficiency of Decision Making Units [J]. European Journal of Operational Research, 1978, 2(6): 429-444.

[3] TONGZON J L. Efficiency Measurement of Selected Australian and Other International Ports Using Data Envelopment Analysis [J]. Transportation Research A, 2001, 35: 113-128.

[4] DE OLIVEIRA G F, CARIOU P. The impact of competition on container port (in) efficiency [J]. Transportation research Part A (Policy and Practice), 2015, 78: 124-133.

[5] ZHANG J, WANG M, WANG X. Analysis on part efficiency based on DEA model [J]. Shipping Management, 2019, 41(11): 16-18 + 25.

[6] PANG R. Dynamic Evaluation of Main Sea Ports in Mainland China Based on DEA Model [J]. Economic Research Journal, 2006, 6: 92-100.

[7] GUO P. Research on China Port Efficiency Based on DEA-TOBIT[D]. Shanghai: Shanghai Ocean University, 2020.

[8] HOU L, JIA M. Efficiency Evaluation of China's Major Coastal Ports Based on Improved DEA Modeling[J]. China Water Transport, 2022, 11: 43-45.

[9] DU H, ZHOU Y, KUANG H, et al, Research

on Port Operation Efficiency Based on Three-stage Super-efficiency DEA [J]. Journal of Technology Economics,2021,40(7):22-35.

[10] WU X, WANG M, WANG L. Dynamic efficiency evaluation of Yangtze River Delta port cluster based on four-stage DEA-Malmquist indexes[J]. Statistics&Decision, 2022,38(2):184-188.

[11] TAN B, GAO H. Efficiency Measurement of Chinese Film Projects [J]. Statistics & Decision, 2020,36(4):52-56.

[12] FARRLLL M J. The measurement of productive efficiency[J]. Royal Statistical Society: Series A (General), 1957, 120(3): 253-281.

[13] FRIED H O. Accounting for Environmental Effects and Statistical Noise in Data Envelopment Analysis [J]. Journal of Productivity Analysis,2020,17(12):157-174.

[14] BANKER R D, CHARNES A, W W. Some models for estimating technical and scale inefficiencies in data envelopment analysis [J]. Management Science, 1984, 30(9): 1078-1092.

基于 AIS 数据的长江干线航道动态船舶领域分析

刘　奕*[1,2,3]　代文亮[2]　刘敬贤[1,2,3]　陈玉傲[2]

(1. 武汉理工大学水路交通全国重点实验室;2. 武汉理工大学航运学院;
3. 武汉理工大学内河航运技术湖北省重点实验室)

摘　要　当前水上交通流理论研究中对船舶安全间距的分析,大多基于船型尺度,而忽略了船舶运动状态的影响。为了探索长江干线航道交通流中船舶领域的尺度与船长、速度之间的综合关系,以长江干线太仓浏河水道航段为实验对象,利用船舶 AIS 数据提取 3803 艘次顺航道航行货船作为目标船舶,设置了不同船长-速度的 45 组船舶领域拟合实验。实验结果表明,定线制通航分道中顺行交通流的船舶领域尺度整体上与船型尺度、航行速度呈正相关,即动态椭圆船舶领域模型更加符合交通流运行的实际状态。基于此,构建了符合长江干线定线制通航分道交通流特征的动态船舶领域模型。

关键词　AIS 数据　长江干线航道　船舶交通流　动态船舶领域

0　引言

船舶安全间距是微观交通流理论研究的重要内容,不仅是船舶碰撞风险以及避碰决策的依据,也是船舶交通流建模、航道通过能力及饱和度计算的基础[1]。1971 年,Fujii[2] 船舶领域概念的提出,科学合理地为船舶通航安全间距的表征提供了理论依据和计算方法。此后,基于不同研究目标或研究思路,水运学者们对船舶领域进行了广泛的应用和拓展。

总体来看,船舶领域在形式上的发展可以分为对称和非对称两种,非对称的结构主要集中在船舶避碰研究中。国外学者 Goodwin[3] 基于船舶号灯光幅范围建立了开阔水域扇形船舶领域模型;在其基础上,Davis[4][5] 将扇形平滑为圆形,但保留船舶各个方向上领域区间尺度的不同,构建了偏心船舶领域模型,并发展了“动界”(Arena)概念,此后船舶避碰操纵领域的非对称性和动态性成为共识[6]。对称性船舶领域的观点主要存在于交通流理论研究过程中,传统的观点是认可 Fujii 的椭圆船舶领域形式,而根据研究水域实际情况对领域的尺度进行修正[7]。因此,沿着该思路的大多数研究,船舶领域只考虑船型尺度,而忽略了船舶运动状态因素的影响[8][9]。随着交通流建模

基金项目:国家自然科学基金(51709219)、武汉理工大学自主创新研究基金(2023CG017)、中央高校基本科研业务费专项资金(2023IVB079)。

理论的发展,学界关于船舶领域动态特征的思考也逐渐发展起来[10][11][12]。但是,对于交通流中船舶领域动态规律的直接分析仍然较少。

长江干线航道是我国内河航运的"大动脉",在我国交通强国战略和现代交通运输体系建设中占据着重要地位。研究长江干线定线制航道的交通流规律,对于干线航道规划、水上通航管理以及交通组织等都具有重要意义。近年来,随着大数据分析技术的发展,利用船舶 AIS 数据进行交通流信息挖掘已经成为海事大数据研究的热点[13]。本文基于船舶 AIS 数据,以长江干线太仓浏河水道为案例,分析了定线制交通流中船舶领域尺度与船长、速度之间的综合关系。通过设置分组实验,得到了船舶不同船长、不同速度下的船舶领域尺度,并基于此构建了符合地区交通流特征的动态船舶领域模型。所得结果能够为定线制航道船舶交通流规律研究提供参考,同时也具有服务地区水上交通规划和管理的现实意义。

1 动态船舶领域模型

在船舶交通流理论研究中,椭圆船舶领域模型仍然是学界普遍认可的主流形式,众多研究工作都验证了其客观性和合理性[1][14]。基于交通流规律的普遍性,本文沿用椭圆船舶领域作为船舶领域模型的基本形式,对船舶领域尺度随船长以及船舶运动状态变化的动态特征进行分析。

因此,根据椭圆的对称性,假设船舶领域的纵向尺度为 R_{lon},横向尺度为 R_{lat},则动态船舶领域模型基本形式可以定义为:

$$\begin{cases} R_{lon} = f_{lon}(L,v) \\ R_{lat} = f_{lat}(L,v) \end{cases} \tag{1}$$

式中:$f_{lon}(\cdot)$,$f_{lat}(\cdot)$——船舶领域纵向、横向尺度与船长 L、船速 v 的函数关系。

2 数据准备

2.1 船舶 AIS 数据预处理

船舶 AIS 数据的本质为船舶自动识别系统船-船端、船-岸端的通信数据,通常航行中船舶的报文发送间隙为 3~12s。因其含有丰富的船舶属性信息以及时空动态信息,已经成为船舶交通大数据挖掘的重要信息来源。但由于信息在传输和中转过程中受环境和技术限制,数据丢包、延迟、抖动、重传等现象时有发生,使得基于 AIS 数据重构的船舶轨迹中难免存在轨迹点缺失、重复以及错误等异常情形。因此在利用 AIS 数据进行研究工作前,需要先进行数据预处理。一般来讲,AIS 数据中的异常主要表现在动态信息上,包括位置异常、速度异常、加速度异常、转向异常等[15],在数据预处理阶段需要对以上异常情况作统一剔除处理。AIS 数据预处理流程如图 1 所示。

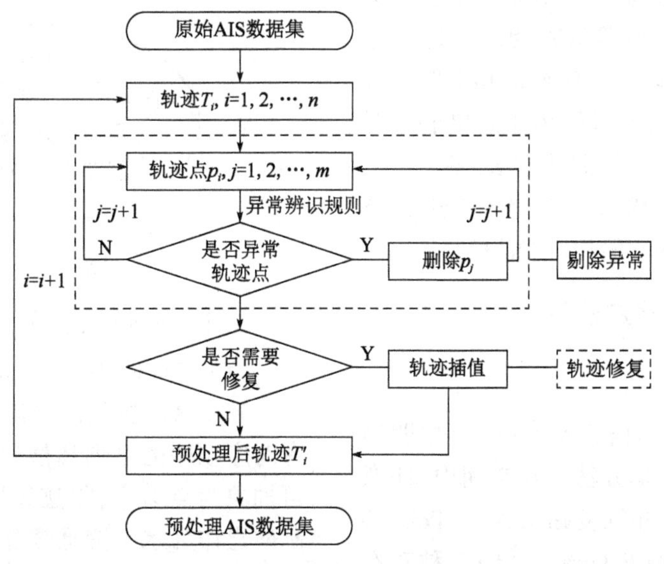

图 1 AIS 数据预处理流程图

2.2 坐标转换

船舶 AIS 数据中船位为 WGS-84 大地坐标系下的经纬度坐标,为了更方便地表达和计算船舶之间的相对位置,需要选定平面坐标原点,将船舶位置转化为笛卡尔坐标系下坐标。因此,本文采用墨卡托投影法建立平面固定坐标系 XOY,并在固定坐标系下建立目标船运动坐标系 xoy,固定坐标系与附体坐标系之间的转换关系见式(2)。

$$\begin{bmatrix} y_i \\ x_i \end{bmatrix} = \begin{bmatrix} \cos\psi & -\sin\psi \\ \sin\psi & \cos\psi \end{bmatrix} \begin{bmatrix} Y_i - Y_0 \\ X_i - X_0 \end{bmatrix} \tag{2}$$

式中,(X_0,Y_0)、(X_i,Y_i) $(i=0,1,2,\cdots)$分别为目标船和其他船舶在固定平面坐标系下的坐标;(x_i,y_i)为其他船舶在目标船坐标系下的坐标;ψ 为目标船坐标系相对固定坐标系的旋转角度,假设目标船航向与其船艏向相同,则 ψ 即目标船舶的对地航向,如图2所示。

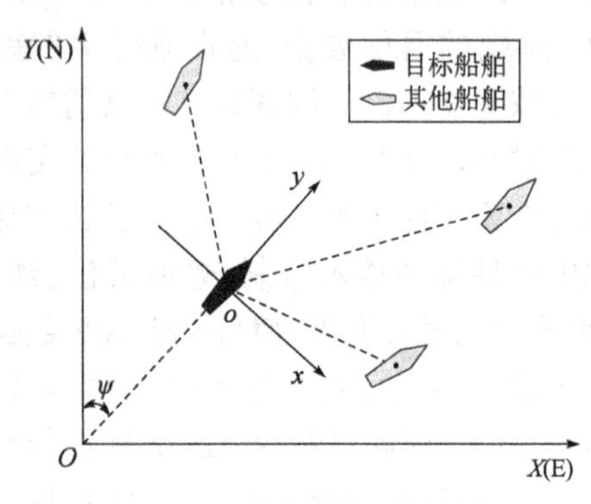

图2　坐标系示意图

2.3　相对船位计算

在目标船运动坐标系下,其他船舶相对目标船的方位和距离皆可以通过在目标船坐标系下的坐标便捷地表征,任意时刻,所有其他船舶在目标船坐标系下的位置散点图即瞬时相对船位分布图。将目标船出行时段内每一时刻的相对船位分布图叠加在一起,便得到该目标船舶的单船相对船位分布图,如图3所示。依照此方法,将同一实验组下的多艘目标船的相对船位分布图进行叠加,即可得到该实验组的多船相对船位叠加图。

3　航道顺行船舶轨迹辨识

3.1　空间拓扑关系

空间拓扑关系是地理信息系统(GIS)中明确定义空间关系的一种数学方法。在空间中,任意实体对象可以根据其拓扑维度抽象为点(Point:0维)、线(Line:1维)和面(Polygon:2维)三种基本类型,如图4所示。而拓扑关系就是将抽象出的点、线、面对象之间的空间联结关系,以相等(Equals)、脱节(Disjoint)、相交(Intersects)、接触(Touches)、交叉(Crosses)、内含(Within)、包含(Contains)以及重叠(Overlaps)8种基本的空间关系进行表达。以上空间关系并非完全互斥关系,用维恩图对其进行表示如图5所示。

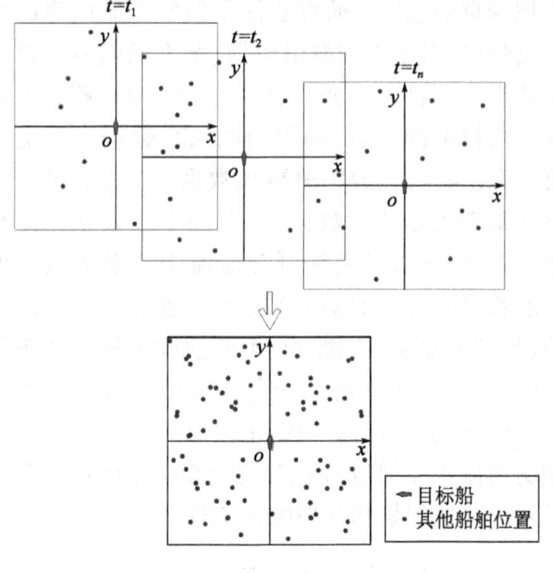

图3　单船相对船位分布图

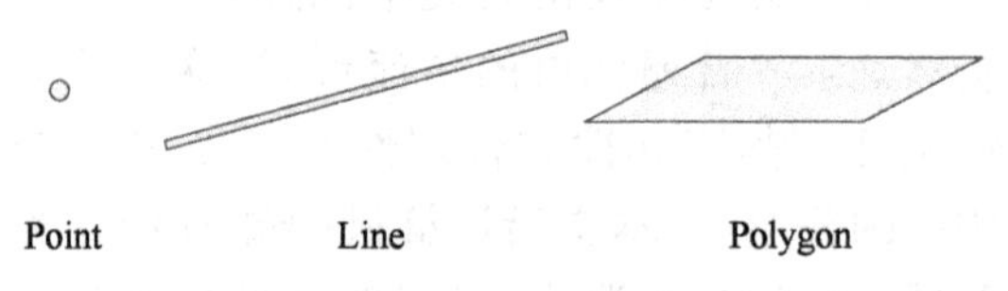

图4　拓扑几何对象基本类型

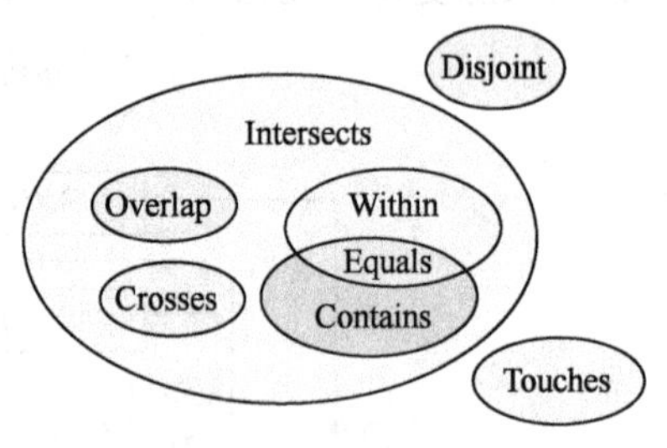

图5　基本空间关系

3.2　航道顺行船舶轨迹辨识

(1)交通对象拓扑表征

基于AIS数据的船舶轨迹实质为时空域内具有时序顺序的系列离散轨迹点,因此船舶轨迹点可抽象为点对象,轨迹线则为典型线对象。定线制航道作为水上交通要素,通常以浮标确定边界限制,是典型的多边形对象。因此,交通对象轨迹点 p_j、轨迹线 T_i、航道 B_w 的拓扑抽象对象分别为:$Point(p_j)$,$Line(T_i)$,$Polygon(B_w)$,如图6所示。

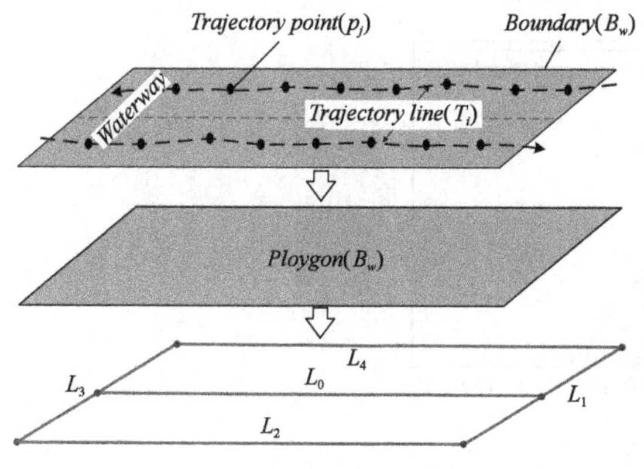

图 6 船舶轨迹和航道拓扑表征

(2)航道顺行轨迹识别

船舶轨迹与航道交通的拓扑关系可转化为点-面、线-线、线-面之间的空间联结关系。根据定线制通航规则,船舶顺航道航行应当尽可能远离分隔带并在航道中按规定的交通流方向航行[16]。因此,其轨迹线必与航道多边形产生交集(相交或内含),且与航道两侧边界线皆不相交,以"∩"表示交集计算,即:

$$T_n = \begin{cases} \{T_i \mid Line(T_i) \cap Polygon(B_w) \neq \varnothing\} \\ \& \\ \{T_i \mid Line(T_i) \cap Line(L_x) = \varnothing, x = 0,2,4\} \end{cases} \tag{3}$$

式中:T_n——顺航道航行船舶轨迹,通过遍历所有船舶轨迹,即可获得航道顺行船舶轨迹集。

4 实验分析

4.1 实验背景

本文实验所涉及的船舶 AIS 数据来源于船讯网,原始数据时间跨度为 2023 年 4 月 1 日 0 时至 5 月 1 日 0 时共 30 天,空间跨度为长江太仓浏河水道(长江#1—#3 浮)航段。根据长江#1—#3 浮坐标构建航道拓扑模型,各浮标坐标见表 1,航道拓扑多边形如图 7 所示。

实验水域各浮标经纬度坐标　　表 1

对象	经度(°)	纬度(°)
长江#1 红浮	121.3246	31.5476
长江#1 黑浮	121.3315	31.5533
长江#2 红浮	121.3087	31.5647
长江#2 黑浮	121.3147	31.5709
长江#3 红浮	121.2927	31.5859
长江#3 黑浮	121.3014	31.5907

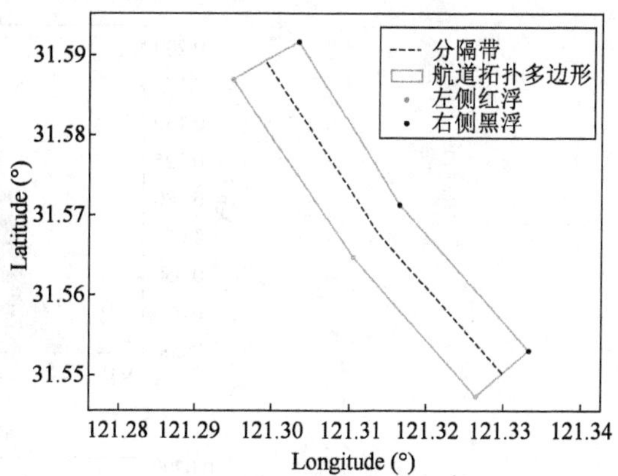

图 7 航道拓扑多边形

根据时空约束,获得实验水域原始 AIS 轨迹数据记录共 1612455 条,经过 2.1 节所述异常轨迹点删除后得到数据 943911 条,其中"Ship type"为"Cargo ship"(货船)的数据共 772644 条。由于实验数据集的时间跨度大,同一艘船舶可能在实验水域内进行了多次活动。因此,根据报文正常发送间隙以及考虑剔除异常数据所导致的间隙增大,将同一船舶速度保持大于 2kn,且相邻轨迹点间的时间间隔大于 3min 的轨迹段,视作两段轨迹。按此轨迹计数规则,并删除单个存在的轨迹点,共获得船舶轨迹 34261 条,利用 3.2 节所述方法提取顺航道航行轨迹共计 25192 条。为保障样本质量,选择其中轨迹点数量在前 50% 的船舶作为备选目标船舶,共计 4080 艘。

4.2 实验流程及结果

(1)数据准备

为了获得合理设置船舶尺度、速度分组的依据,首先检查顺航道航行船舶轨迹集中的船舶长度、速度分布情况,得到速度和船长分布概率密度图分别如图 8a)、b)所示。

根据图 8,船舶速度主要集中在 4 ~ 12kn 且最大不超过 15kn,船型尺度则主要集中在船长 200m 以下。综合考虑分组的合理性和均匀性,设计船舶分组方式为:船舶长度分为 60m 以下、60 ~ 200m、200m 及以上,其中 60 ~ 200m 区间以 20m 为步长分为 7 组;针对每组船舶,按速度分为 6kn 以下、6 ~ 12kn、12kn 及以上,其中 6 ~ 12kn 区间以 2kn 为步长分为 3 组。据此,共有船长(9 组)× 速度(5 组)共 45 个实验组。

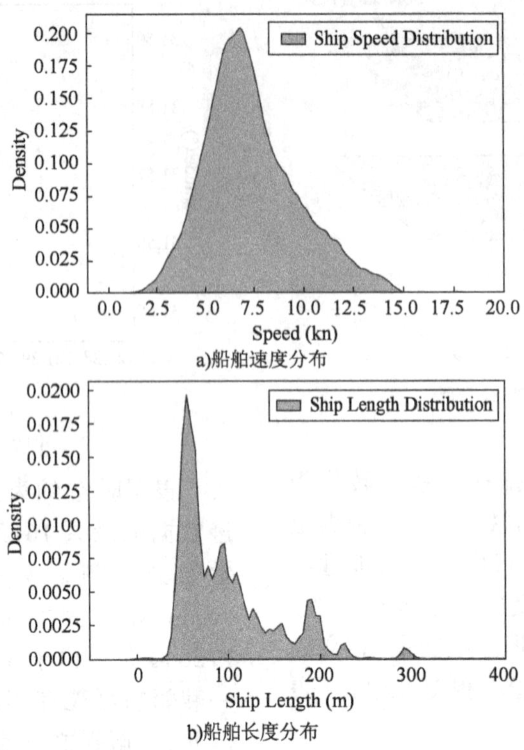

a)船舶速度分布

b)船舶长度分布

图8 航道顺行船舶速度和船长分布情况

为方便表示,以轨迹段数量直接代表实验组目标船数量,将备选目标船舶轨迹按照以上分组方式分为45组。为了保障轨迹样本的质量,选择每组轨迹点数量在前10%的轨迹段作为样本轨迹,样本轨迹所属船舶即为对应实验组的目标船舶。据此得到目标船舶共3803艘,各实验组的目标船舶数量见表2,船舶的平均船型尺度见表3,平均速度见表4。

目标船舶分组设置 表2

船长区间(m)	速度区间(kn)					船舶数量(艘)
	<6	[6,8)	[8,10)	[10,12)	≥12	
<60	352	594	187	36	18	1187
[60,80)	361	443	115	44	31	994
[80,100)	143	136	82	61	40	462
[100,120)	57	84	78	42	42	303
[120,140)	30	32	50	36	20	168
[140,160)	31	21	41	49	30	172
[160,180)	24	20	21	21	23	109
[180,200)	28	29	55	75	47	234
≥200	19	46	50	35	24	174

各组目标船的平均船型尺度［船长；船宽］ 表3

船长区间(m)	速度区间(kn)					船舶尺度平均值
	<6	[6,8)	[8,10)	[10,12)	≥12	
<60	[54;10]	[52;10]	[53;10]	[53;10]	[54;10]	[53;10]
[60,80)	[70;13]	[69;13]	[71;13]	[73;13]	[75;12]	[72;13]
[80,100)	[91;16]	[92;16]	[92;16]	[92;15]	[97;17]	[93;16]
[100,120)	[111;19]	[111;19]	[110;19]	[111;19]	[109;19]	[110;19]
[120,140)	[127;20]	[127;21]	[130;20]	[130;20]	[132;20]	[129;20]
[140,160)	[154;23]	[149;22]	[150;22]	[150;22]	[150;24]	[151;23]
[160,180)	[166;26]	[169;25]	[169;26]	[168;25]	[169;26]	[168;26]
[180,200)	[192;31]	[191;32]	[193;32]	[191;32]	[192;32]	[192;32]
≥200	[233;37]	[220;35]	[223;35]	[231;36]	[223;35]	[226;36]

各组目标船的平均速度 表4

船长区间(m)	速度区间(kn)				
	<6	[6,8)	[8,10)	[10,12)	≥12
<60	4.8	6.8	8.8	10.4	12.3
[60,80)	4.6	6.8	8.7	10.8	13.7
[80,100)	4.1	7.0	8.8	10.6	12.6
[100,120)	4.4	6.9	8.8	10.6	13.0
[120,140)	4.5	6.9	8.9	10.6	13.1
[140,160)	4.0	7.0	8.9	10.8	13.7
[160,180)	4.8	7.0	8.7	11.1	13.2
[180,200)	4.6	7.0	8.8	10.9	13.5
≥200	4.9	7.1	8.9	10.9	13.7

(2)拟合实验

①轨迹插值：以每一目标船舶的出行时段为时间约束，对同时段的所有船舶轨迹进行插值，设置插值间隙 $\Delta t = 1\text{s}$，获得所有目标船舶出行时段内任意时刻航道内所有船舶位置。

②获取相对船位叠加图：人工标定坐标点(121.2890°E,31.5383°N)为笛卡尔固定坐标系原点建立地理平面坐标系 XOY。根据所有船舶地理平面坐标和2.2节所述坐标系转换方法，计算其他船舶在目标船坐标系下的相对坐标，获得每个实验组的多船相对船位叠加图。图9为船长100~120m，船速6~8kn[①]实验组的相对船位叠加图。

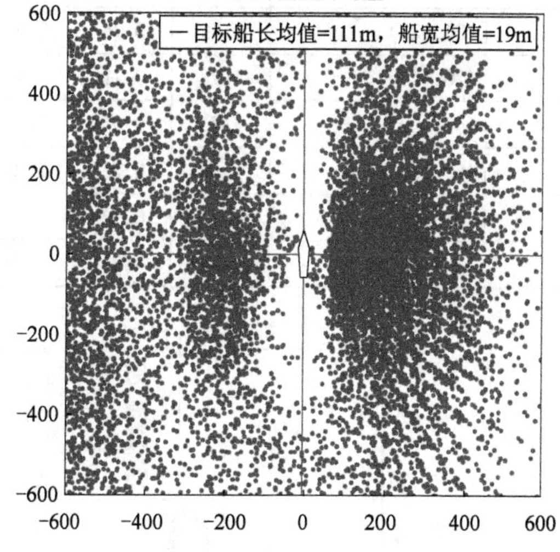

图9 多船相对船位叠加图

③确定船舶领域边界：对目标船周围的空间进行划分。距离上，以目标船组的平均船长 $\bar{L}$ 为依据，分别以1~5倍 $\bar{L}$(步长为1)为长半轴，以0.5~2.5倍$\bar{L}$(步长为0.5)为短半轴，且长轴位于船舶纵向的椭圆将目标船周围距离空间划分为Sec1~Sec4四个椭圆环形距离区间；方位上，以5°为间隔将目标船周围方位空间划分为72个方位区间。据此，目标船周围空间被划分为4×72个方位-距离子区间，如图10所示。

① 1kn≈1.852km/h

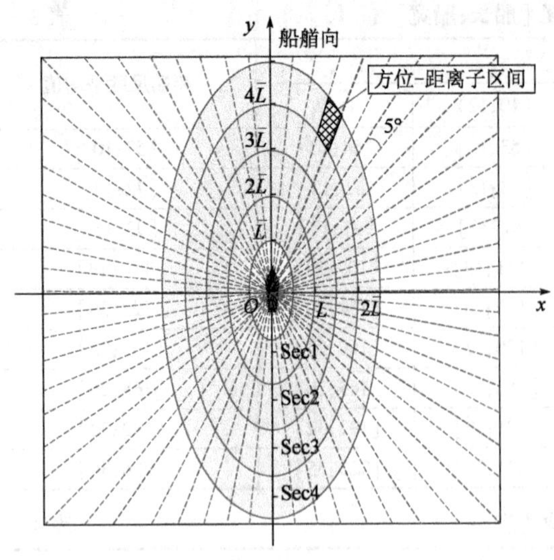

图10　目标船周围空间划分

根据以上空间划分方式,统计Sec1～Sec4每个区间的船舶轨迹点数量,基本原则为:轨迹点数量最多的椭圆环区域即船舶领域边界所在区域;但对于相邻两个椭圆环区域,若后一个的船位轨迹点数量未大于前一个的1倍,且前一个椭圆环中轨迹点数量大于100,则船舶领域边界位于前一个椭圆环区域。

④样本选择:针对船舶领域边界所在的每个方位-距离子区间,将其内部的船位点按与目标船的距离由近及远排序,选择第5%的轨迹点作为船舶领域边界的临界点(如某方位-距离子区间内有100个船位轨迹点,则按与目标船距离排序后的第5个点即临界点),不足的向上取整,获得目标船周围每个方位区间内船舶领域拟合样本点。

⑤拟合实验:采用非线性最小二乘法对选定的样本轨迹点进行椭圆方程拟合,各实验组拟合所得船舶领域长半轴a、短半轴b结果见表5,实验结果如图11所示。

拟合椭圆船舶领域尺度(船长倍数)　　表5

船长(m)	速度区间(kn)									
	<6		[6,8)		[8,10)		[10,12)		≥12	
	a	b	a	b	a	b	a	b	a	b
<60	1.5	0.85	1.93	0.82	2.99	1.2	3.19	1.64	3.38	1.63
[60,80)	1.62	0.84	2.06	0.77	2.45	1.18	2.81	1.75	3.26	1.7
[80,100)	1.7	0.76	2.36	1.29	2.44	1.13	3.19	1.65	3.20	1.66
[100,120)	1.59	0.76	2.53	1.19	2.57	1.14	3.35	1.66	3.36	1.69
[120,140)	1.78	0.71	2.44	1.23	2.63	1.21	3.14	1.63	3.37	1.64
[140,160)	1.45	0.81	2.28	1.23	2.52	1.23	3.36	1.58	3.48	1.57
[160,180)	1.52	0.76	2.24	1.2	2.39	1.16	3.16	1.6	3.33	1.58
[180,200)	1.52	0.73	2.4	1.18	2.59	1.12	3.38	1.65	3.54	1.6
≥200	1.45	0.83	2.41	1.17	2.44	1.06	2.64	1.18	3.31	1.69

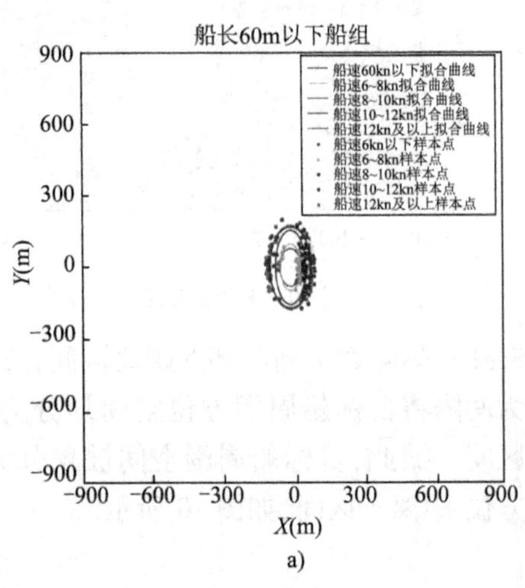

a)

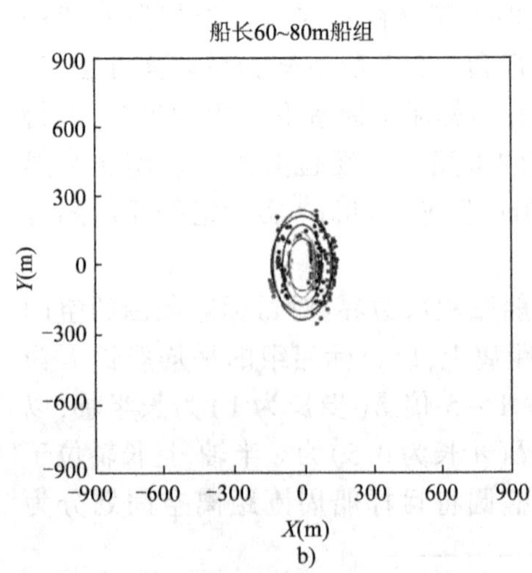

b)

图　11

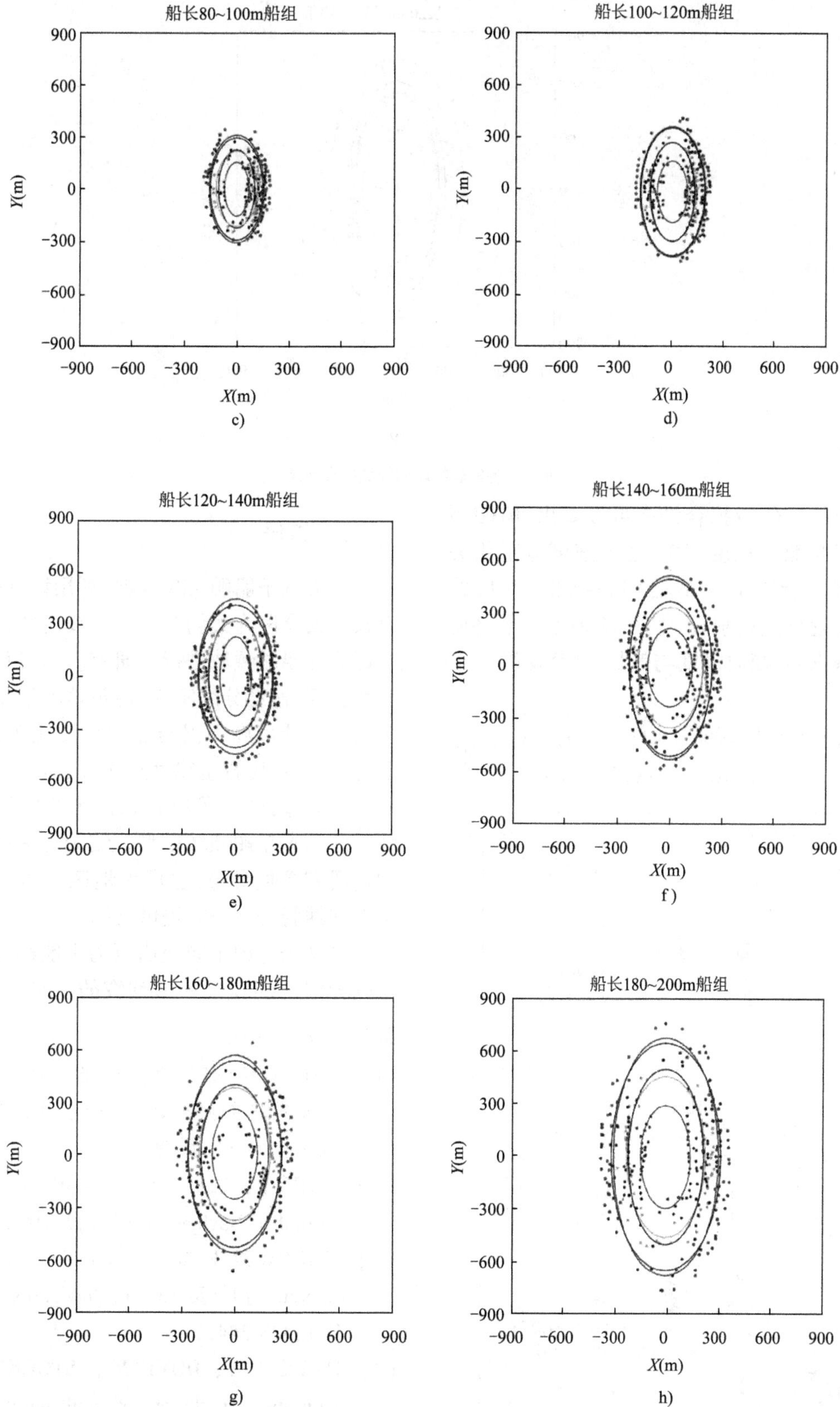
船长80~100m船组
船长100~120m船组
船长120~140m船组
船长140~160m船组
船长160~180m船组
船长180~200m船组
Y(m)
X(m)
900
600
300
0
−300
−600
−900
c)
d)
e)
f)
g)
h)

图 11

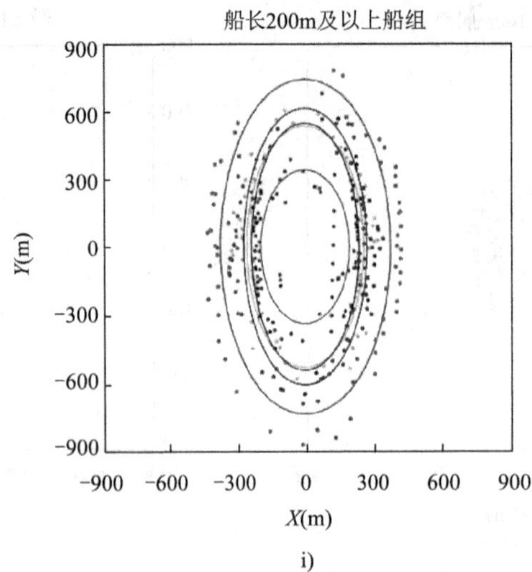

i)

图11　各实验组船舶领域拟合结果

从以上船舶领域拟合结果可以看出,船舶领域尺度不仅与船型尺度有关,也与速度呈正相关趋势。将以上所得45组拟合实验结果与对应的实验组船舶速度进行拟合,如图12所示。最终得到船舶领域纵向、横向尺度与船长、速度函数关系分别为:

$$\begin{cases} R_{lon} = 2 \times (0.2068 \cdot v + 0.7558) \cdot L \\ R_{lat} = 2 \times (0.102 \cdot v + 0.3573) \cdot L \end{cases} \tag{4}$$

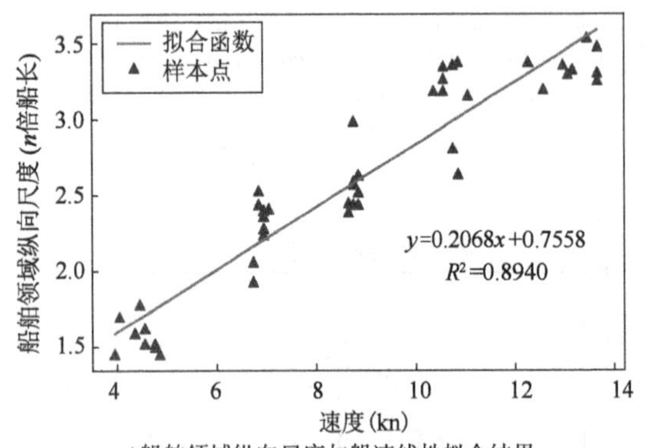

a)船舶领域纵向尺度与船速线性拟合结果

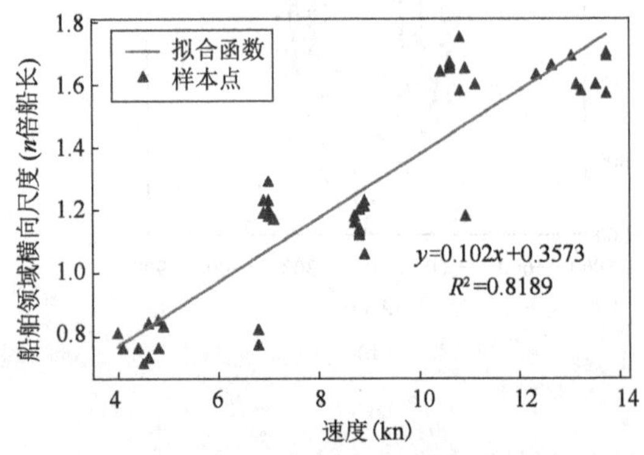

b)船舶领域横向尺度与船速线性拟合结果

图12　船舶领域尺度与船速拟合结果

5　结语

本文基于船舶AIS数据,利用统计分析方法,以长江太仓段为案例对长江干线定线制航道顺行交通流的船舶领域进行了研究。通过设置合理的船舶长度、速度分组实验,定量地验证了在交通流中船舶领域尺度不仅与船型尺度相关,而且整体上与船长、速度皆呈线性正相关,基于船舶领域这一动态规律,建立了符合长江干线航道的交通流特征的动态船舶领域模型。结论可为船舶交通流理论研究提供参考,也可为地区海事监管部门的水上交通管理和决策提供支撑。

本文未考虑不同交通行为下船舶领域动态特征的异同,这也是下一步研究的方向。

参考文献

[1] 周健,李徽,郭帅超,等. 船舶领域理论:发展现状及其MASS时代机遇[J]. 科技导报,2023,41(05):78-90.

[2] FUJII Y, TANAKA K. Traffic capacity[J]. Journal of Navigation,1971,24(04): 543-552.

[3] GOODWIN E M. A statistical study of ship domains[J]. Journal of Navigation, 1975, 28(3):328-344.

[4] DAVIS P V, DOVE M J, STOCKEL C T. A computer simulation of multi-ship encounters[J]. Journal of Navigation, 1982, 35(2):347-352.

[5] SZLAPCZYNSKI, R, S. Review of ship safety

domains: Models and applications[J]. Ocean Engineering, 2017,145:277-289.

[6] WANG N. A novel analytical framework for dynamic quaternion ship domains[J]. Journal of Navigation,2012,66(2): 265-281.

[7] 吴中,王雪洁.内河航道船舶交通流研究[J].贵州大学学报(自然科学版),2014,31(1):118-122.

[8] 何良德,姜晔,殷兆进,等.内河船舶跟驰间距模型[J].交通运输工程学报,2012,12(1):55-62+86.

[9] 朱连江,马会.长江干线分节驳顶推船队船舶领域模型研究[J].浙江交通职业技术学院学报,2020,21(1):42-46.

[10] 刘超.航道内船舶安全距离计算模型研究[J].安徽水利水电职业技术学院学报,2018,18(1):31-34.

[11] 侯海强,李祎承,初秀民.长江繁忙水域船舶间距模型[J].大连海事大学学报,2013,39(4):21-24.

[12] 陈琳瑛,牟军敏,戴建峰,等.基于时空消耗分析的内河水网通过能力[J].中国航海,2013,36(4):76-81.

[13] 李宾郎,段建丽,柴昱含.基于AIS的船舶航迹数据应用研究[J].长江信息通信,2021,34(12):30-33.

[14] 高飞德,曹宇皓,张鹏,等.基于扇形网格叠加计算的通航分道水域船舶领域[J].大连海事大学学报,2023,49(4):88-94.

[15] 张黎翔,朱怡安,陆伟,等.基于AIS数据的船舶轨迹修复方法研究[J].西北工业大学学报,2021,39(1):119-125.

[16] 翁建军,刘明俊.船舶值班与避碰[M].武汉:武汉理工大学出版社,2016.

集装箱港口群内"穿梭巴士"发展现状及规模化运营技术综述

刘 捷 周晓宁 汪 磊* 付 蔷

(上海海事大学交通运输学院)

摘 要 为了解决当前集装箱枢纽港和喂给港间面临的各种运输难题,港口间的穿梭驳船服务通常被称为"穿梭巴士",已被广泛应用并成为整合港口群资源、提高港口群整体效率的可行途径。本文首先追踪了国内集装箱港口群间"穿梭巴士"的发展,再从港口群规划和班轮航线规划方法两个方面对相关研究进行了综述,汇总当前研究领域整体情况,以及未来相关研究的重点方向。分析结果表明:目前缺乏对于"穿梭巴士"航线开设零散问题的相关研究;对于港口群规划多围绕轴辐式网络视角展开,引入"穿梭巴士"系统后,航线网络的研究缺乏更好的方法论;对于集装箱港口群的协作方式多聚焦于竞合关系及资源整合,在复杂系统领域尚存在空缺,且对于其社团结构的理论框架还需进一步完善;"穿梭巴士"在航线和实际问题方面区别于一般班轮航线,无法照搬现有班轮航线研究领域的体系。未来研究可聚焦于"穿梭巴士"研究体系的建立、方法论研究、社团结构框架建立、航线特征分析及模型建立及应用等方面,填补集装箱港口群"穿梭巴士"系统的规划与运营方法方面研究空白。

关键词 水路"穿梭巴士" 集装箱港口群 社团结构 航线网络

0 引言

随着全球贸易的不断深化和城市群融合发展,不同层次港口之间的协同合作已成为我国加强综合交通运输体系建设的迫切要求。集装箱港口业务规模扩大,港口吞吐量持续增长,对岸线资

基金项目:上海市教育发展基金会和上海市教育委员会"晨光计划"资助(21GCA58)。

源的需求也日益攀升。但由于港口城市资源的有限性,港城陆路交通压力不断增大。面对当前港口存在的集疏运通道单一、过度依赖公路运输等问题,引导和鼓励集装箱"公转水"的集输运方式逐渐成为优化集装箱港口集疏运方式结构的主要发展方向。港口在积极探索创新运输模式的过程中引入了"穿梭巴士",这种创新运营模式将集装箱"化零为整",发挥短距离水网优势,促进"公转水",成为整合港口群资源、提升港口群整体效率的可行方向。

目前,国内外学者对于"穿梭巴士"进行了一定的报道,但是缺少了相关的综述性总结。本文考虑到"穿梭巴士"有其具体的特点,在第一节中归纳了"穿梭巴士"在我国的发展现状,并阐明其特征和独特属性;考虑到"穿梭巴士"服务于协作型的港口组成的港口群,在第二节中深入探讨了港口群规划相关研究现状;鉴于"穿梭巴士"在港口群内部实现接驳和穿梭,其特点与干、支线班轮航线网络类似,在第三节中梳理了班轮航线网络及航次算法的相关研究;最后在第四节中指出现有研究的不足与未来可进一步深入研究的方向。

1　"穿梭巴士"发展现状

1.1　"穿梭巴士"的起源

2005 年 12 月,为解决由于长江及沿海船舶适航能力不同,造成的上海港外高桥港区与洋山深水港港区的衔接问题,上海港及时开通了"穿梭巴士"业务,解决了近距离接驳问题;2006 年 7 月,广州港为解决枢纽港支线驳船不定期及与周边小港衔接弱的问题,适时开通了定期、定线、定船的"穿梭巴士"业务。于是,水路"穿梭巴士"模式应运而生。因此,鉴于"穿梭巴士"的产生背景,将"穿梭巴士"概括为一种服务于港口内多港区或辐射港间货物接驳运输的,具有定时、定线、定船特点的短距离水路集疏运模式。

如表 1 所示,"穿梭巴士"的概念时常会与一般驳船服务的概念相混淆,二者在船型[1]与运营方式[2]上有着较为明显的区别。此外,如表 2 所示"穿梭巴士"运输的概念与一般支线运输的概念又有所不同。从二者的定义上看,"穿梭巴士"业务解决了支线运输中的一部分问题,"穿梭巴士"航线是支线,但二者并非完全相同,它是一种特殊的支线。二者主要在运输组织形式[3-4]、管理模式[5-6]与通关模式[7]上有较大的不同。

"穿梭巴士"与驳船概念区别　　表 1

类别	"穿梭巴士"	一般驳船
定义	服务于港口内多港区或辐射港间货物接驳运输的一批中小型集装箱船	本身无自航能力,需拖船或顶推船拖带的货船
船型	自航船与顶推驳船组	一般为非机动船,与拖船或顶推船组成驳船船队
运营方式	码头管理者经营	船主与码头管理者通常分属于不同的利益集团

"穿梭巴士"运输与支线运输区别　　表 2

类别	"穿梭巴士"运输	一般支线运输
定义	服务于港口内多港区或辐射港间货物接驳运输的,具有定时、定线、定船特点的短距离水路集疏运模式	船舶在支线喂给港与枢纽港之间的运输活动,起到辅助干线运输集疏运货物的作用
运输组织形式	定时、定航线、定班次	多为不定期船运营
管理模式	统一的调运和管理制度	联盟成员各自管辖支线
通关模式	"舱单互认",一次申报,一路放行	"湾区一港通""联动接卸"等

1.2　"穿梭巴士"运营与研究现状

以广州港为例,截至 2023 年 10 月,广州港集团共开通了 73 条穿梭巴士支线,但是航线开设情况较为零散,无法发挥"穿梭巴士"的最大作用。如图 1 所示,现有研究对于港口群周边航线网络等的分析仍然大多集中在"轴辐式"网络的视角。但由于目前复杂的航线网络现状,除了过去传统的干、支线航线外,还有"穿梭巴士"航线、驳船支线航线、近洋航线、远洋航线等的存在。因此,传统的轴辐式网络的分析视角已经无法解决现有穿梭巴士航线的问题。

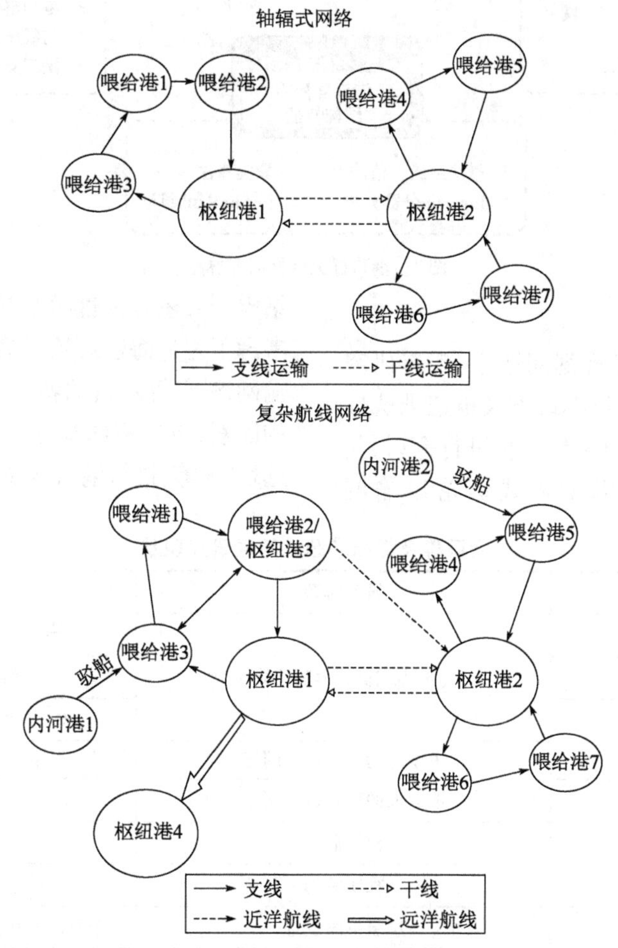

图1 轴辐式网络与复杂航线网络

目前国内外对于"穿梭巴士"的系统性研究较少,主要集中在对"穿梭巴士"的优势、发展问题、运营现状进行分析并提出相应对策[6,8-9]的定性分析与对"穿梭巴士"航线网络进行优化[2,10-12]及其运输方式研究[1]的定量分析两个方向。现有"穿梭巴士"运营模式下的问题在于集疏运不均衡性[3]、船舶大型化不足[8]和航线空重箱的不均衡性[10]等方面。

1.3 发展情况简析

当前"穿梭巴士"的运营中存在集疏运不均衡、船舶大型化不足、航线空重箱不均衡性等问题,而集疏运不均衡性又是由于部分"穿梭巴士"采用"点对点"的传统直达运输模式,在该模式下很少有多港挂靠的形式出现,因此对航线需求数量较大,而目前"穿梭巴士"航线的开设较为零散、不系统,从而导致运营中的种种问题。因此,以全新的复杂航线网络视角探究"穿梭巴士"的定港、定线、定船问题以改善"穿梭巴士"航线较为零散的现状,具有重要的现实意义。

2 港口群规划研究现状

"穿梭巴士"能有效地在港口群内"穿针引线",本文关注在港口群范围内"穿梭巴士"系统的问题,必然首先关注港口群相关问题研究。因此,本节针对港口群内港口关联关系展开综述,主要集中在港口群规划、港口群协同发展与港口群社团结构特征三个方面(图2)。

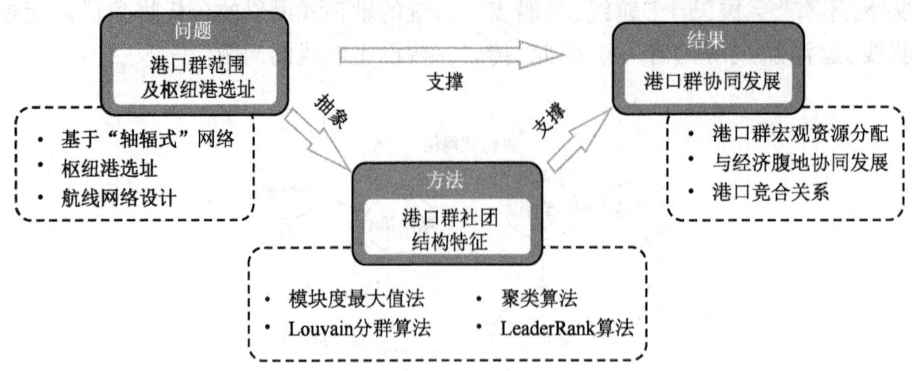

图2　港口群关联性研究脉络

2.1　港口群规划

如表3所示,在港口群规划问题中,现有研究主要分为两类,一类研究是将港口群及枢纽港选址问题与班轮运输网络设计问题相结合进行探讨,其中大部分研究集中在考虑轴辐式班轮运输网络[13-15],还有少部分研究根据所提出的研究问题考虑了短途海运班轮运输网络[16]、承运人的班轮运输网络[17]等网络的特点。另一类研究则考虑其他的因素,包括枢纽概率[18]、社团结构[19]、层级枢纽选址[20]等,进行港口群及枢纽港选址问题研究。

港口群及枢纽港选址问题研究现状　表3

学者	研究模型	研究方法
Bütün 等[13]	轴辐式班轮运输网络	混合整数线性规划模型、禁忌搜索算法
Huang 等[14]		整数线性规划模型、遗传算法
Zhou 等[15]		0-1 非线性规划模型、粒子群算法
Holm 等[16]	短途海运班轮运输网络	路径流模型、动态规划算法
Chen 等[17]	承运人的班轮运输网络	双层规划模型
Sun 等[18]	枢纽概率	两阶段方法
Zheng 等[19]	社团结构	混合整数线性规划模型
Corey 等[20]	层级枢纽选址	单分配和多分配的混合整数线性规划模型

2.2　港口群协同发展

目前,港口群主要问题在于货物种类同质化[21]、因腹地交叉而造成的无序竞争[22]、港口功能定位不明确[23]等。为了解决港口群在发展过程中产生的种种问题,就需要通过港口群的协同发展,实现合理调配区域内部的航运资源,从而使利益共享与社会效益最大化[24]。如表4所示,当前国内外对于港口群协同发展的研究可分为定性分析与定量评价两个方向。在定性分析方面,现有研究主要通过分析数据[25]、分析国内外港口群整合模式[26],对国内港口群存在的问题提出建议。在定量评价方面,现有研究在方法上多采用VAR模型[27]、DEA模型[28]、复合系统法[29]和耦合度函数[30]进行港口群协同发展的研究。现有研究所关注的问题重点聚焦在港口群内的资源整合与分配、港口与经济腹地协同发展、港口群内港口竞合关系这三个方面。

港口群协同发展问题研究现状　表4

学者	研究问题	研究方法
李志平等[25]	现代信息处理技术与新运输形式	定性分析
季磊等[27]	经济与货物吞吐量	VAR 模型
于少强等[28]	船舶大型化	DEA 模型、博弈论分析法
张晨等[29]	物流能力与产业结构	复合系统协同度模型
刘玲等[30]	港口群内港口的贡献指数	耦合协调测度模型

2.3 港口群社团结构特征

如表5所示,大多数复杂网络都会出现"社团"现象,不同的港口群可以看作是不同的社团,而港口群内部的港口可以看作是社团成员。对港口群进行社团结构划分并对网络内部结构特征进行分析,有利于研究者能更好地理解、预测网络中节点间的关系[31],为港口间的协作关系提供新的视角,方便港口群的规划及资源的合理配置[32]。目前对港口群社团结构特征的研究主要使用模块度最大值法[32-33]、Louvain分群算法[34-35]、聚类算法[36-37]和LeaderRank[31]算法。

港口群社团结构特征问题研究现状 表5

学者	考虑因素	研究方法
Song等[31]	节点影响与社团异质性	CCL算法
蒋鹤等[32]	模块度	Newman快速算法
秦娅风等[34]	不同流要素	Louvain算法
陈乾阳等[37]	复杂网络指标	聚类分析方法

2.4 对港口群"穿梭巴士"的启示

当前大多数港口群规划问题的研究常常与轴辐式班轮运输网络设计相结合,考虑不同运输网络的特征及影响因素进行枢纽港选址的研究值得进一步探索。在如今航线网络变得越来越复杂的情况下,考虑"穿梭巴士"航线所处的复杂网络特征进行枢纽港选址,是进一步值得探索的方向。对于港口群协同发展的研究,多集中于探索港口群内的资源分配、经济发展和港口间的竞合关系;对于港口群社团结构特征的研究集中于对研究区域的港口进行社团划分,探究社团内港口间的关系。虽然目前对于港口群协同发展与港口群社团结构特征的研究都提出了丰富的研究方法与对策,但对于港口群内港口的协作关系,当前研究仅停留在定性分析、对港口进行评价排名或是对联系密切的港口进行社团划分层面,还尚未有研究对这种协作联系进行系统的度量,缺少港口群内"穿梭巴士"的配置优化对于港口群内各港口协作影响的分析。因此,探究"穿梭巴士"的配置方法使港口群内各港口能协作发展,将是极具研究价值的命题。

3 班轮航线网络研究现状

现有的集装箱"穿梭巴士"具有定港、定线、定时、定价的特点,具有非常明显的班轮运营特征。此外,如图3所示,"穿梭巴士"在港口群内起到了衔接国际干线与沿海内河航线的作用,但其面临的主要问题与普通的集装箱班轮航线存在显著差异。因此,本节将现有研究划分为远洋班轮航线和内河班轮航线两类与集装箱"穿梭巴士"进行对比讨论。

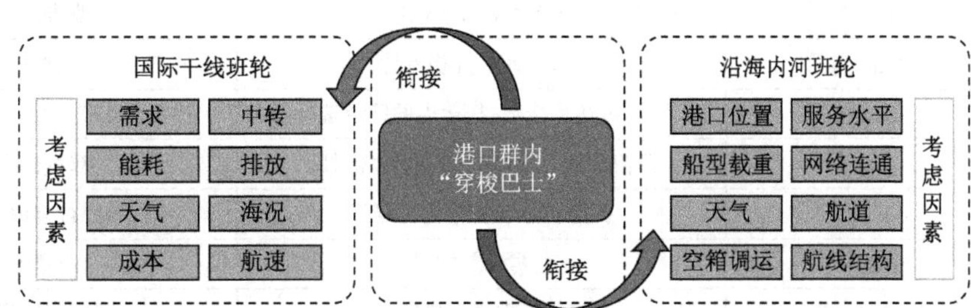

图3 "穿梭巴士"在港口群内起到了衔接国际干线与沿海内河航线的作用

3.1 远洋班轮航线

如表6所示,现有研究在远洋班轮航线网络优化问题上,主要方向包括:考虑不同燃料价格,开发随机线性整数规划模型,找到最优网络配置[38];考虑需求波动和货主选择惯性的特征[39];考虑备份枢纽港的问题,建立0-1非线性规划模型,使运输成本最小化[14];考虑碳排放和班轮联盟合作,采用合作博弈和逆优化理论,构建混合整数规划模型,优化航线网络[40]。在远洋班轮航线设计上重点关注市场需求[41]、天气和海洋条件[42]、服务频率与中转需求[43]等因素的影响。远洋班轮配船方面主要关注货运量与港口使用费[44]、船位租用成本[45]、船舶导航速度[46]和燃油消耗问题[47]。

远洋班轮航线问题研究现状 表 6

研究主题	学者	关注重点	研究方法
航线网络优化	Lashgari 等[38]	燃料价格	随机线性整数规划模型
	Chen 等[39]	需求波动和货主选择惯性的特征	基于遗传算法和单纯形法的启发式算法
	杨中等[40]	碳排放、班轮联盟合作	合作博弈、逆优化理论、混合整数规划模型
航线设计	Chuang 等[41]	市场需求	模糊遗传算法
	Li 等[42]	不确定的天气和海洋条件下	鲁棒模型
	Agarwal 等[43]	船只调度、货物路由	混合整数线性规划模型
配船	Chen 等[45]	船位共同租用、班轮联盟的运力调度	运力调度模型、列生成算法
	Gatica 等[46]	导航速度的可控制性	基于网络的模型、离散化时间窗口方法
	Le 等[47]	船舶燃油消耗	回归模型、复合船舶燃料消耗模型

3.2 内河班轮航线

如表 7 所示,在内河班轮航线网络优化问题上,主要方向包括:采用整数规划模型构建航线网络,以集装箱运输总成本最小为目标进行优化[48];通过引力模型,对长江沿线各港口的地理位置、运输网络、物流流向等因素进行了综合考虑,以实现航线网络的优化[49];考虑水道特性和货物流量,通过遗传算法,优化了集装箱航线网络[50];考虑鲁棒性和天气的影响,建立模型优化内河航运网络[51]。在内河班轮航线设计上重点关注连通性[52]、港口服务水平[53]、折叠和标准空箱的释放和再定位[54]等因素的影响。在内河配船问题方面主要关注于航道适航特征与船型[48]、集装箱重量的不确定性问题[55]、集装箱重定位次数和船舶再处理次数[56]和恶劣天气情况[51]。

内河班轮航线问题研究现状 表 7

研究主题	学者	关注重点	研究方法
航线网络优化	杨忠振等[48]	集装箱运输总成本最小	整数规划、遗传算法
	Deng 等[49]	物流和港口连通性	改进的引力模型
	Yang 等[50]	水道特性、货物流量	遗传算法
航线设计	Hou 等[52]	外贸联运可达性指数,托运人的路径选择行为	外贸多式联运可达性指标、重力模型
	Tan 等[53]	河流流速、不确定的船闸过境时间	双目标规划模型
	Li 等[54]	折叠和标准空箱的再定位	混合整数规划模型
配船	Yang 等[51]	恶劣天气情况	鲁棒优化
	Li 等[55]	集装箱重量不确定性	基于随机规划的模型
	Li 等[56]	配载规划、区块重定位	SPBRP-Ⅱ模型

3.3 集装箱“穿梭巴士”模式的差异性

如表 8 所示,集装箱“穿梭巴士”与远洋班轮、内河班轮在船舶、航道、重点聚焦的问题等方面均存在较大差异,因此不论是远洋班轮航线的研究方法,还是内河班轮航线的研究方法,均不可直接应用在“穿梭巴士”的研究中,需根据“穿梭巴士”自身的特点,探索出一套适用于“穿梭巴士”的研究体系。

三类航线特点及核心问题对比　表8

类别	集装箱“穿梭巴士”	远洋班轮	内河班轮
航线特点	运量需求多而繁杂、单个航线长度较短，周转利用率较高	船舶吨位大、载重货物多、航程距离长	航道多且复杂、船舶吨位较小、沿途分布港口点多、货源较分散
核心问题	箱量波动大、货源不均衡、航线空重箱均衡性、运营成本、航线发展的平衡性、船舶大型化不足	燃料价格、市场需求波动、货主选择、碳排放、班轮联盟合作、天气与海洋条件	集装箱运输总成本与重量、水道特性、货物流量、托运人的路径选择行为、恶劣天气情况、配载规则、区块重定位

虽然现有研究对远洋班轮航线和内河班轮航线在网络优化、航线设计、航线配船三个层面均针对不同的研究重点提出了许多模型与算法。但是由于“穿梭巴士”自身具有独特的特点，在多个层面与远洋班轮和内河班轮均有较大的不同，故根据“穿梭巴士”的特征与独特属性，研究出一套适用于“穿梭巴士”航线的优化与设计方法，是值得进一步探索的方向。

4　结语

本文对港口群内集装箱“穿梭巴士”的概念及其与一般驳船服务以及一般支线运输在运营管理上的区别进行了全面阐述，并根据“穿梭巴士”的特征，从港口群规划、港口群协同发展、港口群社团结构特征三个方面综述了港口群规划的研究进展，又从远洋班轮航线与内河班轮航线这两个方面，按航线网络优化、航线设计、配船三个角度对国内外研究进行详细的梳理。

综合来看，现有研究尚未成熟，未来研究可重点关注以下问题：

(1)目前“穿梭巴士”运营存在的包括集疏运不均衡性、船舶大型化不足和航线空重箱的不均衡性等问题，尚未得到有效解决。此外，“穿梭巴士”航线开辟较为零散，现有研究中的轴辐式网络视角已不适用于“穿梭巴士”航线的研究，“穿梭巴士”航线的优化对于现有运输网络所带来的效益还不明确，以何种体系来研究“穿梭巴士”的相关问题也尚未涉足。

(2)现有研究对于港口群规划问题大多还考虑轴辐式网络设计这一因素，而当前日益复杂的航线环境已无法再用传统的轴辐式视角来分析，因此，应充分考虑“穿梭巴士”航线所处的复杂网络特征进行枢纽港选址。此外，港口群内协作型港口间的关系尚未有深入的研究，当前研究对于港口群的协同发展问题与社群问题仍然停留在定性分析、对港口进行评价排名或是划分并识别社团结构上。因此，在探究港口群的协同发展问题，并对港口群社群进行识别、划分后，有必要对社团内的各港口的协作方式、协作效益等方面进行深入研究，定量分析不同港口在不同航线间产生的联系或是联系的紧密程度等会对港口群带来何种效益。

(3)目前尚未有研究针对“穿梭巴士”的特点探究如何优化其航线网络、航线设计与航线配船问题。尽管在班轮航线网络研究领域，现有研究针对远洋班轮与内河班轮研究已经提出了相当全面的模型与算法，但“穿梭巴士”与远洋班轮和内河班轮在船舶、航道、重点聚焦的问题等方面均有不一样的特点，无法使用现有的班轮运输航线研究来解决当前“穿梭巴士”所关注的问题。因此，在后续研究中针对“穿梭巴士”航线的特点，提出系统的“穿梭巴士”定港、定线、定船的方法，也是未来研究的一大重点。

参考文献

[1] 姜伟. 洋山港区-外高桥港区间集装箱穿梭巴士运输方式研究 [J]. 中国水运, 2021,7: 98-100. DOI: 10. 13646/j. cnki. 42-1395/u. 2021.07.035.

[2] SONG X, JIN J G, HU H. Planning shuttle vessel operations in large container terminals based on waterside congestion cases [J]. Maritime Policy & Management, 2021, 48(7): 988-1009.

[3] 朱昱音. 浅析“穿梭巴士”业务 [J]. 东方企业文化, 2011,12: 261.

[4] 张雷杰, 朱正清. 上港集团与太仓港合作模式对津冀集装箱联动发展的启示 [J]. 天津经济, 2018,7: 22-27.

[5] 石磊,刘万锋. 我国港口集装箱"穿梭巴士"运行前景光明 [J]. 世界海运, 2009, 32 (2): 55-56.

[6] 周灏. 重庆港开辟渝泸宜港口集装箱水上"穿梭巴士"策略探讨 [J]. 科学咨询(科技·管理), 2012,11: 13-16.

[7] 吴学栋. 广州港无水港建设的实践与展望 [J]. 中国港口, 2017,7: 12-15.

[8] 谢兰兰,王泽龙,王智利,等. 广州港水上"穿梭巴士"集疏运网络发展现状、问题及对策 [J]. 珠江水运, 2022,17: 78-80.

[9] 毛国华. 上海港"穿梭巴士"业务发展初探 [J]. 中国港口, 2007,8: 14-16.

[10] 王智利,谢兰兰,王泽龙,等. 基于均衡性设计思路下的广州港"穿梭巴士"的船舶航线优化 [J]. 珠江水运, 2023, 4:99-101.

[11] 彭子烜,于滨. 内外贸同船运输下长江经济带穿梭巴士网络优化 [J]. 交通运输系统工程与信息, 2022, 22 (1): 322-331.

[12] CARIS A, MACHARIS C, JANSSENS G K. Corridor network design in hinterland transportation systems [J]. Flexible Services and Manufacturing Journal, 2012, 24: 294-319.

[13] BÜTÜN C, PETROVIC S, Muyldermans L. The capacitated directed cycle hub location and routing problem under congestion [J]. European journal of operational research, 2021, 292(2): 714-734.

[14] HUANG L, TAN Y, GUAN X. Hub-and-spoke network design for container shipping considering disruption and congestion in the post COVID-19 era [J]. Ocean & Coastal Management, 2022, 225: 106230.

[15] ZHOU S, JI B, SONG Y, et al. Hub-and-spoke network design for container shipping in inland waterways [J]. Expert Systems with Applications, 2023, 223: 119850.

[16] HOLM M B, MEDBØEN C A B, FAGERHOLT K, et al. Shortsea liner network design with transhipments at sea: a case study from Western Norway [J]. Flexible Services and Manufacturing Journal, 2019, 31: 598-619.

[17] CHEN K, XU S, HARALAMBIDES H. Determining hub port locations and feeder network designs: The case of China-West Africa trade[J]. Transport Policy, 2020, 86: 9-22.

[18] SUN Z, ZHENG J. Finding potential hub locations for liner shipping[J]. Transportation Research Part B: Methodological, 2016, 93: 750-761.

[19] ZHENG J, QI J, SUN Z, et al. Community structure based global hub location problem in liner shipping [J]. Transportation Research Part E: Logistics and Transportation Review, 2018, 118: 1-19.

[20] COREY J, WANG Q, ZHENG J, et al. Container transshipment via a regional hub port: A case of the Caribbean Sea region[J]. Ocean & Coastal Management,2022,217: 105999.

[21] 陈红梅,李鑫依. 世界一流港口建设背景下环渤海港口高质量发展水平测度 [J]. 上海海事大学学报, 2023, 44 (4): 58-68. DOI: 10. 13340/j. jsmu. 202207260202.

[22] JAJA C. Port development in Nigeria: Trends and patterns [J]. Journal of Transportation Security, 2009, 2: 107-119.

[23] 尹传忠,邱慧妍,柯媛定,等. 区域主枢纽港多式联运网络协同优化 [J]. 铁道科学与工程学报, 2022, 19 (1): 63-70.

[24] 郑灵棠. 双循环新发展格局下的港口实践与思考 [J]. 中国港口, 2023, 12: 12-16.

[25] 李志平,真虹. 共享经济下中国港口群物流资源分配模式 [J]. 改革与战略, 2019, 35 (2): 98-106.

[26] 刘桐,崔佳勐,姜典,等. 对山东港口群整合发展路径研究与启示 [J]. 价值工程, 2020, 39 (2): 66-67.

[27] 季磊. "新丝绸之路经济带"背景下港口与经济腹地协同发展研究——以长三角港口群为例 [J]. 商业经济研究, 2019, 7:

153-156.

[28] 于少强,王昱婷. 船舶大型化下辽宁港口群竞合关系研究[J]. 中国水运(下半月), 2019, 19 (3): 27-28.

[29] 张晨,李诗珍. 基于复合系统协同度模型的港口物流能力与产业结构升级协同发展研究[J]. 物流技术, 2019, 38 (10): 39-43.

[30] 刘玲,周桂琴,张廷龙. 基于耦合协调度的安徽港口群协同发展评价[J]. 物流技术, 2023, 42 (4): 61-65,108.

[31] SONG B, WU H M, SONG Y R, et al. Robustness of community networks against cascading failures with heterogeneous redistribution strategies [J]. Chinese Physics B, 2023:1.

[32] 蒋鹤,范小晶,封学军,等. 基于Newman快速算法的航运网络社团结构[J]. 长沙理工大学学报(自然科学版), 2018, 15 (3): 35-39 +93.

[33] 王列辉,苏晗,郑渊博. 长三角航运服务业分布格局与港航高质量一体化研究[J]. 长江流域资源与环境, 2022, 31 (4): 725-737.

[34] 秦娅风,郭建科. 不同流要素视角下沿海港口城市体系的网络空间联系[J]. 地理科学, 2022, 42 (11): 1867-1878.

[35] 郭建科,秦娅风,董梦如. 基于流动要素的沿海港—城网络体系空间重构[J]. 经济地理, 2021, 41 (9): 59-68. DOI:10.15957/j.cnki.jjdl.2021.09.007.

[36] 王唐云. 基于聚类算法的社团发现算法研究[J]. 电子世界, 2016,17: 189 +191.

[37] 陈乾阳,许博,吴峰,等. 基于复杂网络的"21世纪海上丝绸之路"集装箱航运枢纽层级划分[J]. 中国水运(下半月), 2020, 20 (1): 39-41.

[38] LASHGARI M, AKBARI A A, NASERSARRAF S. A new model for simultaneously optimizing ship route, sailing speed, and fuel consumption in a shipping problem under different price scenarios[J]. Applied Ocean Research, 2021, 113: 102725.

[39] CHEN K, CHEN D, SUN X, et al. Container Ocean-transportation System Design with the factors of demand fluctuation and choice inertia of shippers [J]. Transportation Research Part E: Logistics and Transportation Review, 2016, 95: 267-281.

[40] 杨中,葛诗浓,刘宴志,等. 考虑碳排放和班轮联盟合作的航线网络优化模型[J]. 重庆师范大学学报(自然科学版), 2022, 39 (1): 90-99.

[41] CHUANG T N, LIN C T, KUNG J Y, et al. Planning the route of container ships: A fuzzy genetic approach [J]. Expert Systems with Applications, 2010, 37(4): 2948-2956.

[42] LI M, XIE C, LI X, et al. Robust liner ship routing and scheduling schemes under uncertain weather and ocean conditions[J]. Transportation Research Part C: Emerging Technologies, 2022, 137: 103593.

[43] AGARWAL R, ERGUN Ö. Ship scheduling and network design for cargo routing in liner shipping[J]. Transportation Science, 2008, 42(2): 175-196.

[44] 焦新龙,刘雪莲,王任祥,等. 国际班轮运输航线配船优化模型与蚁群算法[J]. 交通运输工程学报, 2013, 13 (6): 69-75.

[45] CHEN J, XU J, ZHOU S, et al. Slot co-chartering and capacity deployment optimization of liner alliances in containerized maritime logistics industry [J]. Advanced Engineering Informatics, 2023, 56: 101986.

[46] GATICA R A, MIRANDA P A. Special issue on Latin-American research: a time based discretization approach for ship routing and scheduling with variable speed[J]. Networks and Spatial Economics, 2011, 11: 465-485.

[47] LE L T, LEE G, KIM H, et al. Voyage-based statistical fuel consumption models of ocean-going container ships in Korea[J]. Maritime Policy & Management, 2020, 47 (3):

304-331.

[48] 杨忠振,董夏丹,郭利泉. 长江水道集装箱运输航线网络优化[J]. 大连海事大学学报, 2014, 40 (3): 1-7 +12.

[49] DENG P, SONG L, XIAO R, et al. Evaluation of logistics and port connectivity in the Yangtze River Economic Belt of China[J]. Transport Policy, 2022, 126: 249-267.

[50] YANG Z, SHI H, CHEN K, et al. Optimization of container liner network on the Yangtze River [J]. Maritime Policy & Management, 2014, 41(1): 79-96.

[51] YANG Z, CHEN D. Robust optimisation of liner shipping network on Yangtze River with considering weather influences [J]. International Journal of Shipping and Transport Logistics, 2017, 9(5): 626-639.

[52] HOU W, SHI Q, GUO L. Impacts of COVID-19 pandemic on foreign trade intermodal transport accessibility: Evidence from the Yangtze River Delta region of mainland China [J]. Transportation Research Part A: Policy and Practice, 2022, 165: 419-438.

[53] TAN Z, WANG Y, MENG Q, et al. Joint ship schedule design and sailing speed optimization for a single inland shipping service with uncertain dam transit time[J]. Transportation Science, 2018, 52(6): 1570-1588.

[54] LI D C, YANG H L. Ship routing in inland waterway liner transportation with foldable and standard empty containers repositioning[J]. Ocean Engineering, 2023, 285: 115391.

[55] LI J, ZHANG Y, MA J, et al. Multi-port stowage planning for inland container liner shipping considering weight uncertainties[J]. IEEE Access, 2018, 6: 66468-66480.

[56] LI J, ZHANG Y, LIU Z, et al. Optimizing the stowage planning and block relocation problem in inland container shipping [J]. IEEE Access, 2020, 8: 207499-207514.

基于 K-modes 聚类的船员职业画像研究

李 星* 李露瑶 吴宇航 方嘉俊
(武汉理工大学交通与物流工程学院)

摘 要 船员在海上运输过程中起着至关重要的作用,了解船员职业的多样性和特征对于优化管理和支持策略至关重要。现有针对船员群体的研究主要集中在对船员的各维度进行测评,在现有针对船员群体的研究基础上,通过分析船员职业多维度特征,设计问卷并收集船员多维度职业特征数据。综合数据信息对船员进行了 K-modes 聚类分析,挖掘每个聚类群体的特征,将船员群体分为全能型、专业型、技能型、基础型四个类别。采用随机森林法对船员的类别进行识别,结果预测精度达到了 91.02%。研究提出的船员职业画像方法不仅为船员管理和培训提供了有针对性的建议,也为人力资源决策提供了重要依据。

关键词 船员特征 因子分析 职业画像 k-modes 聚类 随机森林

0 引言

在现代航运行业中,船员作为船舶运输的核心力量,承担着船舶安全运行和货物顺利运输的重要责任。船员的职业生活和职业技能的优劣与船舶的运行效率和安全有着直接的关系。

研究显示,船员群体整体呈现老龄化现象,教育程度普遍较低[1]。他们缺乏对船员职业的归属感、认同感,操作能力需要进一步提升,对安全隐患的排查、风险识别和控制能力不足,团队内部进行协调沟通的能力也有待加强。在船员管理方面,存在资源利用不合理、应急操作不当、反应不够及时等问题[2-4]。政府提出船员职业优惠政策,加强社会关怀,提升船员职业的社会地位,提高船员群体对自身职业的满意度,改善船企对船员的保障体系,提高船员的待遇,这些都能帮助提升船员的适任能力的措施。此外,培训机构也应该完善,注重培养船员的心理素质和职业技能[5-7]。船员本身也应该承担起责任,具备创新精神和自主学习的能力。

因此,对船员的职业画像进行深入研究,了解其工作情况、心理素质和发展需求,具有重要的理论和实践意义。

本研究旨在通过问卷调查分析船员的多维度职业特征,描绘船员群体不同类别的职业画像,构建不同类别船员画像的识别模型,为改善船员工作条件、提高工作满意度和促进职业发展提供针对性的参考和指导。研究将从船员的专业知识[8]、操作能力、心理素质[9]、职业安全态度多个维度对船员进行全面分析,以期揭示船员的职业特点、工作态度和发展需求,为改善船员的工作条件、提高工作满意度和促进职业发展提供科学依据和政策建议,从而推动航运行业的可持续发展。

1 问卷调查与数据分析

1.1 问卷调查

本研究的问卷面向的对象是江苏省水路交通相关企业的船员。问卷主要是个人信息类和量表题两类。单选题部分对从业人员的个人基本信息进行调查;量表题部分对从业人员的专业知识、操作能力、职业安全态度、心理素质多个维度的表现和水平进行调查,各题选项按照李克特量表分为5个等级,在填写问卷量表时,船员需要在5个等级中选择最符合个人情况的一种,量表题一共25题,其中21、23因为问题设置原因需要反向计分。采用Likert五点计分法,调整问卷反向计分的分值,调整后所有题目一致为分数越高表示该指标下船员的表现越出色。

1.2 数据收集

由于问卷是实地收集的,问卷回收率达100%。本次调查共发放的问卷数量为506份,回收问卷数量为506份。将问卷中无效部分进行删除,剩余的有效问卷为457份,有效率90.31%,其中:男性399名,占87.30%;女性58名,占12.70%。

1.3 数据分析方法

使用SPSS.26软件进行分析,通过Cronbach's Alpha系数检验问卷的可靠程度。在满足信度与效度的前提下采用KMO检验与Bartlett球形检验并用主成分分析法提取公因子进而判断问卷预设维度是否合理。运用轮廓系数和肘方法筛选出合适的聚类簇数,应用K-modes聚类算法将船员分为四个类别,在此分类的基础上分析各类别船员的基本信息特征情况。通过对随机森林算法模型的训练,识别不同船员的职业画像类别。

2 信效度检验

2.1 信度检验

本文通过Cronbach's α系数检验该问卷信度,Cronbach's α系数的取值在0~1之间,系数值越接近于1,说明量表中的各个中各个指标之间越相关,每个指标的结果内部一致性越高,Cronbach's α系数高于0.8的问卷,数据的内部一致性极好。经过计算得到船员职业特征各个维度的总体Cronbach's α为0.793,数值较高,且去除任意一题其Cronbach's α系数均小于问卷总体系数值,说明该量表的内部一致性较好,可以进行进一步的数据分析。

2.2 效度检验

效度检验即对问卷调查得到的测度值与真实值之间的背离程度进行检验,一般采用因子分析法进行检验。KMO值和Bartlett球形检验的结果见表1。

KMO和巴特利特检验 表1

样本的KMO值		0.918
巴特利特球形度检验	近似卡方	3865.644
	自由度	231
	显著性	0.000

可以看出,KMO统计量为0.918,且Bartlett球形检验的P值小于0.05,表明问卷量表适合做因子分析。

在对题项进行主成分分析时,对特征值小于

1.0的因数进行删除,使用最大方差法进行旋转。同时,保证每个题项的共同度大于0.4;每个因子中的题项数大于3。根据以上条件删除了量表中的3个题项。最终保留22个题项作为最终分析的量表。

因子分析共提取出四个公因子,结合预设的四个变量维度可知分别代表专业知识、操作能力、职业安全态度、心理素质四个维度,与问卷的设置完全一致;其累计方差贡献率为55.29%,旋转成分矩阵结果见表2。后续主要针对这四个维度对船员群体进行画像。

旋转成分矩阵($n=457$) 表2

维度	指标	题项	因数				共同度
			1	2	3	4	
专业知识	安全规则知识	X_1	0.774				0.647
	运输知识	X_2	0.749				0.603
	航运法规	X_3	0.723				0.617
	安全航行	X_4	0.719				0.684
	船舶管理知识	X_5	0.691				0.635
	风险防范知识	X_6	0.683				0.552
	船舶操纵	X_7	0.563				0.554
	应变处置知识	X_8	0.561				0.601
操作能力	计划能力	X_9		0.718			0.536
	沟通交流能力	X_{10}		0.695			0.512
	风险感知能力	X_{11}		0.692			0.507
	风险管控能力	X_{12}		0.627			0.51
	应急处置能力	X_{13}		0.613			0.506
	组织协调能力	X_{14}		0.563			0.472
	合作能力	X_{15}		0.540			0.503
职业安全态度	风险防范意识	X_{16}			0.697		0.605
	遵章守纪意识	X_{17}			0.573		0.484
	工作积极度	X_{18}			0.516		0.554
	责任心	X_{19}			0.507		0.554
心理素质	情绪稳定性	X_{20}				0.778	0.661
	压力排解能力	X_{21}				0.747	0.563
	自律性	X_{22}				0.699	0.493
累计方差解释率			20.014	37.350	46.625	55.288	

3 船员职业画像类别划分

作为K-means算法的一种扩展,K-modes聚类算法在处理离散属性的数据点方面表现良好,有效地减少了噪声数据的影响,同时降低了孤立点的敏感性。其主要思想是将K个聚类中心随机初始化,然后根据各数据对象的不同属性个数与聚类中心进行数据对象的重新划分,不断对聚类结果进行更新,最终选择各类别的众数作为最终的聚类结果的新中心点。K-modes聚类算法具有划分原理简单、易操作以及快速执行的特点[10]。

为了达到最佳的聚类效果,先确定好最佳的聚类数量。本文选取轮廓系数法和误差平方和两种方法综合来对聚类数进行选择。

3.1 轮廓系数法

轮廓系数法是从内聚度$a(i)$和分离度$b(i)$这2个角度评价了聚类结果的集中程度,可以用来选择同一聚类算法内最优的聚类数。轮廓系数的值介于[-1,1]之间,轮廓系数值趋近于1,代表样本距离簇内其他样本的平均距离远大于与最近簇中样本的平均距离，即聚类效果越好；趋近于 -1，代表样本距离簇内其他样本的平均距离远远小于与最近簇中样本的平均距离，聚类效果差。对于第 i 个驾驶样本而言，其轮廓系数值 $S(i)$ 计算见式(1)。

$$S(i)=\frac{b(i)-a(i)}{\max[a(i),b(i)]} \tag{1}$$

式中：$a(i)$——簇内不相似度，表示样本 i 到同一簇内其他样本的平均距离；

$b(i)$——簇间不相似度，表示样本 i 到最近簇中所有样本的平均距离。

通过计算得到的不同聚簇个数下的轮廓系数值如图 1 所示，在聚簇个数为 4 时，轮廓系数值达到最大，即通过轮廓系数法确定的最佳聚簇个数为 4。

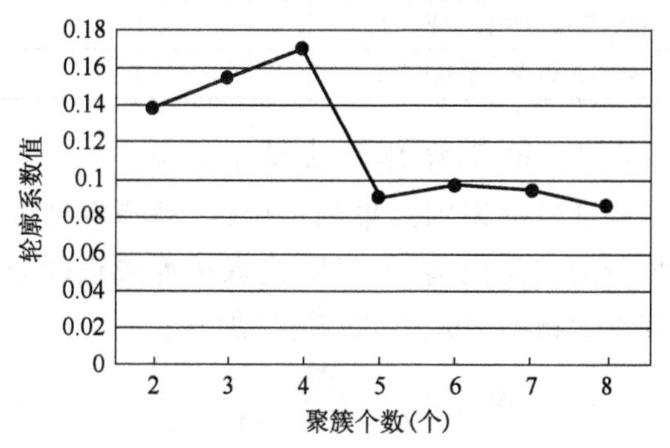

图 1　不同聚簇数对应的轮廓系数值

3.2　肘方法

通过肘方法来判断最佳的分类簇数。通常，随着簇数的增加，误差平方和会减小，因为更多的簇会更好地拟合数据。然而，当聚簇数达到某个值时，误差平方和的下降速度会有明显的减缓，形成一个肘部。该肘部对应的簇数就是最佳的分类簇数。通过肘部法则选择最佳的聚类数的步骤为：计算不同聚类数下的误差平方和，绘制聚类数与对应误差平方和的图表，观察图表中的曲线形状，寻找一个明显的肘部。肘部位置对应的聚类数是最佳聚类数。

误差平方和(Sum of Squared Errors，SSE)是一种评估聚类模型效果的指标，它通过衡量每个簇内部的数据点与簇的中心点之间的距离来度量聚类的紧凑性。对于每个簇，计算每个数据点到簇中心的欧氏距离的平方，然后将这些平方距离相加，最终得到该簇的误差平方和。误差平方和的值越小，意味着簇内的数据点与簇中心之间的距离越小，聚类效果越好。误差平方和的计算公式见式(2)。

$$\mathrm{SSE}=\sum_{i=1}^{k}\sum_{j=1}^{n_i}\|x_{ij}-c_i\|^2 \tag{2}$$

式中：k——簇的数量；

n_i——第 i 个簇的数据点数量；

x_{ij}——第 i 个簇中的第 j 个数据点；

c_i——第 i 个簇的中心。

通过计算得到的不同聚簇个数下的误差平方和值如图 2 所示。

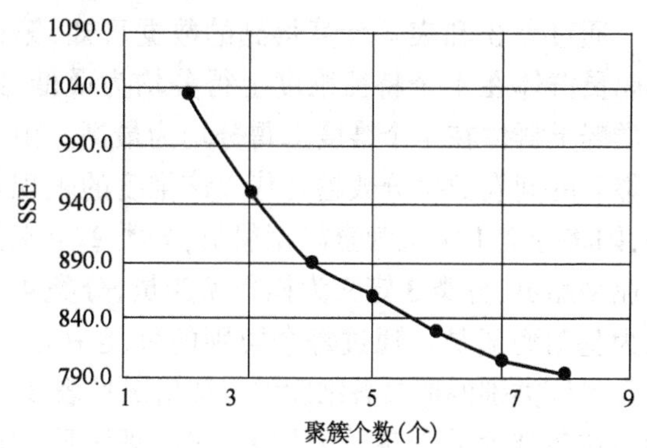

图 2　不同聚簇个数下的 SSE 值

根据图 2 的变化趋势，可以看到聚簇个数在达到 4 后，下降速度得到明显的降低，即利用肘部法则判断出的最佳聚簇个数为 4。

3.3　构建船员职业分类画像

为调查船员群体之间的各维度特征差异，本文依据船员在 4 个特征维度的打分情况，综合轮廓系数法和误差平方和得到的最佳聚簇个数，采用 K-modes 聚类算法船员群体分为 4 个类别，每个类别的标签化特征即为该类别的船员职业画像。

设 4 个维度得分作为计算各样本间距离的特征值，将每个维度的得分进行标准化之后，设置分类数为 4，最大迭代次数设为 10，终止条件为迭代后的聚类中心不再发生变化，最终得到的聚类中心及各聚类情况见表 3、表 4。

最终聚类中心　　表 3

分类特征量	分类			
	1	2	3	4
专业知识	0.617	0.865	-0.379	-0.628
操作能力	0.331	0.707	0.707	0.332
职业安全态度	0.761	0.761	0.265	-0.231
心理素质	1.057	-0.692	-0.23	0.183

通过表 4，得到每个聚类中的个案数量，可知 2、1、3、4 类的船员数量依次减少，其中类别 2 的船

员群体数量占比最高,达到了总体的59.74%。

每个聚类中船员的数量 表4

分类	人数(人)
1	70
2	273
3	69
4	45
有效	457
缺失	0

通过表3和表4计算得到的数据可知,第四类船员群体在4个特征维度上得分均为最低,第一类船员群体在4个维度上得分均为最高。由于调整后的问卷数据分数越高代表该维度的表现越好,则将分类1定义为全能型船员,分类2定义为专业型船员,分类3定义为操作型船员,分类4定义为基础型船员。通过每个类别的聚类中心,可以看出该类别的船员各维度的特征情况见表3,全能型在各维度的表现较为均衡,在心理素质方面的能力较为突出,这与其他三类的船员有较为明显的区别;专业型的船员在专业知识、操作能力、职业安全态度方面表现较为出色,但是心理素质相对较差;操作型的船员则是操作能力较为突出,其他维度都处于中下水平;基础型船员各维度的表现都处于一般偏下水平。

4 船员职业画像类型识别

4.1 基于随机森林算法的画像类型识别

随机森林是一种集成学习方法,它基于决策树构建多个决策树模型,然后将它们的结果组合起来进行分类。随机森林的主要原理是:通过随机抽样选择训练数据和随机特征选择,构建多个决策树,每个决策树对数据进行分类。然后,通过投票或取平均值的方式来确定最终的分类结果。随机森林通过降低过拟合风险和提高模型的鲁棒性,通常在分类和回归任务中表现良好。

对于离散型随机变量而言,随机森林进行分类的方法是假设输入的数据集为D。通过对各分类树的结果进行投票,把多数的投票结果作为最终分类结果,即:

$$L(x) = \text{argmax}\sum_{n}^{i=1} I[P_i(x) = y] \tag{3}$$

由于不同类别的样本数量不平衡,采用随机过采样的方法平衡不同类别的样本数量,为了得到最佳的模型分类性能,采用贝叶斯优化方法对随机森林中的超参数进行调整。在贝叶斯优化的过程中,模型认为最优的超参数组合如表5所示,这表示模型在训练数据上选择了每棵树深度为17,每个节点最多使用4个特征进行分裂,叶子结点至少包含1个样本,内部节点再划分所需最小样本数为2,总共包含100棵树的随机森林,此时模型在训练数据上表现最好。这些参数的选择是经过贝叶斯优化算法智能引导的结果,它们在提高模型性能和泛化能力之间取得了平衡。

随机森林算法参数调优 表5

参数	优化后的超参数
决策树个数(个)	100
决策树的最大深度(层)	17
叶子节点最少样本数(个)	1
分割的最少样本数(个)	2

4.2 随机森林算法模型验证

验证模型识别效果的准确性,准确率是评估模型较为常见的指标,指随机森林算法正确分类的样本所占的百分比,如式(4)所示:

$$\text{ACC} = \frac{\text{TP} + \text{TN}}{\text{TP} + \text{TN} + \text{FP} + \text{FN}} \tag{4}$$

其中,TP(*True Positive*)为预测正确:模型预测为等级i,样本的真实类别是等级i;TN(*True Negative*)预测正确:模型预测不为等级i,样本的真实类别不是等级i;FP(*False Positive*)为预测错误:模型预测为等级i,样本的真实类别不是等级i;FN(*False Negative*)为预测错误;模型预测不为等级i,样本的真实类别是等级i。考虑到分类不平衡问题,准确率并不能有代表性地反映不平衡数据分类的性能。本文采用评估标准如式(5)~式(7)所示:

(1)精确率(Precision),识别为正类的样本中实际为正类的百分比,即实际上的船员类别为i占识别船员类别为i的百分比:

$$P(\text{精确率}) = \frac{\text{TP}}{\text{TP} + \text{FP}} \tag{5}$$

(2)召回率(Recall),实际为正类的样本中识别为正类的百分比,即识别类别为i占实际类别为i的百分比:

$$R(\text{召回率}) = \frac{\text{TP}}{\text{TP} + \text{FN}} \tag{6}$$

(3)F_1得分为精确率(Precision)和召回率(Recall)的调和平均数,用于综合评价分类模型的

性能,它的计算公式如下:

$$F_1 = 2 \times \frac{P \times R}{R + P} \tag{7}$$

F_1 分数考虑了精确率和召回率,是一个平衡度量。F_1 分数的值在 0 ~ 1 之间,值越大表示模型的效果越好。随机森林模型各指标得分见表 6。

随机森林模型各指标得分 表 6

类型	精确率	召回率	F_1 得分	支持度
1	0.896	0.742	0.812	70.000
2	0.956	0.916	0.936	64.000
3	0.852	1.000	0.929	61.000
4	0.939	1.000	0.968	78.000
总体	0.921	0.911	0.918	273.000

计算得到训练之后的模型总体准确率为 91.02%,F_1 分数为 0.918,说明训练后的算法能很好地对船员的职业画像类别进行识别。船员职业画像识别模型的混淆矩阵如图 3 所示。

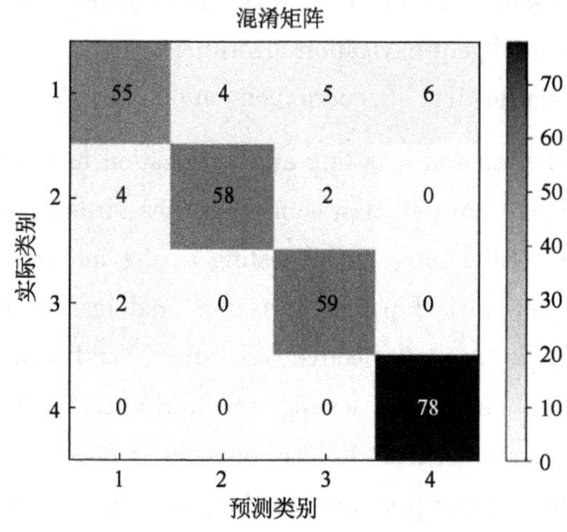

图 3 船员职业画像识别模型混淆矩阵

混淆矩阵显示了每个类别的实际类别与模型预测类别之间的关系。例如,55 个样本属于类别 1 且被正确分类,4 个样本原属于类别 1 但被错误分类到类别 2,以此类推。从混淆矩阵中可以看出,对角线上的船员数量比较大,表示模型在四个类别上都能以较高的正确率分类样本。

5 结语

本文从船员多维度的特征出发,提出了船员画像的概念,构建了包含专业知识、操作能力、职业安全态度、心理素质四个维度的船员职业画像指标体系,利用船员的调查问卷数据对船员群体进行聚类,分析船员画像的类别,抽象出船员的类别标签,分别为全能型、专业型、技能型和基础型。采用贝叶斯优化后的随机森林算法对船员的职业画像类别进行识别,训练后的模型识别准确率达到了 91.02%。通过对不同船员的识别结果,对每位船员进行有针对性的管理,能够便于提高船舶企业的管理水平,为船员群体创造良好的工作环境,提升船员的工作效率。

此外,本研究采用问卷形式获取数据,后续可以结合船公司的后台数据进行更详细的分析。不同岗位、不同种类船舶的员工面临不同的工作状况,船员画像情况也可能发生变化,未来可分别对不同岗位、不同船舶类型的船员进行画像研究。

参考文献

[1] 洪志强, 翁跃宗. 我国海船船员资源现状的数据分析[J]. 中国航海, 2015, 38(4): 68-71.

[2] 彭宇, 高德毅, 黄常海, 等. 中国船员发展战略规划设计与实施研究[J]. 中国软科学, 2015, 9: 15-26.

[3] TIẾN L Q. Approaching CDIO to innovate the training program for seafarers to meet the requirements of the industrial revolution 4.0 (Article) [J]. International Journal on Advanced Science, Engineering and Information Technology, 2019, 9(2): 648-655.

[4] 李星星. 船舶驾驶技术管理及船员素质培养策略[J]. 中国航务刊, 2021,23: 44-45.

[5] JEPSEN J R, 赵志葳, 涂铭珊, 等. 海员疲劳:有关健康和安全结局的综述[J]. 环境与职业医学, 2016, 33(7): 723-727.

[6] 李静, 刘贺. 我国船员的体质状况及影响因素分析[J]. 西安体育学院学报, 2006,2: 64-66.

[7] 周元丽, 张晓. 远洋船员责任心评估与培养的研究[J]. 航海技术, 2008,1: 77-79.

[8] 郝勇, 时间, 吴昊旻. 基于冰山模型的长江危险品船船员素质评价指标体系构建[J]. 安全与环境学报, 2020, 20(4): 1376-1383.

[9] 刘清, 杨铵, 杨柳, 等. 内河危化品运输从业人员安全行为能力影响机理[J]. 中国航海, 2021, 44(3): 7-12, 19.

[10] 贾彬, 梁毅, 苏航. 一种改进的 K-Modes 聚类算法[J]. 软件导刊,2019,18(6):60-64, 69.

Intelligent Ship Test Scenario Generation Based on Combinatorial Testing

Yanmin Xu Huapeng Li Longhao Li Hongxu Guan*
(School of Navigation, Wuhan University of Technology)

Abstract Scenario-based virtual testing technology is the first and foremost method for testing intelligent navigation algorithms of ships. Aiming at the problems of huge number of generated scenarios and redundant unreasonable scenarios in the current scenario generation method based on exhaustive testing, we reviewed the current research status at home and abroad, analysed the elements of test scenarios from dynamic and static dimensions for the typical navigation scenarios of intelligent ships, constructed the combinatorial test input model, used the combinatorial test method to generate the test cases, and finally made a comparative analysis of the generation results. The results show that the scenario generation method based on combinatorial testing effectively reduces the number of generated test scenarios and is conducive to improving test efficiency. The related research results have positive implications for building a safe and efficient virtual test technology system for intelligent ships and promoting the iterative improvement of intelligent navigation algorithms.

Keywords Intelligent ships Virtual testing Combinatorial testing Scenario generation

0 Introduction

Intelligent navigation is a critical aspect of ship operation, reflecting the fundamental functional characteristics of ships as transportation vehicles (Guo et al., 2023). As intelligent ships move from intelligence to autonomy, the navigation systems they carry not only revolutionize traditional ship operation modes and improve operational efficiency, but also introduce new shipping risks. The reliability and safety of intelligent navigation systems are critical issues that require urgent attention for their large-scale application.

Intelligent navigation systems rely on the coupling of algorithms, such as ship navigation and control algorithms, which must undergo extensive testing and verification to ensure safe and stable operation. Traditional model testing and ship testing are limited in the number of test scenarios they can provide, have low scenario reuse rates, and pose safety risks for ship testing. This makes it difficult to meet the testing and verification requirements of intelligent navigation systems. Liu et al. (Liu et al., 2021) proposed a testing and verification method for intelligent navigation systems that uses virtual testing as the initial test, model testing as the intermediate test, and real ship testing as the final test. Virtual testing is a cost-effective, risk-free, and comprehensive method for testing and verifying intelligent navigation systems. It also provides repeatable and accelerated test processes, making it an indispensable tool for this purpose.

When testing intelligent navigation systems using virtual test technology, it is essential to place the system in appropriate test scenarios based on specific test requirements. However, the field of water transportation has been relatively slow in developing virtual testing, and there is an urgent need to develop key technologies such as scene generation. This study examines the field of road transportation and identifies two main categories of scene generation methods: knowledge-driven and data-driven (Deng et al., 2022). Research in this area has resulted in a relatively complete technical system due to its early start. The current state of virtual testing technology in the field of waterborne transportation is characterized by a lack of unified test scenario standards and test data sets. This makes it difficult to apply data-driven scenario generation methods. Knowledge-driven scenario generation methods, on the other hand, are based on professional knowledge theories and the professional experience of researchers (Zhang et al., 2021). They reconstruct or derive scenes by means such as physical model and mathematical model, which rely less on data, making them more suitable for generating test scenarios in the field of water transportation. Currently, there are three main categories of knowledge-based scenario generation methods: scenario combinatorial test generation methods (Li et al., 2020), scenario optimization generation methods (Duan et al., 2022), and edge scenario adaptive generation methods (Corso et al., 2019). Scenario combinatorial test generation methods analyse the constituent elements of test scenarios, use the analysis model as the input domain of combinatorial testing, apply combinatorial testing principles, and consider the combination of partial elements to achieve full coverage of the test requirements for the test object (Gao et al., 2020). These methods significantly reduce the scale of scene generation, and can effectively meet the massive testing and verification requirements of intelligent navigation systems.

This paper analyses the test and verification requirements of intelligent navigation systems using typical intelligent ship navigation scenarios as an example. It examines the constituent elements of the scenarios from both dynamic and static perspectives, forms a hierarchical structure model of the test scenarios, and constructs a combinatorial test input model based on it. By importing the CT input model into the ACTS3.2 combinatorial testing tool, test cases can be generated. These test cases can then be saved as XML files for visualization verification on virtual test platforms (refer to Fig. 1).

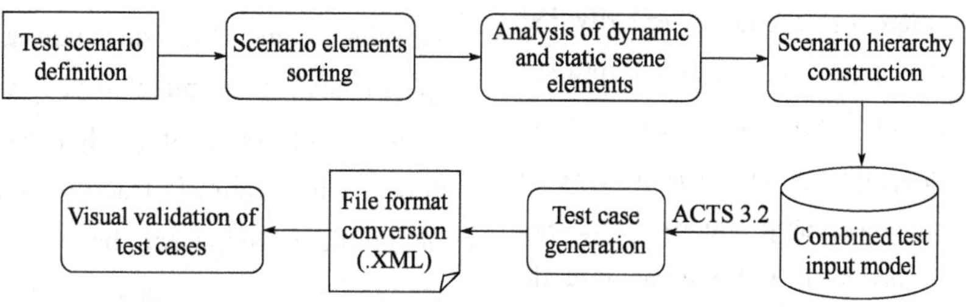

Fig. 1 Scenario generation process based on CT

The remainder of this paper is divided into the following sections: the first section defines virtual test scenarios for intelligent ships. It parses scenario constituent elements from test scenario data, divides constituent elements into dynamic and static dimensions, and establishes a tree-like structure diagram of influential factors in virtual test scenarios for intelligent ships. In the second section, the leaf nodes of the tree-like structure diagram and their corresponding domain elements formed by enumeration are converted into a combinatorial test input model. In the third section, the combinatorial testing tool ACTS 3.2 is used to transform the CT input model into test cases, specifically functional test scenarios, for testing and verifying intelligent navigation systems. The final section provides the conclusion and outlook.

1 Analysis of virtual testing scenarios

1.1 Definition of virtual testing scenarios

Test scenarios are essential for virtual testing of intelligent ship navigation. The definition and structural framework of test scenarios are the foundation of intelligent ship navigation testing research. However, a unified definition of test scenarios has not yet been established in the marine domain. After reviewing road transportation research, it was determined that test scenarios should consist of constituent elements such as the test object, environmental factors, and specific behaviours of the test object. As a result, this paper defines test scenarios as the comprehensive interaction process between a tested vehicle and environmental elements within a specific time and space. The constituent elements can be divided into two categories: dynamic scenario elements and static scenario elements, based on actual test requirements (Shu et al., 2021). Different scenarios are formed by changing the dynamic scenario elements once static scenario elements have been determined.

1.2 Analysis of test scenario elements

Test scenario data sources typically include real data, virtual data, and expert knowledge (Deng et al., 2022). Real data is obtained from actual ship navigation and model ship test data. Virtual data mainly includes ship navigation simulator and virtual simulation test data. Expert knowledge data refers to experience knowledge and legal regulations related to intelligent ship testing. The factors that influence intelligent ship navigation test scenarios are divided into four parts: test ship type, natural environment, navigable water area, and driving behaviours (Teng et al., 2023). Test ship type includes specific ship types, ship scale parameters, ship speeds, courses, positions, and drafts. Navigable water areas include specific test waters, starting coordinates, channel widths, and other test boundaries. The natural environment encompasses various elements, including weather conditions like wind, waves, currents, visibility, and specific obstacle settings. Voyage behaviour involves encounters, overtaking, following, and other behaviours during a voyage.

1.3 Analysis of static scenario elements

Static scenario elements are scenario elements that exist within a specific time and space domain during virtual testing, where no change occurs or is assumed to occur for a short period of time. These elements mainly include navigation channels, navigation facilities, and navigation obstacles. The categorization of the four influencing factors pertains to the sub-elements of the ship type in the navigable water area and test ship type elements. These sub-elements include ship type and ship static data.

1.4 Analysis of dynamic scenario elements

The dynamic elements of a scenario are those that are in a changing state within a specific time and space domain during the virtual test. These elements mainly include the natural environment, the ship's behaviour, and the surrounding interfering ships. Specifically, they refer to the natural environment, motion behaviour, ship dynamic data, and target ships. A hierarchical structure of virtual test scenarios for intelligent ships can be constructed based on the analysed scenario elements (refer to Fig. 2). This structure can be utilized to generate combinatorial test input models and derive test cases from them.

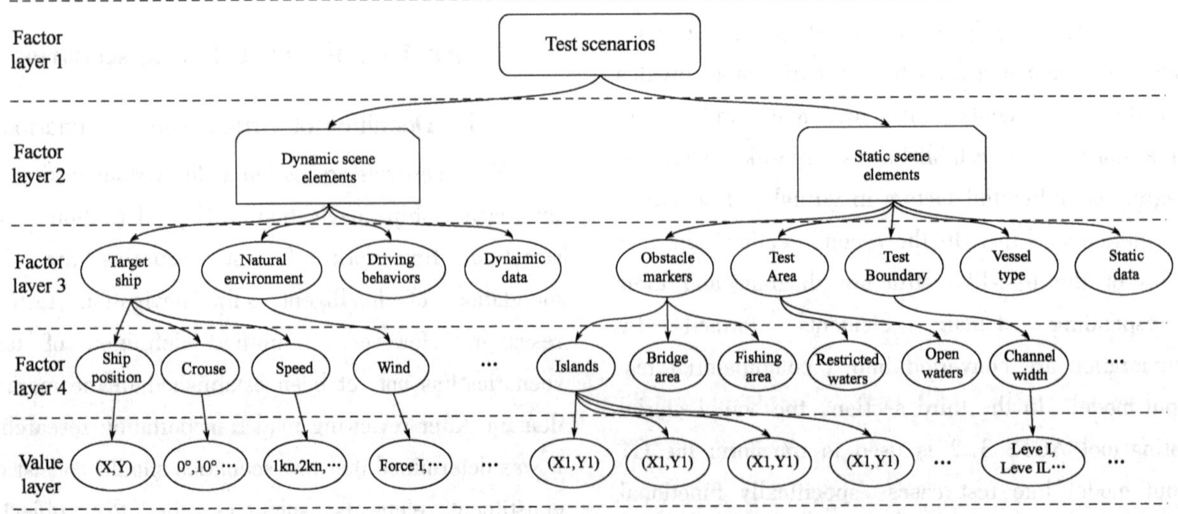

Fig. 2 Tree-structured modelling of influences on test scenarios

2 Construction of combinatorial test input model

This section offers a concise introduction to the fundamental principles of combinatorial testing (CT), relevant software, and methods for constructing CT models. To create a CT input model that satisfies the requirements of CT software, the leaf nodes and value layers of the test scenario influence factor tree model are converted into a combinatorial test input model.

2.1 Combinatorial test

CT is based on the concept that most failures result from interactions between a few parameters. The size of the combinatorial testing case set is mainly influenced by the input model and the strength of the combinatorial testing. Kuhn and Reilly's usability study on combinatorial testing found that 70% of system faults are caused by two-way interactions, while three-way interactions account for 90% of system faults (Song and Liang, 2019). In general, utilizing combinatorial testing techniques for 2-way interactions is adequate to fulfil coverage requirements.

2.2 CT input model

CT is based on constructing an input model. The effectiveness and efficiency of CT generation depend directly on the quality of the input model. The input model for combinatorial testing is a triple model:

$$M^{CT} = (V^{CT}, DOM^{CT}, CONS^{CT}) \quad (1)$$

Where V^{CT} is the variables required for combinatorial testing cases, mainly the constituent elements of the testing scenarios; DOM^{CT} is the domain of the variables, composed of the values of each input variable, which can be generated by enumeration; and $CONS^{CT}$ is the constraints that may exist between different variables, used to reflect the relationships between variables in the real world such as wind, waves, ship length, ship width, etc. By defining variables, their domains, and constraints, the combinatorial test input model provides a formal method for describing the test case input space and guiding the combinatorial test generation process (Li et al., 2020).

2.3 CT input model construction

The domain elements and constraints of each scenario constituent element are determined by enumeration, following a hierarchical structure for constructing typical intelligent ship navigation scenarios. This paper presents a combinatorial testing input model that complies with ACTS 3.2. The model is based on hydrological, meteorological, and navigational data from the Wanshan Marine Unmanned Test Site in Zhuhai, as well as statistical data. The domain elements and constraints of each scenario element have been clearly enumerated. Fig. 3 displays the finalized combinatorial testing input model.

```
[System]
-- specify system name
Name: Typical scenarios of ship navigation

[Parameter]
-- general syntax is parameter_name : value1, value2, ...
Wind_direction (enum) : N, NNE, NE, ENE, E, ESE, SE, SSE, S, SSW, SW, WSW, W, WNW, NW, NWN
Wind_speed (int) : 0, 1, 2, 3, 4, 5, 6, 7, 8, 9
Wave_height (enum) : 0m, 0.1m, 0.2m, 0.6m, 1m, 2m, 3m, 4m, 5.5m, 7m
Wave_direction (enum) : N, NNE, NE, ENE, E, ESE, SE, SSE, S, SSW, SW, WSW, W, WNW, NW, NWN
Wave_period (enum) : long, short
Flow_speed (enum) : 0kn, 0.5kn, 1kn, 1.5kn, 2kn, 2.5kn, 3kn, 3.5kn, 4kn, 4.5kn, 5kn
Flow_direction (enum) : N, NNE, NE, ENE, E, ESE, SE, SSE, S, SSW, SW, WSW, W, WNW, NW, NWN
Visibility_level (int) : 0, 1, 2, 3, 4, 5, 6, 7, 8, 9
Test_area (enum) : Wanshan Test Site, Yangtze River Estuary Channel, Other
Waterway_classification (enum) : 1, 2, 3, 4, 5, 6, 7
Obstacle (enum) : bridge area, island, reef, fishing area, others
Ship_type (enum) : Oil tankers, chemical tankers, bulk carriers, container ships, special vessels, fishing vessels, others
Ship_length (enum) : 20m, 50m, 100m, 150m, 200m, 250m, 300m
Ship_width (enum) : 3m, 7m, 15m, 22m, 28m, 35m, 43m
Draft (enum) : 2m, 5m, 8m, 10m, 12m, 14m, 16m
TS_position (enum) : 0n mile, 0.5n mile, 1n mile, 1.5n mile, 2n mile, 2.5n mile, 3n mile, 3.5n mile, 4n mile, 4.5n mile, 5n mile, 5.5n mile, 6n mile
TS_speed (enum) : 0kn, 1kn, 2kn, 3kn, 4kn, 5kn, 6kn, 7kn, 8kn, 9kn, 10kn, 11kn, 12kn, 13kn, 14kn, 15kn, 16kn, 17kn, 18kn, 19kn, 20kn
TS_course (enum) : 0, 10, 20, 30, 40, 50, 60, 70, 80, 90, 100, 110, 120, 130, 140, 150, 160, 170, 180, 190, 200, 210, 220, 230, 240, 250, 260, 270, 280, 290, 300, 310, 320, 330,
340, 350
OS_speed (enum) : 0kn, 1kn, 2kn, 3kn, 4kn, 5kn, 6kn, 7kn, 8kn, 9kn, 10kn, 11kn, 12kn, 13kn, 14kn, 15kn, 16kn, 17kn, 18kn, 19kn, 20kn
OS_course (enum) : 0, 10, 20, 30, 40, 50, 60, 70, 80, 90, 100, 110, 120, 130, 140, 150, 160, 170, 180, 190, 200, 210, 220, 230, 240, 250, 260, 270, 280, 290, 300, 310, 320, 330,
340, 350
Driving_behavior (enum) : overtaking, encountering, crossing, following
```

Fig. 3 Generated combinatorial test input model

Meanwhile, in order to ensure the reasonableness of the generated combined test cases, it is also necessary to manually input the constraints of the input model into ACTS3.2 to guide the generation process of the generation algorithm to ensure that the generated specific test scenarios conform to the physical laws and nautical reality as much as possible. In this paper, the constraints between wind and waves, ship length, ship width and draft are considered as follows:

$CONS^{CT}$(Wind_speed => Wave_height) = {(Wind_speed = 0) => (Wave_height = "0m"), (Wind_speed = 1) => (Wave_height = "0.1m"), (Wind_speed = 2) => (Wave_height = "0.2m"), (Wind_speed = 3) => (Wave_height = "0.6m"), (Wind_speed = 4) => (Wave_height = "1m"), (Wind_speed = 5) => (Wave_height = "2m"), (Wind_speed = 6) => (Wave_height = "3m"), (Wind_speed = 7) => (Wave_height = "4m"), (Wind_speed = 8) => (Wave_height = "5.5m"), (Wind_speed = 9) => (Wave_height = "7m")}.

$CONS^{CT}$(Ship_length => Ship_width) = {(Ship_length = "20m") => (Ship_width = "3m"), (Ship_length = "50m") => (Ship_width = "7m"), (Ship_length = "100m") => (Ship_width = "15m"), (Ship_length = "150m") => (Ship_width = "22m"), (Ship_length = "200m") => (Ship_width = "28m"), (Ship_length = "250m") => (Ship_width = "35m"), (Ship_length = "300m") => (Ship_width = "43m")}.

$CONS^{CT}$(Ship_width => Ship_Draft) = {(Ship_width = "3m") => (Draft = "2m"), (Ship_width = "7m") => (Draft = "5m"), (Ship_width = "15m") => (Draft = "8m"), (Ship_width = "22m") => (Draft = "10m"), (Ship_width = "28m") => (Draft = "12m"), (Ship_width = "35m") => (Draft = "14m"), (Ship_width = "43m") => (Draft = "16m")}.

3 Test case generation

Test case generation based on combinatorial test methods requires the use of specific tools. Some commonly used tools include Microsoft's PICT, which is based on the pairwise algorithm, the Python-based all pairs tool, and the Java-based ACTS combinatorial testing tool. ACTS 3.2 uses a graphical interface to generate combinatorial test cases that effectively represent constraint relationships between variables. The test cases produced can be saved in XML format files, which allows for visual verification in later stages.

3.1 Generated results

The combinatorial test input model was imported into ACTS 3.2 and the IPOG algorithm was selected as the generation algorithm. This resulted in the generation of 1306 test cases covering 32331 pairwise combinatorial test arrays. The process took 0.243 s (refer to Fig. 4), and partial results are shown in Fig. 5.

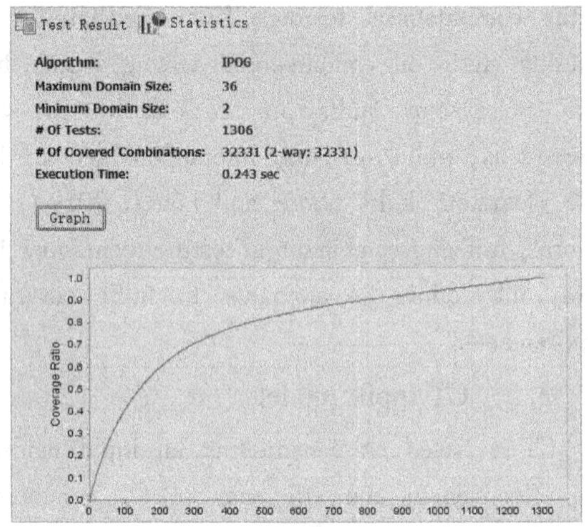

Fig. 4 Generated results of ACTS 3.2

3.2 Results analysis

The paper's input model includes 21 variables (Fig. 3). If the scenario generation method based on exhaustive testing is used, it will generate 8.102×10^{20} ($16 \times 10 \times 10 \times 16 \times 2 \times 11 \times 16 \times 10 \times 3 \times 7 \times 6 \times 7 \times 7 \times 7 \times 7 \times 13 \times 21 \times 36 \times 21 \times 36 \times 4$) test cases. Assuming that each case takes 10 min to test and verify, it would take approximately 1.541×10^{16} years to complete all test cases, resulting in high time and economic costs. However, the combinatorial test scenario generation method generates only 1306 test cases (Fig. 6). Based on the same testing duration, it only takes about 10 days to complete the testing, which greatly reduces the testing cost and improves the testing efficiency. The constraint mechanism of ACTS3. 2 software can better characterize the relationships between the elements of test scenarios, which makes the generated scenarios more in line with the navigation reality.

Test Case No.	Wind _direction	Wind _speed	Wave _height	Wave _direction	Wave _period	Flow _speed	Flow _direction	Visibility _level	Test _area	Waterway _classification	Obstacle	Ship _type	Ship _length	Ship _width	Draft	TS _position	TS _speed	TS _course	OS _speed	OS _course	Driving _behavior
1	NNE	1	0.1m	NNE	short	0.5kn	NNE	1	Yangtze River Estuary Channel	2	island	chemical tankers	50m	7m	5m	0.5n mile	1kn	0	1kn	0	encountering
2	S	3	0.6m	SW	short	3.5kn	W	6	Wanshan Test Site	3	reef	fishing vessels	300m	43m	16m	0.5n mile	19kn	10	20kn	30	crossing
3	NE	4	1m	SSW	short	4.5kn	NNE	0	Wanshan Test Site	7	bridge area	Oil tankers	250m	35m	14m	6n mile	19kn	20	15kn	90	overtaking
4	ENE	1	0.1m	NWN	short	0kn	NE	7	Wanshan Test Site	6	reef	special vessels	250m	35m	14m	6n mile	16kn	30	1kn	120	following
5	SSW	8	5.5m	ESE	short	5kn	ENE	4	Yangtze River Estuary Channel	3	fishing area	special vessels	20m	3m	2m	0.5n mile	19kn	40	19kn	210	following
6	NNE	4	1m	SE	long	4.5kn	WSW	2	Yangtze River Estuary Channel	7	bridge area	fishing vessels	150m	22m	10m	1.5n mile	10kn	50	8kn	180	encountering
7	NW	8	5.5m	W	long	4.5kn	E	9	Wanshan Test Site	7	island	fishing vessels	200m	28m	12m	1n mile	7kn	60	16kn	0	encountering
8	SW	5	2m	N	short	1.5kn	ENE	0	Yangtze River Estuary Channel	6	reef	special vessels	50m	7m	5m	2.5n mile	8kn	70	2kn	60	crossing
9	NNE	6	3m	W	long	1.5kn	NE	5	Wanshan Test Site	4	reef	Oil tankers	300m	43m	16m	1.5n mile	15kn	80	14kn	190	encountering
10	ESE	0	0m	ENE	short	1kn	NNE	7	Yangtze River Estuary Channel	4	island	bulk carriers	200m	28m	12m	5n mile	8kn	90	13kn	180	overtaking
11	WSW	1	0.1m	NW	short	1.5kn	SE	4	Wanshan Test Site	4	reef	fishing vessels	200m	28m	12m	2n mile	9kn	100	13kn	250	following
12	NNE	9	7m	WNW	short	0kn	NWN	2	Wanshan Test Site	5	island	fishing vessels	200m	28m	12m	1.5n mile	2kn	110	7kn	30	overtaking
13	NE	1	0.1m	WSW	long	4.5kn	S	2	Yangtze River Estuary Channel	6	bridge area	special vessels	150m	22m	10m	4.5n mile	2kn	120	1kn	300	overtaking
14	SSE	4	1m	ENE	long	1kn	ESE	6	Yangtze River Estuary Channel	5	island	chemical tankers	20m	3m	2m	0n mile	14kn	130	19kn	270	encountering
15	SW	9	7m	ESE	long	4.5kn	ESE	4	Wanshan Test Site	3	island	fishing vessels	250m	35m	14m	6n mile	4kn	140	9kn	220	crossing
16	NWN	3	0.6m	SSE	long	5kn	SSE	3	Yangtze River Estuary Channel	4	fishing area	bulk carriers	100m	15m	8m	0n mile	1kn	150	18kn	250	overtaking
17	ESE	9	7m	NW	short	4kn	ESE	1	Yangtze River Estuary Channel	1	island	bulk carriers	20m	3m	2m	0.5n mile	20kn	160	0kn	290	crossing
18	SW	1	0.1m	E	long	3.5kn	NE	2	Yangtze River Estuary Channel	7	fishing area	fishing vessels	200m	28m	12m	4.5n mile	13kn	170	1kn	70	following
19	W	9	7m	NNE	long	0kn	NW	7	Yangtze River Estuary Channel	2	fishing area	chemical tankers	150m	22m	10m	1n mile	15kn	180	7kn	150	following
20	N	5	2m	NW	long	1kn	WSW	5	Yangtze River Estuary Channel	1	bridge area	special vessels	50m	7m	5m	4.5n mile	9kn	190	15kn	150	crossing
21	NW	6	3m	S	long	0.5kn	NW	7	Wanshan Test Site	5	reef	chemical tankers	200m	28m	12m	4.5n mile	19kn	200	10kn	100	following
22	WSW	3	0.6m	SW	short	0kn	NWN	4	Yangtze River Estuary Channel	5	reef	fishing vessels	50m	7m	5m	6n mile	13kn	210	16kn	250	encountering
23	N	2	0.2m	ENE	long	3.5kn	NWN	7	Wanshan Test Site	4	bridge area	Oil tankers	50m	7m	5m	1.5n mile	10kn	220	17kn	240	crossing
24	SW	5	2m	WNW	long	2.5kn	SE	4	Wanshan Test Site	7	bridge area	bulk carriers	100m	15m	8m	1n mile	1kn	230	19kn	190	encountering
25	NW	2	0.2m	WSW	long	0.5kn	SE	0	Yangtze River Estuary Channel	7	bridge area	Oil tankers	150m	22m	10m	6n mile	20kn	240	19kn	170	crossing
26	ESE	6	3m	SE	long	2kn	SW	4	Yangtze River Estuary Channel	3	island	bulk carriers	250m	35m	14m	4n mile	0kn	250	20kn	180	encountering
27	SE	9	7m	S	short	0.5kn	WNW	5	Yangtze River Estuary Channel	7	reef	bulk carriers	150m	22m	10m	4n mile	1kn	260	0kn	310	encountering
28	SSW	9	7m	E	short	1kn	ENE	5	Yangtze River Estuary Channel	3	bridge area	container ships	200m	28m	12m	3n mile	13kn	270	18kn	280	following
29	NWN	9	7m	WSW	short	2kn	SSE	6	Yangtze River Estuary Channel	6	bridge area	container ships	250m	35m	14m	3.5n mile	2kn	280	7kn	280	overtaking
30	NNE	1	0.1m	WSW	long	0.5kn	N	5	Yangtze River Estuary Channel	3	fishing area	bulk carriers	20m	3m	2m	5.5n mile	1kn	290	6kn	190	following

Fig. 5 Some of the generated test cases

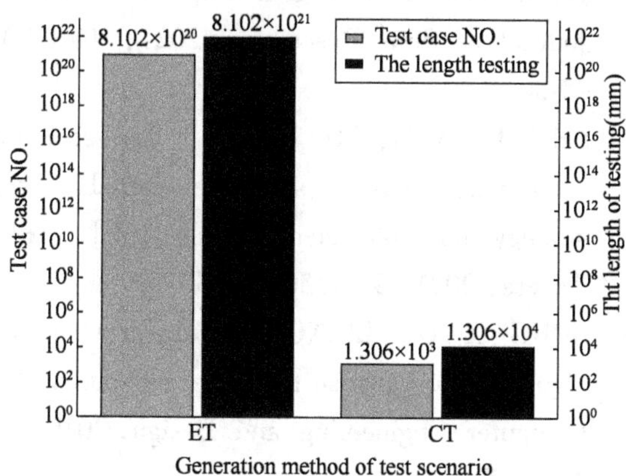

Fig. 6 Comparison of the results of ET and CT in terms of the number of scenarios generated and the length of the test

Scenario coverage is an important index to measure the performance of the scenario generation method. Combination test coverage is calculated by counting the frequency of different combinations of scenarios in the test case set, and is often measured by Combination Coverage, which indicates that all possible combinations of input parameters are included in the test case set. In this paper, the combination coverage refers to the two-two combinations of all parameters in the generated test case set, such as the red curve in Fig. 4, for example, the combination coverage is 100%. While the scenario generation method based on exhaustive testing will try to cover all combinations of all parameters, which is inconsistent with the calculation method of combinatorial test coverage, exhaustive test coverage is more comprehensive than combinatorial testing, but there is also a huge difference in the number of generated test scenarios.

Finally, the combinatorial test approach significantly reduces the number of test scenarios, but the combinatorial test generation approach needs to consider multiple combinations of input parameters when generating scenarios, and when the number of parameters is large or the strength of the combination, t, increases, the number of test cases increases dramatically, leading to the combinatorial explosion problem. Therefore, combinatorial testing places high demands on the input parameter space. Meanwhile, the IPOG algorithm used in ACTS3. 2 generates test cases mainly based on the coverage relationship between the input parameters, while ignoring the causal relationship between the input parameters, which will result in some test cases not being available.

4 Conclusions

This study aims to fulfil the need for virtual testing of intelligent ships by addressing the issues of large-scale and redundant scenario generation methods. To define virtual test scenarios for intelligent ships, mature practices in the road traffic domain are utilized. The study analyses real ship navigation data, accident data, and regulatory documents to partition test scenario elements into static and dynamic dimensions. A model for combinatorial testing is created and combinatorial testing tools are used to generate test scenarios that meet the requirements for virtual testing of intelligent ships. This approach is more efficient than traditional exhaustive test-based scenario generation methods because it reduces the number of generated scenarios while maintaining test coverage, thereby reducing testing costs and improving the efficiency of virtual testing for intelligent ships.

Combinatorial test generation algorithms have inherent flaws that create redundant scenarios in the generated test cases. In the future, we will explore the use of deep reinforcement learning methods to filter out safety-critical scenarios required for virtual testing. This will accelerate the exploration and improvement of safety boundaries for intelligent navigation systems.

References

[1] CORSO A, DU P, DRIGGS-CAMPBELL K, et al. Adaptive stress testing with reward augmentation for autonomous vehicle validatio [C]//2019 IEEE Intelligent Transportation Systems Conference (ITSC). IEEE, 2019: 163-168.

[2] DENG W W, L J K, REN B T, et al. A review on simulation scenario generation methods for autonomous driving [J]. China Journal of Highway and Transport ,2022,1, 316-333.

[3] DUAN J, GAO F, HE Y. Test scenario generation and optimization technology for intelligent driving systems [J]. IEEE Intelligent Transportation Systems Magazine, 2020, 14(1): 115-127.

[4] GAO F, DUAN J, HAN Z, et al. Automatic virtual test technology for intelligent driving systems considering both coverage and efficiency[J]. IEEE Transactions on Vehicular Technology, 2020, 69(12): 14365-14376.

[5] GUO Y J, WANG H D, ZHANG D K, et al. Key issues in reliability testing and verification of intelligent navigation systems [J]. China Ship Inspection 1,2023: 48-51.

[6] LI Y, TAO J, WOTAWA F. Ontology-based test generation for automated and autonomous driving functions[J]. Information and software technology, 2020, 117: 106200.

[7] JIALUN L I U, FAN Y, FENG M A, et al. Method system of navigation function test and verification for intelligent ship [J]. Chinese Journal of Ship Research , 2021, 16 (1): 45-50.

[8] SHU H, LV H, LIU K, et al. Test scenarios construction based on combinatorial testing strategy for automated vehicles [J]. IEEE Access, 2021, 9: 115019-115029.

[9] SONG X Q, LIANG F. Traversal search algorithm for pairwise test case generation[J]. Computer Engineering and Design, 2019, 2, 433-437.

[10] TENG Q M , LIU J L , YANG F , et al. Method for generating test scenarios for intelligent ship navigation[J]. Ship Science and Technology ,2023,21, 93-96.

[11] ZHANG S, ZOU H Y , ZHANG L. Model-based approach for automatic generation of test scenarios in flight management [C]// Proceedings of the 2021 Annual Conference of China Aviation Industry Technology Equipment Engineering Association,2021.

面向离散 AIS 数据的避让行为组分关联提取方法

陈　炎[1]　胡甚平[*1]　朱清华[1]　葛颖恩[2]
(1. 上海海事大学商船学院;2. 长安大学运输工程学院)

摘　要　针对 AIS 大数据下避让行为过程的时序关联问题,提出一种碰撞事故下基于机器学习的避让行为组分关联提取方法。首先,通过碰撞事故调查报告中船舶 AIS 数据的情景反演,提出基于神经网络的行为不确定辨识方法;其次,以船舶会遇态势的多源数据为驱动,利用条件随机场评价时序影响下的船舶避让行为。最后,结合多起碰撞事故调查报告,揭示事故集下船舶行为特征及其评价特征。结果表明:碰撞事故下船舶避让行为呈现时间序列前后相关的特点,且随着两船的相互驶近,船舶避让行为愈发不确定,行为评价愈发下降。基于机器学习的数据分析方法可量化船舶避让行为的时空分异特性,为事故过程评判提供智能化分析的新思路。

关键词　AIS 数据　行为不确定　行为提取　行为关联　避让时间

0　引言

船舶作为重要的交通工具之一,承载着人类海洋活动的重要使命。随着全球贸易的不断发展以及海上交通的日益繁忙,船舶行为的安全性和可预测性变得尤为重要。在复杂多变的海上环境中,船舶之间的避让行为及评价显得尤为关键,不恰当的避让行为可能导致事故发生,威胁船员的生命和海洋生态环境的稳定。

多年来,船舶行为研究一直是海事领域的热门话题。船舶行为研究分为行为识别、行为预测和行为影响三大方面。在行为识别研究中大致可分为异常检测和行为分类两个主要领域[1],在行为异常监测中主要通过人工智能(AI)、贝叶斯网络和机器学习[2]等方法根据宏观运动数据进行船舶异常行为监测,而行为分类主要通过神经网络、聚类算法[3]、贝叶斯[4]等分析船舶行为的时空分布特征和行为模式特征。在行为预测中采用运动方程[5]、卡尔曼滤波、贝叶斯[6][7]、机器视觉[7]、神经网络等基于船舶轨迹进行行为预测。行为影响主要集中在考虑船舶航速航向对航道交通流[8]和碰撞危险[9]的研究。以往学者在船舶行为研究中成果丰硕,通过对船舶行为识别、行为预测和行为影响等方面的深入探讨,为我们对船舶行为的认识提供了重要的理论基础。

然而,在同一会遇态势的众多碰撞事故案例下的 AIS 数据和船舶转向变速之间存在不确定性,而微观船舶行为之间存在时序关联特点。这种时间切片下的不确定性及时间序列下的关联性呈现出 AIS 数据下船舶行为辨识及评价在时间横向和纵向的差异性。通过时间横向辨识统计碰撞事故下船舶避让行为的频率和趋势,进而对时间纵向上的船舶行为量化评价,最终分析船舶采取避让行动的时间点。因此,研究事故下船舶避让行为具有重要的现实意义和应用价值。

本文聚焦于事故 AIS 数据下避让行为组分不确定性辨识及关联问题,通过收集和分析大量船舶碰撞事故案例下的避让行为特征,结合条件随机场对会遇场景下的避让行为时序关联进行量化评价,揭示碰撞过程背后的船舶行为过程,分析船舶采取避让行动的时机。

1　问题描述

1.1　行为组分辨识不确定问题

船舶行为是由一系列以船舶避让为主要目的的行动方式与规律的集合,究其本质是船舶人机系统在客观环境影响下最终呈现的轨迹状态。在船舶会遇过程中,船舶通过感知外界环境,判断是否有碰撞危险,从而确定是否采取避让行动、何时采取行动、采取何种避让方式和避让幅度,及时且正确评估采取避让行动的程度,跟踪避让行动的效果,评价是否能安全驶过。因此,行为组分包含“避让动机-避让时机-避让方式-避让幅度-避让效果-避让评价”六种组分。

在AIS数据上由船舶的经纬度及航速航向具体数值表征船舶运动状态;而在行为分析中由变速和转向来表达船舶避让意图。因此,在使用宏观数据微观分析船舶避让行为过程中面临船舶运动状态从定量到定性的不确定转化过程。而船舶行为组分的这种不确定性由驾驶员操纵、船舶设备运转、自然环境因素等因素综合影响,同时在时间序列上也受到船舶响应延迟、船舶惯性运动等影响。

1.2　组分关联性评价问题

在船舶碰撞事故过程中,单位时间内会遇态势的变化由两船共同运动导致,碰撞危险的变化也受到两船运动状态改变的影响。由此面临两船不同避让行动导致的避让效果差异化问题。在此基础上,两船的行为在时间横向上受到会遇态势、避让责任、避让行为等多重影响,且在时间纵向上某一时刻的行为评价受到下一时刻避让效果、上一时刻会遇情景的时间关联特性影响。因此面临由会遇态势、避让行为等本身具有不确定特征的因素导致的行为评价过程的时间关联问题。

2　数据与方法

2.1　数据来源与结构

历年碰撞事故案例源于中国海事局官网、《水上交通事故典型案例集》《海事案例选编》等书籍,采用151起事故作为原始数据样本事故调查报告中简要重述碰撞前离散时间的船舶经纬度、航速航向、来船相对方位与距离、驾驶员采取的操纵措施等信息下的碰撞经过。基于离散的基础数据,采用情景反演等方法还原碰撞事故过程,从而得到连续且结构化的船舶运动状态数据。

2.2　行为组分辨识BP-ANN模型

从单位时间内的转首角速度及航速变化率直接反映船舶的转向和变速运动状态,但由于风流及船舶性能影响,微量的航向变化率和航速变化率并不能说明船舶以转向或变速为意图的避让行为。

为了辨识航向航速变化率下的转向变速行为,从机器学习角度引入神经网络(BP-ANN),以各船型的运动经验判断为学习样本,训练成以2min为时间单位的转向变速行为识别模型。步骤如下:

第一步:假设神经网络使用的数据训练集为$T=\{(x_1,y_1),\cdots,(x_i,y_i),\cdots,(x_n,y_n)\}$,神经网络共有$t$层,每层神经元的个数为$n$。式中,$(x_i,y_i)$为单个训练样本,$x_i$为单个样本的输入值,$y_i$为单个样本的期望值。选择方差作为误差代价函数,见式(1)。

$$E(w,b;x_i,y_i)=\frac{1}{n}\sum_{i=1}^{n}\frac{1}{2}\|f(x_i)-y_i\|^2 \tag{1}$$

第二步:神经网络中每个神经元分别关于权重系数w和偏置量b从输出层向输入层反向求梯度,见式(2)。

$$\begin{cases}\dfrac{\partial E}{\partial w_{ij}^{(l)}}\dfrac{1}{n}\sum\limits_{i=1}^{n}\dfrac{\partial}{\partial w_{ij}^{(l)}}\|f(x_i)-y_i\|^2\\[2ex]\dfrac{\partial E}{\partial b_{ij}^{(l)}}\dfrac{1}{n}\sum\limits_{i=1}^{n}\dfrac{\partial}{\partial b_{i}^{(l)}}\|f(x_i)-y_i\|^2\end{cases} \tag{2}$$

式中:l、i、j——第$l(1\leqslant l\leqslant t)$层、第$i$个输入值、上一层网络第$j(1\leqslant j\leqslant n)$个神经元。

第三步:对所求各层中每个神经元关于权重参数和偏置量的梯度值,采用梯度下降法更新,见式(3)。

$$\begin{cases}w_{y}^{(i)}=w_{y}^{(i)}-\alpha\dfrac{\partial E}{\partial w_{y}^{(i)}}\\[2ex]b_{i}^{(i)}=b_{i}^{(i)}-\alpha\dfrac{\partial E}{\partial b_{i}^{(i)}}\end{cases} \tag{3}$$

式中:α——超参数学习率。

第四步:重复以上步骤。经过多次迭代,当误差代价函数达到最小值时,对航向和航速的神经网络训练完成

2.3　组分关联评价CRF模型

条件随机场(CRF)是一种用于处理序列数据的统计建模方法,尤其适用于标注和预测序列中的状态节点。面对时间序列下行为评价的前后关联问题,符合线性链条件随机场的特征,CRF能够更有效地处理船舶转向变速行为、来船距离和方位、DCPA、TCPA和CRI为观测序列之间的依赖关系。步骤如下:

第一步,以船舶中心作为原点,以右舷正横方向为x轴正方向,以船首向方向为y轴正方向,建立坐标系。则四元船舶领域的边界方程为

$$f_m(x,y)=\left\{\frac{2x}{[1+\mathrm{sgn}(x)]R_{\mathrm{starb}}-[1-\mathrm{sgn}(x)]R_{\mathrm{port}}}\right\}^2+\left\{\frac{2y}{[1+\mathrm{sgn}(y)]R_{\mathrm{fore}}-[1-\mathrm{sgn}(y)]R_{\mathrm{aft}}}\right\}^2 \tag{4}$$

$$\begin{cases}\text{sgn}(x)=\begin{cases}1 & (x\geqslant 0)\\ -1 & (x<0)\end{cases}\\ \text{sgn}(y)=\begin{cases}1 & (y\geqslant 0)\\ -1 & (y<0)\end{cases}\\ R_{\text{fore}}=\left[1+1.34\sqrt{k_{AD}^2+\left(\dfrac{k_{DT}}{2}\right)^2}\right]L\\ R_{\text{aft}}=\left[1+0.67\sqrt{k_{AD}^2+\left(\dfrac{k_{DT}}{2}\right)^2}\right]L\\ R_{\text{starb}}=(0.2+k_{AD})L\\ R_{\text{port}}=(0.2+0.75\,k_{AD})L\\ k_{AD}=AD/L=10^{0.35911g(V_t^{os})+0.0952}\\ k_{DT}=DT/L=10^{0.54411g(V_t^{ts})-0.0795}\end{cases} \tag{5}$$

式中：R_{fore}、R_{aft}、R_{starb}、R_{port}——四元船舶领域在 x 轴正负方向和 y 轴正负方向的半径长度；

sgn(·)——符号判定函数；

L——船长；

k_{AD}——船舶旋回圈中进距 AD 的增益系数；

k_{DT}——旋回初径 DT 的增益系数，可根据船舶尺度与航速采用经验公式进行估算；

V_t^{os}、V_t^{ts}——本船和目标船航速。

第二步，基于微分思想和控制变量法求单船避让效果。图1中设 T_i 时本船位置如点①，目标船位置如点②，根据碰撞危险度公式得 $\text{CRI}_{(i)}$[10]；下一时刻 T_{i+1} 时本船位置如点③，目标船位置如点④，以本船 T_{i+1} 时刻（点③）和目标船 T_i 时刻（点②）的运动数据，求得在 T_{i+1} 下两船的碰撞危险度 $\text{CRI}_{(i+1)}$，由 $\text{CRI}_{(i+1)}-\text{CRI}_{(i)}$ 得本船在 $\Delta T_{(i)\ (i+1)}$ 时间段内的单船避让效果为 $\Delta\text{CRI}_{(i)\ (i+1)}$。如此往复，得出会遇过程中两船各自的避让效果。

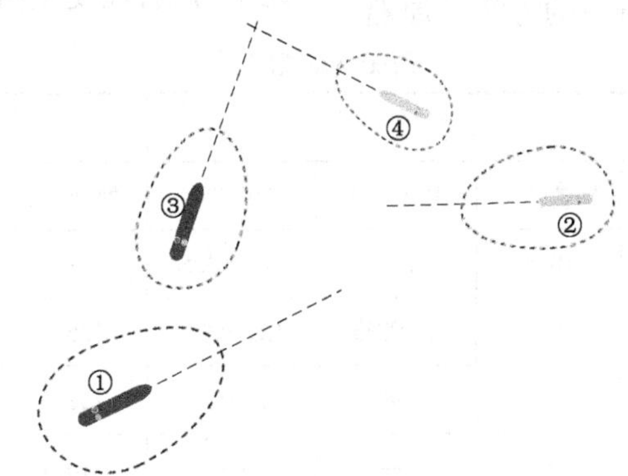

图1 单船避让效果

第三步，在船舶会遇的不同会遇阶段，相同的避让效果会带来不一样的风险感受。通过在单位时间内对单船 ΔCRI 与来船在船舶领域驶过所需的碰撞危险度变化量 ΔCRI_s 和发生碰撞所需的碰撞危险度变化量 ΔCRI_c 进行比较，可评价单船避让行为效果。与此同时，引入双曲正切函数区分在不同会遇场景下的船舶避让责任，以及避让行动是否符合避碰规则。建立考虑避让责任划分的单船避让行动效果评价模型，其数学表达式如下：

$$\begin{cases}\text{分数}=100\times\dfrac{\Delta\text{CRI}_c-\Delta\text{CRI}}{\Delta\text{CRI}_c-\Delta\text{CRI}_s}\times C\\ C=\begin{cases}-\tanh(k\cdot x)+2 & (x>0)\\ -\tanh(k\cdot x) & (x<0)\end{cases}\\ \Delta\text{CRI}_s=\dfrac{\text{CRI}_s-\text{CRI}}{\text{TCPA}/\Delta T}\\ \Delta\text{CRI}_c=\dfrac{\text{CRI}_c-\text{CRI}}{\text{TCPA}/\Delta T}\end{cases} \tag{6}$$

式中：C——考虑责任划分及行动正确性的调整系数；

$|x|$——TCPA 数值相同，当行为符合避碰规则时为正，反之为负；

k——通过专家调查的函数调整系数；

CRI_s——本船和向最近会遇点延长线与四元船舶领域的交点间距离为 DCPA 时的碰撞危险度；

CRI_c——碰撞发生的危险度，值为1。

第四步，将碰撞事故过程定义为一个线性链条件随机场，以船舶转向变速行为、来船距离、相对方位、DCPA、TCPA、CRI 和上述行为得分来训练模型，进而对案例中的船舶行为进行评价。其中，状态序列 $Y=(y_1,y_2,\cdots,y_t)$ 代表各个时刻的船舶避让行为评价分数，而观测序列 $X=(x_1,x_2,\cdots,x_t)$ 代表对应时刻的船舶转向变速行为、来船距离、相对方位、DCPA、TCPA 和 CRI 信息。则模型的联合概率分布可以表示为：

$$\begin{cases} P(y \mid x) = \dfrac{1}{Z(x)} \exp\left[\sum_{i,k} \lambda_k t_k(y_{i-1}, y_i, x, i) + \sum_{i,l} \mu_l s_l(y_i, x, i)\right] \\ Z(x) = \sum_{y} \exp\left[\sum_{i,k} \lambda_k t_k(y_{i-1}, y_i, x, i) + \sum_{i,l} \mu_l s_l(y_i, x, i)\right] \end{cases} \tag{7}$$

式中：t_k、s_l——特征函数；

λ_k、μ_l——对应的权重参数；

$Z(x)$——规范化因子。

在模型训练完成后，对所有案例时间序列下的船舶会遇状态数据，使用维特比算法来找到最可能的状态序列 Y，即在每个时刻下最可能的评价分数。

3 结果

3.1 碰撞事故单案例情景反演

基于碰撞事故报告的离散 AIS 数据(表 1)，采用情景反演和神经网络行为辨识的方法还原船舶碰撞事故过程，如图 2 所示。

在这起大角度交叉相遇案例中，碰撞危险前期，N 轮虽履行保向保速义务，但在后期朝来船采取小角度左转，使得加剧碰撞危险上升，行为评价大幅度下降，在此期间 M 轮小幅度左转且没有减速行为，呈现两船同向并行的趋势，虽该行为在单位时间内有利于避免碰撞，但行动与规则相违背且不协调，使得行为评价在一定范围内波动；紧迫局面下 N 轮可采取避让行动，在此期间曾左转使 M 置于右舷，避让效果有所好转但航速较快且避让幅度仍不足，此时 M 轮持续小幅度左转，避让行动不协调，促使碰撞发生。

两船 AIS 数据　　表 1

碰撞前时间	N轮				M轮			
	航向(°)	航速(kn)	纬度(°)	经度(°)	航向(°)	航速(kn)	纬度(°)	经度(°)
-18	105.4	10.4	29.9775	121.9805	—	—	—	—
-13	105.6	10.8	29.9733	121.9970	136.5	6.8	29.9876	122.0165
-9	91.3	10.2	29.9710	122.0103	132.5	7	29.9821	122.0226
-2	—	—	—	—	114.1	6.4	29.9758	122.0366
0	79.2	9.9	29.9738	122.0396	127.1	5.6	29.9740	122.0403

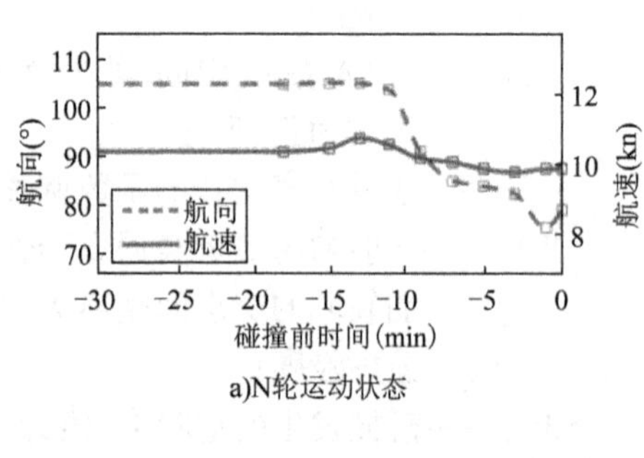

a)N轮运动状态

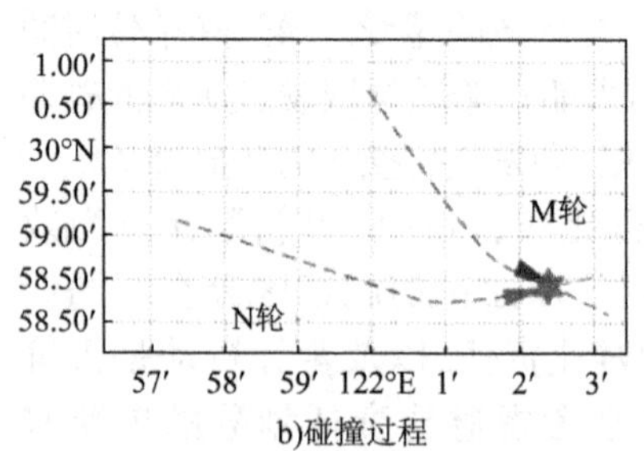

b)碰撞过程

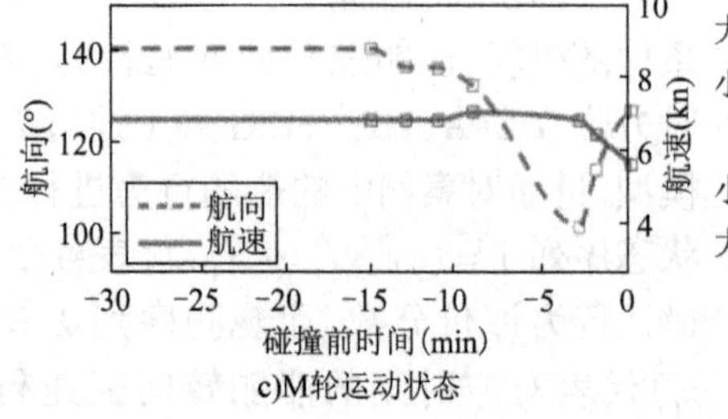

c)M轮运动状态

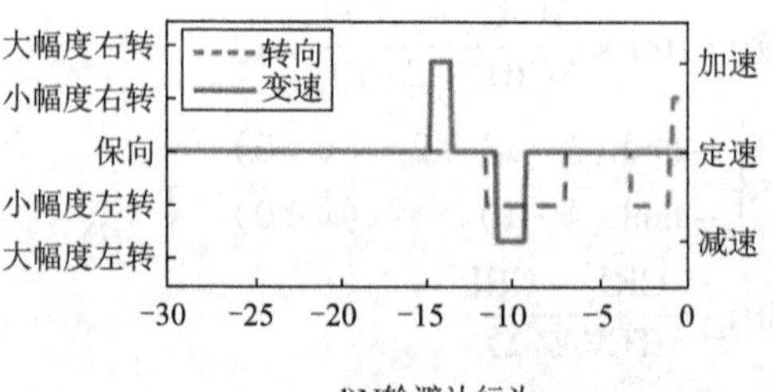

d)N轮避让行为

图 2

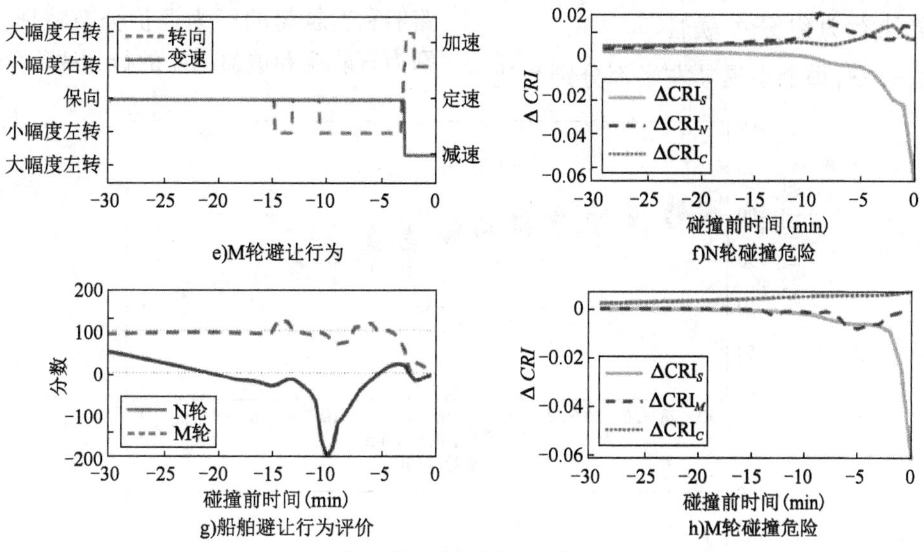

图 2 单案例的避让行为辨识

3.2 事故反演的避让行为

以上述单事故避让行为特征不确定过程辨识为例，对中国沿海151起碰撞事故中的船舶避让行为特征进行深入研究。由于事故发生前时间与TCPA的高度一致性，采用碰撞前20min、10min、4min作为两船会遇过程中的不同会遇阶段划分的三个分界点来确定船舶会遇的阶段[11]。以每2min为时间单位，对碰撞前30min不同会遇阶段的船舶避让行为特征数据进行统计，以热力图直观呈现各时间片段下采取避让措施的占比结果(图3)，其中在单位时间内交叉相遇局面中左侧和右侧分别为让路船和直航船的行为特征分布；追越中左侧和右侧分别为追越船和被追越船的行为特征分布。

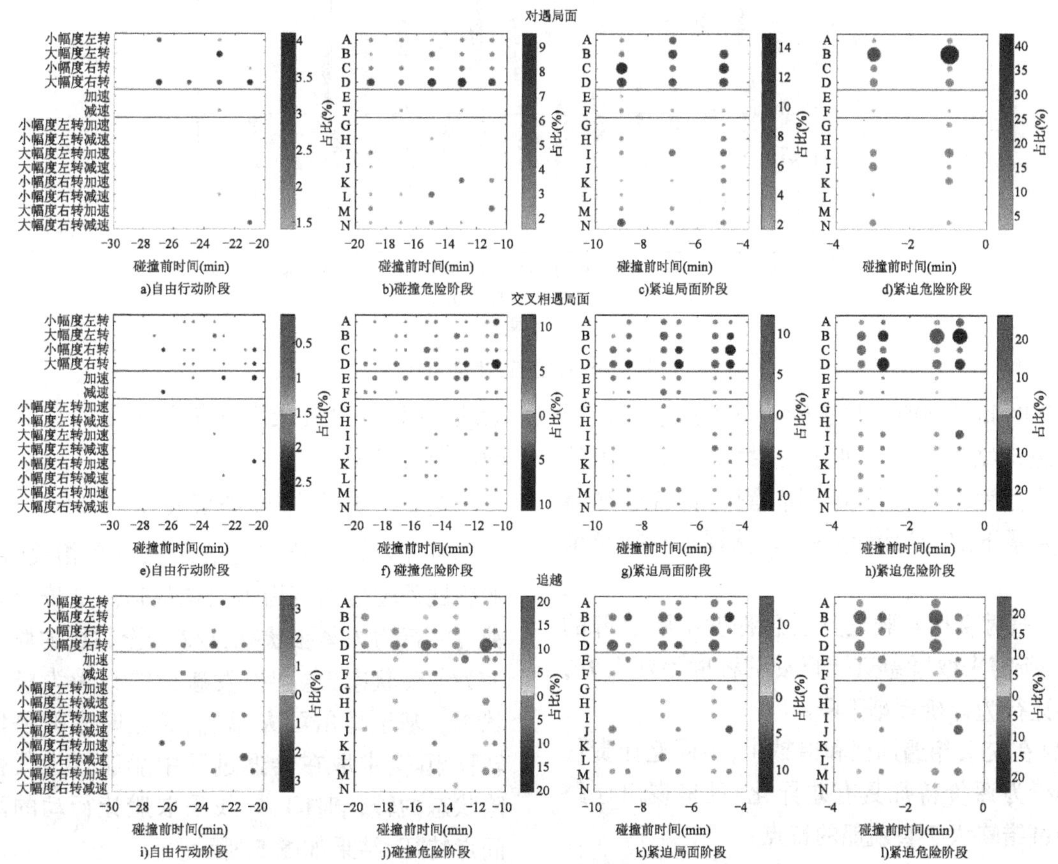

图 3 船舶行为特征对比分析

3.3 避让行为组分关联性

图4b)和c)中,每个小提琴左半部分别为让路船和追越船的行为评价分布特征;右半部分分别为直航船和被追越船的行为评价分布特征。

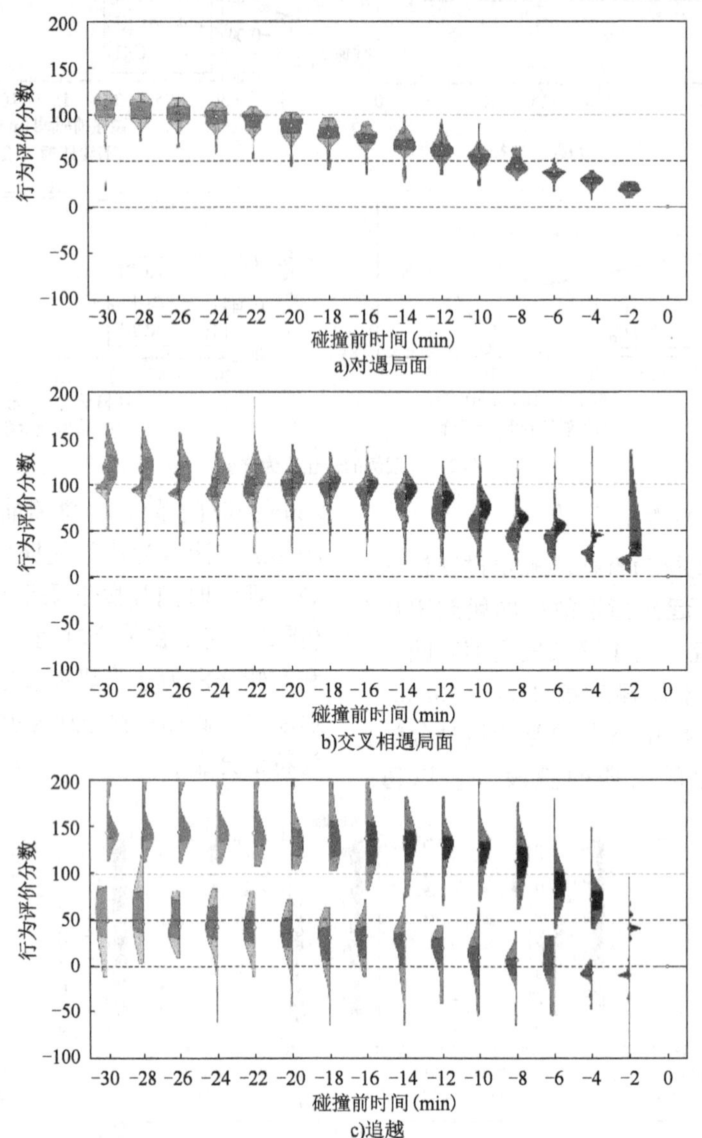

图4 船舶避让行为评价特征

基于时间序列前后状态影响下的船舶避让行为评价统计结果如图4所示,碰撞前30min内的船舶避让行为评价总体呈下降趋势,符合碰撞事故发生背景下的行为评价特点。从评价特征结果发现:

(1)随两船相互驶近且紧急程度不断上升的状态下,所需采取紧急避让行动的程度不断上升,船舶避让行为评价逐渐下降。

(2)在交叉相遇局面和追越中,不同避让责任船舶的行为评价特征具有差异化,且呈现出让路船行为过错略大于直航船的特点。

(3)以船舶领域为基础的行为评价反映船舶会遇距离的过程,最终评价归于零的特点反映船舶碰撞的结果。

3.4 避让行为等级变化

避让效果评价与会遇距离息息相关,以在船舶领域外驶过的行为为安全状态,1/2安全领域外驶过的行为为紧张状态,1/2安全领域内驶过的行为为危险状态,急剧引发碰撞的行为为极度危险状态。基于马尔可夫思想,通过时序的评价状态转移矩阵,求取在会遇过程中船舶行为紧张及危险状态的转化时间,寻找采取避让行动的两个时间点特征,结果如图5所示。

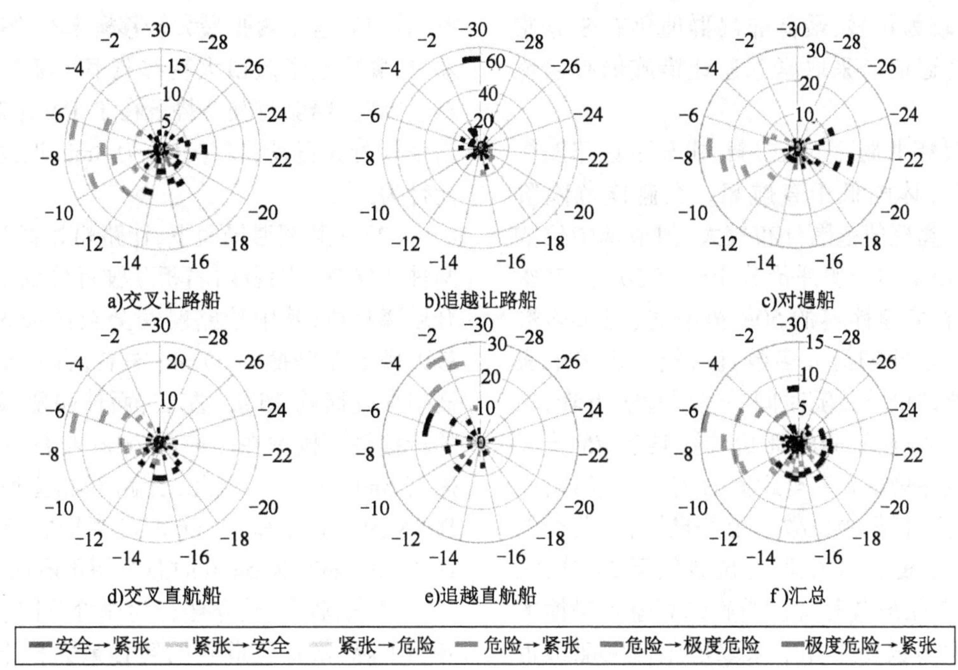

图5　行为评价等级转换

4　讨论

4.1　避让行为组分分析

两船相互驶近过程中，经历自由行动、存在碰撞危险、紧迫局面、紧迫危险四个阶段。基于神经网络的行为不确定辨识，对对遇局面、交叉相遇局面、追越三种会遇态势识别船舶避让行为，发现随着两船相互驶近，船舶采取避让行动占比逐渐增多且呈多样性发展。

(1)对遇局面下，船舶采取转向措施为主的避让行动，在碰撞危险及紧迫局面阶段有避让行为的船舶以向右转向为主，也有部分船舶结合变速避让，与其他阶段相比行为分布较均，不确定性较大；临近紧迫危险时大多数采取行动的船舶却向左转向居多，虽可能采取最有助于避碰的行动，但极其容易因避让不协调而引发碰撞。

(2)交叉相遇局面下，在碰撞危险时有11%让路船按照《国际海上避碰规则》采取右舵避让来船，但有6%的船舶采取左舵不协调避让行动，直至紧迫局面时让路船有10%的船舶采取大幅度右舵措施避让，更有在临近紧迫危险阶段前采取大幅度左舵，加速船舶碰撞的发生；有61%的直航船在紧迫局面时并无及时观测让路船是否采取有效避让行动，甚至有11%的让路船采取致命的左舵转向，进一步加速碰撞的发生。

(3)追越下，在碰撞危险时17%和10%的让路船选择加速和减速追越，两者之间选择加车追越的船舶居多；有79%被追越船履行保向保速义务，为追越船提供稳定的船舶动态参考，但有10%船舶采取加车措施，降低追越时间。直至紧迫阶段时有17%的让路船意识到减速避让，但也有约17%船舶冒险采用加速措施，进一步增加船舶碰撞的风险；在此阶段的被追越船可参考追越船的避让行为动态，针对采取避让措施，有21%船舶采取大舵角转向的避让行动，但仍有10%船舶采取减车措施，加剧TCPA的减少。

4.2　避让行为组分关联性

船舶行为评价是时序关联下的评价过程，针对时序前后影响下基于船舶领域和线性链条件随机场评价船舶采取的避让行为，呈现出不同会遇态势下不同避让责任船舶的行为评价规律特点。

(1)对遇局面下，船舶总体评价分数逐渐呈下降趋势，单位时间内船舶避让行为逐渐向碰撞发展。在自由行动阶段总体评价稳定在80分以上，船舶按照这样的运动态势航行，能在安全距离的80%外驶过；至存在碰撞危险时，评价中位数最低53分，下四分位数最低47分，75%的对遇船能在安全距离的47%外驶过，且几乎能避免碰撞；在紧迫局面阶段,两船最近会遇点距离仍继续减小,上离群值分布较为扩散,最低非离群值仍有8分左右,大多数对遇船若采取紧急避让措施仍有避免碰撞的可能。

(2)交叉相遇局面下,在避让责任下让路船行为评价过程总体略低于直航船。在碰撞危险阶段,让路船非离群值范围分布较大,但最低中位数仍有60分,75%的船舶评价分布仍有50分,75%的对遇船能在安全距离的50%外驶过,且大多数能避免碰撞;在此期间大多数直航船并未采取避让行动,导致评价分数随时间的发展稳步下降,在紧迫局面前夕;直航船的评价分数均有75分以上,维持分数评价可在安全距离的75%外驶过;在紧迫局面阶段,根据中位数及走势显示,让路船总体评价大幅度减小,最低四分位数低至27分,大多数让路船若采取紧急避让措施仍有避免碰撞的可能,而绝大多数船舶并未采取措施使两船最近会遇点距离拉开差距。

(3)追越下的让路船航向略微调整使最近会遇距离上下波动较大,导致碰撞过程的评价离散程度很大。自由行动阶段,50%的追越船评价均有50分以上,可在安全距离圈的½处外驶过;在碰撞危险阶段时,让路船上下四分位数相差最大约50分,相差约半个安全距离值;在碰撞危险末,已有约60%让路船行为评价在0分以下,少部分被追越船采取有效的避让行动,但大部分仍呈稍降趋势,分数变化不大,持续保持此避让行为分数,绝大多数被追越船仍能使追越船从安全距离外驶过;在紧迫局面阶段,仅有约50%以上追越船行为评价在0分以上,绝大多数被追越船评价仍有50分以上,若在此阶段发现追越船未采取适当的避让行动,向追越船相反方向采取行动,仍能有效避免碰撞。

4.3 避让时机分析

基于船舶领域的船舶行为时序评价特征,分别从领域边界和领域½距离的时间点对三种会遇态势分析船舶采取避让行动的时间点。当船舶行为评价转移从安全状态跨度到紧张状态的转移概率达到峰值时,船舶行为入侵领域概率达到最大,此时船舶应当采取避让行动;当船舶行为评价转移从紧张状态跨度到危险状态的转移概率达到峰值时,此时船舶急需纠正避让行为以避让来船。

(1)对遇局面下两船快速驶近,安全至紧张、紧张至危险的状态转移概率均呈现先增后减状态,其中安全至紧张最大转移概率在碰撞前21min左右,紧张至危险最大转移概率在碰撞前8min左右。因此,船舶对驶态势下在TCPA为21min时应当采取避让行动,在TCPA为8min时急需纠正避让行为。

(2)交叉相遇局面下,让路船和直航船行为的两种转移概率随着两船相互驶近分别呈波动和先升后降趋势,其中让路船安全至紧张的综合转移最大概率在碰撞前17min左右,直航船最大转移概率在碰撞前15min左右;而让路船紧张至危险的转移最大概率在碰撞前7min左右,直航船在碰撞前6min左右。因此,让路船和直航船分别在TCPA为17min和15min时应当采取避让行动,在TCPA为7min和6min时急需纠正避让行为。

(3)追越下,让路船行为评价总体从紧张状态开始下降,紧张至危险的转移最大概率在碰撞前15min左右;而直航船行为从安全至紧张的综合转移最大概率在碰撞前6min左右,紧张至危险的转移最大概率在碰撞前3min左右。因此,让路船在TCPA为15min时急需纠正避让行为,直航船在TCPA为6min和3min时分别应当采取避让行动和急需纠正避让行为。

5 结语

针对船舶避让行为组分的不确定辨识及时序关联评价问题,提出一种离散AIS数据驱动下基于神经网络及线性条件随机场的行为关联提取方法,识别船舶避让行为后考虑避让责任进行评价,进而探究时序下船舶行为及评价下的特征规律,揭示不同会遇态势下避让决策的时机特点。

多起碰撞事故背后的船舶避让行为探究表明,随着两船相互驶近,船舶避让行动逐渐呈多样化趋势发展,且不同会遇态势的行为评价规律呈波动下降趋势,应当采取避让行动和急需纠正避让行为时间分别集中在碰撞危险和紧迫局面阶段,避让时机量化结果符合"早大宽清"中及早采取避让行动要求。

参考文献

[1] DOGANCAY K, TU Z, IBAL G. Research into ship behaviour pattern recognition in the maritime domain: Past, present and future[J]. Digital Signal Processing, 2021, 119: 103191.

[2] WANG F, LEI Y, LIU Z, et al. Fast and parameter-light rare behavior detection in maritime trajectories[J]. Information Processing & Management, 2020, 57(5): 102268.

[3] ZHOU Y, DAAMEN W, VELLINGA T, et al. Ship classification based on ship behavior clustering from AIS data [J]. Ocean Engineering, 2019, 175: 176-187.

[4] WEN Y, ZHANG Y, HUANG L, et al. Semantic modelling of ship behavior in harbor based on ontology and dynamic bayesian network [J]. International Journal of Geo-Information, 2019, 8(3): 107.

[5] DARVISH B A, HAJIVAND A, HASANI M. Prediction of the maneuvering behavior of a containership in a seaway[J]. Proceedings of the Institution of Mechanical Engineers, Part M: Journal of Engineering for the Maritime Environment, 2023, 237(4): 955-970.

[6] ROTHMUND S V, TENGESDAL T, BREKKE E F, et al. Intention modeling and inference for autonomous collision avoidance at sea [J]. Ocean Engineering, 2022, 266: 113080.

[7] CHEN Q, XIAO C, WEN Y, et al. Ship intention prediction at intersections based on vision and bayesian framework[J]. Journal of Marine Science and Engineering, 2022, 10 (5): 639.

[8] QI L, ZHENG Z, GANG L. Marine traffic model based on cellular automaton: Considering the change of the ship's velocity under the influence of the weather and sea[J]. Physica A Statistical Mechanics & Its Applications, 2017, 483:480-494.

[9] WANG Y, ZHANG J, CHEN X, et al. A spatial-temporal forensic analysis for inland - water ship collisions using AIS data[J]. Safety Science, 2013, 57: 187-202.

[10] ZHU Q, XI Y, HU S, et al. Spatial-temporal analysis method of ship traffic accidents involving data field: An evidence from risk evolution of ship collision [J]. Ocean Engineering. 2022,276, 114191.

[11] 胡甚平. 船舶会遇过程中避碰阶段的划分与量化[J]. 中国航海, 2001(2):85-89.

内河航道测深数据异常值检测算法研究——以浙江省内河航道为例

陈世俊[1,4] 严新平[1,2,3] 蒋仲廉*[2,3] 彭振贤[1,3] 谢 宇[4]

(1. 武汉理工大学交通与物流工程学院;2. 水路交通控制全国重点实验室;3. 武汉理工大学国家水运安全工程技术中心;4. 浙江省交通运输科学研究院)

摘 要 航道测深数据是内河航道运行维护工作的重要基础。随着智能航运的快速发展,在航船舶动态测深数据分析与综合应用成为水路交通行业热点研究问题之一。航道测深数据具有显著的大数据特征,数据质量与分析效率影响着智能信息服务技术及其应用。本文以浙江省内河航道测深数据为例,采用孤立森林算法,对比分析了不同抽样方法、抽样数量对航道测深数据异常值检测的影响。研究结果表明:采用均匀分布抽样100组数据,在钱塘江下游河段测深数据异常值检测中识别率较高,能够满足航道测深数据处理要求;瓯江上游河段测深数据分析中,应适当增加抽样数据量,抽样方法对结果的影响较小。本文研究结果对于提升航道测深数据质量、推动在航船舶动态测深数据综合应用具有积极意义。

基金项目:浙江省科技计划项目(2023C04037),国家自然科学基金项目(52071250, 52709220)。

关键词　航道测深数据　异常值检测　独立森林算法　抽样分析　内河航道

0　引言

水运是国家综合立体交通网的重要组成部分,也是加快建设交通强国、实现“双碳”目标的重要抓手。航道基础设施数字化、智能化,是推进智能航运发展的重要前提。2023 年 11 月,交通运输部印发了《关于加快智慧港口和智慧航道建设的意见》,为我国智慧航道发展与建设指明了方向。

作为内河典型航道要素,水深作为交通状态感知的一个重要部分[1],是船舶安全航行的重要参数,也是航道管理部门开展航道规划建设、运行维护的决策依据[2]。当前,单波束回声测深仪[3]、多波束回声测深仪[4-5]、遥感技术[6],水下激光雷达系统、无人机系统结合探地雷达[7]等新型装置,在航道水深测量领域得到广泛应用。然而,船载设备数据精度、可用性常常受船舶航行姿态、水流流态等复杂因素影响[2]。在内河智能航运快速发展的背景下,开展船舶动态感知数据特性分析与综合应用,已成为航道智慧化运维能力提升领域的研究重点。

船舶测深数据预处理主要包括异常值识别、缺失数据插值。异常值识别在时序数据和高维数据研究中受到广泛关注[8],如降水、水质时序数据等。Díaz Muñiz 等[9]基于功能深度的概念,提出了一种泛函方法,应用于 San Esteban 河口水质检测数据的异常值检测,并取得了良好的效果;Liu 等[10]提出了一种函数离群点两步检测算法,并将模型应用于巴黎市自行车共享系统中,为运营商投放策略更新提供了支撑。魏源等[11]利用聚类算法识别、清理了多波束测深数据中的异常值;王俊森等[12]提出了一种结合不确定度与密度聚类算法的多波束异常值滤波算法;黄瑞贞和星睿[13]采取中值滤波与加权滤波方法,实现了单波束测深数据异常值剔除。测深数据预处理后,可大幅提升航道水深预测[14-15]、地形反演与重构[16]等精度;在此基础上,亦可实现在航船舶姿态误差反向分析[17],具有重要的工程应用价值。

本文结合浙江省内航道(钱塘江、瓯江)单波束测深数据,对比分析了抽样方法、孤立森林算法在异常值检测识别中的应用效果,为后续海量在航船舶测深数据融合与综合应用奠定基础。

1　研究方法

1.1　抽样方法

抽样方法包括基于均匀分布的抽样和放回抽样。均匀分布即在所有取值点上取值概率一致的分布函数;放回抽样,是指在总样本量中抽取一次样本后将抽取样本放回,并继续第二次抽取,以此类推,直至达到抽样数量。

1.2　孤立森林算法

孤立森林算法属于机器学习算法,主要用于挖掘一组数据中的异常数据,即离群点检测。数据序列中的异常值往往距离整体数据集较远,且数量较少;孤立森林算法通过不断对数据集进行区域划分,当某一值单独出现在区域外,可认为其被“孤立”,视为异常值,并将其剔除[18]。算法主要步骤包括孤立树的划分、路径长度计算、异常值得分。

本文使用 python 软件,设置算法模型中随机树数量(默认值为 100)、构建子树的样本数(默认设置为“auto”)、异常数值占给定数据集比例(默认值为 0.1)、构建每个子树的特征数(默认值为 1.0)、采样法(默认使用不放回采样);对所输入测深数据集的每个数据进行打分,打分区间为(-1,1),其中正值为正常值、负值为异常值,得分绝对值越大,证明该数据点正常(异常)指数越高。

2　结果分析

2.1　钱塘江干线下游航段

2.1.1　均匀分布抽样分析

钱塘江是浙江省内的第一大江,流经省内杭州、绍兴、金华、衢州等地,与江苏省、上海市相连,沟通省内外的水运主通道。利用单波束测深仪采集钱塘江下游三江口段(该段位于杭州市萧山区,钱塘江、富春江、浦阳江三江交汇处;经度范围约为 120°182462E ~ 120°192092E、纬度范围约为 30°110125N ~ 30°119372N)的航道水深数据,测量时间为 2023 年 8 月 24 日,时为夏季汛期,源数据条数 703 组。基于均匀分布抽样 100 组,内容包含测点2000 大地坐标(x, y)与对应水深值。通过孤立森林算法开展异常测深数据挖掘，正常值用黑色实心圆圈标记，异常值用黑色空心圆圈标记，得到异常数据 19 组（占比 19%）；航道测深数据介于 1.0～7.0 之间，主要集中在 3.0～5.0 之间，如图 1 所示。结合 2021 年钱塘江三级航道整治工程（杭州段）与通航航道等级标准（表 1）可知，该河段已满足内河限制性三级航道通航标准，验证了孤立森林算法在测深数据异常值检测中具有一定适用性与精度。

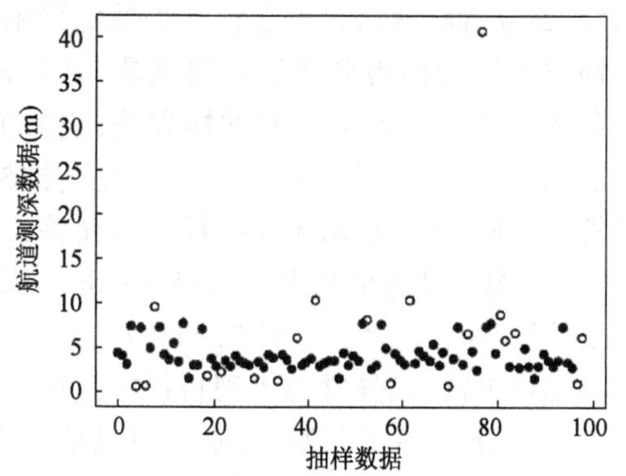

图 1 均匀分布抽样的钱塘江航道测深数据异常值检测

通航航道等级划分相关标准 表 1

航道等级	通航船舶吨级（t）	航道水深（m）	
		天然、渠化河流	限制性航道
Ⅰ	3000	3.5～4.0	≥5.5
Ⅱ	2000	2.6～3.8	≥4
Ⅲ	1000	2.0～2.4	≥3.2
Ⅳ	500	1.6～1.9	≥2.5
Ⅴ	300	1.3～1.6	≥2
Ⅵ	100	1.0～1.2	≥1.5
Ⅶ	50	0.7～1.0	≥1.2
等外	50 以下	—	—

2.1.2 放回抽样分析

采用放回抽样方式，获得 100 组测深数据，通过孤立森林算法检测得到 20 组异常数据（占比 20%），测深数据介于 1.0～7.5m 之间，主要集中在 1.5～5.0m 之间，如图 2 所示。相较于均匀分布抽样，放回抽样所得航道测深数据点分布相对离散。

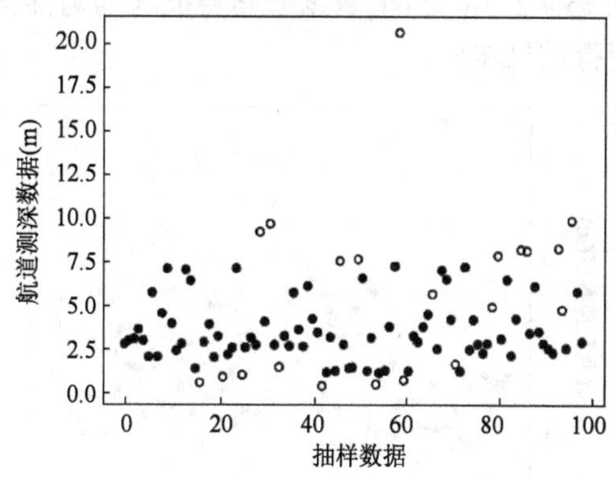

图 2 放回抽样的钱塘江航道测深数据异常值检测

2.2 瓯江上游丽水段

2.2.1 均匀分布抽样分析

瓯江是浙江省内第二大江，位于浙江省南部，流域覆盖丽水、温州两市。利用单波束测深仪采集瓯江上游丽水段（经度范围约为 119°946459E～119°947034E、纬度范围约为 28°437953E～28°440812E）的航道水深数据，测量时间为 2023 年 7 月 4 日，时为夏季汛期，源数据条数 4616 组，均匀分布抽样组数为 100，内容包含测点 2000 大地坐标（x，y）与对应水深值。通过孤立森林算法开展测深数据异常值挖掘，如图 3 所示，得到 18 组异常值数据（占比 18%），水深范围介于 0.75～2.5m 之间，测深数据分布较为分散。结合表 1 所示航道等级标准，瓯江河段的航道等级低于钱塘江航道。

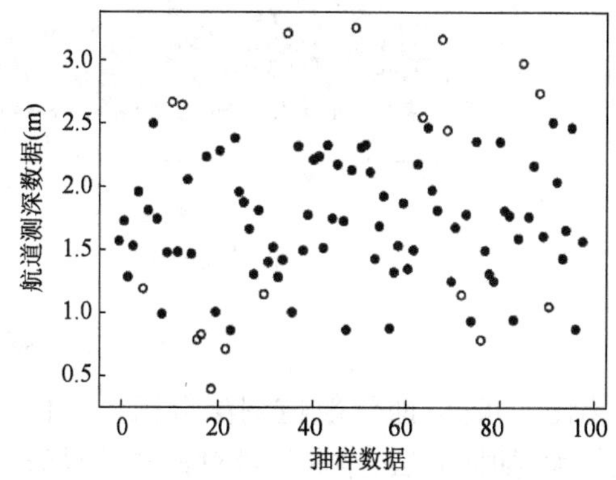

图 3 均匀分布抽样的瓯江航道测深数据异常值检测

2.2.2 放回抽样分析

相类似地，采用放回抽样获得 100 组测深数据；通过孤立森林算法检测异常值，共得到 16 组异常数据（占比 16%），如图 4 所示。测深数据介于0.75~2.7m之间,数据分布特征与均匀抽样分布所得结果相似。

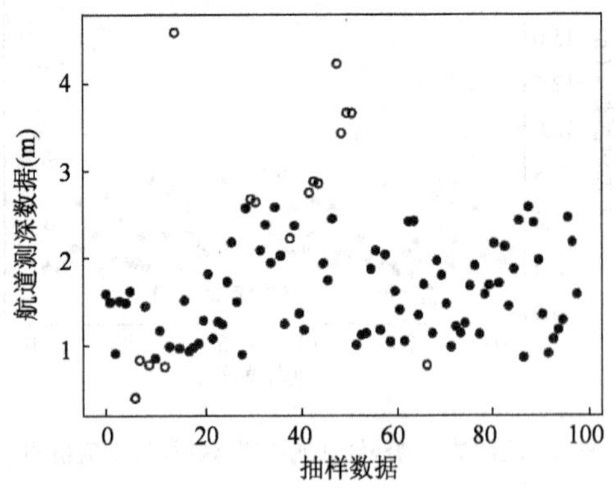

图4 放回抽样的瓯江航道测深数据异常值检测

3 结果讨论

由图1与图2所示结果可知,孤立森林算法可有效检测钱塘江河段的航道测深异常数据,相较于放回抽样方法,均匀分布抽样效果更佳、准确率更高。由图3和图4所示结果可知,瓯江河段 <0.5m 与 >2.5m 的测深数据点均被视为异常值,与瓯江航道等级(Ⅳ)相匹配,其检测识别准确率较高。

3.1 抽样数量的影响

为准确评价抽样方法、样本数量对测深数据异常值检测精度的影响,开展样本数量400的测深数据抽样测试。

由图5可知:钱塘江河段的测深数据正常值分布较为集中(0.5~1.5m、2.0~5.0m、7.0~7.5m),根据表1可以判定7.0~7.5m水深值的存在概率较低,忽略该部分值在后续分析中的影响,但需要进一步判断当水深值达到一定取值范围内后,孤立森林算法是否会存在失效的局限性。两种抽样方法均出现非连续断层现象,且异常值分布杂乱。基于均匀分布的抽样方法,正常值断层两次,分三组集中出现(由于图片尺度、抽样最大异常值不同,图5所示图像特征有所偏差)。放回抽样测深数据正常值集中于1.75~5.0m、7.25~7.5m之间,与前者一致,忽略7.25~7.5m段。对比两种抽样方法,其异常值出现特征大致相似,且正常值范围分布特征也类似,故认为钱塘江下游航段,水深值分析应采取少量抽样、均匀分布方法,当抽样数量过大时,抽样方法的区别度降低。

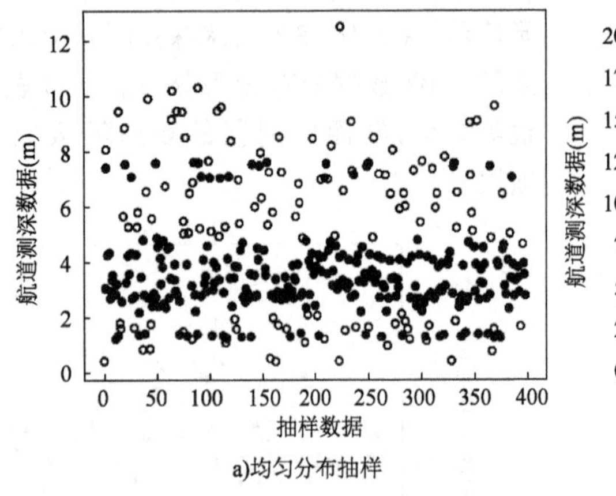

a)均匀分布抽样

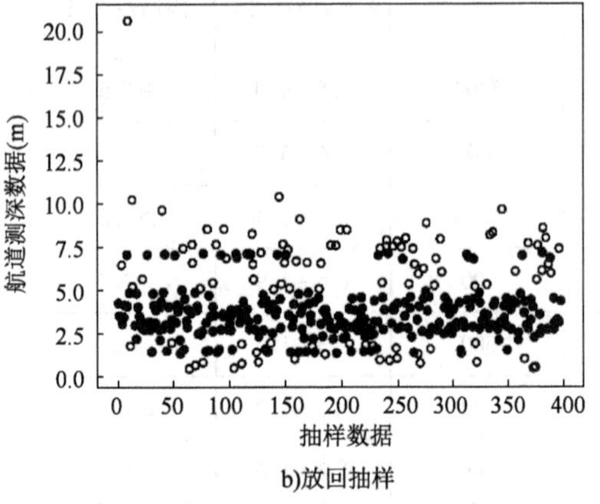

b)放回抽样

图5 基于孤立森林算法的钱塘江河段航道测深异常值检测

由图6可知:瓯江航道测深数据正常值分布范围较大,抽样方法、样本数量对抽样结果影响较小,正常值分布于0.75~2.5m区间,异常值分布于<0.75m与>2.5m区间里。

结合目前已有的钱塘江和瓯江航道测深样本数据总量,得到结论如下:(1)钱塘江河段航道测深数据异常值分析,应优先选用均匀分布抽样,样本数量不宜过多;(2)瓯江河段航道测深数据异常值分析,抽样方法、样本数量对结果的影响较小,后续需要开展多组对照试验进一步提高结论的可信度;(3)鉴于航道水深、含沙量对单波束测深仪精度的影响,应适当增加原始样本数据,保障航道测深数据质量与航道地形演变分析的准确性。

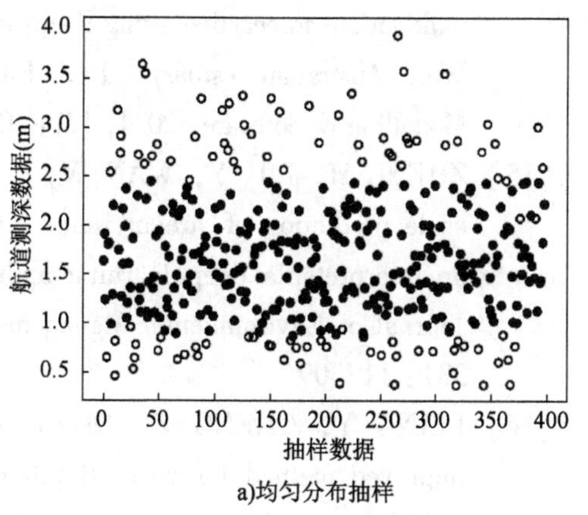

a)均匀分布抽样

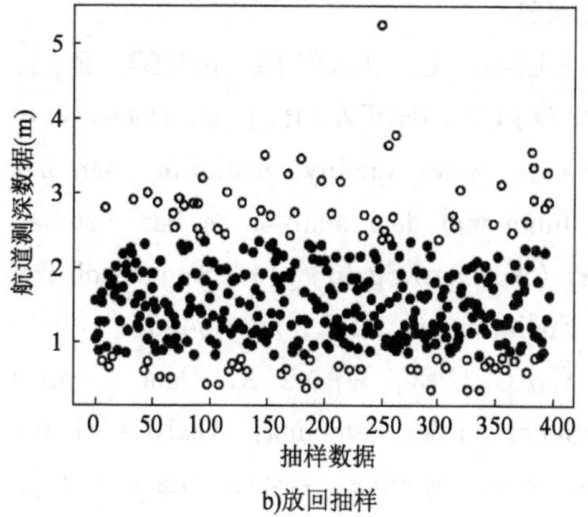

b)放回抽样

图6 基于孤立森林算法的瓯江河段航道测深异常值检测

3.2 研究展望

孤立森林算法基于“点离散”思想检测认定异常值,即正常数据分布较为集中,而异常值一般远离正常数据集且呈无规律分布[18]。结合浙江省内航道测深数据分析结果(图1~图4)可知:控制抽样数量时,钱塘江下游河段均匀分布抽样数据集,经孤立森林算法所得异常数据离散、余值相对集中;瓯江上游河段抽样数据集离散分布,异常值检测结果不佳。当以倍数增加抽样数量时,钱塘江下游河段正常值仍较为集中,但抽样方法之间的差距缩小;瓯江上游河段则无明显变化,仍较为分散,整体正常值分布聚集特征明显。由此初步推断,瓯江河段的抽样方法需要重新考虑,本文所述方法的适用性有待深入研究。瓯江作为少沙河流,其含沙量较低[19],航道水深小于钱塘江。单波束测深仪精度在浅水航道中应用存在一定局限性[7],可能出现较大的数据误差。

结合均匀分布抽样、放回抽样方法,本文探讨了孤立森林算法在航道测深数据异常值检测分析中的应用,对于提升航道测深数据质量、推进在航船舶动态数据的综合应用具有重要参考价值。在后续研究中,将采集更多航道测深数据集,提升算法在浅水区航道水深数据处理与检测中的精度,为内河航道水深智能服务等奠定基础。

4 结语

内河航道水深关乎航道等级划分、航道信息管理水平及船舶安全通航。本文通过对比两种抽样方法,采用孤立森林算法对抽样航道测深数据集进行异常值识别;结合浙江省内航道测深数据,验证了算法精度与适用性。研究结果表明,不同等级内河航道需要采用合适的抽样方法及数量。在后续研究中,需扩大航道测深数据集,通过对比分析抽样方法与改进检测算法,提升航道测深数据处理能力。

参考文献

[1] 黄琛,陈德山,吴兵,等. 船舶航行交通事件实时检测技术研究现状与展望[J]. 交通信息与安全,2022,40(6):1-11.

[2] 叶呈阳. 基于群智感知的航道测深数据处理方法研究[D]. 重庆:重庆大学,2019.

[3] 曾宝庆,应超然,张坤军,等. 不同比例尺下单波束测深数据的插值方法精度分析[J]. 浙江水利科技,2023,51(3):67-70.

[4] 张治国,王朝. 多波束测深系统在航道水深监测中的应用[J]. 甘肃科技,2023,39(7):17-20.

[5] GUO Q, FU C, CHEN Y, et al. Application of multi-beam bathymetry system in shallow water area [J]. Journal of Physics: Conference Series, 2023, 2428(1): 012042.

[6] WU J, LI W, DU H, et al. Estimating river bathymetry from multisource remote sensing data [J]. Journal of Hydrology, 2023, 620: 129567.

[7] BANDINI F, KOOIJ L, MORTENSEN B K, et al. Mapping inland water bathymetry with Ground Penetrating Radar (GPR) on board Unmanned Aerial Systems (UASs)[J]. Journal of Hydrology, 2023, 616: 128789.

[8] SOUIDEN I, OMRI M N, BRAHMI Z. A survey of outlier detection in high dimensional data streams [J]. Computer Science Review, 2022,

44: 100463.

[9] DÍAZ MUÑIZ C, GARCÍA NIETO P J, ALONSO FERNÁNDEZ J R, et al. Detection of outliers in water quality monitoring samples using functional data analysis in San Esteban estuary (Northern Spain) [J]. Science of The Total Environment, 2012, 439: 54-61.

[10] LIU C, GAO X, WANG X. Data adaptive functional outlier detection: Analysis of the Paris bike sharing system data [J]. Information Sciences, 2022, 602: 13-42.

[11] 魏源,金绍华,李树军,等. 利用聚类算法实现多波束水深数据异常值的自动识别与清理[J]. 测绘学报, 2022, 51(11): 2294-2302.

[12] 王俊森,金绍华,边刚,等. 结合不确定度与密度聚类算法的多波束异常值自动滤波算法[J]. 测绘学报, 2023, 52(10): 1669-1678.

[13] 黄瑞贞,星睿. 基于滤波算法的单波束测深数据预处理程序开发[J]. 现代信息科技, 2023, 7(22): 92-95+99.

[14] SAEED A, ALSINI A, AMIN D. Water quality multivariate forecasting using deep learning in a West Australian estuary [J]. Environmental Modelling & Software, 2024, 171: 105884.

[15] ZHENG H, LIU Y, WAN W, et al. Large-scale prediction of stream water quality using an interpretable deep learning approach [J]. Journal of Environmental Management, 2023, 331: 117309.

[16] LIANG Y, CHENG Z, DU Y, et al. An improved method for water depth mapping in turbid waters based on a machine learning model [J]. Estuarine, Coastal and Shelf Science, 2024, 296: 108577.

[17] 马深. 基于多波束水深异常值剔除的海洋测绘中船体姿态改正误差分析[J]. 国外电子测量技术, 2019, 38(7): 7-11.

[18] LIU F T, TING K M, ZHOU Z-H. Isolation Forest [C]. 2008 Eighth IEEE International Conference on Data Mining. Pisa: IEEE, 2008: 413-422.

[19] 郑敬云,李孟国,麦苗,等. 瓯江口水文泥沙特征分析[J]. 水道港口, 2008(1): 1-7.

内河在航船舶测深数据采集平台设计与实现

彭振贤[1,2]　陈世俊[1,2,3]　蒋仲廉*[2]　谢　宇[3]　余　涛[3]

(1. 武汉理工大学交通与物流工程学院;2. 武汉理工大学国家水运安全工程技术中心;
3. 浙江省交通运输科学研究院)

摘　要　航道水深是内河船舶安全航行最重要的参数之一,也是开展内河航道规划建设、运行维护的决策依据。当前,内河航道水深地形测量主要依赖于单波束或多波束等测深装置,然而前者存在监测盲区,后者使用成本较高,在一定程度影响了航道地形测绘应用中的时效性和精确度。随着内河智能航运的快速发展,在航船舶测深数据不断积累,为数据赋能智慧航道发展奠定了坚实基础。本文研究并构建了一种基于 RS485 通信的超声波测深装置,可安装于内河通航船舶;通过云平台系统实现动态测深数据采集、存储与管理,研究成果可为海量在航船舶测深数据融合应用提供支撑。

关键词　超声波传感器　航道测深数据　平台设计与实现　内河航道

0　引言

受流域水沙条件、气候变化、人类活动等复杂因素影响,内河航道地形演变规律复杂[1],航道水深成为航道运行维护、船舶安全航行的重要参

基金项目:浙江省科技计划项目(2023C04037),国家自然科学基金项目(52071250, 52709220)。

数[2]。航道管理部门通过定期扫测与非定期监测相结合的方式实现辖区水域航道地形演变信息采集,指导航道日常运行和养护工作[3]。

针对内河航道不同水域条件的测深要求,陈君等[4]测试了一种适用于中水的多波束测深系统方法,全小龙等[5]发明了一种适用于峡谷狭深河段的水深测量方法。在水深测量方法层面上,Bandini 等[6]利用无人驾驶航空系统中的探地雷达,开展了内陆水域的水深条件测量与测绘;Wu 等[7]利用多源遥感技术来估算河流的水深。由于不同的测深方法优缺点各不相同,测深数据特征存在明显差异。Li 等[8]系统全面地梳理了不同水深测深方法,针对各类装置提出了相对应的改进策略,对比分析了诸如 ANUDEM、逆距离加权等测深结果数据处理方法在不同水域的适用性与精度。然而,上述专业移动测量方法存在时效性和可靠性等方面的不足,且扫测的时间与经济成本较高[9]。在内河智能航运快速发展的背景下,李学祥等综述了基于在航船舶动态信息的长江航道要素感知方法[10],提出了利用一种长江电子航道图船舶终端数据的测深技术方案,并分析了方案实施应重点考虑的因素[2]。

当前,内河船舶类型复杂,船载测深装置型号多样,测深数据采集频率与精度、数据格式与传输协议等存在差异,使得船载测深数据采集与融合面临挑战。本文基于超声波测深仪、高精度定位装置、数据传输模块,构建了面向内河在航船舶的测深数据采集平台,阐述了平台硬件组成与功能设计,可实现内河在航船舶的轨迹、测深数据统一采集与管理,促进在航船舶测深数据与已有装置测量数据的信息融合技术发展,提高航道安全性与利用率,助力建设绿色化、智能化航道,为最大限度地实现航道测深数据挖掘与利用奠定基础。

1 航道测深数据平台设计

1.1 平台总体框架设计

本文所提出的基于在航船舶测深装置平台,其总体架构如图 1 所示,主要包括数据采集层、数据储存与管理层、数据综合利用层。

在航船舶测深数据包括水深数据、测深点位置信息。图 1 中涉及的高程、吃水等模块,为理想情况下提高装置功能的增补模块。

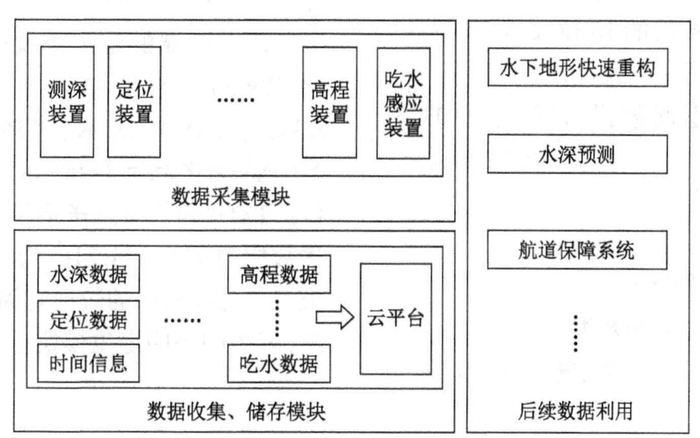

图 1 基于在航船舶测深数据平台总体框架

1.2 硬件组成

1.2.1 超声波测深模块

本平台采用 RISEN 超声波测深仪(图 2),内置通信协议为 Modbus 通信协议;测深仪端口接线定义如图 3 所示,具体参数信息见表 1,其中波特率选用 9600bps,接线选取 RS485 接线定义。

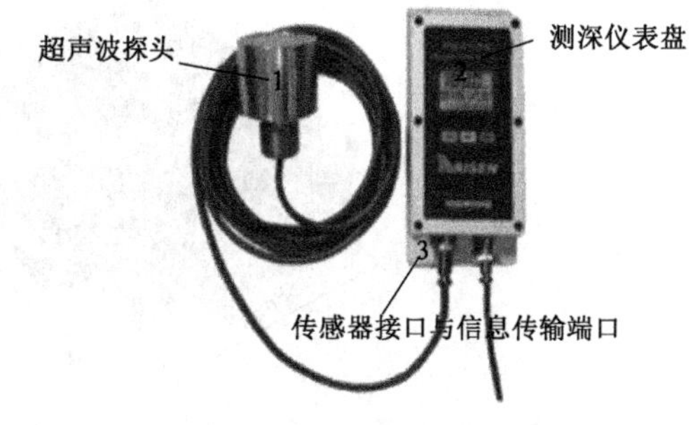

图 2 RISEN 超声波测深仪

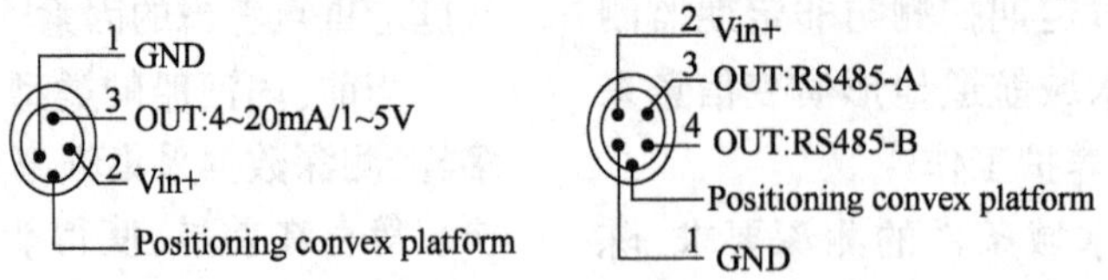

图3 测深仪传输端口接线定义(左右顺序与图2中3位置一致)

超声波测深仪具体技术参数 表1

设备参数		仪表参数	
最大量程	100m (20℃水中平静目标面)	工作温度	0~50℃
检测精度	±0.5% (基于20℃水中的标准平面)	存储温度	-20~70℃
波束全角	18°±2°	工作湿度	≤80%RH无结露(仪表)
工作频率	50~200kHz (视传感器规格而定)	存储湿度	≤70%RH无结露(仪表)
防护级别	IP68	工作电压	DC12V/1mA
尺寸	27×12.5×21cm		

测深仪是航道测深数据的来源,设备涉及数据通信收发命令示例如下:

测深仪Modbus上位机发送命令示例为:01 03 00 01 00 01 *D5 CA*。

各类字符解释如下:

01:从机地址。

03:读命令。

00 01:寄存器地址1的16位表示。

00 01:1个寄存器数值的16位表示。

D5 CA:CRC循环冗余码效验值。

从机根据此命令返回数据示例为:01 03 04 3F 6B 73 62 23 22。

各类字符解释如下:

01:从机设备地址。

03:读寄存器的操作命令。

04:后面跟有4个字节的数据。

3F 6B 73 62:四字节浮点数,转换为十进制数为0.919。

23 22:CRC循环冗余码效验值。

由上述示例可知,水深数据为四字节浮点数,而浮点数的解码需要通过专业的float字符解码软件进行逐一输入,操作复杂且耗时较大。本文通过具备自动解码float数值的云平台实现测深数据采集,可直接得到测点水深数据值,进一步提升了平台数据采集与处理的时效性、准确性。

1.2.2 定位模块

测深终端的定位模块选用GPS/北斗定位模块HS6602,通信协议为Modbus、接线模式为RS485,如图4所示。"PWR"为电源指示灯,"RUN"为产品运行指示灯,正常运行时亮1s、灭1s;"TXD"为信号发送指示灯,通过RS485总线发送数据时闪烁,"RXD"为信号接收指示灯,接收RS485总线返回的数据时闪烁,"PPS"为秒脉冲输出,闪烁则表明定位模块运行状态良好。

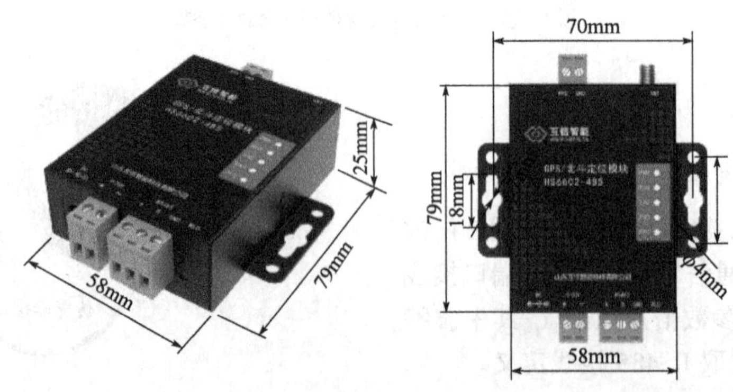

图4 经纬度定位模块(型号:HS6602)

定位模块除提供高精度经纬度信息外，还包括海拔高度、对地航向等辅助信息，可结合实际应用场景选择性添加。

1.2.3 数据传输模块

数据传输模块选用 4G LTE DTU HS2060-CAT1，如图 5 所示；通信模式为 Modbus-RTU，接线方式为 RS485。上述装置可将 RS485 采集的数据通过 4G 发送至云服务器，与 M2M（Machine To Machine）双向数据传输设备进行数据交互。"PWR"为电源指示灯，"STA"为系统运行指示灯，"RUN"为运行闪烁指示灯，与经纬度定位装置一致；"NET"为网络状态指示灯，本文采用 4G 网络通信，运行正常时连续闪烁 4 次，"LKA"为 Socket A 连接指示灯，常亮表示运行正常。

图 5 数据传输单元模块（型号：CAT1）

1.3 运行环境

除超声波测深模块的探头可以涉水外，航道测深数据平台其余模块装置运行环境需在干燥、通风的环境中通电使用，避免进水导致设备短路等故障。

1.4 通信协议及接口

标准化通信协议是实现平台远程可靠互操作、各类物联网传感器之间流畅通信的重要前提。Modbus 协议是当前工业电子设备中最常用、也是使用最广泛的主要协议之一，在实现 M2M 框架中具备良好的性能与作用[11]，广泛应用于公路照明[12]、智能电表[13-14]等领域中。Modbus 协议高度遵循主从机信号收发接收指令，可以通过 4G 数据流量通信或 Wi-Fi 信号对多点位传感器的数据进行采集[15]。在本文所述通信模式设计中，以上位机作为主机、传感器作为从机，当主机向从机发送带有设备地址的问询帧时，由于每个从机设备地址唯一，从机收到命令后，设备地址与问询帧地址相同的传感器做出应答，并返回一帧数据。当数据采集终端规模化应用时，可设置多个从机（即多个船载终端），将采集的测深数据同时返回至主机，主机通过云平台实现数据管理与分析。

RS485 接口采用平衡传输，是一种两线制的差分信号的传输方式，可有效抑制共模干扰[16]。基于此的 Modbus 协议常用 ASCII 或 RTU 两种模式，在 RTU 模式下，每个字节可以传输两个十六进制字符，且在相同的地特率下 RTU 模式可以比 ASCII 模式传送更多的数据[17]。通过不同通信模式测试，使用 ASCII 模式的测深仪，需要进行串口转 USB 操作，通过连接电脑发送操作指令，才能接收航道测深数据；使用 RTU 模式，上位机与云平台互联后，可通过设置时间间隔自动发送指令，自动接收从机（船载测深终端）数据，数据传输更加高效[18-19]（图 6）。本文所述装置寄存器码见表 2，传感点来源于同一传感器，地址号为同一个；不同传感器使用同一个寄存器号会使得某一传感器接收数据路径被占用；一般传感器寄存号的设置范围为 01 ~ 32。

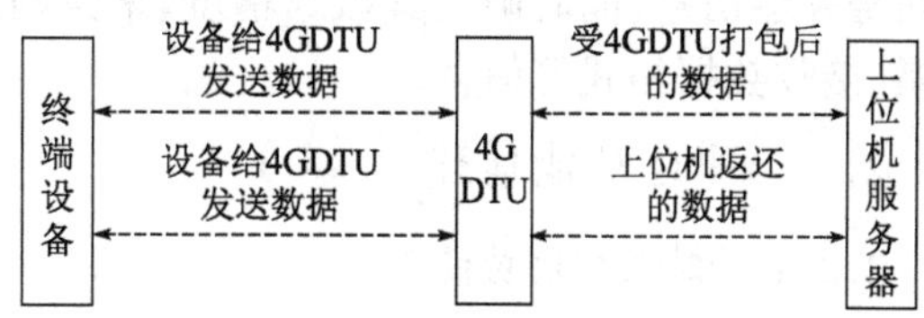

图 6 信号传输过程示意图

各传感器寄存器地址　表 2

传感器名称	寄存器地址号	寄存器号
经度方向	01	24
经度	01	25
纬度方向	01	27
纬度	01	28
水深	02	01

2 平台实现与测试

2.1 工作环境搭建

RS485 通过双线进行数据传输与交换，分为 A 线与 B 线，将测深仪的 A、B 线连接至 DTU 上，同时将经纬度定位系统的 A、B 线接至 DTU 的端口上，各模块之间连接如图 7 所示。

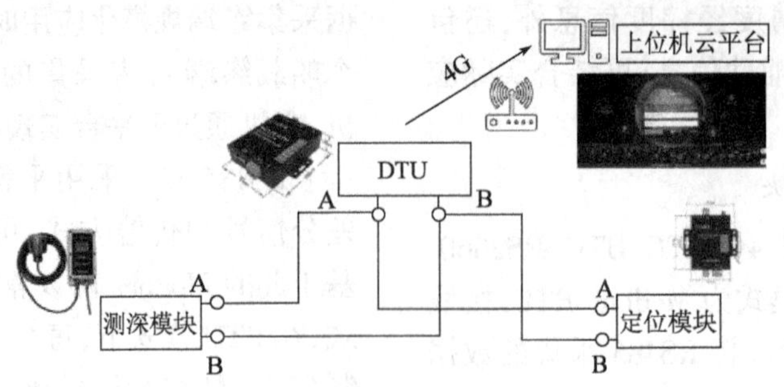

图7 模块连接示意图

将各模块连接并设置供电后,将超声波测深仪置于水中,LED屏显示航道测深数据(水深 < 10m时,精确度为0.001m;水深 > 10m时,精确度为0.01m;测深仪量程为100m),经纬度定位模块PPS等闪烁,DTU模块LKA指示灯开始闪烁,各模块同时开始正常工作。

通过云平台设置、创建项目,设置DTU服务器号别、心跳包参数与注册包参数等;随后,进入云平台设置项目名称,输入设备识别码以添加设备与绑定;完成设备绑定后,根据表2设置各类传感器的寄存器信息,同时确定其数据精度、采集时间间隔、接收数据格式等信息。

2.2 平台功能描述

2.2.1 测深模块功能

基于在航船舶测深数据采集平台的建立,水深数据来源的准确性与时效性非常重要。超声波测深是内河航道测量水深较为常用的方法,具备良好的准确性。测深模块通过超声波向航道水下发射声波,通过接收器接收回波,判断并得出此时设备探头所处位置水深,并将水深数值显示在设备的LED屏上,同时基于统一通信协议,将水深值上传并储存至相应云平台中,满足水深数据实时性的要求。

2.2.2 定位模块功能

内河在航船舶基本配备AIS装置,通过向基站发送报文,广播本船实时位置等信息。AIS报文不仅需要解码,且会存在误差,无法直观地将船舶位置信息直接上传至云平台。本文所提及的定位装置模块,其定位信息初始为浮点数(float),但所使用云平台能够直接将float数值进行转换,以直观地得到经纬度信息,并可以选择数据精度位数。

2.2.3 数据传输模块功能

由于通过不同装置采集的水深数值与经纬度信息需要进行储存和统一化处理,需要数据传输单元(即DTU)进行数据的收集。不同厂商的DTU通常会有对应的云平台进行配套使用。本文使用的DTU能够对水深数据与定位信息,包含时间信息等(可精确到毫秒)进行收集,并上传至云平台中,能够有效处理测深数据。

2.3 平台运行测试

为保证航道测深装置的有效性,在实验室环境开展平台测试验证。将超声波测深仪置于水箱一定深度,开启电源开关,观测显示屏测深数据;观测定位模块工作状况(如PPS等闪烁),在云平台"设备信息"中观测定位信息是否准确。

在平台中检测各模块之间数据传输与交互,通过云平台"设备调试"检查设备自动发送的16进制码是否准确。云平台是测深数据在线储存管理平台,可同时将航道测深的时间信息、经纬度信息、水深信息同步储存,结果如图8所示。通过设置相应的时段,可从平台中查询和导出对应的数据内容;此外,通过云平台的可视化界面,可监测各类传感器数据动态变化过程及趋势,示例数据如图9所示。

2.4 实地测试实验误差分析

对于本装置所取得的水深数据进行初步分析,实验地点为衢州小溪滩船闸上游附近,航道等级为三级航道。无人船安装模块示意图如图10所示。航行过程中同时开启单波束与此功能模块,以单波束测深数据为准确值,将其二者得到的水深数据进行比较,得图11。能够发现二者呈现出同样的水深变化趋势,但数值之前存在类似于一个固定差值,这是由于测深模块的声波探头较单波束测深探头,吃水较深,且近似为固定值。

同时,观察水深值主要集中在3~4m内波动变化,符合衢州段航道等级要求水深值,由此可以初步认为本文所提及装置具备较好的测深属性,能够相对准确地获取内河航道航行轨迹水深值。

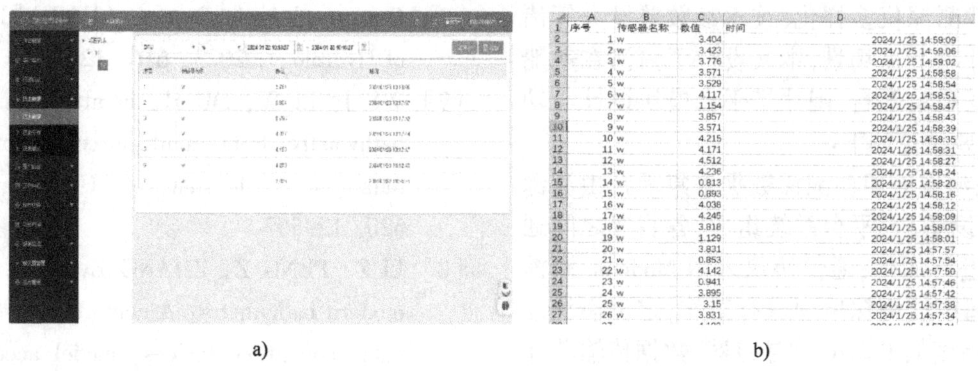

序号	传感器名称	数值	时间
1	w	3.404	2024/1/25 14:59:09
2	w	3.423	2024/1/25 14:59:06
3	w	3.776	2024/1/25 14:59:02
4	w	3.571	2024/1/25 14:58:58
5	w	3.529	2024/1/25 14:58:54
6	w	4.117	2024/1/25 14:58:51
7	w	1.154	2024/1/25 14:58:47
8	w	3.857	2024/1/25 14:58:43
9	w	3.571	2024/1/25 14:58:39
10	w	4.215	2024/1/25 14:58:35
11	w	4.171	2024/1/25 14:58:31
12	w	4.512	2024/1/25 14:58:27
13	w	4.236	2024/1/25 14:58:24
14	w	0.813	2024/1/25 14:58:20
15	w	0.893	2024/1/25 14:58:16
16	w	4.038	2024/1/25 14:58:12
17	w	4.245	2024/1/25 14:58:09
18	w	3.818	2024/1/25 14:58:05
19	w	1.129	2024/1/25 14:58:01
20	w	3.831	2024/1/25 14:57:57
21	w	0.853	2024/1/25 14:57:54
22	w	4.142	2024/1/25 14:57:50
23	w	0.941	2024/1/25 14:57:46
24	w	3.895	2024/1/25 14:57:42
25	w	3.15	2024/1/25 14:57:38
26	w	3.831	2024/1/25 14:57:34

a)　　　　b)

图 8　云平台数据展示界面与 csv 文件导出

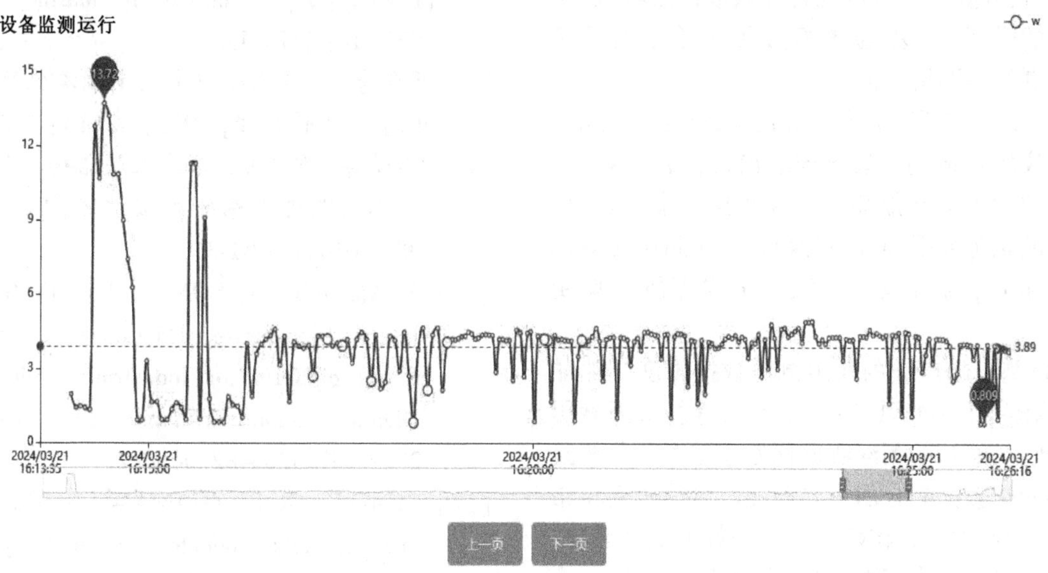

图 9　水深数据监控面板

图 10　无人船安装模块示意图

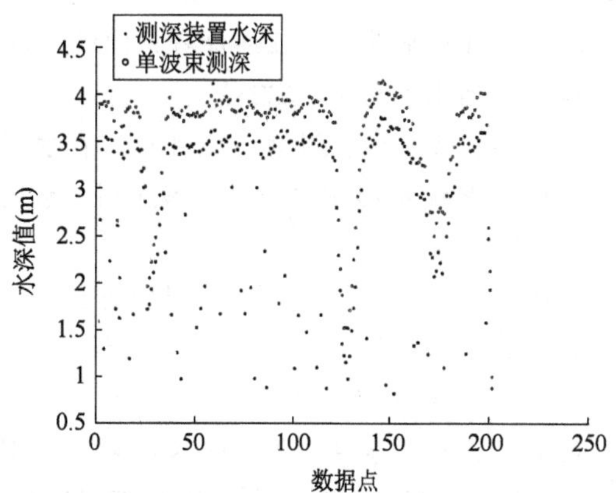

图 11　单波束与本文测深模块实地水深数据测试对比

但值得注意的是，本文所提及的设备初步在内河航道中的试验不能概括为适用于所有航道，如航道地理位置（山区航道）、航道所属气候条件（暴风、暴雨等）、汛期、干旱期等的影响，都可能会对装置的测深属性造成影响，具体造成何种影响，还需进一步实验验证，再加以说明。

3　结语

随着内河智能航运的快速发展，航道演变动态监测与船舶通航多元化信息服务的需求日益增长。在航船舶测深数据融合成为综合测深技术方案研究的新方向。然而，在工程实践与应用中，仍然面临船载测深仪多样化、技术参数差异大等诸多挑战。针对上述场景,本文设计了内河在航船舶测深数据采集平台,阐述了平台模块设计与功能测试,主要结论如下:

(1)内河在航船舶测深数据采集平台由测深设备、定位设备、云平台系统组成,各装置之间通过RS485进行通信;通信协议采用Modbus;测深设备基于超声波测深原理进行工作;定位模块运行得到经纬度的float16位浮点数;数据传输单元通过RS485接收各模块信息并通过4G信号上传至云平台,并在云平台内进行浮点数值的转换,得到直观的时间、水深、位置等信息;平台运行环境需保证良好的网络通信。

(2)实验室环境下的测试验证表明:基于超声波测深仪的航道测深装置安装简便,结合本文设计与构建的内河在航船舶测深数据采集平台,可实现船舶轨迹数据、航道测深数据、时间信息等动态稳定采集,为航道地形快速重构等研究奠定基础。

(3)基于超声波的航道测深数据精度受船舶姿态、水流条件(如风、浪)、含沙量等复杂因素影响;因此,在航船舶测深数据预处理与误差分析是实现多元化数据融合的重要前提。后续研究将结合实验室测试结果,构建多源测深数据融合算法,形成精确可靠的内河在航船舶测深技术方案。

参考文献

[1] 汪越. 内河航道生态性评价研究[D]. 郑州:华北水利水电大学, 2023.

[2] 李学祥, 吕永祥, 刘洁. 利用长江在航营运船舶终端数据的测深技术方案[J]. 水运工程, 2016,1: 93-98.

[3] 尹欣, 夏婧, 李文格, 等. 智慧澜沧江地理信息系统建设及应用[J]. 水利水电快报, 2022, 43(12): 142-146.

[4] 陈君, 武诚, 李坤, 等. 中水多波束测深系统、方法及装置[R]. 第CN115774259B版. 2023: 32.

[5] 全小龙, 谭良, 李云中, 等. 一种峡谷狭深河段水深测量方法和装置[R]. 第CN106767721B版. 2023: 9.

[6] BANDINI F, KOOIJ L, MORTENSEN B K, et al. Mapping inland water bathymetry with Ground Penetrating Radar (GPR) on board Unmanned Aerial Systems (UASs)[J]. Journal of Hydrology, 2023, 616: 128789.

[7] WU J, LI W, DU H, et al. Estimating river bathymetry from multisource remote sensing data [J]. Journal of Hydrology, 2023, 620: 129567.

[8] LI Z, PENG Z, ZHANG Z, et al. Exploring modern bathymetry: A comprehensive review of data acquisition devices, model accuracy, and interpolation techniques for enhanced underwater mapping [J]. Frontiers in Marine Science, 2023, 10: 1178845.

[9] 严秀秀. 航道测绘中多波束测深仪的应用分析[J]. 价值工程, 2023, 42(1): 132-134.

[10] 李学祥, 严新平. 基于在航船舶动态信息的长江航道要素感知方法综述[J]. 水运工程, 2014,12: 31-36.

[11] ELAMANOV S, SON H, FLYNN B, et al. Interworking between Modbus and internet of things platform for industrial services [J]. Digital Communications and Networks, 2022: S2352864822001882.

[12] ZHAO L, QU S, ZHANG W. Design of multi-channel data collector for highway tunnel lighting based on STM32 and Modbus protocol [J]. Optik, 2020, 213: 164388.

[13] 陈东亚, 邱煜捷, 魏春娟, 等. 配电侧智能电能表Modbus通信规约一致性研究[J]. 仪表技术, 2024,1: 36-38 +69.

[14] SANTHAN P S , KRISHNA N V , MALLIKA M, et al. Smart Energy Meter Monitoring using RS485 [A]. 2023 7th International Conference on Computing Methodologies and Communication (ICCMC)[C]. February 23-25, Erode, India: IEEE, 2023: 767-773.

[15] 姚云, 颜佳, 付彦伟, 等. WiFi承载Modbus的无线传感网络协议设计及应用[J]. 仪表技术与传感器, 2023,12: 63-68.

[16] 延帅. 基于并联结构的六足机器人设计[D]. 西安:西安理工大学, 2023.

[17] ARATHI L, JACOB B. Design and implementation of Modbus serial line Server RTU VIP [A]. 2023 International Conference on Control,

Communication and Computing (ICCC)[C]. May 19-21, 2023, Thiruvananthapuram, India: IEEE, 2023: 1-6.

[18] SUN C, LIU G, XU Z, et al. Design of Cloud-based IoT Gateway for CAN Bus to Modbus RTU Integration[A]. 2022 China Automation Congress (CAC)[C]. November 25-27, 2022, Xiamen, China: IEEE, 2022: 1-5.

[19] GE Y, SUN C, SHAN Y, et al. Design of cloud-based conversion of MODBUS RTU to IEC61850[A]. T. Lei. 5th International Conference on Information Science, Electrical, and Automation Engineering (ISEAE 2023)[C]. March 24-26, Wuhan, China: SPIE, 2023: 16.

基于 GCN-ConvLSTM2D 的内河船舶待闸时间组合预测模型

汪炜峰[1] 张 煜[1,2] 李 然[3] 田宏伟*[1] 付传志[1]

(1.武汉理工大学交通与物流工程学院;2.武汉理工大学水路交通控制全国重点实验室;3.长江三峡通航管理局)

摘 要 为实现内河船舶待闸时间准确预测,设计了一种基于图卷积神经网络(GCN)和卷积-二维长短时记忆网络(ConvLSTM2D)的组合预测方法 GCN-ConvLSTM2D。以三峡-葛洲坝梯级枢纽为例,考虑三峡南北线船闸位置的空间相关性,利用 GCN 网络提取船舶流数据的空间特征,作为 ConvLSTM2D 网络的输入,挖掘数据的时空特性,进行待闸时间预测。为验证 GCN-ConvLSTM2D 方法的有效性,使用过闸船舶交通流数据进行实验。结果表明所设计的组合预测模型,与传统的 GCN、随机森林算法(RF)、长短时记忆网络(LSTM)和自回归移动平均模型(ARIMA)对比,上行船舶预测均方误差分别降低了 29.2%、30.4%、24.3%和 43.4%,能够对船舶待闸时间进行有效预测。

关键词 水路交通 三峡-葛洲坝梯级枢纽 平均待闸时间预测 图卷积神经网络 ConvLSTM2D 网络

0 引言

随着我国经济的快速发展,内河船舶货物运输量快速增长。以长江航道内的三峡-葛洲坝梯级枢纽为例,2022 年的货运通过量已经达到了 1.6 亿吨,远远超过其设计通过能力 1 亿吨[1]。三峡船闸通过能力相对不足和快速增长的船舶过闸需求之间的矛盾日益尖锐,导致船舶待闸呈现常态化趋势,不仅易发生船舶之间的碰撞等事故,且排放的污染物给长江的生态环境造成了巨大压力。因此,对三峡-葛洲坝梯级枢纽船舶待闸时间进行准确预测,对于提升通航效率、船方合理安排到锚时间和减少船舶积压具有重要意义。

现有船舶交通流预测方法大多采用道路交通预测方法,主要分为统计学、排队论和机器学习等方法。常见的统计学方法有 ARIMA 模型和卡尔曼滤波。赵鹏等[2]构建自回归积分滑动平均模型,对城市地铁进站客流量进行短期预测。白伟华等[3]通过异常值识别扩展了卡尔曼滤波,使其能够过滤和识别交通流数据噪声。廖鹏等[4]基于 G/G/1 排队模型从系统层面研究船舶过闸全过程。由于这些方法大多是基于时间序列相对平稳的条件,无法有效提取船舶交通流非线性、离散性的特征,所以预测精度不高。

交通领域产生的海量数据信息,促进了机器

基金项目:湖北省重点研发计划(2023BAB073)。

学习技术在船舶交通流预测方面的发展[5-6]。Yu[7]提出了一种基于图邻接学习的数据驱动图神经网络构造方案,结果表明该方案优于经典的图神经网络。黄富程等[8]提出一种结合人工蜂群算法和BP神经网络的模型预测港口船舶流量。Kim等[9]使用卷积神经网络与全连接层神经网络提取船舶行为特征与属性特征,在港口中、长期船舶流量预测中表现良好,但卷积核的尺寸和数量限制了模型的预测性能。Yoo等[10]运用GCN网络对出入港口船舶周转时间进行预测,在不同环境输入下均展现了良好的鲁棒性。

考虑常规通航情况下船舶流的时空特征,本文结合GCN网络和ConvLSTM2D网络,提出一种三峡-葛洲坝梯级枢纽船舶待闸时间的预测方法。通过GCN网络获取船舶交通流数据的空间依赖关系,输入ConvLSTM2D网络,获取船舶流数据的时空依赖关系,得到船舶待闸时间预测模型(GCN-ConvLSTM2D)。

1　船舶待闸时间预测模型构建

三峡船闸和葛洲坝船闸是长江航道的关键节点,其运行状况直接关系到航道的畅通,影响经济的运行和稳定。由图1可知,三峡船闸由南、北线五级船闸组成,南线船闸主要用于下行,北线船闸以上行为主,过闸船舶需要逐次通过五个闸室,实现水位的跨越。葛洲坝1号、2号船闸分别与三峡南线、北线船闸相匹配,3号船闸采用迎向运行模式,与升船机相匹配。大量货运船舶在锚地长时间停泊形成了较大的安全隐患,且等待过程中排放大量温室气体。因此,预测船舶在锚地等待时间,可为船舶到达时序的有效管控提供量化依据,对于缓解三峡-葛洲坝梯级枢纽通航拥堵问题和实现"双碳"目标十分重要。

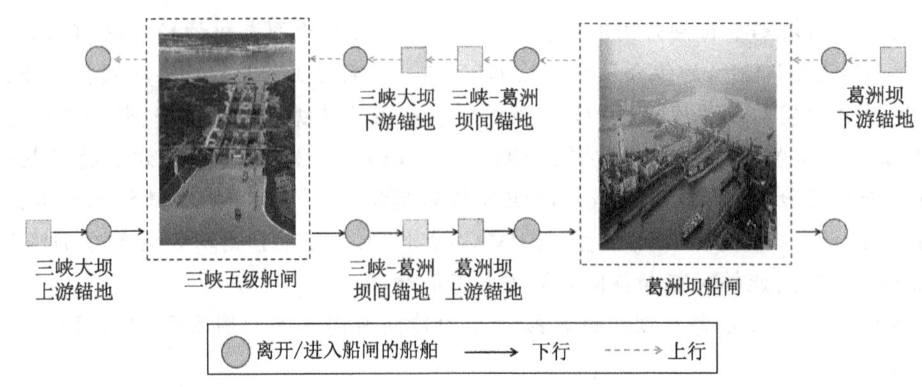

图1　三峡-葛洲坝的通航结构示意图

1.1　空间依赖性建模

不同船舶的空间关系对宏观待闸时间预测影响有限,基于南北线五级船闸在空间位置上的相关性,利用GCN网络描绘其空间结构,提取船舶交通流数据的空间特征,作为ConvLSTM2D网络的输入,提高预测精度。

GCN网络克服了卷积神经网络无法对图数据进行局部特征提取的缺陷,可以有效提取复杂图数据中的隐藏特征[11]。图数据由数个节点和连接两个节点之间的边组成,每个节点都拥有特征,所有节点的特征组成的矩阵为X,各个节点之间的边的特征构成的矩阵A称为邻接矩阵。图卷积计算公式为:

$$\tilde{A} = A + I \tag{1}$$

$$H^{(l+1)} = \sigma[norm(\tilde{A}) H^{(l)} W^{(l)}] \tag{2}$$

式中:$\tilde{A}$——带有自连接的邻接矩阵;

I——单位矩阵;

A——邻接矩阵;

$norm()$——对$\tilde{A}$矩阵进行归一化;

$H^{(l)}$——第l层的所有节点的特征向量矩阵;

σ——非线性激活函数;

$W^{(l)}$——第l层图卷积权重。

图2是简单GCN网络,S_O、S_I、N_O、N_I分别代表三峡南线过闸、南线到锚、北线过闸、北线到锚船舶数量,$Z_i(i=1,2,3,4)$为输出,每层顶点之间的关联由自连接的邻接矩阵$\tilde{A}$表示,两层之间的连接线表示进行式(2)图卷积操作。

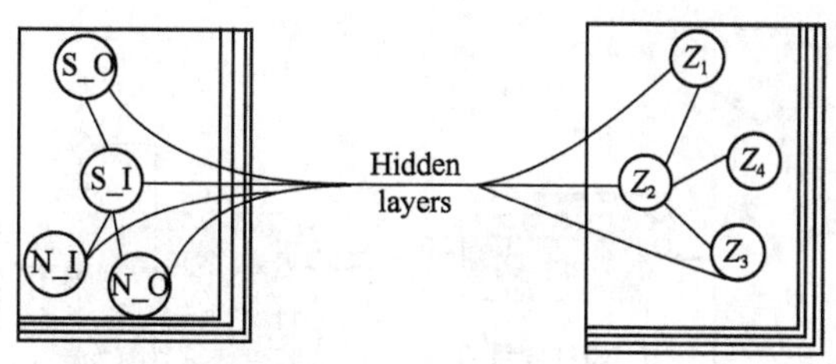

图2 简单 GCN 网络

1.2 时间依赖性建模

由图 1 可知,船舶过闸是一个明显的排队过程,历史信息对当前船舶过闸时间具有显著影响,利用 ConvLSTM2D 网络处理长时序列问题的良好性能,可对船舶交通流数据进行时间特征提取。

ConvLSTM2D 是循环神经网络的一种特殊形式,引入了具有长期记忆的 LSTM 单元,在处理时间序列方面有着天然优势,可以有效处理长序列中的梯度不稳定和梯度爆炸问题,且能够获取数据的空间特性。ConvLSTM2D 将 LSTM 单元中的每个门的矩阵乘法代替为卷积运算,可以在多维数据中捕获基础空间特征。ConvLSTM2D 基本模型如式(3)~式(8)所示[12]。

$$i_t = \sigma(W_{xi}^T * x_t + W_{hi}^T * h_{t-1} + W_{ci} \circ C_{t-1} + b_i) \quad (3)$$

$$f_t = \sigma(W_{xf}^T * x_t + W_{hf}^T * h_{t-1} + W_{cf} \circ C_{t-1} + b_f) \quad (4)$$

$$o_t = \sigma(W_{xo}^T * x_t + W_{ho}^T * h_{t-1} + W_{co} \circ C_{t-1} + b_o) \quad (5)$$

$$\widetilde{C_t} = \tanh(W_{xg}^T * x_t + W_{hg}^T * h_{t-1} + b_c) \quad (6)$$

$$C_t = f_t \circ C_{t-1} + i_t \circ \widetilde{C_t} \quad (7)$$

$$y_t = h_t = o_t \circ \tanh(C_t) \quad (8)$$

式中:W_{xi}、W_{xf}、W_{xo}、W_{xg}——每层与输入向量 x_t 连接的权重矩阵;

W_{hi}、W_{hf}、W_{ho}、W_{hg}——每层与先前的短期状态 h_{t-1} 连接的权重矩阵;

W_{cf}、W_{ci}、W_{co}——每层与 C_{t-1} 连接的权重矩阵;

b_i、b_f、b_o、b_c——每层的偏置项;

i——输入门;

f——遗忘门;

o——输出门;

C——记忆细胞状态;

h——隐藏状态;

y——输出;

t——t 时刻;

$*$——卷积操作;

$\circ$——哈达玛积运算。

ConvLSTM2D 网络结构见图 3。

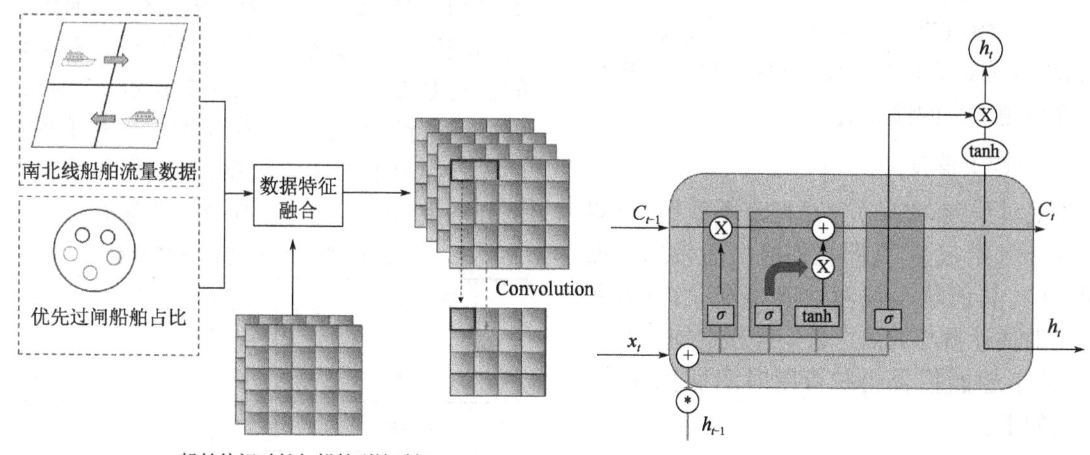

图3 ConvLSTM2D 网络结构

1.3 GCN-ConvLSTM2D 模型

使用 GCN-ConvLSTM2D 方法预测三峡-葛洲坝梯级枢纽上下行船舶平均待闸时间,其总体架构如图 4 所示,主要由 GCN 网络和 ConvLSTM2D 网络组成。本文考虑三峡-葛洲坝梯级枢纽南北线船闸空间位置上的相关性,及船舶交通流量在时间序列上的相关性,利用 GCN 网络提取多维数据在空间上的相关性,作为 ConvLSTM2D 模型的输入;基于 ConvLSTM2D 网络提取时空维度序列特征,进行平均待闸时间预测。

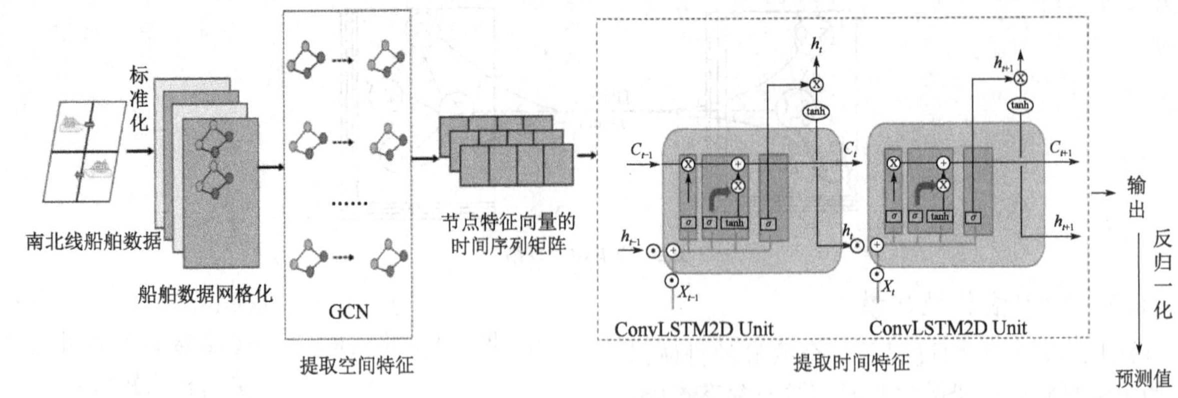

图 4　GCN-ConvLSTM2D 模型流程图

模型预测步骤如下：

(1)将原始数据标准化,范围缩放至[0,1]。

$$X' = \frac{X - X_{min}}{X_{max} - X_{min}} \tag{9}$$

式中：X'——标准化后的值；

X——时间序列原始值；

X_{max}和X_{min}——时间序列中特征的最大值和最小值。

(2)将数据分成训练集和测试集。

(3)将训练集输入模型进行训练,通过模型计算预测值,并与真实值进行比较,计算损失值。返回每个训练轮次损失值,确保随着训练次数增加,损失值逐渐较小,预测值逐渐逼近真实值,直至损失值小于设定阈值或者达到设置的训练次数。

(4)输入测试集进行预测,将模型输出结果反归一化得到测试集的预测值。

1.4　评价指标

平均绝对误差(MAE)对离群点不敏感,可以减小极端天气给三峡-葛洲坝梯级枢纽带来的船舶延误影响,其值越小预测性能越好;均方误差(MSE)是对估计量与被估计量差异程度的一种度量,其值越小越能拟合船舶待闸时间变化趋势。具体公式如下：

$$MAE = \frac{1}{m}\sum_{i=1}^{m} |y_i - \hat{y}_i| \tag{10}$$

$$MSE = \frac{1}{m}\sum_{i=1}^{m} (y_i - \hat{y}_i)^2 \tag{11}$$

式中:m——训练或测试样本的数量；

y_i——预测值;$\hat{y}_i$为实际值。

2　实验验证及分析

针对三峡-葛洲坝梯级枢纽上下行船舶的平均待闸时间预测,设计了包括 GCN-ConvLSTM2D、LSTM、RF、GCN 和 ARIMA 在内的五组对比实验,通过实验结果比较,论证本文所提方法的有效性。

2.1　数据收集与预处理

本文实验采用三峡-葛洲坝梯级枢纽船舶交通流数据,表 1 为部分实验数据,Month 指船舶到达月份,Priority ship ratio 指优先船型占比,S_I 指南线到达船舶数量,N_I 指北线到达船舶数量,S_O 指南线离开船舶数量,N_O 指北线离开船舶数量,Waiting_time 指平均待闸时间。将收集到的数据以 8h 为粒度进行聚合,得到 8h 间隔内的上下行船舶流量、优先船型占比和船舶的平均待闸时间。将数量为 495(165d · 24h/8h)船舶到达月份、上下行船舶流量、优先船型占比和平均待闸时间序列作为本文实验数据,验证集和测试集的比例分别为 10% 与 20%,其余为训练集。

三峡-葛洲坝梯级枢纽通航数据　　表 1

Month	Priority ship ratio	S_I	N_I	S_O	N_O	Waiting_time
1	0.666	4	8	11	8	112.955
1	0.941	3	17	7	0	197.962
1	0.875	7	10	4	8	270.356
1	0.777	5	13	10	11	171.818
1	0.857	4	6	6	10	182.723
1	0.800	3	12	11	10	189.770
1	0.600	4	6	11	7	144.193

神经网络模型性能对其超参数组合非常敏感,合适的超参数能够提高模型预测精度,且能减少训练时间。本文使用标准的 Adam 优化器训练模型,通过随机搜索(Randomized SearchCV)和 K 折交叉验证进行超参数的选择,训练批次的调参范围是{20,30,40,50,60},学习率的调参范围是{0.001,0.01,0.1},选择在测试集上误差最小的超参数组合为最终的超参数。

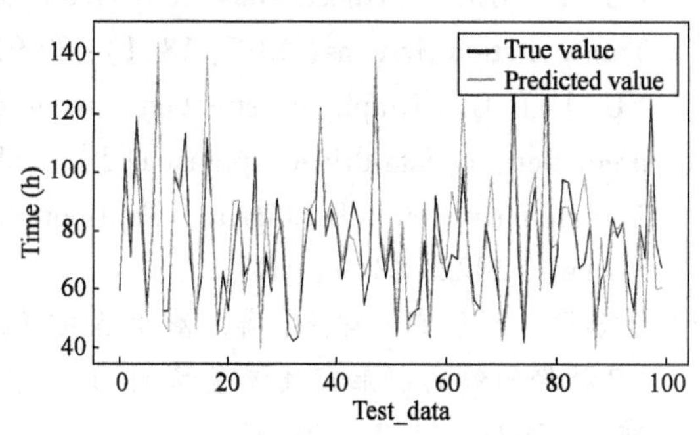

图5 下行船舶待闸时间预测

GCN-ConvLSTM2D 模型预测误差 表2

预测模型	上行船舶待闸时间预测误差		下行船舶待闸时间预测误差	
	MSE	*MAE*	*MSE*	*MAE*
GCN-ConvLSTM2D 模型	219.2	10.9	129.2	9.8

由图 5 和图 6 可知,GCN-ConvLSTM2D 模型的预测结果和真实值较为接近,说明该模型可以在船舶平均待闸时间预测中发挥良好作用。由表 2 可知,预测上下行船舶平均待闸时间的 *MAE* 相近,*MSE* 相差较大,说明上行船舶数据波动性更大,存在较多离群点。

2.2 船舶待闸时间预测结果

利用 GCN-ConvLSTM2D 模型分别预测三峡-葛洲坝梯级枢纽下行和上行船舶未来 48h 的平均待闸时间,测试集的预测结果如图 5 和图 6 所示,其中,横坐标为测试集序列,纵坐标为平均待闸时间。组合模型的评价指标 MSE 和 MAE 可以量化评定预测结果的精度,如表 2 所示。

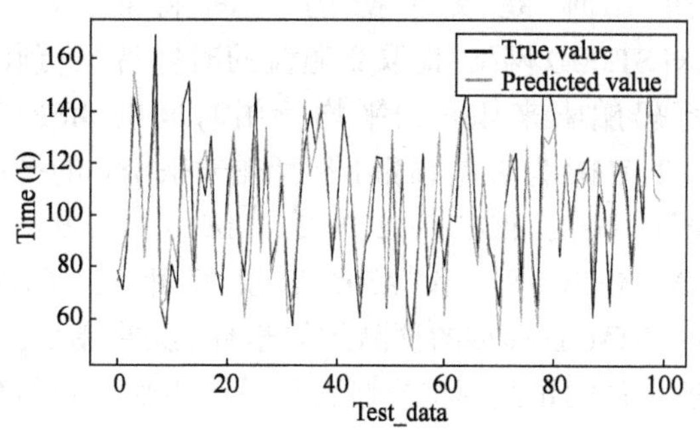

图6 上行船舶待闸时间预测

2.3 模型对比分析

为论证 GCN-ConvLSTM2D 模型的有效性,选择在船舶流预测方面应用较多的 GCN 模型[13]、LSTM 模型[14]、ARIMA 模型[15]和 RF 模型[16]进行预测准确度比较。为了确保实验公平性,所有模型实验均在相同硬件和软件平台上进行,不同模型通过网格搜索算法进行参数寻优,选取 10 次预测结果的平均值进行比较。

表 3 为各模型的待闸时间预测误差,其中,对比效果表示 GCN-ConvLSTM2D 模型相较于各模型的预测误差下降比。GCN-ConvLSTM2D 模型的 *MAE* 和 *MSE* 均明显小于其他模型,可知所提出的三峡-葛洲坝梯级枢纽通行船舶平均待闸时间预测框架是合理有效的,可以准确对未来时段到锚船舶的平均待闸时间做出准确预测。

不同模型预测误差比较 表3

模型	上行船舶待闸时长预测误差				下行船舶待闸时长预测误差			
	MAE	对比效果	*MSE*	对比效果	*MAE*	对比效果	*MSE*	对比效果
GCN 模型	14.1	22.7%	309.5	29.2%	13.9	29.5%	242.8	46.8%
LSTM 模型	12.8	14.8%	289.4	24.3%	12.1	19.0%	204.1	36.7%
ARIMA 模型	20.2	46.0%	387.5	43.4%	18.4	46.7%	308.6	58.1%
RF 模型	15.8	31.0%	314.9	30.4%	14.4	31.9%	274.3	52.9%
GCN-ConvLSTM2D 模型	10.9		219.2		9.8		129.2	

3 结语

针对目前三峡-葛洲坝梯级枢纽船舶拥堵的现状,本文提出了一种结合图卷积神经网络和卷积-二维长短时记忆网络的平均待闸时间组合预测模型,为检验该方法的有效性,进行了五组对照实验,结论如下。

(1)将船舶交通流数据转换成多维数据矩阵,利用GCN提取数据的空间特征,汇入ConvLSTM2D网络,提取交通流的时空特征,预测下行船舶未来48h的平均待闸时间的*MSE*为129.2,*MAE*为9.8,预测上行船舶未来48h的平均待闸时间的*MSE*为219.2,*MAE*为10.9。与LSTM、GCN、RF和ARIMA模型相比,GCN-ConvLSTM2D模型的预测效果最佳、误差最小,证明所设计的预测模型能够满足平均待闸时间的预测要求。

(2)分别进行空间依赖性和时间依赖性建模有利于提取船舶流时空特征,提升了待闸时间预测精度。

(3)本文的待闸时长预测模型可为过坝船舶提供可靠的待闸时间数据,有助于船方合理安排发航时间和选择过坝方式,减少三峡-葛洲坝区域船舶积压现象。

(4)本文从宏观角度对船舶待闸时间进行预测,暂未考虑不同船舶之间的空间关系及大雾、大流量停航特殊场景下的船舶流预测。未来将分析船舶之间的位置关系及极端环境对待闸时间预测的影响,以期能够提高预测精度。

参考文献

[1] 长江三峡通航管理局. 1.6亿吨!三峡枢纽航运通过量实现新突破[EB/OL]. (2023-01-03)[2024-03-25]. https://sxth.mot.gov.cn/xw_1/thyw_5769/202301/t20230103_286973.html

[2] 赵鹏,李璐. 基于ARIMA模型的城市轨道交通进站量预测研究[J]. 重庆交通大学学报(自然科学版),2020,39(01):40-44.

[3] 白伟华,张传斌,张瑛琦,等. 基于异常值识别卡尔曼滤波器的短期交通流预测[J]. 计算机应用研究,2021,38(3):817-821.

[4] 廖鹏. 繁忙船闸的船舶待闸时间分析与估算[J]. 东南大学学报(自然科学版),2009,39(2):408-412.

[5] HAN X. Ship traffic flow prediction based on fractional order gradient descent with momentum for RBF neural network[J]. Journal of Ship Research, 2021, 65(2): 100-107.

[6] GAN S, LIANG S, LI K, et al. Long-term ship speed prediction for intelligent traffic signaling [J]. IEEE Transactions on Intelligent Transportation Systems, 2017, 18(1): 82-91.

[7] YU J J Q. Graph construction for traffic prediction: a data-driven approach[J]. IEEE Transactions on Intelligent Transportation Systems, 2022, 23(9): 1-13.

[8] 黄富程,刘德新,曹杰,等. 基于ABC优化BP神经网络的船舶交通流量预测[J]. 中国航海,2021,44(2):78-83.

[9] KIM K, LEE K M. Deep learning-based caution area traffic prediction with automatic identification system sensor data[J]. Sensors, 2018, 18(9): 1-17.

[10] YOOS, KIM K. Deep learning-based prediction of ship transit time[J]. Ocean Engineering, 2023, 280: 114592.

[11] 徐冰冰,岑科廷,黄俊杰,等. 图卷积神经网络综述[J]. 计算机学报,2020,43(5):755-780.

[12] HUANG H, ZENG Z, YAO D, et al. Spatial-temporal ConvLSTM for vehicle driving intention prediction[J]. Tsinghua Science and Technology, 2022, 27(3): 599-609.

[13] 陈忠然. 基于图卷积深度学习模型的交通流量预测研究[D]. 上海:上海财经大学,2020.

[14] 吉哲. 基于EMD-LSTM的船舶交通流量预测研究[D]. 大连:大连海事大学,2022.

[15] 甘茂. 基于ARIMA模型的引航船舶流量预测[J]. 中国水运,2022,22(4):22-24.

[16] 付传志,张煜,马杰. 基于AHP-PSO-RF的三峡枢纽通行船舶待闸时长预测方法[J]. 武汉理工大学学报,2023,45(2):27-34.

Analysis of Sedimentation and Erosion at a Wharf in Ningbo Zhoushan Port

Yi Sui Zaijin You*
(Centre for Ports and Maritime Safety, Dalian Maritime University)

Abstract This study used water depth data measured from 2018 to 2022 at a wharf in Ningbo Zhoushan Port to develop a water depth elevation model for the wharf and analyze variations in sedimentation and erosion. The research findings suggest that the area below and behind the wharf is susceptible to sediment accumulation influenced by its structure, with higher sedimentation intensity observed below the wharf's coastal slope compared to behind it. The primary hydrodynamic force in this marine area is the ocean current, which carries sediment with a high concentration through the harbor area. As the current progresses, its energy diminishes, causing a decrease in flow velocity and sediment-carrying capacity, ultimately resulting in sedimentation at the wharf. The dredging of the wharf disturbs the stability of the coastal slope, triggering a new phase of adjustment. Following the dredging, the slope behind the wharf increases, rendering it more prone to instability and collapse.

Keywords Sediment Erosion High-pile wharf Ningbo Zhoushan port

0 Introduction

Ningbo Zhoushan Port, situated at the confluence of the north-south shipping routes and the Yangtze River route in China, holds the distinction of being the world's largest port. Thewharf under study is a state-of-the-art container terminal within Ningbo Zhoushan Port. Positioned on the northwest coast of Daxie Island in Ningbo City, the wharf is in close proximity to the Beilun Port Area. The wharf has a total length of 1500 m and is divided into four berths. Berths 1 to 3 are specifically designed to accommodate 100000-t container vessels, while berth 4 is designed for 70000-t container vessels.

In recent years, numerous scholars have conducted comprehensive studies on sedimentation and erosion in the waters surrounding thewharf under investigation. Lu and Xu conducted physical model experiments to examine the sedimentation and erosion patterns of the shallow shoals on the western coast of Daxie Island before and after the construction of a proposed wharf on the southern bank of the Jintang Channel. The results demonstrated that sedimentation occurred in the shoals both before and after the construction, with a higher rate and magnitude of sedimentation observed after the completion of the wharf [1]. Ni employed GIS technology to assess the dynamic trends of sedimentation and erosion along the underwater coastal slopes in the Beilun Port Area from 1935 to 2004. The results indicated a consistent trend of sedimentation in the marine area under investigation [2]. He developed a digital elevation model of the surrounding waters of Jintang Island using water depth data collected from 1996 to 2016. The analysis revealed that the area primarily experienced minor sedimentation [3]. Li conducted investigations and identified significant sedimentation at the ports in Zhenjiang and Beilun since 2002. Certain areas in front of the wharfs exhibited sedimentation depths exceeding 3 meters [4]. Lin employed a hybrid semi-empirical and semi-theoretical sedimentation calculation model, along with a seabed sedimentation model, to predict the sedimentation and erosion dynamics along the coastline of Ningbo City following port construction. The findings revealed widespread sedimentation in the harbor areas, with the most significant sedimentation occurring near the pile groups. This indicates that sedimentation and erosion present a significant challenge to the major ports in the studied marine area, posing obstacles to their sustainable development [5].

Through investigations, it has been observed that the sedimentation and erosion problem is particularly severe at the studiedwharf. As a result, annual dredging work is required for over eight months, involving the removal of approximately 300000 m^3 of sediment on an annual basis. This highlights the need for effective strategies to address sedimentation and erosion issues at the wharf.

To gain a more comprehensive understanding of the sedimentation and erosion patterns at thewharf, this study utilized water depth data collected between 2018 and 2022 to establish a water depth elevation model specifically for the wharf. The model enabled the analysis of sedimentation and erosion changes, providing a foundation for the development of efficient dredging plans tailored to the wharf's needs.

1 Overview of the study area

1.1 Underwater topographic

Thewharf in question consists of four berths, each with different water depth characteristics. Berths 1 to 3 have a water depth of approximately 11.00m along their rear edge, while berth 4 has a water depth of around 4.00m. The coastal slope of berths 1 to 3 has a gentle gradient of approximately 1:10. Over the years since its construction in 2003, the wharf has undergone various engineering projects, including land reclamation, dredging of the harbor basin, and construction of high-piled wharfs. These activities have resulted in significant changes to the water and sediment environment surrounding the wharf. By September 2015, the sedimentation depth along the rear edge of berths 1 to 3 had exceeded 8m, leading to notable alterations in the wharf's coastal slope. The slope gradient had become steeper, measuring about 1:3.5. During safety monitoring, displacement was observed in the pile foundation, and circumferential cracks were found in the upper part of the piles. Based on the safety assessment of the pile foundation structure, sedimentation was identified as the primary cause of the displacement and cracks. Consequently, timely dredging was deemed necessary. Taking into account the stability of the rear retaining dike and the safety of container ship berthing, a dredging plan was devised for the wharf. The plan entails clearing the berthing area and turning basin of berths 1 to 3 to a depth of 17.50m below the water level, with a slope gradient of 1:3 to the mud surface. Additionally, the rear edge of the berths will be dredged to a depth of 5.50m below the water level, and the coastal slope will be cleared with a gradient of 1:5. Berth 4 has not experienced pile foundation damage, will not undergo dredging as part of this plan.

1.2 Hydrodynamic and wave conditions

The maritime area around thewharf is characterized as a non-standard semi-diurnal mixed tide, with an average high tide level of 3.17m (theoretical lowest tide level), an average low tide level of 1.36m, and an average tidal range of 1.81m. Compared to the coastal areas of the East China Sea, the tidal range in this area is relatively weak. The overall direction of the current in the front area of the wharf follows the isobaths, with a small angle between the strong current and the isobaths. The predominant direction of the flood current is southwest, while the ebb current primarily flows northeast. The current exhibits a reciprocating flow pattern. The duration of the ebb current is significantly longer than that of the flood current, with an average duration of approximately 8h and 18 min for ebb and 4h and 14 min for flood, indicating the significant influence of runoff and topography on the tidal dynamics in this area [6].

To the north of Daxie Island, the maritime area around thewharf is shielded by a series of islands, acting as natural barriers that impede the entry of waves from the open sea. Wave conditions in the wharf area are predominantly influenced by wind, with the significant wave height ($H_{1/10}$) not exceeding 0. 3m in any direction. The prevailing wave direction is WNW, and the maximum measured wave height reaches 1. 4m, accompanied by an average period ranging from 2. 0 to 2. 6 s. The impact of waves on the wharf is minimal, and the overall wave intensity in the area is relatively low, with hydrodynamic forces primarily governed by the tidal currents.

1.3 Sediment conditions

The sediment concentration in the maritime area surrounding thewharf exhibits seasonal variations, typically peaking during winter and spring in comparison to summer and autumn. The suspended sediment originates primarily from Hangzhou Bay and is influenced by sediment input from the open sea [7]. Sediment measurements conducted in July 2017 revealed a relatively high sediment concentration in the maritime area surrounding the wharf, with a maximum measured concentration of 0. 768 kg/m^3 and an average concentration of 0. 695 kg/m^3. The vertical distribution of sediment concentration demonstrates a pattern of lower concentration in the surface layer and higher concentration in the bottom layer. During the tidal cycle, the average sediment concentration exhibits minimal variation, with slightly higher concentrations observed during the ebb tide in comparison to the flood tide. Sediment transport in the wharf area primarily occurs as suspended load, with the suspended sediment being predominantly fine-grained. The median particle size averages around 0. 01mm, classifying it as fine silt. The surficial sediment in the wharf water area consists predominantly of fine-grained deposits and falls under the classification of clayey silt sediment.

2 Data collection and processing

2.1 Data sources

In this study, actual water depth measurements were collected from the front, bottom, and rear areas of thewharf before and after dredging, spanning the period from 2018 to 2022 (Table 1). The collected data were subsequently subjected to interpolation using the Kriging interpolation method [8] to generate digital elevation models (DEMs) representing water depth at each measurement time. Sedimentation and erosion changes at various locations of the wharf during different time periods were calculated by performing subtraction operations on data obtained from corresponding grid points at different times.

2.2 Processing of water depth data

In this study, the measured water depth points underwent digitization and were subsequently transformed into the CGCS2000 coordinate system. The model boundaries were established utilizing the range of water depth measurements. Using the ArcGIS platform, a digital elevation model was constructed. Through analysis of the digital elevation models depicting water depth at different time points, sedimentation and erosioncharacteristics including sediment volume, area, and rate of change in the study area were calculated. Additionally, sedimentation and erosion change maps depicting the temporal changes in sedimentation and erosion were generated for the study area.

Monitoring of water depth at the wharf from 2018 to 2022 Table 1

Location	Monitoring time	Monitoring period(d)	Dredging time
Front of wharf	2018.2.25	98	
	2018.6.3		2018.7.7-2018.8.4
	2018.8.7	89	
	2018.11.4		
Below and rear of wharf	2019.2.25		2019.4.1-2019.9.25
	2019.10.6	156	
	2020.3.10		2020.4.14-2020.8.1
	2020.8.27	153	
	2021.1.26		2021.5.20-2021.10.30
	2021.12.4	170	
	2022.5.23		

3 Sedimentation and erosion changes at the wharf

Using the water depth data collected after the 2018 dredging operation at thewharf, estimates were made regarding the sedimentation and erosion patterns in the maritime area adjacent to the wharf. Between February and June 2018, a significant portion of the backwater area displayed sedimentation tendencies, with sediment depths ranging from 0.00 to 0.40m. The channel with a depth of 40m experienced erosion, primarily with erosion depths ranging from 0.20 to 0.40m. Gradual sediment deposition was observed near the leading edge of the wharf, with the highest accumulation recorded at the front of Berth 4, where the sedimentation depth reached a maximum of 3.20m (Figure 1). Between August and November 2018, the turning basin as a whole experienced erosion, characterized by erosion depths ranging from 0.20 to 0.40m. Sedimentation persisted along the leading edge of the wharf, with sedimentation depths increasing gradually from berth 1 to berth 3. The highest accumulation was observed at the intersection of berth 3 and berth 4, with a maximum sedimentation depth of 1.63m (Figure 2).

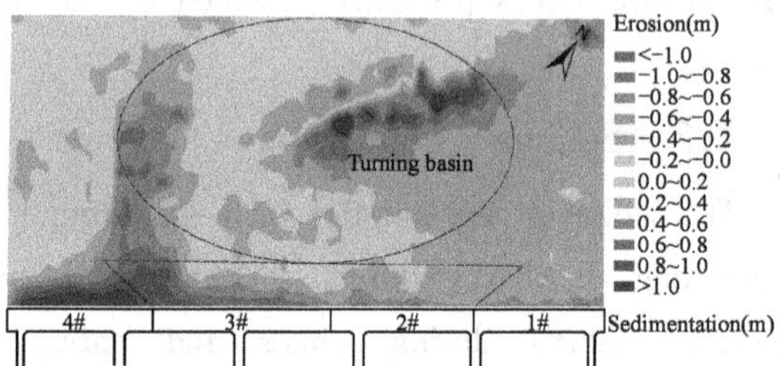

Figure 1 Sedimentation and erosion distribution in the front of the wharf from February to June 2018

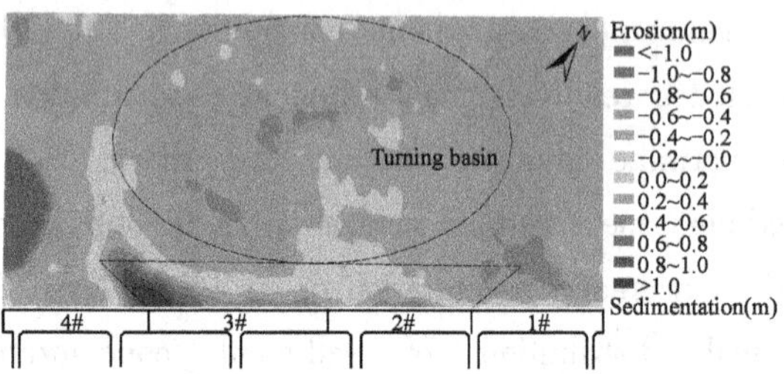

Figure 2 Sedimentation and erosion distribution in the front of the wharf from August to November 2018

In the turning basin, sedimentation takes place during the winter and spring, with an average sedimentation rate of approximately 0.85m/a. Conversely, erosion occurs during the summer and autumn, with an average erosion rate of approximately 1.48 m/a. The water depth in the turning basin remains consistently above 17.5m during both time periods, indicating favorable conditions that do not require dredging. In contrast, sedimentation consistently occurs along the leading edge of the wharf throughout the year.

The average sedimentation rate is approximately 2.79 m/a during the spring and winter , whereas during the summer and autumn, it is approximately 1.93 m/a. The sedimentation rate is higher during the spring and winter compared to the summer and autumn . The intensity of sedimentation gradually increases from berth 1 to the leading edge of berth 3, reaching its peak at the junction of berth 3 and berth 4. At this location, the average sedimentation rate is approximately 4.10 m/a during the spring and winter, and approximately 3.72 m/a during the summer and autumn.

Analysis revealed that sedimentation occurs below and behind berths 1 to 3 during the winter and spring, with the greatest sedimentation depth observed beneath thewharf. The distribution of sedimentation below the wharf is uneven, characterized by block-like patterns of sedimentation contour lines. The most significant accumulation is observed at the junction of berths 2 and 3, as well as the west side of berth 3. In contrast to the area below the wharf, sedimentation on the rear slope of the wharf exhibits a relatively uniform pattern. The sedimentation contour lines generally align parallel to the direction of the wharf, with minor fluctuations observed in the bridge area.

According to the analysis of sedimentation intensity, the sedimentation on the rear slope of thewharf is higher compared to that below the wharf. The overall equivalent sedimentation rate on the rear slope of the wharf ranges from 1.08 to 1.28 m/a, whereas below the wharf, it ranges from 0.98 to 1.00 m/a. The sedimentation intensity progressively increases from berth 1 to berth 3, reaching its peak below berth 3. below the rear slope of berth 3, the equivalent sedimentation rate ranges from 1.22 to 1.36 m/a, whereas on the rear slope, it ranges from 1.03 to 1.26 m/a(Figure 3).

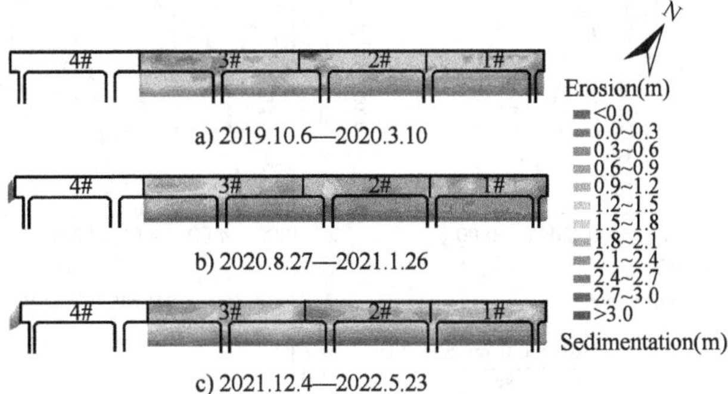

Figure 3 Sedimentation and erosion distribution below and rear of the wharf from 2019 to 2022

4 Factors affecting sedimentation and erosion at the wharf

4.1 Hydrodynamic changes causing sedimen-tation and erosion at the wharf

Ocean currents primarily govern the hydrodynamics in thewharf area. An Acoustic Doppler Current Profiler (ADCP) was installed at the front of the wharf to monitor the flow velocity of the ocean currents. The ADCP was fixed horizontally underwater at a depth of 2m, perpendicular to the wharf' s direction, with observation profiles established every 8m. By analyzing the measured flow velocities during the winter and summer, clear seasonal variations in flow velocities at the front of the wharf were observed. During the summer tides, the flow velocities were consistently higher compared to the winter tides. For instance, at a distance of 88m from the front of the wharf, the average flow velocity was 0.36m/s during the summer flood tide and 0.64m/s during the ebb tide. During the summer neap tide, the average flow velocity was 0.33m/s during the flood tide and 0.40m/s during the ebb tide. Conversely, during the winter flood tide, the average flow velocity was 0.30m/s, whereas during the ebb tide, it was 0.58m/s. The average flow velocity during the winter neap tide was 0.31m/s during the flood tide and 0.40m/s during the ebb tide. The influence of piles and the topography increases the resistance to water flow near the wharf, resulting in a significant reduction in flow velocity in that area (Figure 4). For example, at a distance of 8m from the front of the wharf, the average flow velocity was 0.28m/s during the summer flood tide and 0.31m/s during the ebb tide. When the ocean currents carry a high concentration of sediment through the harbor area, it leads to weakened dynamics, reduced flow velocity, decreased sediment-carrying capacity, and an increased likelihood of sedimentation at the wharf. A comprehensive understanding of the ocean currents in the wharf area was sought through a monitoring operation conducted on December 8, 2022, below and behind berth 3. Monitoring utilized an Acoustic Doppler Velocimeter (ADV) with a bottom-mounted flow measurement method. The analysis of the measured data (Figure 5) revealed a turbulent flow direction below the wharf with no apparent pattern. During the flood tide, the average flow velocity was 0.09m/s, whereas during the ebb tide, it was 0.10m/s. Behind the wharf, the ocean currents displayed a distinct back-and-forth flow pattern, generally aligned with the orientation of the wharf. During the flood tide, the average flow velocity was 0.14m/s, whereas during the ebb tide, it was 0.12m/s. The flow velocities below and behind the wharf were smaller compared to those in front of the wharf, rendering them more susceptible to sedimentation and erosion.

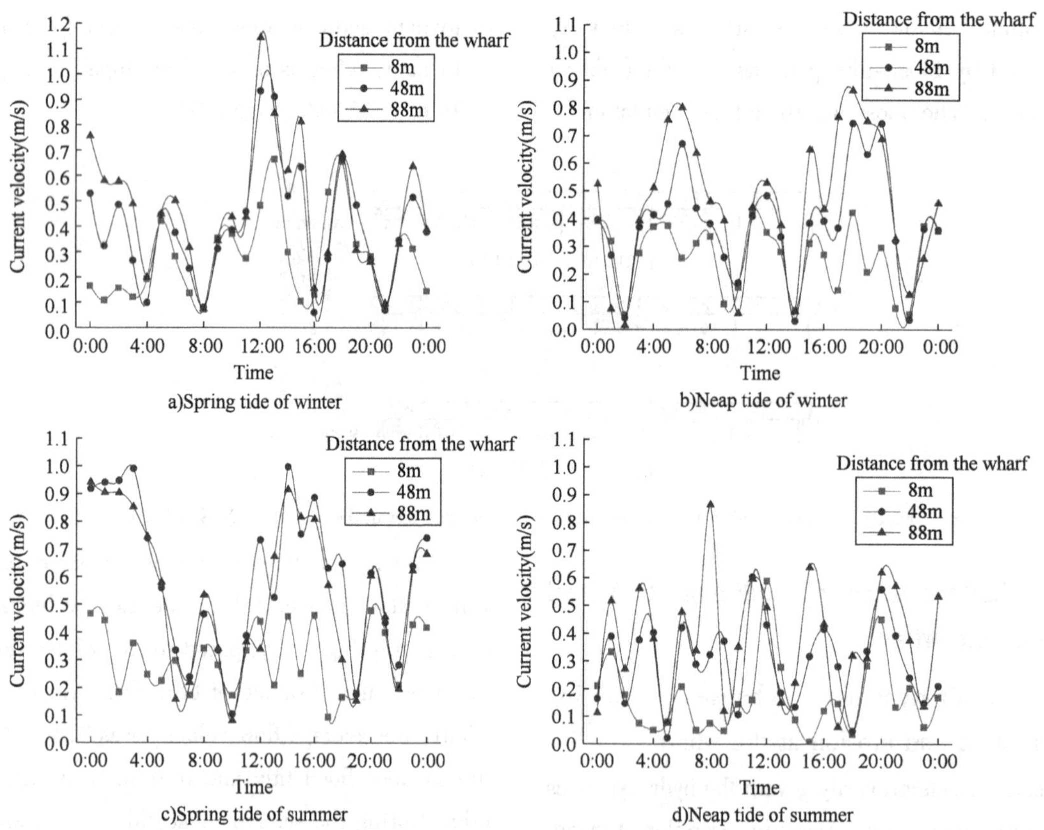

Figure 4 Flow velocity at the front of the wharf during the winter and summer of 2020

4.2 Shore slope instability leading to wharf siltation

Dredging operations at thew harf primarily target berths 1 to 3, with berth 4 remaining undredged. Examination of the profile of the coastal slope at the front of the wharf (Figure 6) reveals that dredging has disrupted the continuity of the coastal slope, resulting in a pronounced increase in slope steepness at the junction between berths 3 and 4. Over time, the water depth of the coastal slope gradually diminishes, resulting in a gentler slope surface with a decreasing gradient. Due to long-term hydrodynamic action, the coastal slope of the wharf naturally tends to form a relatively stable cross-section [9]. However, dredging activities disrupt this equilibrium and force the coastal slope into a new adjustment phase. The increased slope steepness resulting from dredging renders the slope vulnerable to instability and collapse. Berth 3 is a 100000-t container berth that frequently accommodates large vessels, leading to water flow disturbances and further exacerbating the instability of the coastal slope. These factors contribute to slope collapse, resulting in increased siltation at the wharf and explaining the heightened intensity of siltation at the junction between berths 3 and 4.

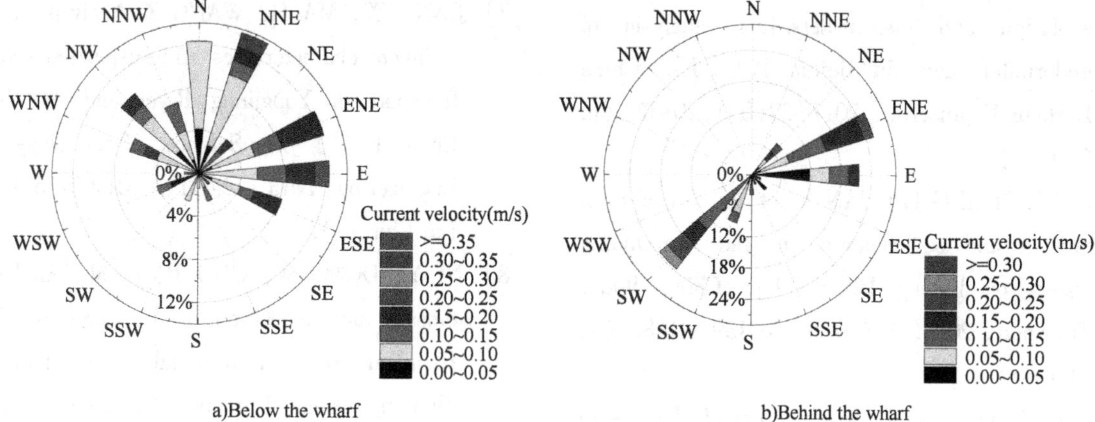

Figure 5 Rose diagram of tidal currents below and rear of berth 3 on December 8, 2022

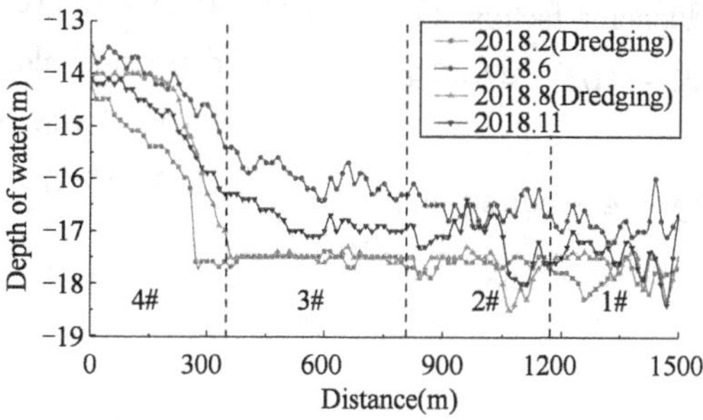

Figure 6 Variation in water depth at the front of the wharf

5 Conclusions

(1) The turning basin experiences erosion during the summer and autumn , while siltation occurs during the winter and spring. The water depth is generally sufficient and does not necessitate dredging. Throughout the observation period, there is a tendency for siltation below and behind the wharf. The siltation intensity is higher below the wharf than at the rear, with berth 3 experiencing the highest intensity among the three berths. At the junction between berths 3 and 4, the front of the wharf exhibits the highest siltation intensity, with an estimated siltation rate of approximately 4. 10m/a during the spring and winter , and 3. 72m/a during the summer and autumn . Considering the significant intensity of siltation in this area, prompt dredging operations are required.

(2) Ocean currents play a significant role in the hydrodynamics of the area. When the ocean currents carry a high concentration of sediment through the harbor area, the dynamics weaken, the flow velocity decreases, and the sediment-carrying capacity decreases, making it more prone to sedimentation at the wharf.

(3) Dredging operations at the wharf disturb the stability of the coastal slope, initiating a new adjustment phase. Following dredging, the coastal

slope experiences increased steepness, rendering it more susceptible to instability and collapse.

References

[1] LU P, XU M. Influence of wharf construction along the south shore of Jintang Channel on beach development [J]. Hydro-Science and Engineering, 2002, (4): 24-27. (in Chinese).

[2] NI Y, GONG M, SHEN L, et al. Coastal evolution and erosion-deposition analysis of underwater slope in Beilun Port [J]. China Harbour Engineering, 2017, 37(03): 27-32. (in Chinese).

[3] HE W, ZHANG J, GUAN X, et al. Research on erosion and sedimentation in the surrounding waters of Jintang Island [J]. China Water Transport, 2021, 21(01): 138-139 + 158. (in Chinese).

[4] LI Z, GAO C, LI J. Investigation of changes in water depth in Zhenhai and Beilun Port areas and preliminary exploration of influencing factors[J]. Zhejiang Hydrotechnics, 2013, 41(02): 47-49 + 52. (in Chinese).

[5] LIN C. A study on the changes of scouring and silting caused by the construction of High Pile Wharf in Beilun District, Ningbo City[J]. China Water Transport, 2014, 14(09): 322-323 + 326. (in Chinese).

[6] HAN L, W X. Study on hydrodynamic and sediment of Guangming Wharf in Ningbo [J]. Journal of Waterway and Harbor, 2022, 42(02): 179-185. (in Chinese).

[7] JIANG W, MA H, WANG Z. Analysis on flow-sediment characteristics and suspended sediment transport in Yongjiang River and the Jintang Channel [J]. Science Technology and Engineering, 2013, 13(11): 3162-3166 + 3177. (in Chinese).

[8] NI Y, DONG W, GUO P, et al. Analysis of erosion and deposition in the apron of Jintang Dapukou container terminals [J]. Journal of Zhejiang Ocean University (Natural Science), 2015, 34(04): 374-378. (in Chinese).

[9] ZHANG J, LIU W, DAI X. Analyses on sediment deposition along pile wharf of Waigaoqiao Port [J]. Hydro-Science and Engineering, 2004, (03): 53-57. (in Chinese).

浙江山区河流码头布置与防洪关系研究

望 灿*[1] 刘羽炜[2] 刘 冲[1] 周嘉男[1]

(1.浙江数智交院科技股份有限公司;2.浙江港航经济开发有限公司)

摘 要 为降低山区河流码头高程,提高码头运营效率,减少对水利防洪的影响,研究了山区河流码头设计高程与防洪堤设计高程的差异,结合浙江省典型山区河流码头工程案例,提出了不同情形下山区河流码头与防洪堤布置的3种方案,可为山区河流码头设计提供思路和参考。

关键词 山区河流 码头 防洪

0 引言

随着浙江省内河航道网的建设和通航条件的改善,内河码头由浙北杭嘉湖平原地区向浙西、浙南山区河流拓展。受水利防洪影响,山区河流码头往往存在码头顶面高程高、建设成本大、装卸效率低、运营成本高等问题,处理好山区河流码头与水利防洪的关系,有利于降低建设成本、提高码头运营效率、减少对水利防洪的影响,推动浙江水运工程高质量发展,助力浙江现代化内河航运体系示范省建设。

王海炳和余春辉[1]针对浙江省山区河流码头

装船效率偏低的问题,提出提高码头散货卸船效率的方法。沈婷等[2]采用防洪堤迁移、码头顶面高程降低等措施,优化杭州港东洲码头与防洪堤工程衔接设计方案。吴锋箭[3]以典型码头工程为样本,分析码头前沿高程对港口综合效益的影响。李绍武等[4]针对码头顶面高程中遇到的实际问题,提出一种新的计算方法。郝岭等[5]研究探讨了采用高水通航历史保证率确定山区河流码头设计高水位的可行性和合理性。

本文基于浙江省山区河流的特点,研究了山区河流码头高程和防洪堤高程的关系,结合浙江省衢江、曹娥江、浦阳江等山区河流上的典型码头工程案例,提出山区河流码头与防洪堤的3种布置方案,为同类码头设计提供参考。

1 浙江河流特点及航道港口布局

1.1 浙江省河流特点

浙江省江河众多,自北向南有苕溪、运河、钱塘江、甬江、椒江、瓯江、飞云江和鳌江等八大水系,河流总长13.78万公里,其中流域面积3000平方千米以上的河流有14条,干流总长3319千米,其余均为面广量大的中小河流和农村水系。除运河水系外,山区河流在浙江省八大水系中普遍存在,山区河流的特点是坡面陡峻,汇流时间短,洪水暴涨暴落,汛期流量大,但是持续时间短,枯水期流量小,因此水位和流量的幅度变化较大,给码头的建设和运营带来诸多挑战。

1.2 浙江省内河航道布局

浙江省内河航道沿着八大水系布局,形成"五纵八横十干十支"的航道总体布局,航道总里程约1万千里①,其中骨干航道里程约3700千米(五纵:京杭运河、东宗线、乍嘉苏线、杭湖锡线、曹娥江。八横:杭甬运河、长湖申线、湖嘉申线、杭申线、杭平申线、钱塘江-浙赣运河、梅湖线、瓯江。十干:东苕溪、椒灵江、浦阳江、芦墟塘、嘉于线、杭甬运河复线、江山江、嘉海尖线、绍兴滨海线、丁诸线。十支:京杭运河支线、杭申线支线、杭平申线支线、苕溪支线、杭甬运河支线、曹娥江支线、钱塘江支线、椒灵江支线、飞云江、鳌江)。

1.3 浙江省内河港口布局

现阶段,浙江省内河码头主要分布在杭嘉湖水网地区航道沿线,基本位于苕溪水系、运河水系和钱塘江水系。甬江、椒江、瓯江、飞云江和鳌江是我省重要的海河联运航道,沿线也有分布码头。浙江省内河码头规划形成"三主五重二十一区"的内河港口总体布局。其中,"三主"即3个全国主要港口:杭州港、嘉兴内河港、湖州港。"五重"即5个地区性重要港口:宁波内河港、绍兴港、金华港、衢州港、丽水港。"二十一区"即全省布局21个重点港区,位于国家高等级航道和省级干线航道沿线。

2 码头与防洪堤高程关系研究

2.1 内河码头顶面设计高程

码头面高程与水利防洪的关系十分密切,需要考虑码头的重要性、设计船型、装卸工艺、码头布置形式、前后方高程衔接条件等因素综合确定。根据现行《河港总体设计规范》(JTS 166—2020),码头面高程不应低于码头设计高水位加超高,超高值宜取0.1~0.5m。

《河港总体设计规范》(JTS 166—2020)对码头设计高水位取值标准规定如下:对于码头受淹造成生产、货物及设备重大损失的一类码头,平原河网地区码头设计高水位取50年一遇的水位,山区河流码头设计高水位取20年一遇的水位。对于码头受淹造成生产、货物及设备一定损失的二类码头,平原河网地区码头设计高水位取20年一遇的水位,山区河流码头设计高水位取10年一遇的水位。对于码头受淹造成生产、货物及设备较小损失的三类码头,平原河网地区码头设计高水位取10年一遇的水位,山区河流码头设计高水位取2~5年一遇的水位。具体见表1。

平原河流、河网地区和山区河流码头设计高水位设计标准 表1

码头受淹损失类别	码头设计高水位设计标准	
	平原河流河网地区	山区河流
	重现期(年)	斜坡式、直立式重现期(年)
一	50	20
二	20	10
三	10	2~5

注:一类指码头受淹将造成生产、货物及设备重大损失的码头;二类指码头受淹将造成生产、货物及设备一定损失的码头;三类指码头受淹将造成生产、货物及设备较少损失的码头。

① 1千里=500km。

2.2 防洪堤堤顶设计高程

根据现行《堤防工程设计规范》(GB 50286—2013),防洪堤顶高程应按设计洪水位加超高确定,超高值取0.3~1.0m。

根据现行《防洪标准》(GB 50201—2014),各类防护对象的防洪标准应根据经济、社会、政治、环境等因素对防洪安全的要求,统筹协调局域与整体、近期与长远及上下游、左右岸、干支流的关系,通过综合分析论证确定,具体取值见表2和表3。浙江省杭嘉湖区域、钱塘江、曹娥江等流域规划中,县级城市防洪标准为50年一遇,中心镇和建制镇防洪标准为20年一遇及以上。

城市防护区的防护等级和防洪标准　表2

防护等级	重要性	常住人口(万人)	当量经济规模(万人)	防洪标准[重现期(年)]
Ⅰ	特别重要	≥150	≥300	≥200
Ⅱ	重要	<150,≥50	<300,≥100	200~100
Ⅲ	比较重要	<50,≥20	<100,≥40	100~50
Ⅳ	一般	<20	<40	50~20

乡村防护区的防护等级和防洪标准　表3

防护等级	人口(万人)	耕地面积(万亩)	防洪标准[重现期(年)]
Ⅰ	≥150	≥300	100~50
Ⅱ	<150,≥50	<300,≥100	50~30
Ⅲ	<50,≥20	<100,≥30	30~20
Ⅳ	<20	<30	20~10

2.3 码头面高程与防洪堤高程差异

根据设计规范,码头面高程和防洪堤顶高程计算均是设计水位加超高,区别在于设计水位的取值不同,码头设计高水位取值标准普遍低于城市和乡村的防洪标准,特别是山区河流码头,因此按规范计算出的码头面高程要低于防洪堤的顶高程。

码头高程的确定需要综合考量防洪需要、水工结构、装卸工艺、经济效益、生产安全等诸多因素。根据水利防洪需要,通常要求提高码头面设计高程,以减少对河道防洪的影响。但是,随着码头面高程的提高,码头装卸船效率、作业安全性则随之降低,工程造价则随之提高。因此,需要妥善解决码头建设和水利防洪的关系。

3 码头与防洪堤布置关系研究

由于码头顶面高程和防洪堤高程存在差异,码头平面布置需要同时满足码头装卸作业和水利防洪要求。基于浙江省山区河流防洪堤的实际情况,研究提出3种适应防洪要求的码头布置形式。

3.1 码头平台和陆域堆场均布置在防洪堤陆侧

码头平台与防洪堤结合布置,陆域堆场位于码头平台后方,码头平台高程与防洪堤高程基本一致,承担防洪堤的作用。该种布置形式港区内部高程连续,平面布置整体性好,能够充分满足防洪标高的要求,码头对防洪影响小。但是,存在作业区整体高程系统较高、装卸效率低、码头建设运营成本提高等问题。主要适用于已建防洪堤标高未达到规划标高,防洪堤需要提标,后方陆域现状标高较高的情况,码头和防洪堤可以实现同步建设。

典型工程如衢州港大路章作业区(图1),工程位于衢江区樟潭街道、衢江南岸,建设500吨级泊位13个,包括4个多用途泊位、7个散货泊位、2个全天候泊位,配套建设陆域堆场仓库、道路及生产生活辅助设施。码头岸线原规划有安仁防洪堤,设计防洪标准为20年一遇,为避免重复投资,作业区建设采用码头结构与防洪堤相结合形式,码头前沿线与衢江南岸的安仁堤轴线基本重合,码头前沿顶高程56.75m,满足20年一遇防洪要求。

3.2 码头平台和陆域堆场位于防洪堤两侧

码头平台位于防洪堤河侧,陆域堆场位于防洪堤陆侧,码头平台通过栈桥或道路与堆场连接。该种布置形式码头平台需要采用透水式结构,满足水利防洪的相关要求,码头高程系统可适当降低,可提高码头装卸作业效率,降低建设运营成本。但是,码头平台、陆域堆场与防洪堤存在一定高差,码头平面布置整体性较差,水平运输作业效率降低。主要适用于河道水域开阔、航道距离防洪堤相对较远、码头平台对防洪和通航影响小的情况。

典型工程如绍兴港嵊州中心作业区(图2),工程位于嵊州三界镇红旗畈、曹娥江南岸,建设500吨级泊位6个,其中散货泊位3个,件杂货泊位3个,配套建设陆域堆场、道路、生产及生活辅助建筑等设施,码头平台通过栈桥与后方陆域连接。码头所在位置为灵山埂防洪堤,防洪标准为20年一遇,堤顶标高16.2m。采用码头平台和陆域堆场位于防洪堤两侧的布置形式,码头作业区的高程得以降低,后方陆域高程取11m,码头平台高程取15m。

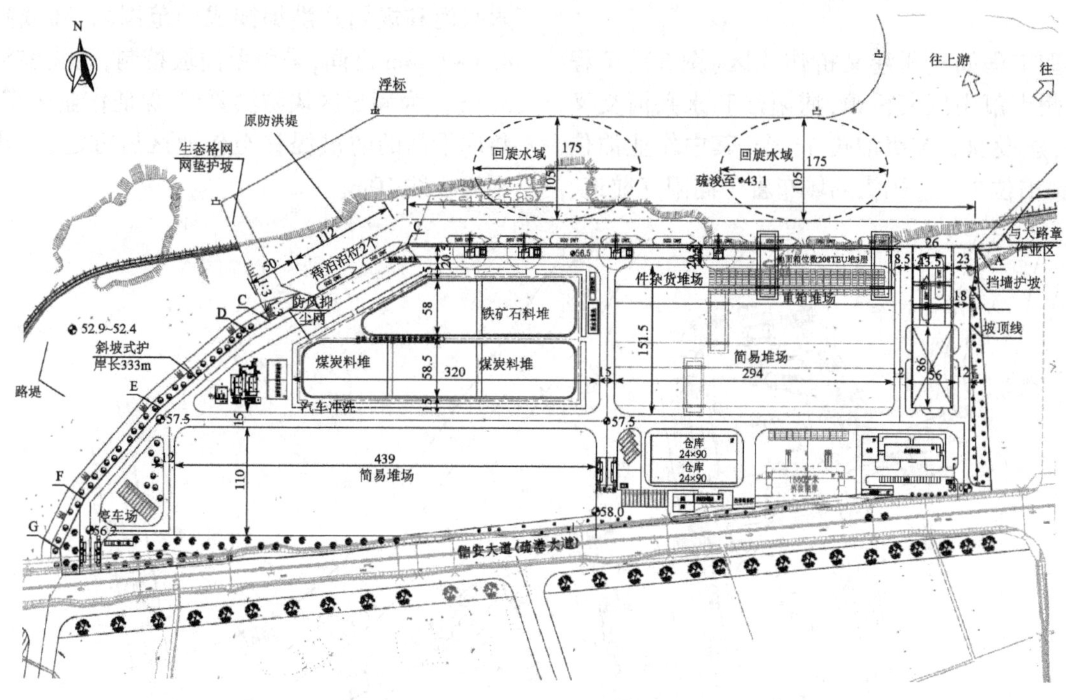

图1　衢州港大路章作业区平面布置图

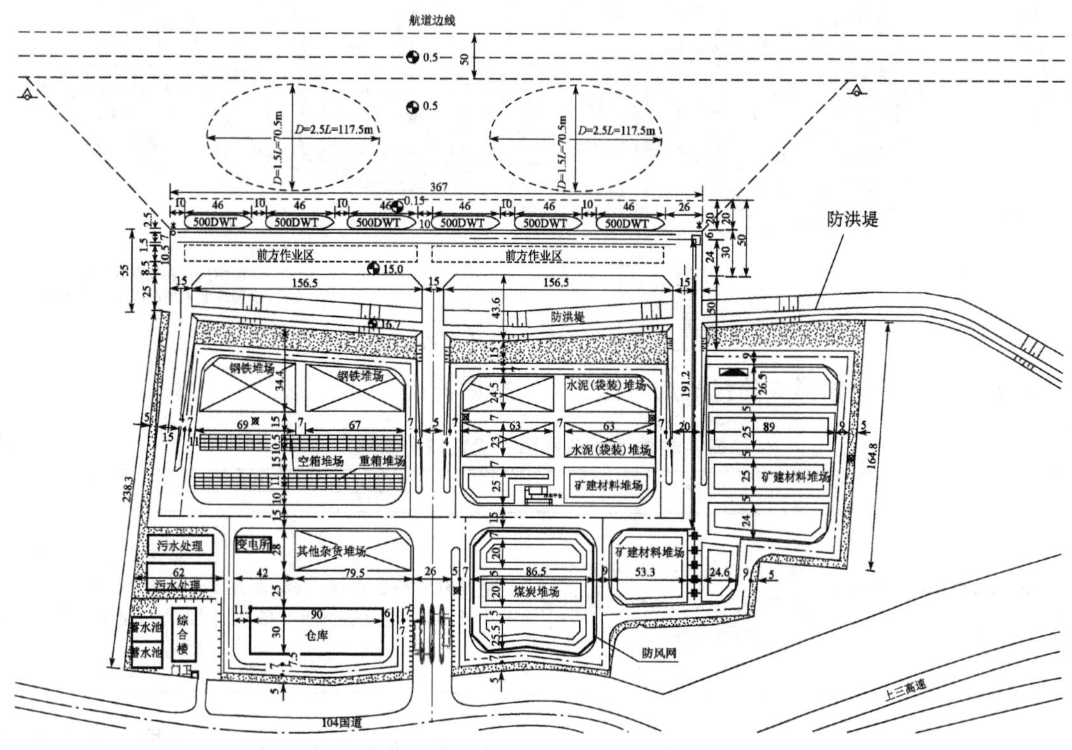

图2　绍兴港嵊州中心作业区平面布置图

3.3　码头平台和陆域堆场均布置在防洪堤河侧

码头平台和陆域堆场均布置在防洪堤河侧，该种布置形式作业区内部高程一致性较好，平面方案整体性好，可适当降低码头高程系统，提高装卸效率，降低码头建设成本。缺点是码头平台和陆域堆场高程低于防洪堤高程，存在被淹没风险；此外对水利防洪的影响较大，需加强汛期的应急管理和处置。主要适用于防洪堤未建设或已建防洪堤具有移位建设条件，码头受淹后生产、货物及设备损失较少的情况。

典型工程如杭州港义桥作业区(图3),工程位于杭州市萧山区义桥镇,浦阳江和永兴河交叉路口处,建设500吨级泊位16个,其中作业泊位13个、锚泊位3个。码头陆域布置于浦阳江航道、永兴河和规划防洪堤围成的范围内,陆域高程在8.3~9.4m之间,采用单向坡控制,码头前沿高程8.3m。为满足区块防洪要求,保证作业区完整性,将原沿河的防洪堤移至作业区后方建设,防洪堤顶高程约10m。

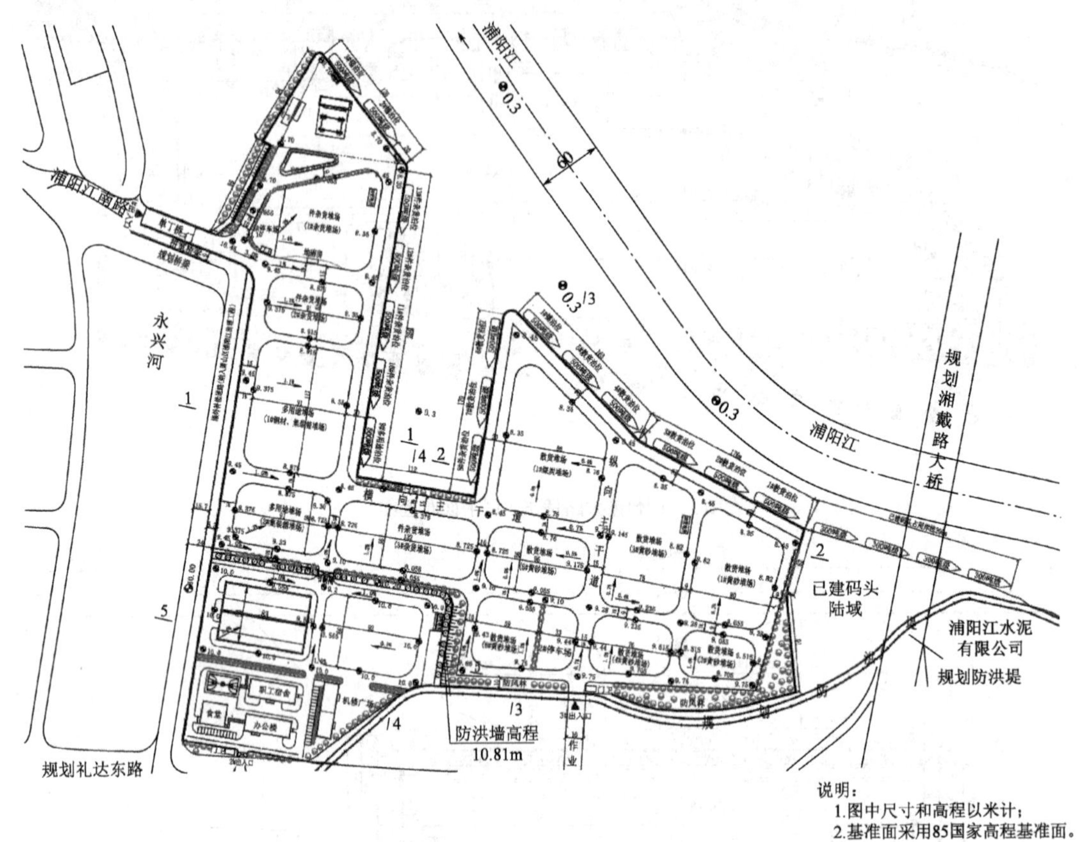

图3 杭州港义桥作业区平面布置图

3种码头与防洪堤布置形式的优缺点对比分析见表4。

码头与防洪堤布置形式优缺点分析表 表4

布置形式	优点	缺点	适用情况
码头平台和陆域堆场均布置在防洪堤陆侧	港区内部高程连续,平面布置整体性好,码头和防洪堤同步建设,对防洪影响小	港区整体高程系统较高、装卸效率低、码头建设运营成本高	适用于已建防洪堤标高未达到规划标高,防洪堤需要提标,后方陆域现状标高较高的情况
码头平台和陆域堆场位于防洪堤两侧	码头高程系统可适当降低,可提高码头装卸作业效率,降低建设运营成本	码头平台、堆场与防洪堤存在一定高差,码头平面布置整体性较差,水平运输作业效率降低	适用于河道水域开阔、航道距离防洪堤相对较远、码头平台对防洪和通航影响小的情况
码头平台和陆域堆场均布置在防洪堤河侧	作业区内部高程一致性较好,平面方案整体性好,可适当降低码头高程系统,提高装卸效率,降低码头建设成本	码头平台和陆域堆场标高低于防洪堤标高,存在被淹没风险;此外对水利防洪的影响较大,需加强汛期的应急管理和处置	适用于防洪堤未建设或已建防洪堤具有移位建设条件,码头受淹后生产、货物及设备损失较少的情况

4 结语

本文分析了浙江省山区河流特点以及内河航道码头的布局情况,研究了山区河流码头设计高程和防洪堤设计高程的关系。设计规范计算出的山区河流码头设计高程普遍低于防洪堤设计高程,为妥善解决二者高程不同带来的问题,结合浙江省衢江、曹娥江、浦阳江等山区河流上典型码头工程案例,提出不同情形下山区河流码头与防洪堤的3种布置方案,可满足码头建设和防洪的要求,为同类山区河流码头设计提供很好的参考。

参考文献

[1] 王海炳,余春辉. 提高浙江省山区河流码头散货卸船效率的思路[J]. 中国水运,2020,(11):101-103.

[2] 沈婷,葛志常,方仁坤. 钱塘江下游码头与防洪堤衔接的探讨[J]. 中国水运,2017,(04):57-58.

[3] 吴锋箭. 码头前沿高程对港口综合效益影响分析[J]. 湖南交通科技,2016,42(03):189-192.

[4] 李绍武,张志明,杨国平等. 码头面高程计算方法探讨[J]. 水运工程,2015,(02):78-82.

[5] 郝岭,徐红,虞霏. 山区河流码头设计高水位的研究[J]. 水运工程,2011,(04):85-87+107.

基于D-S理论的长江干线港口区位优势度测评

王 林 陈 湘* 方纪为 张 攀

(武汉理工大学交通与物流工程学院)

摘 要 为了优化长江干线港口发展环境,全面了解港口区位的优劣,为各级政府对港口周边的基础设施建设、道路交通规划、港口与城市的综合开发等方面的规划与管理提供依据,对长江干线港口区位优势度进行测评。从交通网络密度、交通干线影响度、城市影响度和航运便捷度4个维度出发,构建了内河港口区位优势度评价指标体系,引入D-S理论构建港口区位优势度评价模型。对长江干线港口2012年、2017年以及2022年的区位优势度进行测评,中上游港口通过陆域交通建设、城市协调发展改变与下游港口区位优势度差异显著的格局,但仍存在区位优势度分布不均衡的现象。

关键词 D-S理论 内河港口 区位优势度

0 引言

港口区位为生产力布局提供基本指向,是综合物流体系的重要一环,是港口型经济发展的主要载体。科学比较研究长江干线港口的区位优势度,对港口合理布局、规划建设以及区域和港口城市的综合开发具有重要参考意义。

学界目前有较多关于内河港口评价的研究,主要是对港口生产经营能力与效果进行评价,集中在港口效率评价[1]、竞争力评价[2]、生态评价[3]等方面。港口评价常用的评价指标包含港口货物吞吐量、集装箱吞吐量、航道水深、港口泊位总数量、港口所在城市生产总值等,存在涉及港口区位的指标,少有系统的、多维的从区位视角对港口优势进行定量的分析评价。

仅有极少数学者综合分析多项影响因素来评估港口整体的区位优势度,且研究对象大多为海港。牟乃夏[4]等从海陆联运的视角出发,构建包含港口腹地的路网密度、交通干线影响度、城市影响度、航运战略枢纽影响度和航运战略通道影响度等五个方面的港口区位优势度评价模型,对"海上丝绸之路"沿线港口的区位优势度进行评估。李香栋[5]同样考虑这五个方面构建评价指标体系,研究北极航线沿线港口的区位优势度。目前港口区位优势度研究都是对各个区位因子简单线性加权来计算港口的区位优势度,使得测评结果可能存在失真的情况。如何衡量不同区位因子对不同港口区位影响的不确定性,有效综合多维区位因子信息,成为需要解决的问题。

现已积累大量构建数学模型进行综合评价的研究。常用的方法有模糊综合评价模型[6]、灰色关联分析法[7]、TOPSIS法[8]等。评价方法各有优劣,D-S理论因为在信息融合和处理不确定信息方面具有优势[9],且样本量无特殊要求,被广泛应用于多属性决策、综合评价领域[10-12]。

基于此,本研究从区位视角,加入据出海口距离作为内河港口特有指标,建立适应内河港口发展的区位优势度评价指标体系。选取在不确定因素存在情况下能有效地解决多方案多指标评价的D-S理论作为评价指标的信息融合方法来构建内河港口区位优势度评价模型,对长江干线港口的区位优势度进行测评。

1　港口区位优势度评价指标选取

区位优势度的定义是发展变化的。狭义的区位优势通过计算研究单位与中心城市交通距离进行定量计算,大多是作为分析区域交通优势的指标之一出现。而广义的区位优势度是包含交通优势度在内的综合指标。本文参考国内外相关文献,建立了内河港口区位优势度评价指标体系。使用AHP-熵权法对内河港口区位优势度评价指标赋权,AHP法能够体现专家对不同指标的经验,熵权法可以反映出数据本身提供的信息量特征,两者结合不仅可以降低AHP法赋权的主观性,也会减少数据波动对权重稳定性的影响。

将AHP法得到的主观权重和熵权法得到的客观权重相结合得到更加科学合理的综合权重,计算第j项指标的综合权重如式(1)所示:

$$\omega_j = \frac{\bar{\omega}_j \delta_j}{\sum_{j=1}^{m} \bar{\omega}_j \delta_j} \tag{1}$$

式中:$\bar{\omega}_j$——AHP法赋权值;

δ_j——熵权法赋权值。

综合赋权结果如表1所示。

内河港口区位优势度评价指标体系　　表1

一级指标	一级权重	二级指标	单位	综合权重
交通网络密度	0.23	腹地高速公路密度	km/km^2	0.03
		腹地公路密度	km/km^2	0.03
		腹地铁路密度	km/km^2	0.12
交通干线影响度	0.14	最近火车站影响度	—	0.03
		最近机场影响度	—	0.01
		最近高速入口影响度	—	0.01
城市影响度	0.44	港口城市影响度	亿元	0.36
		中心城市影响度	—	0.15
航运便捷度	0.19	距出海口距离	km	0.20
		港口紧密度	km	0.05

1)交通网络密度

内河港口是水运与陆运的集疏运枢纽,港口货物集疏运的方式主要是公路运输与铁路运输,交通网络包括铁路、高速公路和普通公路网络。交通网络密度体现港口腹地区域内的路网稠密程度和通达性,能反映港口可容纳的货车流量的密集程度以及港口货物与集装箱运输效率,是港口陆域区位优势的重要指标。交通网络密度计算公式如式(2)所示。

$$D_i = \frac{L_i}{A_i} \tag{2}$$

式中:D_i——港口腹地区域内i类交通网络的密度;

L_i——i类交通网络的道路里程数;

A_i——港口腹地区域面积。

2)交通干线影响度

交通干线包括铁路、高速公路、机场等,港区距离交通干线的远近可以反映港口与其他空间实体联系的便捷程度,一定程度体现港口区域的通达性。交通干线影响度以港口为评价单元,依据港口至最近的机场、火车站、高速公路入口的路径长度进行计算,计算公式如式(3)所示。

$$F_i = kd_i + \sigma_i \tag{3}$$

式中:F_i——交通干线要素i的交通干线影响度;

k——衰减系数,$k<0$;

d_i——港口到达最近交通干线要素 i 的最短路径长度；

σ_i——交通干线不同影响范围内的权重赋值。

具体赋值如表 2 所示。

交通干线影响度计算参数 表 2

影响范围	权重赋值	衰减系数
距离 30km 内	1.5	-1/30
距离 60km 内	1	-1/60
其他	0	—

3)城市影响度

港口所在城市的经济条件间接影响港口的区位优势度，城市的经济发展水平越高，对港口区位发展的支持程度也就越大，选取第三产业生产总值表征港口城市影响度。

港口的发展也会被周边城市的经济水平影响，如果港口与发达城市的空间距离近，其所能占用的货流资源以及政策侧重会更多，借鉴“区位势”模型的思想，中心城市影响度与中心城市的经济发展水平以及港口与中心城市的距离有关，计算公式如式(4)所示。

$$C=\sum_i H_i \exp(-U_{di}) \tag{4}$$

式中：C——中心城市影响度；

H_i——中心城市 i 的经济发展水平；

U_{di}——港口至中心城市 i 的距离。

4)航运便捷度

港口距出海口距离越近，其运输货物出海越便捷，发展江海联运具有越大的优势，一定程度反映港口的航运区位优势。本研究距出海口距离为港口到上海港的航运距离。

计算航道网络中某港口到其他港口的最短路径长度均值得到港口紧密度。港口紧密度可以衡量港口能否较容易地与其他港口建立航线联系，反映港口在航道网络中的区位优势，计算公式如式(5)所示。

$$C_b(i)=\sum_{j=1,j\neq i}^{N} d_{ij}/n-1 \tag{5}$$

式中：$C_b(i)$——港口 i 的紧密度；

N——港口集合(共 n 个港口)；

d_{ij}——港口 i 到港口 j 的最短路径长度。

2 研究方法与模型构建

D-S 证据理论主要是用数学集合的方式来分析命题，且证据理论具有的模糊性正好可以表达命题存在的不确定性情况。综合各方面的信息来做出判断，得到问题的最终结果，即证据合成[9]。

建立评价集。将内河港口区位优势度划分为Ⅰ、Ⅱ、Ⅲ、Ⅳ、Ⅴ共 5 个等级，评价集合表示为 $Q=[q_1,q_2,q_3,q_4,q_5]$。量化处理评价集，得到评价集值的集合如下：

$$F(q_j)=\{F(q_1),F(q_2),F(q_3),F(q_4),F(q_5)\} \tag{6}$$

建立三角形隶属度函数，计算得到评价指标基本隶属度值 $\beta_{M_n}(X_{ij})$。根据基本隶属度和评价指标权重，计算不同层级指标对上级指标的支持度 $g(X_{ij})$ 以及不确定程度 $g(q_j)$：

$$g(X_{ij})=\frac{\bar{\omega}_j}{\bar{\omega}_{\max}}\alpha\beta_{M_n}(X_{ij}) \tag{7}$$

$$g(q_j)=1-\sum_{i=1}^{n}\frac{\bar{\omega}_j}{\bar{\omega}_{\max}}\alpha\beta_{M_n}(X_{ij}) \tag{8}$$

式中：$\bar{\omega}_j$——指标权重；

$\bar{\omega}_{\max}$——该层指标权重最大值；

α——误差系数，取值 0.9。

证据合成的规则是依次由两个 mass 函数合成一个新的 mass 函数，证据集合的交集表征证据的一致意见，可能的冲突在产生冲突的焦元中分配。通过同层指标 A 和 B 得到上级指标 C 的不同等级隶属度，即证据 A 和 B 通过证据合成计算得到 C 的信任函数 $g(C)$，K 为归一化常数：

$$g(C)=\begin{cases}K\sum\limits_{C=A\cap B}g(A)g(B),C\neq\varnothing\\0,C=\varnothing\end{cases} \tag{9}$$

$$K=[1-\sum_{A\cap B=\varnothing}g(A)g(B)]^{-1} \tag{10}$$

得到指标的基本可信度后计算内河港口区位优势度评价值：

$$y=\sum_{n=1}^{5}g_nF(q_j) \tag{11}$$

3 实证分析

3.1 样本选取与数据来源

长江中上游以宜昌为分界点，长江中下游以湖口为分界点，本研究均匀地选取长江干线 30 个港口作为样本。

本研究采用的火车站、机场、高速入口、港口各类 POI 数据来源于高德地图，全国路网数据和水系数据源于 OpenStreetMap，城市经济数据来源于港口所属城市统计局发布的年度统计年鉴。为研究港口区位优势的时空动态变化选择了2012、2017、2022三年的数据,时间间隔为5年。使用ARCGIS对基础数据进行处理后,计算得到各项指标数据。

3.2 证据合成结果分析

以样本港口的区位优势度评价指标为证据源,利用D-S证据理论对得到的多元信息进行融合,得到长江中下游样本港口的区位优势度测评结果。

对港口区位优势度二级评价指标进行两次证据合成,得到港口各个一级指标以及区位优势度的不同等级隶属度,以2022年武汉港为例,结果如表3所示。

2022年武汉港各等级隶属度　　表3

一级指标	Ⅰ	Ⅱ	Ⅲ	Ⅳ	Ⅴ
交通网络密度	0.03	0.11	0.19	0.28	0.31
交通干线影响度	0.06	0.19	0.29	0.28	0.10
城市影响度	0.04	0.12	0.21	0.27	0.29
航运便捷度	0.05	0.17	0.29	0.29	0.11
区位优势度	0.03	0.11	0.22	0.29	0.25

根据式(11)计算得到2022年武汉港各一级指标评价值以及区位优势度评价值。同理将其他港口的信息进行证据理论合成,得到长江干线港口区位优势度评价结果,如图1所示。

将不同年份的各个港口区位优势度评价值通过自然间断点分级法从低到高分为5组,如表4所示。

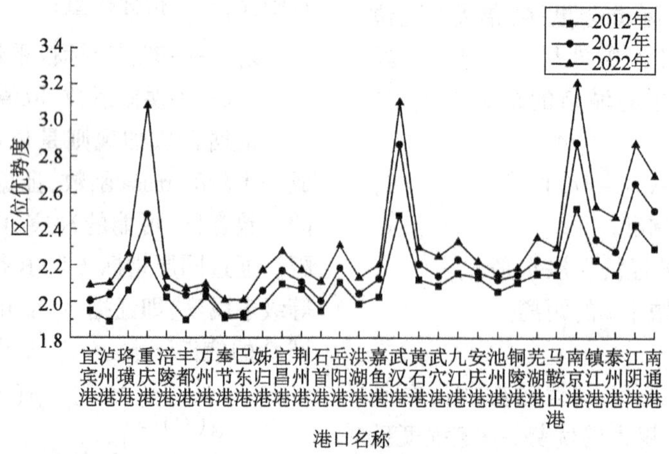

图1　长江干线港口区位优势度

不同水平区位优势度取值范围　　表4

区位优势度水平	区位优势度取值范围
高	2.69～3.31
中等偏上	2.37～2.69
中等	2.19～2.37
中等偏下	2.04～2.19
低	1.89～2.04

2012年长江干线下游的港口区位优势明显,尤其是下游江苏省的港口,区位优势度最高的是南京港、武汉港和江阴港。中游港口区位优势除武汉港以外都处于中等偏下或低水平。上游区位优势度最高的为重庆港,与镇江港和南通港处于同一水平,其余港口的区位优势都处于较低水平,差异明显。

2017年长江干线下游港口区位优势依然明显,但中游港口平均水平明显提升。区位优势度最高的港口为南京港和武汉港,江阴港的区位优势度提升缓慢,其间重庆港和南通港的区位优势度明显提升,与江阴港一共三港的区位优势度处于较高水平。下游江苏省港口的区位优势度都已位于中等以上水平。中游只有石首港的区位优势度仍位于低水平。上游除了重庆港、万州港、涪陵港的区位优势度具有明显提升以外,其余港口保持低区位优势度。

2022年长江干线港口区位优势度形成“三中心、一组团”的空间格局,上游的重庆港区位优势度显著提升,与中游武汉港、下游南京港形成“三中心”,“一组团”则是江苏省高优势度港口组团。下游港口除池州港以外全部位于中等以上水平,中游也不再存在低水平区位优势度的港口,上游仍存在奉节港和巴东港两个低区位优势度港口。

4 结语

构建数学模型定量测评长江干线港口区位优势度,得到以下结论:

(1)本研究从交通网络密度、交通干线影响度、城市影响度和航运便捷度4个维度描述内河港口区位优势度,基于D-S证据理论构建评价模型,对港口区位优势度进行测评,解决了目前多数港口区位研究中简单线性加权各个区位因子来计算港口的区位优势度的问题,测评结果为存在失真情况的问题提供了参考。

(2)下游港口具有靠近出海口的地理优势,故2012年江苏省和安徽省的港口区位优势明显。2022年长江干线港口区位优势度形成“三中心,一组团”的空间格局,安徽省港口失去明显优势,港口区位优势会随着腹地路网建设、城市发展等因素不断变化,江苏省港口一直保持高区位优势是港口、陆域交通、城市协调发展的结果。上游港口发展环境参差不齐,重庆主城区港口区位优势度提升至高水平,高优势度港口带动发展其他港口,需要更加重视长江上游港口腹地交通网络建设和城市建设,积极推动铁路进港,打通“最后一公里”,为多式联运提供优质的发展环境。本研究得到的长江干线港口区位优势度评价结果为各级政府宏观调控和管理港口规划建设以及港城协同发展提供相关依据。

港口区位优势度评价结果仅表征港口发展环境优劣,与实际发展情况可能存在差异,未来可从此方面进一步对比分析,探索如何充分发挥港口区位优势。

参考文献

[1] 詹斌,张艳秋,苏健,等. 基于DEA模型的长江沿线主要内河港口效率评价[J]. 中国航海, 2022, 45(3): 39-46.

[2] 蒋兰枝,邱兰,翁世洲. 基于熵权TOPSIS模型的广西内河港口竞争力评价[J]. 水运管理, 2022, 44(11): 9-13.

[3] 林博闻,马晓凤,文元桥,等. 长江内河港口污染物产生与处置能力风险分析[J]. 中国航海, 2021, 44(4): 50-57.

[4] 牟乃夏,廖梦迪,张恒才,等,“海上丝绸之路”沿线重要港口区位优势度评估[J]. 地球信息科学学报, 2018,20(05):613-622.

[5] 李香栋. 北极航线经济圈港口区位优势度研究[D]. 大连: 大连海事大学, 2021.

[6] CELOTTO A, LOIA V, SENATORE S. Fuzzy linguistic approach to quality assessment model for electricity network infrastructure [J]. Information Sciences, 2015, 304: 1-15.

[7] 袁周,方志耕. 灰色主成分评价模型的构建及其应用[J]. 系统工程理论与实践, 2016, 36(8): 2086-2090.

[8] 吴季钊. 基于CRITIC-熵权法和TOPSIS法的内河港口竞争力研究[D]. 重庆: 重庆交通大学, 2022.

[9] 周志杰,唐帅文,胡昌华,等. 证据推理理论及其应用[J]. 自动化学报, 2021, 47(5): 970-984.

[10] 沈延安,张君彪. 基于改进证据理论的绩效综合评价模型及其应用[J]. 运筹与管理, 2022,31(3):132-137.

[11] 李哲,刘彤,刘路路等. 基于证据理论的支挡型黄土高陡边坡稳定性评价[J]. 东南大学学报(自然科学版), 2023, 53(3): 436-444.

[12] 潘越,翁钢民,李聪慧,等. 基于D-S证据理论的“丝绸之路旅游带”5A景区区位优势度测评[J]. 自然资源学报, 2020, 35(2): 297-312.

基于多智能体仿真的连续受限航道通过能力研究

吉　立　陈沿伊*　吕世超　吴震东　张锦标　白文浩
(武汉理工大学交通与物流工程学院)

摘　要　长江是我国的黄金水道,长江南京以下航道更是长江干线通航条件最好的区域之一,但也存在较集中的四处受限航段。为研究长江南京以下航道的通过能力,基于 Anylogic 平台建立了串联四处受限航道的多智能体航道仿真模型,研究了船舶行为,将船舶追越、跟驰的行为逻辑赋予智能体,并模拟船舶的通航过程,建立单向控制段的通航规则,完成了仿真建模。仿真结果表明,当前航道条件下长江南京以下连续受限航道的通过能力为 110 万艘/年,并为后续整治工程提供建议。

关键词　连续受限航道　通过能力　船舶行为　多智能体仿真

0　引言

长江南京以下深水航道建设是实现长江经济带综合立体交通走廊目标的措施之一,也是推动长江经济带建成的重要举措。工程建成后,长江南京以下深水航道水深从 10.5m 加深至 12.5m,南京以下通航海轮从 3 万吨级提升至 5 万吨级,长江下游水运能力也因此获得大幅的提高。然而深水航道目前仍有四处航段航宽不足,船舶航行受到诸多限制,或是因为宽度受限而降低航速或是受单向通行影响需等待通行。且其中三处受限航段较为集中,通航环境极其复杂,容易产生拥堵,降低通行效率,难以发挥出长江黄金水道的全部优势。且在深水航道二期整治工程完工后,深水航道船舶大型化的比例逐渐提高,可能会进一步加重目前航道的拥堵程度。为充分释放航道潜力,需研究当前航道的通过能力,寻找通航受阻位置。

航道通过能力通常指一定时间内航道内某一断面处船舶的最大通过流量,是航道开发建设的重要指标之一,20 世纪 60 年代起就受到众多学者的重视。早期研究多采用经验公式的方式对航道通过能力进行定量分析,受到较多认可的有西德公式、长江公式、苏南公式等[1],但此类公式只能静态估算,对于复杂且动态变化的航道条件难以准确计算。也有学者使用排队论、跟驰理论建立航道通过能力模型[2-3],此类方法多用于港口航道通过能力的研究,侧重于优化调度以提高港口航道服务水平。近年来计算机仿真逐渐成为航道通过能力研究的重要方法[4-5],原因在于计算机仿真能够模拟各种复杂的航道场景、通航规则、船舶行为,直观地展现航道内船舶航行的动态过程。刘宗杨等[6]使用元胞自动机模型,考虑顺直、弯曲航段船舶的运动规则对海港进出港主航道进行仿真模拟得到船舶流量和航道的最大船舶通过能力。薛梦婕[7]使用多智能体仿真的方法,设计船舶进出港逻辑流程、智能体通信机制等,建立厦门港船舶交通流仿真模型。

本文基于 Anylogic 软件将长江南京以下多个受限制航段串联进行多智能体仿真,研究船舶航行行为特征,建立船舶自由航行、追越、跟驰决策模型和单向航道通航模型,探究长江南京以下深水航道通过能力。

1　长江南京以下连续受限航道现状

1)仪征水道

仪征水道位于世业州右汊。仪征水道部分航段淤积较为严重,12.5m 深水航槽宽度受到挤压,有约 5km 的深水航道航宽不足 500m。

2)尹公洲水道

尹公洲水道位于世业州尾部与五峰山之间,航程约 37km。航道平面形态呈“Z”字形,存在两个近 90°急弯,中段与京杭运河呈“十”字交汇。由《长江江苏段船舶定线制规定

(2021年)》可知,尹公洲水道存在3.6km的单向通航河段。250m航宽仅能满足110m以上船舶单向通航。

3)口岸直水道

口岸直水道从五峰山至褚港,航程约40km,分上下两段,分别为落成州及鳗鱼沙水道。落成州水道最窄航宽450m,鳗鱼沙水道左右两汊分别约260m。基本满足110m以上船舶双向通航需求。

4)福姜沙水道

福姜沙水道上起江阴大桥,下迄九龙港。航程约40km,分福北水道、福中水道、福南水道3个汊道。其中福姜沙南水道最窄处航道宽度200m,按各自靠右航行原则实行分道通航。禁止过境船舶通过该航段。对船长110m及以上的船舶(队)实行单向控制。

2 船舶航行行为分析

一般来说船舶的航行状态可分为自由航行、跟驰、追越三种状态,三种状态的转换取决于以下因素:本船与前船的距离、本船与前船的速度差、是否有足够追越空间等。其中船舶位于开阔水域且与前船距离较远,大于自身安全距离时可视为自由航行状态,此时船舶以自身的期望航行速度匀速行驶。

2.1 船舶追越行为分析

船舶进行追越操作时,必须全面权衡追越的动机、航道的空间环境状况,确保追越行为能够切实改善本船航行状态,并且在保证安全的前提下不给周围水域内其他船舶带来潜在风险。船舶追越示意图如图1所示。

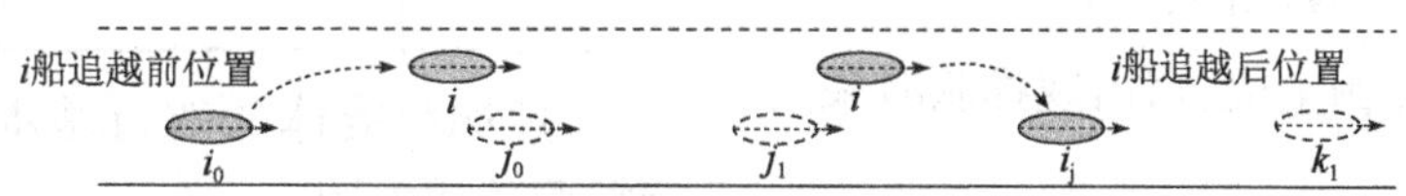

图1 船舶追越示意图

船舶追越行为一般包含以下几个步骤:

(1)当船舶行驶过程中遇到慢速船,若以期望速度航行将不能满足安全距离并将与其发生撞船事故。

(2)确认当前水域允许进行追越操作,并鸣笛示意前船即将进行追越操作,取得前船的同意回应后才能进行下一步追越动作。

(3)确认对向航道有足够的追越空间。

(4)偏转船头,加速超越前船。

(5)完成超越操作后汇入原航道。

上述条件仅是追越的一般行为和条件,实际情况中也需考虑船舶驾驶员的性格特征和驾驶习惯。按照船舶驾驶员的追越阈值进行区分,可将驾驶员分为激进型、普通型、保守型三种类型,追越阈值即为本船与前方慢速船的速度差。激进型驾驶员追越阈值低,前船速度略低于本船就想追越;保守型驾驶员追越阈值高,当与前船速度差达到一定值时才会考虑追越。

2.2 船舶跟驰行为分析

船舶的跟驰行为与追越行为是相对的,追越的条件不满足时,船舶跟驰前船。当船舶处于受限航段时,由于禁止追越,当前后船存在速度差时只能实行跟驰操作。当前后船存在速度差但速度差未达到船舶驾驶员的追越阈值时,出于性格特征和操作习惯,驾驶员选择跟驰而非追越。或者驾驶员判断前方没有完成追越后的安全空间,不能安全完成追越行为,此时也会选择跟驰前船。

根据本节对船舶航行行为的分析可画出船舶追越、跟驰逻辑流程图,如图2所示。

3 基于多智能体的长江南京以下连续受限航道仿真

3.1 仿真基本假设

真实的航道环境涉及的资源繁多、难以一一对其仿真,故对部分条件以及偶发性事件作简化处理。

(1)航道、锚地资源充足,所有需要排队的船舶均能就近找到泊位。

(2)船舶均严格遵循航行一般规定,船舶驾驶员技术良好。

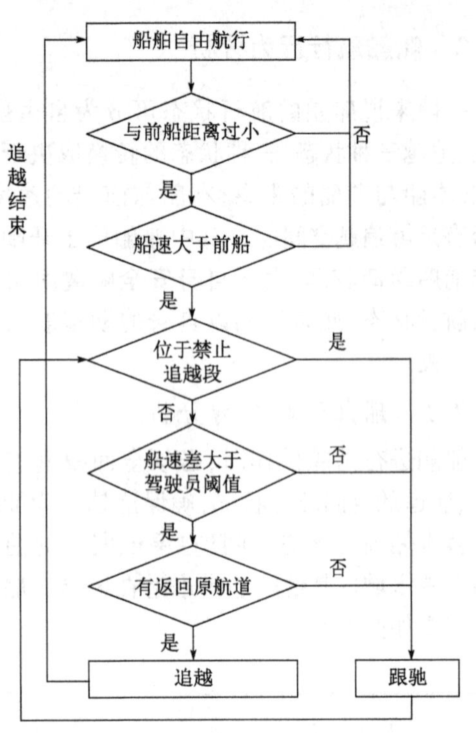

图2 追越、跟驰逻辑流程图

(3)船型按预设比例生成,当出现排队时采用先到先服务原则。

(4)不考虑因船舶事故导致航道受阻的情况。

(5)考虑可能的恶劣天气导致的停航,设置仿真时间为 360 天,8460 小时。仿真单位时间为小时。

3.2 仿真模型建立

3.2.1 自然条件

自然条件对船舶航行的影响主要表现在天气、水文两方面。天气、水文的影响用变量 V_{nature} 表示。正态分布能够公式化这些参数的随机性和动态性质,故使用正态分布用于表示这些参数对速度的影响。假设 V_{nature} 在仿真模拟中遵循均值为 0 和方差为 1kn 的正态分布,V_{nature} 每 24 小时更新一次。生成的 V_{nature} 用于更新船舶的速度,即在每次生成船舶时,都会在船舶速度上加(减)一个额外的速度,以反映天气条件和水文条件对船舶的影响。

3.2.2 船舶到达规律

基于 AIS 平台统计的福姜沙水道下游断面处 2018 年上行船舶到达数据,通过分析可知断面处每小时船舶到达数服从泊松分布,分布参数与断面上行船每小时平均流量基本相当。

3.2.3 船舶智能体设置

船舶智能体基本参数设置如表 1 所示。

船舶智能体参数标定 表1

参数	参数标定
Name	船舶智能体名 + 数字编号
L	船舶长度。小船 40m,中船 75m,大船 135m,特大船 200m
V	实际速度。船舶期望速度加(减)环境速度
V_{exp}	期望速度。小、中船速度服从均值 7,方差 1kn 的正态分布;大、特大船服从均值 10,方差 1.5kn 的正态分布
V_{max}	最大速度。小、中船 11kn;大、特大船 15kn
a	加速度。小于 80m 的船 0.093;大于 80m 的船 0.052(单位:m/s^2)
D_{safe}	安全距离。$L+5V_{exp}+\frac{V_{exp}^2}{2a}$

船舶智能体的航行基本逻辑遵循图 2 的追越、跟驰逻辑图。

3.2.4 单向通航规则制订

尹公洲水道部分航段、福姜沙南水道对船长 110m 以上的船实行单向通航控制。设计一种分时段的单向通航规则,设置从 0 时开始为上行船单向通航,持续两小时,两小时后转换为下行船单向通航,如此循环。上行船单向通行时段内到达的下行受控船需在指定位置排队等让,单向通航方向转换后,下行受控船还需等待航道内剩余上行受控船全部驶出航道,才能正常进入航道。

3.3 仿真模型验证

模拟长江南京以下福姜沙水道下断面至仪征水道上断面航道内 2018 年的船舶运行过程,多次模拟取均值以减小随机误差,得到 2018 年各受限断面流量,见表 2。

仿真段断面流量(万艘/年) 表2

断面名称	仪征水道断面	尹公洲水道断面	口岸直水道断面	福姜沙水道断面
仿真值	49.47	56.13	56.00	58.79
实际值	50.63	55.08	58.03	58.15
误差(%)	-2.30	1.90	-3.50	1.10

由表可知此次仿真误差较小，都满足5%的误差控制。说明模型对长江南京以下连续受限航道仿真效果较好，能够较真实地反应航道各通航要素和船舶航行行为。

4 航道通过能力仿真试验

4.1 仿真试验设计

基于未来年预测流量进行多次仿真，拟合航道断面流量增长曲线，探究航道最大可通行流量，以此为参考确定航道通行能力。根据《长江南京以下12.5米深水航道后续整治工程经济效益论证》，未来长江南京以下年断面流量如表3所示。

未来年断面流量(万艘/年)　　表3

年份	仪征水道断面	尹公洲水道断面	口岸直水道断面	福姜沙水道断面
2025	82.00	106.41	85.49	85.40
2030	93.59	121.50	98.25	98.28
2035	103.44	134.45	110.57	111.20
2040	111.71	145.21	119.41	120.09
2045	120.65	156.83	128.96	129.70
2050	130.30	169.37	139.28	140.08

由于报告中只预测到2035年，拟合点较少难以拟合流量曲线，故假设后续流量以每5年8%的增长率增长，将断面流量补充至2050年。

4.2 仿真结果分析

为便于统计与分析，将仿真结果中四个断面流量取均值。得到的仿真流量折线图如图3所示。

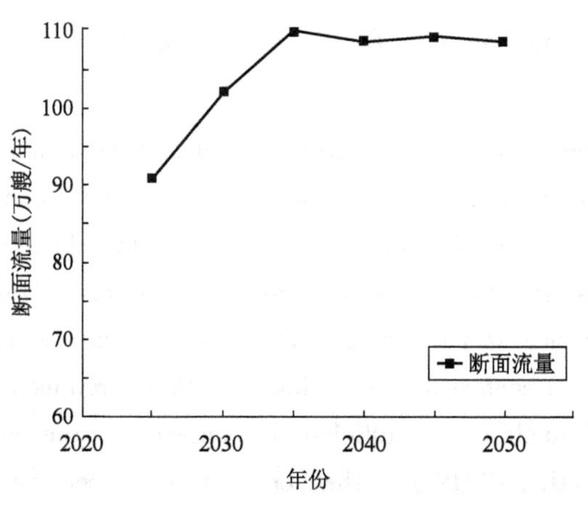

图3　断面流量拟合折线图

由折线图可知，在当前的航道环境下断面船舶流量在2035年后趋于平稳，大约在110万艘/年。但是2040年、2045年、2050年仿真流量参照表3的输入值大于110万艘/年，在这三次仿真中航道拥堵较为严重，从而出现仿真通过流量比2035年略低的情况，这也侧面说明航道资源的使用基本达到饱和。

4.3 后续整治工程优化建议

从仿真模拟过程可知尹公洲水道船舶拥堵、排队最为严重，因为此处存在两处单向控制段。假设后续对尹公洲水道进行航道整治，尹公洲水道全段实现双向通航，再次仿真模拟拟合断面流量曲线并与未整治状态的断面流量对比，如图4所示。

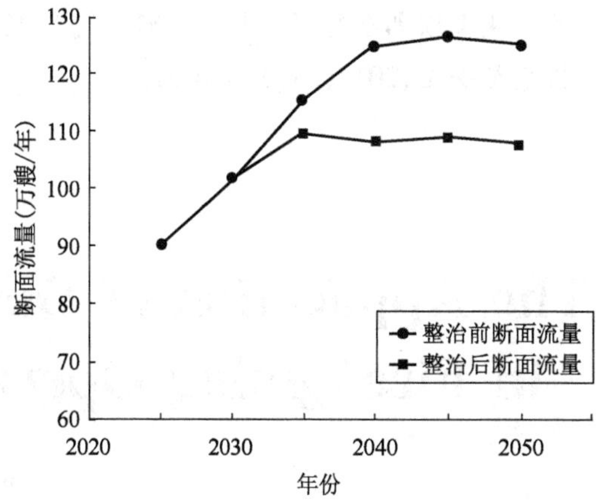

图4　整治前后断面流量对比图

由流量对比图看出，尹公洲水道经过整治后，南京长江以下连续受限航道的通过能力有了较大的提升，通过能力达到125万艘/年，提升约13.6%。

5 结语

本文针对长江南京以下存在多个密集受限航道的情况，将多个受限航道串联构成连续受限航道，避免了针对单个受限航道进行研究时难以考虑船舶因通过邻近受限段而导致的船舶流特征改变的情况。

通过分析船舶航行的行为特征建立船舶追越、跟驰模型。使用Anylogic软件建立多智能体仿真模型，考虑自然因素，嵌入船舶追越、跟驰模型，建立单向通航规则，对长江南京以下连续受限航道的通过能力进行仿真。得到当前航道条件下的航道通过能力为110万艘/年。针对航道瓶颈尹公洲水道提出后续整治建议，整治后通过能力提升约13.6%。

本文在研究中也存在不足,实际的追越过程更加复杂,涉及到船的动力性能、水流条件等诸多因素。本文未考虑船舶类型,其中特殊船型在航行过程中有更高的优先级,仿真过程中也作了诸多简化,需在今后的研究中不断细化。

参考文献

[1] 长江航道局.航道工程手册[M].北京:人民交通出版社,2005.

[2] 江福才,范庆波,汪德峰等.基于排队论的东营港规划航道通过能力确定[J].船海工程,2018,47(3):128-132.

[3] 钟鸣,李晨辉,刘少博.基于M/M/C排队模型的三峡大坝船舶待闸时长预测研究[J].交通信息与安全,2017,35(4):84-91.

[4] 沈忱,赵晓艺,齐越,等.复杂水域船舶进出港全过程仿真建模方法[J].港工技术,2020,57(1):12-17.

[5] ZHANG J, SANTOS T A, SOARES C G, et al. Sequential ship traffic scheduling model for restricted two-way waterway transportation[J]. Proceedings of the Institution of Mechanical Engineers Part M Journal of Engineering for the Maritime Environment, 2017, 231(1).

[6] 刘宗杨,周春辉,赵俊男等.基于元胞自动机的航道通过能力建模与仿真[J].系统仿真学报,2021,33(10):2478-2487.

[7] 薛梦婕.基于Anylogic和多主体的船舶交通流仿真研究[D].厦门:集美大学,2019.

The Application of Double Prevention Mechanism in Firefighting Operation of Rescue at the Sea

Shaofan Zhu*

(Rescue and Salvage Bureau of the Ministry of Transport)

Abstract The double prevention mechanism constitutes a pivotal strategy in overseeing safety production. Its application in firefighting operation of rescue at the sea advances the defensive line, bolsters prevention and control measures, and intensifies the investigation and treatment of potential hazards. Furthermore, executing firefighting operations while prioritizing the safety of rescue personnel is instrumental in enhancing the protection of life and property at sea.

Keywords Firefighting of rescue Double prevention mechanism Risk classification and control Potential hazards investigation and management

0 Introduction

Ship fires and explosions are prevalent incidents in maritime accidents, distinguished by rapid spread, challenging firefighting procedures, and significant destructive potential, often resulting in substantial property loss and casualties.

Modern specialized rescue ships equipped with sophisticated firefighting equipment, which can offer robust support for extinguishing fires aboard vessels. Nonetheless, indiscriminate utilization of this equipment for rescue purposes not only falls short of desired outcomes but may also escalate potential hazards, leading to more severe secondary disasters. Ensuring the safety of the rescue vessels themselves is a critical factor in maintaining maritime traffic safety. In the context of firefighting operations, rudimentary risk analysis is insufficient for contemporary demands (Carl., 2019). Therefore, it is imperative to continually reinforce risk prevention and management, eliminate safety hazards, and implement the double prevention mechanism.

1 The operational procedure of maritime firefighting for rescue of burning ships

1.1 Developing a comprehensive fire extinguishing strategy

Gather andintegrate data to formulate scientific plans for firefighting. Essential information to be amassed and integrate encompasses the ship ' s type, nature of cargo, number of casualties, fuel reserves, fire ' s location, actions already undertaken, surrounding water conditions, and other pertinent details.

1.2 Executing firefighting procedures

Select an appropriate firefighting equipment and extinguishing agents tailored to the specific fire conditions. In cases of large-scale fires or on larger vessels, rescue ships typically employ remote fire monitors for extinguishment, opting for foam-based agents aligned with the fire ' s nature. Conversely, for smaller fires or vessels, these ships generally utilize close-range fire hoses and timely select specialized fuel-based extinguishing agents, contingent on the fire ' s characteristics.

1.3 Embarking on the vessel for fire extinguishment

Upon effectively controlling the fire aboard a ship, rescue vessels typically employ boarding tactics for fire extinguishment. This approach not only mitigates the risk of substantial seawater ingress into the cabin, which could create a free liquid surface leading to severe tilting or capsizing of the ship, but also ensures the targeted delivery of firefighting water into the affected compartment for effective fire suppression and cooling. Employing boarding methods to extinguish fires significantly reduces the likelihood of reignition, thereby facilitating the rapid extinguishment of open flames.

2 Construction of double prevention mechanism

The concept of the double prevention mechanism for safety, introduced in 2016, primarily comprises two components: safety risk classification and control, along with the investigation and management of potential hazards. This framework posits that accidents follow a predictable pattern, wherein inadequate risk control may evolve into potential hazards, and insufficient exploration and mitigation of these hazards can result in safety incidents.

The construction of a double prevention mechanism focuses on utilizing a two-fold approach to avert production accidents. Initially, this involves identifying, evaluating, and categorizing risks to preemptively control potential hazards (Sliney et al., 2016). Subsequent steps include the thorough investigation of latent dangers, pinpointing flaws in risk management, and their early-stage eradication. Starting from the aspects of risks and hidden dangers, by accurately grasping the characteristics and laws of firefighting operations, we can thoroughly solve the problems of ' inadequate recognition ' and ' unforeseen scenarios '. Ultimately, it seeks to establish an in-depth defensive strategy against accidents and advance the front lines of safety checkpoints.

3 Development of risk classification and control mechanism

This study employs the risk matrix method, extensively utilized in the highway and waterway industries, for the identification, evaluation, and management of safety risks in firefighting operations. The formula used is: $D = L \cdot C$, where D represents the risk level, L denotes the likelihood of a risk event ' s occurrence, and C signifies the severity of the potential consequences.

In accordance with the fundamental principles of risk management in the highway and waterway industries, the approach of categorizing indicator levels and their respective value ranges is equally applicable to maritime rescue and firefighting operations. As delineated in Table 1, Table 2, and Table 3 correspond to the probability judgment criteria, consequence severity level values, and risk value range, respectively.

Probability Judgment Criteria Table Table 1

Number	Likelihood level	The likelihood of occurrence	Value range
1	extremely high	extremely easy	(9-10]
2	high	easy	(6-9]
3	secondary	possible	(3-6]
4	low	unlikely	(1-3]
5	extremely low	extremely unlikely	(0-1]

Note: 1. The value of the probability indicator is an integer confined within a specified interval, or at most, it includes one decimal place;
2. In interval notation, the symbol '[ ]' denotes inclusion of the boundary values ('equal'), whereas '( )' indicates exclusion ('not equal'). For instance, the expression (0-1] signifies that the value is greater than 0 but less than or equal to 1.

Table of Consequence Severity Level Values Table 2

Severity level of consequences	Consequence severity value
especially severe	10
serious	5
more severe	2
not serious	1

Risk Level Range Table Table 3

Risk level	Risk level range
major	(55、100]
more	(20、50]
commonly	(5、20]
less	(0、5]

Note: In interval notation, the symbol '[ ]' denotes inclusion of the boundary values ('equal'), whereas '( )' indicates exclusion ('not equal'). For instance, the expression (0, 5] signifies that the value is greater than 0 but less than or equal to 5.

The approach to developing a risk classification and control mechanism involves analyze the risks and consequences associated with firefighting operations. This process includes evaluating and categorizing risks utilizing the risk matrix method, devising specific control measures, assigning responsible individuals for oversight, and compiling a comprehensive list of risk sources for control (Pinto et al., 2011). Upon thoroughly sorting out the risk control list, it is disseminated to each respective position for study and dynamic updating. This ensures that relevant operators are apprised of the most current risk identification, evaluation outcomes, and prevention and control strategies. Such a process is instrumental in effectively preventing and mitigating risks encountered during rescue and firefighting operations (Kirsch et al., 2015). Owing to spatial constraints, this paper selectively excerpts certain potential risks inherent in the process of firefighting operations, and lists risk identification and evaluation lists, along with corresponding risk control measures. For detailed information, please refer to Table 4 and Table 5.

Check List for Risk Identification and Assessment of Firefighting Operations (Excerpt) Table 4

Risk identification			Risk assessment		
Risk number	Potential risks	Consequence	Possibility	Severity	Risk value
1	Lack of proficiency in programming skills	Personnel casualties	5	2	10
2	Wrong selection or incorrect operation of fire extinguishing equipment	Fire extinguishing failure	5	2	10
3	The fire is uncontrollable	Explosion or ship damage	5	10	50

Fire Operation Risk Control Checklist (Excerpt) Table 5

Risk control		
Risk number	Control measures	Responsible person
1	1. Enhance routine learning and practical drills to ensure proficiency in fire emergency procedures, firefighting techniques, and emergency response responsibilities. 2. Ensure proper donning of personal protective equipment. 3. Decelerate and halt the vessel, positioning the fire-affected area leeward.	Chief engineer or chief officer
2	1. Ascertain the origin of the fire and select suitable firefighting equipment and extinguishing agents. 2. Operate firefighting equipment effectively. 3. When employing water as an extinguishing agent, it is crucial to monitor the ship's stability and adjust the ballast accordingly to maintain equilibrium.	
3	1. Soliciting External Support. 2. Abandon the ship.	

4 Development of a potential hazard investigation and management mechanism

The mechanism for identifying and managing potential hazards primarily entails the creation of a latent hazard inventory and regularly organizing accident hazard inspections. It is imperative to promptly address the latent hazards identified during these investigations, to eradicate accident risks, and to document and enforce closedloop management in compliance with regulations (Goh et al., 2009). Hazard investigation is pivotal throughout the entire process. This paper focuses on the investigation of hidden dangers in firefighting facilities onboard rescue ships. Key inspection elements include main fire pumps, fire pipelines, alarms, hydrants, water hoses and spray guns, portable and semi-portable extinguishers, fire monitors, international shore connections, firefighter equipment, escape routes, and remote control cut-offs. The paper delves into the analysis and organization of inspection criteria for main fire pumps, hydrants, hoses and spray guns, and firefighter equipment. It establishes a detailed inspection checklist for latent hazards (refer to Table 6 for specifics), serving as a guide for comprehensive inspections on rescue ships. Upon identifying safety hazards, it is essential to specify rectification measures, deadlines, responsible personnel, and ensure timely completion of these measures to maintain fire protection facilities in a normal and usable state.

Safety Hazard Checklist for Fire Protection Facilities on Rescue Ships (Excerpt) Table 6

Serial number	Inspection items	Inspection points	Document basis
1	Main fire pumps	1. Assessment of the main fire pump's overall condition and base structure. 2. Initiation, Functionality, and Operational Status Assessment. 3. Normal Pressure Levels, Intactness of Vacuum and Pressure Gauges, and Optimal Condition of the Release Valve. 4. Status of Remote Control Activation for the Fire Pump	SOLAS convention, etc.
2	Fire hydrants, hoses, and spray guns	1. Operational Efficiency of the Fire Hydrant and Hand Wheel. 2. Appropriate Connection Between the Fire Hydrant and Fire Hose. 3. The configuration of the fire hose box, fire hose, and spray gun complies with specified requirements. 4. All fire hoses, spray guns, wrenches, and tools are in optimal condition	
3	Firefighter's equipment	1. Firefighters are required to have a minimum of two sets of equipment, complete with all necessary accessories, and ensure their availability at all times. The exact quantity of equipment must correspond with the specifications detailed in the fire control diagram. 2. The storage location aligns with the layout diagram markings, and the conditions for storage are optimal. Additionally, the storage room is clearly labeled and equipped with emergency lighting. 3. Each respirator must be supplied with a minimum of two spare air cylinders, each filled to normal pressure levels and designed for interchangeability. 4. The connection between the gas cylinder and the respirator secure, free from air leakage. 5. The mask demonstrates robust toughness, is undamaged, and exhibits effective sealing capabilities. 6. Crew members, particularly those tasked with fire detection duties, demonstrate proficiency in donning the equipment	

5 Conclusions

This paper investigates the application of double prevention mechanism in the firefighting operations of rescue ships. Its objective is to furnish a reference for the establishment and enhancement of such mechanisms across diverse aspects and stages of maritime rescue. The institution of the double prevention mechanism is instrumental in realizing 'deep defence' and 'forward movement' in accident management. It elevates the essential safety level of rescue vessels, fosters a robust safety environment for maritime rescue operations, and offers more substantial safety assurances for maritime navigation.

References

[1] CARL S Y. Risk and the Theory of Security

Risk Assessment[M]. Springer: Cham,2019.

[2] SLINEY D H, BERGMAN R, O'HAGAN J. Photobiological risk classification of lamps and lamp systems—history and rationale [J]. Leukos,2016,12(4):213-234.

[3] PINTO, A, NUNES, I L, RIBEIRO, R A. Occupational risk assessment in construction industry Overview and reflection [J]. Safety Science,2011,49(5):616-624.

[4] KIRSCH P, HINE A, MAYBURY T. A model for the implementation of industry-wide knowledge sharing to improve risk management practice[J]. Safety Science,2015,80:66-76.

[5] GOH Y M, CHUA D K H. Case-based reasoning approach to construction safety hazard identification: Adaptation and utilization[J]. Journal of Construction Engineering and Management, 2009, 136(2):170-178.

基于熵权-TOPSIS模型的北极东北航道通航风险评价

田冠军*1 曲峰德2

(1. 交通运输部北海航海保障中心;2. 大连海事大学航海学院)

摘 要 为了对北极东北航道通航风险进行研究,建立基于逼近理想解排序法(Technique for Order Preference by Similarity to Ideal Solution,TOPSIS)模型的北极东北航道通航环境风险评价模型,选取一条西行的北极东北航线作为实例,采用熵权法求取各指标权重,求取各个航段风险贴近度并进行排序。计算结果表明:纬度高的航段比纬度低的航段通航风险更大;温度对通航风险影响最大,也是影响其他指标的主要原因。各个航段的风险贴近度排序以及熵权值的大小与实际情况吻合,验证了TOPSIS模型的有效性和可行性,对北极东北航道航线的选择以及船舶实际航行具有参考意义。

关键词 熵权 TOPSIS模型 北极东北航道 通航风险 风险评价

0 引言

近年来,全球气候变暖加速了北极海域海冰融化,使得开通北极航道成为现实。根据美国国家航空航天局(NASA)的数据显示,与1981—2010年的平均海冰范围相比,现在的北极海冰正以每十年12.6%的速度缩减。按照此速度变化,预计21世纪,北极海域将出现无冰带。2013年,中远"永盛"轮从中国大连港出发,穿越北极东北航道,抵达荷兰的鹿特丹港,航行用时27d,航程8000n mile,与途经马六甲海峡的传统航线相比,航行时间缩减了9d,航程缩短了2800n mile。可见,北极东北航道不仅能够帮助船东缩短船期、节省更多的燃油[1],同时能大幅减轻船舶尾气排放对大气环境带来的污染,必将成为世界航运的重要通道。同时,北极东北航道的开通对推动我国造成"航运强国"起着至关重要的作用。

北极东北航道通航安全取决于水文、气象等多种因素,许多学者通过数学模型构建起针对北极通航环境安全的评价体系,例如粗糙集与犹豫层次分析[2]、动态贝叶斯网络[3]、云模型[4]、解释结构模型[5]、盲数理论[6]、PSR模型评价[7]等分析评价方法,得出"通航环境比较危险或不利于通航"的结论,这些研究为科学评价北极通航环境奠定了基础,但仍有改进空间:(1)各类评价模型确定指标体系权重的方法较为单一,专家赋权法具有较强的主观性,对评价结果影响较大;(2)模型采用的数据相对久远,应该根据形势变化采用最新数据。比如温度数据:世界气象组织发布的《2022年全球气候状况》报告指出,2015—2022年

基金项目:大连海事大学2024年教学改革项目。

是有记录以来最热的8年。温度升高导致的南北极冰川消融和海平面上升的现象日益加剧,全球平均海平面在过去30年(1993—2022年)中每年增加3.4mm±0.3mm。由于冰川加速融化,2021年1月—2022年8月海平面上升了约5mm[8]。所以,对相关数据进行更新后,得出的结论可能不同。

针对上述问题,提出新的风险评价方法,即TOPSIS,该方法由C. L. Hwang和K. Yoon于1981年在《多属性决策:方法与应用》一文中首次提出,将现有的评价对象与理想化的值进行对比,根据接近程度进行排序,进而得出相对优劣结果的评价[9],主要应用于多个目标的优劣决策和风险评价等方面的研究中。TOPSIS模型在水上交通安全及港口安全等领域早有应用,王晨等[10]利用熵权-TOPSIS法建立了航道引航环境风险评价模型,通过对长江江苏段的4段航道的计算,验证了所建模型的有效性。马全党等[11]使用TOPSIS法建立船舶通航环境风险评价模型,提出改进熵权法求权重,通过对某段航道的计算,验证了模型的有效性和实用性。车程怡等[12]建立基于熵权-TOPSIS模型的港口安全评价模型,对国内10家港口企业的安全进行评价,结果表明,所建立的模型能够帮助港口企业及时发现安全问题,明确改进方向,降低事故发生率。Elsayed[13]等运用模糊TOPSIS方法对液化天然气(LNG)运输船进行风险评估。通过评估一艘LNG运输船在码头装卸过程的风险,验证了模糊TOPSIS方法的适用性和有效性,以及与其他定性评估方法之间的区别。结果表明,该方法能够有效地消除专家的主观性对风险评估数据及结果的影响。

1　熵权-TOPSIS模型

熵最初只是用于热力学中描述物质状态的一个参量。1948年,C. E. Shannon将熵的概念引入信息论,因而又称信息熵。信息熵的概念用来描述信息源的不确定程度,给定的信息量越少,说明信息的不确定程度越高,熵值越大;相反地,给定的信息量越多,说明信息的不确定程度越小,相应的熵值越小。TOPSIS法中各个指标的权重采用熵权法求取。

步骤1:对原始数据进行标准化处理,求取标准化矩阵$\boldsymbol{A}$。

在实际评价过程中,假定有m个评价对象($m=1,2,\cdots,m$),n个评价指标($n=1,2\cdots,n$),根据定性指标和定量指标相结合的原则,得到原始风险评价矩阵:

$$\boldsymbol{A}'=\begin{bmatrix} a'_{11} & a'_{12} & \cdots & a'_{1n} \\ a'_{21} & a'_{22} & \cdots & a'_{2n} \\ \vdots & \vdots & & \vdots \\ a'_{m1} & a'_{m2} & \cdots & a'_{mn} \end{bmatrix} \tag{1}$$

由于原始矩阵$\boldsymbol{A}'$中各个指标的量纲和数量级不同,为了保证风险评价的结果,需要对原始矩阵做标准化处理,从而构建标准化决策矩阵$\boldsymbol{A}=(a_{ij})_{m\times n}(0<i\leqslant m,0<j\leqslant n)$,$a_{ij}$为第$i$个评价对象的第$j$个指标的标准化值,$a_{ij}\in[0,1]$。

原始风险评价矩阵$\boldsymbol{A}'$中有两种属性指标:收益型指标和成本型指标。收益型指标是指数值越大,评价结果越优的指标,即正指标(+);与收益型指标相反,成本型指标则是数值越大,评价结果越劣的指标,即逆指标(-)。

收益型指标原始数据的标准化公式为:

$$a_{ij}=\frac{a'_{ij}-\min(a'_{1j},a'_{2j},\cdots,a'_{mj})}{\max(a'_{1j},a'_{2j},\cdots,a'_{mj})-\min(a'_{1j},a'_{2j},\cdots,a'_{mj})}\quad(i=1,2,\cdots,m;j=1,2,\cdots,n) \tag{2}$$

成本型指标原始数据的标准化公式为:

$$a_{ij}=\frac{\max(a'_{1j},a'_{2j},\cdots,a'_{mj})-a'_{ij}}{\max(a'_{1j},a'_{2j},\cdots,a'_{mj})-\min(a'_{1j},a'_{2j},\cdots,a'_{mj})}\quad(i=1,2,\cdots,m;j=1,2,\cdots,n) \tag{3}$$

步骤2:指标的归一化处理。

对标准化矩阵$\boldsymbol{A}=(a_{ij})_{m\times n}$中的各个指标进行归一化处理,即可得到第$i$个评价对象的第$j$个指标的特征比重值$f_{ij}$。

$$f_{ij}=a_{ij}/\sum_{i=1}^{n}a_{ij} \tag{4}$$

步骤3:根据所求的特征比重值,计算各个指标的熵值。

$$H_j=-\frac{1}{\ln m}\sum_{i=1}^{m}f_{ij}\ln(f_{ij}) \tag{5}$$

步骤4:计算评价指标熵权。

$$\omega_j=(1-H_j)/(n-\sum_{j=1}^{n}H_j) \tag{6}$$

步骤5:建立加权的风险评价矩阵。

$$\boldsymbol{Z}=(Z_{ij})_{m\times n}=(\omega_j a_{ij})_{m\times n} \quad (i\in m, j\in n) \tag{7}$$

步骤6:计算风险评价指标的最优解和最劣解,分别构成最优解向量 $\boldsymbol{X}_j^+$ 和最劣解向量 $\boldsymbol{X}_j^-$。

$$X_j^+=\{\max_i Z_{ij}\}j\in T_1; X_j^+=\{\min_i Z_{ij}\}j\in T_2 \tag{8}$$

$$X_j^-=\{\min_i Z_{ij}\}j\in T_1; X_j^-=\{\max_i Z_{ij}\}j\in T_2 \tag{9}$$

其中,T_1 为收益型指标;T_2 为成本型指标。

步骤7:计算评价指标到最优解和最劣解的距离。

$$D_i^+=[\sum_{j=1}^{n}(Z_{ij}-X_j^+)^q]^{\frac{1}{q}} \quad (i=1,2,\cdots,m) \tag{10}$$

$$D_i^-=[\sum_{j=1}^{n}(Z_{ij}-X_j^-)^q]^{\frac{1}{q}} \quad (i=1,2,\cdots,m) \tag{11}$$

其中,q 值可根据实际问题进行选取,通常 $q=1$(海明距离)或 $q=2$(欧氏距离)。

步骤8:求取各个指标与最优解的距离,即风险的相对贴近度。

$$P=D_i^-/(D_i^+ + D_i^-) \quad (i=1,2,\cdots,m) \tag{12}$$

对评价值 P 进行排序,P 越大,评价结果越好,风险越小;P 越小,评价结果越差,风险越大。

2 实例分析

本文选取亚洲至欧洲最主要的北极东北航道为研究对象,东北航道是指西起欧洲西北部的挪威北角附近,经欧亚大陆和西伯利亚的北部沿岸,穿过白令海峡到达太平洋的航线集合[14]。北极东北航道可以分为两个航段,一部分航段位于欧洲大陆的西北部及北部,受洋流等因素的影响,该海域的温度、海冰等因素对船舶通航安全的影响甚微,因而通航环境较好;而东北航道的绝大部分航段位于俄罗斯海域内,称为北方海航道。受北极恶劣气候条件的影响,北方海航道直接影响着北极东北航道能否通航以及通航安全与否。因而本文只选取北方海航道海域进行分析和计算。

根据 CHNL Information Office 提供的北方海航道的船舶 AIS 数据可知,2011—2021 年,通过北方海航道运输的货物量急剧增加,由 31.11 亿 t 增长至 348.5 亿 t,增长了 11 倍之多,近几年,穿越北方海航道运输的货物量也在稳步提高,由 2017 年 194 万 t 增长至 2021 年的 2027 万 t,2022 年共完成 43 个穿越北方海航道的航次,包括 18 个东行航次和 25 个西行航次。本文选取其中一条西行航线。由于北方海航道各个海域的水文、气象变化较大,因而将整个航线分为 9 个航段,自东向西分别是 Leg 1(楚科奇海航段)、Leg 2(德朗海峡航段)、Leg 3(东西伯利亚海航段)、Leg 4(桑尼科夫海峡航段)、Leg 5(拉普捷夫海航段)、Leg 6(维利基茨基海峡航段)、Leg 7(喀拉海航段)、Leg 8(喀拉海峡航段)、Leg 9(巴伦支海航段)。

为了验证模型的有效性,假定通航时间为 2022 年 7 月。通过对相关研究的综合分析[2-7],针对 TOPSIS 模型的特点,在确保所有指标具有可行性和一致性的前提下,建立风险评价体系,见表 1。

北极航道通航风险评价指标体系　　表 1

一级指标	二级指标	指标类型	指标描述
气象因素	温度 C1 (℃)	(+)	所评价航段的平均温度
	能见度 C2 (d)	(-)	所评价航段的平均能见度
	风力 C3 (m/s)	(-)	所评价航段的平均风力
水文因素	流速 C4 (m/s)	(-)	所评价航段的平均流速
	海冰范围 C5 (%)	(-)	所评价航段的平均海冰范围
	海冰厚度 C6 (m)	(-)	所评价航段的平均海冰厚度
地理环境因素	海域长度 C7 (n mile)	(-)	所选取航段的航程
	离岸距离 C8 (n mile)	(-)	所选取航段至陆地最大距离
其他因素	助导航设施 C9	(+)	包括破冰船数量、导航总部、助航仪器局限性等
	搜救能力 C10	(+)	包括直升机数量、搜救能力、距离服务港口的航程等
	VTS 覆盖范围 C11 (%)	(+)	所选取航段内 VTS 的覆盖率

二级评价指标可分为定性指标和定量指标。定量指标的数据从研究北极的科研机构或者组织获取，其中温度信息来源于 International Arctic Research Center、风力和流速来源于 NASA、海冰范围数据来源于 National Snow & Ice Data Centre、海冰厚度数据来源于 Online sea-ice knowledge and data platform 等；定性指标使用 Bipolar 尺度的10点标度法进行赋值，由18位经验丰富的极地船舶的船长、研究北极航道的专家和学者根据实际数据进行赋值，0代表极低，10代表极高。同时，将这些指标进一步划分为效益型指标(+)和成本型指标(−)。如表1所示，建立的模型中共有9个定量指标，2个定性指标，4个效益性指标，7个成本型指标。获取的原始数据见表2。

各航段评价指标的原始数据　　表2

指标	Leg 1	Leg 2	Leg 3	Leg 4	Leg 5	Leg 6	Leg 7	Leg 8	Leg 9
C1	6.6	7.7	2.7	6.6	2.4	2.8	2.1	4.8	3.9
C2	10.5	4.5	12	4	10.5	5.9	9	10	6
C3	6.5	4.3	5.3	6.6	7.4	6.7	6.6	8.7	6.7
C4	3	13	3.8	1	4	4.3	5	1	1
C5	0	0	58%	22%	32%	50%	9%	0	0
C6	0	0	0.94	0.62	0.48	0.74	0.17	0	0
C7	326	120	589	160	477	60	801	18	576
C8	16	29	165	127	149	14.6	101	15.1	218
C9	8	8	7	6	6	7	9	9	9
C10	8	10	8	9	8	7	7	7	6
C11	100%	100%	29%	100%	24%	100%	35%	100%	30%

根据式(2)、式(3)，对所有数据进行归一化处理，得到标准化矩阵：

$$
\boldsymbol{A}=\begin{bmatrix}
0.8 & 1 & 0.11 & 0.8 & 0.05 & 0.13 & 0 & 0.48 & 0.32\\
0.19 & 0.94 & 0 & 1 & 0.19 & 0.76 & 0.38 & 0.25 & 0.75\\
0.5 & 1 & 0.77 & 0.48 & 0.3 & 0.45 & 0.48 & 0 & 0.45\\
0.83 & 0 & 0.77 & 1 & 0.75 & 0.73 & 0.67 & 1 & 1\\
1 & 1 & 0 & 0.62 & 0.45 & 0.14 & 0.84 & 1 & 1\\
1 & 1 & 0 & 0.34 & 0.49 & 0.21 & 0.82 & 1 & 1\\
0.61 & 0.87 & 0.27 & 0.82 & 0.41 & 0.95 & 0 & 1 & 0.29\\
0.99 & 0.91 & 0.04 & 0.29 & 0.15 & 1 & 0.45 & 1 & 0\\
0.67 & 0.67 & 0.33 & 0 & 0 & 0.33 & 1 & 1 & 1\\
0.5 & 1 & 0.5 & 0.75 & 0.5 & 0.25 & 0.25 & 0.25 & 0\\
1 & 1 & 0.07 & 1 & 0 & 1 & 0.14 & 1 & 0.08
\end{bmatrix}
$$

根据式(4)、式(5)、式(6)，计算各个评价指标的熵值 H_j 和熵权值 ω_j 见表3。

各个评价指标的熵值和熵权值　　表3

指标	H_j	ω_j
C1	0.548	0.15
C2	0.666	0.112
C3	0.742	0.085
C4	0.954	0.015
C5	0.805	0.065

续上表

指标	H_j	ω_j
C6	0.793	0.069
C7	0.771	0.076
C8	0.663	0.112
C9	0.703	0.098
C10	0.68	0.106
C11	0.66	0.113

通过计算,建立加权的标准化风险评价矩阵:

$$
\boldsymbol{Z}=\begin{bmatrix}
0.12 & 0.15 & 0.016 & 0.12 & 0.007 & 0.019 & 0 & 0.072 & 0.048\\
0.021 & 0.105 & 0 & 0.112 & 0.021 & 0.085 & 0.043 & 0.028 & 0.084\\
0.043 & 0.085 & 0.066 & 0.041 & 0.026 & 0.038 & 0.041 & 0 & 0.038\\
0.013 & 0 & 0.012 & 0.015 & 0.011 & 0.011 & 0.01 & 0.015 & 0.015\\
0.065 & 0.065 & 0 & 0.04 & 0.029 & 0.009 & 0.067 & 0.08 & 0.08\\
0.069 & 0.069 & 0 & 0.023 & 0.034 & 0.014 & 0.056 & 0.069 & 0.069\\
0.046 & 0.066 & 0.02 & 0.062 & 0.031 & 0.072 & 0 & 0.076 & 0.022\\
0.11 & 0.102 & 0.004 & 0.032 & 0.017 & 0.112 & 0.05 & 0.112 & 0\\
0.066 & 0.066 & 0.032 & 0 & 0 & 0.032 & 0.098 & 0.098 & 0.098\\
0.053 & 0.106 & 0.053 & 0.08 & 0.053 & 0.027 & 0.027 & 0.027 & 0\\
0.113 & 0.113 & 0.008 & 0.113 & 0 & 0.113 & 0.016 & 0.113 & 0.009
\end{bmatrix}
$$

根据式(8)、式(9),求取风险评价指标的最优解和最劣解:$X_j^+=\begin{Bmatrix}0.15,0,0,0,0,0,0,0,\\0.098,0.106,0.113\end{Bmatrix}$

$$X_j^-=\begin{Bmatrix}0,0.112,0.085,0.015,0.065,0.069,\\0.076,0.112,0,0,0\end{Bmatrix}$$

最终根据式(10)、式(11)、式(12),求得风险的相对贴近度见表4。

各个指标风险的相对贴近度　　表4

指标	D_j^+	D_j^-	P_j
C1	0.174	0.212	0.549
C2	0.207	0.226	0.522
C3	0.202	0.202	0.5
C4	0.181	0.211	0.539
C5	0.223	0.168	0.43
C6	0.233	0.154	0.4
C7	0.225	0.165	0.423
C8	0.201	0.206	0.506
C9	0.171	0.174	0.504

3　评价结果分析

对相对贴近度 P 值进行排序,P 值越大,综合值越好,说明船舶通航环境越好,航行风险越小。由最终求取的风险相对贴近度 P 值可知,北极东北航道通航环境风险由高到低,分别是 Leg 6、Leg 7、Leg 5、Leg 3、Leg 9、Leg 8、Leg 2、Leg 4、Leg 1。通过排序可以发现,纬度高的航段比纬度低的航段通航风险更大。因为纬度越高,温度越低,通航环境越恶劣。此外,除纬度最高的 Leg 6 航段和纬度最低的 Leg 1 航段外,海峡航段(Leg 8、Leg 2、Leg 4)比海域航段(Leg 7、Leg 5、Leg 3、Leg 9)的通航风险更小。因为海峡航段离岸距离近,与海域航段相比,风、流等自然条件相对不复杂,助导航设施、VTS 服务等辅助船舶航行安全的条件较完善。

此外,根据熵权的特性可知,熵权值越小,该评价指标对通航风险评价的结果影响越小。如图 1 所示,温度对通航风险影响最大,因为低温是北极海域最主要的特征,也是影响其他指标的主要因素,例如海冰范围、海冰厚度等。同时,这与前文的纬度越高,温度越低,通航环境越恶劣的结论一致。能见度和离岸距离(最大)对通航风险影响次之。对通航风险影响最小的是海流、海冰范围和海冰厚度。这主要因为当海冰范围、海冰厚度等严重影响船舶航行时,该水域将不适航,而在可航行时期,需要遵守北方海航道管理局的相关规定,当出现中度和重度结冰时,除破冰船以外,其他在北方海航道航行的有冰级符号的船舶,必须在破冰船的引领下航行。这些规定能够大幅度提升船舶航行安全性,减小海流、海冰等因素对通航风险的影响[15]。由此可见,所得到的风险评价结果与实际基本一致。

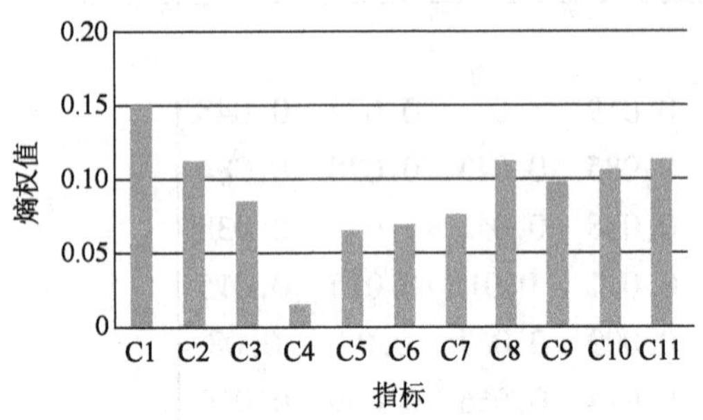

图 1 各风险评价指标对应的熵权值

4 结语

本文对北极东北航道通航环境的风险进行了评价,在现有的研究成果基础上,建立基于 TOPSIS 模型的北极东北航道通航环境风险评价模型,引入熵权法求取各指标权重,极大程度地减小了主观因素的影响,提高了评价结果的准确性和真实性。北极东北航道通航环境风险评价的结果与客观实际一致,验证了模型的准确性和有效性。此外,随着全球气候变暖,通航环境将逐步变好,通航窗口将变得更长,通航水域将变得更宽阔。届时,将会出现更多的北极东北航线。利用 TOPSIS 法还可以进行航线优化选择,评价北极东北航道的任一航段内不同条航线的风险度,根据风险贴近度选择最佳航线,最终设计得到最优航线。

参考文献

[1] NSR 2010 -Historic sea route opens through the Arctic to China [EB/OL]. 2010. http://Arcticbulk. com/page/242/NSR_2010.

[2] 王哲,葛珊珊,张韧,等. 基于粗糙集与犹豫层次分析的北极东北航道风险评估[J]. 极地研究 2017,36(5):512-520.

[3] 单雨龙,张韧,李明. 基于动态贝叶斯网络的北极东北航道关键海区通航可行性研究[J]. 极地研究 2019,31(1):94-102.

[4] 丁钦. 基于云模型的北极东北航道通航环境评价研究[D]. 大连:大连海事大学,2014.

[5] 李振福,李漪,于胜泉. 基于解释结构模型的北极航线通航环境影响因素分析[J]. 世界地理研究. 2013,22(2):11-17.

[6] 李振福,任艳阳,马书孟,等. 北极航线通航环境的盲数模型评估[J]. 集美大学学报. 2013,18(3):185-191.

[7] 杨成林. 北极东北航道通航条件战略分析[D]. 济南:山东师范大学, 2016.

[8] World Meteorological Organization. State of the global climate 2022: WMO-NO. 1316 [R]. 2023.

[9] HWANG, C. L. & YOON K. Multiple attribute decision making: methods and applications [M]. New York:Springer-Verlag,1981.

[10] 王晨,江福才,马全党. 基于熵权 TOPSIS 模型的航道引航环境风险评价[J]. 安全与环境学报,2016,16(3):33-37.

[11] 马全党,江福才,王群朋,等. 基于改进 TOPSIS 法的船舶通航环境风险评价模型[J]. 中国航海. 2018,41(2):86-90.

[12] 车程怡,刘家国,李健. 基于熵权-TOPSIS 的港口安全评价[J]. 大连海事大学学报. 2016,42(4):47-54.

[13] ELSAYED T, MARGHANY, K, ABDULKADER S. Risk assessment of liquefied natural gas carriers using fuzzy TOPSIS [J]. SHIPS AND OFFSHORE STRUCTURES. 2014, 9 (4): 355-364.

[14] Arctic Council. Arctic marine shipping assessment 2009 report [R]. Arctic Council,2009.

[15] Northern Sea Route Administration. Rules of navigation on the water area of the Northern Sea Route [M]. Northern Sea Route Administration,2013.

内河桥区施工水域船舶轨迹一体化协同监管系统设计与实现

曹树青 陈钦阳* 郭娅婷
（长江航道测量中心）

摘 要 针对传统单一监管手段存在无法实现桥区施工水域全方位有效监管的缺点，结合船舶自动识别（AIS）、雷达、闭路电视（CCTV）进行协同监管以改善现有监管系统。通过桥区施工水域监管功能需求分析，设计出符合实际需求的监管系统，并采集与处理AIS信息、雷达数据，采用基于最优加权因子的自适应加权融合算法将两者关联融合，利用Matlab仿真软件对典型船舶进行航迹融合仿真，再结合CCTV系统中摄像机云台的偏移角度，快速锁定目标船舶并实施场景监控。结果表明：采用多手段融合监管的施工水域船舶航迹，比单一监控手段航迹更加实时、准确，更趋近于真实航迹。

关键词 桥区施工水域 监管系统 信息融合 多手段协同

0 引言

随着内河航运的飞速发展，桥区水域施工项目日益增多，安全事故频发，水上安全监管面临严峻考验。2018年5月，交通运输部发布《中华人民共和国桥区水域水上交通安全管理办法》，严格要求桥区施工作业，加强施工水域水上交通安全监管。桥区施工水域具有监管技术分布不均、通航环境复杂等特点，运用现代信息技术实现桥区施工水域的动态监管具有重要意义[1]。

目前，常用监管手段各有优缺，依靠单一监管手段无法实现全方位的有效监管。结合桥区水域施工特征，将AIS与雷达动态信息融合，并用CCTV系统实时监控，以提高目标信息可靠度与准确性。针对水上监管系统，贾传荧等人[2]综合运用高精度差分全球定位系统（GPS）定位技术、通信技术、数据处理技术、电子海图显示技术、ORCALE数据库管理技术，提供了对航行船舶进行跟踪、监控和管理的方法。Chen等[3]根据水上交通工程理论对水域监管系统的功能结构和拓扑结构进行优化设计，满足用户需要。叶晓卿[4]以公共服务平台为背景，对地理信息系统（GIS）工作流、移动数据采集等关键技术进行分析和优化，建立了通用动态监管系统框架。现阶段，AIS与雷达信息融合主要采用数据关联融合技术，Lin等[5]采用一种基于多因素模糊综合决策方法对AIS与雷达目标航迹进行关联。张景鹏[6]改进了自适应加权航迹融合算法，使融合后的航迹与目标真实轨迹更接近。

众多专家学者对动态监管系统提出了改进和优化方法，但大多未结合监管水域特征，很难满足实际施工中的监管需求，难以保证施工水域船舶航行安全和施工作业安全。因此，在传统监管基础上结合现代化监管设备特征和功能，建立由雷达、AIS和CCTV监管协同作用的桥区施工水域监管系统，具有重要实际价值。

1 桥区施工水域监管需求分析

在桥区水域施工期间，海事部门需发布通航警告并安排海巡艇现场值守，禁止船舶驶入施工区域。然而，传统监管手段需大量投入人力物力，监管盲区较大。目前，桥区施工监管技术分布不均，有些施工区域还未被雷达监控覆盖，导致监管盲点较多、管理效率低下，无法保证船舶航行和施工作业安全。桥区水域施工周期长、施工难度大，监管系统将雷达、AIS和CCTV协同作用到GIS系统平台上，实时监控施工桥区上下游通航和施工情况，以便及时规避风险。

1.1 监管手段分析

雷达监管不仅能主动监测未装AIS设备的船舶和施工设施，还能主动监测覆盖范围内航标、水上建筑物、岸线等，实时获取船舶位置，航速、航向等信息,有利于实现施工水域的动态监管。然而雷达探测缺乏船舶基本信息资料,且易受遮挡和杂波影响,存在一定盲区。

AIS监管由船舶主动发出信息,岸基AIS接收。AIS系统可自动识别监管目标,目标信号受外界干扰小,能够识别船舶基本信息,覆盖范围较大,且不受盲区的限制,不易漏跟踪或误跟踪。然而AIS监管只对配备有AIS设备的船舶有效,发射信号时间间隔较长,更新较慢,轨迹、航速航向等信息不连续,存在船舶关闭AIS造成监控缺失情况。

CCTV监管可远程实时监控和跟踪目标,使监管人员直观地观察目标航行情况。还能回放目标历史航行画面,为施工水域事故处理和执法提供可靠证据。然而监控范围有限,易受不良天气影响。

上述监管手段各有优缺点,依靠单一手段不能保证全面高效地监管,因此需结合多监管手段功能、优势,相互弥补不足,才能实现对施工水域全方位、多手段的安全监管。

1.2 监管系统功能需求分析

桥区水域监管系统综合了多种监管手段,使得监管功能更加全面。监管系统功能主要分为数据整合和功能合并两个方面。

(1)数据整合是把AIS、雷达和CCTV采集到的船舶数据、水文气象、船舶登记等信息整合到同一监管平台,实现单平台多手段的监管目标,提高监管效率。然而AIS和雷达采集的目标航迹均不完善,通过船舶动态信息融合能避免系统画面杂乱,提高船舶航迹的可靠性和准确性,优势互补。目前,AIS与雷达融合技术已经在海事监管系统中广泛应用,AIS、雷达和CCTV等联动应用已在部分海事局实现。

(2)功能合并是将多种监管功能合并在同一监管平台,使其包含多种监管手段的功能。通过将原有监管手段中类似功能合并,弥补各自功能缺点,提高监管功能的全面性、实用性。现有技术已发展为利用AIS、雷达和CCTV相互关联制约,解决某种监控手段缺失问题。如雷达能监测到目标但AIS系统未显示,则证明该船未配备或未打开AIS设备;输入船名、MMSI等信息后,能利用CCTV自动搜索并定位船舶。

2 桥区施工水域监管系统的设计

2.1 监管系统框架设计

监管系统的设计基于电子海图、地图数据和GIS引擎,综合了雷达、AIS、CCTV系统的优点,能够为用户提供桥区施工水域实时船舶信息,保证施工和通航安全。

在Windows系统上使用PHP语言,并调用Apache工具构建开发环境。船舶进入监控范围后,系统通过雷达、AIS和CCTV系统全方位收集船舶数据、实时气象信息,并保存在系统数据库中。根据数据库已有信息,分析实时数据,并预判船舶运动态势。用户可利用固定或移动客户端,通过HTTP协议向Web服务器发送访问请求,服务器根据用户请求做出反馈,将处理后的数据在客户端上可视化显示。监管系统框架示意图如图1所示。

2.2 系统监管功能设计

2.2.1 数据采集功能设计

在对船舶实施有效监管前,采用传感器收集监管范围内受控船舶信息。采集AIS信息,需在施工水域附近建立AIS基站,用于接收和发送船舶状态信息。雷达主动采集船舶运动图像以获取船舶运动位置,滤波处理后将目标船舶从噪声中分离。CCTV采集监控视频信息,视频监控摄像头与中心监控室连接,经监控主机实现监控摄像图像的调看、浏览、存储、管理及控制等功能。通过将AIS、雷达、CCTV系统结合,船舶数据采集将更加全面、准确、可靠。

2.2.2 动态监管功能设计

系统动态监管功能设计如下:雷达采集图像显示;AIS目标与雷达图像目标关联;CCTV采集目标场景监控和视频跟踪。根据雷达、AIS、CCTV系统采集的数据,在GIS监管平台上,以雷达图像为基础,融入AIS信息,并使其显示CCTV视频。监管功能设计图如图2所示。

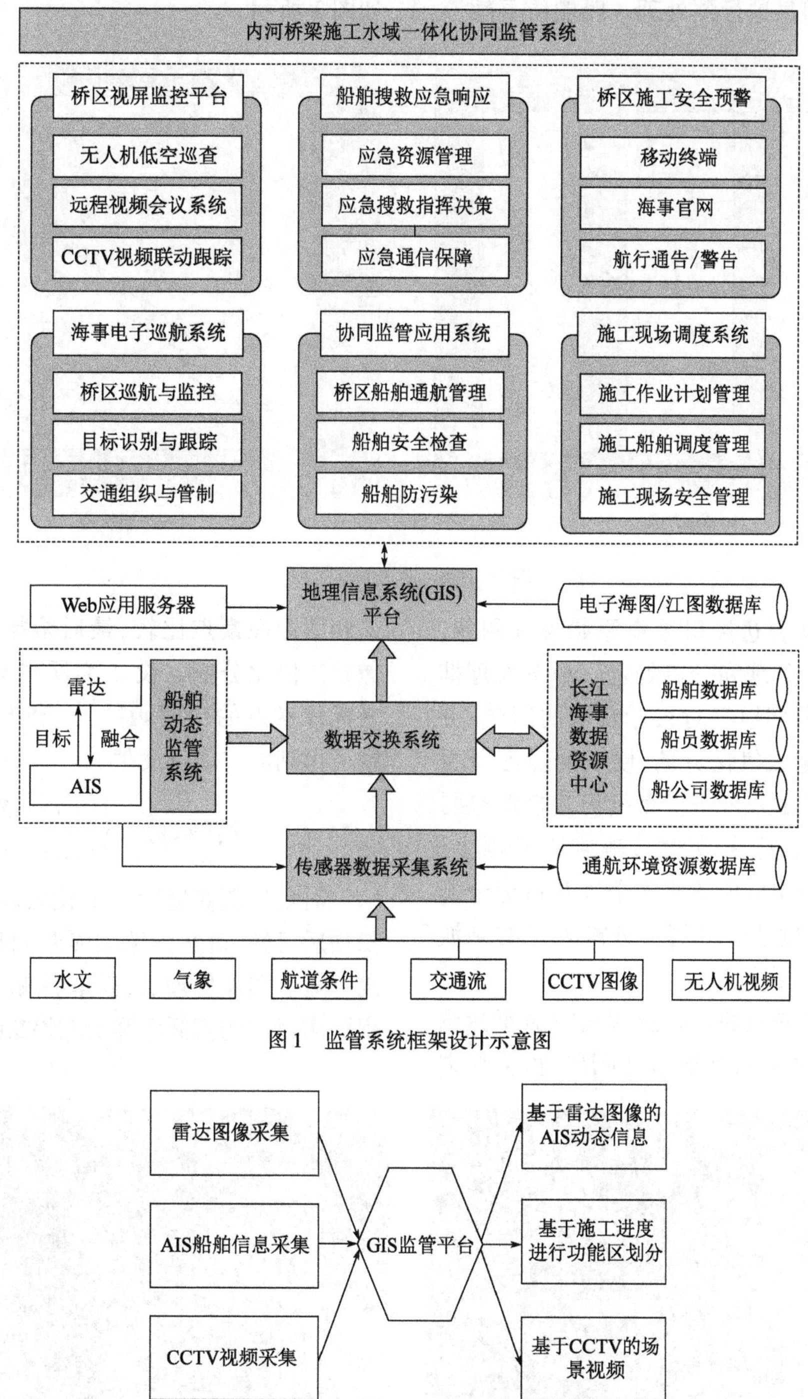

图 1　监管系统框架设计示意图

图 2　监管功能设计图

3　系统监管功能的实现

为实现桥区施工水域的系统监管功能，将采集的 AIS 信息和雷达数据关联融合，并用 Matlab 对典型船舶航迹进行融合仿真，再结合 CCTV 监控数据，实现系统相应的功能。

3.1　AIS 与雷达信息采集与处理

船载 AIS 向监管系统发送的信息包括船舶运动、船次和航行安全等信息[7]。由于 AIS 电文传输的是 ASCII 码，须将其转换成 6bit 的二进制字段进行解析，然后再按 ITU-RM. 1371-1 规则[8]解码，最后得到 AIS 目标信息内容，并存储船舶信息。从 AIS 数据信息中心获取 AIS 动态数据，选取典型船舶动态信息进行预处理。船舶仿真轨迹如图3所示。

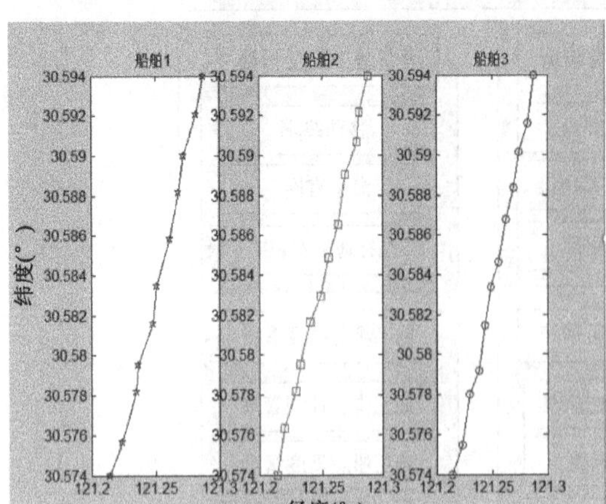

a)单船轨迹

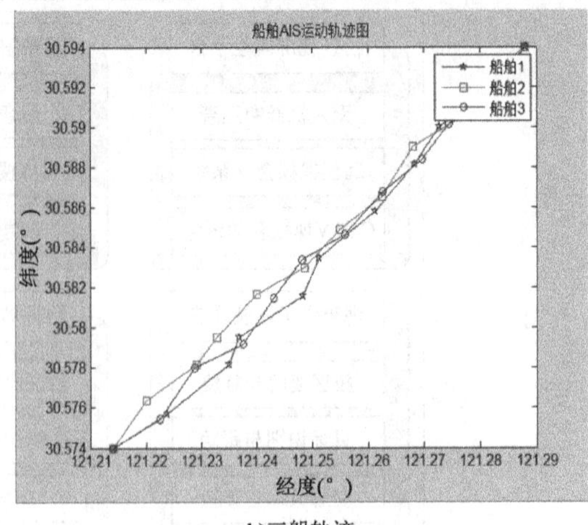

b)三船轨迹

图3　船舶 AIS 轨迹运行图

本系统直接从雷达接口采集原始视频图像，并对图像进行平滑处理和分割处理。平滑处理抑制了自然噪声和内部噪声对目标获取的影响；分割处理将雷达图像二值化分离，便于明显区分目标图像与背景图像的灰度值。系统可直接调整雷达参数完成平滑处理，并实时传输到服务器上。针对雷达图像处理中出现的水面杂波和目标分裂等复杂现象，可通过基于多阈值分割处理的杂波图像处理方法减小干扰。

采用基于阈值选取的迭代分割法[9]对雷达图像进行分割处理，首先应找到合适阈值，再将该阈值和图像像素点比较，最后根据对比结果将图像像素二值化分割。设 T 为所选阈值，$f(x,y)$ 表示坐标像素点的灰度函数，b_1 和 b_2 为二值灰度级，则可得到的二值灰度值为：

$$Z_T(x,y)=\begin{cases}b_1, f(x,y)<T\\ b_2, f(x,y)>T\end{cases} \tag{1}$$

对雷达图像进行二值化处理并连续多次两帧扫描后可知，雷达图像间隔时间越短，船舶位移距离越短。图像处理后，获取目标像素位置，计算像素距离对应的实际距离，对比结果如图4所示。

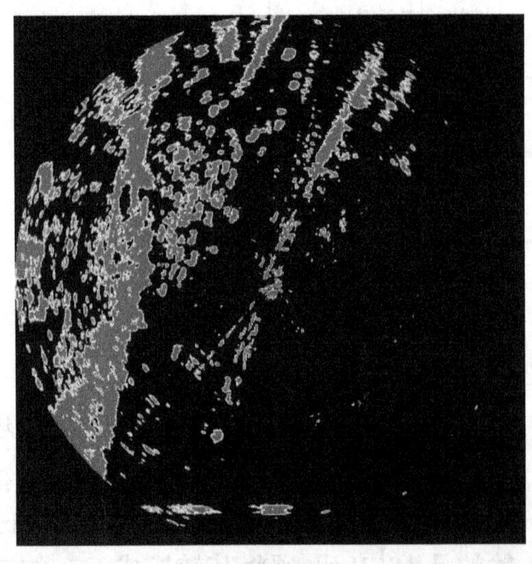

a)原始雷达图像

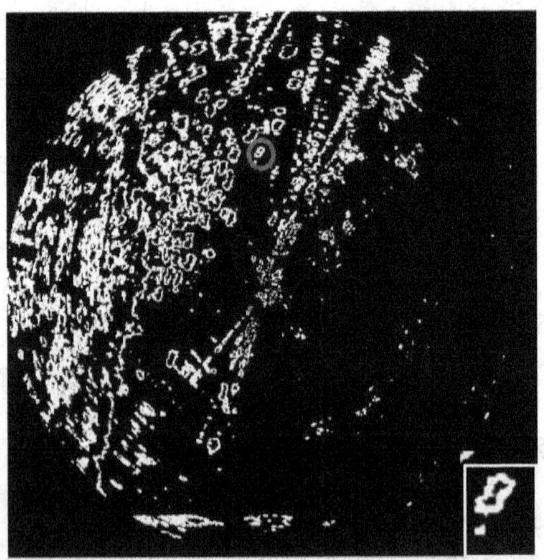

b)目标船舶雷达图像

图4　原始雷达和两帧差分处理后对比

3.2 雷达和 AIS 信息关联融合

通过将雷达、AIS 收集信息航迹融合,能有效提高航迹准确性和可靠性,有助于监控船舶航行态势、预测船舶行为,保障桥区施工水域通航安全。船舶的雷达和 AIS 信息融合过程如图 5 所示。

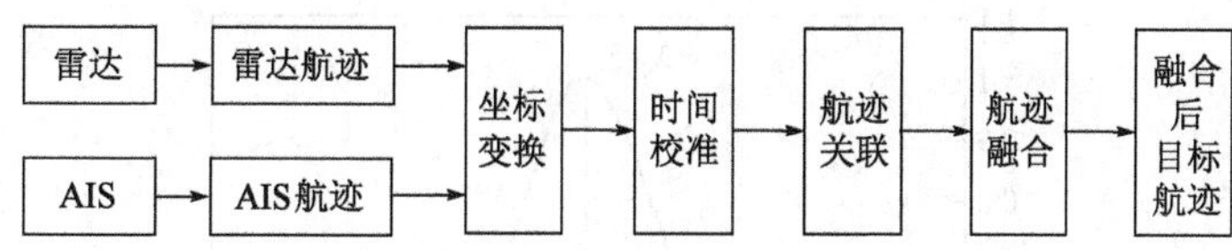

图 5 雷达和 AIS 信息融合流程图

3.2.1 坐标转换

首先将雷达、AIS 信息坐标统一转换到直角坐标系,结合目标船舶相对雷达的方位角 θ 和距离 d 的转换公式如下:

$$\begin{cases} X_R = d\sin\theta \\ Y_R = d\cos\theta \end{cases} \tag{2}$$

AIS 接收的目标船舶信息以 WGS-84 坐标系经纬度表示[10],采用高斯投影的转换公式把经纬度转换到直角坐标系上[11],换算公式如下:

$$X_A = S + \frac{\lambda^2 N}{2}\sin\varphi\cos\varphi + \frac{\lambda^4 N}{24}\sin\varphi\cos^3\varphi(5 - \tan^2\varphi + 9\eta^2 + 4\eta^4) + \frac{\lambda^6 N}{720}\sin\varphi\cos^5\varphi(61 - 58\tan^2\varphi + \tan^4\varphi) \tag{3}$$

$$\gamma_A = \lambda N\cos\varphi + \frac{\lambda^3 N}{6}\cos^3\varphi(1 - \tan^2\varphi + \eta^2) + \frac{\lambda^5 N}{120}\cos^5\varphi(5 - 18\tan^2\varphi + \tan^4\varphi) \tag{4}$$

式中:X_A 和 γ_A——AIS 接收目标的横、纵坐标;

λ 和 φ——目标船舶相对于 AIS 岸基站的经纬度;

S——赤道到纬度 φ 处的子午线弧长;

N——纬度 φ 处的卯酉圈曲率半径;

η——地球的第二偏心率。

3.2.2 时间校准

由于雷达和 AIS 信息采集时刻、更新速率不同,可能存在数据传输延迟,因此需进行时间校准。船载 AIS 发射信息周期不固定,一般在 2s ~ 3min 范围内,而雷达周期较稳定,间隔为 2 ~ 4s。在自动模式下,AIS 和雷达动态信息间隔不同,因此信息采集时刻不同。本文采用 AIS 信息内插值算法对其进行时间校准,如图 6 所示。

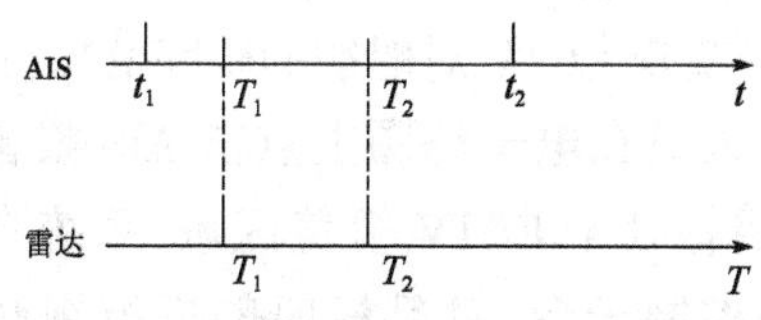

图 6 AIS 内插示意图

AIS 内插法是根据 AIS 目标前后时刻的信息求得中间插值时刻的船舶信息[12]。设 AIS 前后时刻分别是 t_1 和 t_2,两个时刻采集位置信息分别是 (L_1, B_1)、(L_2, B_2)。假设采集雷达信息的时刻为 T_1,且处于 t_1 至 t_2 时刻之间。要想采用内插法使 AIS 与雷达同步,需求得 T_1 时刻 AIS 目标的位置信息(L_{T_1}, B_{T_1})。计算公式如下所示:

$$\begin{cases} L_{T1} = L_1 \times \dfrac{t_2 - T_1}{t_2 - t_1} + L_2 \times \dfrac{T_1 - t_1}{t_2 - t_1} \\ B_{T1} = B_1 \times \dfrac{t_2 - T_1}{t_2 - t_1} + B_2 \times \dfrac{T_1 - t_1}{t_2 - t_1} \end{cases} \tag{5}$$

3.2.3 航迹关联

雷达和 AIS 采集的船舶航迹可通过时间、距离初步关联判断和距离-速度综合细关联判断进行关联,该方法能有效提高关联效率。为提高航迹关联准确率,本文采用柯西隶属度加权方法进行关联[13],柯西分布概率密度函数如下:

$$f(x,x_0,\gamma)=\frac{1}{\pi\gamma\left[1+\left(\frac{x-x_0}{\gamma}\right)^2\right]} \tag{6}$$

式中,x_0是峰值位置的分布参数;γ是最大值一半处的尺度参数。当$x_0=5$、$\gamma=6$时,除以最大值后,归一化处理,结果如图7所示。

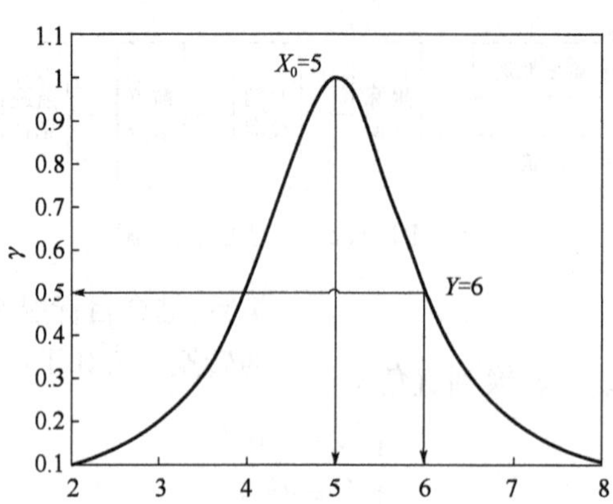

图7　柯西函数曲线示意图

柯西分布隶属度函数为:

$$\xi(\eta_k)=\frac{1}{\pi\lambda_k\left(1+\frac{\eta_k{}^2}{\lambda_k{}^2}\right)} \tag{7}$$

式中:η_k和λ_k——模糊因素中第k个因素的欧氏距离和展度。

利用加权法可计算综合相似度,γ最大值可确定航迹相关性。

$$\gamma=\sum_{k=1}^{4}\alpha_k\xi(\eta_k) \tag{8}$$

3.2.4　航迹融合处理

船舶航迹融合是将雷达、AIS采集的航迹信息融合成精度更高、更趋近于真实运动轨迹的航迹。通过确定最优加权因子以得到最小均方误差,再采用自适应加权航迹融合算法将目标融合。融合后的方差和融合后的距离、方位、对地航速及航向[14]分别为:

$$\delta^2{}_{X_{ij}(k)}=\frac{\delta^2{}_{ad}\delta^2{}_{rd}}{\delta^2{}_{ad}+\delta^2{}_{rd}} \tag{9}$$

$$\delta^2{}_{Y_{ij}(k)}=\frac{\delta^2{}_{a\theta}\delta^2{}_{r\theta}}{\delta^2{}_{a\theta}+\delta^2{}_{r\theta}} \tag{10}$$

$$X_{i,j}(k)=\frac{\delta_{rd}^2}{\delta_{ad}^2+\delta_{rd}^2}X_{Ai}(k)+\frac{\delta_{ad}^2}{\delta_{ad}^2+\delta_{rd}^2}X_{R,i}(k) \tag{11}$$

$$Y_{i,j}(k)=\frac{\delta_{r\theta}^2}{\delta_{a\theta}^2+\delta_{r\theta}^2}X_{Ai}(k)+\frac{\delta_{a\theta}^2}{\delta_{a\theta}^2+\delta_{r\theta}^2}X_{Ri}(k) \tag{12}$$

3.3　雷达和AIS航迹融合仿真

采用上述方法将雷达和AIS信息关联,再进行自适应加权航迹融合,最后在原有轨迹的基础上利用Matlab分别对上述3艘典型船舶进行航迹融合仿真(图8)。

由仿真结果可知,AIS探测间隔较长,中间有段航迹不能准确显示,航迹曲折度较大但是航迹显示稳定,接收信息全面;雷达目标为主动观测,探测时间短,易受杂波影响,探测目标偶会有误差,航迹精确但不够稳定,缺乏船舶登记信息。融合后的目标航迹比AIS航迹更加精确、平滑,接收信息比雷达更加稳定全面。由此可知,融合后的目标航迹更加可靠、准确,且更趋近于船舶真实轨迹。

3.4　CCTV目标的监控与跟踪

CCTV系统可对雷达和AIS跟踪目标实时场景监控和跟踪,通过目标船舶航迹确定具体位置,再计算出摄像机云台偏移角度,以便快速锁定目标船舶并跟踪。通过三角测量原理算得目标船舶相对监控镜头的水平偏移角和垂直偏移角,并以此作为摄像机云台的偏转角度,使摄像机锁定船舶目标,从而实现CCTV对船舶的跟踪监控(图9)。

监管人员在电子海图上点击AIS或雷达跟踪目标,若目标处于CCTV覆盖区域,系统自动弹出视频画面控制云台,对目标船舶进行视频联动跟踪,保证目标始终处于CCTV监控画面中。本系统采用Smart高清网络球形摄像机,CCTV目标可在监管界面上回放,以了解目标船舶的历史航迹。

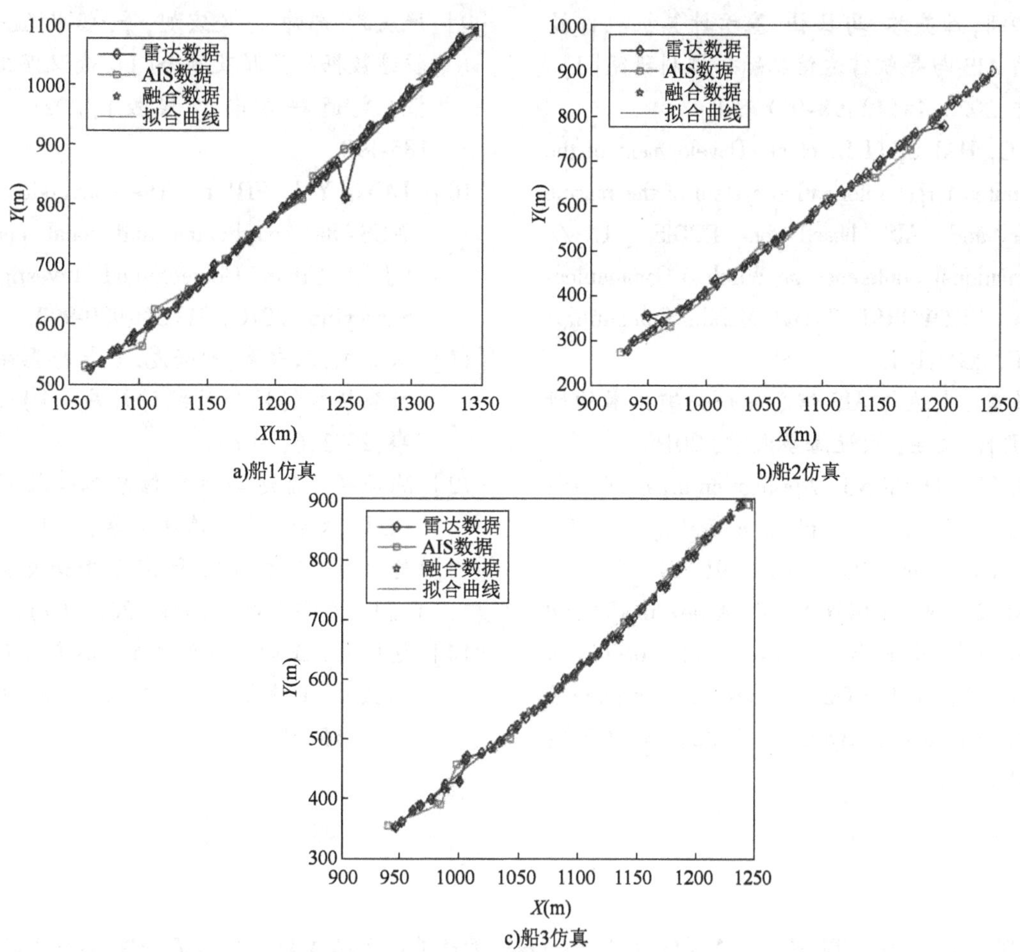

a)船1仿真

b)船2仿真

c)船3仿真

图8　3组船舶航迹融合仿真示意图

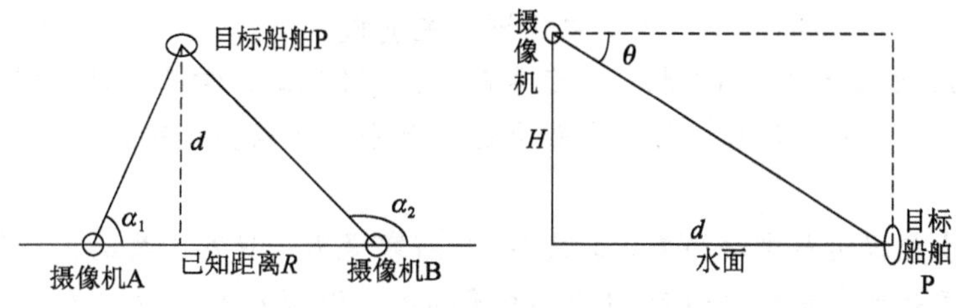

图9　摄像机偏移角示意图

4　结语

通过把雷达、AIS、CCTV系统协同作用于GIS软件平台,再将雷达和AIS信息关联融合,利用CCTV系统对跟踪到的船舶进行实时场景监控和跟踪,从而弥补了单一监管方式的缺陷,实现了监管的准确性、全面性、高效性。系统对桥区施工水域船舶实时监测追踪,能有效降低事故发生率,然而桥区施工水域实际监管环境复杂,存在无法充分发挥各监管手段的功能的可能。因此,需进一步优化目标关联和航迹融合算法,提高目标位置信息提取精度和回波信息利用率,加强系统应用实践,完善桥区水域监管系统。

参考文献

[1] 张景程. 内河桥梁工程施工期船撞桥主动防御措施研究[D]. 武汉:武汉理工大学,2010.

[2] 朱江南. 基于AIS数据的内河船舶碰撞预测方法研究[D]. 桂林:桂林电子科技大学,2023.

[3] CHEN C Y, SHAO Z P, ZHENG J C. Design of AIS communication system and realization of modem[J]. Navigation of China, 2003, 16(4):439-448.

[4] 陈柳洲,王美琴,马壮壮.基于计算机软件技术的AIS与导航雷达信息融合机制研究[J].软件,2023,44(1):98-100,134.

[5] LIN C, HAI L, LI L, et al. Development of the integrated target Information system of the marine radar and AIS based on ECDIS [C]// International Conference on Wireless Communications, NETWORKING and Mobile Computing. IEEE, 2009:1-4.

[6] 张景鹏.雷达与AIS信息融合关键技术的研究[D].大连:大连海事大学,2016.

[7] HART E, TIMMIS J. Application areas of AIS: the past, the present and the future[J]. Applied Soft Computing, 2008, 8(1):191-201.

[8] BEST R A A, NORTON J P. A new model and efficient tracker for a target with curvilinear motion[J]. IEEE Transactions on Aerospace & amp; Electronic Systems, 2022, 33(3): 1030-1037.

[9] 严庆新,郑帅祥,关宏旭,等.船舶AIS和雷达航迹数据的关联及融合[J].武汉理工大学学报(交通科学与工程版),2023,47(1):185-190.

[10] TANG Y J, SHI K. The conversion between WGS-84 coordinates and local coordinates [J]. Urban Geotechnical Investigation & Surveying, 2010, 31(3):980-992.

[11] 张卫成,王永涛,刘兴龙.多传感器融合的航标碰撞智能监测系统设计应用[J].中国海事,2023,6:59-61.

[12] 陈亭亭.雷达与AIS信息融合技术的研究[D].大连:大连海事大学,2015.

[13] 俞金龙.船载AIS和雷达数据关联及融合[J].声学与电子工程,2018(4):58-61.

[14] 范耀天,王驰.内河船舶AIS与雷达动态信息集成性融合[J].中国航海,2017,40(4):16-20.

基于改进瞪羚优化算法的船舶避碰路径规划研究

陈 宁*[1,2,3] 王晨曦[1]

(1.武汉理工大学交通与物流工程学院;2.武汉理工大学三亚科教创新园;
3.武汉理工大学水路交通控制全国重点实验室)

摘 要 为了减少船舶运行中碰撞事故的发生,本研究提出一种基于改进瞪羚优化算法的船舶路径规划方法。首先构建了基于船舶机动性及《1972年国际海上避碰规则公约》(COLREGs)的碰撞风险等级(Collision Risk Level,CRL)可视化函数,在传统的瞪羚优化模型(Gazelle Optimization Algorithm,GOA)寻优优势的基础上加入三元锦标赛与洗牌交叉,并且使用高斯变异扰动来改进搜索效率。同时,航行距离、航向变化和航线偏差都被纳入惩罚函数当中。在算法测试的结果中,改进GOA与GOA以及经典粒子群算法(Partide Swam Optimization, PSO)相比,改进GOA在收敛的精度以及速度方面都有明显的优势。船舶避碰路径优化仿真实验结果验证了所提避碰路径规划算法的可行性,能够实现在多船会遇情况下的有效避碰。

关键词 瞪羚优化 船舶避碰 路径规划 四元安全领域 国际海上避碰规则

基金项目:海南重大科技项目(ZDKJ2020012),配套基金(SKJC-2022-PTDX-022),开放基金(2020KF0051)。

0 引言

近年来,航运安全一直受到国际社会和航运业的广泛关注。航运在全球贸易中发挥着举足轻重的作用。由于全球经济的扩张,船舶的尺寸和数量显著增加,船舶碰撞事故发生概率显著提升。因此,船舶避碰路径规划问题一直是国内外众多学者关注重点和研究热点。

为了解决船舶避碰路径规划问题,众多学者将研究重点放在碰撞风险预测和最优化算法上。在碰撞风险预测和建模方面,赵贵祥等[1]提出一种改进的模糊评价法,用于计算水面无人艇的碰撞危险度。李新宏等[2]为有效预防海上船舶碰撞事故,提出一种基于 Copula-贝叶斯网络(BN)的海上船舶碰撞动态风险评估方法。廖诗管等[3]采用贝叶斯层次 logistic 建模方法,根据 AIS 数据对长江口水域船舶碰撞频率进行了定量评估。范中洲等[4]采用粗糙集理论、序关系分析法与模糊综合评价相结合的方法对连续弯曲航道船舶碰撞风险进行了综合评价。

在最优化算法方面,Bai 等[5]利用 A * 算法和船舶动力学模型对碰撞风险进行评估,实现实时避碰和规划最优路线。Liu 等[6]提出了一种基于量子行为狼群算法的船舶避碰决策算法,在满足《1972 年国际海上避碰规则公约》(COLREGs)的情形下对船舶会遇局面进行了仿真。李永正等[7]通过与模拟退火法相结合,提出自适应子目标对传统人工势场法进行优化改进,提高了人工势场法在传播避碰路径规划问题中的全局规划能力和规划效率。刘朝等[8]针对多船会遇局面船舶的避碰决策问题,综合考虑避碰规则和船舶避碰操作,提出了一种基于天牛须搜索的避碰决策算法,该算法获得了多船会遇下最优避碰转向幅度及复航时间。

然而,许多研究并未同时考虑 COLREGs 和船舶碰撞风险等级(CRL)。同时,研究中提出的最优化算法在避碰路径规划寻优方面总是聚焦于领导者而忽略多个体的次优解,同时在搜索效率和收敛精度方面未达到较优的程度。这对顺利地执行船舶间的避碰行动造成了麻烦。

为了解决该问题,本文提出一种基于同时考虑 CRL 和 COLRGEs 的改进瞪羚优化算法(Gazelle Optimization Algorithm,GOA)的船舶避碰路径规划。在可视化 CRL 的基础上,通过对船舶各行为进行惩罚,构建了一种满足 COLREGs 的船舶避碰规划模型,从而实现更具针对性的航行危险感知。并对瞪羚优化算法进行改进,提高了算法的收敛精度和搜索效率,解决了大部分最优算法面临的局部最小值和抖动问题,同时通过仿真试验验证了模型和算法的合理性。

1 改进的瞪羚优化算法

1.1 瞪羚优化算法

瞪羚优化算法(Gazelle Optimization Algorithm,GOA)是由 Benyamin 等[9]于 2022 年提出的一种全局优化问题启发式算法,这是一种受野生山瞪羚的社会生活和等级制度启发的新型元启发式算法。瞪羚是高度社会化的动物。该算法通过模拟瞪羚群体在逃避捕食者中的行为,通过个体之间的协同和适应度的竞争来搜索最优解。它与其他的群体智能优化算法的不同在于,其在具有全局搜索能力的同时,通过加入布朗运动和莱维飞行的群体协同来避免陷入局部最优解。在瞪羚优化算法中,设瞪羚群 X 在 D 维空间搜索,X 由 n 个维度为 d 的瞪羚个体组成,搜索空间上限 $\mathbf{UB}=[\mathrm{UB}_1,\mathrm{UB}_2,\cdots,\mathrm{UB}_n]$,搜索空间下限 $\mathbf{LB}=[\mathrm{LB}_1,\mathrm{LB}_2,\cdots,\mathrm{LB}_n]$。瞪羚种群矩阵如下所示:

$$\boldsymbol{X}=\begin{bmatrix} x'_{1,1} & x'_{1,2} & \cdots & x'_{1,d} \\ x'_{2,1} & x'_{2,2} & \cdots & x'_{2,d} \\ \vdots & \vdots & & \vdots \\ x'_{n,1} & x'_{n,2} & \cdots & x'_{n,d} \end{bmatrix} \tag{1}$$

瞪羚优化算法主要分四个步骤。

1)种群随机初始化

$$x'_{i,j}=\mathrm{rand}\times(\mathrm{UB}_j-\mathrm{LB}_j)+\mathrm{LB}_j \tag{2}$$

2)全局搜索

在附近没有捕食者或者受到追踪时,采用布朗运动模拟瞪羚的自由活动。其位置 g 更新如下:

$$g_{i+1}=g_i+S\cdot R\times R_{\mathrm{B}}\times(X_i-R_{\mathrm{B}}\times g_i) \tag{3}$$

其中,S 表示瞪羚的移动速度,R_{B} 表示基于布朗运动的随机向量;R 是取值为 0 ~ 1 之间的随机数。

3)局部搜索

在模拟中,瞪羚的逃跑行为分为两个阶段,每个阶段的行为取决于迭代次数的奇偶性。在第一阶段,瞪羚采取莱维飞行以应对发现捕食者的前期情况;而在第二阶段,瞪羚则转为采取布朗运动以应对发现捕食者的后期情况。

在第一阶段,瞪羚在察觉到捕食者之初会采取莱维飞行策略,用下式模拟:

$$g_{i+1} = g_i + S \cdot \varepsilon \cdot \boldsymbol{R} \times R_{\mathrm{L}} \times (X_i - \boldsymbol{R}_{\mathrm{L}} \times g_i) \quad (4)$$

其中,ε 表示两种运动方向,取值为 -1 或 1;$\boldsymbol{R}_{\mathrm{L}}$ 表示基于莱维分布的随机数向量。

在第二阶段,瞪羚确认捕食者的出现后,采用布朗运动行为进行模拟:

$$g_{i+1} = g_i + S \cdot \varepsilon \cdot \mathrm{CF} \times R_{\mathrm{B}} \times (X_i - R_{\mathrm{L}} \times g_i) \quad (5)$$

其中,CF 为捕食者的累积效应,表达式为:

$$\mathrm{CF} = \left(1 - \frac{\mathrm{iter}}{\mathrm{Maxiter}}\right)^{\left(2\frac{\mathrm{iter}}{\mathrm{Maxiter}}\right)} \quad (6)$$

其中,iter 表示当前时刻的迭代次数,Maxiter 为最大迭代次数。

4)瞪羚逃生

瞪羚在遭遇捕食者时存在不确定的存活率,这表明捕食者有可能成功捕猎。用 P 来表示捕食者的狩猎成功率,并据此建立瞪羚的逃生过程的数学模型:

$$g_{i+1} = \begin{cases} g_i + \mathrm{CF}[\mathrm{LB} + \mathrm{R} * (\mathrm{UB} - \mathrm{LB})] & (r \leqslant P) \\ g_i + [P(1-r) + r](g_{r_1} - g_{r_2}) & (\text{其他}) \end{cases} \quad (7)$$

其中,r 为 0 ~ 1 之间的随机数。

通过连续计算瞪羚群体个体的适应度,并将适应度最高的位置作为目标,引导整个种群的移动方向。

1.2 改进瞪羚优化算法

在标准瞪羚优化算法中,产生新解时采用相对随机的方法以获取更优解,但随机性可能导致丢失优秀维度的信息,并容易使群体陷入局部最优解。为了解决上述问题,对每个个体通过三元锦标赛和洗牌交叉结合,通过随机性标准差的高斯分布进行扰动,从而更有效地利用群体内优秀维度的信息,给予算法更强的变化细节,使其在整体迭代过程中一直保持跳出局部的性能。

1)三元锦标赛与洗牌交叉

在瞪羚逃生阶段,每次通过放回抽样从当前种群中选取 3 个个体,并选择其中适应度较高的个体加入下一代种群。然后,通过洗牌交叉操作,对种群个体进行完美洗牌,以获得更优秀的维度信息。

2)高斯变异随机扰动

基于随机性标准差的高斯分布进行变异扰动指的是使用高斯分布来生成随机扰动的值,并给这些值赋予一个标准差(标准偏差),标准差决定了扰动的强度或范围。

图 1 为改进后的瞪羚优化算法流程。

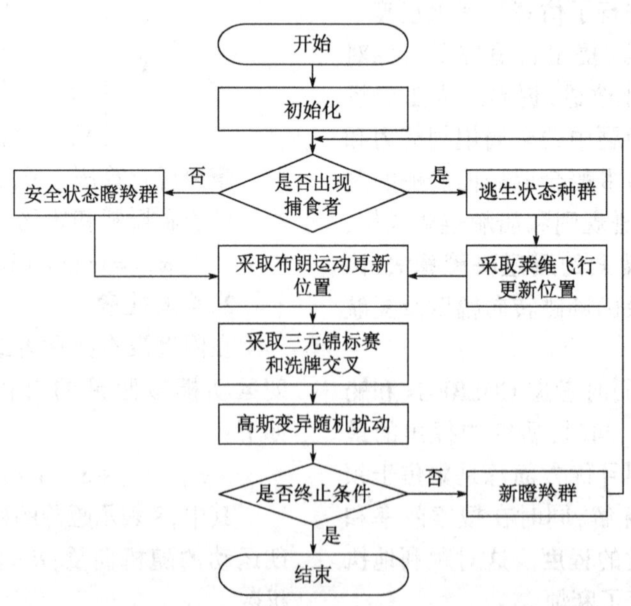

图 1 改进瞪羚优化算法流程图

1.3 改进算法性能测试

试验选取测试函数[10]中的 Quartic 函数为单峰测试函数，该函数对测试函数具有较强的随机干扰性，对寻优具有较强的阻碍作用，其搜索范围为[-1.28,1.28]，函数式如下：

$$F_7(x)=\sum_{i=1}^{n} ix_i^4+\mathrm{random}[0,1) \tag{8}$$

选取 Schwefel 函数作为多模态测试函数，该函数是一个典型的欺骗问题，能够测试算法跳出局部最优的能力，其搜索范围为[-500,500]，函数式如下：

$$F_8(x)=\sum_{i=1}^{n} -x_i\sin(\sqrt{|x_i|}) \tag{9}$$

选取 Grienwank 函数作为复合基准测试函数，该函数对于测试收敛精度和速度有较强的能力，搜索范围为[-5,5]，函数式如下：

$$F_{15}(x)=\sum_{i=1}^{11}\left[a_1-\frac{x_1(b_1^2+b_1x_2)}{b_1^2+b_1x_3+x_4}\right]^2 \tag{10}$$

对初始 GOA 算法、PSO 粒子群算法以及改进瞪羚优化算法(ipGOA)进行性能测试，设置种群数量为 30，迭代次数为 300，求解 3 个函数的收敛情况。设置狩猎成功率 P 为 0.34。测试结果如图 2 ~ 图 4 所示。ipGOA 算法的收敛速度均远短于 GOA 算法和 PSO 算法，且运算效率大大提升，精度也更准确。

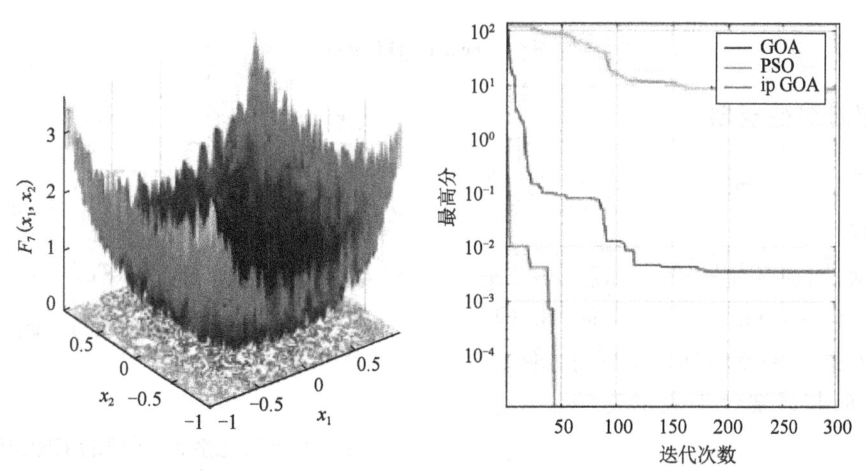

图 2　Quartic 测试函数

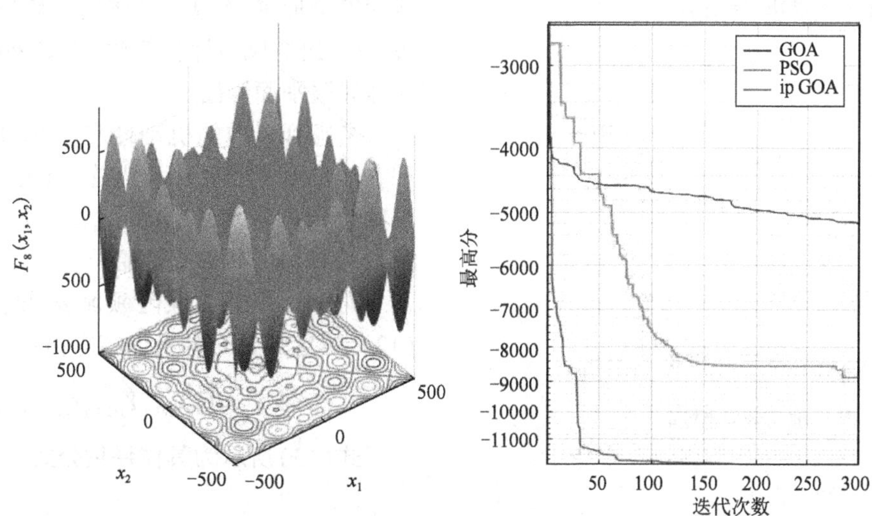

图 3　Schwefel 测试函数

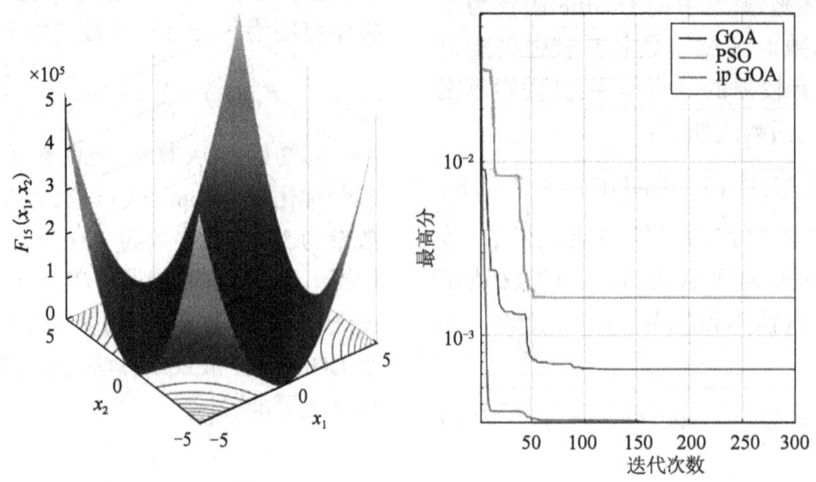

图4　Grienwank测试函数

2　船舶避碰路径规划

2.1　基于四元船舶域的危险度可视化

1)参数计算

如图5所示,当前环境存在目标船T(Target ship)以及本船O(Own ship)。船的位置和船速分别用(X,Y)和V表示,初始航向用φ表示,船之间的相对位置、航向和速度分别表示为(X_{rel},Y_{rel})、φ_{rel}和V_{rel}。

设本船O按照预定航线行驶至坐标系内任一点$P(x,y)$,计算目标船T行驶相应时间后相对于本船的位置与航向,用式(11)计算。同理,也可以计算本船相对于目标船的信息。

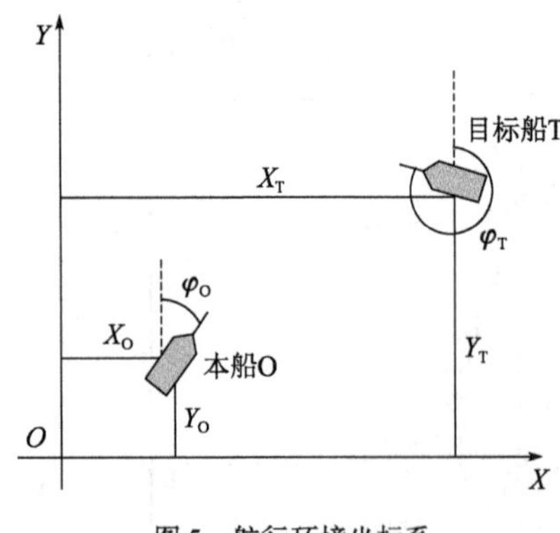

图5　航行环境坐标系

$$\begin{cases}X_{rel}(P)=(X_T-x)\cos(\varphi_O)-(Y_T-y)\sin(\varphi_O)\\Y_{rel}(P)=(X_T-x)\sin(\varphi_O)-(Y_T-y)\cos(\varphi_O)\\\varphi_{rel}(P)=\varphi_T(P)-\varphi_O(P)\end{cases}\tag{11}$$

2)基于四元船舶领域的CRL模型

船舶领域是围绕在船舶周围的二维区域,其他船舶必须避开该区域。Wang等人[11]提出了一种由四个半径(船的前、后、左、右舷)确定大小的四元安全船舶模型。受该模型启发,依据Hitoshi等[12]提出的风险评估算法,在其基础上构建一个碰撞风险平面算法。

考虑到船舶的机动性和COLREGs,船的船首和右舷长度应当更长。船首、船尾、左舷和右舷的长度分别表示为A_f,A_a,A_p,A_s。长度分别设置为$8L$、$2L$、$2L$、$4L$,其中L是船长。

对于计算船舶风险领域μ,设置函数表达式(12),确定评估对象及内容等信息。

$$\mu=f(X_{rel},Y_{rel},\varphi_{rel},V_{rel})\tag{12}$$

式(13)所示为具体评估公式。

$$\mu=f(X_{\rm rel},Y_{\rm rel},\varphi_{\rm rel},V_{\rm rel})=\begin{cases}1-\sqrt{\left(\frac{X_{\rm rel}}{A_{\rm s}}\right)^2+\left(\frac{Y_{\rm rel}}{A_{\rm f}}\right)^2}+\left|1-\sqrt{\left(\frac{X_{\rm rel}}{A_{\rm s}}\right)^2+\left(\frac{Y_{\rm rel}}{A_{\rm f}}\right)^2}\right|, \\ \quad X_{\rm rel}\geqslant 0\wedge Y_{\rm rel}\geqslant 0 \\ 1-\sqrt{\left(\frac{X_{\rm rel}}{A_{\rm p}}\right)^2+\left(\frac{Y_{\rm rel}}{A_{\rm f}}\right)^2}+\left|1-\sqrt{\left(\frac{X_{\rm rel}}{A_{\rm p}}\right)^2+\left(\frac{Y_{\rm rel}}{A_{\rm f}}\right)^2}\right|, \\ \quad X_{\rm rel}<0\wedge Y_{\rm rel}<0 \\ \quad X_{\rm rel}<0\wedge Y_{\rm rel}<0 \\ 1-\sqrt{\left(\frac{X_{\rm rel}}{A_{\rm s}}\right)^2+\left(\frac{Y_{\rm rel}}{A_{\rm a}}\right)^2}+\left|1-\sqrt{\left(\frac{X_{\rm rel}}{A_{\rm p}}\right)^2+\left(\frac{Y_{\rm rel}}{A_{\rm a}}\right)^2}\right|, \\ \quad X_{\rm rel}\geqslant 0\wedge Y_{\rm rel}<0 \\ \quad X_{\rm rel}\geqslant 0\wedge Y_{\rm rel}<0\end{cases} \tag{13}$$

船舶的运行必须考虑 COLREGs，如果本船右舷有一艘船，则将本船视为让路船，反之将本船视为直航船。让路船应当尽早采取防撞行为以避免碰撞。使用式(14)解释考虑 COLREGs 的本船 CRL 计算。

$$\mathrm{CRL}_0(P)= \tag{14}$$

$$\begin{cases}\mu_{\rm o}，本船直航 \\ (\mu_{\max}-\mu_{\min})\left(1-\left(1-\frac{\mu_{\rm O}-\mu_{\min}}{\mu_{\max}-\mu_{\min}}\right)\right)+\mu_{\min}，本船让路\end{cases}$$

对于多目标船情况，本船会与多目标船有碰撞风险，式(15)表示多目标船情况下本船 O 在点 P 的 CRL 分布表达式。

$$\mathrm{CRL(P)}= \tag{15}$$

$$(\mu_{\max}-\mu_{\min})\left[1-\prod_i\left(1-\frac{\mathrm{CRL}_O(\mathrm{P})-\mu_{\min}}{\mu_{\max}-\mu_{\min}}\right)\right]+\mu_{\min}$$

3）可视化效果

根据所提出的算法得到的风险可视化热力图如图6所示，即使在多风险分布的情况下，也能清楚地显示碰撞风险较低的区域。

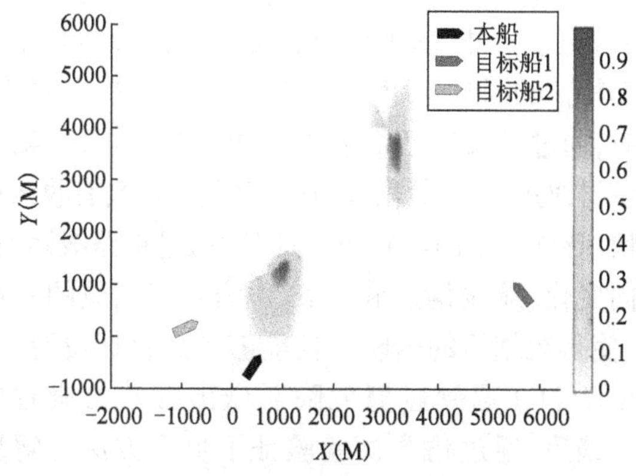

图6　多船 CRL 分布图

2.2　目标函数

一般来说，船舶在执行避碰的过程中，除了要考虑安全执行避碰动作以外，还需要评估路线变化量、航向变化量以及航线的偏差量。本节提出一种可以考虑这些因素的避碰路径规划模型。

在避碰过程中，航行距离 L 由式(16)确定，具体如下：

$$L=\sqrt{(X_j-X_i)^2+(Y_j-Y_i)^2} \tag{16}$$

其中，(X_i,Y_i)是船舶在 i 点的位置，(X_j,Y_j)是其下一个节点 j 的位置。其权重占比见式(17)：

$$F_L=0.0025L \tag{17}$$

在船舶的操纵过程中，应尽量减少航向的变化量，并且对单次船舶转向角度应当有所约束。总的航向变化量 C 由式(18)确定。

$$C=\arctan((Y_j-Y_i)/(X_j-X_i)) \tag{18}$$

对其施加惩罚见式(19)：

$$F_C=0.002C \tag{19}$$

为了减少船舶航向与计划航线之间的重大偏差，计算当前航向与目标航向间的差值，同时控制总航线偏差区间为(0,60)，在点的航线偏差如式(20)所示。

$$G=\varphi_i-\varphi \tag{20}$$

权重占比见式(21)：

$$F_G=\begin{cases}0.0015G, G\in(0,60) \\ 0.05G，其他\end{cases} \tag{21}$$

船舶在 P 点的 CRL 值由式(14)给出。碰撞风险等级可分为低(0≤CRL<0.4)、中 0.4≤ CRL<0.7)和高(0.7≤CRL<1.0)。设 CRL:0.7 为防撞标准，避免进入节点。权重占比如式(22)所示：

$$F_{\rm CRL}=\begin{cases}0,[0,0.4) \\ 0.4\mathrm{CRL},[0.4,0.7) \\ 无穷大,[0.7,1)\end{cases} \tag{22}$$

则总的目标函数为：

$$\min f(x) = \sum_{i=1}^{n} (F_L + F_C + F_G + F_{CRL}) \quad (23)$$

2.3　基于改进 GOA 的避碰路径规划仿真

船舶在真实海域航行的情况较为复杂，需要考虑的因素众多，在实验过程中，对实验环境做出以下假设：

(1)避碰过程中，船舶在避让他船以及障碍物时，船舶均保持航速不变。

(2)避碰过程中，不考虑环境因素对避碰的影响，如风、浪、流和交通流量等。

(3)假设避碰发生在开阔水域环境中。

本文对多船会遇场景进行仿真验证，设置 3 艘船舶，包括两艘目标船和一艘本船，使用 MATLAB 软件进行仿真实验。本船 O 与目标船 T 的信息见表 1，初始船舶态势相关信息如图 7 所示。

船舶初始信息　　表 1

船舶	初始位置	航向(°)	航速(kn)	船长(m)
O	(1000，-2000)	0	11.6	200
T_1	(1000,6000)	180	9.8	150
T_2	(5000,4000)	257	9.8	150

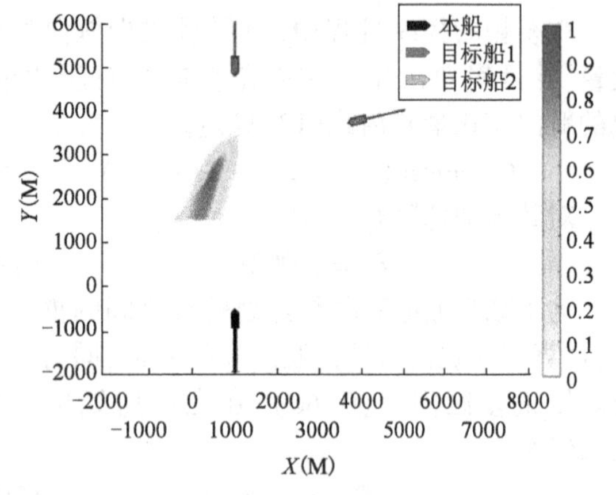

图 7　初始船舶态势

基于本船 O 与目标船 1、目标船 2 的关系，按照 COLREGs 构成多船会遇局面，实验开始时，船舶依据初始参数更新位置。当船舶进入避碰阶段时，启动改进 GOA 算法规划避碰路线。在避碰仿真过程中，目标船 2 与目标船 1 首先构成交叉会遇局面，此时目标船 1 位于目标船 2 左舷，则目标船 1 采取让路行动，右转 12.5°并持续航行 4.3min 后完成避碰行动，转向开始复航。而本船 O 与目标船 1 构成对遇局面，与目标船 2 构成交叉对遇局面，本船较大幅度右转向 34°，目标船 1 右转向 11°开始避碰，进入复航点开始复航。三船的实际避碰轨迹如图 8a)所示，分别用不同颜色的实线标识，避免进入危险地区的同时，避碰轨迹符合 COLREGs 的要求，完成一次有效避碰。

此外，为了证明通过改进 GOA 算法处理避碰问题优于其他算法，设置了不同算法的对比试验。其中包括改进 GOA 算法、传统 GOA 算法和 PSO 算法。利用避碰时间(实验中所有船舶开始避碰过程至进入复航路线所用时间)与船舶避碰过程中的最近距离衡量不同算法的优越程度。避碰时间越短，最近距离越大，证明避碰越高效安全。不同算法避碰轨迹如图 8a) ~ c)所示，避碰时间与最近距离参数见表 2。

避碰时间与最近距离参数表　　表 2

算法	避碰时间(s)	最近距离(m)
改进 GOA	818	836
传统 GOA	823	531
PPSO	915	823

由数据可见，改进 GOA 算法在多船实验中得到的避碰路线最为安全且更加高效，航迹也更加平滑。传统 GOA 算法相比改进 GOA 算法，避碰时间较短但最近距离过近，无法安全避碰。PSO 算法相比改进 GOA 算法，避碰时间过长，效率较差。

3　结语

本研究提出了一种基于改进瞪羚优化算法的船舶避碰路径规划方法。为实现船舶间任何区域避碰风险的预测和避碰路径的指导，优化了基于四元船舶领域的 CRL 可视化方法，同时引入 COLREGs。针对多船遭遇的情况，也可以统一为分布的集合。所提算法在充分考虑船舶特性和船舶运动特征的同时，考虑了 COLREGs 和 CRL 的约束。同时，通过引入三元锦标赛和洗牌交叉以及高斯分布变异改进 GOA 算法，相比于其他算法具有收敛速度快、寻优精度高等特点。此外，通过将路线距离、航向变化、航线偏差和 CRL 作为惩罚函数的一部分，使得规划后的船舶不仅能够到达目标位置，还能使船舶在遇到碰撞危险时做出有效的避碰决策。最后，通过仿真试验验证了提出方法对解决船舶避碰路径规划问题的有效性，可为复杂多船情况下的船舶避碰路径规划提供辅助决策支持。

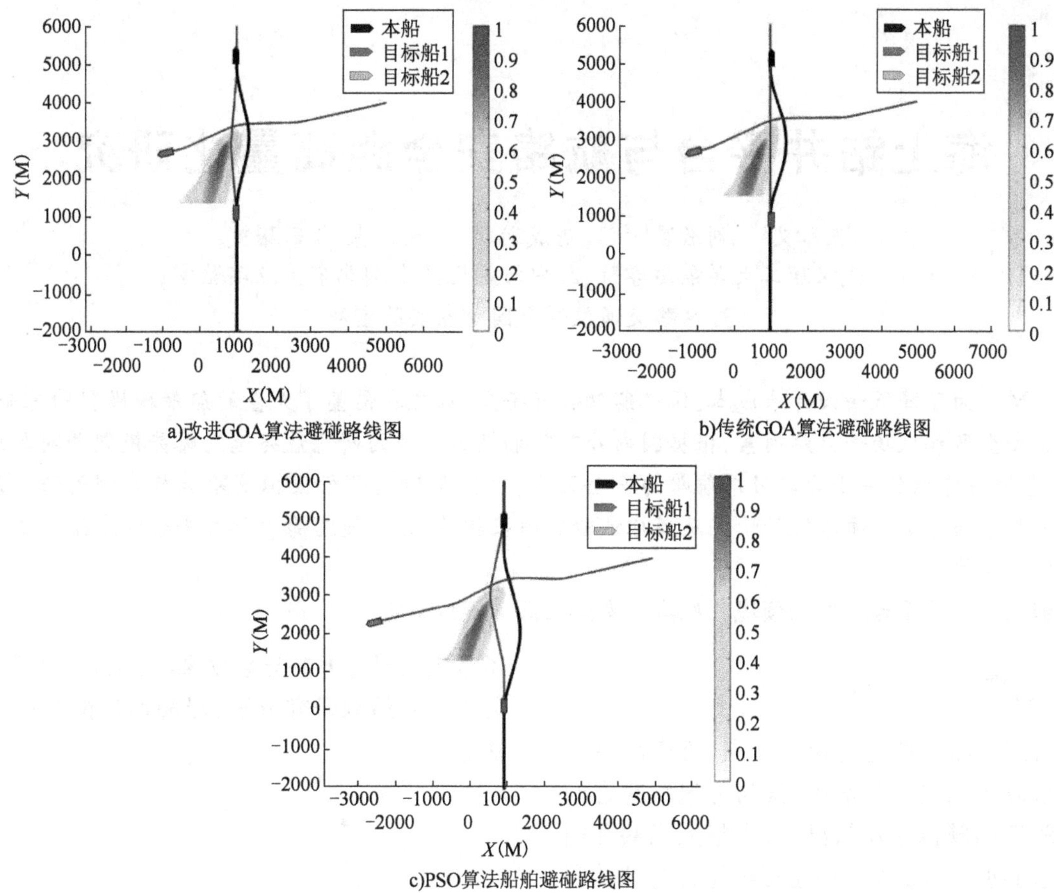

a)改进GOA算法避碰路线图

b)传统GOA算法避碰路线图

c)PSO算法船舶避碰路线图

图8　三种算法避碰路线对比

参考文献

[1] 赵贵祥,王晨旭,周健,等.基于改进模糊评价法的无人艇碰撞风险计算[J/OL].系统工程与电子技术,2023,45(4):1-9.

[2] 李新宏,付雅倩,刘亚洲,等.基于 Copula-BN 的海上船舶碰撞风险评估方法[J].中国安全科学学报,2023,33(9):204-213.

[3] 廖诗管,翁金贤.基于贝叶斯时空 log-logistic 模型的船舶碰撞频率[J].中国航海,2023,46(1):24-29,38.

[4] 范中洲,严啸,李锦晓.连续弯曲航道的船舶碰撞风险评估方法研究[J].安全与环境学报,2023,23(10):3429-3437.

[5] BAI W , TAMARU H . Research on collision avoidance route planning based on A-star algorithm[J]. Navigation, 2023, 223:31-32.

[6] HONGDAN L, RONG S, QI L. The tactics of ship collision avoidance based on Quantum-behaved Wolf Pack Algorithm [J]. Concurrency and Computation: Practice and Experience, 2019,32(6):1.

[7] 李永正,陈怡,赵师纬,等.基于改进人工势场法的船舶静态避碰研究[J].舰船科学技术,2023,45(21):76-80.

[8] 刘朝,黄立文,张可,等.基于天牛须搜索算法的多船避碰决策方法[J].武汉理工大学学报(交通科学与工程版),2021,45(5):1000-1004.

[9] BENYAMIN A, FARHAD S G, NIMA K. Mountain gazelle optimizer: a new nature-inspired metaheuristic algorithm for global optimization problems [J]. Advances in Engineering Software,2022,212:47-58.

[10] 郑金华,邹娟. 多目标进化优化 [M]. 北京: 高等教育出版社, 2017.

[11] WANG N. An intelligent spatial collision risk based on the quaternion ship domain[J]. The Journal of Navigation ,2010,63:733-749.

[12] H Y,HIROTADA H, HIDENARI M. Decision-making algorithm for ship collision avoidance with collision risk map[J]. Ocean Engineering, 2023,286:115-129.

海上钻井平台与航路安全距离量化研究

王军义[1]　刘敬贤[1,2,3]　唐成港*[1,2]　袁文森[1]　彭耀武[1]
(1. 武汉理工大学航运学院;2. 内河航运技术湖北省重点实验室;
3. 水路交通控制全国重点实验室)

摘　要　为了降低油田开采成本,保证船舶航行安全,本文在借鉴了大量的船舶域模型的基础上,综合考虑了安全区和风场等自然因素,根据国内外对船舶领域模型的研究最终选定藤井模型并对其进行修正,并结合渤海海域钻井平台与习惯航路的安全距离,以代表船型进行模拟试验进行实例论证。该模型计算结果基本与船舶交通流统计情况及模拟试验的结果相符,论文能为海上钻井平台的选址提供一定的理论依据和指导。

关键词　钻井平台　船舶领域　航路　安全距离　模拟试验

0　引言

随着海洋油气产业的快速发展,近海海域的钻井平台数量随之日益增多,其与习惯航路之间的安全距离问题也愈发凸显。《中华人民共和国海事局水上水下活动通航安全影响论证与评估管理办法》明确指出,在建造海上钻井平台时,应特别注意对其与邻近海域的船舶习惯航路之间的影响,进行细致的论证。在我国,关于海洋钻井平台与航道安全距离的研究还很少,没有形成系统的体系,也没有相应的规范可以参照。对于石油资源与习惯航路距离较近的情况,既要考虑油田开发成本,更要考虑船舶的通航安全。因此,量化研究海上钻井平台与船舶航路之间的安全距离十分必要,能对钻井平台的设置提供一定的理论支撑。

1　现状分析与模型构建

1.1　现有文献的计量分析

本文以500篇英文 Web of Science(WOS)、21篇中国知网(CNKI)中文论文为研究对象,采用VOSviewer软件,以文献计量学视角为基础,构建聚类图及趋势演变图,并以此为基础,对近年来我国海上安全距离的研究热点进行可视化分析。

图1是海上安全距离研究和预测中文文献聚类图,图中各结点间的连接线表示了这些结点间的直接联系。在获取研究关键词的同时,也提供了相应的研究方法与数据来源,例如,以船舶行为为主题的预测研究方法、船舶通过能力的仿真方法等。

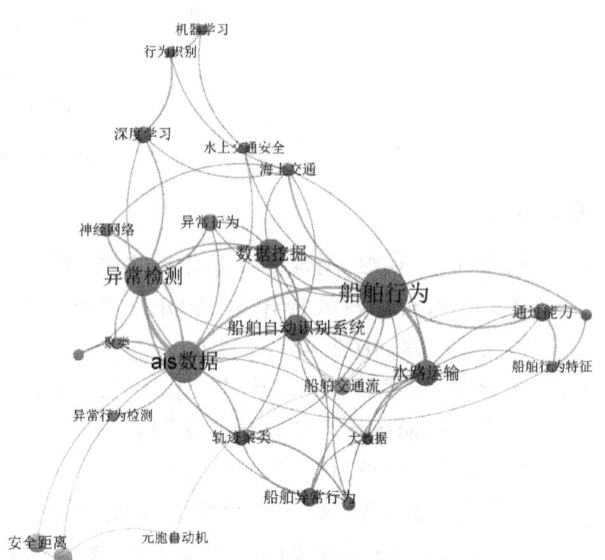

图1　海上安全距离中文文献聚类图谱

注:不同的颜色代表不同的研究主题类,节点的大小代表研究内容出现频率的高低。

图2显示了中文文献海上安全距离研究主题的演变情况,前期研究主要关注船舶通过能力、安全距离、船舶行为特征等方面,而随着我国相关政策与实践的不断深入,基于深度学习的海上交通安全研究已逐渐成为一个新的研究热点。

图3展示了海上安全距离研究和预测的英文文献聚类图。英文文献的研究主题为海上交通与路线优化问题(route optimization, maritime transportation, maritime supply chain)、机器学习以及人工智能在航海中的应用(machine learning, deep learning, big data)以及可能出现的一些安全问题和隐患(ais data, maritime safety, risk assessment)等,可以看出国际上对海上安全距离的研究还不深入,具体的理论还不成熟。

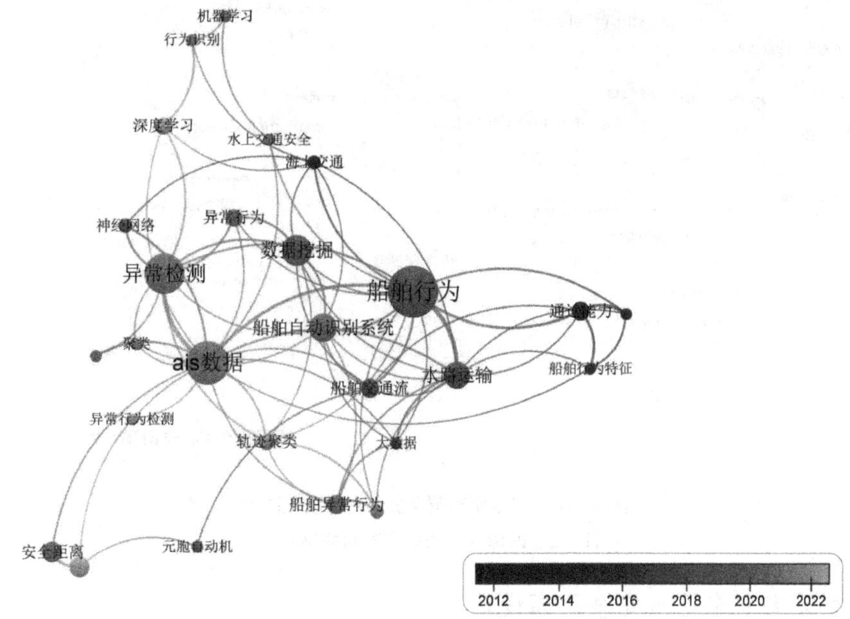

图2 海上安全距离中文文献趋势演化图谱

注:颜色的深浅代表研究时间的早晚。

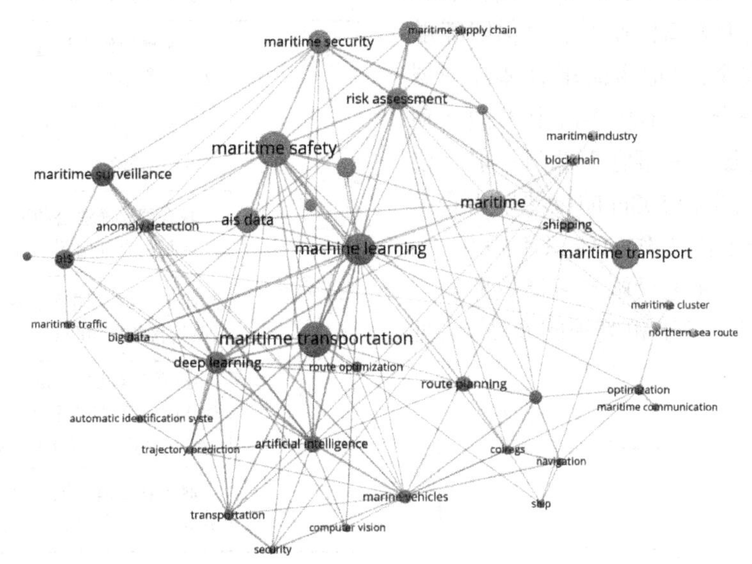

图3 海上安全距离英文文献聚类图谱

注:不同的颜色代表不同的研究主题类,节点的大小代表研究内容出现频率的高低。

图4是海上安全距离研究与预测英文文献的研究主题随时间的演化过程,可以看出早期研究主题主要为国与国之间的海洋资源关系以及海洋航行对环境的影响,随着大数据和人工智能的发展,近期研究主题朝着实验结果分析以及算法等内容发展。

通过VOSviewer软件对在CNKI和WOS检索到的海上安全距离研究领域的中、英文文献进行计量可视化分析挖掘,得到了研究主题对应的研究内容、方法和发展趋势,为后续的模型构建提供一定的先验知识和理论参考。

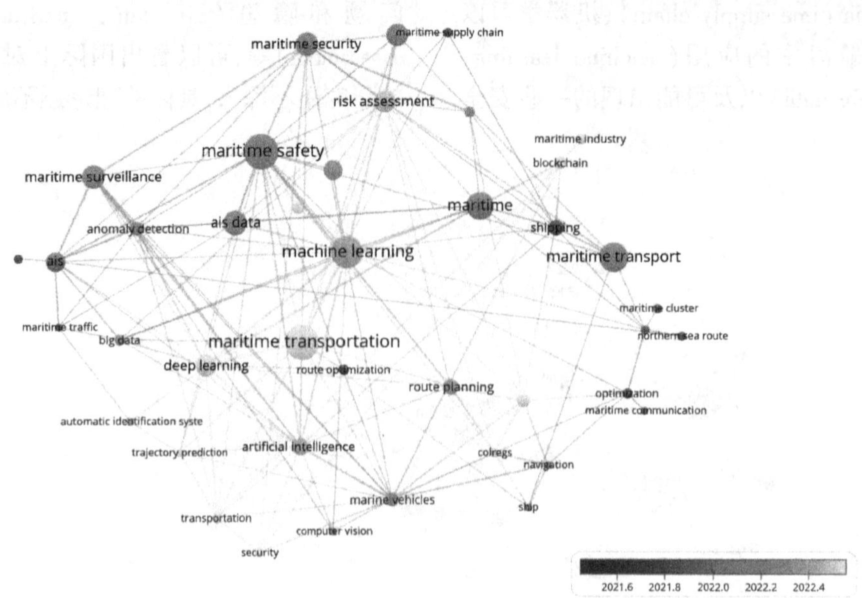

图4　海上安全距离英文文献趋势演化图谱

注:颜色的深浅代表研究时间的早晚。

1.2　国内外现有安全区与安全距离设定

钻井平台上安装有钻井、动力、通信、导航等设备,其周围是多条海底油气管道,油田工程船和提油轮将在其周围实施靠离作业[1]。为保障船舶通航和油田开采的安全,一般由海事管理部门划定其周围海域作为安全区,不从事海上采油活动的船只不得进入该区域。海事管理部门一般将以固定钻探平台为圆心,半径500m的区域划为安全区(图5),不在安全区内工作的船只不得靠近。本研究针对现有国内外海上设施与习惯航路安全距离标准的相关规定进行了相关查阅及统计,见表1。

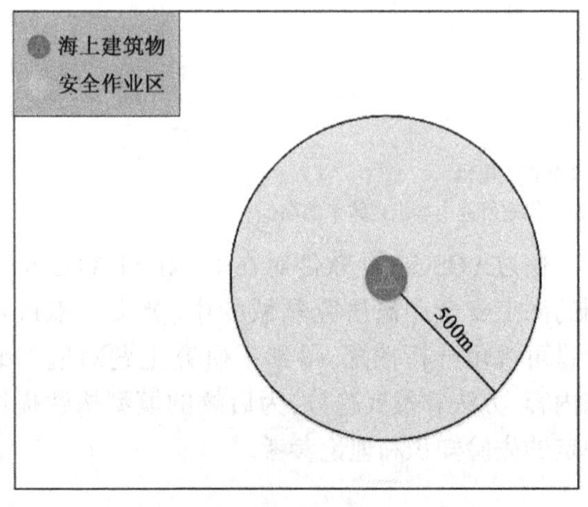

图5　钻井平台安全区模型

国内外安全距离规定　　表1

国内	海事主管机关通常将以钻井平台为圆心,500m半径的圆形区域划定为钻井平台的安全区
国外	德国将以海上设施为圆心半径500m的区域定义为安全地带
	法国规定专属经济区内设施的安全地带为500m半径范围
	联合国海洋法公约要求安全地带从设施周围的外缘每个点开始测量,最远延伸至500m的距离
	印度尼西亚国家法规规定政府可以设立安全区;不得超过500m
	国际海事组织(International Maritime Organization,IMO)规定可在安全区外设立禁区,距离不得超过1250m,禁止第三方船舶抛锚
	澳大利亚国家规定中提出引入新的三层安全区分区方法,其中划定1~2.5n mile的禁区

1.3　船舶安全领域模型

习惯航路是指经过长期航海活动形成的一条约定俗成的船舶航路。船舶在航行过程中的安全区域并非只是一个点或沿船舶轨迹的一条线,而是一个以船舶为中心的一片保障航行安全和避免碰撞的区域,被称为船舶领域[2]。船舶领域的概念首先由日本学者藤井[4]提出,他在研究一条水路交通流量时,受道路交通工程启发,将船舶的领域定义为绝大多数后继船避免进入的前一艘在航船周围的领域。在20世纪70年代,英国学者Goodwin[5]证实了船舶领域的存在。目前,船舶领域的研究基本分为三大类,基于统计方法、基于解析表达和基于智能技术[6]。Patankar等[7]通过观测和概率统计方法给出船舶领域模型。Launder等[8]通过交通观察、统计分析同时结合避碰规则,构建了开阔水域下的船舶领域数学模型。之后,经改进又延伸出了平滑圆形领域模型和变更中心及船艏向的领域模型[9]。由于目前提出的船舶领域模型仅以几何的方式表达,很难应用到水上交通工程的实践与仿真模拟中,Wang[10]根据不同的几何船舶领域,提出了数学模型并在此基础上建立统一分析框架[11]。藤井提出的船舶领域是最典型的(图6)。藤井在日本近海海域进行了航海考察,得到了两维船舶相对位置的频谱分布,建立了一种以避让船为中心,长半轴沿船舶艏艉方向,短半轴沿船舶正横方向的椭圆。它的领域大小是7倍船长(长轴)/3倍船长(短轴),而在正常航行状态下,被追逐的船的领域大小是$8L$(L是船长)/$3.2L$。当航行在需要减速的港口内部和狭窄的海峡时,船舶领域尺寸减小到$6L/(1.6L)$[3]。

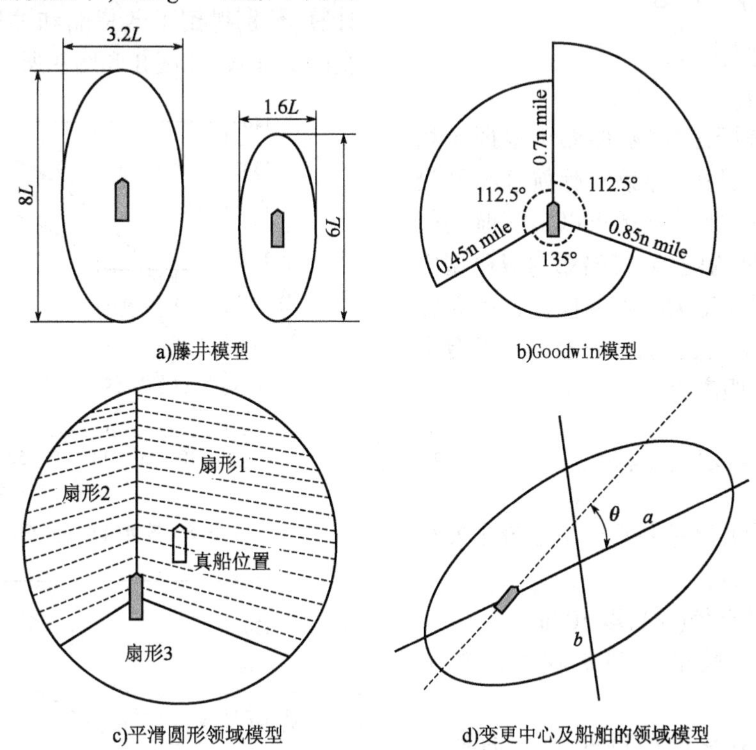

图6　船舶领域示意图

1.4　安全距离研究模型建立

为了确保石油生产和周边水域的通航安全,在设计时必须与附近水域的航路保持适当的安全距离,即确保钻井平台的安全区在习惯航路之外,此时,研究焦点从钻井平台与船舶习惯航路之间的安全距离转变为研究钻井平台与习惯航路中船舶中心之间的最小距离,即当安全区边界与船舶领域边界相切时的距离。海上石油钻井平台的安全区通常以500m为半径,而船舶领域是一个随着船体形状变化的椭圆领域(图7)。

在海上行驶的船只会因风、流等因素而产生横向漂移。在风的作用下,空气压力会产生变化,形成风压差,风压差有多种影响因素,通过实测及统计分析,总结出空气压力的经验公式。

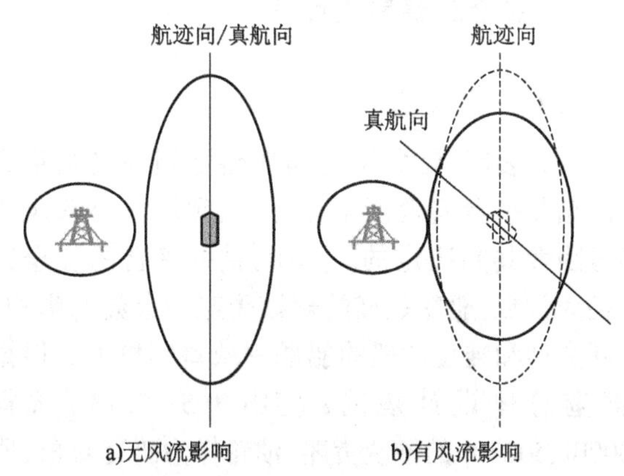

图7　船舶与平台安全距离

$$\alpha = K\left(\frac{V_W}{V_L}\right)^{1.4}(\sin Q_W + 0.15\sin 2Q_W) \quad (1)$$

式中:α——风压差角(°);

K——风压差系数(°);

V_W——风速(m/s);

V_L——船速(m/s);

Q_W——风舷角(°)。

在水流作用下,船舶会产生水流压差角,常用图解法或直接观察法求得。风压差与流压差的代数和为风流压差角γ[12],即:

$$\gamma = \alpha + \beta \quad (2)$$

式中:γ——风流压差角(°);

β——流压差角(°)。

为防止船舶偏离既定航线,船舶可根据风场的变化对风压差进行预配,导致实际航迹与预设航迹发生偏移。这时,船舶领域将以实际航迹长轴,垂直于长轴的方向为短轴,将船舶领域模型由图7b)中的虚线椭圆修正为实线椭圆。在此条件下,为了保证航行安全,从船舶中心至钻井平台中心点之间的最小安全距离为:

$$D_{\min} = R + \frac{1}{2}(aL\sin\gamma + bL\cos\gamma) \quad (3)$$

式中:$D_{\min}$——船舶中心至钻井平台中心最小安全距离(m);

R——安全区半径(m),取500m;

a——船舶领域沿椭圆长轴方向放大倍数;

b——船舶领域沿椭圆短轴方向放大倍数;

L——船长(m)。

2 安全距离量化计算

2.1 参数选取

研究表明,钻井平台与航路之间的安全距离是由钻井平台安全区半径、船舶领域大小和风流场等因素共同决定的。其中,钻井平台的安全区半径为常数,船舶领域的规模受船舶参数的影响,不同类型和吨位的船的船舶领域差别较大。根据《海港总体设计规范》(JTS 165—2013)选择30000t、50000t的散装货船、油轮作为研究对象,所选择的代表船型的具体参数见表2。

代表船型参数表 表2

船舶类型	船舶吨级 DWT	总长 L (m)	型宽 B (m)	型深 H (m)	满载吃水 T(m)
散货船	35000	190	30.4	15.8	11.2
	50000	223	32.3	17.9	12.8
油船	30000	185	31.5	17.3	12.0
	50000	229	32.2	19.1	12.8

2.2 安全距离确定

在此基础上,利用MATLAB软件对表2中不同吨位散货船及油船与钻井平台的安全间距进行计算,分别得到了散货船和油船与钻井平台的安全距离曲线,如图8和图9所示。

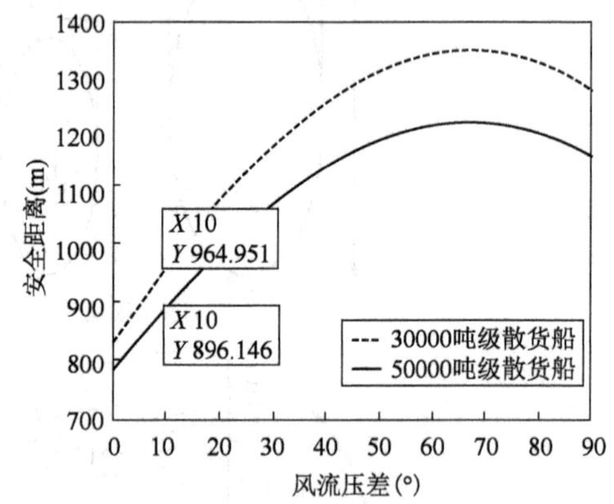

图8 散货船与钻井平台安全距离

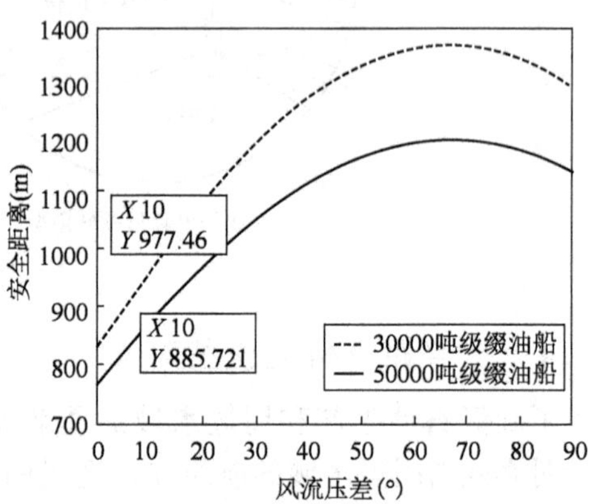

图9 油船与钻井平台安全距离

由两图可知,随着船型尺寸及风流压差的增大,船与平台间的安全间距也在逐渐增大,但均小于1.0n mile。计算结果基本符合在能见度良好的情况下,船舶与附近碍航物应至少保持1.0n mile的航海习惯[11]。根据航海习惯以及调查研究,通常船舶在海上航行时风流压差不大于10°,通过船舶与钻井平台安全距离曲线可知,50000DWT与30000DWT的散货船和集装箱船同钻井平台之间的最小安全距离保持在0.53n mile左右即可保证船舶安全通航。综上,在选择钻井平台位置时,距航路边线的距离应在1.0n mile以上,这样才能确保过往船舶的正常航行;在受油藏位置约束较大的情况下,可进一步缩短钻井平台与已有航路间的安全距离,并结合通航水域代表性船型对其进行进一步修正,最好通过模拟试验加以验证。

3 实例验证分析及模拟试验

3.1 实例验证

渤海水域拟建BZ29-4WHPB平台,位于滨州港—长山水道附近,距离水道北边界仅有0.5n mile,通过调查所得平台附近滨州港—长山水道处截面的船舶交通量统计情况如图10所示。根据交通流量图,可以在一定程度上分析拟建平台与船舶习惯航路之间的距离是否安全合理。

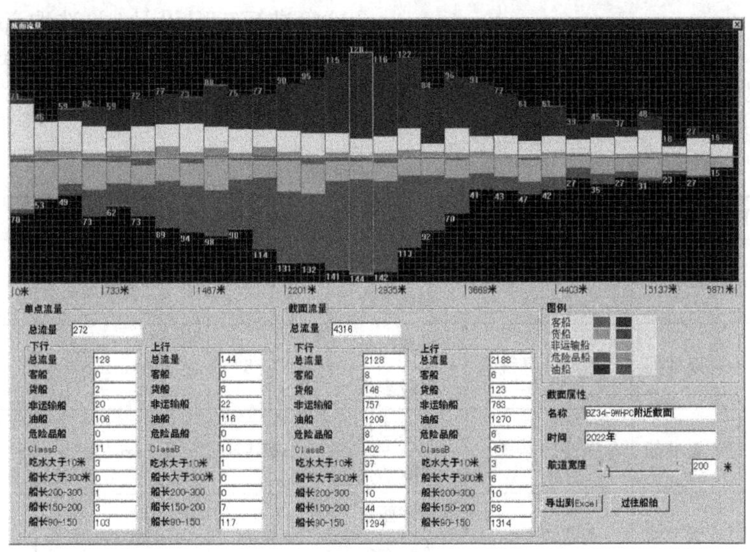

图10 BZ29-4WHPB平台附近船舶交通流统计

为了保障近海船舶在近海航行的安全性、减少船舶污染、提升航运效益以及保障国民利益,交通运输部正在编制《我国沿海船舶航路规划》,其中渤海中部地区的船舶航线和钻井平台分布情况见表3。根据调查以及查阅航线图可知,钻井平台与航线之间的距离一般在1n mile以上,而渤海中部地区的一些油田则靠近习惯航路。具体的平台与航道间距的统计数据见表3,并与习惯航路的安全距离研究模型相吻合。

钻井平台与规划航路边界最近距离　表3

序号	平台	航路	距离(n mile)
1	BZ34-1NWHPC	滨州港—长山水道	0.57
2	BZ29-4WHPC	滨州港—长山水道	1.21
3	BZ29-4WHPB(拟建平台)	滨州港—长山水道	0.5
4	BZ29-4WHPA	规划长山水道—天津	0.67
5	BZ34-9CEPA	东营港—长山水道	1.52
6	BZ35-2CEPA	东营港—长山水道	0.48
7	BZ34-5WJ	东营港—长山水道	0.57
8	KL6-1WHPE	莱州港西航路	0.49

通过分析交通流量统计图可知,在拟建平台BZ29-4WHPB附近滨州港—长山水道通航船舶多为油船和散货船,50000DWT吨级以下的船舶占绝大多数吨级,与安全距离模型选取的代表船型基本相符。

3.2 模拟试验

为进一步验证安全距离研究模型的正确性,本研究针对渤海水域拟建BZ29-4WHPB平台进行模拟试验。综合考虑通航安全需求,结合本工程水域交通流特征,确定了模拟试验航行范围为工程上下游各3n mile,代表船型如下所示:BZ29-4WHPB平台附近滨州港—长山水道,选取5万吨级散货船、5万吨级油船进行试验。

3.2.1 工况选取原则

1)实事求是原则

试验条件的选择首先应遵守实事求是原则,即工程试验条件应与工程所在水域的气象、水文、交通环境等统计资料保持一致,不考虑实际操作过程中不可能或很少出现的情况。

2)代表性原则

试验工况的选择应具有代表性和普遍性,即工况设置应涵盖大多数情况,如风况应选择常风向,NW、SW向,风力为7级、8级;试验只设置涨潮流和落潮流两种,涨潮流流向ESE,流速68cm/s,落潮流流向WNW,流速61cm/s。试验浪高不超过3m,周期小于7s,浪向与风向相同。实验设计工况代表了目前大多数船舶运行情况,具有代表性和普遍性。

3)不利原则

由于试验工况涉及的参数较多,每个参数的设置又有较多选择,排列组合下来,试验的工况组合非常多,而在考虑到试验规模和试验时间时,往往会利用最不利原则对试验工况进行筛选,选出既具有代表性、普遍性,又具有现实指导意义的试验工况。如工况设置时选择距离相对较近,需要满舵旋回;及主机动力丧失仅有舵可以使用等最不利工况进行试验。

3.2.2 模拟试验工况设置方案

根据渤海中部水域通航自然环境要素分析,通过对以上不同环境要素进行组合,对船舶模拟试验进行工况设计,并选取部分极限工况进行模拟试验。不同工况的试验方案见表4。

模拟试验工况设置方案 表4

序号	试验船型(DWT)	初始船位	工况	风向-风级	流速-流向	航行态势
1	5万吨级散货+3万吨级油船	二分之一航路中心线	满载西行	NW-8	1.5kn-135°	对遇
			满载东行			
2	5万吨级散货+3万吨级油船	航路边界线	满载西行	NW-8	1.5kn-135°	对遇+满舵应急旋回
			满载东行			
3	5万吨级油船+5万吨级油船	航路边界线	满载西行	NW-8	1.5kn-135°	对遇+满舵应急旋回
			满载东行			
4	5万吨级油船+5万吨级散货	航路边界线	满载西行	NW-7	1.1kn-292.5°	对遇+满舵应急旋回
			满载东行			
5	5万吨级油船+3万吨级散货	航路边界线	满载西行	NW-7	1.1kn-292.5°	对遇+满舵应急旋回
			满载东行			
6	5万吨级油船+5万吨级散货	航路边界线	满载西行	SW-8	1.1kn-292.5°	对遇+满舵应急旋回
			满载东行			
7	5万吨级油船+5万吨级油货	航路边界线	满载西行	SW-8	1.1kn-292.5°	对遇+满舵应急旋回
			满载东行			

3.2.3 模拟试验结果

(1)5万吨级散货+3万吨级油船,航路边界线,NW风8级,流速1.5kn,方向135°,满载西行,满载东行(图11)。

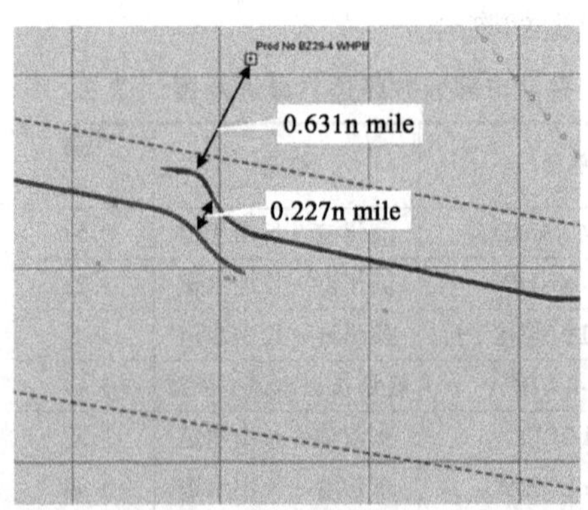

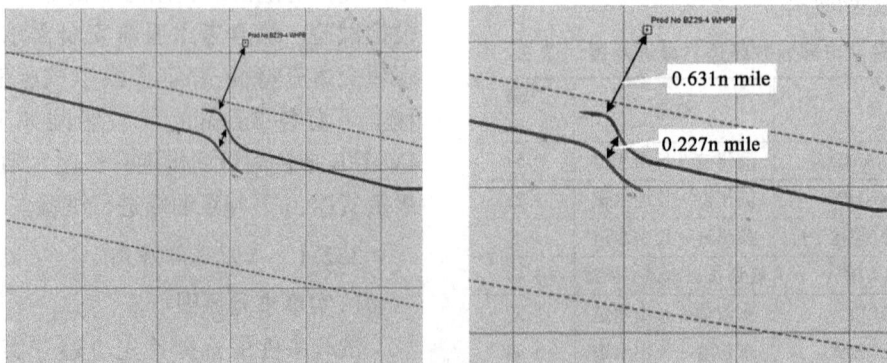

图11 NW风8级二分之一航路中心线轨迹示意图

(2)5 万吨级散货 +3 万吨级油船,航路边界线,NW 风 8 级,流速 1.5kn,方向 135°,满载西行,满载东行(图 12)。

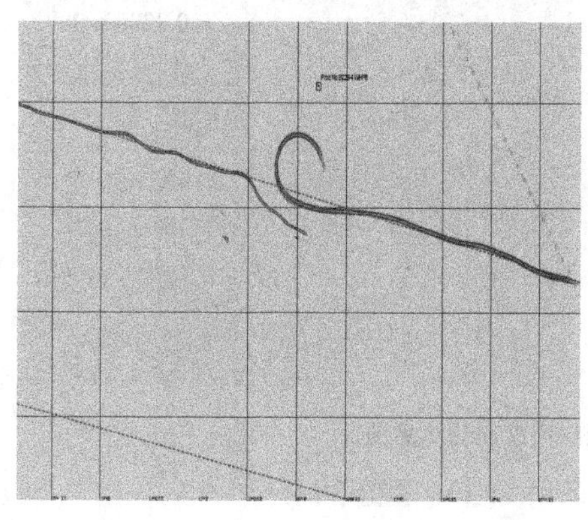
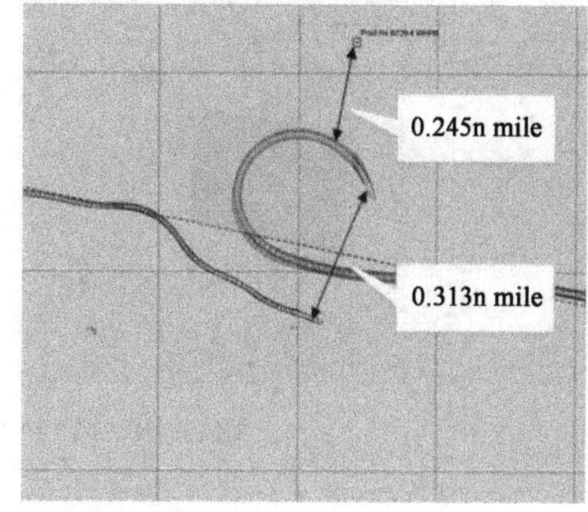

图 12 NW 风 8 级航路边界线轨迹示意图

(3)5 万吨级油船 +5 万吨级油船,航路边界线,NW 风 8 级,流速 1.5kn,方向 135°,满载西行,满载东行(图 13)。

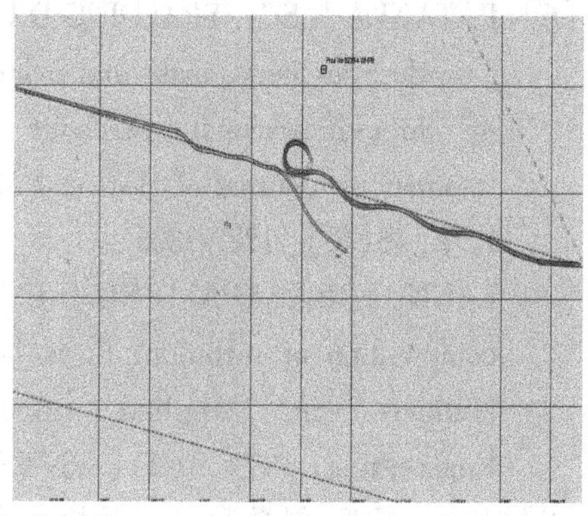
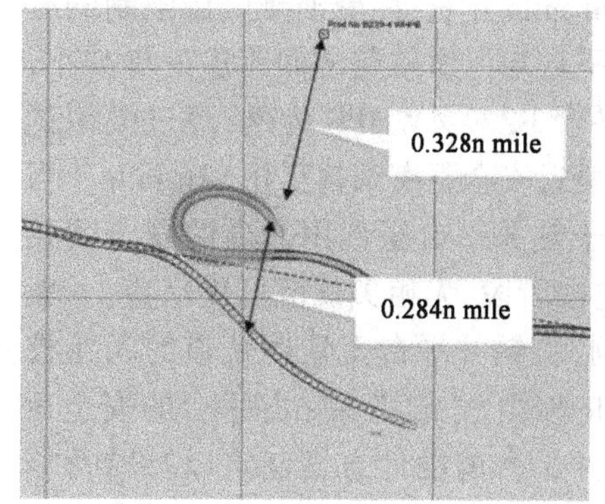

图 13 NW 风 8 级航路边界线轨迹示意图

(4)5 万吨级油船 +5 万吨级散货,航路边界线,NW 风 7 级,流速 1.1kn,方向 292.5°,满载西行,满载东行(图 14)。

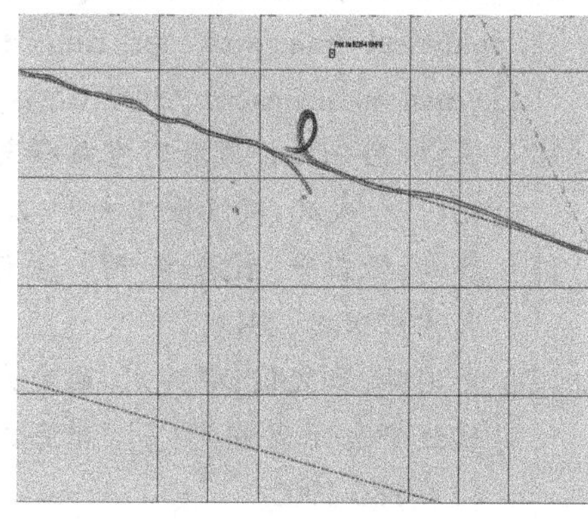
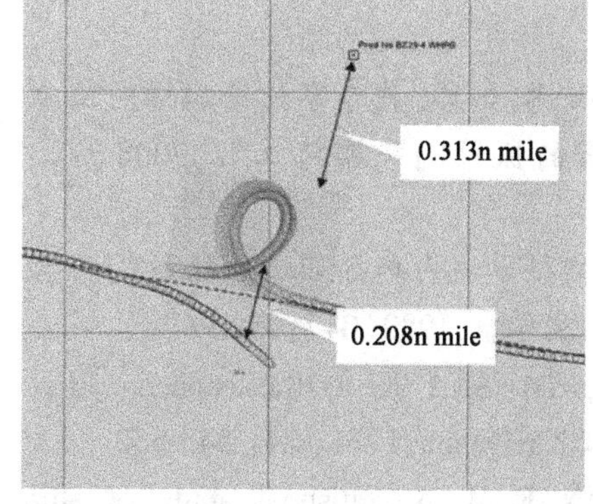

图 14 NW 风 7 级航路边界线轨迹示意图

(5)5 万吨级油船 +3 万吨级散货,航路边界线,NW 风 7 级,流速 1.1kn,方向 292.5°,满载西行,满载东行(图 15)。

3.2.4 模拟试验结果分析

根据模拟试验结果,分析可知,航迹与钻井平台位置法线的最近横向距离大约为 0.241n mile,考虑到钻井平台安全区 500m 半径,最近距离约为 946m,与模型计算得到的最小安全距离0.53n mile(即 981m)基本相符。

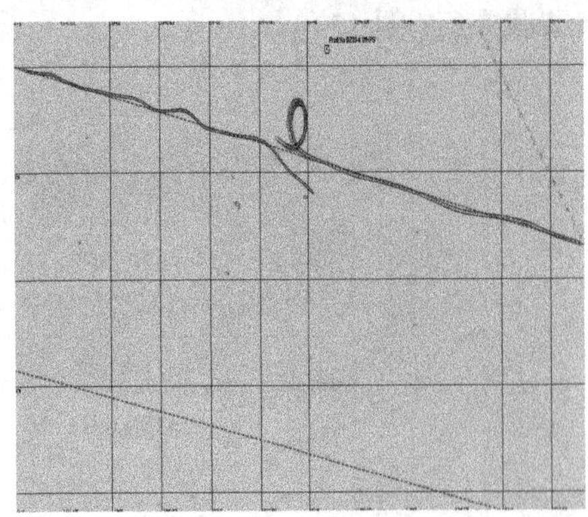

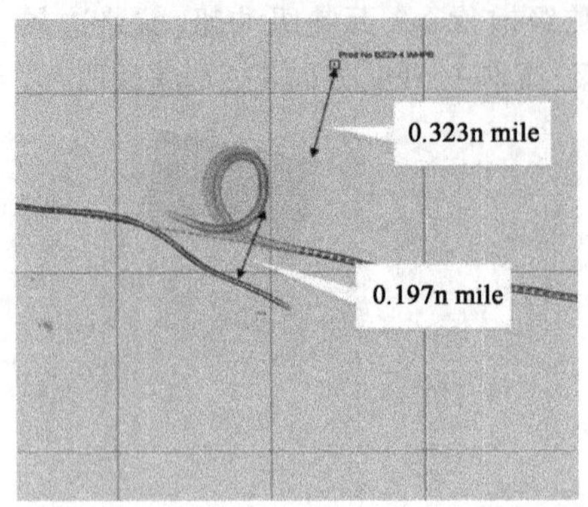

图15 NW风7级航路边界线轨迹示意图

4 结语

通过对各类船舶与钻井平台之间的最近安全距离进行分析,得出了钻井平台与习惯航路之间的距离为1.0n mile左右;在受油藏资源限制的海域,可将钻井平台与习惯航路的间距进一步减小,以渤中海域平台BZ29-4WHPB为例,经过模拟试验验证,可将最近安全距离调整至0.53n mile。当前,国际上对于钻井平台至惯用航道的安全间距研究还处于空白阶段,无相关规范可供借鉴,一般按照海上惯例,将钻井平台至惯用航道的间距控制在1.0n mile以内,才能确保钻井平台的安全运行,从而为钻井平台的设计方案制定以及航行专家对其进行评价,从而为其设计方案的制定和航行专家的评价提供参考。但是,在能见度差、突发事件等条件下,钻井平台与习惯航路的安全距离尚待深入研究。

参考文献

[1] 谭箭,李恒志,田博.关于事故性抛锚对海底管线损害的探讨[J].船海工程,2008(1):142-144.

[2] 贾传荧.拥挤水域内船舶领域的探讨[J].大连海运学院学报,1989(04):15-19.

[3] FUJII Y, TANAKA K. Traffic capacity[J]. Journal of Navigation,1971, 24: 543-552.

[4] GOODWIN E M. A statistical study of ship domains[J]. Journal of Navigation, 1975, 28(3): 328-344.

[5] 刘绍满,王宁,吴兆麟.船舶领域研究综述[J].大连海事大学学报,2011,37(1):51-54.

[6] PATANKA R S V, SPALDING D B. A calculation procedure for heat, mass and momentum transfer in three-dimensional parabolic flows [J]. International Journal of Heat and Mass Transfer, 1972, 15(10): 1787-1806.

[7] LAUNDERB E, SPALDING D B. The numerical computation of turbulent flows [J]. Computer Methods in Applied Mechanics and Engineering, 1974, 3(2): 269-289.

[8] 杨鑫,刘奕,刘敬贤,等.繁忙水域船舶交通冲突态势表征方法研究[J].武汉理工大学学报(交通科学与工程版),2021,45(2):356-361.

[9] WANG N, MENG X, XU Q, et al. A unified analytical framework for ship domains [J]. Journal of Navigation,2009,62(4):643-655.

[10] 王凯.船舶碰撞风险时空建模与预测方法研究[D].武汉:武汉理工大学,2023.

[11] 郭禹,张吉平.航海学[M].大连:大连海事大学出版社,2014.

[12] 李国帅,章文俊,尹建川.固定式平台与习惯航线安全距离确定[J].船海工程,2016,45(1):186-190.

基于熵权-TOPSIS的邮轮内装预制供应商风险评估

曹 霞 王海燕*

（武汉理工大学交通与物流工程学院）

摘 要 本研究旨在运用熵权结合TOPSIS方法评估邮轮内装预制舱室供应商的风险。为实现该目标，从技术风险、成本风险、质量风险、交付风险、合作风险以及信誉风险建立了一个多维的邮轮内装预制舱室供应商风险评估指标体系；利用熵权法对各指标赋予权重，并运用TOPSIS方法综合评估和排序不同供应商的风险水平。运用熵权结合TOPSIS法，将邮轮内装预制舱室供应商风险评估问题转化为多属性决策问题，为邮轮内装预制舱室供应商的选择提供决策支持。

关键词 邮轮内装预制舱室 熵权法 TOPSIS法 供应商 风险评估

0 引言

我国大型邮轮建造产业起步较晚。大型邮轮建造领域的核心竞争力表现为内装方面，这是邮轮建造过程中成本消耗最多的一个环节。由于大型邮轮舱室数量多、内装要求高，相比于传统建造模式，使用预制舱室能够减少1/3以上的安装时间和生产损耗，现在大多数企业采用预制模式。邮轮建造通常采用"1+N"模式，即一个总装造船企业与众多供应商合作。面对市场上的内装预制舱室供应商，如何对其进行风险识别和评估，保证邮轮内装预制的高效供应，是内装部分成功建造的关键，也是邮轮成功交付的关键。

针对预制舱室，国内外研究大多集中在建筑业，Jasper Mbachu等利用建筑信息模型（BIM）获取有关项目要求和供应商的信息，对供应商进行选择[1]；Wang Qiankun等从采购方的视角出发，构建基于韧性的装配式建筑构件供应商评价指标体系[2]；Liang Ru等提出了一种有强鲁棒性的直觉模糊大群体决策模型，用于在新冠疫情期间可持续地选择预制项目供应商[3]；Stuart Gee等提出设计和开发一个小型、低成本、可移动的微型工厂，用于预制的场外建造，减少预制成本[4]；王艳艳等利用CRITIC赋权法结合TOPSIS评价法对不同的预制舱室供应商进行评价选择[5]；针对邮轮内装，冯丽娜等将邮轮内装陆地室内设计进程分为4个阶段，深入研究探讨邮轮内装设计流程[6]；陈砚池研究了现代邮轮内装设计中使用的自动控制、传感器等智能技术[7]；陈欣荣在分析邮轮内装国产化必要性的基础上，重点分析邮轮内装材料实现国产化的途径和发展方向[8]；针对供应商风险评估，祝思佳等利用熵权TOPSIS法对航空转包生产项目中供应商风险进行评估[9]；李硕提出一种基于知识的轨道交通供应商风险评估框架，对供应商进行动态风险评估[10]。

综上所述，国外内学者在邮轮内装方面的现有研究侧重于设计流程、智能技术的应用以及内装材料国产化，以提高邮轮舒适度和安全性。对预制舱室的关注重点大多从施工企业的视角出发，研究主要集中在装配式建筑领域的技术创新、成本效益、可持续性以及供应商选择评价等方面。在供应商风险评估方面，国内外研究多集中于风险指标的确定和评价方法的确定上，近年来，风险评价指标多侧重于信息技术的应用、可持续性等方面，而评价方法也多偏向于定性与定量相结合的混合方法的应用。关于邮轮内装预制舱室供应商风险评估方面的研究几乎是空白。

基于以上分析，本文主要研究邮轮内装预制舱室的供应商风险评估问题。熵权结合TOPSIS法能有效消除主观因素的影响，得到较为合理的评价结果。为了使供应商风险评估过程更加客观、实际，本文从邮轮建造企业的角度，通过建立

基金项目：工信部大型邮轮研发专项项目（项目编号：MC-202009-Z03）。

供应商风险评价体系,改进权重的确定方法,结合主观权重和客观权重进行主客观组合赋权,运用熵权结合TOPSIS法把供应商风险评估问题转化为多属性决策问题,通过风险因素排序进行最佳供应商决策。

1　邮轮内装预制舱室供应商风险评估指标体系的建立

1.1　指标体系构建原则

邮轮企业是典型的资产密集型企业,其内装物资具有零件数量多、采购价值高、种类复杂等特点,因此面对市场上的内装预制舱室供应商,在风险评估指标的选取上需要有针对性。只有选择综合风险较小的优质供应商,才能确保邮轮内装项目的顺利完工。为确保评价指标的合理科学,在保证构建质量合格的前提下,建立邮轮内装预制舱室供应商风险评估体系时要遵循以下原则:

(1)全面性原则。选取的风险指标应能全面反映供应商的综合风险,做到指标之间不重复,无漏缺。

(2)定性定量相结合原则。为防止定性指标过于主观,需结合定量标准进行综合评价。

(3)战略性原则。应选择符合企业长期发展战略的供应商,以便进行未来长期合作。

1.2　邮轮内装预制舱室的概念及特点

邮轮内装预制舱室指的是在邮轮建造过程中,为提高建造效率和质量,采用预先在工厂或专门的制造区域内根据设计要求完全或部分装配好的舱室单元。这些舱室单元包括墙面、地面、天花板、家具、卫浴设施以及必要的电气和管道系统等,经过预装配之后,整体运输到船厂,并安装至邮轮的相应位置。预制舱室的设计允许在集控环境中进行材料加工和建造,这可以提升工艺水平,同时降低船坞内的施工难度和减少时间,从而提高整体的建造效率。此外,这种方法还可以在一定程度上降低现场作业所带来的安全风险,提高建造质量。预制舱室广泛应用于新邮轮的建造和老邮轮的翻新改造中。

(1)质量风险高。预制舱室精度要求高,否则无法与预留的孔洞进行拼接安装。且制作流程复杂,对所需要的不同种类的预制舱室需要多次进行设计,而后进入工厂进行加工。

(2)成品运输风险高。由于内装预制舱室一般作为成品从加工厂内运出,在运输过程中对成品的保护要求较高,因此需要更加关注供应商的构件在途保护能力。且邮轮内装材料一般需要小批量多批次配送至船舱,运输成本也是选择供应商时需要考虑的因素。

(3)技术风险高。要求供应商具备一定的创新能力,投入一定的资金进行研发以满足邮轮的定制化要求。

(4)客户意见导向型产品。内装预制舱室在设计、施工、维护过程中都会面临客户大量的修改、返工意见,同时如有房间出现质量问题也需要及时维修,更加关注供应商售后服务水平。

(5)轻质化。比传统装配式建筑要求结构强度高不同,由于船舶自身重量和空间的限制,内装材料一般更要求轻质化,因此舱室重量也是需要考虑的指标。

1.3　构建风险评价指标体系

分析国内外相关文献,结合1.2节中分析的邮轮内装预制舱室的特点,制定了供应商风险评价指标体系,将技术风险、成本风险、质量风险、交付风险、合作风险和信誉风险这6个指标作为风险评价体系一级指标。为进一步提高供应商风险评估准确性,请专家小组对指标体系提出建议。将一级指标分解为16个二级指标,重新构建供应商风险评价体系,具体见表1。

供应商风险评价指标体系　　表1

一级指标	二级指标	指标性质	指标说明
技术风险A1	研发能力	定性	参考企业研发投入占比
	技术水平	定性	供应商是否在技术方面具有领先水平
成本风险A2	报价合理性	定性	供应商的报价是否在市场合理范围内
	运输成本	定量	一次的运输成本
质量风险A3	构件合格率	定量	一年内合格产品比例/总交付数量
	舱室重量	定量	舱室重量是否符合设计要求
	构件耐久性	定性	构件抗老化、抗磨损、抗腐蚀性等特性

续上表

一级指标	二级指标	指标性质	指标说明
交付风险 A4	准时交货率	定量	准时交付的订单占总订单的百分比
	货物损坏率	定量	货物在运输过程中损坏的百分比
	在途保护能力	定性	运输过程中对货物的保护措施是否充分
	供应链稳定性	定性	供应商的供应链是否稳定
合作风险 A5	售后服务体系	定性	供应商是否提供完善的售后服务
	信息共享程度	定性	供应商与客户之间信息共享的频率和内容
	风险分担意识	定性	供应商是否愿意与企业共担风险
信誉风险 A6	业内评价	定性	业内对供应商的评价和口碑
	业内排名	定量	供应商在业内的排名情况

2 熵权-TOPSIS 模型的建立

熵权-TOPSIS 方法结合了熵权法客观赋权和 TOPSIS 方法,结合信息熵和最优解接近程度来进行多属性决策分析[11]。首先运用熵权法确定各评价指标的权重,再运用 TOPSIS 法对评价对象进行排序,能有效消除主观因素对评价结果影响,得到较为合理的评价结果。

2.1 指标值的标准化

由于各个指标的量纲不同,需要先对各个指标进行标准化处理。假设有 m 个供应商,n 个评价指标,首先建立目标决策矩阵 $\boldsymbol{X}_{ij}(i=1,2,3,\cdots,m;j=1,2,3,\cdots,n)$。

$$\boldsymbol{X}_{ij}=\begin{bmatrix} x_{11} & x_{12} & \cdots & x_{1n} \\ x_{21} & x_{21} & \cdots & x_{2n} \\ \vdots & \vdots & \ddots & \vdots \\ x_{m1} & x_{m2} & \cdots & x_{mn} \end{bmatrix}$$

使用离差标准化法对指标进行无量纲化处理,对于效益性指标(正向指标):

$$x_{ij}^{*}=\frac{x_{ij}-\min(x_{ij})}{\max(x_{ij})-\min(x_{ij})} \tag{1}$$

对于成本型指标(负向指标):

$$x_{ij}^{*}=\frac{\max(x_{ij})-x_{ij}}{\max(x_{ij})-\min(x_{ij})} \tag{2}$$

式中: x_{ij}^{*}——指标 x_{ij} 的标准化值;

$\min(x_{ij})$ 和 $\max(x_{ij})$——指标 x_{ij} 的最小值和最大值。

2.2 熵权法确定权重

计算各指标的信息熵 E_j,并计算信息效用值。E_j 越大,即第 j 个指标的信息熵越大,表明第 j 个指标的信息越少[12]。

$$E_{ij}=-r\sum_{i=1}^{m}p_{ij}\ln p_{ij} \tag{3}$$

其中,p_{ij} 为第 i 个供应商在第 j 个评价指标下的概率。如果 p_{ij} 为 0,那么指定 $\ln p_{ij}=0$,计算式为:

$$p_{ij}=\frac{x_{ij}^{*}}{\sum_{i=1}^{m}x_{ij}^{*}} \tag{4}$$

r 为信息熵系数:

$$r=\frac{1}{\ln n} \tag{5}$$

计算每个指标的权重 W_j:

$$W_j=\frac{1-E_j}{\sum_{i=1}^{n}(1-E_j)} \tag{6}$$

其中,$1-E_j$ 为信息效用值。信息效用值越大,该指标对应的信息就越多。将信息效用值进行归一化,即为每个指标的熵权 W_j。

2.3 TOPSIS 法确定理想解

(1)构建加权决策矩阵:将标准化后的数据形成决策矩阵 $\boldsymbol{R}$,其中每行代表一个备选方案,每列代表一个标准化后的评价指标。

$$\boldsymbol{R}=(R_{ij})_{m\times n}=W_j x_{ij}^{*}=\begin{bmatrix} w_1x_{11} & \cdots & w_mx_{1m} \\ \vdots & \ddots & \vdots \\ w_1x_{n1} & \cdots & w_mx_{nm} \end{bmatrix} \tag{7}$$

(2)确定正负理想解:计算正理想解 R^{+} 和负理想解 R^{-}。

$$R^{+}=\{(\max_j R_{ij}\mid j\in 效益型指标),(\min_j R_{ij}\mid j\in 成本型指标)\}$$
$$R^{-}=\{(\min_j R_{ij}\mid j\in 效益型指标),(\max_j R_{ij}\mid j\in 成本型指标)\} \quad (8)$$

(3)计算每个备选方案到正负理想解的距离。

到正理想解的距离为:

$$D_i^{+}=\sqrt{\sum_{j=1}^{n}(R_{ij}-R^{+})^2} \quad (9)$$

到负理想解的距离为:

$$D_i^{-}=\sqrt{\sum_{j=1}^{n}(R_{ij}-R^{-})^2} \quad (10)$$

(4)计算每个备选方案的综合评分 C_i。

$$C_i=\frac{D_i^-}{D_i^+ + D_i^-} \quad (11)$$

之后根据综合评分 C_i 对备选方案进行排序,得出最优排序。根据排序结果选择最佳的备选方案,作为最终的决策结果。

3 算例分析

某大型邮轮建造企业需要对 A、B、C、D、E 这五家备选内装预制供应商进行风险评估和决策选择,这几家公司的业务类型都包括船舶内装设计及施工。从互联网获取这几家上市公司的企业年报,通过电话咨询、行业调查报告、企业相关人员的协助获取定量数据。邀请4位相关风险管理人员对定性指标进行风险评分,每项指标总分为10分,由专家打分的平均值求得定性指标评价结果,同时考虑到企业数据的敏感性和数据处理方便,对所得到的定量数据进行了转换处理,最终得到供应商风险评分表,见表2。

供应商风险评分表　　表2

风险指标	二级指标权重	评分结果				
		供应商 A	供应商 B	供应商 C	供应商 D	供应商 E
技术风险 A1						
研发能力	0.4	6	8	5	9	8
技术水平	0.6	8	7	7	8	7
成本风险 A2						
报价合理性	0.5	9	8	6	7	8
运输成本	0.5	8	6	7	8	6
质量风险 A3						
构件合格率	0.6	9.2	9.4	8.7	9.3	9.4
舱室重量	0.2	6.5	6.8	6.4	6.6	6.8
构件耐久性	0.2	6	7	6	8	6
交付风险 A4						
准时交货率	0.4	9.6	9.8	9.5	9.7	9.7
货物损坏率	0.3	2.7	2.5	1.6	2.4	1.5
在途保护能力	0.2	8	8	7	5	9
供应链稳定性	0.1	7	7	7	6	6
合作风险 A5						
售后服务体系	0.4	8	7	7	5	8
信息共享程度	0.3	5	8	6	4	9
风险分担意识	0.3	6	8	6	7	8
信誉风险 A6						
业内评价	0.5	7	8	8	6	8
业内排名	0.5	5	6	8	6	7

由二级指标的评分结果及对应权重得到一级指标的综合得分,见表3。

一级指标得分表 表3

风险指标	供应商A	供应商B	供应商C	供应商D	供应商E
技术风险A1	7.2	7.4	6.2	8.4	7.4
成本风险A2	8.5	7	6.5	7.5	7
质量风险A3	8.02	8.4	7.7	8.5	8.2
交付风险A4	6.95	6.97	6.38	6.2	6.73
合作风险A5	6.5	7.6	6.4	5.3	8.3
信誉风险A6	6	7	8	6	7

首先由式(1)、式(2)进行风险评价指标规范化,结果见表4。

评价指标规范化 表4

风险指标	供应商A	供应商B	供应商C	供应商D	供应商E
技术风险A1	0.4546	0.5455	0	1	0.5455
成本风险A2	1	0.25	0	0.5	0.25
质量风险A3	0.3999	0.8750	0	1	0.6250
交付风险A4	0.9740	1	0.2338	0	0.6883
合作风险A5	0.3999	0.7667	0.3667	0	1
信誉风险A6	0	0.5	1	0	0.5

根据式(3)～式(6),利用熵权法确定各指标的权重,结果见表5。

熵权法确定权重 表5

指标	信息熵值 E_j	信息效用值 $1-E_j$	权重 W_j
技术风险A1	0.8429	0.1571	12.73%
成本风险A2	0.7733	0.2267	18.36%
质量风险A3	0.8402	0.1598	12.94%
交付风险A4	0.8077	0.1923	15.57%
合作风险A5	0.8219	0.1781	14.42%
信誉风险A6	0.6791	0.3209	25.99%

其中,$1-E_j$ 为信息效用值,信息效用值越大,该指标对应的信息就越多,对综合评价的影响越大,即权重越大。由计算结果可知,信誉风险、成本风险、交付风险这几个评价指标的权重较大。

由式(7)、式(8),得出各评价指标的正、负理想解,由式(9)～式(11)确定每个备选方案到正、负理想解的距离及最终评分,排序结果见表6。

Topsis法排序结果 表6

备选方案	正理想解距离 D^+	负理想解距离 D^-	相对接近度 C_i	排序结果
供应商A	0.293	0.257	0.467	4
供应商B	0.201	0.270	0.573	1
供应商C	0.299	0.268	0.473	3
供应商D	0.348	0.203	0.369	5
供应商E	0.210	0.250	0.544	2

其中,C_i 表示评价对象与最优方案的接近程度,该值越大说明越接近最优方案。此排序结果为:供应商B最优,因此供应商B的综合风险水平最低。由二级指标打分的结果可知,与其他供应商相比,供应商B交付风险和质量风险等方面风险较低,虽然成本风险偏高,但是经过综合风险评估,供应商B仍然是该邮轮建造企业的最佳合作对象。

4 结语

邮轮内装预制供应商的风险评估与最佳决策是保证邮轮内装部分成功建造的基础。本研究基于熵权-TOPSIS方法,针对邮轮内装预制供应商风险进行了全面的评估,并做出了合理选择。研究围绕着提高供应链管理效率和质量,以满足邮轮内装预制品质量和交付时间的需求展开。在整个研究过程中,首先建立了适用于预制供应商风险评估的指标体系,涵盖了技术风险、成本风险、质量风险、交付风险、合作风险以及信誉风险等关键风险因素。随后,利用熵权法为各个指标赋予了适当的权重,确保了评价的客观性和准确性。接着,通过TOPSIS方法,综合考虑了各供应商在不同风险指标下的表现,得出了供应商的综合风险水平。

本研究为邮轮内装预制供应商的风险评估及最佳决策提供了一个科学的方法。通过熵权-TOPSIS方法,能够更加客观地评估和比较不同供应商在多个风险指标下的综合表现,为企业提供了可靠的决策支持。这样的方法可以帮助企业有效选择综合风险较小的供应商,优化供应链管理。

然而,本研究存在一些局限性。目前对供应商风险评估方面的文章较多,但专门针对邮轮内装方面进行研究的文献还较少,本文选取的风险评价指标可能存在局限性,未完全涵盖所有影响供应商选择的风险因素。此外,供应商的风险评估是一个动态过程,本文只选取了几个关键性指标,缺乏对风险评估动态性的研究,会对决策结果产生一定影响。

参考文献

[1] ZHAO L, LIU Z, MBACHU J. Optimization of the supplier selection process in prefabrication using BIM[J]. Buildings 2019,9(10):222.

[2] WANG Q DUAN H, SHEN C. Selection and evaluation of component suppliers bsed on resilience[M]//ICCREM 2021,425-437.

[3] LIANG R, LI R, CHONG H Y. Sustainable supplier selection for prefabricated megaprojects during COVID-19: a novel large group decision-making model[J]. Building Research & Information, 2023, 51(5): 533-554.

[4] GEE S, BROWN A. A mobile system for the on-site assembly of timber frame components: the development of an agile, low-cost alternative to offsite prefabrication [J]. Sustainability, 2022, 14(2): 651.

[5] 王艳艳,赵文洁,齐丽君.基于CRITIC和TOPSIS的预制构件供应商合作伙伴选择[J].项目管理技术,2023,21(9):86-91.

[6] 冯丽娜,于宁舟.邮轮内装设计流程[J].中国船检,2022(11):80-83.

[7] 陈砚池.智能技术在邮轮内装设计中的应用[J].建筑科学,2022,38(1):160.

[8] 陈欣荣.豪华邮轮内装材料国产化的探索[J].船舶物资与市场,2019(9):74-75.

[9] 祝思佳,邱菀华.基于熵权TOPSIS的航空转包生产供应商风险评估[J].系统工程,2020,38(1):154-158.

[10] 李硕.基于知识驱动的轨道交通供应商风险评估技术研究[D].海口:海南大学,2023.

[11] 朱邦瑞.基于熵权-TOPSIS的铁路物资供应商选择方法[J].铁路采购与物流,2022,17(7):48-50.

[12] 刘立国,梁炳南.基于熵权-TOPSIS模型的液压实验台供应商选择评价[J].机床与液压,2020,48(11):99-102.

生产计划变更下邮轮建造物资仓储物流风险评估

张艳茹　王海燕*
（武汉理工大学交通与物流工程学院）

摘　要　为识别生产计划变更下邮轮建造物资仓储物流关键风险因素。本文提出了一种风险评估方法，该方法结合了模糊故障树（FFTA）与贝叶斯网络（BN）。首先，通过统计分析生产计划变更下邮轮建造物资仓储物流过程中的基本风险因素与事件，确定基本事件21个；其次，通过构建故障树模型，表征各事件之间的逻辑关系，采用三角模糊数理论邀请相关领域专家打分，计算各基本事件的失效概率。进一步根据模糊故障树与贝叶斯的映射方法，将故障树模型结构转化为贝叶斯网络结构；最后，通过贝叶斯网络正向、反向推理分析各事件的发生概率。结果表明，设计计划变更是造成生产计划变更下仓储物流风险的主要影响因素。该方法能够科学、合理地识别关键风险因素，为邮轮建造物资仓储物流风险管理提供借鉴。

关键词　邮轮建造物资　仓储物流　模糊故障树　贝叶斯网络　风险评估

0　引言

邮轮建造物资仓储物流管理在生产计划变更的影响下可能存在物资采购提前期缩短、资源分配不合理、库存利用率下降和产品发货延迟等负面影响，可能产生降低企业生产效率、延迟造船进度、阻碍企业发展、损害经济效益等后果。

国内外学者针对邮轮建造物资仓储物流风险评估方面的研究文献相对较少，且尚未考虑生产计划变更的影响。陈勃[1]针对造船供应链，从计划流程、采购流程、建造流程以及交船流程4个角度出发，对相关风险因素进行了识别，构建了6个一级指标和28个二级指标，用于进行全面的评估；Jorge等[2]通过文献分析研究，收集和编制了军用造船项目综合风险清单，对其风险进行评估，从而能够预测响应并减少不确定性；Zheng等[3]认为计划变更是邮轮建造中的普遍现象，从采购计划、仓储计划、托盘集中计划、配送计划和生产计划等方面分析了邮轮建造中集中配送物流计划，通过建立系统动力学模型进行评估；张卓义[4]利用模糊网络分析法对船舶建造过程中的质量问题进行了风险评估；袁啸寒[5]从设计风险、经济风险、管理风险、安全风险四大类风险出发，对船舶建造项目进行了风险评估；王海燕等[6]从"人、机、料、法、环"五个方面对邮轮建造仓储物流的四个阶段所产生的19个二级指标进行风险预警；郑凌垚等[7]针对邮轮建造中的物资进仓储物流，从库存管理、在库物资的质量、资源的配置以及安全监测四个方面开展了风险预警的研究。

综上所述，现有研究多关注于造船项目、供应链、质量、物流集配等风险因素评估、预警及管理。为了客观、合理地明确生产计划变更下邮轮建造物资仓储物流中存在的关键风险因素，本文提出了一种模糊故障树与贝叶斯网结合的邮轮建造物资仓储物流风险评估方法，由于模糊故障树与贝叶斯网络的优越性以及互补性，通过故障树模型的转化构建贝叶斯网络模型，解决贝叶斯网络建模节点因果关系不容易确定的问题；通过建立贝叶斯网络模型，进行风险诊断，进一步提高了故障树方法的适用性，填补了故障树无法进行概率定量分析的缺陷。以上海某造船有限公司大型邮轮建造物资仓储物流为研究对象，考虑生产计划变更对仓储物流风险的影响，开展邮轮建造物资仓储物流风险评估研究，为生产计划变更下邮轮建造物资仓储物流风险评估另辟新径。

基金项目：工业和信息化部大型邮轮研发专项项目（项目编号：MC-202009-Z03）。

1　邮轮建造仓储物流风险评估

1.1　致因理论分析

以上海某企业集配部的实际情况,通过运用案例分析法和专家访谈法以及阅读相关文献[8-9],了解风险的主要类型、原因及特点,在征求专家意见的基础上,以生产计划变更风险、仓储风险、物流风险、环境风险和管理风险为二级指标,建立了生产计划变更下邮轮建造物资仓储物流风险评估指标体系如图1所示。

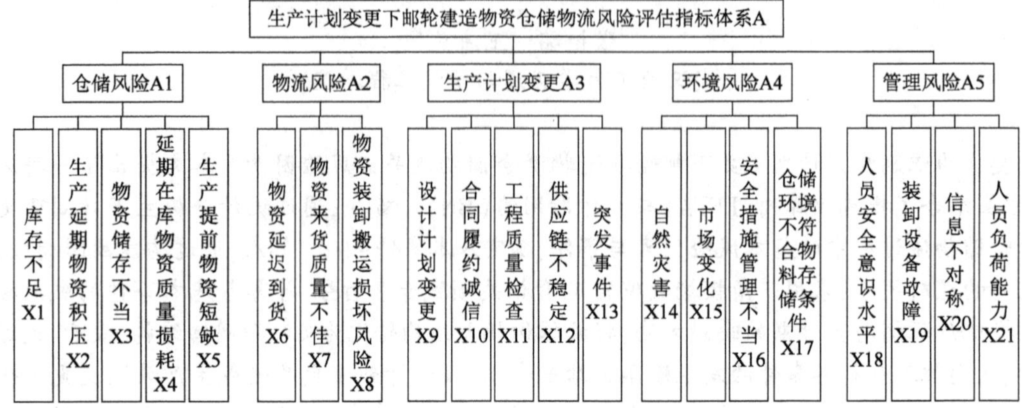

图1　生产计划变更下邮轮建造物资仓储物流风险评估指标体系

1.2　故障树分析法

故障树分析(FTA)是一种通过自上而下演绎展示系统失效模式之间逻辑关系的图形模型,也被称为事故树分析或事故逻辑树分析。在此分析方法中,各因素之间的逻辑关系通过逻辑门来表示。“或”门表示事件是独立的,任何一个事件的发生都可以引发上层事件的发生;而“与”门表示只有当所有相关事件同时发生时上层事件才会发生。基于此,本文以图1仓储物流风险评估指标体系为基础,以邮轮建造物资仓储物流风险为顶事件,以生产计划变更风险、仓储风险、物流风险、环境风险和管理风险为中间事件,构建故障树模型,如图2所示。

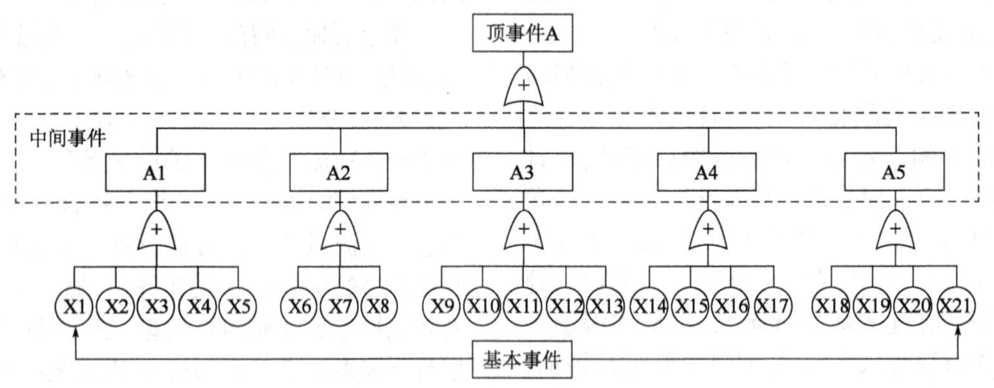

图2　故障树模型

1.3　专家打分

由于各风险因素的实际发生概率在现实中通常难以准确获取,因此常用的方法是通过相关领域内的专家根据经验进行打分并赋值,间接获得各基本事件的发生概率。为了降低专家打分时的主观性,本文基于模糊集理论,对专家打分信息进行处理,设置对应概率的打分标准为极低(VL)、低(L)、偏低(FL)、中等(M)、偏高(FH)、高(H)和极高(VH)7个模糊语言。其次,根据专家“工作年限”“职称”和“学历”为指标的权重分配原则,对4位专家的评价权重分别赋值[10-11]为0.4、0.35、0.35和0.25,部分打分结果见表1。

专家部分打分结果及其权重值　　表1

专家	X1	X2	……	X20	X21	权重
1	M	FH	……	M	FH	0.4
2	FH	FH	……	FH	M	0.35

续上表

专家	X1	X2	……	X20	X21	权重
3	FH	M	……	FH	H	0.35
4	FH	FH	……	H	M	0.25

2 模糊计算

2.1 去模糊化

本文采用三角形隶属度函数将模糊语言定量化,a、b 和 c 分别代表三角形隶属度函数参数,如图 3 所示。

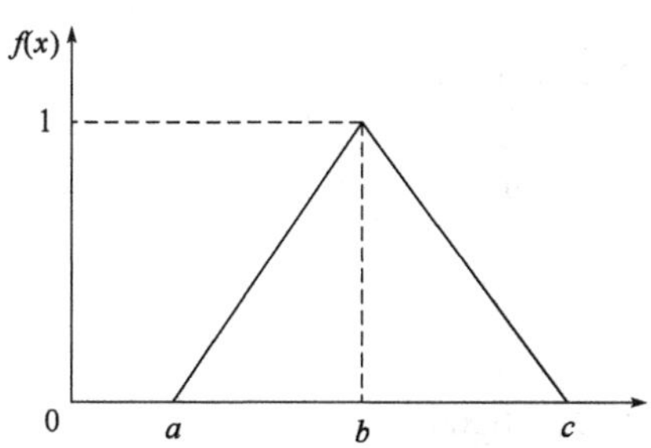

图 3 三角模糊数隶属度函数

进一步计算隶属函数值 $f(x)$,即:

$$f(x)=\begin{cases}\dfrac{x-a}{b-a} & (a\leqslant x\leqslant b)\\ 0 & (\text{其他})\\ \dfrac{c-x}{c-b} & (b\leqslant x\leqslant c)\end{cases}\tag{1}$$

根据三角形隶属度函数,确定模糊语言所对应的隶属度函数参数见表 2,打分标准和三角形模糊数的隶属度函数如图 4 所示。

模糊语言与隶属度函数参数 表 2

序号	语言变量分级	隶属度函数参数
1	极低(VL)	(0,0,0.1)
2	低(L)	(0,0.1,0.3)
3	偏低(FL)	(0.1,0.3,0.5)
4	中等(M)	(0.3,0.5,0.7)
5	偏高(FH)	(0.5,0.7,0.9)
6	高(H)	(0.7,0.9,1.0)
7	极高(VH)	(0.9,1.0,1.0)

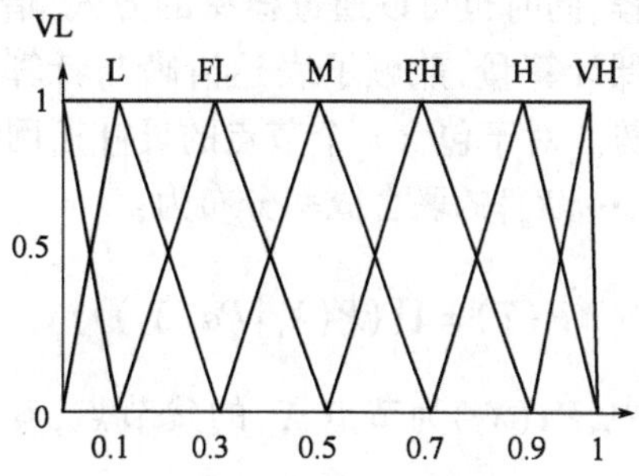

图 4 三角模糊数隶属度函数

根据专家打分结果进行归一加权处理,即:

$$M_i=\sum_{j=1}^{N_e}A_{ij}w_j\quad(i=1,2,\cdots,N)\tag{2}$$

其中,M_i 表示经过所有基本事件聚合之后的隶属度参数;N_e 代表参与打分的专家数量;A_{ij} 表示各个专家根据打分结果所对应的隶属度参数;w_j 表示为每位专家的权重系数;N 表示基本事件总数。

在聚合模糊数计算结果的基础上,进一步采用均值面积法计算得模糊可能性分数(FPS),用来表示基本事件的模糊失效可能性,则去模糊化后得:

$$f=\frac{a+2\times b+c}{4}\tag{3}$$

进一步转化为模糊失效概率,公式如下:

$$\text{FFR}=\begin{cases}\dfrac{1}{10^c} & (f\neq 0)\\ 0 & (f=0)\end{cases}\tag{4}$$

$$c=2.301\times[(1-f)/f]^{\frac{1}{3}}$$

则基本事件编号的模糊失效概率见表 3。

基本事件编号聚合模糊数与模糊失效概率

表 3

基本事件编号	聚合模糊数	模糊失效概率
X1	(0.595,0.815,1.135)	0.058
X2	(0.605,0.825,1.145)	0.063
……	……	……
X19	(0.285,0.465,0.735)	0.0068
X20	(0.645,0.915,1.16)	0.085
X21	(0.695,0.93,1.13)	0.069

2.2 贝叶斯网络

贝叶斯网络[10]又称置信网络,是以网络结构和概率论为基础提出的网络模型,是可用于表示变量间因果关系的处理不确定性问题的一种方法,组成部分有图形和参数两部分,可以用于通过图的方式比较直观地表示问题的脉络,能够用于推理过程,同时也可以通过概率的方式,借助结果模型降低计算量,兼顾了表达清晰与计算方便两方面优势。对于包含 n 个节点的贝叶斯网络,$X=\{X_1,X_2,\cdots,X_n\}$的联合概率分布为:

$$P(T)=\prod_{i=1}^{n}(P(X_i|Pa(X_i))) \tag{5}$$

其中,$Pa(X_i)$为节点 X_i 的父节点,其概率可表示为:

$$Pa(X_i)=\sum_{X_j,j\neq i}P(X) \tag{6}$$

有新指标状态 E 时,可根据下式将先验概率转变为后验概率:

$$P(X|E)=\frac{P(X,E)}{P(E)}=\frac{P(X,E)}{\sum_{X}P(X,E)} \tag{7}$$

2.3 故障树与贝叶斯间的映射规则

在将模糊故障树转化为贝叶斯网络时,将模糊故障树模型的基本事件、中间事件以及顶事件与贝叶斯网络模型的根节点、中间节点和叶节点一一实现对应。贝叶斯网络模型中的先验概率来源于模糊故障树模型的失效概率。此外,模糊故障树中的逻辑门对应网络中的条件概率关系。具体的映射规则可以参考图5。

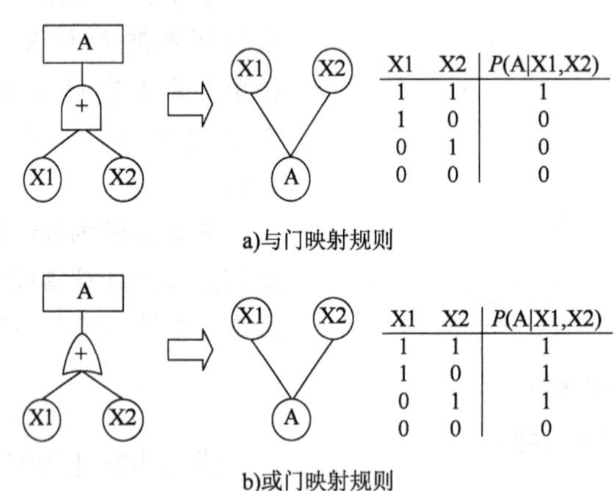

X1	X2	P(A|X1,X2)
1	1	1
1	0	0
0	1	0
0	0	0

a)与门映射规则

X1	X2	P(A|X1,X2)
1	1	1
1	0	1
0	1	1
0	0	0

b)或门映射规则

图5 故障树与贝叶斯间的映射规则

为了验证本文FFTA-BN风险评估模型的正确性与有效性,在2.3节的FFTA和BN映射规则基础上,利用GeNIe Academic 4.1软件进行仿真实验与分析。

3 仿真实验

3.1 基于贝叶斯网络的正向推理

将基本事件先验概率和条件概率输入贝叶斯网络模型,利用GeNIe Academic 4.1软件进行贝叶斯网络正向推理分析。其中"state 0"是不发生概率,"state 1"是发生概率,如图6所示。计算得发生仓储物流风险的概率为0.414,邮轮建造物资仓储物流风险发生概率较高,需要重点关注。其中,导致风险事故发生的主要因素A1(仓储风险)、A2(物流风险)、A3(生产计划变更风险)、A4(环境风险)和A5(管理风险)的发生概率分别为0.234、0.096、0.154、0.057和0.217。因此,可优先关注仓储风险因素的相关保障措施,降低风险发生的可能性。

3.2 基于贝叶斯网络的反向推理

在GeNIe Academic 4.1软件中调整仓储物流风险发生概率为100%,得各根节点的后验概率,进行贝叶斯网络反向推理分析。反向推理结果以及先验概率与后验概率的差值对比结果分别如图7和图8所示。当仓储物流发生风险时,有些输入事件的发生概率相比于正向推理发生了显著变化。其中,X9(设计计划变更)、X2(生产延期物资积压)、X1(库存不足以及)、X5(生产提前物资短缺)和X4(延期在库物资质量损耗)等风险因素较为明显。基于此,在现实的邮轮建造仓储物流运行与维护过程中,要特别注意上述风险因素及对应系统的安全性与合理性,避免风险的发生。

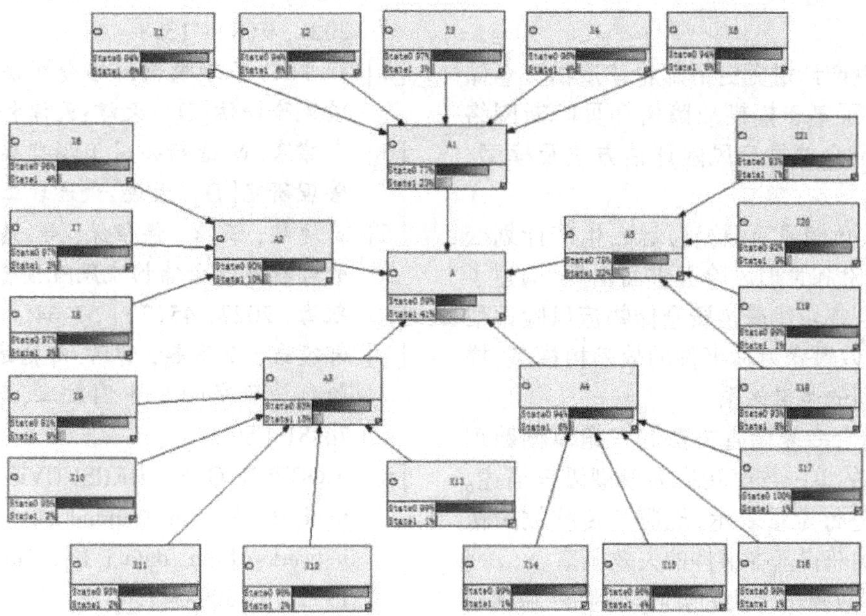

图 6　正向推理图

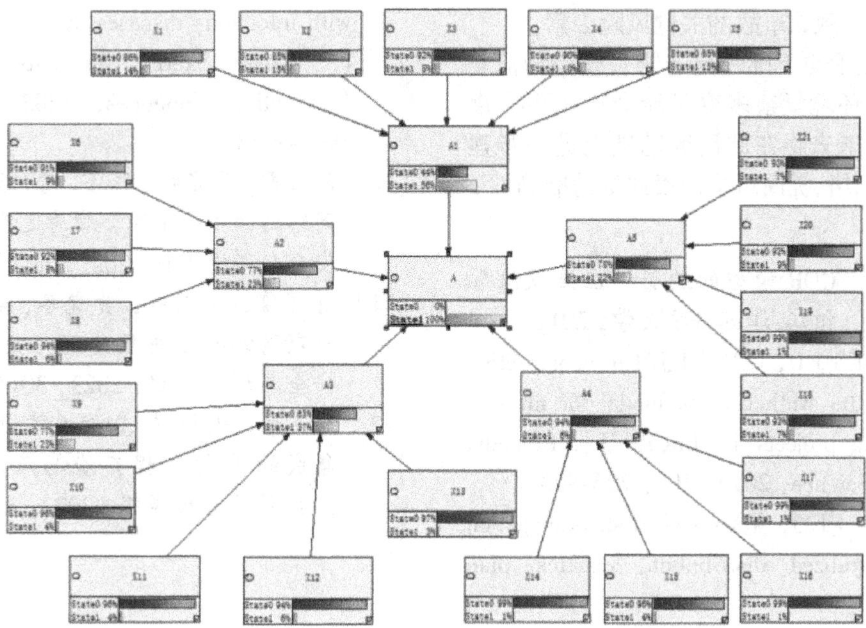

图 7　反向推理图

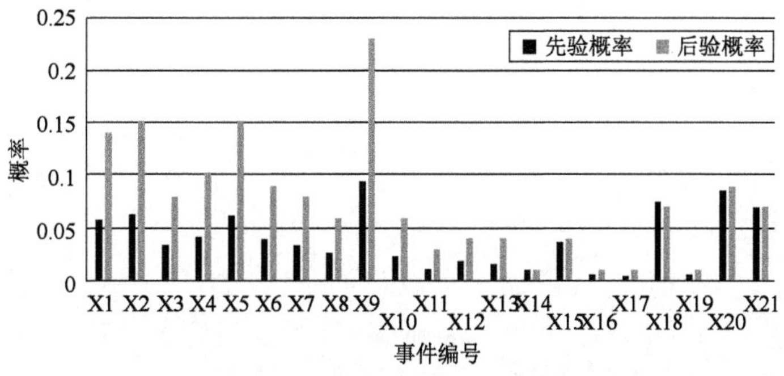

图 8　先验概率与后验概率的差值对比

4 结语

本文针对生产计划变更下邮轮建造物资仓储物流特点,建立了基于模糊故障树和贝叶斯网络的邮轮建造物资仓储物流风险评估方法及模型,得出以下结论:

(1)本文从仓储风险、物流风险、生产计划变更风险、环境风险和管理风险五方面出发,构建了生产计划变更下邮轮建造物资仓储物流风险评估指标体系,建立以爆仓为顶事件的故障树模型,描述风险事件之间的逻辑关系。

(2)通过结合专家调查方法和三角模糊数理论,将失效概率的单一数值转换为模糊语言描述。能够更准确地进行定量表示,规避了传统故障树模型中无法准确获得基本事件的失效概率。

(3)将模糊故障树转换为贝叶斯网络,并利用正向推理,确定了邮轮建造物资仓储中风险发生的高概率。进一步通过成因机理的诊断以及重要度分析,识别了导致该事故的关键风险因素。

在生产计划变更下邮轮建造物资仓储物流实际境况中,由于环境复杂多变可能会产生更多潜在的风险因素,未来将在此研究基础上进一步建立动态贝叶斯网络,提高风险因素评估的准确性。

参考文献

[1] 陈勃.基于SCOR模型的造船供应链风险管理研究[D].镇江:江苏科技大学,2012.

[2] FERNANDES J D, CRISIM J. The construction process of the synthetic risk model for military shipbuilding projects in Brazil [J]. Procedia Computer Science, 2016, 100: 796-803.

[3] ZHENG Y, KE J, WANG H. Risk propagation of concentralized distribution logistics plan change in cruise construction [J]. Processes, 2021, 9(8): 1398.

[4] 张卓义.基于模糊网络分析法的船舶建造质量风险评估[D].天津:天津科技大学,2020.

[5] 袁啸寒.W造船公司T型船舶建造项目风险管理研究[D].大连:大连理工大学,2022.

[6] 王海燕,王湾,侯华保,等.基于改进GA-BP的邮轮建造仓储物流风险预警研究[J].中国航海,2022,45(3):57-64.

[7] 郑凌垚,王海燕,曹洁.邮轮建造物资仓储风险预警研究[J].中国航海,2023,46(02):74-81+89.

[8] COOPER G F, HERSKOVIS E. A Bayesian method for the induction of probabilistic networks from data [J]. Machine learning, 1992, 9: 309-347.

[9] KIRIŞCI M, ŞIMŞEK N. Decision making method related to Pythagorean Fuzzy Soft Sets with infectious diseases application[J]. Journal of King Saud University-Computer and Information Sciences, 2022, 34 (8): 5968-5978.

[10] 陈雍君,吴光晔,张宇,等.基于模糊贝叶斯网络的城市地下综合管廊运维风险分析[J].安全与环境工程,2021,28(4):64-70.

[11] 陈星霖,林卫东,黄晓冬,等.基于模糊贝叶斯网络的超高层建筑火灾风险评估[J].安全与环境工程,2023,30(6):40-47.

[12] 李玉龙,侯相宇.基于故障树和贝叶斯网络集成的重大工程弃渣场风险诊断与预测[J].系统管理学报,2022,31(5):861-87.

Representation Learning and Analysis for Multi-Vessel Interaction based on Spatio-Temporal Graph Convolutional Autoencoder

Miaomiao Wang Yanfu Wang* Siying Yuan
(Department of Safety Science and Engineering, College of Mechanical and Electronic Engineering, China University of Petroleum)

Abstract Interpretation of common-yet-challenging interaction scenarios can benefit well-founded decisions for vessels. This paper introduces a new method for extracting interactive knowledge from multi-vessel encounters using Automatic Identification System (AIS) data. First, a multi-vessel encounter scene extraction method based on spatiotemporal constraints is proposed; then, an unsupervised learning framework based on spatiotemporal graph autoencoder is established. The framework consists of two layers: feature representation layer and clustering layer. At the feature representation layer, in order to learn the spatiotemporal motion characteristics of multi-vessel interactions, we build a spatiotemporal graph convolutional autoencoder (STGCAE), combine it with a graph convolutional network (GCN) to capture spatial correlation, and use a temporal convolutional network (TCN) to enhance time series analysis scenarios and effectively capture long-term dependencies in time series data. Furthermore, clustering methods are applied to automatically cluster sequence interaction data into interpretable patterns to learn interaction patterns in time and space. According to different interaction types, conduct multi-vessel encounter analysis, extract knowledge, and perform statistical analysis and visualization. This article uses Ningbo Zhoushan AIS data to conduct a practical case study. The results show that this method provides insights into the complex interactions of the own ship with multiple surrounding target ships, helping to identify specific navigation strategies or collision avoidance behaviors.

Keywords AIS data Multi-vessel encounter Unsupervised learning Spatio-temporal graph convolutional autoencoder

0 Introduction

With the development of the shipping industry, maritime traffic has become increasingly dense and the ship navigation environment is complex. Marine accidents often cause huge losses of life and property, causing damage to the local environment and infrastructure[1]. The risk of ship collisions is on the rise, especially in congested waters such as ports, fjords and inland waterways. Therefore, enhanced situational awareness is critical to navigation safety in these dynamic maritime environments.

With the advancement of sensor technology, more and more people hope to use sensor fusion information to enhance situational awareness, thereby promoting more objective navigation decisions. Automatic Identification System (AIS) is one of the most commonly used devices for collecting navigation data. AIS data contains valuable ship trajectory information and can extract the space-time and motion parameters of the ship. A large amount of research and development has been carried out, including trajectory prediction[2-4], risk analysis[5-7], behavior mining[8], etc., which makes it possible to extract ship encounters from historical AIS data. Scenarios become possible. In these scenarios, drivers often react to potential emergencies based on their subjective judgement of their surroundings. Due to frequent interactions with each other during encounters, ship pairs may exhibit random motions. Furthermore, ship interactions will influence the evolution of collision situations and potential collision risks. Therefore, a comprehensive interaction pattern analysis of ship encounters can help reveal the mechanisms behind the real encounter process and provide a basis for more effective and safer collision avoidance decisions.

The current research on ship encounter situations mainly focuses on the situation where two ships meet within the line of sight. Liu et al. [9] proposed a topological analysis model based on geographic information systems to represent the shape and geometric relationships of ship encounter spaces. Gao et al. [10] extracted an encounter orientation map from AIS data to represent encounters and classify various ship encounter situations. While these methods reveal spatial relationships between encountering vessels, they cannot describe their continuous movement over time. Afterwards, Jia et al. [8] proposed a two-stream long short-term memory-based autoencoder (LSTM-based AE) method to extract motion primitives from two-ship encounter data without specific rules and prior knowledge. Interactive relationships are captured in both time and space dimensions. However, the navigation of a ship is jointly affected by multiple surrounding traffic participants, and the movement of the own ship also affects the behavior of surrounding ships. It is not a simple interaction between two ships. Measuring the correlation between two ships alone is not enough to simulate the multiple ships involved. It is difficult for these methods to understand complex and high-dimensional interaction scenarios, and the lack of consideration of dynamic interaction mechanisms leads to inaccurate understanding of ship interaction behaviors.

In order to find ways to solve the above challenges, we mainly focus on the encounter scenarios of multiple ships, and learn and analyze their potential interaction characteristics. Our main contributions are in three aspects.

(1) Extract multi-vessel encounter scene information from AIS historical data based on the patio-temporal proximity analysis method between ships. The scenes extracted by this method accurately capture the real traffic conditions and reflect the characteristics of real ship navigation behavior.

(2) An unsupervised learning method for spatiotemporal graph convolutional autoencoders is proposed to enhance the ability to learn spatiotemporal patterns from data. It effectively integrates ship spatial interactions and time series dependencies to learn latent representations, and adaptively integrates these features with learnable weights through a gated network for learning multi-vessel spatiotemporal interaction latent features.

(3) On the basis of learning potential spatio-temporal interaction features, apply the Gaussian mixture model gmm clustering algorithm to automatically cluster sequence interaction data into interpretable patterns to learn interaction patterns in time and space.

The remainder of this article is organized as follows. Section 1 details the proposed framework. The analysis and discussion are carried out in Section 2 using real AIS data. Section 3 gives the conclusions of the study.

1 Methodology

In this section, the proposed logical framework of this paper will be elaborated, which involves three key modules: encounter scene extraction, multi-vessel interaction spatiotemporal characteristic learning, and interaction pattern clustering. The overall process of the framework is shown in Figure 1.

1.1 Problem definition

The movement of the ship is mainly reflected in the changes of longitude, latitude, speed, and heading. So the ship trajectory can be expressed as: $Traj = \{LON, LAT, SOG, COG\}$, where, p is the ship data corresponding to the ith trajectory in *AIS* data at time t, *LON* and *LAT* are the position of the ship trajectory, *SOG* is the ground speed, and *COG* is the ground heading. T represents the time length of a encounter scenario O, and t represents any timestamp during the encounter. The interaction patterns of O is formulated as Eq. (1).

$$P_i = \{p_m, \cdots, p_n\} \quad (1 \leqslant m \leqslant n \leqslant T) \tag{1}$$

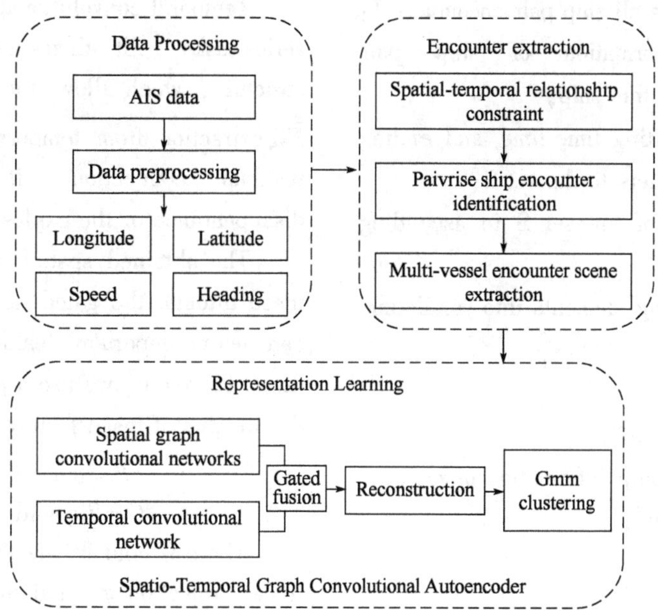

Figure 1 The diagram of the proposed method.

1.2 Encounter scenario extraction

Algorithm 1 gives the process of extracting encounter scenarios from historical AIS data. The analysis of spatio-temporal relationships between ships is the basis for detecting encounter scenarios. In this paper, a series of ship pairs that satisfy specific spatio-temporal proximity constraints within a certain time series are first extracted. If the overlap time between ships is greater than 30 min and the minimum relative distance is less than 1 n mile, then the *DCPA* and *TCPA* in the overlap time are calculated. If there is a time period where the relative distance is less than 8 n miles, *DCPA* is less than 3 n miles and *TCPA* is less than 30 min, then the information of the two ships within this time period is saved. Traverse all ships, treat each ship as its own ship, and find the encounter ship pairs in which this ship exists. Then extract the start and end time points of these ship pairs, arrange these start and end time points in ascending order, and divide them into several time intervals. Finally, it is retrieved which ship pairs are included in the inter-cell time period, and the trajectory information of the ship pairs that meet the conditions in the inter-cell time period is integrated as a multi-vessel encounter scenario. For subsequent interaction feature learning, we only retain encounter scenarios that last more than five min.

Algorithm 1: Multi-vessel encounter scene extraction

Input: AIS data: $Traj_n$ = [*MMSI*, *LON*, *LAT*, *SOG*, *COG*], threshold

Output: Multi-vessel encounter scene extraction result $O = \{Traj_1, Traj_2, \cdots\cdots\}$

First stage: Pairwise ship encounter identification

(1) **For** two-by-two comparison of all ships:

(2) Calculate the co-occurrence period ofthe ship pair $over\_time_{ij} = [t_s, t_e]$;

(3). **If** $over_time_{ij} \geqslant 30$min;

(4) Calculate the relative distance dis_{ij};

(5) **If** the minimum relative distance $dis_{\min} \leqslant 1$n mile;

(6) Calculate the $DCPA_{ij}$ and $TCPA_{ij}$ of ship pair in *over_time*;

(7) **If** $\exists [t_a, t_b] \in [t_s, t_e]$, $dis_{ij} \leqslant 8$n mile and $DCPA_{ij} \leqslant 3$ n mile and $TCPA_{ij} \leqslant 30$min;

(8) Save the $Traj_i$ and $Traj_j$ of ship pair in $[t_a, t_b]$ as a ship pair encounters scene T_{ij};

(9) End for, **Second stage: Multi-vessel encounter extraction**;

(10) **For** each ship in all ship pair encounters T:

(11) Find the information of ship pair encounters T_{ij}^k that contain this ship;

(12) Record the starting time $time_s$ and ending time $time_e$ of these encounters to the set S;

(13) Sort elements of the set S in ascending order;

(14) Form neighboring elements into small time intervals st_n;

(15) **For** each set;

(16) **If** $st \subseteq [time_s^k, time_e^k]$;

(17) Save the each ship information of sp_k in st as a multi-vessel encounters;

(18) End for;

(19) Output O.

1.3 Representation learning for multi-vessel interactions

A sliding window strategy is employed to obtain a fixed-size trajectory time series from each trajectory. The spatio-temporal graph convolutional autoencoder (STGCAE) combining GCN and TCN is used to model the spatio-temporal features to achieve the reconstruction of the spatio-temporal feature sequence.

To model the spatial interactions among vessels, we propose to use a spatial GCN to extract the hidden spatial interaction features $\bar{F}_{SH}$ of vessels' interactive behaviors. The spatial relationship is represented by graph G. Each ship is used as a graph node v_i, with the own ship in the encounter scene as the node center. Connection edge E^t represents a set of relationship edges within graph. Other target ships are connected to the own ship, and the interaction strength between ships is used as the graph edge weight $e_{i,j}$, which is reflected by an $N \times N$ adjacency matrix A^t for each moment

$$A_t^{ij} = \frac{1}{Dcpa_{ij}} \tag{2}$$

$Dcpa_{ij}$ denotes the $DCPA$ value between the ith and jth ships at the time t. For more details on the computation of $DCPA$, please refer to [11] and references therein.

Temporal convolutional networks can model time series tasks[12]. It utilizes a dilated causal convolution structure, which allows for efficient temporal feature $\bar{F}_{TH}$ extraction from temporal data. And through the residual connection, it avoids the gradient disappearance or the explosion phenomenon.

The obtained spatial and temporal features are fused through the gated network, so that the model can learn important features and adaptively fuse them. Therefore, we use a gating mechanism to learn the weights of fused features.

$$\bar{F} = \tanh[\Phi(F, W^r)] \tag{3}$$

$$G = \text{Sigmoid}[(F, W^g)'] \tag{4}$$

where W^r and W^g are the learnable weights of the linear projection φ, and the two paths use different weights for the linear projection. In this way, the intermediate features $\bar{F}_{SH}$ and $\bar{F}_{TH}$ of each branch and the fusion weights G_{SH} and G_{TH} of each branch can be obtained. Then the fusion weights are normalized through softmax, and the normalized weight features of each path are added to obtain the integral feature F:

$$F = \bar{F}_{SH} \odot \text{Softmax}(G_{SH}) + \bar{F}_{TH} \odot \text{Softmax}(G_{TH}) \tag{5}$$

The basic architecture of the proposed STGCAE is an autoencoder network. In the STGCAE, the encoder projects the input component sequences into latent vectors and the decoders attempt to reconstruct the input. In order to accomplish this, we used the mean squared error (MSE) as the reconstruction loss function.

1.4 Clustering of interaction patterns

The trajectory data in multi-vessel interaction scenario are continuous, and the observation is heterogeneous due to the existence of multiple interaction patterns. Due to the strong ability of fitting multiple distributions and mining heterogeneity in data, the GMM is selected to cluster the interaction patterns.

2 Case study

To validate the effectiveness of the proposed

framework in this paper, real historical AIS data is collected for the experiment.

2.1 Data description

This paper uses the AIS data set from Ningbo Zhoushan for encounter extraction and analysis, as shown in Table 1.

AIS data fields applied in constructing inputs for the model Table 1

Data fields	Unit	Explanation
MMSI	—	unique ship ID
Time	s	yyyy-mm-dd hh: mm: ss
Position	—	Longitude and latitude of transmitted message
SOG	kn	Speed over ground
COG	°	Course over ground

To ensure the accuracy of ship behavior analysis, the data of anchored ships is deleted. In addition, specialized mission vessels such as fishing boats and tugboats were also abandoned. Afterward, the remaining data were subjected to data preprocessing steps for subsequent experiments. Paired trajectories of encounters are extracted, and the resulting encounter data as shown in Figure 2. It is worth noting that the two-ship encounter scenario here excludes ships that exist in the multi-vessel encounter scenarios.

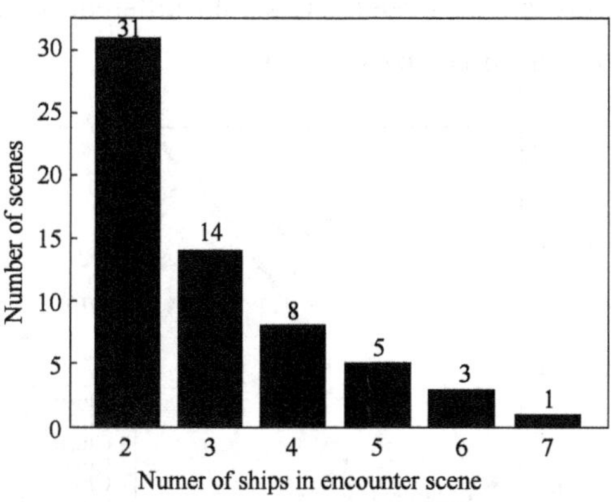

Figure 2 Number of ships in encounter scene

The spatiotemporal clustering tasks lack supervision information, so it is not suitable to divide training sets, test sets, and verification sets. We set the batch size of module pre-training to 16, adopted the Adam optimization method to train STGCAE, and set the learning rate to 0.001. Unable to adjust to optimal parameter Settings due to lack of validation set. The STGCAE model is robust and insensitive to hyperparameters through simple evaluation of cluster visualization and cluster internal indexes in the process of parameter selection.

2.2 Method performance evaluation

The STGCAE extracted the high-level representation of the interactions of the encountering. These representations were grouped into various clusters to model interaction patterns during the encounter process. The performance evaluations consisted of two parts: the reconstruction errors of the STGCAE and the cluster evaluation of each pattern.

Reconstruction errors include position errors, *SOG* errors and *COG* errors. The error distribution is shown in Figure 3. As can be seen, the average errors (horizontal lines in the boxplot) for longitude, latitude and *SOG* are very close to 0. The error of *COG* is higher than the other three parameters, but the error is lower for most samples.

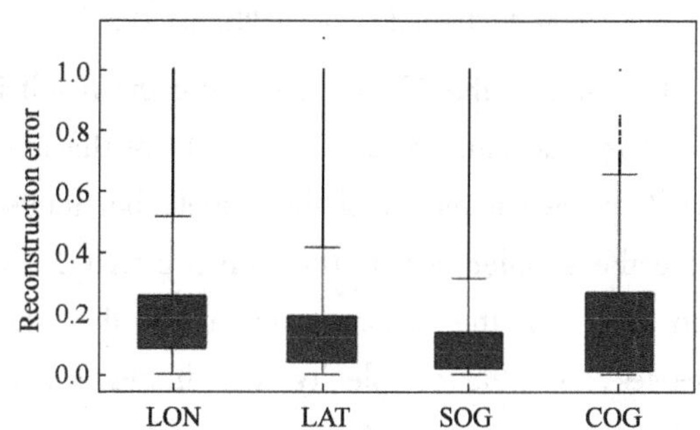

Figure 3 The reconstruction errors of the motion parameters: *LON*, *LAT*, *SOG*, *COG*

Time-series trajectories clustering is very ubiquitous, and many clustering algorithms have been developed to solve related problems. The learned representations of encounters restrict clustering method selection. During the clustering procedure, we have limited prior knowledge about the number of groups. The trajectory data in multi-vessel interaction scenario are continuous, and the observation is heterogeneous due to the existence of multiple interaction patterns. Due to the strong ability to fit multiple distributions and mining heterogeneity in data, we prefer the Gaussian Mixture Model (GMM) clustering. Therefore, we need a criterion to evaluate the clustering performance and consequently select an appropriate cluster number. We aim to gather encounters with similar characteristics into one group.

The GMM is a probabilistic model commonly used in cluster analysis, which assumes that the data is generated by a mixture of multiple Gaussian distributions. The methods for determining the optimal number of GMM clusters mainly include but are not limited to Bayesian Information Criterion (BIC) and Akaike Information Criterion (AIC), as shown in Figure 4.

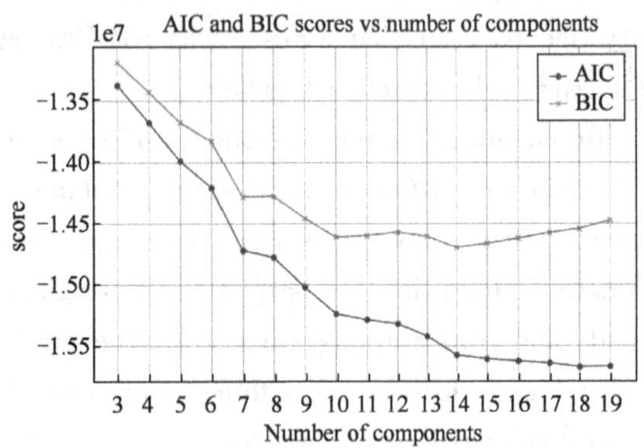

Figure 4 The performance of BIC and AIC

The smaller the AIC is, the better the result is. It takes into account the goodness of fit of the model as well as the complexity of the model, but tends to choose the simpler model. Therefore, in AIC, for a given data, if the goodness of fit of the model increases, but the complexity also increases, AIC will increase. Therefore, AIC tends to choose slightly more complex models to better explain the variability of the data.

The smaller the BIC is, the better the result is. Similar to AIC, it considers the trade-off between the goodness of fit and complexity of the model, but gives a greater penalty for the complexity of the model. Therefore, in a BIC, relative to an AIC, for a given data, the BIC will increase faster if the complexity of the model increases.

We need a simpler model to explain and understand, so we prefer to choose the 14 clusters recommended by BIC.

2.3 Interaction patterns analysis

After clustering the ship interactions in the encounter scene, the proportion distribution of each interaction pattern cluster is shown in Figure 5. Pattern #11 is the most common interaction pattern. Pattern #5 and Pattern #13 are the least common interaction patterns.

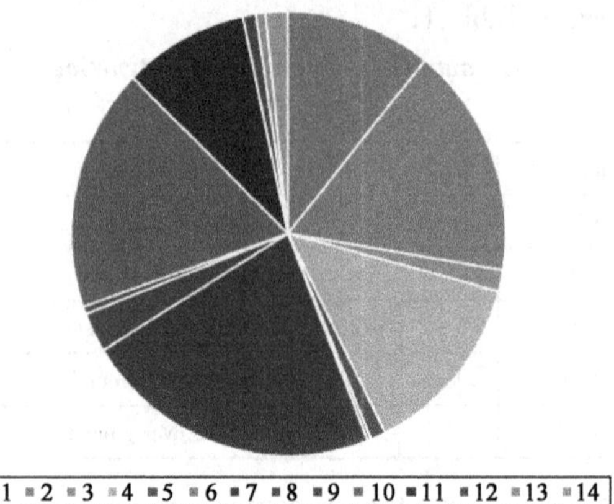

Figure 5 The proportion of types of ship interaction patterns

Figure 6 shows a three ships encountering interaction event using the extraction pattern. In order to clearly explain the generated drive pattern, the diagram not only shows the trajectory, but also shows the pattern of each trajectory in a different colour. Different colours represent different modes in an interaction scene, and the modes in different interaction scenes are independent of each other. The results show that STCGAE can automatically recognize patterns boundaries with different semantic information in complex scenes.

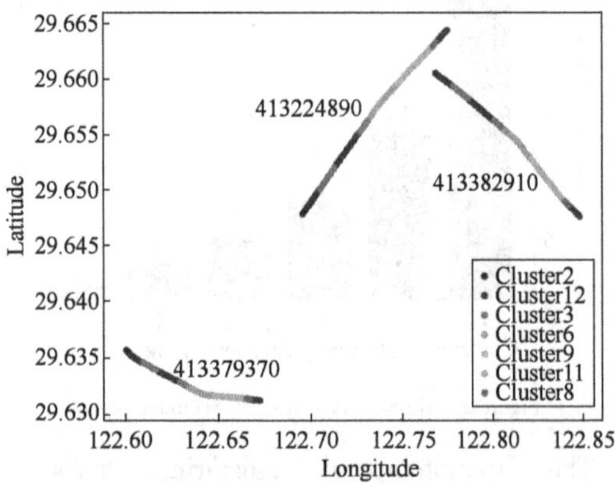

Figure 6 The dynamic process over interaction patterns of three ships encounter

To observe parameter changes between modes, we analyze the most common mode 11 and the relatively rare mode 8, as shown in Figure 7. In the ship spatial relationship, we use *DCPA* to represent the risk change. It is mentioned in the literature[13] that the risk decreases with the increase of *DCPA* in the encounter scenario. The extracted models differ in risk level (*DCPA*, *TCPA*). In the course of ship interaction, the risk level changes dynamically. These patterns can help identify high-risk semantic segments and are used to reflect their risk levels. In the follow-up research work, we continue to refine and analyse the spatial relationship.

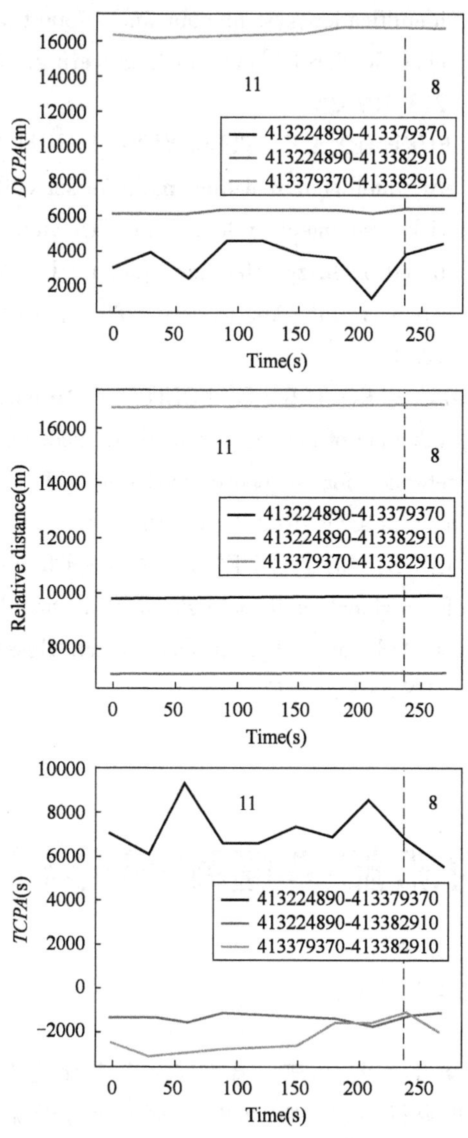

Figure 7 Decomposition results of interaction scenarios

3 Conclusions

This paper proposes a multi-vessel encounter recognition and interaction analysis method to extract knowledge that can help maritime decision-making. First, a multi-vessel encounter scene extraction method based on spatio-temporal proximity relationship analysis is proposed to extract multi-vessel encounter information from a large amount of AIS historical trajectory data. Secondly, the architecture of the model includes GCN and TCN to capture the spatio-temporal interaction features between multiple ships, and the adaptive gating mechanism helps integrate the extracted features for feature reconstruction. Finally, considering the spatio-temporal relationship between ships, homogeneous ship interaction patterns are clustered. The results show that the developed method can accurately understand the interaction behavior of ships in different scenarios from various multi-vessel encounter scenarios, and provide assistance for the design of ship-friendly and efficient decision-making strategies by identifying and classifying interactions in multi-model environments.

Our proposed method decomposes long and high-dimensional sequential interaction data into interpretable interaction patterns, to the extent that it compresses complex tasks into efficient, low-dimensional representations. The number of interaction patterns ultimately learned depends on various factors, such as the size of the training data. In theory, the number of interaction modes should gradually increase as more new scenarios are encountered. More encounter scenarios will be extracted and analysed in future research.

References

[1] YUAN X, ZHANG D, ZHANG J, et al. A novel real-time collision risk awareness method based on velocity obstacle considering uncertainties in ship dynamics [J]. Ocean Engineering, 2021, 220:108436.

[2] GAO D, ZHU Y, ZHANG J, et al. A novel MP-LSTM method for ship trajectory prediction based on AIS data [J]. Ocean Engineering, 2021, 228:108956.

[3] VENSKUS J, TREIGYS P, MARKEVIČIŪTĖ

J. Unsupervised marine vessel trajectory prediction using LSTM network and wild bootstrapping techniques [J]. Nonlinear Anal-Model Control, 2021, 26(4): 718-37.

[4] WANG C, REN H, LI H. Vessel trajectory prediction based on AIS data and bidirectional GRU: Proceedings of the 2020 International Conference on Computer Vision, Image and Deep Learning (CVIDL), F. 2020 [C]. IEEE.

[5] HU Y, PARK G-K. Collision risk assessment based on the vulnerability of marine accidents using fuzzy logic [J]. International Journal of Naval Architecture and Ocean Engineering, 2020, 12:541-551.

[6] HUANG Y, VAN GELDER P. Time-varying risk measurement for ship collision prevention [J]. Risk Analysis, 2020, 40(1): 24-42.

[7] NAMGUNG H, JEONG J S, KIM J-S. Real-time collision risk assessment system based on the fuzzy theory in accordance with collision avoidance rules: Proceedings of the 2020 Joint 11th International Conference on Soft Computing and Intelligent Systems and 21st International Symposium on Advanced Intelligent Systems (SCIS-ISIS), F, 2020 [C]. IEEE,2020.

[8] JIA C, MA J, HE M, et al. Motion primitives learning of ship-ship interaction patterns in encounter situations [J]. Ocean Engineering, 2022, 247:110708.

[9] LIU Z, LI Y, ZHANG Z, et al. Spatial topological analysis model of ship encounter space [J]. Ocean Engineering, 2020, 202:107171.

[10] GAO M, SHI G-Y, LIU J. Ship encounter azimuth map division based on automatic identification system data and support vector classification [J]. Ocean Engineering, 2020, 213:107636.

[11] BUKHARI A C, TUSSEYEVA I, KIM Y-G. An intelligent real-time multi-vessel collision risk assessment system from VTS view point based on fuzzy inference system [J]. Expert Systems with Applications, 2013, 40(4): 1220-30.

[12] BAI S, KOLTER J Z, KOLTUN V. An empirical evaluation of generic convolutional and recurrent networks for sequence modeling [J]. arXiv preprint arXiv:180301271, 2018.

[13] LIU Z, WU Z, ZHENG Z. A novel framework for regional collision risk identification based on AIS data [J]. Applied Ocean Research, 2019, 89:261-72.

基于关联规则和复杂网络的船舶碰撞致因分析

袁思莹　王彦富*　王妙妙

(中国石油大学(华东)机电工程学院)

摘　要　为了识别导致船舶碰撞事故的关键因素,预防事故发生,本研究旨在建立船舶碰撞事故致因网络。首先,通过对304份船舶碰撞事故调查报告进行原因分析,从人、船、环境、管理4个方面确定35个致因;其次,采用Apriori算法挖掘因素间的耦合关系,生成132条关联规则;然后,基于关联规则构建复杂网络,通过分析节点度等拓扑参数识别关键因素,确定核心原因及其关联原因集。研究表明,瞭望不当、未使用安全航速、无证船员等因素是船舶碰撞事故的关键因素,同时,瞭望不当也是事故的核心原因。该研究利用关联规则挖掘提取船舶碰撞事故因素之间的隐性关系,并通过复杂网络揭示哪些因素对船舶安全更重要。

关键词　船舶碰撞事故　关联规则　复杂网络　关键因素　关联原因集

0 引言

随着航运活动的频繁加剧,船舶碰撞风险显著上升,此类事故已成为我国航行安全的主要挑战[1]。因此,如何预防船舶碰撞事故是交通安全工作的重点。

船舶碰撞事故的发生是各种因素复杂非线性相互作用的结果,其中关键因素异常会触发连锁反应。识别并有效管理关键因素对减少碰撞事故的发生至关重要。学者们对此展开深入研究。常用方法有故障树法和贝叶斯网络法。Hasan Ugurlu 等[2]研究了 513 起船舶碰撞事故,将故障树分析与多重对应分析结合,确定操纵和感知错误是最有效的因素。Zhang 等[3]利用 HFACS-SIBCI 模型和 FTA 对破冰船辅助下的船舶碰撞风险因素进行分析,制定风险控制方案。然而,对于复杂系统,构建故障树难以直观表示多个故障事件间的交互效应,故将贝叶斯网络引入船舶碰撞事故原因的研究中。Li 等[4]将关联规则与贝叶斯网络结合,研究外部因素对人为错误的影响。Li 等[5]开发了基于 HFACS 的贝叶斯网络,用于分析狭窄域船舶碰撞事故的人为因素和组织因素。但贝叶斯网络需要大量数据和先验知识,建模过程较复杂。

相较于上述方法,复杂网络(Complex Network,CN)提供了一种对先验知识依赖度较低的方法来探讨多因素间的交互效应。它强调系统内个体之间的相互联系和相互作用,可以为揭示事故原因背后的机制提供新的见解。因其在定量和可视化方面的优势,CN 已广泛应用于建筑[6]、煤矿[7]、铁路[8]等领域,但应用于船舶交通领域的研究相对较少,特别是船舶碰撞事故。值得注意的是,在构建 CN 时,节点关联性和边权重设定至关重要。现有研究常借助专家经验,但其主观性较大。而关联规则挖掘(Association Rule Mining,ARM)能有效地从大型数据集中、客观地挖掘因素间的关联关系,揭示事故的潜在规律,从而为安全管理和事故预防提供依据。

基于此,本文使用关联规则挖掘和复杂网络分析船舶碰撞事故的关键因素,研究可为船舶碰撞事故的管控明确方向。

本文的其余部分组织如下。第 1 节详细介绍了所提出的框架。第 2 节分析了致因网络的拓扑特征。第 3 节给出了研究结论。

1 理论与方法

本文提出的方法分为两部分,如图 1 所示。第一部分是构建船舶碰撞事故致因网络,从事故报告的直接和间接原因中识别致因因素,利用 ARM 生成的关联规则构建 CN。第二部分是致因网络分析,通过节点度等参数分析节点重要性,利用综合值确定核心原因,进而确定关联原因集。

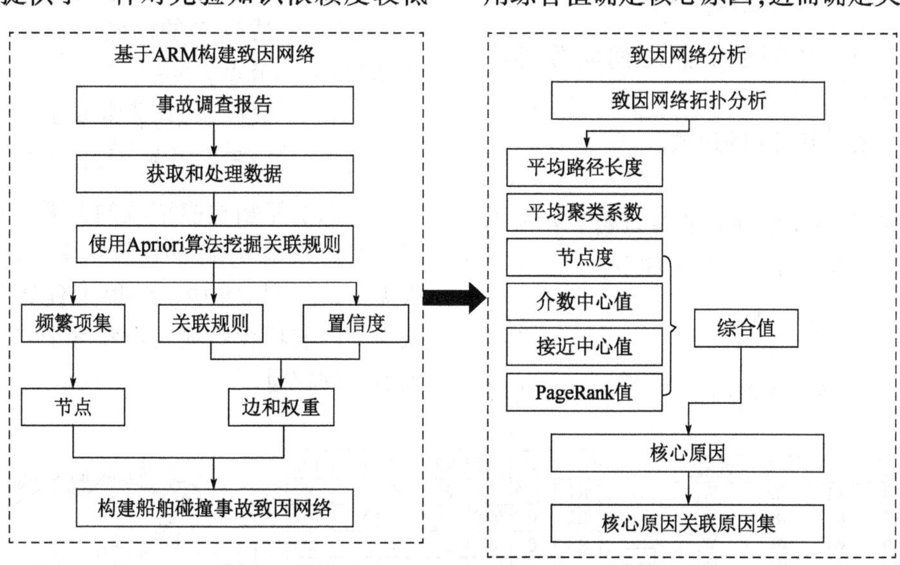

图 1 基于 ARM 的船舶碰撞事故致因网络构建与分析过程

1.1 关联规则挖掘

ARM 通过计算数据项集的支持度和置信度来挖掘项集之间的关系[9]。其中 Apriori 算法是挖掘频繁项集的最经典算法。支持度、置信度和提

升度是识别关联规则的三个指标,定义如下:

$$\text{Support}(X\rightarrow Y)=P(X\cup Y) \tag{1}$$

$$\text{Confidence}(X\rightarrow Y)=P(Y|X) \tag{2}$$

$$\text{Lift}(X\rightarrow Y)=\text{Conf.}(X\rightarrow Y)/\text{Supp.}(Y) \tag{3}$$

支持度表示同时包含 X 和 Y 的概率,置信度表示 A 出现时 B 同时出现的概率,提升度表示 X 发生的情况下 Y 发生概率变化的程度。

1.2　复杂网络理论

CN 是一种基于图论对复杂系统进行抽象和建模的方法,利用网络拓扑特征对因素进行分析,主要包括以下指标。

(1)平均路径长度。

平均路径长度是网络中任意两个节点距离的平均值。公式如下:

$$L=\frac{1}{\frac{1}{2}N(N+1)}\sum_{i\geq j}d_{ij} \tag{4}$$

式中:N——节点数量;

d_{ij}——节点 i 与 j 的最短距离。

(2)平均聚类系数。

平均聚类系数用于衡量整个网络中节点聚集情况。公式如下:

$$\text{ACC}=\frac{1}{N}\sum_{i=1}^{N}\frac{2E_i}{k_i(k_i-1)} \tag{5}$$

式中:E_i——节点 i 的相邻节点之间实际存在边数;

k_i——连接到节点 i 的边数。

(3)度。

度是网络中直接连接到它的节点数。在有向网络中,度分为入度和出度。公式如下:

$$k_i^{\text{in}}=\sum_{j,j\neq i}e_{ji} \tag{6}$$

$$k_i^{\text{out}}=\sum_{j,j\neq i}e_{ij} \tag{7}$$

$$k_i^{\text{total}}=k_i^{\text{in}}+k_i^{\text{out}} \tag{8}$$

式中:k_i^{in}——入度;

k_i^{out}——出度;

k_i^{total}——度。

(4)介数中心值。

介数中心值是网络中通过节点的最短路径数量。公式如下:

$$B_a=\sum_{i,j\in N,i\neq j}\frac{n_{ij}(a)}{n_{ij}} \tag{9}$$

式中:$n_{ij}(a)$——节点 i 与 j 最短路径经过节点 a 的数量;

n_{ij}——节点 i 与 j 最短路径数量。

(5)接近中心值。

接近中心值是节点与其他节点的距离之和。公式如下:

$$CC_i=\frac{N}{\sum_{j=1}^{N}d_{ij}} \tag{10}$$

式中:d_{ij}——节点 i 与 j 的距离。

(6)PageRank(PR)值。

PageRank(PR)算法可以有效识别网络中的关键节点。公式如下:

$$PR(i)=\frac{1-d}{N}+d\sum_{j\in M_i}\left[\frac{W(i,j)\times PR(j)}{D(j)}\right] \tag{11}$$

式中:M_i——与节点 i 相连的点;

$W(i,j)$——边(i,j)的权重;

$D(j)$——节点 j 的度;

d——衰减系数,通常取 $d=0.85$。

1.3　基于关联规则建立复杂网络

为识别船舶碰撞事故的关键因素,利用 ARM 建立 CN,根据 ARM 的计算结果,将因素之间的关联规则映射到 CN 中。映射过程如图 2 所示。关联规则的前项和后项表示相邻节点 i 和 j,置信度表示边的权重。

序号	关联规则	前项	后项	置信度
1	R1=>R3	R1	R3	W_1
2	R1=>R4	R1	R4	W_2
3	R1=>R6	R1	R6	W_3
4	R2=>R3	R2	R3	W_4
5	R2=>R5	R2	R5	W_5
6	R3=>R5	R3	R5	W_6
7	R4=>R6	R4	R6	W_7

	R1	R2	R3	R4	R5	R6
R1		0	W_1	W_2	0	0
R2	0		W_3	0	W_4	0
R3	0	0		0	W_5	0
R4	0	0	0		0	W_6
R5	0	0	0	0		W_7
R6	0	0	0	0	0	

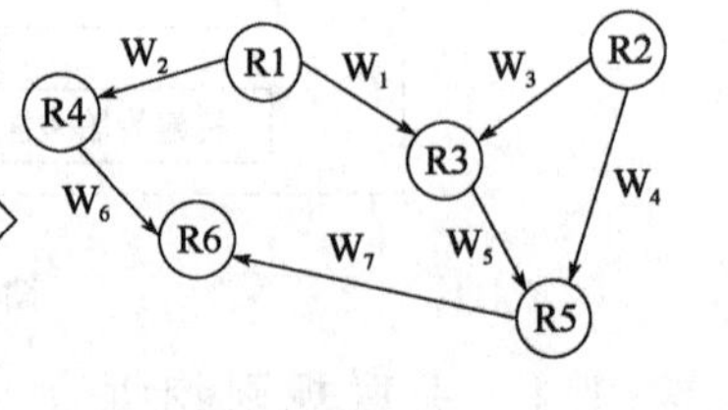

图2　ARM 到 CN 的映射过程

2 结果与讨论

2.1 数据收集与处理

本研究收集了2014—2023年中国海事局发布的304份船舶碰撞事故报告。参照Liu[10]的因素分类框架，将因素划分为人为因素、船舶因素、环境因素以及管理因素。在此基础上，深入挖掘事故原因，提炼出35项因素，并进行编号，见表1，旨在深入剖析船舶碰撞事故的关键因素。

船舶碰撞事故原因 表1

因素类型	因素及其代码	因素类型	风险因素及其代码
人为因素	瞭望不当 H1	人为因素	安全意识薄弱 H19
	驾驶员值班不当 H2		应急响应能力薄弱 H20
	AIS 使用不当 H3		缺乏航行技能 H21
	甚高频使用不当 H4		语言障碍 H22
	雷达使用不当 H5	船舶因素	主机械和辅助机械故障 S1
	未显示规定的信号灯类型 H6		装载不当 S2
	通信不足 H7		船舶不适航 S3
	判断错误 H8	管理因素	缺乏人员配备 M1
	未能提前发现进船 H9		驾驶台资源管理不当 M2
	低估碰撞风险 H10		无证船员 M3
	未使用安全航速 H11		疲劳驾驶 M4
	未提前采取行动 H12		酒后驾驶 M5
	防碰撞措施不当 H13	环境因素	复杂的航道环境 E1
	未采取避碰措施 H14		航行密度高 E2
	船舶操作不当 H15		能见度差 E3
	横越不当 H16		台风天气 E4
	追越不当 H17		风浪较大 E5
	缺乏知识和经验培训 H18		

2.2 基于Apriori算法的关联规则挖掘

根据Apriori算法，阈值选取对规则质量和实用性有直接影响，低阈值易生成冗余规则降低实用性，高阈值仅筛选出少量规则而遗漏重要关联。本文通过试错法寻找一组合适的阈值，为使CN的每个节点表示一个因素，将规则最大长度设置为2。为了关注强关联规则并限制规则数，多次试验，最终设置最小支持度为0.01，最小置信度为0.2，最小提升度为1，得到132条关联规则，如图3所示。

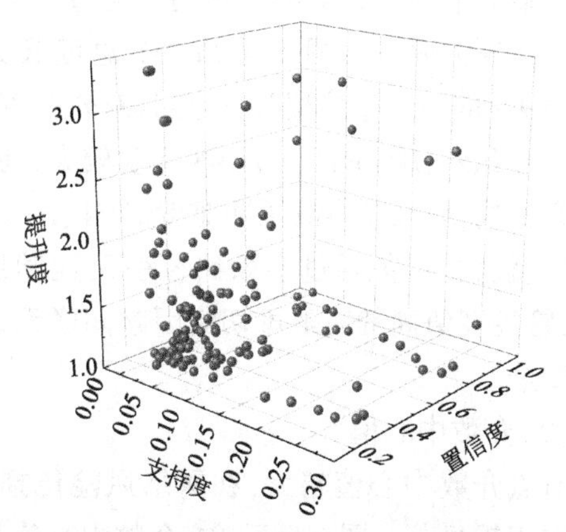

图3 船舶碰撞事故致因因素关联规则分布

2.3　船舶碰撞事故致因网络构建

基于 ARM 的结果,构建具有 27 个节点、132 条边的有向网络,如图 4 所示,不同颜色表示属于不同类的节点。

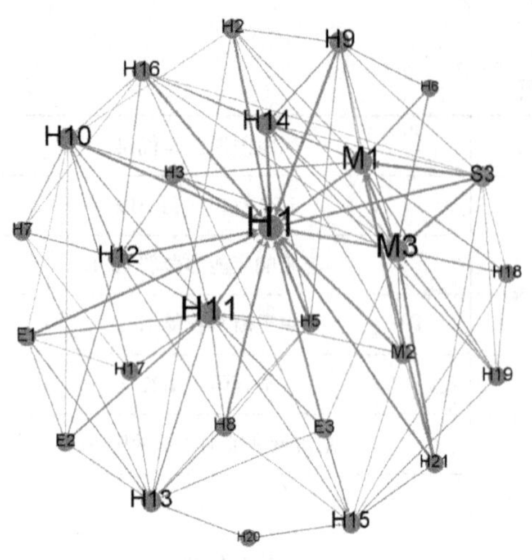

图 4　船舶碰撞事故致因网络

2.4　船舶碰撞事故致因网络分析

2.4.1　网络整体特征属性分析

本文所构建网络的平均路径长度为 1.987,表明各因素间关系密切且失效后传播迅速。例如,“雷达使用不当”和“船舶操作不当”经由“判断错误”可快速关联。平均聚类系数为 0.395,大于同等规模的随机网络,说明节点多通过关键节点间接相连,揭示了关键节点在网络中的重要作用。管理者应切断节点之间的连接,防止产生连锁反应。

2.4.2　网络节点重要性分析

(1)节点度。

网络的平均度为 4.889,表明平均每个节点与 5 个节点相关联。由图 5 可知,H1 总度最大,为 24,与 89% 的节点直接相关,凸显其对航行安全的重要性。此外,H1、H11、M1、M3 入度较大,易受其他因素影响,增加了事故预防难度。H1、H2、H16、M2 出度较大,可能通过多条路径引发连锁反应。因此,管控度值高的因素可切断因素间联系,提高航行安全。

(2)介数中心值。

节点介数中心值越大,在网络风险传播中的关键作用越显著。图 6 显示 H1 介数中心值最大,表明瞭望不当在致因网络中被多条最短路径遍历,是航行常见问题[11],受船员状态及环境因素共同影响。其次是 H10、H11、H13、H15、M3,这六个节点介数中心值占比达 83.4%,揭示了少数因素对整体网络连通性起着主导作用。因此,加强对上述因素的防控更为有效。

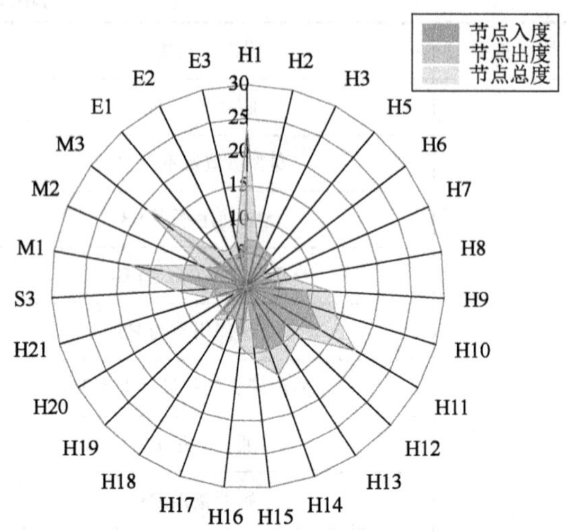

图 5　节点度分布

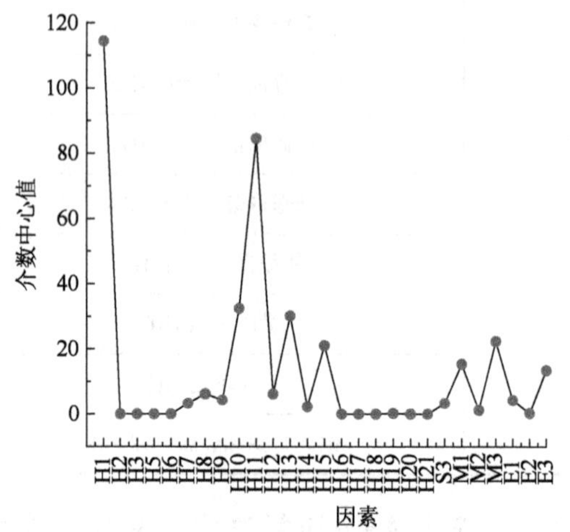

图 6　节点介数中心值分布

(3)接近中心值。

网络中接近中心值反映节点位置重要性。由图 7 可知,H16 接近中心值最大,表明在实际航行中,驾驶员横越航道时机不当,易引发碰撞事故。其次有 H1、H2、H3、H11 和 M2,其与其他因素关联紧密且信息传递快,多属于人为因素,一旦操作失误,将影响船员对环境及船舶动态的准确判断和及时响应,加大碰撞风险。因此,加强对人为因素的防控是必要的。

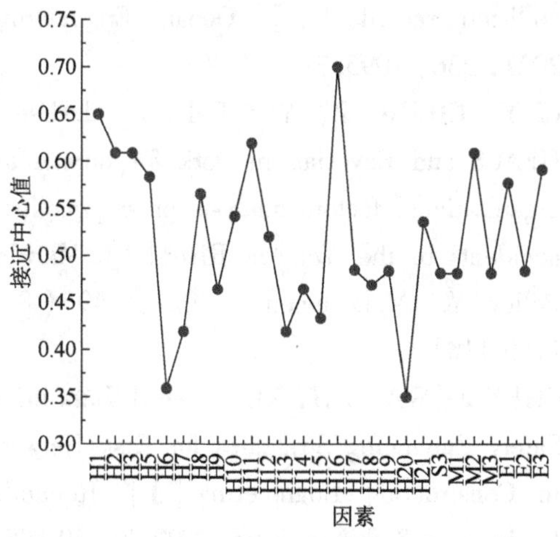

图 7　节点接近中心值分布

(4)PageRank 值。

根据 PageRank 算法理论，迭代计算各节点的 PR 值，如图 8 所示。H1、H11、M3、M1、H9 在致因网络中具有关键作用。例如，H1、H11、H9 可能导致船舶无法及时规避潜在碰撞风险，M3 和 M1 反映出船舶安全管理上的缺失。这些因素都与船舶碰撞事故有直接且紧密的联系。因此，应着重管控具有高 PR 值的关键因素，以减少事故发生。

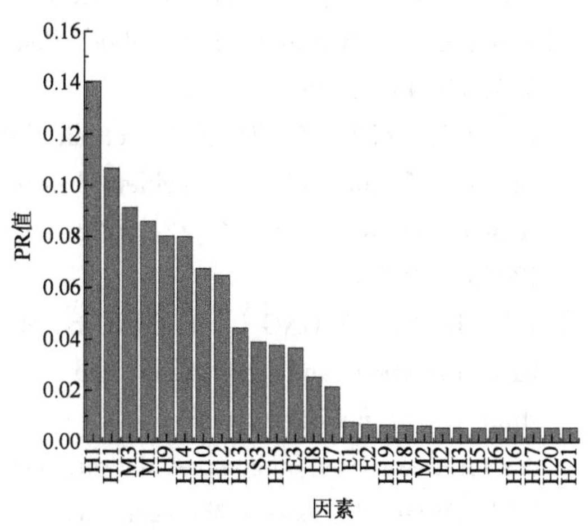

图 8　节点 PageRank 值排名

(5)综合值。

在网络分析中，节点重要性的量化涉及多个维度，单一参数难以准确评估风险因素的关键作用[11]。为识别最重要的风险因素，需综合考量不同指标，并通过归一化处理确保各指标间的可比性。本文采用 Max-Min 标准化方法处理节点度值、介数中心值、接近中心值和 PageRank 值等指标，累加得到风险因素的综合值。由图 9 可知，“瞭望不当”无论是在单指标还是综合值上均在事故致因网络中占据显著地位，故将“瞭望不当”作为预防碰撞事故的核心原因。

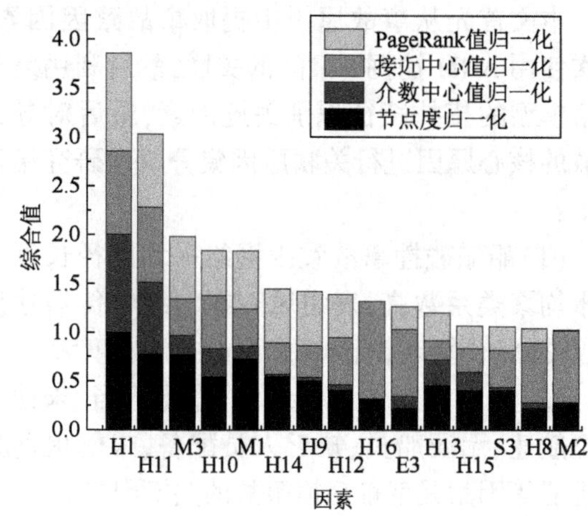

图 9　节点综合值排名

2.5　基于核心原因的关联原因集分析

核心原因节点在网络中至关重要，若未得到有效控制，风险会蔓延到与其密切相关的节点[12]。鉴于特征向量中心值可以量化节点与核心节点间的连接程度，本文基于节点的特征向量中心值识别与“瞭望不当”紧密关联的原因集。以包含“瞭望不当”的关联规则前后项为节点，节点大小由特征向量中心值确定；以节点间的关系为边，置信度为边权重，构建网络模型如图 10所示。

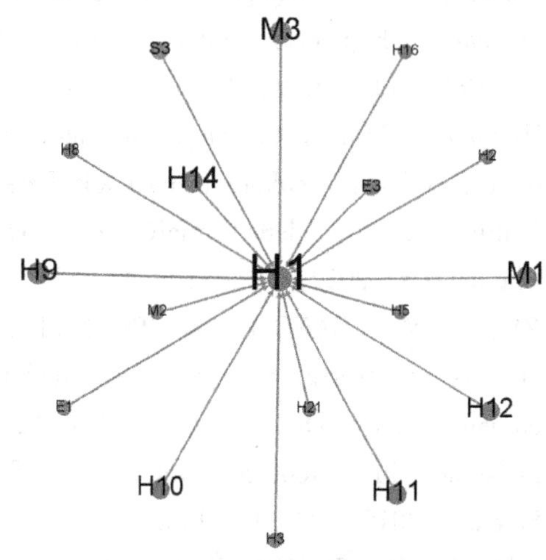

图 10　基于瞭望不当的关联原因网络

M3、M1、H14、H9、H11、H12 和 H10 是与 H1 相关联的前 7 个因素，这些因素构成“瞭望不当”的关联原因集。在节点“瞭望不当”没有得到控制时，对关联原因集进行联合防御是防止风险在网络中不断蔓延、预防事故的有效手段。

3 结语

本文首先从事故原因中提取事故致因因素,其次使用 ARM 挖掘因素间的关联,然后利用复杂网络模型的拓扑特征识别关键因素,最后对导致事故的核心原因进行关联原因集分析。研究结论如下:

(1)船舶碰撞事故致因网络平均路径长度短且平均聚类系数高,表明风险在网络中传播速度快、传播路径复杂,船舶碰撞事故控制难度大。

(2)人为因素占主导地位,瞭望不当、未使用安全航速、无证船员、缺乏人员配备、未能提前发现进船等因素是船舶碰撞事故的关键因素。

(3)瞭望不当是船舶碰撞事故的核心原因,构建基于瞭望不当的关联原因网络,得到其关联原因集为 M3、M1、H14、H9、H11、H12 和 H10。

在未来研究中可结合自然语言处理与复杂网络,从事故调查报告中自动提取关键信息构建网络模型,客观量化各因素在网络中的重要性和交互效应,减少主观判断的影响。

参考文献

[1] ZHANG L, WANG H, MENG Q, et al. Ship accident consequences and contributing factors analyses using ship accident investigation reports[J]. Proceedings of the Institution of Mechanical Engineers, Part O: Journal of Risk and Reliability, 2019, 233(1): 35-47.

[2] HASAN U, ISMAIL C. Analysis and assessment of ship collision accidents using Fault Tree and Multiple Correspondence Analysis[J]. Ocean Engineering, 2022, 245: 110514.

[3] ZHANG M, ZHANG D, GOERLANDT F, et al. Use of HFACS and fault tree model for collision risk factors analysis of icebreaker assistance in ice-covered waters[J]. Safety Science, 2019, 111: 128-143.

[4] GUO L, JIN W, ZHI H. Impact analysis of external factors on human errors using the ARBN method based on small-sample ship collision records[J]. Ocean Engineering, 2021, 236: 109533.

[5] LI Y, CHENG Z, YIP T L, et al. Use of HFACS and Bayesian network for human and organizational factors analysis of ship collision accidents in the Yangtze River[J]. Maritime Policy & Management, 2021, 49(8): 1169-1183.

[6] CHEN F, WANG H, XU G, et al. Data-driven Safety Enhancing Strategies for Risk Networks in Construction Engineering[J]. Reliability Engineering & System Safety, 2020, 197: 106806.

[7] 杨应柳,晋良海,邵波,等.基于复杂网络的煤矿火灾爆炸致因研究[J].中国安全科学学报,2023,33(1):145-151.

[8] 来逢波,许冰,续颖,等.高铁复杂网络拓扑特征及节点中心性研究[J].山东大学学报(工学版),2022,52(6):14-22.

[9] DENG Y, ZHANG Y, YUAN Z, et al. Analyzing Subway Operation Accidents Causations: Apriori Algorithm and Network Approaches.[J]. International Journal of Environmental Research and Public Health, 2023, 20(4): 3386.

[10] LIU J Z, ZHU H, TIAN F, et al. Cause analysis of ship collision accident based on complex network theory[C]//: SPIE, 2023, 12640: 235-245.

[11] JIAN D, SHAOYONG L, YAQING S, et al. Risk evolution and prevention and control strategies of maritime accidents in China's coastal areas based on complex network models[J]. Ocean & Coastal Management, 2023, 237: 106527.

[12] QIU Z, LIU Q, LI X, et al. Construction and analysis of a coal mine accident causation network based on text mining[J]. Process Safety and Environmental Protection, 2021, 153: 320-328.

一种北极水域船舶动力学约束的快速航线规划方法

王宇航[1] 吴 达*[2]

(1. 武汉理工大学航运学院;2. 武汉理工大学智能交通系统研究中心)

摘 要 北极海冰环境的挑战对北极航运至关重要。为在北极海冰环境下规划出安全可执行的船舶航线,本研究提出了一种创新的船舶路径规划方法,以提高北极水域的航行安全和效率。基于POLARIS系统开发了用于路径规划的三维风险网格图;跳跃点搜索算法在给定风险值的三维风险网格图上切片的二维层上搜索关键节点,利用指示不同风险值的关键节点形成寻径路线图。然后,利用Dijkstra算法从路线图中找出导航风险最小的参考路径。最后通过最优控制对船舶的轨迹进行优化,保证船舶的机动可行性。通过实验验证了优化轨迹的性能,结果验证了所提方法的有效性,证明了其快速规划北极航运安全、可执行路径的能力。

关键词 跳跃点搜索 Dijkstra算法 路径规划 POLARIS系统 北极航运 船舶动力学 最优化控制

0 引言

由于全球变暖,北极海冰面积正在减少。根据美国国家冰雪数据中心(NSIDC, 2022)的数据,从1999年到2019年,北极海冰面积减少了近180万平方千米。Kim等进行预测并显示,到2030年9月将完全消失。Lin等构建了模型推演并显示,北极海冰面积减少将延长北极航线的航行周期。海冰覆盖面积的减少,明显地促进了北极航线的发展。根据俄罗斯北方航道信息办公室(NSRA, 2022)的数据,从2016年到2021年,北极地区的船舶航行次数呈现出明显的上升趋势。特别是自2019年以来,每个月的航次都超过100次,2016年至2021年,9月份在俄罗斯北部北极水域的船舶总航次达到2610次。随着北极水域船舶活动的增多,北极环境下航次规划的寻径算法成为规划北极航行的先决条件。

Dijkstra算法和A*算法被广泛用于船舶路径搜索。杜贻群等改进了Dijkstra算法的搜索方向,设计了一种针对无人船的多向路径搜索算法,使得无人船的路径更短、转弯角度更小、转弯更平滑。Xie等考虑海洋气象因素,采用凸包算法增强Dijkstra初始路径解。Song等提出了一种改进的动态电流A*算法,利用样条曲线获得更平滑的路径。然而,Dijkstra算法和A*算法由于需要搜索大量冗余节点,效率相对较低。

Harabor和Grastien提出了跳跃点搜索(Jump Point Search, JPS)算法来提高路径搜索效率。Sun等进行试验,并得出与其他算法相比,JPS具有特殊设计的搜索规则,如前瞻和跳跃规则,能够以较低的时间复杂度搜索到渐近最优路径的结论。JPS算法已被用于许多应用,包括机器人导航、虚拟现实、自动驾驶汽车和无人机。Zhang等通过优化启发式函数,增加新的跳跃方法,采用单元格分类策略提高搜索效率,提出了一种基于改进JPS算法的混合AGV路径规划方法。Song和Ren将JPS算法中的前瞻规则一次性应用于多个节点,减少了搜索跳点所涉及的大部分迭代,并删除了只改变方向的不必要节点,从而减少了计算量,实现实时路径规划。Hu等在JPS算法中引入时空维度搜索和预处理步骤,有效处理时空障碍物。Chen等将JPS算法与蚁群算法相结合,实现了复杂场景下的高效路径搜索。Hou等引入了人工势场法来引导JPS算法,减少了不必要的跳点,但是,并没有考虑到导航安全与风险。同时,当前JPS算法的变化忽略了船舶的机动性,导致规划的

基金项目:极地冰区船舶航行最优航迹规划方法研究,船舶运输控制系统国家工程研究中心开放课题项目,2022-12至2023-12。

路径不能执行和遵循。

为了进一步提高规划路径的性能,最优控制方法被用来解决船舶机动性的约束。在最优控制问题的背景下,Shu 等通过考虑导航效率、导航成本、破冰船成本和安全性,将路径规划问题转化为多目标优化问题。然而,这类约束的非凸性对优化提出了挑战。因此,需要建立凸导航走廊,将非凸约束转换为凸约束。导航走廊最初被 Liu 等称为安全飞行走廊(SFC),并被 Li 等扩展为制动车辆自动停车,称为安全旅行走廊(STC)。本研究对 STC 进行整合和细化,以适应极地船舶导航。

本研究将三维风险网格图分割为多个二维平面图,以弥补 JPS 算法的局限性,例如加权网格图不可用。在每个二维地图上应用 JPS 算法,沿可访问路径搜索关键节点。然后将关键节点投影到海面上,并连接到指示分层风险信息的路线图上。随后,采用 Dijkstra 算法寻找优化后满足船舶动力学的参考路径。

1　研究方法

1.1　网络图构建

1.1.1　导航风险评估

为了使船舶在复杂的北极海洋环境中安全航行。第 94 届海上安全委员会(MSC)会议批准了《极地规则》(MSC, 2014)。该规则介绍了极地船舶限制操纵风险指标系统(POLARIS),这是一种极地船舶航行的风险评估系统。

该系统是利用北极冰制度航运系统(AIRSS)开发的,并计算风险指数结果(RIO)。风险指数结果将指导船舶操作,以最大限度地降低航行风险,其公式为:

$$\mathrm{RIO}=\sum_{i=1}^{n}(C_i \cdot V_i) \tag{1}$$

式中:C_i——第 i 类冰的海冰浓度;

V_i——与海冰类型对应的风险指标值(见图 1)。

Polar ship category	Ice class	Ice free	New ice 0–10 cm	Grey ice 10–15 cm	Grey white ice 15–30 cm	Thin 1st year ice 1st stage 30–50 cm	Thin 1st year ice 2nd stage 50–70 cm	Medium 1st year ice 1st stage 70–95 cm	Medium 1st year ice 2nd stage 95–120 cm	Thick 1st year ice 120–200 cm	Second year ice 120–200 cm	Light multi-year ice 250–300 cm	Heavy multi-year ice 300 cm
A	PC1	3	3	3	3	2	2	2	2	2	2	1	1
	PC2	3	3	3	3	2	2	2	2	2	1	1	0
	PC3	3	3	3	3	2	2	2	2	2	1	0	−1
	PC4	3	3	3	3	2	2	2	2	1	0	−1	−2
	PC5	3	3	3	3	2	2	1	1	0	−1	−2	−2
B	PC6	3	2	2	2	2	1	1	0	−1	−2	−3	−3
	PC7	3	2	2	2	1	1	1	−1	−2	−3	−3	−3
C	1A super	3	2	2	2	2	1	0	−1	−2	−3	−4	−4
	1A	3	2	2	2	1	0	−1	−2	−3	−4	−4	−4
	1B	3	2	2	1	0	−1	−2	−3	−3	−4	−5	−5
	1C	3	2	1	0	−1	−2	−2	−3	−4	−4	−5	−5
	No ice	3	1	0	−1	−2	−3	−3	−3	−4	−4	−5	−5

图 1　不同冰级船舶和海冰的风险指标值

基于 POLARIS 系统,我们定义了一个标度风险指数 R;特定的位置 j。故某特定位置的标度风险指数 R_j 可表示为:

$$\mathrm{RIO}_s=\{\mathrm{RIO}_1,\mathrm{RIO}_2,\cdots,\mathrm{RIO}_N\} \tag{2}$$

$$R_j=\max(\mathrm{RIO}_s)-\mathrm{RIO}_j \tag{3}$$

式中:RIO_s——所有区域的 RIO 值集合;

RIO_j——特定的位置 j 的 RIO 值。

陆地上的 R 值被设置为最大值。

1.1.2　三维风险网格图

我们根据标度风险值构建了三维导航风险网格图。如图 2 所示,X-Y 平面表示地理位置,第三个维度表示标度风险值。高风险区域用深黑色表示,低风险区域用浅黑色表示。

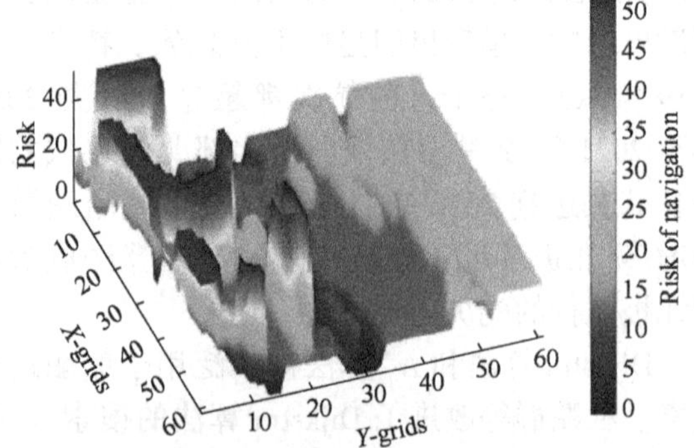

图 2　三维风险网格图示例[X 轴和 Y 轴坐标表示网格数量,Z 轴表示航行风险(针对 1A 冰级船进行评估)]

1.1.3　地图切片

由于 JPS 算法的局限性,我们需要将三维风险网格图离散为一系列二维平面图。若将最高的导航风险记为 n,则地图被切成 $n+1$ 个平面,包括第0层。如图3所示,切割平面与三维风险网格图交点在对应层上形成障碍物,平面其余部分表示无导航区域。

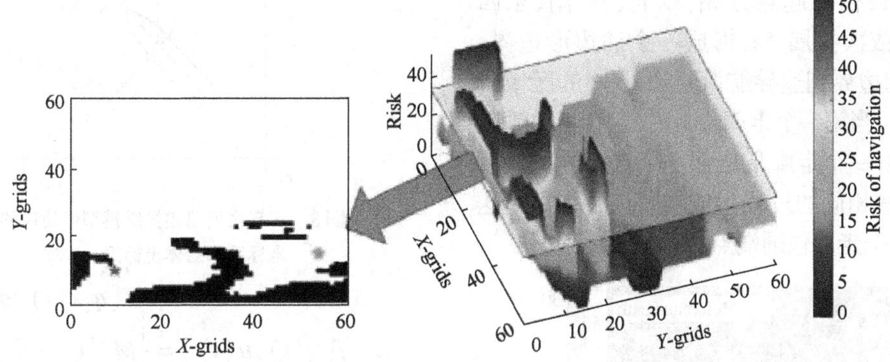

图3　地图切片的解释(左侧被切片的二维层是用右侧中层平面对三维风险网格图进行切片得到的。起始点、终点分别用左侧星形、右侧星形标记)

1.2　参考路径规划

1.2.1　关键节点生成与修剪

我们在每个切片层上使用JPS算法来搜索可访问的路径。因此,沿着路径的关键节点被记录下来,如图4所示。一旦处理了所有切片层,关键节点就会被投影到船舶航行的海面上。在投影过程中,不可避免地会得到重叠节点。为此,修剪过程必不可少,限制路线图形成的复杂性。在重叠的情况下,只保留最底层的关键节点,保证保留的关键节点保持最低的导航风险。

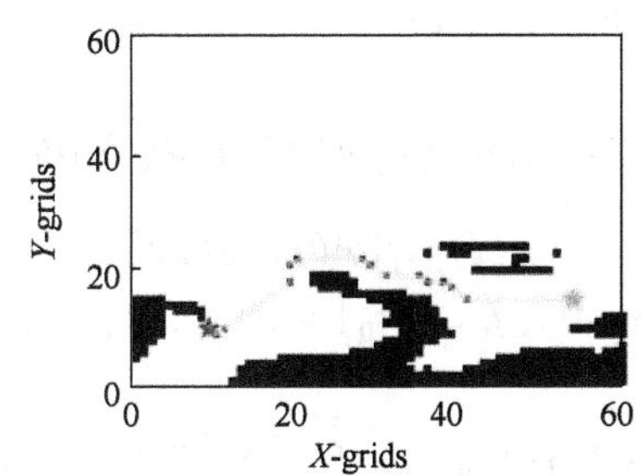

图4　切片层上的关键节点(中间黑色节点)

1.2.2　路线图上寻径

与概率路线图算法类似,保留的关键节点通过线连接起来,形成包含节点和边的路线图,如图5所示。

从图5中,我们可以注意到,寻径操作是在一个较小的路线图上进行的,而不是在三维风险网格图上,从而提高了搜索效率。采用Dijkstra算法可得到参考路径。Dijkstra成本函数可以被设计来评估航行距离和航行风险:

$$\text{cost} = \sum_{n=1}^{N} \sqrt{(x_n - x_{n-1})^2 + (y_n - y_{n-1})^2 + (i_n - i_{n-1})^2} \tag{4}$$

式中:x、y——节点的位置;

i——风险值。

$n-1$、n——当前节点及其父节点。

图6描述了由Dijkstra算法获得的参考路径。

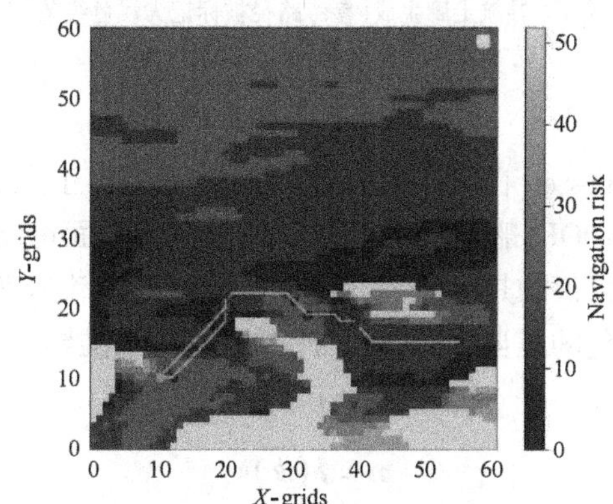

图5　由关键节点形成的路线图(深色点表示关键节点所在)

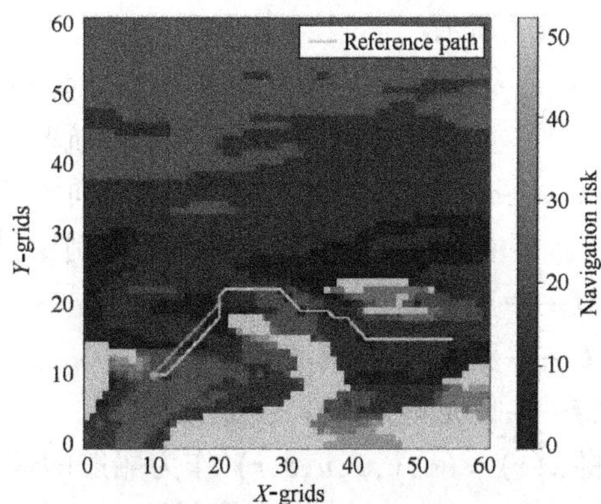

图6　由Dijkstra算法和设计的成本函数获得的参考路径(浅色线条标记)

1.3 轨迹优化

1.3.1 导航走廊生成

我们提出了一种迭代过程来加快廊道生成的过程。该过程最初从起点开始,以北、西、南、东四个方向的宽度依次扩展 Δs,形成一个四边形边界。继续扩展,直到边界到达导航风险超过30的区域或到达地图边缘。当第一个走廊生成时,它会将关键节点包围在内。下一个走廊是从前一个走廊内的最后一个关键节点按相同的过程生成的。该过程不断迭代,直到最后一个走廊包围端点,如图7所示。

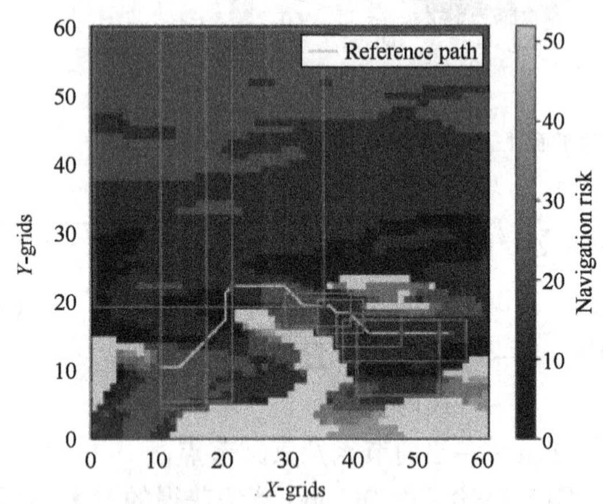

图7 导航走廊生成(参考路径被标记为浅色线条,方框圈定导航走廊)

1.3.2 三自由度船舶操纵模型

Fossen在海洋航行器控制方面提出了六自由度(6-DOF)船舶机动模型。由于在水平面运动中,最有价值的是寻径,忽略垂直、俯仰和滚动运动,因此简化的三自由度(3-DOF)机动模型可推导为:

$$\boldsymbol{M}\dot{\boldsymbol{v}}+\boldsymbol{C}(\boldsymbol{v})\boldsymbol{v}+\boldsymbol{D}(\boldsymbol{v})\boldsymbol{v}=\boldsymbol{\tau} \tag{5}$$

$$\dot{\boldsymbol{\eta}}=\boldsymbol{J}(\psi)\boldsymbol{v} \tag{6}$$

式中:$\dot{\boldsymbol{\eta}}$——$\boldsymbol{\eta}=[x\ y\ \psi]^{\mathrm{T}}$表示船舶在当地水平坐标系(NED)中的位置和航向角,如图8所示;

$\boldsymbol{v}$——$\boldsymbol{v}=[u\ v\ r]^{\mathrm{T}}$表示船舶在船体坐标系中的纵向速度、横向速度和偏航率;

$\boldsymbol{\tau}$——$\boldsymbol{\tau}=[f_u f_v f_r]^{\mathrm{T}}$表示船舶的纵向推力、横向推力和偏航力矩,作为控制变量;

$\boldsymbol{M}$——船舶的惯性矩阵;

$\boldsymbol{C}$——科里奥利-离心矩阵;

$\boldsymbol{D}$、$\boldsymbol{J}$——阻尼矩阵和坐标变换矩阵。

将$\boldsymbol{x}(t)=(x,y,\psi,u,v,r)^{\mathrm{T}}$作为船舶的运动状态,将$u(t)=(f_u,f_v,f_r)^{\mathrm{T}}$作为控制输入。式(5)可以转换为非线性时变系统的状态空间表示。

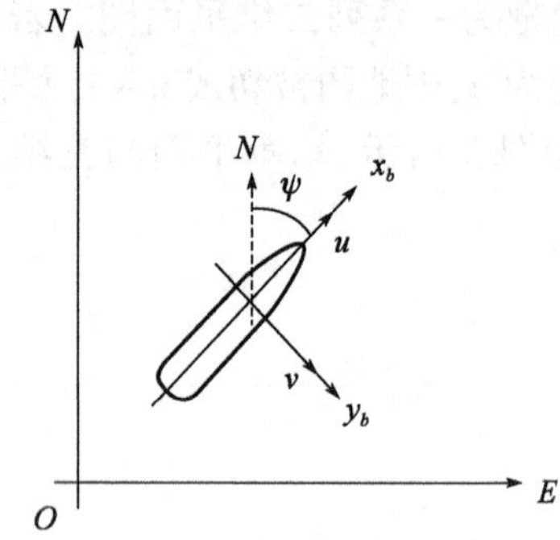

图8 三自由度船舶操纵模型中使用的当地水平坐标系和船体坐标系

$$\dot{x}=f[\boldsymbol{x}(t),\boldsymbol{u}(t)]=\begin{Bmatrix}\boldsymbol{J}[\boldsymbol{q}_1\boldsymbol{x}(t)]\boldsymbol{q}_2\boldsymbol{x}(t)\\ \boldsymbol{M}^{-1}(-\boldsymbol{C}[\boldsymbol{q}_2\boldsymbol{x}(t)]-\\ \boldsymbol{D}[\boldsymbol{q}_2\boldsymbol{x}(t)]+\boldsymbol{u}(t))\end{Bmatrix} \tag{7}$$

$$\boldsymbol{q}_1=f[\boldsymbol{x}(t),\boldsymbol{u}(t)] \tag{8}$$

$$\boldsymbol{q}_2=\begin{bmatrix}0&0&0&1&0&0\\0&0&0&0&1&0\\0&0&0&0&0&1\end{bmatrix} \tag{9}$$

1.3.3 轨迹优化

优化方案采用以性能函数,$w[\boldsymbol{x}(t),\boldsymbol{u}(t)]$和航行时间 t_f作为式(10)中在每个导航走廊的目标。$w(\cdot)$可根据各种目标来定义,例如:最小化角加速度 $w=\frac{1}{2}\dot{r}^2$。

$$J=\underset{t_f,x(t),u(t)}{\operatorname{argmin}}\int_{t_0}^{t_f}w[\boldsymbol{x}(t),\boldsymbol{u}(t)]dt \tag{10}$$

$$\dot{x}(t)=f[\boldsymbol{x}(t),\boldsymbol{u}(t)] \tag{11}$$

$$\{x_0,y_0,\psi_0,u_0,v_0,r_0\}=\{x_s,y_s,\psi_s,u_s,0,0\} \tag{12}$$

$$\{x_{\text{end}},y_{\text{end}},\psi_{\text{end}},u_{\text{end}},v_{\text{end}},r_{\text{end}}\}=\{x_g,y_g,\psi_g,u_g,0,0\} \tag{13}$$

$$x_{\text{corridor\_low}}\leqslant x(t)\leqslant x_{\text{corridor\_upp}} \tag{14}$$

$$y_{\text{corridor\_low}}\leqslant y(t)\leqslant y_{\text{corridor\_upp}} \tag{15}$$

式(10)表示优化的目标函数,式(11)表示动态约束函数,式(12)和(13)分别表示初始状态约束函数和终端状态约束函数,式(14)和(15)分别表示走廊的上空间边界和下空间边界。

2 实验与分析

2.1 数据与参数设置

本研究重点关注沿经度72°E至77°E之间以

及沿纬度70°N至75°N之间的水域。2023年2月26日至3月3日的海冰厚度和海冰浓度值均采集自哥白尼海洋服务(CMS, 2023),时间分辨率为1天,空间分辨率为0.083°。

且指定的1A冰级船长50m,宽7m,吃水5m,挡位系数0.7。假设该船的航速为2.57m/s,保持不变。

2.2 实验与结果

通过网格图构建、参考路径规划和轨迹优化,我们得到了满足船舶动力学约束的最优轨迹,如图9所示。在轨迹优化方面,我们根据参考路径初始化航向角。在中间节点,我们保证前面优化的最后一个节点的状态作为后面优化的初始状态。此外,我们施加约束,使每个优化中最后一个节点的航向角与该特定位置的参考路径指定的方向对齐。

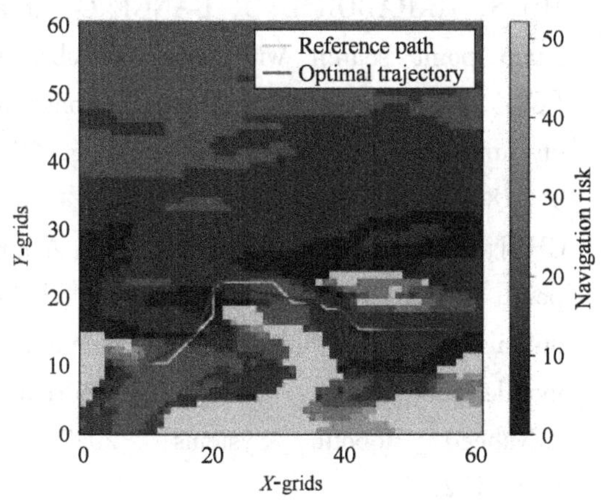

图9 最优轨迹与参考路径

图9结果表明,优化后的轨迹与端点附近的参考路径一致,但在起始部分和中间部分存在显著差异。这一特性来自在端点附近选择的路径点的密度高于其他位置。因此,优化更集中在端点附近。优化后的轨迹更光滑,明显的拐点较少。

为了比较,我们采用A*算法来识别关键节点。从JPS算法和A*算法中识别的关键节点形成相应的路线图,并通过Dijkstra算法找到参考路径。

从图10可以看出,JPS算法和A*算法发现的路径仅在中间和尾部有发散。然而,在开始部分发现了显著的差异。A*算法选择了一条包含大量向上直角转弯的路径。相比之下,JPS算法则是直接飞跃。因A*算法探索的冗余节点数量较多,对路线图的形成产生了误导。

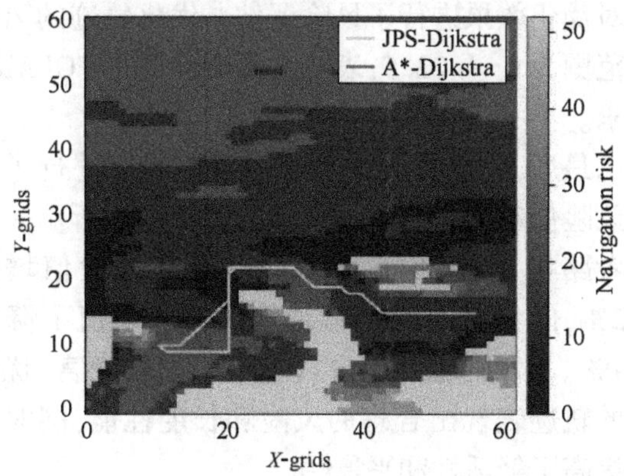

图10 从JPS算法和A*算法识别出的关键节点得到的参考路径

2.3 分析

优化的轨迹表现出平滑的特性,除坐标(20,20)为明显的拐点,其中在短时间内发生了大约100°的快速角度变化,如图11(1号曲线)所示。船舶的角加速度在-0.1 rad/s~0.2 rad/s间变化,如图11(2号曲线)所示。角加速度值保持较小,达到了优化使其最小化的目标。

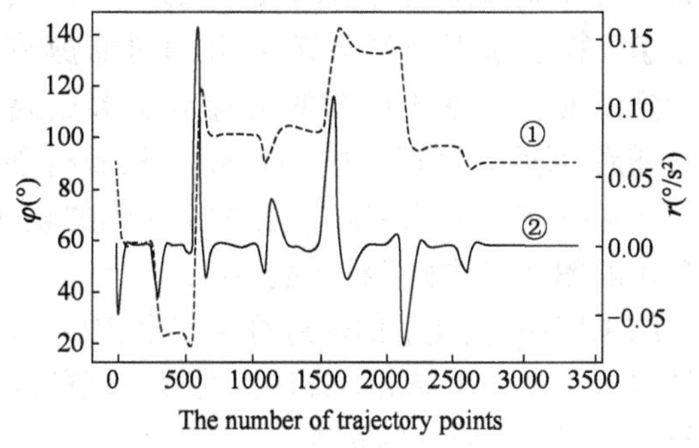

图11 航向角(1号曲线)和角加速度(2号曲线)

同时,我们对A*-Dijkstra算法和JPS-Dijkstra算法的性能进行了比较分析。评估标准包括探索节点数量、路径长度和运行时间,如表1所示。

不同算法的参考路径比较 表1

算法	节点数	路径长度(km)	时间(s)
A*-Dijkstra	419	220.32	2416
JPS-Dijkstra	26	194.4	160

表1所示的节点数表明了这两种方法间存在巨大差异。与A*-Dijkstra算法相比,JPS-Dijkstra算法只探索了6.2%的节点,导致路径长度减少了25.92km,运行时间仅为A*-Dijkstra算法所需的6.6%。因此,在这种情况下,JPS-Dijkstra算法显著提高了寻路效率。

此外,由于目标函数中没有考虑导航风险,因此对优化效果进行了风险评估。优化轨迹的风险值范围为0 ~ 22.5,表明优化轨迹满足 POLARIS 要求。

最后,我们将优化轨迹与参考路径进行了最高风险值和平均风险值的比较,如表2所示。与参考路径相比,优化轨迹显示最高风险值增加1.2%,但仍然相对较低。且平均风险值下降了3.4%。路径长度减少了4.6km。总体而言,优化后的轨迹表现出合理的风险和长度性能,同时显著提高了舒适性和平稳性。

参考路径与最优化轨迹的导航风险比较表2

名称	最高风险值	平均风险值
最优化轨迹	21.97	12.11
参考路径	21.70	12.52

3 结语

本研究提出了一种将真实世界地理空间信息与船舶导航风险相结合的快速路径规划方法。通过将三维导航风险空间切割成一系列平面,实现了以JPS算法来识别关键节点,并通过修剪将其投影到海面上。基于压缩的关键节点形成路线图。随后,使用路线图通过 Dijkstra 算法获得参考路径。最终使用最优控制方法生成优化的轨迹,以满足船舶动力学和各种导航约束。

结果表明,优化后的轨迹符合安全、效率和舒适性要求。本文所提出的方法为北极水域的船舶航行生成了一个合适的轨迹。

参考文献

[1] KIM Y H, MIN S K, GILLETT N P, et al. Observationally-constrained projections of an ice-free Arctic even under a low emission scenario[J]. Nature Communications, 2023, 14(1): 3139.

[2] LIN B, ZHENG M, CHU X, et al. An overview of scholarly literature on navigation hazards in Arctic shipping routes [J]. Environmental Science and Pollution Research, 2023: 1-17.

[3] 杜贻群,黄静,张华军.水面无人艇的多方向路径规划方法[J].指挥控制与仿真. 2021, 43(4):7-12.

[4] SONG Z, ZHANG J, WU D, et al. A novel path planning algorithm for ships in dynamic current environments[J]. Ocean Engineering, 2023, 288: 116091.

[5] HARABOR D, GRASTIEN A. Online graph pruning for pathfinding on grid maps [C]// Proceedings of the AAAI Conference on Artificial Intelligence. 2011, 25 (1): 1114-1119.

[6] ZHANG Y, HUANG H. Multi-AGVs pathfinding based on improved jump point search in logistic center [C]//Algorithmic Aspects in Information and Management: 14th International Conference, AAIM 2020, Jinhua, China, August 10 - 12, 2020, Proceedings 14. Springer International Publishing, 2020: 358-368.

[7] HU S, HARABOR D D, GANGE G, et al. Jump point search with temporal obstacles [C]//Proceedings of the International Conference on Automated Planning and Scheduling. 2021, 31: 184-191.

[8] CHEN T, CHEN S, ZHANG K, et al. A jump point search improved ant colony hybrid optimization algorithm for path planning of mobile robot [J]. International Journal of Advanced Robotic Systems, 2022, 19 (5): 172.

[9] SHU Y, ZHU Y, XU F, et al. Path planning for ships assisted by the icebreaker in ice-covered waters in the Northern Sea Route based on optimal control[J]. Ocean Engineering, 2023, 267: 113182.

[10] Copernicus Marine Service. Global Ocean Physics Reanalysis Analysis and Forecast v2. 1.2 (February 26th -March 3rd 2023)[EB/OL]. Retrie-ved from https://resources. marine. copernicus. eu/option = com_csw&view = details&product_id = GLOBAL_REANALYSIS_PHYS_001_024.

[11] FOSSEN T. Guidance and Control of Ocean Vehicles[M]. John Wiley & Sons. Ltd, 1994.

[12] WANG X, LIU Z, LIU J. Mobile robot path

planning based on an improved A* algorithm [C]//International conference on computer graphics, artificial intelligence, and data processing (ICCAID 2022). SPIE, 2023, 12604:1093-1098.

[13] LI B, ACARMAN T, PENG X, et al. Maneuver planning for automatic parking with safe travel corridors: A numerical optimal control approach[C]//2020 European Control Conference (ECC). IEEE, 2020: 1993-1998.

[14] SONG X, REN Y. Research on Improved Jump Point Search Algorithm for Fast Global Path Planning of Mobile Robots [J]. Science Technology and Engineering, 2020,20(29), 11992-11999.

[15] SUN Y, ZHANG J, WU D, et al. The Jump Point Search algorithm based ship path planning in the Arctic environment[C]//2023 7th International Conference on Transportation Information and Safety (ICTIS). IEEE, 2023: 152-157.

Study on Risk Management of Fresh Products Supply Chain under the Background of "Carbon Peaking and Carbon Neutrality Goals"

——A Case Study of Fresh Products in YongHui Supermarket in Xi'an

Wenbo* Zhou

(College of Economics and Management, Chang'an University)

Abstract With the development of information technology such as artificial intelligence and big data, the competition among product supply chains has become increasingly fierce. All facets of life have changed as a result of the drive for energy conservation and emission reduction in order to achieve carbon peaking and carbon neutrality. This has necessitated the introduction of new regulations to protect supply chains from environmental damage. With the swift alterations of both internal and external environments, supply chain operations are confronted with a multitude of risks, and whether these risks can be effectively managed is the key to gaining a competitive edge. With the rapid changes of internal and external environment, supply chain operation faces many risks, and whether the risks can be effectively managed has become the key to obtaining competitive advantage. Because fresh products are prone to corruption and great loss, they require higher timeliness of supply chain and face greater risks under the background of dual carbon. This paper, taking the fresh product supply chain of Xi'an YongHui Supermarket as an example, divides the risk into five first-class indexes: information risk, logistics risk, environmental risk, supply risk and environmental protection risk. Using a fuzzy comprehensive evaluation approach and an analytical hierarchy process, a risk evaluation model is constructed, quantitative evaluation is put into practice, and the scores for each indicator are ascertained. This provides a basis for the risk management of related companies in the supply chain, offering specific perspectives.

Keywords Fresh products supply chain Risk management Fuzzy comprehensive evaluation method Analytic hierarchy process

0 Introduction

Since the proposal of the "carbon peak" and "carbon neutrality" targets in 2020, enterprises have been transforming their green supply chains in an effort to gain competitive advantages[1]. The essential duties of enterprise supply chain risk management have become to scientifically and reasonably assess the factors that affect it, reduce risks in management, and implement effective prevention measures.

In the context of economic globalization, product production has constructed a complex supply chain from raw materials to consumers[2]. However, influenced by uncertain factors such as information exchange among members of the supply chain, one or more risk factors are highly likely to disrupt the normal operation of the entire supply chain. Therefore, research and governance on supply chain risks and their corresponding strategies are particularly important.

Comparing with general commodities, fresh products have the characteristics of short shelf life, easy deterioration and corruption, high preservation cost, large transportation loss, etc., which require the supply chain to have high timeliness and high toughness, resulting in its related suppliers having to face high complexity and high risk for a long time. Especially in the context of "carbon peak" and "carbon neutrality", environmental protection problems have aggravated the difficult situation faced by the supply chain of fresh products. How to effectively identify the explicit risks and potential risks of fresh food supply chain, scientifically assess risks and make risk control decisions has become one of the hot spots nowadays.

1 Theconcept definition and theoretical overview

1.1 Fresh product supply chain

The entire process of production, distribution, and sale is encompassed by a chain-like system of fresh goods, enterprises, suppliers, retailers, and consumers——the fresh product supply chain. The most important characteristic of fresh goods is their perishable nature, which requires extremely high quality standards for the logistics of fresh products[3].

1.2 Risk management

The technical process of risk management strives to reduce or control the detrimental effects of economic risks on decisions[4]. This process involves accurately identifying, effectively assessing and evaluating decision risk, continuously optimizing and integrating advanced decision risk management technology and information technology, implementing effective risk control for various risk behaviors, and timely and appropriate handling of various risk events. By means of this procedure, the financial outlay of economic hazards can be effectively diminished to attain the most advantageous economic advantages for businesses, advancing their sound and lasting progress.

1.3 Analytic hierarchy process

The risk factors facing enterprises are a complex, interrelated, and mutually restrictive system. When evaluating these complex systems, the AHP method, due to its systemic and practical characteristics, provides a concise and effective decision-making method for studying such systems. The basic principles and steps are as follows:

(1) System decomposition of research objects and construction of structural models. By means of the systematic decomposition approach, the system of research objects is broken down. The basic structure levels are target evaluation layer, criterion evaluation layer, and index layer, which are established based on the basic characteristics of enterprise management systems and an evaluation criteria and indicator system.

(2) Construction of safety judgment matrices. The AHP hierarchical analysis approach employs judgment matrices to evaluate the relative importance of assessment criteria, wherein these matrices contribute to comparing the significance of components at an identical tier, subject to the

influence of a higher-tier element[5]. The core issue in computing is to solve the maximum characteristic and its vector of the matrix, clarifying the risk weight associated with an element at the previous level in this level.

(3) By assessing the influence and magnitude of each layer element on the system structure goals, we can attain a hierarchical total objective ranking and finish the thorough risk assessment of the system.

2 Fresh product supply chain risk identification

An examination of the risk identification of a fresh product supply chain can be conducted from both internal and external perspectives. Initially, changes within the internal landscape, including fluctuations in product value, the condition of supplier deliveries, and the precision of data on consumer usage, directly or indirectly influence the smooth operation of the supply chain. Not to be overlooked, external environmental factors must be taken into account, for the fresh product supply chain necessitates more stringent operating conditions, due to its multiple nodes, the perishable and difficult to maintain qualities of fresh products, and the particularity of regionalization, thus rendering fresh products more vulnerable to both internal and external influences.

Researchers from around the world and within the country have classified the supply chain risks associated with fresh goods at Xi'an YongHui Supermarket, and this study has segmented them into distinct groups according to the characteristics of these items.

First, information risk. In the fresh food supply chain, the information transmission is often completed by middlemen. Enhancing the interests of individual node enterprises within the supply chain frequently leads to the dissemination of processed initial data, markedly affecting the precision, veracity, and promptness of the information that both preceding and succeeding entities obtain. This risk is divided into three categories: information asymmetry, information authenticity, and information effectiveness.

Second, logistics risk. Fresh products are difficult to overcome the perishable characteristics, which leads to relatively higher requirements for logistics facilities, such as temperature, humidity and storage treatment, which are subdivided into logistics delay risk and logistics loss risk.

Third, environmental risk. The critical significance of three key ecological elements influencing supply chain activities is undeniable: First, the constant threat of natural calamities and severe climatic conditions, which significantly hinder the manufacture and movement of goods; Second, the financial uncertainties, given that societal and economic environments greatly impact the distribution and sale of new merchandise. Finally, policy environment risks are equally critical, as government macroeconomic controls and industry policy adjustments play a decisive role in shaping market demand changes.

Fourth, supply risk. Product quality is the primary consideration when consumers produce purchasing behavior, and it is also the link that the whole supply chain should pay attention to. Supply chain operation necessitates market demand to be of great importance. Fluctuating demand and price variability in the fresh food market directly result in operational uncertainties within the supply chain. The cooperation between upstream and downstream suppliers also seriously affects the supply of products, which is subdivided into product quality risk, demand fluctuation risk and supplier cooperation risk.

Fifth, environmental protection risk. As fresh products are typically perishable and localized, they require cold chain transportation for most of them. Compared with traditional supply chain, it consumes more energy and emits more carbon, which makes it more difficult to realize green supply chain. Under this background, there may be environmental protection risks, which are subdivided into excessive energy consumption risks and environmental pollution risks.

3 Risk assessment based on analytic hierarchy process

3.1 Build a hierarchical structure model

This hierarchical relationship among risk factors is identified. Five primary indicators include: information risk, logistics risk, environmental risk, supply risk, and risk related to environmental protection; this metric is subsequently divided into 13 subordinate indices: risk of information asymmetry, risk concerning the authenticity of information, risk associated with the timing of information, risk of delays in logistics, risk of logistical failures, risk related to the natural surroundings, economic conditions risk, regulatory landscape risk, risk concerning product integrity, variability in demand risk, risk in supplier partnerships, risk of high energy use, and risk of contaminating the environment. A risk assessment model, as depicted in Figure 1 should be established.

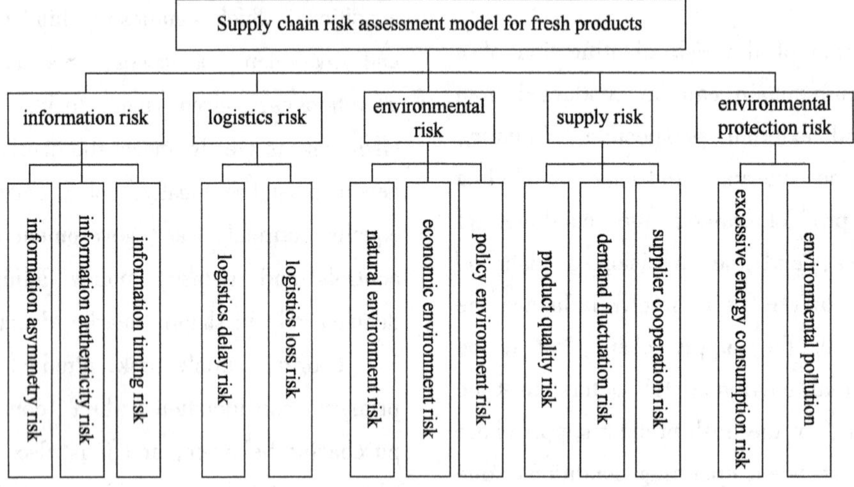

Figure 1 Risk evaluation framework for perishable goods supply chain

3.2 Establish the judgment matrix and the weight of each index

The weight of indicators is a critical element in a comprehensive assessment, with each index having its own impact and trajectory on the weight of evaluation factors and objectives. Approaches and techniques for determining weights can broadly be categorized into two groups. Initially, assessing weights qualitatively involves integrating the expertise and pertinent experience of professionals across various disciplines, followed by calculating the weighted evaluations from experts in diverse areas to conclude the ultimate weight.

Second, quantitative analysis, AHP analysis of the relationship between the indicators is more logical, so it is widely used in the study of various problems.

The criteria-based judgment matrix is:

$$R=\begin{bmatrix} 1 & 1/5 & 1/4 & 1/3 & 2 \\ 5 & 1 & 5/3 & 10/7 & 5/2 \\ 4 & 3/5 & 1 & 5/3 & 5/2 \\ 3 & 7/10 & 3/5 & 1 & 5/2 \\ 1/2 & 2/5 & 2/5 & 2/5 & 1 \end{bmatrix}$$

Utilizing SPSS software for analysis, the results can be obtained in Table 1 and Table 2.

AHP hierarchy analysis results Table 1

Risk	Eigenvectors	Weight values (%)	Maximum eigenvalue roots	*CI*
Information risk	0.466	9.328	5.219	0.055
Logistics risk	1.675	33.494		
Environmental risk	1.342	26.835		

continued

Risk	Eigenvectors	Weight values (%)	Maximum eigenvalue roots	*CI*
Supply risk	1.062	21.24	5.219	0.055
Environmental protection risk	0.455	9.103		

Concordance test results

Table 2

Maximum characteristic root	*CI*	*RI*	*CR*	Concordance test results
5.219	0.055	1.11	0.049	through

The consistency test reveals that this judgment matrix is efficacious, and the weight is both reasonable and effective, thus allowing its application.

Table 3 reveals the weight of each secondary index, in the same way.

The weight of each indicator

Table 3

Level 1 indicators	Weight values (%)	Level 2 indicators	Weight values (%)
Information risk B1	0.0932	Information asymmetry risk B11	0.1038
		Information authenticity risk B12	0.6651
		Information timing risk B13	0.2311
Logistics risk B2	0.3349	Logistics delay risk B21	0.25
		Logistics loss risk B22	0.75
Environmental risk B3	0.2684	Natural environment risk B31	0.5661
		Economic environment risk B32	0.2594
		Policy environment risk B33	0.1745
Supply risk B4	0.2124	Product quality risk B41	0.4234
		Demand fluctuation risk B42	0.3932
		Supplier cooperation risk B43	0.1834
Environmental protection risk B5	0.0910	Excessive energy consumption risk B51	0.2
		Environmental pollution B52	0.8

Hereby the weight vector of each indicator is obtained:

$$\omega_B = [0.0932 \quad 0.3349 \quad 0.2684 \quad 0.2124 \quad 0.0910]$$

$$\omega_{B1} = [0.1038 \quad 0.6651 \quad 0.2311]$$

$$\omega_{B2} = [0.25 \quad 0.75]$$

$$\omega_{B3} = [0.5661 \quad 0.2594 \quad 0.1745]$$

$$\omega_{B4} = [0.4234 \quad 0.3932 \quad 0.1834]$$

$$\omega_{B5} = [0.2 \quad 0.8]$$

3.3 Determine the index set and evaluation set of fuzzy evaluation

From the risk assessment index system at all levels of indicators, through the questionnaire survey of the fresh food area of YongHui Supermarket in Xi'an, according to the different levels of the risk assessment index system, evaluate different levels of risks, and give different scores, and finally summarize and sort out. The evaluation outcomes are categorized into five unique risk intensity tiers, labeled $V = \{$very safe, safe, moderately safe, hazardous, extremely hazardous$\}$, each assigned a score from 1 to 9, where a greater score signifies an increased likelihood of risk. The assessment framework used to analyze each hazard within the supply chain is detailed below:

$$R_{B1} = \begin{bmatrix} 0 & 0.2 & 0.3 & 0.5 & 0 \\ 0.1 & 0.25 & 0.4 & 0.2 & 0.05 \\ 0.2 & 0.3 & 0.1 & 0.4 & 0 \end{bmatrix}$$

$$R_{B2} = \begin{bmatrix} 0 & 0.1 & 0.2 & 0.5 & 0.2 \\ 0.2 & 0.1 & 0.4 & 0 & 0.3 \end{bmatrix}$$

$$R_{B3} = \begin{bmatrix} 0 & 0.2 & 0.2 & 0.4 & 0.2 \\ 0.2 & 0.4 & 0.4 & 0.2 & 0 \\ 0 & 0.2 & 0.6 & 0 & 0.2 \end{bmatrix}$$

$$R_{B4}=\begin{bmatrix}0 & 0.2 & 0.5 & 0.3 & 0\\ 0.1 & 0.3 & 0.2 & 0.3 & 0.1\\ 0.4 & 0.2 & 0.2 & 0.2 & 0\end{bmatrix}$$

$$R_{B5}=\begin{bmatrix}0 & 0 & 0.3 & 0.4 & 0.3\\ 0.1 & 0.2 & 0.5 & 0.1 & 0.2\end{bmatrix}$$

According to the formula(1):

$$D_n = R_n \cdot V = R_n \cdot \begin{bmatrix}10\\8\\6\\4\\2\end{bmatrix} \quad (1)$$

$$D_{B1} = R_{B1} \cdot V = \begin{bmatrix}5.4\\6.3\\6.6\end{bmatrix}$$

$$D_{B2} = R_{B2} \cdot V = \begin{bmatrix}4.4\\5.8\end{bmatrix}$$

$$D_{B3} = R_{B3} \cdot V = \begin{bmatrix}4.8\\8.4\\5.6\end{bmatrix}$$

$$D_{B4} = R_{B4} \cdot V = \begin{bmatrix}5.8\\6.0\\7.6\end{bmatrix}$$

$$D_{B5} = R_{B5} \cdot V = \begin{bmatrix}4.0\\6.4\end{bmatrix}$$

3.4 Evaluation results

According to the weight of various indicators and fuzzy evaluation results, from the formula (2) and formula(3):

$$\begin{cases}H_n = \omega_{Bn} \cdot D_{Bn}\\ H_1 = 6.27591\\ H_2 = 5.45\\ H_3 = 5.87344\\ H_4 = 6.20876\\ H_5 = 5.92\end{cases} \quad (2)$$

$$H_B = \omega_B \cdot \begin{bmatrix}H_1\\H_2\\H_3\\H_4\\H_5\end{bmatrix} = 5.844011732 \quad (3)$$

Based on the evaluation outcomes, YongHui Supermarket received a rating of 5.844 in the fresh supply chain risk assessment for Xi'an, indicating a moderate level of risk. Of the primary indicators, information and supply risk had high scores of 6.276 and 6.209 respectively, while logistics, environmental and environmental protection risk all had scores of 5.45, 5.87 and 5.92 respectively.

4 Conclusions

The paramount goal of the fresh produce logistics network is to ensure that consumers obtain the most recently harvested goods with minimal wastage, utmost quality, and maximum promptness. Based on the aforementioned assessment results, targeted control strategies are proposed for relevant enterprises.

First, supply chain members share information, avoid " information island ", and formulate information sharing standards to ensure that the data used by all parties can understand each other; Construct a trust mechanism to solve hidden dangers such as disclosure of trade secrets; share risks and profits, and stimulate the motivation of all parties to actively share information. "Agricultural Supermarket Docking" can choose various docking modes including direct contact between farmers-based producers and supermarkets, which can reduce circulation costs, increase profits of enterprises, help supermarkets directly track and supervise the quality of fresh products, and protect consumers' interests.

Second, The necessity of cold chain logistics for resolving the transportation issue of fresh food is clear; regular updating and upgrading of logistics equipment and technology is essential to ensure the smoothness of the supply chain's transportation, as well as to enhance its overall operational efficiency. Furthermore, modern information technology's application ability can be greatly augmented by the potent information system, and it can also play a more significant part in averting logistics risks. Through the efficient use of modern information technology, enterprises can ensure the quality of fresh food, at the same time, reduce the potential loss caused by logistics problems.

Third, strengthening government oversight and vigilantly observing market entities. Government oversight is fundamentally important in managing the supply chain process. Government departments can formulate targeted support policies for the fresh food supply chain to improve its operational efficiency, stabilize market supply and price levels. The government can help to reinforce the oversight of the quality of fresh food, or devise effective policies and procedures to guarantee the safety and excellence of fresh food.

Fourth, constructing a low-carbon supply chain throughout its lifecycle and striving to build a green supply chain. A new supply chain model, green supply chain, is one that takes environmental protection as its guiding principle, unites resources from upstream and downstream enterprises, and brings about sustainable growth. Businesses ought to adopt an eco-friendly growth mindset and integrate sustainability into their strategic objectives. The transportation of fresh products consumes more energy compared to other products during the process, requiring immediate digital transformation, strengthening coordination and coordination capabilities, trying our best to avoid unnecessary carbon emissions, strictly adhering to environmental regulations, reducing pollutant emissions, improving resource utilization efficiency, and reducing negative impacts on the environment. Amidst the defined objectives of achieving carbon peak and carbon neutrality, the significance of possessing capabilities for low-carbon management within corporate supply chains is ever more highlighted by the demands for sustainable development.

References

[1] 陈雨嫣,贺秋瑶. "双碳"背景下基于 TOPSIS 方法的汽车供应链风险因素评价研究[J]. 中国储运,2023(12):190. DOI:10. 16301/j. cnki. cn12-1204/f. 2023. 12. 098.

[2] 陆勇,刘立. 垂直型生鲜电商物流供应链运作风险识别与防范[J]. 商业经济研究,2023(06):88-91.

[3] 刘妍宏. 生鲜电商供应链风险研究[J]. 中国储运,2016(9):123-126. DOI:10. 16301/j. cnki. cn12-1204/f. 2016. 09. 042.

[4] 王成. 成都市农产品供应链风险评估研究[J]. 市场论坛,2021(08):57-62+69.

[5] 周雨,姜方桃,袁裕娇,等. 基于 FAHP 的果蔬农产品供应链风险研究——以南京超市为例[J]. 全国流通经济,2022(36):32-35. DOI:10. 16834/j. cnki. issn1009-5292. 2022. 36. 003.

基于 N-K 模型的船舶溢油风险因素多维耦合研究

陈柯宇[1] 邓 健*[1,2,3]

(1. 武汉理工大学航运学院;2. 内河航运技术湖北省重点实验室;3. 国家水运安全工程技术研究中心)

摘 要 船舶溢油事故的发生,会对环境、社会和经济造成广泛的灾难性影响。研究船舶溢油事故中的风险因素,从源头上预防溢油事故发生显得至关重要。因此,本文根据参与耦合的风险因素数量,建立水上事故 N-K 模型,对影响水上交通安全的风险因素的四种耦合类型进行了计算和分析。结果表明,船舶溢油事故与参与的耦合因素多少成正相关;客观因素(船舶因素、环境因素)对事故造成的影响大于主观因素(人为因素、管理因素),相关部门应着重加强对船舶因素与环境因素的控制,以避免溢油事故

基金项目:国家自然科学基金面上项目(52271368)。

发生。

关键词　安全工程　溢油风险　水上事故　风险耦合　N-K 模型

0　引言

船舶溢油事故的普遍特点是清污难度大,容易造成严重的经济损失以及对海洋和海滩的动植物生存产生严重后果,如"桑吉轮"溢油事故。因此,船舶溢油事故的安全风险分析已成为一个重要课题,受到各国研究人员的广泛关注。

2006 年,Peter Burgherr[1]首次在全球范围内对油轮意外泄漏进行系统全面评估,包括泄漏时间和空间分布、泄漏大小分布以及与泄漏有关的关键因素(即船旗国、船舶类型、油轮船龄、事故原因和位置敏感性);2015 年,Floris Goerlandt[2]提出了海上运输系统风险分析框架这一新理论,首先采用贝叶斯网络建模进行概率风险量化后再进行不确定性判断,该框架重点考虑事故的不确定性,并应用于油轮碰撞溢油的案例研究;2016 年,U gurlu[3]利用故障树分析(FTA)对油轮事故原因进行分类并计算其概率,确定原因之间的逻辑,然后确定最小割集,从而能够评估事故组合以及识别导致事故的初始事件(根本原因)的显著性水平;2019 年,王焕新[4]首次将 N-K 模型引入海上交通安全风险分析;2020 年,王海燕[5]对事故进行屏障分析,建立基于管理疏忽与危险树的船舶因碰撞导致溢油事故的致因分析模型,并利用结构熵权法计算因子权重并排序,结果表明事故的主要原因为船员违章操作、责任心不强、专业水平低,其中,船员违章操作对事故的影响最大;Chen[6]以"桑吉"轮事故为研究对象,运用故障树分析法系统分析了事故的主要因素,提出了未来油轮管理的策略,结果表明,造成油轮事故的因素相当复杂,在结构上人为因素起主要作用,此外,管理、环境和船舶因素也起了一定作用;2022 年,Chen[7]采用分析网络过程(ANP)支持的集成框架和模糊综合评价模型对北极溢油事件的影响进行了量化,实验结果表明,该框架能够准确量化北极地区溢油事件的影响,从而准确识别潜在风险等级;Coskan Sevgili[8]基于贝叶斯网络算法模型,利用大量事故报告来预测油轮发生事故后是否会发导致溢油,结果表明影响溢油概率的重要变量是事故类型、船舶年龄、船舶大小和航道类型。

目前,大多学者基于故障树(FTA)、贝叶斯网络评价、模糊综合评价模型、多层次灰色模型[9]等风险评估方法对溢油船舶事故进行分析,虽然国内外水上交通事故致因机理研究方法较多,但大多忽略了船舶溢油事故不是简单地由一个因素风险造成的,而是多因素风险相互耦合[10]的结果,此外,导致船舶溢油的多因素作用过程是动态变化的,应充分分析多因素耦合的动态变化过程,并且目前针对船舶溢油的单一事故做出的事故分析框架还较少。基于此,本文介绍一种新的分析框架,该框架运用 N-K 模型[11-14],对船舶溢油事故的成因进行分析研究,并分析对比小型溢油事故与中大型溢油事故的差异化,在此基础上针对薄弱之处提出减少风险耦合的应对措施,为预防船舶溢油事故和控制措施提供依据。

1　系统风险因素识别

1.1　事故数据

为了有效开展全球船舶溢油安全风险因素特征研究,本文收集了中国、美国、英国、丹麦等附近水域近 20 年共 85 起船舶溢油事故,并根据这些详细的事故调查报告进行了相关研究和分析。

水上交通事故通常按照下列 10 类进行统计:碰撞事故;搁浅事故;触礁事故;触碰事故;浪损事故;火灾、爆炸事故;风灾事故;自沉事故;操作性污染事故;其他引起人员伤亡、直接经济损失或者水域环境污染的水上交通事故。依据以上事故分类本文统计分析的 85 起船舶溢油事故被分为:碰撞事故 32 起,自沉事故 17 起,风灾 7 起,火灾、爆炸事故 4 起,触礁事故 2 起,搁浅事故 13 起,其他事故 10 起。碰撞、自沉和搁浅是船舶溢油事故中最常出现的事故类型。

根据国际油轮船东防污染联合会(ITOPF)给出的泄漏量大小分类,<7t、7~700t 和 >700t(<50 桶、50~5000 桶、>5000 桶),分别为小、中、大三个等级。在本文统计分析的 85 起事故中,小型溢油事故 41 起,中型溢油事故 39 起,大型溢油事故 5 起。

1.2　风险因素数据

水上安全系统是一个复杂而动态的系统。根

据船舶营运安全的基本要素结构[15]，影响船舶溢油事故的因素可以分为以下四类：人为因素、船舶因素、环境因素以及管理因素（表1）。每个方面都可以进一步细分为更具体的风险因素。

水上事故危险因素统计 表1

因素	人为因素	船舶因素	环境因素	管理因素
小型事故量(个)	30	25	10	22
中大型事故量(个)	38	18	16	22
总事故数量(个)	68	43	26	44

为了更深层次研究船舶溢油事故的具体原因，本文依据85起事故调查报告列出表2中人为因素、船舶因素、航行环境因素、管理因素的详细原因（表中序号不代表所占权重）。

船舶溢油风险因子的子因个数 表2

因素	人为因素	船舶因素	环境因素	管理因素
子因个数	疏忽瞭望(22)	船舶未检验(1)	风(18)	配员不足(4)
	未使用安全航速(7)	超载(3)	浪(12)	安全管理体系不完善(9)
	违规操作(30)	超航区航行(2)	流(1)	缺少岸基支持/指导(4)
	操作不当(12)	缺乏保养(7)	能见度(4)	未组织应急演练(2)
	技能水平不足(12)	船龄长(2)	雨(4)	船员不适任(5)
	经验不足(2)	设备缺失(3)	水域复杂环境(2)	缺乏管理(16)
	未及时采取行动(10)	设施设备未达标(4)	船舶密度大(1)	缺少培训(3)
	沟通不畅(11)	设备故障(20)	—	监督不充分(15)
	未谨慎驾驶(13)	船舶结构损坏(8)	—	机构未严格执行规范(2)
	应急处置不当(4)	违章改建(3)	—	—
	安全意识淡薄(8)	未封舱平舱(9)	—	—
	值班不当(9)	—	—	—
	疲劳(10)	—	—	—
	对危险估计不足(9)	—	—	—

通过对事故报告描述的统计，进行事故分析统计出危险因素的子因素的种类和数量，得出了危险因素的子因素各自所占比例以及出现频率。

2 方法

在风险管理领域，耦合指的是不同风险之间相互影响和相互依赖的一种情况，这种情况会导致风险概率和程度发生变化[13]，因此，我们发现耦合的概念有两个特点：必须有2个或2个以上的主体参与，并且这些主体之间必须有交互作用。在船舶溢油事故中表现为：事故的发生往往不止由1种风险因素导致，而是由2种或多重共同耦合的作用导致。

船舶运输系统属于典型的复杂系统，任何一个条件的变化都会对4个子系统造成干扰或破坏，导致部分或者整体原有的稳定耦合体被打破，当系统的耦合风险超过其可承受的阈值时，就会使得引发事故的风险增加或者产生新的风险。

在大多数情况下，由于船舶运输系统具有一定的自我修复和调节能力，单一的风险因素不能突破安全的阈值便不会发生溢油事故。显然大多数船舶溢油事故都是由一系列错误和缺陷造成的，当4个因素中其中一个影响因素存在缺陷或故障并突破其自身防御系统时，它会继续在溢油风险事故链中蔓延，一旦有其他风险因素参与时，它会迅速与其他因素耦合。耦合振荡后，平衡态的临界点将被打破。如果最终冲破综合防御系统，就将导致船舶溢油事故或者产生新的风险[14]。船舶溢油事故耦合风险机理如图1所示。

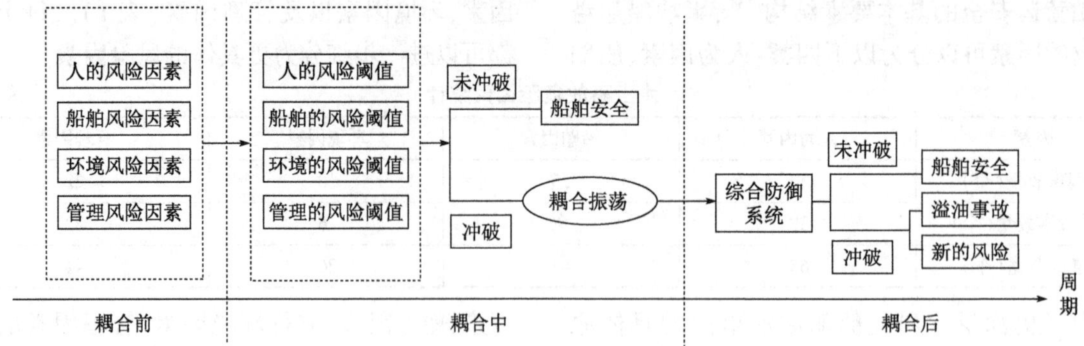

图1 船舶溢油事故耦合触发过程

N-K 模型的最大优势在于能相对简单地处理一些无法用实证方法研究的问题，比如系统复杂性如何影响系统的整体适应。N-K 模型中包含最重要的两个参数 N 和 K，在船舶溢油事故系统中，N 是指人、船舶、环境、管理 4 种因素的子系统总和，如果每个子系统之间有 n 种交互方式(状态)，那么总的组合方式将有n^N种；K 为子系统间相互依赖关系的个数，其中 K 的取值范围为[0,N-1]，则当 K 达到一定数量时，不同子系统间的关系便可形成网络。

为更好地分析导致船舶溢油事故的复杂网络问题，利用交互信息 T 来表示复杂网络中各子系统间相互耦合对系统安全影响的程度，计算公式为：

$$T(\mathrm{h,s,e,m})=\sum_{i=1}^{I}\sum_{j=1}^{J}\sum_{k=1}^{K}\sum_{l=1}^{L}P_{i,j,k,l}\times\log_2\left(\frac{P_{i,j,k,l}}{P_iP_jP_kP_l}\right) \tag{1}$$

式中：h、s、e、m——船员、船舶、水域环境以及安全管理四类风险因素；

$P_{i,j,k,l}$——在 4 种风险因素相互耦合的情况下，船员处于第 i 种状态、船舶处于第 j 种状态、水域环境处于第 k 种状态、安全管理处于第 l 种状态的概率；

P_i、P_j、P_k、P_l——人、船舶、环境、管理在 i、j、k、l 状态下发生的概率。

船舶溢油的多因素风险耦合可分为以下三类，其区分标准为参与耦合的数量：

单因素耦合风险是指，由单个风险因素引起的船舶溢油事故，该因素内部风险因子相互作用从而导致风险增加的情况。单因素耦合风险包括人-人、船-船、环-环、管-管因素耦合风险，耦合风险 T 分别记为T_{11}(h)、T_{12}(s)、T_{13}(e)、T_{14}(m)。

双因素耦合风险是指，由两个风险因素相互作用而引起的船舶溢油事故所带来的风险。双因素耦合风险包括人-船、人-环、人-管、船-环、船-管、环-管因素耦合风险，耦合风险 T 分别即为T_{21}(h,s)、T_{22}(h,e)、T_{23}(h,m)、T_{24}(s,e)、T_{25}(s,m)、T_{26}(e,m)。计算公式为：

$$T_{21}(\mathrm{h,s})=\sum_{i=1}^{I}\sum_{j=1}^{J}P_{i,j}\times\log_2\left(\frac{P_{i,j}}{P_iP_j}\right) \tag{2}$$

$$T_{22}(\mathrm{h,e})=\sum_{i=1}^{I}\sum_{k=1}^{K}P_{i,k}\times\log_2\left(\frac{P_{i,k}}{P_iP_k}\right) \tag{3}$$

$$T_{23}(\mathrm{h,m})=\sum_{i=1}^{I}\sum_{l=1}^{L}P_{i,l}\times\log_2\left(\frac{P_{i,l}}{P_iP_l}\right) \tag{4}$$

$$T_{24}(\mathrm{s,e})=\sum_{j=1}^{J}\sum_{k=1}^{K}P_{j,k}\times\log_2\left(\frac{P_{j,k}}{P_jP_k}\right) \tag{5}$$

$$T_{25}(\mathrm{s,m})=\sum_{j=1}^{J}\sum_{l=1}^{L}P_{j,l}\times\log_2\left(\frac{P_{j,l}}{P_jP_l}\right) \tag{6}$$

$$T_{26}(\mathrm{e,m})=\sum_{k=1}^{K}\sum_{l=1}^{L}P_{k,l}\times\log_2\left(\frac{P_{k,l}}{P_kP_l}\right) \tag{7}$$

多因素耦合风险则是指，由三个或更多风险因素相互作用而引起的船舶溢油事故所带来的风险。多因素耦合风险包括人-船-环、人-船-管、人-环-管、船-环-管、人-船-环-管等五类耦合风险，多因素耦合风险 T 分别记为T_{31}(h,s,e)、T_{32}(h,s,m)、T_{33}(h,e,m)、T_{34}(s,e,m)、T_4(h,s,e,m)。计算公式为：

$$T_{31}(\mathrm{h,s,e})=\sum_{i=1}^{I}\sum_{j=1}^{J}\sum_{k=1}^{K}P_{i,j,k}\times\log_2\left(\frac{P_{i,j,k}}{P_iP_jP_k}\right) \tag{8}$$

$$T_{32}(\mathrm{h,s,m})=\sum_{i=1}^{I}\sum_{j=1}^{J}\sum_{l=1}^{L}P_{i,j,l}\times\log_2\left(\frac{P_{i,j,l}}{P_iP_jP_l}\right) \tag{9}$$

$$T_{33}(\mathrm{h,e,m})=\sum_{i=1}^{I}\sum_{k=1}^{K}\sum_{l=1}^{L}P_{i,k,l}\times\log_2\left(\frac{P_{i,k,l}}{P_iP_kP_l}\right) \tag{10}$$

$$T_{34}(\mathrm{s,e,m}) = \sum_{j=1}^{J}\sum_{k=1}^{K}\sum_{l=1}^{L} P_{j,k,L} \times \log_2\left(\frac{P_{j,k,L}}{P_jP_kP_l}\right) \tag{11}$$

$$T_4(\mathrm{h,s,e,m}) = \sum_{i=1}^{I}\sum_{j=1}^{J}\sum_{k=1}^{K}\sum_{l=1}^{L} P_{i,j,k,l} \times \log_2\left(\frac{P_{i,j,k,l}}{P_iP_jP_kP_l}\right) \tag{12}$$

3 结果与讨论

3.1 溢油风险耦合值计算

根据全球85起船舶溢油事故的报告数据，统计出船舶溢油事故风险耦合的数量及频率，详情见表3。

事故风险耦合次数及频率 表3

单因素耦合	次数	$n_{0000}=0$	$n_{1000}=14$	$n_{0100}=5$	$n_{0010}=1$	$n_{0001}=0$	
	频率	$P_{0000}=$ 0	$P_{1000}=$ 0.1647	$P_{0100}=$ 0.0588	$P_{0010}=$ 0.0117	$P_{0001}=$ 0	
双因素耦合	次数	$n_{1100}=9$	$n_{1010}=7$	$n_{1001}=11$	$n_{0110}=3$	$n_{0101}=5$	$n_{0011}=2$
	频率	$P_{1100}=$ 0.1058	$P_{1010}=$ 0.0823	$P_{1001}=$ 0.1294	$P_{0110}=$ 0.0352	$P_{0101}=$ 0.0588	$P_{0011}=$ 0.0235
多因素耦合	次数	$n_{1110}=2$	$n_{1101}=15$	$n_{1011}=7$	$n_{0111}=1$	$n_{1111}=3$	
	频率	$P_{1110}=$ 0.0235	$P_{1101}=$ 0.1764	$P_{1011}=$ 0.0823	$P_{0111}=$ 0.0117	$P_{1111}=$ 0.0352	

为计算各风险因素耦合值 T，先计算以下耦合风险发生的概率。“1”表示涉及此类风险，“0” 表示未涉及此类风险。

(1)单因素风险变化概率

当人为因素不参与风险耦合时船舶溢油事故发生概率为：$P_{0***} = P_{0000} + P_{0100} + P_{0010} + P_{0001} + P_{0110} + P_{0101} + P_{0011} + P_{0111} = 0.1997$，用同样的方法可以得到其他单个风险因素的变化概率，计算结果见表4。

溢油事故单因素风险变化概率 表4

P_{0***}	P_{1***}	P_{*0**}	P_{*1**}	P_{**0*}	P_{**1*}	P_{***0}	P_{***1}
0.2	0.8	0.4941	0.5059	0.6941	0.3059	0.4824	0.5176

(2)双因素风险变化概率

当人为因素与船舶因素均不参与风险耦合时，船舶溢油事故发生概率为：$P_{00**} = P_{0000} + P_{0010} + P_{0001} + P_{0011} = 0.0353$，用同样的方法可以得到其他双因素变化概率，计算结果见表5。

溢油事故双因素风险变化概率 表5

P_{00**}	P_{01**}	P_{10**}	P_{11**}	P_{0*0*}	P_{1*0*}	P_{0*1*}	P_{1*1*}
0.0353	0.1647	0.4588	0.3412	0.1176	0.5765	0.0824	0.2235
P_{0**0}	P_{1**0}	P_{1**1}	P_{*00*}	P_{*10*}	P_{*01*}	P_{*11*}	P_{0**1}
0.1059	0.3765	0.4235	0.2941	0.4	0.2	0.1059	0.0941
P_{*0*0}	P_{*1*0}	P_{*0*1}	P_{*1*1}	P_{**00}	P_{**10}	P_{**01}	P_{**11}
0.2588	0.2235	0.2353	0.2824	0.3294	0.1529	0.3647	0.1529

(3)多因素风险变化概率

当人为因素、船舶因素以及环境因素均参与风险耦合时，船舶溢油事故发生概率为：$P_{111*} = P_{1110} + P_{1111} = 0.0588$，用同样的方法可以得到其他多因素变化概率，计算结果见表6。

溢油事故多因素变化概率 表6

P_{000*}	P_{100*}	P_{010*}	P_{001*}	P_{110*}	P_{101*}	P_{011*}	P_{111*}
0	0.2941	0.1176	0.0353	0.2824	0.1647	0.0471	0.0588

续上表

P_{*000}	P_{*100}	P_{*010}	P_{*001}	P_{*110}	P_{*101}	P_{*011}	P_{*111}
0.1647	0.1647	0.0941	0.1294	0.0588	0.2353	0.1059	0.0471
P_{0*00}	P_{1*00}	P_{0*10}	P_{0*01}	P_{1*10}	P_{1*01}	P_{0*11}	P_{1*11}
0.0588	0.2706	0.0471	0.0588	0.1059	0.3059	0.0353	0.1176
P_{00*0}	P_{10*0}	P_{01*0}	P_{00*1}	P_{11*0}	P_{10*1}	P_{01*1}	P_{11*1}
0.0118	0.2471	0.0941	0.0235	0.1294	0.2118	0.0706	0.2118

根据式(2)~式(12),可分别计算出下列各项耦合的T值与T值排序,如表7所示。

溢油事故各风险因素耦合值及排序　表7

耦合值	排序	耦合值	排序	耦合值	排序
$T(A1,A2)=0.0762$	4	$T(A2,A4)=0.0047$	9	$T(A1,A3,A4)=0.0111$	7
$T(A1,A3)=0.0089$	8	$T(A3,A4)=0.00042$	11	$T(A2,A3,A4)=0.0974$	3
$T(A1,A4)=0.0014$	10	$T(A1,A2,A3)=0.1570$	2	$T(A1,A2,A3,A4)=0.1866$	1
$T(A2,A3)=0.0325$	6	$T(A1,A2,A4)=0.0449$	5		

按照上述方法分别对小型溢油事故和中大型溢油事故进行计算,得出表8、表9各风险因素耦合值及排序。

小型溢油事故各风险因素耦合值及排序　表8

耦合值	排序	耦合值	排序	耦合值	排序
$T(A1,A2)=0.1051$	4	$T(A2,A4)=0.0181$	9	$T(A1,A3,A4)=0.0569$	5
$T(A1,A3)=0.0202$	7	$T(A3,A4)=0.0186$	8	$T(A2,A3,A4)=0.1955$	2
$T(A1,A4)=0.0071$	11	$T(A1,A2,A3)=0.1718$	3	$T(A1,A2,A3,A4)=0.2834$	1
$T(A2,A3)=0.0121$	10	$T(A1,A2,A4)=0.0492$	6		

中大型溢油事故各风险因素耦合值及排序　表9

耦合值	排序	耦合值	排序	耦合值	排序
$T(A1,A2)=0.0304$	7	$T(A2,A4)=0.0000005$	11	$T(A1,A3,A4)=0.0372$	5
$T(A1,A3)=0.0091$	8	$T(A3,A4)=0.0066$	9	$T(A2,A3,A4)=0.0305$	6
$T(A1,A4)=0.00009$	10	$T(A1,A2,A3)=0.1161$	2	$T(A1,A2,A3,A4)=0.1562$	1
$T(A2,A3)=0.0423$	4	$T(A1,A2,A4)=0.052$	3		

3.2　溢油风险耦合特征分析

海上溢油事故计算的风险耦合值如图2所示。

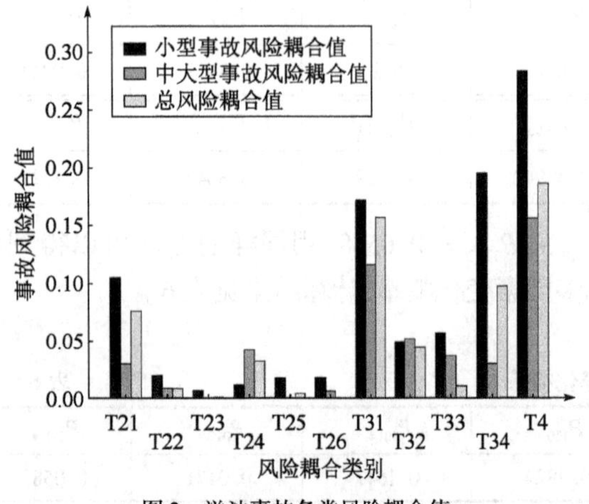

图2　溢油事故各类风险耦合值

通过上述计算结果可知:

(1)从总体上来看,在船舶溢油事故风险耦合值中,四因素耦合的耦合值T_4最高,其次是三因素耦合风险值,双因素耦合风险值次之,说明参与耦合的因素越多越容易发生事故。

(2)三因素耦合中,$T_{31}>T_{34}>T_{32}>T_{33}$,人-船-环境、船-环境-管理两种耦合方式的耦合值相对人-船-管理与人-环境-管理的耦合值较大。在耦合值较大的两种情况中,船舶因素和环境因素均参与耦合,说明在船舶溢油事故中,船舶自身的缺陷或故障以及恶劣的环境是引发船舶溢油事故的主要原因。

(3)两因素耦合中,$T_{21}>T_{24}>T_{22}>T_{25}>T_{23}>T_{26}$,人-船、船-环境两种耦合模式的耦合值远高于

人-环、船-管、人-管和环-管,说明船舶因素对双因素耦合的影响最大。

(4)单因素耦合可以直接导致船舶溢油事故的发生,但大多是多因素耦合的中间过程,转化为双因素耦合或多因素耦合。

(5)小型溢油事故风险耦合值中,$T_4 > T_{34} > T_{31} > T_{21} > T_{33} > T_{32}$;中大型溢油事故风险耦合值中,$T_4 > T_{31} > T_{32} > T_{24} > T_{33} > T_{34}$。

4 结语

本文采用耦合风险理论分析了船舶溢油事故耦合风险的形成机理,旨在为防止水上溢油事故的发生和安全生产提供一定理论和实践支撑。本文将耦合理论应用于船舶溢油事故的多因素风险管理以及采用 N-K 模型定量描述导致事故的内部耦合关系。得出以下结论:

(1)船舶和环境两因素同时产生耦合时最容易导致溢油事故,相比小型溢油事故而言,有人为因素参与时,中大型溢油事故发生的概率将提高,因此,海事局以及船公司应提升对船员的监督管理水平。

(2)客观因素(船舶因素、环境因素)对溢油事故造成的影响大于主观因素(人为因素、管理因素),表明船舶因素和环境因素之间存在着较大的耦合性,因此应尽可能避免多因素耦合特别是船舶因素与环境因素发生耦合。

(3)应采用解耦思想来弱化船舶运输中各因素之间的耦合效应。在耦合之前,应识别危险源,分析和控制危险源,避免危险因素之间的耦合。在耦合过程中,当控制不当的因素发生耦合时,应加强负耦合,以抑制耦合风险。

针对上述结论提出以下两方面针对性建议。

(1)加强船舶设计与维护标准。鉴于船舶结构完整性对于耐受恶劣环境的重要性,建议制定更为严格的船舶设计和建造规范。这应包括增强船体结构的稳定性、耐久性和耐浪性能的具体标准。此外,应实施定期的船舶安全审查制度,特别是针对老旧船只,确保所有船舶均定期接受干船坞检查,并专注于其结构完整性和关键安全设备的功能性。

(2)提升航行计划和实时监控系统。本策略建议船舶在出发前必须制订详细的航行计划,并结合最新的气象和海洋条件数据。此外,应建立一个高效的环境监测系统,利用卫星和其他远程传感技术,实时监控船舶位置及周边环境条件。通过这一系统,可在检测到潜在的危险天气或海况变化时,向船舶提供即时的警报,并指导其采取最安全的避险措施或调整航道。

参考文献

[1] BURGHERR P. In-depth analysis of accidental oil spills from tankers in the context of global spill trends from all sources. [J]. Journal of hazardous materials,2007,140: 245-256.

[2] GOERLANDT F, Montewka J. A framework for risk analysis of maritime transportation systems: A case study for oil spill from tankers in a ship-ship collision[J]. Safety Science,2015,76: 42-66.

[3] Analysis of fire and explosion accidents occurring in tankers transporting hazardous cargoes. [J]. International Journal of Industrial Ergonomics,2016,55: 1-11.

[4] 王焕新,刘正江. 基于N-K模型的海上交通安全风险因素耦合分析[J]. 安全与环境学报,2021,21(1):56-61.

[5] 王海燕,钟小敏. 基于 MORT 的"桑吉"轮溢油事故致因分析[J]. 安全与环境学报,2020,20(05):1624-1630.

[6] CHEN JI DI, SHI Z, et al. Marine oil spill pollution causes and governance: A case study of Sanchi tanker collision and explosion. [J]. Journal of Cleaner Production, 2020, 273: 122978.

[7] CHEN X S LIU S, R LIU R, et al. Quantifying Arctic oil spilling event risk by integrating an analytic network process and a fuzzy comprehensive evaluation model[J]. Ocean & Coastal Management,2022,228: 106326

[8] COSKAN S, REMZI F, ERKAN C. A data-driven Bayesian Network model for oil spill occurrence prediction using tankship accidents [J]. Journal of Cleaner Production, 2022, 370: 133478

[9] 徐玲江. 基于多层次灰色模型的舟山海域船舶溢油风险评价研究[D]. 大连:大连海事大学,2017.

[10] 刘清,单聪聪,韩丹丹,等.长江干线宜昌段船舶通航风险耦合研究[J].安全与环境学报,2018,18(03):825-830.

[11] LIV Z, et al. Risk coupling analysis of subsea blowout accidents based on dynamic Bayesian network and NK model. [J]. Reliability Engineering & System Safety,2022,Vol. 218

[12] JIAN D, SHAO L, CHENG X, et al. Risk Coupling Characteristics of Maritime Accidents in Chinese Inland and Coastal Waters Based on N-K Model[J]. Journal of Marine Science and Engineering,2022,10(4):4

[13] 罗帆,刘堂卿.基于N-K模型的空中交通安全耦合风险分析[J].武汉理工大学学报(信息与管理工程版),2011,33(2):267-270+279.

[14] 吕纪娜.高速公路施工质量耦合风险与标准化对策研究[D].西安:长安大学2020.

[15] 陈伟炯.面向21世纪的海事控制理论探讨——船舶营运安全的基本要素结构[J].中国航海,1999(1):34-38.

BTM模型在水上通航环境分析中的应用

李文海[1]　袁　智*[1,2,3]　刘敬贤[1,2,3]

(1.武汉理工大学航运学院;2.武汉理工大学三亚科教创新园;
3.水路交通控制全国重点实验室)

摘　要　水上通航环境分析对船舶航行安全、水上交通监管具有重要的支撑作用。为实现不同航行水域通航环境的精准分析,本文引入Biterm Topic Model(BTM),以海事管理机构发布的航行通告文本为研究对象,通过对航行通告中相关通航环境管理内容进行港区作业、航道维护、水文观测等"主题"的挖掘,实现主题词和潜在主题集合的提取与归纳,并依此对潜在主题进行聚类,通过不同主题的数量统计和占比分析,结合当前水域通航环境状况,分析该水域通航环境的构成要素和管理策略,进而洞悉我国水上通航环境管理的发展趋势,为水上交通管理的改进与完善提供新视角和新思路。

关键词　水上通航环境　航行通告　文本挖掘　BTM

0　引言

世界经济逐渐复苏,航运业也在迈向新的未来。船舶作为国际贸易中重要的运输工具,其货运量全球占比超过90%[1]。然而,船舶载货的安全运输与水上通航环境密切相关。所谓水上通航环境是指能够影响船舶交通活动的各种因素的总和,包括自然因素和人为因素,如通航条件、航行法规等。而通航环境管理则是对上述航行条件的整合和维护。航行通告作为重要的水上交通安全管理公告[2],向所有通航设施告知了当前水域可能影响船舶航行、停泊的通航环境条件[3],其发布数量和内容不仅隐含着该水域通航环境的状况,而且蕴藏了通航环境管理的发展态势。因此,在全国稳步推进全要素水上"大交管"和"交通强国"建设的背景下,有必要对航行通告内容进行挖掘和分析,为水上通航环境的高效管理提供新的视角和思路,并在保障水上交通的安全运输、高效管理、有序组织、智能监管等方面提供支持。

当前,针对水域航行通告文本挖掘的研究并不多见,少量的研究主要集中于对航行通告内容本身和管理模式的探讨,如白丽萍等人[2]对我国航行通告发布和管理中存在的问题进行了分析,发现我国航行通告在内容格式、信息化管理上的不足并给出对应建议;王鹏等人[4]就如何完善港口水域航行通告的管理进行了探讨,提出研发

基金项目:国家重点研发计划课题(2022YFC3006001),武汉理工大学三亚科教创新园开放基金(2022KF0016),武汉理工大学自主创新研究基金(2023-HY-B1-02)。

航行通告应用程序以提高航行通告发布的直观性和可见性。然而,上述研究都未从通航环境管理的视角来对航行通告进行分析和研究,也缺乏相应模型和方法的凝练与使用,难以支撑海事管理数字化转型的发展。此外,随着航运经济的不断发展,水上作业活动日益增多,航行通告的发布数量也将进一步增加。因此,传统的研究方法已经无法满足"智慧海事"建设背景下航行通告高效整合和水上通航环境精准分析的要求。

针对上述问题,本文面向水上通航环境分析与管理需求,以目标水域海事管理机构发布的航行通告作为研究对象,利用 BTM 对其进行主题挖掘,通过潜在主题挖掘结果的统计和分析,剖析该水域通航环境概况及影响因素,从而为全要素水上"大交管"体系建设和海事管理数字化转型提供新的理论基础和方法支撑。

1　基于航行通告文本挖掘的水上通航环境分析方法

航行通告的文本内容包含由许多相关词组构成的主题,而词的共现模式可以揭示主题之间的相关性。例如,如果词语"航道""疏浚""维护"经常出现在同一航行通告的上下文中,就可以推断该航行通告主题为"航道维护"。主题模型是一种无监督算法,通过对文档集的潜在语义结构进行聚类来揭示其主题[5]。2003 年,Blei 等人[6]首次提出了 Latent Dirichlet Alloction(LDA)主题模型,可实现多文本的主题发现、文本聚类、语义标注[7],是文本挖掘中使用最广泛的主题模型之一,被大量应用于教育学、社会学、工学等领域。但是,LDA 主题模型在处理短文本时,主题之间缺乏联系,使得处理结果存在严重的特征稀疏问题[8]。而航行通告文本内容长度较短,无法使用 LDA 主题模型对其进行主题挖掘分析。Yan 等人[9]对 LDA 主题模型进行改进后提出了 BTM,该模型对目标语料中出现的任意两个共现词组成的共现词对进行统计,以共现词对来对语料进行建模,有效克服了短文本特征稀疏的问题。因此,本文采用 BTM 对航行通告进行主题挖掘。

1.1　BTM

BTM 的建模原理如图 1 所示[10],其中,α 和 β 分别表示超参数为 α 和 β 的 Dirichlet 先验分布,μ 表示主题的概率分布,φ 表示词对在主题 K 下的出现概率,Z 表示某一词所对应的主题,语料库中共包含 K 个主题和 $|B|$ 个词对,而其中的一个词对 b 是由两个单词 W_i 和 W_j 构成。

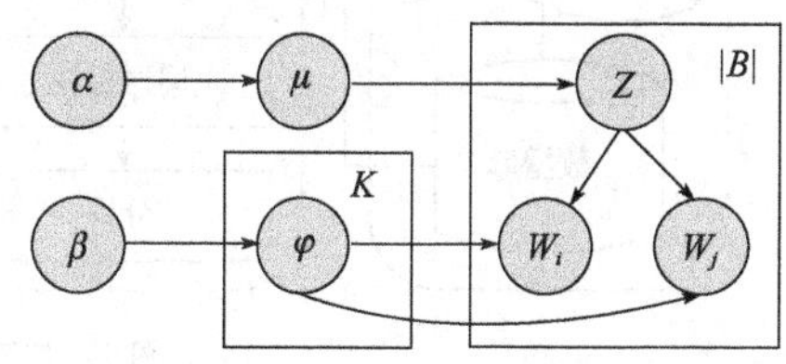

图 1　BTM 建模原理图

假设 Multi( )表示多项分布,Dir( )表示 Dirichlet 分布,则对于整个语料库中的词对,BTM 建模过程如下:(1)对于所要建模的短文从参数为 α 的 Dirichlet 分布中抽样出语料库中的主题分布 $\mu \sim \mathrm{Dir}(\alpha)$;(2)对于每个特定的主题 Z,从参数为 β 的 Dirichlet 分布中分配一个特定主题的单词分布 $\varphi \sim \mathrm{Dir}(\beta)$;(3)从主题分布 μ 中随机抽取一个主题 z,其分布为 $z \sim \mathrm{Multi}(\mu)$;(4)从上一步获得的主题 z 中随机抽样出两个词 w_i、w_j,组成词对 b,其分布为 $w_i, w_j \sim \mathrm{Multi}(\varphi)$。

1.2　基于 BTM 的航行通告挖掘方法

目前,BTM 在舆情分析、公共卫生等领域已经得到了广泛应用。Wang 等人[7]利用 BTM 对考研复试期间相关网络用户评论文本进行主题演化分析,实现了网络舆情的热点预测,为舆情分析提供了新思路;Haupt 等人[11]基于 BTM 对社交网络中非法销售阿片类药物的帖子进行识别,探讨了社交网站的价格如何影响经销商供应的宣传方式。但是,BTM 及类似模型在水上交通领域的应用相对较少,且更多的是针对事故调查报告和相关文献资料进行分析和研讨。

于卫红等人[12]将 PMI 和 BTM 相结合,对船舶事故调查报告进行了分析,实现了事故原因的准确挖掘。受此启发,本文运用 BTM 对航行通告文本进行主题挖掘,提取与水上通航环境相关的潜在主题及对应主题词,并通过主题聚类分析不同水域下航行通告的主题数量占比及其年度变化,从而实现目标水域通航环境状况的精准分析。理论方法框架如图 2 所示,主要包括如下四个步骤:(1)文本数据收集;(2)文本预处理;(3)文本主题聚类;(4)通航环境分析。

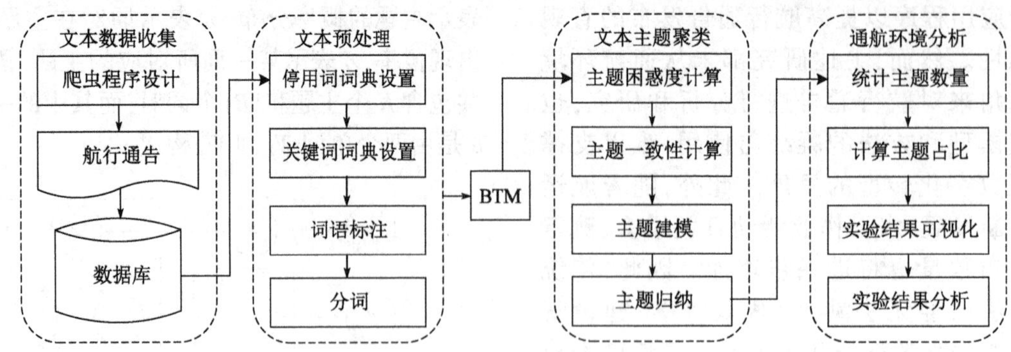

图2 基于BTM的航行通告文本挖掘方法

1.2.1 文本数据收集

由于上海海事局管辖水域处于长江口,水域内相关港口属于长三角港口群,既涉及内河运输也包含海洋运输,且该水域内港口货物吞吐量大,往来船舶众多,水域环境复杂,数据特征鲜明;另外,山东海事局管辖水域内相关港口属于环渤海港口群,可与上海海事局发布的航行通告形成对比。因此,本文选取上海海事局和山东海事局发布的航行通告进行研究。

在航行通告文本数据的收集上,本文基于Python函数库的requests工具设计程序,从中华人民共和国海事局官网(https://www.msa.gov.cn/)收集2019年12月31日至2023年12月31日上海海事局和山东海事局发布的航行通告文本文件。获取原始文本数据后,剔除其中"延期通告"以及"补充通告"等无效数据,分别得到2657件和1942件航行通告文本,随后将上述文本数据存入构建的航行通告文本数据库中。

1.2.2 文本预处理

由于航行通告文本中包含大量数字、字母以及其他无意义的词语和标点,文本噪声大,不利于BTM进行建模和实验结果的后续分析。此外,BTM无法对中文句子进行处理,需要先将句子切分为词语才能进行主题建模[12]。因此,有必要对航行通告文本进行预处理。本文运用Python函数库的jieba分词工具设计文本预处理程序,通过设置停用词词典和专用词词典对文本中的特殊字符、程序难以识别的专业术语进行标注,之后对标注好的文本进行分词处理,实现文本的预处理。其中,词典与词表类似,通过选词填入对应词典文件来标注文本中的相关内容,使程序更好地识别文本中的特殊词语。

1.2.3 文本主题挖掘

(1)文本最优主题数确定。

应用BTM进行建模时,主题数量的选取需要人为确定且对模型生成结果影响重大。可使用主题困惑度来确定BTM主题建模中的最佳主题数。主题困惑度是文本所包含语料相似度的倒数,主题困惑度越小,则表示主题建模的效果越好[13-14]。主题困惑度的公式如式1所示,$p(w_d)$表示第d篇文档中词出现的概率,N_d表示第d篇文档中包含的词数。

$$\text{Perplexity}=\exp\left[-\frac{\sum_{d=1}^{M}\text{lb}p(w_d)}{\sum_{d=1}^{M}N_d}\right] \tag{1}$$

虽然理论上主题困惑度越小,主题建模效果越好,但主题数过多会导致模型过拟合。因此,本文引入主题一致性来进一步确定最优主题数。主题一致性利用归一化信息和余弦相似度来分析语义相似性,一致性分数越高,主题建模效果越好[13]。主题一致性公式如式(2)所示。式中z为某个主题,W^z为主题z下概率分布最高的前N个词的集合,w_j^z为W^z中的第j个词,$D(w_j^z)$为w_j^z在语料库中出现的频率,$D(w_n^z,w_j^z)$为在语料库中w_n^z和w_j^z共同出现的频率。

$$C(z;W^z)=\sum_{n=2}^{N}\sum_{j=1}^{n-1}\lg\frac{D(w_n^z,w_j^z)+1}{D(w_j^z)} \tag{2}$$

(2)文本主题聚类。

在确定最优主题数确定后,利用BTM对航行通告文本进行主题挖掘,得到多个"潜在主题-主题词"的概率分布矩阵,再依照矩阵中每个词的概率大小进行排列形成主题词集合,根据每个潜在主题的主题词集合可以明显识别其潜在主题的含义。随后,通过咨询资深船长、行业专家的意见,将识别出来的潜在主题进一步归纳，从而将多个潜在主题聚类为几个热点主题。

1.2.4 通航环境分析

基于航行通告文本主题聚类结果，通过统计主题数量、计算主题占比及其年度变化，并结合当地水域环境状况，可对比分析不同水域的通航环境状况及影响因素，并剖析我国通航环境管理的发展趋势和潜在问题。其中，主题占比体现了主题的受关注程度，即在某个时间窗口上主题占比越大，该主题受关注程度越高。主题占比的计算公式如式3所示，δ_z^t 表述时间窗口 t 上主题为 z 的文本总数，D_t 表示时间窗口 t 上的文本总数，θ_z^t 则表示时间窗口 t 上主题为 z 的主题占比。

$$\theta_z^t = \frac{\delta_z^t}{D_t} \tag{3}$$

2 案例研究

2.1 航行通告文本主题聚类

2.1.1 上海海事局航行通告聚类

运用BTM对上海海事局的航行通告文本进行主题建模，计算不同主题数下的主题困惑度并绘制折线图，发现主题数为7个时主题困惑度下降幅度变缓。因此，可确定最优主题数在7个附近。进一步计算主题数为1~8个时的主题一致性并绘图，最终发现主题数为7个时主题一致性得分最高，故7个为最优主题数。主题困惑度和主题一致性如图3、图4所示。

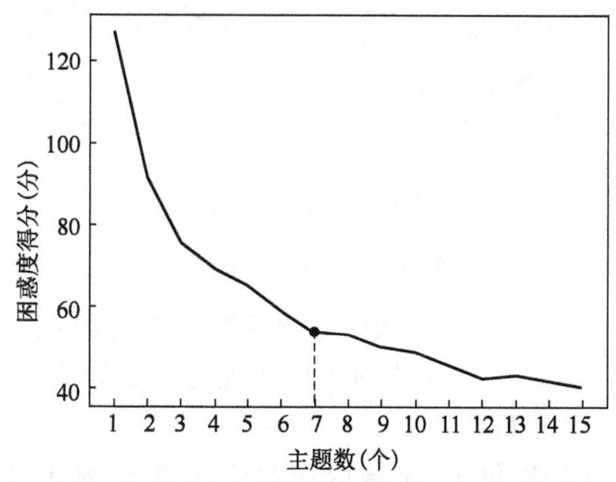

图3 主题困惑度(上海海事局)

根据确定的最优主题数，利用BTM对航行通告进行主题挖掘，提取出的潜在主题及对应主题词见表1。

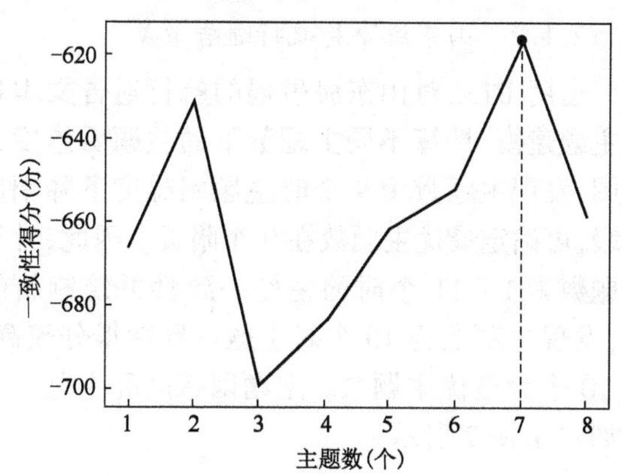

图4 主题一致性(上海海事局)

潜在主题及对应主题词(上海海事局) 表1

序号	潜在主题	主题词
Topic 1	港内作业	码头、集装箱、作业、工程、施工、国际、起重机、港区、检测、测验
Topic 2	施工作业	工程、项目、施工、作业勘察、风电、风机、维修、地质、钻探、海缆
Topic 3	港区作业	作业、工程、码头、作业、吊装、海运、基地、重工、地形、拆除、勘察
Topic 4	港口维护	疏浚、码头、作业、维护、水域、造船、工程、船舶、港池、泊位、轮渡
Topic 5	水文监测	水文、作业、泥沙、调查、监测、观测、水域、研究、河道、变化、清淤
Topic 6	海岸作业	吊装、码头、作业、水域、船务、基地、船厂、疏浚、泊位、海运、划定
Topic 7	航道维护	航道、测量、水深、作业、养护、河势、监测、整治、维护、工程、疏浚

根据主题词特征并结合航行通告文本内容对各个潜在主题进一步进行聚类，将上述7个潜在主题聚类为4个热点主题，如图5所示。

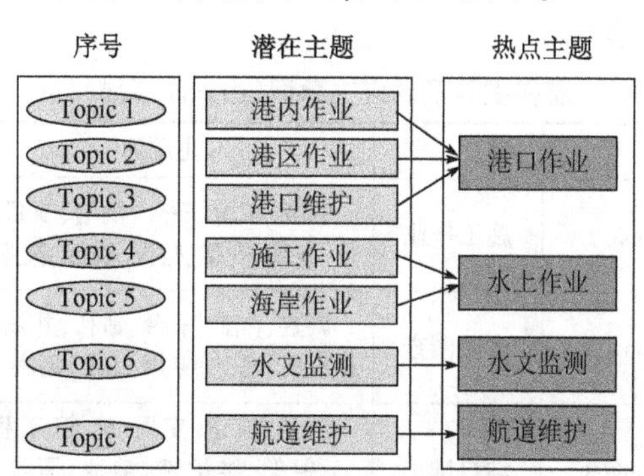

图5 主题聚类结果(上海海事局)

2.1.2　山东海事局航行通告聚类

运用 BTM 对山东海事局的航行通告文本进行主题建模,计算不同主题数下的主题困惑度并绘图,发现主题数为 9 个时主题困惑度下降幅度变缓,可确定最优主题数在 9 个附近。因此,计算主题数为 1 ~ 11 个时的主题一致性并绘制折线图,发现主题数为 10 个时主题一致性得分较高,故 10 个为最优主题数。主题困惑度和主题一致性如图 6、图 7 所示。

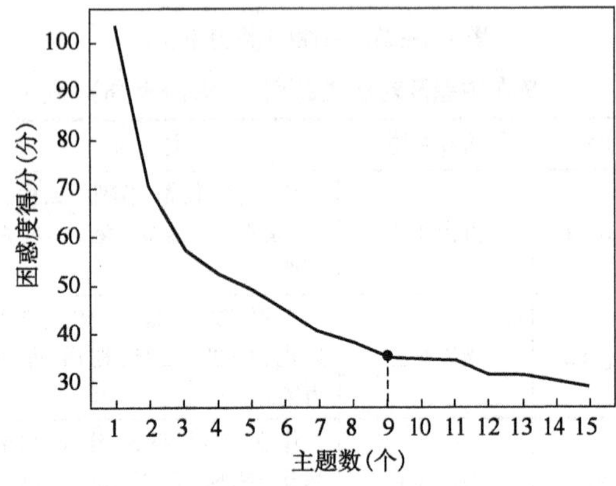

图 6　主题困惑度(山东海事局)

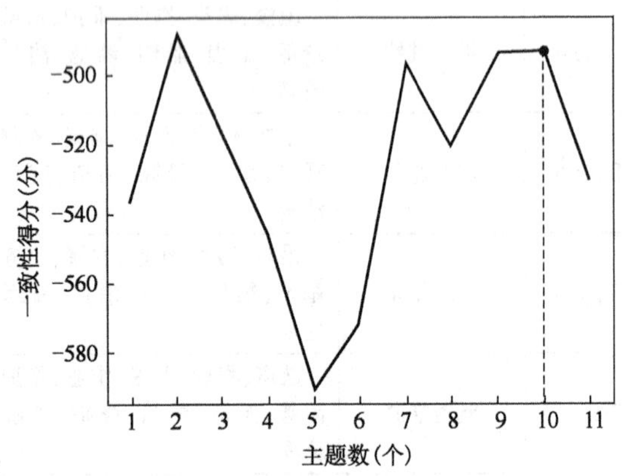

图 7　主题一致性(山东海事局)

根据确定的最优主题数,利用 BTM 对航行通告进行主题挖掘,提取出的潜在主题及对应主题词见表 2。

潜在主题及对应主题词(山东海事局)　表 2

序号	潜在主题	主题词
Topic 1	施工作业	牧场、试验、融合、风电、项目、示范、海缆、安装、敷设、航行、作业区
Topic 2	水文调查	调查、作业、平台、钻孔、井场、工程地质、海况、探井、海域、勘察
Topic 3	港口维护	港区、航道、变更、疏浚、工程施工、船舶、维护性、港池、原油、泊位、水域
Topic 4	水上活动	工区、作业、施工、油井、检修、钻井、检泵、帆船、活动、试油、光缆
Topic 5	工程作业	工程、码头、施工、天然气、管线、项目、船舶、液化、疏浚、改造、港池
Topic 6	港区作业	泊位、港区、突堤、通用、作业区、工程、防波堤、货场、集装箱、工程施工
Topic 7	采油作业	油田、作业、治理、海管、平台、开发、钻井、垦利、项目、悬空、隐患、清障
Topic 8	海岸作业	风电、场址、半岛、施工、项目、基地、船舶、主体工程、标段、钻采、吊装
Topic 9	码头作业	码头、前湾、船舶、港区、变更、精品、施工、矿石、基地、工程、航道
Topic 10	生态保护	航行、划定、作业区、修复、垦利、项目、工程、保护、油田、开发、生态

根据主题词特征并结合航行通告文本内容对各个潜在主题进一步进行聚类,将上述 10 个潜在主题聚类为 4 个热点主题,如图 8 所示。

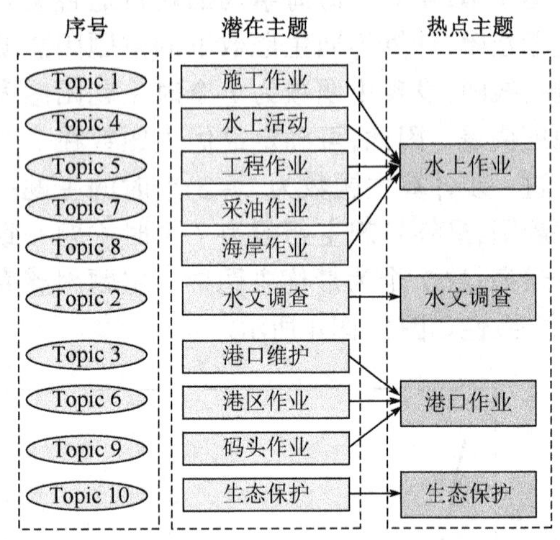

图 8　主题聚类结果(山东海事局)

2.2　水域通航环境分析

根据主题聚类结果,计算航行通告数量及对应主题占比,通过绘制图形并进行对比分析,可得出以下结果。

(1)整体上,水域内作业活动增加,水上通航环境更为复杂。如图 9 所示,上海海事局和山东海事局发布的航行通告的数量自 2020 年起整体呈现上升趋势,说明上海海事局和山东海事局管辖水域内作业活动愈加频繁。一方面,可能是由于疫情暴发后,国际贸易对船舶运输的需求量不断增加[15],而两个海事局管辖水域内港口众多,是国内货物的主要集散地[16],货物大量堆积,水域内往来船舶数量和水上作业活动逐年增加,水上通航环境变得更为复杂,船舶航行安全可能会受到严重影响,相关海事管理机构需要发布大量航行通告来警示过往船舶;另一方面,也说明了上述两个海事管理机构对加强水上通航环境管理的重视,近年来"智慧海事"、全要素水上"大交管"等概念的提出,水上交通管理更加智慧化和综合化,水上通航环境在越来越多的法律法规的调整和约束下会得到更加有效的管理。

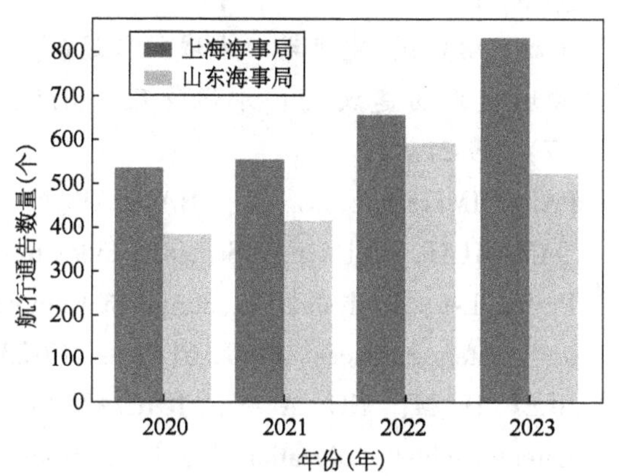

图9　上海、山东海事局航行通告数量

(2)水上通航环境受该水域的水上交通发展状况影响较大。如图10、图11所示,上海海事局航行通告主题中包含"航道维护",而山东海事局发布的航行通告中则没有类似主题。这在一定程度上表明上海海事局管辖水域内航道维护作业更加频繁,说明该水域航道可能存在问题,航道环境较为复杂多变,船舶航行安全会受到影响,需要不断对航道进行维护和保养;这同时也表明该水域海事管理机构对航道维护的重视,航道在不断地维护下将满足船舶安全航行的需要。结合实际来看,上海海事局管辖水域包含长江入海口,泥沙淤积严重[17],需要对航道进行不断疏浚和维护;而山东海事局管辖水域主要是渤海周边海域,泥沙淤积较少,航道条件相对较好。

(3)在山东海事局发布的所有航行通告中,"水文调查"占比较大,而在上海海事局发布的航行通告中则没有相关内容,取而代之的是"水文监测",且占比较小,如图11所示。结合表1、表2的潜在主题及对应主题词可以看出,山东海事局的"水文调查",更多的是为水上工程作业活动进行地质调查,是"水上作业"前的准备工作,而这也与图11中山东海事局主题为"水上作业"的航行通告占比较大的结果相契合,说明山东海事局管辖水域内的水上作业活动更加频繁,船舶航行安全更易受到该因素的影响。反观上海海事局的"水文监测",更多的是为"航道维护"进行准备,说明上海海事局管辖水域内航道条件相对较差,需要不断进行监测与维护,而这也与上文的分析相吻合。

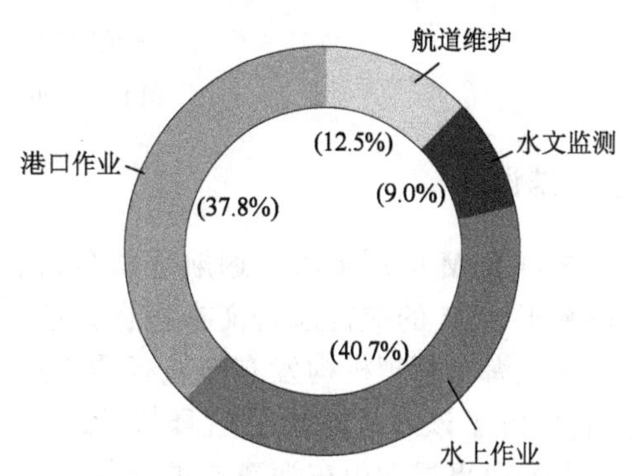

图10　航行通告各主题占比(上海海事局)

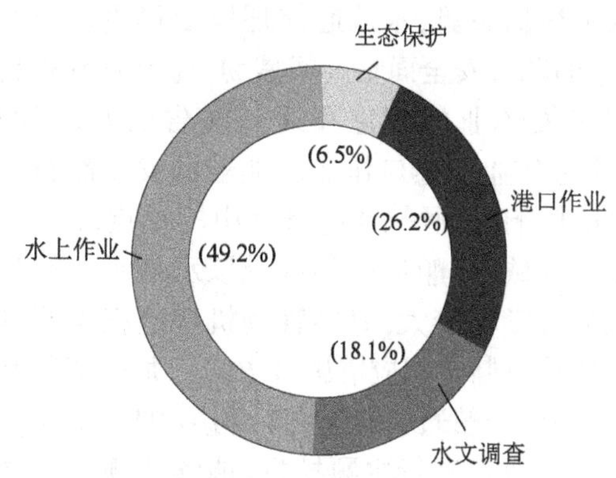

图11　航行通告各主题占比(山东海事局)

(4)水上作业和港口作业是影响船舶顺利通航的重要因素。从航行通告各主题占比来看,如图10~图12所示,在山东海事局和上海海事局发布的航行通告中主题为"水上作业"和"港口作业"数量最多,且在2020—2023年内一直保持较高的占比,说明上述海事管理机构所管辖水域内水上作业活动和港口作业活动频繁。这可能是由于上述水域内港口众多,货物吞吐量多年均位居世界前列,船舶货物运输频繁,进出港船舶数量大,港口水域附近水上交通环境复杂,船舶航行安全可能会受到严重影响。此外,上述两个水域周边经济发达,相关造船厂、船舶旅游公司众多,其他水上工程作业活动频繁,进一步对船舶航行安全造成威胁。

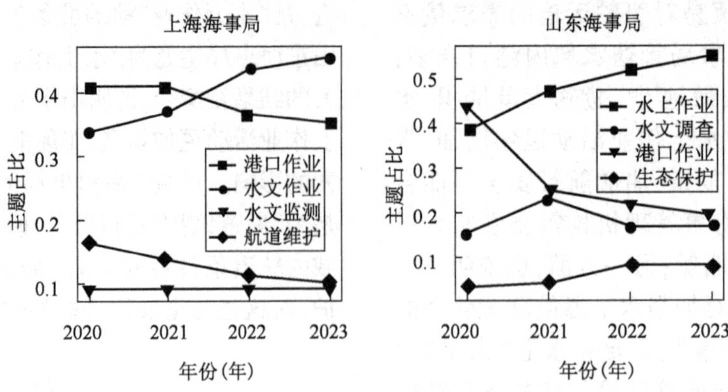

图 12 2020—2023 年航行通告主题占比变化

3 结语

本文将 BTM 应用于水上通航环境分析,提出了一种基于 BTM 的航行通告文本挖掘方法,通过对不同水域海事管理机构发布的航行通告进行主题挖掘,分析了该水域水上通航环境管理现状和趋势。上海海事局和山东海事局的案例研究结果表明:(1)整体上,水域内作业等影响船舶航行的活动呈增加态势,水域通航环境变得更加复杂多变,船舶航行安全面临严峻威胁,海事管理机构应加强相关作业的管理和通知通告的及时发布;(2)水上作业和港口作业对船舶的安全航行产生较大的影响,是通航环境管理中的重点;(3)具体到某一水域,船舶通航环境受该水域水上交通的发展动态影响较大,海事管理机构应根据当地水域环境特点制定相应措施及方案以加强通航环境管理,保障船舶通航安全;(4)利用 BTM 对某一水域的航行通告进行主题挖掘,能够实现该水域水上通航环境的有效分析。

同时,本研究在主题聚类、结果分析等方面具有一定的主观性,这些问题将在后续的研究中不断改进。

参考文献

[1] BASKSH A, ABBASSI R, GARANIYA V, et al. Marine transportation risk assessment using Bayesian Network: Application to Arctic waters-ScienceDirect[J]. Ocean Engineering, 2018, 159: 422-436.

[2] 白丽萍, 沈博文. 我国航行警(通)告发布和管理中存在的问题和建议[J]. 天津航海, 2021,2: 6-8.

[3] 裴祥豪, 刘伟康. 航行通告中设置处罚裁量的合理性浅析[C]//中国航海学会 2016 年海事管理学术年会优秀论文集. 宜昌海事局, 2016: 4.

[4] 王鹏, 胡建国. 完善港口水域航行通(警)告管理模式的建议[J]. 水运管理, 2015, 37(7): 19-21.

[5] PAPADIMITRIOU C H, RAGHAVAN P, TAMAKI H, et al. Latent Semantic Indexing: A Probabilistic Analysis[J]. Journal of Computer and System Sciences, 1998, 61(2): 217-235.

[6] BLEI D M, NG A Y, JORDAN M I. Latentdirichlet allocation [J]. Journal of machine Learning research, 2003, 3(1): 993-1022.

[7] 王曦, 陈铎. 基于 BTM 模型的教育舆情热点主题演化研究——以研究生招生考试为例[J]. 情报科学, 2022, 40(07): 55-60+77.

[8] 付文杰, 杨迪, 马红明, 等. 融合 BTM 和 BERT 的短文本分类方法[J]. 计算机工程与设计, 2022, 43(12): 3421-3427.

[9] YAN X, GUO J, LAN Y, et al. Abiterm topic model for short texts[C]//Proceedings of the 22nd international conference on World Wide Web. 2013: 1445-1456.

[10] CHEN Y, ZHANG H, LIU R, et al. Experimental explorations on short text topic mining between LDA and NMF based Schemes[J]. Knowledge-Based Systems, 2019, 163: 1-13.

[11] HAUPT M R, CUOMO R, LI J, et al. The influence of social media affordances on drug dealer posting behavior across multiple social networking sites (SNS) [J]. Computers in Human Behavior Reports, 2022, 8: 100235.

[12] 于卫红,付飘云,任月,等.基于PMI与BTM的船舶事故原因文本挖掘[J].交通信息与安全,2021,39(1):35-44.

[13] 米俊,李超,王迪.基于LDA和SNA的应急物流研究主题可视化研究[J].灾害学,2024,39(1):29-36+44.

[14] NABLI H, DJEMAA B R, AMOR I A B. Efficient cloud service discovery approach based on LDA topic modeling[J]. Journal of Systems and Software, 2018, 146: 233-248.

[15] WU D, YU C, ZHAO Y, et al. Changes in vulnerability of global container shipping networks before and after the COVID-19 pandemic[J]. Journal of Transport Geography, 2024, 114: 103783.

[16] 真虹.上海从枢纽港向国际航运中心的跨越与发展展望[J].水运管理,2023,45(11):1-5+11.

[17] 程海峰,刘杰,韩露,等.长江口泥沙运动形式分类及对深水航道淤积影响[J].水科学进展,2022,33(5):754-765.

Cruise Trajectory Network and Seasonality: Empirical Evidence from Queen Elizabeth Cruise

Xumao Li *[1]　Chengjin Wang[2]　César Ducruet[3]

(1. Transport Planning and Research Institute, Ministry of Transport;
2. Key Laboratory of Regional Sustainable Development Modeling, Institute of Geographic Sciences and Natural Resources Research, Chinese Academy of Sciences;
3. French National Center for Scientific Research (CNRS))

Abstract　Affected by climate and natural conditions, cruise activities have obvious seasonal characteristics. For a cruise ship, seasonality consists of the systematic, although not necessarily regular, movement of a cruise ship in a selected time. To examine more specifically the natural factors of the seasonal characteristics from a microscopic perspective, we construct month – temperature, quarter – season, and year – climate zone, a seasonal analysis framework in two dimensions of space and time and using a single world cruise ship named Queen Elizabeth (QE) as the case. Comparing the characteristics of the trajectory network with the seasonal factors, we find the cruise ship tend to voyage in a stable temperature range of 10℃ – 20℃, flee the winter and catch up with the summer and spring, and mainly stay in the temperature maritime climate zone, the subtropical monsoon humid climate zone, and the Mediterranean climate zone to form several branch network. Finally, the academic and practical implications of the research findings for seasonal management and itinerary choice are elaborated from the supply-side and demand-side.

Keywords　Cruise trajectory network　Temperature　Season　Climate zone　Queen Elizabeth

0 Introduction

In the 1960s, the modern cruise industry was born and since then cruise tourism has become the fastest-growing segment of the global tourism industry

Funding: National Natural Science Foundation of China (NSFC) Young Scientists Fund Project (No. 42201194); National Natural Science Foundation of China (NSFC) (No. 42071151).

and a symbol of global tourism, see Wood, (2000), Sun, Jiao, and Tian (2011). Worldwide, the cruise industry has an annual passenger compound annual growth rate of 6.63% from 1990 to 2018, see Cruise Market Watch, (2020). The rapid development of cruise tourism is achieved through a combination of supply and demand. Cruise passengers determine the demand for cruise products, while cruise companies and port authorities determine the supply of cruise products, see Brida and Zapata-Aguirre (2009), Gui and Russo (2011). However, Seasonality is one of the main aspects affecting tourism, as mentioned by Amelung, Nicholls, and Viner (2007), Tiziana and Rizzo (2011). The demand and supply of the cruise industry also reflect obvious seasonality, see Charlier (1999), Charlier and McCalla, (2006), Rodrigue and Notteboom (2013), Sun, Yip, and Lau (2019).

The cruise market has formed obvious the low season and high season affected by seasonality. Some markets are year-round, such as the Caribbean, the Mediterranean, and the Asian market, which are major cruise regional markets, see Sun, Feng, and Gauri (2014), Jeronimo and Antonio (2017), Jeon, Duru, and Yeo (2019). Some markets are seasonal, including Alaska, the Northeast Atlantic, and Australia/ New Zealand, etc, which are only serviced during their summer months, see Rodrigue and Notteboom (2013). Besides, Different markets are seasonal complementarities, because cruise ships can be moved seasonally from one cruise area to another, see Charlier and Arnold (1997), Charlier, (1999), Charlier and McCalla (2006), Rodrigue and Notteboom (2013). This is also happening in year-round markets. The seasonal factor is significant in the geography of cruising.

Seasonality is one of the most important characteristics of cruise voyage and plays a crucial role in the development of the cruise industry, see Paills (2015), Sun, Wu, and Feng (2015). Generally speaking, seasonality can be described from many angles. For example, the demand of tourists (consumer preferences, revenue, leisure time, etc), the supply of hotels (location, service, etc), which are tourism economy, see Rossellò-Nadal, Riera, and Rossello (2004), Spencer and Holecek (2007). However, from the perspective of transport geography, for a single cruise ship, seasonality consists of the systematic, although not necessarily regular, movement of a cruise ship in a selected period, usually the year, which could be seen as a most direct micro-expression, see Hylleberg (1992).

Given this, this paper attempts to analyze the seasonal characteristics of the cruise trajectory, using a single cruise ship as a case study. In our approach, the seasonality of the cruise ship is analyzed by building a multi-dimensional seasonal analysis framework, mainly in terms of natural factors, in the transport geography analysis paradigm. To a certain extent, this can expand the research perspective and method of transport geography, also can be viewed as a microscopic examination of the nature and contents of the cruise movement.

This paper is structured as follows. Following on from the Introduction, Section 1 presents a literature review that covers the usage of trajectory. The cruise seasonal framework is described in Section 2, as well as the principle of case selection. In Section 3, the results of the analysis for a case, which includes the structural properties of the cruise trajectory network and the spatial-temporal seasonality characteristics, are presented. Concluding remarks are given in the final section.

1　Literature review

The trajectory data represent the original ship's trajectory data which cover the time and space domains. Research-based on trajectory data has traditionally been the preserve of transportation geography and the transportation engineering fields and enables an analysis of the ship's navigation path. It provides a good reference for revealing socio-economic activities and the laws which control human travel. In the context of transportation, trajectory data are used to analyze movement patterns in subway systems, taxi journeys, air transportation, and navigation. Similar research has also been performed by Huang, Levinson, and Wang, et al (2018), Burghouwt and Hakfoort (2001), Liu, Kang, and Gao (2012), Notteboom (2004). Much progress has been made, but some deficiencies ignore the differences and dynamic variability of individual units. Based on an analysis of the ship's trajectories in maritime shipping, there have been studies on container ships. But the operations research is more "detailed" when focusing on vessel trajectories compared with social sciences that focus on aggregated flows, Notteboom, for instance, is more "social sciences" and does not look at individual trajectories, see Notteboom (2004). Ducruet and Notteboom (2012) analyzed the global container shipping network and confirm the impact of global trade and logistics transfers on the port hierarchy. At the same time, research shows that such changes are mainly geographical. Fraser, Notteboom, and Ducruet (2016) analyzed changes in the peripheral and remote levels of the South African container port system as part of the global container shipping network. They pay more attention to the port scale, which belongs to the analysis of the nodes of trajectory.

The dynamics of the cruise industry are reflected in the literature related to cruise ships, and we have seen a rapid growth of cruise-related research between 1983 and 2009, see Papathanassis and Beckmann (2011). The literature on cruise ships between 2010 and 2014 increased at a rate of approximately 10 publications per year, see Marcussen (2016). In cruise research, the trajectory has been widely used. Most works of literature come from social sciences rather than geographic science, especially the field of economic management.

(1) Analyzing different cruise itineraries and economic benefits by trajectories. A cruise itinerary is a part of the cruise movement trajectory, but not whole. Lee and Ramdeen (2013) analyzed 15 different cruise lines operating in the Caribbean, Bahamas, Bermuda, etc. They found that the travel route has a significant impact on cruise occupancy. Li and Kwortnik (2016) proposed a new classification method that used consumers' perception of their travel experience to classify cruise lines. Young, Suhyung, and Hyosoo (2017) analyzed the efficiency of cruise routes based on the data envelopment analysis (DEA) model network.

(2) To evaluate the scope of the cruise market and the connections between the markets. From a geographical perspective, the cruise market tends to exist in certain areas where the cruise trajectories are densely distributed. Therefore, the trajectory is the basis for the study of the cruise market. the global nature of cruise tourism and the contact between cruise markets, even the development of the cruise market could be verified and answered by the cruise trajectory, see Charlier and McCalla (2006), Robbins (2009), Rodrigue and Notteboom (2013).

(3) Describing the seasonal characteristics. Charlier and McCalla, (2006) found the seasonal factor was crucial in the geography of cruising when comparing the first and third quarters. Rodrigue and Notteboom (2013) provided a conceptual framework on ship schedules, and offered an analysis of existing itineraries in the Caribbean and the Mediterranean cruise markets, found that the two round-year cruise markets are not functioning independently but are interconnected. This indicates that the two markets are not strictly year-round markets. The movement of cruise ships is to cope with variations in seasonal demand among the regional markets. Jeronimo et al. (2019) yield many destination regions were interconnected in the deployment of vessels throughout the year and found the seasonality pattern of cruise destinations was conditioned by the seasonality patterns of other neighboring destination regions. These are important to understand the seasonal geographical patterns of the world cruise industry but less microanalysis.

In summary, based on the ship's trajectory, many pieces of research can be addressed, but this literature review shows that researches concerning cruise trajectories are incomplete, more micro studies in economics or management, while less in geography. Besides, seasonal factor is crucial in the geography of cruising, but the major seasonality studies concern to the influence of seasonality on the cruise market and industry, and fewer pay attention to the internal relationship between the moving trajectory of cruise ships and natural factors, including temperature, climate, etc. There may be for the following reasons. First, it is difficult to quantify so many seasonal factors. Second, the movement of cruise ships is very flexible and lacks data.

2 Research design

2.1 A seasonal framework of cruise geography

Different causes of seasonality are in the cruise industry. In general, compared with cultural, institutional, and other social factors, the seasonal impact of natural causes is more prominent, which are beyond the control of decision-makers, and brings about difficulties for consumers, business operators, and the settings in which they operate see Cuccia and Rizzo (2011), Chen and Pearce (2012). So many natural causes are significantly dependent on climate and nature conditions, including sunlight, rainfall, wind, etc, which are harder to measure because of the contingency of different periods, see Sun, Yip, and Lau (2019). In contrast, the temperature (average temperature) of a region, the alternations of seasons, and the climatic zones are relatively stable and fixed. They can be used to reflect the spatial nature of the region.

In economy, management, and tourism research, month or quarter, as well as the year, are important units of time observation, see Chang, Park, and Liu, et al (2016), Valadkhani, Smyth, and Worthington (2017), Rossello and Sanso (2017). Meanwhile, in geography study, they are seen as very significant scale differences of time, see Marit (2004), McCalla, and Charlier (2006).

Based on spatial seasonal factors and time scale differentiation, we construct a primary seasonal analysis framework of cruise geography. As shown in Fig. 1, the cruise port is the basis for connecting spatial and temporal dimensions. Among them, the temperature is quantified every month, the season is considered mainly in the quarter, and the climate zone is concerned in the year. Under this, we can study the cruise trajectory and seasonal law from three levels.

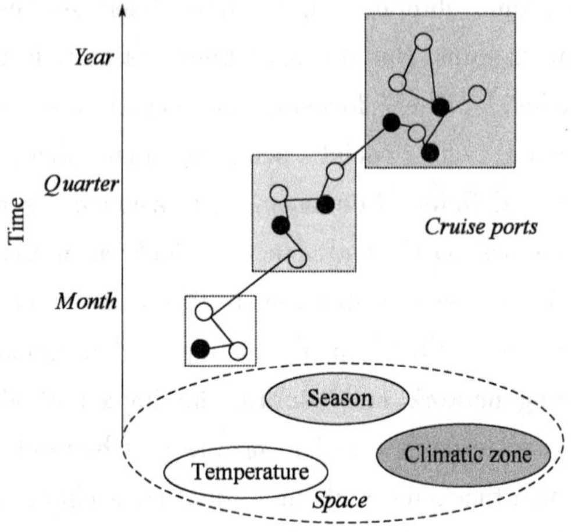

Fig. 1 A seasonal framework of cruise geography

2.2 Principle of case selection

The seasonal study concerns the analysis of the trajectory of a cruise ship. Thus, the first consideration in the selection of a sample cruise ship, and the screening of this sample should be scientifically sound. Based on the characteristics and trends of the global ocean cruise industry, see Wood (2000), Rodrigue and Notteboom (2013), and the annual evaluation data in the "Belize Cruise Guide", ship selection for this study was based on four considerations: stability, integrality, globality, and diversity.

(1) Integrality: Emphasizing a cycle on a time scale. The cruise trajectory should be within a limited time interval that is a full cycle, such as one year. Generally speaking, for cruise trajectory, a full cycle is usually not January to December in one year, instead, April-May of one year to April-May of the following year, see McCalla, and Charlier (2006), Paills (2015).

(2) Stability: It is emphasized that a cruise ship has formed a relatively stable traditional voyage which is relatively mature after a long time, although the

itinerary choice of the cruise ship is very flexible, see Marit (2004) and Paills (2015).

(3) Globality: It is emphasized the space scope, more regions, and more cruise ports. The cruise trajectory should be on a large spatial scale. In other words, the cruise trajectory can't be just one region, while should be as global as possible so that cruise ships can sail in more different space regions, using more cruise ports, which is conducive to analyze the change of trajectory network and spatial seasonal factors. Therefore, this kind of cruise should be the world cruises that sailing round-the-world. Charlier and McCalla, (2006) also insisted that deploying cruise ships on a global basis is very much an art, rather than a science. This indicates the unique charm of the world cruise.

(4) Diversity: Highlighting the spatial differentiation of the region. The regions that the cruise track should be different, such as different regional markets in different longitudes and dimensions, or in the southern and northern hemispheres, see Marit (1990).

3 Case studies

3.1 Trajectory network

Based on these principles, firstly, we identify cruise lines and cruise ships that have been engaged in the world cruising from 2010 to 2019, and these include Princess Cruises, Cunard Cruises, Regent Seven Seas Cruises, P&O Cruises, Seabourn Cruises, Azamara Cruises, and Silversea Cruises, of which 26 cruise ships are available for selection. Further, comparing the attributes and itineraries between the cruise ships, Queen Elizabeth (hereafter referred to as "QE") of Cunard Cruises, a company with a history of 178 years in the shipping business, is chosen as the sample. Among these cruises, the QE cruises officially replaced Queen Elizabeth 2 in 2010 and became the first cruise ship to carry out continuous maritime navigation for longer than 360 days. The QE cruise itinerary has been relatively stable over the past 8 years. The general cruise cycle for QE begins in April-May of each year and ends in the following April-May. Therefore, the time for this study was also 12 months and the period was between April 2019 and April 2020.

Fig. 2 shows the unbroken trajectory network of QE. (1) From the perspective of the cruise port, the QE starts from the homeport of Vancouver, undertakes the year-long voyage around the world visiting 107 ports, and arriving back at Vancouver the following year. There are 31 ports in the Southern Hemisphere, and 76 ports in the Northern hemisphere. The ratio of ports in the Southern hemisphere to that in the Northern hemisphere is 1 : 2.5. This indicates that more cruise ports are used in the Northern hemisphere. (2) Concerning the cruise market region, the QE connects North America, Europe, Africa, Oceania, Asia, the Atlantic Ocean, the Indian Ocean, and the Pacific Ocean via coastal ports, covers Northwest Europe, North America, the Caribbean, Australia, New Zealand, Northeast Asia, and Southeast Asia market regions, but does not involve the Mediterranean, South America, the Middle East, and Polar regions. The cruise trajectory covers 29 itineraries, including Alaska itinerary, Nordic-Baltic itinerary, Australia-New Zealand itinerary, etc. This reflects the globalization and diversification of voyaging.

3.1.1 Trunk network

The trajectory network of QE can be divided into trunk network and branch network, see Marit (2004), McCalla, and Charlier (2006). As shown in Fig. 3 and Fig. 4. The trunk network for the QE consists of 53 ports, 15 in the Southern hemisphere, and 38 in the Northern hemisphere, with the ratio of ports in the northern and southern hemisphere being about 1 : 2.5. In terms of the spatial evolution of the cruise trajectory, the cruise trajectory is from west to east, which is consistent with the direction of the earth's rotation. However, from the longitude and latitude changes corresponding to the trajectory evolution, the trunk trajectory network for the cruise corresponded to a type of alternating "V" shape, spanning 69°N ~ 45°S, rather than simply heading in one direction. Such a zigzag moving route, compared with a straight line, is a manifestation of the diversity of cruise trajectory.

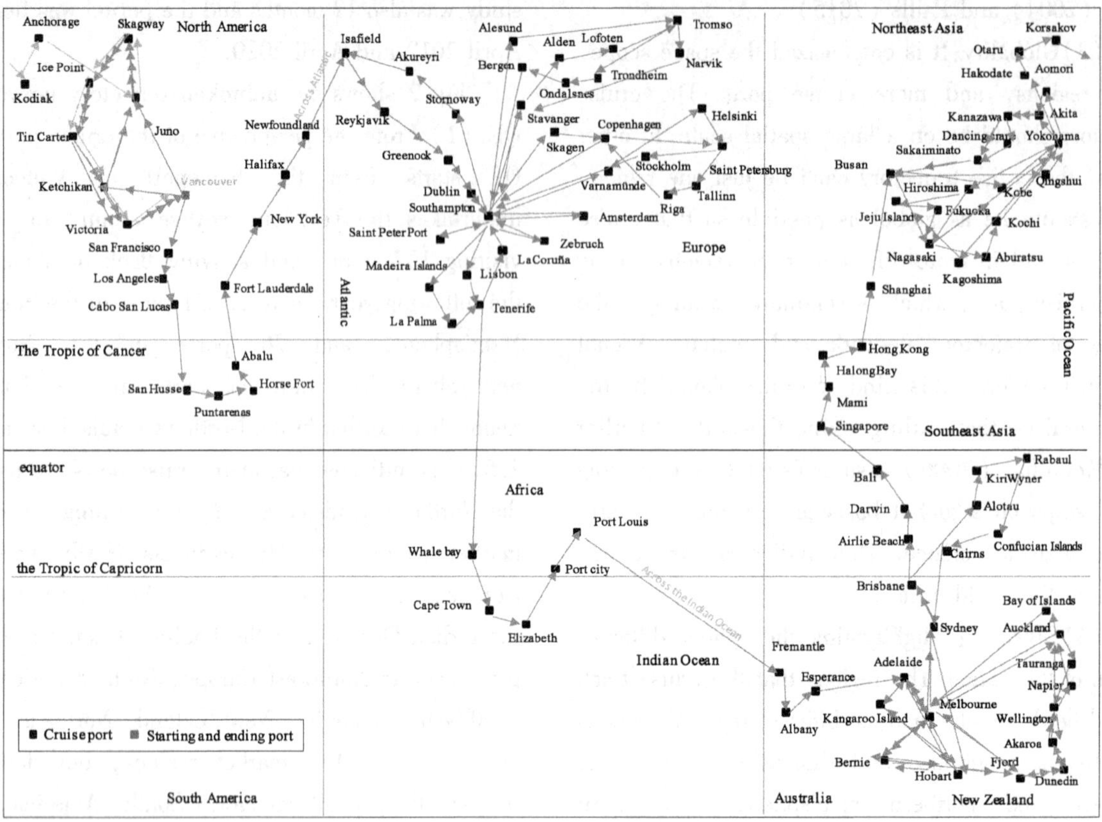

Fig. 2 The trajectory of the QE

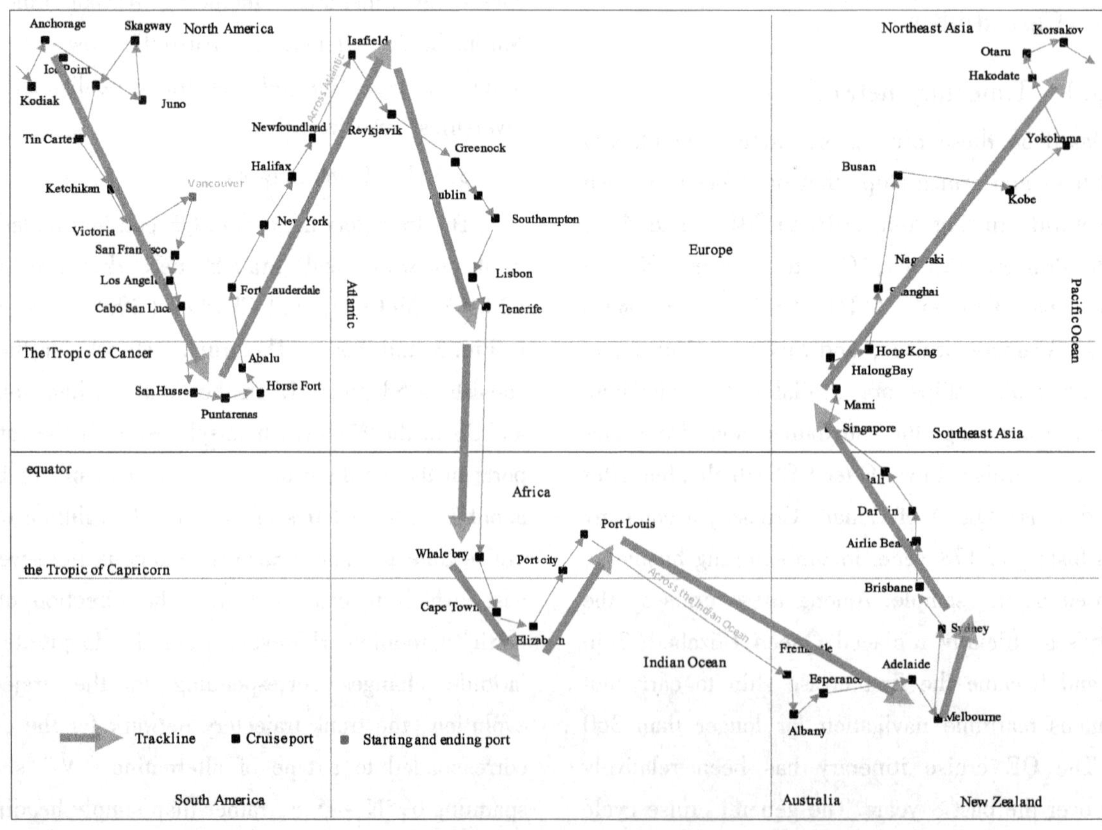

Fig. 3 The trunk network of cruise trajectory

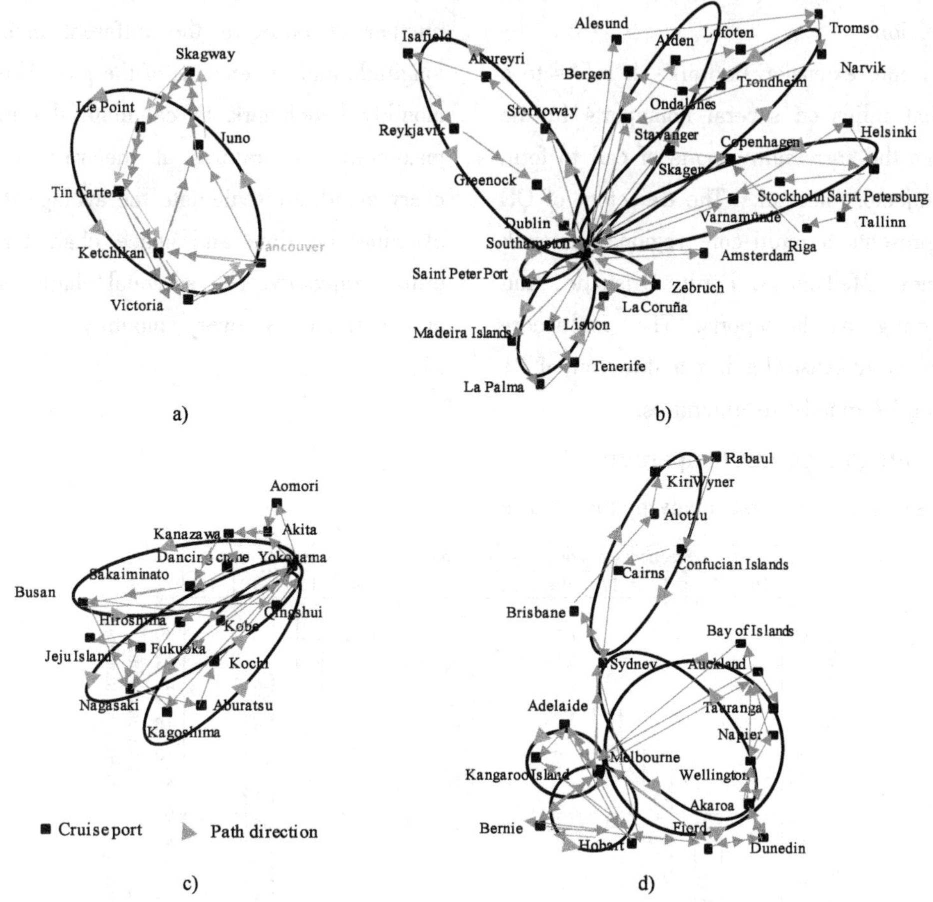

Fig. 4 The branch network of cruise trajectory

3.1.2 Branch network

As shown in Fig. 4, this study has identified four branch networks in the cruise trajectory network. Three of the four regional branch networks are distributed in the northern hemisphere and only one in the southern hemisphere, but the characteristics and organizational patterns of them are different. This adequately indicates the diversity of trajectory in different regions.

(1) Single-cycle network: It is a cycle trajectory formed by a single homeport as the center. The North American network is a single-cycle network that is primarily located in the Alaska itinerary area of North American. The cruise ship starts from the homeport of Vancouver, voyages north by using 7 ports of call, and returns to Vancouver again at last. The duration of the round-trip itinerary is about 7 days and the cruise keeps voyaging here for 40 days.

(2) Single-core radiating network: With a homeport as the center, plenty of ports of call are used by the QE to form several cycle trajectories. The trajectory of the QE forms the complex network in the European market area, which centers on the homeport of Southampton, England, forms nine round-trip itineraries that are different from each other by using 31 regional ports of call. The average duration of every itinerary is about five days, but the cruise stayed in Europe for 87 days.

(3) Single-core fan network: It is a loop network that is formed by a cruise ship centered on a homeport in a non-geographic center in the region and extending outwards. The Northeast Asian network with Yokohama as the homeport is a single-core fan network. It includes 16 ports of call and forming 6 round-trip itineraries networks and of duration 35 days. In Northeast Asia, the port of Yokohama is located on the east coast of Honshu Island, Japan,

and links with other cruise ports in a northwest or southwest direction.

(4) Multi-core extension network: It refers to a cruise ship that relies on several homeports in the region and uses the surrounding ports of call to form several loop trajectory networks. The trajectory of QE in Australia presents a multi-core regional network based on Sydney, Melbourne, Perth, Brisbane, and Auckland serving as homeports. The multi-core extension network in Australia has a duration of 81 days, including 17 round-trip itineraries.

3.2 Average monthly temperature

In this section, we first analyze the cruise trajectory based on a monthly time basis and note the number of ports in the different months and the longitude and dimensions of the port. Then we use the monthly benchmark to calculate the minimum and maximum temperatures at the various cruise ports every month and calculate the average temperature to examine the time and space characteristics of the cruise trajectory. The seasonal characteristics of the cruise trajectory every monthly are illustrated in Fig. 5.

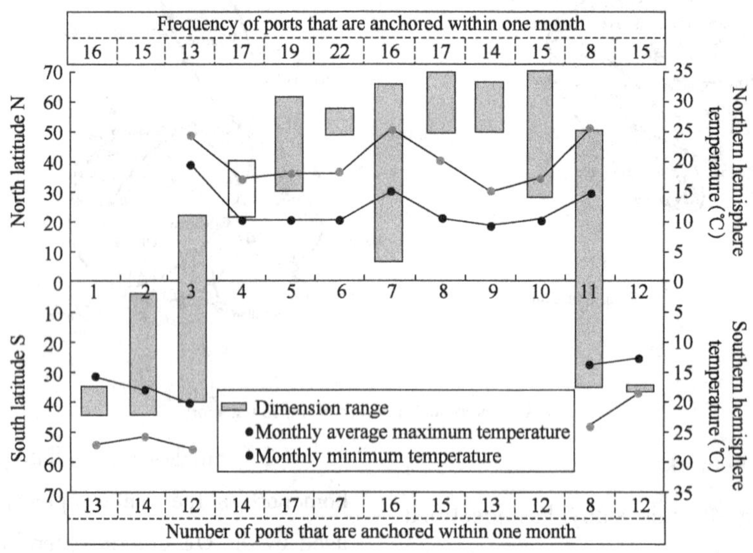

Fig. 5 Distribution characteristics of dimensionality and temperature for the trajectory network

(1) The QE sails in the Northern hemisphere from April to October, and sails in the Southern hemisphere from December to March in the following year. The ratio of sailing time between the Southern hemisphere and the Northern hemisphere is 1 : 1.4, which indicates that the QE sails in the Northern hemisphere for more of the time. In different months, the locations of the cruise trajectory and the temperature of the corresponding areas are different. In May and June, the cruise trajectory is concentrated around 30°N ~ 60°N and 122°W ~ 150°W, mainly in the Alaska region of North America. The average monthly temperature is between 10℃ and 18℃. The cruise trajectory is concentrated in the range 28°N ~ 170°N and 10°E ~ 124°W from August to October, especially in the British Isles, Northern Europe, and Western Europe. The average monthly temperature is between 9℃ and 20℃. The cruise trajectory is concentrated in the range 4°N ~ 145°S, 144°E ~ 175°E from December to March, in Australia and New Zealand and the South Pacific regions. At this time, the average monthly temperature is between 13℃ and 28℃. The cruise trajectory converges to 22°N ~ 160°N and 126°E ~ 140°E in April and May, mainly in Japan and South Korea in Northeast Asia, with an average monthly temperature between 10℃ and 18℃.

(2) In March and November, the QE sails in the Atlantic Ocean, the Indian Ocean, and the Pacific Ocean. The QE passes the Panama Canal in

July and then sails across the Atlantic Ocean via the Caribbean to the European homeport of Southampton. In November, the QE sails directly south from Southampton, crossing the equator and then on to ports in southern Africa, before crossing the southern Indian Ocean and arriving in December at Fremantle, a port in western Australia. In March, the QE returns to the Northern Hemisphere and docks at the ports in South East Asia, including Bali and Singapore. In this time, the ship of QE uses fewer ports, which is mainly distributed in tropical regions, so the temperature of the port area is generally above 20℃.

In general, the QE sails in different areas in different months, but from the temperature of the cruise port location, when these ports are used, the average temperature concentrates in the range of 10 ~ 20℃.

3.3 Season evolution

The seasonal characteristics of the cruise trajectory as described above are based on a monthly timescale. To reflect on the characteristics and laws of motion for the cruise on a larger timescale, we do the analysis on a season scale.

(1) As shown in Fig. 6, the trajectory of the QE has clear seasonal changes. Whether in the northern or the southern hemisphere, the cruise is in spring, summer, and autumn, forming the seasonal evolution of spring-summer-autumn-summer-spring-summer-spring, without winter. Clearly, the season change reflects the cruise ship fleeing the winter and catching up with the spring and summer.

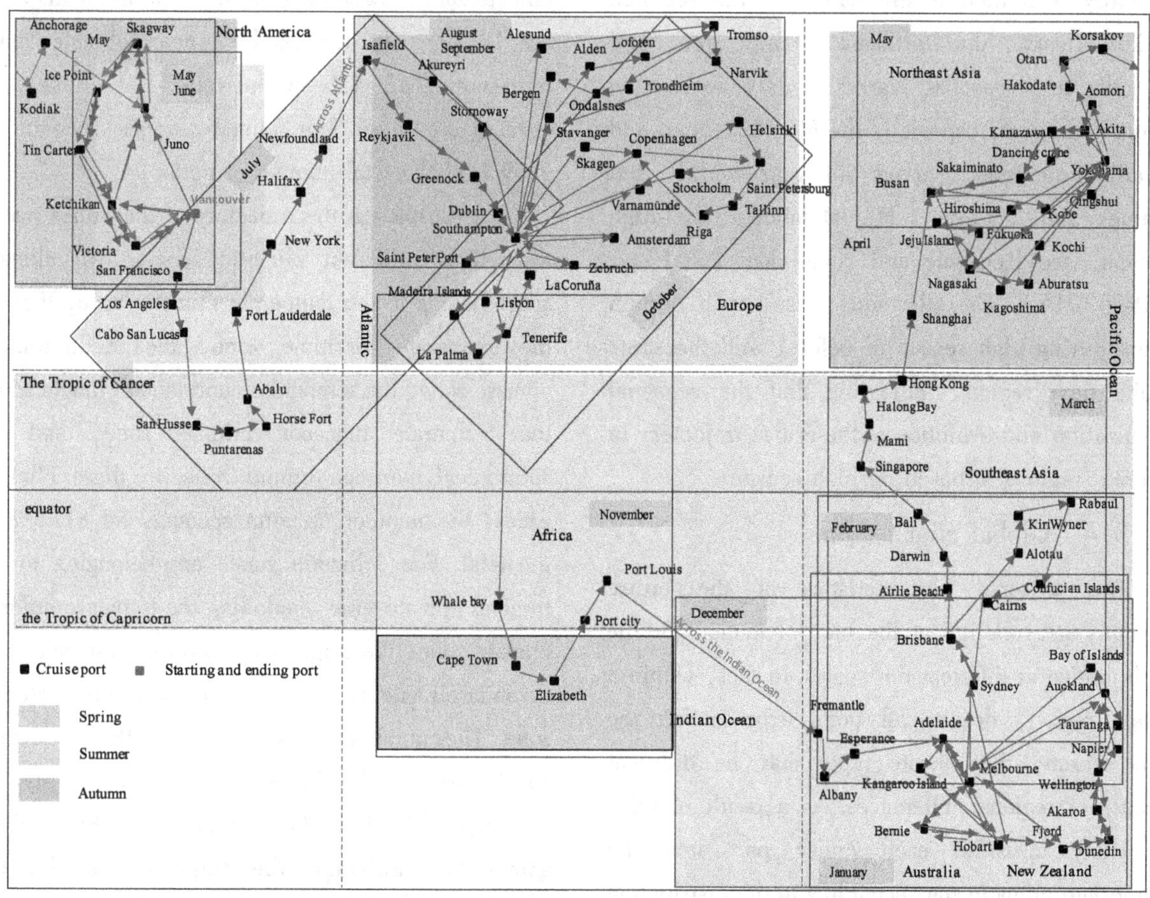

Fig. 6 Seasonal differentiation of cruise network trajectories

(2) The QE has different voyage durations in different seasons. The voyage duration in summer is the longest. The time spent sailing in the summer accounts for more than 50% of the total sailing time, and sailing in the southern and the northern hemisphere shipping areas are at least 3 months respectively. Although sailing near the equator always corresponds to summer, the cruise does not stay in

this area for a long time. The location of the cruise trajectory in spring and autumn shows that the ship will temporarily dock at Port Elizabeth (South Africa) in the spring. The other trajectories are located in the northern hemisphere, between 30° N and 60°N, and concentrated in Alaska, Europe, and Northeast Asia.

(3) Considering the seasonal attribute of the main cruise market regions, the QE only sails in the summer months in Australia. After that, it sails to the Northeast Asia area in the late spring and early summer, while the Alaska area and the Northeast Atlantic area are mainly in the summer. In Europe, it sails in summer and autumn. Therefore, the seasonal evolution of the cruise trajectory is related to the nature of the regional market. Alaska, the Northeast Atlantic area, and Australia are seasonal markets, only service in summer. Europe, especially the Mediterranean and its adjoining seas, service all year round, but summer and autumn (May-October) are high seasons, see Rodrigue and Notteboom (2013), Paills (2015). The QE tends to sail in a certain region during high season or before, and the same as the next region, indicating that the seasonal organization and evolution of the cruise trajectory in different regions is based on high season.

3.4 Global climate zone

The seasonal characteristics of the cruise trajectory network reflect the laws of motion for the single cruise at different timescales. In fact, within a certain region, despite all ports experiencing the same season, the climate types may be different because of regional differences. As a result of this, the study classifies each cruise port into the appropriate climatic zone according to the distribution of the global climatic zones to investigate the seasonal differences for each region.

Fig. 7 shows the distribution of climate zones for the cruise trajectory network. Based on the geographical distribution of the ports where the QE docks, the cruise voyages through 10 major climatic zones, including the temperate maritime zone, the Mediterranean climate zone, the temperate continental climate zone, the temperate monsoon climate zone, the subtropical monsoon humid zone, the tropical rainforest climate zone, the tropical monsoon climate zone, the savanna climate zone, the tropical desert climate zone, and the polar climate zone.

(1) The number of cruise ports in the various climatic zones is different. The number of cruise ports in the temperate maritime climate zone is 45, which is the largest, accounting for 42.1% of the total. Twenty ports are the subtropical monsoon humid climate zone, accounting for 8.7% of the total. There are 14 ports in the Mediterranean climate zone, representing 13.1% of the total. The cruise ports covered by these four climatic zones account for 63.9% of the total number of ports.

(2) Although the trajectory of the cruise passes through 10 different climatic zones, five climatic zones belong to the temperate climatic zone, that is, the temperate maritime zone, the Mediterranean climate zone, the temperate continental climate zone, the temperate monsoon climate zone, and the subtropical monsoon humid zone. In these climatic zones, the number of ports accounts for 81.3% of the total. Four climatic zones are belonging to the tropical climate zone, including the tropical rainforest climate zone, the tropical monsoon climate zone, the savanna climate zone, and the tropical desert climate zone. The number of ports, within these climatic zones, account for 17.8% of the total. Only two cruise ports in the polar climate zone. This analysis shows that although the trajectory of the QE involved the crossing of multi-climate zones, the cruise trajectory is mainly concentrated in the temperate climate zone, followed by the tropical climate zone.

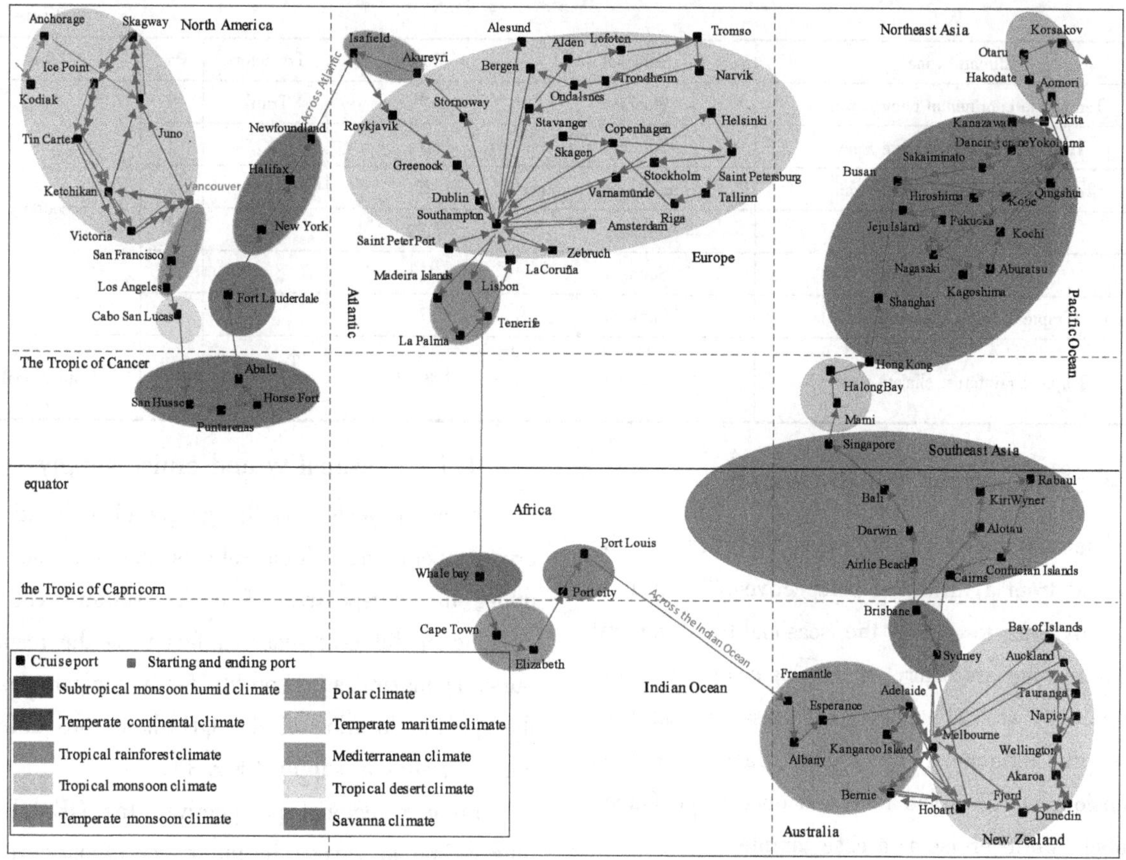

Fig. 7 The cruise network trajectory and the distribution of global climate zones

Based on the comparison, we continue to summarize the types of climatic zones at different scales. Table 1 shows the corresponding relationships among climatic zone, season, and month, and three types of the climatic zone can be divided:

Major climatic zone: The temperate maritime climate, the subtropical monsoon humid climate, and the Mediterranean climate zone are the major types, especially the temperate maritime climate, which is generally mild and moist all year round. The QE spends more time in these climatic zones. these climatic zones, accounting for 70% of the time and including spring, summer, and autumn, also forming four different branch networks.

Secondary climate zone: These climatic zones mainly are tropical and frigid climate zones, which involves the tropical monsoon climate zone, the savanna climate zone, the polar climate zone, the tropical desert climate zone, the temperate monsoon climate zone, and the temperate continental climate zone. The number of ports of call within each climatic zone is typically 2-3. Cruise ship voyage through here mostly in the summer and the duration is shorter.

Transitional climate zone: This climate type is mainly the tropical rainforest climate zone in Indonesia. Here is a high temperature, changeable weather and all year round in summer. The cruise ship is bound to pass through this climate zone when voyage between the northern and southern hemispheres, but it doesnt choose to stay for a long time. Therefore it is regarded as the type of interim that is necessary.

Climate zones and seasonal attributes for the cruise trajectory network Table 1

Climatic zone	Seasonal	Month	Trajectory	Port	Type
Temperate maritime climate zone	Spring, Summer, Autumn	5、6、8、9、12、1、2	Branch	45	Major
Subtropical monsoon humid climate zone	Spring, Summer	2、3、4、5、7		20	
Mediterranean climate zone	Summer, Autumn	6、9、11、12、1		14	

continued

Climatic zone	Seasonal	Month	Trajectory	Port	Type
Temperate continental climate zone	Summer	7	Trunk	5	Secondary
Tropical monsoon climate zone	Summer	3		2	
Temperate monsoon climate zone	Late spring & early summer	5		3	
Savanna climate zone	Summer	7、11		5	
Polar climate zone	Summer	7、8		2	
Tropical desert climate zone	Summer	7		1	
Tropical rainforest climate zone	Summer	2、3、11	Trunk + Branch	11	Transitional

4 Conclusions and discussion

The seasonality of the cruise industry can be presented from a variety of perspectives. The goal of this study was to survey the seasonality of natural factors by the trajectory of a single cruise ship. Therefore, we construct a seasonal analysis framework influenced by natural factors in two dimensions of space and time and choose the Queen Elizabeth world cruise as a case sample.

In our case study, it clearly shows that the average monthly temperature indicates no matter which region the ship voyage, the local temperature is maintained at 10 ~ 20℃, which is the temperature range for passengers to feel comfortable. There are instances when the temperatures experienced are lower than 10℃ or higher than 29℃, but these are relatively less. For the seasons, the cruise only voyages in spring, summer, and autumn in a region. In the summers and springs of the southern and northern hemispheres, the QE offers over 80% of flights in a cycle (usually one year), and the time sailing in the part of summer takes up more than 50%, forming four main branch networks. From the perspective of climate zone, the trajectory of the cruise ship passes through 10 climatic zones, and the temperate climatic zones are the major ones, especially the temperature maritime climate zone, the subtropical monsoon humid climate zone, and the Mediterranean climate zone, which are also the concentrated distribution areas of the branch network.

4.1 Seasonality and cruise supply

Cruise trajectory is the geographical location of cruise operation, which reflects the seasonal laws under the perspective of cruise supply. The QE cruising in different seasonal factors is the result of pursuing maximization profits for a company. Also, the specific location of the QE shows two different characteristics in supply (Fig. 8).

From a regional perspective, the QE takes a longer time to voyage in the major climatic zones, including the temperature maritime climate zone, the subtropical monsoon humid climate zone, and the Mediterranean climate zone, to organize the itineraries and flights, in summer or spring, forming the branch network. Summer or spring in these climates is a high season for travel. Besides, in these climatic zones, physical and human resources are superior, including dense distribution of ports, numerous cruise homeports, rich port cities, high level of economic development, developed shipping industry, large source market, and rich tourism resources in the port hinterland, etc. In these seasons and climatic zones, the QE offers 76% of short itineraries. The characteristic of these itineraries is that the duration is shorter, generally around 7 days, and the number of round-trip itineraries is more. The homeports are Southampton, Vancouver, Yokohama, Sydney, etc.

For a world cruise ship, cruising in different areas is a race against the seasons, because it is constantly chasing summer, spring, and get rid of winter to be always in high seasons. Meanwhile, due to the spatial distribution of the major climate zones, the cruise ship often needs to voyage through a secondary or transitional climate zone when it travels from one major climate zone to another. Most ports of the trunk network are distinctive and exotic destinations, in different climatic zones and seasons. The homeports are New York, Fort Lauderdale, Singapore, Shanghai, etc. However, the cost of organizing the itinerary is higher, because the voyage distance between different ports is large. The itinerary of duration is longer, generally more than 14 days, and most of them are one-way. To attract more passengers, Long itineraries usually be divided. Besides, the cruise line will also offer discounts, including higher quality service and a variety of activities onboard, see Sun, Wu, and Feng (2015). However, more spending on board and return airfare will increase the costs of passengers.

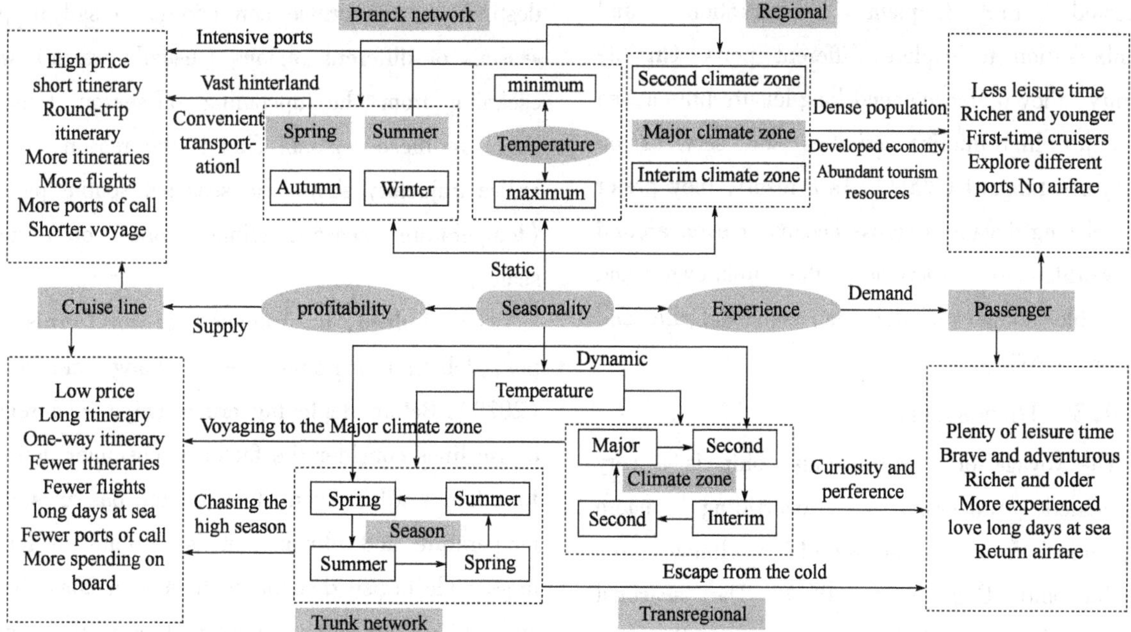

Fig. 8 Seasonal influence mechanism from the perspective of supply and demand

4.2 Seasonality and cruise demand

The cruise industry appears fundamentally to be driven by supply, and the cruise ship operators successfully follow a supply push strategy, see McCalla and Charlier (2006), Rodrigue and Notteboom (2013). However, the differentiated operation of cruise lines also indicates the diversified demands of cruise passengers. The QE ship belongs to Cunard Line, a British-American cruise shipping company which chooses a high-end, luxury niche market by offering royal white star service and is primarily aimed at the high-consumption crowd who are at the top of the global cruise pyramid, see PR Newswire (2018). Its source is mainly American and European customers, especially the British, American, Australian, German, French, etc., see Review of Cunard, (2020). Customers usually embark or disembark from homeports in Southampton, New York, Fort Lauderdale, Yokohama, Sydney, Vancouver, and more, who are mainly couples from their late 30s to retirees. However, there is enough buzz about it as to attract some young passengers, singles/friends, and families, see Review of Cunard, (2020) and U. S. News Best Cruises (2020).

Passengers, choose to travel in the same area and season, have short leisure time. Therefore, they tend to enjoy shorter and round-trip itineraries, most of which are less than 7 days, and some of which are more than a week, but generally less than 14 days. Most may be experiencing cruise ships for the first time, preferring to enjoy voyaging in a stable climate, without changeable weather, and frequently exploring ports in different countries, see Lender Travel (2020).

Passengers who choose to cruise in different areas and seasons not only have high consumption-ability but also have longer leisure time. Most are experienced, loyal, and love sailing, because of may enjoy the cruise more than once, see Marianna (2017). Comparatively speaking, they are less interested in frequent embarkation and disembarkation to explore different ports. On the contrary, they prefer to spend long leisure time at sea and enjoy high-quality activities and services on board, see Lingard (2002). As a result, they prefer to travel long distances across oceans or even around the world, to experience the unknown and changeable climate of the sea, see McCalla and Charlier, (2006).

4.3 Discussions

The voyage of a world cruise ship is a very complicated process. An overriding macro geographical factor is the world's climate, see McCalla and Charlier (2006). The seasonal characteristic and evolution of trajectory reflect the spatial organization characteristics of operation.

(1) Comparing destination tourism, the cruise offers a way of trip tourism, because a cruise is being viewed as floating resorts with restaurants, bars, sports facilities, shopping centers, entertainment venues, communication centers, etc., see Dowling, (2006). When the people board the cruise ship, the journey is announced, and most time of passenger is spent on the cruise than various activities on land. For world cruises, special servicing is long itineraries. They usually float on the ocean for several days, dock once every few days, especially when sailing across oceans. In this way, Passengers can deeply enjoy the travel experience of leisure and entertainment while sailing.

(2) Cruising is a local warm season experience, see McCalla and Charlier (2006). As a world cruise ship, the local voyage is only part of the circumnavigation of the globe. However, no matter how it moves, the cruise always voyages in relatively warm waters and stay longer time in ports within temperate climates. Generally, a tourism destination will show the obvious seasonal variations in tourism demand (low season and high season), because of the regional physical and human geography, see Jaume and Andreu (2017). As a flexible, mobile destination, the cruise can choose to sail in peak seasons of different regions (usually warm) while escaping from the upcoming off-season (usually cold) in these regions. This is the reason why the cruise trajectory shows the seasonal spatial pattern, (temperature, season, climate zone) on a global scale.

(3) Indeed, the trajectory of world cruises are both global and regional, see Li, Wang, and Ducruet (2020). Before deploying cruise ships in a region, cruise lines consider the factor of customer demand. In other words, even if a region has a suitable temperature and climate, it is difficult to form a large-scale cruise demand without a customer base, and cruise lines will not deploy ships in this region. This could explain why the QE's trajectory is concentrated in Europe, North America, East Asia, and Australia-New Zealand in different months or seasons.

(4) The cruise trajectory is different from the itinerary, the latter can reflect the change in passengers´embarkation or disembark from the cruise homeport. Actually, the very long itineraries offered by world cruises are usually divided into several shorter segments in time and space to satisfy the diverse passenger preferences, see Charlier and McCalla (2006). Typically, on a world cruise ship, short-trip and long-trip passengers, from different countries, income, age, etc., will cruise together. Therefore, it is necessary for cruise lines to exceed the expectations of each segment equally to satisfy the trip experiences of different passengers, a particularly

challenging corporate aspiration, see Charlier and McCalla (2006).

(5) Although the space deployment of a world cruise is dominated by the supplier (cruise line), the impact of customer demand is crucial, besides the physical geographical factors, from the perspective of the seasonal spatial distribution of the trajectory. It decided where the ship might go in the next period. In other words, the seasonal complementarity of cruising is oriented by the demand of customers. For example, ships leaving Australia-New Zealand usually voyage to Southeast Asia in March, from Europe will voyage to South Africa or South American in November or December, and from the Mediterranean can voyage to the Caribbean or the Middle East in January, etc. Therefore, the correct judgment of regional cruise demand in different seasons is an important basis for cruise lines to build a global cruise network.

References

[1] WOOD R E. Caribbean cruise tourism: Globalization at sea [J]. Annals of tourism research, 2000, 27(2): 345-370.

[2] SUN X, JIAO Y, TIAN P. Marketing research and revenue optimization for the cruise industry: A concise review [J]. International Journal of Hospitality Management, 2011, 30 (3): 746-755.

[3] BRIDA J G, ZAPATA S. Cruise tourism: economic, socio-cultural and environmental impacts [J]. International Journal of Leisure and Tourism Marketing, 2010, 1 (3): 205-226.

[4] GUI L, RUSSO A P. Cruise ports: a strategic nexus between regions and global lines—evidence from the Mediterranean [J]. Maritime Policy & Management, 2011, 38 (2): 129-150.

[5] GUI L, RUSSO A P. Cruise ports: a strategic nexus between regions and global lines—evidence from the Mediterranean [J]. Maritime Policy & Management, 2011, 38(2): 129-150.

[6] CUCCIA T, RIZZO I. Tourism seasonality in cultural destinations: Empirical evidence from Sicily [J]. Tourism management, 2011, 32 (3): 589-595.

[7] CHARLIER J. The seasonal factor in the geography of cruise shipping [J]. The Dock and Harbour Authority, 1999, 79 (3): 2214-2219.

[8] CHARLIER J J, MCCALLA R J. A geographical overview of the world cruise market and its seasonal complementarities [J]. 2006, 18-30.

[9] RODRIGUE J P, NOTTEBOOM T. The geography of cruises: Itineraries, not destinations [J]. Applied Geography, 2013, 38: 31-42.

[10] SUN X, YIP T L, LAU Y Y. Location characteristics of cruise terminals in China: a lesson from Hong Kong and Shanghai. Sustainability [J]. 2019, 11: 5056.

[11] SUN X, FENG X, GAURI D K. The cruise industry in China: Efforts, progress and challenges [J]. International Journal of Hospitality Management, 2014, 42: 71-84.

[12] ESTEVE-PEREZ J, GARCIA-SANCHEZ A. Characteristics and consequences of the cruise traffic seasonality on ports: the Spanish Mediterranean case [J]. Maritime Policy & Management, 2017, 44(3): 358-372.

[13] ESTEVE-PEREZ J, GARCIA-SANCHEZ A. Determination of seasonality patterns in the transport of cruise travellers through clustering techniques [J]. The Journal of Navigation, 2019, 72(6): 1417-1434.

[14] JEON J W, DURU O, YEO G T. Cruise port centrality and spatial patterns of cruise ship** in the Asian market [J]. Maritime Policy & Management, 2019, 46(3): 257-276.

[15] PALLIS T. Cruise shipping and urban

development: State of the art of the industry and cruise ports. International Transport Forum [R]. Discussion Paper 14, OECD, IParis, 4-45, 2015.

[16] SUN X D, WU X R, FENG X G. Cruise tourism seasonality: an empirical study on the North American market[J]. Tourism Tribune, 2015, 30(5): 117-126.

[17] NADAL J R, FONT A R, ROSSELLO A S. The economic determinants of seasonal patterns[J]. Annals of Tourism Research, 2004, 31(3): 697-711.

[18] SPENCER D M, HOLECEK D F. Basic characteristics of the fall tourism market[J]. Tourism management, 2007, 28(2): 491-504.

[19] HYLLEBERG S. Modeling seasonality[M].. Oxford: Oxford University Press,1992.

[20] HUANG J, LEVINSON D, WANG J, et al. Tracking job and housing dynamics with smartcard data [J]. Proceedings of the National Academy of Sciences, 2018, 115 (50): 12710-12715.

[21] LIU Y, KANG C, GAO S, et al. Understanding intra-urban trip patterns from taxi trajectory data [J]. Journal of geographical systems, 2012, 14(4): 463-483.

[22] BURGHOUWT G, HAKFOORT J. The evolution of the European aviation network, 1990-1998 [J]. Journal of Air Transport Management, 2001, 7(5): 311-318.

[23] NOTTEBOOM T E. Container Shipping and Ports: An Overview. [J]. Review of network economics, 2004, 3(2): 86-106.

[24] DUCRUET C, NOTTEBOOM T. The worldwide maritime network of container shipping: spatial structure and regional dynamics [J]. Global networks, 2012, 12(3): 395-423.

[25] FRASER D R, NOTTEBOOM T, DUCRUET C. Peripherality in the global container shipping network: the case of the Southern African container port system[J]. GeoJournal, 2016, 81: 139-151.

[26] FRASER D R, NOTTEBOOM T, DUCRUET C. Peripherality in the global container shipping network: the case of the Southern African container port system [J]. GeoJournal, 2016, 81: 139-151.

[27] MARCUSSEN C H. Quantitative analyses in cruise tourism studies [J]. Cruise Business Development: Safety, Product Design and Human Capital, 2016: 251-278.

[28] LEE S, RAMDEEN C. Cruise ship itineraries and occupancy rates[J]. Tourism Management, 2013, 34: 236-237.

[29] LI Y, KWORTNIK R. Categorizing cruise lines by passenger perceived experience[J]. Journal of Travel Research, 2017, 56(7): 941-956.

[30] CHANG Y T, LEE S, PARK H K. Efficiency analysis of major cruise lines [J]. Tourism Management, 2017, 58: 78-88.

[31] CHIN C B N. Cruising in the global economy: Profits, pleasure and work at sea [M]. Routledge, 2016.

[32] SUN X, JIAO Y, TIAN P. Marketing research and revenue optimization for the cruise industry: A concise review[J]. International Journal of Hospitality Management, 2011, 30 (3): 746-755.

[33] CHEN T, PEARCE P L. Research note: Seasonality patterns in Asian tourism [J]. Tourism Economics, 2012, 18(5): 1105-1115.

[34] CHANG Y T, PARK H, LIU S M, et al. Economic impact of cruise industry using regional input-output analysis: a case study of Incheon[J]. Maritime Policy & Management, 2016, 43(1): 1-18.

[35] VALADKHANI A, SMYTH R, WORTHINGTON A. Regional seasonality in Australian house and apartment price returns[J]. Regional Studies, 2017, 51(10): 1553-1567.

[36] ROSSELLÓ J, SANSÓ A. Yearly, monthly and weekly seasonality of tourism demand: A decomposition analysis [J]. Tourism Management, 2017, 60: 379-389.

[37] WOOD R E. Cruise tourism: a paradigmatic case of globalization? [J]. 2006:397-406.

[38] MCCALLA R J, CHARLIER J J. Round-the-world cruising: a geography created by geography? [J]. 2006:206-222.

[39] MARTI B E. Trends in world and extended-length cruising (1985-2002) [J]. Marine Policy, 2004, 28(3): 199-211.

[40] MARTI B E. Geography and the cruise ship port selection process[J]. Maritime Policy & Management, 1990, 17(3): 157-164.

[41] SUN X D, WU X R, FENG X G. Cruise tourism seasonality: an empirical study on the North American market[J]. Tourism Tribune, 2015, 30(5): 117-126.

[42] SIGALA M. Cruise itinerary planning[M]// Cruise ship tourism. Wallingford UK: CABI, 2017: 524-545.

[43] LINGARD N. The route less travelled: Fred Olsen Lines keeps it interesting [J]. International Cruise & Ferry Review, 2002, 193: 13-24.

[44] LI X, WANG C, DUCRUET C. Globalization and regionalization: empirical evidence from itinerary structure and port organization of world cruise of Cunard [J]. Sustainability, 2020, 12(19): 7893.

自动化集装箱码头多设备协同调度研究综述

洪子颜　张　翔*　姚英明

(大连海事大学交通运输工程学院)

摘　要　自动化集装箱码头相较传统集装箱码头有着较高的装卸效率和应对集装箱贸易增长的能力,而设备间的协同调度是提高码头作业效率的关键,因此对于自动化集装箱码头多设备的研究成为热点。本文对自动化集装箱码头设备间集成调度的国内外相关研究进行综述,其设备主要包括海侧区域设备、水平运输机器及堆场设备。本文将现有文献分为两种和三种设备的协同调度研究,并从所建模型、目标函数、求解方法和场景设置等方面对文献进行总结,最后提出了未来研究的可行方向。

关键词　水路运输　自动化集装箱码头　协同调度　文献综述

0　引言

随着国际贸易的增长,集装箱运输由于其装卸环节少、劳动强度低、安全便捷等优势得到了迅速发展。2010—2022 年间,中国港口集装箱吞吐量的增长使得传统码头无法有效处理集装箱作业。同时,自动化技术正越来越多地应用于航运业[1]。因此,自动化集装箱码头(ACT)因其高效、安全的优势逐渐获得各国青睐。然而,自动化集装箱码头的设备相互联系、相互配合,单一设备效率的优化并不足以提高整个码头的装卸效率。

《交通运输领域新型基础设施方案建设行动方案(2021—2025 年)》中提到要加快新型自动化集装箱码头、堆场建设和改造,加强码头各设备的深度融合[2]。因此对于自动化集装箱码头多

基金项目:国家自然科学基金青年项目(52202380)。

设备的协同研究备受关注。

本文总结了 54 篇关于自动化集装箱码头设备间集成调度的国内外文献,涵盖 SCI、SSCI、北大核心和南大核心来源。其中,关键词包括自动化集装箱码头、协同调度、装卸同步、路径规划、存储调度、缓冲容量和装卸设备。

1 ACT 中两种设备间的协同调度研究

在自动化集装箱码头中,水平运输机器扮演着连接岸桥和堆场的重要角色。它们负责将集装箱运送至码头海侧区域和堆场。因此,对于码头内两种设备之间的协同调度研究主要分为:海侧区域设备与水平运输机器间的调度和水平运输机器与堆场设备间的调度。文献中的集装箱码头设备种类如图 1 所示。

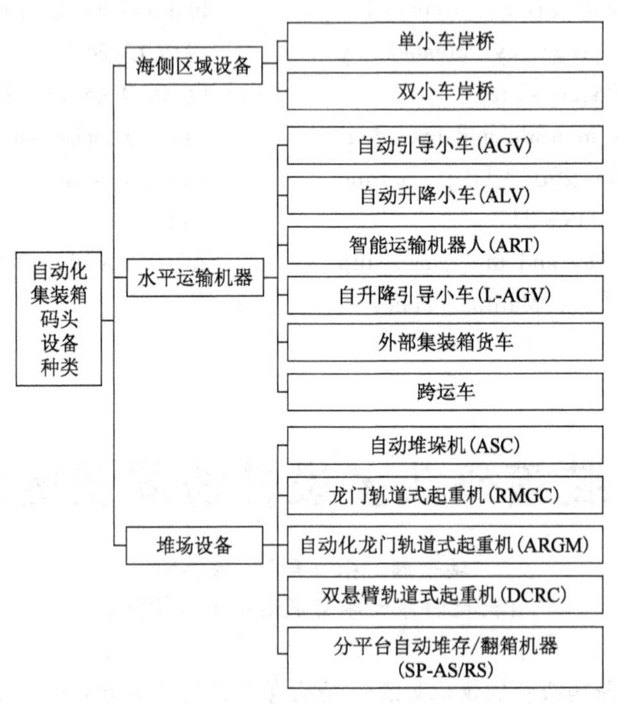

图 1 自动化集装箱码头设备种类

1.1 海侧区域设备与水平运输机器间的调度

Homayouni 等[3]研究了岸桥(QC)和自动引导小车(AGV)的联合调度,旨在完工时间最短,并确定最佳 AGV 数量。Xing 等[4]等构建了一个以最小化岸桥闲置时间为目标的混合整数线性规划(MILP)模型,并采用两阶段调度和临近搜索算法进行求解。Sadeghian 等[5]构建了一个以最大完成时间最小化为目标的 MILP 模型,但未考虑岸桥的缓冲空间。马孙豫等[6]构建了双小车岸桥(DTQC)和 AGV 的调度模型,并采用粒子群算法求解,但只考虑了卸船过程。Zhao 等[7]在考虑岸桥中转平台的容量约束,建立了一个总能耗最小为目标的集成调度模型。Kress 等[8]研究了跨运车和岸桥的协同调度以缩短船舶在港时间。Yue 等[9]提出了以岸桥作业成本最小和最大化成本比例为目标的两阶段优化模型,随后考虑了中转平台容量约束,构建了双层模型[10]。Naeem 等[11]考虑了中转平台容量和集装箱堆场缓存约束,设计了以最短完工时间为目标的单层模型,但仅涉及进口作业。张煜等[12]构建了一个以最小化岸桥和智能运输机器人(ART)作业能耗为目标的整数规划模型,并设计了一个带有随机扰动策略的自适应粒子群算法。本文对上述文献进行了综合整理,结果见表 1。

海侧区域设备与水平运输机器间的调度研究汇总 表1

文献作者及年份	设备种类	模型目标	求解方法	装卸载过程同步
Homayouni 等(2009)	QC, AGV	完工时间最短	遗传算法	是
Xing 等(2012)	QC, AGV	岸桥闲置时间最短	两阶段调度算法、临近搜索算法	是
马孙豫等(2018)	DTQC, AGV	任务结束时间最小	粒子群算法	否
Zhao 等(2019)	DTQC, AGV	总能耗最小	两阶段禁忌搜索算法	是
Yue 等(2021)	DTQC, AGV	AGV 空闲时间最小,岸桥延迟时间最小	Gurobi 求解器非支配排序遗传算法	否
张煜等(2022)	QC, ART	总能耗最小	自适应粒子群算法	否

1.2 水平运输机器与堆场设备间的调度

Homayouni 等[13]旨在最小化完工时间和岸桥延迟时间构建了多目标 MIP 模型。他们设计了分平台自动堆存/翻箱体系（SP-AS/RS）以将作业时间延迟降至最低,并采用遗传算法[14]和模拟退火算法进行评估[15]。Gujjula 等[16]同时考虑了 AGV 调度,集装箱堆存和场桥调度。Luo 等[17]研究了考虑堆场集装箱的存储位置的 AGV 调度优化,随后又考虑了所有 AGV 的调度方案和集装箱位置分配[18]。Corman 等[19]考虑了为集装箱分配 AGV 的离散动态和 AGV 在自动堆垛起重机（ASC）有限区域内移动的连续动态。杨勇生等[20]建立了一个以作业完工时间最短为目标的 AGV 和龙门轨道起重机（RMGC）综合调度模型,但只考虑了卸载过程。鲁渤等[21]研究了 ALV 与集装箱堆存位置的集成调度问题。Hu 等[22]针对 ALV 和 AGV 提出了两个 MILP 模型以降低车辆运行成本,设计了一种基于贪婪搜索的三阶段分解算法。田宇等[23]考虑 AGV 服务多台岸桥的作业模式,构建了以船舶最小在港时间为目标的优化模型。Chen 等[24]考虑了闸口容量,构建了基于离散虚拟网络的多商品网络流模型,以 AGV 运行时总转弯时间最短为目标。Zhang 等[25]考虑了缓冲区容量限制和双场桥的互不跨越,构建了一个以 AGV 等待时间最小和场桥运行时间最小的优化模型。范厚明等[26]考虑了集装箱优先级,构建了以翻箱最小和 AGV 能耗最小为目标的两阶段优化模型,并设计了将精英保留和轮盘赌策略相结合的自适应遗传算法。本文对以上文献进行整理,见表2。

水平运输机器与堆场设备间的调度研究汇总 表2

文献作者及年份	设备种类	模型目标	求解方法	考虑装卸载过程
Homayouni(2013)	AGV, YC	AGV 行驶时间最短场桥延迟时间最短	遗传算法	是
Corman 等(2015)	AGV, ASC	完工时间最短	AGLIBRARY 求解器	否
杨勇生等(2017)	AGV, RMGC	完工时间最短	CPLEX 求解器,遗传算法	否
Hu 等(2019)	ALV, AGV, YC	车辆运行成本最低	基于贪婪搜索的分解算法	是
田宇等(2020)	AGV, YC	船舶在港时间最短	遗传算法	是
Zhang 等(2021)	AGV, ASC	AGV 等待时间最短 ASC 运行时间最短	遗传算法	是
范厚明等(2023)	AGV, YC	AGV 能耗最小翻箱时间最小	自适应遗传算法	是

2 ACT 中三种设备间的协同调度研究

相比于两种设备间的调度,三种设备间的协同调度能够较全面地考虑整个码头的作业效率,在模型建立中能够涵盖几乎所有设备涉及的问题,因此三种设备间的协同调度成为目前主要研究方向。

对于岸桥,AGV 和场桥的协同调度研究,Luo

等[27]考虑集装箱堆场储存位置,随后设计了改进的自适应遗传算法[28]。Shen 等[29]构建了一个完工时间和等待时间最小的多目标优化模型。Naeem 等[30]构建了以岸桥等待时间和 AGV 所需数量最小的协同调度模型。Wu 等[31]考虑堆场缓存能力和 AGV 死锁问题,建立随机 Petri 网的优化模型。

有关学者基于自动化码头中的不同设备进行调度研究。Lau 等[32]研究了单小车岸桥,AGV 和 ASC 的协同调度并构建了一个双层模型,旨在最小化岸桥延迟时间、AGV 运输时间和 AYC 作业时间。Dkhil 等[33]构建了一个完工时间最短和集装箱储存时间最短的多目标模型,提出了混合遗传禁忌搜索算法。Lu[34]提出了以装卸时间最短的协同调度模型,随后又考虑了岸桥中转平台的等待约束[35]。Li 和 Kaiwen 等[36]将协同调度问题和 AGV 路径规划问题相结合,建立了一个以所有 AGV 到达各个装卸点的延迟时间最小为目标的 MIP 模型。Zhong 等[37]研究了船舶装卸时间最短为目标的协同问题,并设计了混合遗传粒子群算法进行求解。Li 和 Peng 等[38]研究了卸同步下的协同调度问题,建立了一个以最小化所有集装箱的完工时间的 MIP 模型。王志刚等[39]建立了一个双层模型,其中上层模型以 AGV 等待时间和 ASC 作业时间最短为目标,下层模型以 AGV 运行时间和避让延迟时间最短为目标,并设计了双层遗传算法求解。

部分学者考虑了 AGV 路径规划,构建了双层优化模型。Xin 等[40]设计了混合模型预测控制器,上层以完工时间最短为目标,下层以设备能耗最小为目标[41],随后又构建了码头设备的离散动态和连续动态优化模型[42]。Yang 等[43]构建上层以完工时间最小,下层以 AGV 运输时间最短为目标的双层模型,并设计了基于预防拥塞的双层遗传算法进行求解。Shouwen 等[44]构建了一个上层以完工时间最小为目标,下层以 AGV 运输时间最短为目标的双层模型,并设计了一个 AGV 冲突解决策略下的遗传算法。

基于混合流车间调度,Chen 等[45]将协同调度问题表述为具有优先级的混合流车间调度问题,并采用禁忌搜索算法进行求解。Jonker 等[46]研究了岸桥,自升降引导小车(L-AGV)和轨道吊的集成调度,并采用改进的模拟退火算法进行求解。尹星等[47]建立了一个三阶段集成调度优化模型,但未考虑装载过程。Sun 等[48]考虑 AGV 的充电约束,构建了一个以岸桥完工时间和作业能耗最小的多目标 MIP 模型。

部分学者以实际码头为背景或利用仿真软件构建仿真模型。Tian 等[49]以上海振华重工码头为背景对码头设备进行协同研究,旨在最小化岸桥作业时间和等待时间。Skinner 等[50]研究了 Patrick AutoStrad 码头中跨运车的路径规划问题和集装箱堆存问题。Duinkerken 等[51]基于不同集装箱堆垛方法和策略建立了协同仿真模型。王盼龙等[52]利用 plant-simulation 进行仿真自动化集装箱码头构建。

此外,一些学者以 U 形码头为背景进行优化研究。Niu 等[53]研究了装卸同步下的协同调度问题,以能耗最小为目标,并提出了一种基于蒙特卡罗树搜索的决策树学习算法。Xu 等[54]构建了三阶段混合流车间的调度问题,并设计了一个基于强化学习奖惩机制的超启发式算法[55],随后又建立了一个双层模型并运用改进的遗传海鸥优化算法进行求解。Liu 等[56]建立了一个双层模型,其中上层模型以等待时间和完工时间最短为目标,下层模型以 AGV 运输时间最短为目标,之后设计了一个基于时空贪心策略的双层遗传算法对模型进行求解。本文对以上文献进行整理,见表3。

码头三种设备间的协同调度研究汇总 表3

文献作者及年份	设备种类	模型目标	求解方法	考虑装卸载过程
Lau 等(2008)	QC, AGV, AYC	岸桥延迟时间最短 AGV 行驶时间最短 AYC 作业时间最短	双层遗传算法	否
Dkhil 等(2013)	QC, AGV, ASC	完工时间最短 集装箱储存时间最短	混合遗传禁忌 搜索算法	否

续上表

文献作者及年份	设备种类	模型目标	求解方法	考虑装卸载过程
Luo 等(2013)	QC, AGV, YC	船舶停靠时间最短	自适应遗传算法	否
Shen 等(2014)	QC, ALV, YC	完工 & 等待时间最小	遗传算法	是
Yang 等(2018)	DTQC, AGV, ARMG	上层:完工时间最短下层:AGV 运行时间最短	基于预防性拥堵规则的双层遗传算法	是
Li 等(2019)	QC, AGV, RMGC	AGV 到装卸点的延迟时间最小	混合遗传粒子群算法	否
Zhong 等(2020)	QC, AGV, ARMG	船舶装卸时间最短	混合遗传粒子群算法	是
Li 等(2021)	DTQC, ALV, YC	完工时间最短	共享策略下的遗传算法	是
Naeem 等(2021)	QC, AGV, YC	岸桥等待时间最小 AGV 数量最少	Gurobi 求解器	是
Jonker 等(2021)	DTQC, L-AGV, YC	完工时间最短	改进的模拟退火算法	是
尹星等(2022)	QC, ART, YC	完工时间最短	Gurobi 和强化学习算法	否
Niu 等(2022)	QTQC, IGV, DCRC, 外部集卡	IGV 和双悬臂轨道吊运行能耗最小	基于蒙特卡罗树搜索的决策树学习算法	是
Xu 等(2022)	QTQC, AGV, DCRC	上层:完工时间最短下层:AGV 运输时间最短	改进的遗传海鸥优化算法	否
王盼龙等(2023)	QTQC, AGV, YC	完工时间最短	自适应遗传算法 plant-simulation 仿真软件	否
Liu 等(2023)	AGV, YC, 外部集卡	上层:等待时间、完工时间最短;下层:AGV 运输时间最短	基于时空贪心策略的双层遗传算法	是

3 ACT 协同调度研究文献分析

本文从模型构建,模型目标函数,求解方法和场景设置对文献进行总结分析。在码头多设备协同调度模型及其目标函数分析中,如图 2 和图 3 所示,大部分文献构建了单层单目标模型,且该模型目标主要为码头作业完工时间最短。此外,大多数三种设备协同调度研究文献中的单层模型未考虑 AGV 的路径规划和死锁冲突问题,部分双层优化模型中的下层模型考虑了 AGV 路径规划问题。在多目标模型中,多数学者将两个目标函数通过设置不同的权重系数将多目标转化为单目标以此来简化模型求解难度。在码头多设备协同调度求解方法分析中,如图 4 所示,大部分文献为了在有限时间内获得结果,都采用启发式算法进行求解,部分论文中对于小规模算例(集装箱数量偏少的场景)采用商业求解器进行求解,主要包括 CPLEX 和 Gurobi。此外,多数学者对所建模型基于易于其他算法相结合的遗传算法进行改进从而使得求解时间更快,求解结果更优。部分学者还采用几个启发式算法对所建模型进行求解,将其求解结果基于计算时间和迭代次数进行分析对比。在码头多设备协同调度场景设置分析中,为了简化模型,少数文献未考虑码头进出口同步作业,如图 5 所示。此外,多数文献未考虑部分设备相关作业约束,比如岸桥中转平台容量约束,岸桥和场桥分别在船舶和堆场对集装箱的翻箱操作约束等。多数场景设置假设设备作业集装箱的时间服从一定时间的均匀分布。很少有文献考虑 AGV 的充换电约束,且为了缓解水平运输机器的冲突,多数文献设置了单向运输车道。

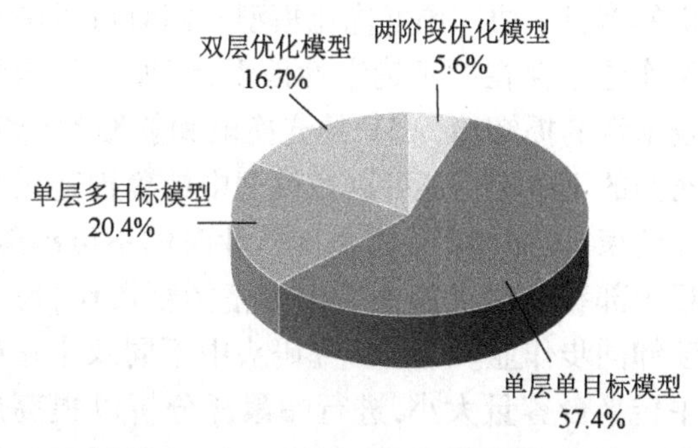

图 2 码头协同调度研究中各类模型比例

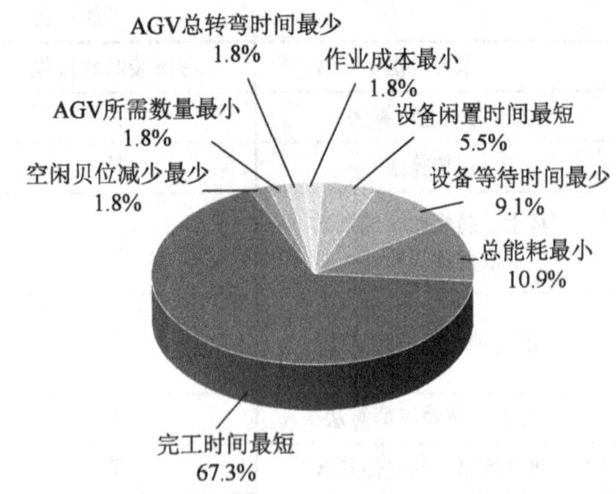

图3　码头协同调度研究中模型不同目标函数比例

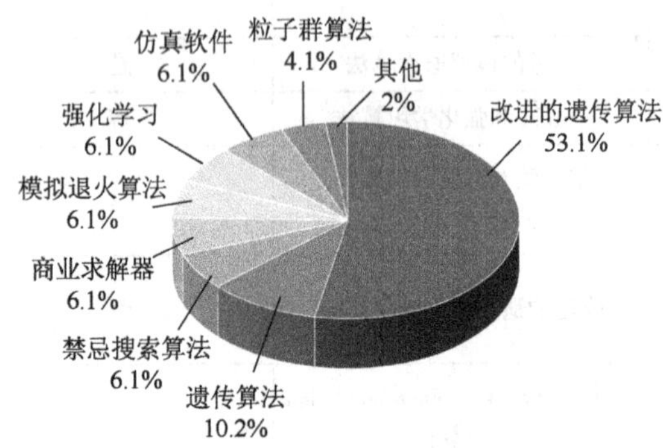

图4　码头协同调度研究中模型求解方法比例

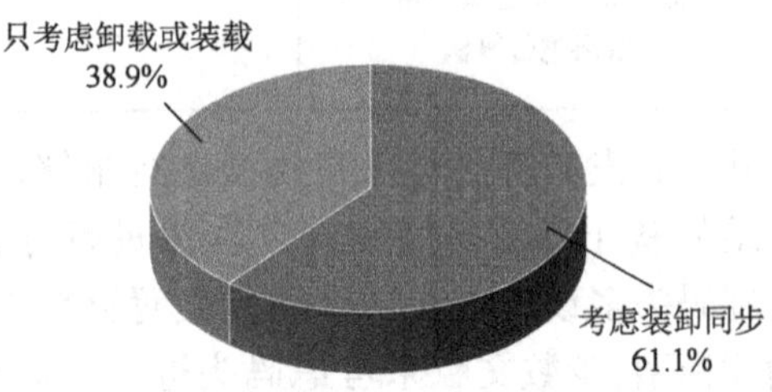

图5　码头协同调度研究中考虑装卸载文献比例

4　结语

本文基于自动化集装箱码头多设备协同调度从所建模型、目标函数、求解方法和场景设置对文献进行总结。在未来可以构建以设备能耗最小化、码头成本最小化为目标,对运行设备效率进行分析的多目标协同调度优化模型。同时可以考虑码头作业中存在的不确定性因素,譬如外集卡到堆场末端的提卸箱,AGV的充换电和船舶到(离)港时间的不确定。还可以在模型中精确构建设备作业约束,比如两台轨道吊间作业时的不可跨越,堆场内部和船舶上的集装箱翻箱倒箱操作,设备的装卸同步作业。可以研究码头中不同双小车岸桥中转平台容量大小,进行帕累托分析以提高岸桥利用率并缩短作业完工时间,从而得到码头最佳岸桥数量。在求解方法中,可以将求解算法与仿真模型进行结合。运用仿真软件进行码头仿真建模,将算法求解得到的调度方案放到仿真场景下进行验证。

参考文献

[1] XIAO G, D Y, LANG X, J LI J,JIANG Z. The application of artificial intelligence technology in shipping: A bibliometric review[J]. Journal of Marine Science and Engineering, 2024, 12(4): 624.

[2] 中华人民共和国中央人民政府. 交通运输领域新型基础设施建设行动方案(2021-2025年)[EB/OL]. (2021-08-31). https://www.gov.cn/zhengce/zhengceku/2021-09/29/content_5639987.htm.

[3] HOMAYOUNI S M, ISMAIL N, et al. A hybrid genetic-heuristic algorithm for scheduling of automated guided vehicles and quay cranes in automated container terminals [C]//2009 International Conference on Computers & Industrial Engineering. IEEE, 2009: 96-101.

[4] XING Y, YIN K, QUADRIFOGLIO L, et al. Dispatch problem of automated guided vehicles for serving tandem lift quay crane [J]. Transportation research record, 2012, 2273(1): 79-86.

[5] SADEGHIAN S H, ARIFFIN M K A M, HONG T S, et al. Integrated scheduling of quay cranes and automated lifting vehicles in automated container terminal with unlimited buffer space [C]//Advances in Systems Science: Proceedings of the International Conference on Systems Science 2013 (ICSS 2013). Springer International Publishing, 2014: 599-607.

[6] 马孙豫,杨勇生,梁承姬. 基于PSO的自动化集装箱码头双小车岸桥和AGV的协同调度[J]. 计算机应用与软件, 2018, 35(10): 17-22.

[7] ZHAO Q, GUO D, et al. Research on cooperative scheduling of automated quayside cranes and automatic guided vehicles in automated container terminal[J]. Mathematical Problems in Engineering, 2019, 2019: 1-15.

[8] KRESS D, MEISWINKEL S, PESCH E. Straddle carrier routing at seaport container terminals in the presence of short term quay crane buffer areas [J]. European Journal of Operational Research, 2019, 279 (3): 732-750.

[9] YUE L, FAN H, ZHAI C. Joint configuration and scheduling optimization of the dual trolley quay crane and AGV for automated container terminal[C]//Journal of Physics: Conference Series. IOP Publishing, 2020, 1486 (7): 072080.

[10] YUE L, FAN H, MA M. Optimizing configuration and scheduling of double 40 ft dual-trolley quay cranes and AGVs for improving container terminal services [J]. Journal of Cleaner Production, 2021, 292: 126019.

[11] NAEEM D, ELTAWIL A, IIJIMA J, et al. Integrated Scheduling of Automated Yard Cranes and Automated Guided Vehicles with Limited Buffer Capacity of Dual-Trolley Quay Cranes in Automated Container Terminals[J]. Logistics, 2022, 6(4): 82.

[12] 张煜,唐可心,徐亚军,等.考虑能耗节约的集装箱码头装卸设备集成调度[J/OL].计算机集成制造系统,2022,3:1-19.

[13] HOMAYOUNI S M, TANG S H. Multi objective optimization of coordinated scheduling of cranes and vehicles at container terminals [J]. Mathematical Problems in Engineering, 2013, 2013:1.

[14] TANG S H, HOMAYOUNI S M, MOTHAGH O. A genetic algorithm for optimization of integrated scheduling of cranes, vehicles, and storage platforms at automated container terminals[J]. Journal of Computational and Applied Mathematics, 2014, 270: 545-556.

[15] TANG S H, HOMAYOUNI S M. Optimization of integrated scheduling of handling and storage operations at automated container terminals [J]. WMU Journal of Maritime Affairs, 2016, 15: 17-39.

[16] GUJJULA R, GÜNTHER H. O. Integrated scheduling of equipment for quayside transport in automated seaport container terminals[J]. Transportation and Management, Science, 2008: 719-727.

[17] LUO J, WU Y. Modelling of dual-cycle strategy for container storage and vehicle scheduling problems at automated container terminals[J]. Transportation Research Part E: Logistics and Transportation Review, 2015, 79: 49-64.

[18] LUO J, WU Y. Mendes A B. Modelling of integrated vehicle scheduling and container storage problems in unloading process at an automated container terminal[J]. Computers & Industrial Engineering, 2016, 94: 32-44.

[19] CORMAN F, XIN J, TOLI A, et al. Optimizing hybrid operations at large-scale automated container terminals [C]//2015 International conference on models and technologies for intelligent transportation systems (MT-ITS). IEEE, 2015: 514-521.

[20] 杨勇生,冯有勇,梁承姬,等.自动化集装箱码头自动导引小车与轨道式龙门起重机的协同调度[J].上海海事大学学报,2017,38(2):1-6.

[21] 鲁渤, 吕家智, 曾庆成.集装箱码头 ALV 调度与堆场位置分配集成优化模型[J].系统工程理论与实践, 2017, 37 (5): 1349-1359.

[22] HU H, CHEN X, WANG T, et al. A three-stage decomposition method for the joint vehicle dispatching and storage allocation problem in automated container terminals[J]. Computers & Industrial Engineering, 2019, 129: 90-101.

[23] 田宇,周强,朱本飞.自动化集装箱码头双循环 AGV 与场桥的集成调度研究[J].交通运输系统工程与信息,2020,20(04):216-223+243.

[24] CHEN X, HE S, ZHANG Y, et al. Yard

crane and AGV scheduling in automated container terminal: A multi-robot task allocation framework [J]. Transportation Research Part C: Emerging Technologies, 2020, 114: 241-271.

[25] ZHANG Q, HU W, DUAN J, et al. Cooperative scheduling of AGV and ASC in automation container terminal relay operation mode [J]. Mathematical Problems in Engineering, 2021, 2021: 1-18.

[26] 范厚明,纪成恒,岳丽君,等.装卸同步下自动化码头AGV与场桥联合调度优化[J/OL].(2023-12-14)工业工程与管理,1-16.

[27] LUO J, WU Y. An integrated scheduling problem of container handling equipment in the loading operation at automated container terminals [C]//IASTED Multiconferences Proceedings of the IASTED International Conference on Artificial Intelligence and Applications, AIA.2013, 2013: 35-42.

[28] LUO J. Scheduling of container-handling equipment during the loading process at an automated container terminal[J]. Computers & Industrial Engineering, 2020, 149: 106848.

[29] SHEN Y, ZHAO N, MI W, et al. Study on shuttle scheduling problem in automated container terminal[J]. The Open Automation and Control Systems Journal, 2014, 6(1):1.

[30] NAEEM D, GHEITH M, ELTAWIL A. Integrated scheduling of agvs and yard cranes in automated container terminals[C]//2021 IEEE 8th International Conference on Industrial Engineering and Applications (ICIEA). IEEE, 2021: 632-636.

[31] WU W, XING Z, YUE H, et al. Petri-net-based deadlock detection and recovery for control of interacting equipment in automated container terminals [J]. IET Intelligent Transport Systems, 2022, 16(6): 739-753.

[32] LAU H Y K, ZHAO Y. Integrated scheduling of handling equipment at automated container terminals [J]. International journal of production economics, 2008, 112 (2): 665-682.

[33] DKHIL H, YASSINE A, CHABCHOUB H. Optimization of container handling systems in automated maritime terminals: A hybrid genetic and a tabu search algorithms[C]// 2013 International Conference on Advanced Logistics and Transport. IEEE, 2013: 539-544.

[34] LU Y. The three-stage integrated optimization of automated container terminal scheduling based on improved genetic algorithm. Mathematical Problems in Engineering, 2021. 2021: p. 1-9.

[35] LU Y. The Optimization of automated container terminal scheduling based on proportional fair priority [J]. Mathematical Problems in Engineering, 2022: 1-7.

[36] LI X, KAIWEN L, CHEN W. Two-stage Multi-AGV Path Planning Based on Speed Pre-allocation[C]// in 2019 IEEE 3rd Advanced Information Management, Communicates, Electronic and Automation Control Conference (IMCEC). 2019.

[37] ZHONG M, YAN Y, ZHOU Y, et al. Application of hybrid GA-PSO based on intelligent control fuzzy system in the integrated scheduling in automated container terminal[J]. Journal of Intelligent & Fuzzy Systems, 2020, 39(2): 1525-1538.

[38] LI H, PENG J, WANG X, et al. Integrated Resource Assignment and Scheduling Optimization With Limited Critical Equipment Constraints at an Automated Container Terminal[J]. 2021,22:12.

[39] 王志刚,胡伟新.考虑AGV路径冲突的自动化集装箱码头装卸设备的协同调度[J].工业工程与管理,2023,28(6): 80-92.

[40] XIN J, NEGENBORN R R, LODEWIJKS G. Hybrid model predictive control for equipment in an automated container terminal[C]//2013 10th IEEE INTERNATIONAL CONFERENCE ON NETWORKING, SENSING AND CONTROL (ICNSC). IEEE, 2013: 746-752.

[41] XIN J, NEGENBORN R R, LODEWIJKS G. Energy-aware control for automated container terminals using integrated flow shop scheduling and optimal control [J]. Transportation Research Part C: Emerging Technologies, 2014, 44: 214-230.

[42] XIN J, NEGENBORN R R, CORMAN F, et al. Control of interacting machines in automated container terminals using a sequential planning approach for collision avoidance [J]. Transportation Research Part C: Emerging Technologies, 2015, 60: 377-396.

[43] YANG Y, ZHONG M, DESSOUKY Y, et al. An integrated scheduling method for AGV routing in automated container terminals [J]. Computers & Industrial Engineering, 2018. 126:482-493.

[44] SHOUWEN J, DI L, ZHENGRONG C, et al. Integrated scheduling in automated container terminals considering AGV conflict-free routing [J]. Transportation Letters, 2021, 13(7): 501-513.

[45] CHEN L, XI L. CAI J, et al. An integrated approach for modeling and solving the scheduling problem of container handling systems [J]. Journal of Zhejiang University-Science A, 2006. 7:234-239.

[46] JONKER T, DUINKERKEN M B, YORKE-SMITH N, et al. Coordinated optimization of equipment operations in a container terminal [J]. Flexible Services and Manufacturing Journal, 2021, 33: 281-311.

[47] 尹星,张煜,郑倩倩,等.基于深度强化学习的自动化集装箱码头集成调度方法[J].交通信息与安全, 2022, 40(6): 81-91.

[48] SUN B, ZHAI G, LI S, et al. Multi-resource collaborative scheduling problem of automated terminal considering the AGV charging effect under COVID-19 [J]. Ocean & Coastal Management, 2023,232: 106442.

[49] TIAN Y, YANG B, FU H D, et al. Study on equipment scheduling of ZPMC automated container terminal based on improved PSO [J]. Applied Mechanics and Materials, 2012, 143: 879-884.

[50] SKINNER B, YANG S, HUANG S, et al. Optimisation for job scheduling at automated container terminals using genetic algorithm [J]. Computers & Industrial Engineering, 2013, 64(1): 511-523.

[51] DUINKERKEN M B, EVERS J J M, OTTJES J A. A simulation model for integrating quay transport and stacking policies on automated container terminals [C]//Proceedings of the 15th european simulation multiconference. San Diego, CA, USA, 2001: 909-916.

[52] 王盼龙,梁承姬,王钰.自动化集装箱码头多层设备调度及仿真分析[J].计算机工程与应用, 2023,59(24): 345-359.

[53] NIU Y, YU F, YAO H, et al. Multi-equipment coordinated scheduling strategy of U-shaped automated container terminal considering energy consumption [J]. Computers & Industrial Engineering, 2022, 174: 108804.

[54] XU B, JIE D, LI J, et al. A Hybrid Dynamic Method for Conflict-Free Integrated Schedule Optimization in U-Shaped Automated Container Terminals [J]. Journal of Marine Science and Engineering, 2022,10:1.

[55] XU B, JIE D, LI J, et al. Integrated scheduling optimization of U-shaped automated container terminal under loading and unloading mode[J].2021.162: 107695.

[56] LIU W, ZHU X, WANG L, et al. Multiple equipment scheduling and AGV trajectory generation in U-shaped sea-rail intermodal automated container terminal [J]. Measurement, 2023,206: 112262.

政府干预下内陆港与海港竞协演化博弈及仿真分析

徐铭婉　王紫潼　金　天　孙铭泽　王志远*
(大连交通大学交通运输工程学院)

摘　要　本文主要基于演化博弈理论知识,对政府干预下的内陆港与海港演化博弈关系进行探讨,建立内陆港、海港和政府为利益主体的三方演化博弈模型,并进行求解以及均衡点分析。运用 Matlab 软件分析各主体初始意愿变化下系统的演化趋势,探究影响因素对演化过程的影响。研究结果表明:政府、内陆港与海港最终会达到(积极参与,合作,合作)的均衡状态;两港低合作意愿更能刺激政府积极推动策略;额外成本、额外收益、政府财政补贴及监管力度、各利益主体的初始状态等是影响各主体策略选择的关键因素,剖析博弈主体策略选择动态决策机理以及如何达到理想的均衡稳定状态,有助于促进两港协作的稳定进行,实现共赢、可持续发展。

关键词　内陆港　海港　演化博弈　仿真

0　引言

国务院印发的《"十四五"现代综合交通运输体系发展规划》中指出,要推动开放合作的发展模式,构建现代综合交通运输体系。国际铁运和海运的始发站分别是内陆港和海港,两者的合作既符合时代背景,也得到政府支持。内陆港与海港的关系是介于完全竞争与完全合作之间,既在运输线路、货源结构、经济腹地等方面存在较大竞争,也会在资源、技术、配合、信息方面保持一定的合作或联盟关系。

当内陆港与沿海港口进行协作时,能够推动两港服务质量和服务水平的提升,有效避免过度竞争带来的资源严重浪费。目前,学者针对内陆港与海港联动发展研究还较少,多集中于定性角度出发对两者间互动机理以及对策研究领域。杨静莹等运用系统动力学理论,通过分析"蓉欧+"背景下内陆港与沿海港口间互联互通反馈关系,构建其耦合协同系统动力学模型并进行仿真研究[1]。黄蓉等基于演化博弈、系统动力学理论,研究多利益主体间动态博弈过程[2]。翁启伟等以海南、广东两省港口进行演化博弈,分析了演化路径受初始状态选择、合作收益增量、惩罚金、合作成本、超额收益、收益损失等因素的影响[3]。Meng Bin 等研究旨在将绿色智能港口的发展、政府政策和第三方组织联系起来,寻找最适合绿色智能港口发展的进化路径[4]。高艳艳等构建碳补贴和碳税实施与否两种情况下的地方政府和港口演化博弈模型,展开博弈主体选择参与价值共创的初始概率、碳补贴率和碳税率对演化结果影响的讨论[5]。现有研究中对内陆港与海港间关系研究还多停留于定性方面,较少结合定量数据、模型进行深入和研究。本文构建三方演化博弈模型更贴合实际情况,通过数值仿真深入探讨博弈机理和主要约束参数的影响,剖析政府行为对系统演化的影响,探寻较为理想稳定的发展模式,最终提出建议对策。

1　模型构建

1.1　演化博弈理论知识

在演化博弈理论当中,有限理性的设定更符合实际情况,分析事物发展中动态变化过程以及预判发展趋势,在不断学习和试错中博弈来寻求最优策略。本文应用演化博弈理论,旨在厘清各利益主体间的博弈关系,分析内陆港与海港竞协过程中竞协动态变化过程以及如何达到最优策略。

1.2　模型假设与参数设定

(1)内陆港、海港、政府 3 个博弈主体均具有有限理性,各主体间信息不对称,博弈随机且行为交互影响。

(2)博弈主体行为策略设定，如果两港选择合作，共同完成货物的海铁联运，反之则会各自独立运输货物，为占据货运市场还会产生激烈竞争。当政府积极推动时，会有资金投入并制定相应奖惩政策等，反之没有。

(3)假设在初始状态下，内陆港选择合作与不合作的概率为 x 和 $1-x$，海港选择合作与不合作的概率为 y 和 $1-y$，地方政府选择积极推进和消极推进的概率为 z 和 $1-z$。

(4)地方政府选择积极推进时，只对选择积极合作的内陆港或海港给予补贴。只要有一方选择不合作策略，协作就无法顺利推行[6]。

模型参数设定见表1。

模型参数设定 表1

名称	释义
R_1、R_2、R_3	三方正常独立运营的基础收益
C_1、C_2	内陆港与海港独立运营所需要的成本
P_1、P_2	内陆港与海港双方合作所需的额外成本
Q_1、Q_2、Q_3	协作完成后的额外收益
F_1、F_2	政府在积极推进时对不参与合作的港口加强监管
W_1、W_2	政府在积极推进时对支持合作方的政策补贴与资金补助
L_1	政府在积极推进国家予以地方政府的奖励
L_2	政府在消极推进时形象下跌导致的损失

1.3 博弈收益矩阵

构建内陆港、海港、政府三方的演化博弈收益矩阵(表2)。

演化博弈收益矩阵 表2

	政府消极推进 $1-z$	
博弈方策略	海港合作 y	海港不合作 $1-y$
内陆港合作 x	$R_1-C_1+Q_1-P_1$	$R_1-C_1-P_1$
	$R_2-C_2+Q_2-P_2$	R_2-C_2
	$R_3+Q_3-L_2$	R_3-L_2
内陆港不合作 $1-x$	R_1-C_1	R_1-C_1
	$R_2-C_2-P_2$	R_2-C_2
	R_3-L_2	R_3-L_2
	政府消极推进 $1-z$	
博弈方策略	海港合作 y	海港不合作 $1-y$
内陆港合作 x	$R_1+Q_1+W_1-C_1-P_1$	$R_1-C_1-P_1+W_1$
	$R_2+Q_2+W_2-C_2-P_2$	$R_2-C_2-F_2$
	$R_3+Q_3-W_1-W_2+L_1$	$R_3+F_2-W_1+L_1$
内陆港不合作 $1-x$	$R_1-C_1-F_1$	$R_1-C_1-F_1$
	$R_2-C_2-P_2+W_2$	$R_2-C_2-F_2$
	$R_3+F_1-W_2+L_1$	$R_3+F_1+F_2+L_1$

2 演化博弈分析

演化博弈理论的两个关键点分别是“复制动态”和“演化稳定策略”。“复制动态”是对有限理性的参与主体策略调整过程的动态描述和分析，反映策略调整的速度，分别构建三者的复制动态方程[7]。

2.1 复制动态方程

由期望收益函数分别计算得出内陆港、海港、政府的复制动态方程为：

$$F(x)=x(1-x)[z(W_1+F_1)+yQ_1-P_1] \quad (1)$$

$$F(y)=y(1-y)[z(W_2+F_2)+xQ_2-P_2] \quad (2)$$

$$F(z)=z(1-z)[-y(W_2+F_2)-x(W_1+F_1)+F_1+F_2+L_1+L_2] \quad (3)$$

各利益主体选择策略比例不再变化，达到系统的稳定状态，此时复制动态方程等于0。故令三个复制动态方程为0，联立三个式子，可求得均衡点，即代表了政府、国际陆港、海港三个利益主体演化博弈模型的均衡解。

2.2 三方演化博弈的均衡点及稳定性分析

演化博弈均衡点是指在一个博弈中，双方或

三方都已达到最优结果,任何个体都无法通过改变自己的策略来获得更高收益。

纯战略均衡点分别为(1,0,0)、(0,1,0)、(0,0,1)、(0,0,0)、(0,1,1)、(1, 0,1)、(1,1, 0)、(1,1,1),满足渐进稳定条件。

此外,还有6个单一纯策略下的平衡点和一个混合平衡点,计算发现均不满足渐进稳定条件。因此,8个特殊的均衡点它们构成了演化博弈解域的边界,研究并讨论这8个特殊均衡的稳定性,即可研究三方博弈系统的稳定性(表3)。

均衡点稳定性条件及释义 表3

均衡点	稳定性条件	释义
(0,0,1)	$W_1+F_1-P_1<0, W_2+F_2-P_2<0, -F_1-F_2-L_1-L_2<0$	内陆港与海港选择"合作"获得的收益与补贴之和低于投入成本,最终稳定于"非合作"策略。而政府额外收益获取以及国家补贴的总和大于投入成本,选择"积极推进"参与
(1,1,0)	$P_1-Q_1<0, P_2-Q_2<0, -W_1-W_2+L_1+L_2<0$	内陆港与海港选择"合作"的额外收益大于投入成本,在不断学习和反复博弈后,会形成一种自发的合作关系
(1,1,1)	$-W_1-F_1-Q_1+P_1<0, -W_2-F_2-Q_2+P_2<0, W_1+W_2-L_1-L_2<0$	额外收益大于额外成本,各主体积极参与协作,最终达到理想稳定状态

3 数值实验及仿真

利用Matlab 2021.a进行仿真,从博弈系统内部更为直观地了解各博弈关键点,分析主要参数变动对演化结果的影响,并对各主体不同初始状态下其策略选择的动态过程进行仿真,对结果进行讨论。在符合雅可比矩阵表里的前提条件下,参考文献资料以及根据实际调研情况,设置参数取值,为仿真做准备。

3.1 各参与主体初始意愿对演化结果的影响

在$Q_1=90$、$Q_2=70$、$W_1=20$、$W_2=15$、$F_1=15$、$F_2=12$、$P_1=60$、$P_2=40$、$L_1=30$、$L_2=20$,的参数情况下,假设内陆港、海港、政府三方初始意愿相同,即$x=y=z$。

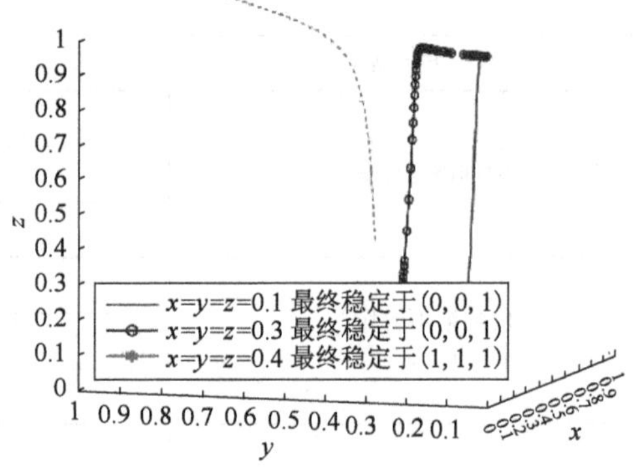

图1 不同初始意愿演化进程

由图1可知,内陆港和海港初始合作意愿的临界值都在0.3~0.4之间,两者初始状态选择会决定最终演化方向,当x、y都小于该临界值时,演化最终稳定于(0,0,1),相反稳定于(1,1,1)。无论两港如何选择,政府选择协作都可以获得更高收益。

3.2 初始意愿变化对演化结果的影响

(1)x, y初始意愿变化对政府演化路径的影响。

由复制动态方程可知,系统内某主体演化路径受其他主体初始策略意愿影响,假设参数初值保持不变,以0.4为初始策略选择意愿的中间值。

将内陆港与海港高意愿取0.9,低意愿取0.1,如图2所示。

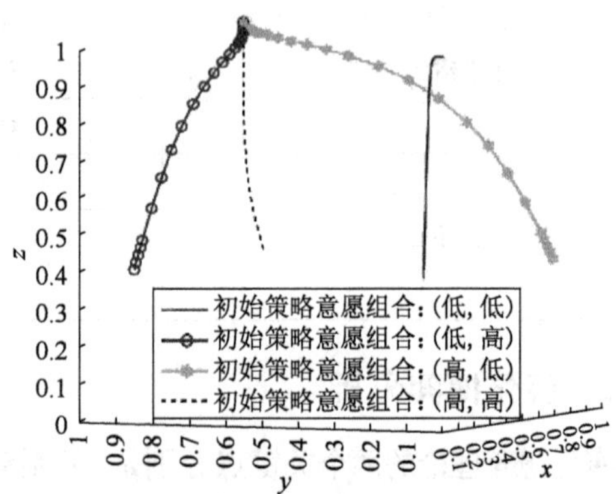

图2 x、y初始意愿组合变化对政府策略演化影响

由图2可知,x、y初始组合变化不会影响地方政府的演化路径,但会影响其收敛速率。由图3可知,影响强度最低的组合(低,低),影响强度最高的组合(高,高),说明两港积极参与合作的意愿与地方政府积极推进政策的概率成反比,即内陆港与海港低合作意愿更能刺激政府积极推动策略。

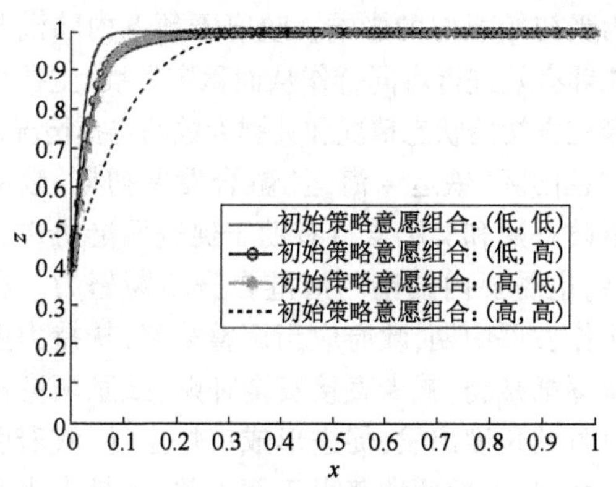

图3　政府随时间演化路径

(2)y、z 初始意愿变化对内陆港演化影响。

研究海港与地方政府的初始选择这4种意愿方式对内陆港演化路径的影响，结果如图4、图5所示。

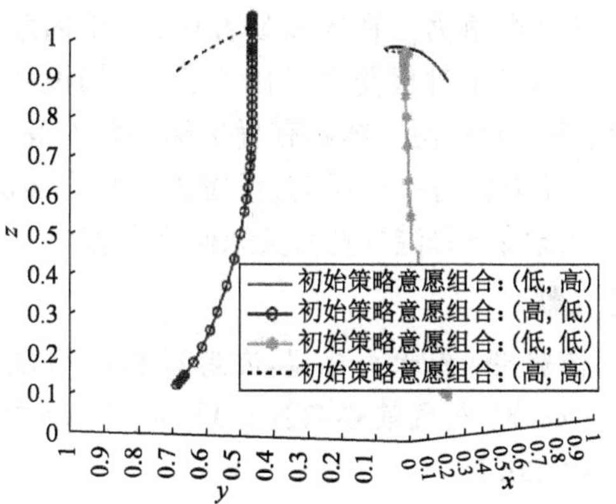

图4　y、z 初始意愿组合变化对内陆港演化策略影响

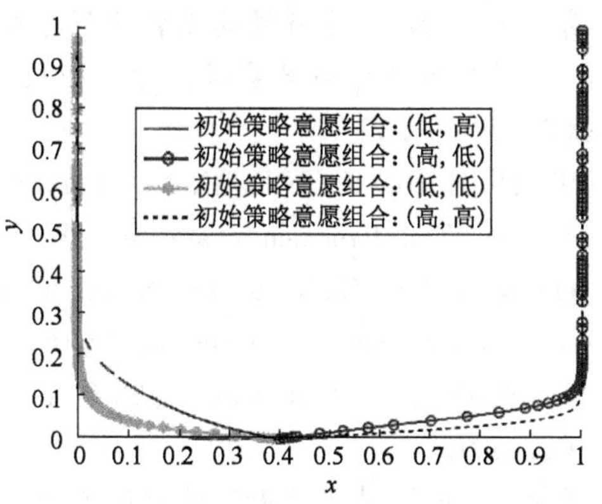

图5　内陆港随时间演化路径

由图4可知，y,z 初始组合变化会影响内陆港的选择概率，当初始意愿组合为(高，高)、(高，低)时，内陆港策略趋向于1；反之趋向于0。说明内陆港的策略演化情况主要由海港合作意愿决定，由图5可知地方政府与海港的初值组合变化会影响内陆港的演化速率。由此可验证，彼此的初始合作意愿会影响演化趋势，三主体间策略选择是相互推进的。

3.3　政府行为对演化结果的影响

(1)补贴政策对各主体演化影响。

$Q_1=90,Q_2=70,F_1=15,F_2=12,P_1=60,P_2=40,L_1=30,L_2=20,x=y=z=0.4$，参数设定。

由图6和图7可知，地方政府补贴力度既改变两港选择概率，又改变双方策略演化的速率。地方政府对双方的补贴越高，双方向合作策略演化速率越快。说明政府补贴政策对系统起明显的促进作用。

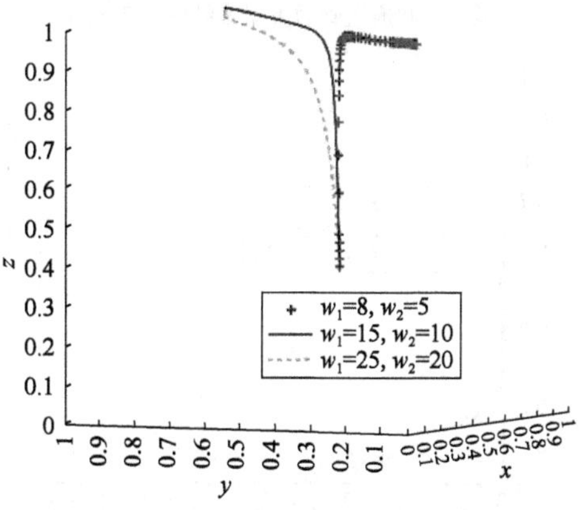

图6　政府补贴政策对系统演化影响

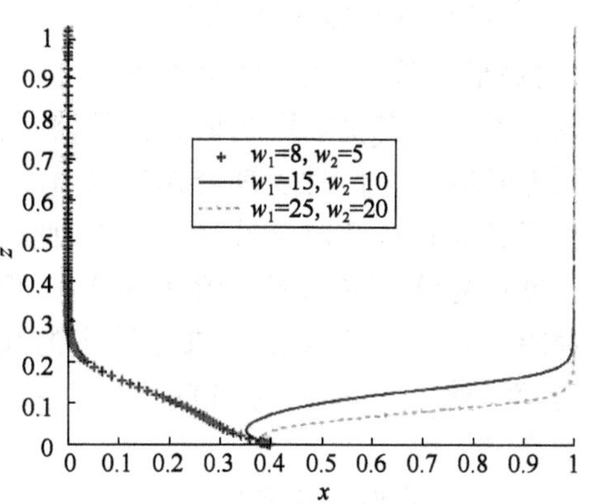

图7　两港随时间演化速率

(2)政府监管力度对系统演化影响。

假设其他参数保持不变，由图8和图9可知，地方政府违规监管强度与罚款力度会影响两港演化趋势，也影响演化速率。双方向合作策略收敛的速率与地方政府违规监管力度成正比，即高强度的监管促进合作。

3.4　参数取值改变对系统演化影响

不同演化结果(0,0,1)、(1,1,1)、(1,1,0)，与初始状态和参数设定的不同有关，分析主要影响参数，探索适合两港协作的途径，最终达到理想稳定的状态。

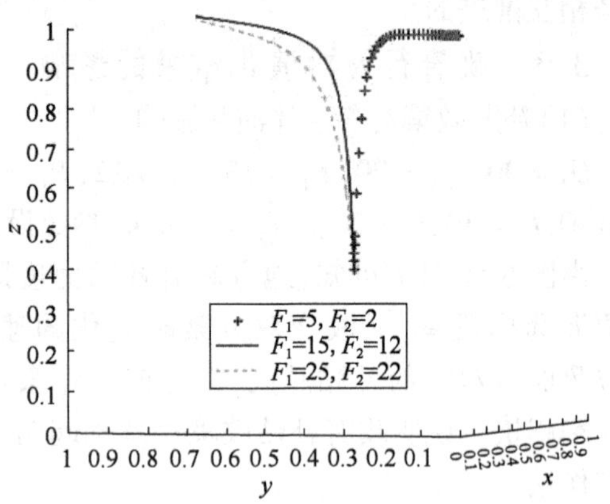

图 8　政府监管力度对系统演化影响

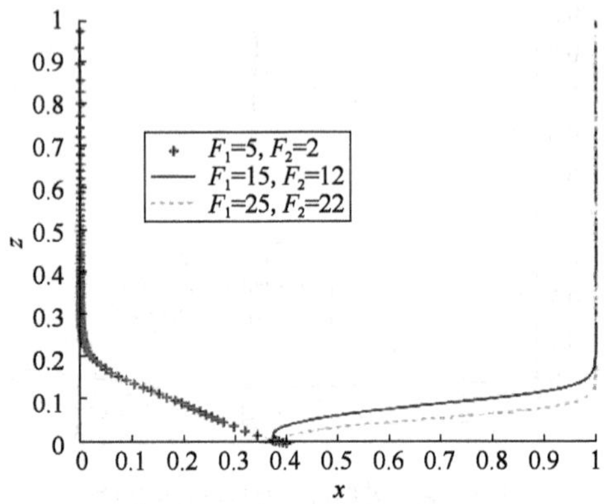

图 9　内陆港或海港随时间演化速率

(1)超额收益对系统演化的影响。

超额收益的变化会影响博弈系统路径演化，如果两方群体在合作时发现合作后收益不够大，就会为了自身利益倾向于选择不合作，此时政府的积极推进能够促进二者逐渐达成合作，但效果不够理想。假若二者合作获取足够多的超额收益，会自发选择合作策略，系统就达到了一个相对理想的稳定状态。

(2)额外成本对系统影响。

其他参数保持不变，由仿真结果可知，两港达成合作时所需要付出的额外成本增加，越倾向于选择不合作，如果投入成本过大，即使能够预测到合作后所得的超额收益，双方群体也能会因为筹集资金不足等原因而无法采取合作策略。反之，双方会自发地进行合作，以此获得额外收益。同时可知额外成本的增加，演化至稳定策略的速率减慢。

4　结语

内陆港与海港是否合作与独立运营的成本和基础收益无关，合作与非合作所获收益差距越接近，收敛结果会越分散。同时，内陆港与海港合作行为受初始意愿的影响。政府干预下内陆港与海港能够有效进行协同合作从而稳定发展，主要依赖博弈三方初始状态情况和关键参数的选择情况。

在国际"铁运 + 海运"融合发展初期，政府给予财政补贴和奖励支持有助于促进两港协作高效发展，也需要内陆港与海港自身不断努力。在两港协作发展中期，政府应当调整策略，扶持力度应慢慢逐渐减弱，减少直接资金补贴，鼓励两港从额外收益的角度出发，促进形成市场主导、政府引导的局面，从而使两港获得正面收益，也是未来我国联运系统合作共生的理想状态。国家及地方政府应当推动互联互通设施设备建设，促进系统内部的智能化、信息化、数据化发展，打造新货运产品，吸引国际中转货源。拓展两港可合作领域，提升港口自身竞争力。在未来研究中，由于内陆港与海港竞协演化过程受多种因素影响，如设备和技术等，涉及的利益主体还有货主和经营人等，应该细化关系并作进一步研究，考虑进一步全面深入，丰富内陆港与海港的竞协关系研究内容。

参考文献

[1] 杨静莹. 基于内陆港-海港博弈的中欧班列(成都)发展策略研究[D]. 成都：西南交通学，2021.

[2] 黄蓉. 国际陆港-海港演化博弈及联动发展研究[D]. 昆明：昆明理工大学，2018.

[3] 翁启伟，杨方方. 自贸港建设背景下海南——广东两省港口协同发展研究[J]. 中国商论，2020，3：6-9 + 13.

[4] BIN M，HAIBO K，ERXUAN N，et al. Research on the Transformation Path of the Green Intelligent Port：Outlining the Perspective of the Evolutionary Game "Government-PortThird-Party Organization[J]. Sustainability，2020，12(19)：8072-8072.

[5] 高艳艳，高洁. 地方政府和港口价值共创的演化博弈分析[J]. 上海海事大学学报，2022，43(1)：71-77.

[6] 徐新扬，杨扬. 政府主导下公铁联运系统三方演化博弈研究[J]. 交通运输系统工程与信息，2021，21(2)：7-15.

[7] 孙夙鹏，孙晓阳. 低碳经济下环境 NGO 参与企业碳减排的演化博弈分析[J]. 运筹与管理，2016，25(2)：113-119.

海港引航员培训与考证体系研究

明平军　王武修*
（青岛引航站）

摘　要　系统阐述了亚洲国家日本、新加坡及中国海港引航员培训与考证体系，分析了三种体系中引航员培训、考试、评估与发证的方式、内容和特点，为进一步完善中国引航员培训与考证体系提供借鉴。

关键词　海港引航员　适任　培训　考证

0　引言

引航是水上交通的重要组成部分。引航指在引航机构的指派下，引航员从事的引领船舶航行、靠泊、离泊、移泊、锚泊等活动。引航员是指持有效适任证书，在某一引航机构从事引航工作的人员。海港引航员的引领范围是沿海港口及附近水域。按国际上培养引航员的习惯做法，引航员应当经过相应的培训，并通过相应的考试和评估才能获得相应引航员适任证书。按规定开展引航员适任培训、考证以及知识更新培训是STCW公约马尼拉修正案的要求，也是提高引航员业务素质、保障引航安全的重要方式。

亚洲国家中日本、新加坡、韩国、中国的引航员培训与考证体系各有特色。2018年，日本共有35个引航区，600余名具有适任证书的引航员。日本引航员联合会负责日本引航员培训，组织国家统一考试选拔录用引航员。2016年，新加坡引航站雇佣288名引航员[1-2]，由专职引航员培训机构负责引航员培训工作，新加坡海事与港口管理局组织国家统一考试选拔录用引航员。韩国要求5000总吨及以上的远洋船船长并且船长资历满5年，参加6个月的引航技能培训后，通过一年一次的国家引航员考试选拔录用引航员。中国由经许可的培训机构负责引航员的适任培训，国家海事机构负责引航员的国家统一考试与评估，引航机构负责引航员的录用工作。

2023年，中国有引航员2549人，海港引航员1800余人，引航员数量最多。韩国引航员资历要求高，培训与考证模式相对单一。比较研究日本、新加坡、中国引航员培训与考证体系，对优化中国引航员培训与考证体系，提升引航员培训效率，提升引航员适任能力具有重要的意义。

1　日本引航员培训与考证体系介绍

日本引航员的公共科目培训由引航员培训机构负责，特定引航区的引航技能培训由各地引航机构负责。培训课程具有多样性，包括商船随船操船实习、理论培训、模拟器操纵、商船随船实习、引航实习等环节。国家考试由体检和专业考试两部分组成，在培训期间随机进行，最终成绩由考试成绩和学员培训过程中随机抽查综合评价成绩共同确定[1]，随机考试最大限度地防止了应试教育，具有一定的先进性。理论、模拟器培训时间总和与随船实习、引航实习时间总和相当，保证了理论与实操的均衡性。培训与考证流程如表1所示。

日本引航员培训与考证流程　　表1

级别	海上资历及要求	操船实习（月）	理论培训（月）	模拟训练（月）	随船实习（月）	引航实习（月）
一级引航员（没有限制）	沿海以外，3000总吨以上，船长职务并具有2年以上船长资历		3	1.5	0.3	3.7
二级引航员（小于5万总吨，载运危险货物小于2万总吨）	沿海以外，3000总吨以上，大副以上职务并具有2年以上资历		5	3	0.7	6.7

续上表

级别	海上资历及要求	操船实习(月)	理论培训(月)	模拟训练(月)	随船实习(月)	引航实习(月)
三级引航员(小于2万总吨,危险货物除外)	沿海以外,1000总吨以上,三副以上职务并具有1年以上资历		6	5	1	9
	沿海以外,1000总吨以上,具有船员适任证书并具有1年以上资历	24				
国家考试	体检合格		笔试合格			口试合格
身体检查	包括视力、认知力、听力以及可能影响引航工作的其他疾病					
专业考试	笔试和口试,笔试在理论培训期间实施,口试分为面试及海图描述					
综合评价合格、取得引航员适任证书						
引航技能培训,在引航机构获得指定一级引航员评级合格后,开始独立引航工作						

2　新加坡引航员培训与考证体系

新加坡引航员申请人需要持有有效的三副或三副以上适任证书,6个月时间内在指定引航员培训服务机构完成规定培训内容。培训服务机构提供理论、模拟器训练、实船操纵三部分定制化培训内容。培训服务机构提前一个月向新加坡海事与港口管理局申请笔试,申请时需提供申请人合格材料,培训安排计划表,申请人6个月以内的医疗和视力测试证明;培训服务机构在新加坡海事与港口管理局的航海模拟器中心对申请人完成船舶模拟操纵评估和实船操纵评估。最后,申请人须完成由引航委员会安排考官参加的口语测试,获得一致通过后,取得引航员适任证书。新加坡引航员分C、B、A3、A2、A1级,新加坡引航站、培训服务机构负责级别晋升培训、初步评估[2]。新加坡引航员培训与考证流程如表2所示。

新加坡引航员培训与考证流程　　表2

级别	海上资历及要求	实习引航员(月)	C(月)	B(月)	A3(月)	A2 A1(月)
见习等级C	三副、二副	6	15	15	12	12
	大副	6	12	15	12	12
	船长,实际任职少于1年	6	9	12	12	12
	船长,实际任职大于1年,少于2年	6	6	9	12	12
	船长,实际任职大于2年	6	3	3	12	12
见习等级A3	船长资历,具有引航经验	6	—	—	12	12
考试			参加笔试			
			实操评估			
			口试			
笔试内容	潮汐、锚地、航路、最低深度值和安全通过距离的海图,助航设施,信号和通信,其他					
实操评估	C、B、A3在适当吨位的船舶上进行;A2由四艘次规定类型船舶组成					
口试	5~8名考官组成考核组,业务能力、操船能力和引航手册相关内容,一票否决制					

3　中国引航员培训与考证体系

2013年,《中华人民共和国引航员管理办法》规定海港引航员培训与考证工作由中华人民共和国海事局统一领导,由引航机构、培训机构(许可制)、直属海事局共同实施。培训机构所在地直属海事局对培训机构的课程设置、培训师资等进行认证和日常监督检查,并负责考务和适任评估工作。

各直属海事局负责本辖区参加培训与考试人员的资格审查[3-5]。

2019 年,中华人民共和国海事局发布了《海港引航员考试培训大纲》和《海港引航员适任评估规范》,规范了海港引航员适任考试科目、评估项目的具体要求[4]。国家每年在考试前 3 个月发布海港引航员考试计划,考试点一般设在大连和上海,考试时间一般为当年 8 月和 12 月。

培训机构按照规定的培训科目、大纲及水上交通安全管理、船舶防污染、船舶保安等要求,在核定范围内开展引航员培训,并确保引航员培训质量。申请引航员适任证书需提供 12 个月内船员健康证明,经过船员基本安全培训,经过相应的适任培训、特殊培训,通过规定的考试和评估,年龄、身份符合要求,获得引航员适任证书。中国引航员培训与考证流程如表 3 所示。

中国引航员培训与考证流程　　表 3

级别	海上资历及要求(无限航区 3000 总吨及以上)	实习时间(月)	考试科目	评估科目
三级引航员(总长<180m,散装液化气、散装危险货物除外)	大副,12 个月	12	①、②、③、④、⑥	(i)(ii)
	大专及以上应届毕业生,二副,任职二副或三副不少于 6 个月	18		
二级引航员(总长小于 250m,但长度≥180m 的客船除外)	三级引航员适任证书	36	①、②、⑥	(i)(ii)
	船长,12 个月	12	①、②、③、④、⑥	(i)(ii)
一级引航员(无限制)	二级引航员适任证书	36	①、②、⑤、⑥	(i)(ii)(iii)
	船长,60 个月	12	①、②、③、④、⑤、⑥	(i)(ii)(iii)
海港引航员引领范围变更	同等级	6	③、④	(i)
内河引航员转海港引航员	申请低一等级	3	②、③、④、⑥	(i)(ii)
海港引航员抽考			①、③	(i)(ii)
理论项目	船舶操纵①、船舶避碰②、港口与水文气象③、职务与法规④、水上交通工程⑤、引航英语⑥			
实操项目	案例分析(i)、引航实操(ii)、英语听力与会话(iii)			
体检合格、理论项目和实操项目通过考试后,向直属海事机构申请引航员适任证书				
引航机构评定合格后,开始从事引航工作				

4　中国、新加坡、日本引航员培训与考证制度比较分析

4.1　互相借鉴,优化引航员的培养制度

2008 年开始,中国开始从具有远洋资历的船长、大副中选拔引航员,借鉴国际作法,开始注重引航员的航海资历,将院校应届毕业生的航海资历提高到具有二副适任证书。日本、新加坡则借鉴中国引航员队伍年轻化的培养经验,将航海资历适当放宽,以吸纳更多具有航海经验的年轻人进入引航员队伍,日本甚至将具有远洋资历的船员纳入培养范围。各国引航培训与考证过程中呈现"压缩引航员适任培训时间,扩展选拔范围,培训机构专业化"的趋势。

4.2　考试形式基本相同,但实施过程差异较大

中国、日本、新加坡考试体系均包括理论考试,实操考试,操纵评估,口试等形式。日本趋向于"体检—跟船实习—理论—模拟—跟船—引航实习"流程,笔试在理论环节进行,口试在引航实习环节进行,最大限度地避免了应试培训。新加坡趋向于"理论—模拟—实船—笔试—评估—口试"流程,口试环节要求极高,采用一票否决制,注

重知识的实际应用能力。中国趋向于“实船—理论—模拟—考试—评估”,制度设计先进,但在实施过程中容易形式化,题库更新不够及时,不能真正发挥培训大纲与评估规范的导向作用。

4.3　培训与考证内容差异大,培训效率有差异

新加坡规定了 24 个培训主题,以港口航行环境,引航法规,仪器设备,海事英语词汇等为主要内容,以实用为导向。C、B、A3 级均参加考试,但考试内容精炼;国家考试则规定了 5 个方面,以够用为原则。日本引航员培训以“引航员实务学习”为主,更注重培训过程中的实时评价,实现了过程式评价。中国规定了 7 门理论课程,3 门评估课程,引航员晋升考试内容过度重复,题库式考试模式影响了培训质量,形成了目前“以考试为导向,应试教育”的不良现象。培训效率差异明显,理想状态下,满足要求的大副成为一级引航员在中国需要 96 个月,在新加坡大约需要 57 个月,在日本大约需要 40 个月。

4.4　各有特色,形成了具有各自特色的培训与考证体系

新加坡引航员人数少,与中国上海港引航员的规模相当,培训精细化程度高,能够全面彻底地执行新加坡海事与港口管理局法案规定的各项要求,实施过程相对简单,培训效率高。日本以船长培训一级引航员为主,船长航海经验丰富,引航员晋升培训规模小,时间紧促,能够做到理实一体的培训要求。中国最早进行直接培养院校应届毕业生成为引航员的探索,引航员晋级培训需求多,引航机构多,引航员队伍庞大,国家组织的统一引航员考试只能最大限度地进行公共理论知识和模拟器基础操纵,很难完全考虑各个地方的不同需求。但这种模式也在一定程度上完成了引航员规模的扩大,适应了特定时段的引航生产需求。

5　对海港引航员培训与考证体系改革的建议

5.1　优化培训与考证内容

海港引航员培训与考证内容要紧跟现代航运、港口、海工新技术,增加绿色航运技术内容。IMO 在 2011 年推出新造船能效设计指数(EEDI)和船舶能效管理计划(SEEMP),2018 年推出初始温室气体减排战略,制定 EEXI 和 CII 法规,但海港引航员的培训与考证内容中,几乎没有涉及上述内容。深化新兴航运技术、航海技术的内容,如自动航行系统、电子航图显示和信息系统(ECDIS)、智能船舶等内容。拓展重大海工设备出坞、港内拖航、试航等相关引航知识,总结推广 FPSO(浮式生产储油卸油装置)、超级渔场等不规则航行物体的引航作业经验。更新国际航海法规的内容,中国海港引航员中一般以上来自院校毕业生,对船舶管理等船长业务掌握不够深入,对海洋环境保护、驾驶台资源管理等知识不熟练。

优化课程内容,如将船舶避碰升级为船舶避碰与法规,将船舶操纵与航海仪器结合,航海英语以国际海事标准通信英语为基础,根据不同港口引航员的实际工作经验和背景,设计更加个性化的培训方案,以满足不同引航区不同级别的引航员的学习与业务提升需求。如在一级引航员培训与考证中增加超大型邮轮、超大型散货船、超大型集装箱船、超大型 LNG 船舶的操纵等内容;在二级引航员培训与考证中适当增加水上交通工程的内容。

5.2　优化培训与考证科目

建议海港引航员考试科目设定为初考公共科目、级别晋升科目、引领范围变更科目三个类别,优化科目设置,避免知识过度重复。在中国,大副成为一级引航员需要参加 5 次英语理论考试,考试内容基本一致。

形成“初考公共科目 + 晋升科目 + 变更科目”的培训与考证课程体系。设定初考公共科目(港口情况与水文气象、引航英语、职务与法规),晋升一级培训科目(船舶操纵、船舶避碰、水上交通工程、引航综合评估、案例分析),晋升二级培训科目(船舶操纵、船舶避碰、引航综合评估、案例分析),晋升三级科目(船舶操纵、船舶避碰、引航综合评估、案例分析),海港引领范围变更科目(港口情况与水文气象、职务与法规、引航综合评估)。船舶避碰、船舶操纵、案例分析、引航综合评估科目持续培训,不断强化,保障职业安全,促进职业纵向发展。水上交通工程作为职业能力提升科目,促进职业横向发展。

5.3　优化培训与考证流程

完善“实船—理论—模拟—考试—评估”的培训与考试流程,在实船阶段规范培训内容,由行业协会制定统一的引航员实习实训记录簿。理论培训阶段,实现培训的差异化层次化,提高不同晋升

阶段的培训效率。模拟阶段,提高模拟器的仿真度,总结船舶操纵的共同经验,模仿事故发生的过程以提升应急反应能力。提升考试与评估环节的透明度和公正性,增强培训过程的监督和评价机制,确保培训质量。

坚持培训、考试、评估过程的良性互动。发挥海港引航员培训大纲与评估规范的导向作用,引入更多第三方评估和认证,比如国际知名的航海专业认证机构参与引航员的培训与考证工作,以提升培训与考证体系的国际认可度,提升中国引航员的职业素养。

6 结语

相对于新加坡、日本的引航员培训与考证体系,我国引航员培训和考试体系在“培训精细化、过程流程化,评价过程化”方面还有待提高。如何防止培训考试环节中的应试化,实现引航员培训与考证制度设计中“教—学—考”的良性互动,避免晋级过程的过度重复,合理设计培训与考证科目,优化培训与考证的内容与流程,中国引航员培训与考证体系改革是一项复杂的系统工程。

2021 年 9 月《船舶引航管理规定》正式实施,2023 年《中华人民共和国引航员管理办法》修改意见稿已经接近完成,以 2013 年《中华人民共和国引航员管理办法》为依据制定的《海港引航员考试培训大纲》和《海港引航员适任评估规范》也进入修订程序。如何在新的修订中既能有效地保持 2019 年制定的《海港引航员考试培训大纲》和《海港引航员适任评估规范》的相对稳定,又能借鉴行业先进经验和做法,切实提高培训效率,真正促进引航员能力的提升,是中国引航业面临的重要课题。全面提升中国引航员培训与考证的质量,优化中国引航员培训与考证体系,促进引航员的全面发展,完成从规模扩大到质量提升的转化,对中国引航业的发展具有重要的意义。

参考文献

[1] 赵健,梁才磊,徐海军,等. 日本引航员培训与考证体系研究与借鉴[J]. 航海教育研究,2017(4):39-41.

[2] 赵健,李伟,马会,等. 新加坡引航员培训与考证体系研究[J]. 航海教育研究,2017(2):34-37.

[3] 中华人民共和国交通运输部. 中华人民共和国引航员管理办法[EB/OL]. (2021-12-2)[2024-04-05]. https://xxgk. mot. gov. cn/2020/gz/202112/t20211228_3633635. html.

[4] 胡甚平,陈渊,薛满福,等. 海港引航员适任培训大纲编制研究[J]. 航海教育研究,2019(1):8-12.

[5] 中华人民共和国交通运输部. 交通运输部关于修改《船舶引航管理规定》的决定. [EB/OL]. (2021-09-132)[2024-04-20]. https://www. gov. cn/zhengce/zhengceku/2021-09/13/content_5637004. html.

面向教育数字化和协同创新的物流人才培养模式改革

辜 勇* 李文锋 欧阳武

(武汉理工大学交通与物流工程学院)

摘 要 在数字经济和创新驱动发展的背景下,物流与供应链的业态创新和新技术应用日趋明显,智慧供应链成为物流专业教育的重要方向。而教育数字化和产教融合协同创新的发展趋势,使得物流人才培养面临重要变革。本文分析智慧供应链的内涵特点和人才需求,结合教育数字化和协同创新对人才

基金项目:中央高校教育教学改革专项、武汉理工大学重点教学研究项目(w20210004),教育部第二期供需对接就业育人项目(20230114782),国家虚拟教研室建设试点(基于央地融合的物流管理专业虚拟教研室、物流工程专业虚拟教研室)。

培养的作用,提出智慧供应链人才培养模式的知识体系、教学方法、实践能力、考核方式,为进一步探索新经济发展格局下的物流专业教育模式提供参考。

关键词 智慧供应链 人才培养模式 教育数字化 协同创新 教学改革

0 引言

党的二十大报告指出要“着力提升产业链供应链韧性和安全水平”“加快建设制造强国、质量强国、航天强国、交通强国、网络强国、数字中国”。自2017年以来,国家先后出台《关于积极推进供应链创新与应用的指导意见》《关于开展供应链创新与应用试点的通知》《关于进一步做好供应链创新与应用试点工作的通知》等一系列政策,明确提出智慧供应链是“引领全球化提升竞争力的重要载体”,要将“加快培养多层次供应链人才”作为推进供应链创新与应用的重要措施之一,供应链已经上升到国家战略高度[1]。

智慧供应链与传统供应链相比,具有大数据支撑、网络化共享、智能化协作的特征,技术渗透性更强,智慧供应链对岗位人才的能力提出更高的要求。同时,企业面临的竞争压力越来越大,如何实现毕业生从学校到企业的良好衔接,毕业生快速适应岗位成为学校、学生和企业共同关注的问题[2]。另一方面,数字化和人工智能技术快速发展,数字化教学成为快速获取信息、实现个性化学习的重要途径。特别是疫情加速线上教育的步伐,更加凸显出数字化教学的重要性和优越性。

物流类专业学生的培养应以行业为导向、以学生为主体,使毕业生掌握的知识技能和企业供应链岗位的能力要求相匹配[3]。在当前教育数字化和协同创新的背景下,应进一步改革物流类专业学生培养模式和教学体系,提升培养成效和学生创新实践能力,实现学校人才供给和企业人才需求的精准匹配。

1 智慧供应链的人才需求分析

2020年2月,“供应链管理师”正式作为新职业发布,纳入国家职业分类目录。随着我国人工智能、物联网等技术的应用和智慧供应链产业的壮大,对智慧供应链人才的数量和质量提出更高要求[4-6]。

1.1 人才数量需求分析

根据中国物流与采购联合会的数据显示,作为全球最大的制造业和消费市场,我国数字供应链市场规模从2018年的8.25万亿元,增加到2022年的27.2万亿元,年复合增长率达到26.94%。业务的大规模增长,必然会带来大量的人才需求。

据中国物流与采购联合会统计,从事供应链管理工作的人员约有200万人,但具备供应链管理理论和实践能力的人才只有60万人,缺口达到50%以上;预计2023—2025年,我国供应链人才需求约430万人。

根据《中国企业供应链人才白皮书(2021年)》显示,2021年中国企业对供应链人才的需求量为94万人,其中,管理人才需求为40万人,运营人才需求为35万人。长期来看,我国供应链人才缺口预计达500万人。

“有知识、懂技术、善管理、会经营”的高级复合型人才需求更是难以得到满足。人才短缺成为企业发展物流新质生产力、实现转型升级的一项挑战。

1.2 人才素质需求分析

1.2.1 数字化、国际化转型的需求

随着数字技术和智能制造的不断发展和成熟,未来供应链人才培养,将会更加注重数字化应用能力和智能化水平的提升。另外,全球供应链一体化时代,跨境电商、企业出海、国际货运、海外仓等新业务模式不断涌现,对智慧供应链人才的国际化能力要求愈发凸显,要求员工具备外语交流能力和国际业务处理能力,熟悉供应链与物流的国际规则,具有宽广的国际视野。

1.2.2 跨界融合、复合型人才的需求

在大数据、物联网、人工智能、区块链等技术快速发展背景下,企业对智慧供应链人才素质要求越来越高。智慧供应链人才既要具有供应链管理专业和计算机、数据分析、人工智能等方面的知识结构,又要具备供应链运营管理、业务操作、大数据分析应用等能力,以及善于沟通协作、具有创新意识的综合素质,并熟悉新技术研发、软件系统开发、智能终端设备维护等。智慧供应链人才既要掌握采购、制造、交付等供应链流程,又要熟悉

供应链所在行业,从单一技能、操作型向高素质、复合型转变。

1.2.3 协同合作、提升胜任力的需求

未来供应链人才培养将会更加注重跨部门协作能力的提升。在数字化时代背景下,企业需要进一步加强内部各部门之间、内部各层级之间的协同合作。同时,企业面临的竞争压力促使企业不断加快产品和服务的创新迭代,这要求入职者能够快速胜任岗位。提升供应链人才岗位胜任能力,关键是做到专业培养聚焦实践、校企协同深度合作。建立产教融合机制,创新产学合作协同育人培养模式,积极与产业结合,真正从企业角度关注企业利益,建设校企协同创新平台,促进供应链人才培养。

2 教育数字化和协同创新的育人作用

通过分析数字化教育和协同创新的特点及其育人作用,为物流类专业智慧供应链人才培养模式改革奠定基础。

2.1 教育数字化的特点及育人作用

2023 年全国教育工作会议提出“纵深推进教育数字化战略行动”。2023 年、2024 年连续举办两届世界数字教育大会,教育数字化,找到“我国开辟教育发展新赛道和塑造教育发展新优势的重要突破口”。

高等教育数字化通过数字化的教学方式、育人模式和教育环境,推动智慧高效、开放包容的教育生态重构。

与传统教育方式相比,数字化教学在对学生能力的培养上面具有明显的优势,开放的学习环境和资源有利于培养学生自主学习能力[7-8]。在数字化教学方式下,更加凸显“以学习者为中心”的理念,借助智能设备和数字化教学资源,实现个性化、自主化、跨越时空、高效协同的学习;在数字化育人模式下,校企之间、学校之间的制度壁垒与资源界限被打破,课程体系构成将更加多元,师资共享、学分互认将更加广泛;在数字化教育环境下,通过技术赋能教育管理、数据驱动校园治理,形成科学的教与学评价体系,提供更智能、高效、安全的数字教育环境与服务。

武汉理工大学积极推进教育数字化转型,通过数字化赋能让教与学更智慧。学校通过线上线下双空间推进产教深度融合、学科深度交叉,提升学生解决实际工程难题的能力,培养卓越工程师。2023 年 6 月,教育部全国教育信息化现场推进会在武汉理工大学举行。参会人员现场观摩数字化课堂、学校智能运行中心、智慧体测中心、未来学习中心、图书漫游中心等。

2.2 协同创新的特点及育人作用

科技创新是推动高质量发展的重要引擎,“创新是一个系统工程,创新链、产业链、资金链、政策链相互交织、相互支撑”,需要在政策机制指引下,企业、高校、科研机构发挥各自能力优势、整合互补资源,以知识增值为核心,协作开展产业技术创新和科技成果产业化[9-10]。

协同创新是高校人才培养的重要驱动因素和质量提升路径,也是产教融合、科教融汇的主要目标之一。物流与供应链管理作为来源于实际行业的交叉学科,与管理学、经济学、交通运输工程、工程管理等学科密切相关,需要特别注重产学合作、协同育人。通过与物流供应链行业头部企业、区域领军企业,联合搭建协同创新平台,以行业需求和技术趋势为导向,汇集科技创新资源、坚持产学研用结合,探索理论研究与实践应用相结合的培养模式,建立依托科技成果创造和转化的育人模式,全面提升供应链人才的创新实践能力。

武汉理工大学将创新创业教育贯穿人才培养全过程,以提升学生创新创业能力为核心,深化专创融合、发挥专业优势、坚持以赛促创,努力培养更多创新创业人才。2024 年 3 月,中国高等教育学会发布《2023 全国普通高校大学生竞赛分析报告》,在 2019—2023 年全国普通高校大学生竞赛榜单(本科)中,武汉理工大学位列第四。同时,积极探索与行业、地方联合共建多层次人才培养支撑体系和高水平科技创新体系,形成共建长效机制,科技成果转移转化工作成效显著。2020 年,学校获批“国家知识产权示范高校”和“高等学校科技成果转化和技术转移基地”。

3 智慧供应链人才培养模式探究

3.1 以行业需求为驱动,更新教学内容和知识结构

供应链已发展到智慧供应链新阶段,高校作为培养人才的主体,必须密切跟踪产业发展和技

术进步,结合学校定位和办学特色,持续动态更新教学内容和知识结构。

在课堂教学和教材编写中,吸收最新的科研成果、行业发展、企业案例;与企业联合开发课程,使教学内容贴近行业前沿;增设人工智能、大数据、大模型等课程,形成与智慧供应链规划设计、运营管理、控制决策的高端复合型人才适配的课程体系;持续更新专业教材,通过编写系列精品教材,保障教学内容的新颖性和自主性,体现学生培养特色。同时,利用政产学研协同创新平台,开展多种形式,培养学生形成面向创新创业的精神、思维和知识结构。

武汉理工大学物流专业建设供应链管理(线下2020、线上2023),物流系统建模与仿真(线下2020),物流系统工程(线上2018)等国家一流课程4门;出版《物流系统工程》《供应链管理》《智慧物流》等国家规划教材以及精品教材15部。

3.2 以数字化为手段,丰富教学方法和真实场景

各高校高度重视以数字化带动教育现代化,教育数字化带来的是教育形式和学习方式的重大变革。首先,线下课堂教学,教师通过数字多媒体技术向学生展示智慧供应链行业前沿、发展趋势和最新动态,利用视频演示供应链各环节业务流程等,利用互联网分享智慧供应链行业相关资讯。其次,线上课程教学,教师利用同行业优秀的供应链教学资源,进行课程讲解,通过在线课堂讨论、在线答疑、讨论区讨论、课后自测、考试等实现教学互动,培养学生的自主学习能力和思维能力。

对于理论性较强的知识内容,教师通过后台的量化数据考查学生对于知识的掌握程度;对于强调过程性的训练类课程,教师可以利用数字化教学功能,结合多种教学方法和渠道,通过数字孪生、虚拟现实(VR)/增强现实(AR)、元宇宙等技术让学生更加直观接触供应链真实场景,以达到更好的教学效果。

武汉理工大学打造“理工智课”数字化教学平台,已开设1300多门数字化课程,通过线上线下双空间推进产教深度融合、学科深度交叉;结合ChatGPT等产品,学校联合研发企业,全力推动智能技术再造学科教学。

3.3 以产教融合为依托,培养学生协同创新实践能力

依托物流专业的实验实训中心、校内科研基地、校企合作平台、校外实践基地,构建多层次的校企协同创新实践教学体系。

在校内,利用智慧物流与供应链实验平台,开展供应链流程模拟与仿真建模、企业经营策略演练、供应链大数据分析、国际物流模拟实训等实验教学,促进学生理论结合实际,提升学生的团队合作、逻辑思考和知识应用。以兴趣为驱动,以项目为牵引,激发学生科技创新潜力。面向本科生开放实验室以及公共资源,学生可以完成课题任务或竞赛项目等;组织学生参加供应链领域的学科竞赛,“以赛促教、以赛促学、以赛促创”;推动自主创新基金或创新创业训练等项目对学生的全覆盖,提升学生的创新能力。

在校外,利用产学合作协同平台开展实践教学,聘请实习单位技术专家为实习导师,具体指导学生的实习实践。与顺丰速运、菜鸟网络、京东物流、国药物流等企业共建校企联合培养实践基地,开展岗位实习和现场教学,形成开放、互动的产学研合作教学新模式,提升学生专业实践能力;利用合作企业的问题场景、数据案例和高校的师资团队、科研成果,共建产教融合实践教学和科技研发的基地(产业学院),形成可持续的产教融合信息共享机制与平台。

武汉理工大学积极开展与物流供应链行业的产学合作,推动产教融合共同体建设。2018年,武汉理工大学获CSCMP(供应链管理专业协会)首批“供应链人才培养示范基地”;2021年,“智慧供应链人才培养教学模式改革”获“教育部产学合作协同育人项目”优秀项目案例;2023年,与山东省港口集团、青岛港湾职业技术学院,共同发起成立全国港口航运产教融合共同体。

3.4 以学生为中心,完善课程考核方式

为保障智慧供应链人才培养的效果,合理的课程考核与学生评价非常重要。

专业核心课程的考核,主要由以下5个方面组成[11]。①课堂表现。教师提出问题或者案例,让学生参与回答并开展课堂讨论,根据学生参与讨论情况进行考评,对课堂上积极发言的同学适当加分。②平时作业完成情况。平时作业可以包

括课后习题、课程论文、文献综述、延伸阅读、课后实验、课外调查等多种形式。③团队作业。教师设定学习任务，学生以学习小组的形式通过团队合作完成任务，根据各小组完成任务质量及成员贡献度评定成绩。例如，分组学习新兴技术在智慧供应链的应用，制作 PPT 进行分享汇报，采用小组间互评的模式。主要考核学生的自主学习能力、资料收集、分析、PPT 制作、演讲以及团队合作能力。④阶段性测试，主要考察学生的知识掌握情况以及运用知识进行定性、定量分析能力，包括期中考试、单元测验或随堂测验等。⑤期末考试。即终结性考试，全面考核学生对课程知识点的掌握与应用情况，成绩占比一般不超过 60%。

武汉理工大学基于考核内容科学化、考核形式多样化、考核时间全程化、考核主体多元化的原则，实施了新的本科课程过程性考核管理制度。其中，课程考核内容应落实课程教学大纲要求，强化综合性、开放性、探究性的非标准答案考核，检查学生的独立思考、融会贯通、综合应用所学知识融会贯通的能力，激发学生的创新性、创造性思维能力；实验实践环节着重考核学生的动手能力、沟通能力、合作能力、创新能力和解决复杂问题的能力。对公共基础课程、大类基础课程，积极探索建立符合要求的试题库，实施教考分离；对通识类课程、专业必修课程、专业选修课程和个性课程，积极探索注重过程性的非标准化考核评价，如报告式、论文式、答辩式等非标准化考核评价形式。

4 结语

近年来，以 ChatGPT、Sora 等为代表的人工智能技术迅猛发展，必将给高等教育带来颠覆性变革。智慧供应链是物流行业未来发展的重点领域，在创新驱动发展和数智化技术广泛应用的背景下，教育数字化和产教融合协同创新的趋势日趋明显，物流供应链人才培养模式必须适应行业发展和教育教学环境的变化。

本文聚焦物流供应链人才培养模式，通过分析智慧供应链人才需求，结合教育数字化和协同创新的育人作用，探索智慧供应链人才培养模式，提出以行业需求为驱动，更新教学内容和知识结构，学生培养注重岗位能力要求；以数字化为手段，丰富教学方法和真实场景，打破学习在时间上和空间上的限制，提升上课体验和教学效果；以产教融合为依托，培养学生协同创新的实践能力、职业能力和自主能力；以学生为中心，完善课程考核方式，更加注重过程性考核和学生知识能力产出。该模式可为物流供应链人才培养实现知识与技能、过程与方法、情感态度与价值观的三维目标提供参考。

参考文献

[1] 尹巍巍. 供应链视角下智慧物流模式发展研究[J]. 中国市场，2020，30：163-165.

[2] 文艳娇，戴昀弟，高小阳. 供应链视角下本科高校智慧物流人才培养模式研究[J]. 环渤海经济瞭望，2019，12：147.

[3] 刘丹，陈丽叶，梁红艳. 基于需求驱动和产教融合的物流核心课程教学创新[J]. 物流技术，2018，37(11)：128-132，149.

[4] 李严锋，杨一达，王一涵. 基于智慧供应链的物流管理专业实验实训体系探索-以云南经济管理学院为例[J]. 物流工程与管理，2019，41(10)：159-161.

[5] 李晓丹. 智慧物流视角下物流管理专业人才培养探究[J]. 广东职业技术教育与研究，2020，2：38-42.

[6] 施文娴. 智慧物流背景下物流岗位需求分析及高职物流人才培养建议[J]. 物流工程与管理，2018，4：181-182.

[7] 季倩. "互联网 +"视野下的数字化教学资源建设——以"设计基础"课程为例[J]. 设计艺术研究，2020，10(5)：82-85 + 101.

[8] 段波. 数字化教学与创新教学[J]. 教育艺术，2020，9：23.

[9] 黄琼，于江华，陶涛，等. 协同创新模式下大学生实践创新能力培养模式的探索[J]. 教育教学论坛，2018，29：149-152.

[10] 陈劲，阳银娟. 协同创新的理论基础与内涵[J]. 科学学研究，2012，30(2)：161-164.

[11] 程红莉，谭勇，钟生成，等. "过程 + 结果，知识 + 能力"导向的课程考核模式研究-以《物流系统论》为例[J]. 价值工程，2017，36(3)：181-183.

气候变化下海事供应链韧性评估的神经增强模型

徐子婷[1]　吴盖宇*[2]　王恬妮[3]

(1. 北京师范大学-香港浸会大学联合国际学院计算机科学学院;
2. 北京师范大学-香港浸会大学联合国际学院工商管理学院;3. 上海海事大学交通运输学院)

摘　要　气候变化加剧了极端天气的强度和频率,如干旱、洪水、台风和高温,增加了海上供应链的不确定性。本研究调查了海上供应链韧性的主要因素,以应对这些极端天气条件带来的挑战。我们通过识别和制定这些因素作为不同的恢复能力,通过多层感知器增强模型量化气候变化下的海上供应链恢复能力。根据文献综述和专家意见,界定了气候变化的范畴,分析了气候变化与海事供应链韧性关系中的不同权重。相关发现可以被提取出来,形成针对各行业海上供应链的相关政策建议。本研究有助于发展海上供应链韧性,并使相应的应用克服气候变化带来的挑战。

关键词　多层神经网络　海事供应链　天气变化

0　引言

过去几十年,世界面临各种不确定因素和风险,其中一些导致海上供应链严重中断。Kalaidjian 等人(2022)指出,缺乏科学可靠的数据,不可靠的模型/方法,以及与利益相关者的脆弱性调查结果沟通/参与不良,是影响海上供应链韧性规划质量的关键原因。在这些风险中,一个主要来源来自气候变化。根据可持续金融研究所最近进行的一项研究(2022),预计到 2100 年全球气候将变暖 5℃。这将导致每个国家或社区付出巨大代价。对海事供应链韧性(例如,对气候变化的适应)的系统研究始于几年前,但将解决不确定性方法的风险模型纳入研究似乎很少,相关文献中只有有限数量的研究(Yodo 和 Wang, 2016 年;Yang 等人,2018)。此外,尽管认识到必要性和效益,但几乎没有证据表明以前的工作使用定量风险分析和经济评估来支持合理的海事供应链韧性设计和规划(Datta, 2017)。目前,关于缺乏专门针对气候变化对海洋生态系统影响的复原力评估过程,现有文献中存在空白。为了填补这一空白,本研究利用多层神经网络方法来评估和量化面对气候变化的海上供应链的韧性。本研究的目的如下:①识别海洋气候变化中的威胁并验证分类的准确性,这在以往的研究中无法得到明确的验证;②提出了一种多层感知器增强的模型,用于探索海洋供应链韧性与气候变化之间的关系;③在分析的基础上,就如何提高整个海上供应链的韧性提出了不同的政策建议。本研究将填补量化气候变化如何影响海事供应链的研究空白,这将提高海事管理者和政府解决气候变化的绩效。

适应气候变化及其影响是当今社会一个根本和不可避免的问题。与大量的减缓研究相比,已经出现了与适应相关的研究,但文献仍然非常零散(Strauch 等, 2015;Walker 等,2017)。它们强调了适应规划的必要性,但很少有人探索基于风险的气候适应的定量、纵向测量方法的发展,在这些方法中可以测量适应计划对降低风险的影响。在实践中,海事供应链仍然缺乏“组织韧性”(Driesen, 2010)。由于预算限制、有限的时间框架、模糊性和利益冲突等制约因素,现有机构环境在制定适应规划和战略方面的有效性受到质疑,这对确定脆弱性和适应战略的优先次序构成了挑战。此外,在不同的国家和地区,气候变化与海洋环流之间的相互动力具有显著的多样性。到目前为止,许多不确定因素依然存在。在应对气候变化时,现有关于减少决策不确定性的工作严重不足(Yang 等,2018)。探索气候适应的不确定性和

基金项目:本文章由国家自然科学基金创新人才项目 National Natural Science Foundation of China(项目名称:UICR0600041);上海浦江人才计划 Shanghai Pujiang Talent Program (2021PJC068)资助 。

利用不完整的海事供应链数据量化气候风险是必要的。

韧性海事供应链对全球经济的福祉至关重要,因此对理解、评估和提高海事供应链韧性的投资至关重要。了解到这一点,这项开创性的研究需要从海事供应链研究中获得新的投入,在海事供应链研究中,我们开创了具有深度不确定性的风险建模,并开发了一系列新颖的基于风险的决策方法,以增强海事供应链应对不同威胁的韧性,从适应气候变化影响到海事供应链的安全性和脆弱性。韧性可以被理解为有效适应困难、挑战和不确定经历的过程和结果(American Psychological Association,2022)。我们提出了一个神经增强模型来评估海事供应链韧性,旨在解决气候变化带来的风险和不确定性。对此,国内的确存在这方面相似的研究,但是主要针对区块链技术的可能会造成的风险,例如(洪文倩等,2020)研究了海运业区块链智能框架可能会遭受的冲击,以及其解决方案;(张宇怀等,2018)基于“一带一路“背景设计了区块链技术对海洋贸易的可能影响。但是涉及网络安全对于海运的预防和措施相关文献较少。例如,初北平和林孟懋(2021 年)就“长赐”轮搁浅对全球航运供应链的冲击,着眼于研究不同层级、不同部门法律之间的协调与衔接,以此完善对航运供应链中断风险的综合治理。

1 方法

多层感知器由一个输入层组成,该输入层接收各种类型的气候变化风险作为输入信号。输出层评估海事供应链的韧性,而隐藏层作为计算引擎,包含诸如供应商、需求者、零售商、消费者和制造商等实体。数据流从输入层发展到输出层,多层神经网络中的神经元采用反向传播来训练学习算法。

详细的多层神经网络架构如图 1 所示。它首先利用问卷调查数据,将数据从输入层传播到输出层。然后将输出与已知结果进行比较,并计算差异。这种差异通过网络反向传播,获得每个权重的导数,并随后更新模型。重复这三个步骤来优化训练算法。多层神经网络的具体层数如下。

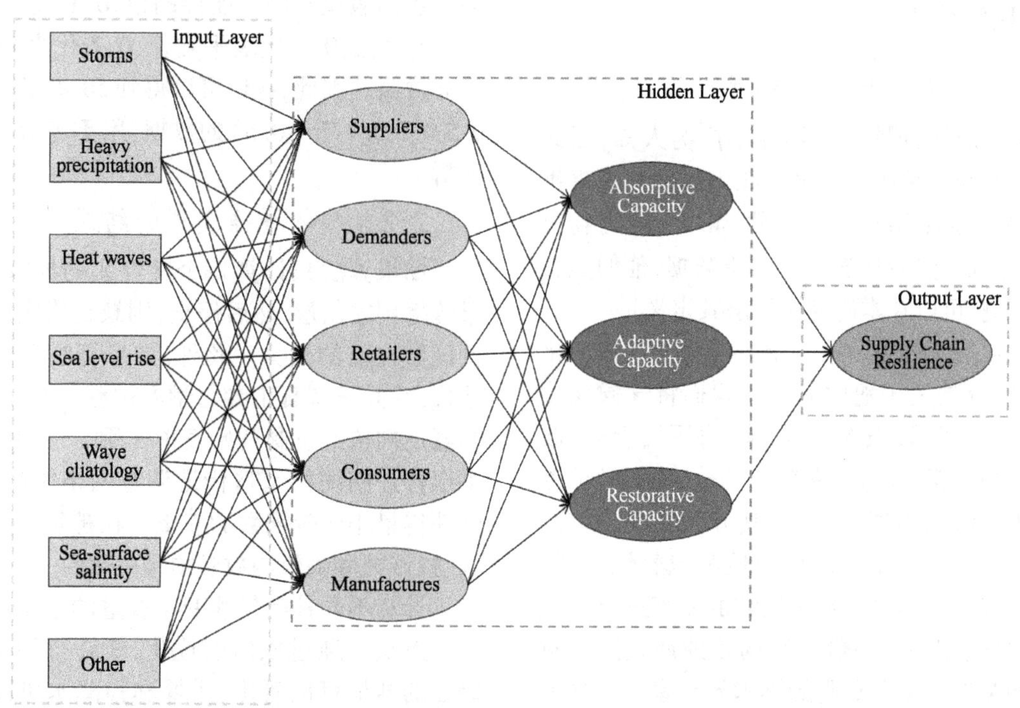

图 1 多层神经网络概图

我们结合 dropout、zone out 和 GELU 激活的一些特性来构造激活函数。对于同时使用 GELU 和 dropout 的网络,GELU 将输入乘以 1 或 0,dropout 将输入随机乘以 0。具体来说,我们使用 $m \sim \text{Bernoulli}(\Phi(x))$乘以气候变化输入,其中 $\Phi(x) = P(x < x)$,$x \sim N(0,1)$是标准加分布的累积分布

函数。选择这种分布的原因是输入特征通常服从正分布,例如使用批规范的网络。在这种情况下,输入x下降的概率随着输入x的减小而逐渐增大,并且输入x的这种变换是随机的,依赖于其自身的值。因此,标准正分布函数$\Phi(x)$和右尾函数$Q(x)$为:

$$\Phi(x) = P(X \leqslant x) = \frac{1}{\sqrt{2\pi}}\int_{-\infty}^{x} e^{-x^2/2}\mathrm{d}x$$

$$=1 - Q(x)$$

相应的误差函数 erf (x)可表示为:

$$\mathrm{erf}\ (x) = 1 - 2Q(\sqrt{2}x) = \frac{2}{\sqrt{\pi}}\int_{0}^{x} e^{-x^2}\mathrm{d}x$$

因此,我们得到:

$$\Phi(x) = \frac{1}{2}[1 + \mathrm{erf}\ (x/\sqrt{2})]$$

因此,我们采用线性回归模型来探讨气候变化对三种恢复能力的影响。然后我们提出当一种能力受到影响时,哪种天气变化更容易受到影响。因此,我们建议结合模型来探讨不同类型气候变化与不同海事供应链恢复能力之间的关系。

2 数据分析

2.1 调查设计、抽样和调查管理

海事供应链韧性在业界并不广为人知,因此我们的目标受众是研究人员。我们通过与海事供应链相关的会议(60%)和邮件(40%)将问卷分发给研究人员,然后从学术界收集数据,他们熟悉海事供应链,可以在本研究中了解其定义。

问卷包括两部分。第一部分是关于气候变化的,第二部分是关于地中海的。我们将气候变化定义为六类(风暴、强降水、热浪、海平面上升、波浪气候学和海面盐度)。在第二部分,我们尝试探索海事供应链韧性能力,并将其分为吸收、适应、恢复三个部分。为了实现彻全性和包容性,文献中确定的威胁和类别由海事领域的专家进行验证和初步评估。随后,一份半结构化的调查问卷被分发给相关理学硕士专业的学术界专家。问卷采用李克特五点量表来收集他们的见解。表1表示地中海气候变化风险的可能性;本研究中不同影响程度的定义;并定义不同程度的权重,设计半结构化问卷,采用李克特量表,有五个回答选项(非常低、低、中、高和非常高),分发给相关海事供应链内学术界工作的专家。收集的数据将用于多层神经网络-BN模型。

不同气候变化可能性的结果 表1

可能性	VL	L	A	H	VH
风暴	0	5	12	**24**	9
强降水	0	10	11	**18**	11
热浪	0	12	12	**18**	8
海平面上升	1	10	7	**19**	13
波浪气体	0	7	**20**	15	8
海面盐度	1	15	**19**	8	7

我们分发了70份问卷,并在关注海事供应商、海事制造商、海事需求方、海事零售商、海事消费者或海事供应链的研究人员中获得了50个有效结果。首先,确定气候变化参数是否适合本研究。然后,我们收集了不同类型气候变化发生的概率以及这些气候如何影响海事供应链。最后,我们研究了海事供应链韧性不同部分的比例。表1显示了数据收集的结果。

在表1中,我们总结了不同气候变化可能性的结果,然后我们可以得到这些数据的50个结果。我们假设不同可能性的值,0.1代表非常低;0.3代表低;0.5代表平均值;0.7代表高,0.9代表非常高。因此,我们可以得到50组格式为(0.7 0.5 0.5 0.7 0.7 0.5)的数据,用于多层神经网络分析。

2.2 神经增强模型的结果

如果算法只计算每个神经元的加权和,将结果传播到输出层,然后停止,则缺乏确定最小化代价函数权重的能力。此外,如果算法只执行一次迭代,它并没有真正参与学习过程。然后,多层感知器反向传播机制开始发挥作用。反向传播允许多层神经网络模型迭代地调整网络中的权重,直到获得最小代价函数的权重。在神经元中组合输入、权函数和阈值函数必须是可微的。

计算不同种类气候变化权重的过程已经进行了一万次。通过权值的优化,最终得到结果。从表2的结果可以看出,风暴和强降水可能对海事供应链韧性的负面影响最大。风暴将对地中海的恢复能力,特别是适应能力产生最大的负面影响。这意味着政府和海运业管理者应该关注近年来的风暴,采取更有效的措施来提高海事供应链的韧性。此外,适应能力值得进一步提高,包括提高其

应对和适应气候变化和其他破坏影响的能力。港务局、航运公司、物流供应商和政府机构也可以在风暴中加强合作。

不同气候变化对海上供应链韧性的影响 表2

类型	吸收能力	适应能力	恢复能力
风暴	**0.7957**	**0.9320**	0.1000
强降水	0.6967	**0.9200**	0.1325
热浪	0.6622	**0.7367**	0.1652
海平面上升	0.5286	0.5733	0.2305
波浪气体	0.5957	0.5600	0.1000
海面盐度	0.3951	0.4100	0.2957

海平面上升和热浪对海上供应韧性有一定影响,但没有那么严重。因此,海事供应链相关管理人员应拨出更多的资源,为海面盐度做好准备;强降水和热浪。它们可以改善港口相关产业的管理,因为海面盐度对港口的影响最大,会影响整个海事供应链。政府还可以准备循环基金,以解决可能产生巨大负面影响的海面盐度问题。

本研究评估了海事供应链恢复力的气候变化风险。通过全面的文献综述,气候威胁及其类别被识别和分析。首先,使用第一份问卷(问卷1)进行筛选过程,以确定每个类别中的重大气候变化。随后,利用第二份问卷(问卷2)进一步评估不同类型气候对海事供应链恢复力的影响。为了评估气候变化对海洋生态系统恢复力的影响及其对海洋生态系统恢复力各部分的影响,采用多层感知器(多层神经网络)相结合的混合方法。

结果表明,最严重的威胁是"风暴",其次

是"强降水"和"热浪"。在海事供应链韧性的具体部分中,"海面盐度"对恢复能力的相关性最高,这意味着行业应重点提高恢复能力,例如人力资源。此外,设计了一个损失函数来验证所提出的多层神经网络模型,并探索个体威胁与个体海事供应链韧性能力之间的关系。

2.3 损失函数-均方误差

在这个多层神经网络模型中,我们使用了回归预测任务中常用的均方误差损失函数。通过计算预测值与实际值(即误差)之间的平方距离来评估模型。因此,均方误差越小,表明预测值和真实值之间的匹配越接近。通过图2可以清楚地看到,在训练这个模型之后,每次迭代的损失达到了小于10^{-4}的水平。

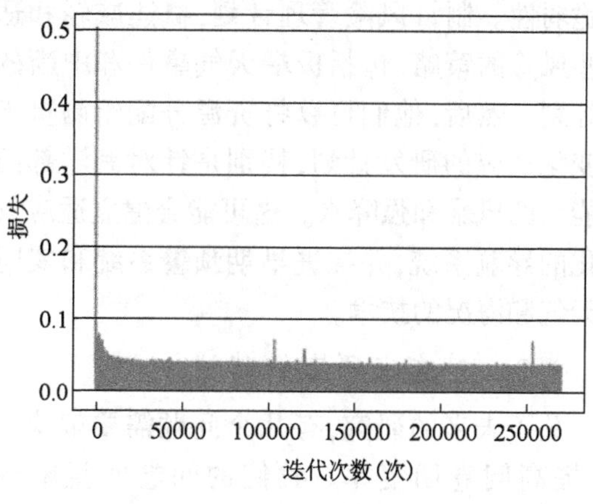

图2 每次迭代损失

3 结语

3.1 关键结论

本研究有三个主要贡献。首先,它有助于确定海洋气候变化威胁的综合清单,然后将其分为六类:"风暴""强降水""热浪""海平面上升""波浪气体"和"海面盐度"。通过咨询海事专家,也证实了这种分类结构的有效性。其次,本研究引入了多层感知模型,用于分析海事供应链韧性方面的气候变化风险。这个提议的模型既具有创新性又具有适应性,允许潜在的扩展以增加额外的威胁,包括网络攻击、盗版攻击等等。因此,它开辟了新的途径。第三,研究评估了气候变化对海上供应链韧性的影响。研究结果为海事管理人员提供了有价值的见解,使他们能够优先考虑自己的努力并有效地分配资源,特别是在有限的预算范围内运营时。从学术角度来看,这些发现揭示了最重要的海洋气候变化威胁,从而促进了未来研究工作的进一步深入。

3.2 政策建议

本研究也为环境政策的制定提供了一些参考。为了减小气候变化带来的影响,特别是可能对海运业影响最大的风暴和强降水,并提高海事供应链的复原力,各国政府可以实施既缓解气候变化,又适应气候变化的综合措施。例如,政府可以促进对开发和改造气候适应型海事基础设施的投资,包括港口、码头和停泊设施。这可以包括将气候变化预测纳入基础设施设计,确保对海平面上升和风暴潮有足够的保护。此外,政府可以帮助船东、港口、码头和靠泊设施进行全面的风险评估,特别是识别海上供应链中与气候相关的风险和脆弱性。制订风险管理计划,概述减轻和适应这些风险的策略,包括极端天气事件和中断的应急计划。然后,他们可以将资源分配给侧重于气候变化适应的研发计划,特别是针对海洋部门吸收能力的风暴和强降水。这可能会建立适应气候变化的导航系统,并推进早期预警系统和实时监测天气和海况的技术。

3.3 对未来研究的建议

关于未来的研究,有几个问题需要解决。首先,提高问卷回复率。我们的问卷回复率约为50%,这可能是由于问卷的复杂性,尤其是第二份问卷回复率偏低。虽然获得的结果是可靠的和信息丰富的,但更多的回应将提供额外的观点和见解。其次,虽然所有受访者都在海事供应链韧性方面拥有一定程度的专业知识,但未来的研究可以探索根据他们对海上网络安全和多年经验的熟悉程度来权衡专家意见的可能性。

参考文献

[1] AFENYO M, JIANG C, NG A K Y. Climate change and Arctic shipping: A method for assessing the impacts of oil spills in the Arctic. [J] Transportation Research Part D: Transport and Environment ,2019,77:476-490.

[2] American Psychological Association. Resilience, [eB/OL]. [2022-09-30]. www. apa. org/topics/resilience.

[3] ANDERSEN S K, OLESEN, K G, JENSEN F V, et al. Hugin-a shell for building belief universes for expert systems[M]. In: Shafer, G. and Pearl, J. (Eds.): Reading in Uncertainty Reasoning. Morgan Kaufmann, Burlington, MA, 1990:332-337.

[4] ANSELL C, GASH A. Collaborative governance in theory and practice[J]. Journal of Public Administration Research and Theory, 2008, 18 (4): 543-571.

[5] AVEN T. Identification of safety and security critical systems and activities[J]. Reliability Engineering & System Safety, 2009, 94: 404-411.

[6] BECKER A. The state of climate adaptation for ports and the way forward[M]. In: Ng, A. K. Y., Becker, A., Cahoon, S., Chen, S. L., Earl, P. and Yang, Z. (Eds.): Climate Change and Adaptation Planning for Ports, Routledge, Abingdon,2016:265-274.

[7] BECKER A, INOUE S, FISCHER M, et al. Climate change impacts on international seaports: knowledge, perceptions, and planning efforts among port administrators[J]. Climatic Change 110(1-2): 5-29.

[8] BECKER A, NG A K Y, MCEVOY D, et al. Implications of climate change for shipping: ports and supply chains [J]. Wiley Interdisciplinary Reviews: Climate Change, 2018, 9(2):508.

[9] BENSON M H. Regional initiatives: scaling the climate response and responding to conceptions of scale [J]. Annals of the Association of American Geographers, 2010, 100 (4): 1025-1035.

[10] Canadian Global Affairs Institute. Investing in Supply Chain Resilience in the Indo-Pacific [R]. Canadian Global Affairs Institute, Calgary, AB,2022.

[11] DATTA P. Supply network resilience: a systematic literature review and future research [J]. International Journal of Logistics Management,2017,28(4):1387-1424.

[12] WROBEL, K, MONTEWKA J, KUJALA P. Towards the development of a system-theoretic model for safety assessment of autonomous merchant vessels[J]. Reliability Engineering & System Safety,2018,178:209-224.

[13] XIA W, LINDSEY R. Port adaptation to climate change and capacity investments under uncertainty[J]. Transportation Research Part B: Methodological, 2021,152:180-204.

[14] XIAO Y B, FU X, NG A K Y, et al. Port investments on coastal and marine disasters prevention: Economic modeling and implications[J]. Transportation Research Part B: Methodological, 2015,78:202-221.

[15] YANG Z, NG A K Y, LEE P T W, et al. Risk and cost evaluation of port adaptation measures

to climate change impacts[J]. Transportation Research Part D: Transport and Environment, 2018,61:444-458.

[16] YANG Z, NG A K Y WANG J. Incorporating quantitative risk analysis in port facility security assessment [J]. Transportation Research Part A: Policy and Practice,2014, 59: 72-90.

[17] YANG Z, QU Z. Development of quantitative maritime security assessment: a 2020 vision [J]. IMA Journal of Management Mathematics,2016,27(4): 453-470.

[18] YANG Z S, YANG Z, QU Z H, et al. A risk-based game model for rational inspections in port state control[J]. Transportation Research Part E: Logistics and Transportation Review, 2018,118: 477-495.

[19] YEO G T, PAK J Y, Z. Analysis of dynamic effects on seaport adopting port security[J]. Transportation Research Part A: Policy and Practice,2013,49: 285-301.

[20] ROOZKHOSH P, POOYA A, AGARWAL R. Blockchain acceptance rate prediction in the resilient supply chain with hybrid system dynamics and machine learning approach. Operations Management Research, 2023, 16 (2), 705-725.

[21] 初北平,林孟懋.从“长赐”轮搁浅事件谈航运供应链中断风险的法律治理[J].世界海运,2021,6:36-40.

[22] 黄小原,晏妮娜.供应链鲁棒性问题的研究进展[J].管理学报 2007,4:521-528.

[23] 黄海蓉,陈静,吴盖宇(Adolf K. Y. Ng).新常态下浙江专业市场推动传统产业集群转型升级的对策探讨[J].贸易经济类核心期刊,2016,18:213-214.

[24] 洪文倩,王庆年.基于区块链的海运业智能合约框架构建与分析[J].物流科技,2020, 43(5): 97-101.

[25] 刘浩华.供应链中断风险及其防范[J].中国市场,2009, 23: 8-10.

[26] 刘长俭,孙瀚冰,袁子文,等.系统提升中国国际物流供应链韧性的路径.科技导报, 2022,40(14):73-79.

[27] 马一德.强化科技创新和产业链供应链韧性[J].北京观察,2021,11:52-53.

[28] 廖涵,胡晓蕾,刘素倩.不利外部冲击下我国供应链韧性分析[J].企业经济, 2021,40 (10):50-59.

[29] 盛昭瀚,王海燕,胡志华.供应链韧性:适应复杂性 — 基于复杂系统管理视角[J].中国管理科学,2022,30(11): 1-7.

[30] 姚瑶.我国海运物流的发展现状与策略分析[J].运输经理世界,2021,21:89-91.

[31] 张栋.绿色供应链发展下的港口海事服务转型机遇分析[J].中国物流与采购,2022,13: 48-50.

[32] 马正宇,秦放鸣.气候变化对金融稳定的影响:一个文献综述[J].金融与经济,2023,1: 15-25.

西部陆海新通道西南沿线城市无水港选址研究

王 林 梁进宇*

(武汉理工大学交通与物流工程学院)

摘 要 在西部陆海新通道的建设背景下,提出合理规划西南城市无水港选址建设的方法。以集装箱作为主要货源构建无水港选址评价指标体系,采用 AHP-CRITIC 的主客观赋权相结合的方法对指标进行分析,再运用 VIKOR 法,以北部湾港作为出海口对西南地区城市进行综合评价分析。实证结果表明,南宁市和成都市作为最佳折中方案,与理想方案的接近程度高,是北部湾港在西南地区建设无水港的最优选择,与实际发展情况相符,组合赋权-VIKOR评价模型具有可行性,能够较好地评价无水港选址,为北部湾港在西南地区发展无水港提供参考和建议,为内陆地区发展外向型经济提供一定参考。

关键词 无水港 组合赋权 妥协解排序法 西部陆海新通道

0 引言

无水港的建设在早期是为了解决沿海港口拥堵和土地利用紧张的问题,提高沿海港口的运转效率和服务水平,随着外向型经济的需求增加,内陆城市为了发展经济建设无水港,寻求海港合作。内陆地区盲目建设无水港、沿海港口盲目选择无水港合作,会导致无水港货源腹地重叠,适箱货源紧缺,无水港无货可运,造成大量的资源浪费和经济损失。因此,需要合理规划建设无水港,探索适合的无水港选址评价方法,选取符合双方需求的指标,以扩大沿海港口的经济腹地范围,提升沿海港口的竞争力,提高内陆腹地运输效率,促进内陆地区经济发展。

选择合适的地区建设无水港是维持无水港良好运营的基础,无水港的选址问题是设施布局选址问题在交通物流领域的一个研究分支,大量学者对无水港选址优化问题进行研究。梁承姬和黄博峰[1]以上海港为母港,以中亚中欧货源城市为备选研究对象,首先利用模糊C-均值聚类分析法选择候选城市,再针对选址优化和运输线路选择建立以总成本最小化为目标,利用遗传算法进行求解,针对远距离无水港提出两阶段模型的方法。李慧远[2]应用K-均值聚类分析将候选城市分为三类分析。张兆民[3]以大连港为研究对象,运用C-均值聚类方法对现有的无水港规划情况和发展现状比较分析。Rahimi[4]以货物总运输距离最短为目标,运用分配方法,为港口提供无水港最优布局选择方案。吉尔德[5]将德尔菲法和多目标分析法相结合分析无水港选址的影响因子强度,将无水港定位运输网络节点构建概念模型。丁坤迪和汪传旭[6]根据复杂网络节点的重要度排序确定无水港选址的关键指标,采用灰色关联分析法求解备选方案,运用混合整数规划模型得出最优无水港选址。汪传旭等[7]构建基于收益最大化的无水港多周期选址模型,以天津港为例,用改进的粒子群算法求解。

通过分析和总结国内外的研究现状得知,大多学者研究无水港选址与传统物流枢纽选址存在相同点,选择方法上,二者通常采用聚类分析、综合评价、考虑约束和目标建模等方法进行候选方案的选择;影响因素方面,大多考虑经济发展水平、交通物流条件和政策支撑等方面。而无水港多采用铁海联运的运输方式,以集装箱运输为主。本文在相关研究的基础上,分析西南地区无水港选址发展情况,以无水港主营的集装箱业务考虑集装箱多式联运相关指标,优化选址的评价指标体系,科学研究无水港选址评价,以西部陆海新通道主通道沿线节点城市为研究对象,为无水港选址提供方法参考,促进西部地区经济发展、外贸增长和产业转型升级,深化陆海双向开放。

1 无水港选址指标体系构建

综合无水港选址与传统物流枢纽选址的普适性因素和西部陆海新通道西南沿线节点城市的实际情况,针对无水港以集装箱货物为主要货源、铁海联运为主要运输方式的特点,最终确定了5个一级指标和13个二级指标,具体指标体系如表1所示。

无水港选址指标体系 表1

	一级指标	二级指标
北部湾港无水港选址评价指标	经济条件	地区生产总值U1
		全社会固定资产投资额U2
		规模以上工业企业单位数U3
		规模以上工业总产值U4
	运输需求	进出口总额U5
		实际利用外资额U6
		铁海联运班列运输箱量U7
	运输能力	全年开行铁海联运班列数量U8
		铁海联运班列站点数U9
		运输成本U10
	通达能力	路网密度U11
		距海港的铁路运输距离U12
	政策条件	政策系数U13

经济条件是确保候选城市在一定时期内能够完善无水港设施、提高生产服务水平;运输需求是考虑无水港为对外贸易提供服务,需要有充足的

进出口货源；运输能力是判断候选城市是否有足够搭载集装箱货物的能力；通达能力是判断候选城市能否辐射周边城市，能否为沿海港口提供高效便捷的运输；政策条件则是反映当地政府的支持力度。

2 无水港选址评价模型构建

本文研究的无水港选址评价是对多个候选城市的经济条件、运输需求、运输能力、通达能力、政策条件等多方面进行评价的过程，属于典型的多属性决策问题。多属性决策需要解决评估及选择两方面的内容，评估是根据各方案属性值评估属性的权重，选择是根据属性权重得到各方案排序。本文通过 AHP-CRITIC 组合赋权的方法得到无水港选址指标权重，再通过 VIKOR 法对候选城市进一步排序分析，得到无水港选址评价结果。主要研究思路如图 1 所示。

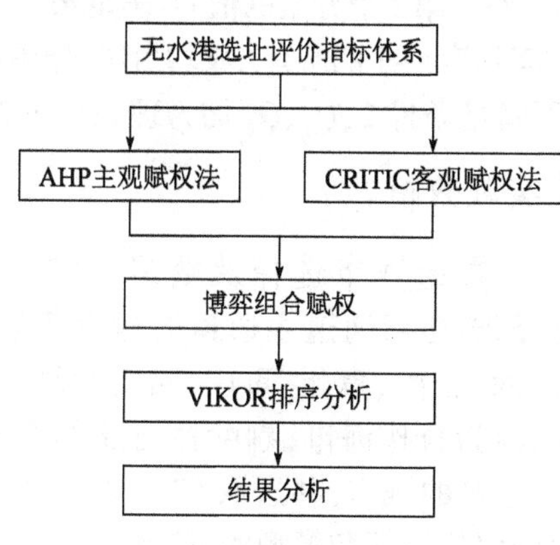

图 1 研究思路图

2.1 AHP 主观赋权法

层次分析法（Analytic Hierarchy Process，AHP）是美国运筹学家 T. L. Saaty[8] 提出的一种主观赋权方法，专家通过经验衡量两个指标间的相对重要性，具有系统、简便、灵活有效的特点。

具体的计算步骤如下：

（1）建立目标层、准则层、指标层指标层次结构模型。

（2）专家采用 1—9 标度法打分，构造判断矩阵。

（3）将上一层元素与本层所有元素两两比较，得到相对重要性排序权值并通过一致性检验。

①计算判断矩阵最大特征值 $\lambda_{\max}$ 与特征向量 $W=(w_1,w_2,\cdots,w_n)^{\mathrm{T}}$。

②计算一致性指标 CI，根据判断矩阵得出随机一致性指标 RI。

$$CI=\frac{\lambda_{\max}-n}{n-1} \tag{1}$$

式中：n——判断矩阵阶数。

③进行一致性检验。

$$CR=\frac{CI}{RI} \tag{2}$$

当 $CR<0.10$ 时，认为判断矩阵符合一致性的检验要求。否则返回步骤②，直至通过一致性检验。

（4）将最低层各元素相对于中间层的排序递归到总目标排序，计算指标主观权重。

2.2 CRITIC 客观赋权法

CRITIC 法（Criteria Importance Though Intercrieria Correlation）是由 Diakoulaki[9] 提出的一种客观权重赋权法，该方法通过评估指标间的变异性和指标间的冲突性来综合衡量指标的客观权重。变异性（S_j）以标准差的形式来表现指标取值的差异波动情况；冲突性（R_j）用相关系数表示；信息量（C_j）综合反映变异性和冲突性，信息量（C_j）越大，第 j 个指标作用越大，分配更多权重。计算公式为：

$$C_j=S_j\cdot R_j \tag{3}$$

客观权重（w_j）结果的计算公式为：

$$w_j=\frac{C_j}{\sum_{j=1}^{n}C_j} \tag{4}$$

2.3 博弈组合赋权

通过博弈论组合赋权的方法研究主、客观赋权法在冲突中的协调作用，寻求两种方法的最大利益。该方法以纳什均衡为协同目标[10]，寻求最佳平衡点，得出反映决策者意愿与指标客观属性的组合权重。

具体的计算步骤如下：

假设赋权方法的个数为 c，那么这些方法所得到的 p 个指标的权重向量为 $w_m=\{w_1,w_2,\cdots,w_c\}$。

（1）求解权重向量的任意线性组合

$$w=\sum_{m=1}^{c}\beta_m\cdot w_m^{\mathrm{T}} \tag{5}$$

式中：β_m——线性组合系数，$\sum_{m=1}^{c}\beta_m=1$，且 $\beta_m>0$。

（2）对线性组合系数进行优化，求 w 与各个 w_m 的离差极小化

$$\min \| \sum_{m=1}^{c} \beta_m \cdot w_j^{\mathrm{T}} - w_i^{\mathrm{T}} \|_2 \quad (i=1,2,\cdots,c) \tag{6}$$

根据矩阵微分的性质,得到一阶最佳导数

$$\sum_{j=1}^{c} \beta_j \cdot w_i \cdot w_j^{\mathrm{T}} = w_i \cdot w_i^{\mathrm{T}} \tag{7}$$

(3)求解对应的线性方程组

$$\begin{pmatrix} w_1 w_1^{\mathrm{T}} & w_1 w_2^{\mathrm{T}} & \cdots & w_1 w_c^{\mathrm{T}} \\ w_2 w_1^{\mathrm{T}} & w_2 w_2^{\mathrm{T}} & \cdots & w_2 w_c^{\mathrm{T}} \\ \vdots & \vdots & & \vdots \\ w_c w_1^{\mathrm{T}} & w_c w_2^{\mathrm{T}} & \cdots & w_c w_c^{\mathrm{T}} \end{pmatrix} \begin{pmatrix} \beta_1 \\ \beta_2 \\ \vdots \\ \beta_c \end{pmatrix} = \begin{pmatrix} w_1 w_1^{\mathrm{T}} \\ w_2 w_2^{\mathrm{T}} \\ \vdots \\ w_c w_c^{\mathrm{T}} \end{pmatrix} \tag{8}$$

(4)对 β_m 值进行归一化处理

$$\beta_i^* = \frac{\beta_m}{\sum_{m=1}^{c} \beta_m} \tag{9}$$

(5)求解博弈组合权重

$$w^* = \sum_{m=1}^{c} \beta_i^* \cdot w_m^{\mathrm{T}} \tag{10}$$

2.4 VIKOR 模型构建

妥协解排序法(VIse Kriterijumski Optimizacioni Racun, VIKOR)是由 Opricovic[11] 提出的多属性决策方法。该方法同时考虑最大化群体效应和最小化个体遗憾,在可接受优势和决策过程的稳定条件下对备选方案进行排序,使得到的最好方案最接近理想方案。

具体的计算步骤如下:

(1)无量纲化处理

正向指标、逆向指标进行无量纲化处理。

(2)确定正负理想解

经过无量纲化处理后,正负理想解分别是各指标的最大值和最小值。

$$X_j^+ = \max_{1 \leqslant i \leqslant m} X_{ij} \tag{11}$$

$$X_j^- = \min_{1 \leqslant i \leqslant m} X_{ij} \tag{12}$$

(3)确定群体效用值和最小遗憾值

$$S_i = \sum_{j=1}^{n} \frac{w_j (X_j^+ - X_{ij})}{X_j^+ - X_j^-} \tag{13}$$

$$R_i = \max_{1 \leqslant j \leqslant n} \frac{w_j (X_j^+ - X_{ij})}{X_j^+ - X_j^-} \tag{14}$$

式中:S_i——群体效用值;

R_i——个体遗憾值。

(4)确定折中决策指标值

$$Q_i = \lambda \frac{(S_i - S^*)}{(S^- - S^*)} + (1-\lambda) \frac{R_i - R^*}{R^- - R^*} \tag{15}$$

式中:S^*——$S^* = \min S_i$;

S^-——$S^- = \max S_i$;

R^*——$R^* = \min R_i$;

R^-——$R^- = \max R_i$;

Q_i——第 i 个备选方案的利益比例;

λ——决策机制系数,$\lambda \in [0,1]$。

本文采用均衡折中的方式进行决策,同时最大化群体效用和最小化个体遗憾,取 $\lambda = 0.5$,计算 Q_i 值。

(5)对各方案进行排序

按 S_i、R_i 以及 Q_i 值对各备选方案进行排序,数值越小表示相应的方案越优。

(6)确定妥协解方案

假设 Q_1、Q_2 是在按 Q_i 值排序前两名的备选方案,当满足以下两个条件时,Q_1 可以作为排序依据,方案一为最优方案:

条件 1:$Q_2 - Q_1 \geqslant \frac{1}{n-1}$,$n$ 为备选方案个数;

条件 2:Q_1 在 S_i、R_i 的排序中排在 Q_2 前面。

若不满足条件 1,按 Q_i 值的排序逐一代入条件 1 进行检验,假设第 t 个方案的值 Q_t 满足条件 1,则从第一个方案到第 $t-1$ 的所有方案均为理想折中方案。

若不满足条件 2,Q_1、Q_2 均为理想折中方案。

3 实证分析

3.1 候选城市选择及数据来源

在西部陆海新通道主通道的建设背景下,本文选取广西、云南、贵州、重庆、四川为研究对象,以北部湾港为合作海港,剔除掉与北部湾港没有直接铁路连接的城市,共选取 67 个城市作为候选城市,验证评价指标和模型的可行性。

根据无水港选址指标体系收集各候选城市数据,“地区生产总值”“全社会固定资产投资额”“规模以上工业企业单位数”“规模以上工业总产值”“进出口总额”“实际利用外资额”“路网密度”数据来自各城市 2022 年统计年鉴;“铁海联运班列运输箱量”“全年开行铁海联运班列数量”“铁海联运班列站点数”数据来源于西部陆海新通道门户网公布的运营数据;“运输成本”“距海港的铁路运输距离”以铁海联运的目的海港北部湾港为起讫点,数据来自中国铁路网站;“政策系数”由各城市发布的相关政策统计得出。

3.2 AHP-CRITIC 组合权重赋权

首先,采用 AHP 法计算指标主观权重。邀请 8 位专家比较打分,使用 MATLAB 软件,通过公式(1)、(2)进行一致性检验并计算主观权重,结果如表 2 所示。

然后，采用 CRITIC 方法计算指标客观权重。根据公式(3)、(4)求得各评价指标客观权重如表2所示。

最后，根据公式(5)、(6)、(7)、(8)及(9)求解 AHP 法和 CRITIC 法组合权重的占比：$\beta_1^*=0.4769$，$\beta_2^*=0.5231$，运用公式(10)，得到博弈组合权重，组合权重结果如表2所示。

组合权重及排序 表2

指标代号	主观权重	客观权重	组合权重	排序
U1	0.0500	0.0322	0.0407	10
U2	0.0396	0.0409	0.0403	11
U3	0.0211	0.0358	0.0288	13
U4	0.0255	0.0354	0.0307	12
U5	0.1748	0.0382	0.1033	4
U6	0.0559	0.0330	0.0439	9
U7	0.1042	0.0669	0.0847	7
U8	0.0708	0.1531	0.1138	2
U9	0.1030	0.0678	0.0846	8
U10	0.0540	0.1343	0.0959	6
U11	0.1311	0.1223	0.1265	1
U12	0.0786	0.1226	0.1016	5
U13	0.0915	0.1176	0.1052	3

北部湾港无水港选择评价指标权重分布如图2所示，可以直观看出各个指标之间的差异。在所有的评价指标中，路网密度所占权重最大，进出口总额、全年开行铁海联运班列数量、政策系数、距海港的铁路运输距离对无水港选择的评价结果也有较大影响。

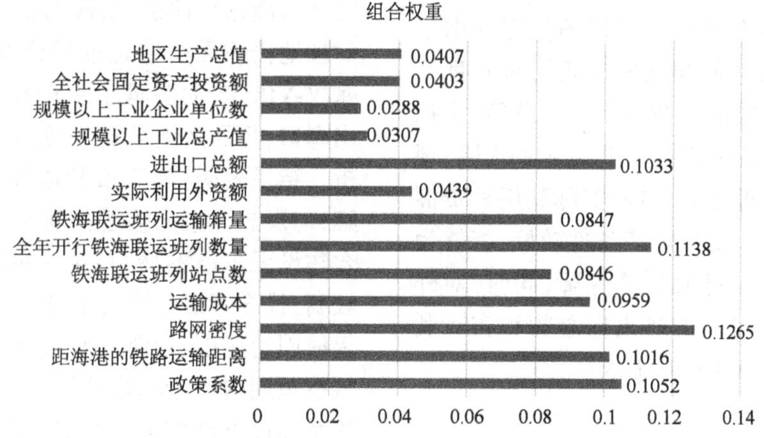

图2 无水港选址评价指标组合权重分布

3.3 VIKOR 法无水港选址候选城市排序

使用 MATLAB 软件，根据公式(11)、(12)计算正理想解和负理想解，在此基础上结合公式(13)、(14)及(15)计算各城市的群体效用值 S_i、个体遗憾值 R_i 及利益比例 Q_i，并按 Q_i 值从小到大排序，如表3所示。根据排序确定妥协解方案，结果显示南宁市和成都市均为理想折中方案。

候选城市 S_i、R_i、Q_i 值及排序 表3

城市	S_i	排序	R_i	排序	Q_i	排序
南宁	0.378	1	0.088	3	0.111	1
成都	0.518	4	0.077	1	0.120	2
昆明	0.519	5	0.082	2	0.172	3
柳州	0.430	3	0.098	9	0.266	4
两江	0.601	10	0.092	5	0.351	5

续上表

城市	S_i	排序	R_i	排序	Q_i	排序
桂林	0.568	7	0.098	7	0.375	6
贵阳	0.522	6	0.102	16	0.378	7
遵义	0.652	15	0.091	4	0.378	8
自贡	0.416	2	0.114	56	0.412	9
万州	0.576	8	0.103	26	0.433	10
…	…	…	…	…	…	…
雅安	0.960	67	0.125	67	1.000	67

3.4　排序结果分析

3.4.1　理想折中城市分析

本文以西部陆海新通道西南沿线的 67 个城市作为样本,应用组合赋权-VIKOR 决策模型进行求解,得到各候选城市排名结果。结果显示,南宁市、成都市与理想方案的接近程度高,是候选城市中最适合建设无水港的城市。

结合两市各指标距离理想方案的得分分析,南宁市在铁海联运班列运输箱量、全年开行铁海联运班列数量、运输成本、距海港的铁路运输距离方面属于最优方案,主要是得益于区位优势,距离新通道铁海联运班列目标港口北部湾港的铁路距离近、运输成本低,并且南宁作为广西发展较好的工业城市,西部陆海新通道通行班列优先在南宁建设,因此南宁市与其他候选城市相比具有良好的区位和资源优势;成都市在地区生产总值、全社会固定资产投资额、规模以上工业企业单位数、规模以上工业总产值、进出口总额、实际利用外资额方面属于最优方案,主要是经济条件较好,能够为无水港建设提供资金、基础设施保障,同时,对外贸易发展较好,具有较好的进出口总额和实际利用外资额,拥有潜在货物运输需求。

3.4.2　整体分析

为了深入研究各城市的得分情况,根据各城市的综合 Q_i 值得分,通过 ArcGIS 的自然间断点分级法将候选城市划分为三个梯队。Q_i 值处于 0.2372 ~ 0.3365 区间的城市为第一梯队,即排名为1 ~ 4名的城市;Q_i 值处于 0.3366 ~ 0.7852 区间的城市为第二梯队,即排名为 5 ~ 15 名的候选城市;Q_i 值处于 0.7852 ~ 0.9809 区间的区域为第三梯队,即排名为 16 ~ 67 名的候选城市。

综合评价最高的第一梯队在某些指标方面是最优方案,且遗憾值也偏小,综合评价较高,考虑规划发展无水港,与北部湾港无水港实际建设情况相符。

综合评价中等的第二梯队在部分指标上表现中上,但在其余指标上表现一般或较差。以曲靖市为例,它在经济条件方面表现较好,但在运输需求方面发展一般,主要表现在进出口总额指标,说明曲靖市具备建设无水港的基础条件,但对外贸易水平较弱,可以考虑在曲靖市建设无水港来发展曲靖市及其周边城市经济及贸易水平。

综合评价水平最低的第三梯队包括 35 个地区,在某些指标表现一般,其他指标方面表现较差。如潼南市在经济方面表现一般,运输需求、运输能力方面表现较差,短期内不适合规划建设无水港。

综上所述,西部陆海新通道西南沿线节点城市无水港的选址应该优先选择第一梯队的城市建设,再根据实际覆盖情况从第二梯队城市中选择合适的城市建设,而第三梯队的城市短期不予考虑建设无水港。

4　结语

本文研究西部陆海新通道西南沿线节点城市的无水港选址评价,以铁海联运作为运输方式,针对性地构建无水港选址评价指标体系,通过组合赋权-VIKOR 的多属性决策模型,以北部湾港作为出海口,将西南地区 67 个候选城市为研究对象分析。结果表明:南宁市和成都市作为最佳折中方案,与理想方案的接近程度高,是候选城市中最适合建设无水港的城市;第一梯队的城市综合得分较高,优先考虑建设无水港,第二梯队的城市考虑辐射周边城市,货源充足后建设无水港,第三梯队城市短期内不考虑建设无水港。本文验证了指标体系和评价模型的合理性,能够有效地进行无水港选址评价,对内陆城市发展无水港具有参考价值。

本文在对候选城市方案排序时,仅针对候选城市 2022 年相关数据做评价排序,未能考虑时间上各候选城市发展会有变化的干扰,后续研究应该考虑结合实际情况,从动态的角度出发研究北部湾港无水港的选择,进一步分析得出排序方案后如何在该顺序上灵活选择。

参考文献

[1] 梁承姬,黄博峰."一带一路"下基于两阶段模型的无水港选址研究[J].计算机应用与软件,2018,35(08):31-36.

[2] 李慧远.基于模糊k-均值聚类分析的内陆无水港选址问题研究[D].西安长安大学,2014.

[3] 张兆民.模糊C-均值聚类在内陆无水港选址中的应用[J].上海海事大学学报,2008,29(4):34-38.

[4] RAHIMI M, ASEF-VAZIRI A, HARRISON R. An inland port location-allocation model for a regional intermodal goods movement system [J]. Maritime Economics and Logistics, 2008, 10(4): 362-379.

[5] 吉尔德.东非物流网络中的无水港及其扩展通道研究[D].大连:大连海事大学,2016.

[6] 丁坤迪,汪传旭.基于复杂网络节点重要性的无水港选址研究[J].华中师范大学学报(自然科学版),2019,53(02):309-317.

[7] 汪传旭,陈倩,许长延.基于改进粒子群算法的无水港多周期选址研究[J].计算机工程与应用,2017,53(16):62-67+171.

[8] 尹源.基于组合赋权和改进TOPSIS模型的智慧城市评价体系研究——以大连市为例[D].大连:东北财经大学,2017.

[9] DIAKOULAKI D, MAVROTAS G,PAPAYANNAKIS L. Determining objective weights in multiple criteria problems: The critic method [J]. Computers and Operations Research, 1995, Vol. 22(7): 763-770.

[10] RAHMAN M A;HASAN M M, MANSHAEI M H, et al. A game-theoretic analysis to defend against remote operating system fingerprinting (Article) [J]. Journal of Information Security and Applications, 2020,52: 102456.

[11] OPRICOVIC S. Multicriteria optimization of civil engineering sys tems [D]. Belgrade: Faculty of Civil Engineering, 1998: 5-21.

基于非期望产出的粤港澳大湾区港口群绿色发展效率研究

詹 斌 陈宇峰* 胡 玉 刘韦喆

(武汉理工大学交通与物流工程学院)

摘 要 采用超效率SBM模型和Malmquist全要素生产率指数模型,对2012—2021年粤港澳大湾区港口群的绿色发展效率进行研究,探究其时空演化趋势。研究结果表明:粤港澳大湾区港口群的绿色发展效率整体水平较低,从时间上来看大湾区港口群的绿色发展效率呈现波动上升趋势,主要是由于技术的进步和创新。空间上珠江口沿岸港口绿色发展水平较高,且东岸高于西岸,绿色发展重心逐渐向西北方向移动。根据研究结果提出相应对策,推动港口绿色发展。

关键词 超效率SBM模型 Malmquist全要素生产率指数模型 粤港澳大湾区 港口绿色发展效率

0 引言

随着经济一体化进程的不断推进,全球贸易日益频繁,港口作为贸易交流的重要枢纽和多式联运的关键环节之一,是国家经济发展的重要推动力。然而货物吞吐量和集装箱吞吐量激增带来了资源浪费和污染严重的问题,港口作业产生的空气污染、水体污染、噪声污染等生态问题日益凸显,影响港口及城市的可持续发展,绿色可持续成为了港口发展的重要方向。粤港澳大湾区作为全球四大湾区之一,其港口群是大湾区经济发展的重要支柱,在可持续发展方面仍存在一定问题,需要进一步推动港口绿色高质量转型。

在对港口的绿色发展方面的研究中,胡怡等[1]以北部湾港总体规划为例,探讨了绿色发展理念融入港口规划的思路和方法,提出分层次的港区布局体系,为新时代新时期下的港口总体编制规划提供了参考和借鉴;李金凤[2]使用生命周期评价方法,评估江苏常州港金坛港码头在建设、运营、废弃三个阶段对环境的影响情况,并提出各阶段节能减排的相关措施和建议;Taljarrd等[3]在建立港口综合管理模型时嵌入了自然环境的价值,研究结果显示港口生产运营期间应越早考虑到对自然环境的影响,才能更好地在经济发展和环境保护之间取得平衡;镇璐等[4]为实现港口航运业节能减排目标,对绿色港口、航运和海事政策三方面相关文献进行归纳整理并总结其未来的研究方向;许美贤和郑琰[5]结合港口绿色低碳的发展特点,考虑港口的生态环境影响约束,通过五大因素构建多指标评价体系对我国五大港口进行竞争力评价,最后针对我国港口绿色化建设提出相关建议。目前,在港口绿色发展效率研究方面,刘勇和汪传旭[6]通过网络DEA模型,研究港口的生产效率、环境效率时间变化趋势和空间特征,发现港口效率的空间分布无明显变化特征,并研究分析三大港口群的生产运营发展特征,对港口的发展功能定位提出有效建议;刘翠莲等[7]以我国沿海港口为研究对象,通过SBM模型和绿色全要素生产率指数进行时间上的静态和动态分析,通过空间统计量莫兰指数探究其空间演化趋势和发展规律,为港口科学制定绿色发展战略提供理论支持,最后根据研究结果提出相应发展对策;贾鹏等[8]通过结合可持续发展和绿色发展等理念对港口绿色发展效率的含义界定,将社会效益作为期望产出之一,多维度凸显港口发展特征,运用超效率SBM和Malmquist全要素生产率指数模型测算16个港口的绿色发展效率;邵言波和邵羽冰[9]运用Super-SBM模型和GML指数,测算和分析"一带一路"沿线18个主要港口的绿色低碳效率值及动态变化情况,推动港口绿色发展;毋林林[10]运用SBM-DEA和面板回归方法对环渤海主要港口的绿色物流效率进行测度,分析了港口绿色物流效率影响因素并提出相应建议。

由此可见,目前国内外在对港口的效率进行评价时,在投入产出的指标选取方面主要考虑到港口的经济效益,而较少考虑到港口绿色发展的相关指标;并且较多研究主要考虑到时间上的效率变化,缺少从动态和空间视角对于港口绿色发展效率的研究。

因此,本文基于超效率SBM模型进行静态效率分析、基于Malmquist模型进行动态效率分析,最后利用可视化技术进行绿色发展效率的空间演化分析,基于总体研究结果对粤港澳大湾区港口群的绿色发展提出相关建议。

1 研究方法

1.1 超效率SBM模型

Tone[11]提出了考虑非期望产出的SBM模型,为进一步探究有效决策单元,构建超效率SBM模型测度和研究粤港澳大湾区港口群绿色发展效率,过程如下:

$$\rho^* = \min \frac{1 + \frac{1}{m}\sum_{i=1}^{m} s_i^- / x_{i0}}{1 - \frac{1}{q_1 + q_2}\left(\sum_{r=1}^{q_1} s_r^+ / y_{r0} + \sum_{w=1}^{q_2} s_w^{b-} / b_{w0}\right)} \tag{1}$$

$$\text{s.t.}\begin{cases} \sum_{j=1,j\neq k}^{n} x_{ij}\lambda_j - s_i^- \leqslant x_{i0} \\ \sum_{j=1,j\neq k}^{n} y_{rj}\lambda_j + s_r^+ \geqslant y_{r0} \\ \sum_{j=1,j\neq k}^{n} b_{wj}\lambda_j - s_w^{b-} \leqslant b_{w0} \\ 1 - \frac{1}{q_1 + q_2}\left(\sum_{r=1}^{q_1} s_r^+ / y_{r0} + \sum_{n=1}^{q_1} s_w^{b-} / b_{w0}\right) > 0 \\ \lambda, s^-, s^+, s^b \geqslant 0 \\ i = 1,2,\cdots,m; r = 1,2,\cdots,q_1; w = 1,2,\cdots,q_2; \\ j = 1,2,\cdots,n(j \neq k) \end{cases} \tag{2}$$

式中: ρ^*——港口的绿色发展效率;

m、q_1、q_2——投入与期望产出和非期望产出指标的数量;

s^-、s^+、s^{b-}——投入与期望产出和非期望产出指标的松弛变量;

λ——决策单元的权重向量。

1.2 Malmquist全要素生产率模型

FÄRE[12]等通过构建了Malmquist全要素生产率指数模型,分析从t期到$t+1$期的效率变化情况,把全要素生产率指数分解为两部分,即技术效率指数(EC)和技术进步指数(TC),其中综合技术效率指数又被分解为规模效率指数(SEC)和纯

技术效率指数(PEC)。Malmquist 全要素生产率指数公式如下:

$$M_{t,t+1}=\frac{P_t(x_t,y_t,b_t)}{P_t(x_{t+1},y_{t+1},b_{t+1})}\cdot\frac{S_t(x_{t+1},y_{t+1},b_{t+1})}{S_t(x_t,y_t,b_t)}\cdot\left[\frac{D_t(x_{t+1},y_{t+1},b_{t+1})}{D_{t+1}(x_{t+1},y_{t+1},b_{t+1})}\cdot\frac{D_t(x_t,y_t,b_t)}{D_{t+1}(x_t,y_t,b_t)}\right]^{1/2} \tag{3}$$

式中: x_t、y_t、b_t——第 t 期的投入、期望产出和非期望产出;

$P_t(x_t,y_t,b_t)$、$P_t(x_{t+1},y_{t+1},b_{t+1})$——决策单元以第 t 期和第 $t+1$ 期的纯技术为参照的距离函数;

$S_t(x_t,y_t,b_t)$、$S_t(x_{t+1},y_{t+1},b_{t+1})$——决策单元以第 t 期和第 $t+1$ 期的规模为参照的距离函数。

2 指标选取与数据来源

通过对过往相关文献及港口目前绿色发展情况进行梳理统计,以泊位数和泊位长度作为投入指标;以港口货物吞吐量和集装箱吞吐量作为港口的期望产出;通过港口污染物的排放来衡量港口的绿色发展水平,因此以港口 SO_2 排放量、NO_x 排放量和固体废弃物产生量作为港口的非期望产出。

本文的指标数据均来源于各时期《中国港口年鉴》、各港口企业年度报告、中国港口网和各港口城市统计年鉴、《香港港口统计数字一览》、香港特区政府统计处、《澳门环境状况报告》等。SO_2 和 NO_x 的排放量的计算参考文献[13]的做法,固体废弃物产生量的计算参考交通运输部于 2018 年实施的《水运工程环境保护设计规范》。各港口投入产出数据的描述性统计如表 1 所示。

投入产出指标描述性统计 表 1

指标	平均值	中位数	最大值	最小值
泊位数	171.35	152.00	514.00	34.00
泊位长度	17723.04	17399.00	51755.00	3568.00
货物吞吐量	15136.67	9355.00	65130.00	14.63
集装箱吞吐量	700.40	165.90	2876.76	11.99
SO_2 排放量	30572.32	17542.00	87620.00	836.00
NOx 排放量	89790.90	51520.85	257339.94	2455.33
固体废弃物产生量	10515.79	8531.61	42666.54	6.65

3 实证分析

3.1 时间演化分析

3.1.1 静态效率分析

选取粤港澳大湾区港口群共 11 个港口作为研究对象,利用 Matlab 软件测算其 2012—2021 年共十年的港口绿色发展效率,计算结果如表 2 所示。粤港澳大湾区港口群各个港口的绿色发展效率水平参差不齐,说明港口的绿色发展和生态建设存在着一定差异。其中,深圳港和香港港表现最好,这不仅与它们的地理位置优势和经济中心优势有关,也说明深圳港和香港港一直以来在生产作业的过程中重视和坚持节能减排,积极响应国家绿色港口建设,例如深圳港发展岸电服务,大力引导船舶使用低硫油,规范水污染物的全链条处置等;香港港通过条例规定远洋船舶在香港停靠时必须使用清洁能源等,推动低碳发展。广州港绿色发展效率稳步提升,并于 2021 年成功达到效率前沿水平,这与广州港在经济效益提升的同时加强绿色港口顶层设计有很大关系,如积极推广清洁能源、应用高新技术、强化绿色运输。珠海港和中山港绿色发展效率均值未达到相对有效的阶段,还有着一定的进步空间。其余港口的绿色发展综合技术效率水平低,从资金和土地投入都与其他大型港口有着一定差距,资源配置有待进一步合理化。

粤港澳大湾区港口群 2012—2021 年绿色发展效率值 表 2

港口	年份									
	2012	2013	2014	2015	2016	2017	2018	2019	2020	2021
广州港	0.762	0.778	0.822	0.794	0.852	0.871	0.868	0.898	0.982	1.011
深圳港	0.975	1.06	1.099	1.093	1.098	1.09	1.08	1.089	1.075	1.062
东莞港	0.238	0.269	0.269	0.312	0.346	0.395	0.271	0.382	0.431	0.447

续上表

港口	年份									
	2012	2013	2014	2015	2016	2017	2018	2019	2020	2021
惠州港	0.418	0.458	0.517	0.443	0.54	0.385	0.453	0.462	0.452	0.484
佛山港	0.213	0.273	0.281	0.315	0.322	0.345	0.332	0.323	0.36	0.336
珠海港	0.614	0.65	0.628	0.672	0.631	0.706	0.643	0.651	0.692	0.713
中山港	0.613	0.652	0.721	0.745	0.736	0.738	0.782	0.276	0.288	0.289
江门港	0.221	0.22	0.263	0.267	0.341	0.318	0.367	0.409	0.52	0.582
肇庆港	0.208	0.211	0.258	0.299	0.285	0.268	0.348	0.361	0.419	0.418
香港港	1.113	1.176	1.178	1.14	1.092	1.071	1.083	1.139	0.989	0.957
澳门港	0.216	0.243	0.248	0.333	0.356	0.372	0.284	0.252	0.263	0.297

粤港澳大湾区港口绿色发展效率的趋势变化主要呈两种形势。第一种是总体呈上升趋势,包括广州港、东莞港、佛山港、江门港、肇庆港和澳门港,说明此类港口生产经营过程中越来越注意到绿色发展的重要性,强化环境保护和生态修复。第二种是总体趋势平缓,没有太大波动,包括深圳港、惠州港、珠海港和香港港,它们的绿色发展效率达到有效或者相对有效,惠州港和珠海港应向其他两个港口学习,推动港口绿色发展,达到资源利用和环境保护的有效平衡。

3.1.2　动态效率分析

为探究粤港澳大湾区港口群绿色发展效率的动态变化过程,通过Malmquist全要素生产率指数模型进行计算,各港口的全要素生产率指数及各项分解指数计算结果见图1。

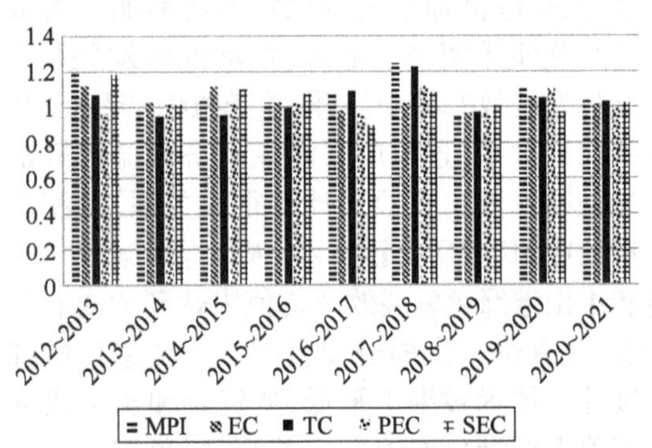

图1　港口绿色发展效率全要素生产率指数及其分解指数

从全要素生产率指数变化来看,2012—2021年粤港澳大湾区港口群绿色发展全要素生产率指数均值大于1,大湾区港口群的全要素生产率趋于正向发展,呈上升趋势,说明在研究年限内粤港澳大湾区港口群积极调整投入产出结构,优化能源结构,推动环境保护,绿色发展效率明显改善。

在研究期内,大湾区港口群的综合技术效率指数平均值大于1,说明大湾区港口群在制度、管理、技术等方面的水平有所提高,不仅采用了更先进的环保技术和装卸运输设备,如使用清洁能源、能耗监督、港区节能照明等,而且加强了管理和运营方面的优化,提高生产组织效率。从综合技术效率指数的分解指数纯技术效率和规模效率变化指数结果来看,大湾区港口群在研究期内的纯技术效率指数平均值为1.017,规模效率指数平均值为1.040,说明从整体上来看大湾区港口群从全方位都得到了有效提升,在绿色生产、技术应用、流程管理、港口规模调整方面都有所优化,制定综合的绿色低碳发展策略,推动港口实现更全面、更高效的绿色发展。

从技术进步指数来看,2012—2021年间技术进步指数的平均值大于1,说明技术的创新和进步是推动粤港澳大湾区港口群绿色发展效率提升的重要驱动力之一。作为推动港口行业转型升级和可持续发展的主要因素,大湾区港口群要积极创新和使用先进装备和信息化技术,并依靠《粤港澳大湾区发展规划纲要》的实施和区域港口一体化的发展,坚持技术创新与绿色发展的深度融合,不断优化节能技术,提高资源利用效率,推动港口的绿色高质量转型。

3.2　空间演化分析

3.2.1　空间格局演化分析

从地理空间角度整体分析,粤港澳大湾区港口群的绿色发展效率呈现分布不均衡的状态,绿色发展水平参差不齐。绿色发展效率高的港口主要位于珠江口,包括深圳港、香港港和广州港,处在珠江入海口东岸;中山港和珠海港的效率处于中等水平;绿色发展效率常年较低的港口则更靠近内陆地区,包括东莞港、惠州港、佛山港、江门港等,由于港口规模较小,产业发展落后,绿色港口建设意识较为薄弱,绿色发展水平相对较低。

3.2.2 重心移动分析

根据算式分别计算得出 2012 年、2015 年、2018 年以及 2021 年粤港澳大湾区港口群绿色发展的重心坐标。从重心移动轨迹来看,2012—2015 年大湾区港口群绿色发展效率重心呈现明显的西移趋势,且略微向北移动;2015—2018 年重心向西北小幅移动;2018—2021 年重心依旧向西北方向移动,且幅度较大,不同于 2012—2018 年的是重心移动方向更加偏北。从标准差椭圆分布形状变化来看,粤港澳大湾区港口群绿色发展效率空间分布的标准差椭圆的短轴和长轴都是增长的,大湾区内港口群的绿色发展效率总体上向西北方向扩张,标准差椭圆的面积变大代表着港口绿色发展范围也在逐年扩大。

粤港澳大湾区港口群绿色发展重心移动呈现的趋势为向西北方向移动,造成这个现象的原因主要有:香港港在发展期间外部面临国内外港口的激烈竞争,并且对于港口绿色建设的投入和政策倾斜力度不够大。深圳港大力推动科技创新和绿色发展,积极调整港口发展模式,增长趋势客观。与此同时,广州港紧抓政策优势为港口产业带来的发展机遇,积极优化港口功能布局,加快港口基础设施建设,持续推进绿色港航发展,贯彻可持续发展理念。部分港口也紧紧抓住发展机会,东莞港、惠州港、佛山港、珠海港和肇庆港等自 2012—2021 年的货物和集装箱吞吐量增长迅速,各港口根据自身发展情况港口规模和技术也得到了一定发展,资源利用率有效提高,港口绿色化进程不断加快。

4 结语

本文采用超效率 SBM 模型、Malmquist 全要素生产率指数模型和重心移动模型对粤港澳大湾区港口群 2012—2021 年的绿色发展效率进行时空演化分析。研究结果如下:粤港澳大湾区港口群的绿色发展效率整体水平较低,主要是由规模无效率造成的。从时间上来看大湾区港口群的绿色发展效率呈现波动上升趋势,主要是由科技进步和创新造成。空间上可以发现港口绿色发展水平空间分布不均衡,珠江口沿岸港口绿色发展水平较高,东岸高于西岸,绿色发展重心逐渐向西北方移动。

本文将从以下几个方面对粤港澳大湾区港口群的绿色发展提出建议:完善港口协同管理,吸收国内外先进港口的发展经验,学习环境保护和绿色港口建设方面的经验。重视港口技术发展,加快能源结构转变,积极推广应用高能效、低排放、自动化的港口设施设备。加强对港口工作人员环境保护和节能减排理念的宣传,提高绿色发展意识,对工作人员进行清洁能源设备设施的培训,贯彻绿色发展理念。

参考文献

[1] 胡怡,姚海元,陈正勇,等. 落实绿色发展理念的港口空间规划实践——以北部湾港总体规划为例[J]. 水运工程,2023(2):12-16.

[2] 李金凤. 江苏内河港口环境影响的生命周期评价[J]. 现代交通技术, 2017, 14(4): 108-112.

[3] TALJAARD S, SLINGER J H, ARABI S, et al. The natural environment in port development: A'green handbrake' or an equal partner? [J]. Ocean & Coastal Management, 2021, 199 (105390).

[4] 镇璐,诸葛丹,汪小帆. 绿色港口与航运管理研究综述[J]. 系统工程理论与实践,2020,40(8):2037-2050.

[5] 许美贤,郑琰. 绿色低碳港口竞争力评价[J]. 物流技术,2019,38(7):60-64.

[6] 刘勇,汪传旭. 基于非期望输出网络 DEA 的集装箱港口群效率评价[J]. 系统工程, 2018,36(4):121-126.

[7] 刘翠莲,衡丽娜,战思绮. 我国沿海港口绿色发展效率时空演化[J]. 上海海事大学学报, 2022,43(3):75-82.

[8] 贾鹏,鲁琳,马奇飞,等. 基于超效率 SBM-Malmquist 模型的中国港口绿色发展效率研究[J]. 上海海事大学学报, 2022, 43(1): 45-53.

[9] 邵言波,邵羽冰. "一带一路"中国沿线主要港口碳排放效率评价研究[J]. 经济问题,2023(5):22-30.

[10] 毋林林. 环渤海主要港口绿色物流效率评价及影响因素研究[D]. 锦州: 渤海大学,2023.

[11] TONE K. A slacks-based measure of efficiency in data envelopment analysis [J]. European Journal of Operational Research,2001,130(3): 498-509.

[12] FÄRE R, GROSSKOPF S, LINDGREN B, et al. Productivity changes in Swedish pharamacies 1980-1989: a non-parametric Malmquist approach [J]. Journal of Productivity Analysis, 1992 (3): 85-101.

[13] LEI W, ZHIXIANG Z, YANG Y, et al. Green efficiency evaluation and improvement of Chinese ports: A cross-efficiency model [J]. Transportation Research Part D, 2020, 88.102590.

考虑流场分布影响的气幕围油栏围油效果数值模拟研究

刘 浩 孙洪源* 焦 波 林海花 王国兴 侯婷婷
(山东交通学院船舶与港口工程学院)

摘 要 气幕围油栏是一种在发生海上溢油事故时,能对溢油进行迅速围控的新型围油栏。在通过物理实验和仿真结果的对比,验证基于VOF(Volume of Fluid)的二维数值模型有效性的基础上,对气幕围油栏进行了仿真计算,以寻找能提高其围控性能的方法。本文通过对气幕围油栏周围涡流分布的分析,对影响油层形态变化的流场分布进行了细致的研究,得到以下结果:在均匀流情况下,气幕围油栏前端产生涡流的高度占水深的1/2,涡流的宽度随孔径的增加而增加;不稳定的水平流造成油层前端涡流涡量的不均匀分布,是造成油层失稳的原因之一;涡流过宽,易将不稳定的油珠拖拽至水下发生拦油失效现象;提高气泡帷幕顶端水平流的稳定性是降低拦油失效现象发生的措施之一。

关键词 气幕围油栏 数值模拟 均匀流 CFD

0 引言

在水上,石油主要依靠油轮等工具运输,但交通事故引发的石油泄漏(特别是海上的石油泄漏事故)常常引起各界的关注[1],对于水上发生的石油泄漏事故常见的处理装置是围油栏[2]。气幕围油栏是一种新型的围油栏,其工作原理是借助气泡帷幕带动周围水体向上运动,在水面产生突起和向两边扩散的水平流,依靠水面突起和同水流反向的水平流对溢油运动产生拦截效果[3]。气幕围油栏在使用过程中具有不影响船只通航,便于清理、部署、回收等其他围油栏不具备的优点,在工程应用中具有较大的发展潜力。

气幕围油栏的拦油作用是在研究气泡帷幕的消波机理中发现的[4]。20世纪中期,美国海岸警卫队首次提出气泡帷幕对水面的浮油具有拦截效果,此后学者对气幕围油栏的可靠性展开了研究。Grace[5]通过实验总结喷嘴孔径、孔间距离、水深等因素对表面水平流流速的影响,为设计使用气幕围油栏设备提供了参考。David[6]通过实验,分析得到供气量、水深对水平流流速影响的经验公式,并与Jones[7]共同表示水流流速随着水深的增加呈现逐步递减的趋势。然而,气幕围油栏的围油性能不能仅研究产生的水平流流速,还要考虑油层形态所受的影响。学者Delvigne[8]在物理实验中发现,当水流与浮油的速度差过大时,易破坏油层的稳定性;其中黏度大的油呈现液滴状和细丝状,黏度小的油呈现更小的液滴状。Jen-Men[9]在实验中发现,油层的稳定性极易受风和水流条件的影响,并表示可根据风速和水流流速确定避免油从表面流过气幕屏障的最小气流速率。Mcclimans[10]指出,孔径对油层稳定性的影响极度敏感,应该根据水深选择合适的喷嘴孔径。彭华超[11]虽通过在实地部署,证明气幕围油栏在平静的海水中具有很强的实用性,但缺少各因素对拦油效果产生影响原因的分析。仿真技术的发展为研究影响油层稳定性的流场变化创造了条件[12]。其中张成兴[13]通过数值模拟对静水中气泡帷幕所产生的流场分布进行了分析。谢森森[14-15]通过数值模拟探讨了剪切流情况下，淹没深度对有效拦油距离（油层前端与气幕围油栏排气管的水平矢量距离）的影响，并分析出气泡帷幕周围水域的流场分布，但均未分析气幕围油栏周围流场对拦油效果和油层稳定性产生的影响。

大多数研究针对气幕围油栏周围产生的流场现象或油层状态，但极少学者将两者结合，去研究气幕围油栏周围流场对油层运动和稳定性的影响。本文将通过数值模拟分析不同孔径引起得气幕围油栏周围流场的变化对油层状态产生的影响。以此为提高和改善气幕围油栏的围油效果提供参考依据。

1 数值模拟

1.1 控制方程

1.1.1 连续性方程

本次数值模型采用的方法是流体体积法（VOF）和离散型模型（DPM）相结合[4]。将三相流模型中的三相分别定为空气相 g、水相 l、油相 o，其体积分数的关系为：$\alpha_g + \alpha_l + \alpha_o = 1$，三相的密度 ρ 和黏度 μ 关系分别为：

$$\rho = \alpha_g\rho_g + \alpha_l\rho_l + \alpha_o\rho_o \tag{1}$$

$$\mu = \alpha_g\mu_g + \alpha_l\mu_l + \alpha_o\mu_o \tag{2}$$

本次使用的计算域较小，所以流体可视为不相容的不可压缩流体。连续性方程可表示为：

$$\frac{\partial \alpha_q}{\partial t} + \frac{\partial(u\alpha_q)}{\partial x} + \frac{\partial(w\alpha_q)}{\partial y} = 0 \quad (q = \mathrm{g,l,o}) \tag{3}$$

1.1.2 动量方程

黏性流体的动量方程利用 Navier-Stokes 方程表示：

$$\frac{\partial}{\partial t}(\rho \overline{u_i}) + \frac{\partial}{\partial x_j}(\rho \overline{u_i u_j}) = -\nabla p + \nabla\left[\mu\left(\frac{\partial \overline{u_i}}{\partial x_j} + \frac{\partial \overline{u_j}^{\mathrm{T}}}{\partial x_i}\right)\right] - \nabla(\rho \overline{u_i' u_j'}) + \rho g_i + F_i^{\mathrm{c}} + \sigma \frac{K_g \nabla \alpha_g}{\frac{1}{2}(\rho_g + \rho_l)} \tag{4}$$

其中，F_i^{c} 是多气泡耦合时产生的力；最后一项是水相的表面张力，$K_g = -K_l$，$\nabla\alpha_g = -\nabla\alpha_l$。具体详情见文献[12]。

1.2 数值模型

本次用于计算的模型将忽略纵向对油层的影响，采用二维数值模拟，来观察周围流域的涡流涡量分布对油层运动产生的影响。

1.2.1 模型建立

计算域设定为长 4.5m、宽 0.5m 的长方形区域。管道布置在计算域的偏右下角。计算域的最左端设置多相速度入口，第一相速度设置值设定为风速，第二相速度设置值设定为水流流速。在流体域右端设置分流出口边界。在开放通道中设置水面高度和水底坐标。喷嘴位于管道的左上方和右上方，呈 60°夹角，设为气体的入口。排气管的其他位置和计算域的底部设为壁面边界条件，流体域的顶端设为压力出口，即上方为开阔的空气。利用 cell registers 设置三相的区域，如图 1 所示，其中横坐标为 x 方向，纵坐标为 y 方向。

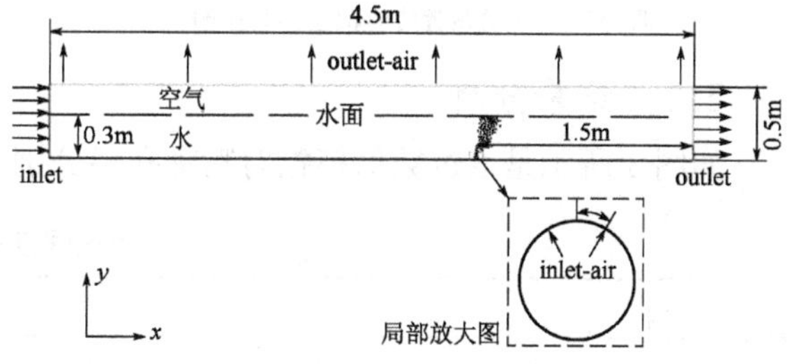

图 1 计算域建模图

1.2.2 网格划分

网格大小决定计算质量和时间成本，本文按照仿真要求的重点不同，对网格进行了疏密划分。由于重点在观察气泡帷幕周围水域的涡流分布和溢油油层的状态，故对水面处网格进行加密，设置单元尺寸为 4mm 的网格。气泡帷幕影响排气管附近的流场分布，故对气幕围油栏排气管附近进行了局部加密，设置单元尺寸为 2mm 的网格。把上方空气区域和下方水域设置单元尺寸为 60mm 的稀疏网格。

2 计算结果与分析

2.1 数值模拟结果验证

将物理实验与数值模拟设置为相同工况。设置水流流速 $v = 0.07\mathrm{m/s}$，喷嘴角度 $\theta = 30°$，孔径 $\Phi = 1.5\mathrm{mm}$，水深 $h = 0.3\mathrm{m}$，排气管放置在底部。将物理实验和数值模拟结果对比如图 2 所示。物理实验和数值模拟结果具有相似趋势，且相差不大，证明数值模拟的可信度。结果的差异可能是物理实验中水槽壁与水接触时产生的壁面效应引起的。当周围水体受气泡帷幕影响向上运动的速度过大时,与水槽两侧槽壁产生壁面效应,导致物理实验中的有效拦油距离相对于数值模拟的有效拦油距离较小。

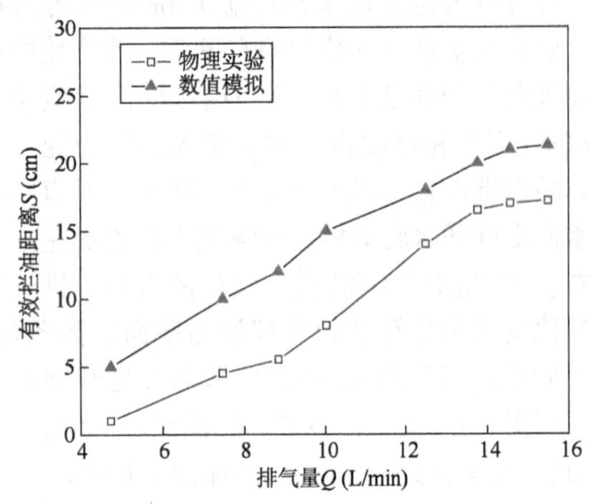

图2 实验与数值模拟结果对比图

2.2 结果分析

如图3所示是通过数值模拟对喷嘴孔径分别为1mm、1.5mm、2mm、2.5mm、3mm的气幕围油栏在相同压强下进行的模拟计算结果。在相同压强情况下,孔径Φ越大,有效拦油距离S越大。随着压强倍率(P_0)(排气管所在水深的压强倍数)的增加,孔径Φ越大,有效拦油距离S增加的幅度越大。其中压强倍率P_0与供气量Q的关系见表1。

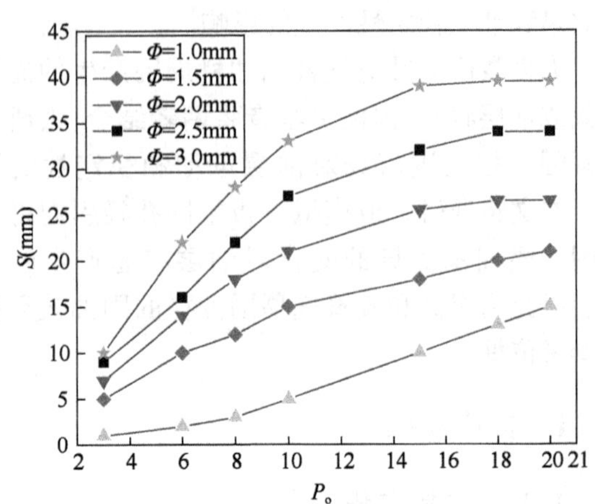

图3 不同孔径气幕围油栏的有效拦油距离($v=0.07\text{m/s},h=0.3\text{m}$)

不同压强倍率下供气量参数表 表1

Q(L/min)	P_0						
	3	6	8	10	15	18	20
1.5mm	4.7	7.5	8.8	10.0	12.5	13.8	14.6
1.0mm	2.1	3.3	3.9	4.5	5.5	6.1	6.5
2.0mm	8.4	13.3	15.7	17.8	22.2	24.5	25.9
2.5mm	13.1	20.8	24.6	27.8	34.7	38.3	40.5
3.0mm	18.9	29.9	35.4	40.1	50.0	55.1	58.3

由于对气幕围油栏影响油层形态变化的流场进行系统性的分析比较烦琐,这里仅对五种喷嘴孔径的气幕围油栏在水流流速为0.07m/s、水深为0.3m、压强倍率为8倍情况下的围油效果进行分析。如图4所示为压强倍率8倍情况下,五种孔径气幕围油栏的溢油剩余量(V)与计算时间(t)的关系,斜率可以看出溢油逃逸速度。随着孔径的增加,油的稳定性越差,逃逸的速度也就越快。

通过数值模拟的结果可对气幕围油栏周围的涡流涡量分布和涡流涡量分布对油层运动形态产生的影响进行观察。由于不同孔径的气幕围油栏稳定时刻不同,为保证能够得到稳定时对油层状态产生影响的涡流状态图,均选取有效拦油距离稳定时刻后的5s,并计算出其涡流涡量分布。

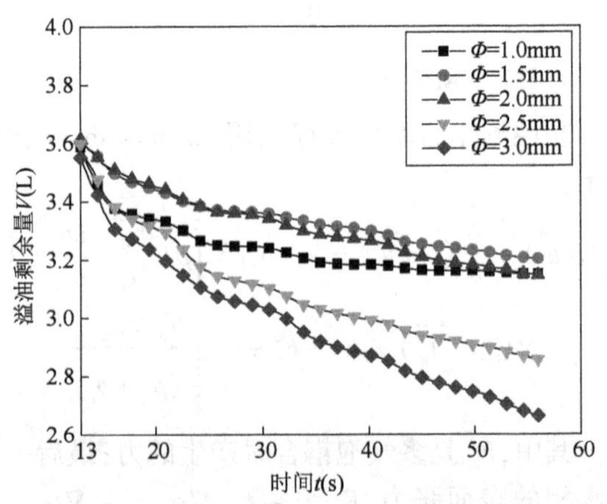

图4 不同孔径气幕围油栏的溢油剩余量

如图5所示为通过数值模拟计算的气幕围油

栏附近水域的流迹线分布与涡量图。从图中的流迹线可以看出周围水域受气幕围油栏影响所产生的涡流分布。由图可知，气泡帷幕受到正浮力和水流的综合作用在上浮的过程中发生倾斜。水体受到气泡帷幕的影响上升至水面，在水面形成两种分支。上游分支形成的水平流与水流方向相反，在重力的作用下，两流交汇后向下运动，以此产生了图中显示的涡流现象。下游由于不同水深的速度差也导致涡流的产生，但下游的涡流不能对油层运动产生直接影响。与剪切流中气幕围油栏产生流场现象不同的是，均匀流中气幕围油栏上游所产生的涡流较为扁平，只分布于水流上面1/2 的位置。气泡帷幕与水面接触处的上游，贴近水面位置的流迹线可以看出水平流的存在，随着孔径的增加，贴近水面的流迹线长度也增加，油层的前端距离气幕围油栏的距离也增加，这证明了增加气幕围油栏的孔径，可以使涡流的长度增加，贴近水面处的水平流长度增加，进而使有效拦油距离增加。气泡帷幕在带动水体上升至水面时，会产生扰动，从图中可以看出，随着孔径的增加，扰动变得剧烈，孔径为 2.5mm 与 3mm 时，可以明显看出较大的扰动现象。

图 5 中，涡流的涡量大小由不同颜色表示，可以看出，在产生水平流时，附近水体的活动并不稳定。在油层前端的涡流涡量分布，会对油层的稳定性有一定的影响。涡量显示颜色分布均匀时，油层的稳定性较好。从图中可以看出，随着孔径的增加，油层前端的涡量颜色从较小的色差变为较大的色差。例如，气幕围油栏孔径为 1.5mm 时，油层前端涡量颜色分布均匀，油层稳定性较好；孔径增加至 3mm，油层前端涡量颜色色差较大，分布不均匀，且孔径为 3mm 时，油层稳定性差。从中可以看出，气幕围油栏在拦截溢油时，油层前端涡流涡量分布均匀，可保证较好的油层稳定性。

结合涡流分布与涡量图，可以看到，油层被阻隔在表面水平流与水流交汇处，而此处涡流涡量分布均匀，这会保证油层稳定性较好。当孔径增加时，有效拦油距离增加，水平流产生的扰动频率和扰动幅值增加，两流交汇处涡量分布变得不均匀，油层稳定性下降，油层前端的水平流表现不稳定加剧，扰动的水平流造成油层厚度呈现频率性的增加和减小，而水流的扰动和不均匀涡量的涡流会导致油层下产生油珠。增大孔径，会增大产生油珠的概率。涡量的增加和涡流呈现尖端状也增加了油珠发生逃逸现象的可能性。所以，保持油层前端水平流的稳定是提高拦油效果的前提。

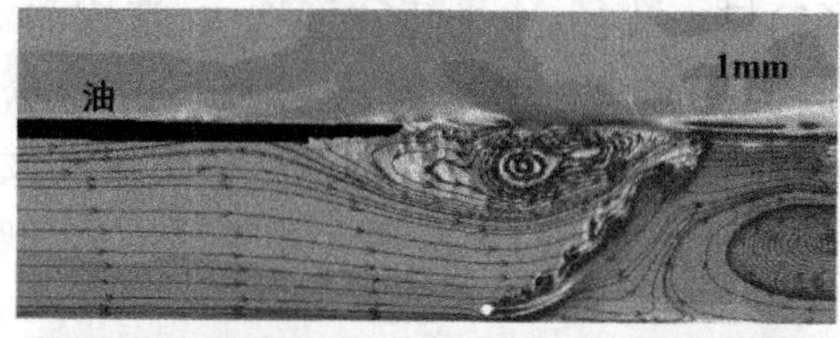

图 5 不同孔径气幕围油栏的流迹线分布与涡量图

3 结语

水上交通事故引发的石油泄漏对生态环境造成巨大的伤害，气幕围油栏作为一种工程应用上具有重大潜力的新型围油栏，研究影响其拦油失效的直接原因，对气幕围油栏设备的创新和发展具有重要的参考意义。本文对不同孔径气幕围油栏在正常工作中周围流域影响所产生的涡流涡量分布进行研究。结果表明：

(1)增大孔径后引起的水平流不稳定，造成油层前端涡流涡量分布不均匀，是导致油层稳定性破坏的直接原因。因此,在使用气幕围油栏时选用合适的喷嘴大小、控制产生稳定频率的气泡或设置对水平流进行导流的装置可提高其围油性能。

(2)增大孔径,水平流宽度增大,造成涡流呈现椭圆状,涡流呈现尖端状,易拖拽不稳定的油珠至水下发生泄漏现象。为防止这种情况的发生,在使用气幕围油栏时应选用合适排气压力和喷嘴孔径。

参考文献

[1] 陈倩. 海洋污染问题及防治对策[J]. 环境与展, 2019,31(5):36+38. DOI:10.16647/j.cnki.cn15-1369/X.2019.05.020.

[2] HOU T, SUN H, JIAO B, et al. Numerical and experimental study of oil boom motion response and oil-stopping effect under wave-current action [J]. Ocean Engineering, 2024, 291: 116439.

[3] FENG X, ZHANG B. Applications of bubble curtains in marine oil spill containment: Hydrodynamic characteristics, applications, and future perspectives[J]. Marine Pollution Bulletin, 2023, 194: 115371.

[4] 王小蓉. 气幕式防波堤水动力特性数值模拟研究[D]. 大连:大连理工大学, 2019. DOI:10.26991/d.cnki.gdllu.2019.001229.

[5] GRACE J, SOWYRDA A. The development and evaluation of a pneumatic barrier for restraining surface oils in a river[J]. Water Pollution Control Federation, 1970:2074-2093.

[6] BASCO D R. Pneumatic barriers for oil containment under wind, wave, and current conditions[C]. International Oil Spill Conference. American Petroleum Institute, 1971, 1971(1): 381-391.

[7] JONES W T. Air barriers as oil-spill containment devices [J]. Society of Petroleum Engineers Journal, 1972, 12(2): 126-142.

[8] DELVIGNE G A L. Laboratory experiments on oil spill protection of a water intake[M]. Oil in Freshwater: Chemistry, Biology, Countermeasure Technology. pergamon, 1987: 446-458.

[9] LO J M. The effect of air-bubble barriers in containing oil-slick movement [J]. Ocean engineering, 1997, 24(7): 645-663.

[10] MCCLIMANS T, LEIFER I, GJØSUND S H, et al. Pneumatic oil barriers: The promise of area bubble plumes[J]. Proceedings of the Institution of Mechanical Engineers, Part M: Journal of Engineering for the Maritime Environment, 2013, 227(1): 22-38.

[11] 彭华超, 卢金树, 陈阳, 等. 港口码头固定式气幕围油栏研究及应用设计[J]. 机械工程师, 2019,1: 88-91+95.

[12] PAN Q, JOHANSEN S T, CLOETE S, et al. An enhanced k-epsilon model for bubble plumes [C]. Proceedings of the Eighth International Conference on Multiphase Flow. 2013.

[13] 张成兴, 王永学, 王国玉, 等. 静水中气泡帷幕产生水平流的数值模拟研究[J]. 水动力学研究与进展 A辑, 2010, 25(1): 59-66.

[14] LU J, XU Z, XU S, et al. Experimental and numerical investigations on reliability of air barrier on oil containment in flowing water [J]. Marine pollution bulletin, 2015, 95(1): 200-206.

[15] 谢森森, 卢金树, 徐振峰, 等. 动水中气幕围油栏围油性能数值模拟[J]. 中国航海, 2015, 38(4): 92-95.

船舶最优避让操纵

彭延领*[1] 赵建成[1] 薛剑恩[1] 张 宇[2]
(1. 上海港引航站;2. 上海船舶研究设计院)

摘 要 基于现行避碰规则,会遇两船会出现避让操纵不协调,导致无法保证安全的情况。该文使用几何分析的方法,根据来船最近会遇点(CPA)分布在本船的象限,得出来船最近会遇距离持续增大的最优避让操纵方法;即当来船CPA在本船第一象限时,本船左转和(或)减速,DCPA将持续增大;第二象限时,本船右转和(或)减速;第三象限时,本船右转和(或)加速;第四象限时,本船左转和(或)加速等,DCPA将持续增大。本文还提出了避碰规则修订建议。

关键词 避碰规则 船舶避碰 最近会遇距离 最近会遇点

0 引言

船舶避让操纵共有四种:左转和/或加速、左转和/或减速、右转和/或加速、右转和/或减速。如果环境与情况允许,船舶避让操纵,应使用最优避让操纵。在拟人智能船舶的程序设计时,也应设计使用最优避让操纵。在船舶避免紧迫局面与紧迫危险时,当然更应该使用最优避让操纵。我们常常听到资深引航员谈到,船舶操纵应该顺势而为,所谓顺势而为也即使用最优避让操纵。现状是目前国内外只有基于现行规则的避让操纵,却没有关于最优避让操纵方法的研究与论述。本文基于实践操纵经验使用几何分析的方法,针对非零最近会遇距离(Distance of Closet Point of Approach,DCPA)的情况,根据来船最近会遇点(Closet Point of Approach,CPA)分布在本船的象限,得出针对各种会遇局面、来船DCPA持续增大的本船最优避让操纵方法。

1 定义

本文所定义的最近会遇距离是指如下几种情况下的DCPA:

当本船与来船的船舶形状可以被忽略时,DCPA是来船所代表的点相对本船所代表的点对应的DCPA。

当本船的形状不能被忽略,而来船的形状可以被忽略时,DCPA是当来船所代表的点相对本船上任何一点的DCPA最小值,即为本文定义的DCPA,当来船所代表的点能通过本船船头时,DCPA应为来船的点相对本船船头;当来船所代表的点能通过本船船尾时,DCPA应为来船的点相对本船船尾。

当本船的形状与来船的形状(长与宽)都不能被忽略时[1],DCPA是二者最危险的两个点所对应的DCPA,当来船能通过本船船头时,DCPA是来船的船尾距离本船较近的点相对本船船头的DCPA;当来船能通过本船船尾时,来船船头的点相对本船船尾的DCPA;当两船航向相同或相反时,DCPA是两船最近的左右最宽点之间的DCPA值。

总之,本文定义的DCPA是:当本船的形状与来船的形状(长与宽)都不能被忽略时,来船上任何点相对于本船上任何点的DCPA最小值。

最优避让操纵定义:当DCPA不为0时,DCPA持续增大的避让操纵方法。船舶的避让操纵方法不能是:让本不为0的DCPA先变小直到等于0然后再变大,这样的避让操纵方法,本文不认为是最优的避让操纵方法。因为,当原本不为0的DCPA变小等于0时,如果到达最近会遇点的时间(Time to Closet Point of Approach,TCPAS)同时等于0,则碰撞将不可避免;特别是在紧迫危险与紧迫局面时两船之间的避让一旦不能做到协调一致时。相反,如果两船都秉承DCPA持续变大的操纵,不仅所需的避让操纵幅度较小,而且两船不易产生不协调的行动。所以,无论两船是自由行动阶段、紧迫局面和紧迫危险阶段(特别警示:在碰撞危险阶段两船应按规则要求进行避让操纵),当DCPA不为0时,DCPA持续增大的避让操纵方法,一定是最优避让操纵。说明:本文为了表述方便,将一种确保非零DCPA持续增大的避让操纵方法简称为最优避让操纵。

2　CPA所在的象限对应的相遇局面

以下论述,不考虑风压差,并且只选择对水参照系。

在对水参照系里,以本船艏向(HDG, Heading)为 Y 轴,本船重心为原点,本船右正横方向为 X 轴,建立平面坐标系。当DCPA为0时,来船的相对运动矢量线经过圆心;当DCPA不为0时,来船的相对运动矢量线不经过圆心。最近会遇点在坐标系中的位置分布在四个象限里。下面分别将四个象限里的CPA对应的相应局面(此处两船的相遇局面既包括现行规则中的互见,也包括能见度不良时两船相同的相对运动)一一列出。因为不能用视觉瞭望只能用雷达或电子海图,判断CPA在哪一象限,所以以下的讨论不区分互见与能见度不良。

2.1　CPA分布在第一象限

如图1所示,即CPA在本船右前方。当来船相对本船运动矢量在 Y 轴上的分量与 Y 轴方向一致时,对应来船位于本船右后方;当来船相对本船运动矢量在 Y 轴上的分量与 Y 轴方向相反时,对应来船位于本船左前方。

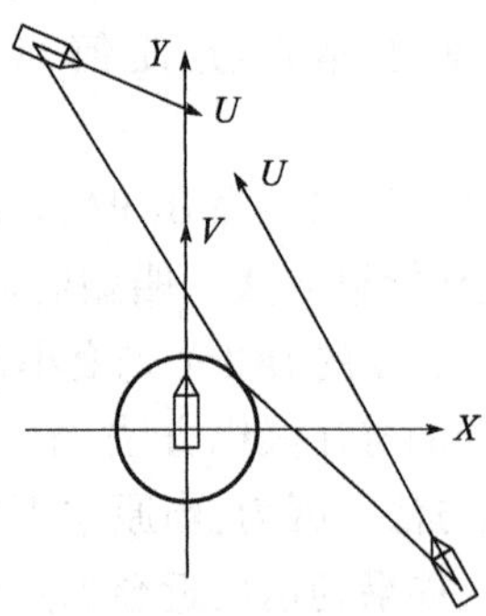

图1　CPA在第一象限

2.2　CPA分布在第二象限

如图2所示,即CPA在本船左前方。当来船相对本船运动矢量在 Y 轴上的分量与 Y 轴方向一致时,对应来船位于本船左后方;当来船相对本船运动矢量在 Y 轴上的分量与 Y 轴方向相反时,对应来船位于本船右前方。

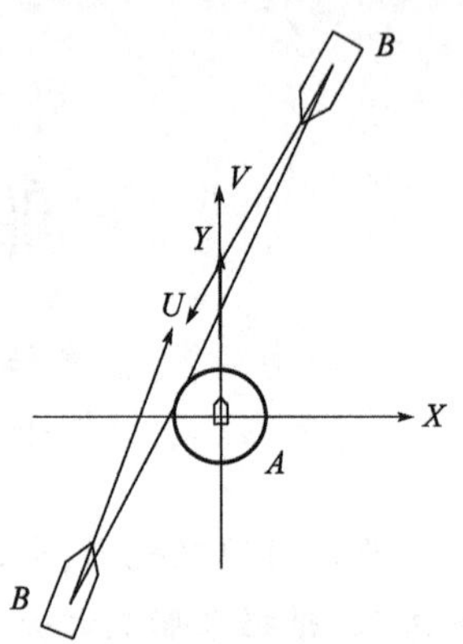

图2　CPA在第二象限

2.3　CPA分布在第三象限

如图3所示,即CPA在本船左后方。当来船相对运动矢量在 Y 轴上的分量与 Y 轴方向一致时,对应来船位于本船右后方;当来船相对运动矢量在 Y 轴上的分量与 Y 轴方向相反时,对应来船位于本船左前方。

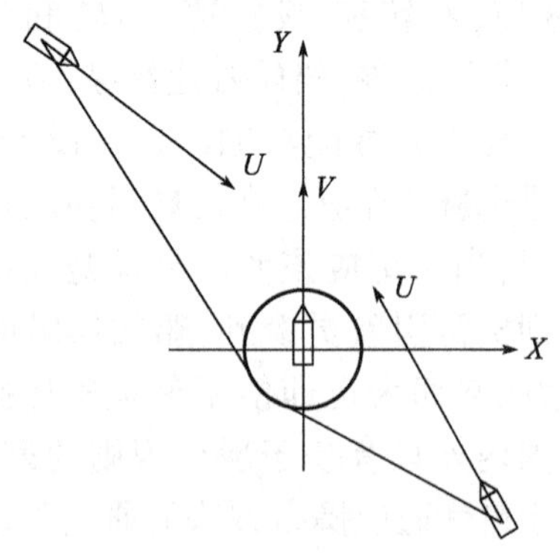

图3　CPA在第三象限

2.4　CPA分布在第四象限

如图4所示,即CPA在本船右后方。当来船相对运动矢量在 Y 轴上的分量与 Y 轴方向一致时,对应来船位于本船左后方;当来船相对运动矢量在 Y 轴上的分量与 Y 轴方向相反时,对应来船位于本船右前方。

3　CPA所在象限决定船舶避让操纵方法

如果不用CPA所在的象限来进行判断船舶何种操纵行动会导致不为零的DCPA持续增大,无论两船在自由行动阶段,紧迫局面阶段与紧迫危险阶段所采取的行动,一旦要让原本不为0的DCPA持续增大,将是非常复杂的一个判断,这种判断,无论是驾引人员还是无人驾驶的算法,在选择变速与变向操纵时将非常复杂。

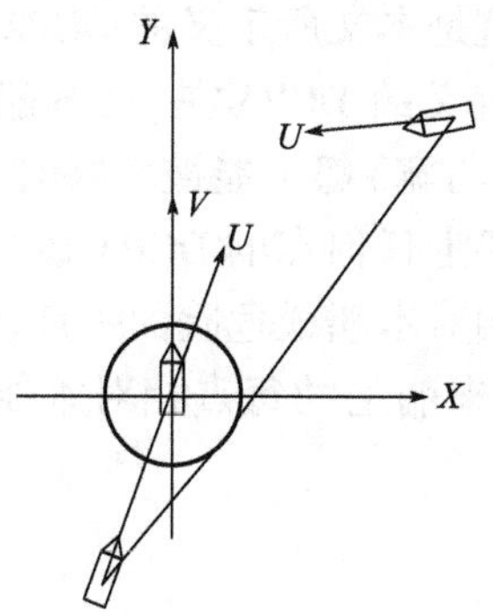

图4　CPA在第四象限

相反,无论两船之间的是何种局面,使用CPA所在的象限来判断DCPA持续增大的避让操纵的方法都非常简单。结论如下:

当CPA在第一象限时,即CPA在本船右前方,本船左转和/或减速,DCPA将持续增大;

当CPA在第二象限时,即CPA在本船左前方,本船右转和/或减速,DCPA将持续增大;

当CPA在第三象限时,即CPA在本船左后方,本船右转和/或加速,DCPA将持续增大;

当CPA在第四象限时,即CPA在本船右后方,本船左转和/或加速,DCPA将持续增大。

当CPA接近Y轴时,变速避让效果也很明显;

当CPA接近X轴时,变向避让效果优于变速避让效果。

当来船CPA在本船的象限之间的模糊地带时:

当CPA在Y轴正向附近时,本船应减速和(或)朝着来船转向。

当CPA在Y轴负向附近时,本船应加速和(或)背离来船转向。

当CPA在X轴正向附近时,本船应左转和(或)针对正横前来船加速、针对正横后来船减速。

当CPA在X轴负向附近时,本船应右转和(或)针对正横前来船加速、针对正横后来船减速。

当来船CPA在本船的象限在避让过程中发生了变化,本船应根据CPA所在的新象限及时调整避让方法,确保DCPA持续增大直到驶过让清。

两船使用上述方法来选择避让方法,其结果是一致的,都会使得DCPA持续增大,如图5所示;以本船为参照系时,CPA在第四象限,本船应采取的避让操纵行动是加速和/或左转;同时以来船为参照系,CPA在第一象限,来船应采取的避让操纵方法是减速和/或左转。图5中V为本船船速,U为来船船速,V'为本船加速与左转的新船速,U'为来船减速与左转的新船速。由图可知,不仅证明了当CPA在来船第一象限时,来船左转和/或减速,DCPA将持续增大;同时证明了当CPA在本船第四象限时,本船左转和/或加速,DCPA将持续增大;而且也证明了当两船按照上述结论的最优避让操纵行动时,可以是一致的、协调的,都是令DCPA持续增大的。通过对所有可能的局面画图证明了:只要两船按照自己的坐标系得出的来船CPA所在的象限,并按照上述原则进行操纵行动,DCPA一定是持续增大的,二者的行动不会相互抵消;这也是最优避让操纵的核心。CPA在其他象限,对应DCPA持续增大的避让操纵行动的证明过程同理,本文不再详述。

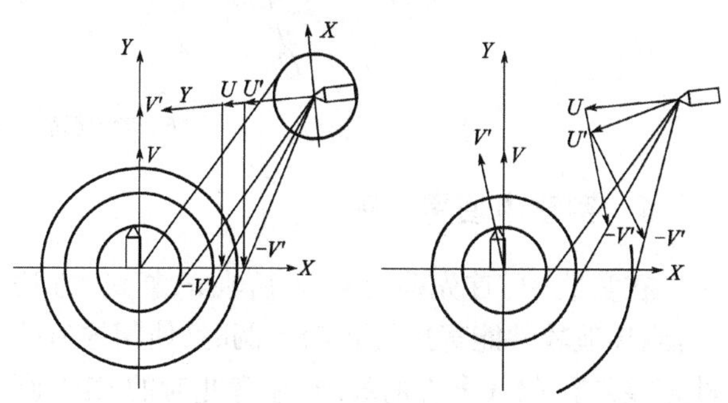

图5　两船避让行动一致

4　考虑风流压差时坐标系的确定

当两船在风流场不同的水域时,如果此时选择对水参照系,两者的参照系之间有相对运动,讨论二者的运动状态的改变,不能得到正确的结果,我们选择对地参照系进行讨论。此时定义船舶对地航迹向(COG)作为本船的Y轴,与COG垂直的右向为X轴。定义转向避让是对地速度(SOG)大小不变,仅COG变化。定义变速避让是COG方向不变,仅SOG大小发生变化。

当船舶因主机转速发生变化,COG因风流压差变化而变化时,用HDG的改变来满足COG的不变。当船舶因HDG的改变而导致SOG的变化时,用主机转速的改变来保持SOG的不变。

当船舶在风流压差较小时,上述原则可以忽略,只有在风流压差较大的环境下才考虑。提出这个原则,是为了本文理论的严谨。HDG本身的物理意义是,船舶最容易获得的最大外力的方向,即船舶主机推力的方向,其垂直方向是船舶艏艉侧推(如有)的方向。所以当船舶无风时,HDG是船舶对水参照系的主机推力与速度方向。当船舶受风影响和/或水流场不是平直流场时,应选择对地参照系,用SOG作为坐标系Y轴。

5　考虑船舶形状时坐标系的确定

当船舶形状不能被忽略时(驶近拖带船组、大型船舶或近距离驶近他船时[1]),坐标系原点应是本船或船组的端点,来船或船组也应是端点。如图6所示。这是本文所定义的DCPA属性所决定的。本文所定义的DCPA是,当本船的形状与来船的形状(长与宽)都不能被忽略时,来船上任何点相对于本船上任何点的DCPA最小值。其基本原理是来船相对本船最危险的一点(最小DCPA)是安全的,则来船上的每点相对本船上的每点都是安全的。

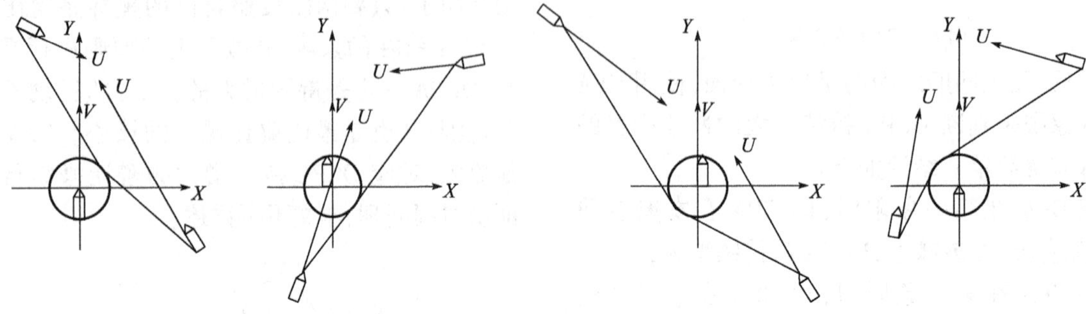

图6　考虑船舶形状的CPA所在不同象限

6　实践中使用示例

在实践中,首先确定CPA所在的象限,方法一:当导航软件能直接显示CPA圆时,使用导航软件直接判断CPA所在的象限,注意此时的CPA圆是对方船舶自动识别系统(Automatic Identification System,AIS)天线点相对本船AIS天线点的CPA圆,当本船与来船的船舶形状不能被忽略时,一定要注意进行船舶形状修正。方法二:使用雷达判断CPA所在的象限,即移动雷达电子方位线平行相切于雷达物标的相对运动尾迹,无论电子方位线过本船船头还是船尾,电子方位线切物标距本船近端。如图7所示;本船为一艘大型船舶从长江口深水航道进口,来船为一艘小型船舶从南槽航道进口。图7中CPA在本船的第一象限,左图DCPA只有0.25n mile。本船为了增大DCPA,因观测到CPA在本船的第一象限,所以本船在两船近距离时采取了向左转向的避让操纵措施,完美地持续增大了DCPA,直到驶过让清。显然,本船减速避让也是可行的,或者说是最佳的,如果减速行动早,减速幅度大。这种局面本船请来船加速是良好船艺,要求来船近距离时右转过本船船尾是危险的,要求来船减速是不可取的。

7　全面修订避碰规则建议

如果全面修订避碰规则以适应船舶大型化、无人驾驶船舶的出现等,机动船与机动船之间的避让关系建议修订如下(无人驾驶船舶出现以后是否有互见中,本文不讨论;假设新规则不再区分互见中与能见度不良)。

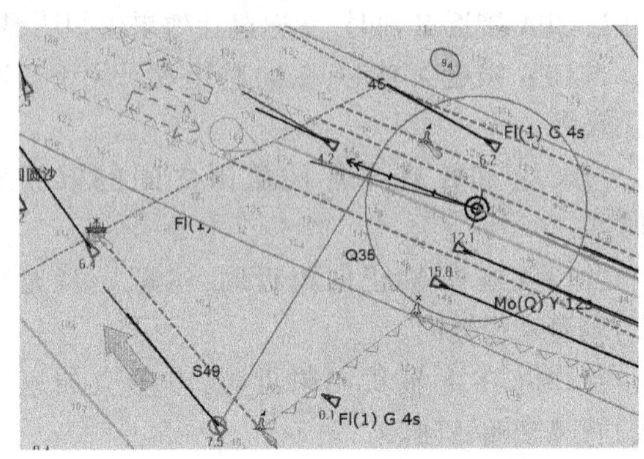

图7　CPA在第一象限实操

近距离避让,当两船DCPA不为0时,两船最有助于避碰的行动是,两船根据来船CPA所在的象限,采取变速和/或变向操纵保证DCPA持续增大的行动。

当然,新规则在有人驾驶与无人驾驶时DCPA不为0的阈值判定上,值得深入研究。

即使在现行规则的框架下,特别是船舶之间在紧迫局面阶段和紧迫危险阶段,船舶的避让操纵行动应是顺势而为的,即如果来船可以通过本船船头,只是DCPA不够大,顺势而为的操纵是持续增大DCPA;特别是当两艘大型船舶相遇时,DCPA从不为0,再变为0,再变大到需要的DCPA

值,避让操纵的幅度将是非常大的。本文提出的最优避让操纵,即持续增大的 DCPA,不仅更安全,避让操纵的幅度也小。

现行互见中的让路直航规则,成立的先决条件是用一个大脑控制两艘船舶。这种规定表面看起来很好。但在实践中,两船是由两个大脑分别控制的,而且两个大脑之间没有丝毫联系[2]。让路直航规则在实践中很难协调一致。又譬如现行规则中一船既是一艘不应妨碍他船的船舶又是一艘交叉相遇局面中的直航船,在实践中上述两船理解规则并按理解的规则进行协调一致的避让操纵,也是一件非常困难的事情。综上所述:如果近距离时两船 DCPA 不为 0,两船根据 CPA 所在的象限进行 DCPA 持续增大的避让操纵,就变成简单并且协调一致的事情。

现行规则将三船及以上多船会遇作为特殊情况,未提出避让建议;本文提出的最优避让操纵也仅限于两船之间。三船及以上多船会遇,期待同行和专家的进一步研究,特别是相关的第三船如何预知或戒备其他两船的操纵意图等。不过,值得一提的是,上海港引航站为引航员提供的导航设备,有虚拟登船功能,一旦 C 轮想知道 A 轮相对 B 轮的基于 AIS 的避碰信息,可以通过虚拟“登上”B 轮实时获得,包括 A 轮相对 B 轮的 CPA 所在的象限。如果虚拟“登上”A 轮,则能实时获得 B 轮相对 A 轮的避碰信息。即:如果三船都使用相同的最优避让操纵方法,每一艘船舶都能清楚知道其他两船的避让操纵意图。这种确定性也是优于现行规则的。新规则能适应有人驾驶船舶与无人驾驶船舶之间的两船或三船会遇。实践中,建议使用甚高频(Very High Frequency,VHF)无线电话协议避让以达到安全驶过让清的目的。

8 结语

近距离时使用 CPA 所在的象限来决定船舶的最优避让操纵,不仅对于驾引实操者有重要的参考价值,而且利于无人驾驶船舶据此确定算法。期待全面修订避碰规则,即两船近距离时根据 CPA 所在象限来决定两船之间的避让关系和采取避让行动。新规则定能让两船采取最小幅度的避让行动,达到不仅协调一致,而且 DCPA 足够安全的避让效果。

参考文献

[1] 吴兆麟.船舶避碰与值班[M].大连:大连海事大学出版社,1998.

[2] 张铎.避碰规则中让路直航规则的缺陷[J].世界海运 2018,8:1.

基于实践的多艘机动船同时相遇避让操纵原则

彭延领*

(上海港引航站)

摘　要　多艘机动船同时相遇构成碰撞危险,在现行避碰规则中没有提及;虽然关于多船会遇的避碰智能决策领域,已有大量的学术研究;但这些研究还没有应用到实践中,未能被实践检验。本文基于实践,将多艘机动船同时相遇情况进行了分类,根据所有来船相对本船最近会遇点分布在本船的象限,决定本船的避让操纵方法,提出针对各类多船相遇的避让操纵原则。

关键词　多船相遇　三船相遇　最优避让操纵　DCPA　CPA　TCPA

0 引言

1972 年国际海上避碰规则(以下简称“现行规则”)主要规范了两艘船舶之间的避让规则,并将三艘机动船同时相遇致有构成碰撞危险(以下简称“三船相遇”)定义为一种特殊情况。现行规则将三船相遇时不(未)及时停车(倒车)或抛锚或把船停住,以便留有更多的时间来估计形势、判断危险和采取避碰措施,定义为"当时特殊情况所要求的戒备上的疏忽"的一种[1]。针对三船以上,即本文所定义的多船相遇,现行规则没有提及。虽然关于多船会遇的避碰智能决策,已有大量的学术研究;例如社会情感优化算法、速度障碍算法、免疫粒子群算法、分解协调法、层次分析法等。但这些研究还没有被应用到实践中,也未能被实践检验。基于以上事实,笔者根据自己操纵船舶的实践,从实践出发,设计适用于无人驾驶船舶的多船相遇避让操纵算法,并供驾引人员参考。

1 定义

多船相遇是指超过三艘以上的机动船同时相遇致有构成碰撞危险。其特点是碰撞危险不限于两船之间,或一船的避让操纵行动会导致另一紧迫局面等。多船相遇是除了两船相遇和三船相遇以外的所有可能的局面;是两船相遇和三船相遇的补充。

三船相遇是指三艘机动船同时相遇致有构成碰撞危险。其特点是至少两船之间有碰撞危险,并且这两船或之一的避让操纵行动可能会影响第三艘船舶。或者每两艘船舶之间都有碰撞危险,三艘船舶都需要采取避让操纵行动才能达到安全驶过让清的目的。最优避让操纵是指当两艘机动船相遇致有构成碰撞危险,但最近会遇距离(Distance of Closet Point of Approach,DCPA)不为0时,确保DCPA持续增大的避让操纵行动。具体而言,当来船最近会遇点(Closet Point of Approach,CPA)在本船第一象限时,本船左转减速;对应第二象限时右转减速;对应第三象限时右转加速;对应第四象限时左转减速。如图1所示,B船追越A船,B船对A船的CPA在A船的第一象限。

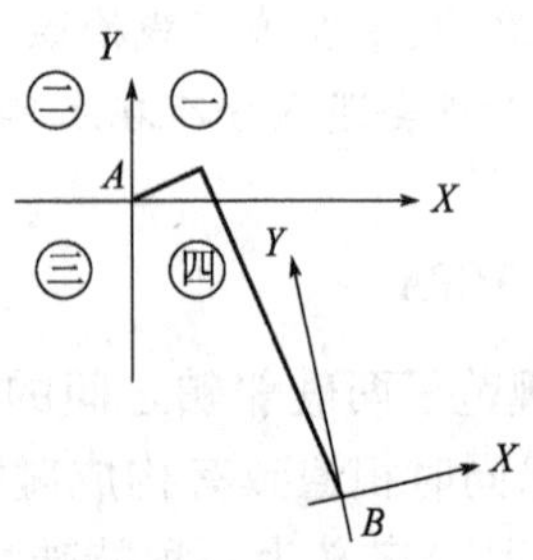

图1 两船相遇

2 将多船会遇进行分类

在上海港内操纵船舶,常常面对多船相遇的局面。概括起来遇到的多船相遇局面包括以下几种:

一是两股及以上船舶交通流交汇,同一股交通流里还有追越;

二是一船同时穿越多股船舶交通流;

三是多股船舶交通流在一处交汇。

无论实践中的哪种多船相遇局面,从碰撞危险的角度来分析,多船相遇局面只有以下几类。以下的讨论仅选择对水参照系(假设在平直流场内)并且将船舶当成一个质点。当船舶处于不同流场,选择对地参照系,船舶尺度不能被忽略的情况本文略。

2.1 所有来船相对本船的CPA在同一象限

如图2所示,A、B、C、D四船相对E船的CPA均在E船的第四象限,E船应对多船会遇局面的最佳避让操纵是左转加速。E船的左转加速避让,既是针对每一船的最佳避让操纵方法,也是将其他所有来船当成一群船(一艘船)进行避让操纵的最佳方法。

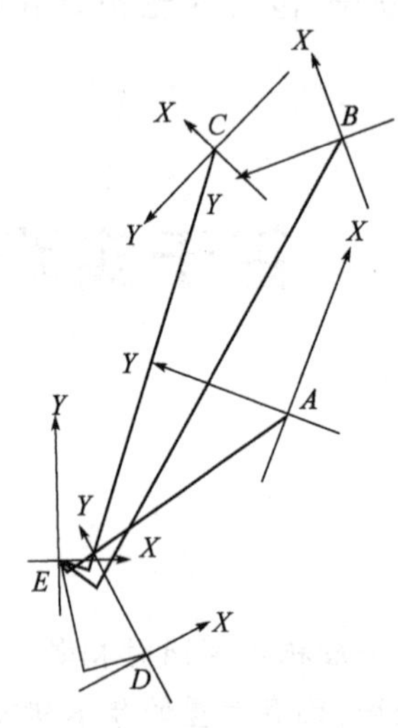

图2 情况一

2.2 所有来船相对本船的CPA在两个相邻象限

如图3所示,A、D、E三船相对C船的CPA在C船的第一象限,B船相对C船的CPA在C船的第四象限,C船的最佳避让操纵行动是左转保速。即C船应将ADE当成一群船来进行避让,将B船当成另一船进行避让。相当于将多船局面简化为三船相遇局面进行处理。具体是两群船 CPA 分布在本船第一和第二象限时本船应减速保向、分布在第二和第三象限时本船应右转保速，分布在第三和第四象限时本船应加速保向，分布在第四和第一象限时本船应左转保速。

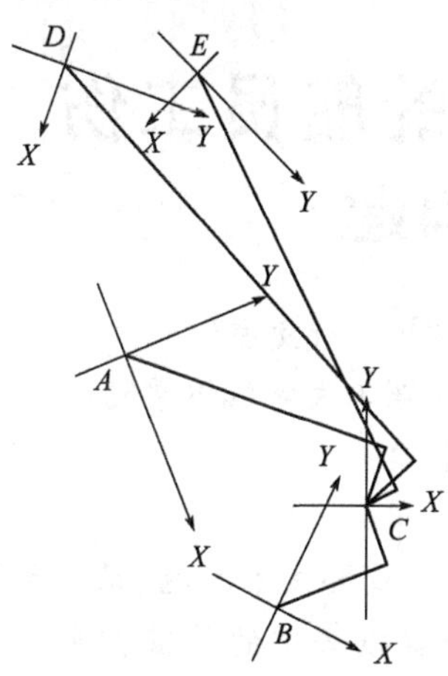

图3 情况二

2.3 所有来船相对本船的 CPA 分布在本船两个对角象限或三个象限

图略，可以看成是2.4情况的简化。

2.4 所有来船相对本船的 CPA 分布在本船的四个象限

如图4所示，A 船为本船，B 船 CPA 在本船的第四象限，C 船 CPA 在本船的第二象限，D 船 CPA 在本船的第三象限，E 船 CPA 在本船的第一象限。A 船的最佳避让操纵就是保向保速，或根据四船的最近会遇时间(TCPA, Time to Closet Point of Approach)分先后逐一进行小幅度的使用最佳避让操纵进行避让。A 船应使用 VHF 进行协议避让。

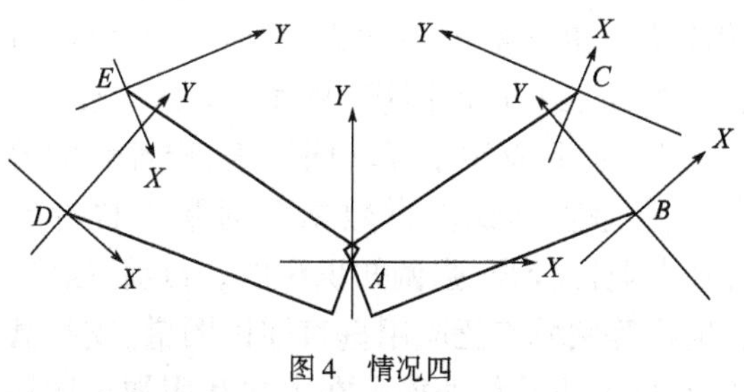

图4 情况四

3 多船相遇的避让原则

通过上述分类，逐一分析得出，多船相遇局面并不复杂，避让方法也能简单有效；如果所有船舶(无论是有人驾驶还是其中一艘是无人驾驶船舶)都能使用最佳避让操纵化解多船相遇局面，所有船舶之间不会存在不协调的操纵行动。即使一船因为瞭望疏忽，未保持正规瞭望，未采取任何避让操纵行动，也不妨碍其他船舶采取最优避让操纵行动；甚至在一船逼近到紧迫危险时才突然采取避让操纵行动，只要遵循最佳避让操纵原则，也不会抵消其他船舶避让行动已采得的效果。所以可设计无人驾驶船舶多船相遇避让决策算法(或多船相遇避让原则)如下：

第一条 除被追越船外。

第二条 每一船舶任何时候都应避免进入多船相遇局面或尽快加速驶离即将到来的多船相遇局面。

第三条 如果船舶不得不进入多船相遇局面，每一船舶均应使用最优避让操纵安全驶过让清，具体而言：

如果其他所有船相对本船的 CPA 点在同一象限，本船变向和/或变速将其他所有船当成一群船同时避让。

如果其他所有船相对于本船的 CPA 点分布在两个相邻的象限，则本船应采取不矛盾的操纵行动。具体是两群船 CPA 分在本船第一和第二象限时本船应减速保向、分布在第二和第三象限时本船应右转保速，分布在第三和第四象限时本船应加速保向，分布在第四和第一象限时本船应左转保速。

如果其他所有船相对本船的 CPA 点分布在对角的象限(第一和第三象限或第二和第四象限)，或三个或四个象限时，则本船应尽可能避免出现这样的局面。如果不得不面对上述情况，本船也应使用适合当时环境与情况的安全航速进入上述局面；并保向保速或根据 TCPA 的不同分先后进行避让操纵。应使用 VHF 进行协议避让。

第四条 避让过程中当来船 CPA 所在的象限发生变化时，本船采取的避让行动也应根据当前 CPA 所在的象限进行调整；所有船舶均应保持连续观测，确认 DCPA 持续增大直到驶过让清。

第五条 远距离时，当来船相对本船的 DCPA 为0时，本船应调整速度，让来船的 DCPA 尽早不为0。

4 结语

本文通过逐一分析各类多船相遇，使用最优

避让操纵,确定了每一船舶避让操纵原则,确定了无人驾驶船舶的避让决策算法。如何更好地对规则进行修改,并能适应无人驾驶,这将是未来要着力研究的方向。

参考文献

[1] 吴兆麟.船舶避碰与值班[M].大连:大连海事大学出版社,1998.

基于规则匹配与深度学习的船员工伤事故的知识图谱构建

陈玉傲[2,3]　刘　奕*[1,2,3]　袁　智[1,2]　刘　超[2,3]　代文亮[2]
(1.武汉理工大学水路交通全国重点实验室;2.武汉理工大学航运学院;
3.绿色船海装备与智慧港航工程中心)

摘　要　船员工伤事故调查报告包含分析船员工伤事故致因的重要文本数据,很多关键信息都隐藏在大量的报告文本中。目前,还没有一种快速且有效的方法提取报告中的关键信息。为了解决该问题,本文提出了一种基于船员工伤事故调查报告的知识图谱构建方法。首先收集并分析了中华人民共和国海事局及各地方海事局官网发布的214份船员工伤事故调查报告,根据其特点构建了数据层;其次通过数据处理及数据切分,共获得5521条数据,通过基于规则匹配结合深度学习的命名实体识别技术,提取出了调查报告中的关键内容;最后将其储存在Neo4j图数据库中,完成船员工伤事故知识图谱的构建。

关键词　海事技术　知识图谱　船员工伤事故　深度学习　命名实体识别

0　引言

2020年,中华人民共和国海事局制定发布了《航运公司预防船员工伤事故工作指南》,其中1.4.1节对船员工伤事故做了明确定义:船员工伤事故是指船上人员(包括船员、引航员、临时上船工作人员等)在船工作期间,突然发生的、造成人体组织受到损伤或人体的某些器官失去正常机能,甚至死亡的事故,不包括因碰撞、自沉等传统交通事故导致的船上人员伤亡事故,以及以非工作目的登船人员发生的伤亡事故。船上人员落水失踪、船员从事水下船舶维修保养等工作时发生的人身伤亡事故应纳入工伤事故。

船员工伤事故调查报告是由各地海事机构出具的,对某一船员工伤事故进行详细调查后形成的书面文件。报告具有数据真实、内容全面、便于收集的特点,同时蕴含着丰富的隐含知识,能够为船员安全研究提供宝贵的经验教训[1]。目前,航运安全领域积累了大量的船员安全事件信息,但当前还没有全面的对这些信息进行管理、总结和提炼。知识图谱技术作为研究报告中探索语义链接的卓越工具,其核心构成为“实体-关系-实体”三元组,以及实体及其相关属性-值对。实体之间通过关系相互关联,蕴含丰富的语义信息。根据应用领域的不同,知识图谱可分为通用知识图谱和垂直知识图谱两类。通用知识图谱主要服务于通用领域,涵盖常识性知识,数据源多为百科知识,例如Google知识图谱、百度“知心”、搜狗“知立方”等,主要应用于互联网搜索、推荐和问答等场景。而垂直知识图谱数据源通常来自专家知识,其专业性较强,强调知识深度。目前,医学、金融、生物等领域广泛应用垂直知识图谱,支持智能问答和辅助决策等功能。在本文利用知识图谱技术分析船员工伤事故过程中,知识图谱可用于存

基金项目:国家自然科学基金(51709219),武汉理工大学自主创新研究基金(2023CG017),中央高校基本科研业务费专项资金(2023IVB079),武汉理工大学三亚科教创新园开放基金(2022KF0016)。

储关键事故数据,增强事故之间的联系,可视化显示有关船员工伤事故的关键信息。

目前,国内外众多学者针对水上交通安全方面提出了不同场景下的知识图谱,Gan 等[2]通过半结构化的船舶碰撞事故调查报告基于“人-船-环境-管理”的系统开发了本体模块和信息提取模块,构建了基于船舶碰撞事故报告的知识图谱,用于探索船舶碰撞事故,展示事故重要因素之间的关联。刘成勇等[3]构建的针对船舶现象监督检查场景的知识图谱,有效地关联了船舶现场监督知识,可协助海事行政执法人员进行船舶现场监督检查。文元桥等[4]构建的海运危险货物知识图谱实现了海运危险货物知识的相互关联及海运危险货物综合知识检索,并可以自动判断危险货物积载隔离要求。上述相关研究在水上交通安全领域,针对船舶和货物安全方面,已经建立了垂直知识图谱,特别是在知识图谱模式层的构建过程中,均具备高度专业性。船员伤亡事故知识图谱同样属于垂直型知识图谱,其模式层的构建方式与其他垂直领域相比也具有独特之处,并且目前在研究船员工伤事故原因方面,尚未应用知识图谱技术。

因此,本文提出一种基于船员工伤事故调查报告的知识图谱构建方法,通过知识图谱对已发生的船员工伤事故进行知识整合,挖掘出事故及事故因素之间的关联,为船员水上交通安全的研究提供更加全面的参考,从而减少船员工伤事故的发生。

1 船员工伤事故知识图谱构建流程

船员工伤事故知识图谱结构分为模式层和数据层。在通常情况下,模式层位于数据层之上,图谱构建方式有自顶向下、自底向上以及两者相结合三种构建方式。自下而上的构建方式是指先完成知识抽取,再定义本体信息;自上而下的方式则是先定义本体信息,再从数据中完成知识抽取;两者相结合的方法是在知识抽取的基础上归纳构建模式层,之后可对新到的知识和数据进行归纳总结,从而迭代更新模式层,并基于更新后的模式层进行新一轮的实体填充[5]。由于船员工伤事故领域数据专业性强,且本文数据集主要是来自船员工伤事故调查报告的半结构化及非结构化数据,难以单方面完成知识抽取或领域事故本体信息的确定,因此本文决定采用自顶向下和自底向上相结合的构建方式,构建流程如图 1 所示。

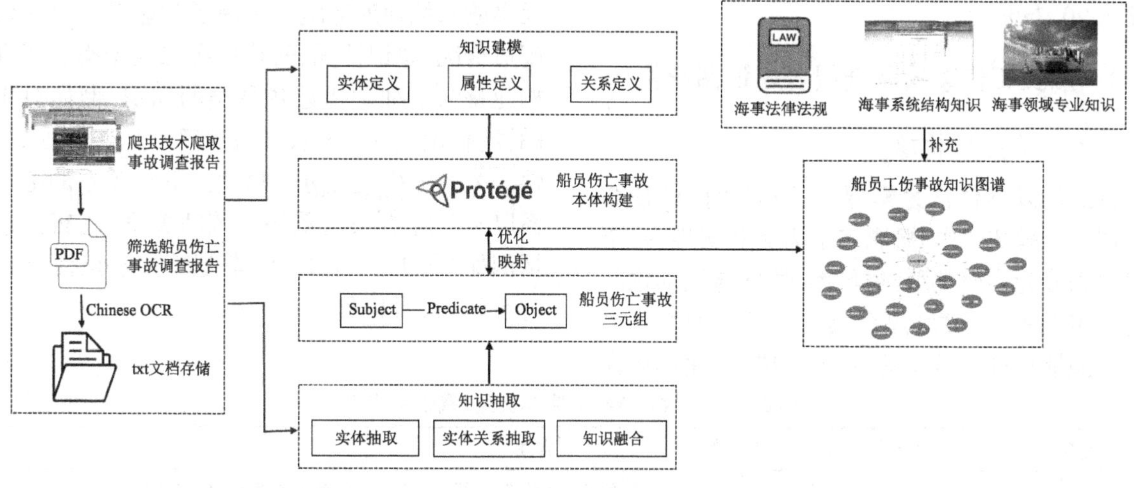

图 1 船员工伤事故知识图谱构建流程

2 数据来源及分析

2.1 数据来源

本文将以中华人民共和国海事局官网(msa.gov.cn)的航行安全模块开设的“事故教训”专栏以及各直属单位海事局官网中“事故调查公开”等模块中公布的船员工伤事故调查报告为主要数据来源。本文使用爬虫技术爬取结合人工筛选,得到共计 214 份船员工伤事故调查报告。其中,绝大部分事故报告为 pdf 文档,数据处理部分通过 ChineseOCR 开源框架将事故报告转为 txt 文本进行储存,通过数据清洗去除乱码和无意义字符,并进行正则分句处理。为后续船员工伤事故知识图谱的初步构建提供语料支持。

2.2　数据分析

通过对以上提取到的214份船员工伤事故调查报告进行伤亡原因、伤亡人员在船职位等方面统计分析。

分析结果显示船员伤亡原因方面:淹溺占比为55.17%,触电占比为6.90%,物体打击(机械伤害、起重伤害等)占比为12.50%,挤压占比为5.17%,高处坠落占比为8.19%,中毒和窒息占比为3.45%,其他占比为8.62%(图2)。

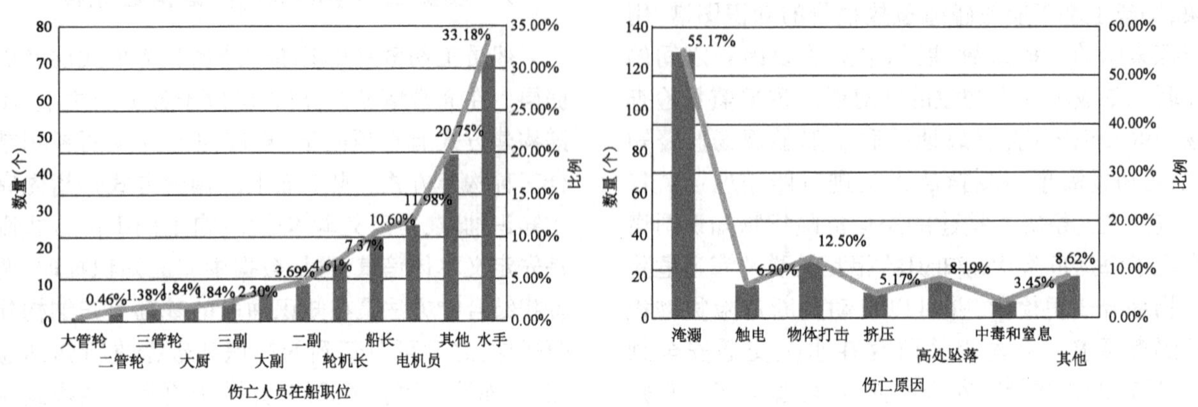

图2　伤亡人员在船职位及伤亡原因柱状折线图

伤亡人员在船职位方面:船长占比为10.60%,大副占比为3.69%,二副占比为4.61%,三副占比为2.30%,轮机长占比为7.37%,大管轮占比为0.46%,二管轮占比为1.38%,三管轮占比为1.84%,电机员占比为11.98%,大厨占比为1.84%,水手占比为33.18%,其他临时登船人员占比为20.75%。

3　船员工伤事故调查报告知识图谱构建

3.1　模式层构建

模式层以本体作为模型,是知识图谱的核心概念层。在模式层中,概念表示为类和属性,一个类可以细分为多个类别,类与类、类别与类别之间具有一定的关系,类别还会具有一定的属性。本研究参照斯坦福大学开发的"七步法"构建本体模块,使用开源工具Protégé进行知识本体模块的展示、查询与存储。Protégé建模过程包括类、关系、属性的构建。在船员工伤事故领域中,类包括事故调查取证、事故原因和事故结论及建议三大父类。将这些类进一步细分为第一级别子类。例如,事故调查取证包括船舶状况、事故基本事实以及事故水域通航环境。一级子类船舶状况又包括配员情况、登记情况、安检情况二级子类。属性的构建是为了准确描述各种类的知识,例如对于船舶资料,定义了"船长""船宽""船舶类型"等属性。关系的构建可分为描述上下级关系的范畴关系以及反应语义关系的非范畴关系,范畴关系包括例如"属于""包含"等,非范畴关系包括"确定""分析"等,具体见表1。

船员工伤事故调查报告实体类型、属性和实例　　表1

父类	一级子类	二级子类	属性	实例
事故调查取证	船舶资料		船长、船宽、航区等	<宏翔118,航区,内河A级>
	船舶状况	配员情况	性别、年龄、职位等	<船长,性别,男>
		登记情况	登记机关、登记有效期	<《船舶国籍证书》,登记有效期至,2020年8月14日>
		安检情况	安检机构、缺陷数等	<船旗国监督检查,安检机构,东莞沙田海事处>
	事故基本事实		事故时间、事故地点、事故原因	<《水上交通事故报告书》,事故时间,2022年10月8日1855时>

续上表

父类	一级子类	二级子类	属性	实例
事故调查取证	事故水域通航环境	水文、气象、通航条件	风力、潮流、能见度等	<气象,风力,东南风5~6级>
事故原因	直接原因		人的不安全行为、物的不安全状态、环境的不良因素	<直接原因,物的不安全状态,吊艇索处于不安全状态>
	间接原因		船舶企业安全体系问题船舶安全管理问题	<间接原因,船舶安全管理问题,船舶对附属艇的管理不到位>
事故结论及建议	事故责任		主要责任人、次要责任人、单方责任、多方责任	<人员落水死亡,主要责任人,王某>
	事故损失		事故等级、物品损失、人员损失	<1人死亡,事故等级,一般等级事故>
	安全管理及处理建议		建议、行政处罚	<违反《中华人民共和国船员条例》第十六条第(三)项的规定,行政处罚,罚款2万元>

3.2 数据层构建

数据层构建即在模式层组织框架指导下,从船员工伤事故调查报告中提取所需实体及关系。数据层构建主要包括知识抽取、知识融合、知识存储3个任务,其中知识抽取是数据层构建的主要任务。知识抽取又分为命名实体识别(NER)和实体关系抽取两个方面[6]。当前主流的知识抽取技术大体上可以归结成三类,分别是基于传统规则匹配、基于统计机器学习和基于深度学习的方法。这三种方法在不同的知识抽取任务中各有优缺点。本文通过分析船员工伤事故调查报告,发现报告中部分内容具有特征比较显著、格式较为固定的特点,适合使用基于规则匹配的方法提取实体。而对于例如事故原因等这类非结构化文本语料,更适合使用基于深度学习的方法来深度挖掘上下文相关信息。因此,本文使用基于规则与基于深度学习相结合的方法来进行知识抽取[7]。

3.2.1 基于规则匹配的实体抽取

基于规则的方法是指根据数据特征和数据需求来人工定义规则,再从输入的文本数据中匹配符合规则的字符串,从而实现实体抽取[8]。本文主要是通过该方法对船员工伤事故调查报告中“船舶基本信息”部分进行实体抽取。在数据预处理部分通过ChineseOCR将文件转为txt文件后,发现该部分内容信息较为规范,均以特定名词为开头,后接冒号或空格。以此为特征编写正则表达式,能够有效且准确地提取船舶相关属性及实体,提取准确率见表2。

基于规则匹配的实体抽取准确率 表2

专有名词	同义词	准确率	专有名词	同义词	准确率
船舶名称	船名	90.65%	建成日期	建造完工日期、建成年份	76.64%
总吨	总吨位	86.26%	主机种类	主机型号、主机类型	74.64%
船长	总长	82.99%	船舶种类	船舶类型、种类	75.23%
航区	航区线	82.55%	船体材料	船质、材料、船舶材料	69.15%
型深	—	78.79%	净吨	净吨位	63.15%
船籍港	船舶登记港、登记港	85.79%	主机功率	功率、总功率、主机总功率、额定功率	87.85%

续上表

专有名词	同义词	准确率	专有名词	同义词	准确率
船舶经营人	经营人、经营人/地址、船舶所有人/经营人、船舶经营情况	72.32%	船舶所有人	所有人、船主、所有人/地址、船舶所有人/经营人、船舶所有人	70.22%

3.2.2　基于深度学习的实体及关系抽取

对报告其余部分内容,本文采用基于序列标注的方法对实体及实体之间的关系进行抽取。首先,需要借助标注工具 BRAT 使用 BIO 序列的方法对事故报告进行标注,其中 B 表示实体开始部分,I 表示实体中间部分,O 表示非实体部分[9]。对标注好的数据,本文将采用基于 RoBERT-wwm-ext(A Robustly Optimized BERT Pre-training Approach-Whole Word Masking)的预训练模型为嵌入层,双向长短时记忆网络(BiLSTM)作为特征提取层并结合条件随机场模型(CRF)相组合而组成的 RoBERT-wwm-ext-BiLSTM-CRF 模型实现。该模型先基于 BERT 生成深度的双向语义特征后,利用 Bi-LSTM 可保留语义的前后关系的特性对上一层输出进行编码,最后利用 CRF 实现对编码结果进行解码操作,以此获得更高准确率的标注结果,模型结构如图 3 所示。

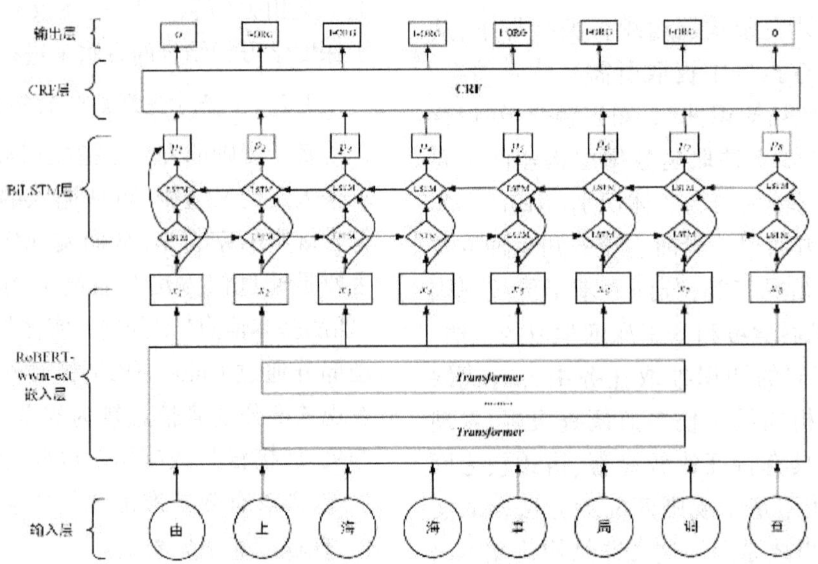

图 3　RoBERT-wwm-ext-BiLSTM-CRF 模型结构图

本文从原数据处理结果字段中对数据进行切分,最终获得 5521 条数据。采用开源文本标注工具 YEDDA 利用 BIO 标注法对数据进行标注,标注示例图如图 4 所示。

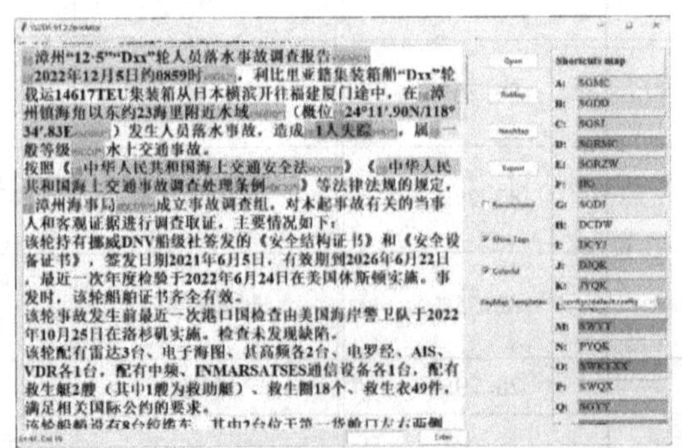

图 4　YEDDA 标注示例

标注完成后并按照 8:1:1 的比例划分为训练集、验证集和测试集。使用准确率 P、召回率 R 和 F_1 值 3 个指标对每个类别的预测结果进行评价，同时使用不同模型对抽取结果进行对照试验，实体抽取结果见表 3。

不同模型抽取对比结果 表 3

实体抽取模型	P(%)	R(%)	F_1(%)
BERT-BiLSTM	77.18	79.84	78.48
BERT-BiLSTM-CRF	83.50	83.38	83.44
RoBERT-BiLSTM-CRF	86.62	86.62	86.62
RoBERT-wwm-ext-BiLSTM-CRF	91.87	87.57	89.16

3.3 知识存储

船员工伤事故知识图谱采用图数据库 Neo4j 对通过知识抽取、知识融合所得到的结构化"节点—关系—节点"三元组进行存储。Neo4j 数据库具有可视化工具，能够清晰地展示各实体的具体内容与实体之间的各种关系。并且该数据库还有内置的 Cypher 查询语言，可通过查询语句查找可视化结果[10]。部分存储结果如图 5 所示。

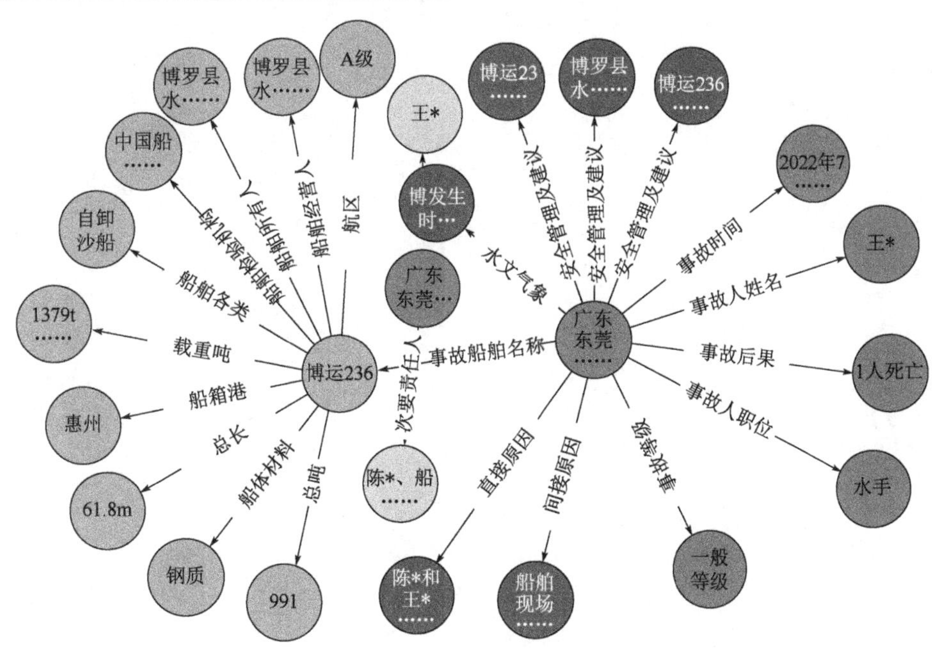

图 5 船员工伤事故调查报告知识图谱(部分)

4 结语

本文提出了一种基于半结构化数据的船员工伤事故调查报告的知识图谱构建方法，收集了 2018—2022 年中国发生的 214 份船员工伤事故调查报告，将其作为知识图谱的基础数据，并对报告内容进行了伤亡原因及船员在船职位的比例分析，之后根据海员工伤事故调查报告内容及组成特点构建了模式层，通过基于规则匹配及深度学习的方法对知识进行了抽取，构建了知识图谱的数据层，最后将提取内容储存在 Neo4j 图数据库中，以便展示船员工伤事故重要因素之间的关联，为后续进一步分析船员工伤事故原因研究提供参考。

参考文献

[1] 付飘云. 水上交通事故知识图谱的构建与应用[D]. 大连:大连海事大学,2022.

[2] GAN L, YE B, HUANG Z, et al. Knowledge graph construction based on ship collision accident reports to improve maritime traffic safety [J]. Ocean & Coastal Management, 2023, 240: 106660.

[3] 刘成勇,项邦豪,等. 船舶现场监督业务的知识图谱构建方法[J]. 大连海事大学学报, 2022,48(4):38-47.

[4] 文元桥,张奇,肖长诗,等. 危险货物水路运输知识图谱的构建[J]. 中国航海, 2019, 42(4):1-6.

[5] 张吉祥,张祥森,武长旭,等. 知识图谱构建技

术综述[J].计算机工程,2022,48(3):23-37.

[6] 姚萍,李坤伟,张一帆.知识图谱构建技术综述[J].信息系统工程,2020,5:121+123.

[7] 纪哲.基于事理图谱的船舶航行事故研究[D].镇江:江苏科技大学,2022.

[8] 欧清.危化品车辆在途运输监管知识图谱构建研究[D].重庆:重庆交通大学,2022.

[9] GAN L, CHEN Q, ZHANG D, et al. Construction of Knowledge Graph for Flag State Control (FSC) Inspection for Ships: A Case Study from China[J]. Journal of Marine Science and Engineering, 2022, 10(10): 1352.

[10] 胡杰,李源洁,耿號,等.基于深度学习的汽车故障知识图谱构建[J].汽车工程,2023,45(1):52-60,85.

交叉学科

以 TOD + EOD 理念助力城市空间高质量开发

——以越秀地产实践为例

吴时舫*
(湖北文理学院经济管理学院)

摘　要　TOD 理念和 EOD 理念是城镇化进程中智慧的结晶,TOD 模式和 EOD 模式是城市精明增长价值提升反哺实现可持续发展的实践路径,TOD 和 EOD 具有内在交融性。本文以将二者结合的创新视角探讨了 TOD + EOD 综合开发面临的挑战,研究了 TOD + EOD 助力高品质城市空间的原则,并观察了有关国外城市的经验与教训,最后结合越秀地产的多年实践,从价值分配、价值创造、价值捕获和价值应用四个方面得出相关建议。

关键词　TOD　EOD　城市空间

0　引言

1993 年,彼得·卡尔索普(Peter Calthorpe)在《未来美国都市:生态·社区·美国梦》(The Next American Metropolis: Ecology, Community, and The American Dream)一书中首次系统阐述 TOD 概念,他认为所谓公交导向发展(Transit oriented-development :TOD)是指一种混合型的社区发展模式,它处在以公交站和核心商业区为中心,平均半径 2000ft(约 610m)的范围内。TOD 将住宅、零售、办公、开放空间和公共设施等有机结合在一个适合步行的环境内,让居民和工作者的各种出行方式(公交、自行车、步行,或小汽车)都很方便。他同时认为要保护开放空间资源,在该书中指出:主要河流、河岸带、坡地和其他敏感的自然环境要素应被当作开放景观被保护起来,并且要融入新社区的设计中[1]。现代公共交通技术使得长距离空间转换短时间成为日常生活,宏观-即刻尺度的时空转换即所谓的"时空压缩",实现时间价值和空间价值的统一。TOD 以公共交通站点为中心,向外拓展集商业、住宅、医疗、教育等于一体的交通便利的城市综合体,建立和谐繁荣的社区民生,从而活跃经济,解决用地紧张和交通拥堵等城市问题。

EOD 英文全称是 Ecology-Oriented Development,即"以生态环境为导向的开发"。EOD 理念注重通过生态环境治理改善环境的宜居宜业性,以高附加值配套产业增值收益反哺生态环境治理投入,通过联合经营、组合开发、产业培育等方式,推动生态环境治理土地价值提升与关联优势产业打造有效融合、增值反哺、统筹推进、市场化运作、综合开发、可持续运营,推动生态产品价值有效实现。

TOD 理念和 EOD 理念是城镇化进程中智慧的结晶,不少学者为此展开研究。陈俊宇(2023)研究了运营 TOD 理念推动解决轨道交通建设、运营资金问题,促进城市可持续发展。关于 EOD,学者们一致认为具有重要的实践意义。逯元堂,赵云皓(2021)认为 EOD 是践行"绿水青山就是金山银山"理念的重要举措。贾颖娜,卢瑛莹(2023)分析了 EOD 作为实现"两山"转化的有效途径和解决方案[2]。对于生态环境导向的城市发展理念的理论脉络王子婧等学者(2021)进行了梳理。可以发现 EOD 与 TOD 在城市可持续发展实践中有着有机关联。但将这两者结合起来研究,目前还少有学者论述,本文基于这种创新视角结合实践案例进行探讨。

1　TOD + EOD 综合开发面临的挑战

1.1　开发用地供给与储备

过去,我国土地利用规划、城市规划和交通规划存在协同不足的问题。如何通过制度设计保障项目建设主体参与土地增值收益的分配是 TOD、EOD 综合开发的一大挑战。

1.2　协调规划设计与现有设计规范

TOD、EOD 倡导的功能混合、高密度开发等设计与现有的防火、消防、道路、人防等设计规划均存在一定的冲突。既有的规划、建设设计规范与TOD、EOD理念存在冲突也是影响设计目标呈现的一大挑战。

1.3 投融资体制改革需要推进

TOD、EOD的项目虽然从长期来看物业整体的社会效益和生态效益较好,但往往短期无法创造立竿见影的经济效益。如何吸引社会资本参与,平衡盈利性和公益性也是一个挑战。

G20旗下的全球基础设施中心(Global Infrastructure Hub)预测从2016年到2040年,25年间全球基础设施投资需求将达到94万亿美元。我国城市基础设施领域发展不平衡、不充分问题仍然突出,宜居宜业的生态环境设施有待改善,这些问题已成为制约城市空间高质量发展的瓶颈。

2 TOD+EOD助力高品质城市空间

一方面交通拥堵造成运营成本高企,另一方面高密度人流量没有带来应有的商机。城市公共交通和空间品质不高导致人们驻足兴趣不高。交通运输是实现人和物空间转换的重要手段。以城际高速列车和城内地铁交通为代表的TOD模式得到迅速发展。城市空间结构以及人口结构变化会对城市交通需求的时空分布产生重要影响,进而对城市交通供给及服务品质提出更高要求。我们需要重新思考,结合城市整体,优化城市公共空间设计,让空间利用更加高效、可持续,将公共空间打造成更适合居民活动的社交场所。在那里,人们可以往返、聚集、交流,产生良性互动。面向未来的可持续城市交通系统亟须构建,以推动双碳目标的实现。

未来公共交通将依然是城市交通的支柱,大力发展和推广公共交通是解决城市交通问题的根本,同时需要与其他出行服务高效衔接。"十四五"规划纲要布局"两横三纵"19个规划城市群,城际轨交基建有利于实现城市群内各城市之间的协调发展。同时以城内轨道交通综合开发有效解决交通拥堵、空气污染,改善城市运营畅通,激发城市经济活力。

TOD、EOD模式能产生空间效应、时间效应和生态效应,从而使土地溢价。一方面,利用交通便利带来的流量支撑周边物业项目开发,另一方面,将周边房地产收入补贴交通基础设施投资,实现1+1>2的效应;"绿水青山就是金山银山"就是TOD+EOD生态效应、经济效益的生动展现。

TOD+EOD的设计原则是8Ds:目的地可达性、生态性、密度、多样性、综合设计、站点距离、需求管理和人口(Destination accessibility、Ecology、Density、Diversity、Comprehensive design、Distance to transit、Demand management、Democratic)。《国家综合立体交通网规划纲要》中明确提出"引导城市沿大容量公共交通廊道合理、有序发展"。随着我国主要城市的规划逐渐由"增量时代"进入"存量时代",在城市更新背景下突出TOD与EOD融合理念,通过改善交通和生态环境实现土地价值溢价,回馈基础设施建设,实现基础设施投融资可持续发展。

3 TOD+EOD发展的国际借鉴

自1960年美国通过联邦资助公路建设法案,逐渐形成了以小汽车为导向的城市空间蔓延,造成了对土地资源低密度、不经济、不可持续的利用。20世纪90年代以后,美国开始反思严重依赖小汽车摊大饼式城市蔓延扩展模式,"新城市主义""精明增长"等理念发展起来,掀起了城市规划领域的改革运动。以美国科罗拉多州的丹佛市规划为例,该市的16街商圈经过更新改造与免费公交系统结合,街区两端是公交转运站,人们通过免费公交往返,禁止其他机动车进入,打造了城市名片——一条商业艺术步行街。

城市TOD、EOD的布局和发展,有助于打破单中心的发展模式,改变"千城一面",形成城市多中心格局。以日本为例,很多城市区域有不同的特色:涉谷是年轻时尚文化汇聚之地,银座是以高端奢侈购物目的地为特色,新宿站是商业娱乐集中之地,二子玉川则是中产阶级家庭生活理想目的地[3]。

放眼世界,还有许多中低收入国家也正处于城镇化扩张的进程中。据世界银行2023年的报告《城市交通脱碳促进发展》(Decarbonizing Urban Transport for Development)中描述了一些中低收入国家的城市高密度拥挤,但以生存环境糟糕的状态扩张蔓延着。住房和交通供给不足且质量低劣阻碍了基本的生存空间、良好的工作岗位和人际交往。如扎伊尔首都金沙萨和巴基斯坦港口城市卡拉奇,虽然单位建筑面积人口密度与香港相差不大,但摊大饼式城市蔓延却导致比香港更大的单位土地面积的人口密度和差的宜居性。这种蔓延使交通费更昂贵、运输距离更远,降低了可达性,促使小汽车为导向的交通产生明显的负外部性,同时这种以私人交通工具为导向的基础设施,提供了进一步加剧城市无序蔓延,引发恶性循环。国际社会的经验与教训值得我们总结与借鉴。

4 越秀地产 TOD + EOD 实践案例

越秀地产成立于 1983 年,1992 年于香港上市(股票代码: 00123. HK)。越秀地产第 一股东越秀集团、第二大股东广州地铁,均由国资委控股。成立至今,公司运用"开发 + 运营 + 金融"多元化的商业运营方式。同时,积极布局康养产业、长租公寓、城市更新等新兴业务领域,开拓 "轨交 + 物业"TOD 发展模式。

4.1 越秀地产 TOD 项目

2022 年,越秀地产股份有限公司 TOD 项目实现 220.9 亿元销售额(见图 1),贡献公司全年业绩的 18%,贡献公司广州业绩的 42%。越秀地产 TOD 项目包括琶洲南 TOD 项目、星航 TOD、星樾山畔 TOD、星汇城 TOD、星樾 TOD、星瀚 TOD、星图 TOD,越秀地产的持股比例为 51% 至 86%。其中琶洲南 TOD,总建面约 30.4 万 m^2,占地面积约 11 万 m^2;依托优越的区位交通设计,丰富的人文生态资源,发挥广州地铁开发技术引领优势,探索公交站点与城市功能融合的民生改善、经济活跃繁荣、生态环境优化的开发模式,打造高质量城市空间、建设交通便捷、绿色低碳、商旅文结合的新商业新文化新国际社区,成为大湾区轨道交通站点综合开发典范(图 2)。

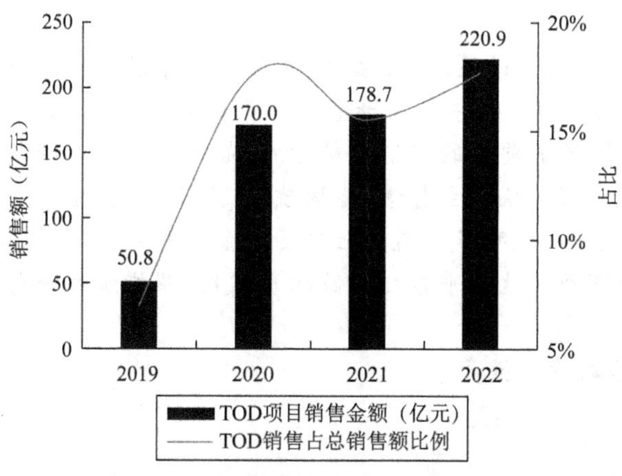

图 1 2019—2022 越秀地产 TOD 项目销售额及占比

图 2 琶洲南 TOD

2022 年,公司通过产交所摘牌方式收购杭州勾庄 TOD 项目,实现 TOD 第一次走出广州、走向全国。公司进一步发挥 TOD 项目高周转、高去化,高毛利率优势,增强公司行业竞争力,将努力为杭州带来更加方便的交通,实现融合发展。

4.2 越秀地产 EOD 项目

面对城市发展过程中雨水径流污染、洪涝灾害、水资源匮乏等突出共性问题,越秀地产遵循国家和地方各项有关海绵城市的规定,致力于推动项目所在地海绵城市建设。公司从"源头减排、过程控制、系统治理"着手,以透水铺装、植草沟等源头径流控制;结合调蓄池、雨水湿地等常规雨水径流蓄排系统;再运用自然及人工水体、泄洪通道等超标雨水径流排放系统综合有效的控制雨水径流,助力实现自然积存、自然渗透、自然净化的城市发展方式。公司对佛山博爱湖项目(图 3)进行海绵城市设计,结合佛山市温暖湿润的气候条件,适宜选取径流系数及径流污染控制效果显著的调蓄设施,综合采用"渗、滞、蓄、净、用、排"等技术措施和节能与景观良好结合的生态设施。用宜人的空间场景满足居民的情绪价值,增加游逛体验,同时优化品牌展示面,结合全新的商户定位组合创造更多商机。

5 结语

TOD、EOD 能否成功取决于土地开发状况、政策法规和组织环境,以及社会接纳性四个方面因素。需要建立战略、规划、立法、财政税收和运营相呼应的公交优先发展的保障体系。在法规方面,中国目前还没有专门的针对公共交通的立法,滞后于实际城市公共交通的发展需要,亟待完善相关法规。在财政支持政策方面,根据国内外的经验,财政税收政策分为公交优先的补贴、税费减免鼓励型政策和针对小汽车使用的征收税费的限制型政策。实施 TOD、EOD 综合开发成本十分高昂,需要额外提供财政和税收激励。

图 3　佛山博爱湖项目

对既有政策进行研究表明:土地供给、合作与收益分配、规划编制和投融资模式是主要关注的内容,体现了现有 TOD、EOD 综合开发实践要求。根据现实经验,价值分配应构建 TOD、EOD 综合开发合作与分配机制;价值创造应提升规划设计协同,增加 TOD、EOD 开发潜力;价值捕获应通过土地开发相关环节获取社会经济收益;价值应用应融合 TOD 与轨道交通投融资、融合 EOD 与人居环境整治投融资,兼顾社会、经济与生态三重价值。

如果说社会经济是一个有机整体,交通干线就是大动脉,交通网络就是血管系统,人与自然的环境是一个有机生态系统,以公共交通为导向(TOD)和以生态为导向(EOD)是互联互通世界的现实要求,是高质量发展的必然选择。随着人工智能、云计算、5G 等技术的蓬勃发展,迎来了交通强国战略的实施、生态城市、智慧城市不断推进的机遇,TOD、EOD 模式有助于城轨建设融资渠道多元化,有利于打造高质量城市空间,助力人们高品质出行。在城镇化更新发展如火如荼的当下,应秉持 TOD + EOD 的理念有效开展城市空间高质量发展。

参考文献

[1] 卡尔索普. 郭亮,译. 未来美国都市:生态·社区·美国梦[M]. 北京:中国建筑工业出版社,2009:56.

[2] 贾颖娜,卢瑛莹. 生态环境领域推进 EOD 模式实践的意义、挑战及路径探析[J]. 环境保护科学,2023,49(1):39-43.

[3] 周洁. TOD 商业开发的理念与实践[M]. 北京:化学工业出版社,2022:17.

国内交通产业基金现状研究综述

钟　莲*[1]　岳　斌[1]　刘　谊[2]　杨凯杰[1]　经　纬[1]

(1. 新疆交投资本控股有限公司;2. 新疆红山私募基金管理股份有限公司)

摘　要　本文旨在对国内交通产业引导基金的理论、国家政策、行业法规、实际应用等层面进行分析,探索出一条更为适合交通基础设施建设行业投融资的道路。文中深入研究并剖析了国内个别省份交通产业基金的实际创立过程,研究出符合国企投资与政府投资要求的组织架构方式,最后以广西交通投资集团有限公司主导建立的广西交投交通建设投资基金为例,从设立背景、地区政策、基金架构、资金具体来源、实施方式、母子基金出资关系、基金份额置换等方面,说明了交通产业投资基金这种模式不但解决了地方基建资本金出资及政府出资通道问题,还同时可利用地方平台公司做融资增信,不增加政府隐形债务,因此本模式在当前大环境下有较大优势。

关键词　金融改革　交通产业基金　母子基金　基础设施投资

基金项目:"产业基金在基础设施建设领域中的应用研究——新疆交投集团视角"。

0 引言

自“十四五”以来各地区均积极探索交通产业基金,因交通强国战略背景下,各地也逐步恢复对交通基础设施产业的投资建设,资金需求逐步扩大。将交通产业基金作为资金来源的解决办法之一,深入研究交通产业基金发展显得尤为重要,本文将以广西壮族自治区交通产业基金为例,剖析基金结构、资金来源、基金成果,为后续交通产业基金发展奠定基础,为优化基金模式铺路架桥。

1 交通产业引导基金的设立背景

1.1 政策背景

《国务院关于加强地方政府性债务管理的意见》(国发〔2014〕43 号)《关于进一步规范地方政府举债融资行为的通知》《国务院关于创新重点领域投融资机制鼓励社会投资的指导意见》(国发〔2014〕60 号)、《政府出资产业投资基金管理暂行办法》等法律法规、管理办法实施以来,地方各级政府积极防范化解财政金融风险,在这样的政策背景下,交通基础设施建设项目有着公益性、社会性、投资大等特性,在不增加政府隐形债务的前提下,探索出一条适合的交通基础设施投资路径显得尤为重要[1]。

1.2 行业背景

《交通强国建设纲要》明确设定了至 2035 年的宏伟目标,这一目标要求交通网络能够全面覆盖我国所有县级及以上行政区域等关键节点,确保交通的便捷与高效,以满足国家发展和人民生活的多样化需求。交通发展方向由数量发展转变为质量发展[2]。基于这样的交通发展要求,收费公路、铁路等交通基础设施建设项目资本金来源问题成为我国交通强国路上的“拦路虎”。各地政府逐步探索“基金 + 交通”的路径来实现。

1.3 交通产业基金发展背景

我国现有的产业投资基金,其核心力量源于私募股权投资基金。参照证监会 2023 年发布的《私募投资基金监督管理办法(征求意见稿)》,我们可以发现,私募股权投资基金与产业投资基金在定义和盈利模式上存在诸多相似之处。以上基金均倾向于投资一些具有特殊性的公司,比如科技类增长较快的,潜力较大的公司,通过增资扩股,股权投资方式进行投资,待公司成长起来后,通过股权转让或退出策略实现资本的大幅增值。交通产业投资基金正是在这样的背景下应运而生,它结合了产业投资基金的核心理念,并紧密贴合我国当前交通基础设施行业的发展实际,以推动行业的持续健康发展[3]。

1.4 交通产业基金发展的必要性

政府设立的引导基金,通过创新的基金运作模式,有效吸引社会资本参与关键领域和薄弱环节的行业发展,为这些领域注入新的活力与动力。推动产业聚集、实现经济发展。交通产业基金可为交通基础设施投资提供有力支持,吸引有关地方政府、金融、投资机构和社会资本,减少政府举债融资,引导金融资产对交通基础设施建设等战略性行业深度参与[4]。

2 交通产业引导基金现状分析

2.1 由政府出资参与的交通产业基金

根据《中华人民共和国公司法》《中华人民共和国合伙企业法》等法律法规,政府交通引导基金是由政府主导设立的一种专项资金,以政府出资为基础,多方配合参与出资,共同推动交通行业的发展。该基金以非营利性为导向,灵活运用股权或债权等方式投资于交通基础设施项目,为交通行业的持续健康发展提供有力支持。支持的政府部门有交通厅或财政厅。

广西财政厅授权广西投资引导基金有限公司(政府引导母基金)认缴出资 10 亿元至广西交投交通建设投资基金(交通专项子基金),广西交投认缴出资 140 亿元(根据新闻信息,广西交投认缴出资 140 亿元中有一部分来源于财政出资),合计基金总规模 150 亿元。

江西省交通运输厅认缴出资 100 亿元成立江西交通发展基金(政府引导母基金),由江西交投认缴 40 亿元,牵头设立江西交投高速公路投资基金(为江西交通发展基金的子基金),联合母基金与金融机构共同出资,子基金总规模 100 亿元。

贵州省交通运输厅牵头成立的贵州交通产业发展基金,其中政府认缴出资 82.4 亿元,其余由平台公司参与认缴,参与贵州省多个项目的投资建设。

2.2 由省级平台企业出资设立的交通产业基金

由省级平台企业出资设立,形成规模的交通产业基金的省份有内蒙古、云南、浙江、青海等省份。

内蒙古公路交通基础设施产业基金与其子基金——内蒙古高等级公路发展投资基金。是内蒙古高等级公路建设开发公司牵头设立的交通产业基金。云南交投牵头并联合保险机构设立云南交商交通产业基金与云南交安交通产业基金。浙江交投牵头设立浙江交投太平交通基础设施股权投资基金。青海公共设施建投公司牵头设立青海省基础设施及公共服务设施建设基金。

3 交通产业引导基金结构及出资设计实例——以广西交通建设投资基金为例

3.1 设立背景及政策

为深入实施自治区党委关于构建全方位对外开放新格局和全面对接粤港澳大湾区的战略规划,依据政府会议的决策和工作部署,2019年,广西投资引导基金公司携手广西交投集团及广西交通发展投资基金管理有限公司,该基金以广西交通投资集团为主要发起人,总规模达到1000亿元。

此次财政厅进一步创新出资方式,在保持自治区人民政府批复的财政出资总额不变的前提下,将财政出资部分按1:9的比例分两个渠道出资,这种注资结构主要考虑为广西交通投资集团发行基金债预留空间。目前,自治区财政厅已安排10亿元财政资金,其中拨付广西投资引导基金公司1亿元,拨付交投集团9亿元。

3.2 基金架构及基本信息

广西交投交通建设投资基金合伙企业,注册资本150亿元,成立于2019年6月11日。执行事务合伙人为广西交通发展投资基金管理有限公司。

3.3 基金结构

广西交通建设投资基金以母子基金模式,母基金投资广西交投各期交通建设投资基金(子基金),子基金再去投资具体交通建设项目资本金,利用项目资本金带动金融机构贷款,实现投贷联动。

广西交投遵循政府引导、市场化运作的原则,成功与金融机构和社会资本共同设立了私募股权投资基金。避免了造成政府隐形债务,基金总体采用母子基金架构。

最终确保总规模不低于1000亿元。广西交投集团牵头成立的交发投基金,作为交通基金的专业管理人,根据子母框架进一步衍生出多支子基金,深度参与广西交投集团交通板块产业链的建设,有效改善区域交通状况,为广西的社会经济发展注入了强劲动力。

3.4 资金来源

广西交投集团通过向广西交投基金合伙企业注资,作为其发债资金。此次公司债券发行规模上限为120亿元人民币,采取分品种发行的方式,最高不超过70亿元,所筹集资金专项用于符合国家产业政策的政府主导的产业投资基金。

具体到出资与债券发行细节:第一期发行规模12.5亿元,期限为5年,募集所得资金将全部用于补充日常运营所需资金。紧接着的第二期、第三期发行规模分别为14亿元、17亿元。预期第四期债券发行金额为15亿元,所有资金都将直接用于对广西交投交通建设投资基金的出资,以支持其运营与发展。

3.5 基金投资方式

交通基金以股权形式投资到项目企业的资金作为项目资本金。资本金可带动银行贷款,达到为项目出资的目的[5]。

3.6 退出方式

各家参与的社会资本方与金融机构的基金份额进行合法转让即可。

3.7 出资方风险收益安排

投资基金各出资方应当按照“利益共享、风险共担”的原则,明确约定收益处理和亏损负担方式。

3.8 实施方式

在项目筹备计划期,交通发展基金作为前期培育发展项目的培养池,为项目的前期筹划招标工作提供资金支持,发展基金的资金主要来源于广西交投(认缴出资占比99%)。第一步:以“交通发展基金+基金管理人”的模式完成专项子基金的工商注册。

根据目前资料,广西交投前期子基金投资项

目均为政府还债路,缺少经营性收费公路设立项目公司的投资标的。可能的做法是,广西政府将需要实施的政府还债路按照项目清单直接委托至广西交投,由广西交投作为业主负责项目建设实施。根据项目具体情况广西交投设立项目公司,并发布招标公告,明确项目的施工单位。

项目的建设计划与施工单位明确后,进入"基金置换"的项目执行期,在工商注册程序中将子基金的合伙人"交通发展基金"(股权占比99%)置换为"交通建设基金+各施工方",广西交投基金管理公司保持1%的股权。

完成上述阶段后,形成了一个专项子基金对应一个项目,同时对应该项目施工单位的模式。

根据公开查询到的资料显示,目前广西交投建设基金中,下设的6只子基金存在工商合伙人基金置换的现象,均在2021年—2023年之间成立发生置换。分别是:广西交投拾壹期、拾叁期、十八期、十九期、二十壹期、贰拾叁期交通建设投资基金合伙企业。

4 结语

根据分析来看,在国家政策规范地方政府举债融资的背景下,在交通基础设施建设任务繁重但融资困难的情况下,交通产业基金作为当前交通基础设施建设行业融资困难问题的重要解决办法,既能符合国家政策要求,也能有效引入社会资本、金融机构参与,并且能够提升财政资金的引导效应,产业引导基金发挥的作用日趋增大。

本文以广西交通投资集团有限公司主导的广西交通建设投资基金为例,分析了基金背景、资金来源,剖析了母子基金的实际操作方式,解释了基金置换的具体操作流程。说明了本模式不但解决了地方基础设施建设资金的缺口问题,同时还为地方平台公司创造了各方面的价值,扩大了地方平台公司的规模,模式效果显著。

参考文献

[1] 封毅."混改+基金"构建交通产业投融资平台探究[J].会计之友,2022(1):153-156.

[2] 徐路斐.A高速集团设立交通产业投资基金的研究[J].交通财会,2020(3):25-30,33.

[3] 王利彬,石文彬.交通基础设施产业基金:热与冷的思考[J].中国公路,2018(7):30-34.

[4] 陶德华,王虎胜.设立海南省交通运输产业投资基金的构想[J].交通财会,2017(10):15-19.

[5] 李依江.交通产业引导基金投资A公司的路径及效益分析[D].成都:西南交通大学,2021.

交通产业基金出资方案研究

——以新疆交通投资(集团)有限公司为例

钟 莲 岳 斌* 经 纬 杨凯杰

(新疆交投资本控股有限公司)

摘 要 目前,基础设施建设投资需求与资金保障之间的矛盾日益凸显,传统的投融资模式已经无法满足基础设施的投资需求。通过开展交通产业发展基金研究来探索融资方式创新,对于解决新疆目前交通发展资金瓶颈问题,促进交通运输更好发挥服务经济社会发展的作用具有重要意义。本文首先介绍了我国交通产业基金的发展现状,结合新疆实际剖析了新疆设立交通产业基金的必要性和原则,最后给出了适用性较强的新疆交通产业基金的出资方案,保证了政府和社会资本方共同参与的出资原则。

关键词 交通产业基金 出资方案 社会资本

基金项目:"产业基金在基础设施建设领域中的应用研究——新疆交投集团视角"。

0 引言

2014年,国务院出台《关于加强地方政府性债务管理的意见》(以下简称"43号文"),针对地方政府债务管理进行了明确的规定和约束,地方政府融资平台与政府融资职能被剥离,而政府财政性资金和政府债券总额难以满足交通运输行业发展对资金的需求,传统交通运输投融资方式受到重大挑战。成立政府出资交通产业基金,将加快推动政府和社会资本合作(PPP)模式在交通运输领域的推广应用,使社会资本广泛参与交通项目建设、运营和维护。开展新疆产业发展投资,引导基金在公路领域应用研究,通过设计更加高效合理的基金模式,推动金融资本、产业资本、技术资本的深度融合。通过与优秀的投资机构共同推动设立公路产业引导专项基金,发挥政府产业引导基金的项目资源与资本优势、将金融资本与公路产业资源深度结合,积极引进社会资本,有力推动新疆公路建设[1]。

1 交通产业基金发展现状

1.1 交通产业基金的主要作用

交通产业引导基金依靠财政资金引导社会资本,投资符合地方产业发展规划和战略发展方向的未上市企业股权,交通产业引导基金则是具有政府引导性质的、具备基金本身具有的基本特质的、作用于扶持交通运输行业发展,尤其是交通基础设施建设的政府引导基金。交通产业引导基金通过借助地方的增信,弥补市场化投融资方式的不足,充分发挥财政资金的引领作用和放大效应,吸引社会资本进入交通基础设施领域投资,实现交通运输发展规划,加快交通基础设施建设的目的[2]。

1.2 交通产业基金现行特征分析

对国内目前已经实施的交通产业基金进行分析,总结出以下方面的共性特征[3]。

(1)基金规模差异大:目前各省设立的交通产业基金规模差异较大,从百亿元到千亿元不等。

(2)交易结构较为单一:目前,交通产业基金通常依托某个具体投资项目进行搭建,母子基金等相对复杂的基金交易架构在实际运行过程中并不普遍。

(3)设立模式单一:基金普遍采用地方交投平台代表政府方,银行作为财务投资人的"交投平台+银行"合作的模式。考虑到交通产业基金与创投基金等其他股权类政府产业引导基金相比更偏"债权性质",往往依托特定方信用做支撑,因此在模式设计方面通常由政府方对此优先级投资人更关注劣后级投资人的偿付能力[4-5]。

综上,在现有各省市的实际案例中,交通产业引导基金都带有明显的"明股实债"特点,尽管基金投资项目主要为高速公路项目等具有一定的经营性现金流的项目,但基金的收益并不完全与项目收益挂钩,投资人主要关注政府平台的实力、地方政府的信用。

2 新疆交通产业基金设立研究

根据中共中央、国务院印发的《交通强国建设纲要》,要建设现代化高质量综合立体交通网络,构筑多层级、一体化的综合交通枢纽体系。新疆作为丝绸之路经济带核心区,同时作为全国首批交通强国建设试点,必须在新型交通基础设施建设中当好先行。

2.1 设立必要性

2.1.1 加快推进核心区交通枢纽中心建设

新疆作为丝绸之路经济带核心区,与周边八国接壤,政府产业引导基金应用研究成果对加快新疆与周边国家交通基础设施的互联互通,加强与内地交通联系的多路畅通,加速新疆天山南北交通的便捷连通,尽快建成核心区国际性交通枢纽中心都具有重要意义。

2.1.2 拓宽融资渠道,缓解财政压力

传统的公路投融资模式以政府投资和政府与社会资本合作模式为主,但新疆处于全国公路网的末端,公路项目投资效益较差,社会资本参与新疆公路建设的积极性不高,公路项目资本金筹措存在困难。设立公路产业引导专项基金吸引社会资本广泛参与,提供公路项目建设所需要的项目资本金,能够解决新疆公路项目资本金筹措难题。

2.1.3 新疆收费公路长远健康发展、高质量服务的需要

根据《新疆维吾尔自治区综合交通发展战略(2018—2030)》内容阐述,新疆仍处于基础设施加

快成网的攻坚时期。交通基础设施网络不完善、不充分,仍是当前新疆公路交通发展面临的首要问题,为了满足人民日益增长的美好生活的需要,研究政府产业引导基金在新疆收费公路建设的应用,解决项目建设资本金来源、解决资金良性循环问题都具有重要意义。

2.1.4 重大项目建设任务的迫切性

"十四五"期间,新疆作为"一带一路"倡议实施的桥头堡,加快推进公路交通基础设施互联互通,贯通新疆与中亚、西亚、南亚和欧洲的国际通道,畅通新疆连接内地的运输通道,加快新疆"四横八纵"道路建设,一些特大、超大项目也已经提上日程,远期将面临严重的项目资本金短缺问题,严重影响新疆其他收费公路项目建设。

2.1.5 盘活存量资产和提高运营效率

运营体系僵化、管理效率低下、产业布局不优是国有企业改革创新发展过程中普遍存在的问题,进一步导致国有资产闲置浪费、部分"小、弱、散、新"等业务板块缺乏有效整合、企业运营水平低效甚至负效益的实际情况。通过新疆产业发展投资引导基金在公路产业应用研究,通过更加高效合理方式设立公路产业引导专项基金、公路产业并购专项基金、公路产业发展专项基金,对盘活国有资产、提升运营质量、提高国有资源、资产、资本、资金等生产要素的整合运用效率,使现有"四资"得到最佳配置和运用,充分发挥其价值作用。

2.2 设立交通产业基金的基本原则

立足地方发展,聚焦规划重点项目。设立新疆交通产业基金的宗旨是发挥财政资金引导作用,全面贯彻自治区党委、自治区人民政府重大战略部署,加快推进交通强国战略实施,统筹各类资源,推动自治区交通运输高质量的发展。

坚持规范起步,分步设立基金。规范稳健地推动交通产业基金设立,过程中遵循循序渐进的原则:一是发起设立交通产业基金母基金,充分发挥财政资金引导带头力量;二是有效发挥国有资本带动作用;三是逐步吸引多元化的社会投资合作方,持续向基建产业链中具有引领和基础支撑作用的关键环节布局。

围绕主责主业,拓展投资范围。做强交通主导产业、做大路衍新兴产业,通过交通产业基金发挥捕捉未来产业的重要作用,推动直接融资、间接融资服务重点产业链发展。向新能源领域、物流领域等路衍经济领域逐渐拓展,以拓宽产业投资基金的投资范围,实现产业投资基金的多元化发展。

市场化运作,合理控制风险。推进在交通产业基金形成以政府资金为引导社会资金为主体的市场化运作模式,分类推进产业基金组建。制定基金规范运作管理机制,全面做好风险管理,降低项目投资决策风险。实现资本与项目有效衔接,有力支持自治区战略交通产业发展。

3 新疆交通产业基金构建方案研究

基金按照"政策性引导、市场化运作、多元化筹资、专业化管理"的原则运行。充分发挥政府性资金的政策引导和投资杠杆作用,把基金具体运作及项目选择权归于市场,统筹兼顾政策目标和市场化原则,采取基金分级出资方案。

3.1 交通产业引导基金母基金

母基金资金来源及成本:新疆交通产业引导基金资金来源方可包括交投集团自有资金、交通运输厅财政资金、行业央企(以下简称"央企")、金融机构及自治区基金等。新疆交通产业基金母子基金投资结构见图1。

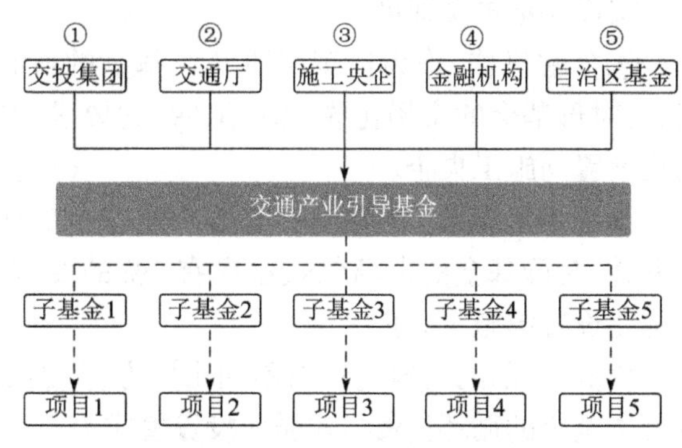

图1 新疆交通产业母子基金结构图

根据目前的交通产业基金方案,母基金初步募集规模达200亿元,其中交投集团及财政资金认缴出资比例占50%,剩余50%资金为具备市场化收益要求的资金。

出资时间分析:在基金设立及备案期由交投集团出资,央企、金融机构和自治区基金在基金募集期出资,交通厅在基金投资期出资。

①交投集团:自有资金可以先行实缴到位,完成基金备案(100 万元)后,按照项目投资建设的待投资项目清单筹集覆盖首期子基金设立、备案(100 万元)及子项目投资的前期费用。

②交通厅:实际出资来源于财政资金,根据当年财政预算与报批时间确定出资具体时间(当年报预算第二年完成审批进行出资),可采取承诺注资的方式分期到位,不先于社会资本到位。认缴规模可设定为母基金总体规模的 10%,实缴出资金额可根据当年及下一年度项目建设进度确定,分期分笔完成实缴出资,资金长期存续在母基金中,进行母子基金循环投资。

③施工央企:参与基金应当主要投向服务主责主业、支持供应链产业链发展等相关方向,严格控制为承揽业务出资参与基金。央企认缴基金规模上限为上年末经审计的合并净资产的 3%[1]。

施工央企过会依据:由于交通产业基金母基金属于"盲池基金",对于施工央企而言,参与本次产业基金投资,核心诉求在于打开新疆交通基础设施建设投资市场,并非承揽特定的施工项目任务。实际施工央企资金可根据其预期投资的项目安排出资时序,以"一项目一投资"的形式出资至母基金,通过母基金出资至对应投资的子基金。通过子基金的收益分配满足投资收益率 6% 的资金要求。若后期施工央企未对基金实缴出资,子基金层面保证本金即可。

④金融机构:作为投资交通产业基金的或有资金,对母基金的市场化收益率有 6% 的要求,结构化设置同施工央企。

⑤自治区基金:作为投资交通产业基金的或有资金,对母基金的市场化收益率有 6% 的要求,结构化设置同施工央企。

投资单元相关分析:针对不同出资方,分别设置母子基金的循环投资与非循环投资模式。

交投集团①与交通厅②对母基金出资,母基金对各子基金出资从而投资各项目,子基金清算时,交投集团与交通厅对子基金出资的资金结算至母基金,重新投入其他子基金中,①②出资的资金长期存续在母基金中,循环投资。

施工央企③、金融机构④与自治区基金⑤的资金实缴规模以具体项目为准,三方对基金出资的资金通过母基金对应投资至目标子基金(即子项目),将这三方资金从出资到收益分配均进行单独模块化管理,定向投资子基金的收益率需保证其资金市场化收益率达到 6%;项目退出、子基金清算时,这三方的资金在子基金层面结算进入母基金。母基金仅为各方保留 100 万元的份额,保障有限合伙人身份,此外的全部份额转让至交投集团(基金份额转让价格待定)。此时母基金中主要的份额持有者为交投集团与交通厅,投资者③④⑤实际上实现了基金层面的退出。

在③④⑤方的资金从已清算的子项目中退出后,可根据三方投资意向再次以基金扩募的形式投入下一期子基金,并且在协议中约定不受前期投资期存续的项目收益分配或亏损的影响,仅按照当前投资的子基金进行收益分配。基于交通产业基金中既有投资者各方资金循环进入母基金、已减资的投资者再次投资属于依规扩募等客观原因,且由于前期已投资项目资产估值难,各投资者出资时序比例不同,为公平对待投资者作出了类"投资单元"安排,不应属于中基协禁止的"投资单元"。

为保证公平对待基金投资者,顺利通过基金备案,备案版合伙协议中需约定各投资者均采用母子基金"循环投资"模式,项目退出子基金清算时,各投资者出资资金均退回母基金,在母基金合伙企业内部实现有限合伙人之间的份额转让交易,在工商信息中变更合伙人出资信息即可,无须在中基协进行合伙人变更备案。

3.2　交通产业基金子基金

资金来源及成本:交通产业基金下设子基金投资项目时,来源方包括交通产业基金母基金①、交投集团②、施工单位③及金融机构④。出资顺序见图 2。

母基金①:根据目前的产业基金初步方案,母基金对单个子基金出资额不可超过母基金实缴总额的 20%。假设母基金首期实缴资金 4 亿元,则出资在子基金中的资金不超过 8000 万元。

交投集团②:以自有资金对子基金出资,从而完成对项目的投资。

施工单位③、金融机构④:央企体系内的施工单位通过央企对产业基金母基金出资达到投资具体项目的准入门槛,投资时对专项子基金出资,作为子基金投资项目。

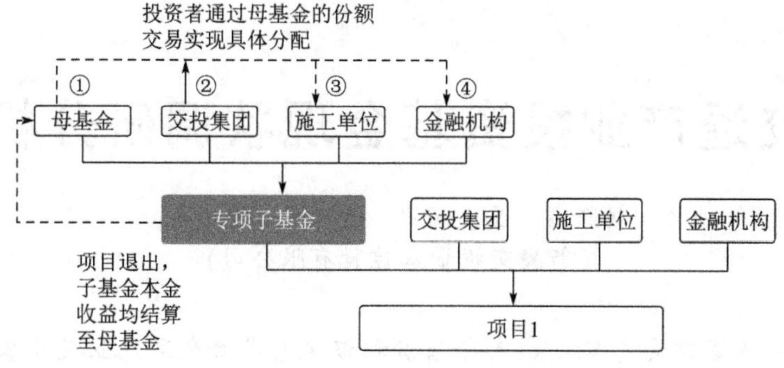

图2 子基金资金出资、结算结构图

若缺少必要的项目前期投资资金，由施工单位或者基金管理人选择合适条件的金融机构④，采用施工单位+金融机构联合出资的方式，由施工单位负责承担施工任务、金融机构负责项目资本金融资，两者组成联合体共同参与项目公司的招标。

施工单位同时投资子基金与项目公司股权的效果：

(1)子基金、施工单位作为项目公司的股东，两者能够以项目公司的经营业绩情况作为对赌标的签署对赌协议，基金为施工单位出资项目前期投入资金，施工单位在后续一定年限中每年给基金支付资金使用费，从而建立施工利润回流通道。

(2)子基金的设立为项目提供了融资渠道，除项目建设期外，后续项目的追加投资与相关路衍产业投资可由子基金作为投融资通道。

(3)若施工单位为央企体系内的企业，受相关监管条例限制，需实现投资基金与承揽施工任务的脱钩。解决方案：在交投集团的内部询比中，施工单位参与投标承揽施工任务的必要条件不设置为投资子基金，而是将投资母基金作为施工单位承揽子基金对应项目施工任务的必要条件。由于投资母基金不对应特定项目，属于市场化投资，央企投资母基金只作为投资子基金项目的准入门槛。央企出资与收益分配均通过子基金结算，在母基金层面实际分配。

出资时间：子基金层面，各出资方可在项目投资前完成相应的资金筹措，并明确母基金可出资比例及金额，剩余待出资金根据项目实际需求进行分配。

4 结语

根据以上出资方案，新疆交通产业引导基金由政府财政引导，交通运输厅牵头交投集团及相关投资合作单位共同设立，资金来源方可包括自治区财政厅、交通运输厅、交通集团、金融机构及投资合作单位，根据目前的新疆交通产业基金设立初步方案，基金结构采取“1+N”的母子基金形式。此出资方案，既充分发挥了政府的引导作用，又能撬动社会资本力量，是一个适用性强、可落地的出资方案。

参考文献

[1] 封毅.“混改+基金”构建交通产业投融资平台探究[J].会计之友,2022(1):153-156.

[2] 徐路斐.A高速集团设立交通产业投资基金的研究[J].交通财会,2020(3):25-30,33.

[3] 王艺霏.J公司私募股权投资基金运营管理研究[D].贵阳:贵州大学,2021.

[4] 曹蕊.产业投资基金项目投资决策风险识别研究[D].昆明:云南财经大学,2018.

[5] 李依江.交通产业引导基金投资A公司的路径及效益分析[D].成都:西南交通大学,2021.

交通产业投资基金现状调研分析

杨凯杰　岳　斌*　经　纬　钟　莲
(新疆交投资本控股有限公司)

摘　要　在一系列国家政策发布以来,部分省份积极探索设立交通产业投资基金,借助该基金助力交通基础设施建设。通过对云南、贵州、内蒙古、广西等省(自治区)交通产业基金的研究发现,目前交通产业投资基金面临市场化融资困难、对社会资本吸引力不足、金融监管力度增强等问题。为推动交通领域充分开发利用产业基金模式,建议结合当地政策研究基金多样化退出方式,通过优化过程设计,加强对社会资本的吸引,有效提高交通产业基金的利用效率及影响力。

关键词　投融资改革　交通产业基金　基础设施投资

0　引言

在国家进入“十四五”计划后,为响应国家交通强国战略,各地区加强交通基础设施建设投资力度,交通基础设施建设资金需求进一步加大。部分地区积极摸索交通产业基金的设立及使用方式,深入研究其结构模式,为推动交通产业项目步入正轨添砖加瓦。本文对云南、贵州、内蒙古等地的交通产业基金进行调研,梳理了目前现有的产业基金模式,分析现有的困难与问题,为更好利用交通产业基金拓宽思路提出建议。

1　交通产业基金概述

政府引导基金是指由政府出资,并吸引有关地方政府、金融、投资机构和社会资本,不以营利为目的,以股权或债权等方式投资于创业风险投资机构或新设创业风险投资基金,以支持创业企业发展的专项资金。政府引导基金通过基金模式引导社会资本方参与重点领域、薄弱环节行业发展,推动产业聚集、实现经济发展[1]。

与单纯的投资行为相比,产业发展基金主要有几个特点:

(1)产业发基金定位于实业投资,其投资对象是产业,尤其是高成长性产业中的创业企业的股权。即产业发展基金是通过直接投资企业来发展企业,通过发展企业来实现自身的增值。

(2)产业发展基金是一种专家管理型资本。它不仅为企业直接提供资本金支持,而且提供特有的资本经营、增值服务,与单纯的投资行为有着明显区别。

(3)产业发展基金是一种专业化、机构化、组织化管理的创业资本。它通过专业化的创业资本经营机构,实现了创业资本经营主体的专业化和机构化,因而是创业资本的最高状态。

(4)产业发展基金的运作是融资与投资结合的过程,属于买方金融。与一般的商业银行不同,产业发展基金的运作首先是要筹集一笔资金,而这笔资金是以权益资本形式存在的,然后以所筹集的资金购买刚刚经营或已经经营的企业的资产,并为企业提供资本经营服务,其利润主要来自资产买卖的差价,而不是股权的分红[2]。

2　全国典型交通产业基金概况

交通产业投资基金数量总体不多,以云南、贵州、内蒙古和广西 4 只基金为例,梳理基金设立和运行情况。从发起人情况看,广西与江西均有财政厅与交通厅共同发起,发挥了财政资金的引导撬动作用;青海等地充分发挥省属国有企业市场主体作用,以国资牵引募集资金。内蒙古、云南等地均是由外部金融单位与省属国有平台企业共同牵头成立[3-4]。

2.1　云南交商交通产业基金与云南交安交通产业基金

云南省交通发展投资有限责任公司分别成立

基金项目:“产业基金在基础设施建设领域中的应用研究——新疆交投集团视角”。

了两只交通产业基金，分别为云南交商交通产业基金合伙企业与云南交安交通产业基金合伙企业。

云南交商交通产业基金于2016年11月成立，基金管理人为云南交通产业私募基金管理有限责任公司。基金采取有限合伙模式，中航信托股份有限公司认缴158.84亿元，占股74.45%，云南省交投认缴54.5亿元，占股25.54%。见图1。

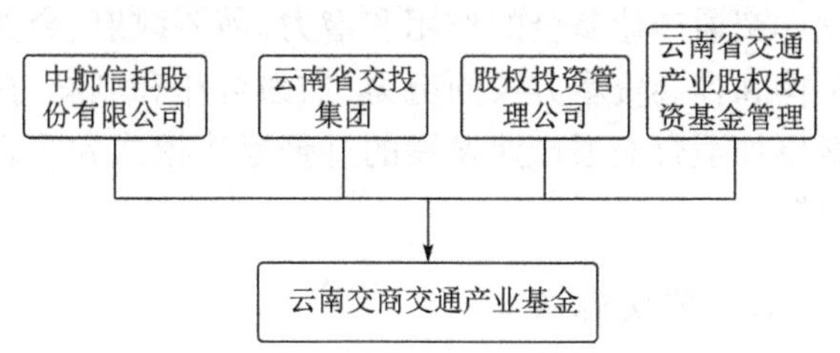

图1 云南交商交通产业基金

基金成立后积极参与数条云南省高速公路的建设，参与超过10家与交通产业相关的公司投资。例如与云南省交投集团共同投资云南武易高速公路有限公司、云南德孟高速公路投资开发有限公司等公司，积极推进云南省交通基础设施建设事业。

云南交安交通产业基金于2017年1月成立，基金管理人为云南交通产业私募基金管理有限责任公司。基金采取有限合伙模式，中国平安人寿保险股份有限公司认缴79.42亿元，占股74.44%，云南省交投集团认缴27.25亿元，占股25.54%。

2.2 贵州交通产业发展基金有限责任公司

贵州交通产业发展基金于2016年8月成立，基金管理人为云南交通产业私募基金管理有限责任公司。基金采取有限合伙模式，中航信托股份有限公司认缴158.84亿元，占股74.45%，云南省交投集团认缴54.5亿元，占股25.54%。

基金成立后参与交通行业建设产业相关公司数量超过5家，投资数额超过106亿元。积极为贵州交通基础设施建设投资贡献力量，推进西南地区交通事业发展。

2.3 内蒙古公路交通基础设施产业基金

内蒙古公路交通基础设施产业基金于2016年8月成立，基金管理人为上海浦耀信晔投资管理有限公司。基金采取有限合伙模式，内蒙古高等级公路建设开发有限责任公司与上海国泰君安证券资产管理有限公司均认缴24.975亿元，占股49.95%。

基金成立后投资10亿至内蒙古高等级公路发展投资基金，该基金为内蒙古交通集团有限公司与上海国泰君安证券资产管理有限公司牵头成立。主要从事高速公路资产管理等交通相关产业运营。

2.4 广西交投交通建设投资基金

广西交投交通建设投资基金合伙企业（有限合伙），成立于2019年6月11日。广西交投交通建设基金由广西交通投资集团有限公司（以下简称“交投集团”）作为主发起人，按照政府引导、市场化运作，不形成地方政府隐形债务的原则，带动金融机构、引入社会资本等设立的私募股权投资基金，重点投资广西壮族自治区内高速公路、铁路项目，基金总规模150亿元。执行事务合伙人为广西交通发展投资基金管理有限公司。广西交投认缴140亿元占股93.3%，广西投资引导基金有限责任公司认缴10亿元，占股6.66%。

广西交投集团出资广西交投交通建设投资基金合伙企业（有限合伙）为发债资金。根据广西交投2022年第一期公司债募集说明书披露：广西交投所发公司债券发行规模不超过120亿元人民币，分三个品种发行金额不超过70亿元，用于符合国家产业政策的政府出资产业投资基金。广西交投对于引入其他投资人不具有兜底责任。金融机构参与度不高的原因有以下几点：金融机构认定部分项目效益不足，无法满足投资收益率要求。另外，政府补贴资金与发债成本（3.5%、4%左右）普遍小于金融机构关于股权投资收益率要求，运用发债募集资金成本更低，更好发挥引导作用。

3 面临的问题与困难

3.1 对社会资本吸引力不足

这主要是由于交通项目的公益性较强，大多数项目的成本高而收益低。而产业基金的资金来源主要以金融机构为主，这些机构通常需要较高的稳定收益来支撑其投资。因此，交通项目较低的收益率对社会资本的吸引力有限。

此外，交通项目的业务周期通常较长，例如收费公路的市场培育期可能长达10年。而产业基金的业务周期通常为7年。这意味着在基金的投资周期内，交通项目可能无法实现收益，需要多次金融运作才能完成。这些金融运作可能需要政府采取一定的行政手段进行变相担保,这与当前财税体制改革的主导思想相悖,也增加了社会资本对交通产业基金的疑虑。

最后,交通项目中还包括大量不收费的公益性交通设施。这些项目通常不涉及股权,因此难以设立基金。这也限制了交通产业基金对社会资本的吸引力。

3.2 金融监管力度越来越强

《财政部关于财政资金注资政府投资基金支持产业发展的指导意见》(财建〔2015〕1062 号)、《财政部关于加强政府投资基金管理提高财政出资效益的通知》(财预〔2020〕7 号)、《国家发展改革委关于印发〈政府出资产业投资基金管理暂行办法〉的通知》(发改财金规〔2016〕2800 号)2021 年 7 月《银行保险机构进一步做好地方政府隐性债务风险防范化解工作的指导意见》《关于进一步推进省以下财政体制改革工作的指导意见》(国办发(2022)20 号,下称 20 号文)等相关政策出台后,把防范化解隐债风险作为重要的政治纪律和政治规矩,坚决遏制隐债增量,妥善处置和化解隐性债务存量。完善常态化监控机制,进一步加强日常监督管理,决不允许新增隐债,强化国企事业单位监管,依法健全地方政府及其部门向企事业单位拨款机制,严禁地方政府以企业债务形式增加隐债。很多地区公路建设项目开展将遇到困难。

3.3 交通产业基金应用不够充分

这主要是由于交通产业基金在投资、运营和管理等方面面临一些挑战和限制。

首先,交通产业基金的投资范围相对有限。由于交通项目的公益性和长周期性,以及部分项目不涉及股权等因素,交通产业基金的投资选择受到一定限制。这可能导致基金无法充分利用其资金规模,实现更好的投资回报。

其次,交通产业基金的运营模式也需要进一步完善。目前,交通产业基金的运营主要依赖于政府补贴和政策支持。然而,这种模式可能导致基金对政府的依赖过重,缺乏市场化和商业化的运作机制。为了实现更好的投资回报和社会效益,交通产业基金需要探索更加独立和可持续的运营模式。

此外,交通产业基金的管理水平也有待提高。交通项目通常涉及复杂的工程技术和运营管理,需要具备专业的知识和技能。然而,目前一些交通产业基金在项目管理、风险控制等方面存在不足,可能影响基金的投资效果和运营效率。

综上所述,交通产业基金在应用中的不够充分主要是由于投资范围有限、运营模式需要完善以及管理水平有待提高等因素导致的。为了充分发挥交通产业基金的作用和潜力,需要政府、金融机构和社会资本方共同努力,加强合作和创新,探索更加适合交通产业发展的基金运作模式和管理机制[5]。

4 解决办法

4.1 积极探索新的合作模式,拓展基金使用方向与资金来源

4.1.1 多元化投资策略

交通产业基金应实施多元化投资策略,分散投资风险,提高整体收益。除了传统的交通基础设施投资外,还可以考虑投资智能交通、新能源汽车、物流等相关领域,以把握交通产业升级带来的机遇。

4.1.2 引入战略投资者

积极引入具有行业背景、技术实力和市场资源的战略投资者,共同设立交通产业基金。这些战略投资者不仅可以提供资金支持,还能为基金提供专业指导,有助于提升基金的投资决策水平和运营效率。

4.1.3 创新合作模式

探索与政府、金融机构和其他社会资本方的创新合作模式。例如,可以采用公私合营(PPP)模式,共同承担交通项目的投资和运营风险;或与金融机构合作设立投贷联动基金,实现股权投资和债权融资的有机结合[6]。

4.1.4 完善基金治理结构

建立健全的基金治理结构,明确各方职责和权益,确保基金运作的规范性和透明度。设立独立的投资决策委员会和风险控制委员会,对基金的投资决策和风险管理进行全面把控。

4.1.5 强化专业团队建设

加强交通产业基金的专业团队建设,引进和

培养具有交通产业背景、金融知识和投资经验的专业人才。通过定期培训、交流学习等方式,不断提升团队成员的业务素质和综合能力。

4.1.6 加强政策引导和支持

政府应加大对交通产业基金的政策引导和支持力度,制定优惠的税收、财政补贴等政策措施,降低基金的投资成本和风险。同时,加强监管和评估,确保基金的健康有序发展。

4.2 加强基金内部管理,严防金融风险

制定完善的内部管理制度,包括投资决策流程、风险管理制度、财务管理制度、信息披露制度等,确保基金运作的规范性和透明度。

建立独立的投资决策委员会,负责基金的投资决策和风险管理。投资决策委员会应制定明确的投资策略和风险偏好,并对投资项目进行全面评估,确保投资决策的科学性和合理性。同时,建立健全的风险管理制度,包括风险评估、风险监控、风险处置等,及时发现和应对潜在风险。

建立健全的财务管理制度,规范基金的财务核算和报告,确保财务报告的真实、准确和完整。加强资金监管,确保基金的资金安全,防止资金被挪用或滥用。

加强信息披露制度的建设,及时、准确、完整地披露基金的投资运作情况、财务状况和风险状况等信息,增强市场透明度和投资者信心。

加强基金管理团队的建设,提升团队的专业素质和综合能力。通过定期培训、交流学习等方式,提高团队成员的投资决策、风险管理、财务管理等方面的能力。

接受相关监管机构的监管,定期报送监管报告,确保基金运作的合规性和规范性。同时,加强行业自律,积极参与行业交流和合作,共同推动交通产业基金的健康发展。

4.3 积极推进市场化改革,吸引社会资本进入

4.3.1 明确市场化改革目标

明确交通产业基金市场化改革的目标,即建立市场化运作、专业化管理的交通产业基金,提高基金的投资效率和市场竞争力。

4.3.2 优化基金治理结构

优化交通产业基金的治理结构,引入市场化运作的管理团队,提高基金的投资决策效率和风险管理能力。同时,建立健全的激励机制和约束机制,吸引和留住优秀的投资和管理人才。

4.3.3 拓宽融资渠道

积极拓宽交通产业基金的融资渠道,吸引更多的社会资本进入。可以通过发行基金份额、引入战略投资者、与金融机构合作等方式,扩大基金的资金来源。

4.3.4 创新投资模式

创新交通产业基金的投资模式,探索与私人资本、外资等多元化投资主体的合作模式。可以考虑采用股权投资、债权投资、夹层投资等多种投资方式,满足不同投资者的需求和风险偏好。

4.3.5 加强信息披露和风险管理

加强交通产业基金的信息披露和风险管理,提高基金的透明度和信誉度。定期向投资者披露基金的投资运作情况、财务状况和风险状况等信息,增强投资者的信心和认可度。

4.3.6 提供政策支持

政府可以提供一定的政策支持,鼓励社会资本进入交通产业基金。例如,给予税收优惠、财政补贴等政策措施,降低基金的投资成本和风险。

4.3.7 加强市场宣传和推广

加强交通产业基金的市场宣传和推广,提高基金的知名度和影响力。通过媒体宣传、行业会议、投资者教育等方式,向潜在投资者介绍基金的特点和优势,吸引更多的社会资本关注和参与。

5 结语

本文通过对云南、广西、贵州等地区的交通产业基金的构架、资金来源进行了分析后,发现交通产业基金目前存在因交通项目的公益性、长周期以及部分项目不涉及股权等因素导致对社会资本吸引力不足、金融监管越来越强且政府投资受限、基金应用场景不够充分等问题。

根据交通产业基金所面临的困境与问题,提出了以下对应的解决思路。加强交通产业基金的内部管理并严防金融风险是确保基金稳健运作和可持续发展的关键。通过建立健全内部管理制度、强化投资决策风险管理、加强财务管理

和资金监管、完善信息披露制度、提升团队素质和专业能力以及加强监管和自律等措施,可以有效提升交通产业基金的管理水平和风险防范能力。

积极推进交通产业基金市场化改革并吸引社会资本进入是推动交通产业发展的重要举措。通过明确市场化改革目标、优化基金治理结构、拓宽融资渠道、创新投资模式、加强信息披露和风险管理、提供政策支持和加强市场宣传和推广等措施,可以推动交通产业基金实现更加市场化、专业化和高效化的运作,吸引更多的社会资本进入交通产业领域,使交通产业形成良性循环发展。

参考文献

[1] 李佼,严婷婷,庞靖鹏.相关领域产业投资基金运作经验及对水利行业的启示[J].水利发展研究,2023,1:1-6.

[2] 陶德华,王虎胜.设立海南省交通运输产业投资基金的构想[J].交通财会,2017,(10):15-19.

[3] 贺正楚,任宇新,王京等.产业投资基金对技术创新的影响:芯片企业的实证研究[J].湖南大学学报(社会科学版),2024,38(1):60-69.

[4] 徐路斐.A高速集团设立交通产业投资基金的研究[J].交通财会,2020,(3):25-30,33.

[5] 赵伟,王希宁,何倩.合肥市政府投资基金创新模式及对甘肃的启示[J].财会研究,2024,(1):75-80.

[6] 严婷婷,庞靖鹏,李佼.典型水利产业投资基金情况调研与思考[J].水利发展研究,2024,24(1):70-74. DOI:10.13928/j.cnki.wrdr.2024.01.014.

建设工程造价管理与成本控制措施探析

李远军　黄贤明*　蒋民阳　王昌敏

(湖北交投襄楚建设管理有限公司)

摘　要　工程造价管理工作涉及范围较广、专业要求高,如管理不当易导致工程出现结算超预算,甚至超概算现象。部分项目因结算达不到预期效益,致使结算进度滞后,结算周期延长,结算审核困难,导致工作难度大,廉政风险高,给项目建设带来不利影响。本文笔者对工程结算中存在的主要问题和其成因进行了深入的分析,列举了相关案例,在此基础上提出加强工程造价控制的对策建议,以期有利于对工程预算和结算进行全面高效管控,使工程预算尽可能科学、合理,使工程结算尽可能真实、客观,确保项目建设合规合法,严防"跑冒漏滴",不断强化项目成本管控,提高项目建设整体效益。

关键词　造价管理　预算　结算　成本控制　措施

0　引言

项目公司作为项目建设的实施主体及投资集团公司的子公司,担负着实现集团公司项目建设投资整体利益最大化的目标责任。要实现这个目标,很重要的一个方面就是要加强造价管理,强化成本控制。由于建设项目点多、面长、线广、时间跨度周期长,建设单位应做好造价过程管控,保证成本控制的科学性、有效性,从而落实成本目标、有效降低工程造价。

1　建设工程造价控制概述

在工程建设造价控制过程中,项目造价人员主要是编制工程预算,对过程造价进行控制与审核,对结算进行复核,确保其准确性与合理性。当前,在新的形势下,投资企业所属项目大多采用BOT+EPC项目,即经省政府批复同意的采用由集团公司联合相关投资建设人一起完成项目设计、采购、施工的建设模式管理的高速公路项目。该模式下施工承包合同价格是以施工承包合同预算为计算基础，其中施工承包合同预算是指按批复的施工图设计文件、总体施工组织设计(含需进行独立设计的临时道路、临时供电设施、临时工程用地以及大型临时设施等内容)由项目公司组织招标代理、造价咨询等相关单位根据国家和行业有关法律法规、标准规范及相关规定按工程量清单子目形式编制的全口径工程量清单预算文件。施工承包合同价格是指以编制完成的施工承包合同预算为基础根据投资人合作单位申请函中所报下浮比例计算确定的子目单价、章节合价、合同总价的施工合同价格文件。材料价格以信息价为主要参考，经过造价管理部门市场分析、复核，相关部门共同把关、审核会签后进行确认。由于该模式下施工单位先进场后定价，故价格确定的高低是目前主要存在的争议问题。因此建设过程中造价管理人员要第一时间跟进现场进度，把握市场材料价格变化，对材料价格无法达成一致意见时，要及时以询价的方式确认；对重大造价争议事项要通过召开专家评审会予以解决。企业要逐步形成自身成本数据库，合理确定成本目标，提高合同签订金额的准确性，促进合同顺利执行。

2 工程造价控制中可能引起成本增加的主要问题

2.1 工程造价预算中存在的问题

在项目建设过程中，由于多方面的原因，经常出现超预算、超概算的现象，导致工程成本增加，投资效益受到很大的影响。影响工程造价的原因主要有市场波动及外在环境变化；工程概预算编制不合理，如出现缺项或漏项；建设过程中不注重造价控制，过程把控不力，或因赶工期导致工料机投入急剧扩大从而加大成本投入，最终造成工程超预算、超概算的情况出现。部分项目也会出现管控不到位的现象，造成资源及资金浪费使用，或因质量安全事故、返工等造成成本增加，可能会导致超预算、超概算。

2.2 结算过程中存在的问题

2.2.1 工程量计算问题

(1)违背计量规则，多计工程量。

(2)计量时未能考虑变更，没有扣减取消的项目。

(3)由于签认不及时等原因，导致虚报隐蔽工程数量。

(4)由于相关人员对现场不了解，以致交叉部位重复计量。

2.2.2 单价变更审查问题

(1)单价申报合理问题，申报单价可能与招标文件合同条款不符。

(2)定额套取问题，对定额把握不深，套取标准不准。

(3)取费标准问题，可能会有偏差。

(4)材料价格问题，可能对市场价变动把握不及时。

(5)投标水平问题，新增单价审核未参考施工单位投标水平。

2.2.3 费用变更审查存在的问题

(1)变更资料不完整，缺少设计变更批复文件、会议纪要、现场签证等资料。

(2)变更资料不真实，现场签证与实际情况不相符，隐蔽工程签证不全等。

(3)变更资料不规范，签认时缺少相关单位责任人或签认用词不严谨，内容不明确。

2.3 因结算加大成本的相关工程实例

案例1 根据苏州市建设局文件《关于对部分工程项目结算编制失实的情况通报》(苏建价〔2008〕15号)，该市部分工程项目结算编制失实，如某学院楼房飘蓬工程存在主材单价未下浮、材料用量高估、冒算等问题。相关人员受到通报批评等处理。

案例2 经审计，襄阳市审计局发现某市政工程虚假签证导致结算失真。参建有关方串通作假，擅自增加改造子项，骗取建设资金263万元。涉案5名人员已受到党纪国法处理。

3 加强工程建设成本控制的措施

3.1 加强预算管理，有效把控工程成本

3.1.1 要科学合理地编制工程造价预算

深入现场查看，切实掌握当前建筑工程预算定额、取费标准、计量规则等，跟踪了解材料价格，为工程造价预算的编制做好准备工作。要建立合理的材料动态调价机制，确保参建各方的基本利益，保障预算执行的可操作性。在此基础上，详细

研究施工图纸、准确计算工程量、熟练套用定额单价、做好预算编制工作,尽可能避免漏记、重记及错误套用定额单价等情况的发生,保证预算编制的准确性。

3.1.2 要及时把握建筑材料市场价格动态,做好材料成本控制

建设过程中,材料、设备、人工费占60% ~ 80%的比重,因此其价格的变动对工程预算有直接影响,要求工程造价编制人员要敏锐把握市场脉动,对项目所需材料价格及未来变化做出前瞻性预测,保证工程报价的准确性及科学性。项目公司要积极加强对建设项目所需大宗材料来源、价格的监控,保障其在合理范围内运行,在出现不利局面时适时进行调控,避免价格上涨等不利因素从施工单位传导到项目公司,或材料短缺、无法稳定供应等因素影响施工进度、质量。如果出现料源紧张、生产厂家不足,导致材料供应少、价格急剧上涨等施工单位自身难以解决的问题,项目公司要发挥其业主优势,发动各方力量,积极争取地方政府及相关职能部门支持。要么拓宽料源选择渠道,尽量就近外购物美价廉的材料;要么争取相关部门支持、简化手续,为重点项目开辟专用石料厂,保障项目建设所需的材料供应。项目公司还可参照四川砂石联盟的做法,倡议由区域内从事砂石生产、流通贸易、施工、采矿、新能源、数字货运平台、电子商务平台等相关企业自愿结成砂石联盟,聚合地区砂石行业资金流、信息流、商务流,促进地区砂石地材产业规模化、现代化、规范化,为项目建设提供更为便捷高效、物美价廉的材料。同时,要加强材料结算把控,运用大数据分析方法,加强施工物料的用量及其采购价值的检验,防止出现错误、高估等问题。做好有效抽样检查,确保物料符合相关规定。

3.2 全方位布局结算,打牢成本控制基础

3.2.1 立足全局强结算

要站在全局抓结算,避免造价或结算工作人员单打独斗,负责结算工作的负责人要充分调动全员的力量,从全局出发,未雨绸缪考虑问题,超前谋划部署,将结算的相关前置性条件有机嵌入施工各阶段,强化督促实施,确保结算资料生成的逻辑性、严肃性、严谨性,防止事后东拼西凑,影响结算工作的合法、合规性,避免产生政策、法律、廉洁等方面的风险。同时,要注重研究解决因结算纠纷、矛盾而产生的各类问题,避免事态扩大造成施工队、农民工上访等问题,提前化解矛盾于未萌,防止“小毛病” 演变成“大问题”,形成“定时炸弹”。

3.2.2 抓早抓小强结算

作为建设单位造价管理人员,要在建筑工程施工之前,提前到现场了解施工设计图纸的内容,参与图纸会审和设计交底,熟悉施工操作规程和技术规范。要在全面掌握第一手资料的情况下,对现场施工中出现的非常规问题,或难以判断的疑难问题,或因新工艺、新材料涌现致现场出现特殊情况,引起定额子目缺项等问题,要多问几个为什么,多思考、多请教,多向现场的施工管理人员咨询,在思考、询问、得出初步判断的基础上小心求证,延伸论证视角、广度、深度,从正反向多维多角度全方位分析研判,慎重确定造价依据,做好新清单细目综合单价的测算。

3.3 严把工程变更,强化成本管控关键环节

项目建设过程中,对工程变更要严格管理,因为变更会直接或间接地造成成本的变化。

3.3.1 变更理由要充分

变更发生因素很多,一次较小的施工方案变化都可能给整个施工组织带来变化从而导致变更发生,有材料类型和使用量的变化、人工成本(用工数量、窝工等)的变化等,都会导致不必要的预算成本增加,造成经济上的损失。据报道,在这方面,有的项目施工单位擅作主张更改设计指定材料,以致巡视时要求整改、相关责任人被处理、工程返工加大成本,施工单位“偷鸡不成蚀把米”,教训是深刻的。所以,项目建设单位要严格加强合同管理,对整个工程的科学性、精密性等进行监督,督促施工单位切实按照合同施工,对工料机的投入要严格按照合同予以实施,对于施工单位有意或无意采用其他材料替换设计或合同指定材料的情况,建设单位或监理要及时指出和纠正,避免产生成本增加甚至带来质量安全隐患等不良后果。

3.3.2 变更程序要规范

因设计变更或因其他原因导致的变更均会引起工程量、构造做法等变化，通常会导致成本发生发生变化。故建设单位应从严管控这类变更，特别是会导致投资增加或大幅增加的正向变更，对确需实施的变更严格按程序就其合理性、必要性等进行充分的论证，对负变更可以简化程序，优先论证方案的可行性、合理性，但不得以牺牲质量和安全达到节约成本的目的。造价审核、工程技术等建设单位成员要与现场施工管理保持充分交流，避免一味追求进度而不计成本的做法，努力做到项目建设进度、质量、安全、成本、廉洁管控的统一平衡，避免不必要的投入或浪费。

3.4 构建结算审查机制，强化成本过程管控

3.4.1 提高人员的素质，为结算审查打好基础

建设单位要从严把控源头，加强对施工监理单位进场人员的资质审核，确保相关人员满足合同约定的标准，能够在相应岗位上履行好职责。同时，要根据项目建设进度，适时组织开展好各类培训，确保建设人员能够不断提升能力水平，增强诚信履约意识，打好硬仗，打出胜战。加强建设单位造价管理人员专业能力建设，提升其专业知识水平和职业道德素养，确保能够发现得了问题，能够及时指出不合规的多报虚报的签证。

3.4.2 加强资料的收集，为结算审查提供支撑

建设单位要组织参建单位抓好变更资料、签证单等各类基础资料的收集、整理和核查，做实做细日常工作，抓好过程监督，避免事后补资料。基础资料是开展结算审查时所要用到的佐证资料，非常重要，只有收集整理好基础资料，才能为正确高效做好结算审查提供支撑。

3.4.3 加强数量的核对，为结算审查提供依据

要从下述几个方面加强工程量核算：

(1)在进行数量核对时要注意那些比较隐蔽和容易重计的地方。

(2)根据方案变更和费用变更台账，认真核对变更资料和施工图的区别，扣减变更后减少的工程量。

(3)对照图纸、签认单等开展工程量比对，遇到疑问时要询问相关人员。

3.4.4 加强现场的核实，为结算审查提供保障

管理人员要多到工地一线了解情况，掌握第一手资料。核实中，要严格按照合同相关要求，对照施工图纸、变更文件等资料，检查隐蔽工程的验收记录，查看相关变更签证，并深入现场开展核查。

3.5 建立全方位的结算监督机制，筑牢成本管控“防火墙”

3.5.1 建立大监督体系

坚持党建引领、纪检护航，将纪检监督、监察监督、巡察监督、派驻监督、审计监督、工会监督、群众监督等监督手段有机整合起来，破除单一监督主体间信息“孤岛”、条块分割各自为战等弊端，督促各方加强衔接配合，协同会战，做到“问题共商、成果共享、难题共解”，形成分工明确、责任联动、措施协同、效果叠加的“大监督”体系，加强企业和项目管理的决策、大宗材料采购等源头上的监控，加强工程施工全过程的监督，着力打造“廉洁阳光工程”，以过程廉洁来保证结果廉洁。

3.5.2 健全结算监督机制

督促企业从架构、制度、流程、系统、人员、执行、监督等方面入手加强结算监督机制建设，建立健全公司结算合规审查、风险预警等运行机制，为公司结算工作的有效开展保驾护航。督促各单位牢固树立“抓结算要抓在平时、管在日常”的意识，抓好过程监督，紧盯工程变更、隐蔽工程签认、单价变动等重要节点，加大结算关键环节内容和程序等方面的监督力度，防止违法乱纪行为的发生。

4 结语

工程造价管理政策性、技术性强，要从全局进行整体谋划部署，要紧密结合项目建设实际创新深化。做好工程造价管理，离不开全体参建人员的共同参与，同时，工程造价审核人员在结算工作中起主导作用，要严谨认真、实事求是地处理结算过程中的具体问题，使工程预算尽可能科学、合

理,使工程结算尽可能真实、客观,确保项目建设合规合法,严防“跑冒漏滴”,不断强化项目成本管控,提高项目建设整体效益。

参考文献

[1] 黄璜. 建设工程结算审核风险防范措施探讨[J]. 低温建筑技术,2015,1:143-151.

[2] 赵红. 工程结算中常见问题及对策建议[J]. 中小企业管理与科技,2014,23:85-86.

[3] 杨国文. 施工企业工程结算常见问题及对策[J]. 中华建设,2021,3:68-69.

[4] 苏州市建设局关于对部分工程项目结算编制失实的情况通报. [EB/OL]. [2023-10-06] https://wenku.baidu.com/view/24b3fd5359f5f61fb7360b4c2e3f5727a5e924bc.html.

[5] 襄阳市审计局. 虚假签证引起的工程结算失真问题. 审计之家. [EB/OL]. https://mp.weixin.qq.com/s?src=11×tamp=1636715535&ver=3432&signature=z7RCetN8fw*CtPssR8ckAwYUeI*hQBf6-1DI*amskvWdQgy4Glu91AErROXX8LiH7ZkMohni*PldynZwnxUA2U8CB678ZOFKv7dPXGNOyT7i8ufKITDYAoyP44mpM4Gt&new=1.

[6] 工程造价预算中存在的问题分析. [EB/OL]. https://www.wenmi.com/article/px4sdd00cx95.html.

[7] 黄华铭. 建设工程预结算与施工阶段建设成本控制措施探讨[J]. 中国建筑金属结构,2022,12:85-87.

[8] 刘奇邦. 施工企业工程竣工结算管理中存在的问题及对策[J]. 企业科技与发展,2013,4:57-59.

Research on the Application of Posterior Matching Scheme to Discrete Memoryless Wiretap Channels

Kelong Tan*

(School of Information Science and Technology, Southwest Jiaotong University)

Abstract With the rapid development of the 5th generation mobile communication technology (5G), the demand for low delay and high reliable communication is becoming increasingly urgent. In addition, due to the broadcast nature of wireless channels, information is easily exposed to eavesdroppers, and physical layer security technology has emerged. Under this background, the posterior matching coding scheme has research potential as a low time delay and high reliability channel coding technique. This paper combines the posterior matching coding technology and physical layer security technology to design a coding scheme that can ensure the security of physical layer, low delay and high reliability. In this paper, the posterior matching encoding scheme of point-to-point memoryless channel is extended to the memoryless wiretap channel model, and a new encoding scheme is designed to achieve information theory security for the model. We first describe the rate of the new scheme and prove that it can achieve the security in the sense of information theory (perfect weak security). Then, in order to better explain the performance of the new scheme, we calculate parameters of the scheme under the binary symmetric channel and the binary erasure channel, and finally, the experimental simulation of the scheme's block error rate and other indicators. The experimental results show that the proposed scheme is secure and efficient.

Keywords Wiretap channel Discrete memoryless channel Noiseless feedback Posterior matching scheme

0 Introduction

Shannon demonstrated that feedback does not increase the capacity of memoryless point-to-point channels[1]. However, feedback offers other advantages, such as simplifying coding and enhancing the performance of error probabilities[2]. Early examples of feedback schemes showcasing these benefits include the Horstein[3], Zigangirov[4], and Burnashev[5] schemes for binary symmetric channels, as well as the Schalkwijk-Kailath scheme for Gaussian channels[6]. Schalkwijk and Kailath illustrated that the error probability of their scheme decays exponentially over the block length. More recently, Shayevitz and Feder[7-9] introduced the posterior matching (PM) encoding scheme, unifying and extending the Schalkwijk-Kailath and Horstein schemes to general memory-free channels. Moreover, some researchers[10] have pointed out that the SK coding scheme, utilized to ensure the reliability of the receiver in the Gaussian channel, can naturally prevent eavesdropping attacks. Hence, a natural question arises: Does the PM coding scheme also possess the characteristics of naturally preventing eavesdropping attacks?

As the transmitter also possesses knowledge of the channel output of the legitimate receiver through the noiseless feedback channel, the study in [11] demonstrates that the utilization of noiseless feedback contributes to enhancing the confidentiality of the channel. While [11] transmits only the channel output of the legitimate receiver through the feedback channel, one might wonder what would happen if the channel could transmit anything the legitimate receiver wishes. [12] delves into this scenario, suggesting that the direct transmission of pure random bits over a noiseless feedback channel, instead of the channel output of a legitimate receiver, may yield better performance. [12] also demonstrates that if the rate of pure random bits surpasses the rate of the key generated by the channel output of the legitimate receiver, then transmitting pure random bits performs better than transmitting the channel output of the legitimate receiver, and vice versa.

In this paper, we revisit the PM scheme with a focus on channel feedback and propose a new coding scheme to enhance communication security. The paper is structured as follows: Section Ⅱ introduces the wiretap channel and the PM scheme. In Section Ⅲ, we present the new scheme and provide a proof of its security. Section Ⅳ presents simulation results for the new scheme across various discrete memoryless channels (DMC), including the binary symmetric channel(BSC) and binary erasure channel (BEC).

1 Models formulation

1.1 Notations and basic definitions

Throughout the paper, random variables, sample values, and alphabets are denoted by capital letters, lower case letters, and calligraphic letters, respectively. A similar convention is applied to the random vectors and their sample values.

For example, U^n denotes a random n-vector $(U_1,\cdots,U_n)$, and $u^n=(u_1,\cdots,u_n)$ is a specific vector value in U^n, which is the nth cartesian power of U. Let $p(x)$ denote $Pr(X=x), x\in X$, Let $F_X^{-1}(v)$ denote the inverse of the cumulative distribution function, i. e., $F_X^{-1}(v)\triangleq\inf\{x: F_X(x)>v\}$. Similarly, $F_{\Theta|Y}^{-1}\triangleq\inf\{\theta: F_{\Theta|v}(\theta|y)>v\}$.

1.2 The posterior matching scheme

In this section, the PM scheme will be introduced. The new scheme proposed in this paper is based on the PM scheme. The channel model of the PM scheme is shown in Figure 1.

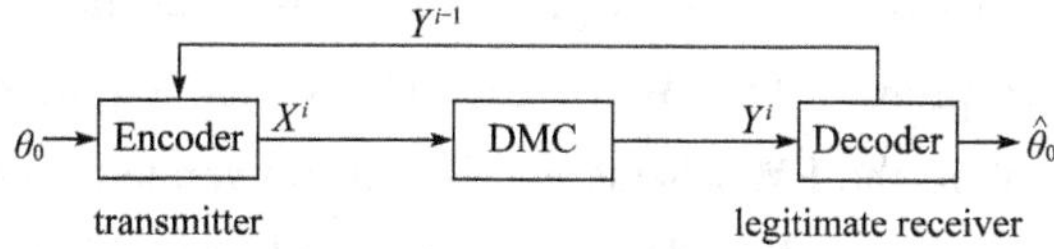

Figure 1 The channel model of the PM scheme

The transmitter has a message point $\Theta_0\sim Unif([0,1])$, θ_0 corresponds to one of the arbitrary messages $w\in\{1,\cdots,M\}$, where $M=2^{nR}$ and each value of w is the same probability. In order to send θ_0, the transmitter will encode the θ_0 to obtain X^n, and then pass X^n through a discrete memoryless channel $p(y^n | x^n)$ which meanings that

$$p(y^n | x^n) = \Pi_{i=1}^{n} p_{Y|X}(y_i | x_i) \tag{1}$$

The input and output of the channel at time i are denoted X_i and Y_i respectively. We assume that there is an instantaneous noiseless feedback channel between the legitimate receiver and the transmitter, and at the i-th time, when the receiver receives Y_i, it will send Y_{i-1} received at the previous time to the transmitter through the noiseless feedback channel. This means that the transmitter already knows Y_1^{i-1} before sending X_i. Additionally, we assume that transmitter and legitimate receiver share a sequence V^n which is i. i. d. and $V_i \sim Unif([0,1])$, $i \in \{1, \cdots, n\}$. After n channel uses, the legitimate receiver uses Y^n and V^n to obtain an estimate $\hat{\Theta}_0$ of the transmitter's θ_0. Specifically, for the coding part of the scheme, transmitter owns a mapping $\varphi_n: (0,1) \times Y^{n-1} \to X$ and similarly, the legitimate receiver owns a mapping $\{g_n: Y^n \to \varepsilon\}_{n=1}^{\infty}$, J_n is an interval that corresponds to $\hat{\Theta}_0$. The PM scheme uses an iterative approach to encoding and decoding, and the iterator on the transmitter side is defined by

$$\begin{cases} \Theta_1 = \Theta_0 \\ X_n = F_X^{-1}(\Theta_n) \\ \Theta_{n+1} = (F_{\Theta|Y}(\Theta_n | Y_n) + V_n) \bmod 1 \end{cases} \tag{2}$$

The iterator on the legitimate receiver side will iterate over an interval $J_n \triangleq (J_{n,left}, J_{n,right})$, where $J_{n,left}$ and $J_{n,right}$ represents the left and right endpoint of the interval respectively. J_n is defined recursively by

$$J_{k+1} = F_{\Theta|Y}^{-1}((J_k - V_{n-k}) \bmod 1 | Y_{n-k}) \tag{3}$$

where $|J_0| = 1 - P_e$, and P_e is the transmission error probability. Moreover, V^n is not required, therefore the PM scheme consists of two versions: one with the shared random sequence, and one without.

1.3 Wiretap channel and security definitions

This section describes communication and the corresponding security definition in the case of wiretapper.

Wiretap channel was first studied by Wyner, and the channel model is shown in Figure 2.

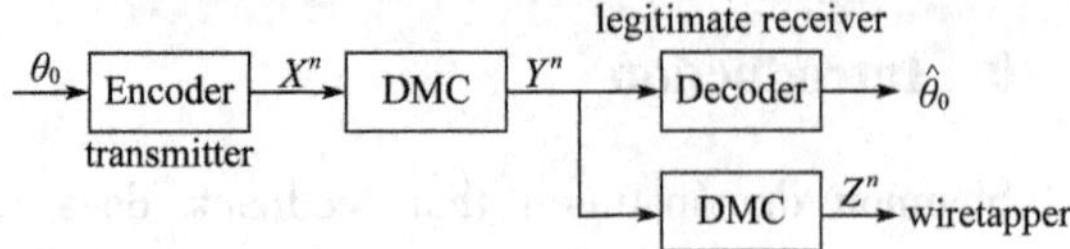

Figure 2 The channel model of the degraded wiretap channel

To describe the security of communication, define

$$\Delta = \frac{1}{n} H(W | Z^n) \tag{4}$$

which represents the uncertainty of W that wiretapper can obtain from the received codeword Z^n. Notice that if this communication is secure, wiretapper cannot use Z^n to reduce uncertainty about W, which meanings that

$$\lim_{n\to\infty} \Delta \to \frac{H(W)}{n} \tag{5}$$

Now, let's define a positive real number R which is called achievable if, for any $\varepsilon > 0$, there exists an encoder-decoder such that

$$\begin{cases} \frac{H(W)}{n} \geqslant R - \varepsilon \\ P_e \leqslant \varepsilon \\ \frac{H(W | Z^n)}{N} \geqslant R - \varepsilon \end{cases} \tag{6}$$

The first term represents the transmission efficiency of the communication, and the second term represents the transmission error probability of the communication. Specially, it is defined as

$$P_e = \frac{1}{M} \sum_{k=1}^{M} Pr\{\hat{W} \neq k | W = k\} \tag{7}$$

However, in the PM scheme, the transmission error probability is redefined as

$$P_e = Pr\{\Theta_0 \neq J_n\} \tag{8}$$

due to its iterative nature.

2 The new scheme and analysis

We assume that the wiretap channel is also a DMC and is non-degraded, that is, the wiretapper obtains the codeword through the wiretap channel. We also assume that the wiretapper knows the decoding strategy of the legitimate receiver.

Specially, The wiretapper can access V^n, but cannot approach the noiseless feedback channel.

Therefore, a natural idea arises that if the PM scheme is inherently secure, then the wiretapper's arbitrary eavesdropping method cannot guess the information. Then suppose there is scheme 1: The wiretapper with a degraded wiretap channel iterates the decoding interval by using formula (3) and replacing the output Y^n of the main channel with the output Z^n of the wiretap channel.

Intuitively, under the condition that the quality of the eavesdropping channel is good enough, Z^n will approach Y^n, and the wiretapper can successfully guess the information, but from the assumption that PM coding is naturally safe, even if the wiretapper decodes through scheme 1, the information cannot be guessed. Combining the two contradictory viewpoints mentioned above, it can be considered that it is a good direction to prove the natural security of PM coding by proving the security of scheme 1. However, the conclusion obtained by theoretical analysis at last is not convincing, so we put forward scheme 2, which is the new scheme introduced in the following paper and the new model is shown in Figure 3.

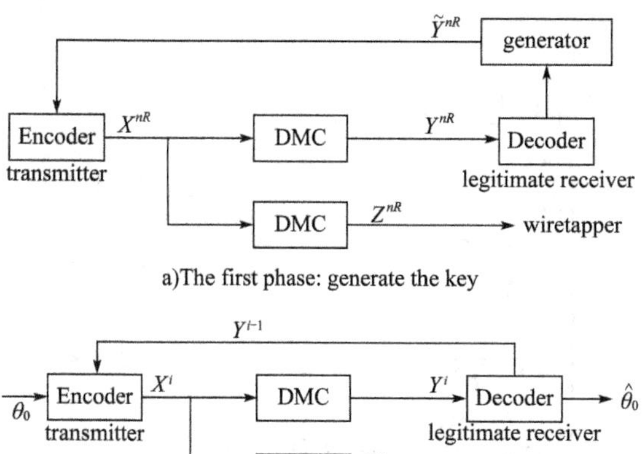

Figure 3 The channel model of the degraded wiretap channel

Compared with the original PM model, this model sets up one more key generator at the legitimate receiver end. And the scheme has two phases, the first phase generates the key, the second phase corresponds to the PM scheme.

Specifically, in the first stage, transmitter first sends X^{nR} (X^{nR} is i. i. d., and $Pr\{X_i=0\}=Pr\{X_i=1\}=0.5$, $i\in\{1,\cdots,nR\}$) and transmits this sequence to the legitimate receiver through the main channel. After receiver receives Y^{nR} corresponding to X^{nR}, instead of sending the codeword received at the previous time, an sequence $\hat{Y}^{nR}$ ($\hat{Y}^{nR}$ is i. i. d., and $Pr\{\hat{Y}_i=0\}=Pr\{\hat{Y}_i=1\}=0.5$, $i\in\{1,\cdots,nR\}$) is generated locally and then sent back to transmitter through the noiseless feedback channel. At this stage, X^{nR} is also accessible to wiretapper. In the second stage, transmitter uses $\hat{Y}^{nR}$ to encrypt Θ_0, the encryption function is

$$w^*=w\oplus\hat{Y}^{nR} \tag{9}$$

The transmitter replaces w with w^*, and then encrypts and decrypts the message according to the PM scheme which has proven its reliability, so in the following parts of the paper, we focus mainly on the equivocation to the wiretapper. Finally, the legitimate receiver will obtain an estimate of w^*, but due to the particularity of the XOR operation of the encryption function, the legitimate receiver can get an estimate of w as

$$\hat{w}=w^*\oplus\hat{Y}^{nR} \tag{10}$$

Intuitively, wiretapper cannot access the noiseless feedback channel, so w^* cannot be restored to w. The following theorem 1 describes the wiretapper's ability in terms of information uncertainty.

Theorem 1: In the case that both the main channel and the wiretap channel are DMC, and there are noiseless feedback channels between transmitter and legitimate receiver, even if wiretapper knows X^{nR} and X^n encoded by transmitter respectively in two stages, and knows the decoding scheme and V^n of legitimate receiver, the equivocation to the wiretapper satisfying

$$\Delta=\frac{H(W|X^n,X^{nR})}{n+nR}\geqslant R^*-\varepsilon \tag{11}$$

where $R^*=nR/(nR+n)$ is rate of the scheme.

Proof 1: Observe the fact that

$$
\begin{aligned}
H(W|X^n,X^{nR}) &\geqslant H(W|X^n,X^{nR},W\oplus\hat{Y}^{nR}) \\
&\overset{(a)}{=} H(W|X^{nR},W\oplus\hat{Y}^{nR}) \\
&= H(W,X^{nR},W\oplus\hat{Y}^{nR}) - H(X^{nR},W\oplus\hat{Y}^{nR}) \\
&\overset{(b)}{=} H(W,X^{nR},W\oplus\hat{Y}^{nR},\hat{Y}^{nR}) \\
&\quad - H(X^{nR},W\oplus\hat{Y}^{nR}) \\
&\overset{(c)}{=} H(X^{nR},W\oplus\hat{Y}^{nR},\hat{Y}^{nR}) - H(X^{nR},W\oplus\hat{Y}^{nR}) \\
&= H(\hat{Y}^{nR}|X^{nR},W\oplus\hat{Y}^{nR}) \\
&\overset{(d)}{=} \min\{H(\hat{Y}^{nR}|X^{nR}),H(\hat{Y}^{nR}|W\oplus\hat{Y}^{nR})\}
\end{aligned}
\tag{12}
$$

where (a) is from X^n is a function of $W\oplus\hat{Y}^{nR}$, (b) and (c) is from the fact that if we know any two of $A,B,A\oplus B$, we can directly derive the third one, (d) follows from the fact that the wiretapper can guess the specific vector $\hat{Y}^{nR}$ from X^{nR} or $W\oplus\hat{Y}^{nR}$ respectively and these three sequences are independent of each other. Further, because of the independent property, we can get

$$H(\hat{Y}^{nR}|X^{nR}) = H(\hat{Y}^{nR}) \tag{13}$$

and

$$H(\hat{Y}^{nR}|W\oplus\hat{Y}^{nR}) = H(\hat{Y}^{nR}) \tag{14}$$

Since $\hat{Y}^{nR}$ is i. i. d. and $Pr\{\hat{Y}_i=0\}=Pr\{\hat{Y}_i=1\}=0.5$, then

$$H(\hat{Y}^{nR}) = nRH(\hat{Y}) = nR \tag{15}$$

Combine (12),(13),(14),(15), we can get

$$\frac{H(W|X^n,X^{nR})}{n+nR} \geqslant R^* - \varepsilon \tag{16}$$

which is theorem 1. In addition, since the second part of the new scheme is essentially the PM coding, so R satisfies $R\leqslant C=I(X;Y)$.

Furthermore, wiretapper utilizes Z^n, Z^{nR} (corresponding to X^n and X^{nR} respectively) obtained through noisy wiretap channel, which inherently makes it more challenging to guess w. This characteristic is present in both degraded and non-degraded wiretap channels, indicating that the security definition is met. Theorem 1 actually means that in our new scheme, due to the existence of key protection mechanism, the wiretapper cannot get any information without access to the noiseless feedback channel.

3 Experiment result

In this section, we provide some simulation results to evaluate the performance of our proposed scheme to gain insight into the impact of wiretapper on communication security under the new scheme based on the PM scheme.

3.1 Binary symmetric channel

Since different DMCS affect the posterior distribution, this means that $F_{\Theta|Y}, F_{\Theta|Y}^{-1}$ in (2) and (3) needs to be concretized in iterative encoding and decoding. Therefore, it is necessary to calculate the corresponding conditional distribution expression for different channels. Under the BSC, $F_{\Theta|Y}, F_{\Theta|Y}^{-1}$ in the new scheme can be obtained by

$$
F_{\Theta|Y}(\theta_n|y_n) =
\begin{cases}
2(1-p)\theta_n, & \theta_n\in[0,0.5), y_n=0 \\
2p\theta_n+1-2p, & \theta_n\in[0.5,1), y_n=0 \\
2p\theta_n, & \theta_n\in[0,0.5), y_n=1 \\
2(1-p)\theta_n-(1-2p), & \theta_n\in[0.5,1), y_n=1
\end{cases}
\tag{17}
$$

and

$$
F_{\Theta|Y}^{-1}(v|y_n) =
\begin{cases}
\dfrac{v}{2p}, & y_n=1, v<p \\
\dfrac{v+1-2p}{1+1-2p}, & y_n=1, v\geqslant p \\
\dfrac{v}{2(1-p)}, & y_n=0, v<1-p \\
\dfrac{v+1-2p}{2p}, y_n=0, v\geqslant 1-p
\end{cases}
\tag{18}
$$

Under the condition where the crossover probabilities for the main channel and wiretap channel are $p=0.15, q=0.15$, respectively, with the length of codeword $n=50$ and a nondegraded wiretap channel, Figure 4 shows the iterative process of decoding intervals in a single communication process.

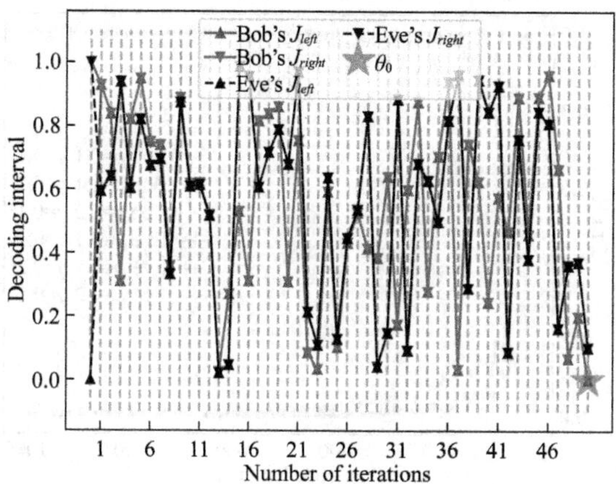

Figure 4 The relationship between decoding interval and the number of iterations

As can be seen from Figure 4, after 50 iterations of the decoding interval, the decoding interval of the legitimate receiver (Bob) successfully contains θ_0, while the decoding interval of the wiretapper (Eve) does not contain θ_0. This means that Bob successfully decoded the initial message, while Eve failed. In fact, it can be observed from formula (3) that Eve will rely on the output sequence Z^n of the wiretap channel in reverse order when iterating, and Z^n is actually a guess of Y^n. If the Eve's guess is completely correct, then the interval iteration process of the wiretapper will be exactly the same as that of the legitimate receiver. Even if Eve correctly guesses Y^n, it cannot be further restored due to the key protection mechanism ($\hat{Y}^{nR}$) of scheme 2, thus protecting the security of the entire communication.

In order to investigate the influence of the degradation of the wiretap channel on the new scheme, we draw Figure 5. As can be seen from Figure 5, whether the wiretap channel is degraded has no strong correlation with Bob's BLER. The BLER of the Eve remained near 100% in both cases. This is consistent with theorem 1.

In addition, in the case of non-degradation of the wiretap channel, we draw Figure 6 for different p,q pairs. As can be seen from Figure 6, for Bob, the worse the channel quality of the main channel, the more interval iterations required for Bob to successfully decode under a certain BLER, and the longer the code word required for sending a message. For Eve, even if the quality of wiretap channel is better than that of the main channel, Eve's BLER remains near 100%. In summary, through the above experiments, we verify that the new scheme can ensure the security of communication in the case of BSC, and Eve cannot get any messages even if the quality of the wiretap channel is better than that of the main channel.

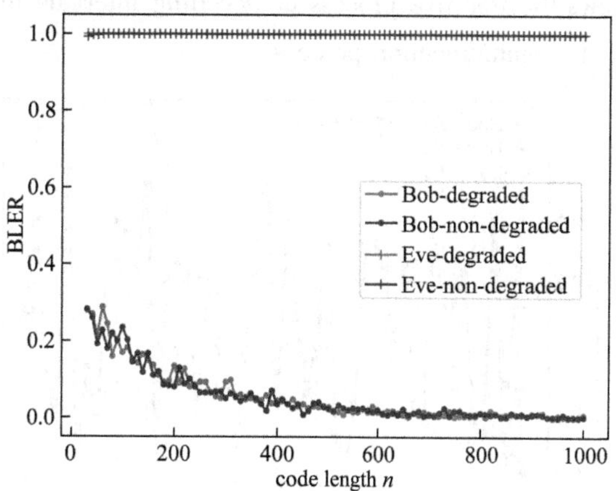

Figure 5 The effect of degraded wiretap channels on the block error rate (BLER) of Bob and Eve

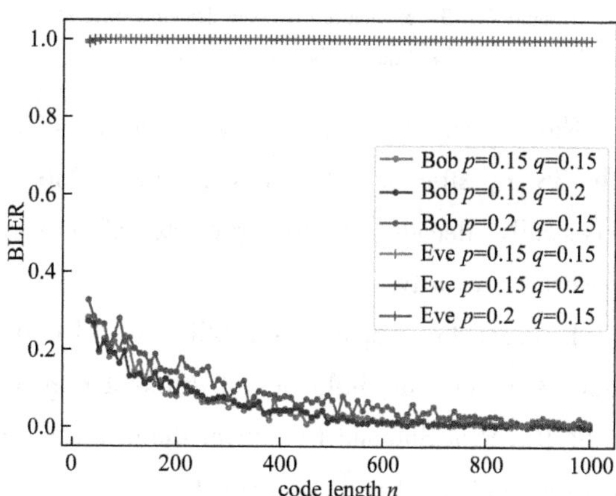

Figure 6 Different p,q effects on BLER for Bob and Eve

3.2 Binary erasure channel

Using the method similar to that used to analyze BSC, we can get

$$F_{\Theta|Y}(\theta_n|y_n)=\begin{cases}2\theta_n, & \theta_n\in[0,0.5),y_n=0\\ 1, & \theta_n\in[0.5,1),y_n=0\\ 2\theta_n-1, & \theta_n\in[0.5,1),y_n=1\\ \theta_n, & y_n=e\end{cases} \tag{19}$$

and

$$F_{\Theta|Y}^{-1}(v|y_n) = \begin{cases} \dfrac{v}{2}, & y_n = 0 \\ \dfrac{v+1}{2}, & y_n = 1 \\ v, & y_n = e \end{cases} \tag{20}$$

In the case of non - degraded wiretap channel and $p = 0.15$, $q = 0.15$, $P_e = 1 \times 10^{-5}$, Figure 7 shows the iterative process of decoding intervals in a single communication process.

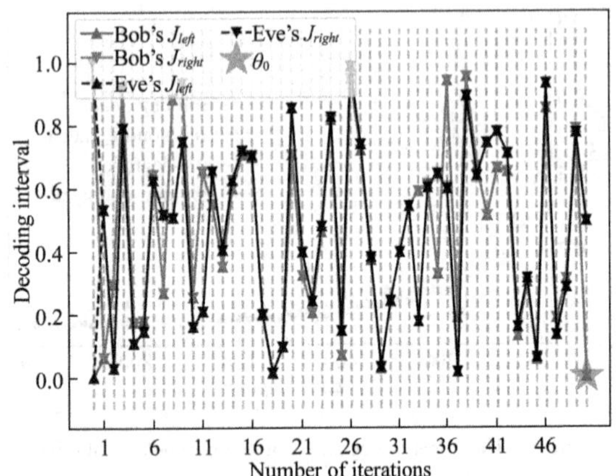

Figure 7 The relationship between decoding interval and the number of iterations

From Figure 7, we can get a similar conclusion with BSC. After n interval iterations, Bob can successfully decode on the premise of ensuring information security.

In order to compare with BSC, we also draw Figure 8 to show the influence of different p,q pairs on the BLER of Bob and Eve under the condition that the wiretap channel is not degraded.

From Figure 8, we can also conclude that the channel quality of the Bob affects the convergence rate of its BLER. The better the channel quality of the main channel, the faster the convergence rate of Bob. For Eve, the worse the quality of the wiretap channel, the faster the convergence rate of the Eve, and even if the quality of the wiretap channel is better than that of the main channel, the BLER of Eve will eventually converge to 100%. Through the above series of explanations, we show that the newly proposed scheme has good security.

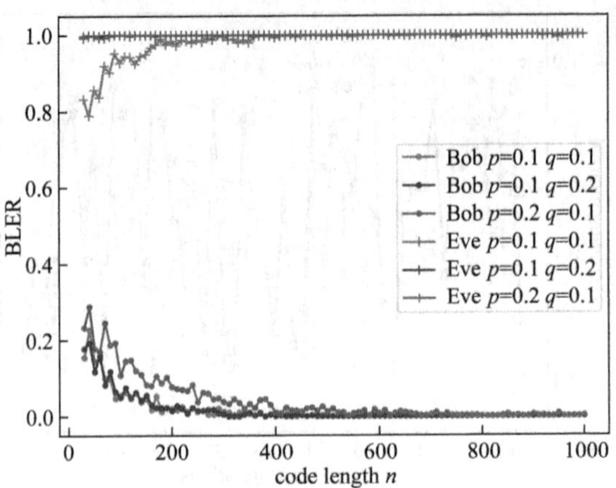

Figure 8 Different p,q effects on BLER for Bob and Eve

4 Conclusions

This paper focuses on the investigation of PM scheme and its performance in discrete memoryless wiretap channels. To enhance communication security, we propose a new scheme and provide corresponding proofs.

The new scheme proposed in this paper is actually to reduce the transmission rate to ensure the security of communication. Suppose we control the number of runs of the first stage ofthe new scheme, that is, make more communication processes use the same key and slow down the update frequency of the communication key, then the overall transmission rate can be effectively improved. It's a trade-off between speed and safety.

The research in this paper is limited to discrete memoryless eavesdropping channels, and the performance of PM in scenarios such as Gaussian multiple access eavesdropping channels and memoryless eavesdropping channels with noise feedback can be discussed in the future.

References

[1] SHANNON C E. he zero-error capacity of a noisy channel [J]. IRE Transactions on Information Theory, 1956, 2(3):8-19.

[2] KADOTA T, et al. Capacity of a continuous memoryless channel with feedback [J]. IEEE Trans. Inf. Theory, 1971, 17(4):372-378.

[3] HORSTEIN M. Sequential transmission using noiseless feedback [J]. IEEE Trans. Inf. Theory, 1963, 9(3):136-143.

[4] ZIGANGIROV K S. Upper bounds for the error probability for channels with feedback [J]. Probl. Peredachi Inf, 1970, 6(2):87-92.

[5] BURNASHEV M V. On the reliability function of a binary symmetrical channel with feedback [J]. Probl. Peredachi Inf, 1988, 24(1): 3-10.

[6] SCHALKWIJK J P M, KAILATH T. A coding scheme for additive noise channels with feedback—I: No bandwidth constraint[J]. IEEE Trans. Inf. Theory, 1966, 12(2):172-182.

[7] SHAYEVITZ O, FEDER M. Communication with feedback via posterior matching[C]. 2007 IEEE International Symposium on Information Theory, Nice, France, 2007, 391-395.

[8] SHAYEVITZ O, FEDER M. The posterior matching feedback scheme: Capacity achieving and error analysis [C]. IEEE International Symposium on Information Theory, 2008, 900-904.

[9] SHAYEVITZ O, FEDER M. Optimal feedback communication via posterior matching[J]. IEEE Trans. Info. Theory, 2011, 57(3):1186-1222.

[10] GUNDUZ D, et al. Secret communication with feedback[C]. in 2008 International Symposium on Information Theory and Its Applications, 2008.

[11] AHLSWEDE R, CAI N. Transmission, identification and common randomness capacities for wire-tap channels with secure feedback from the decoder [C]. In General Theory of Information Transfer and Combinatorics, Springer, Berlin, Germany, 2006, 258-275.

[12] ARDESTANIZADEH E, et al. Wiretap channel with secure rate-limited feedback [J]. IEEE Trans. Inf. Theory, 2009, 55(12):5353-5361.

Finite Blocklength Approach for the Fading Relay Channel with Noisy Feedback

Huan Yang* Han Deng

(School of Information Science and Technology, Southwest Jiaotong University)

Abstract In the literature, the classical Schalkwijk-Kailath (SK) coding scheme is known to achieve the capacity of the additive white Gaussian noise (AWGN) channel with noiseless feedback. And it is also shown to be an excellent finite blocklength (FBL) coding scheme. Then this scheme is extended to the Gaussian relay channel (GRC) with noiseless channel. However, it is unrealistic to have a perfect feedback channel in practical communication systems. So in this paper, we study the fading relay channel (FRC) with noisy feedback, and proposed a SK-type approach for this model. The key to this scheme is to combine a lattice-based strategy and the extended SK scheme for the GRC with noiseless feedback, and it is shown that this strategy helps to eliminate the impact of the feedback channel noise on the performance of the original scheme. Numerical result shows that when the blocklength is sufficiently large, the achievable rate of our scheme approaches its asymptotic value.

Keywords Channel feedback Finite blocklength coding scheme Fading relay channel Schalwijk-Kailath coding scheme

0 Introduction

The relay channel (RC) is an excellent way to characterize the essence of satellite[5,7] and UAV communications[6,8], efficiently transmitting signals from Source to Destination. RC was first introduced by

Meulen[10]. Cover and Gamal[3] then introduced the idea of block-Markov superposition encoding for RC. However, the capacity of RC is not known, not even in the Gaussian case[4].

Although perfect feedback has been confirmed not to be able to increase the channel capacity of the additive white Gaussian noise (AWGN) channel, it helps to construct low complexity and high reliability finite blocklength (FBL) scheme, such as the classical Schalkwijk-Kailath (SK) scheme[9]. The basic intuition behind this scheme is that at each time instant, Destination does minimum mean square estimation (MMSE) about the received message, and sends his estimation back to Source via a perfect feedback channel. Since Source knows the real message, Destination's estimation error in the last time is known by Source. Then in the next time, Source sends this estimation error to Destination via the AWGN channel. After several rounds, it is shown that Destination's estimation error vanishes and the transmission rate approaches the capacity of the AWGN channel. Compared with other coding schemes, it was shown that Destination's decoding error probability of the classical SK scheme double-exponentially decays to zero as coding blocklength tends to infinity, which indicates that to achieve a desired decoding error probability, the coding blocklength of this scheme is much shorter than others.

Recently, [2] extendeds the scheme in [9] to the Gaussian relay channel (GRC) with noiseless feedback. Different from the original scheme, Destination does not directly use the received message for MMSE, instead, it initially involves the computation of auxiliary signal. Subsequently, the derived auxiliary signal will be used for the MMSE process, effectively eliminating the impact of the noise in the Source-Relay channel.

Taking into account the needs of practical communication scenarios, feedback link may be affected by channel noise. In this paper, based on the existing scheme, we study the fading relay channel (FRC) with noisy feedback. A SK-type scheme is proposed for this model, which combines a lattice-based strategy[11] and the extended SK scheme[2] after channel transformation. This scheme can effectively eliminate the impact of the feedback channel noise on the performance of the extended SK scheme in [2]. Numerical result shows that when the blocklenth is sufficiently large, the achievable rate almost approaches its asymptotic value.

1 Model formulation

Notation: $\mathbb{C}$ represents the complex space. The superscript $(\cdot)^{\mathcal{H}}$ denotes the conjugate transpose. $|\cdot|$ represents the absolute value if applied to a complex number or the cardinality if applied to a set. Unif $[a,b]$ denotes uniformly distribution in $[a,b]$. $\mathcal{CN}(0,\sigma^2)$ represents circularly symmetric complex Gaussian distribution with mean 0 and covariance σ^2. $Y^N=(Y_1,Y_1,\cdots,Y_N)$. E$(\cdot)$ and Var$(\cdot)$ represent statistical expectation and variance for random variables, respectively. The Gaussian Q-function is defined by $Q(x)=\frac{1}{\sqrt{2\pi}}\int_x^{\infty}e^{-\frac{t^2}{2}}dt$, and $Q^{-1}(\cdot)$ is its inverse function. The log function takes base 2 in this paper.

In this Section, the communication scenario is depicted in Figure 1. Each node is equipped with single antenna. The channel gains of Source-Relay channel, Relay-Destination channel, Source-Destination channel and Destination-Source channel are respectively denoted by $\boldsymbol{h}_{\mathrm{sr}},\boldsymbol{h}_{\mathrm{rd}},\boldsymbol{h}_{\mathrm{sd}},\boldsymbol{h}_{\mathrm{ds}}\in\mathbb{C}$. And, the four links in this work are independent and experience quasi-static fading, i. e., the channel state of each link is constant during one block, and varies independently to the next.

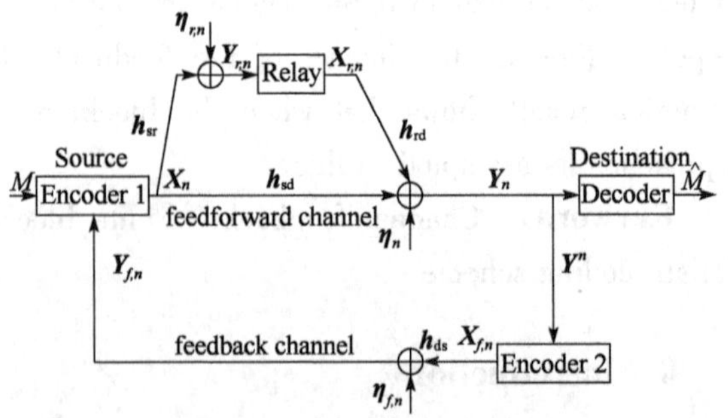

Figure 1 The information-theoretic schematic diagram for the FRC with noisy feedback

At each time index $n(1\leqslant n\leqslant N)$, the channel input-output relationships are given by:

$$\begin{aligned} \boldsymbol{Y}_{r,n} &= \boldsymbol{h}_{\mathrm{sr}}\boldsymbol{X}_n + \boldsymbol{\eta}_{r,n} \\ Y_n &= \boldsymbol{h}_{\mathrm{sd}}\boldsymbol{X}_n + \boldsymbol{h}_{\mathrm{rd}}\boldsymbol{X}_{r,n} + \boldsymbol{\eta}_n \\ \boldsymbol{Y}_{f,n} &= \boldsymbol{h}_{\mathrm{ds}}\boldsymbol{X}_{f,n} + \boldsymbol{\eta}_{f,n} \end{aligned} \tag{1}$$

where $\boldsymbol{X}_n, \boldsymbol{X}_{r,n}, \boldsymbol{X}_{f,n} \in \mathbb{C}$ (reps. $\boldsymbol{Y}_n, \boldsymbol{Y}_{r,n}, \boldsymbol{Y}_{f,n} \in \mathbb{C}$) are the channel inputs (reps. outputs), and the channel noises of $\boldsymbol{\eta}_n, \boldsymbol{\eta}_{r,n}, \boldsymbol{\eta}_{f,n} \in \mathbb{C}$ are i. i. d. as $\mathcal{CN}(0,\sigma^2)$, $\mathcal{CN}(0,\sigma_r^2)$, $\mathcal{CN}(0,\sigma_f^2)$, respectively.

Definition 1. For the FRC with noisy feedback in Fig. 1, a $(N, |\mathcal{M}|, P, P_{\mathrm{r}}, P_{\mathrm{f}})$-code with the average power constraints consisting of:

a. A uniformly distributed message M, which takes values over the set $\mathcal{M} = \{1,2,\cdots,|\mathcal{M}|\}$.

b. Encoders and Relay with outputs $\boldsymbol{X}_n = f_{1,n}(M, \boldsymbol{Y}_f^{n-1})$, $X_{f,n} = f_{2,n}(\boldsymbol{Y}^n)$ $\boldsymbol{X}_{r,n} = f_{r,n}(\boldsymbol{Y}_r^{n-1})$, where $f_{1,n}(\cdot)$, $f_{2,n}(\cdot)$, $f_{r,n}(\cdot)$ are encoding function of Source, Destination and Relay at the time index $n(1\leqslant n\leqslant N)$, satisfying the average power constraint P, P_f, P_r.

c. Decoder has output $\widehat{M} = \psi(\boldsymbol{Y}^N)$, where ψ is the decoding function of Destination.

Definition 2. For a $(N, |\mathcal{M}|, P, P_r, P_f)$-code defined in Definition 1, the decoding average decoding error probability is defined as:

$$P_{\mathrm{e}} = \frac{1}{|\mathcal{M}|}\sum_{m\in\mathcal{M}} P_{\mathrm{r}}\{\psi(\boldsymbol{Y}^N) \neq m \mid m \text{ was sent}\}. \tag{2}$$

The rate R is said to be (N,ϵ)-achievable if for given coding blocklength N and decoding error probability ϵ, there exists a $(N, |\mathcal{M}|, P, P_r, P_f)$-code described in Definition 1 such that:

$$\frac{\log|\mathcal{M}|}{N} \geqslant R-\epsilon, P_{\mathrm{e}} \leqslant \epsilon, \tag{3}$$

The (N, ϵ)-capacity of the FRC with noisy feedback is defined as the supremum over all achievable rates in Definition 2, denoted as $\mathcal{C}_{\mathrm{FRC}}^{\mathrm{NFb}}(N,\epsilon)$.

2 Main result

Theorem 1. For given coding blocklength N and decoding error probability ϵ, the lower bound on the (N,ϵ)-capacity $\mathcal{C}_{\mathrm{FRC}}^{\mathrm{NFb}}(N,\epsilon)$ of the *FRC* with noisy feedback is given by:

$$\begin{aligned} \mathcal{C}_{\mathrm{FRC}}^{\mathrm{NFb}}(N,\epsilon) &\geqslant \mathcal{R}_{\mathrm{FRC}}^{\mathrm{NFb}}(N,\epsilon) \\ &= \frac{N-2}{N}\log\left(1+\frac{\kappa^2}{\Gamma}\right) - \frac{2}{N}\log D \end{aligned} \tag{4}$$

where:

$$\kappa = |\boldsymbol{h}_{\mathrm{sd}}|\sqrt{\frac{P}{\varphi}} + \beta|\boldsymbol{h}_{\mathrm{sr}}||\boldsymbol{h}_{\mathrm{rd}}|\sqrt{P}\rho^* \tag{5}$$

$$\varphi = \frac{P_f|\boldsymbol{h}_{\mathrm{ds}}|^2}{P_f|\boldsymbol{h}_{\mathrm{ds}}|^2 - L\sigma_f^2} \tag{6}$$

$$L = \frac{1}{3}\left(Q^{-1}\left(\frac{\epsilon}{8(N-1)}\right)\right)^2 \tag{7}$$

$$\beta = \sqrt{\frac{P_r}{|\boldsymbol{h}_{\mathrm{sr}}|^2 P + \sigma_r^2}} \tag{8}$$

$$\begin{aligned} \Gamma = \beta^2|\boldsymbol{h}_{\mathrm{sr}}|^2|\boldsymbol{h}_{\mathrm{rd}}|^2 P\Bigg(\left(1-\frac{1}{\varphi}\right) - \\ \left(1-\frac{1}{A(\rho^*)}\right)^2(\rho^*)^2\Bigg) + Z \end{aligned} \tag{9}$$

$$Z = |\boldsymbol{h}_{\mathrm{sd}}|^2 P\left(1-\frac{1}{\varphi}\right) + \beta^2|\boldsymbol{h}_{\mathrm{rd}}|^2\sigma_r^2 + \sigma^2 \tag{10}$$

$$D = \sqrt{2\alpha_2}\,Q^{-1}\left(\frac{\epsilon}{8}\right) \tag{11}$$

$$\alpha_2 = \frac{\sigma^2}{6P|\boldsymbol{h}_{\mathrm{sd}}|^2}\left(1+\frac{|\boldsymbol{h}_{\mathrm{sd}}|^2\dfrac{P}{\varphi}}{|\boldsymbol{h}_{\mathrm{sd}}|^2 P\left(1-\dfrac{1}{\varphi}\right)+\sigma^2}\right)^{-1} \tag{12}$$

and the correlation coefficient ρ^* is given by the unique solution in $[0,1]$ of the following equation:

$$\rho^2 = \frac{(A(\rho))^2}{\varphi} \times \left(1+\frac{\left(|\boldsymbol{h}_{\mathrm{sd}}|\sqrt{\dfrac{P}{\varphi}} + \beta|\boldsymbol{h}_{\mathrm{sr}}||\boldsymbol{h}_{\mathrm{rd}}|\sqrt{P}\rho\right)^2}{\beta^2|\boldsymbol{h}_{\mathrm{sr}}|^2|\boldsymbol{h}_{\mathrm{rd}}|^2 P\left(\left(1-\dfrac{1}{\varphi}\right)-\left(1-\dfrac{1}{A(\rho)}\right)^2\rho^2\right)+Z}\right)^{-1} \tag{13}$$

$$A(\rho) = 1 + \frac{P\left(|\boldsymbol{h}_{\mathrm{sd}}|\sqrt{\dfrac{1}{\varphi}} + \beta|\boldsymbol{h}_{\mathrm{sr}}||\boldsymbol{h}_{\mathrm{rd}}|\rho\right)\left(|\boldsymbol{h}_{\mathrm{sd}}|\sqrt{\dfrac{1}{\varphi}} - |\boldsymbol{h}_{\mathrm{sd}}|\sqrt{\varphi}\right)}{\beta^2|\boldsymbol{h}_{\mathrm{sr}}|^2|\boldsymbol{h}_{\mathrm{rd}}|^2 P\left[\left(1-\dfrac{1}{\varphi}\right)-\left(1-\dfrac{1}{A(\rho)}\right)^2\rho^2\right]+Z} \tag{14}$$

Proof sketch of Theorem 1: In contrast to these existing schemes, we first employ precoding technique to transform the channel, which can reduce the computational complexity at Destination. Subsequently, we apply the extended scheme in [2] to the transformed channel. Ultimately, we obtain the SK-type FBL coding scheme for the FRC with noisy feedback.

Remark 1. When the coding blocklength N is sufficiently large, the achievable rate $\mathcal{R}_{\mathrm{FRC}}^{\mathrm{NFb}}(N,\epsilon)$ approaches $\mathcal{R}_{\mathrm{FRC}}^{*}(N,\epsilon)$, where:

$$\mathcal{R}_{\mathrm{FRC}}^{*}(N,\epsilon)=\frac{1}{2}\log\left(1+\frac{\kappa^{2}}{\Gamma}\right) \tag{15}$$

where κ, β, φ, Γ, ρ^{*} are given in (5) ~ (14).

Numerical results: Figure 2 depicts the relationship between the achievable rate $\mathcal{R}_{\mathrm{FRC}}^{\mathrm{NFb}}(N,\epsilon)$ and the coding blocklength N. From Fig. 2, it shows that as N increases, $\mathcal{R}_{\mathrm{FRC}}^{\mathrm{NFb}}(N,\epsilon)$ increases and approaches $\mathcal{R}_{\mathrm{FRC}}^{*}(N,\epsilon)$.

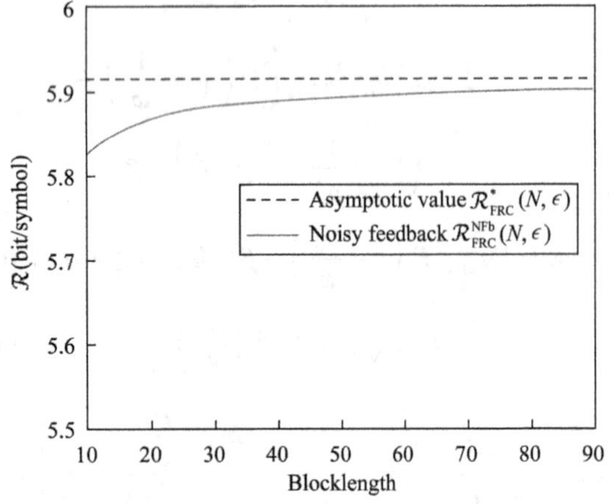

Figure 2 Achievable rate and its asymptotic value versus blocklength N for $P=P_r=10\mathrm{dB}$, $P_f=20\mathrm{dB}$, $\boldsymbol{h}_{\mathrm{sr}}, \boldsymbol{h}_{\mathrm{rd}}, \boldsymbol{h}_{\mathrm{sd}}, \boldsymbol{h}_{\mathrm{ds}} \sim CN(0,1)$, $\sigma^2=\sigma_r^2=\sigma_f^2=1$ and $\epsilon=10^{-6}$

3 Proof of theorem 1

In this Section, we show that the SK-type approach for the FRC with noisy feedback achieves the rate in (4) for given coding blocklength N and decoding error probability ϵ.

3.1 Pre-coding strategy

(1) For the Source-Destination, Relay-Destination and Destination-Source Channel: At each time instant n, the channel input-output relationships (see eq. (1)) can be transformed as:

$$\begin{aligned}
&X_n=\frac{\boldsymbol{h}_{\mathrm{sd}}^{\mathcal{H}}}{|\boldsymbol{h}_{\mathrm{sd}}|}X'_n \Rightarrow X'_n=\frac{\boldsymbol{h}_{\mathrm{sd}}}{|\boldsymbol{h}_{\mathrm{sd}}|}X_n\\
&X_{r,n}=\frac{\boldsymbol{h}_{\mathrm{rd}}^{\mathcal{H}}}{|\boldsymbol{h}_{\mathrm{rd}}|}X'_{r,n} \Rightarrow X'_{r,n}=\frac{\boldsymbol{h}_{\mathrm{rd}}}{|\boldsymbol{h}_{\mathrm{rd}}|}X_{r,n}\\
&X_{f,n}=\frac{\boldsymbol{h}_{\mathrm{ds}}^{\mathcal{H}}}{|\boldsymbol{h}_{\mathrm{ds}}|}X'_{f,n} \Rightarrow X'_{f,n}=\frac{\boldsymbol{h}_{\mathrm{ds}}}{|\boldsymbol{h}_{\mathrm{ds}}|}X_{f,n}
\end{aligned} \tag{16}$$

where $\boldsymbol{h}_{\mathrm{sd}}, \boldsymbol{h}_{\mathrm{rd}}, \boldsymbol{h}_{\mathrm{ds}}, X'_n, X'_{r,n}, X'_{f,n} \in \mathbb{C}$, and the power constraint of $X'_n, X'_{r,n}, X'_{f,n}$ is exactly the same as that of $X_n, X_{r,n}, X_{f,n}$. Therefore, the signal received by Destination can be further expressed as:

$$\begin{aligned}
Y_n&=\boldsymbol{h}_{\mathrm{sd}}X_n+\boldsymbol{h}_{\mathrm{rd}}X_{r,n}+\boldsymbol{\eta}_n \Rightarrow Y_n\\
&=\boldsymbol{h}_{\mathrm{sd}}\frac{\boldsymbol{h}_{\mathrm{sd}}^{\mathcal{H}}}{|\boldsymbol{h}_{\mathrm{sd}}|}X'_n+\boldsymbol{h}_{\mathrm{rd}}\frac{\boldsymbol{h}_{\mathrm{rd}}^{\mathcal{H}}}{|\boldsymbol{h}_{\mathrm{rd}}|}X'_{r,n}+\boldsymbol{\eta}_n \Rightarrow Y_n\\
&=|\boldsymbol{h}_{\mathrm{sd}}|X'_n+|\boldsymbol{h}_{\mathrm{rd}}|X'_{r,n}+\boldsymbol{\eta}_n
\end{aligned} \tag{17}$$

The signal received by Source can be further expressed as

$$Y_{f,n}=\boldsymbol{h}_{\mathrm{ds}}X_{f,n}+\boldsymbol{\eta}_{f,n} \Rightarrow Y_{f,n}=\boldsymbol{h}_{\mathrm{ds}}\frac{\boldsymbol{h}_{\mathrm{ds}}^{\mathcal{H}}}{|\boldsymbol{h}_{\mathrm{ds}}|}X'_{f,n}+\boldsymbol{\eta}_{f,n} \Rightarrow Y_{f,n}=|\boldsymbol{h}_{\mathrm{ds}}|X'_{f,n}+\boldsymbol{\eta}_{f,n} \tag{18}$$

(2) For the Source-Relay Channel: At each time instant $n\,(1\leqslant n\leqslant N)$, the signal received by Relay can be further expressed as

$$Y_{r,n}=\boldsymbol{h}_{\mathrm{sr}}X_n+\boldsymbol{\eta}_{r,n}=\boldsymbol{h}_{\mathrm{sr}}\frac{\boldsymbol{h}_{\mathrm{sd}}^{\mathcal{H}}}{|\boldsymbol{h}_{\mathrm{sd}}|}X'_n+\boldsymbol{\eta}_{r,n} \Rightarrow \frac{\boldsymbol{h}_{\mathrm{sd}}\boldsymbol{h}_{\mathrm{sr}}^{\mathcal{H}}}{|\boldsymbol{h}_{\mathrm{sd}}||\boldsymbol{h}_{\mathrm{sr}}|}Y_{r,n}=|\boldsymbol{h}_{\mathrm{sr}}|X'_n+\frac{\boldsymbol{h}_{\mathrm{sd}}\boldsymbol{h}_{\mathrm{sr}}^{\mathcal{H}}}{|\boldsymbol{h}_{\mathrm{sd}}||\boldsymbol{h}_{\mathrm{sr}}|}\boldsymbol{\eta}_{r,n} \Rightarrow Y'_{r,n}=|\boldsymbol{h}_{\mathrm{sr}}|X'_n+\boldsymbol{\eta}'_{r,n} \tag{19}$$

where $\boldsymbol{h}_{\mathrm{sr}}, \boldsymbol{h}_{\mathrm{sd}}, X'_n \in \mathbb{C}$,

$$Y'_{r,n} = \frac{h_{sd}h_{sr}^{\mathcal{H}}}{|h_{sd}||h_{sr}|}Y_{r,n}$$
$$\eta'_{r,n} = \frac{h_{sd}h_{sr}^{\mathcal{H}}}{|h_{sd}||h_{sr}|}\eta_{r,n} \tag{20}$$

and $Y'_{r,n} \in \mathbb{C}, \eta'_{r,n} \in \mathbb{C} \sim \mathcal{CN}(0,\sigma_r^2)$.

3.2 Mapping method

For given coding blocklength N and decoding error probability ϵ, let $|\mathcal{M}| = 2^{NR(N,\epsilon)}$, where M is uniformly distributed over the set $\mathcal{M} = \{1,2,\cdots,2^{NR(N,\epsilon)}\}$. we divide a complex plane region $\left[\pm\frac{1}{2}, \pm j\frac{1}{2}\right]$ into $2^{NR(N,\epsilon)}$ equally spaced sub-complex plane regions with both the length and width being $2^{-\frac{NR(N,\epsilon)}{2}}$. Then M is one-to-one mapped to the center point of each sub-complex plane region, denoted as $\Theta = \theta_R + j\theta_I$, where θ_R and θ_I respectively represent the real and imaginary parts of Θ, j is the imaginary unit. Since M is equi-probably distributed over the set $\mathcal{M}$, θ_R and θ_I are both approximately uniformly distributed over the interval $[-1/2,1/2]$, and their variance approximately equal 1/12, so

$$E[\Theta]^2 = E[\Theta\Theta^{\mathcal{H}}] = E[\theta_R]^2 + E[\theta_I]^2 = \frac{1}{6} \tag{21}$$

3.3 Encoding procedure

(1) First transmission step: $n=1$.

At time 1, Source first sends a power scaled version of the message point Θ, i. e.

$$X'_1 = \sqrt{6P}\Theta \tag{22}$$

where X'_1 satisfies the power constraint P of Source. Relay keeps quite, Destination observes.

$$Y_1 = |h_{sd}|X'_1 + \eta_1 = |h_{sd}|\sqrt{6P}\Theta + \eta_1 \tag{23}$$

After obtaining Y_1, Destination obtains the first estimation of Θ by

$$\widehat{\Theta}_1 = \frac{Y_1}{|h_{sd}|\sqrt{6P}} = \Theta + \frac{\eta_1}{|h_{sd}|\sqrt{6P}} \triangleq \Theta + \varepsilon_1 \tag{24}$$

where ε_1 is the first estimation error.

$$\varepsilon_1 \triangleq \widehat{\Theta}_1 - \Theta = \frac{\eta_1}{|h_{sd}|\sqrt{6P}} \tag{25}$$

and its variance is

$$\alpha_1 \triangleq \mathrm{Var}(\varepsilon_1) = \frac{\sigma^2}{6P|h_{sd}|^2} \tag{26}$$

Here we introduce the two-dimensional modulo-lattice function and the complex dither sequence $V^{N-1} = (V_1, V_2, \cdots, V_{N-1})$ to ensure that the encoded codewords of Destination satisfy the feedback channel's power constraint P_f, which is similar to [1]. $\mathbb{M}_\Lambda[\cdot]$ is defined by

$$\mathbb{M}_\Lambda[X] = X - \mathbb{Q}_\Lambda[X] \tag{27}$$

where $\Lambda = \Lambda_R + j\Lambda_I$ is a complex plane with $\Lambda \in \left[\pm\frac{d}{2}, \pm j\frac{d}{2}\right]$, $d>0$, j is the imaginary unit, X is a complex-valued number, and $\mathbb{Q}_\Lambda[X]$ is the nearest neighbor quantization of X w. r. t. Λ.

The complex dither sequence V^{N-1} is perfectly known by Source and Destination. Then it is i. i. d. generated with a uniform distribution over Λ.

So, Destination encodes

$$X'_{f,1} = \mathbb{M}_\Lambda[\gamma_1\widehat{\Theta}_1 + V_1] \tag{28}$$

where $d = \sqrt{6P_f}$, γ_1 is real-valued number and is chosen to avoid modulo-aliasing errors occurring in Source. Based on the [1] and [11], if V is uniform distribution over Λ, then $\mathbb{M}_\Lambda[X+V]$ is also uniformly distributed over Λ for $X \in \mathbb{C}$. So $X'_{f,1}$ in (28) satisfies the power constraint of the feedback channel P_f.

Then, Source obtains the feedback channel's signal $Y_{f,1}$ from Destination

$$Y_{f,1} = |h_{ds}|X'_{f,1} + \eta_{f,1} = |h_{ds}|\mathbb{M}_\Lambda[\gamma_1\widehat{\Theta}_1 + V_1] + \eta_{f,1}. \tag{29}$$

(2) Second transmission step: $n=2$.

Before the second transmission step, Source receives the feedback channel output $Y_{f,1}$, and subsequently computes a corrupted estimation error $\varepsilon_{f,1}$

$$\begin{aligned}\varepsilon_{f,1} &= \frac{1}{\gamma_1}\mathbb{M}_\Lambda\left[\frac{1}{|h_{ds}|}Y_{f,1} - \gamma_1\Theta - V_1\right]\\ &\overset{(a)}{=} \frac{1}{\gamma_1}\mathbb{M}_\Lambda\left[\mathbb{M}_\Lambda[\gamma_1\widehat{\Theta}_1 + V_1] + \frac{\eta_{f,1}}{|h_{ds}|} - \gamma_1\Theta - V_1\right]\\ &\overset{(b)}{=} \frac{1}{\gamma_1}\mathbb{M}_\Lambda\left[\gamma_1\varepsilon_1 + \frac{\eta_{f,1}}{|h_{ds}|}\right]\end{aligned} \tag{30}$$

where (a) follows from (29), (b) follows from the *modulo distributive law* in [1] and [11] that

$$\mathbb{M}_\Lambda[\mathbb{M}_\Lambda[\boldsymbol{X}+d_1]+d_2-\boldsymbol{X}]=\mathbb{M}_\Lambda[d_1+d_2] \tag{31}$$

and (25). From (27), if $\gamma_1\varepsilon_1+\frac{\boldsymbol{\eta}_{f,1}}{|\boldsymbol{h}_{ds}|}\in\Lambda$, then $\mathbb{M}_\Lambda[\gamma_1\varepsilon_1+\frac{\boldsymbol{\eta}_{f,1}}{|\boldsymbol{h}_{ds}|}]=\gamma_1\varepsilon_1+\frac{\boldsymbol{\eta}_{f,1}}{|\boldsymbol{h}_{ds}|}$. Otherwise, the modulo-aliasing error occurs in Source. Hence, (30) can be re-written by $\varepsilon_{f,1}=\varepsilon_1+\frac{\boldsymbol{\eta}_{f,1}}{\gamma_1|\boldsymbol{h}_{ds}|}$, and let $\alpha_{f,1}\triangleq\mathrm{Var}(\varepsilon_{f,1})$. Then, Source sends a power-scaled version of $\varepsilon_{f,1}$, i. e. ,

$$\boldsymbol{X}_2'=\sqrt{\frac{P}{\alpha_{f,1}}}\varepsilon_{f,1} \tag{32}$$

Although Relay also keeps quite, it is capable of observing

$$\boldsymbol{Y}_{r,2}'=|\boldsymbol{h}_{sr}|\boldsymbol{X}_2'+\boldsymbol{\eta}_{r,2}'=|\boldsymbol{h}_{sr}|\sqrt{\frac{P}{\alpha_{f,1}}}\varepsilon_{f,1}+\boldsymbol{\eta}_{r,2}' \tag{33}$$

Once receiving the channel's output $\boldsymbol{Y}_2$

$$\boldsymbol{Y}_2=|\boldsymbol{h}_{sd}|\boldsymbol{X}_2'+\boldsymbol{\eta}_2=|\boldsymbol{h}_{sd}|\sqrt{\frac{P}{\alpha_{f,1}}}\varepsilon_{f,1}+\boldsymbol{\eta}_2 \tag{34}$$

Destination computes the MMSE of ε_1 based on $\boldsymbol{Y}_2$ denoted as $\widehat{\varepsilon}_1=\frac{E[\varepsilon_1\boldsymbol{Y}_2]}{E(\boldsymbol{Y}_2)^2}\boldsymbol{Y}_2$, and updates the estimation of Θ by using $\widehat{\Theta}_2=\widehat{\Theta}_1-\widehat{\varepsilon}_1$. Here Destination's second estimation error is $\varepsilon_2=\varepsilon_1-\widehat{\varepsilon}_1$, and its variance is denoted by $\alpha_2\triangleq\mathrm{Var}(\varepsilon_2)$. Then Destination encodes $\boldsymbol{X}_{f,2}'=\mathbb{M}_\Lambda[\gamma_2\widehat{\Theta}_2+V_2]$, and sends this codeword back to Source by a noisy feedback channel. Meanwhile, Source obtains the feedback channel's signal $Y_{f,2}=|\boldsymbol{h}_{ds}|\mathbb{M}_\Lambda[\gamma_2\widehat{\Theta}_2+V_2]+\boldsymbol{\eta}_{f,2}$.

(3) More transmission steps: $3\leqslant n\leqslant N$.

Before transmission step n, Source computes a noisy version estimation error

$$\varepsilon_{f,n-1}=\varepsilon_{n-1}+\frac{\boldsymbol{\eta}_{f,n-1}}{\gamma_{n-1}|\boldsymbol{h}_{ds}|} \tag{35}$$

where γ_{n-1} is selected from $\gamma_{n-1}\varepsilon_{n-1}+\frac{\boldsymbol{\eta}_{f,n-1}}{|\boldsymbol{h}_{ds}|}\in\Lambda$, and let $\alpha_{f,n-1}\triangleq\mathrm{Var}(\varepsilon_{f,n-1})$. Then, Source sends a power-scaled version of $\varepsilon_{f,n-1}$

$$\boldsymbol{X}_n'=\sqrt{\frac{P}{\alpha_{f,n-1}}}\varepsilon_{f,n-1} \tag{36}$$

Relay employs an amplify-and-forward (AF) strategy to transmit $\boldsymbol{Y}_{r,n-1}'$ with the scaling factor β to Destination. So, Relay transmits

$$\begin{aligned}X_{r,n}'&=\beta\boldsymbol{Y}_{r,n-1}'\\&=\beta(|\boldsymbol{h}_{sr}|X_{n-1}'+\boldsymbol{\eta}_{r,n-1}')\\&=\beta\left(|\boldsymbol{h}_{sr}|\sqrt{\frac{P}{\alpha_{f,n-2}}}\varepsilon_{f,n-2}+\boldsymbol{\eta}_{r,n-1}'\right)\end{aligned} \tag{37}$$

where $\beta=\sqrt{\frac{P_r}{|\boldsymbol{h}_{sr}|^2P+\sigma_r^2}}$, and P_r represents the power constraint at Relay.

Thus, Destination obtains

$$\begin{aligned}\boldsymbol{Y}_n=|\boldsymbol{h}_{sd}|\boldsymbol{X}_n'+|\boldsymbol{h}_{rd}|\boldsymbol{X}_{r,n}'+\boldsymbol{\eta}_n\overset{(a)}{=}|\boldsymbol{h}_{sd}|\sqrt{\frac{P}{\alpha_{f,n-1}}}\varepsilon_{f,n-1}+|\boldsymbol{h}_{sr}||\boldsymbol{h}_{rd}|\beta\sqrt{\frac{P}{\alpha_{f,n-2}}}\varepsilon_{n-2}+\\|\boldsymbol{h}_{sr}||\boldsymbol{h}_{rd}|\beta\sqrt{\frac{P}{\alpha_{f,n-2}}}\frac{\eta_{f,n-2}}{\gamma_{n-2}|\boldsymbol{h}_{ds}|}+|\boldsymbol{h}_{rd}|\beta\boldsymbol{\eta}_{r,n-1}'+\boldsymbol{\eta}_n\end{aligned} \tag{38}$$

Where (a) follows from (36) and (37).

As in [2], Destination calculates

Next, Destination forms the innovation I_n based on the fact that $\varepsilon_{n-1}=\varepsilon_{n-2}-\widehat{\varepsilon}_{n-2}$

$$\widehat{\boldsymbol{Y}}_n=|\boldsymbol{h}_{sr}||\boldsymbol{h}_{rd}|\beta\sqrt{\frac{P}{\alpha_{f,n-2}}}\widehat{\varepsilon}_{n-2} \tag{39}$$

$$\begin{aligned}\boldsymbol{I}_n\triangleq\boldsymbol{Y}_n-\widehat{\boldsymbol{Y}}_n=|\boldsymbol{h}_{sd}|\sqrt{\frac{P}{\alpha_{f,n-1}}}\varepsilon_{f,n-1}+|\boldsymbol{h}_{sr}||\boldsymbol{h}_{rd}|\beta\sqrt{\frac{P}{\alpha_{f,n-2}}}\varepsilon_{n-1}+\\|\boldsymbol{h}_{sr}||\boldsymbol{h}_{rd}|\beta\sqrt{\frac{P}{\alpha_{f,n-2}}}\frac{\boldsymbol{\eta}_{f,n-2}}{\gamma_{n-2}|\boldsymbol{h}_{ds}|}+|\boldsymbol{h}_{rd}|\beta\boldsymbol{\eta}_{r,n-1}'+\eta_n\end{aligned} \tag{40}$$

Then, Destination estimates ε_{n-1} by MMSE, denoted as $\hat{\varepsilon}_{n-1} = \frac{E[\varepsilon_{n-1}I_n]}{E[I_n]^2}I_n$, and updates its estimation of Θ by $\hat{\Theta}_n = \hat{\Theta}_{n-1} - \hat{\varepsilon}_{n-1}$. So, Destination's estimation error at time instant n is $\varepsilon_n = \varepsilon_{n-1} - \hat{\varepsilon}_{n-1}$, and $\alpha_n \triangleq \mathrm{Var}(\varepsilon_n)$. Then Destination encodes $X'_{f,n} = \mathbb{M}_\Lambda[\gamma_n\hat{\Theta}_n + V_n]$, and sends it back to Source by a noisy feedback channel.

3.4 Decoding procedure

After N rounds of iteration, the final estimation of Θ is obtained as $\hat{\Theta}_N = \Theta + \varepsilon_N$. According to subsection 3.2, if the final estimation error $\varepsilon_N \in [-\frac{1}{2\cdot 2^{NR}}, \frac{1}{2\cdot 2^{NR}})$, $\hat{\Theta}_N$ is considered to be closest to the transmitted point Θ. As a result, Destination can successfully decode the M. For the sake of clarity, Figure 3 illustrates the encoding-decoding procedure of our proposed FBL scheme for the FRC with noisy feedback.

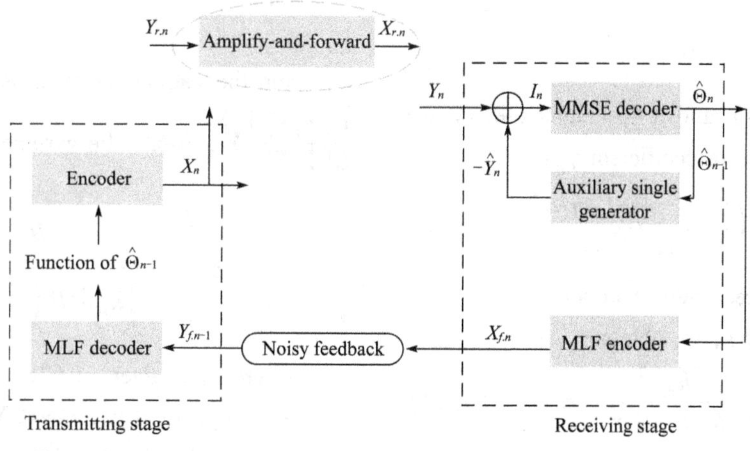

Figure 3 The mechanism of our proposed scheme for the FRC with noisy feedback in a certain round n.

3.5 Performance analysis

Let $\hat{M}$ is the estimation of transmitted message M, the decoder declares an error if $\hat{M} \neq M$. To determine the parameters, we need to analyze the error event in P_e. And the error events of this SK-type scheme are consisting of:

(1) A modulo-aliasing error, defined as:

$$C_n \triangleq \left\{\gamma_n\varepsilon_n + \frac{\eta_{f,n}}{|h_{ds}|} \notin \Lambda\right\} \tag{41}$$

where ε_n, $\eta_{f,n}$, h_{ds} in (41) are complex-valued numbers, which means that both the real and imaginary number do not belong to $\left[-\frac{d}{2}, \frac{d}{2}\right)$ and $d = \sqrt{6P_f}$.

(2) A decoding error, defined as:

$$C_N \triangleq \left\{\varepsilon_{R,N} \notin \left[-\frac{1}{2\cdot 2^{\frac{NR(N,\epsilon)}{2}}}, \frac{1}{2\cdot 2^{\frac{NR(N,\epsilon)}{2}}}\right)\right\} \cup \left\{\varepsilon_{I,N} \notin \left[-\frac{1}{2\cdot 2^{\frac{NR(N,\epsilon)}{2}}}, \frac{1}{2\cdot 2^{\frac{NR(N,\epsilon)}{2}}}\right)\right\} \tag{42}$$

Hence, then the error probability is bounded by:

$$\begin{aligned} P_e &\leq Pr\left(\bigcup_{n=1}^{N} C_n\right) \\ &= \sum_{n=1}^{N-1} Pr\left(\bigcap_{i=1}^{n-1}\bar{C}_i \cap C_n\right) + Pr\left(\bigcap_{n=1}^{N-1}\bar{C}_n \cap C_N\right) \\ &\triangleq \sum_{n=1}^{N-1} Pr(\tilde{C}_n) + Pr(\tilde{C}_N) \end{aligned} \tag{43}$$

where $\bar{C}$ denotes the complement of the set C. $Pr(\tilde{C}_n)$ represents the modulo-aliasing, which there is no error occur in all previous times, and $Pr(\tilde{C}_N)$ represents the final decoding even without any modulo-aliasing error occurring in Source.

From (3) and (43), let:

$$Pr(\tilde{C}_n) = \frac{\epsilon}{2(N-1)}, Pr(\tilde{C}_N) = \frac{\epsilon}{2} \tag{44}$$

Since no modulo-aliasing error occursat time instant $n(1 \leq n \leq N-1)$, from (41), (42) and the fact that $\eta_{f,n}$ is circularly symmetric Gaussian distribution, we conclude that $\gamma_n\varepsilon_{R,n}+\frac{\eta_{fR,n}}{|\boldsymbol{h}_{ds}|},\gamma_n\varepsilon_{I,n}+\frac{\eta_{fI,n}}{|\boldsymbol{h}_{ds}|}\sim\mathcal{N}(0,\frac{1}{2}(\gamma_n^2\alpha_n+\frac{\sigma_f^2}{|\boldsymbol{h}_{ds}|^2}))$. From (41), (44) and $d=\sqrt{6P_f}$, we have:

$$Pr(\widetilde{C}_n)=4Q\left(\sqrt{\frac{3P_f}{\gamma_n^2\alpha_n+\frac{\sigma_f^2}{|\boldsymbol{h}_{ds}|^2}}}\right) \tag{45}$$

To simplify the calculation, we introduce a looseness parameter L, which is denoted by:

$$L\triangleq\frac{P_f}{\gamma_n^2\alpha_n+\frac{\sigma_f^2}{|\boldsymbol{h}_{ds}|^2}}=\frac{1}{3}\left(Q^{-1}\left(\frac{\epsilon}{8(N-1)}\right)\right)^2 \tag{46}$$

Substituting (44) and (46) into (45), we determine the selection of coefficient γ_n:

$$\gamma_n=\sqrt{\left(\frac{P_f}{L}-\frac{\sigma_f^2}{|\boldsymbol{h}_{ds}|^2}\right)\frac{1}{\alpha_n}} \tag{47}$$

where γ_n is the real-value number.

According to (35), we obtain:

$$\alpha_{f,n}=\alpha_n\frac{P_f|\boldsymbol{h}_{ds}|^2}{P_f|\boldsymbol{h}_{ds}|^2-L\sigma_f^2}=\alpha_n\varphi \tag{48}$$

where $\varphi\triangleq\frac{P_f|\boldsymbol{h}_{ds}|^2}{P_f|\boldsymbol{h}_{ds}|^2-L\sigma_f^2}$.

To derive the achievable rate of this SK-type coding scheme, we focus on the final estimation error. At time instant 1, the estimation error and its variance are given in (25) and (26). Then we consider the second and the following moments.

At time instant 2, we first need to calculate the MMSE estimation coefficient of Destination based on $\boldsymbol{Y}_2$, that is,

$$E[\varepsilon_1Y_2^{\mathcal{H}}]=|\boldsymbol{h}_{sd}|\sqrt{\frac{P}{\varphi}}\sqrt{\alpha_1},$$

$$E[Y_2Y_2^{\mathcal{H}}]=|\boldsymbol{h}_{sd}|^2\frac{P}{\varphi}+|\boldsymbol{h}_{sd}|^2P\left(1-\frac{1}{\varphi}\right)+\sigma^2 \tag{49}$$

and the estimation error is given by $\varepsilon_2=\varepsilon_1-\frac{E[\varepsilon_1Y_2^{\mathcal{H}}]}{E[Y_2Y_2^{\mathcal{H}}]}Y_2$. Next, the variance of ε_2 is

$$\alpha_2=\alpha_1\left(1+\frac{|\boldsymbol{h}_{sd}|^2\frac{P}{\varphi}}{|\boldsymbol{h}_{sd}|^2P\left(1-\frac{1}{\varphi}\right)+\sigma^2}\right)^{-1} \tag{50}$$

where α_1 is given in (26).

At time instant $n(3\leqslant n\leqslant N)$, we also calculate the MMSE estimation coefficient of Destination based on $\boldsymbol{I}_n$ instead of $\boldsymbol{Y}_n$, that is:

$$E[\varepsilon_{n-1}I_n^{\mathcal{H}}]=\sqrt{\alpha_{n-1}}\left(|\boldsymbol{h}_{sd}|\sqrt{\frac{P}{\varphi}}+|\boldsymbol{h}_{sr}||\boldsymbol{h}_{rd}|\beta\sqrt{P}\rho_{n-1}\right),E[I_nI_n^{\mathcal{H}}]=\left(|\boldsymbol{h}_{sd}|\sqrt{\frac{P}{\varphi}}+|\boldsymbol{h}_{sr}||\boldsymbol{h}_{rd}|\beta\sqrt{P}\rho_{n-1}\right)^2+|\boldsymbol{h}_{sr}|^2|\boldsymbol{h}_{rd}|^2\beta^2P\left(\left(1-\frac{1}{\varphi}\right)-\left(1-\frac{1}{A_{n-1}}\right)^2\rho_{n-1}^2\right)+Z \tag{51}$$

where $Z=|\boldsymbol{h}_{sd}|^2P(1-\frac{1}{\varphi})+|\boldsymbol{h}_{rd}|^2\beta^2\sigma_r^2+\sigma^2$ and ρ_{n-1} is the correlation coefficient between ε_{n-1} and $\varepsilon_{f,n-2}$, denoted by:

$$\rho_{n-1}\triangleq\frac{E[\varepsilon_{n-1}\varepsilon_{f,n-2}^{\mathcal{H}}]}{\sqrt{\alpha_{n-1}}\sqrt{\alpha_{f,n-2}}}=A_{n-1}\sqrt{\frac{\alpha_{n-1}}{\alpha_{f,n-2}}} \tag{52}$$

and:

$$A_{n-1}=1+\frac{P|\boldsymbol{h}_{sd}|\left(|\boldsymbol{h}_{sd}|\sqrt{\frac{1}{\varphi}}+|\boldsymbol{h}_{sr}||\boldsymbol{h}_{rd}|\beta\rho_{n-2}\right)\left(\sqrt{\frac{1}{\varphi}}-\sqrt{\varphi}\right)}{|\boldsymbol{h}_{sr}|^2|\boldsymbol{h}_{rd}|^2\beta^2P\left(\left(1-\frac{1}{\varphi}\right)-\left(1-\frac{1}{A_{n-2}}\right)^2\rho_{n-2}^2\right)+Z} \tag{53}$$

So:

$$\alpha_n\triangleq\mathrm{Var}(\varepsilon_n)=\alpha_{n-1}-\frac{(E[\varepsilon_{n-1}I_n^{\mathcal{H}}])^2}{E[I_nI_n^{\mathcal{H}}]}=\alpha_{n-1}\times\left(1+\frac{\left(|\boldsymbol{h}_{sd}|\sqrt{\frac{P}{\varphi}}+|\boldsymbol{h}_{sr}||\boldsymbol{h}_{rd}|\beta\sqrt{P}\rho_{n-1}\right)^2}{|\boldsymbol{h}_{sr}|^2|\boldsymbol{h}_{rd}|^2\beta^2P\left(\left(1-\frac{1}{\varphi}\right)-\left(1-\frac{1}{A_{n-1}}\right)^2\rho_{n-1}^2\right)+Z}\right)^{-1} \tag{54}$$

where the initial value of ρ_{n-1} is given by

$$\rho_2 = \frac{\sigma^2}{|\boldsymbol{h}_{sd}|^2 P\left(1-\frac{1}{\varphi}\right)+\sigma^2}\sqrt{\frac{\alpha_2}{\alpha_1\varphi}} \quad (55)$$

Let ρ^* be defined as the unique solution within $[0,1]$ of the following equation:

$$\rho^2 = \frac{(A(\rho))^2}{\varphi}\times\left(1+\frac{\left(|\boldsymbol{h}_{sd}|\sqrt{\frac{P}{\varphi}}+|\boldsymbol{h}_{sr}||\boldsymbol{h}_{rd}|\beta\sqrt{P}\rho\right)^2}{|\boldsymbol{h}_{sr}|^2|\boldsymbol{h}_{rd}|^2\beta^2 P\left(\left(1-\frac{1}{\varphi}\right)-\left(1-\frac{1}{A(\rho)}\right)^2\rho^2\right)+Z}\right)^{-1} \quad (56)$$

$$A(\rho) = 1+\frac{P|\boldsymbol{h}_{sd}|\left(|\boldsymbol{h}_{sd}|\sqrt{\frac{1}{\varphi}}+|\boldsymbol{h}_{sr}||\boldsymbol{h}_{rd}|\beta\rho\right)\left(\sqrt{\frac{1}{\varphi}}-\sqrt{\varphi}\right)}{|\boldsymbol{h}_{sr}^2||\boldsymbol{h}_{rd}|^2\beta^2 P\left(\left(1-\frac{1}{\varphi}\right)-\left(1-\frac{1}{A(\rho)}\right)^2\rho^2\right)+Z} \quad (57)$$

Then, according to (54):

$$\alpha_N = \alpha_2\left(1+\frac{\kappa^2}{\Gamma}\right)^{2-N} \quad (58)$$

where:

$$\kappa = |\boldsymbol{h}_{sd}|\sqrt{\frac{P}{\varphi}}+\beta|\boldsymbol{h}_{sr}||\boldsymbol{h}_{rd}|\sqrt{P}\rho^* \quad (59)$$

$$\Gamma = |\boldsymbol{h}_{sr}|^2|\boldsymbol{h}_{rd}|^2\beta^2 P\left(\left(1-\frac{1}{\varphi}\right)-\left(1-\frac{1}{A(\rho^*)}\right)^2(\rho^*)^2\right)+Z \quad (60)$$

Next, according (42) and (44), we have:

$$Pr(\widetilde{C}_N) \leqslant 4Q\left(\frac{1}{2\cdot 2^{NR(N,\epsilon)}\sqrt{\frac{\alpha_N}{2}}}\right)=\frac{\epsilon}{2} \quad (61)$$

Substituting (58), (59) and (60) into (61), we obtain

$$R(N,\epsilon) = \frac{N-2}{N}\log\left(1+\frac{\kappa^2}{\Gamma}\right)-\frac{2}{N}\log D \quad (62)$$

where $D=\sqrt{2\alpha_2}Q^{-1}\left(\frac{\epsilon}{8}\right)$ and α_2 is given in (50).

4 Conclusions

In this paper, based on the existing scheme, we proposed an FBL approach for the FRC with noisy feedback. Numerical result shows when the blocklenth N is sufficiently large, the achievable rate almost approaches its asymptotic value. One possible future work is to extend this scheme to the fading MIMO case.

References

[1] BEN-YISHAI A,SHAYEVITZ O. Interactive schemes for the AWGN channel with noisy feedback [J]. IEEE Transactions on Information Theory, 2017, 63 (4): 2409-2427.

[2] BROSS S I, WIGGER M A. A Schalkwijk-Kailath type encoding scheme for the Gaussian relay channel with receiver-transmitter feedback [C]. IEEE International Symposium on Information Theory (ISIT), 2007: 1051-1055.

[3] COVER T, GAMAL A E. Capacity theorems for the relay channel[J]. IEEE Transactions on information theory, 1979, 25(5): 572-584.

[4] COVER T M, THOMAS J A. Elements of information theory[M]. New York: Wiley, 1991.

[5] GAO Y, AO H, ZHOU Q, et al. Modeling of satellite communication systems design with physical layer security [C]. IEEE International Conference on Wireless Communications, Signal Processing and Networking (WiSPNET), 2017: 1680-1683.

[6] KHUWAJA A A, CHEN Y, ZHAO N, et al. A survey of channel modeling for UAV communications [J]. IEEE Communications Surveys & Tutorials, 2018, 20(4): 2804-2821.

[7] KODHELI O, LAGUNAS E, MATURO N, et al. Satellite communications in the new space era: A survey and future challenges[J]. IEEE Communications Surveys & Tutorials, 2020, 23 (1): 70-109.

[8] LI B, FEI Z, ZHANG Y, et al. Secure UAV communication networks over 5G [J]. IEEE Wireless Communications, 2019, 26 (5): 114-120.

[9] SCHALKWIJK J, KAILATH T. A coding scheme for additive noise channels with

feedback--I: No bandwidth constraint [J]. IEEE Transactions on Information Theory, 1966, 12(2): 172-182.

[10] VAN DER MEULEN E C. Three-terminal communication channels [J]. Advances in applied Probability, 1971, 3(1): 120-154.

[11] ZAMIR R. Lattice Coding for Signals and Networks [M]. Cambridge: Cambridge Univ. Press, 2014.

基于路段画像的公路交通信息精准服务研究

金宇铮*[1]　廖　鹏[2]　齐思博[1]　韦涤斌[1]　夏嫣姿[1]
(1. 长安大学公路学院;2. 长安大学运输工程学院)

摘　要　为积极响应公众出行、公路管理以及公路建设不断提高的需求,以路段画像技术为依托,提出公路交通信息精准服务。首先梳理画像技术的应用现状,探讨画像技术的特点以及优势,进而讨论路段画像的内涵及特征,提出将画像技术应用于公路交通系统的可行性。并通过路段信息画像库构建、信息关联、信息精准推送三方面主要工作,探讨实现公路信息精准服务的路径。研究发现:用户画像技术可实现公路交通系统信息需求与服务的精准对接,从路段信息画像库构建、信息关联以及信息精准推送等方面提出具体的应用路径,为公路交通信息服务提供理论参考与实践方案。

关键词　路段画像　用户画像　公路信息服务　精准服务

0　引言

现代化的用户画像技术是基于大数据和机器学习的方法,在互联网中将某种事物的各种信息通过数据挖掘的手段进行整理与解析,通过数字化的形式构建出反应各种外在特征、内在属性的,立体、多维度的数字画像。见图 1 基于用户画像技术精准勾画目标群体特征并有效提高决策效率的功能,目前已经在各个领域广泛运用[1]。

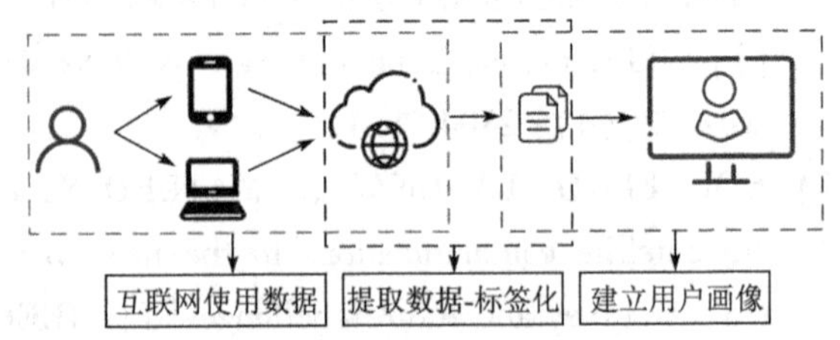

图 1　用户画像生成过程

例如在工业领域,通过对用电群体的负荷控制潜力进行画像,使得负荷控制实施方更高效地执行负荷控制,保证足够的用电群体参与率[2]。

在医疗管理领域,通过医疗系统的数据库,将用户的性别年龄、医疗状况、诊断病例与记录进行整理分析,如果通过模型建立具有自我修正性与灵活扩容性的患者画像,在未来可以实现精准的预防、医药和治疗,增加医者的诊断和医治效率[3]。

在教育行业,利用大数据画像技术对教育对象的思想需求和行为态度进行预判,从而实现精准思政教育[4]。

在道路交通行业,利用 K-means + + 算法与熵权法进行货车货运风险特征画像的分类与评分,从驾驶行为与营运状态两方面建立货运风险画像标签体系,并根据结果提出了各个风险等级的货车精细化管理建议[5]。此研究的数据来源是高速公路收费数据,还有研究从其他数据来源,通过货车轨迹数据分析运行特征规律并结合违法数据、事故数据等找出风险源,从驾驶员身体状态、驾驶员驾驶技能、车辆性能、车辆行驶状态、道路线形、环境状况、社会风险七个维度建立货运车辆运行风险画像[6]。

虽然在不同领域中建立画像的目标群体特征有所不同,但是其核心都在于利用现代大数据技术对海量数据进行分析处理,将目标群体的特征进行分类标签化,以针对各类群体实施精准化服务。

目前,我国公路路侧基础设施的发展朝着智能化的方向不断革新,依托大数据技术,公路交通系统中产生的海量数据能够用于进行交通运营、管理问题的各种分析。并且,不同的道路使用者对于道路信息的需求不尽相同,甚至有着较大差异,提供可靠、合理的出行信息服务是目前完善信息服务系统亟待解决的问题[7]。在上述的前提之下,本文将用户画像进一步应用至公路交通领域,建立信息精准服务系统,全面、立体、动态地描绘出公路特征画像,并将反映不同特征的画像信息传递给不同的服务群体,以实现实时动态信息报告、精准管控、交通影响分析等功能场景。

1 公路系统画像的内涵及特征

1.1 公路系统画像的内涵

公路交通系统画像是基于一系列多维数据之上,通过描述公路交通系统各方面特征,对关键信息进行虚拟的刻画,目的是向道路系统中的不同参与者提供精准化的信息服务,一方面弥补以驾驶员为代表的道路使用者对于整体公路交通状态的信息匮乏,支持其做出安全的驾驶决策;另一方面分析关键路网数据所反映的公路交通状态、特征、缺陷并提供给道路管理人员,使其更有效、更迅速地进行管控措施的制定及应急措施的实行。

1.2 公路系统画像的特征

用户画像的概念在21世纪初由Alan Cooper提出[8],但随着技术的发展,用户画像的内涵与外延都发生了变化,在不同领域、不同应用场景中都有着不同的诠释。结合画像技术在各个领域中的应用现状以及公路交通系统信息的特点,笔者认为公路交通系统画像应具有可迭代性、知识性、聚类性。

可迭代性,应对信息的多变性,加快信息更迭速度。公路交通系统的运行状态存在不稳定性,用于建立画像的数据来自公路本身的属性以及路网感知系统所捕获的数据,根据其变化性可以分为静态属性和动态属性。其中,动态属性是会随着交通状况、环境状况等因素不断变化的,当其变化时,公路交通系统的某些特征也会随之变化,导致不同的画像结果,因此这些特征画像需要进行不断地迭代以反映最新状态。

知识性,挖掘数据内在属性,深化信息理解。公路交通系统中的数据作为一种可利用的资源,由于数量众多、多源异构的特点,存在着信息被"沉没"的现象。整合分析某些不同的数据信息,可能能够共同反映某一特征,有许多潜在的特征与趋势等待着被发掘和利用。

聚类性,整合具有同类特征的对象,以便捷管理与分析。画像技术是为目标打上便于识别的标签,这需要对构建起的画像根据一定的特征进行分类。通过聚类同质化、区别异质化的过程,能够更加高效、便捷地对目标群体进行了解与管理。

2 基于路段画像的公路信息精准服务实现路径

公路信息精准服务的核心在于道路使用者的信息需求与路段数据特征供给的精准匹配。由于用户画像技术的核心为标签化,与实现公路信息精准服务的需求相符,通过"路段信息画像构建→道路使用者画像构建→信息关联→信息精准推送"的路径,实现道路使用者需求与路段数据信息供给的精准匹配。具体内容见图2。

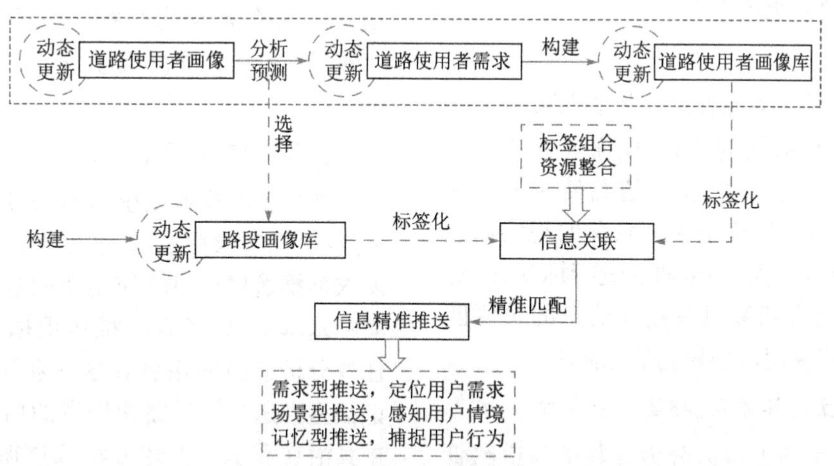

图2 公路信息精准服务实现路径

2.1　路段信息画像库构建

根据用户画像技术的内涵,画像的建立是数据采集、处理与分析的过程。在交通系统大数据的基础上,首先根据服务对象的信息需求选择需要建立画像的目标,通过科学的定量或定性分析方法选取能够反映目标特征的多个维度并划分出各个维度下级的指标。根据各指标对目标特征的影响程度不同,对指标进行赋权,最终归入到某一具体的画像特征等级。

2.1.1　构建公路系统数据库,聚类共性信息

通过计算机网络技术搭建公共数据库,首先基于道路使用者的需求聚类公路交通数据,并进一步将道路使用者进行聚类。道路使用者的信息可划分为驾驶员信息与道路管理人员信息,再进一步细分为交通基础信息、路况信息、出行参考信息等,反映使用者的真实需求。

2.1.2　公路交通画像聚合,共建交通信息资源

从公路设计资料、公路路侧感知系统、气象预测系统等多方来源采集数据信息,在构建完数据库后,需要与设计单位、施工单位、监管单位以及政府等机构进行全方位的协调,从而得到完善的公路数据信息,并且在专业技术、相关政策上得到保障,最终实现多方面公路交通画像的聚合。

2.1.3　公路交通画像可视化,匹配用户需求

在公路交通画像可视化阶段要实现数据信息的具象化表达。对于反映不同路段特征信息进行聚类,并建立标签化评价体系。得到相应标签后,建立公路交通信息画像,通过计算机电子可视化技术将公路交通系统画像以具体的形式进行表达,形成公路交通系统画像库。

2.2　信息关联

标签评价体系是画像技术的核心与基础。要构建起现实和虚拟数据的联系,就需要标签评价体系这一桥梁。一般来说,反映道路使用者习惯的虚拟信息和反映公路交通系统状况的现实信息间的关联与匹配,首先需要将两者进行标签化,建立画像,再进行两者标签以及数据信息的关联匹配,最终满足道路使用者的精确信息需求。

2.2.1　建立标签体系,描述用户特征

道路使用者大体上可以分为驾驶员与道路管理人员,而根据其任务、场景的不同,驾驶员又可以进一步细分为乘用车驾驶员、商用车驾驶员等等。对于道路使用者的信息需求特点,可以通过模拟情境仿真实验、问卷调查等方式获取。将信息需求划分为基础(一般性)需求、特定(场景性)需求和习惯(个性化)需求等不同维度,每个维度代表道路使用者的一种属性,并进行标签化。

2.2.2　明确标签权重,突出关键需求

上述的基础(一般性)需求、特定(场景性)需求和习惯(个性化)需求等各种维度下的标签对于最终建立起的使用者画像有着不同的影响强度。标签对应道路使用者的不同需求,而需求有着先后之分,因此标签之间存在着优先级的差别。道路使用者对于某个信息的需求越强烈,其标签的优先级就越高。在这个情况下,进一步将优先级量化为标签的权重,优先级越高的标签权重也更大。画像的精确与否,也依赖于这一量化的过程。客观、合理的标签权重确定,更加利于刻画真实的道路使用者与公路交通系统画像,以及后续精确的信息关联与匹配。

2.2.3　注重标签更新,追踪迭代信息

公路系统数据的时效性决定了其画像是动态变化的,而这又决定了其画像标签和道路使用者画像标签处于不断更新的状态之中。标签具有独特的生命周期,公路交通系统应根据其生命周期不断地更新和完善公路交通系统画像标签。对于信息需求时有变化的道路使用者来说同样也是如此。例如,反映实时交通量、路面状况、天气状况等标签是会随着现实条件不断变化的,反映个人习惯的个性化信息也会随着道路使用者的实时需求不断变化。公路交通系统可以提前设置变更周期,在一定的周期内根据用户的需求添加或更新标签,形成一个重复反馈修正的过程,不断更新画像。

2.3　信息精准推送

实现公路交通系统信息服务需要结合多种服务途径,即需求型推送、场景型推送、记忆型推送。需求型推送根据道路使用者的基本属性推送其所需的基本信息,场景型推送根据特定路况与场景任务分析道路使用者在这一状况下的特定需求,记忆型推送分析道路使用者的信息搜索习惯并挖掘其潜在需求。上述方法都遵循“推送→反馈→修正→再推送”的循环机制。

2.3.1　需求型推送，定位用户需求

需求型推送反映的是某一标签下道路使用者群体对公路系统信息的普遍需求，并分析使用者群体的需求层次，不同道路使用者群体对于同一类信息有着不同层次的需求。例如，对于路段的基础信息，乘用车驾驶员更需要关注目的地和路径信息；而商用车驾驶员更需要关注路段的坡度线形。道路使用者的路段信息需求具有很高的时效性，要求公路交通数据系统要能精准定位其需求，根据道路使用者的需求精准推送其所需的路段信息，并根据反馈不断调整推送内容。

2.3.2　场景型推送，感知用户情境

道路使用者的路段信息需求是不固定的。在不同路况、气候、驾驶任务下的道路使用者，特别是驾驶员的实时路段信息需求是不同的，也就是说道路使用者的路段信息偏好和需求对于使用者所处的场景是十分敏感的。如果不实时地对其需求进行分析与修正，那么可能无法及时提供道路使用者在某些特定场景下的关键信息需求。通过智能化感知技术，能够实现对道路使用者所在的场景的感知，通过分析得到场景标签，之后将场景标签与使用者标签相结合，分析使用者特定场景下的信息需求，进行资源的推送，再根据平台反馈的服务群体场景进行画像的修正和数据信息的推送，循环往复。例如，靠近服务区或收费站等设施时，对驾驶员提供距离设施的信息；在靠近枢纽、复杂立交桥时，为驾驶员提供准确的行驶方向和行驶路径信息。

2.3.3　记忆型推送，捕捉用户行为

公路交通信息服务系统根据道路使用者画像获取用户的画像搜索与使用历史，记录和分析道路使用者的信息搜索习惯，为不同的道路使用者推送不同的个性化信息，让道路使用者获得更加便捷、精确的信息服务。例如，驾驶员时常搜索前方地理位置信息，则可能是对于地理位置较为陌生的驾驶员，系统通过分析可以优先为其推送周边地理位置、驾驶路径的相关信息。在某些情况下，道路使用者对于自身的需求并不了解，而具有记忆型的信息服务能够结合道路使用者的所处情景与信息搜索习惯等因素，挖掘出其潜在需求。在不同的场景和任务下，道路使用者的信息需求将会产生变动，故道路使用者画像也会进行相应的变更。因此，系统推送的信息需要根据实时画像进行调整。这是一个不断循环的过程，只有充分利用各方面画像的可迭代性，才能适应不同使用者动态化的需求，从而体现出公路交通信息服务的精准性。

3　结语

本文通过总结用户画像技术的应用与特点，提出将用户画像技术应用于公路交通系统，建立道路使用者画像与公路系统画像。探讨了公路系统画像的内涵及特征，论证用户画像技术对于完善、升级公路信息服务具有较强的适应性。最后讨论了公路信息精准服务实现路径，提出了完整的路径框架，为进一步建立公路系统信息网络平台提供理论基础与指导意见。但是本文的工作以理论为主，在后续工作中将进一步结合各方面研究，提出如何将具体研究成果耦合落实到公路信息精准服务实现路径框架中。

参考文献

[1] 张莉曼，张向先，卢恒，等. 知识直播平台付费用户群体画像研究[J]. 图书情报工作，2019，63(5)：84-91. DOI：10.13266/j.issn.0252-3116.2019.05.010.

[2] 陈逸涵，李扬，沈运帷. 基于负荷控制潜力量化模型的工业用户群体画像方法[J]. 电力自动化设备，2021，41(8)：208-216. DOI：10.16081/j.epae.202104008.

[3] 程结晶，刘星. 面向精准医疗服务的患者档案数据采集与分析[J]. 档案学通讯，2021(6)：50-59. DOI：10.16113/j.cnki.daxtx.2021.06.005.

[4] 苗瑞丹，王真. 大数据画像技术助推精准思政的技术可能、现实挑战和对策思考[J]. 思想教育研究，2022(7)：41-46.

[5] 林培群；龚敏平；周楚昊. 面向运输风险识别的高速公路货车用户画像方法[J]. 华南理工大学学报(自然科学版)，2023，51(6)：1-9.

[6] 朱涵. 货运车辆运行安全风险画像研究[D]. 北京：中国人民公安大学，2023. DOI：10.27634/d.cnki.gzrgu.2023.000357

[7] 高鹏飞，陈国俊，张抒扬等. 基于智慧出行用户画像的出行期望预留时长分析[J]. 科学技术与工程，2021，21(28)：12286-12293.

[8] 张莉曼,张向先,卢恒,等.心理投射视域下学术社交网络用户使用动机的画像研究[J].情报科学,2022,40(5):128-136. DOI:10.13833/j.issn.1007-7634.2022.05.017.

城市客运特定领域命名实体的BERT-BiLSTM-CRF识别模型

乌若愚[1,2] 李 雪[3] 邵春福*[4]

(1.北京交通大学综合交通运输大数据应用技术交通运输行业重点实验室;
2.内蒙古自治区交通运输事业发展中心;3.内蒙古大学交通学院;
4.新疆交通基础设施绿色建养与智慧交通管控重点实验室)

摘 要 本文针对城市客运特定领域数据集资源匮乏的问题,构建用于命名实体识别的数据集PubTransData,提出命名实体识别方法PubTransNER。首先采用三元序列标注(BIO)方法标注热线文本的命名实体,建立数据集和标注语料库,并划分训练集和验证集;然后通过预训练的语言表征模型(BERT)、融合双向长短期记忆(BiLSTM)模型和条件随机场(CRF)模型,提出高精度城市客运服务需求实体识别方法;最后以某市交通运输政务服务热线文本数据进行试验。结果表明,5类实体平均提取的准确率、精确率、召回率、F_1分数均在90%以上,成果为实现主题识别、自动问答、知识图谱等任务奠定基础。

关键词 交通工程 城市客运 命名实体识别 预训练语言模型 双向长短期记忆模型 条件随机场

0 引言

随着信息化水平的不断进步,城市客运领域产生了海量文本数据,但存在数据不规范、未登录词多等问题。文本数据整合共享和挖掘分析难度较大,因此如何准确地让计算机从文本数据中抽取出关键的信息,发挥文本数据对城市客运行业的决策支撑作用成为亟待解决的问题。

命名实体识别(Named Entity Recognition, NER)是指从文本中检测并识别命名实体,并划分为预定义的语义类型的过程[1]。命名实体识别技术是自然语言处理的基础任务,在机器翻译[2]、信息检索[3]、问答系统[4]以及知识图谱[5]等领域有着广泛的应用[6]。

命名实体识别在1996被首次提出,集中在人名、组织机构名和地名三大基本类上,2004年开始延伸至特定领域命名实体识别(Domain Named Entity Recognition, DNER),提取实体范围更广,实体分类更加精细,不同语种、不同学科领域被包含进来[7]。如,通过挖掘日常且数量巨大的半结构化电子病历助力现代化医疗的建设[8];通过挖掘日常且庞杂的社交媒体信息识别大众偏好[9];通过挖掘涉恐新闻报道中潜在恐怖组织痕迹保障维护现代化社会的和平稳定[10]。《国民经济行业分类》[11]将我国行业分为20个门类、97个大类。由于对"案例"的依赖,实体识别研究在医学和法律领域时间上最早、数量上也最多。在交通运输领域,已有铁路[12]、轨道交通[13]、民航[14]等特定领域的命名实体识别研究,但通常以交通安全为研究范畴[15]。

领域之间知识迁移难度高,如通用领域知识很难迁移到垂类领域,垂类领域之间的知识是很难相互迁移的。区别于通用领域命名实体识别具有大量的数据集用于模型训练,由于标注数据极度缺乏、未登录词众多、嵌套情况复杂等难点,目前鲜有面向城市客运领域的数据集。本文设计并构建了BERT-BiLSTM-CRF模型,来改善城市客运特定领域中命名实体识别提取实体特征信息不准确的问题。

基金项目:国家自然科学基金/National Natural Science Foundation of China(52072025),内蒙古自治区交通运输科技创新项目/(NJ-2023-08)。

1 问题描述

城市客运领域命名实体识别流程见图1。

本文主要研究内容如下：

(1)构建城市客运特定领域数据集。开展一类新的DNER的首要步骤是领域数据集和标注语料的构建，通过复用已有相关领域知识库的本体共识，制定特定领域实体类型和标注规则，标准命名实体，构建PubTransNER数据集。

(2)将数据文本转换成字符级别的序列。利用BERT预训练模型在输入文本中提取富有多种语义特征的词向量，再将预训练的词向量输入到BiLSTM模型提取上下文语义特征，最后通过CRF条件随机场进行数据样本的全局特征学习。依赖规则和序列解码能力输出最佳的标注结果用BERT预训练模型提取富有多种语义特征的词向量，再将预训练的词向量输入到BiLSTM模型提取上下文语义特征，最后通过CRF条件随机场进行数据样本的全局特征学习，依赖规则和序列解码能力输出最佳的标注结果[16]。

(3)评价数据集在模型上的表现。将该PubTransNER数据集作为试验的输入，在BERT-BiLSTM-CRF与另外两种实体识别模型BiLSTM-CRF和BERT进行对照试验，选用准确率、精确率、召回率、F_1分数(F_1 score)4项指标评价模型表现。

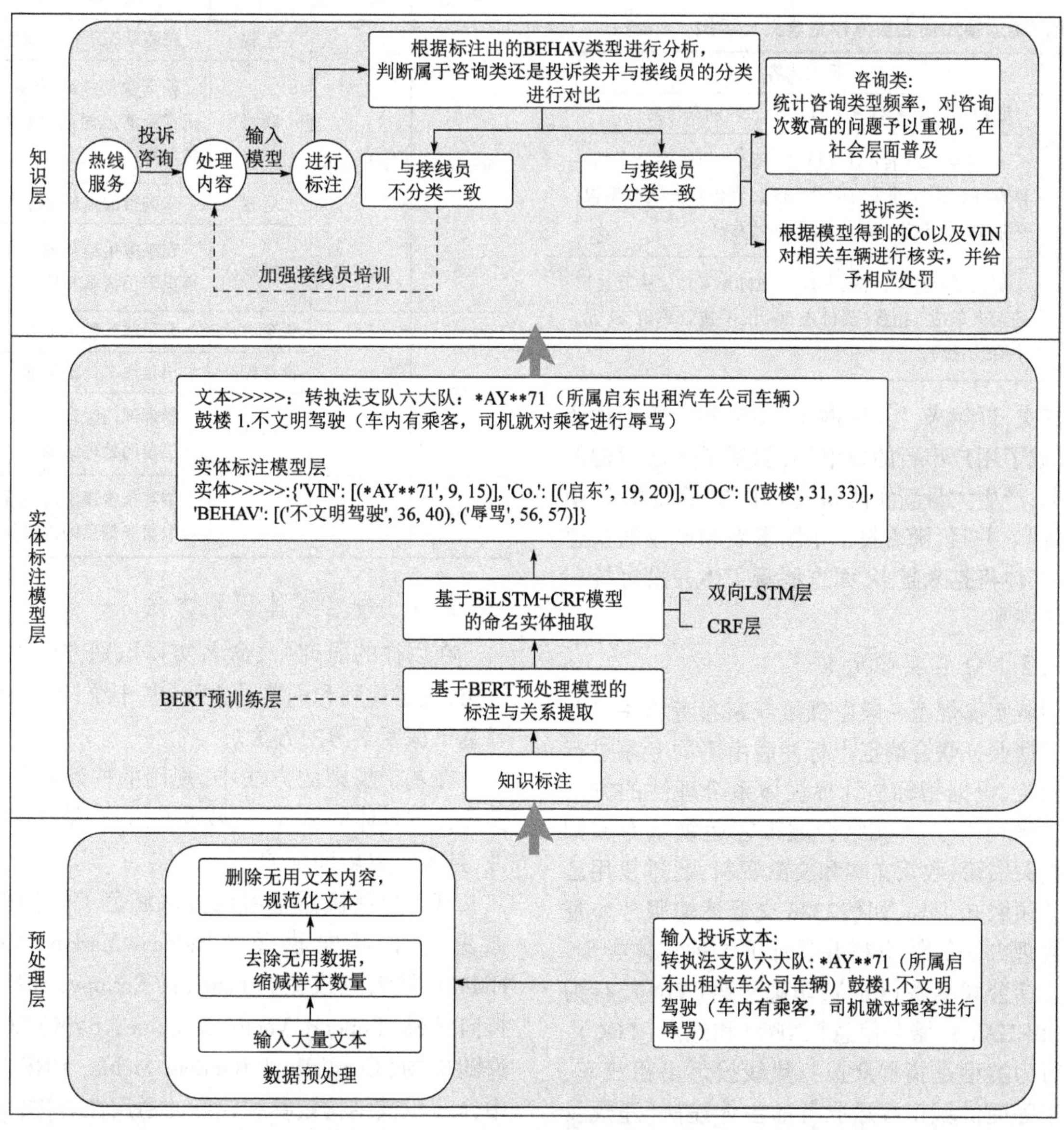

图1 城市客运领域命名实体识别流程

2　命名实体标注

2.1　命名实体特点

领域命名实体识别的效果评判主要是看实体的边界是否划分正确以及实体的类型是否标注正确,在城市客运领域,实体识别任务有以下难点:

首先,城市客运与日常生活息息相关,不同地域、不同人员对城市客运领域的实体描述形式不一致,且有着口语化、方言多、包含谐音等特点,如表1中的"别车""不拉"等。热线记录文本往往是不规范的短文本,相比于结构化文本更具有挑战性。

城市客运领域命名实体标签含义及示例　　表1

序号	反映内容
1	私家车反映＊AY＊＊77在西二环别车行为
2	＊AY＊＊52转执法支队二大队　市医院公交站—体育场交叉口 事发时间02:35 1.计价器安装跑得快,平常18元,这次20元,2.不提供发票
3	阳光平台打车,司机不拉,＊AM＊＊15,从万达广场到火车站　拒载(要价走50元,不按订单价29元,不给,不拉)

其次,近年来,"互联网+"渗透到交通运输领域,形成了用户出行的新市场,创新了交通运输的新业态,产生大量新实体如表1中的"跑得快""阳光平台"。并且,随着技术不断发展和产业的快速融合,实体将越来越多,而这些新实体并没有统一的命名规则。

2.2　命名实体定义

领域实体规范一般由领域专家参考相关专业规范根据业务联合确定[7]标注后由不同专家进行交叉检验,根据指标估计标注体系合理性的方法逐渐被采用[16]。本文结合城市客运领域专家知识和相关书籍、政策文本和文献资料,通过复用已有相关领域知识库,如《12328交通运输服务监督电话管理办法》等,分析并设计了5种实体类型。具体包括公司名称(Co.)、车牌号码(VIN)、行为类型(BEHAV)、服务信息(INFO)和地点(LOC)。其中行为类型是指群众拨打热线投诉出租汽车、公交车等提供城市客运服务的主体违法、违规及影响其服务质量的行为,如拒载、绕路、甩客、拼客等;服务信息是指群众拨打热线电话希望获取城市客运服务的信息,如业务电话、出租汽车收费标准、处理结果等。城市客运领域命名实体标签含义及示例如表2。

城市客运领域命名实体标签含义及示例　　表2

实体标签	实体类型	实体示例	实体含义
Co.	组织名	银建	出租汽车公司名称
		滴滴	网约车平台名称
		16路	因一般城市公交由一家公司经营,文本一般包含公交线路名称
		黑车	非法营运车辆总称
VIN	车牌号码	＊AY＊＊77	省的简称+城市代号+5、6位车牌号,共7~8位
BEHAV	行为类型	拒载	待租状态下拒绝搭载乘客
		绕路	偏离常规线路行驶、超出正常距离或时间、收取超额费用等
		甩客	未到目的地终止服务等
		拼客	在乘客拒绝与他人合乘的情况下仍搭载其他乘客
INFO	服务信息	联系方式	公司或驾驶员等联系方式
		收费标准	出租汽车计价标准
		处理结果	管理部门受理的12328热线工单的处理结果
LOC	地点	火车站	乘客报告违法违规行为或获取服务信息的位置信息

2.3　命名实体识别方法

在以往的研究中,命名实体识别方法主要有三类,基于规则和词典的方法、基于统计的方法以及基于深度学习的方法。

在基于规则的方法中,规则的构建常依赖于实体文本具体的语言、领域及其风格,缺乏可移植性,且难以更新和维护。

基于统计机器学习的方法涵盖了多种模型,如隐马尔可夫模型(Hidden Markov Model, HMM)、最大熵模型(Maximum Entropy, ME)、支持向量机(Support Vector Machine, SVM)以及条件随机场(Conditional Random Fields, CRF)。其中,ME以其结构紧凑和较好的通用性著称,然而,其训练过程相对复杂且计算代价较高。HMM在时序建模和隐藏状态推断方面具有显著优势,但在处理长距离依赖和高维数据方面存在一些局限性。CRF 则为命名实体识别提供了一种特征灵活且能够找到全局最优解的标注框架,同时考量多个实体标签间的关联性,从而提高识别的准确性[17]。

基于半监督的方法是在大量无标注数据集中重复选择置信度高的样本,通过反复迭代的方式,逐步扩大训练集的规模,但不仅受阈值选择的影响,而且样本质量难以保证,影响模型效果。

基于深度学习的方法在众多领域展现出了卓越的性能,然而通常需要大量的标注数据来进行训练。在城市客运领域,由于该领域的专业性较强,数据标注的成本相对较高,导致当前高质量标注数据极度缺乏。因此,本文将重点建立城市客运特定领域标注数据集,以确保模型的准确性和泛化能力。

2.4 命名实体标注

在命名实体识别标注任务中,序列标注和跨度识别是两种常用的方法[18]。序列标注方法将整个文本视为一个序列,在序列上对每个字进行标注,标签通常包括实体和非实体两种。跨度识别方法则将每个实体视为一个跨度,跨度的起点和终点是该实体在文本中的位置,目标是预测每个实体的跨度和对应的实体类型。

序列标注识别实体的过程分为两个阶段,首先确定实体的边界范围,然后再将这个实体分配到所属类型中[19]。通用领域的语料库丰富,维基百科开放 TB 级别的语料,相对通用语料库,领域语料库需要概念性的知识,还需要能够体现更深层次关系的数据语料,须单独收集和标注。

2.4.1 命名实体边界规范

(1)标注方式规范。

文本数据的标注任务是给每个知识单元(字、词)进行打标签,如 $X=\{x_1,x_2,\cdots,x_n\}$ 为一段待标注的序列语料,标注任务主要是给每一项 x_i 进行打标签 tag,需要事先定义标签的集合 Tag:$T=\{t_1,t_2,\cdots,t_m\}$,不同的标注序列任务标签集合不同,如命名体识别任务进行标签定义形式为:{时间,地点,故障名称,……};分词任务的标签集合 tag 可以定义为{Begin,Middle,End,Single,…}。

在本文中为更准确地识别和抽取文本中的实体和关系,提高了信息抽取的准确性和可靠性,选择使用 BIO(Begin-Intermediate-Other/Outside)三元标注法,该方法具有语义表达丰富、信息抽取准确、灵活性强等优点。在语义表达、信息抽取和灵活性方面具有明显的优势,能够为自然语言处理和文本挖掘等领域提供更加准确和丰富的数据支持,其中 B 为 Begin 代表实体首部,I 为 Intermediate 仅表示实体内部成分,O 为 Other/Outside 代表非命名实体,B-Entity 表示实体中的第一个字符,I-Entity 表示实体中间的字符,O 表示非识别实体。

(2)标注过程规范。

在标注任务中预先假设预测序列是目标为 $Y=\{y_1,y_2,y_n\}$,根据概率论,需先计算条件概率 $P(Y|X)$,获得序列 Y,再定义对应的真实 Label 序列为 $L=\{l_1,l_1,l_n\}$,根据本文分类问题的需要最后选用对 Y 和 L 使用交叉熵计算损失函数(Loss),即获得一个用来度量模型的预测值 Y 与真实值 L 的差异程度的非负实值函数,并通过梯度下降法求解参数。

在命名实体标注任务中,模型通常利用鲁棒性表达在各种不同数据分布和噪声条件下表现出的稳定性和适应性。而 Loss 函数则是衡量模型预测结果与实际结果之间差距的函数,它反映了模型训练的质量。在训练过程中不断优化 Loss 函数(即减小差距)会使得训练数据的拟合程度更高,模型能够更好地处理各种变化和噪声,从而表现出更高的鲁棒性。这些预测的标签 tag 之间可能是有关联的,需要通过上一个 tag 的信息预测下一个 tag,如分词任务,如果上一个预测的 tag 是 Begin,那么下一个 tag 就不应该是 Single。

2.4.2 命名实体数据标注规范

本文中,数据标注仅指面向出行者的诉求,如投诉、举报、咨询、求助等,不包括面向服务提供群体的诉求,如驾驶员咨询政策和申诉等。不标注热线电话衍生诉求,如来电人撤诉和补充信息等。工单内容无有效信息亦不标注,如"此用户咨询内蒙古范围内出租车文明驾驶的相关事宜"。

对于组织名称,默认标注主体为从事出租、网约、公交、非法营运的经营者和驾驶员等,其中出租汽车公司等的组织名称不标注"公司"二字,"网约车"一般来电人默认该服务由"滴滴""高德"等头部企业提供,因此保留"网约车"三个字。

对于车牌号码,尽管可以通过简单的自然语

言处理,但由于工单记录不规范,存在省的简称、城市代号或数字和字母缺位的情况,因此依然采用模型处理。

对于地点,由于识别目的主要是识别具体高频违规地点,城市级别的信息可通过受理单位和车牌号判断,因此只对市内地址进行分级标注,且仅到"街道""路口""单位""小区"级别,不标注"南门""二期""门口""3 号"等,但是对于"××火车站"等地点,则不进行分级标注。

对于行为,只标注出租汽车服务主体的经营行为、驾驶行为等,参照《巡游出租汽车驾驶员服务质量信誉考核评分标准》和地方性法规和规章,包括拒载、绕路、甩客、拼客、异地经营、随意变道、危险驾驶等,不标注如加油站逃单、欠费等行为,不标注弄脏车辆等乘客行为。当多个行为并列出现时,不区分重要程度。

由于识别服务信息的目的是识别高频需求,只标注核心需求,不标注其修饰语。

此外,需重点关注语义嵌套,如"咨询启动公司联系方式",仅标注联系方式";以及"语义消歧,如"黑车"。在"呼和浩特市火车东站—马鬃山滑雪场黑车营运"语境中,标注为组织名;在"来电人投诉大客车在火车站附近跑黑车"语境中标注为行为类型。同样,"滴滴",在"出租车持续按滴滴"语境中标注为行为类型;而在"通过滴滴从香榭丽舍打车到火车站。"语境中标注为组织名。

2.4.3　命名实体标注工具

本文采用 Doccano 工具进行命名实体标注。以热线文本数据:"私家车反映＊AY＊＊77 在西二环别车行为"为例,标记界面如图 2 所示,命名实体标注完成后转换为 BIO 格式后的数据如表 3 所示。为了控制标注语料的质量,本文在确保规范的准确性及标注人员的标注能力的基础上,采取了及时反馈、质量监测、抽样检查等多项措施,保证了标注结果的真实可靠。

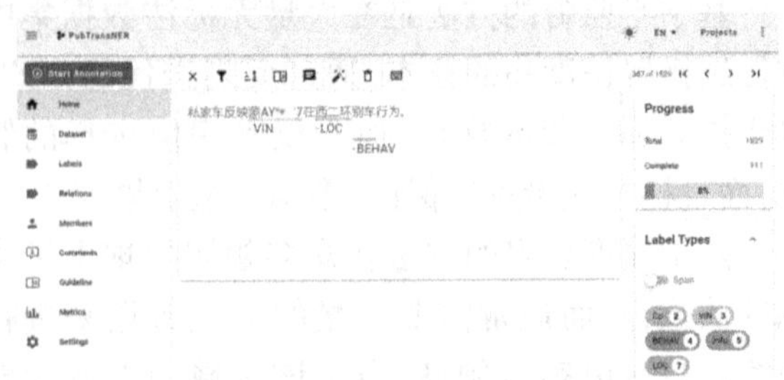

图 2　Doccano 命名实体标注界面

公共交通命名实体识别示例　　表 3

Word	私	家	车	反	映
Label	O	O	O	O	O
Word	＊	A	Y	＊	＊
Label	B-VIN	I-VIN	I-VIN	I-VIN	I-VIN
Word	＊	7	在	西	二
Label	I-VIN	I-VIN	O	B-LOC	I-LOC
Word	环	别	车	行	为
Label	I-LOC	B-BEHAV	I-BEHAV	O	O

3　模型构建

命名实体识别的主要技术主要有三类:基于规则和字典的方法、基于统计机器学习的方法、基于深度学习的方法[6]。自然语言处理模型从基于规则到基于统计再到基于深度学习的每一个发展过程中,准确性得到了较大幅度地提升。近年来,特定领域主流模型如表 4 所列。

基于深度学习的中文特定领域主流模型　　表 4

作者	时间	领域	数据源	F_1	方法关键字
郭知鑫等[20]	2021	法律	法律文本经典数据集以及人工整理标注的法律笔录文本数据集	94.94%	BERT-BiLSTM-CRF
杨盈等[21]	2023	地理	全国行政区划数据及地理大百科全书中	88.92%	BERT + BiLSTM + CRF
王权于等[22]	2022	岩土	岩土工程语料库	92.11%	BERT-BiGRU-CRF
任媛等[23]	2021	渔业	渔业标准数据库	95.43%	BERT + BiLSTM + CRF
陈明等[24]	2023	农业	农产品文本信息库	93.91%	XLNet-IDCNN-CRF
刘斐等[25]	2023	电力	电力行业通报的事故报告	97.00%	BERT + BiLSTM + CRF
黄子麒等[26]	2023	汽修	真实汽车生产设备故障领域生产设备故障领域	89.30%	BERT + BiLSTM + CRF
杨秀璋等[27]	2022	计算机	各公司 ATP 分析报告	90.06%	BERT + BiLSTM + CRF
刘彬等[28]	2023	中医	中医医案	84.81%	BERT + BiLSTM + CRF-radical

根据焦凯楠等[7]提出的领域 NER 解决框架(图 3),因本文的数据集规律不明显,规模够大,虽然目前没有领域内词向量,但具有丰富的领域专家资源,具备制作大规模标注数据集的条件。因此,本文选择 Bidirectional Encoder Representations from Transformers(BERT)作为预训练语言模型,使用 Transformer 特征提取网络,运用双向长短时记忆网络-条件随机场(BiLSTM-CRF)序列标注模型捕捉上下文信息,增强模型结构,可以更准确地识别并标注文本实体。

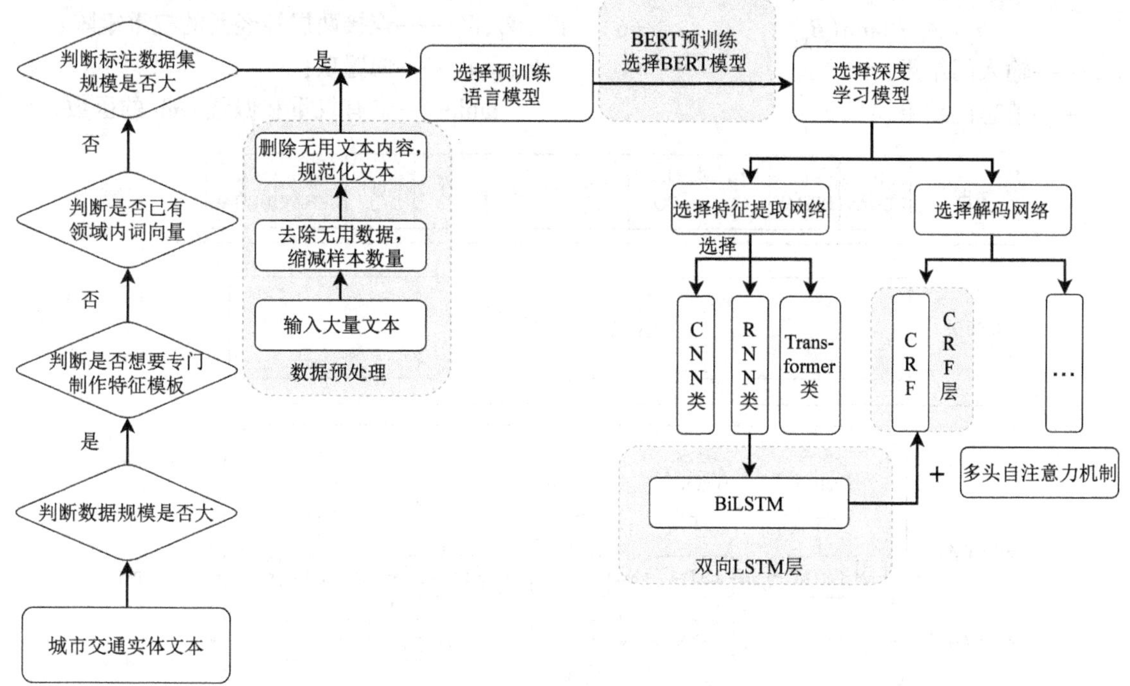

图 3　领域 NER 解决框架

由图 3 可看出,模型结构主要由 BERT 层、双向 LSTM 层、CRF 层构成。以“投诉启东公司车辆拒载”为例作为模型的输入序列,然后将输入序列分割得到“投”“诉”“启”“东”“公”“司”“车”“辆”“拒”“载”十个不同字符,将这些字符依据语料形成的向量表映射成向量形式,输入到 BERT 层,BiLSTM 获取 BERT 层输出后,将其进行 Embedding 拼接,加入前向和后向的 LSTM 中进行编码,并根据上下文,使用 softmax 函数给出单词对应标签的概率。由于 softmax 函数输出的单词标签相互独立,序列不合理情况,最后传入 CRF 层 BiLSTM 层的输出进行修正,得到最大概率的合理序列[18],如图 4 所示。

3.1　BERT 模型

训练模型 BERT 自 2018 年提出以来备受关注[29]。BERT 的应用领域较为广泛,从自然语言理解领域的文本分类、阅读理解等热点领域到自然语言生成的自动文摘、文本写作等领域均有涉猎[30]。

如图 5 所示,以“投诉启东公司车辆,在西二环有别车行为。”为文本输入 BERT 模型。

token enbedding:将输入的文本中每一个词(token)转化为固定纬度的向量。

segment embedding:区分输入的文本中两个句子,只用 0、1 两个向量表示,把 0 赋值给第一个句子中每个 token,把 1 赋值给第二个句子中每一个 token。

position embedding:令 BERT 学习到输入文本中的顺序属性。

3.2　BiLSTM 模型

定向长短期记忆(Long Short Term Memory,LSTM)模型是 Hochreiter 等于 1997 年针对循环神经网络(Recurrent Neural Networks,RNN)的梯度消失和爆炸问题提出的改进模型,是一种在向前 LSTM 的基础上添加了一个向后 LSTM,使神经网络具有两个方向的序列信息的过程[31]。在命名实体识别任务上可以充分利用输入序列的上下文信息,通过前后两个方向获取一个序列的全部信息,如图6所示。

$$A_i = \sigma(W_i \cdot [h_{t-1}, x_t] + b_i) \tag{1}$$

$$A_o = \sigma(W_o \cdot [h_{t-1}, x_t] + b_o) \tag{2}$$

$$A_f = \sigma(W_f \cdot [h_{t-1}, x_t] + b_f) \tag{3}$$

$$B_t^o = \tanh(W_i \cdot [h_{t-1}, x_t] + b_i) \tag{4}$$

$$B_t = A_f \cdot B_{t-1} + A_i \cdot B_t^o \tag{5}$$

$$h_t = A_o \cdot \tanh(B_t) \tag{6}$$

式中:A_i——输入门结果;

A_f——遗忘门结果;

A_o——输出门结果;

B_t^o——从当前输入中提取有效信息;

B_t——t时刻学到的信息;

x_t——t时刻输入;

h_t——t时刻输出;

σ——激活函数;

W_i、W_f、W_o——连接两层神经元的权重矩阵;

b_i、b_f、b_o——偏置项;

tanh——带有权重和偏置tanh的函数。

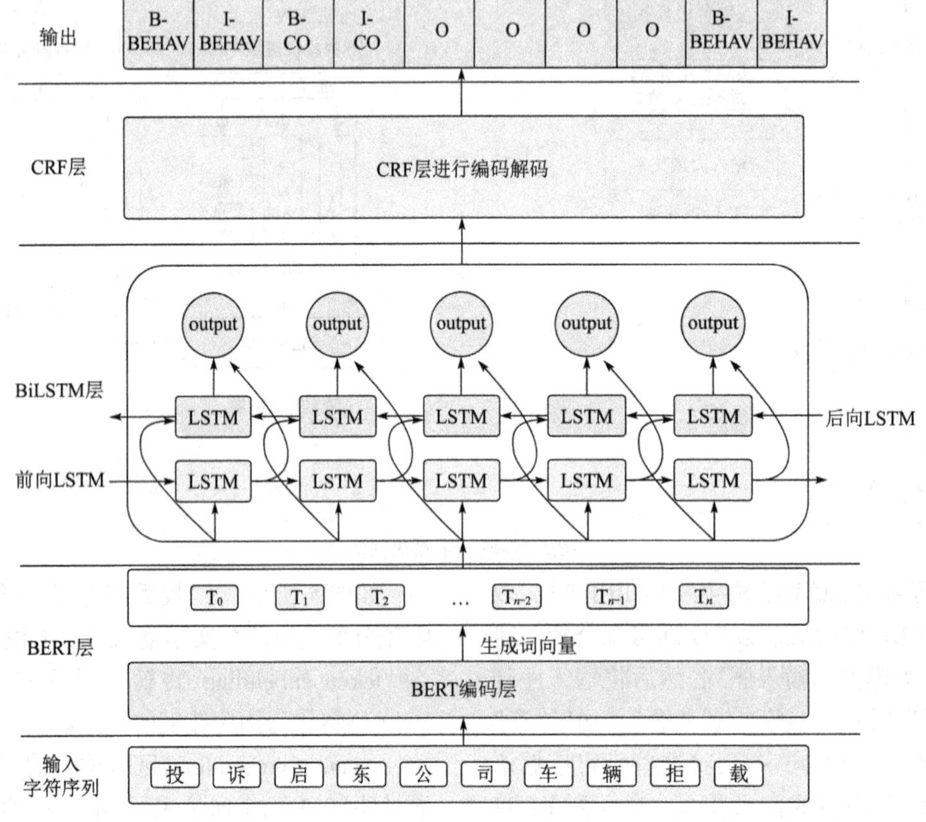

图4 模型框架

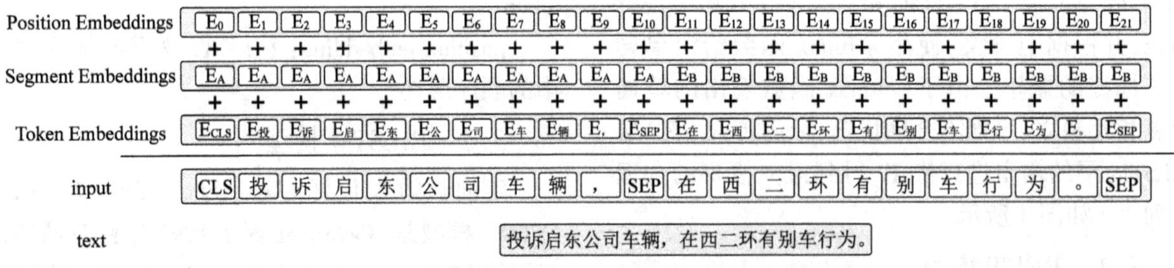

图5 BERT模型结构

3.3 CRF模型

CRF是一种判别式概率无向图模型,在给定输入随机变量的情况下,能计算输出随机变量的条件概率分布[26]。在文本识别过程中,BiLSTM模型可以很好地捕捉到较长的上下文基本信息,但是信息之间的依赖关系无法获得,因此本文在BiLSTM模型后引入CRF模型来获取实体之间的关系,提高实体识别的效果。

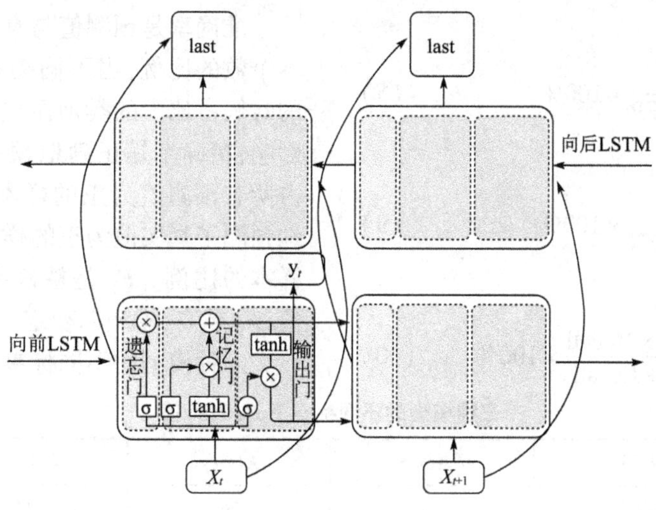

图6 BiLSTM 模型结构

4 实验与结果分析

4.1 实验环境

实验环境配置如下：操作系统选用 Windows 11，深度学习框架采用 Tensorflow 1.13，编程语言环境为 Python 3.8，配备了 Nvidia GeForce MX350 显卡。本文采用了预训练的 Bert-base 模型，网络层数 12 层，多头注意力机制包含 12 个头，隐藏层的维度设定为 768，整个模型参数总计约 110M。在训练过程中，设置 30 次迭代，批处理大小为 12，限定单个句子的最大长度为 512 个单词。为了防止过拟合，dropout 比例设定为 0.1。BILSTM 网络隐藏层维度为 128。

4.2 数据预处理及实体标注

政务服务热线是群众诉求表达、利益协调、权益保障的重要通道，由于这些数据来自用户的主动分享，且诉求主体可识别，反映情况的真实性极高。本文收集了某市交通运输主管部门受理 12328 交通运输监督服务热线反映内容的文本数据，选取"受理时间"为 2022 年 1 月 1—31 日，"问题分类"为城市客运的工单共计 1579 条，样例数据见表 1。

为了增加实验的可靠性，将原始语料进行预处理（包括去除空白、去除符号以及停顿词、基本纠错等操作），数据的平均长度为 35 个汉字。本文采用 Doccano 工具进行命名实体标注。1529 条数据中，有不包含任何实体的数据 145 条。如图 7 所示，本文共标注组织名 689 个、车牌号码 721 个、行为类型 1111 个、地点 713 个、服务信息 1177 个。

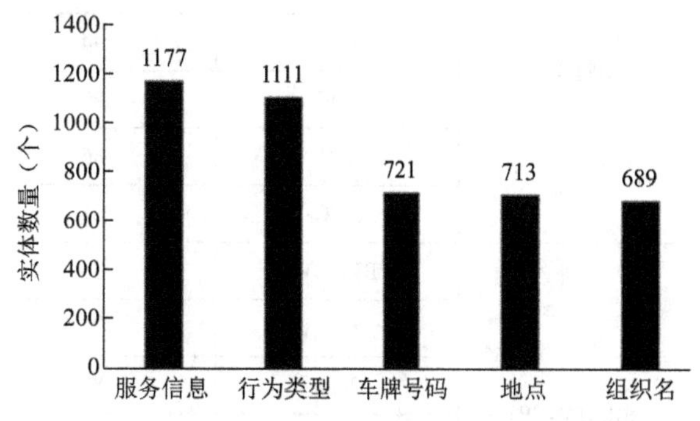

图7 命名实体数量情况

以模型训练的二八法则，将 20% 的数据作为验证集，有 305 个 BIO 标记序列，80% 标注序列作为训练集合数据，有 1224 个 BIO 标记序列。其组成及各实体个数见表 5。

命名实体识别实体个数 表5

实体类别	训练集	验证集	总计
Co.	548	141	689
VIN	555	157	712
BEHAV	881	230	1111
LOC	535	178	713
INFO	945	232	1177

4.3 评价指标确定

本实验的评价包含准确率 A(Accuracy)、精确率 P(Precision)、召回率 R(Recall)、调和平均数 F_1(F_1-score)四项指标，见式(7)～式(10)。

准确率(Accuracy)：

$$A = \frac{TP + TN}{TP + TN + FP + FN} \times 100\% \tag{7}$$

精确率(Precision):

$$P = \frac{TP}{TP + FP} \times 100\% \tag{8}$$

召回率(Recall):

$$R = \frac{TP}{TP + FN} \times 100\% \tag{9}$$

调和平均值(F_1):

$$F_1 = \frac{2Precision \times Recall}{Precision + Recall} \times 100\% \tag{10}$$

准确率是预测值与真实值一致的样本占总样本个数的比例,当不同类别样本比例非常不均衡的时候占比大的类别往往会对准确率造成很大的影响;精确率是正确地预测了真实值为正的样本占所有预测值为正的样本的比值;召回率是正确地预测了真实值为正的样本占所有真实值为正的样本的比例。F_1 是精确率和召回率的调和平均值,F_1 越高,模型越稳定。

三种模型的不同标签下的 P、R、F_1 值见标 6。

三种模型的不同标签下 P、R、F_1 值　表 6

Model	Lable	P_r(%)	R(%)	F_1(%)	A(%)
BERT	BEHAV	70	76	72	96.8
	Co.	75	74	75	
	Info	94	99	97	
	LOC	90	92	91	
	VIN	86	89	88	
	AVG	83	86	84.6	
BiLSTM-CRF	BEHAV	36	35	35	91.4
	Co.	74	70	72	
	Info	88	80	84	
	LOC	85	80	83	
	VIN	61	63	62	
	AVG	68.8	65.6	67.2	
BERT-BiLSTM-CRF	BEHAV	79	76	75	97.7
	Co.	93	91	92	
	Info	97	100	98	
	LOC	94	95	95	
	VIN	90	93	91	
	AVG	90.6	91.0	90.2	

从实验结果对比看,BERT-BiLSTM-CRF 结果表现最好。其中,由于"公司名""车牌号码""咨询信息""地点"实体结构性较强,不存在大量缩略词、名称嵌套等干扰信息,且出现的位置也较为固定,各项评价指标均高于 90%,相比之下,由于"行为类型"实体文本不规范,存在嵌套性,且部分行为类型在交通运输行政执法实践场景中难以确定,因此指标表现相对较低。

5　结语

本文针对城市客运特定领域文本的特点提出了以 BERT 模型作为预训练的 BiLSTM-CRF 实体识别模型,实验验证取得了 90.6% 的准确率、91.0% 的召回率和 90.2% 的 F_1 值,识别准确率和效率均较高(表 6)。本文构建城市客运特定领域数据集和已识别实体有助于准确识别运输服务需求,也为主题识别、自动问答、知识图谱等任务奠定基础。

本文研究工作尚存在一定的局限性,研究数据仅局限于政务服务热线数据,后续将进一步加大对政府网站、社交媒体等的收集整理。在此基础上,将本文建立的实体识别方法嵌入到交通运输监督服务热线、网络舆情中心等，此外，也围绕文本特征提取器结合声学特征提取器的方向进行研究，为人工智能技术在城市客运领域中的应用提供方案。

参考文献

[1] RAU L F . Extracting company names from text [C]//Artificial Intelligence Applications, Miami Beach, FL, USA, IEEE, 1991: 29-32.

[2] KHAN N S, ABID A ABID K. 一种基于自然语言处理(NLP)的英巴手语翻译机器翻译模型[J]. 认知计算,2020,12(4): 748-765.

[3] 王淑营,李雪,黎荣,等.基于知识图谱的高速列车知识融合方法[J/OL]. 西南交通大学学报: 1-11[2024-03-08]. http://kns. cnki. net/kcms/detail/51. 1277. U. 20220711. 1502. 002. html. .

[4] 袁飞. 基于预训练模型的问答系统关键技术研究[D]. 成都:电子科技大学,2022.

[5] 常钰,王钢,朱鹏,等.工业互联网安全知识图谱构建研究综述[J]. 计算机科学与探索,2024,18(2):279-300.

[6] 何玉洁,杜方,史英杰,等. 基于深度学习的命名实体识别研究综述[J]. 计算机工程与应用, 2021,57(11):21-36.

[7] 焦凯楠,李欣,朱容辰. 中文领域命名实体识别综述[J]. 计算机工程与应用,2021,57(16):1-15.

[8] 梁怀众,庄培锋,彭宏,等. 基于知识图谱与BERT-BiLSTM-CRF模型的中文电子病历实体识别研究[J]. 中国数字医学,2022 (8):43-47.

[9] 周佳勇. 基于社交网络的情感分析和兴趣挖掘的研究和应用[D]. 杭州:杭州电子科技大学, 2020.

[10] 高峰,杨梓航,候进等.面向反恐安全领域的中文阅读理解数据集构建与评测[J]. 数据分析与知识发现,2023,7(10):131-143.

[11] 中国标准化研究院. 国民经济行业分类: GB/T 4754—2017[S]. 北京:中国标准出版社,2017 (9).

[12] 董兴芝. 面向智能高铁安全保障的知识图谱构建及应用关键技术研究[D]. 北京:中国铁道科学研究院,2022.

[13] 张磊. 特定领域的命名实体识别方法的研究[J]. 计算机与现代化,2018,(3):60-64.

[14] 刘沛丰,钱璐,赵兴炜,等. 航空装配领域中命名实体识别的持续学习框架[J]. 浙江大学学报(工学版),2023,57(06):1186-1194+1266.

[15] 熊佳茜. 基于CRF的中文微博交通信息事件抽取[D]. 上海:上海交通大学:微电子学院,2015 .

[16] OGRENPV,SAVOVAG,BUNTROCKJD,et al. 构建和评估医学NLP系统的注释语料库[J]. 美国卫生研究院文献数据库, 2006:1050.

[17] 高国忠,李宇,华远鹏,等.基于BERT-BiLSTM-CRF的油气领域命名实体识别[J/OL]. 长江大学学报(自然科学版),1-11[2024-04-15]. https://doi. org/10. 16772/j. cnki. 1673-1409. 20230308. 002.

[18] 李超,侯霞,乔秀明.融合知识的文博领域低资源命名实体识别方法研究[J/OL]. 北京大学学报(自然科学版): 1-11[2024-03-08]. http://kns. cnki. net/kcms/detail/11. 2442. N. 20230927. 1705. 002. html.

[19] 陈曙东,欧阳小叶. 命名实体识别技术综述[J]. 无线电通信技术, 2020, 46 (3): 251-260.

[20] 郭知鑫,邓小龙. 基于BERT-BiLSTM-CRF的法律案件实体智能识别方法[J]. 北京邮电大学学报,2021,44(4):129-134.

[21] 杨盈,邱芹军,谢忠,等. 人在回路学习增强的地理命名实体识别[J]. 测绘通报,2023,(8):155-160+177.

[22] 王权于,李振华,涂志鹏,等. 基于BERT-BiGRU-CRF模型的岩土工程实体识别[J]. 地球科学,2023,48(8):3137-3150.

[23] 任媛,于红,杨鹤,等. 融合注意力机制与BERT+BiLSTM+CRF模型的渔业标准定量指标识别[J]. 农业工程学报,2021,37(10):135-141.

[24] 陈明,顾凡. 基于XLNet的农业命名实体识别方法[J]. 河北农业大学学报,2023,46(4):111-117.

[25] 刘斐,文中,吴艺. 基于BERT-BILSTM-CRF模型的电力行业事故文本智能分析[J]. 中

国安全生产科学技术,2023,19(1):209-215.

[26] 黄子麒,胡建鹏.实体类别增强的汽车领域嵌套命名实体识别[J].计算机应用,2024,44(2):377-384.

[27] 杨秀璋,彭国军,李子川,等.基于Bert和BiLSTM-CRF的APT攻击实体识别及对齐研究[J].通信学报,2022,43(6):58-70.

[28] 刘彬,肖晓霞,邹北骥,等.融合汉字部首的BERT-BiLSTM-CRF中医医案命名实体识别模型[J].医学信息学杂志,2023,44(6):48-53.

[29] 李冬梅,罗斯斯,张小平,等.命名实体识别方法研究综述[J].计算机科学与探索,2022,16(9):1954-1968.

[30] 陈德光,马金林,马自萍,等.自然语言处理预训练技术综述[J].计算机科学与探索,2021,15(8):1359-1389.

[31] PANDEY C, IBRAHIM Z, WU H H, et al. Improving RNN with attention and embedding for adverse drug re actions[C]//Proceedings of the 2017 International Conference on Digital Health,2017:67-71.

面向驾驶行为溯源的脑电特征挖掘与分析

董镇滔[1,2]　奇格奇*[1,2]　关　伟[1,3]　尚珊珊[2]

(1.北京交通大学综合交通运输大数据应用技术交通运输行业重点实验室;
2.上海外国语大学脑机协同信息行为教育部重点实验室;3.北京交通大学系统科学学院)

摘　要　大量的驾驶行为工程模型都未能充分挖掘和刻画驾驶人的心理、生理特征,而这恰是开发更高级别的辅助或自动驾驶系统的重要途径。针对这一现实问题,本文综合考虑驾驶人脑电信号和车辆物理运动,提出一种面向驾驶行为溯源的脑电特征挖掘方法,并构建基于卷积循环神经网络的跟驰行为预测模型。基于驾驶模拟器实验同步采集驾驶人的脑电信号和驾驶数据,将前后车速度差、后车速度和车头时距作为驾驶情境输入,后车加速度作为模型输出。同时,针对卷积求和可能会造成的特征损失问题,基于短时傅里叶变换分别将脑电数据构造为空域-频段与频域-电极张量。基于卷积循环神经网络,卷积编码脑电张量并与驾驶情境数据拼接输入长短期记忆网络,预测跟驰过程中的加速度变化。与基线模型相比,本研究R^2提升了7.2%($p<0.01$),RMSE降低了17.5%($p<0.01$),预测效果有显著提升。通过溯源挖掘驾驶行为相关的脑电特征,发现加速和减速状态下脑皮层的活动情况存在差异,同时各脑区、各波段的脑电特征呈现出较强的类内和类间相关性。

关键词　驾驶行为　跟驰行为　脑电特征　深度学习　卷积循环神经网络

0　引言

据统计有90%左右的交通事故是由驾驶人操作不当引起的,其中既包括疲劳驾驶、分心驾驶和激进驾驶等因素造成的,也有因缺乏驾驶经验或对驾驶情境感知不准确进而做出错误决策导致的[1]。在准确读取驾驶人当前心理、生理状态的基础上预测其之后的行为反应是提升交通安全水平的重要途径[2]。然而,大量的驾驶行为工程模型都没有对驾驶人的心理做出真切刻画,而只考虑人因特征的驾驶模型又面临泛化能力不强的缺点[3]。因此,提出综合考虑驾驶人心理、生理特征和车辆物理运动状态的预测模型显得十分必要。

驾驶机动车本质上是一种由驾驶人的大脑深度参与调控的、从认知到决策再到反应的复杂映射。多种脑信号用于解释大脑,脑电图因其易于

基金项目:国家自然科学基金项目/National Natural Science Foundation of China(72101014, 72271018);脑机协同信息行为教育部重点实验室开放课题项目/Open Project of Key Laboratory of Brain-Machine Intelligence for Information Behavior-Ministry of Education(2023JYBKFKT009)。

获取、成本较低且具有较高的时间分辨率而被广泛使用。而深度学习方法因具有自主学习、多样化的特征提取方式等优点，为解决包括脑电信号分析在内的许多复杂分类、回归问题提供了更准确、更快速的解决方案。

脑电信号分析在情绪识别和疾病诊断等领域的应用已经比较成熟[4-9]。李锦瑶等[4]综述了近年来深度学习框架在基于脑电信号的情绪识别中的应用，总结了输入数据、框架搭建和实验设计等方面的研究趋势。Chen 等[8]将基于脑电的脑网络与卷积神经网络（CNN）结合，提出一种用于识别注意缺陷及多动障碍的深度学习框架。

目前脑电信号分析在交通领域的应用主要围绕疲劳驾驶检测[10-13]、驾驶中神经疾病发作[14-16]和神经状态检测[17]、分心驾驶识别[18-19]、驾驶风格分类[20-21]与驾驶决策和意图预测[22-23]等方面展开。Lin 等[10]提出一种四维 CNN 算法，包括频率域、时间域和二维空间信息，通过预测车道偏离后驾驶人的反应时间来反映驾驶人的疲劳程度。Yang 等[20]采用两种脑电分析技术（独立成分分析和脑源定位）、两种信号处理方法（功率谱分析和小波分析），提取 12 种脑电特征用于短时驾驶状态预测，结果表明基于脑电的模型比基于驾驶数据的模型性能更好。

然而，目前脑电在交通领域的应用主要集中在特定潜在危险前提下，缺乏对正常驾驶状态下脑电信号与驾驶行为间关系的溯源研究，而这恰是现实驾驶活动中最常见的情境。前者的研究成果可用于监测驾驶人状态并做出预警；而对后者的研究可以直接应用于自动驾驶算法策略增强，开发包含类人决策的自动驾驶系统[24]。同时，既往研究对驾驶行为人因特征的刻画仍不全面，传统方法通过车载设备采集到的驾驶人图像或车辆运行数据难以全面、真实地反映驾驶人的内在差异。

为此，本研究拟基于驾驶行为数据与脑电数据，构建基于卷积循环神经网络的跟驰行为预测模型，从而研究基于行为溯源的脑电特征量化挖掘方法，并分析脑电信息与反应行为的数据结构与时空特性。

1 模拟跟驰实验

1.1 实验设计与数据采集

依托驾驶模拟器设计跟驰实验，实验过程中被试者需跟随前车驾驶，不允许超车和换道。参考北京市的实际驾驶数据，将前车的平均速度设置为 $30\mathrm{km\cdot h^{-1}}$，标准差为 $20\mathrm{km\cdot h^{-1}}$，加速度范围为 $-3.00\sim1.95\mathrm{km\cdot s^{-2}}$[25]。前车速度、车头时距和后车速度等驾驶数据的采样频率为 60Hz。64 通道脑电信号的采样频率为 1000Hz，电极布局基于国际通用 10～20 系统。驾驶模拟器实验场地与数据采集设备如图 1 所示，脑电采集设备型号为 actiCAP slim / snap。

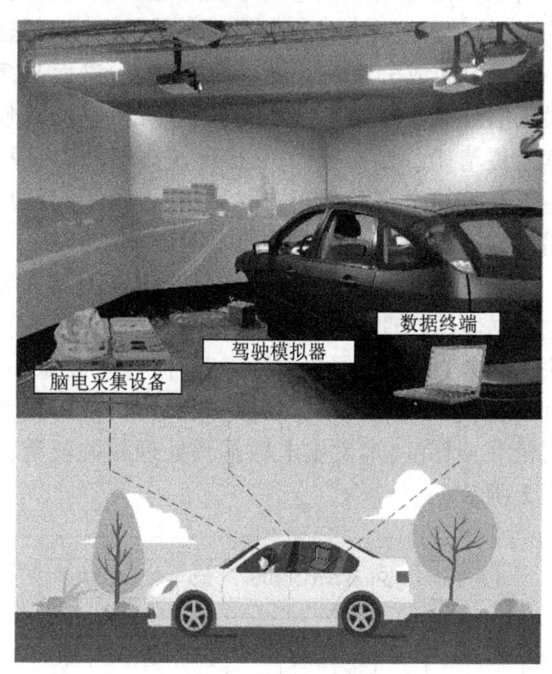

图 1 实验场地与数据采集设备

本研究共招募 24 名被试者，其中男性 12 名（平均年龄 25 岁，标准差 1.96 岁），女性 12 名（平均年龄 25 岁，标准差 2.00 岁），所有受试者均否认心理或神经系统疾病史，视力（或矫正视力）正常。实验过程由本单位科技工作与学术道德委员会认定，符合科技伦理道德。

1.2 驾驶数据预处理

选取跟驰行为中三个主要的刺激因素，前后车间的速度差、后车速度和车头时距作为驾驶情境输入。选择合适的车头时距范围进行研究是做跟驰行为分析的关键。尽管既往研究认为 6s 以上的车头时距对于驾驶行为建模的贡献是有限的，但 Qi 等[26]的研究表明，10s 以上的车头时距对应的驾驶片段仍然是十分有意义的，并推荐 20s 作为驾驶行为分析的车头时距阈值。因此提取车头时距落在 0～20s 范围内的驾驶片段。

1.3 脑电数据预处理

伪影引起的脑电波振幅通常要比因神经活动产生的振幅高很多，由此导致的低信噪比可能影响脑电数据的可靠性。这些伪影是由人的其他生理活动，如眨眼或肌肉收缩造成的，也可能是来自脑电采集设备的影响，如过高的电极阻抗或电子设备的干扰等。

独立成分分析(Independent Component Analysis, ICA)被广泛应用于脑电信号预处理，以识别各种伪影，其目的是寻找非高斯数据的线性表示，使这个表示中的成分在统计上尽可能独立，进而从多通道信号中分离出来自不同独立源的信号，以使信号更清晰。Mognon[27]等提出了ADJUST，一种基于ICA的全自动伪影去除算法，得到了广泛应用。AAR则是基于ICA的肌电伪影去除方法。

本文基于MATLAB中的EEGLAB工具箱对脑电数据做预处理，它集成了ADJUST和AAR等算法。参考Qi等[25]提出的针对五种伪影(眨眼、垂直眼动、水平眼动、不连续性和肌电)的成分池和两轮ICA算法，本文脑电数据预处理相关流程如图2所示。

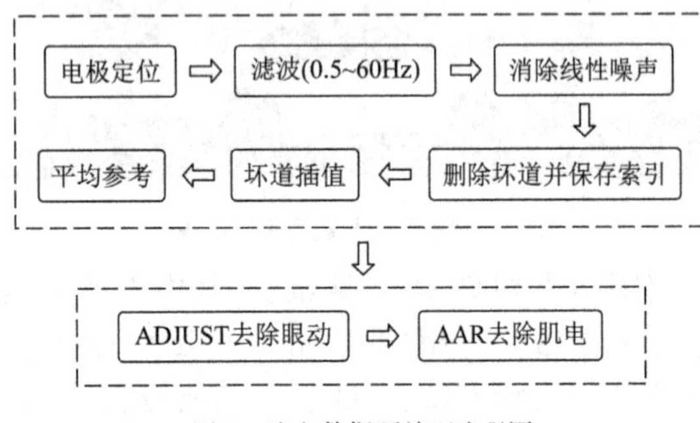

图2 脑电数据预处理流程图

2 跟驰行为预测模型

2.1 模型输入构造

将脑电时间序列分割为时长1s、重叠0.5s的若干切片，每三个切片(时长2s)为一个样本。对驾驶数据(前后车间速度差、后车速度和车头时距)做同样的处理，时间上与脑电数据对齐。使用短时傅里叶变换提取脑电信号的频域信息，时间窗为1s，重叠为0.5s，窗函数为汉宁窗，计算每个电极的功率谱密度(Power Spectrum Density, PSD)。将标签设置为每个1s切片对应的平均加速度，参考Ma和Qu[28]对驾驶人反应时间的研究，结合被试者的年龄分布，将反应时间设置为0.5s。即：对于每一个样本，其标签相对于输入整体滞后0.5s。

进一步地，将脑电频域分为5个频带，分别是delta(0.5 ~ 3Hz)、theta(4 ~ 7Hz)、alpha(8 ~ 13Hz)、beta(14 ~ 30Hz)和gamma(31 ~ 60Hz)。根据电极在头皮的空间位置关系，将63个有效电极的数据分频带填入5个大小为9×11的矩阵中，如图3所示。

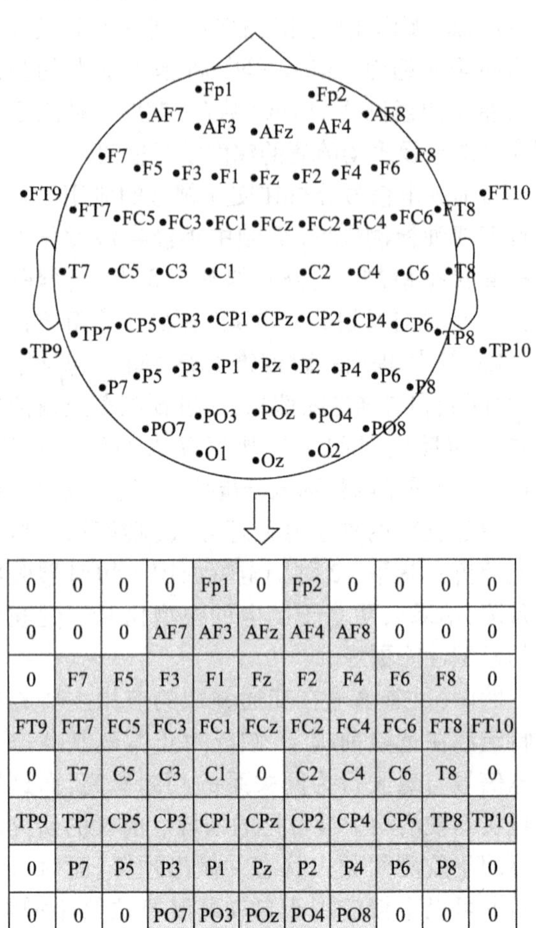

0	0	0	0	Fp1	0	Fp2	0	0	0	0
0	0	0	AF7	AF3	AFz	AF4	AF8	0	0	0
0	F7	F5	F3	F1	Fz	F2	F4	F6	F8	0
FT9	FT7	FC5	FC3	FC1	FCz	FC2	FC4	FC6	FT8	FT10
0	T7	C5	C3	C1	0	C2	C4	C6	T8	0
TP9	TP7	CP5	CP3	CP1	CPz	CP2	CP4	CP6	TP8	TP10
0	P7	P5	P3	P1	Pz	P2	P4	P6	P8	0
0	0	0	PO7	PO3	POz	PO4	PO8	0	0	0
0	0	0	0	O1	Oz	O2	0	0	0	0

图3 脑电空间信息组织方式

2.2 卷积、循环神经网络设计

在Shen等[6]提出的四维卷积循环神经网络(Convolutional Recurrent Neural Network, CRNN)的基础上，考虑到对频域信息的分频带平均与卷积求和可能会造成特征损失，本研究提出一种用于脑电-驾驶数据融合建模的CRNN。根据模型输入特征分为两种形式的网络，分别是细化空间特征的Spatial-Band CRNN(SB-CRNN)和细化频域特征的Frequency-Electrode CRNN(FE-CRNN)。

2.2.1 网络结构设计

SB-CRNN 和 FE-CRNN 均由 4 个卷积层、1 个最大池化层、1 个线性层和 1 个 LSTM 层 + 线性层组成，在 LSTM 层之前将驾驶情境输入与 CNN 提取到的高级脑电特征拼接。不同之处在于，因输入数据尺寸不同，二者 CNN 部分的步长和填充方式有所区别。卷积神经网络结构如表 1 所示，激活函数使用 ReLU。本文提出的跟驰行为预测模型框架如图 4 所示。

卷积神经网络结构 表 1

层	卷积核	步长与填充	输出尺寸
Input	—	—	1 ×63 ×60
Conv1	64，5 ×5	stride =2，padding =2	64 ×32 ×30
Conv2	128，4 ×4	stride =2，padding =1	128 ×16 ×15
Conv3	256，4 ×4	stride =2，padding =1	256 ×7 ×6
Conv4	64，1 ×1	stride =1	64 ×8 ×7
MaxPool	2 ×2	stride =2	64 ×4 ×4
Flatten	—	—	1024
Linear	—	—	512
Concatenate	—	—	515
LSTM	—	—	128
Linear	—	—	3

2.2.2 超参数设置

使用十折交叉验证进行训练，同时使用早停法来防止模型过拟合。batchsize =64，学习率设置为 1e-3，优化器采用 Adam，损失函数采用均方根误差（Mean Square Error，MSE）。

为了衡量所提出模型的先进性，采用支持向量回归（Support Vector Regression，SVR）作为基线模型进行加速度连续值预测，对比预测性能。

3 结果分析

3.1 模型预测结果对比

选用回归问题常用的四个评价指标来评估三个模型的预测效果，包括：平均绝对误差（Mean Absolute Error，MAE）、平均绝对百分比误差（Mean Absolute Percentage Error，MAPE）、均方根误差（Root Mean Square Error，RMSE）和决定系数（R^2）。它们的计算方法分别是：

$$\mathrm{MAE}=\frac{1}{n}\sum_{i=1}^{n}|\hat{y}_i-y_i| \tag{1}$$

$$\mathrm{MAPE}=\frac{1}{n}\sum_{i=1}^{n}\left|\frac{\hat{y}_i-y_i}{y_i}\right|\times 100\% \tag{2}$$

$$\mathrm{RMSE}=\sqrt{\frac{1}{n}\sum_{i=1}^{n}(\hat{y}_i-y_i)^2} \tag{3}$$

$$R^2=1-\frac{\sum_{i=1}^{n}(\hat{y}_i-y_i)^2}{\sum_{i=1}^{n}(\bar{y}_i-y_i)^2} \tag{4}$$

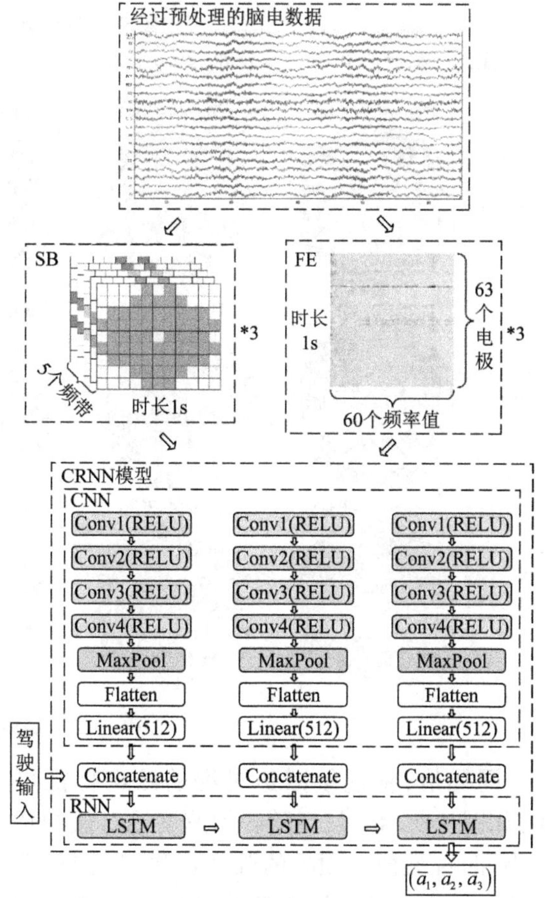

图 4 基于卷积循环神经网络的跟驰行为预测模型

SB-CRNN、FE-CRNN 和 SVR 三种模型的预测效果对比及统计检验结果如图 5 所示。与 SVR 相比，FE 对应的 MAE 降低了 10.5%，MAPE 降低了 40.3%，R^2提升了 7.2%，RMSE 降低了 17.5%，统计检验表明这种差异是显著的。

3.2 驾驶行为溯源

将连续加速过程对应的脑电信号的 PSD 绘制为二维拓扑图，每一行对应输入的一个 1s 时间切片，单位为 dB，如图 6 所示。发现脑皮层左、右颞叶部分各波段的频率强度都有比较明显的增加(趋向红色),theta 波段在枕叶附近的强度也有所提升,delta 波段的强度在额叶和枕叶尤其突出。

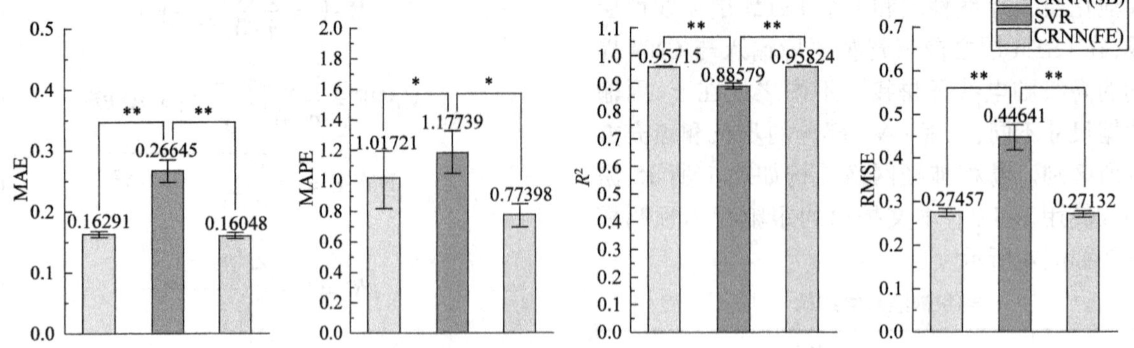

图 5　不同模型预测效果对比及统计检验结果

注:1. * 表示 $p<0.05$, * * 表示 $p<0.01$。2. 误差棒为 1 倍标准误差。

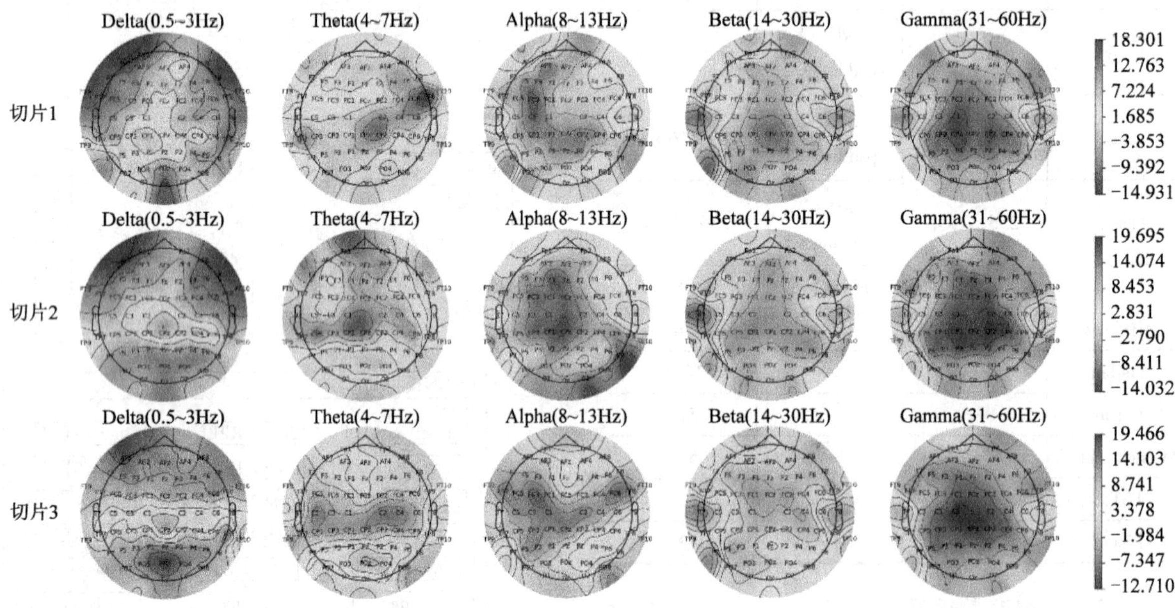

图 6　连续加速过程的脑电拓扑图

同样地,将连续减速过程的脑电特征可视化,如图 7 所示。发现随着加速度绝对值的逐渐减小,theta 波段在顶叶的强度也逐步变弱(趋向蓝色)。同时枕叶部分各波段的强度都比较明显,delta 波段在左、右颞叶和顶叶的强度也维持在高值状态(每个切片的 5 个频带都通过了 F 检验。)

进一步计算 315 个脑电特征(63 个电极 ×5 个频带的 PSD 值)两两之间的皮尔逊相关系数,并绘制热图($p<0.05$),结果如图 8 所示,其中行列索引分别指向 63 个通道对应的 delta、theta、alpha、beta 和 gamma 等 5 个波段。发现对于跟驰行为,脑电 5 个波段的 PSD 都呈现出一定的类内相关性,delta 波尤其广泛且强烈(平均相关系数为 0.54,$p<0.05$),gamma 波次之(平均相关系数为 0.52,$p<0.05$)。beta 波与 gamma 波呈现出较强的类间相关性(平均相关系数为 0.36,$p<0.05$)。

4　结语

基于物理定律的驾驶行为工程模型往往忽略了驾驶人的人因特征,为此本文在建模时综合考虑了驾驶人内在心理、生理指标与外界驾驶情境的物理指标,使用脑电和驾驶特征联合预测跟驰过程中加速度的变化情况,并通过预测结果溯源挖掘脑电特征,为将来脑机协同驾驶的实现提供了理论基础。具体的研究结论总结如下。

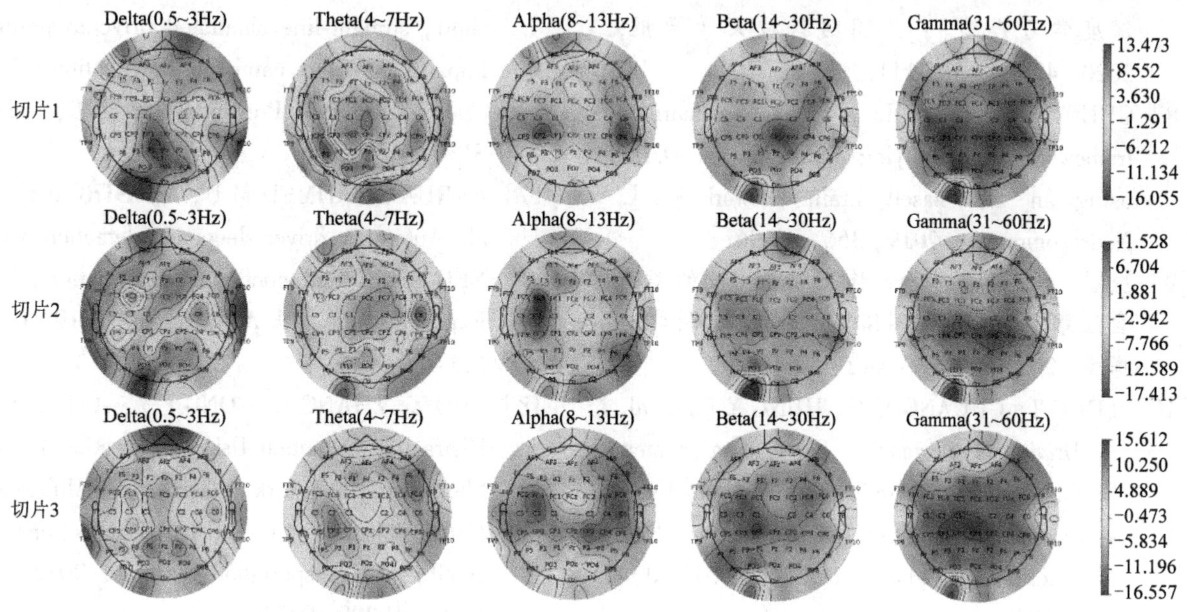

图7 连续减速过程的脑电拓扑图

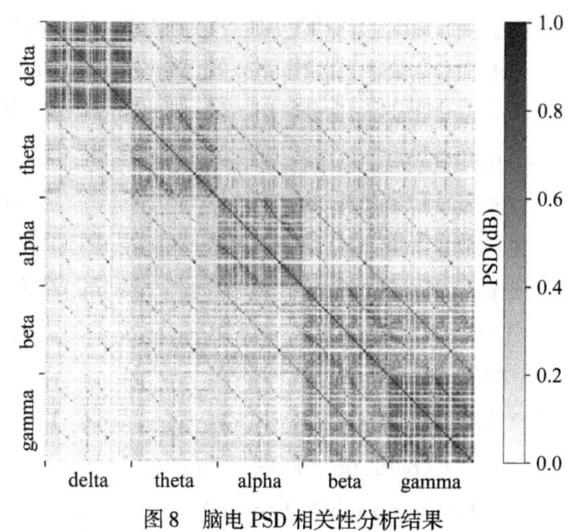

图8 脑电 PSD 相关性分析结果

(1)提出了两种形式的卷积循环神经网络模型,用于融合脑电-驾驶特征,更精准地预测跟驰过程中的加速度。与基线模型相比,R^2 提升至 0.958($p<0.01$),RMSE 降低至 0.271($p<0.01$);

(2)定性描述了跟驰行为中连续加速和连续减速过程的脑电特征。从神经人因学角度探索驾驶人在驾驶过程中心理、生理变化与结果行为反应间的内在联系,发现加速状态下 theta 波段在枕叶的 PSD 值有所提升,减速状态下 theta 波段在顶叶的 PSD 值有所减小;

(3)计算了特定波段的类内相关性与类间相关性,挖掘分析了驾驶行为溯源的脑电特征的相关关系。发现 delta 波的平均类内相关系数达到 0.54($p<0.05$),beta 波与 gamma 波的平均类间相关系数达到 0.36($p<0.05$)。

在未来研究中可以进一步分别从群体和个体层面解释挖掘到的脑电特征,增强深度学习模型的可解释性。

参考文献

[1] 杨柳. 基于脑电数据分析的驾驶行为研究[D]. 北京:北京交通大学, 2020.

[2] 关伟, 杨柳, 江世雄, 等. 脑电在交通驾驶行为中的应用研究综述[J]. 交通运输系统工程与信息, 2016, 16(3): 35-44.

[3] SAIFUZZAMAN M, ZHENG Z D. Incorporating human-factors in car-following models: A review of recent developments and research needs[J]. Transportation Research Part C: Emerging Technologies, 2014, 48: 379-403.

[4] 李锦瑶, 杜肖兵, 朱志亮, 等. 脑电情绪识别的深度学习研究综述[J]. 软件学报, 2023, 34(1): 255-276.

[5] YANG Y X, GAO Z K, WANG X M, et al. A recurrence quantification analysis-based channel-frequency convolutional neural network for emotion recognition from EEG[J]. Chaos, 2018, 28(8): 085724.

[6] SHEN F Y, DAI G J, LIN G, et al. EEG-based emotion recognition using 4D convolutional recurrent neural network [J]. Cognitive Neurodynamics, 2020, 14(6): 815-828.

[7] 张锦, 刘熔, 田森, 等. 面向癫痫脑电的简化

深度学习模型[J]. 国防科技大学学报，2020，42(6)：106-111.

[8] CHEN H, SONG Y, LI X L. A deep learning framework for identifying children with ADHD using an EEG-based brain network [J]. Neurocomputing, 2019, 356: 83-96.

[9] 全航，杨燕，江永全. 检测脑电癫痫的多头自注意力机制神经网络[J]. 计算机科学与探索，2023，17(2)：442-452.

[10] LIN C T, CHUANG C H, HUNG Y C, et al. A Driving Performance Forecasting System Based on Brain Dynamic State Analysis Using 4-D Convolutional Neural Networks[J]. IEEE Transactions on Cybernetics, 2021, 51(10): 4959-4967.

[11] GU Y, XIA K J, LAI K W, et al. Transferable Takagi-Sugeno-Kang Fuzzy Classifier With Multi-Views for EEG-Based Driving Fatigue Recognition in Intelligent Transportation[J]. IEEE Transactions on Intelligent Transportation Systems, 2022, 24(12): 15807-15817.

[12] XU T, WANG H T, LU G Y, et al. E-Key: An EEG-Based Biometric Authentication and Driving Fatigue Detection System[J]. IEEE Transactions on Affective Computing, 2023, 14(2): 864-877.

[13] 张冰涛，常文文，李秀兰. 基于时空脑电特征与并行神经网络的疲劳驾驶检测[J]. 交通运输系统工程与信息，2023，23(02)：315-325.

[14] BANG J S, WON D O, KAM T E, et al. Motion Sickness Prediction Based on Dry EEG in Real Driving Environment [J]. IEEE Transactions on Intelligent Transportation Systems, 2023, 24(5): 5442-5455.

[15] COHEN E, ANTWI P, BANZ B C, et al. Realistic driving simulation during generalized epileptiform discharges to identify electroencephalographic features related to motor vehicle safety: Feasibility and pilot study[J]. Epilepsia, 2020, 61(1): 19-28.

[16] BROWN T L, RICHARD C, MEGHDADI A, et al. EEG biomarkers acquired during a short, straight-line simulated drive to predict impairment from cannabis intoxication [J]. Traffic Injury Prevention, 2020, 21: S130-S134.

[17] BARUA S, AHMED M U, AHLSTRÖM C, et al. Automatic driver sleepiness detection using EEG, EOG and contextual information[J]. Expert Systems with Applications, 2019, 115: 121-135.

[18] ZUO X, ZHANG C, CONG F Y, et al. Driver Distraction Detection Using Bidirectional Long Short-Term Network Based on Multiscale Entropy of EEG [J]. IEEE Transactions on Intelligent Transportation Systems, 2022, 23(10): 19309-19322.

[19] BELTRAN E T M, PEREZ M Q, BERNAL S L, et al. SAFECAR: A Brain-Computer Interface and intelligent framework to detect drivers' distractions[J]. Expert Systems with Applications, 2022, 203: 117402.

[20] YANG L, MA R, ZHANG H M, et al. Driving behavior recognition using EEG data from a simulated car-following experiment[J]. Accident Analysis and Prevention, 2018, 116: 30-40.

[21] YANG L, ZHAO Q X. An aggressive driving state recognition model using EEG based on stacking ensemble learning [J]. Journal of Transportation Safety & Security, 2023.

[22] VECCHIATO G, DEL VECCHIO M, ASCARI L, et al. Electroencephalographic time-frequency patterns of braking and acceleration movement preparation in car driving simulation [J]. Brain Research, 2019, 1716: 16-26.

[23] DANESHI A, TOWHIDKHAH F, FAUBERT J. Assessing changes in brain electrical activity and functional connectivity while overtaking a vehicle[J]. Journal of Cognitive Psychology, 2020, 32(7): 668-682.

[24] Lu C, Lu H L, Chen D, et al. Human-like decision making for lane change based on the cognitive map and hierarchical reinforcement learning [J]. Transportation Research Part C:

Emerging Technologies, 2023, 156: 104328.

[25] QI G, ZHAO S, CEDER A, et al. Wielding and evaluating the removal composition of common artefacts in EEG signals for driving behaviour analysis[J]. Accident Analysis & Prevention, 2021, 159: 106223.

[26] QI G, DU Y, WU J, et al. What is the Appropriate Temporal Distance Range for Driving Style Analysis[J]. IEEE Transactions on Intelligent Transportation Systems, 2016, 17(5): 1393-1403.

[27] MOGNON A, JOVICICH J, BRUZZONE L, et al. ADJUST: An automatic EEG artifact detector based on the joint use of spatial and temporal features [J]. Psychophysiology, 2011, 48(2): 229-240.

[28] MA L, QU S. A sequence to sequence learning based car-following model for multi-step predictions considering reaction delay [J]. Transportation Research Part C: Emerging Technologies, 2020, 120: 102785.

MiniNet: A portable lightweight model

Yating Yang* Lingfang Li Mingxing Luo

(The School of Information Science and Technology, Southwest Jiaotong University)

Abstract In this paper, from the perspective of feature redundancy, we design a feature fusion block FFB that is both lightweight and has good feature learning capability. The FFB can efficiently utilize local feature guidance to extract multi-scale feature information. In order to enhance local connectivity and process feature information efficiently, we embed depth-separable convolutional operations into two FFB modules to construct a feature learning network, thus building the lightweight network model MiniNet. Our model achieves higher accuracy than other lightweight models on multiple small-sample image classification datasets by only 1.17M parametric quantities.

Keywords Lightweight model Feature fusion Convolution Convolutional neural networks

0 Introduction

With the rapid development of computer vision technology, image classification, as one of the important research areas, has attracted extensive attention and in-depth research. The goal of image classification is to automatically classify and recognize images by computer algorithms so that the computer can understand and interpret the image content. This technique has a wide range of applications in various fields, such as face recognition (Trigueros et al, 2018), object detection (Zou et al, 2023) and medical image analysis (Sarvamangala & Kulkarni, 2022). In recent years, with the rise of deep learning, there have been breakthroughs in neural network-based image classification methods, and more and more research has focused on designing efficient deep convolutional neural networks (CNN). But traditional CNNs usually need a large number of parameters and floating point operations (FLOPs) to achieve satisfactory accuracy, such as ResNet50 (He et al, 2016) has about 25.6M parameters and requires 4.1B FLOPs to process an image of size 224 $\times$224. In some remote scenarios, we need to apply neural networks to end devices, such as mobile devices like cell phones, self-driving cars, aerial cameras, etc. The mobile end devices like cell phones have limited memory as well as computational power and are not suitable for using networks directly into them, so it makes sense to design portable and efficient network models with acceptable performance for mobile devices.

The lightweight convolutional neural network framework of MobileNet (Howard et al, 2017) proposed by the Google research team separates the standard convolution into deep convolution and point convolution, which greatly reduce the computation and number of parameters. Another lightweight neural network architecture is ShuffleNet (Ma et al, 2018) which uses shuffle operation to encourage information exchange between channel groups. GhostNet (Han et al,2020) makes use of a low-cost operation to reduce feature redundancy in the channel, which likewise brings new ideas to lightweight model design. These existing network models can be shallowly compressed by network pruning (Mao et al,2017), quantization (Yang et al,2020), and knowledge distillation (Wang et al, 2021) to reduce the dependence of the network on device storage space as well as computational power.

The central idea of this paper is to directly design a new lightweight model that achieves the better performances with a limited number of parameters (Figure 1). In order to enhance the model's ability to perceive different scales and semantic information of the image, and to improve the model's expressive ability and performance, we can choose to utilize the guiding role of the local features, and effectively fuse the global features with the local features. The main idea is to utilize efficient convolution operations to effectively extract the local and global features of the image respectively, such as the depth-separable convolution operation and the dilated convolution operation. The depth-separable convolution can reduce the number of parameters and enable the separation of channels and regions. The dilated convolution can systematically aggregate multi-scale contextual information without losing image resolution. We then design the bottleneck structure to make it easier to increase the number of channels. We use channel stitching and channel blending operations to interact and transfer information between different channels, which helps the network to perform better in information fusion and context modeling.

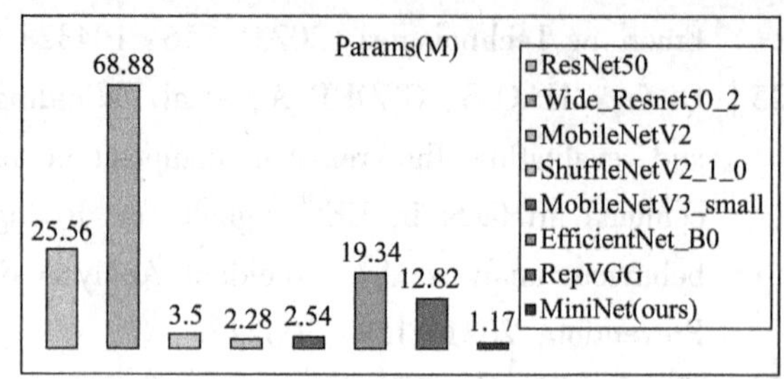

Figure 1 Number of parameters for the models

Our main contributions are summarized as follows:

① We propose a lightweight model based on convolutional neural networks that can achieve higher accuracy values within a limited number of parameters.

② We developed a feature fusion module that can effectively utilize the guidance of local features to effectively fuse global and local information, enhance the model's ability to perceive different scales of images and semantic information, and improve the model's expressive ability and performance.

③ We design a feature learning module with stronger local connectivity for efficient processing of spatial feature information.

1 Related work

Here we will revisit two approaches to mitigate neural network models: model compression and compact model design.

1.1 Model compression

For a given neural network, the model compression (Wang et al, 2019) aims to reduce the size of the model, decrease the computational complexity, save energy, and extend the device duration. It also helps to accelerate the training process. The parameter sparsity (Guo et al, 2016) can not only reduce the parameters of neural networks, but avoid the overfitting problem. This can further improve the generalization ability of the model. Different from the parameter sparsity, the structured pruning (Mao et al, 2017) is a method for coarsegrained network pruning, which removes the parameters corresponding to the redundant channels of the convolutional layer output. Kim et al decomposed a single convolutional layer into four more lightweight convolutional layers and recovered the accuracy of the network by fine-tuning technique. Since deep neural networks contain a large number of floating-point parameters, the quantization techniques can be used to compress and accelerate neural networks. Specifically, the binarization method (Liu et al, 2020) can greatly accelerate the model using binary operations. The tensor decomposition (Han et al, 2021) reduces parameters or computations by exploiting the redundancy and low-rank properties in the weights. In addition to these network-specific compression and acceleration methods, the performance of small networks can be improved using the knowledge distillation (KD) method (Wang et al, 2021).

1.2 Lightweight model design

The MobileNetv1 (Howard et al, 2017) is stacked using the depth separable convolution and point convolution. It introduces both the width factor (WM) and resolution factor, which provides the scalability of network structures for different tasks. The MobileNetv2 (Sandler et al, 2018) as a followed version has used the inverted residuals operation to improve the accuracy of the model. The MobileNetV3 (Howard et al, 2019) further utilized automatic machine learning and neural network architecture search (NAS) to achieve better performance. Other adopts the channel rearrangement operation to improve the disadvantage of information miscommunication caused by the group convolution operation. It adopts the residual structure by setting the channel rearrangement layer at different positions to design new networks such as ShuffleNetv1 (Zhang et al, 2018) and ShuffleNetv2 (Ma et al, 2018). The GhostNet (Han et al, 2020) uses a Ghost module that generates some feature maps using linear transformations. All the features will be finally connected. Compared with the ordinary convolution operation, their module can reduce the parameters and computation of the model. RepVGG (Ding et al, 2021) has a VGG-like inference time body composed of nothing but a stack of convolution and ReLU, while the training-time model has a multi-branch topology. Such decoupling of the training time and inference-time architecture is realized by a structural re-parameterization technique. An overview of the MiniNet is shown in Figure 2.

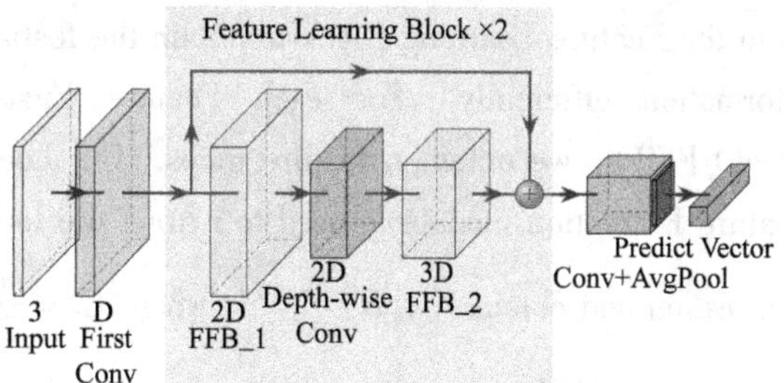

Figure 2 An overview of the MiniNet

2 Proposed method

Our goal is to design a lightweight network model based on CNNs. We introduce a feature learning module, which can extract and fuse features efficiently. This section first details the overall pipeline of our proposed "MiniNet" network. And then we formulate the feature fusion module, which serves as a basic module for building a lightweight network.

2.1 Architecture

Given the input data $X \in \mathbb{R}^{C\times H\times W}$, where C is the number of input channels, H and W are the height and width of the input data respectively. For color images, we set $C = 3$. According to the proposed network, $Y_0 \in R^{D_0\times H_0\times W_0}$ is obtained by firstly passing the standard convolutional layer to expand the number of channels of the input data with a filter size of 3×3 and the number of channels D. We develop a feature learning module consisting of the Feature Fusion Block (FFB) and depth-wise convolution. Y_0 will be taken as input and passed through two Feature Learning Blocks with a gradually increasing number of channels to produce deeper features $Y_1 \in R^{D_1\times H_1\times W_1}$. The feature mapping is converted into 1280-dimensional using the global average pool and convolution layer in the Last Stage feature vectors for final classification. A dropout layer is added to the final classifier to prevent model overfitting. We will describe the details in detail in what follows.

2.2 Feature Learning Block

Feature Learning Blocks are developed to explore local and non-local feature information to obtain better feature representations. We first apply Y_0 to the Feature Learning Block to obtain the feature information efficiently. For each Feature Fusion Block(FFB), we obtain n feature maps. The Local Feature Extraction module is used to extract the local information and obtain $Y_0^1 \in R^{C_1 \times H_1 \times W_1}$, where $C_1 = \frac{n}{2}$. The original MBConv contains an extended convolution of size 1 ×1, a depth-separable convolution of 3 ×3, an SE layer (the commonly used channel attention mechanism), and a reduced convolution of size 1 ×1. The MBConv may significantly increase the parameters and FLOPs. So, we remove the SE layer because the SiLU activation function can somewhat provide a gating mechanism. The activation of the SiLU[2] is computed by the sigmoid function multiplied by its input:

$$\mathrm{SiLU}(x) = x * \mathrm{Sigmod}(x) = \frac{x}{1 + e^{-x}} \quad (1)$$

To better utilize the guidance of local features, the global information is effectively fused with the local information, to enhance the model's ability to perceive the different scales and semantic information of the image and to improve the model's expressive ability and performance, we apply the dilated convolution to each intrinsic feature in to obtain, where, and the dilated convolution operation can expand the perceptual field without increasing the number of network model parameters and computational effort at the same time. This means that we can encode more spatial information to obtain effective features. And then, Y_0^1 and Y_0^2 are aggregated to obtain $Y_1' \in R^{C \times H \times W}$ with $C = n$. Finally, the channel-mixing operation is used to exchange information about the cascaded features. The procedure can be expressed as follows:

$$Y_0^1 = \mathrm{Local\_FE}(Y_0) \quad (2)$$

$$Y_0^2 = \mathrm{DilatedConv}(Y_0^1) \quad (3)$$

$$Y_1 = \mathrm{ChannleShuffle}(\mathrm{concat}[Y_0^1, Y_0^2]) \quad (4)$$

where Local_FE (·) refers to the simplified version of the MBConv module mentioned above, containing a 1 × 1 convolutional channel ascending operation, a 3 ×3 depth-wise convolutional operation, and a 1 ×1 convolutional channel descending operation. Where DilatedConv (·) refers to the dilated convolution operation, concat[·,·] refers to the feature aggregation, and Channel Shuffle (·) denotes the channel blending operation. Since the content of natural images is locally relevant, the stacked feature blending module cannot fully utilize local features. This requires more capacity to process spatial feature information. We then embed the depth-separable convolution into two Feature Extraction Blocks to enhance the local connectivity.

3 Experience

To evaluate the effectiveness of the model, we apply it to solve some image classification tasks with small classifications. The proposed solution has been tested on several datasets in order to evaluate it on different domains such as the image type and number of categories. In this section, we present experimental details.

3.1 Implementation details

For training model and comparing the models, we augment the input data with random horizontal flips and rotations. A total of 200 iterations are performed on the CIFAR10 dataset, STL10 dataset, and SVHN dataset while 100 iterations are performed on the other datasets. The initial learning rate has been set to 0.1. During training, we apply the standard numerical optimizer of stochastic gradient descent to the SAM (sharpness-aware minimization) objective function $L_S^{SAM}(w)$. The SAM function (Foret et al, 2020) minimizes both the loss value and the sharpness of the loss by looking for parameters that lie in a neighborhood with consistently low loss values w (rather than parameters that only themselves have low loss value).

3.2 Comparisons with other methods

To evaluate the performance of our model, we compare it with state-of-the-art lightweight network models, including MobileNetV2 (Sandler et al, 2018), ShuffleNetV2 (Ma et al, 2018),

MobileNetV3 (Howard et al, 2019) and RepVGG (Ding et al, 2021), shown in Table 1. We also compare with other models of ResNet50 (He et al, 2016), Wide_resnet50_2 (Zagoruyko et al, 2016) and EfficientNet B0 (Tan et al, 2019). Both CIFAR-10 and STL-10 datasets consist of real world objects with varying scales and features, making them noisy and challenging for classification. The main distinction lies in their image compositions: CIFAR-10 comprises 60,000 32 × 32 color images, while STL-10 contains 13,000 96 × 96 images, boasting higher resolution. In Figure 3, we observe how our model's classification accuracy compares to other models over 200 iterations on these datasets. Notably, our model achieves higher accuracy right from the first iteration. Table 2 further highlights the test set classification accuracies, confirming that our model outperforms others on these 10 classification benchmark datasets.

Details about the datasets used in the experiments

Table 1

Dataset	Input Size	Channel	Classes
CIFAR10	32 × 32	3	10
STL10	96 × 96	3	10
SVHN	32 × 32	3	10
MNIST	28 × 28	1	10
FMNIST	28 × 28	1	10
CIFAR100	32 × 32	3	100

Validation accuracy on different datasets Table 2

Models	CIFAR10	STL10	SVHN	MNIST	FMNIST
ResNet50	91.07%	71.14%	96.59%	99.31%	93.24%
Wide_Resnet50_2	91.3%	71.76%	96.62%	99.40%	93.50%
MobileNetV2	86.38%	76.28%	94.79%	99.20%	93.27%
ShuffleNetV2_1_0	80%	70.13%	93.7%	98.86%	90.06%
MobileNetV3_small	72.56%	76.59%	89.72%	98.15%	87.58%
RepVGG_A1	89.11%	74.31%	96.14%	99.27%	93.24%
EfficientNet_B0	84%	72.16%	93.26%	99.04%	91.02%
MiniNet(ours)	93.89%	83.65%	96.72%	99.37%	94.61%

The CIFAR-100 dataset is a larger and more challenging version of the CIFAR-10 dataset. It consists of 60000 images, just like CIFAR-10, but the key difference is that CIFAR-100 has 100 classes instead of 10. Throughout the experiment, we conducted a comparative analysis of the test set classification accuracy on the cifar100 dataset. In the initial iteration, our model outperformed other models, as evidenced in Figure 4. As shown in Table 3, our model achieved an impressive 71.72% classification accuracy with a mere 1.17M covariates, surpassing the other models by a significant margin. Additionally, the GPU utilization reached 72.25%, indicating that computational resources were fully maximized. Notably, our model exhibits competitive performance compared to other methods and showcases superior feature representation capabilities.

Comparison of state-of-the-art small networks over classification accuracy, the number of weights, and GPU utilization on Cifar100 dataset Table 3

Models	Params(M)	Latency(ms)	GPU utilization	Accuracy(%)
ResNet50	25.56	5.741	72.48%	63.21
Wide_Resnet50_2	68.88	9.124	79.58%	64.27
MobileNetV2	3.50	2.638	56.30%	56.87
ShuffleNetV2_1_0	2.28	1.788	40.26%	51.43
MobileNetV3_small	2.54	1.597	42.30%	32.98

continued

Models	Params(M)	Latency(ms)	GPU utilization	Accuracy(%)
RepVGG_A1	12.82	3.338	61.98%	62.02
EfficientNet_B0	5.29	3.609	57.32%	52.85
MiniNet(ours)	1.17	5.411	72.25%	71.72

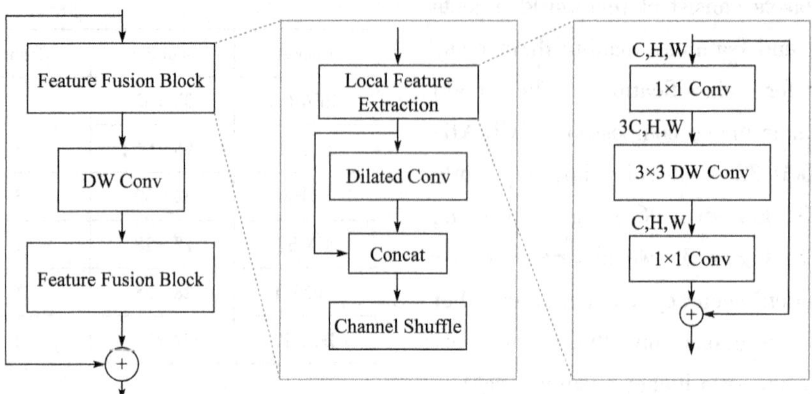

Figure 3 Schematic architectures

The key component of our model is the Feature Learning Block which contains two Feature Fusion Blocks and a deep-wise convolution. Each Feature Fusion Block consists of a Local Feature Extraction module and Dilated convolution, which performs channel splicing and channel blending operations on the output feature maps.

4 Conclusions

In this paper, we propose a lightweight model based on CNNs, namely "MiniNet". Our model can greatly reduce the number of model parameters while maintain accuracy. We developed a feature fusion module that can effectively utilize the guidance of local features to effectively fuse global and local information, enhance the model's ability to perceive different scales of images and semantic information, and improve the model's expressive ability and performance. We embedded deep separable convolution into the two feature fusion modules to enhance local connectivity, which is essential for the efficient processing of spatial feature information. We evaluated the performance of the MiniNet using some standard image classification test datasets. The experimental results show that the present model is competitive in performance while it is more efficient compared to current state-of-the-art methods (Figure 4).

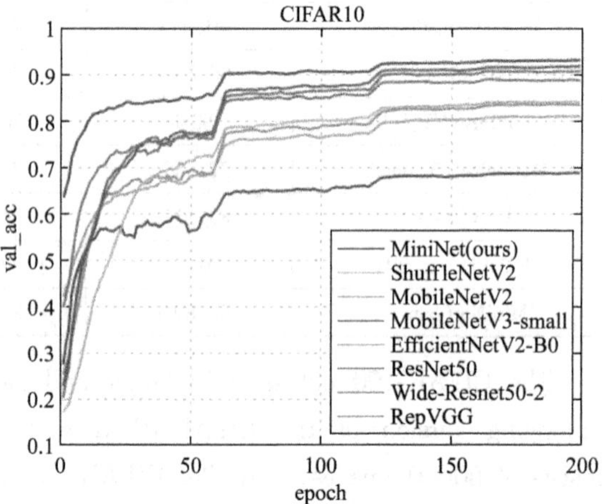

a)The accuracy on the validation set of CIFAR10

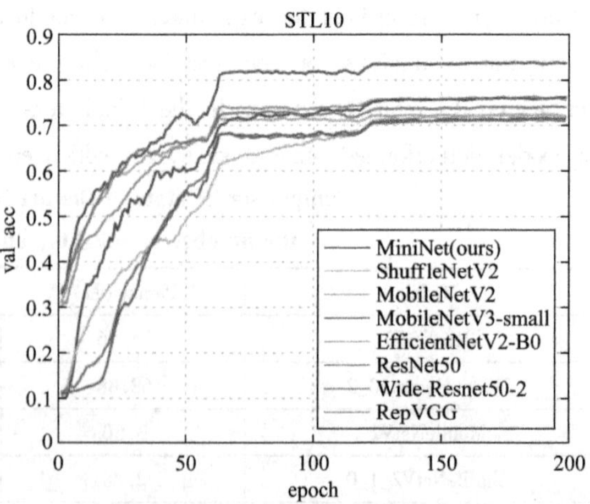

b)The accuracy on the validation set of STL10

Figure 4

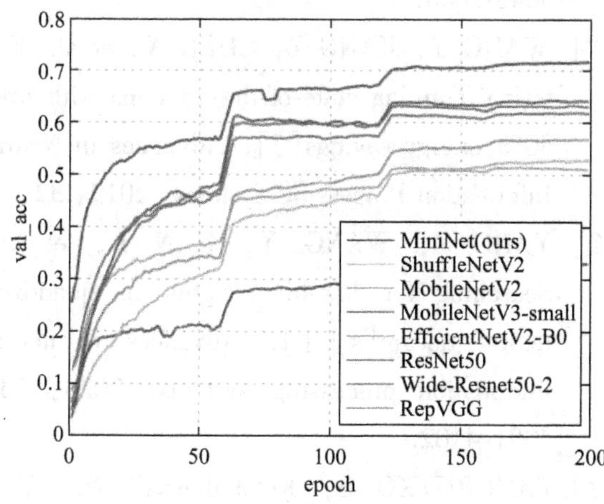

c)The accuracy on the validation set of Cifar100

Figure 4 Results of comparison experiments on the datasets

References

[1] DING X, ZHANG X, MA N, et al. Repvgg: Making vgg-style convnets great again [C]// Proceedings of the IEEE/CVF conference on computer vision and pattern recognition. 2021: 13733-13742.

[2] ELFWING S, UCHIBE E, DOYA K. Sigmoid-weighted linear units for neural network function approximation in reinforcement learning [J]. Neural networks, 2018, 107: 3-11.

[3] FORET P, KLEINER A, MOBAHI H, et al. Sharpness-aware minimization for efficiently improving generalization [J]. arxiv preprint arxiv:2010.01412, 2020.

[4] GUO Y, YAO A, CHEN Y. Dynamic network surgery for efficient dnns[J]. Advances in neural information processing systems, 2016, 29.

[5] HAN K, WANG Y, TIAN Q, et al. Ghostnet: More features from cheap operations [C]// Proceedings of the IEEE/CVF conference on computer vision and pattern recognition. 2020: 1580-1589.

[6] HAN K, WANG Y, XU C, et al. Learning versatile convolution filters for efficient visual recognition[J]. IEEE Transactions on Pattern Analysis and Machine Intelligence, 2021, 44 (11): 7731-7746.

[7] HAN S, POOL J, TRAN J, et al. Learning both weights and connections for efficient neural network [J]. Advances in neural information processing systems, 2015, 28.

[8] HE K, ZHANG X, REN S, et al. Deep residual learning for image recognition [C]// Proceedings of the IEEE conference on computer vision and pattern recognition. 2016: 770-778.

[9] HOWARD A, SANDLER M, CHU G, et al. Searching for mobilenetv3 [C]//Proceedings of the IEEE/CVF international conference on computer vision. 2019: 1314-1324.

[10] HOWARD A G, ZHU M, CHEN B, et al. Mobilenets: Efficient convolutional neural networks for mobile vision applications [J]. arxiv preprint arxiv, 2017:1704.

[11] HUTTER F, KOTTHOFF L, VANSCHOREN J. Automated machine learning: methods, systems, challenges[M]. Springer Nature, 2019.

[12] KIM Y D, PARK E, YOO S, et al. Compression of deep convolutional neural networks for fast and low power mobile applications [J]. arxiv preprint arxiv, 2015:1511.

[13] LIU Z, SHEN Z, SAVVIDES M, et al. Reactnet: Towards precise binary neural network with generalized activation functions [C]//Computer Vision-ECCV 2020: 16th European Conference, Glasgow, UK, August 23-28, 2020, Proceedings, Part XIV 16. Springer International Publishing, 2020: 143-159.

[14] MA N, ZHANG X, ZHENG H T, et al. Shufflenet v2: Practical guidelines for efficient cnn architecture design [C]//Proceedings of the European conference on computer vision (ECCV). 2018: 116-131.

[15] MAO H, HAN S, POOL J, et al. Exploring the regularity of sparse structure in convolutional neural networks [J]. arxiv preprint arxiv, 2017:1705.

[16] SANDLER M, HOWARD A, ZHU M, et al.

Mobilenetv2: Inverted residuals and linear bottlenecks [C]//Proceedings of the IEEE conference on computer vision and pattern recognition. 2018: 4510-4520.

[17] SARVAMANGALA D R, KULKARNI R V. Convolutional neural networks in medical image understanding: a survey [J]. Evolutionary intelligence, 2022, 15(1): 1-22.

[18] TAN M, LE Q. Efficientnet: Rethinking model scaling for convolutional neural networks [C]//International conference on machine learning. PMLR, 2019: 6105-6114.

[19] TRIGUEROS D S, MENG L, HARTNETT M. Face recognition: From traditional to deep learning methods [J]. arxiv preprint arxiv, 2018:1811.

[20] WANG L, YOON K J. Knowledge distillation and student-teacher learning for visual intelligence: A review and new outlooks[J]. IEEE transactions on pattern analysis and machine intelligence, 2021, 44 (6): 3048-3068.

[21] WANG Y, JIANG Z, CHEN X, et al. E2-train: Training state-of-the-art cnns with over 80% energy savings[J]. Advances in Neural Information Processing Systems, 2019, 32.

[22] YANG Z, WANG Y, HAN K, et al. Searching for low-bit weights in quantized neural networks [J]. Advances in neural information processing systems, 2020, 33: 4091-4102.

[23] ZAGORUYKO S, KOMODAKIS N. Wide residual networks [J]. arxiv preprint arxiv, 2016:1605.

[24] ZHANG X, ZHOU X, LIN M, et al. Shufflenet: An extremely efficient convolutional neural network for mobile devices[C]//Proceedings of the IEEE conference on computer vision and pattern recognition. 2018: 6848-6856.

[25] ZOU Z, CHEN K, SHI Z, et al. Object detection in 20 years: A survey[J]. Proceedings of the IEEE, 2023, 111(3): 257-276.

基于注意力机制的图神经物理信息网络交通流预测方法

柯 巍[1] 阎 立[1] 李志斌[2] 韩 迪*[2]

(1.甘肃新视能科技有限公司;2.东南大学交通学院)

摘 要 交通流预测利用部分观测数据重建路段上的交通变量,是智能交通必不可少的部分。尤其是对于高速公路的车流量预测,是一个典型的时空数据预测问题,对于高速公路的交通管理具有重要意义。本文引入了一种混合框架,在基于注意力机制的时空图卷积网络引入交通流物理模型解决高速公路交通流预测问题。时空注意力机制构建的动态掩码矩阵用以捕捉交通数据的动态时空关联,时空卷积能够描述高速公路的时空依赖,交通流物理模型能够弥补轨迹数据的稀疏性并提高网络的可解释性。本文针对高速公路传感器采集的数据,通过建立混合模型,对未来一段时间内高速公路的交通量进行预测。该方法有效避免了传统的神经网络对数据的过度依赖,同时具有较强的鲁棒性和广泛的实用性。本文将该模型与LSTM模型、ASTGNN模型进行了对比,结果表明,该模型的预测方法能够有效提高高速公路交通流预测的精度和预测稳定性。

关键词 高速公路交通量 交通流模型 时空预测 物理信息网络

0 引言

高速公路已经成为现代城市中不可或缺的重要交通网络。高速公路作为连接城市之间的主要通道,承载着大量的车辆流量,直接影响着城市的经济发展、社会稳定和居民生活。为了更好地规划和管理城市交通,高速公路交通流预测成为一项关键任务。高速公路交通流系统具有动态性、不确定性、非线性、时空相关性等特性,高速公路交通流预测问题本质上是一个时空序列预测问题[1-3]。目前建立交通流预测模型的方法主要分为传统的模型驱动和数据驱动两类。传统的模型驱动方法根据先验交通动态知识构建交通流预测模型。然而,这些模型往往基于理想的假设和条件,可能无法完全捕捉到交通流的动态特性。相比之下,数据驱动的方法能够利用神经网络从数据中学习估计规则,无须明确的流量模型和理论假设,能够更灵活地适应复杂的交通场景。但现有的数据驱动方法大多假设能够获得密集的数据,预测精度需要依赖大量高质量的数据,而从数据获取层面看,交通数据的获取困难和成本和传感器部署分布等问题,获取的时空数据具有多源稀疏性,导致稀疏数据的交通流预测精度不足[4-6]。现有时空数据挖掘领域已有聚焦稀疏性问题的工作,大多针对交通数据稀疏值进行补全或基于生成判别式的对抗学习框架实现数据生成。尽管如此,这些工作仍未能综合考虑时空数据相关性来实现端到端的预测[7,8]。

本文提出一种基于注意力机制的图卷积物理信息网络对高速公路交通量进行预测。图卷积可以充分考虑交通网络的拓扑结构,更好地捕捉车辆之间的关联性和交通流动态。注意力机制的引入可以自动学习交通网络中不同节点之间的重要性,并根据重要性动态地调整节点之间的关联权重。物理信息的融合考虑了交通系统的物理特性,提高了模型对稀疏性数据预测准确性和可解释性。本文基于高速公路传感器采集的交通数据,从时空预测的角度出发,利用注意力机制和图卷积的特征提取和记忆功能,从轨迹数据中挖掘依赖信息,结合交通流模型,对高速公路交通量进行精确预测。通过将本方法与 LSTM(Long Short Term Memory)模型、ASTGNN(Attention Based Spatial-Temporal Graph Convolutional Networks)模型进行对比分析,结果表明,本方法能够明显提高利用稀疏轨迹数据进行交通量预测的准确性。

1 算法模型理论概述

1.1 图卷积网络

图卷积网络(Graph Convolutional Networks, GCN)是各种图神经网络的基础,它能够学习节点之间的特征表示,并在此基础上实现图上的各种任务,如节点分类、链接预测、图分类等。GCN 是由 Thomas Kipf 和 Max Welling 在 2017 年提出的,并被广泛应用于各种图结构数据的处理任务。图数据通常由节点和边构成,可以使用邻接矩阵(Adjacency Matrix)来表示图的拓扑结构。图数据通常由节点和边构成,可以使用邻接矩阵 表示图的拓扑结构。给定一个节点,GCNs 首先聚合其相邻表示以生成节点的中间表示,然后用线性投影和非线性激活对聚合表示进行转换[9]。图卷积计算公式如下:

$$\mathrm{GCN}(X)=\sigma(AXW) \tag{1}$$

式中:X——一个 $N\times D$ 的特征矩阵;

N——节点数;

D——特征向量的维度;

W——学习到的权重参数矩阵;

σ——激活函数;

A——一个 $N\times N$ 的矩阵,代表节点间的交互关系,其定义如下:

$$A=\begin{cases}\tilde{D}^{-\frac{1}{2}}\tilde{A}\,\tilde{D}^{-\frac{1}{2}} & (\text{无向图})\\ \tilde{D}^{-1}\tilde{A} & (\text{双向图})\end{cases} \tag{2}$$

式中:$\tilde{A}$——图邻接矩阵;

$\tilde{D}$——$\tilde{A}$ 的度矩阵。

1.2 多头注意力机制

多头注意力机制(Multi-Head Attention)是一种注意力机制的扩展,常用于深度学习中的自注意力机制(Self-Attention)和注意力机制模型(Transformer)中。它允许模型同时对输入序列的不同部分进行多个注意力机制的计算,以增强模型对不同关注点的学习能力[10]。在自注意力机制中,给定一个输入序列 X,通过计算注意力权重来聚合序列中所有位置的信息。假设 Q、K、V 分别是 X 的线性变换后的查询、键和值,注意力权重计算公式如下:

$$\text{Attention}(Q,K,V)=\text{softmax}\left(\frac{QK^T}{\sqrt{d_k}}\right)V \tag{3}$$

式中:d_k——键向量的维度。

多头注意力机制通过引入多组查询、键、值的线性变换,使得模型可以学习多个不同的注意力表示。假设有 h 个头,每个头的注意力计算如下:

$$\text{Head}_i=\text{Attention}(QW_i^Q,KW_i^K,VW_i^V) \tag{4}$$

式中:W_i^Q、W_i^K、W_i^V——第 i 个头的查询、键、值变化矩阵。多个头的注意力结果通过拼接操作进行合并,然后通过另一个线性变换得到最终的多头注意力输出。

$$\text{MultiHead}(Q,K,V)=\text{Concat}(\text{Head}_1,\text{Head}_2,\ldots,\text{Head}_n)W^O \tag{5}$$

式中:W^O——合并后的注意力结果的线性变换矩阵。

1.3　LWR 模型

LWR(Lighthill-Whitham-Richards)模型是交通流理论中的经典模型之一,用于描述交通流的宏观行为。该模型基于宏观流体力学理论,将交通流视为连续的流体,通过一组偏微分方程描述了交通流的演化过程。连续性方程描述了交通流密度和流量随时间和空间的变化[11]。

$$\frac{\partial q(x,t)}{\partial x}+\frac{\partial \rho(x,t)}{\partial t}=q_{in}(x,t)-q_{out}(x,t) \tag{6}$$

式中:$q(x,t)$——交通流量;

$\rho(x,t)$——交通密度;

$q_{in}(x,t)$、$q_{out}(x,t)$——道路上的流入流量和流出流量。

2　高速公路交通流预测模型

本文引入时序注意力机制捕捉交通流非线性的时间依赖性,提高非线性表示的能力。对于动态的空间依赖性,采用动态图卷积和空间注意力机制学习道路网络物理特性及动态空间依赖性。为了增强预测的准确性及可解释性,建立交通流模型物理神经网络,增加对稀疏数据的学习能力。进而为高速公路的交通管理提供数据支撑。本方法模型的整体架构如图 1 所示。

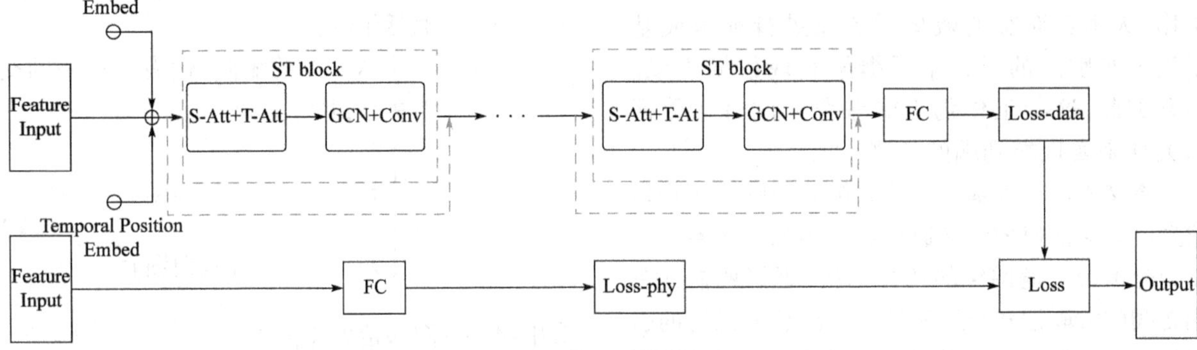

图 1　模型整体架构

特征输入端为交通特征矩阵 X、Y 和邻接矩阵 G,由时空预测模块、全连接层和误差修正模块组成。图中,ST-block 代表时空模块通过基于注意力机制的图卷积神经网络提取历史交通数据隐含的高维时空特征;S-Att 代表空间注意力,T-Att 代表时间注意力,GCN 代表图卷积,Conv 代表卷积操作,FC 代表全连接层,这五部分共同构成时空预测模块;Loss-phy 代表物理信息损失函数与 Loss-data 代表的数据损失函数共同组成误差修正模块对损失函数进行优化。

2.1　数据特征与预处理方法

轨迹数据来自甘肃兰海高速公路桩号 K04 + 650 ~ K16 + 200 路段,根据实际情况传分布布设传感器 30 个,时间跨度覆盖 2023 年 6 月 1 日至 2023 年 6 月 6 日,传感器采集高速公路双向六车道每个车道的交通流量、密度、速度,其中传感器采样间隔为 1min。

根据车道、传感器、创建时间对 8d 的交通流量进行排序和筛选，根据时间、空间、特征属性，数据 1min 聚合一次则 1h 有 24 个切片，则期限内总时间切片为 8640，可以导出两个 2 阶张量 $X \in R^{30\times 8640}$、$Y \in R^{30\times 8640}$ 分别代表交通量特征矩阵和交通密度特征矩阵，构建道路网络 $G=(V,A)$，其中 $V=\{v_1,v_2,...,v_n\}$ 代表检测器的集合，n 为检测器个数。$A=\{A_k \mid k=1,2,3,...,N_r\}$ 代表由不同类型关系构建节点间的邻接矩阵仿射集合，其中 A_k 代表第 k 类距离关系构建的邻接矩阵子集，N_r 代表邻接矩阵仿射集合中子图的数量。交通流量在 6d 的 24h 记录中存在一定程度的周期性波动，采用大小为 6×24、步长为 1 的滑动窗口进行数据的平滑，利用线性插值法修复缺失与错误数据。将数据输入模型前，对其进行归一化处理，能够有效地去除异常数据的影响，提高模型的预测准确率，并将数据按照时间顺序，以 6∶2∶2 的比例将数据集分成训练集、验证集和测试集。

2.2 损失函数优化策略

模型损失函数优化由两部分组成，交通流预测模块的损失函数为常规损失函数定义模式，但在物理信息学习模块中，引入 LWR 模型对损失函数进行重新设计。

交通流预测模块的损失函数计算如下：

$$\mathrm{Loss}_{\mathrm{data}}=\frac{1}{N_1N_2}\sum_{i=1}^{N_1}\sum_{j=1}^{N_2}|q(x_i,t_j)-\hat{q}(x_i,t_j)|^2 \tag{7}$$

式中：N_1——路段传感器节点数；

N_2——观测数据点数；

$q(x_i,t_j)$——节点 i 下时间步长 j 处的交通量观测值；

$\hat{q}(x_i,t_j)$——节点 i 下时间步长 j 处的交通量预测值。

物理信息学习模块的损失函数计算如下：

$$\mathrm{Loss}_{\mathrm{phy}}=\frac{1}{N_1N_2}\sum_{i=1}^{N_1}\sum_{j=1}^{N_2}|[\hat{q}(x_{i-1},t_j)-\hat{q}(x_i,t_j)]\Delta t-[k(x_i,t_{j-1})-k(x_i,t_j)]\Delta x|^2 \tag{8}$$

式中：N_1——路段传感器节点数；

N_2——观测数据点数；

$\hat{q}(x_i,t_j)$——节点 $i-1$ 下时间步长 j 处的交通量预测值；

Δt——时间间隔；

$k(x_i,t_{j-1})$——节点 i 下时间步长 $j-1$ 处的交通密度观测值；

$k(x_i,t_j)$——节点 i 下时间步长 j 处的交通密度观测值；

Δx——空间间隔。

3 预测结果方法对比

3.1 整体预测结果对比

为了验证模型的预测性能，采用 LSTM 模型、ASTGNN 模型进行对比。

对 2023 年 6 月 1 日至 2023 年 6 月 6 日的高速公路交通量当期值进行预测，各模型对交通流量的预测效果如图 2、图 3 所示。

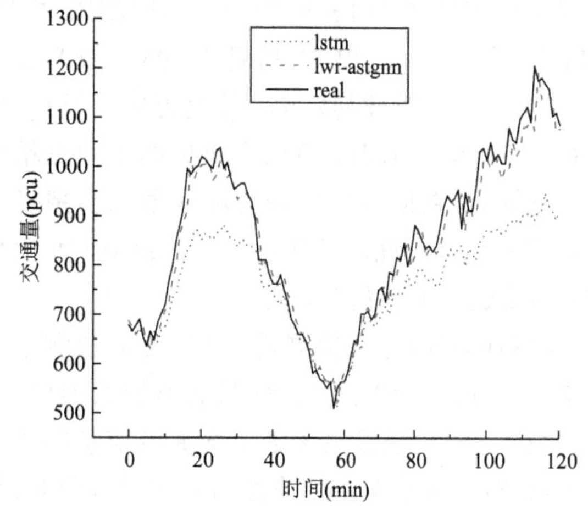

图 2 本文模型与 LSTM 模型预测结果对比

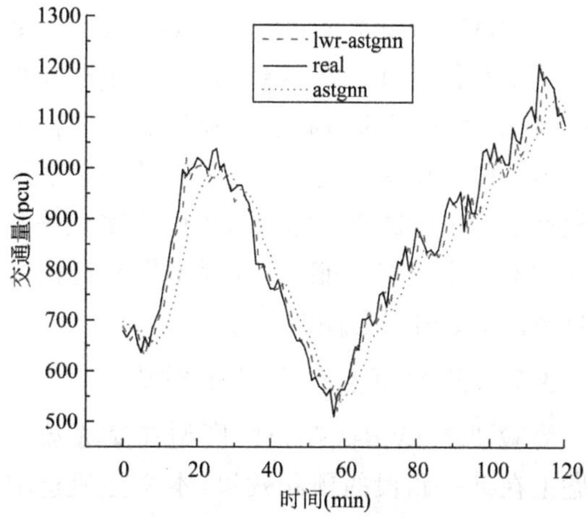

图 3 本文模型与 ASTGNN 模型预测结果对比

为评估本模型对交通流量的预测精度，本文引入均方根误差(RMSE)、平均绝对误差(MAE)、平均绝对百分比误差(MAPE)、R_2，4个评价指标对预测结果进行评价。其中，平均绝对误差(MAE)对预测值与真实值的残差绝对值求和，MAE越小则拟合效果越好。R_2用以计算确定系数，表示拟合曲线反映原曲线趋势变化的能力，越接近1则说明拟合得越好。各模型评价指数如表1所示。

不同模型在稀疏数据集下的预测结果　表1

模型	RMSE	MAE	MAPE	R_2
LSTM	50.418	33.497	15.491	0.966
ASTGNN	36.180	26.930	10.035	0.982
LWR-ASTGNN	22.261	15.423	4.011	0.993

根据对比试验可得LWR-ASTGNN模型的预测效果优于传统的LSTM模型及ASTGNN模型，MAE降低18.07%，RMSE降低27.96%，MAPE降低11.48%，且R^2比初始单一模型更接近于1。可以看出，LWR-ASTGNN模型有效提高了预测精度和泛化能力，在曲线增长趋势和数据拟合精度均达到了最佳预测性能，证明了LWR-ASTGNN模型在时空交通预测中的有效性。

经典的时间序列预测模型LSTM的预测精度在交通流预测问题上的表现明显不如其他模型，主要由于LSTM模型只考虑了交通流信息的时间相关性，没有考虑空间相关性和时间关联问题，且该模型缺乏对稀疏数据的学习能力，因此预测性能较低[12]。

ASTGNN以及本文的LWR-ASTGNN模型都考虑了空间信息和时间信息，因此预测性能相比单一模型都有不同幅度的提高，其中，LWR-ASTGNN预测误差相对最低，证明了在交通流预测模型的损失函数的优化策略中引入物理信息具备对预测结果的修正能力，有利于提高对稀疏数据预测的准确性及鲁棒性[13]。

3.2　随机节点预测结果对比

为验证本LWR-ASTGNN模型在交通流预测问题上在某一路段的预测效果，本文随机选取数据集中某一路段上的2个传感器节点进行预测性能分析，预测结果如表2所示。

本文模型随机节点预测效果评价指数　表2

节点	RMSE	MAE	MAPE	R_2
detect2	22.331	15.536	4.030	0.993
detect12	22.261	15.423	4.011	0.993

可以看出检测器节点2和检测器节点12的整体预测效果都趋于稳定，误差波动较小，相比整体预测误差各个节点预测性能较高，证明了本LWR-ASTGNN模型能够较好地提取路网不同路段间交通流的动态特征，模型实用性较高。图4和图5展示了LWR-ASTGNN模型在不同传感器节点不同时间段的流量预测值和真实值拟合程度对比，可以看出模型拟合程度较高，且在部分时段出现了大幅度波动现象，LWR-ASTGNN模型也实现精确的捕捉，并且预测误差较小。

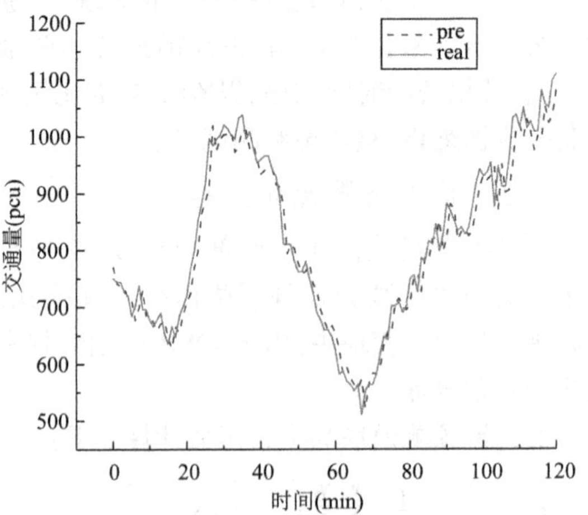

图4　本文模型随机节点2预测效果

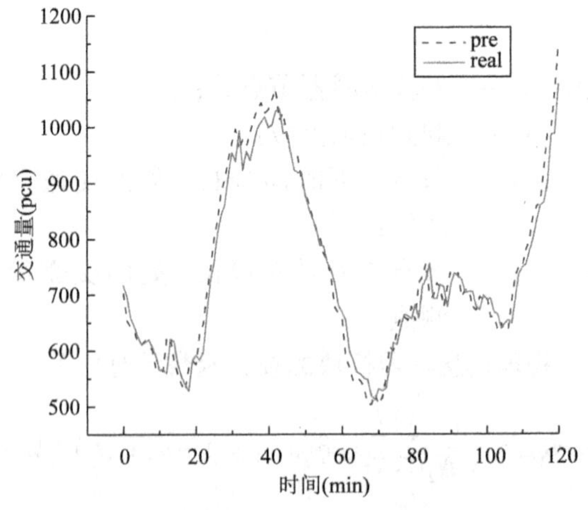

图5　本文模型随机节点12预测效果

4　结语

本文对图卷积网络和多头自注意力进行了简述，在此基础上提出了一种基于时空注意力机制图卷积物理信息神经网络预测模型 LWR-ASTGNN 的高速公路交通流预测方法。通过注意力机制捕捉时空数据的动态相关性,引入交通流物理模型构造损失函数对预测结果进行修正,从稀疏数据中捕捉交通流的动态特征,对未来一段时间的高速公路交通量进行预测。本文同时将模型与 LSTM 模型、ASTGNN 模型进行了对比。结果表明,从整体预测效果上,本文 LWR-ASTGNN 模型具有更优的预测效果,整体误差更低,模型拟合度更高。同时对随机节点的预测结果进行对比验证了本文模型在不同路段不同时间的预测准确性和实用性,为交通流时空预测的进一步研究提供了参考。

未来的研究中,可以考虑引入更高阶的物理模型,提高预测模型的可解释性和泛化性,并且考虑在已充分训练的高速公路直线段模型基础上对交织区进行迁移学习。

参考文献

[1] 李桃迎, 王婷, 张羽琪. 考虑多特征的高速公路交通流预测模型 [J]. 交通运输系统工程与信息, 2021, 21(03): 101-111.

[2] 杜圣东, 李天瑞, 杨燕, 等. 一种基于序列到序列时空注意力学习的交通流预测模型 [J]. 计算机研究与发展, 2020, 57(08): 1715-1728.

[3] 罗向龙, 李丹阳, 杨彧, 等. 基于 KNN-LSTM 的短时交通流预测 [J]. 北京工业大学学报, 2018, 44(12): 1521-1527.

[4] 陆海亭, 张宁, 黄卫, 等. 短时交通流预测方法研究进展 [J]. 交通运输工程与信息学报, 2009, 7(04): 84-91.

[5] SHI R, MO Z, DI X. Physics-informed deep learning for traffic state estimation: A hybrid paradigm informed by second-order traffic models; proceedings of the Proceedings of the AAAI Conference on Artificial Intelligence, F, 2021 [C].

[6] HUANG A J, AGARWAL S. Physics-informed deep learning for traffic state estimation: illustrations with LWR and CTM Models [J]. IEEE Open Journal of Intelligent Transportation Systems, 2022, 3: 503-518.

[7] CUI Z, LIN L, PU Z, et al. Graph Markov network for traffic forecasting with missing data [J]. Transportation Research Part C: Emerging Technologies, 2020, 117: 102671.

[8] WANG P, ZHU C, WANG X, et al. Inferring Intersection Traffic Patterns With Sparse Video Surveillance Information: An ST-GAN Method [J]. IEEE Transactions on Vehicular Technology, 2022, 71(9): 9840-9852.

[9] WU Z, PAN S, CHEN F, et al. A comprehensive survey on graph neural networks [J]. IEEE transactions on neural networks and learning systems, 2020, 32(1): 4-24.

[10] VASWANI A, SHAZEER N, PARMAR N, et al. Attention is all you need [J]. Advances in neural information processing systems, 2017, 30.

[11] MUñOZ L, SUN X, HOROWITZ R, et al. Piecewise-linearized cell transmission model and parameter calibration methodology [J]. Transportation Research Record, 2006, 1965 (1): 183-191.

[12] KANG D, LV Y, CHEN Y-Y. Short-term traffic flow prediction with LSTM recurrent neural network; proceedings of the 2017 IEEE 20th international conference on intelligent transportation systems (ITSC), F, 2017 [C]. IEEE.

[13] GUO S, LIN Y, WAN H, et al. Learning dynamics and heterogeneity of spatial-temporal graph data for traffic forecasting [J]. IEEE Transactions on Knowledge and Data Engineering, 2021, 34(11): 5415-5428.

基于深度学习的多阶段图像去雨算法

苏胜君　仝秋红*　柴国庆
(长安大学汽车学院)

摘　要　为解决现有的图像去雨算法运行过程中存在的去雨不彻底,背景模糊等问题,提出一种基于深度学习的多阶段图像去雨算法。首先基于编码器-解码器架构搭建了本网络的框架,设计跳跃连接糅合多编码器-解码器对应阶段的雨纹特征信息;其次提出了雨线特征捕获单元,浅层捕获单元与深层捕获单元分工合作,全方位多层次捕获不同尺度的雨纹信息。多个公开数据集上的测试结果表明,本文算法获得了31.51dB的PSNR值,相比于优秀的去雨算法PreNet、MSPFN分别提升了2.09dB、0.76dB。证明所提去雨网络可以有效地还原图像并保留细节信息。

关键词　深度学习　编码器-解码器架构　图像去雨

0　引言

智慧交通、智能驾驶的实现离不开高质量的环境感知,作为当前最主要的传感器之一,摄像头所采集的照片质量将极大影响到道路监控与调度、安防、无人驾驶等的实现效果。正常天气条件下,多数视觉系统能获得高质量的图片,从而服务于智慧交通的方方面面,但在雨天这种常见却恶劣的条件下,雨纹的出现致使图像中出现显著而复杂的高强度噪声干扰,此时基于计算机视觉的环境感知系统采集到的环境信息便会出现信息遮挡、细节特征丢失等问题[1]严重干扰了视觉系统对周围环境信息的获取,从而影响下一步的决策和执行过程,因此,作为计算机视觉任务的底层、高级视觉任务的基础,高效准确的去除雨纹具有重要的理论及现实意义。

目前,关于图像去雨的工作已有相关研究成果。Luo[2]基于有雨图像的非线性生成模型,将图像分解为有雨层和背景层,提出了一种基于字典学习的去雨算法。kang[3]等通过将图像去雨公式化为基于形态学分量分析的图像去合成问题,将有雨图像分频后通过字典学习和稀疏编码将有雨图像还原。上述经典方法虽在一定程度上去除了雨纹,但因其计算复杂且需要依赖于先验模型,图像的去雨恢复效果有待加强。近年来,越来越多的学者投入到基于深度学习的图像去雨工作中。Ren[4]等通盘考虑网络架构、输入输出流以及损耗函数,通过反复解折叠浅层ResNet,搭建了图像去雨的渐进递归网络(PReNet)。Yasarla[5]等注意到雨纹位置信息对于图像恢复的重要性和引导作用,提出了一种基于不确定性引导的多尺度残差去雨网络。Jiang[6]等提出了一种多尺度渐进式融合网络,融合多尺度细节特征,实现雨纹的高效去除。张[7]等通过引入多尺度特征金字塔,实现了图像去雨的高效精细化。Zamir[8]等采用编码器-解码器结构获取上下文特征,并利用监督注意力机制精准传递雨纹特征,有效提高了图像恢复质量,但其三阶段网络结构较为复杂。以上学者在图像去雨领域做出了积极的探索和研究,为图像去雨技术发展做出了重要贡献。然而这些方法仍存在去雨不彻底、模糊背景层、细节信息损失等的问题。

为解决图像去雨恢复中长期存在的去雨不彻底,背景特征模糊等问题,综合现有研究成果的基础上,本文提出了一个基于多编码器-解码器架构的图像去雨网络,设计了高效率特征提取单元实现准确高效的雨纹识别及剥离。并利用跳跃连接丰富细节特征,减少背景信息丢失。实验结果表明,本文所提的网络能有效提高雨纹特征感知能力,复原图像的同时避免了背景层信息损失。

基金项目:国家重点研发计划项目(2022YFC3002602);“两链”融合企业(院所)联合重点专项—工业领域(2022LL-JB-03)。

1 本文方法

1.1 多阶段图像去雨网络

尽管单阶段单编码器的方法在图像去雨中被广泛采用，但存在诸如适应性差、去雨效果不显著等问题[9]，为提高处理多样化雨纹的能力，本文将复杂的去雨任务分解处理。提出了去雨网络MSDNet(multi-stage image deraining network)。如图1所示。去雨网络的核心架构是两个串联的编解码器，在多次上下采样中实现对雨纹特征信息的采集。输入的有雨图首先分割为四部分，经3×3卷积进行通道升维，细化雨线特征的同时获取初步的雨纹信息。然后图像进入编解码器架构中，通过第一组编码器-解码器以获取小尺度下的初步雨纹特征从而有效复原图像，编码器-解码器之间设计了跳跃连接，整合表层与深层特征的同时减轻了因反复上下采样而导致的特征丢失。处理结束后的图像被拼接为两部分，送入第二组编码器-解码器，对模糊的背景层进行细致恢复。经过两个阶段后，雨纹特征被充分感知并提取，有雨图像最终被复原为清晰的无雨图像。

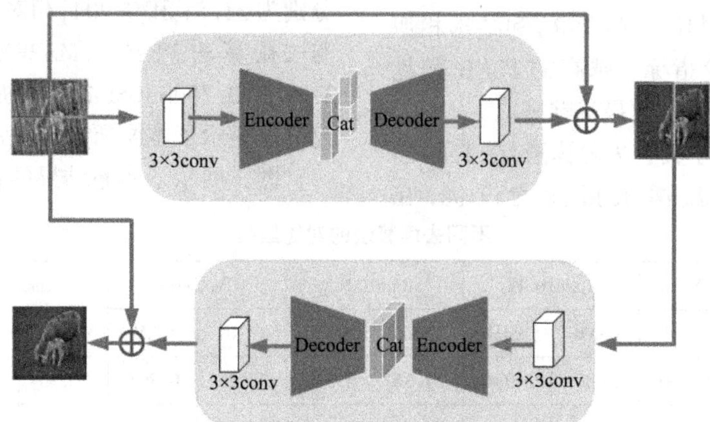

图1 整体网络架构图

1.2 雨纹特征捕获模块 RPFCM

现有的图像去雨算法忽略了浅层信息的同时严重损坏了图像的空间结构[10]，导致去雨后细节严重模糊，其原因多在于特征提取模块并不完全匹配所设计的基于编码器-解码器的网络结构，受文献[11]、文献[12]方法的启发，本文设计了如图2所示的雨纹特征提取模块(RPFCM)。

如图2所示，RPFCM采用半实例归一化替代了原有的归一化方式，这有利于降低训练波动，提高模型的泛化能力。在浅层提取单元，输入图像先使用1×1卷积进行维度变换，拓宽通道数，再经过3×3深度卷积在获取输入图像的浅层纹理特征的同时兼顾轻量化。之后图像进入深层提取单元，提取更深层次的语义结构信息。两个特征提取单元协同工作，有效提高了提取雨纹特征信息的能力。

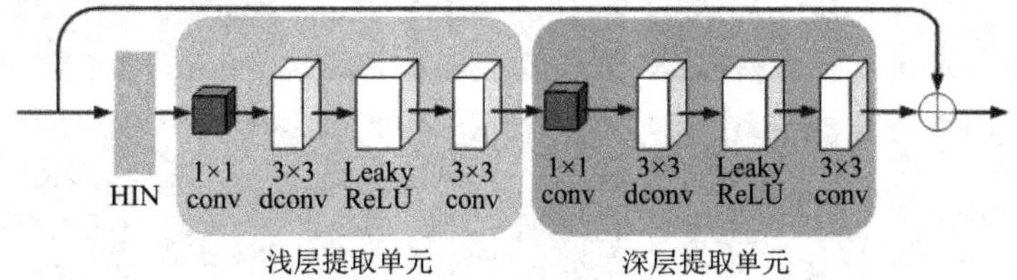

图2 雨纹特征提取模块 RPFCM

1.3 损失函数

为提高模型的处理能力，更好地面对模型训练中出现的异常值，本文使用char[13]损失训练网络，char损失定义为：

$$L_{\alpha} = \sqrt{(\varphi_{b} + G_{b})^{2} + S^{2}} \tag{1}$$

式中：φ_{b}、G_{b}——分别代表预测无雨图像、清晰无雨图像。

2 实验验证

2.1 数据集

将公开的图像去雨数据集进行划分，如表1

所示,单位为张图片。

数据集　　表1

Datasets	Rain12	Rain1200	Rain100L	Rain100H	Rain800	Rain1800	Rain14000
Training	12	0	0	0	700	1800	11200
Testing	0	1200	100	100	100	0	2800
Name	Rain12	Test1200	Rain100L	Rain100H	Test100	Rain1800	Test2800

训练使用包含 NVIDIA 4090 显卡的计算机, batch size 设置为 4,所需的优化器为 adam,共训练 350 个 epoch,学习率衰减到 1×10^{-6}为止。

2.2　实验结果

本文采用峰值信噪比[14](PSNR)和结构相似比[15](SSIM)作为评价指标。越高的 PSNR 和越逼近 1 的 SSIM 表示的去雨效果就越好。

由表 2 可知,相对于其它去雨算法,在 Test100 和 Rain100L 中本算法两项指标均占优,在 Rain100L 中,PSNR 指标为 34.48,SSIM 指标为 0.951,显著高于其它去雨算法。在 Rain100H 和 Test1200 数据集中,PSNR 明显占优,五个数据集的平均结果中,PSNR 指标和 SSIM 指标中均占优,分别为 31.51 和 0.904,相对于基于深度学习的优秀去雨算法 PReNet、MSPFN,PSNR 分别提升了 2.09db、0.76db,SSIM 分别提升了 0.001、0.007。充分地显示了本文所提算法的去雨能力。

图 3 展示了实验结果的定性对比。

不同去雨算法的对比结果　　表2

Methods	Test100		Rain100H		Rain100L		Test2800		Test1200		Average	
	PSNR	SSIM	PSNR	SSIM	PSNR	SSIM	PSNR	SSIM	PSNR	SSIM	PSNR	SSIM
DSC	22.43	0.700	15.17	0.384	27.32	0.848	27.27	0.805	26.35	0.751	23.70	0.698
GMM	22.74	0.740	15.37	0.449	26.40	0.741	23.97	0.666	24.08	0.749	22.51	0.669
PReNet	24.81	0.851	26.77	0.858	32.44	0.950	31.75	0.916	31.36	0.911	29.42	0.897
MSPFN	27.50	0.876	28.66	0.860	32.40	0.933	32.82	0.930	32.39	0.916	30.75	0.903
MSDNet	28.98	0.883	29.03	0.851	34.48	0.951	32.60	0.928	32.47	0.907	31.51	0.904

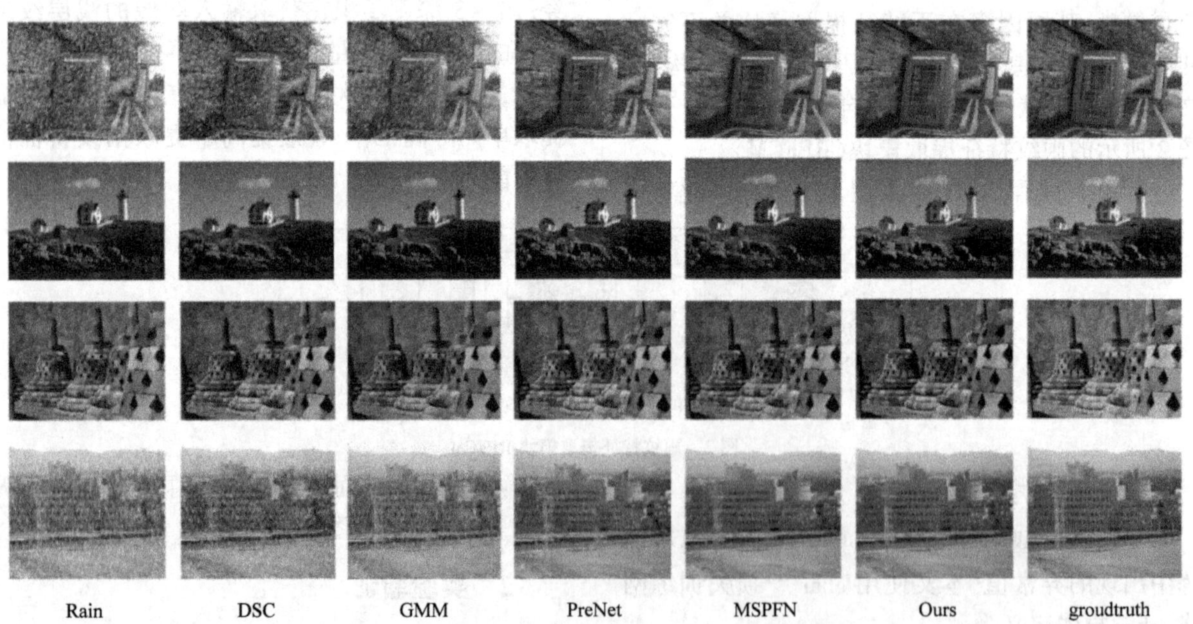

图 3　不同算法的对比效果图

由不同算法的去雨效果图对比可见,在第二列和第三列的图像中,传统去雨算法 DSC 和 GMM 表现均不佳,不能够有效的去除大多数雨纹,图像质量整体较差。深度学习方法 PreNet 和 MSPFN 能显著去除大部分雨滴,在图中已经看不到非常明显的雨纹,但这两个算法都部分模糊了背景层中的建筑物。其中,PreNet 对深色建筑物的背景模糊较为显著,仔细观察还可发现未完全去除的雨纹,MSPFN 也一定程度上模糊了背景,但雨纹残留相较 PreNet 较少,而本文的去雨算法不仅有效地去除了大部分雨纹,而且背景信息得到了有效的保护,复原图像与原图最为接近且几乎看不到模糊背景的情况。总而言之,本文的网络能有效地去除图片中的绝大多数雨纹,仅有极少数过于显著的雨纹难以完全去除。同时复原的背景细节度好,整体颜色不失真,显示了良好的去雨效果。

3 结语

为解决图像去雨任务当中长期存在的去雨滴雨纹不够彻底、背景细节损失等问题,本文提出了一种基于深度学习的多阶段图像去雨算法,其主要由串联两级的编码器-解码器结构构成,内嵌有雨纹特征提取模块以实现高效充分的雨纹信息提取。为验证算法的有效性,在多个公开数据集上进行了图像去雨实验,结果表明:所提去雨网络的 PSNR、SSIM 分别为 31.51、0.904,相较于优秀去雨算法 PReNet、MSPFN,PSNR 分别提升了 2.09db、0.76db,SSIM 分别提升了 0.001、0.007,表明该网络可以有效地去除雨纹并保留细节信息,为后续智能驾驶、智慧城市所需的高等级的图像识别任务奠定坚实的基础。

参考文献

[1] 陈舒曼,陈玮,尹钟. 单幅图像去雨算法研究现状及展望[J]. 计算机应用研究,2022,39(01):9-17.

[2] LUO Y, XU Y, JI H. Removing rain from a single image via discriminative sparse coding[C]//2015 IEEE/CVF International Conference on Computer Vision(ICCV), December 7-13, 2015, Santiago, Chile. New York:IEEE Press,2015:3397-3405.

[3] KANG L W, LIN C W, FU Y H. Automatic single-image-based rain streaks removal via image decomposition[J]. IEEE transactions on image processing, 2011, 21(4): 1742-1755.

[4] REN D W,ZUO W M,HU Q H,et al. Progressive image deraining networks: a better and simpler baseline[C]//2019 IEEE/CVFConference on Computer Vision and Pattern Recognition (CVPR), June 15-20, 2019, Long Beach, CA, USA. New York: IEEE Press,2019: 3932-3941.

[5] YASARLA R, PATEL V M. te[C]//2019 IEEE/CVF Conference on Computer Vision and Pattern Recognition (CVPR), June 15-20, 2019, Long Beach, CA, USA. New York: IEEE Press, 2019: 8405-8414.

[6] JIANG K,WANG Z Y,YI P,et al. Multi-scale progressive fusion network for single image deraining[C]//2020 IEEE/CVFConference on Computer Vision and Pattern Recognition(CVPR), June 13-19, 2020, Seattle, WA, USA. New York: IEEE Press,2020:8346-8355.

[7] 张雪岩, 庞彦伟. 基于多尺度非局部神经网络的图像去雨方法[J]. Laser & Optoelectronics Progress, 2021, 58(14): 1410008.

[8] ZAMIR S W, ARORA A, KHAN S, et al. Multi-stage progressive image restoration[C]//2021 IEEE/CVFConference on Computer Vision and Pattern Recognition(CVPR), June 20-25, 2021, Nashville, TN, USA. New York: IEEE Press, 2021: 14816-14826.

[9] 院老虎,常玉坤,刘家夫. 基于改进 YOLOv5s 的雾天场景车辆检测方法[J]. 郑州大学学报(工学版),2023,44(3):35-41.

[10] 虞志军,王国栋,张镡月. 基于增强多尺度特征网络的图像去模糊[J]. 激光与光电子学进展,2022,59(22):264-271.

[11] 鲁正威,张笃振. 一种基于 Uniformer Transformer 与 UNet 的图像降噪模型[J]. 南京师范大学学报(工程技术版),2023,23(01):39-45,65.

[12] CHEN L, CHU X, ZHANG X, et al. Simple baselines for image restoration[C]//European Conference on Computer Vision. Cham: Springer Nature Switzerland, 2022: 17-33.

[13] CHARBONNIER P, BLANC-FERAUD L, AUBERT G, et al. Two deterministic half-quadratic regularization algorithms for computed imaging

[C]//Procee-dings of 1st international conference on image processing. IEEE, 1994, 2: 168-172.

[14] HUYNH-THU Q, GHANBARI M. Scope of validity of PSNR in image/video quality assessment[J]. Electronics letters, 2008, 44 (13): 800-801.

[15] WANG Z, BOVIK A C, SHEIKH H R, et al. Image quality assessment: from error visibility to structural similarity[J]. IEEE transactions on image processing, 2004, 13(4): 600-612.

高速公路可变限速与匝道协调控制技术

陈 垦*[1] 杨 洋[1] 李 伟[1] 孙怡平[2] 李志斌[2] 徐铖铖[2]

(1. 四川数字交通科技股份有限公司;2. 东南大学交通学院)

摘 要 目前,我国汽车保有量的大幅增加,导致交通拥堵每天都在发生。因此,交通机动性、安全性和排放问题成为交通研究人员面临的最严峻挑战。为了缓解交通拥堵,各种主动交通控制策略已经被深入研究和部署。本文针对高速公路主动交通管控关键技术进行研究,采用 ALINEA/Q 控制算法实现可变限速与匝道协同控制。以成都第一绕城高速公路机场互通至锦城湖互通间的路段作为实例分析对象,仿真结果表明该控制技术可有效平滑瓶颈上游路段交通流速度波动,避免拥堵传播过程中由于车辆突然减速导致的追尾事故风险。该项技术对降低拥堵、事故等交通问题的发生、节约能源消耗具有一定的理论意义和实践意义。

关键词 高速公路 主动交通管控 可变限速控制 匝道控制 多目标协同

0 引言

目前,随着我国经济的高速发展,汽车保有量的大幅增加,高速公路高峰时段交通拥堵已变得非常常见,严重影响出行时间、交通安全、燃油消耗和环境污染。为了缓解这些问题,各种主动交通控制方法,如匝道计量已在实践中实施。

关于高速公路的交通控制策略方法,国外学者较早的提出相关策略和方法,例如入口匝道控制方法、可变限速控制方法等,随着国内经济、科技的迅速发展,我国学者和一些学术机构也更加重视在道路交通控制方面的研究。控制策略主要分为主线控制和匝道控制。

高速公路主线控制方面,Youngtae J 等人[1]通过微观交通仿真实验验证了高速公路主线控制限速方法的有效性,结果显示速度差降低了 14.2%,平均最大速度差降低了 20.1%。Ackaah 等人[2]和 Kesten 等人[3]则分析了可变限速控制系统对交通事故和交通拥挤的影响,他们从不同高速公路提取了交通参数数据,指出了合理的主线可变限速措施和可变信息警示能够有效提升道路交通安全水平和减轻交通拥堵。

Grumert 等人[4]在现有研究基础上,考虑了车辆间和车辆与交通设施间的通信技术,对可变限速系统进行了扩展,实现了车辆驾驶员在可变限速标志可见范围外获取下游道路限速信息,并通过微观交通仿真对系统进行评价。Seliman 等人[5]研究了高速公路掉头区交通控制的最优变量和基于车道组的限速标准,他们采用了经过标定的宏观交通流模型 METANET 和微观仿真模型 VISSIM 相结合的仿真优化框架来确定最优限速,以允许考虑多个目标并评估提出的交通控制策略。王磊等人[6]基于交通检测系统获取的车道流量和速度数据,提出了基于延误损失、事故损失和综合损失等三类步进式可变限速控制算法。许秀基[7]则利用 Aimsum 仿真软件提出了事故影响区中保护区的推荐限速值。赵胜[8]研究了基于高速公路动态评价的匝道模糊逻辑控制方法和主线模糊逻辑控制方法,开发了基于交通动态评价的高速公路控制平台,实现了实时控制策略生成。董

基金项目:National Science and Technology Major Project(2022ZD0115600);新一代人工智能国家科技重大专项(2022ZD0115600)。

礼[9]从高速公路混合交通流出发,运用元胞传输模型和三相交通流理论研究了移动瓶颈对交通流的影响,并提出了基于可变限速的控制策略。

在高速公路匝道控制方面,Mahajan 等人[10]针对匝道合流区交通运行不稳定问题,提出了基于反馈控制原理的反馈协同控制模型,并验证了协同控制方法在不同交通流密度状态下的鲁棒性。Li 等人[11]从最优控制的角度出发,以路网交通延误最小为目标构建了最优控制模型,其中包括匝道和主线可变限速控制。Tabadkani Aval Seayed Soroush[12]提出了一种基于模型预测的匝道计量策略,并将其应用于英国的 M62 智能公路,与其他控制措施进行了比较,结果表明该策略在队列长度和平均速度方面优于其他方法。马明辉[13]针对高峰时段的交通拥堵问题,构建了通行效率最大和平均延误最小为目标的高速公路主线和匝道协调最优控制模型。冉润东[14]将深度强化学习算法与匝道控制算法相结合,实现了基于多智能体算法的匝道协同控制。赵冰心[15]提出了基于复杂网络同步的牵制控制的匝道协调策略,通过设计网络同步的牵制控制器,验证了该方法的有效性。

尽管上述研究已取得显著成果,但主要集中于针对一类控制手段的研究,在主线与匝道协同控制方面仍存在不足,主线与匝道之间的联动控制机制尚不够完善,缺乏更精细化的动态耦合模型,尤其是在不同交通场景下如何高效地共享信息、统一决策制定等方面。针对交通状况的实时性和不确定性,现有控制策略的实时响应能力有待提高,特别是在突发情况下如何快速调整主线和匝道的控制参数以保持整个路网的高效稳定运行。

针对现有研究的局限性,本研究提出了一种高速公路可变限速与匝道协同控制技术。下文首先介绍协调控制模型的建立,包括协调控制模型框架、协调控制模型预测模块与协调控制模型优化方案;其后,以成都第一绕城高速公路机场互通至锦城湖互通间的路段为例,进行可变限速与匝道协调控制算法设计与仿真运行。

1 协调控制模型建立

1.1 协调控制模型框架

本文提出的控制算法采用 MPC 方案来解决最优协调问题,同时考虑当前交通状况和控制的未来交通状态。所提出的最优控制的总体框架如下:交通流量变量通过固定的时间间隔进行测量和汇总,在当前时间步长 t 处,提出的算法控制器以当前交通状态变量 $x(t)$ 和候选控制计划 $p(t)$ 作为输入,确定最优控制输入 $p^*(t)$。

所提出的算法控制器包括交通状态预测模块和优化模块。根据采集到的交通测量值,对于每候选控制输入,由预测模型预测当前时刻控制的未来交通状态,记为 $x[(t+1)|p(t)]$, $x[(t+2)|p(t)]$,…, $x[(t+N)|p(t)]$。优化模块根据目标函数的结果,从机动性、安全性和排放方面评估交通性能,计算出优化后的控制输入 $p^*(t)$。然后在 N 范围内采用控制输入 $p(t)$。应用优化后的控制输入 $p^*(t)$后,网络的流量状态被更新。

1.2 协调控制模型预测模块

METANET 宏观交通流模型应用于交通状态预测模块,预测交通演化。高速公路由定向高速公路链路(1,2,…,n)表示,其中每个链路都有一个入口匝道和一个出口匝道。

交通流在空间和时间上是离散的。n 和 t 分别表示链接指数和时间指数。对于每个时间步长的每个链接,计算公式如下:

$$\rho_n(t+1)=\rho_n(t)+\frac{T}{L_n\lambda_n}[q_{n-1}(t)-q_n(t)+p_n(t)-s_n(t)]$$

式中:$\rho_n(t)$——时间步长 t 时链路 n 的车流密度,[车/(车道/km)];

L_n——链路 n 的长度;

λ_n——链路 n 的车道数;

$q_n(t)$——时间步长 t 时链路 n 的车辆流率,(车/h);

$p_n(t)$——链路 n 的输入。

该式表示,链路 n 的密度等于之前的密度加上上游链路 $n-1$ 和入口匝道流的流入,减去链路本身和出口匝道流的流出。

1.3 协调控制模型优化方案

高速公路由定向目前工作的目标是确定一个协调的战略,旨在改善交通机动性和安全性,同时减少排放。因此,该策略的优化有三个目标来选择优化的控制值。优化后的控制值通常需要同时满足机动性、安全性和排放目标,子目标可能相互竞争或冲突,这被描述为一个多目标优化问题。

机动性目标函数由两项组成:总行程时间(TTT)和总行程距离(TTD)。选择迁移率目标函数作为TTT和TTD的加权和。拟议的控制器将最小化。TTT越小,车辆通过研究区域的时间越短。相反,更大的TTD可以实现更好的网络移动性能。因此,这些参数应根据现场情况进行调整,并应平衡吞吐量和流量速度。

由于宏观交通流模型不能预测个体加速度和速度,因此微观排放模型需要两者都作为输入变量。为了获取这些参数,本文提出了一种估计单个车辆加速度和速度的方法。假设交通流处于稳定状态,或所有车辆都有均匀的可变运动。换句话说,所有车辆都倾向于通过行驶相同的距离(平均速度乘以时间间隔)来保持其相对位置。给定这些假设,可以很容易地用初始个体速度和行驶距离获得单个车辆的速度和加速度。

2　可变限速与匝道协调控制算法

2.1　可变限速与匝道协调控制算法流程

可变限速与匝道控制对快速道路上交通流运行影响不同,因此不同控制算法的控制效果存在差异。ALINEA算法对于阻止瓶颈通行能力下降具有很好的效果,不会对主线上交通流产生干扰,保持了主线上交通流的畅通。然而ALINEA算法没有考虑匝道上排队车辆长度,可能会对地方道路带来较大干扰。因此,实际应用中很少直接采用ALINEA算法,一般采用ALINEA/Q控制算法,该算法考虑了匝道上排队长度,也能够在一定程度上减少出行时间。可变限速控制的缺点在于通过对主线交通流进行限制,会造成主线出口匝道区域车辆堵塞,减少通过出口匝道离开快速道路的流量,降低了控制效果。此外,可变限速控制过程中交通流可能存在小范围波动,对控制效果也有一定影响。

为了充分发挥可变限速与匝道控制的优势,根据可变限速与匝道控制对交通流的影响机理,本节提出了可变限速与匝道控制的协调控制算法,其控制流程如图1所示。首先输入实时的交通流数据以及入口匝道的排队数据,系统会利用ALINEA/Q算法来计算并调整匝道的调节率,以适应当前的交通状况。如果入口匝道的排队长度超过了其容量,系统会再次利用ALINEA/Q算法计算新的调节率,并启动可变速控制来缓解交通压力。此外,当瓶颈占有率和可变速控制路段的占有率都超过预设的关键值,并且入口匝道仍然存在排队现象时,系统会进一步启动可变速与匝道协调控制,以更有效地管理交通流量。最后,当所有的判断和控制措施都完成后,系统会结束本次操作流程。

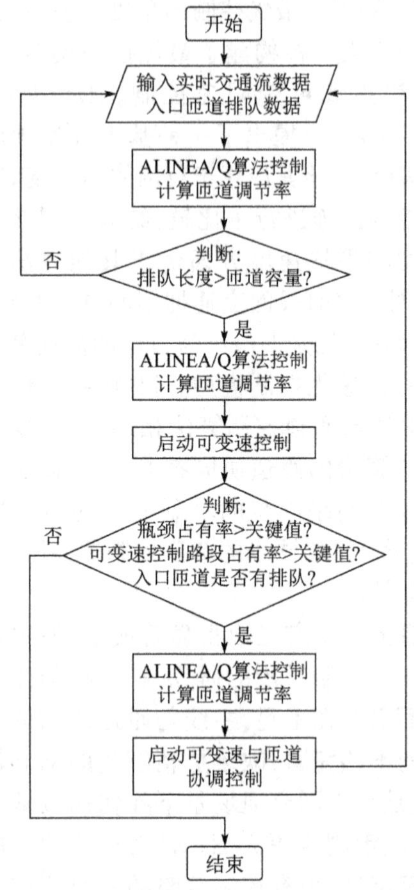

图1　可变限速与匝道协调控制算法流程

协调控制算法在控制初期首先采用ALINEA/Q算法,当匝道上排队车辆到达匝道容量时,匝道控制采用较松弛的调节率,同时开始启动可变限速控制,继续阻止瓶颈区通行能力下降发生。当匝道上排队车辆消失时,终止可变限速控制并恢复限速值至默认值,同时采用ALINEA/Q控制算法继续调节匝道流量。不断重复上述过程,直至高峰期结束以及主线上与匝道上排队现象完全消失,从而优化交通流量,减少拥堵,提高道路的通行效率。

2.2　可变限速与匝道协调控制算法仿真结果

本文实例分析路段为成都第一绕城高速公路

机场互通至锦城湖互通间的路段。该段是双流区到高新区的主要通道,双流区车辆大且集中通过,因工作上下班、物流运输需求等原因前往高新区,因此拥堵情况较为严重。

对可变限速与匝道协调控制算法的效果进行仿真分析。实时监测匝道入口处的车辆排队长度和主线上的交通密度,设置一个期望的排队长度作为目标值,基于实际排队长度与目标值之间的差异,采用线性控制器动态调整匝道信号灯的配时,使得实际排队长度趋向于目标值,从而避免过长的队列影响到主线交通或者因队列过短而导致资源浪费,随着交通状况的变化,算法不断更新控制参数,确保系统具有良好的动态响应性能。构建一个 Q 表用于存储每一种状态下采取每个动作可能获得的未来奖励的估计值。车辆在每个时间步长 t 中观测当前状态 S_t,并基于当前 Q 表选择行动 A_t,采用 ε-greedy 策略,在探索新策略和利用已知最佳策略之间取得平衡。其后执行选定的动作,并转移到新的状态 S_t+1。根据新的状态和环境反馈计算即时奖励 R_t+1,并更新 Q 值,使用时序差分学习更新 Q 表中的 $Q(S_t, A_t)$,重复以上过程直至收敛或达到预设的学习步数,最终得到如何在每个状态下选择动作以最大化长期累积奖励。

成都第一绕城高速路段的仿真实验结果表明,针对孤立入口匝道瓶颈路段,协调控制算法的效果与单独可变限速控制效果类似,其原因在于此路段中通行时间的减少取决于通行能力下降的幅度。针对入口匝道瓶颈上游存在近距离出口匝道路段进行分析,协调控制算法相比 ALINEA/Q 算法减少通行时间效果如表 1 所示,协调控制算法相比可变限速算法减少通行时间效果如表 2 所示。

协调控制算法相比 ALINEA/Q 算法通行时间减少量(veh · h) 表 1

主线离开比例	入口匝道容量(veh)				
	200	300	400	500	600
0.00	478	386	324	238	143
0.05	453	310	217	109	54
0.10	379	254	89	0	0
0.15	224	176	0	0	0
0.20	0	0	0	0	0

协调控制算法相比可变限速算法通行时间减少量(veh · h) 表 2

主线离开比例	入口匝道容量(veh)				
	200	300	400	500	600
0.00	0	5	8	9	9
0.05	16	28	34	37	38
0.10	21	47	57	61	75
0.15	29	53	62	63	64
0.20	15	15	15	15	15

可以看出协调控制算法的效果要好于单独 ALINEA/Q 和可变限速控制,其控制效果受到若干交通流参数的影响。总体而言,相比于 ALINEA/Q 算法,随着主线离开比例提升,协调控制算法的通行时间减少量变小,随着入口匝道容量提升,协调控制算法的通行时间减少量也变小;相比可变限速算法,随着主线离开比例提升,协调控制算法的通行时间减少量先变大后变小,随着入口匝道容量提升,协调控制算法的通行时间减少量先变大后趋于稳定。

3 结语

本文研究了针对高速公路交通拥堵问题的主动交通管控关键技术,采用 ALINEA/Q 控制算法实现多目标及多策略协同控制的研究。研究结果表明,该控制技术能有效平滑瓶颈上游路段交通流速度波动,降低拥堵传播过程中的追尾事故风险,具有一定的理论和实践意义。

本文介绍了建立多目标协同控制模型的框架,包括交通状态预测模块和优化模块,并详细说明了控制模型预测模块中采用的 METANET 宏观交通流模型以及优化方案中的机动性、安全性和排放目标函数。

在可变限速与匝道协调控制算法部分,论文介绍了控制算法的流程和仿真结果。通过仿真分析,发现协调控制算法在一些特定情况下能够优于单独的可变限速控制或匝道控制,从而提高了交通流的通行效率和安全性。

本文仍存在一些不足之处:

(1)实际应用验证不足。论文中的研究主要是通过仿真实验来验证提出的控制算法的有效性,而缺乏对实际场景下的应用验证。因此,需要进一步将该算法应用于实际高速公路交通管控系统中,并对其实际效果进行验证。

(2)算法优化空间有限。虽然论文中提出了一种多目标协同控制算法,但其仍有优化空间。例如,在确定目标函数权重方面可能存在主观性,需要更加客观地确定权重,以使算法更加合理有效。

(3)对不同场景的适应性研究不足。论文中主要针对孤立入口匝道瓶颈路段进行了研究,而对于其他交通场景的适应性研究较少。未来的研究可以考虑拓展到更多不同类型的交通拥堵场景,如高速公路交叉口、城市环路等。

针对上述不足,未来的研究可以有以下展望:

(1)实地应用验证。将提出的多目标协同控制算法应用于实际的高速公路交通管控系统中,并对其在实地环境下的效果进行验证。通过实地应用验证,可以更加客观地评估算法的实用性和有效性。

(2)算法优化与改进。进一步优化多目标协同控制算法,包括目标函数权重的确定、控制参数的调整等,以提高算法的性能和适应性。可以考虑采用更加先进的优化算法或机器学习方法来优化控制策略。

(3)拓展研究范围。将研究范围拓展到更多不同类型的交通拥堵场景,并对不同场景下的控制策略进行研究和优化。通过拓展研究范围,可以更好地适应不同的交通管控需求,提高算法的通用性和实用性。

参考文献

[1] YOUNGTAE J, CHOI H, JEON S, et al. Variable Speed Limit to Improve Safety near Traffic Congestion on Urban Freeways [J]. Information Science and Technology, 2012: 43-50.

[2] ACKAAH W, HUBER G, BOGENBERGER K. Quality Evaluation Method for Variable Speed Limit Systems[C]. Transportation Research Board 94th Annual Meeting. 2015 (15-5217).

[3] KESTEN A S, ERGÜN M. Efficiency analysis of the dynamic traffic control for an urban highway [J]. EURASIP Journal on Wireless Communications and Networking, 2015, 2015 (1):1-9.

[4] GRUMERT E, MA X, TAPANI A. Analysis of a cooperative variable speed limit system using microscopic traffic simulation[J]. Transportation research part C: emerging technologies, 2015,52: 173-186.

[5] SALAHELDEEN M, SELIMAN S, W ADEL, et al. Optimal Variable, Lane Group-Based Speed Limits at Freeway Lane Drops: A Multi-objective Approach[J]. Journal of Transportation Engineering Part A: Systems,2020,146(8): 04020074.

[6] 王磊,林永杰. 基于延误和事故损失的高速公路可变限速控制[J]. 交通运输系统工程与信息, 2016, 16(1): 64-70.

[7] 许秀. 事故条件下高速公路应急交通组织方法研究[D]. 南京:东南大学, 2016.

[8] 赵胜. 高速公路交通动态评价及其控制策略研究[D]. 广州:华南理工大学, 2015.

[9] 董礼. 移动瓶颈下高速公路交通拥堵传播及控制策略研究[D]. 兰州: 兰州交通大学,2020.

[10] Mahajan N, Hegyi A, De Weg V, et al. Integrated Variable Speed Limit and Ramp Metering Control Against Jam Waves--A COSCAL v2 Based Approach[C]. Intelligent Transportation Systems (ITSC), 2015 IEEE 18th International Conference on. IEEE, 2015:1156-1162.

[11] Li Y,Chow A H F. Optimisation of motorway operations via ramp metering and variable speed limits[J]. Transportation planning and technology,2015,38(1):94-110.

[12] Tabadkani Aval Seayed Soroush. Feedback-based cooperative ramp metering for highway traffic flow control: A model predictive sliding mode control approach [J]. International Journal of Robust and Nonlinear Control,2020:30(18):8259-8277.

[13] 马明辉,杨庆芳,梁士栋,杜巍. 高速公路主线与匝道合流区协调控制方法[J]. 哈尔滨工程大学学报, 2015, 12: 1603-1608.

[14] 冉润东. 基于深度强化学习的高速公路入口匝道控制方法研究[D]. 济南:山东科技大学, 2021.

[15] 赵冰心. 基于复杂网络同步的高速公路协调控制研究[D]. 天津:河北工业大学, 2021.

基于标准化影像的桥梁表观缺陷识别算法研究

吴 迪[1,2] 孙杨勇[1,2] 陈振誉*[1,2]
(1.广东建科交通工程质量检测中心有限公司;2.广东省交通基础设施智能检测工程技术研究中心)

摘 要 针对桥梁表观缺陷智能识别难题,本文提出基于标准化影像的融合算法理念,将ShuttleNet-M6模型应用于以裂缝为代表的小目标物,而将YOLOv8n-seg模型用于识别以露筋、修补、接缝为代表的大目标物。融合算法取得的识别效果较单一模型好,其中裂缝的MPA、MIoU以及F1值均能达到85%以上,其他三类病害各类指标均为90%以上,接缝目标的MPA达到96.97%。通过实验验证单一算法模型在大目标物和小目标同时具备的桥梁表观缺陷,效果不佳,而融合模型能够把握各类目标的全局特征和局部细节特征,使得总体的识别效果进一步提升。

关键词 标准化影像 融合算法 桥梁缺陷 语义分割

0 引言

近年来,随着人工智能技术的飞速发展,对桥梁缺陷智能检测的研究也得到了迅猛推进。例如,通过引入深度学习算法,可以实现对桥梁病害图像的自动识别和分类,从而快速定位和诊断桥梁病害。此外,借助物联网技术和无人机等现代信息技术手段,可以实现对桥梁的远程实时监测。虽然研究方向繁多,但是离不开图像识别这个核心理念。而语义分割是图像识别的重要分支,它能够依托算法自动判断出图像中每个像素是否属于病害区域,而不仅仅是识别出病害的位置。语义分割能够提供这样的精细化信息。这对于精确识别和分析病害非常重要。因此,语义分割在桥梁智能检测领域受到越来越多的学者研究。

Ye等[1]提出基于深度学习的全卷积结构裂缝检测,以被标记的数据集中获得的二维图像数据为基础,利用Ci-Net模型进行训练,对桥梁结构损伤进行检测。朱劲松等[2]提出基于卷积神经网络和迁移学习的钢桥病害识别,将Inception-v4卷积神经网络和迁移学习相结合,减少了数据需求量,提高了病害识别的准确率。朱苏雅等[3]提出基于U-Net卷积神经网络的桥梁裂缝检测方法,使用多层卷积自动提取裂缝特征,利用浅层网络和深层网络相叠加实现裂缝局部和抽象特征的融合,并采用阈值法和改进的迪杰斯特拉连接算法实现对裂缝的精准提取。韩晓健等[4]提出基于卷积神经网络在桥梁结构表面病害检测中的应用研究,通过迁移学习训练AlexNet网络,构建桥梁结构表面常见三类病害的自动识别模型。

一般来说,大多数学者都是研究单一模型,然后不断改进优化,但往往容易陷入瓶颈。这是因为桥梁病害的多样性,其几何特征分化严重。比如裂缝和破损露筋,两者长细比相去甚远,其所占像素数量和位置差别很大。大目标病害全局性强,而小目标病害着重于细节,因此,用一个网络结构进行卷积得到的结果很难兼顾两者。针对这个难题,本文首先建立了标准化影像样本集,融合两个算法模型Shut-tle-M6和YOLOv8n-seg,对桥梁表观病害实现了多目标准确识别。

1 桥梁表观缺陷数据集的构建

1.1 标准化影像采集

桥梁表观病害图像能表征桥梁当前的状态,因此,病害图像采集是整个智能识别算法研究的前提。本文基于鸿蒙系统影像传感器BIDS建立了标准化的影像,保证了采集的质量的同时并且统一图像尺寸和分辨率,方便后续进行训练。如图1所示。

基金项目:国家科学技术部国家科技攻关计划(G20190130009);住房和城乡建设部科学技术计划(2019-K-185)

图1 BIDS的实物图

鸿蒙系统影像传感器BIDS的CMOS型号为IMX707Y,像素分辨率5000万(8192×6144),采集的精度范围为(0.05~1.0mm),数据存储方面采用三星UFS3.0。本文采集的病害图像均采用桥检车搭载高清影像传感器BIDS进行拍摄,以保证影像的标准化。

1.2 图像预处理及数据集的建立

语义分割是涉及图像上各像素的划分,对数据集要求比较精细,耗费大量人力成本。为了解决这一问题,本文将原始图像通过OpenCV提供的图像变换方法生成新的图像样本[5],其中包括图像的水平、垂直翻转;镜像对称;随机角度旋转与裁剪等。同时也采用生成对抗网络(GAN)[6]对小部分的数据集进行训练,然后利用训练好的模型生成相似的病害图像。通过使用扩增技术来增加数据集的规模,进一步丰富了数据集的多样性,为深度学习模型提供了更为全面的训练数据。见图2。

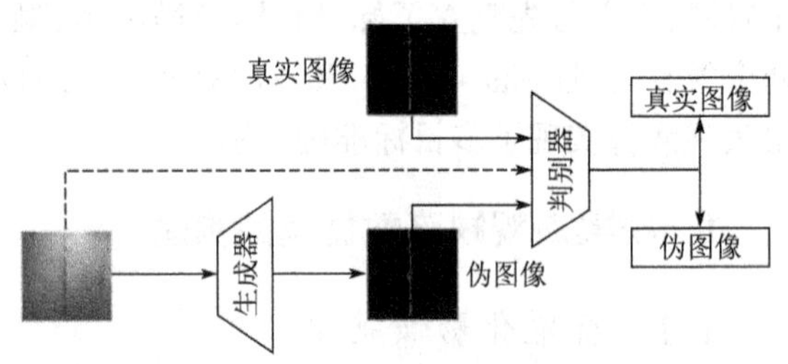

图2 GAN数据集扩增示意图

本次实验采用的样本分为四类:裂缝(crack)、露筋(exp-rebar)、修补(patch)、接缝(joint)。总样本数量为2000张,其中训练集采用1600张,验证集采用300张,测试集为100张。在各类目标中裂缝数量占比约为40.6%,位列第一。详细见表1。

各类目标病害统计详表 表1

项目	crack	exp-rebar	patch	joint
amount	1352	894	673	412
Percentage	40.6%	26.8%	20.2%	12.4%

注:一张病害图像可含有多个病害。

2 模型建立

为了更好地实现桥梁不同病害的识别,本文选用ShuttleNet模型和YOLOv8n-seg模型进行融合。其中ShuttleNet模型是多个U-Net网络集成,进一步提高细节特征的提取,适合于裂缝识别。YOLO系列的模型着重于浅层特征的提取,对目标图像全局性把握较好,因此适合于大目标病害的识别。下面将详细介绍两种算法结构原理。

2.1 ShuttleNet网络结构

ShuttleNet模型[7]的提出是基于U-Net[8],继承其编解码的网络结构。但是,U-Net仅有一轮编码-解码工作流,这限制了模型学习图像全局上下文和更精细特征的能力。而ShuttleNet的主要思想是重复编码-解码循环,每个编解码轮首先缩小数据并从较细分辨率提取潜在表示到较粗的分辨率,然后扩大数据并从较粗分辨率检索细节到较细分辨率。如果将每个分辨率级别设想为一个单独的站点,模型将编码或解码的信息递归地传输到每个单独的站点,可以多次了解全局上下文,从而获取更为全面的特征。

ShuttleNet 模型核心思想就是记忆连接(Memory connection),其作用是提供两个连续的编解码轮之间的快捷连接,通过该连接可以将当前编解码轮的信息传递到下一轮,有助于减少训练深度神经网络学习的困难,并提高其潜在的性能。记忆连接可以被看作是对许多循环单元中使用遗忘门的一种改进,是遗忘门和快捷连接的集成。

通常来说,比较常用的是 ShuttleNet-M4 和 ShuttleNet-M6,其分别代表四个编码-解码轮和的六个编码-解码轮的 ShuttleNet 网络模型。本文接下来的研究将采用 ShuttleNet-M4 和 ShuttleNet-M6 模型进行桥梁病害图像分割实验。

2.2 YOLOv8n-seg 网络结构

YOLOv8 是 Ultralytic 团队在 2023 年 1 月提出,是 YOLO[9] 系列的延续,支持多种图像处理任务,每种任务都有 n、s、m、l、x 共 5 种不同参数量的模型,其中模型 n 参数量最小且检测速度最快的模型,本文使用的是 YOLOv8 网络中的 n 型分割模型 YOLOv8n-seg。

YOLOv8n-seg 整体网络结构主要由 Input、Backbone、Head 3 部分组成,网络结构如图 4 所示,在 Input 中,YOLOv8n-seg 数据增强部分在最后 10 个迭代周期关闭 Mosiac 增强操作,可以有效地提升精度,在 Backbone 部分,CBS 模块由卷积 Conv、批归一化 BatchNorm(BN)、激活函数 SILU 组成。在 Backbone 的最后一层是 SPPF 模块,由前后 2 个 CBS 模块、中间 3 个串联的最大池化 MaxPooli-ng 以及 1 个连接层组成,输入的特征图经过一个 CBS 模块后,再经过 3 个最大池化操作,最后经过一个 CBS 模块。连接层将经过 CBS、经过 CBS 和 1 次最大池化、经过 CBS 和 2 次最大池化、经过 CBS 和 3 次最大池化共 4 个特征图进行连接操作,来实现特征融合。Y-OLOv8n-seg 将 YOLO 中的所有的 C3 模块换成了 C2f 模块,可以获得更加丰富的梯度流信息,在 Head 部分,将 YOLO 原来的 Anchor-Based 换成了 Anchor-Free。

CBS 模块结构如图 3 所示,其激活函数 SILU 是 Swish 激活函数的变体,两者的公式如下所示:

$$\mathrm{SILU}(x) = x \cdot \mathrm{sigmoid}(x)$$

$$\mathrm{Swish}(x) = x \cdot \mathrm{sigmoid}(\beta x)$$

Conv → BN → SILU

CBS

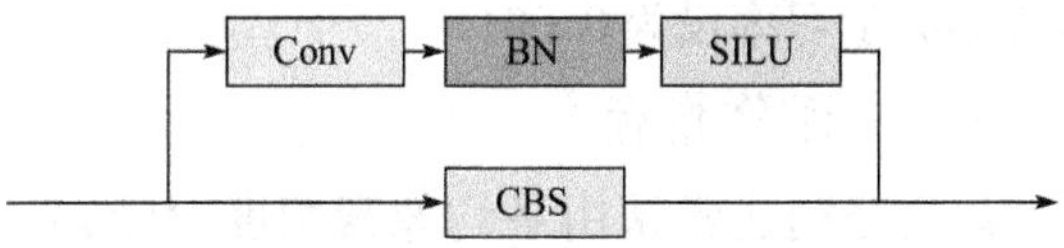

图 3 CBS 模块结构

由 YOLOv8n-seg 网络结构(图 4)可以看出,B-ackbone 主要通过多个 CBS 模块进行目标特征的提取,并融合了不同尺度的特征,能够最大程度保留其全局特征。因此,本次实验将采用 YOLOv8n-seg 作为桥梁大目标病害识别的主要算法。

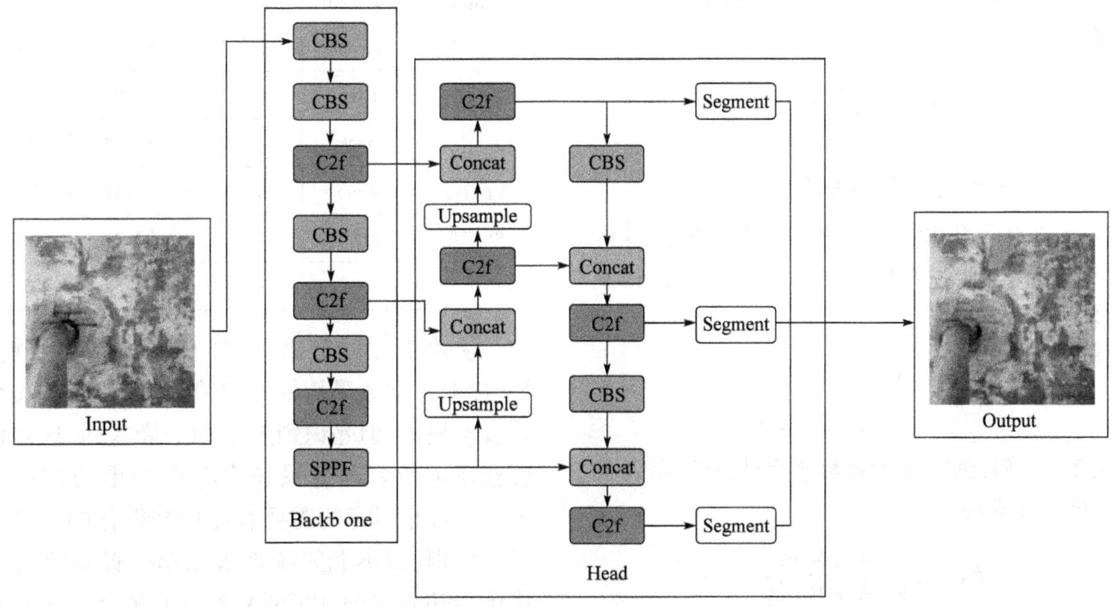

图 4 YOLOv8n-seg 网络结构图

3 模型训练与试验分析

3.1 试验环境与设计

本次实验的开发语言主要是Python，使用PyTorch作为网络框架，采用CUDA12.1对训练进行加速。模型训练的硬件测试环境CPU选用i7-14700KF@3.40GHz，GPU选用RTX4090，24GB显存。

实验采用的数据集包含四种桥梁缺陷，包含了以裂缝为代表的小目标物，以露筋、修补、接缝为代表的大目标物。采用的分割算法有U-Net、DeepLabv3+[10]、ShuttleNet-M4、Shutt-leNet-M6、YOLOv8n-seg。其中前两种算法是目前主流使用的分割算法，作为本文的对照实验组。其中超参数部分E-poch为100；BatchSize设为8；优化器采用Adam；学习率设为0.001。

3.2 评价指标

语义分割通常采用平均像素精度(MPA)、平均交并比(MIoU)和$F1$值作为评价指标。首先假设图像需要分割成$k+1$类(其中有一类为背景)，p_{ij}表示属于第i类的像素点，被预测为第j类的像素数目。即p_{ii}、p_{ij}、p_{ji}分别表示真正例、假正例和假反例的像素数量。

3.2.1 平均像素精度(MPA)

用以计算每个类中被正确分类的像素点占该类别像素数量的比例，将所有类别的比例求和取平均值。

$$\mathrm{MPA}=\frac{1}{k+1}\sum_{i=0}^{k}\frac{p_{ii}}{\sum_{j=0}^{k}p_{ij}}$$

3.2.2 平均交并比(MIoU)

交并比表示真实标签图像和预测分割图像的重叠率，计算得到每个类的IoU，之后求均值得到平均交并比。

$$\mathrm{MIoU}=\frac{1}{k+1}\sum_{i=0}^{k}\frac{p_{ii}}{\sum_{j=0}^{k}p_{ij}+\sum_{j=0}^{k}p_{ji}-p_{ii}}$$

3.2.3 $F1$值可同时兼顾分割模型的MPA和MIoU，计算公式为：

$$F1=2\,\frac{\mathrm{MPA}\times\mathrm{MIoU}}{\mathrm{MPA}+\mathrm{MIoU}}$$

3.3 模型训练结果

从表2可以看出，YOLOv8n-seg在各项指标中，均达到了90%以上，位列第一。而改进模型ShuttleNet-M6优于原生的U-Net模型，其$F1$值高出6%左右，ShuttleNet-M4相对U-Net也有所提高，各项指标提升幅度在0.3%~2.5%。整体来说，各种模型在桥梁数据集上四种指标均能达到80%以上。

各模型病害总体评价指标对比　　表2

Algorithm	MPA/%	MIoU/%	$F1$/%
U-Net	82.24	81.64	81.94
DeepLabv3+	82.35	85.22	83.76
ShuttleNet-M4	82.51	84.11	83.30
ShuttleNet-M6	88.64	87.45	88.04
YOLOv8n-seg	90.44	91.28	90.86

下面以总体评价指标$F1$值排名前三的模型为例，详细列出各算法模型在四种目标的识别效果，具体如表3所示。

各类别病害评价指标对比　　表3

Algorithm	Type	MPA(%)	MIoU(%)	$F1$(%)
Deep Labv3+	crack	76.32	79.24	77.75
	exp-rebar	83.56	82.1	82.82
	patch	88.56	86.31	87.42
	joint	91.79	90.29	91.03
Shuttle Net-M6	crack	86.57	85.08	85.82
	exp-rebar	88.14	86.31	87.22
	patch	89.02	87.11	88.05
	joint	92.12	90.07	91.08
YOLOv 8n-seg	crack	82.87	81.78	82.32
	exp-rebar	92.34	91.51	91.92
	patch	93.91	92.71	93.31
	joint	96.97	94.87	95.91

从表3可以看出，三种算法模型在露筋、修补、接缝识别效果均好于裂缝。相对来说，裂缝数量占比最大，但是识别效果却是最差的，这是由于裂缝目标像素与背景像素存在严重的数据不平衡。所以小目标物需要有更加精细化的模型进行专项识别，而不能笼统地采用单一模型进行改进优化。ShuttleNet-M6模型集成了多个U-Net，对于细部特征能把握的比较好，但是其在大目标物识别的效果不如简单的网络结构，这是因为过渡提

取更深层特征导致结果的全局性降低。YOLOv8n-seg 网络结构简单,对大目标物识别更为准确,在其他三类目标中识别效果均居首位。因此,ShuttleNet-M6 模型识别裂缝,利用 YOL-Ov8n-seg 识别其他大目标病害效果最好。

3.4 识别结果可视化

桥梁表观缺陷实际分割效果如图 5 所示。

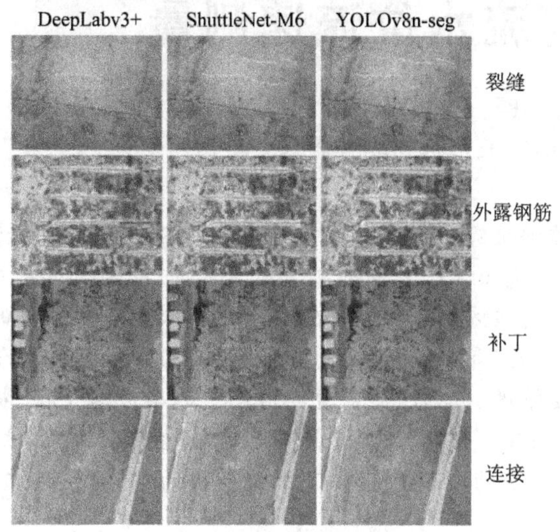

图 5 实际识别效果

由评价指标和识别结果可得出,融合 YOLOv8n-seg 和 ShuttleNet-M6 两种算法对桥梁表观缺陷识别综合性更好,其融合的详细流程如图 6 所示。

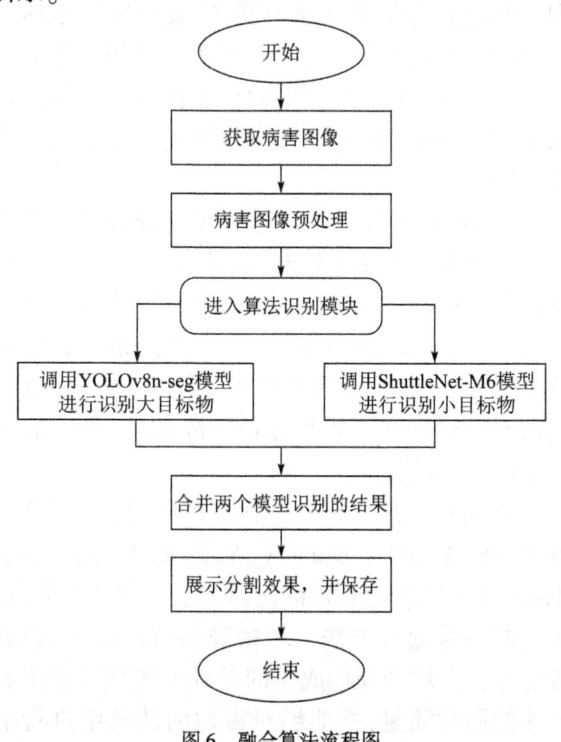

图 6 融合算法流程图

4 结语

(1) YOLOv8n-seg 在桥梁表观缺陷数据集中表现优异,其总体评价指标均能达到 90% 以上,而在接缝(joint)的 MPA 能达到 96.97%,优于其他四种模型。另外 ShuttleNet-M6 能够提取更深层的细节部分的特征,对裂缝识别效果好,其 MPA、MIoU、*F*1 值均为最高。

(2) 融合 YOLOv8n-seg 和 ShuttleNet-M6 两种算法模型可以同时满足桥梁表观缺陷中各类大目标和小目标病害的识别,优于实验中单一算法。

(3) 通过建立标准化影像数据集并结合多个模型实验印证了单一模型对同时具备大目标物和小目标物的桥梁表观缺陷,识别效果不佳,而融合算法效果能够把握全局特征和局部细节特征,从而达到综合效果最好。未来将探究更多不同算法的组合实验,进一步提升识别的精确性和鲁棒性。

参考文献

[1] YE X W, JIN T, CHEN P Y. Structural crack detection using deep learning-based fully convolutional networks [J]. Advances in Structural Engineering, 2019.

[2] 朱劲松,李欢,王世芳. 基于卷积神经网络和迁移学习的钢桥病害识别[J]. 长安大学学报:自然科学版, 2021, 41(3):12.

[3] 朱苏雅,杜建超,李云松,等. 采用 U-Net 卷积网络的桥梁裂缝检测方法[J]. 西安电子科技大学学报, 2019, 46(4):8.

[4] 韩晓健,赵志成,沈泽江. 卷积神经网络在桥梁结构表面病害检测中的应用研究[J]. 结构工程师, 2019, 35(2):6.

[5] 马岽奡,唐娉,赵理君等. 深度学习图像数据增广方法研究综述[J]. 中国图象图形学报, 2021, 026(003).

[6] 倪有豪,陆欢,季超等. 基于语义分割的桥梁锈蚀病害识别对比分析[J]. 东南大学学报(自然科学版),2023,53(02).

[7] ZHANG A A, WANG K C P, LIU Y, et al. Intelligent pixel-level detection of multiple distresses and surface design features on asphalt pavements [J]. Computer-aided civil and infrastructure enginee-ring, 2022.

[8] RONNEBERGER O, FISCHER P, BROX T. U-Net: Convolutional Networks for Biomedical

Image Segmentation[J]. Springer International Publishing, 2015.

[9] 王海群,王炳楠,葛超.重参数化 YOLOv8 路面病害检测算法[J/OL].计算机工程与应用,1-9[2024-02-23].

[10] 赵雪冰,王俊杰.基于改进 DeeplabV-3+和迁移学习的桥梁裂缝检测[J].计算机工程与应用,2023,59(5):8

基于 FMCW 雷达的河流水位流速测量

张 懿*1 王巧丽2 陈 杰1 丁海瀚1

(1.西南交通大学信息科学与技术学院;2.长江水利委员会水文局)

摘 要 河流水位与流速检测在航运、桥梁建设和防洪抗灾等领域具有重要意义。本文基于调频连续波(Frequency Modulated Continuous Wave, FMCW)雷达,提出了一种新的测量河流水位、流速的信号处理方法。相比传统水位和流速检测所采用的多传感器方式,该方法采用单一雷达传感器来实现多参数的测量。针对离散傅里叶变换在雷达信号处理中因"栅栏效应"导致的测距误差问题,本文引入频率插值的方法,改善关注频率附近的频谱分辨效果从而提高测距精度。此外,针对复杂流态下的杂波和干扰,提出基于拉依达准则和卡尔曼滤波的数据后处理方法加以剔除。在多流态场景下的实验结果表明,水位、流速测量的精度和场景适应性均有较好的效果。实际场景下的测试也验证了本文提出的雷达信号处理方法具有一定的工程应用价值。

关键词 FMCW 雷达 水位测量 流速测量 快速傅里叶变换 卡尔曼滤波

0 引言

河流水位和流速的检测在防洪、航运、基建等领域具有重要意义。其测量方法分为接触式和非接触式两种,其中接触式测量方法相对简单,但在山洪、急流等极端环境下,仪器测量的准确性和稳定性难以保证。相比之下,非接触式测量方法具有不受复杂测流环境影响并能够全天候实时监测的优势,从而逐渐得到了行业的关注并被广泛应用。常见的非接触式的测流设备主要包括电波流速仪、多普勒雷达以及超高频雷达等。

电波流速仪体积较大且测速精度不高。Alimenti F 等[1]应用多普勒雷达,研究了一种24GHz连续波(Continuous Wave, CW)下的流速测量方法,并采用二维基于熵的速度模型(Entropy-based Velocity Model, EVM)估算流量。但该方法忽略了到达角对实际测速产生的影响,并且在信号处理流程中没有对杂波和干扰目标进行抑制和消除,导致实验结果与真实值相比有一定的误差。Son G 等[2]针对回波角度影响测速精度的问题,在安装方式和参数配置上提出了解决思路。但是,多普勒雷达由于较难计算目标距离、角度等信息,存在无法同时测量水位和流速的缺陷。

文献[3]基于超高频雷达,推导并验证了非规则天然河道的断面流速模型,有效解决了雷达难以测量水下流速导致在窄深河道中应用受限的问题。该体制雷达能够同时对河流流速和水位进行测量,但系统体积较大,便携性较差且安装易受环境限制。

Catsamas S 等[4]基于脉冲相干毫米波雷达设计了一种水位流速传感器,其具有体积小巧、功耗较低等优势。但由于该方法没有在快速傅立叶变换(Fast Fourier Transform, FFT)所得距离仓的基础上做频谱细化,导致测距精度较低。此外,该方法没有对杂波和干扰目标做剔除处理,导致流速测量结果波动较大。

通过分析各类研究中存在的问题,本文基于调频连续波(Frequency Modulated Continuous Wave, FMCW)毫米波雷达,提出一种河流水位、流速的信号处理方法。与多普勒雷达相比,该方法能够在不增加硬件成本的基础上实现对水位和流速的同时测量,并能够对雷达回波角度进行估计,从而对径向速度进行角度补偿,以降低角度偏差导致的测速误差。与超高频雷达相比,本文所用雷达体积小且成本较低。针对水位测量中因快速傅里叶变换的“栅栏效应”导致测距精度较低的问题,引入频率插值的方法进行频谱细化以提高测距精度。同时,针对河道动目标干扰和杂波,设计基于拉依达准则和卡尔曼滤波的数据后处理方法以对解算出的异常数据加以剔除。最后通过实验证明本文提出方法的有效性。

1 FMCW 雷达测距、测速原理与基于到达角的流速角度补偿方法

通过测量雷达到水面的竖直距离 d(也称为空高)可以间接得到河流的水位 $h=H-d$,其中 H 是雷达距水底基准面的高程值,该值为常数并在设备安装时确定。

本文所用 FMCW 毫米波雷达采用锯齿波线性调频方式,对雷达发送和接收信号混频后得到的中频信号(IF Signal)进行采样。其中,中频信号频率 f_{IF} 可通过距离快速傅里叶变换(Range-FFT)提取。f_{IF} 表征目标与雷达之间的径向距离[5],目标径向距离 R 可表示为:

$$R=\frac{cf_{IF}}{2S} \tag{1}$$

式中:c——光速;

S——扫频斜率。

目标多普勒频率 f 可通过对中频信号进行多普勒快速傅里叶变换(Doppler-FFT)提取[6],表示为:

$$f=\frac{N_d}{nT_c} \tag{2}$$

式中:n——一帧内 Chirp 信号的数量;

T_c——Chirp 信号时延;

N_d——多普勒仓序号。

本文利用电磁波的布拉格散射效应接收流速回波信号并进行流速测算[3]。由布拉格散射产生的多普勒频率记为 f_B,接收信号中的流速多普勒频率 f 会附加在 f_B 上,二者存在以下关系[7]:

$$\pm|f-f_B|=\frac{2v_r f_0}{c} \tag{3}$$

其中 f_0 为雷达载频,v_r 为径向速度。v_r 与河流表面流速 v 的转换关系为 $v=v_r/cos\theta$[1],其中 θ 为速度补偿角,表示雷达和河面回波点的连线与河流流向的夹角。f_B 可表示为:

$$f_B=\sqrt{\frac{gf_0}{\pi c}} \tag{4}$$

其中 g 为重力加速度。如图 1 所示,在河面上方布设 FMCW 雷达对河流水位和流速进行测量。为获取最佳测量结果,雷达的安装采用倾斜朝向水流方向的方式,且安装倾斜角度 θ_0 在 20° ~ 50°范围内[2]。同时,为了实现在水流方向上具有较大角度分辨率,微带阵列天线 E 面应垂直于流向安装。

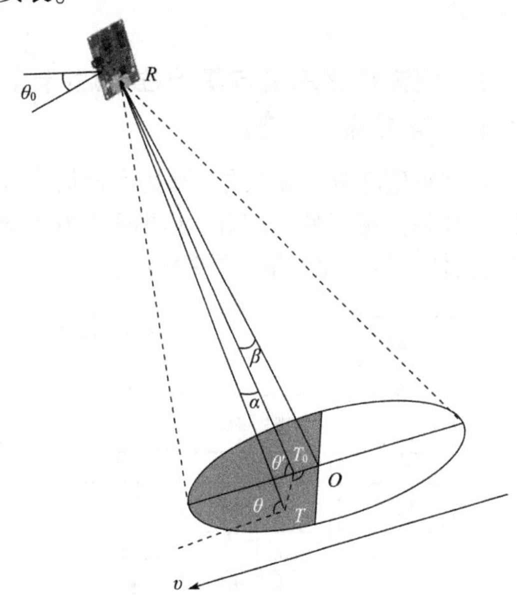

图 1 雷达测流示意图

雷达天线的有效水面照射范围近似为椭圆形,范围内会产生多点回波目标。本文选取雷达照射范围内回波信号最强的部分(即图 1 阴影部分)进行处理。对于其中任一目标 T,按照球面坐标法对测量目标进行分解,T_0 为 T 点在天线 H 面上的投影,目标方向角 β 为雷达与目标投影点的连线 RT_0 与雷达中心线 RO 的夹角,目标俯仰角 α 为 RT_0 与 RO 的夹角,通过计算可得速度补偿角 $\theta=\cos^{-1}[\cos\alpha\sin(\theta_0-\beta)]$。

由于本文所用雷达的天线在俯仰角度(天线 E 面)上测量范围较窄,-3dB 探测角度仅为 15°,目标俯仰角 α 对整体角度补偿的影响较小,可忽略其对 θ 计算所造成的影响,进而将对 θ 的测量转化为对 RT_0 与流速方向夹角 θ' 的测量,θ' 可表示为:

$$\theta'=90°-\theta_0+\beta \qquad (0\leqslant\theta_0\leqslant\beta) \tag{5}$$

结合式(3)和式(4),加入角度补偿后的流速表达式为:

$$v = c\frac{\sqrt{\frac{gf_0}{\pi c}} - f}{2f_0\sin(\theta_0 - \beta)} \tag{6}$$

基于上述流速计算和角度补偿方法,对每个回波目标速度进行计算并取平均值,该结果可以视为雷达辐射区域内的水面整体流速。此外,本文采用 3D-FFT 算法对目标方位角 β 进行估计。这一算法对于具有良好几何结构的阵列有较高的角度分辨率,适用于低移速目标下的快速角度估计。

2　频谱细化算法与基于拉依达-卡尔曼滤波的异常数据剔除方法

本文采用高级子帧模式将雷达发射信号分为测距子帧和测速子帧两部分,这两部分循环交替发射,具体信号处理流程如图 2 所示。

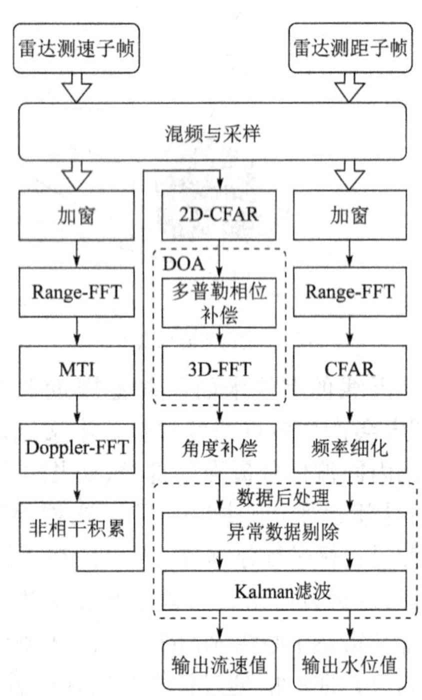

图 2　雷达信号处理流程

测距部分采用较大带宽的发射信号以提升测距分辨率,并利用发射端波束形成技术调整发射信号相位,使发射方向抵消安装倾角垂直于波面,达到在空高路径上生成最强发射信号并接收较强回波的目的。在信号处理上,对混频后的采样信号依次做 Range-FFT 和恒虚警(Constant False-Alarm Rate, CFAR)检测,并在其所作粗略谱估计的基础上,进行频谱细化使精度提高到毫米级。

测速部分采用具有较大时延的发射信号以提升测速分辨率。在信号处理上,对混频后的采样信号依次做 Range-FFT 和 Doppler-FFT,并采用动目标显示(Moving Target Indicator, MTI)和非相干积累算法滤除河道环境中的杂波和干扰。利用二维恒虚警检测(2D-CFAR)提取有效目标,并应用多普勒相位补偿算法和 3D-FFT 计算各目标的回波到达角 β,结合式(6)计算角度补偿后流速。

在测距和测速部分完成后,通过拉依达准则和卡尔曼滤波算法对流速和水位数据进行处理,以滤除异常数据并降低数据波动,最终输出河流水位和流速值。

2.1　基于频率插值的频谱细化算法

由于频率分辨率的限制,采用离散傅里叶变换(Discrete Fourier Transform, DFT)处理雷达信号会导致有效频率的遗漏,进而影响目标距离的提取。本文采用频率插值的方式,在不增加采样点数的前提下,改善频谱分辨效果以减少“栅栏效应”的影响,进而提高测距精度。

以采样率 f_s 对雷达中频信号进行 N 点采样,得到的采样序列为 $x[n]$,其 DFT 结果为 $X[k]$。利用 CFAR 检测器从 DFT 幅度谱 $|X[k]|$ 提取回波频率,假设提取到的某一频率对应的频谱序号为 M,其对应的频率 $f_M = Mf_s/N$。忽略河面干扰引起的频谱多峰叠加情况,实际峰值频率对应的频谱序号在区间 $[M-1, M+1]$ 内。在上述区间内进行频谱细化,等间隔地插入 a 根谱线,将区间分为间隔更小的频率区间,所插第 b 根谱线的离散频点位置 c_b 可以表示为:

$$c_b = M - 1 + \frac{2b}{a}, b = 1,2,3,\cdots,a \tag{7}$$

第 b 根插入谱线处的 DFT 频谱可以表示为:

$$X[c_b] = \sum_{n=0}^{N-1} x[n]\mathrm{e}^{-j\frac{2\pi}{N}n\left(M-1+\frac{2b}{a}\right)} \tag{8}$$

上式可以视为先对 $x[n]$ 在时域上做频移处理得到新序列 $x_b[n] = x[n]\mathrm{e}^{-j\frac{2\pi}{N}n\left(\frac{-a+2b}{a}\right)}$,再对 $x_b[n]$ 做 DFT,其结果记为 $X_b[k]$,在 M 处的幅值为 $|X_b[M]|$。依次计算每个参数 b 下对应的 $|X_b[M]|$ 大小,选取最大值所对应 b 的取值 b_{max},频谱细化后的回波距离可表示为 $\left(M - 1 + \frac{2b_{max}}{a}\right)\frac{c}{2B}$。本文设置 a 为 32,使得系统测距分辨率变为原来的 1/16,达到 2.4mm。

2.2 粗大数据滤除与卡尔曼滤波

在对水位和流速进行解算的过程中，会得到少量的异常突变数据，这些数据通常是由于河岸固定物和水面漂浮物的影响而产生的地杂波和动目标干扰。这些杂波和干扰不仅会在雷达距离谱中产生多峰现象从而扰乱水位的测量，还会掩盖布拉格散射产生的信号，给测速带来较大影响[7]。对此，本文设计基于拉依达准则和卡尔曼滤波的数据后处理方法对其加以剔除。

拉依达准则是以原始数据标准差的3倍作为取舍标准，对于样本序列 $A=[a_1,a_2,...,a_n]$，计算其数学期望 μ 和标准差 σ，然后对序列中的每个数据 a_i 进行比较，若不满足条件 $\mu-3\sigma<a_i<\mu+3\sigma$，则该数据可判为异常数据并予以剔除。

在利用拉依达准则对异常数据进行剔除的基础上，采用卡尔曼滤波算法对水位和流速结果做进一步处理，以滤除因河流自然流态产生的数据波动从而降低测量中的动态误差。本文使用一阶卡尔曼滤波对离散的水位和流速数据进行处理。以河流流速的滤波过程为例，取第 k 个雷达测速帧开始时刻的流速 v_k 作为系统状态向量 $\boldsymbol{X}_k=[v_k]$，取测量流速 v_k' 作为观测向量 $\boldsymbol{Z}_k=[v_k']$，该滤波过程可以用以下离散随机差分方程表示：

$$\boldsymbol{X}_k=\boldsymbol{A}\boldsymbol{X}_{k-1}+\boldsymbol{W}_k \tag{9}$$

$$\boldsymbol{Z}_k=\boldsymbol{H}\boldsymbol{X}_k+\boldsymbol{V}_k \tag{10}$$

式中：$\boldsymbol{A}$——状态矩阵；

$\boldsymbol{H}$——测量矩阵；

$\boldsymbol{W}_k$ 和 $\boldsymbol{V}_k$——过程噪声和测量噪声，二者相互独立且服从高斯分布，对应的协方差分别为 $\boldsymbol{Q}$ 和 $\boldsymbol{R}$。

卡尔曼滤波处理过程可以分成状态预测和状态更新两部分。首先，在状态预测过程中，k 时刻的状态向量先验估计值 $\hat{\boldsymbol{X}}_k^-$ 的计算方法如下：

$$\hat{\boldsymbol{X}}_k^-=\boldsymbol{A}\hat{\boldsymbol{X}}_{k-1} \tag{11}$$

其中，$\hat{\boldsymbol{X}}_{k-1}$ 为前一时刻状态向量的最优估计值。k 时刻的先验误差协方差矩阵 $\boldsymbol{P}_{\bar{k}}$ 可表示为：

$$\boldsymbol{P}_k^-=\boldsymbol{A}\boldsymbol{P}_{k-1}\boldsymbol{A}^{\mathrm{T}}+\boldsymbol{Q} \tag{12}$$

其中，$\boldsymbol{P}_{k-1}$ 为 $k-1$ 时刻的先验误差协方差矩阵。在状态预测过程完成后，进行卡尔曼滤波的状态更新过程，先更新卡尔曼增益 $\boldsymbol{K}_k$：

$$\boldsymbol{K}_k=\boldsymbol{P}_k^-\boldsymbol{H}^T(\boldsymbol{H}\boldsymbol{P}_k^-\boldsymbol{H}^T+\boldsymbol{R})^{-1} \tag{13}$$

再利用 k 时刻的测量流速 $\boldsymbol{Z}_k$ 计算 k 时刻的流速最优估计 $\hat{\boldsymbol{X}}_k$。同时更新 k 时刻最优估计的先验误差协方差矩阵 $\boldsymbol{P}_k$：

$$\hat{\boldsymbol{X}}_k=\hat{\boldsymbol{X}}_k^-+\boldsymbol{K}_k(\boldsymbol{Z}_k-\boldsymbol{H}\hat{\boldsymbol{X}}_k^-) \tag{14}$$

$$\boldsymbol{P}_k=\boldsymbol{P}_k^--\boldsymbol{K}_k\boldsymbol{H}\boldsymbol{P}_k^- \tag{15}$$

本文状态矩阵 $\boldsymbol{A}$ 和测量矩阵 $\boldsymbol{H}$ 均为一阶单位矩阵。在实际处理过程中，本文先对解算得到的某段时间内的水位、流速数据应用拉依达准则滤除粗大数据，再利用卡尔曼滤波平滑处理整组数据，最终输出处理后的结果。

3 实验结果

本文所用硬件设备为德州仪器的IWR1843BOOST雷达传感器模块，使用配套的DCA1000EVM高速信号捕获板进行原始数据的采集，并对采集数据进行算法验证。此外，本文采用CY-SE100型角度传感器对雷达安装角度进行测量，该型设备的测角精度可达0.1°，整个系统实物如图3所示。雷达综合理论性能指标则在表1中给出。

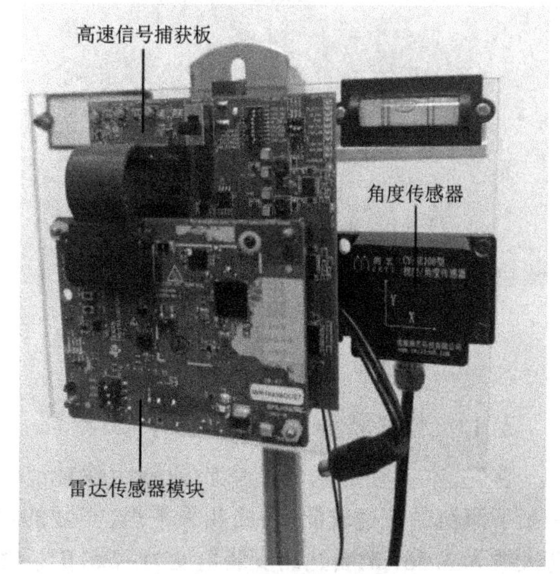

图3 雷达系统实物图

综合性能指标 表1

项目	数值
最小分辨距离	0.0024m
最大测量速度	24.29m/s
最小分辨速度	0.047m/s

本文在静水和流水两种环境下进行实验。实验过程中,采用空高代替河流的参考水位,其具体数值由铅垂线和皮尺测量得到。河流的流速则是通过航征 HZ-SVR-24V-200 流速仪进行测量,这款设备在国内的水文流速监测站点中广泛应用,因此具有很高的市场认可度和数据参考价值。实验设备放置在桥梁中央,面向河流的流向,具体的实验环境如图4所示。因为所有的实验数据都在无风(或微风)的环境下收集得到,所以实验结果并未对风速的影响进行偏移校正。

a)流水环境实验场景

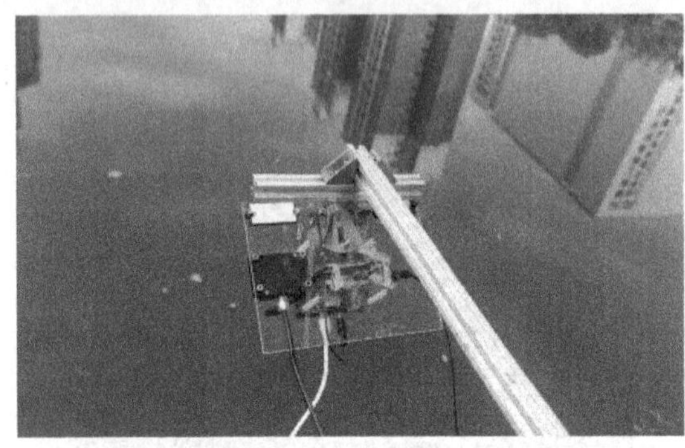

b)静水环境实验场景

图4　水面回波实验场景

3.1　水位测量与频谱细化算法验证

首先,本文在静水环境中验证测距性能。该场景下河流的流速较低,表面几乎平坦,实际的空高大约为2.361m,雷达的安装角度为-25.0°。将三根发射阵元的初始相位分别设置为0°、208.125°和56.25°,以使发射方向能够抵消安装的倾角,从而垂直于波面。通过采集的原始数据,得到回波的一维距离像,实验结果如图5所示。

为验证2.1节频谱细化算法的有效性,在测距数据基础上做后续信号处理。CFAR检测提取的距离为2.356m,在其两侧等间隔地插入了32个频率扫描点,并依次计算每个离散谱线的DFT强度。每个插值点对应的DFT强度如图6所示。选择其中强度最高的第17个点,其对应的距离为2.359m,更加接近实际距离2.361m,绝对误差为-0.002m。

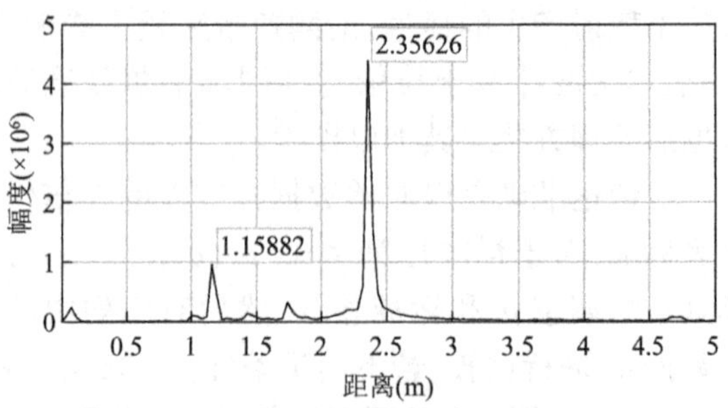

图5　静水环境回波一维距离像结果

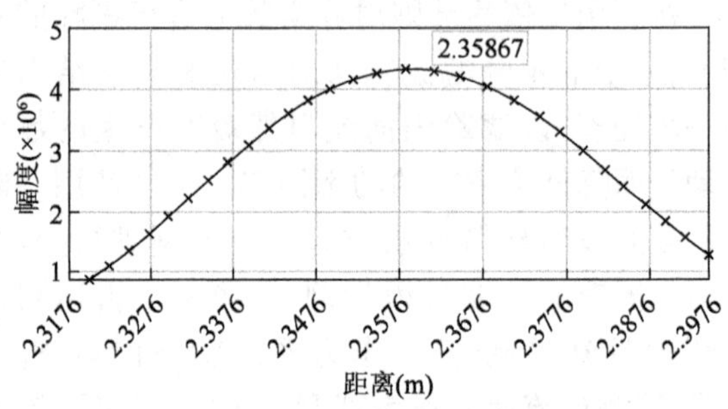

图6　频谱细化处理结果

3.2　流速测量与角度补偿方法验证

为验证流速测量的准确性,在流水环境进行实验。实验设备部署于桥梁中间并正对河流流向,河流起伏较大,流速较快。调整雷达测量位置以尽可能减少栏杆和桥面车辆干扰。雷达安装倾角为-41.0°,实际空高为5.335m,用航征雷达测量河流流速为-1.989m/s。采集原始数据并处理,得到的雷达距离多普勒矩阵如图7所示。

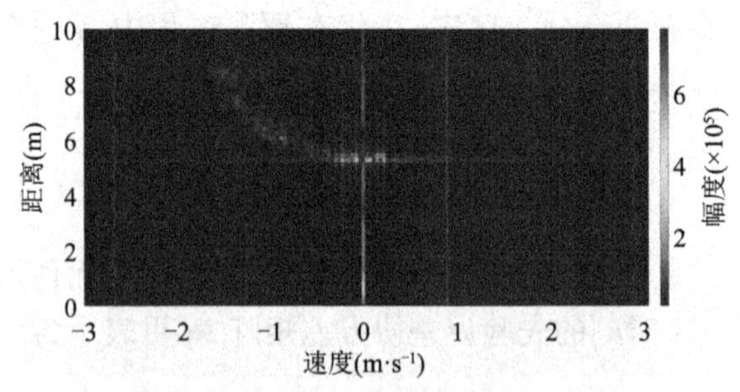

图7　雷达距离多普勒矩阵

采用MTI算法以剔除零频杂波,并运用非相参积累技术对各个天线的回波进行叠加处理,从而降低河道环境中的噪声干扰。仿真结果如图8

所示，零速带附近的回波强度显著降低，矩形框区域内的河流回波强度相比原先更加突出，更利于有效目标的提取。

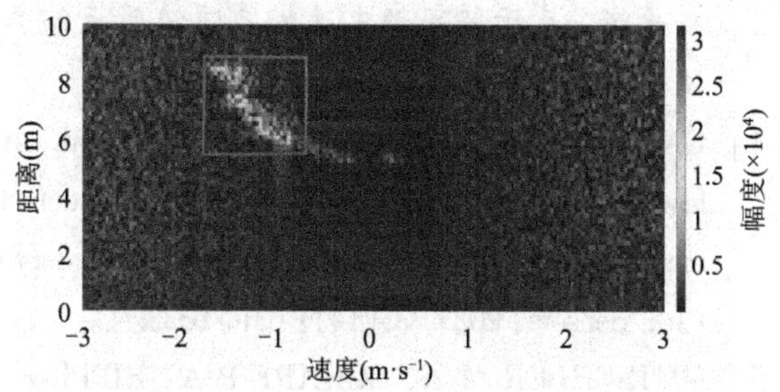

图8 杂波滤除后雷达距离多普勒矩阵

对杂波滤除后的矩阵使用2D-CFAR检测器，结果如图9所示，白色标记为被提取出的目标。共提取到18个回波目标，满足角度条件($\theta_0 < \beta \leqslant 0$)的目标有7个，分别计算每个目标的到达角$\beta$，并结合公式(4)计算角度补偿后的流速。结果如表2所示。

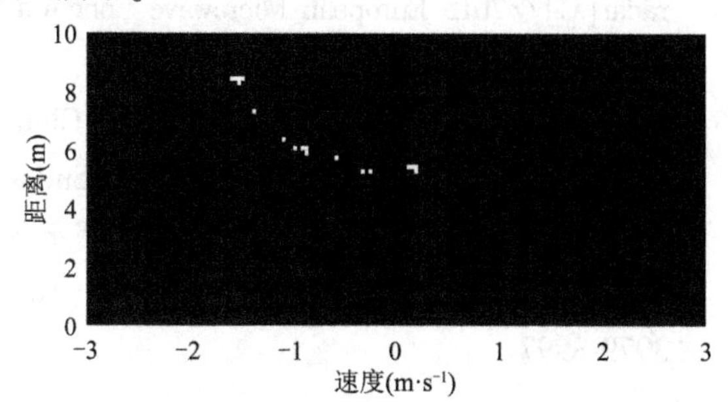

图9 雷达2D-CFAR结果

流速角度补偿结果　表2

目标	径向速度(m/s)	到达角	补偿后流速(m/s)
01	-1.362	0.00°	-1.993
02	-1.072	-9.90°	-1.968
03	-0.963	-13.55°	-1.969
04	-0.890	-15.40°	-1.932
05	-0.854	-16.33°	-1.914
06	-0.854	-18.21°	-2.062
07	-0.563	-25.94°	-1.956

对实际流速数据取平均值，得到雷达照射范围内的平均流速为-1.971m/s，与实际流速的绝对误差为0.018m/s。这表明本文测量结果具有较高的准确性，雷达系统在流速监测方面的性能是可靠的。

3.3 粗大数据滤除与卡尔曼滤波验证

为了验证第2.2节中提出的粗大数据滤除算法的有效性，本文在流态较为复杂的河流环境中进行实验。在遵循第2节中测速子帧和测距子帧信号处理流程的基础上，对河流的流速和水面空高进行了连续测量。随后，对得到的测量数据进行了粗大数据滤除和卡尔曼滤波处理，结果如图10和图11所示。

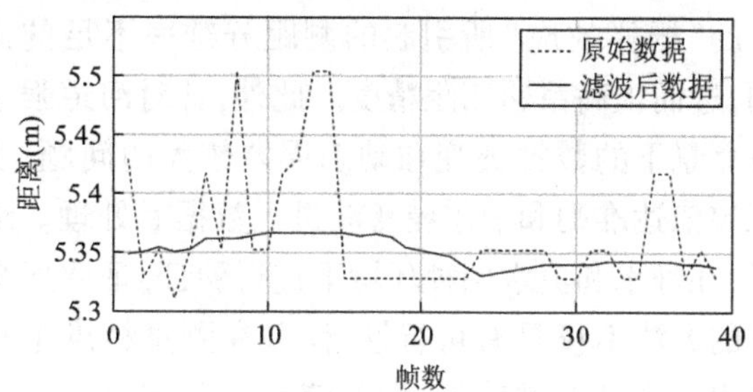

图10 流水环境测距结果

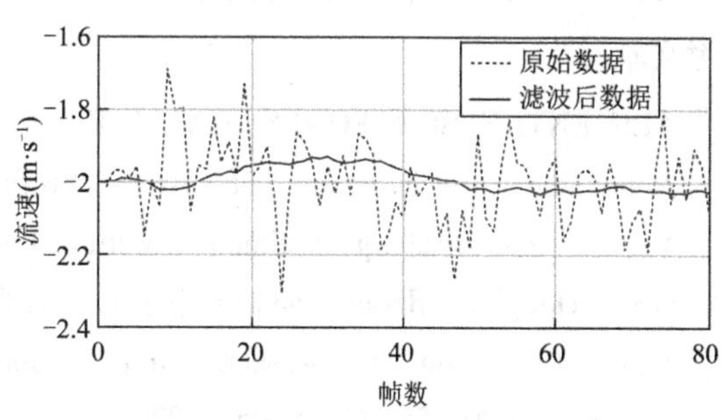

图11 流水环境测速结果

由于流水环境的流态较乱且波浪较大，原始数据的波动较大。经过粗大数据滤除与卡尔曼滤波处理，数据的稳定性得到了有效改善。处理前后的数据结果如表3和表4所示。

流水环境空高数据结果　表3

项目	极差(m)	标准差(m)	平均值(m)	绝对误差(m)
处理前	0.193	0.053	5.363	0.028
处理后	0.036	0.012	5.350	0.015

流水环境流速数据结果　表4

项目	极差(m/s)	标准差(m/s)	平均值(m/s)	绝对误差(m/s)
处理前	0.619	0.115	-1.999	-0.010
处理后	0.102	0.032	-1.993	-0.004

如表3和表4所示，整体测量数据在处理后变得更加平滑，突变的异常数据数量大幅减少，数据序列的极差和标准差降低，与理论值的相对误差也有所减小。这证明该方法可以有效地运用在流速和水位测量中。

4　结语

本文提出了一种基于 FMCW 毫米波雷达的河流水位和流速测量方法,该方法能够以单雷达传感器的低成本方式实现水位和流速的同时检测。通过引入频谱细化算法,解决离散傅里叶变换固有的"栅栏效应"所引起的测距分辨率不足的问题,进而提高雷达测距精度。此外,针对河道强杂波背景下的数据突变和动态误差较大的问题,引入拉依达准则和卡尔曼滤波进行数据后处理。最后,在静水和流水两种环境下进行验证,证明所提出的方法不仅具有可行性,而且在测量精度上表现出了高度的准确性,为河流水位和流速的远程监测提供了一种高效、可靠的解决方案。

参考文献

[1] ALIMENTI F, BONAFONI S, GALLO E, et al. Noncontact Measurement of River Surface Velocity and Discharge Estimation With a Low-Cost Doppler Radar Sensor [J]. IEEE Transactions on Geoscience and Remote Sensing, 2020, 58(7): 5195-5207.

[2] SON G, KIM D, KIM K, et al. Performance of a Rectangular-Shaped Surface Velocity Radar for River Velocity Measurements [J]. KSCE Journal of Civil Engineering, 2023, 27(3): 1077-1092.

[3] 杨永怀. 基于超高频雷达的河流流量反演算法研究[D]. 武汉: 武汉大学,2020.

[4] CATSAMAS S, SHI B, WANG M, et al. A low-cost radar-based IoT sensor for noncontact measurements of water surface velocity and depth [J]. Sensors, 2023, 23(14): 6314-6332.

[5] MUTSCHLER M A, SCHARF P A, RIPPL P, et al. River surface analysis and characterization using FMCW radar[J]. IEEE Journal of Selected Topics in Applied Earth Observations and Remote Sensing, 2022, 15: 2493-2502.

[6] ERHART C, LUTZ S, KÖHLER J, et al. Surface velocity estimation of fluids usingmillimetre-wave radar[C]//2015 European Microwave Conference (EuMC). IEEE, 2015: 566-569.

[7] ZENG Y, CHEN Z, ZHAO C, et al. Clutter and Interference Cancellation in River Surface Velocity Measurement with a Coherent S-Band Radar[J]. Remote Sensing, 2023, 15(16): 3979-3997.

Deep reinforcement learning-based delay optimization scheme in mobile edge computing systems

Zhiming Yu *

(School of Information Science and Technology, Southwest Jiaotong University)

Abstract　With the development of the Internet of Things, the task volume generated by wireless devices (WDs) is showing exponential growth. Due to limitations in battery capacity and computing power of wireless devices, these tasks can be offloaded to edge servers for processing. WDs computing(MEC) networks enhance the computing power of wireless devices and extend their service life. This paper studies mobile edge computing networks in the scenario of multiple access point(AP). Mobile devices under each AP follow the binary offload strategy, making tasks either executed locally or completely offloaded to the edge server. Our goal is to jointly optimize task offloading and computing resource allocation to minimize the system delay of all tasks under the same AP. This problem is a mixed integer programming problem, and the computational scale of the problem increases exponentially with the number of WDs. Traditional optimization methods cannot effectively solve this problem. In this paper, we propose a deep reinforcement learning-based multitask adaptive offloading algorithm (DRMAO). This algorithm utilizes the deep deterministic policy gradient (DDPG) architecture and K nearest neighbors (KNN) algorithm to generate offloading decisions, and then utilizes convex optimization tools to allocate computing resources. The numerical results show that the proposed DRMAO algorithm can adaptively adjust the offloading strategy based on the network state and task size. Compared with other methods, this algorithm has faster convergence speed and better latency performance.

Keywords Mobile edge computing Deep reinforcement learning Multitask adaptive offloading Convex optimization Computing resources

0 Introduction

The rapid development of artificial intelligence and Internet of Things technology has led to the emergence of many computationally intensive applications, such as wearable devices and sensors, virtual reality devices, augmented reality devices, online gaming devices, smart cities, etc. These applications are sensitive to latency and require a significant amount of computing resources[1]. Despite the increasing intelligence and computing power of mobile devices, as the number of applications and the complexity of tasks continue to increase, smart devices still find it difficult to process a large number of tasks in a short period of time, leading to a significant increase in task delay.

Task offloading technology can reduce the processing delay of tasks. Task offloading refers to transferring local tasks to other resource-rich network nodes to achieve more efficient data processing.

In the early days, the offloading nodes for tasks were mainly remote cloud servers, which is cloud computing. However, data centers for cloud computing are generally located far away from terminal mobile devices, which results in high latency and energy consumption when transmitting data[2]. In order to solve the shortcomings of cloud computing discussed, the European Telecommunications Standardization Association proposed MEC as a supplement to cloud computing.

In the mobile edge computing scenario, offloading decisions and resource allocation have a great impact on task delay. If the task to be offloaded to the edge server is randomly allocated computing resources or the task to be offloaded is randomly decided, it will lead to a significant increase in system delay. Therefore, in order to reduce computing delay, it is necessary to jointly optimize task offloading and computing resource allocation, which is a mixed integer programming problem. The scale of the problem increases exponentially with the number of devices, so it is unrealistic to directly list all possible solutions. To solve this problem, some studies have used branch and bound algorithms and dynamic programming[3],[4] to find the global optimal offloading solution. However, the search space of these two methods still grows exponentially with the number of the task and is not suitable for practical scenarios. In order to reduce computational complexity, [5] proposed a coordinate descent method that searches along a binary variable each time. [6] determine the offloading strategy through iterative algorithms. Another method to solve the offloading strategy is to use Software Defined Network (SDN) technology[7], which decouples the main computing and control functions based on the separation of data and control surfaces, and integrates them into a centralized SDN controller. Besides, a suboptimal algorithm was designed using genetic algorithm and particle swarm optimization algorithm to solve mixed integer programming problems[8]. However, these algorithms all have a high computational complexity, and their decision-making time is often too long, making them unsuitable for real-time computation of offloading decisions.

Recently, deep reinforcement learning has achieved good results in many fields, such as autonomous driving, finance and trade, work automation, natural language processing, etc[9]. However, there is still relatively little work on using deep reinforcement learning for offloading decisions in MEC[10-11]. Most reinforcement learning algorithms in MEC work are still based on the original Q-learning algorithm and Deep Q-Network (DQN) algorithm, both of which have tabular properties for action selection. Therefore, their optimization effect is not significant for large-scale action space scenarios.

In this paper, we consider a MEC network with one edge server and multiple AP, where there are multiple WDs under each AP. Each WD follows a binary offloading strategy. In order to minimize the total delay of all tasks under the same AP, we propose a DRMAO algorithm based on DDPG architecture and KNN algorithm, which can adaptively adjust the offloading strategy according to the network state and task size.

The main contributions of this paper are as follows:

① Adopting the method of reinforcement learning, the channel state, local computing resources, and task volume are combined as the state of reinforcement learning, and the delay is used as the reward for reinforcement learning training. In order to minimize the delay, the proposed DRMAO algorithm jointly optimizes the offloading decision and computing resource allocation. The offloading decision is generated through reinforcement learning, and the computing resource allocation is achieved through convex optimization tools.

② The DRMAO algorithm training does not require any labeled data at all. On the contrary, its training fully utilizes past offloading experience.

③The KNN algorithm is adopted, which only selects the nearest few actions to the virtual action each time, avoiding searching the entire action space. This is computationally feasible and efficient for MEC in large-scale action spaces.

④The experimental results show that compared to other methods, the DRMAO algorithm not only effectively reduces system delay, but also has a faster convergence speed.

The remainder of this paper is organized as follows. In Section 1, we present the system model and problem formulation. We will provide a detailed introduction to the DRMAO algorithm in Section 2. simulation results are presented in Section 3, and a conclusion is provided in Section 4.

1 System model and problem formulation

1.1 System model

In this paper, we consider a MEC model with one edge server and Y AP denoted by $\Delta = \{1,2,\cdots,Y\}$, as shown in Figure 1. The AP and the edge server are connected by optical fiber, so the transmission delay between them can be ignored. There are N WDs within each AP range denoted by $\Phi = \{1,2,\cdots,N\}$. We divide the system time into time slots of equal length, each WD will generate and process a task in each time slot. Denoted d_{yn} as the task generated by the n-th WD under the y-th AP and g_{yn} is its size. Each WD can choose to compute its task locally or offload it to edge server, and the offloading decision of WD n under y-th AP is denoted by $x_{yn} \in \{0,1\}$. Specifically, $x_{yn} = 0$ represents local computing, $x_{yn} = 1$ represents offloading the task to edge server.

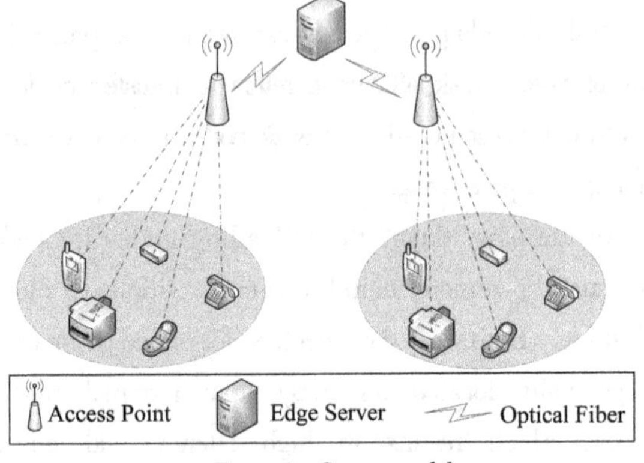

Figure 1 System model

1.2 Edge computing model

When deciding to offload the task to the edge server, it is necessary to first offload the task to the AP through the wireless channel between WDs and AP. In this paper, the channel is assumed to be reciprocal in the downlink and uplink, and remains unchanged within each time slot but may vary across different slots[11-12]. We use B_{yn} to denote radio transmission rate for WD n under y-th AP. Since the size of the feedback information is small in general, we can ignore the time for the task to return. So the transmission delay when WD n under y-th AP off loads its task is given by:

$$T_{yn}^{trans} = \frac{g_{yn}}{B_{yn}} \tag{1}$$

After the task arrives at the edge server, computing resources need to be allocated to each arriving task. For the purpose of fairness, the edge server will simultaneously process tasks arriving from different APs. for example, the following tasks $\{d_{1m}, d_{2m}, \ldots, d_{Ym}\}$, $m \in \Phi$ will be processed simultaneously by the edge server, and the sum of computing resources allocated to these simultaneous computing tasks will not exceed the total computing resources F of the edge server.

Since the edge server has already allocated computing resources to tasks under other APs at the same time. Therefore, tasks under the same AP are processed serially on edge server. For the task d_{yn}, the edge processing delay is given by:

$$T_{yn}^{com} = \frac{g_{yn} * C}{f_{yn}} \tag{2}$$

Where C is the number of CPU cycles required for the edge server to process one bit task input and f_{yn} represents the computing resources allocated by edge server to task d_{yn}

There is an upper limit on the computing resources that each AP can get[13]. In this paper, this value is set to F, i. e

$$\sum_{n=1}^{N} f_{yn} \leqslant F, \forall y \in \Delta \tag{3}$$

Therefore, the delay of task d_{yn} when it executes MEC is given by:

$$T_{yn}^{mec} = T_{yn}^{trans} + T_{yn}^{com} \tag{4}$$

Furthermore, the total delay of tasks which execute MEC under the y-th AP is given by:

$$T_{y}^{mec} = \sum_{n=1}^{N} T_{yn}^{mec} x_{yn}, \forall y \in \Delta \tag{5}$$

1.3 Local computing model

We next model the case when the task is executed locally. The local computing resource for WD n under y-th AP is p_{yn}^{loc}. Thus, the delay of local calculation for the task d_{yn} is given by:

$$T_{yn}^{loc} = \frac{g_{yn} * C_1}{p_{yn}^{loc}} \tag{6}$$

Where C_1 is the number of CPU cycles required for the WDs to process one bit task input.

As a result, the total delay for tasks executed locally under the y-th AP is given by:

$$T_{y}^{loc} = \sum_{n=1}^{N} T_{yn}^{loc}(1 - x_{yn}), \forall y \in \Delta \tag{7}$$

1.4 Problem formulation

Our goal is to minimize the total delay of all tasks under the same AP. Here, we investigate the total delay of tasks under the v-th AP, $1 \leqslant v \leqslant Y$ and the method can be applied to any AP. We set the total delay of tasks under the v-th AP as the system utility function $Z(\boldsymbol{g}, \boldsymbol{p}, \boldsymbol{b}, \boldsymbol{x}, \boldsymbol{f})$, as

$$Z(\boldsymbol{g}, \boldsymbol{p}, \boldsymbol{b}, \boldsymbol{x}, \boldsymbol{f}) = T_{v}^{mec} + T_{v}^{loc} \tag{8}$$

Where $\boldsymbol{g} = \{g_{vn} | n \in \Phi\}$, $\boldsymbol{p} = \{p_{vn}^{loc} | n \in \Phi\}$, $\boldsymbol{b} = \{B_{vn} | n \in \Phi\}$, $\boldsymbol{x} = \{x_{vn} | n \in \Phi\}$, $\boldsymbol{f} = \{f_{vn} | n \in \Phi\}$. Among them, $\boldsymbol{g}, \boldsymbol{p}, \boldsymbol{b}$ are given by the MEC system and remain fixed in each time slot, and we are interested in minimizing the system delay. Then, the optimization problem (OPT1) is formulated as:

$$(\text{OPT1}): \min_{x, f} Z(\boldsymbol{g}, \boldsymbol{p}, \boldsymbol{b}, \boldsymbol{x}, \boldsymbol{f}) \tag{9a}$$

$$\text{s. t.} \sum_{n=1}^{N} f_{vn} \leqslant F, \tag{9b}$$

$$f_{vn} \geqslant 0, \forall n \in \Phi, \tag{9c}$$

$$x_{vn} \in \{0, 1\}. \tag{9d}$$

Here, (9b) means that the maximum computing resource allocated to v-th AP cannot exceed F. represents that the allocated computing resource for WD n under v-th AP is either 0 or positive. represents the offloading strategy is a binary strategy.

OPT1 is a mixed integer programming problem. This problem is difficult to solve using conventional methods. In the next section, we will present its solution based on deep reinforcement learning.

2 DRMAO algorithm

2.1 Offloading action and resources allocation

This section introduces the DRMAO algorithm, which employs the DDPG architecture and KNN algorithm for generating offloading decisions. The framework of DRMAO algorithm is presented in

Figure 2. DDPG algorithm includes an Actor network, a Critic network, and their corresponding target network, and is applied as a reinforcement learning approach.

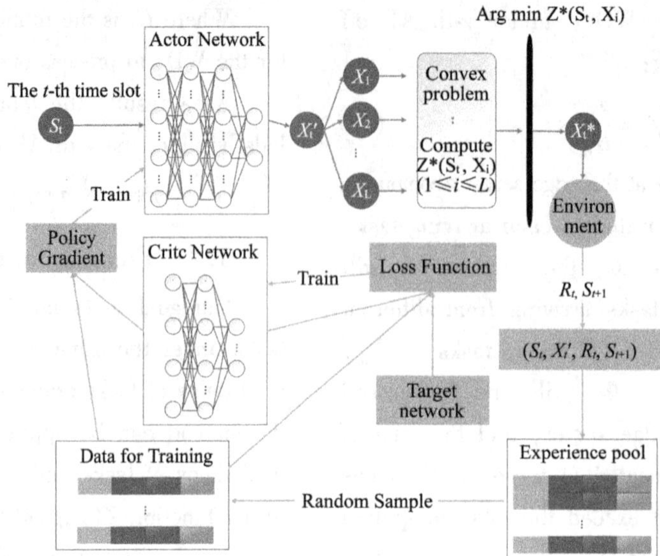

Figure 2 DRMAO framework

In this paper, we take $\boldsymbol{g}, \boldsymbol{p}$ and $\boldsymbol{b}$ as the joint states of reinforcement learning, i. e

$$S = \{\boldsymbol{g}, \boldsymbol{p}, \boldsymbol{b}\} \tag{10}$$

Next, we set the action of reinforcement learning as

$$A = \boldsymbol{x}' \tag{11}$$

Where $\boldsymbol{x}'$ is virtual action, and it has the same dimension as the offloading action. However, its values are continuous, requiring mapping and conversion into a offloading action.

The opposite number of system delay is set as the reward for reinforcement learning, because the larger the reward, the smaller the system delay, i. e

$$R = -(T_v^{\text{mec}} + T_v^{\text{loc}}) \tag{12}$$

Based on the above information, we can describe the algorithm process. In the t-th time slot, the system state S_t of the MEC system will be input to the actor network, which will generate a virtual action $\boldsymbol{x}_t'$. The actor network can be approximated by a function u_{θ_a}, i. e

$$u_{\theta_a}: S_t \to \boldsymbol{x}_t' \tag{13}$$

Where θ_a denotes the parameters of the actor network.

Next, we use the KNN algorithm to find the L offloading actions $\boldsymbol{x}_i$, $1 \leqslant i \leqslant$ L closest to $\boldsymbol{x}_t'$.

Once the offloading action $\boldsymbol{x}_i$ is determined, OPT1 becomes a computational resource allocation problem (OPT2), as

$$(\text{OPT2}): \min_{f} Z(\boldsymbol{g}, \boldsymbol{p}, \boldsymbol{b}, \boldsymbol{x}, \boldsymbol{f}) \tag{14a}$$

$$\text{s. t.} \sum_{n=1}^{N} f_{vn} \leqslant F, \tag{14b}$$

$$f_{vn} \geqslant 0, \forall n \in \Phi. \tag{14c}$$

OPT2 is a convex optimization problem. We can use the optimization toolscipy in Python to solve it.

After solving L OPT2 problem, The optimal offloading action $\boldsymbol{x}_t^*$ will be generated from the minimum $Z^*(S_t, \boldsymbol{x}_i)$, i. e

$$\boldsymbol{x}_t^* = \underset{1 \leqslant i \leqslant L}{\operatorname{argmin}} Z^*(S_t, \boldsymbol{x}_i) \tag{15}$$

2.2 Network training

As shown in Figure 2, when the state S_t and offloading action $\boldsymbol{x}_t^*$ are determined. $\boldsymbol{x}_t^*$ will be applied to the environment, and the environment will give corresponding rewards R_t and next state S_{t+1}. The tuples $(S_t, \boldsymbol{x}_t', R_t, S_{t+1})$ will be put into the experience pool as reinforcement learning experiences. During training, we randomly select samples from the experience pool. Experience replay technology can effectively increase the efficiency of data utilization and reduce the correlation between samples.

3 Simulation results

In this section, we present the simulation results obtained from our experiments. The simulations were conducted with three different values of N, namely 5, 10, and 15. Additionally, we set the values of C = 200, C_1 = 300, and F = 20GHz. For each task, we assume a random size distribution between 4Mbit and 5Mbit. The wireless channel transmission rate between the AP and WD is randomly distributed between 4Mbps and 5Mbps. Furthermore, the local computing resources of each WD are set to be greater than 2GHz and less than 10GHz.

The use of the KNN algorithm for mapping virtual actions offers a solution to efficiently identify suitable offloading actions without the need for an exhaustive search of the entire action space. The performance of the algorithm is influenced by different mapping values L, as depicted in Figure 3. In Figure 3, the horizontal axis represents the time slot, while the vertical axis represents the normalized delay. The normalized delay is computed by dividing the optimal delay by the algorithm delay, with the optimal delay obtained through a complete search of the action space. Hence, a higher normalized delay indicates a closer match between the algorithm delay and the optimal delay.

Figure 3 illustrates that for N = 10, increasing the value of L enhances the convergence performance of the algorithm.

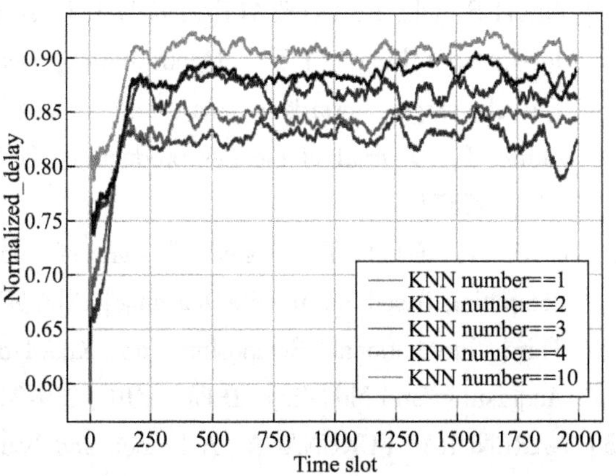

Figure 3 Algorithm performance under different mapping values L when N = 10

However, during the experiment, it was observed that once L surpasses 10, further increments do not significantly enhance the algorithm's performance. Instead, it leads to an increase in algorithm complexity. Therefore, it is crucial to strike a balance between the performance and complexity of the algorithm when determining the appropriate value for L.

Furthermore, we examined the performance of the DRMAO algorithm across varying learning rates, as depicted in Figure 4. The figure reveals that when the learning rate is set at 0.1 or 0.01, the algorithm struggles to learn effectively and consequently fails to converge. Convergence only occurs when the learning rate exceeds 0.001. Specifically, with a learning rate of 0.001, the algorithm converges after 200 time slots, achieving a normalized delay of 0.91. Subsequently, as the learning rate further decreases, the convergence speed of the algorithm also slows down further, and it is more likely to fall into local optima.

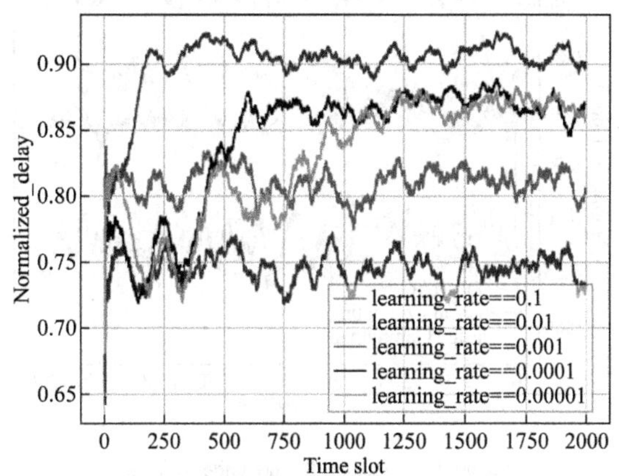

Figure 4 Algorithm performance under different learning rates when N = 10

We have compared the performance of the DRMAO algorithm with four other schemes, namely local computing for all tasks, edge computing for all tasks, the DQN[14] algorithm, and the Actor-Critic (AC)[15] algorithm. The results are presented in Figures 5, 6, and 7. Analysis of these figures indicates that, for problems involving a large-scale action space, the DQN algorithm fails to converge within 2000 time slots, even when N = 5. Additionally, the convergence performance of the AC algorithm notably deteriorates as N increases. Especially when N = 15, it fails to converge within 2000 time slots. Across different values of N, the DRMAO algorithm demonstrates significantly faster convergence speeds compared to other algorithms, accompanied by notably better normalized delay performance.

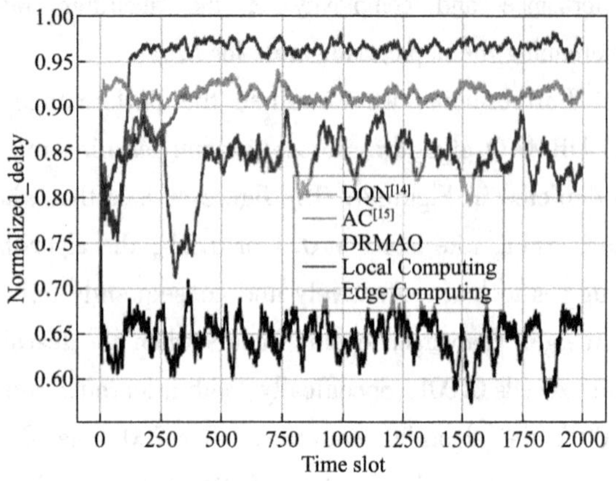

Figure 5 Normalized delay under different schemes when $N=5$

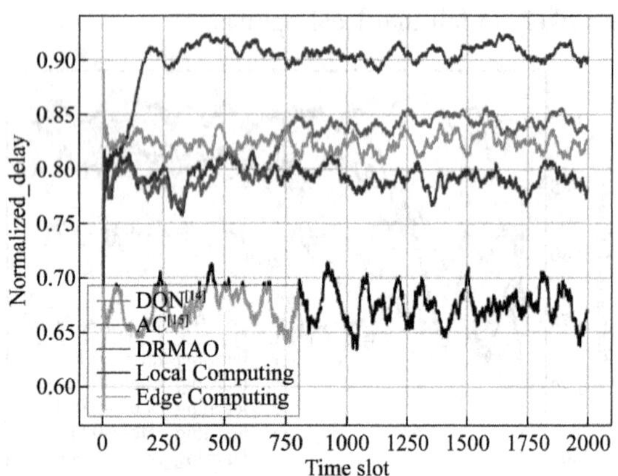

Figure 6 Normalized delay under different schemes when $N=10$

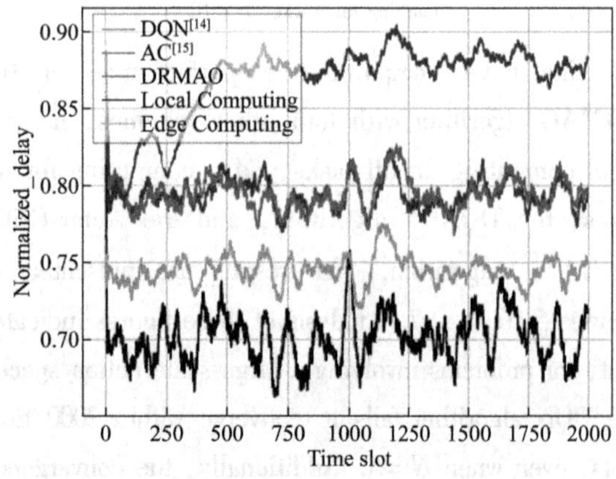

Figure 7 Normalized delay under different schemes when $N=15$

In Figure 8, we present the actual delay of different algorithms under different N. Before the evaluation, the DRMAO algorithm had been trained for 10000 episodes, and its offloading policy has converged. The delay in Figure 8 is the average of 3000 data.

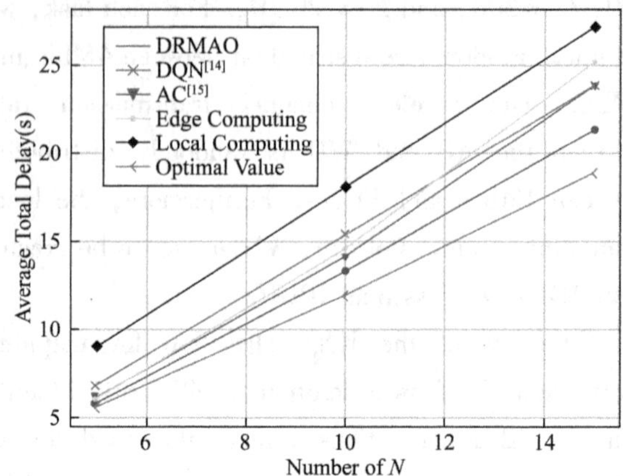

Figure 8 Actual delay under different N

4 Conclusions

In this work, we propose a DRMAO algorithm to minimize system latency under the same AP. This algorithm utilizes the DDPG architecture and KNN algorithm to generate offloading actions, and then solves the problem of computing resource allocation using convex optimization tools. The simulation results demonstrate that the DRMAO algorithm has a larger normalized delay and faster convergence speed compared to other methods.

References

[1] NIETI S, OLI P, GONZALEZ-DE D L I, et al. Internet of Things (IoT): Opportunities, issues and challenges towards a smart and sustainable future[J]. Journal of cleaner production, 2020, 274: 122877.

[2] GAO H, ZHAI Y. System design of cloud computing based on mobile learning[C]//2010 Third International Symposium on Knowledge Acquisition and Modeling. IEEE, 2010: 239-242.

[3] NARENDRA, FUKUNAGA. A branch and bound algorithm for feature subset selection[J]. IEEE Transactions on computers, 1977, 100(9): 917-922.

[4] BERTSEKAS D P. Dynamic programming and optimal control [J]. Journal of the Operational Research Society, 1996, 47(6): 833-833.

[5] BI S, ZHANG Y J. Computation rate maximization for wireless powered mobile-edge computing with binary computation offloading [J]. IEEE Transactions on Wireless Communications, 2018, 17(6): 4177-4190.

[6] TRAN T X, POMPILI D. Joint task offloading and resource allocation for multi-server mobile-edge computing networks [J]. IEEE Transactions on Vehicular Technology, 2018, 68(1): 856-868.

[7] CHEN M, HAO Y. Task offloading for mobile edge computing in software defined ultra-dense network[J]. IEEE Journal on Selected Areas in Communications, 2018, 36(3): 587-597.

[8] GUO F, ZHANG H, JI H, et al. An efficient computation offloading management scheme in the densely deployed small cell networks with mobile edge computing[J]. IEEE/ACM Transactions on Networking, 2018, 26(6): 2651-2664.

[9] PHANITEJA S, DEWANGAN P, GUHAN P, et al. A deep reinforcement learning approach for dynamically stable inverse kinematics of humanoid robots[C]//2017 IEEE International Conference on Robotics and Biomimetics (ROBIO). IEEE, 2017: 1818-1823.

[10] HE Y, YU F R, ZHAO N, et al. Software-defined networks with mobile edge computing and caching for smart cities: A big data deep reinforcement learning approach [J]. IEEE Communications Magazine, 2017, 55 (12): 31-37.

[11] MIN M, L, CHEN Y, et al. Learning-based computation offloading for IoT devices with energy harvesting [J]. IEEE Transactions on Vehicular Technology, 2019, 68(2): 1930-1941.

[12] HUANG L, BI S, ZHANG Y J A. Deep reinforcement learning for online computation offloading in wireless powered mobile-edge computing networks [J]. IEEE Transactions on Mobile Computing, 2019, 19(11): 2581-2593.

[13] XUE J, GUAN X. Collaborative computation offloading and resource allocation based on dynamic pricing in mobile edge computing[J]. Computer Communications, 2023, 198: 52-62.

[14] MNIH V, KAVUKCUOGLU K, SILVER D, et al. Human-level control through deep reinforcement learning [J]. nature, 2015, 518 (7540): 529-533.

[15] SUTTON R S, MCALLESTER D, SINGH S, et al. Policy gradient methods for reinforcement learning with function approximation [J]. Advances in neural information processing systems, 1999, 12.

LTDNN: A Model Combined with LSTM and Transformer for Automatic Modulation Recognition

Jiantong Li *

(School of Information Science and Technology, Southwest Jiaotong University)

Abstract The Transformer model can find the correlation between different local data in the whole sequence, thus improving the classification ability of sequential data. In this paper, the Transformer structure is used to discover the correlation characteristics of different parts of the signal in automatic modulation recognition. Furthermore, in order to improve the ability of temporal feature extraction, LSTM is used to encode the timing series and replace the positional encoding of traditional Transformer structure. To correct this shortcoming, LSTM is used to encode temporal information of signal to assist the transformer model, and the LTDNN model is proposed by combining LSTM, Transformer encoder, and DNN. This model can effectively extract the temporal features of the signal without the use of positional encoding. The experiment results on dataset RadioML2016.10a show that our proposed new model performs better than those of the existing models.

Keywords　Automatic modulation recognition　Deep learning　Transformer　LSTM

0　Introduction

Automatic modulation recognition (AMR), which means that the identification of the modulation type of communication signals without obtaining prior information of signal or channel-related parameters, plays an important role in cognitive radio, interference recognition, and electronic countermeasures. At present, the methods of signal modulation recognition are mainly divided into likeliness-based (LB) and feature-based (FB) (Dobre, 2015). Specifically, LB method estimates the modulation of signals with unknown noise through multiple assumptions and uses the statistical characteristics of signals to design the algorithm around the likelihood method (Wu et al., 2018). However, the computation complexity of the designed algorithms is rather high, and the robustness is also weak (Xu et al., 2011). FB method uses machine learning or some other methods to extract the characteristics and recognize modulation (Jeong et al., 2018). Compared with LB methods, FB methods require less calculation and can achieve faster recognition speed while achieving similar accuracy.

In recent years, with the developments of deep learning, neural networks such as CNN and Recurrent Neural Network (RNN) do excellent job in computer vision (He et al., 2015), natural language processing (Vaswani et al., 2017), speech recognition (Schneider et al., 2019), etc. Recently, applying Deep Learning to AMR receives much attention (Wang et al., 2019). Li (2021) and Huynh-the (2020) used CNN and Deep Neural Network (DNN) to identify the modulation mode of signal. The framework proposed by Xu (2020) integrates one-dimensional (1D) convolution, two-dimensional (2D) convolution, and Long Short-Term Memory (LSTM) layers. Compared with traditional LB methods, these deep learning methods have higher recognition accuracy and robustness. With the proposal of "attention mechanism" and "Transformer structure" (Vaswani et al., 2017), many scholars have applied "attention mechanism" or "Transformer structure" in AMR. Shangao Lin (2022) proposed a kind of time-frequency attention mechanism based on a Convolutional neural network (CNN). Shahab Hamidi-Rad (2021), Weisi Kong (2021) proposed to combine CNN with Transformer to capture local features while also utilizing global features.

These models use time-frequency attention or Transformer to capture the temporal information of global features. Since temporal information is introduced by positional encoding, which is equivalent to introducing noise to the original signal data, the identification accuracy will decrease. However, without adding positional encoding, Transformer cannot extract signal temporal information. Therefore, we propose a network model based on LSTM and Transformer architecture named LTDNN. In this model, we use LSTM to replace positional encoding in Transformer. By introducing LSTM, Transformer can obtain temporal information without being affected by additional noise. While introducing LSTM to obtain the temporal correlation of time-domain signals, the original decoder part of the Transformer is abandoned, and only the encoder part is retained as a simple feature extractor. Then, attention pooling and DNN are used to achieve the purpose of classification. To verify the effectiveness of the model, we evaluated the structure and recognition results of the model on the RML2016.10a public dataset. Compared with some baseline models under the same parameters, improved results are obtained.

The main contribution of this paper is that we proposed an efficient recognition model named LTDNN based on LSTM, Transformer and DNN, which can take advantage of their respective advantages to significantly improve the recognition accuracy of AMR.

1 Theoretical background

In our approach, we assume the digital communication system as a discrete-time additive white Gaussian noise channel. In this model, the baseband signals $x(n)$ passes through the channel $g(n)$, is affected by noise $z(n)$, and then arrives at the receiver.

The final signal $y(n)$ we observed is :

$$y(n)=g(n)*x(n)+z(n) \tag{1}$$

where $g(n)$ is the channel gain, or path loss, and $z(n)\sim N(0,N_0/2)$ is the noise.

The dataset RML2016. 10a-which we will describe in detail in the experimental section-simulates the received signal as IQ signal, and represent it as:

$$y_l(n)=y_i(n)+jy_q(n) \tag{2}$$

where $y_i(n)=\mathrm{Re}[y_l(n)]$, and $y_q(n)=\mathrm{Im}[y_l(n)]$.

In order to facilitate our subsequent operations and data processing, the received signals can be written as follows:

$$y_l(n)=r(n)\mathrm{e}^{j\theta(n)} \tag{3}$$

where $r(n)=\sqrt{y_i^2+y_q^2}$, and $\theta(n)=\arctan(y_q(n)/y_i(n))$

2 Model architecture

It has been experimentally proven that the position encoding part in Transformer maybe not effective. And we have shown that Transformer encoder layer without position encoding performs better than with it in automatic modulation recognition. Considering that LSTM can effectively learn time-series information from data, we propose a Transformer-based model which encoding position with LSTM. The model we designed is shown in Figure 1, which includes four parts: LSTM position encoding, Transformer encoder block, Self-Attention pooling and DNN classifier.

2.1 LSTM position encoding layer

The first part of LTDNN is LSTM position encoding layer. Being a modified RNN method, LSTM can solve more problems than RNN. It handles the issue of figuring out how to recollect data over a period of time, by presenting gate units and memory cells in the neural network design. LSTM has three gates (input gate, output gate and forgetting gate) to protect and control the flow of information, where the input gate determines the new information which is stored in the memory cell; The output gate determines the unit status information to be output; The forgetting gate decides what to forget. The architecture of memory cell is depicted in Figure 2. In the time step t, output of LSTM can be shown as:

$$C_t=f_t\times C_{t-1}+i_t\times\widetilde{C}_t \tag{4}$$

$$h_t=o_t*\tanh(C_t) \tag{5}$$

$$f_t=\sigma(w_f\cdot[h_{t-1},x_t]+b_f) \tag{6}$$

$$i_t=\sigma(w_i\cdot[h_{t-1},x_t]+b_i) \tag{7}$$

$$\widetilde{C}_t=\tanh(w_c\cdot[h_{t-1},x_t]+b_c) \tag{8}$$

$$o_t=\sigma(w_o[h_{t-1},x_t]+b_o) \tag{9}$$

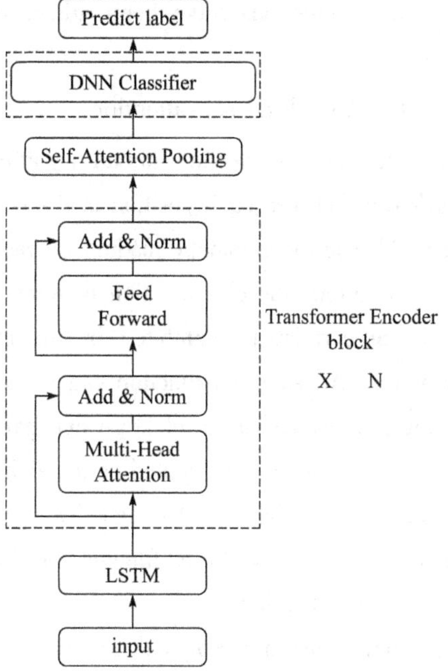

Figure 1 The architecture of LTDNN

where C_t and h_t is the output of LSTM cell. C_{t-1} and h_{t-1} is the output of last time step $t-1$, x_t is the input of sequence. f_t is called forgetting gate, which indicates which features of C_{t-1} are used to calculate C_t. $\widetilde{C}_t$ is the value of updating unit status. i_t is input gate, which controls which features of $\widetilde{C}_t$ are used to update C_t.

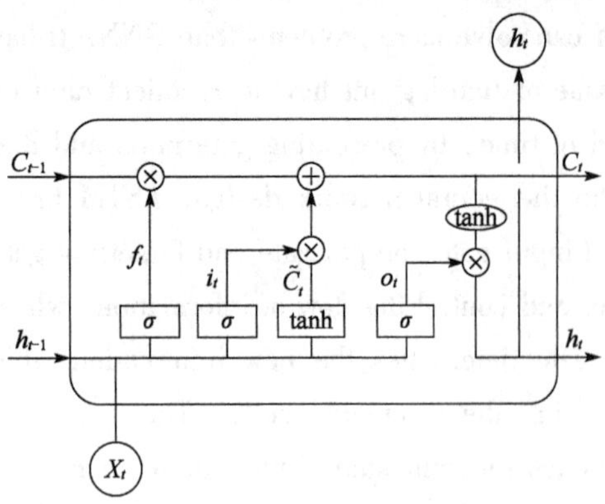

Figure 2 The architecture of LSTM

Output h_t is derived from the output gate o_t and unit status C_t.

2.2 Transformer encoder block

The second part is Transformer encoder block, which was first proposedby Vaswani (2017). Each block includes two sub layers: multi-head self-attention and position wise fully connected feed-forward network. Additionally, layer normalization and residual connections have been added between each layer.

2.2.1 Multi-head self-attention

Since the attention mechanism can pay attention to the relationship between each position in the sequence, it can be added to the automatic modulation recognition process. This allows the classification network to focus on the timing correlations exhibited by the extracted signal features. An attention function can be described as mapping a query and a set of key-value pairs to an output. And the output is computed as a weighted sum of the values, where the weight assigned to each value is computed by a compatibility function of the query with the corresponding key.

Up to now, there are many calculation formulas for self-attention, and the more commonly used function is "Scaled Dot-Product Attention", shown in Figure 3. The input consists of queries and keys of dimension d_k, and values of dimension d_v. Thus, its calculation process can be expressed as follows:

$$\text{Attention}(Q,K,V) = \text{softmax}\left(\frac{QK^{\mathrm{T}}}{\sqrt{d_k}}\right)V \quad (10)$$

In order to make the attention mechanism more computationally efficient, multiple scaled dot-product attention can be combined to form a multi-head attention mechanism.

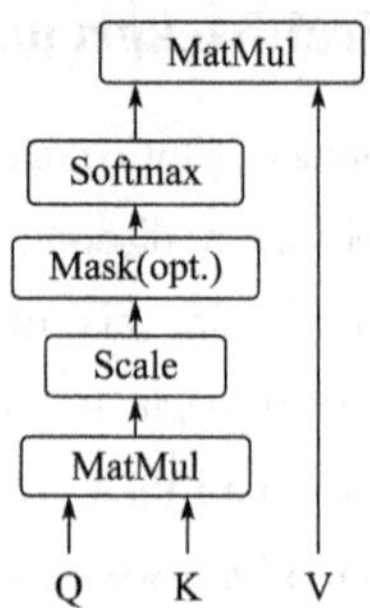

Figure 3 Attention mechanism

$$\text{MH}(Q,K,V) = \text{Concat}(h_1, h_2, \ldots, h_n)W^o \quad (11)$$

$$\text{head}_i = \text{Attention}(QW_i^Q, KW_i^K, VW_i^V) \quad (12)$$

where $W_i^Q \in \mathbb{R}^{d_{\text{model}} \times d_k}$, $W_i^K \in \mathbb{R}^{d_{\text{model}} \times d_k}$, $W_i^V \in \mathbb{R}^{d_{\text{model}} \times d_v}$, $W_i^Q \in \mathbb{R}^{nd_v \times d_{\text{model}}}$ and n is the number of heads. MH is the result of multi-head attention mechanism.

In this work, we employ $h = 4$ parallel attention heads. For each of layers, we set $k = d_{\text{model}} = 128$.

2.2.2 Feed-forward network

A fully connected feed-forward network consists of two linear transformations with a RELU activation in between. Assuming that the output matrix of residual connection and layer normalization is y, the feed forward network can be described as:

$$\text{FFN}(y) = \max(0, yW_1 + b_1)W_2 + b_2 \quad (13)$$

While the linear transformations are the same across different positions, they use different parameters from layer to layer. Another way of describing this is as two convolutions with kernel size 1.

2.3 Self-Attention pooling layer

In order to put the sequences that transformer encoder block outputs into DNN classifier, it is needed to convert them into a one-dimension vector. To handle this problem, a universal method is choosing part of them and flattening. But in this work, we will use a self-attention pooling layer (Safari et al., 2020). This layer is based an additive attention mechanism. By using it, we can let the model give each part a weight, allowing itself to choose which part to reserve and flatten. Given the sequence of encoded features $X = [x_1, x_2, \cdots, x_L]^{tr} \in R^{L \times d_m}$

we compute the segment-level representation Y as:

$$Y = \mathrm{Softmax}(W_c X^T) X \quad (14)$$

where $W_c \in R^{d_m}$ is a network parameter, which can be trained.

This self-attention can be also understood as a dot product attention where the keys and the values correspond to the same representation and the query is only a trainable parameter.

2.4 Classification

In this part, we use a Deep neural network (DNN) to class the encoded features. The predict label is obtained by two-layer linear projection and a RELU activation.

The loss function we used in our word is categorical cross-entropy. Assuming that the output of softmax is p, the real label is y, the number of species is K and the value of loss is L, the loss function can be written as:

$$L = -\sum_{i=1}^{K} y_i \log(p_i) \quad (15)$$

3 Experiments

3.1 Dataset and model parameters

These experiments adopt a benchmark open-source dataset RadioML2016.10a (O'Shea and Corgan, 2016). This dataset is generated with GNU Radio, consisting of 11 modulations (8 digital and 3 analogue) at varying signal-to-noise ratios. These consist of BPSK, QPSK, 8PSK, 16QAM, 64QAM, BFSK, CPFSK, and PAM4 for digital modulations, and WB-FM, AM-SSB, and AM-DSM for analogue modulations. Each modulation of signals is 128-dimensional complex vectors at SNR values uniformly distributed from -20dB to +18dB, with a step size of 2dB, and are labelled with modulation types and SNR values. The dataset is generated by simulating various channel imperfections such as thermal noise, multipath fading, and hardware related noises like sample rate and frequent offset.

In the experiment, the dataset was randomly split into 60% for training, 20% for validation and 20% for testing. For each part of dataset, we transformed the raw IQ data into amplitude and phase as the method of the second section, with the addition of 12 regularization. The details of train and model parameters are shown in Table 1. For all experiment, we used torch with the NVIDIA GeForce MX450.

Parameters in training Table 1

Parameter name	Value
Batch size	400
Learning rate	1e-3
Optimizer	Adam
Dropout	0.4
LSTM hidden size	64
LSTM layers	1
Transformer layers	3
Attention heads	4
Dim feedforward	128

3.2 Recognition accuracy

Figure 4 shows the recognition accuracy of the model we proposed and other frameworks, such as CLDNN (Liu et al., 2017), CNN (Tekbıyık et al., 2020), GRU (Hong et al., 2017), IC-AMCNet (Hermawan et al., 2020), LSTM (Rajendran et al., 2018), PET-CGDNN (Zhang et al., 2021). The LTDNN performs clearly better than other models above -6dB and reaches a maximum accuracy of 93.15% when the SNR is 8dB, which is improved by 2% to 9% comparing with the others. The best recognition accuracy is delivered by the framework we proposed, which shows that LTDNN is more robust, and the advantages of the modules are complementary and their union leads to a superior model. Meanwhile, LTDNN can well identify QAM16 and QAM64, which is difficult to do with other models.

Figure 5 shows the recognition accuracy of each modulation. And Figure 6 to Figure 9 demonstrates a series of confusion matrix at 0dB, 4dB, 8dB, 18dB

SNR. As can be seen from the figure above, there is a confusion problem between WBFM and AM-DSB. With the exception of WBFM, all other categories have an accuracy of more than 90%. This may occur because the WBFM and AM-DSB data in the dataset are generated by sampling analogue audio signals, where there is a silent period, which can cause confusion between the two signals.

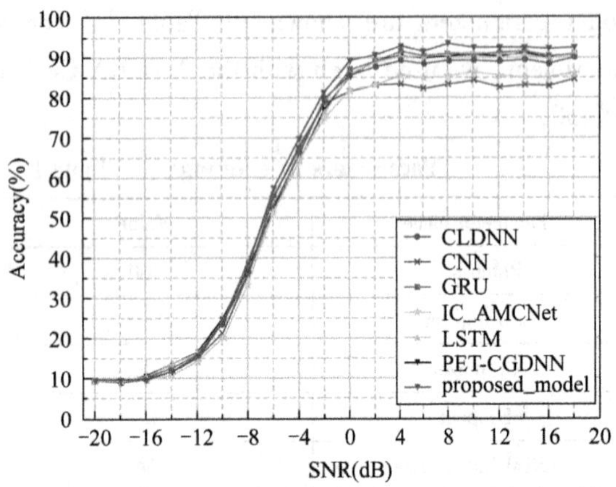

Figure 4 Recognition accuracy on RadioML2016. 10a dataset

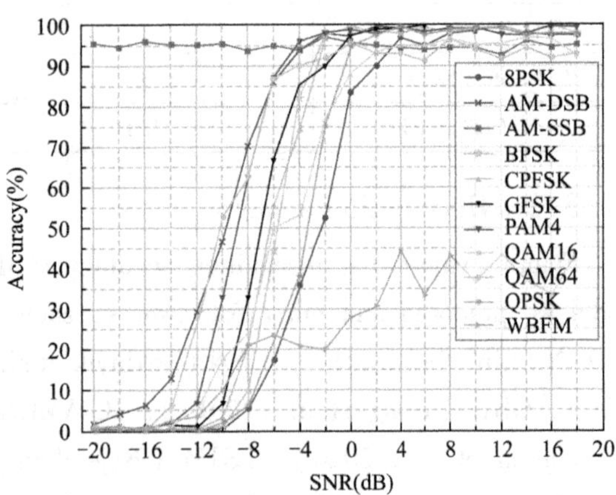

Figure 5 Recognition accuracy of each modulation

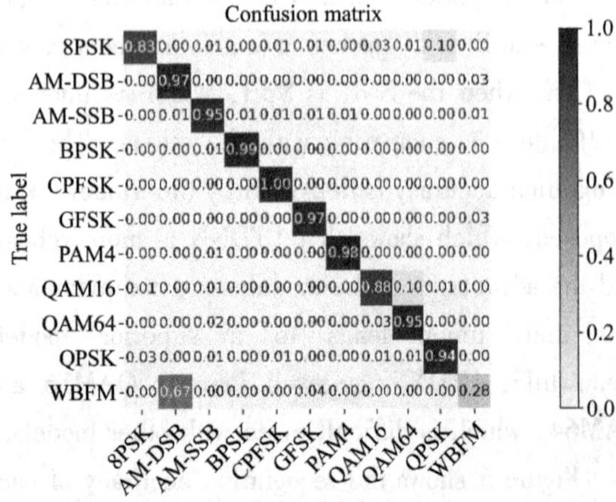

Figure 6 Confusion matrix at 0 dB

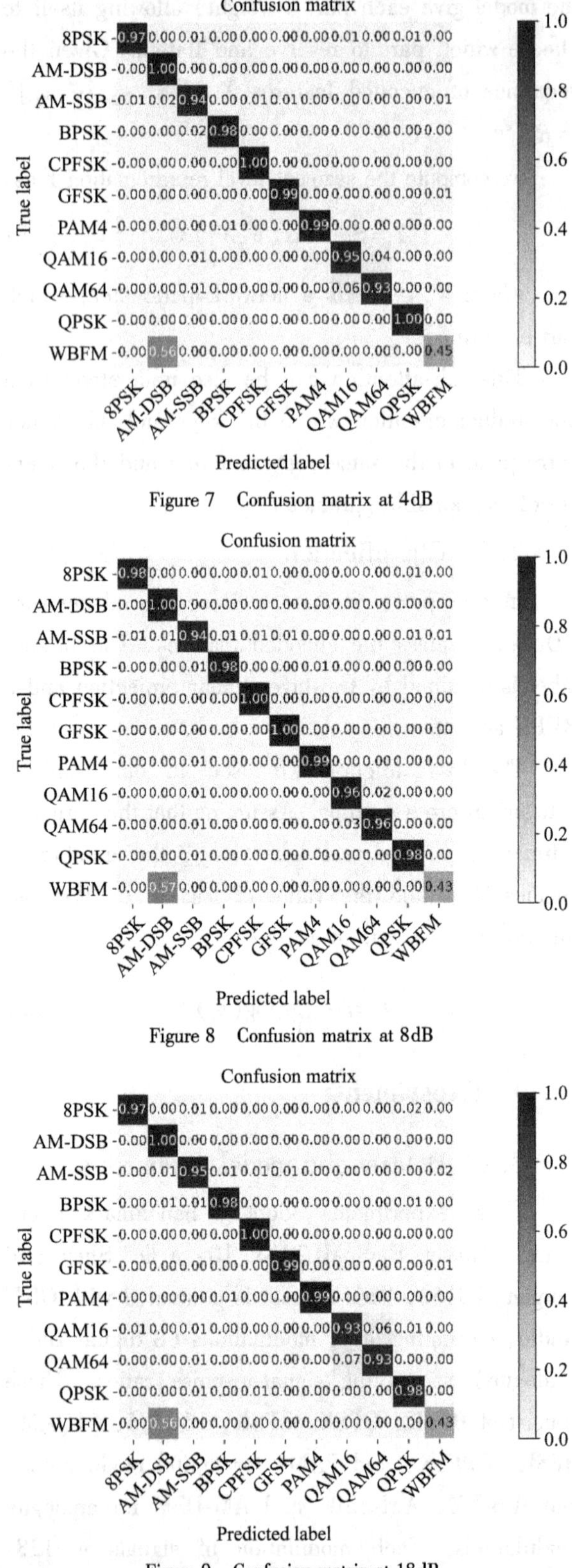

Figure 7 Confusion matrix at 4dB

Figure 8 Confusion matrix at 8dB

Figure 9 Confusion matrix at 18dB

3.3 Ablation experiments

Next, we explored the effect of each part of the model on the accuracy of the recognition through experiments. Figure 10 shows the effect of different position encoding methods on the recognition accuracy, where pe-Transformer is LTDNN using original position encoding instead of LSTM, wpe-Transformer is a model in which LTDNN removes the position encoding. It is obvious that the model without position encoding performs better than using original position encoding. Meanwhile, using LSTM to add the position information of signal get the highest recognition accuracy rate. In the transform architecture, it uses sine and cosine function to add "positional encodings" to the input embeddings at the bottoms of the encoder and decoder stacks. But in the automatic modulation recognition task, we believe that the noise caused by position encoding using sine and cosine is much greater than the position information they add to the data, and the experiment also proves this very well.

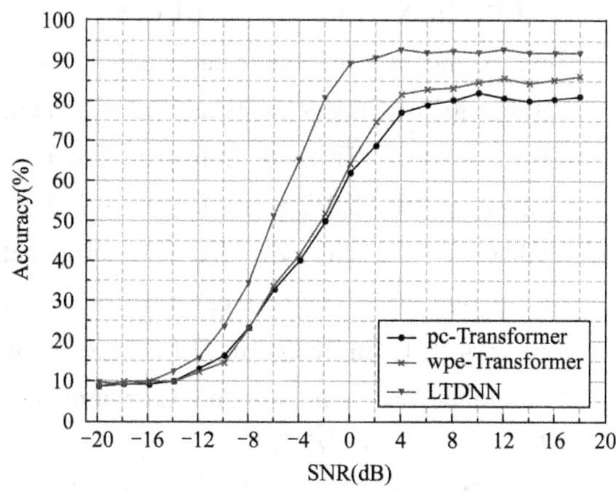

Figure 10 The impact of position coding on the accuracy of identification

Figure 11 shows the accuracy of different LSTM hidden-size. Overall, hidden-size has little effect on recognition accuracy. It only needs to be guaranteed to be less than 2 times the signal length to get the best results.

4 Conclusions

In this paper, inspired by Transformer, we design a model for AMR based on Transformer architecture and validate it through dataset RML2016.10a. Simulation results show that using LSTM instead of absolute position encoding can achieve excellent recognition results, and all the other modulation modes except WBFM and AM-DSB have good results.

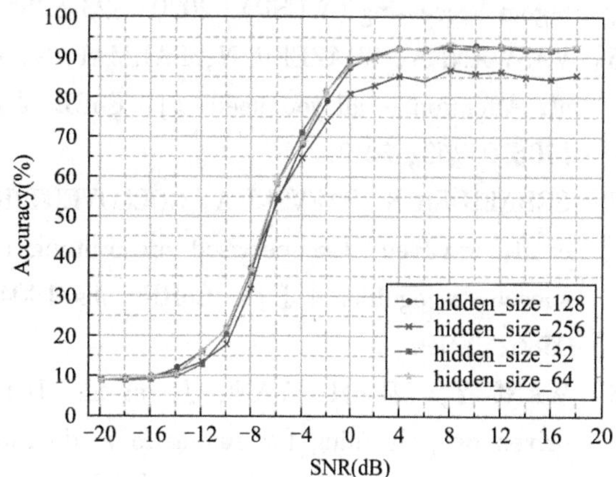

Figure 11 The impact of LSTM hidden-size on the accuracy of

In addition, compared with other methods, LTDNN also has higher recognition accuracy at low SNR. In the future, we will continue to study how to get better recognition accuracy in the low SNR environment.

References

[1] DPBRE O A. Signal identification for emerging intelligent radios: classical problems and new challenges [J]. IEEE Instrumentation & Measurement Magazine, 2015, 18(2):11-18.

[2] WU H C, SAQUIB M, YUN Z. Novel automatic modulation classification using cumulant features for communications via multipath channels[J]. IEEE Transactions on Wireless Communications, 2008, 7(8): 3098-3105.

[3] PUNCHIHEWA A, ZHANG Q, DOBRE O A, et al. On the cyclostationarity of ofdm and single carrier linearly digitally modulated signals in time dispersive channels: Theoretical developments and application[J]. IEEE Transactions on Wireless Communications, 2010, 9(8): 2588-2599.

[4] JEONG S, LEE U, KIM SC. Spectrogram-based automatic modulation recognition using convolutional neural network [C]. in 2018 Tent/International Conference on Ubiquitous and Future Networks (ICUFN). 2018: 843-845.

[5] ZHAO X, ZHOU X, XIONG J, et al. Automatic modulation recognition based on multi-dimensional feature extraction [C]. in 2020 International

Conference on Wireless Communications and Signal Processing (WCSP). 2020: 823-828.

[6] VASWANI A, SHAZEER N, PARMAR N, et al. Attention is all you need[J]. CoRR abs/1706.03762, 2017.

[7] SCHNEIDER S, BAEVSKI A, COLLOVERT R, et al. wav2vec: Unsupervised pre-training for speech recognition [J]. CoRR abs/1904.05862,2019.

[8] WANG Y, LIU M, YANG J, et al. Data-driven deep learning for automatic modulation recognition in cognitive radios [J]. IEEE Transactions on Vehicular Technology, 2019, 68(4): 4074-4077.

[9] LI K, SHI J. Modulation recognition algorithm based on digital communication signal time-frequency image[C]. in 2021 8th international Conference on Dependable Systems and Their Applications (DSA). 2021:747-748.

[10] HUYNH-THE T, HUA C H, PHAM O V, et al. Mcnet: An efficient cnn architecture for robust automatic modulation classification [J]. IEEE Communications Letters, 2020, 24(4): 811-815.

[11] XU J, LUO C, PARR G, et al. A spatiotemporal multi-channel learning framework for automatic modulation recognition [J]. IEEE Wireless Communications Letters, 2020, 9 (10): 1629-1632.

[12] LIN S, ZENG Y, GONG Y. Learning of time-frequency attention mechanism for automatic modulation recognition [J]. IEEE Wireless Communications Letters, 2022, 11(4): 707-711.

[13] HAMIDI-RAD S, JAIN S. Mcformer: A transformer based deep neural network for automatic modulation classification [C]. in 2021 IEEE Global Communications Conference (GLOBECOM). 2021: 1-6.

[14] KONG W, YANG Q, JIAO X, et al. A transformer-based ctdnn structure for automatic modulation recognition [C]. in 2021 7th International Conference on Computer and Communications (ICCC). 2021: 159-163.

[15] DEVLIN J, CHANG M, LEE K, et al. BERT: Pre-training of Deep Bidirectional Transformers for Language Understanding[J]. arXiv preprint arXiv:1810.04805,2018.

[16] HOCHREITER S, SCHMIDHUBER J. Long short-term memory [J]. Neural computation, 1997, 9(12):1735-1780.

[17] SAFARI P, INDIA M, HERNANDO J. Self-attention encoding and pooling for speaker recognition[J]. arXiv preprint arXiv: 2008.01077, 2020.

[18] O'SHEA T J, CORGAN J. Convolutional radio modulation[J]. CoRR abs/1602.04105, 2016.

[19] LIU X, YANG D, GAMAL A E. Deep neural network architectures for modulation classification [C]. in 2017 51st Asilomar Conference on Signals, Systems, and Computers. 2017: 915-919.

[20] TEKBIYIK K, EKTI A R, GRCIN A, et al. Robust and fast automatic modulation classification with cnn under multipath fading channels [C]. in 2020 IEEE 91 Vehicular Technology Conference (VTC2020-Spring). 2020: 1-6.

[21] HONG D, ZHANG Z, XU X. Automatic modulation classification using recurrent neural networks[C]. in 2017 3rd IEEE International Conference on Computer and Communications (ICCC). 2017: 695-700.

[22] HERMAWAN A P, GINANJAR R R, KIM DS, et al. Cnn-based automatic modulation classification for beyond 5g communications [J]. IEEE Communications Letters, 2020, 24 (5): 1038-1041.

[23] RAJENDRAN S, MEERT W, GIUSTINIANO D, et al. Deep learning models for wireless signal classification with distributed low-cost spectrum sensors [J]. IEEE Transactions on Cognitive Communications and Networking, 2018, 4(3): 433-445.

[24] ZHANG F, LUO C, XU J, et al. An efficient deep learning model for automatic modulation recognition based on parameter estimation and transformation [J]. IEEE Communications Letters, 2021, 25(10): 3287-3290.

[25] ZHANG F, LUO C, XU J, et al. Deep learning based automatic modulation recognition: Models, datasets, and challenges[J]. Digital Signal Processing, 2022, 129: 10365.

基于华为昇腾的车辆目标检测算法研究

张灵峰*
(西南交通大学信息科学与技术学院)

摘　要　针对无人机航拍图像目标检测存在的小目标检测难度大、目标遮挡严重以及无人机搭载的计算单元算力限制等问题。本文提出了一种基于改进 YOLOv5 模型的无人机航拍图像目标检测模型,并结合华为昇腾硬件实现算法部署。该算法用 MobileNetV3 替换掉原有的骨干网络,使推理速度增加了 4FPS,同时引入 CA、CBAM 两种注意力机制并将训练的分辨率由默认的 640 提高到 1024。算法在 VisDrone2019 数据集上进行了测试,实验结果表明,CA 机制融合 MobileNetV3 骨干网络 mAP_0.5 提高了 8.7%,mAP_0.5:0.95 提高了 10.1%;CBAM 机制融合 MobileNetV3 骨干网络 mAP_0.5 提高了 8.4%,mAP_0.5:0.95 提高了 9.9%,最后将改进后的模型通过昇腾技术栈移植到昇腾硬件,精度没有下降,推理速度达到了平均 17 FPS。

关键词　目标检测　轻量化　模型部署

0　引言

近年来,车辆检测技术的应用让城市管理更为方便,对交通管理、监控以及城市规划等方面都有着巨大的意义[1]。过去大多使用卫星 SAR 图像来检测车辆[2][3],但是 SAR 图像具有滞后性,无法实时的检测。而随着无人机技术的发展,民用无人机已经在各个领域大放异彩。目前,通用目标检测技术发展迅速,在人脸识别[4]、行人识别[5]等领域有着广泛的应用。但是,通用目标检测算法无法满足对实时性和精确度的要求,为车辆目标检测带来了巨大困难。

无人机航拍图像车辆目标检测方式可以分成传统目标检测方法和基于深度学习的目标检测方法。传统的检测算法大多由两部分组成,分别是特征提取算法和分类器。这些理论大多数是通过图像的物理特征来提取待检测目标的特征,例如方向梯度直方图(Histogram of Gradient,HOG)[6]和尺度不变特征变换(Scale-invariant feature transform,SIFT)[7]。HOG 用梯度以及边缘方向的分布详细的描述局部物体的外观和形状,获得更为准确的特征。而 SIFT 则首先通过高斯差分方法在不同尺度空间检测关键点,可以通过比较不同图像中关键点的 SIFT 描述子来找到匹配点。深度学习的方法则是利用学习能力强大的卷积神经网络来提取特征,卷积神经网络在图像分类[8-10]、目标检测[11-13]、语义分割[14][15]领域都取得了优异的成果。基于深度学习的通用检测方法一般分为单阶段目标检测方法和双阶段目标检测方法。双阶段目标检测算法通常分成生成候选框和对候选框进行特征提取得到分类和定位信息这两个步骤,经典的双阶段目标检测算法包括 RCNN[16-18]系列,该系列网络的特点是精度高,但是速度较慢。单阶段算法将整个检测过程看成是一个回归的操作,直接将图片输入网络之中提取特征并预测定位目标,该类算法中比较经典的是 SSD[19]和 YOLO[20-22]系列,单阶段网络速度快,但精度低于双阶段网络。因为对部署的要求,综合各种因素考量,本文最终选择了 YOLOV5 作为基线模型。

训练神经网络时,GPU 处理器由于其对密集计算类任务的处理速度在一众计算设备中脱颖而出。但随着深度学习在各行各业的研究和运用逐渐深入,边缘侧神经网络的计算需求也开始增加,各大公司趁势推出了专用的 AI 计算平台。当前主流的 AI 芯片主要有 ASIC、FPGA、GPU 三种技术路线,基于这三种路线,国内外大厂都设计了自己的专用 AI 训练和推理的处理器,例如:英伟达

A100,谷歌 TPU,Apple A13,华为昇腾 910,华为昇腾 310 等。AI 加速平台同样离不开底层驱动软件和上层工具,例如英伟达的 TensorRT、谷歌的 Tensorflow Lite[23]、华为的 CANN 等。本文选择的部署平台是搭载昇腾 310 芯片的 Atlas200dk。

针对以上问题,本文提出了一种改进检测算法精度并部署到昇腾平台的方案。在本文的应用场景中,由于 VisDrone2019 数据集中存在原始图片的分辨率较大、小目标多、遮挡严重等问题,因此,本文在 yolov5s 基线模型的基础上引入注意力机制,在增强模型性能的同时,通过替换轻量化 backbone 使模型在低功能的开发板上部署时有更快的检测速度。

1 Yolov5 模型

本文选用 Yolov5s-6.0 版本作为基线模型,整个网络结构如图 1 所示。整个网络由输入端, Backbone(骨干网络)、Neck(颈部)、Head(检测头)四部分组成。骨干网络用于提取特征,通常使用 CSPDarknet 作为骨干网络。它引入了 CSP (Cross Stage Partial Network)结构,颈部使用 PANet (Path Aggregation Network),通过自底向上和自顶向下的路径聚合来改善信息流,从而提高特征的利用效率。

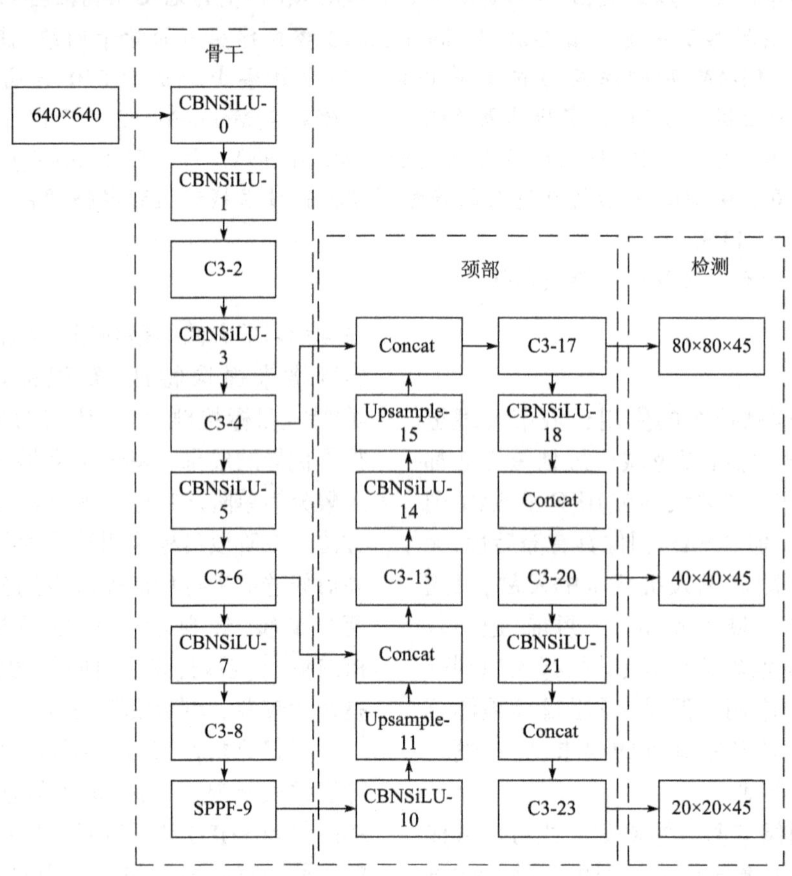

图 1 YOLOV5s 网络结构

2 改进的 YOLOV5 网络

2.1 轻量化 backbone MobileNetV3

MobileNet 是由 Google 推出的轻量化网络,目前共有三个版本。MobileNet-v1 和 MobileNet-v2 分别在 2017 年和 2019 年提出。其中 MobileNet-v1[24]提出了深度可分离卷积,MobileNet-v2[25]在这基础上新增加了倒残差模块,而 MobileNet-v3[26]的网络架构则将深度可分离卷积和倒残差模块结合在一起,提升了模型的运行效率,模型特点是模型尺寸小、参数量少,且同时能有者不错的精确度。可分离卷积模块(Bneck)模块是 MobileNet-v3 的基础模块,该模块首先采用 1×1 的卷积将原始特征映射到高维空间中来进行深入研究,接着采用深度可分离卷积(Dwise)技术,然后使用全局平均池化并利用 SE[27]注意力模块以及 H-swish 函数来实现对各种通道权重的有效调节,最后再次采用 1×1 的卷积对高维特征进行降维,如果设置的步长为 1，则可对输入输出进行残差处理。Bneck 结构如图 2 所示。

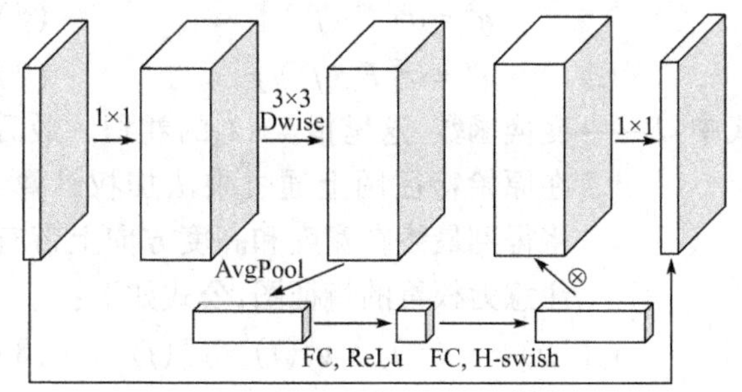

图 2 MobileNetV3 中的 Bneck 结构

2.2 卷积块注意模块

通道注意力模块(CAM)首先通过平均池化和最大池化对输入特征 F 进行求和，分别得到平均池化特征信息 F^{c}_{avg} 和最大池化特征信息 F^{c}_{max}，接着两个特征通过一个多层感知机(MLP)进行处理，最后通过激活函数 σ 得到通道注意力特征图 M_c。由此可获得注意力表达式为：

$$M_c(F)=\sigma(a_1a_2F^{c}_{avg})+a_1a_2F^{c}_{max} \tag{1}$$

其中，MLP 中间的两层参数分别用 a_1、a_2 表示，CAM 的结构如图 3 所示：

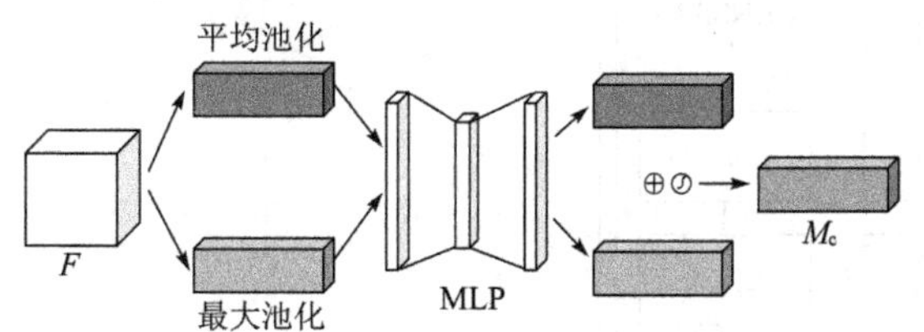

图 3 CAM 结构

如图 4 所示，空间注意模块(SAM)的输入通道注意模块的输出，该模块首先对通道注意力特征图 M_c 先后进行最大池化和平均池化后，得到聚合特征图，由 F^{c}_{max} 和 F^{c}_{avg} 堆叠而成。接着用 7×7 的卷积核对聚合特征图进行卷积生成一个二维空间特征图，最后通过 Sigmoid 函数处理得到最终注意力图。空间注意力的表达式如下：

$$M_s(F)=\sigma\{f^{7\times7}([F^{s}_{max};F^{s}_{avg}])\} \tag{2}$$

式中：$f^{7\times7}$——聚合特征图卷积核大小；

$[F^{s}_{max};F^{s}_{avg}]$——按通道堆叠的 F^{s}_{max}、F^{s}_{avg}。

而 CBAM[28] 则结合了 CAM 和 SAM 两种注意力输出来构成一个 3D 注意力图，即将两个注意模块的输出相加，再用 Sigmoid 函数进行归一化。CBAM 整体注意力机制如图 5 所示。

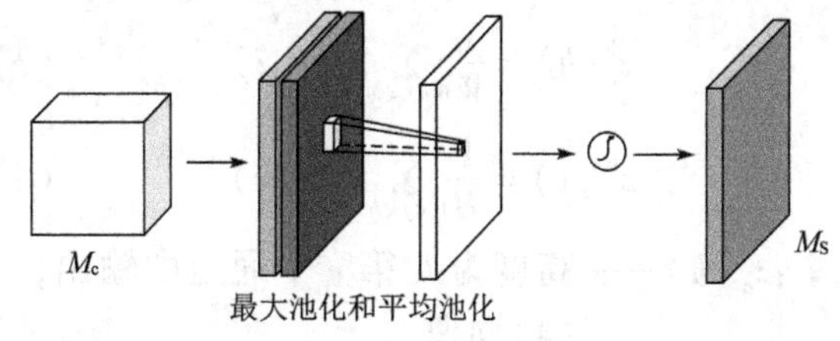

图 4 SAM 结构

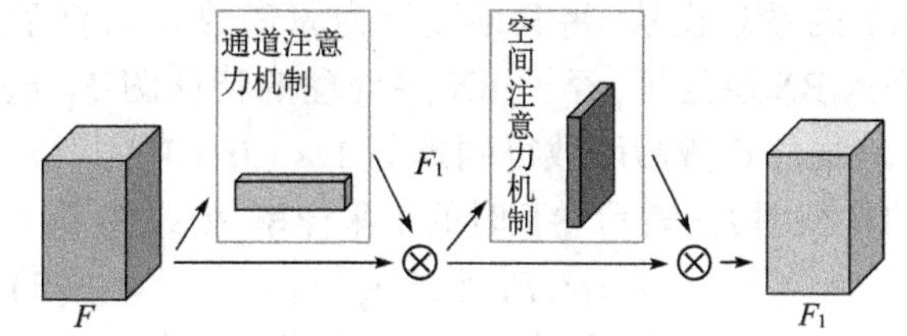

图 5 CBAM 结构图

2.3 坐标注意力

坐标注意力(CA)[29] 机制通过精确的位置信息对通道关系和长程依赖进行编码，从而增大网络的感受野，感知到更多的全局信息。全局池化常用于通道注意力中来全局编码空间信息为通道描述符，因此难以保存位置信息。为了促进注意力模块能够捕获具有精确空间位置的长程依赖，CA 注意力机制将全局池化分解为一对一特征编码操作，具体而言是分别对图像的 x 和 y 方向做平均池化，再将 x、y 进行拼接后做卷积运算，借助 x，y 方向上的点积运算构建特征图上的长距离关联，整体流程如图 6 所示。

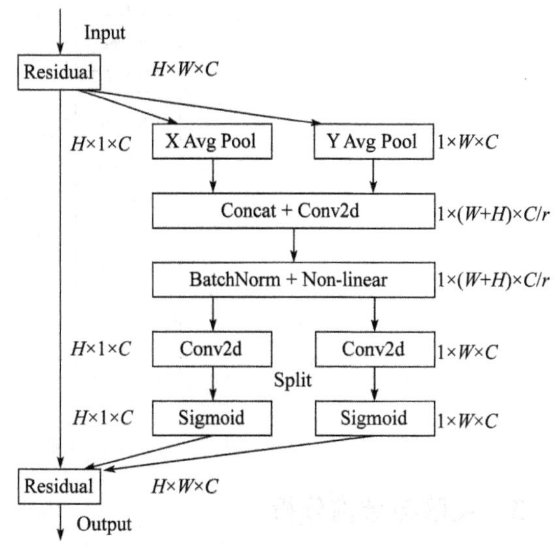

图 6 CA 注意力模块

对于水平方向采用尺寸为 $H\times1$ 卷积进行通道编码，而在垂直方向上则采用尺寸为 $1\times W$ 卷积进行通道编码。因此，有如下式子：

$$z_c^h(h)=\frac{1}{W}\sum_{0<i<w}x_c(h,i) \tag{3}$$

$$z_c^h(w)=\frac{1}{H}\sum_{0<j<h}x_c(j,w) \tag{4}$$

式中:$z_c^h(h)$——高度为 h 第 c 个通道的输出,式(4)同理。

接着将拼接后的特征图送入共享卷积核为 1×1 的卷积模块,将其维度降为原来的 C/r,然后送入 BN 层处理,经过 BN 层处理的特征图 F_1 送入 Sigmoid 激活函数得到形如 $1\times(H+W)\times C/r$ 的特征图 f,r 表示卷积时的下采样率,公式如下:

$$f=\sigma\{F_1([z_h,z_w])\} \tag{5}$$

经过上述操作后,每个通道都包含有全局信息,然后将注意力信息按照原来的高度和宽度进行 1×1 的卷积分解得到高度注意力特征 f^h 和宽度注意力特征 f^w,将分解后的注意力特征经过 Sigmoid 激活函数分别得到在高度和宽度上的注意力权重 g^h 和 g^w,公式如下:

$$g^h=\sigma[F_h(f^h)] \tag{6}$$

$$g^w=\sigma[F_w(f^w)] \tag{7}$$

式中:F——变换函数,这里指 1×1 的卷积。最后在原始特征图上通过乘法加权计算,将得到最终在宽度和高度方向上带有注意力权重的特征图,公式如下:

$$y_c(i,j)=x_c(i,j)\times g_c^h(i)\times g_c^w(j) \tag{8}$$

2.4 改进后的 LW-YOLOV5-Attention

为了更好地检测小目标将训练分辨率提高到了 1024,接着通过替换轻量化骨干网络和增加注意力得到了改进的 YOLOV5 模型,命名 LW-YOLOV5-Attention,整体结构如图 7 所示。

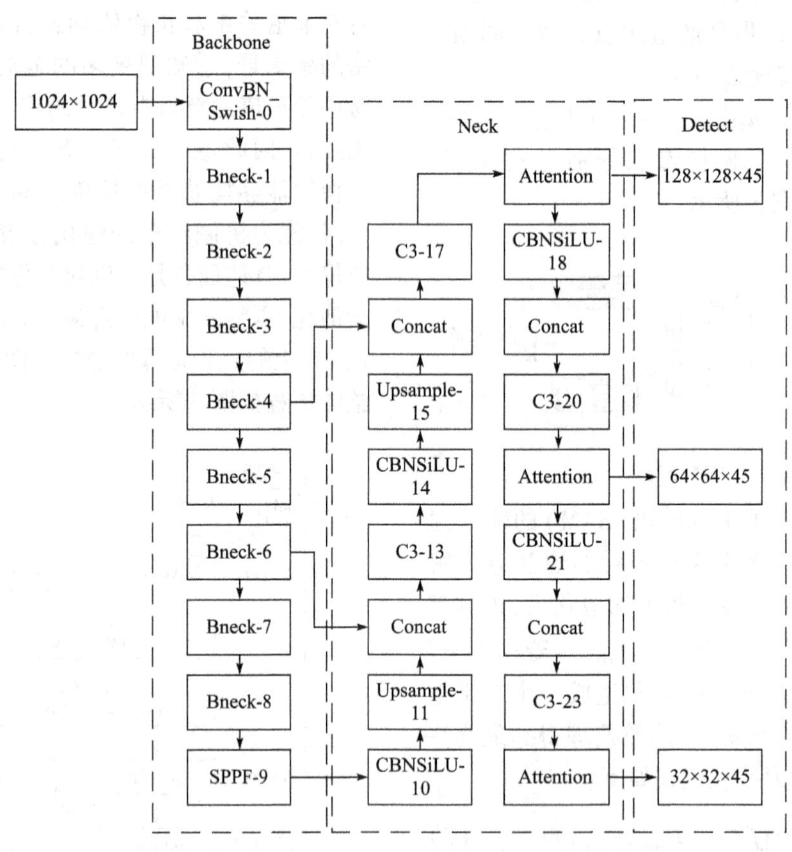

图 7 LW-YOLOv5-Attention 网络结构

3 实验与结构分析

3.1 数据集分析

VisDrone2019 数据集是为无人机视觉应用专门设计和发布的一个公开数据集,这个数据集主要用于无人机视觉领域研究。基准数据集包括 288 个视频片段,由 261908 帧和 10209 幅静态图像组成,由各种无人机摄像头捕获。该数据集有 10 个预定义类别:行人、人、汽车、面包车、公交车、货车、摩托车、自行车、带遮阳篷三轮车和三轮车,数据集的分布如图 8 所示。

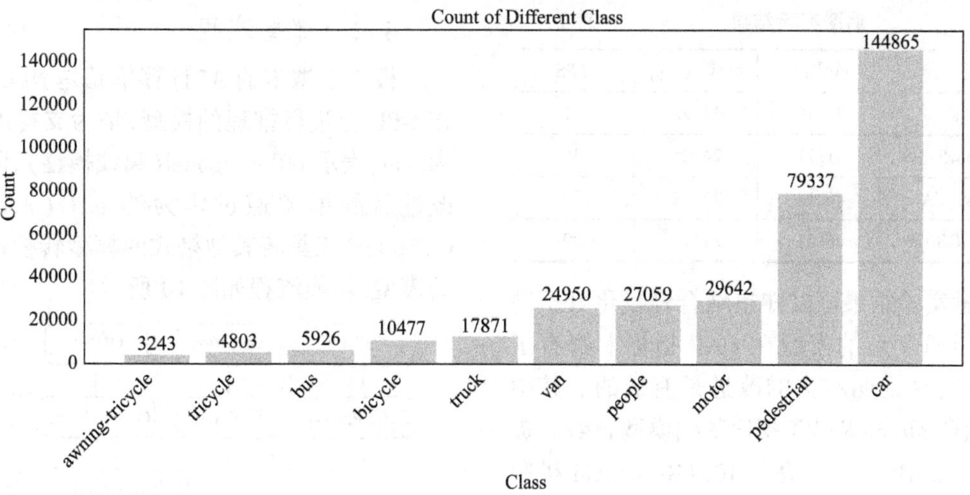

图 8　VisDrone2019 数据集分布

该数据集存在着小目标多、目标背景遮挡严重，类别分布不均等问题。

3.2　评价指标

本文按照目标检测常用的指标 $mAP_{0.5}$ 和 $mAP_{0.5:0.95}$ 来评价模型的性能，因为模型改进加入了轻量化骨干网络，除了上述指标外还引入 FPS 指标评价检测速度。目标检测过程中，P 和 N 表示正样本和负样本，T 和 F 表示检测类别是否正确，而 TP、TN、FP、TF 分别表示正确识别的正样本、正确识别的负样本、误测的负样本、漏测的正样本。由此可以得到精准率(precision)和召回率(recall)的公式如下：

$$\text{precision} = \frac{\text{TP}}{\text{TP}+\text{FP}} \tag{9}$$

$$\text{recall} = \frac{\text{TP}}{\text{TP}+\text{FN}} \tag{10}$$

AP 平均精度，即 PR 曲线上各精度值的平均值，表达式为：

$$\text{AP} = \sum_{i=1}^{N} P(i)\Delta R(i) \tag{11}$$

mAP 则是指对每个类别求对应的 AP 值，再求所有类别 AP 的平均值，如下：

$$\text{mAP} = \frac{\sum_{i=1}^{N}\text{AP}_i}{N} \tag{12}$$

指标 $mAP_{0.5}$ 中的 0.5 是指 IoU 阈值设置成 0.5，而 $mAP_{0.5:0.95}$ 中的 0.5∶0.95 是在一系列 IoU 阈值(0.5,0.55,0.6…,0.95)下计算的 mAP 的平均值。

3.3　结果与分析

实验在搭载 GeForce RTX3060 显卡的 linux 服务器环境上进行训练，训练轮数为 150，框架选择 pytorch，python 版本选择 3.8，Cuda 版本 11.3。实验在 VisDrone2019 数据集上进行训练，分辨率设置为 1024，并采用优化轻量化骨干网络和增加注意力机制的方法改进模型，并对比了改进后的模型性能，同时采用消融实验的方法对改进进行验证分析。表 1 为轻量化优化后的模型 LW-Yolov5 以及添加 CA、CBAM 注意力机制后的模型 Yolov5s-CA、Yolov5-CBAM 相对于基线模型 YOLOV5s 的指标变化。

不同改进方法对算法性能的提升　　表 1

模型	$mAP_{0.5}$	$mAP_{0.5:0.95}$	FPS
Yolov5s	42.46	24.72	31
LW-Yolov5	41.71	24.25	35
Yolov5-CA	45.46	26.47	29
Yolov5-CBAM	45.84	26.35	30

从表 1 可以看到通过对骨干网络进行了 MobileNetV3 的轻量化优化之后，虽然 $mAP_{0.5}$ 下降了 1.7%，$mAP_{0.5:0.95}$ 下降了 1.9%，但是模型的检测速度从 31FPS 提升到了 35FPS，而添加 CA、CBAM 注意力机制后相对于基线模型来说 $mAP_{0.5}$ 分别提高了 7% 和 7.9%，$mAP_{0.5:0.95}$ 分别提高了 6.9% 和 6.6%，而 FPS 略微下降。实验证明本文的轻量化方法在精度略微下降的情况下提高了推理速度，而添加 CA、CBAM 注意力机制后也提高了模型的检测精度。

为了进一步验证改进后的模型效果，将两个改进点结合并和基线模型做消融实验对比。对比结果如表 2 所示。

消融实验结果　　表 2

模型	$mAP_{0.5}$	$mAP_{0.5:0.95}$	FPS
Yolov5s	42.46	24.72	31
LW-Yolov5	41.71	24.25	35
LW-Yolov5-CA	46.18	27.23	29
LW-Yolov5-CBAM	46.03	27.18	29

由消融实验结果可以知道结合轻量化骨干网络和注意力机制后的模型在 mAP 指标上都有了明显的提升,这证明本文的改进是有效的。其中 CA 机制融合 MobileNetV3 相比基线模型 $mAP_{0.5}$ 提高了 8.7%,$mAP_{0.5:0.95}$ 提高了 10.1%;CBAM 机制融合 MobileNetV3 相比基线模型 $mAP_{0.5}$ 提高了 8.4%,而 $mAP_{0.5:0.95}$ 提高了 9.9%。

综合表 1 和表 2 来看,结合注意力机制和轻量化骨干网络对算法的检测效果有一定的提升,但是会略微降低算法推理的速度。

4　改进后的算法部署

4.1　华为 Atlas200dk

本文采用的推理平台是华为昇腾 Atlas200DK,它的主要处理单元分为 CPU 和 NPU 两种。CPU 部分由八个基于 Armv8 架构的 A55 处理器构成,可细分为三类:一是 AICPU,主要执行不宜在 AICore 上运行的算子;二是控制 CPU,负责管理操作系统及高层软件;三是调度 CPU,用于高效安排计算任务在 AICore 的执行。而 NPU 部分则由两个 DaVinci AI Core 组成。就 AI 计算能力而言,Atlas200DK 上的 Ascend310 提供了 8Tera-FLOPS 的 FP16(半精度浮点)或者 16Tera-OPS 的 INT8(整数精度)运算能力。在内存配置方面,该平台配备了 8GB-128 位的 LPDDR4X 内存,其速率达到 3200Mbps,并支持 ECC 错误校正功能。板卡的整体结构如图 9 所示。

图 9　Atlas200dk 板卡结构

4.2　部署流程

板卡上携带的 AI 计算单元是 NPU,无法兼容在 GPU 上进行推理的模型,华为支持的模型格式为. om,表示 offline model(离线模型),因此需要将改进后的模型通过华为的 ATC(Ascend Tensor Compiler)工具将其他格式的模型转换成. om 格式的模型,转换流程如图 10 所示:

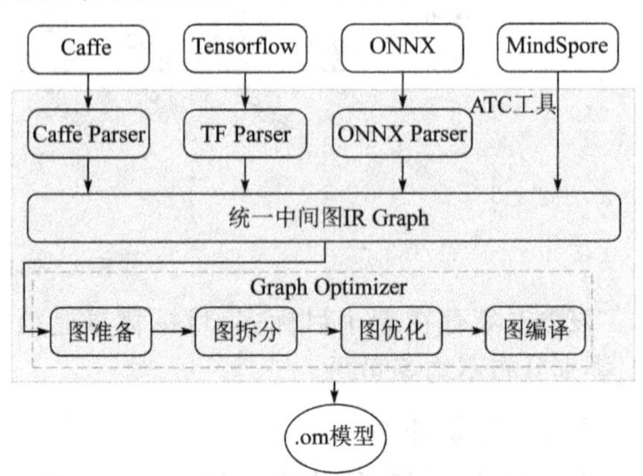

图 10　ATC 转换流程

由图 10 可知,ATC 转换的过程首先是根据原始模型的格式适配对应的解析器,一共支持三种,分别是 Caffe 格式、Tensorflow 格式和 ONNX 格式的原始模型。然后经过统一中间图(IR Graph)处理后执行计算图处理过程,通过四个步骤后就得到了能在 NPU 上推理的. om 格式的模型。由于 ATC 不支持 pytorch 框架训练后的模型,所以本文先将原始. pth 的模型转换为 onnx 格式的模型后再送入 ATC 工具处理。

模型转换成功后,就可以在板卡上执行推理了,整个推理流程如图 11 所示:

推理首先要进行 pyACL 初始化,这个步骤是让当前能有权访问板卡上资源的过程,接着申请一定的内存和 NPU 资源,申请资源的大小和模型结构和输入大小有关,然后将. om 模型加载进 NPU 中。在执行推理前还需要对输入图片进行预处理,主要使用 OpenCV 对图片进行 RGB 色域转换、缩放以及像素归一化,接着执行模型推理。推理后得到的结果需要进行解码和 NMS 操作,得到检测目标的信息,在推理完成后也需要对申请的资源进行释放。

4.3　部署结果

将改进的模型 LW-YOLOV5-Attention 部署到 Atlas200dk 板卡,采用和在 PC 机上相同的测试集进行精度验证,验证得到的结果如表 3 所示。

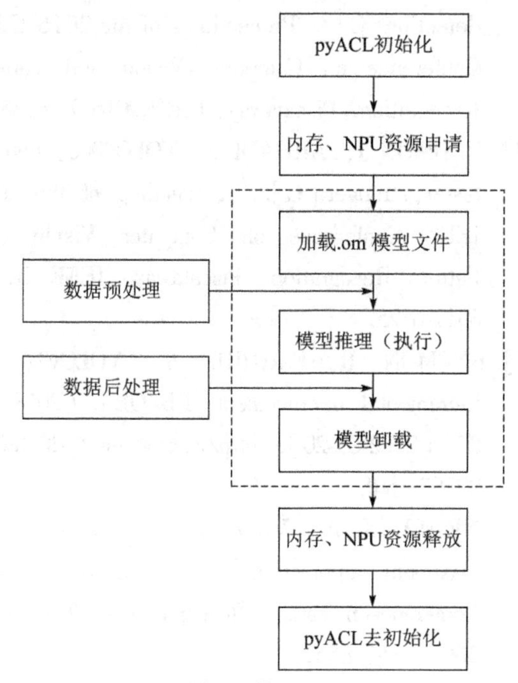

图11 推理流程

算法部署性能对比 表3

平台	$mAP_{0.5}$	$mAP_{0.5:0.95}$	FPS
PC	46.03	27.18	29
Atlas200dk	45.98	27.12	17

由表3得到，在板卡上算法运行的精度相对于PC上来说几乎持平，这说明移植的算法精度没有下降，但是由于板卡的算力问题，使得在板卡上推理的FPS17帧左右，通过华为官方的presenter_server演示界面，可以更直观地展示算法运行的结果，如图12所示。

图12 部署界面演示

5 结语

本文以嵌入式车辆目标检测系统为背景，针对原目标检测模型小、目标检测精度差以及算法部署所需要的实时性和轻量化这两个问题进行相关研究。通过引入注意力机制和轻量化骨干网络对上述问题进行针对性的解决，并在华为的板卡上进行验证。实验证明，上述改进是有效的，同时部署后的模型精度并没有下降，在板卡有限的算力条件下也能稳定运行。而未来的工作可以集中在解决算法在板卡上高效部署的问题上。

参考文献

[1] JAVADI S, DAHL M, PETTERSSON M I. Vehicle detection in aerial images on 3D depth maps and deep neural networks[J]. IEEE Access, 2021, 9: 8381-8391.

[2] 刘金明. 基于深度卷积神经网络的遥感图像中车辆检测方法研究[D]. 郑州：河南大学, 2020.

[3] 黄国捷. 基于深度学习的遥感图像车辆目标检测[D]. 苏州：苏州大学, 2019.

[4] MARRIOTT R T, ROMDHANI S, CHEN L. A 3d gan for improved large-pose facial recognition[C]. Proceedings of the IEEE/CVF Conference on Computer Vision and Pattern Recognition. 2021:13445-13455.

[5] PAL S K, PRAMANIK A, MAITI J, et al. Deep learning in multi-object detection and tracking: state of the art[J]. Applied Intelligence, 2021, 51(9): 6400-6429.

[6] DALAL N, TRIGGS B. Histograms of oriented gradients for human detection[C]. 2005 IEEE computer society conference on computer vision and pattern recognition (CVPR'05). Ieee, 2005, 1: 886-893.

[7] HE K, ZHANG X, REN S, et al. Spatial pyramid pooling in deep convolutional networks for visual recognition[J]. IEEE transactions on pattern analysis and machine intelligence, 2015, 37(9): 1904-1916.

[8] LOWE D G. Object recognition from local scale-invariant features[C]. Proceedings of the seventh IEEE international conference on computer vision. Ieee, 1999, 2: 1150-1157.

[9] HE K, ZHANG X, REN S, et al. Deep residual learning for image recognition[C]. Proceedings of the IEEE conference on computer vision and pattern recognition. 2016: 770-778.

[10] KRIZHEVSKY A, SUTSKEVER I, HINTON G

E. Imagenet classification with deep convolutional neural networks[J]. Communications of the ACM, 2017, 60(6): 84-90.

[11] GIRSHICK R, DONAHUE J, DARRELL T, et al. Region-based convolutional networks for accurate object detection and segmentation [J]. IEEE transactions on pattern analysis and machine intelligence, 2015, 38(1): 142-158.

[12] OUYANG W, ZENG X, WANG X, et al. DeepID-Net: Object detection with deformable part based convolutional neural networks[J]. IEEE Transactions on Pattern Analysis and Machine Intelligence, 2016, 39(7): 1320-1330.

[13] FARABET C, COUPRIE C, NAJMAN L, et al. Learning hierarchical features for scene labeling [J]. IEEE transactions on pattern analysis and machine intelligence, 2012, 35 (8): 1915-1929.

[14] HE K, GKIOXARI G, DOLLÁR P, et al. Mask r-cnn [C]. Proceedings of the IEEE international conference on computer vision. 2017: 2961-2969.

[15] GIRSHICK R, DONAHUE J, DARRELL T, et al. Rich feature hierarchies for accurate object detection and semantic segmentation [C]// Proceeding of 2014 IEEE Conference on Computer Vision and Pattern Recognition. Piscataway: IEEE, 2014: 580-587.

[16] GIRSHICK R. Fast R-CNN[C]// Proceeding of the 2015 IEEE International Conference on Computer Vision. Piscataway: IEEE, 2015: 1440-1448.

[17] REN S Q, HE K M, GIRSHICK R, et al. Faster R-CNN: towards real-time object detection with region proposal networks[C]// Proceeding of the 28th International Conference on Neural Information Processing Systems. Cambridge: MIT Press, 2015, 1: 91-99.

[18] LIU W, ANGUELOV D, ERHAN D, et al. SSD: single shot multibox detector [C]// Proceedings of the 2016 European Conference on Computer Vision, LNCS 9905. Cham: Springer, 2016: 21-37.

[19] REDMON J, DIVVALA S, GIRSHICK R, et al. You only look once: unified, real-time object detection[C]// Proceedings of the 2016 IEEE Conference on Computer Vision and Pattern Recognition. Piscataway: IEEE, 2016: 779-788.

[20] REDMON J, FARHADI A. YOLO9000: better, faster, stronger [C]// Proceeding of the 2017 IEEE Conference on Computer Vision and Pattern Recognition. Piscataway: IEEE, 2017: 6517-6525.

[21] REDMON R, FARHIDI A. YOLOv3: an incremental improvement [EB/OL]. (2018-04-08) [2022-03-20]. http//arxiv. org/pdf/1804. 02767. pdf.

[22] NEUBECK A, VAN G L. Efficient non-maximum suppression [C]. 18th International Conferenceon Pattern Recognition (ICPR'06), 2006, 850-855.

[23] HOWARD A G, ZHU M, CHEN B, et al. Mobilenets: Efficient convolutional neural networks for mobile vision applications [J]. arXiv preprint arXiv: 1704. 04861, 2017.

[24] SANDLER M, HOWARD A, ZHU M, et al. Mobilenetv2: Inverted residuals and linear bottlenecks [C]//Proceedings of the IEEE conference on computer vision and pattern recognition. 2018: 4510-4520.

[25] HOWARD A, SANDLER M, CHU G, et al. Searching for mobilenetv3 [C]//Proceedings of the IEEE/CVF international conference on computer vision. 2019: 1314-1324.

[26] HU J, SHEN L, SUN G. Squeeze-and-excitation networks [C]//Proceedings of the IEEE conference on computer vision and pattern recognition. 2018: 7132-7141.

[27] WOO S, PARK J, LEE J-Y, et al. CBAM: convolutional block attention module [C] // Proceedings of the European Conference on Computer Vision(ECCV), 2018: 3-19.

[28] HOU Q B, ZHOU D Q, FENG J S. Coordinate attention for efficient mobile network design[C]// Proceedings of the 2021 IEEE/CVF Conference on Computer Vision and Pattern Recognition. Piscataway: IEEE, 2021: 13708-13717.

Mutual Information Differential Privacy Based Uncoded Transmission Wireless Federated Learning

Hongning Liu*
(The School of Information Science & Technology, Southwest Jiao tong University)

Abstract Federated learning (FL) can train distributed models without direct raw data exchange between participating devices. However, it is possible for adversaries to infer information about the original data by analysing the parameter differences uploaded by the clients during communication. This paper aims to study the privacy and security of client parameters in federated learning through uncoded transmission in wireless systems when the server is not trusted. We explore the application of mutual information differential privacy (MI-DP) as a privacy-preserving technique. Through extensive simulations, we demonstrate that MI-DP outperforms traditional differential privacy methods, resulting in improved model performance. Moreover, we investigate the potential benefits of using MI-DP in distributed gradient descent for non-orthogonal multiple access (NOMA) "air computing" transmission in wireless federated learning.

Keywords Federated learning Mutual information Differential privacy Uncoded transmission.

0 Introduction

With the rapid development of mobile devices, mobile applications need to use a lot of users' data in order to improve the user experience[1]. Federated learning (FL) could train models together when users do not store data centrally which proposed by Google[2]. This framework has the advantages of not directly exchanging raw data, but periodically exchanging model parameters and reducing communication load[3].

In FL, the current practice of directly uploading trained model parameters from clients to the server is not as secure as initially anticipated[4]. Recent research[3] shows that transferring learning parameters may leak the privacy of local data sets. In order to address this issue, a recognized method to effectively protect the privacy of local data sets is differential privacy (DP)[5]. When the server is unreliable, local differential privacy (LDP) can be used to protect client privacy[6]. To mitigate the risk of inference attacks from the server, every client introduces local perturbations to its model parameters and transmits the randomized version to the server, guaranteeing protection against potential privacy breaches[7].

In this paper, we leverage mutual information differential privacy[8] as a privacy protection mechanism, which offers more intuitive and effective privacy guarantees compared to traditional differential privacy. Specifically, it prevents a powerful adversary, who possesses knowledge of all but one entry in the database, from inferring the missing entry.

We explore the application of MI-DP in wireless FL, where the uncoded transmission of gradients is employed, utilizing either orthogonal or non-orthogonal protocols. Through our study, we demonstrate the potential benefits and advantages of MI-DP in preserving privacy and ensuring secure communication.

Next, we will introduce the rest of this article. The second section provides the FL process, communication process, and the definition of MI-DP. The third section gives the loss limit of client-level ϵ-MI-DP in the case of uncoded transmission using gradient of orthogonal and non-orthogonal protocols. The fourth section introduces the experimental results of our privacy mechanism. Finally, in the fifth section, it states the conclusion and discusses the future research.

1 Models and definitions

1.1 Learning protocol

The standard FL problem involves using data stored on multiple remote devices, or clients, to learn the global statistical model together. Our goal is to learn the model under the constraint of local storage and processing of data generated by devices, with the assistance of server. The objective is usually to minimize the following function by determining the parameter vector $w \in \mathbb{R}^d$:

$$w^* = \arg\min_w F(w) \tag{1}$$

where $F(w)$ is global objective function, i. e., $F(w) = 1/\mathcal{D}_{\text{tot}} \sum_{k=1}^{K} \mathcal{D}_k F_k(w)$, where $\mathcal{D}_{\text{tot}} = \sum_k \mathcal{D}_k$ is the size of K client data sets such that $\forall k \in \{1,2,\cdots,K\}$. The global objective function is obtained from the local objective function $F_k(w)$, and the local objective function is usually defined as the loss function of local data set $\mathcal{D}_k$:

$$F_k(w) = \frac{1}{\mathcal{D}_k} \sum_{D_{k,i} \in D_k} f(w; \mathcal{D}_{k,i}) + \lambda R(w) \tag{2}$$

where $f(w; \mathcal{D}_{k,i})$ is empirical risk of sample data by the parameter vector w; $\mathcal{D}_k = |\mathcal{D}_k|$ is the size of k-th client data set $\mathcal{D}_k$. $R(w)$ is a regularization function to avoid model over fitting, and $\lambda \geqslant 0$ is hyperparameter.

To start, at each t-th round of communication such that $t \in \{1,2,\cdots,T\}$, the server broadcasts the aggregated model parameters $w^{(t)}$ to all clients. In particular, when $t=1$, the server generally broadcasts to all clients that the initialization model parameters $w^{(1)}$ are zero vectors. Each device calculates the gradient of the local loss function in (2) by using the received model parameters $w^{(t)}$ and the local data set D_k:

$$\nabla F_k(w^{(t)}) = \frac{1}{\mathcal{D}_k} \sum_{\mathcal{D}_{ki} \in \mathcal{D}_k} \nabla f(w^{(t)}; \mathcal{D}_{k,i}) + \lambda \nabla R(w^{(t)}) \tag{3}$$

Each device transmits information about the local gradient (3) to the server via the wireless shared channel. The server aggregates the received signals to obtain an estimation $\nabla F_k(w^{(t)})$ of the global objective function:

$$\nabla F(w^{(t)}) = \frac{1}{\mathcal{D}_{\text{tot}}} \sum_{k=1}^{K} \mathcal{D}_k \nabla F_k(w^{(t)}) \tag{4}$$

Next, the server updates a new round of global model parameters $w^{(t+1)}$ via (3) and gradient descent. The above steps are iterated until the optimization problem (1) can be solved.

1.2 Communication model

We assume that the server broadcasts the current model parameters $w^{(t)}$ to all devices via the ideal downlink channel, so that each device receives without distortion. Besides, each device communicates with the server on the shared wireless channel by using the uplink of the uncoded transmission.

(1) Orthogonal Multiple Access (OMA):

In the case of orthogonal access, we assume a block flat-fading channel with constant channel coefficients, allowing uncoded gradient transmission. For orthogonal access, all devices share the channel via Time Division Multiple Access (TDMA) to send signals to the server. The signal of device k received at the server during the i-th block is

$$y_k^{[i]} = \hbar_k^{[i]} x_k^{[i]} + z_k^{[i]} \tag{5}$$

where $\hbar_k^{[i]} \geqslant 0$ is the channel gain, $x_k^{[i]} \in \mathbb{R}^d$ is an uncoded function of the local gradient $\nabla F_k(w^{(t)})$, and $z_k^{[i]} \sim N(0, N_0 I_d)$ is channel noise i. i. d..

(2) Non-Orthogonal Multiple Access (NOMA):

In the case of non-orthogonal access, we assume that the information transmitted by each device in block i. The received signal corresponding to the server is

$$y^{[i]} = \sum_{k=1}^{K} \hbar_k^{[i]} x_k^{[i]} + z^{[i]} \tag{6}$$

where the definition of $\hbar_k^{[i]}$ and $z_k^{[i]}$ are the same as above; and signal $x_k^{[i]} \in \mathbb{R}^d$ is encoded information about the local gradient $\nabla F_k(w^{(t)})$ with $t=i$.

1.3 Mutual information differential privacy

Given that the gradient transmitted by the client may expose sensitive information, we make the assumption that the server is "honest and curious", meaning it attempts to infer information about the local data set from the received signals $y = \{y^{(t)}\}_{t=1}^{T}$ during iterations T. By framing the problem as conditional mutual information, the definition of MI-DP provides a clear understanding of its attributes.

Definition 1: (ϵ-Mutual Information Differential Privacy[7]):

For $\epsilon > 0$, we have the inequality about ϵ-mutual information differential privacy

$$\sup_{i,P_D} I(\mathcal{D}_i ; y \mid \mathcal{D}^{-i}) \leqslant \epsilon \tag{7}$$

where $\mathcal{D}^{-i}$ denote the data set entries excluding $\mathcal{D}_i$. The smaller ϵ indicates an acceptable privacy budget. The main property of MI-DP according to [7] that its strength is lower than ϵ-DP and higher than (ϵ, δ)-DP. Therefore, we use conditional mutual information to describe the privacy level of clients in federated learning.

Assumption 1 [Bounded Sample-Wise Gradient]: From [9] and [10], we make the same assumption for gradient $\nabla f(w^{(t)}; D_i) \in \mathbb{R}^d$. At any model parameters $w^{(t)}$ and training sample $\mathcal{D}_i$, $\nabla f(w^{(t)}; \mathcal{D}_i)$ has upper bound by a given constant $\gamma^{(t)}$:

$$\| \nabla f(w^{(t)}; \mathcal{D}_i) \| \leqslant \gamma^{(t)} \tag{8}$$

2 Federated learning with mutual information differential privacy

2.1 Orthogonal multiple access

Here, we define the mutual information differential privacy under the design of OMA with uncoded transmission. At first, according to the communication model, we assume that at each iteration t, device k transmits a scaled and noisy version of the gradient $x_k^{[i]} = x_k^{(t)}$ via block i to server

$$x_k^{(t)} = \alpha_k^{(t)} (\mathcal{D}_k \nabla F_k(w^{(t)}) + n_k^{(t)}) \tag{9}$$

In (9), $n_k^{(t)} \sim N(0, (\sigma_k^{(t)})^2 I)$ is artificial noise i. i. d.; and $\alpha_k^{(t)} \geqslant 0$ is a scaling factor. From (9), we can get the effective noise in the received signal (5) is given by the summation of channel noise and artificial noise, and its standard deviation is given by

$$m_k^{(t)} = \sqrt{(\hbar_k^{(t)} \alpha_k^{(t)} \sigma_k^{(t)})^2 + N_0} \tag{10}$$

During the t-th iteration, the server performs estimation of the scaled local gradient $D_k \nabla F_k(w^{(t)})$ denoted as $(h_k^{(t)} \alpha_k^{(t)})^{-1} y_k^{(t)}$. Subsequently, the global gradient is estimated as

$$\begin{aligned} \nabla F(\boldsymbol{w}^{(t)}) &= \frac{1}{\mathcal{D}_{\text{tot}}} \sum_{k=1}^{K} (\hbar_k^{(t)} \alpha_k^{(t)})^{-1} \boldsymbol{y}_k^{(t)} \\ &= \frac{1}{\mathcal{D}_{\text{total}}} \sum_{k=1}^{K} \mathcal{D}_k \nabla F_k(\boldsymbol{w}^{(t)}) + \boldsymbol{n}_k^{(t)} + \\ &\quad (\hbar_k^{(t)} \alpha_k^{(t)})^{-1} \boldsymbol{z}_k^{(t)} \end{aligned} \tag{11}$$

Then, we define a client-level ϵ-MI-DP requirement for the client local parameters after aggregation in the context of FL. we denote as $y_k = [y_k^{(1)}, \cdots, y_k^{(T)}]$ the T successive received signals from device k, and denote as $\mathcal{D}_k^{-i}$ the data set entries excluding $\mathcal{D}_{k,i}$ by device k. From the definition of MI-DP(7), for the aggregated result, to guarantee client-level ϵ-MI-DP at each round, it must satisfy:

$$\sup_{i,P_{D_k}} I(\mathcal{D}_{k,i} ; y_k \mid \mathcal{D}_k^{-i}) \leqslant \epsilon \tag{12}$$

Theorem 1 (MI-DP Guarantees for OMA): At all communication round T, federated gradient averaging using OMA guarantees ϵ-MI-DP for any fixed sequence of parameters $\{\alpha_k^{(t)}, \sigma_k^{(t)}\}$, if the following condition is satisfied

$$\sum_{t=1}^{T} \left[\frac{d}{2} \ln \left(\frac{(\hbar_k^{(t)} \alpha_k^{(t)} \gamma^{(t)})^2}{d\,(m_k^{(t)})^2} + 1 \right) \right] \leqslant \epsilon, \text{forallk} \tag{13}$$

Proof 1: To satisfy ϵ-MI-DP, the aggregated parameters and client parameters in the FL process must satisfy (7), for $\forall t$ such that $k \in \{1, 2, \ldots, K\}$, we have

$$\begin{aligned} I(\mathcal{D}_{ki} ; y_k \mid \mathcal{D}_k^{-i}) &\overset{(a)}{=} \sum_{t=1}^{T} I(\mathcal{D}_{ki} ; y_k^{(t)} \mid \mathcal{D}_k^{-i}, y_k^{(t-1)}, \cdots, y_k^{(1)}) \\ &\leqslant \sum_{t=1}^{T} I(\mathcal{D}_{ki} ; y_k^{(t)} \mid \mathcal{D}_k^{-i}) \\ &= \sum_{t=1}^{T} (h(y_k^{(t)} \mid \mathcal{D}_k^{-i}) - h(y_k^{(t)} \mid \mathcal{D}_k)) \end{aligned} \tag{14}$$

where (a) follows from the definition of chain rule of mutual information. Next, we will get from the analysis of $T = t$.

$$
\begin{aligned}
h(y_k^{(t)} \mid \mathcal{D}_k^{-i}) - h(y_k^{(t)} \mid \mathcal{D}_k) &\overset{(b)}{=} h\left\{ \hbar_k^{(t)}\alpha_k^{(t)} \left[\mathcal{D}_k \left(\frac{1}{\mathcal{D}_k}\sum_{\mathcal{D}_k} \nabla f(w^{(t)}) + \lambda \nabla R(w^{(t)}) \right) + n_k^{(t)} \right] + z_k^{(t)} \mid \mathcal{D}_k^{-i} \right\} \\
&\quad - h\left[\hbar_k^{(t)}\alpha_k^{(t)} \left(\mathcal{D}_k \left(\frac{1}{\mathcal{D}_k}\sum_{\mathcal{D}_k} \nabla f(w^{(t)}) + \lambda \nabla R(w^{(t)}) \right) + n_k^{(t)} \right] + z_k^{(t)} \mid \mathcal{D}_k \right) \\
&\overset{(c)}{\leqslant} h(\hbar_k^{(t)}\alpha_k^{(t)}(\nabla f(w^{(t)};\mathcal{D}_{ki}) + n_k^{(t)}) + z_k^{(t)}) - h(\hbar_k^{(t)}\alpha_k^{(t)} n_k^{(t)} + z_k^{(t)})
\end{aligned} \tag{15}
$$

where (b) is combined by (9) and (12). Where (c) is obtained from the current model parameters $w^{(t)}$ broadcast by the server and data set. Via the property of differential entropy, we can get from the left part of (15):

$$
\begin{aligned}
&h(\hbar_k^{(t)}\alpha_k^{(t)}(\nabla f(w^{(t)};\mathcal{D}_{ki}) + n_k^{(t)}) + z_k^{(t)}) \\
&\leqslant \frac{1}{2}\ln(2\pi e)^d \det(\Sigma),
\end{aligned} \tag{16}
$$

where K is the covariance matrix of $h_k^{(t)}\alpha_k^{(t)}(\nabla f_k(w^{(t)};\mathcal{D}_{ki}) + n_k^{(t)}) + z_k^{(t)}$ and det(·) represents the determinant of a matrix. We denote the element of K in j-th row and j-th column as $K_{m,m}$ for all $m = 1, 2, \cdots, d$, the m-th element of the vector $\nabla f(w^{(t)};\mathcal{D}_{ki})$ as $\nabla f(w^{(t)};\mathcal{D}_{ki})_m$, the j-th element of the artificial noise $z_k^{(t)}$ as $z_{k,m}^{(t)}$. The determinant of the covariance matrix can be bounded as

$$
\begin{aligned}
\det(\Sigma) &\overset{(a)}{\leqslant} \prod_{m=1}^{d} \Sigma_{m,m} \\
&= \prod_{m=1}^{d} \mathrm{Var}(\hbar_k^{(t)}\alpha_k^{(t)}(\nabla f(w^{(t)};\mathcal{D}_{ki})_m + n_{k,m}^{(t)}) + z_{k,m}^{(t)}) \\
&= \prod_{m=1}^{d} ((\hbar_k^{(t)}\alpha_k^{(t)})^2 \mathrm{Var}(\nabla f(w^{(t)};\mathcal{D}_{ki})_m) + (\hbar_k^{(t)}\alpha_k^{(t)}\sigma_k^{(t)})^2 + N_0) \\
&\leqslant \prod_{m=1}^{d} ((\hbar_k^{(t)}\alpha_k^{(t)})^2 \mathbb{E}[(\nabla f(w^{(t)};\mathcal{D}_{ki})_m)^2] + (m_k^{(t)})^2)
\end{aligned} \tag{17}
$$

where (a) is derived from the Hadamard's inequality, taking into consideration the positive-semi definiteness of the covariance matrix K. We can establish an upper bound for the determinant of K by leveraging the assumptions outlined in Assumption 1. Using the inequality of arithmetic and geometric means, det(K) can be bounded as

$$
\begin{aligned}
&\leqslant \left\{ \frac{(\hbar_k^{(t)}\alpha_k^{(t)})^2}{d} \sum_{m=1}^{d} \mathbb{E}[(\nabla f(w^{(t)};\mathcal{D}_{ki})_m)^2] + (m_k^{(t)})^2 \right\}^d = \\
&\left[2\pi e \left(\frac{(\hbar_k^{(t)}\alpha_k^{(t)}\gamma^{(t)})^2}{d} + (m_k^{(t)})^2 \right) \right]^d
\end{aligned} \tag{18}
$$

Combining (16) and (18), we obtain

$$
\begin{aligned}
&h(\hbar_k^{(t)}\alpha_k^{(t)}(\nabla f(w^{(t)};\mathcal{D}_{ki}) + n_k^{(t)}) + z_k^{(t)}) \leqslant \\
&\frac{1}{2}\ln\left\{ 2\pi e \left[\frac{(\hbar_k^{(t)}\alpha_k^{(t)}\gamma^{(t)})^2}{d} + (m_k^{(t)})^2 \right] \right\}^d
\end{aligned} \tag{19}
$$

Due to $z_k^{(t)}$ and $n_k^{(t)}$ are two independent Gaussian random vectors, we have

$$
h(\hbar_k^{(t)}\alpha_k^{(t)} n_k^{(t)} + z_k^{(t)}) = \frac{1}{2}\ln\left(2\pi e\,(m_k^{(t)})^2\right)^d \tag{20}
$$

Combining (19) and (20), we obtain

$$
\begin{aligned}
&h(\hbar_k^{(t)}\alpha_k^{(t)}(\nabla f(w^{(t)};\mathcal{D}_{ki}) + n_k^{(t)}) + z_k^{(t)}) - \\
&h(\hbar_k^{(t)}\alpha_k^{(t)} n_k^{(t)} + z_k^{(t)}) \\
&= \frac{1}{2}\ln\left\{ 2\pi e \left[\frac{(\hbar_k^{(t)}\alpha_k^{(t)}\gamma^{(t)})^2}{d} + (m_k^{(t)}) \right]^2 \right\}^d \\
&- \frac{1}{2}\log(2\pi e(m_k^{(t)})^2)^d \\
&= \frac{d}{2}\ln\left(\frac{(\hbar_k^{(t)}\alpha_k^{(t)}\gamma^{(t)})^2}{d\,(m_k^{(t)})^2} + 1 \right)
\end{aligned} \tag{21}
$$

It is deduced that when iteration T,

$$\sup_{i,P_{D_k}} I(\mathcal{D}_{ki};y_k \mid \mathcal{D}_k^{-i})$$

$$= \sum_{t=1}^{T} (h(y_k^{(t)} \mid \mathcal{D}_k^{-i}) - h(y_k^{(t)} \mid \mathcal{D}_k))$$

$$\leqslant \sum_{t=1}^{T} \left[\frac{d}{2}\ln\left(\frac{(\hbar_k^{(t)}\alpha_k^{(t)}\gamma^{(t)})^2}{d((\hbar_k^{(t)}\alpha_k^{(t)}\sigma_k^{(t)})^2+N_0)}+1\right)\right]$$

$$= \sum_{t=1}^{T} \left[\frac{d}{2}\ln\left(\frac{(\hbar_k^{(t)}\alpha_k^{(t)}\gamma^{(t)})^2}{d\,(m_k^{(t)})^2}+1\right)\right] \tag{22}$$

With (22), the ϵ-MI-DP could be satisfied as long as the federated gradient averaging of T iterations via OMA if the following

$$\sum_{t=1}^{T} \left[\frac{d}{2}\ln\left(\frac{(\hbar_k^{(t)}\alpha_k^{(t)}\gamma^{(t)})^2}{d\,(m_k^{(t)})^2}+1\right)\right] \leqslant \epsilon, \text{for all } k \tag{23}$$

(23) indicate that the summation of the upper bound of privacy loss in each iteration t is less than the privacy level, which can meet the client's privacy security.

2.2 Non-orthogonal multiple access

Then, we define MI-DP under the design of NOMA with uncoded transmission. As in (5), for the t-th iteration, device k transmits a scaled and noisy version of the gradient. Different from OMA, all clients use the same block to transmit to the server, and the server is required to restore the scaled version of the global gradient Accordingly, we set

$$\hbar_k^{(t)}\alpha_k^{(t)} = c^{(t)} \tag{24}$$

where $c^{(t)}$ is constant. We can get that the effective noise in the received signal (6) is equal to the summation of the channel noise and the artificial noise added from all devices, and its standard deviation of the effective noise is

$$m^{(t)} = \sqrt{(c^{(t)})^2\sum_{k=1}^{K}(\sigma_k^{(t)})^2 + N_0} \tag{25}$$

During the t-th iteration, the server performs estimation of the global gradient as

$$\nabla F(\boldsymbol{w}^{(t)}) = \frac{1}{D_{\text{total}}}(c^{(t)})^{-1}\boldsymbol{y}^{(t)}$$

$$= \frac{1}{D_{\text{total}}}\sum_{k=1}^{K} D_k \nabla F_k(\boldsymbol{w}^{(t)}) + \boldsymbol{n}_k^{(t)} + (c^{(t)})^{-1}\boldsymbol{z}^{(t)} \tag{26}$$

Theorem 2: (MI-DP Guarantees for NOMA): Combining (14) ~ (22), we obtain that the ϵ-MI-DP could be satisfied as long as the federated gradient averaging of T iterations via NOMA if the follows

$$\sum_{t=1}^{T} \left[\frac{d}{2}\ln\left(\frac{(c^{(t)}\gamma^{(t)})^2}{d\,(m^{(t)})^2}+1\right)\right] \leqslant \epsilon, \text{for all } k \tag{27}$$

Theorem 2 is similar to **Theorem 2**, with the distinction that the effective noise is replaced by the noise specifically defined in NOMA. Theorem 2 highlights that the privacy effective noise of each device k is determined by the combined effect of channel noise and artificial noise contributed by all devices, which is an important advantage of NOMA. We can further upper bound the achievable in (25) as the follows:

$$\sum_{t=1}^{T} \left[\frac{d}{2}\ln\left(\frac{(c^{(t)}\gamma^{(t)})^2}{d((c^{(t)})^2\sum_{k=1}^{K}(\sigma_k^{(t)})^2)+N_0}+1\right)\right] \leqslant \sum_{t=1}^{T} \left[\frac{d}{2}\ln\left(\frac{(\gamma^{(t)})^2}{d\sum_{k=1}^{K}(\sigma_k^{(t)})^2}+1\right)\right] \leqslant \sum_{t=1}^{T} \left[\frac{d}{2}\ln\left(\frac{(\gamma^{(t)})^2}{dK\min_k(\sigma_k^{(t)})^2}+1\right)\right] \tag{28}$$

From (26), it is obviously that the privacy loss of wireless FL asymptotically to 0 as $K \to \infty$ in NOMA and the privacy loss of wireless FL does not decay with K in OMA.

3 Experiment result and analysis

In this section, weprovide some simulation results to evaluate the performance of our proposed scheme, so as to deeply understand the impact of MI-DP constraints.

We consider a linear regression task on a randomly generated synthetic dataset with $D_{\text{tot}} = 10000$ pairs (u, v), where $u \in R^{10}$ are drawn i. i. d. as $\mathcal{N}(0, I)$ and $v \in R$ are obtained as $v = u(2) + 3u(5) + 0.2z_0$, where the observation noises $z_0 \sim \mathcal{N}(0,1)$ are i. i. d. across the samples. The regularized local loss function for the k-th client is given as:

$$F_k(w)=\frac{1}{\mathcal{D}_k}\sum_{\mathcal{D}_{k,i}\in\mathcal{D}_k}(w;\mathcal{D}_{k,i})+\lambda R(w)$$
$$=\frac{1}{\mathcal{D}_k}\sum_{\{(u_i,v_i)\}\in D_k}0.5\left\|w^{\mathrm{T}}u_i-v_i\right\|^2+\lambda\left\|w\right\|^2. \tag{29}$$

the regularization parameter $\lambda=5\times10^{-5}$. Channel noise is drawn from $z_k^{(t)}\sim N(0,I)$. We utilize the normalized optimality gap $[F(w^{(T+1)})-F(w^*)]/F(w^*)$ as a metric to evaluate performance.

We set the privacy levels $\epsilon=1$ to $\epsilon=150$, which illustrate the results of performance disclosed by DP mechanisms in Figure 1. In the considered range of ϵ, compared with (ϵ,δ)-DP, ϵ-MI-DP achieves better performance results, where $\delta=0.01$. Furthermore, the performance of NOMA is better than OMA under the same communication budget. The figure additionally illustrates the point at which privacy constraints become ineffective in the absence of artificial noise for ϵ-MI-DP.

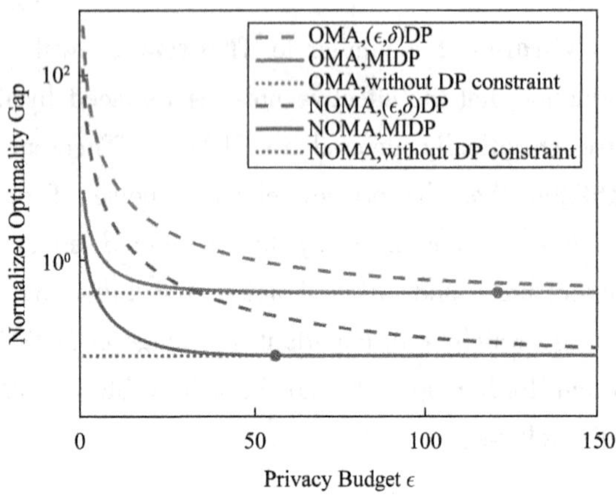

Figure 1 Optimality gap versus DP privacy level ϵ for (ϵ,δ)-DP (for $\delta=0.01$), ϵ-MI-DP and for the scheme without DP constraint in OMA and NOMA.

In addition to Figure 1, which illustrates the performance benefits of MI-DP, we consider privacy levels $\epsilon=10$, $\epsilon=20$, and $\epsilon=50$. Figure 2 and Figure 3 showcase the performance outcomes obtained from various privacy mechanisms while maintaining the same communication budget. It's worth mentioning that these results are obtained by taking into account the existence of communication blocks I, leading to $T=I/K$ iterations per device for OMA and $T=I$ iterations for NOMA.

In Figure 2 and Figure 3, we can observe that the model performance under the ϵ-MI-DP is still better under a tight privacy budget than under the loose (ϵ,δ)-DP. At the same time, we can see the existence of the optimal number of communication budget in Figure 2 and Figure 3, because more communication budget will lead to an increase in privacy loss, leading to a decrease in model performance.

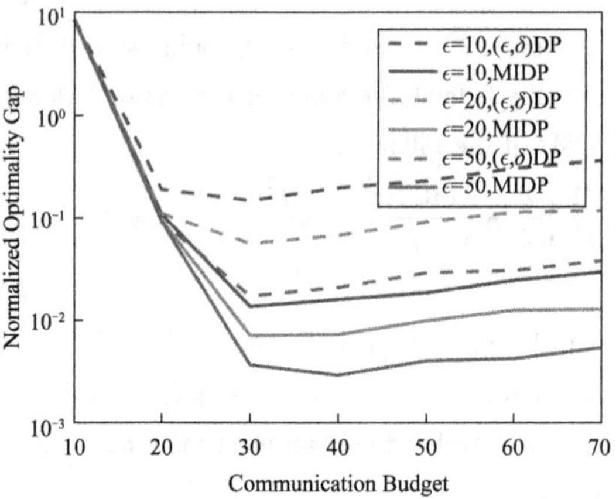

Figure 2 Optimality gap versus communication budget I for (ϵ,δ)-DP (for $\delta=0.01$), ϵ-MI-DP in OMA.

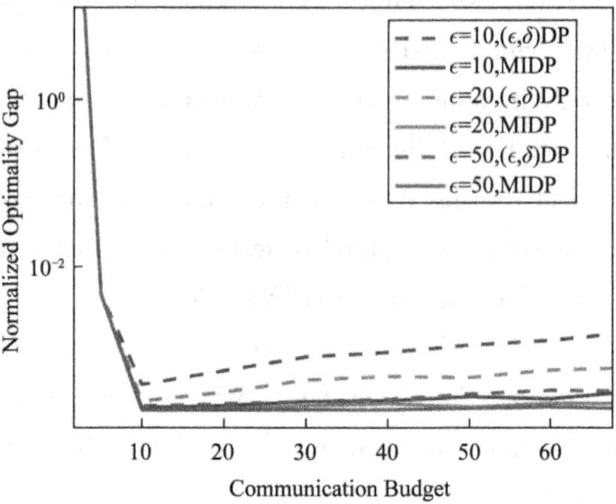

Figure 3 Optimality gap versus communication budget I for (ϵ,δ)-DP (for $\delta=0.01$), ϵ-MI-DP in NOMA.

4 Conclusions

In this paper, our focus lies on preserving the privacy of clients' parameters within the context of wireless federated learning. We introduce MI-DP as a privacy enhancing technique. To ensure the aggregation result meets the privacy requirements, we define a client-level ϵ-MI-DP criterion. Through extensive experimentation, we demonstrate that employing MI-DP yields superior model performance compared to traditional differential privacy methods.

Furthermore, we investigate the impact of OMA and NOMA under the same communication budget. Our results indicate that utilizing OMA leads to improved model performance compared to NOMA.

However, this study has certain limitations. We solely address the privacy of client data from the server's perspective. In future research, it would be valuable to explore the application of MI-DP as a privacy protection scheme against potential third-party eavesdroppers.

References

[1] ZHANG W, LI Z, CHEN X, Quality-aware user recruitment based on federated learning in mobile crowd sensing[J]. Tsinghua Science and Technology, 2021,26(6):869-877.

[2] MCMAHAN B, MOORE E, RAMAGE D, et al., Communication efficient learning of deep networks from decentralized data[J]. Artificial intelligence and statistics, 2017, 4:1273-1282.

[3] MELIS L, SONG C, CRISTOFARO E D, et al. Exploiting unintended feature leakage in collaborative learning[J]. Proc. IEEE Symp. Secur. Privacy (SP), 2019, 5:691-706.

[4] SHOKRI R, STRONATI M, SONG C et al. Membership Inference Attacks Against Machine Learning Models[C]. 2017 IEEE Symposium on Security and Privacy (SP), 2017:3-18.

[5] DWORK C, ROTH A. The algorithmic foundations of differential privacy[J]. Found Trends Theor Comput Sci, 2014, 9(3-4): 211-407.

[6] SEIF M, TANDON R, LI M. Wireless federated learning with local differential privacy[C] 2020 IEEE International Symposium on Information Theory (ISIT). IEEE, 2020: 2604-2609.

[7] TRUEX S, LIU L, CHOW K-H., et al. LDP-Fed: Federated Learning with Local Differential Privacy[C]. Proceedings of the Third ACM International Workshop on Edge Systems, Analytics and Networking, 2020,4:61-66.

[8] CUFF P, YU L. Differential Privacy as a Mutual Information Constraint[C]. Proceedings of the 2016 ACM SIGSAC Conference on Computer and Communications Security, 2016, 12:43-54.

[9] LIU D, SIMEONE O. Privacy for Free: Wireless Federated Learning via Uncoded Transmission With Adaptive Power Control[C]. IEEE Journal on Selected Areas in Communications, 2021,6:170-185.

[10] WU N, FAROKHI F, SMITH D et al. The Value of Collaboration in Convex Machine Learning with Differential Privacy[C]. 2020 IEEE Symposium on Security and Privacy (SP), 2020:304-317.

基于AI视觉的交通流识别及自适应信号配时优化研究

黄春翔[1,2] 朱洪洲[1*] 胡耀文[1] 续安城[1] 杜俊池[1] 樊 实[1] 梁锺月[2] 熊 宇[3]

(1.重庆交通大学土木工程学院;2.重庆市设计院有限公司;3.重庆南地科技开发有限公司)

摘 要 随着我国经济的不断发展,居民汽车保有量不断提高,城市道路的交通拥堵问题也日益加重。针对传统的交通信号配时方案无法依据实时车流进行自适应调节,对交通拥堵的缓解能力有限,提出了一种基于视频检测的动态交通流分析信号配时优化方案,该方案以车辆延误和排队长度为优化目标。结合AI视觉车辆识别与虚拟仿真构建交叉口信号配时优化方案。首先,通过AI视觉的视频检测处理实时车流数据,根据车流数据不断改进信号配时方案,以解放碑地下环道三期工程为例,将优化后的配时方案输入 VISSIM 仿真软件进行评价改进,最终得到最佳信号配时方案并验证配时方案的有效性。研究结果表明:基于车辆识别的自适应信号配时优化方案,可将案例交叉口的车辆延误最大降低 15.2%,车辆排队长度最大可减少 22.7%,证明该配时优化方案可有效缓解交通拥堵情况,提高交叉口的通行能力。

关键词 车辆识别 AI 视觉 信号配时优化 VISSIM 仿真

0 引言

随着城镇化进程的加速,交通拥堵已成为制约城市发展的瓶颈。为了缓解拥堵局面,交通信号灯被广泛应用,然而,随着车流量的不断变化,传统的固定时长交通信号控制已无法充分发挥其最大通行效率。因此,实现交通信号灯的智能化调整成为智慧交通领域迫切需要改进的问题。近年来,许多研究者开展了基于视频检测的动态交通流分析与信号配时优化方案,试图通过实时数据和先进算法的结合来提升道路交叉口的通行能力。魏丽英等[1]提出了动态相位方案和信号时序优化模型,成功地降低了交通延迟。曾微波等[2]采用基于韦伯斯特算法的仿真方案,有效提高了交通流效率。此外,安爱民等[3]引入了多模型预测控制技术,成功降低了延迟和停车时间。

AI 视觉技术和交通仿真分析也被大量用来分析交通情况,减少拥堵的发生。蔡英凤等[4]提出了一种基于视觉显著性和深度卷积网络的识别算法,提高了车流识别的准确性,但在复杂交通场景下,仍需进一步考虑遮挡、光照等因素对识别准确性的影响。孔烜等[5]从机器视觉和深度学习技术的角度总结了车辆检测与参数识别领域的研究现状,强调了基于深度学习的目标实例检测方法的重要性,然而,在大规模、高密度交通场景下,其适用性仍需进一步验证。罗智明[6]提出了一种基于卷积神经网络的交通密度估计方法,针对低帧率视频的交通场景,取得了较好的效果。然而,在低分辨率视频数据处理中,对目标车辆的定位和识别精度仍有待提高。在交通仿真领域,VISSIM 作为一款强大的微观交通仿真工具,在国外研究者的研究中得到了广泛的应用。Bandi 等[7]的研究聚焦于印度芒格洛尔市道路网络,通过 VISSIM 软件进行微观仿真建模,提出了针对该市道路网络的短期和长期改善措施,取得了显著的效果。Kučera 等[8]则利用 PTV VISSIM 软件进行交通基础设施规划的仿真模型设计,对城市交通拥堵问题有一定的缓解作用。

然而,这些研究在实际应用中还存在诸多挑战,如算法的优化以适应复杂交通环境,以及在大规模、高密度交通场景下的适用性验证。进一步改进和优化 AI 视觉识别技术,以提高在复杂交通环境下的准确性和效率。同时在实际的城市交通环境中进行更多的测试和验证,特别是在高密度和复杂的交通场景中。鉴于此,本文结合 AI 视觉技术,提出了一种新的动态交通流分析信号配时优化方案。通过实时监测道路交叉口的交通流量和车辆行驶状态,结合先进的 AI 视觉算法识别车辆,可以动态调整信号配时方案,实现道路交叉口车辆通行的智能化控制,通过 VISSIM 进行仿真分析,验证方案的有效性。这一方案有望在实际交通管理中发挥重要作用,尤其对于应对复杂交通场景和提升通行效率具有重要意义。

1 基于卷积神经网络的车辆识别

1.1 卷积神经网络

GoogLeNet 模型在增加深度的基础上还拓宽了网络的宽度,通过在 inception 中使用小卷积核如 1×1、3×3、5×5 大小的卷积核来拓宽网络宽度,同时减少计算量。网络的 inception 结构如图 1 所示,该模块可以显著的增加神经元数量,提取更丰富的特征,同时通过小卷积控制计算量。

网络结构的输入为 224×224 大小的图像,该网络结构卷积层的第一层共有 64 个卷积核,其大小为 7×7,卷积步长大小为 2。第二层卷积则采用 Inception 模块,提取更丰富的特征,该网络结构其余的卷积层结构类似。

图 1 为 Inception 模块的设计思想,其中括号部分为该分支上对应的卷积核个数。它的设计是

通过并行使用多个卷积和池化操作来提取特征，然后将这四个操作的输出进行通道维度的拼接，这样获得的图像是经过不同核大小的卷积提取的特征，有利于捕捉不同尺度的特征。为了减小参数量，又使用图1所示的那样，在每个3×3和5×5的卷积层之前，增加1×1的卷积层来控制输出通道数，在最大池化层后面增加1×1卷积层减小输出通道数。

其中：1×1卷积核用于学习通道间的线性关系和降维；3×3卷积核用于捕捉局部特征和空间相关性；5×5卷积核用于学习更大范围的特征；最大池化用于捕捉局部的空间不变性。

该网络结构有三个损失层，本文采用最后一层损失层来计算网络输出结果。表1为GoogLeNet网络结构参数表。

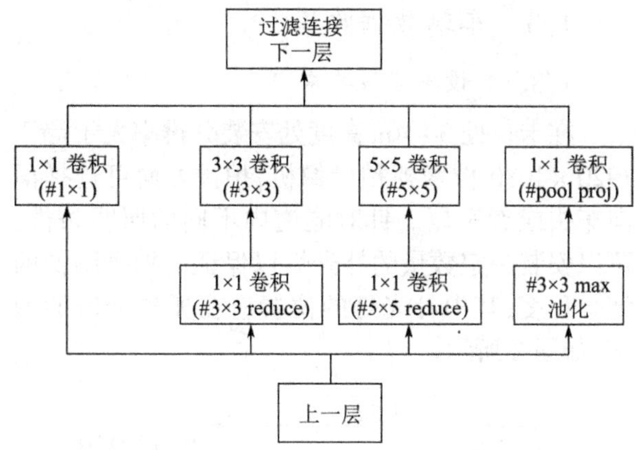

图1 GoogLeNet 网络的 inception 模块构架

GoogLeNet 网络结构参数表 表1

类型	卷积核尺寸/步长	输出尺寸	深度	#1×1	#3×3 Reduce	#3×3	#5×5 Reduce	#5×5	池化
卷积	7×7/2	112×112×64	1						
最大池化	3×3/2	56×56×64	0						
卷积	3×3/1	56×56×192	2		64	64			
最大池化	3×3/2	28×28×192	0						
Inception(3a)		28×28×256	2	64	96	128	16	32	32
Inception(3b)		28×28×480	2	128	128	192	32	96	64
最大池化	3×3/2	14×14×480	0						
Inception(4a)		14×14×512	2	192	96	208	16	48	64
Inception(4b)		14×14×512	2	160	112	224	24	64	64
Inception(4c)		14×14×512	2	128	128	256	24	64	64
Inception(4d)		14×14×528	2	112	144	288	32	64	64
Inception(4e)		14×14×832	2	256	160	320	32	128	128
最大池化	3×3/2	7×7×832	0						
Inception(5a)		7×7×832	2	256	160	320	32	128	128
Inception(5b)		7×7×1024	2	384	192	384	48	128	128
平均池化	7×7/1	1×1×1024	0						
Dropout(40%)		1×1×1024	0						
线性		1×1×1000	1						
分类		1×1×1000	0						

1.2 卷积神经网络训练方法

1.2.1 卷积神经网络前馈运算

在前馈运算中，输入数据从输入层开始逐层传递至输出层。在每一层，数据经过卷积、激活函数和池化操作，不断转换其表示形式。最终，数据在全连接层被转换为最终输出，如分类标签。

1.2.2 卷积神经网络反馈运算

训练过程中的关键步骤是反馈运算或反向传播。这一过程通过计算损失函数关于网络参数的梯度，并使用这些梯度来更新参数。更新的目的是最小化损失函数，即减少预测值和实际值之间的差异。这通常通过优化算法完成，如随机梯度下降(SGD)。

在车辆识别的具体应用中，CNN被训练以识别和分类不同类型的车辆。这涉及处理大量标注图像数据，其中每张图像都被标记为特定类型的车辆(如轿车、货车等)。通过对这些数据的学习,CNN能够捕捉到区分不同车辆的关键视觉特征,从而实现准确的车辆识别。

1.3 车辆数据收集

1.3.1 设备安装要求

在卡口处3~4m高度处安装分辨率大于等于1920×1080像素抓拍摄像机,拍摄方向可选择面向车头或者车尾。针对隧道内不同的照明条件,可以安装一定数量的补光灯以保证所拍摄图像的清晰程度;其中补光灯的位置应在抓拍卡口的两侧,如图2所示。

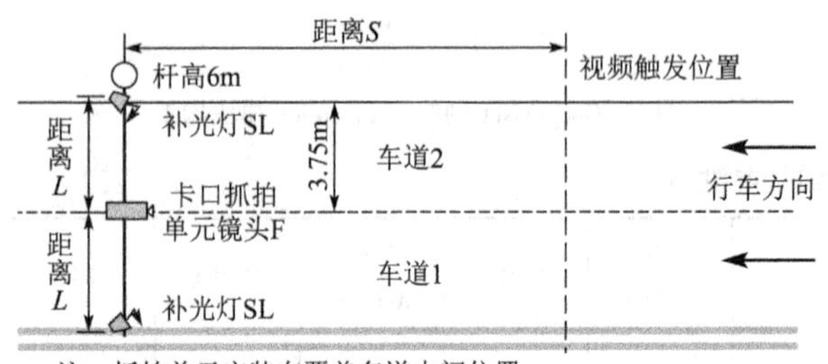

图2　设备安装示意图

所安装的每个抓拍单元必须位于该抓拍单元所覆盖路面的中心位置,对应的闪光灯应距离抓拍单元5m;若选择的补光灯类型为LED式补光灯,则距抓拍单元的距离应为3.5m。若由于场地及设施限制无法满足上述条件时,应在保证抓拍单元位于路面中央的前提下,使补光灯尽量位于边界处,以保证调试效果。

1.3.2 识别流程

车辆驶入入口标线以后,摄像机会将其捕捉到的车牌号传输到车牌抓拍接口程序,同时车辆识别主程序会对视频流中的车辆进行识别,分辨出画面中的车辆,并对其进行分类,当车辆通过摄像机视场时,摄像机会以每秒30帧的速度进行拍摄。在车辆行经的大概0.5s内会拍摄约15帧画面。利用Kalman Filter(卡尔曼过滤器)和Hungarian algorithm(匈牙利算法)对多个识别区域进行追踪。以达到对车辆进行识别追踪的效果。卡尔曼过滤器主要用于目标跟踪,其模型如图3所示;匈牙利算法则主要对多个目标追踪的工作进行优化分配。

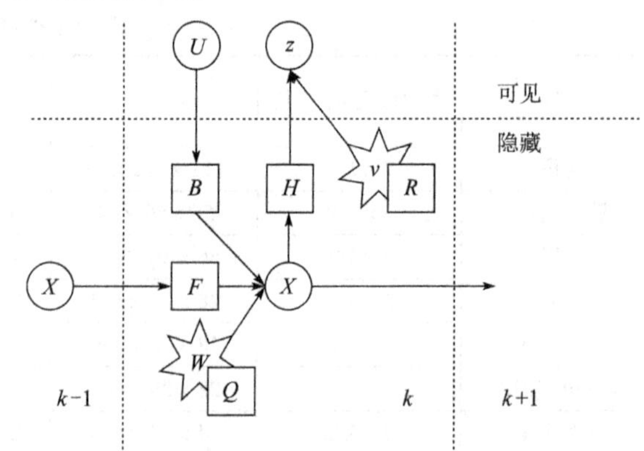

图3　卡尔曼滤波器的模型

并把所有数据记录到数据库进行统计分析,分析流程如图4所示。

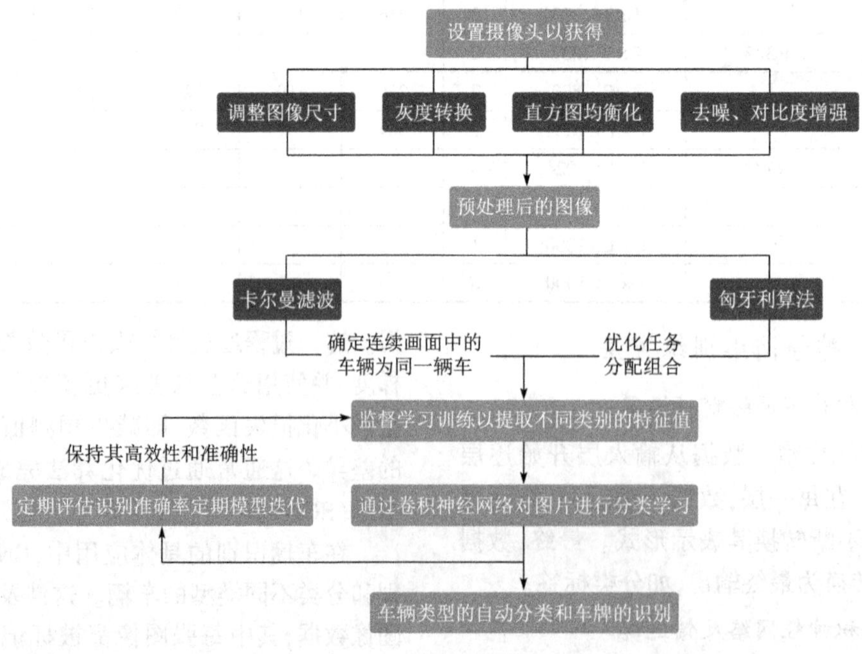

图4　车辆识别流程图

1.3.3 车辆数据库建立

通过事先在重点路段用单反相机进行拍摄以及高速公路监控视频得到的视频数据采集相应样本,视频大小共计300G。通过ffmpeg指令在视频中每隔10s截取一帧画面,最后获得20万张视频截图样本,如图5所示。并根据视频截图进行筛分,将车辆类型分为轿车、大客车、小客车、面包车、小型货车、中型货车、大型货车、危化品车、其他车辆,如图6所示(用算法准确率的问题,验证图片的准确性)。

图5 视频截图样本

图6 车辆识别车型分类

1.4 车辆识别算法

车辆识别算法系统采用维度聚类(Dimension Cluster)固定Anchor Boxes来选定边界。算法使用逻辑回归预测每个边界框的对象分(Objectness Score)。每个边界框使用多标签分类来预测边界框中可能包含的类别。使用Softmax而非单独的逻辑分类器,是由于前者对神经网络的高性能必要性不大。在训练过程中,使用二元交叉熵损失来进行类别预测。算法提供了3种不同尺寸的边界框,系统用相似的概念提取这些尺寸的特征以形成金字塔形网络。并在基本特征提取器中增加了几个卷积层,并用最后的卷积层预测一个三维张量编码:边界框、框中目标和分类预测。接下来从前面的两层中获取特征图(Feature Map),将其上采样2倍,并从更早的网络图层中获取特征图,使用Connection将其与上采样特征进行合并。这可以从早期特征映射中的上采样特征和更细粒度的信息中获得更有意义的语义信息。然后再添加几个卷积层来处理这个组合的特征图,并最终预测出一个相似的、大小是原先两倍的张量。然后使用K-means聚类来确定边界框的先验。

2 VISSIM仿真场景的构建

随着计算机技术的不断发展,仿真技术在研究中运用广泛,本文采用VISSIM来进行交通仿真分析,应用VISSIM检验信号配时方案的运行效果,从而得到最佳的信号配时方案,提高道路交叉口的通行能力。

2.1 案例应用场景介绍

本文以工程项目解放碑地下停车库及连接通道三期工程为依托进行仿真场景构建,该项目位于重庆市渝中区的解放碑核心区,如图7所示。其目的在于缓解解放碑地区地面交通拥堵并提高地下停车系统的利用率和周转率,达到综合改善该地区交通状况的目的。

仿真场景设置于解放碑地下环道三期中的一个道路交叉口,道路交叉口为南进西单向双车道主路与北进西单向单车道汇合形成的平面道路交叉口,车道宽度为3.5m,设计速度为30km/h,道路交叉口所处平面示意图如图8所示。

2.2 VISSIM仿真场景的构建

应用VISSIM软件进行交通仿真首先要先建立路网线路,结合道路交叉口的平面设计图,将其导入VISSIM中用作底图,在此基础上建立路网线路,如图9所示。

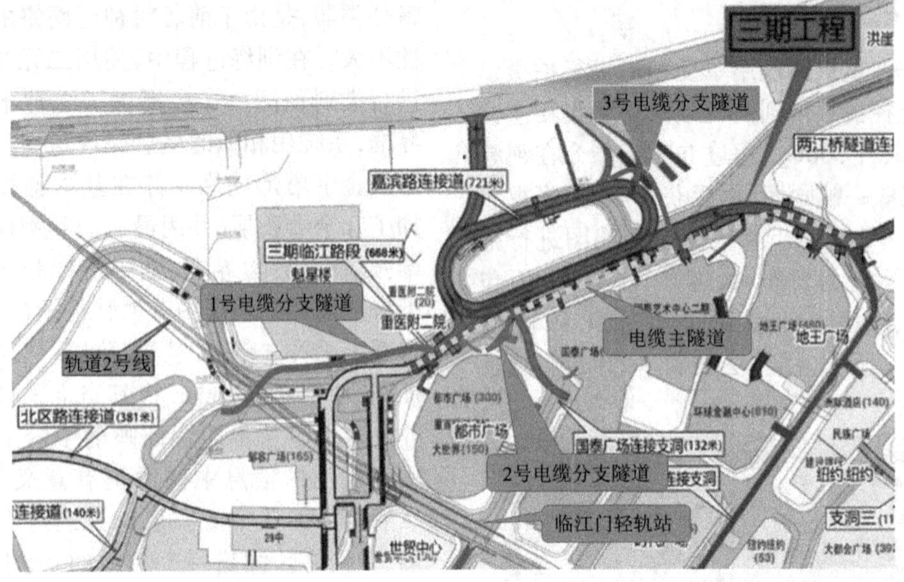

图7　项目平面示意图

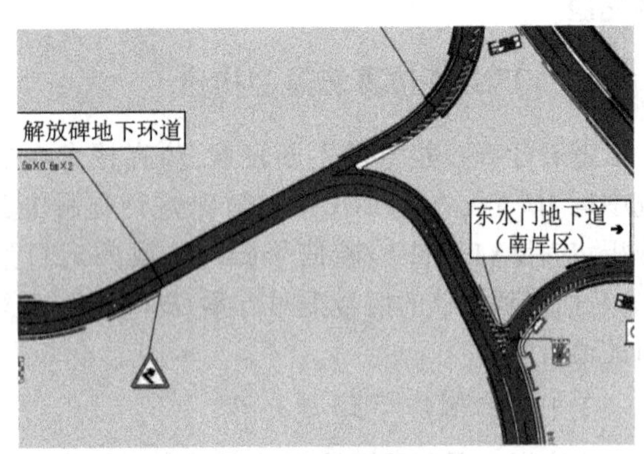

图8　道路交叉口平面示意图

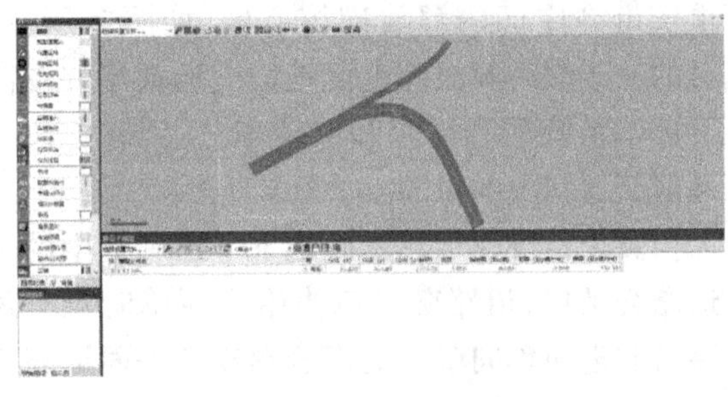

图9　VISSIM路网线路的建立

3　配时优化及仿真结果分析

3.1　配时优化方案

传统的固定信号配时方案无法依据实时车流进行自适应调节,对交通拥堵的缓解能力有限。本文基于第一章节中的AI视觉检测实时车流量信息,根据车流量信息匹配最佳信号配时方案。在道路交叉口每次信号灯周期结束前,依据视频信息统计出每条车道的车流量,基于常用的Webster信号配时方法计算出相应的配时方案。配时优化循环过程如图10所示。

3.2　仿真实验

基于上一节解放碑地下环道三期建立的VISSIM仿真场景进行仿真实验。车道设置如图11所示,其中北进口为单车道,南进口方向为双车道,为了验证优化后配时方案的有效性,仿真试验采用视频收集的五种不同车流量情况(如表2所示),对比分析优化配时方案与固定配时方案的平均排队长度和平均等待时间。

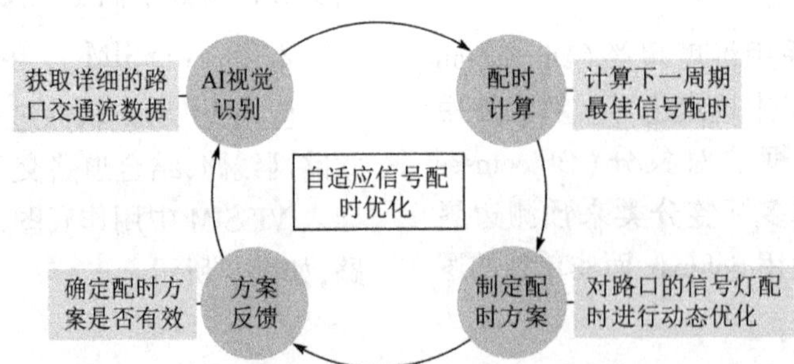

图10　信号配时优化循环过程

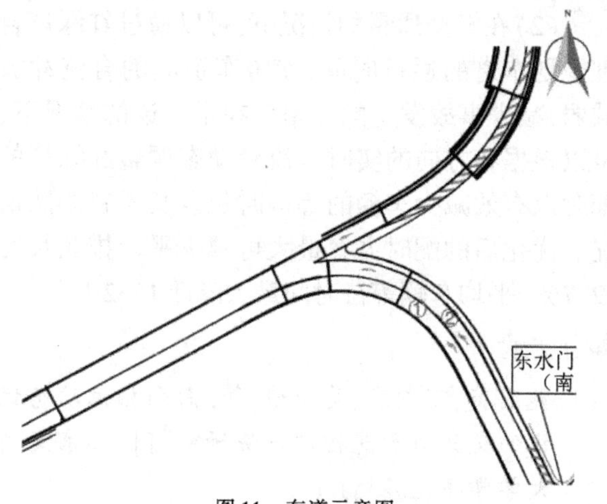

图 11 车道示意图

五种车流量分布情况 表 2

车流方向	情景 1	情景 2	情景 3	情景 4	情景 5
北进口(PCU/h)	223	203	406	988	1547
南进口(PCU/h)	612	1016	1266	1602	1636

根据预测车流情况,固定配时方案中南进口 1 号车道绿灯常亮,2 号车道红灯先亮 48s,绿灯亮 30s,黄灯亮 3s。北进口单车道绿灯亮 45s,黄灯亮 3s,红灯亮 33s。将视频检测得到的五种不同车流量情况在 VISSIM 中进行仿真,如图 12 所示,统计该信号配时方案下五种车流的平均排队长度和平均等待时间如表 3 所示。

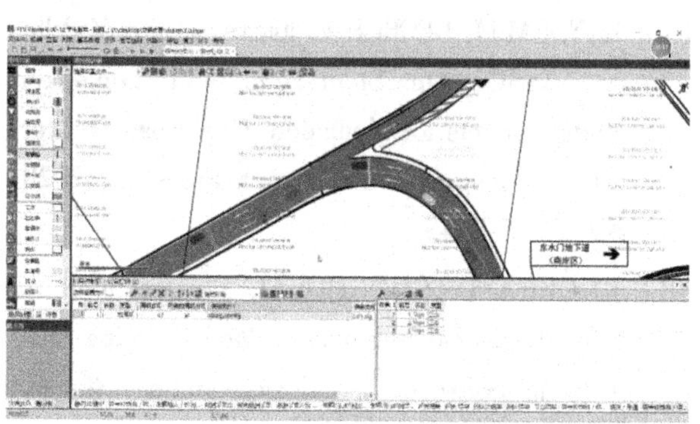

图 12 VISSIM 交通仿真

固定配时方案仿真结果 表 3

进口	平均排队长度(m)	平均车辆延误(s)
北进口	9.15	7.78
南进口	18.80	8.54

优化配时方案根据具体车流情况匹配最佳配时时间,南进口 1 号车道绿灯仍然常亮,在车流量 1 的情况下 2 号车道红灯先亮 25s,绿灯亮 23s,黄灯亮 3s。北进口单车道绿灯亮 22s,黄灯亮 3s,红灯亮 26s;车流量 2 时 2 号车道红灯先亮 39s,绿灯亮 18s,黄灯亮 3s。北进口单车道绿灯亮 36s,黄灯亮 3s,红灯亮 21s。五种不同车流量情况计算得到的红绿灯情况如表 4 所示。

优化配时方案红绿灯时长 表 4

情景	进口	红灯时间(s)	绿灯时间(s)	黄灯时间(s)
1	南 2	25	23	3
	北	26	22	3
2	南 2	39	18	3
	北	21	36	3
3	南 2	28	36	3
	北	39	25	3
4	南 2	41	30	3
	北	33	38	3
5	南 2	33	14	3
	北	17	30	3

将不同车流量对应的优化配时方案在 VISSIM 中进行仿真,统计不同情况下的车辆平均排队长度和平均等待时间,计算总的车辆平均排队程度和平均等待时间,其结果如表 5 所示。

优化配时方案仿真结果 表 5

进口	平均排队长度(m)	平均车辆延误(s)
北进口	8.36	7.04
南进口	14.53	7.24

3.3 结果分析

对比固定配时方案和自调节配时方案的仿真结果,两种配时方案的车辆平均排队长度如图 13 所示,平均车辆延误如图 14 所示,由图 13 和图 14 可知,相较于固定配时方案,优化后的配时方案最大可减少平均排队长度 22.7%,平均车辆等待时间最大降低 15.2%。该优化配时方案可以有效缓解道路交叉口的拥堵,提高道路交叉口的通行能力。

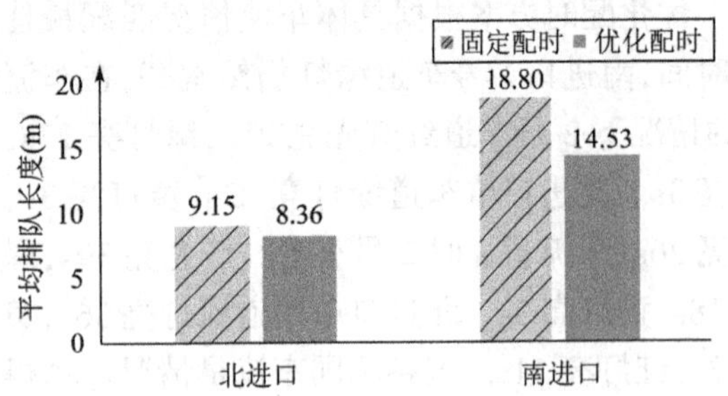

图 13　优化配时前后平均排队长度

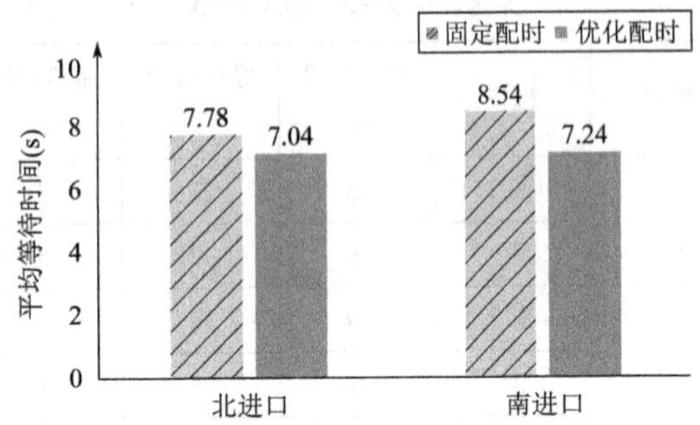

图 14　优化配时前后平均等待时间

4　结语

本文以现实交通监控视频作为学习样本，分别通过对基于卷积神经网络的目标检测算法和语义分割的算法改进，实现车辆类型的识别和车辆目标的有效分割以及交通流信息统计。构建了道路的 VISSIM 模型，结合实时交通流数据和 Python 编程算法，针对城市道路交叉口交通提出配时方案。与经典固定配时方法进行比对，模拟试验表明本文提出的方法可以有效缓解道路交叉口的拥堵，拥有更高的道路交叉口的通行能力：

(1)利用高性能摄像头在多个道路交叉口收集车辆行驶视频数据共计 300G 视频，最后获得 20 万张视频截图样本。采用深度学习和卷积神经网络技术处理和分析这些视频数据，通过 80 万次，125h 的迭代训练，将误差训练到 0.0090，实现了对不同车辆类型的准确识别。对车辆信息进行分类整理，形成了详细的交通流数据。

(2)在轻交通量的情况下，可以通过红绿灯合理规划车道的通行时间，使得车道间的合流冲突减弱，减少事故发生的几率。在重交通的情况下，可以根据各方向的实时车流量动态调整红绿灯的配时以有效减少车辆的等待时长以及缓解排队情况。优化后的配时方案最大可减少平均排队长度 22.7%，平均车辆等待时间最大降低 15.2%。

参考文献

[1] 魏丽英，丁粲容，艾子妍，等. 面向相位动态优化的交叉口智能控制方法研究[J]. 北京交通大学学报，2023：1-12.

[2] 曾微波，陈夏微，童矿，等. 红绿灯配时优化与仿真研究[J]. 武汉大学学报(信息科学版)，2022，47(4)：597-603.

[3] 安爱民，郝晓弘，张爱华，等. 监督交通量变化的多模型预测自适应交通信号灯控制[J]. 控制理论与应用，2010，27(12)：1655-1660.

[4] 蔡英凤，王海，陈龙，等. 采用视觉显著性和深度卷积网络的鲁棒视觉车辆识别算法[J]. 江苏大学学报(自然科学版)，2015，36(03)：331-336.

[5] 孔烜，张杰，邓露，等. 基于机器视觉的车辆检测与参数识别研究进展[J]. 中国公路学报，2021，34(04)：13-30.

[6] 罗志明. 基于卷积神经网络的交通密度估计及车辆检测方法研究[D]. 厦门：厦门大学，2017：128.

[7] BANDI M M, GEORGE V. Microsimulation Modelling in VISSIM On Short-Term and Long-Term Improvements for Mangalore City Road Network [J]. Transportation Research Procedia, 2020, 48: 2725-2743.

[8] KUČERA T, CHOCHOLÁČ J. Design of the City Logistics Simulation Model Using PTV VISSIM Software [J]. Transportation Research Procedia, 2021, 53: 258-265.

基于贝叶斯损失的地铁车站人群计数

李恩凯[1] 丁 东*[1] 宋炳坤[2] 陈 洋[2] 陈若曦[1] 弥江涛[1]
(1. 长安大学公路学院;2. 长安大学长安都柏林国际交通学院)

摘 要 随城市轨道交通系统的快速扩展,客流量的激增对运营管理构成了巨大挑战。在此背景下,精确实时监控站台等候区的乘客人数成为优化列车调度、客流引导和风险管理的关键。针对这一需求,本文提出了一种基于贝叶斯损失的人群密度图估计方法。此方法通过构造密度贡献概率模型,从点注释中计算出每个标注点的期望计数,并通过对每个像素上的贡献概率与估计密度的乘积求和来实现准确的人群计数。实验证明,此方法在UCF-QNRF数据集上表现卓越,并在自建数据集中也证明了其先进性能,相较于现有技术,显著提高了性能表现。该技术成功应对了地铁站环境中的复杂因素,并有效解决了人群多样性和高峰时段遮挡问题。

关键词 地铁车站 人群计数 密度图估计 贝叶斯损失 神经网络

0 引言

近年来,城市轨道交通作为公共交通系统的重要组成部分,其通车线路和运营里程快速增长,已成为居民日常出行的主要选择。随之而来的乘客数量的高速增长,为城市轨道交通的运营管理带来了新的挑战。尤其在运行高峰时期和换乘车站,城市轨道交通站台常出现大量乘客聚集的情况,人群密度高,容易引发踩踏等安全隐患。因此,实时掌握站台候车乘客密度及数量对于列车调度、客流疏导和风险预防等方面至关重要[1-2]。

在计算机视觉和机器学习技术日益发展的当下,基于图像的行人检测、姿态识别和人群计数等研究领域成为了国内外学者的热点,为城市轨道交通领域提供了新的解决方案。借助这些技术,可以通过监控视频引入人工智能方法进行人群检测,这不仅提高了工作效率、降低了人力成本,而且提高了检测的实时性与精确度,为地铁运营管理提供了准确的乘客分布信息,为应急事件的处置和管理手段的完善提供了数据支持。其中,人群计数是指对监控所采集的图像内的乘客总数进行检测。

传统的人群计数主要分为基于检测和基于回归的两大类方法。早期的人群技术方法主要是基于检测的方法,通过对整体或部分人的身体的检测,来检测场景中的人群并统计相应的人数。刘家泽等[3]研发了一种基于卷积神经网络的地铁站台人群计数算法;张金雷等[4]则利用YOLOv5算法构建了短时客流识别与预测模型,实现了客流的实时统计。为了解决场景遮挡的问题,一些研究使用了基于回归分析的人群计数方法。该方法通过学习一种特征到人群数量的映射实现人群计数。Gao等[5]利用空间-通道注意力回归网络实现了人群的计数。但是该类方法通常会忽略重要的图像空间信息。因此,基于密度图估计的人群计数方法因其能较好地解决上述问题及其优异的性能而受到关注,该技术通过学习图像的局部特征和对应的密度图之间的映射来获得人群计数。目前公开可用的用于训练人群计数估计器的数据主要提供点注释,即每个人仅标记一个像素(通常是头部的中心)[6]。最常见的方法是将点标注转换为高斯核"ground truth"密度图,再通过CNN模型回归该密度图中每个像素处的值来进行训练[7,8]。但是,由于地铁站台背景中存在多种干扰因素,以及监控画面中人群尺寸的不一致性和高峰时段的遮挡问题,这种方法面临着诸多挑战。

针对上述问题,本文提出了一种基于贝叶斯损失的人群密度图估计方法[9]。该方法通过构造密度贡献概率模型从点注释中计算出每个标注点的期望计数,然后通过对每个像素上的贡献概率

基金项目:大学生创新创业训练计划项目(S202310710004)。

与估计密度的乘积求和来实现。这种方法允许通过地面真实计数值可靠地监督每个注释点的计数期望,与之前的方法相比,显著提高了准确性。大量实验评估证明,本文提出的方法基于标准 VGG-19 网络,在不依赖任何外部检测器或多尺度架构的情况下,在 UCF-QNR 数据集上实现了最先进的性能。此外,本文还将该方法应用于自建数据集,同样取得了先进的性能,相比其他方法,实现了显著的改进。

1　模型构建

1.1　模型背景

人群计数首先需要对图像中的人群进行点标注,随后将其转化为人群密度图。

设$\{D(x_m)\geqslant 0;m=1,2,...,M\}$为人群图像密度图,其中$x_m$为二维像素位置,$M$为密度图中的像素个数。设$\{(p_n,l_n);n=1,2,...,N\}$为表示样本图像的点标注图,其中$N$为人群总数,$p_n$为头部点位置,$l_n$为对应的标签。点注释地图只包含每个人的一个像素(通常是头部的中心),这是稀疏的,并且不包含关于物体大小和形状的信息。

直接使用这种点标注图来训练密度图估计器是很困难的。解决这一困难的常见方法是使用高斯核将其转换为 ground-truth 密度图。

$$D^{\text{tru}}(x_m)=\sum_{n=1}^{N}\frac{1}{\sqrt{2\pi}\sigma}\exp\left(-\frac{\|x_m-p_n\|_2^2}{2\sigma^2}\right)=\sum_{n=1}^{N}\mathbb{N}(x_m;p_n,\sigma_{2\times2}^2)\tag{1}$$

式中:$\mathbb{N}(x_m;p_m,\sigma_{2\times2}^2)$——在$x_m$处求值的二维高斯分布,其均值在注释点$p_n$处,以及各向同性协方差矩阵$\sigma_{2\times2}^2$。最近的许多工作使用上述 ground-truth 密度图作为学习目标,并使用以下损失函数训练密度图估计器:

$$L^{\text{base}}=\sum_{m=1}^{M}F(D^{\text{tru}}(x_m)-D^{\text{est}}(x_m))\tag{2}$$

式中:$F(x)$——距离函数;

D^{est}——估计所得的密度图。

数据集中人的头部大小和形状都是相同的,由于遮挡、不规则的人群分布、透视效应等原因,采用固定大小的高斯核显然是不合适的。因此,另一种解决方案是对每一个σ_n和d_n使用自适应高斯核,其中d_n是依赖于其在空间域中最近邻居的距离。其他一些方法则是利用一些特定的信息,如相机参数,以获得更准确的透视图,但在一般情况下,这样的信息是不可用的。

在现有的人群计数数据集中,点注释通常被用作训练数据,这些点注释更适合被视为密度图估计的弱标签。将这些注释视作先验知识或似然信息,而非直接的学习目标,是一种更为合理的方法。这是因为,当使用如公式(2)所示的损失函数对 CNN 模型进行训练时,对像素级密度图施加过于严格的监督可能会导致模型学习到不准确甚至是错误的信息。因此,这种方法并不总是有利于提高人群计数估计的准确性。

1.2　贝叶斯损失函数

设x是表示空间位置的随机变量,l是表示带注释头点的随机变量。基于上述讨论,本文不再将点注解转换为公式(1)生成的“真值”密度图作为学习目标,而是从中构造的似然函数并给定标签l_n。

$$p(x_m|l_n)=\mathbb{N}(x_m;p_n,\sigma_{2\times2}^2)\tag{3}$$

根据贝叶斯定理,给定密度图中的像素位置x_m,具有标签l_n的x_m的后验概率可以计算为:

$$x_m p(l_n|x_m)=\frac{p(x_m|l_n)p(l_n)}{p(x_m)}=\frac{p(x_m|l_n)p(l_n)}{\sum_{n=1}^{N}p(x_m|l_n)p(l_n)}=\frac{p(x_m|l_n)p(l_n)}{\sum_{n=1}^{N}p(x_m|l_n)}=\frac{\mathbb{N}(x_m;p_n,\sigma_{2\times2}^2)}{\sum_{n=1}^{N}\mathbb{N}(x_m;p_n,\sigma_{2\times2}^2)}\tag{4}$$

在上面的推导中,因为假设每个类标签l_n的先验概率$p(l_n)$相等,第三个等式成立,即$p(l_n)=\frac{1}{N}$,即不会失去普遍性。在实践中,如果人群倾向于出现的地方已知,那么可以在这里应用量身定制的$p(l_n)$。

使用后验标签概率$p(l_n|x_m)$和估计密度映射D^{est},本研究推导出贝叶斯损失如下。设c_n^m表示x_m对l_n的贡献计数,c_n是与l_n相关的总数,则对c_n的期望为:

$$E[c_n]=E[\sum_{m=1}^{M}c_n^m]=\sum_{m=1}^{M}E[c_n^m]=\sum_{m=1}^{M}p(l_n|x_m)D^{\text{est}}(x_m)\tag{5}$$

显然，每个注释点的真值计数 c_n 为 1，因此有以下损失函数：

$$L^{\text{bayes}} = \sum_{n=1}^{N} F(1 - E[c_n]) \tag{6}$$

式中：$F(x)$——一个距离函数，本文在实验中采用曼哈顿距离。当训练图像中没有对象时，应处理特殊情况。在这种情况下，模型将直接强制密度图的总和为零。而对于模型的损失函数，它是可微分的，并且可以使用标准的反向传播训练算法轻松应用于给定的 CNN。

在推理阶段，不必事先知道后验标签概率 $p(l_n|x_m)$，因此本文按如下方式消除 $p(l_n|x_m)$：

$$\begin{aligned} C &= \sum_{n=1}^{N} E[c_n] = \sum_{n=1}^{N}\sum_{m=1}^{M} p(l_n|x_m) D^{\text{est}}(x_m) \\ &= \sum_{m=1}^{M}\sum_{n=1}^{N} p(l_n|x_m) D^{\text{est}}(x_m) \\ &= \sum_{m=1}^{M} D^{\text{est}}(x_m) \end{aligned} \tag{7}$$

1.3 背景像素建模

对于远离任何注释点的背景像素，将它们分配给任何头部标签 l_n 是没有意义的。为了更好地对背景像素进行建模，除了头部标签 $\{l_n = n; n = 1, 2, \cdots\cdots, N\}$ 之外，本文还引入了一个额外的背景标签 $l_n = 0$。然后，后验标签概率可以改写为：

$$p(l_n|x_m) = \frac{p(x_m|l_n)}{\sum_{n=1}^{N} p(x_m|l_n) + p(x_m|l_0)} \tag{8}$$

最后一个方程被简化为假设：

$p(l_n) = p(l_0) = \dfrac{1}{N+1}$，而不会失去普遍性，后验标签概率公式如下所示：

$$p(l_0|x_m) = \frac{p(x_m|l_0)}{\sum_{n=1}^{N} p(x_m|l_n) + p(x_m|l_0)} \tag{9}$$

每个人和整个背景的预期计数定义为：

$$E[c_n] = \sum_{m=1}^{M} p(l_n|x_m) D^{\text{est}}(x_m) \tag{10}$$

$$E[c_0] = \sum_{m=1}^{M} p(l_0|x_m) D^{\text{est}}(x_m) \tag{11}$$

在该情况下，整个密度图 $\sum_{m=1}^{M} D^{\text{est}}(x_m)$ 的总和由前景计数 $\sum_{n=1}^{N} E[c_n]$ 和背景计数 $E[c_0]$ 组成。显然，背景计数应该为零，并且每个注释点的前景计数等于 1，因此增强的损失函数应如下所示：

$$L^{\text{bayes+}} = \sum_{n=1}^{N} F\{1 - E[c_n]\} + F\{0 - E[c_0]\} \tag{12}$$

为了定义背景可能性，模型为每个像素构造了一个虚拟背景点，

$$p_0^m = p_n^m + d\frac{x_m - p_n^m}{\|x_m - p_n^m\|_2} \tag{13}$$

其中 p_n^m 表示 x_m 最近的头部点，d 是控制头部和虚拟背景点之间边距的参数。如图 1 所示，使用定义的虚拟背景点 p_0^m，对于远离头部点的像素 x_m，可以将其分配给背景标签。

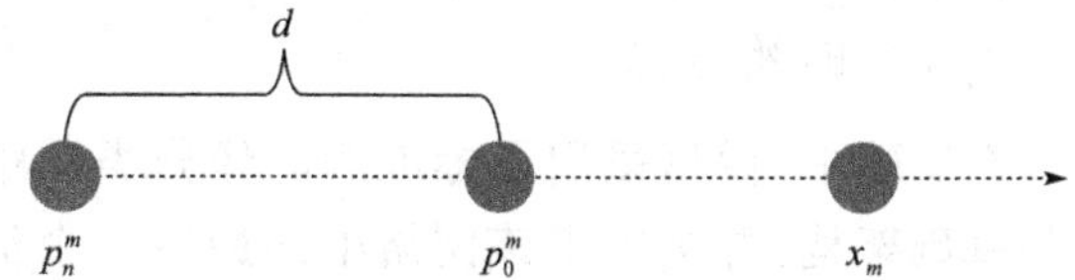

图 1 虚拟背景点几何示意图[9]

最后，本文还使用高斯核来定义背景似然如式(14)所示：

$$\begin{aligned} p(x_m|l_0) &= \mathbb{N}(x_m; z_0^m, \sigma^2_{2\times 2}) \\ &= \frac{1}{\sqrt{2\pi}\sigma}\exp\left(-\frac{(d - \|x_m - p_n^m\|_2)^2}{2\sigma^2}\right) \end{aligned} \tag{14}$$

2 实验

2.1 评价指标

人群计数估计方法通过两个广泛使用的指标进行评估：平均绝对误差 MAE 和均方误差 MSE，定义如下：

$$\text{MAE} = \frac{1}{K}\sum_{k=1}^{K} |N_k - C_k| \tag{15}$$

$$\text{MSE} = \sqrt{\frac{1}{K}\sum_{k=1}^{K} |N_k - C_k|^2} \tag{16}$$

式中：K——测试图像的数量；

N_k 和 C_k——第 k 个图像的真值计数和估计计数。

2.2 数据说明

本研究在训练模型时采用的数据集由佛罗里达大学计算机视觉研究中心创建的 UCF-QNRF 数据集[6]，该数据集自 2018 年发布以来，在人群计数领域中以其庞大的规模和广泛的分布特点而著称。UCF-QNRF 数据集包含 1535 张图像，分为 1201 张图像的训练集和 334 张图像的测试集。图像的分辨率各不相同，平均分辨率达到 2013 × 2902，每张图像中平均包含 815 个人头的标记。

该数据集覆盖了多种场景,涵盖了不同视角、人群密度和光照条件的变化。除人群外,图像背景中还包括复杂的建筑物等元素,增加了估计图中人群数量的难度。因此,UCF-QNRF 数据集不仅展现了较高的真实性,也因其所呈现的挑战性而成为人群计数研究中的重要数据集。

为验证模型在实际地铁车站环境中的性能,研究选取了西安地铁人流高峰时段的实际场景作为测试数据。这部分数据由研究团队成员亲自采集,目的是捕捉地铁车站内不同时间段的人流密度变化,确保测试场景的真实性和多样性

2.3　网络结构

在实验中,模型采用了标准的图像分类网络作为基础架构,并去除了该网络中的最后一个池化层以及随后的全连接层。具体而言,本文在测试了 VGG-19[10] 和 AlexNet[11] 后最终采用了 VGG-19 架构。为了处理输出,研究通过双线性插值方法将网络主干的输出上采样至原始输入图像大小的 1/8。接着,这个上采样的输出被送入回归头部,以生成密度图。回归头部由两个 3×3 卷积层组成,分别具有 256 和 128 通道,以及一个 1×1 卷积层。这些回归层使用 MSRA 初始值设定项[12] 进行初始化,而主干网络则预先在 ImageNet 上进行训练。参数更新采用初始学习率为 10^{-5} 的 Adam 优化器。

2.4　实验评估

2.4.1　定量分析

在本研究中,提出的方法与基准数据集上的基线方法及最先进技术进行了对比分析。为确保比较的公正性,基线方法(简称 BASELINE)采用了与提出方法相同的网络结构(即 VGG-19)和训练流程。对于基线方法,根据公式(1)生成了"真实"的密度图,并参照之前的研究选取了高斯核参数。

研究重点在于基本的贝叶斯损失(简称 BAYESIAN)方法和进一步引入背景像素建模的增强贝叶斯损失方法(简称 BAYESIAN +)。实验结果汇总于表 1,从中可以得出以下几点结论:

(1)在数据集中,BAYESIAN + 方法实现了最先进的性能。特别是在最新且挑战性极高的 UCF-QNRF 数据集上,其平均绝对误差(MAE)和均方误差(MSE)分别降低了 16.2 和 22.9。

(2)相较于 BAYESIAN 方法,BAYESIAN + 在整体数据集上的性能提升了约 2.5%。

(3)无论是 BAYESIAN 还是 BAYESIAN + 方法,它们在数据集上的表现均显著优于 BASELINE 方法。具体来说,在 UCF-QNRF 数据集上,BAYESIAN + 相比于 BASELINE 实现了约 13.6% 的性能提升。

以上结果明确展示了本研究提出的增强贝叶斯损失方法在人群计数领域的有效性和优越性。

模型性能指标　　表 1

衡量指标	MAE	MSE
BASELINE	106.8	183.7
BAYESIAN	92.9	163.0
BAYESIAN +	90.6	160.8

接下来,本文将经过训练的模型应用于生成密度图,其效果如图 2 所示。在图 2 中,密度图的颜色渐变表明了人群密度的不同级别,其中较暖的颜色表示人群密度较高。以图 3 为例,模型估计的人数为 2470.3 人,相比之下,实际标注的人数为 2745 人。这一结果展示了模型在人群密度估计方面的应用潜力。

2.4.2　地铁车站实际应用

最后,本文将训练所得的模型用于团队研究人员实地采集到的西安地铁车站的实际应用场景中检验其性能。以图 4 展示的地铁人流场景为例,研究应用了经过贝叶斯损失优化的密度图估计算法来统计该环境下乘客的数量。相应的密度图结果分别展示于图 4 中。

图 2　生成密度图

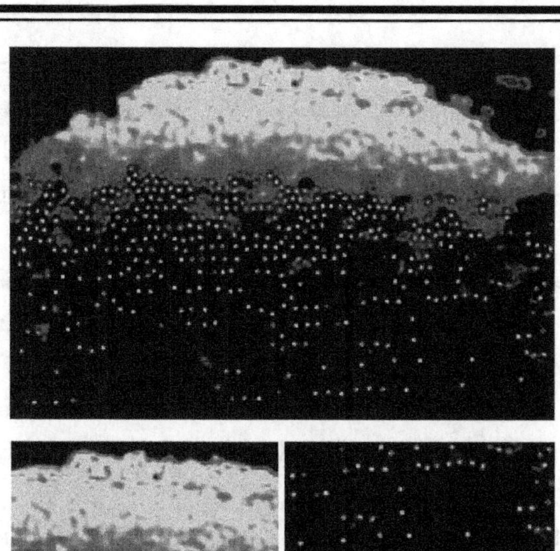

图3 由 BAYESIAN + 生成的密度图

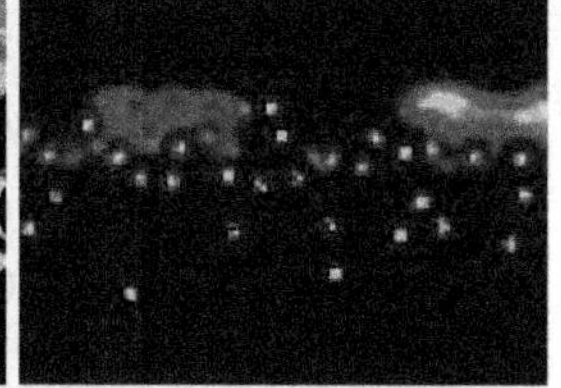

a)场景

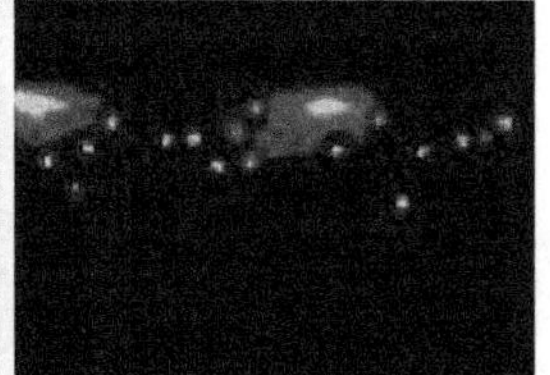

b)场景

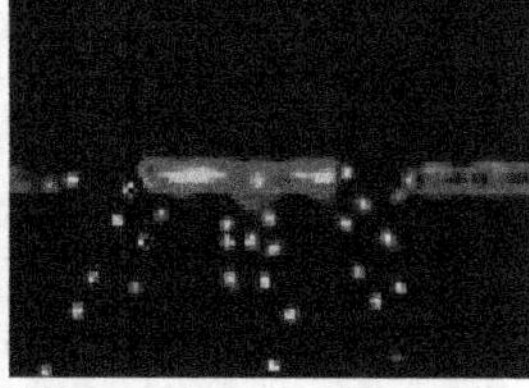

c)场景

d)场景

e)场景

图4 地铁车站人流密度图

对于上述图4中的场景，算法检测所得人数与场景实际标签所得人数对比如图5所示。

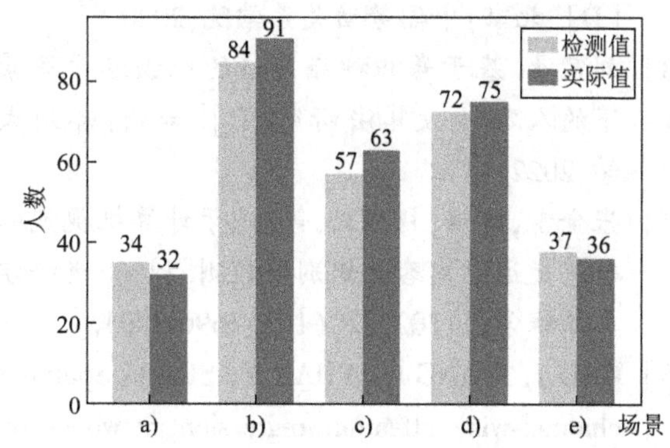

图5 人数检测值及实际值对比

这些结果表明，基于贝叶斯损失的人群密度图估计算法能够在接近真实数值的基础上，较为精确地识别并估计复杂的地铁车站环境中的人群数量。通过对比实际标签的人数与算法估计的人数，本文验证了算法在复杂场景下的有效性和准确性。这一进步不仅彰显了贝叶斯损失改进算法在人群密度估计方面的优势，也展现了其在应对高密度人群场景时的潜力和适用性。此外，该方法的成功应用为未来在更多复杂环境中进行人群密度估计和管理提供了宝贵的经验和技术支持。

3 结语

本研究专注于人群密度估计的挑战，尤其是在损失函数的设计与实施方面。通过采纳一种创新性的贝叶斯损失函数，本研究成功地将基于卷积神经网络(CNN)的人群密度估计技术适用于城市轨道交通环境。实验结果充分验证了所提方法不仅在公开数据集上实现了卓越的性能，而且在特定的地铁站台数据集上也展示了出色的泛化能力。具体而言，模型训练所得的最终结果显示，平均绝对误差(MAE)为90.6，均方误差(MSE)为160.8，相较于BASELINE模型，实现了13.6%的性能提升。

本文为城市轨道交通客流统计提出了一有效理论方法。但车站场景复杂性，如图像分辨率和地铁屏蔽门反光，可能影响模型性能。因此，未来研究应深入图像预处理，探索改善图像处理技术和优化特定因素处理，以提升人群计数模型的精度与鲁棒性。

参考文献

[1] 陈波. 地铁车站大客流组织措施[J]. 都市快

轨交通,2015,28(03):20-23.

[2] 张以波. 地铁拥挤踩踏事故应急管理研究[D]. 北京:中国劳动关系学院,2020

[3] 刘家泽. 基于卷积神经网络的地铁站台场景下的人群计数算法研究[D]. 郑州:郑州大学,2022

[4] 张金雷,陈瑶,杨立兴,等. 基于计算机视觉的轨道交通站内客流识别与预测[J]. 铁道科学与工程学报,2023,20(10):3696-3704.

[5] GAO J, WANG Q, YUAN Y. SCAR: Spatial-/channel-wise attention regression networks for crowd counting[J]. Neurocomputing, 2019, 363: 1-8.

[6] IDREES H, TAYYAB M, ATHREY K, et al. Composition loss for counting, density map estimation and localization in dense crowds[C]// Ferrari, V., Hebert, M., Sminchisescu, C., Weiss, Y. Computer Vision-ECCV 2018. Munich, GERMANY: Springer, 2018: 532-546.

[7] ZHANG Y, ZHOU D, CHEN S, et al. Single-Image Crowd Counting via Multi-Column Convolutional Neural Network[C]//2016 IEEE Conference on Computer Vision and Pattern Recognition (CVPR). Las Vegas, NV, USA: IEEE, 2016: 589-597

[8] ZHAO Z, LI H, ZHAO R, et al. Crossing-line crowd counting with two-phase deep neural networks[C]// Leibe, B., Matas, J., Sebe, N., Welling, M. Computer Vision-ECCV 2016. Amsterdam, The Netherlands: Springer, 2016: 712-726.

[9] MA Z WEI X, HONG X, et al. Bayesian Loss for Crowd Count Estimation With Point Supervision. [C]// 2019 IEEE/CVF International Conference on Computer Vision (ICCV). Seoul, Korea (South): IEEE, 2019, 6141-6150.

[10] BRAHIMI S, AOUN N B, AMAR C B. Boosted Convolutional Neural Network for object recognition at large scale[J]. Neurocomputing, 2019, 330: 337-354.

[11] KRIZHEVSKY A, SUTSKEVER I, HINTON G E. ImageNet classification with deep convolutional neural networks[J]. Communications of the ACM, 2017, 60(6): 84-90.

[12] HE K, ZHANG X, REN S, et al. Delving deep into rectifiers: Surpassing human-level performance onimagenet classification [C]// 2015 IEEE International Conference on Computer Vision (ICCV). Santiago, Chile: IEEE, 2015, 1026-1034.

Anonymous Network Traffic Classification Model Based on Machine Learning

Xiaoyang Wang[1] Xiangyang Xu*[2] Donghui Zhou[3]

(1. School of Information and Computer Science, Beijing Jiaotong University;
2. Rail Transit College, Suzhou University; 3. Qualcomm Technologies, Inc)

Abstract This article investigates the identification, classification technology of anonymous network applications. The xl-stacking model is proposed, in which the accuracy rate is 90.3% and the recall rate is 87.4%, to solve the limited accuracy of identifying and classifying Tor anonymous traffic. The establishment of the above model can help network administrators purify the network environment, improve the Tor system, and provide better privacy services for legitimate users.

Keywords Anonymous network Tor Traffic identification

0 Introduction

This article's research can identify traffic in darknet networks. On the one hand, it can help network administrators and judicial personnel to take corresponding measures, which is conducive to reducing the damage caused by such cybercriminal activities to cyberspace security and maintaining Internet security. On the other hand, system vulnerabilities can be discovered. Tor system can be improved and perfected. Provides secure anonymity to legitimate users. Inspired by hierarchical classification methods in remote sensing comprehensive analysis. In the first layer, we first analyze whether it is Tor anonymous traffic, then in the second layer we analyze the traffic belonging to that category of Tor.

Tor anonymous network traffic identification is to identify whether the user is visiting an ordinary website or a Tor onion routing website. Application classification attacks are based on the characteristics of anonymous traffic, classifying different web application types such as email, file transfer, chat, and extracting traffic characteristics of different application traffic on anonymous networks. [1]

In 2017, the Canadian Network Institute proposed a method to detect and characterize Tor traffic based on time analysis[2]. However, the accuracy of the model needs to be further improved. In 2019, He Y et al. proposed an Obfs4 traffic detection scheme based on two-stage filtering[3]. However, the randomness detection of this method does not perform well in the case of other encrypted traffic interference[4]. In the existing studies, most feature selection of machine learning algorithms lacks feature vectors for Tor traffic[5]. This paper tries to combine Tor routing protocols to find targeted feature vectors, so as to improve the traffic analysis effect and model training efficiency from the source.

Ideological guidance based on original flow data fusion, feature data fusion, and decision-making layer data fusion in remote sensing analysis. We proposed XL-Stacking model to identify Tor anonymous traffic and classify applications. Our experiments demonstrate that the XL-Stacking model can effectively identify darknet traffic for users. If the algorithm detects that the user's traffic is darknet traffic, it will further classify the darknet traffic and quickly locate the monitored traffic category.

1 Tor anonymous network traffic identification and application classification model

The identification of Tor anonymous traffic is often described as a website binary classification problem[6]. Its purpose is to identify whether the user is visiting an ordinary web page or a Tor anonymous website. The application classification of Tor anonymous traffic is usually described as a multi-classification problem, which can identify which type of website a user is visiting. Specific categories include web browsing, chat, video, audio, email, VoIP, P2P and file transfer[7]. The classification model identifies Tor traffic and performs application classification[8].

We proposed XL-Stacking model to identify Tor anonymous traffic and classify applications. The overall architecture is shown in Figure 1, which includes five modules: traffic collection, feature acquisition, data preprocessing, model training, identification and classification.

The traffic collection module collects raw traffic samples. The feature processing module extracts features from the collected traffic. After in-depth analysis of the Tor and Obfs4 protocols, the combined traffic characteristics of handshake packet length characteristics, information entropy characteristics, and time interval characteristics were mainly selected. The data processing module is used to calculate and preprocess correlation features at the granularity of data streams. The model training module learns traffic fingerprint features and trains the parameters of the final classifier. The final trained model is used to predict labels for anonymous communication traffic. That is dentify whether the user traffic is Tor anonymous traffic and classify the Tor anonymous traffic application type.

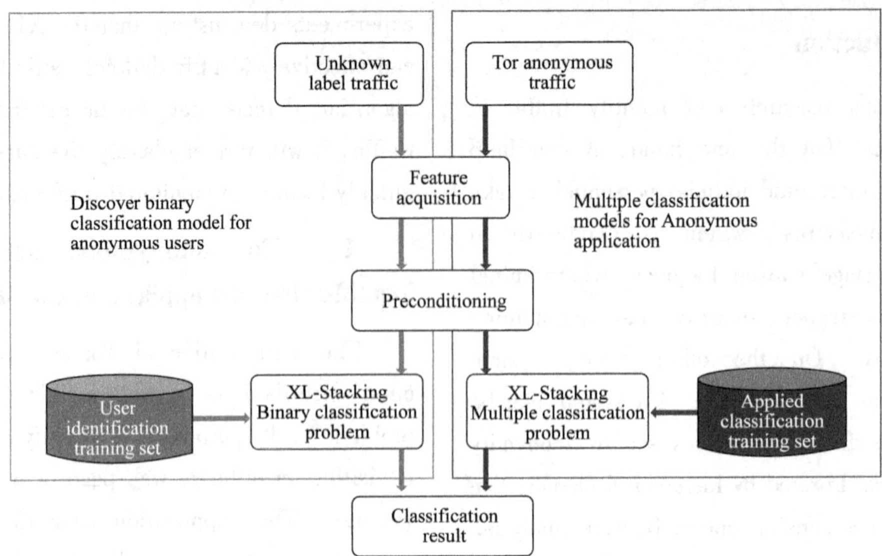

Figure 1 Tor anonymous traffic identification and classification model architecture.

Different XL-Stacking model classifiers are trained for two different scenarios of traffic identification and classification. In these scenarios, the captured unknown label traffic is extracted, preprocessed, and then fed into the model and the classification results are obtained. In the traffic identification scenario, the task is to determine whether the input traffic pertains to Tor anonymous network traffic. In the application classification scenario, identify the corresponding application type for the input anonymous traffic.

1.1 Numbering Feature design of Tor anonymous traffic Experimental data set

The purpose of extracting features is to effectively distinguish whether it is Tor traffic based on the traffic loaded by web pages, and to further classify the types of Tor applications. The quality of features directly affects the quality of results.

Tor's plugin Obfs4 further obfuscates packet sizes, reorganizes and randomly fills the packets based on the obfuscated traffic quintuple. Based on the characteristics of random filling, the traffic characteristics related to information entropy can be analyzed. Although Obfs4 hides the surface characteristics of anonymous traffic, it lacks functions such as reordering, random packet insertion, and delay. Therefore, time correlation features such as packet interval time of traffic when accessing different services can be extracted for traffic fingerprint analysis. Liang Di et al. proposed the handshake packet length feature and information entropy feature, and Arash et al. proposed the time interval feature. This article combines the traffic characteristics of these three dimensions and inputs them into the classifier model proposed in this chapter. The specific traffic characteristics are shown in Table 1.

Traffic characteristics Table 1

Type	Feature
Handshake packet length characteristics	Total length of data stream, C2S data packet length, S2C data packet length; Mean, minimum, maximum, total length, quartiles, median, and variance of the overall length.
Information entropy characteristics	Overall and all-directional packet information entropy.
Time interval characteristics	Arrival time intervals for upstream parties (average, minimum, maximum, standard value); The amount of time a stream is active before becoming idle (average, minimum, maximum, standard); The amount of time the stream is idle before becoming active (average, minimum, maximum, standard)

1.2 Choice of base learner of XL-Stacking model

Stacking integrated learning first trains multiple

different base learners, and then uses the output of each previously trained model as input to train a meta-learner to obtain a final output. It is required that the learning effect of the base learner should be good and the principles should be as different as possible, and the meta-learner should be simple.

The main models compared include Gaussian Naive Bayes (GaussianNB), KNN, XGBoost, Random Forest algorithm, fully connected neural network (Dense) and SVM. The dataset is randomly split into an 80% training set and a 20% test set. See Appendix A for the specific parameter setting reasoning process.

The final experimental results are presented in Table 2. There should be two preliminary analysis reasons for the poor performance of Gaussian Naive Bayes and fully connected neural networks. One is that the time features in the data set are not independent of each other. The other reason is that the samples in the data set are limited and are not suitable for deep neural networks.

Accuracy rate (Acc) under different models

Table 2

Models	ACC
GaussianNB	25%
KNN	83%
XGBoost	85%
Random Forest	84%
Dense	57%
SVM	71%

The learning effect of Stacking integrated learning does not come from the stacking of multi-layer models, but from the learning capabilities of different learners for different features. Multi-layer aggregation will face more complex over-fitting problems and has limited benefits. Generally, two layers are enough. Therefore, the Stacking model in this article also chooses two layers.

Finally, selects three models with better results as the first-layer base learner, namely: KNN, XGBoost, and random forest algorithm. The second layer selects a simpler Logistic model as the meta-learner to reduce model complexity.

1.3 XL-Stacking model

Ideological guidance based on original flow data fusion, feature data fusion, and decision-making layer data fusion in remote sensing analysis. The XL-Stacking integrated learning model in this article mainly consists of the following two layers. The first-layer base learner uses XGBoost, random forest, and KNN, as shown in Figure 2. The second-layer meta-learner selects a simpler Logistic model to reduce the complexity of the model, illustrated in Figure 3.

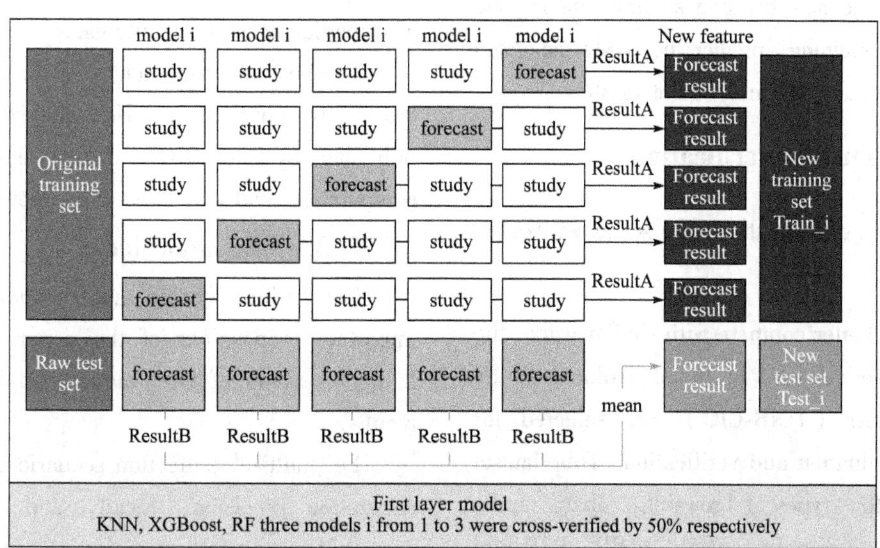

Figure 2 XL-Stacking first layer model

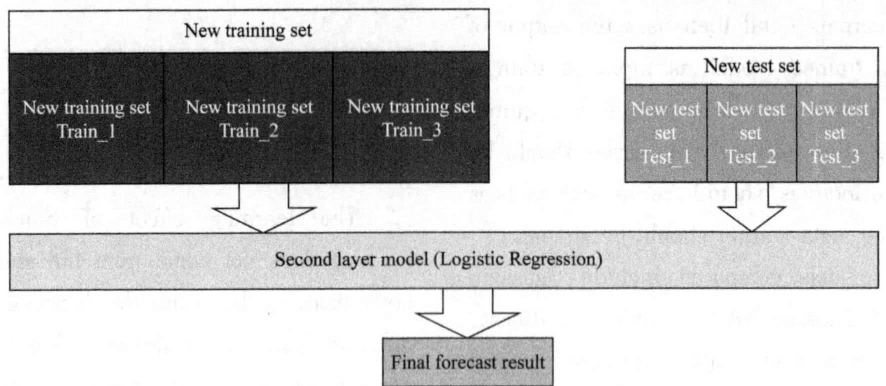

Figure 3 XL-Stacking second layer model

The XL-Stacking model training steps are as follows:

(1) First train each base learner model using five-fold cross-validation on the original training set[9]. Four out of five copies are selected as training data and the remaining one is used as test data[10].

(2) After the data is trained, forecast the test data to yield the corresponding prediction, ResultA. Forecast the original test set to yield the corresponding prediction, ResultB. Each model is trained five times, the ResultA obtained five times is combined into one column, and the ResultB results obtained five times are averaged[11].

(3) The primary models XGBoost, RF and KNN obtain 3 groups of ResultA and 3 groups of ResultB through step (1), from which new training sets and test sets can be formed.

(4) Input the new training set into the logistic regression model training, predict the newly generated test group, and obtain the final output result.

2 Experimental verification

2.1 Traffic classification data set experimental verification

In order to better compare with similar work, the ISCX Tor data set released by the Canadian Institute of Cyber Security (UNB-CIC) was selected for experimental evaluation and verification. This dataset contains 8 traffic types (browsing, chat, audio streaming, video streaming, mail, VOIP, P2P and file transfer).

2.2 Traffic application classification experimental design

This experiment was run on Jupyter Notebook configured with Tensorflow environment. The specific configuration parameters are shown in Table 3.

The experimental configuration Table 3

Lab environment	Configuration instructions
operating system	Win X64
memory	8G
harddisk	256GB
CPU	4-core GPU
processor	AMD A8-700
python version	3.6

We designed two experiments. The first experiment is the identification of Tor traffic. Validated on the public ISCX Tor dataset. Finally, the experimental results are compared with the results of Canadian research institutes.

The second experiment is to further classify Tor traffic by application. Use the ISCX Tor data published by UNB-CIC to experiment, and conduct comparative analysis of the experimental results.

2.3 Evaluation index

Conclusions should state concisely the most important propositions of the paper as well as the author's views of the practical implications of the results.

For multi-classification scenarios, in addition to accuracy, precision, recall, and value[12]. The overall Macro-average precision rate and recall rate are also needed, see formula (1), where and represent the precision rate and recall rate of traffic type i respectively.

$$\text{Macro-precision} = \frac{P_{\text{label1}} + P_{\text{label2}} + \cdots P_{\text{labeln}}}{n}$$
$$\text{Macro-recall} = \frac{R_{\text{label1}} + R_{\text{label2}} + \cdots R_{\text{labeln}}}{n} \quad (1)$$

TP denotes the count of regulated sites accurately identified, while TN indicates the number of non-regulated websites correctly distinguished. FN refers to the instances where regulated sites are mistakenly labeled as unregulated, and FP signifies the cases where non-regulated websites are incorrectly tagged as regulated[13].

3 Results

3.1 Experimental results of Tor anonymous traffic identification

The main purpose of the experiment is to identify network traffic and whether it is Tor traffic. According to the introduction in the previous section, three models with better results were finally selected as base learners, namely: KNN, XGBoost, and random forest algorithm. Choose a more straightforward Logistic model as the meta-learner to decrease the model's complexity.

The experimental results are shown in Figure 4, which are compared in two dimensions: accuracy and recall.

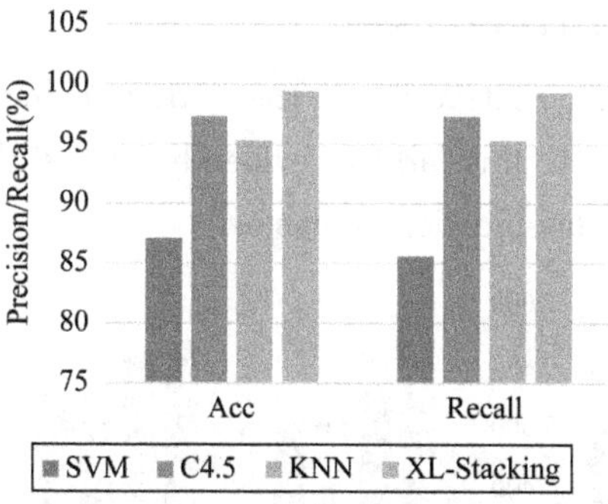

Figure 4 Comparison of Tor anonymous traffic identification experimental results

Verified on the public ISCX Tor data set, the accuracy rate reaches 99.1% and the recall rate reaches 99.3%. According to the research results released by the Canadian Institute of Cyber Security (UNB-CIC), the two better models are C4.5 and KNN. Therefore, the experimental results of this article are compared with it. Since UNB-CIC only provides classification accuracy and recall under weighted average, this section only compares these two indicators. In previous research, the SVM classifier performed excellently in binary classification scenarios. And the SVM model is selected as the classifier in the literature[14]. Therefore, the XL-Stacking model proposed in this article is also compared with the SVM model.

The XL-Stacking model proposed in this article can well identify Tor traffic from Internet traffic. The accuracy rate is the highest among the four models, reaching 99.1% on the public data set, and the recall rate is also the highest at 99.3%. A higher recall rate means a lower false negative rate in network supervision.

3.2 Experimental results of Tor application classification

Using the XL-Stacking stacking model proposed in this article, five-fold cross-validation is used to train the XL-Stacking stacking model on the ISCX Tor data set. After the model is trained, the confusion matrix is output on the two test sets. As shown in Figure 5a), the normalized confusion matrix is shown in Figure 5b).

Let's analyze the confusion matrix. Because the ISCX sample is unbalanced. There is a large difference in the number of samples of different application types, which is directly reflected in the large difference in the color of the confusion matrix. The application types with lighter colors in the ISCX confusion matrix are because there are fewer samples, which does not mean that the model classification accuracy is not high.

Looking further at the confusion matrix, we can see that Browsing traffic classification has the most errors. Browsing traffic is incorrectly marked as Audio or Video traffic. Further analysis shows that Browsing, Audio, and Video traffic all have the characteristics of small upstream traffic and large downstream traffic. They are most easily confused with each other and therefore will be misclassified. Browsing traffic is incorrectly marked as Chat traffic because all chat applications used are network-based or use https as the communication protocol. Therefore, the browsing category has become the application type with the most classification errors.

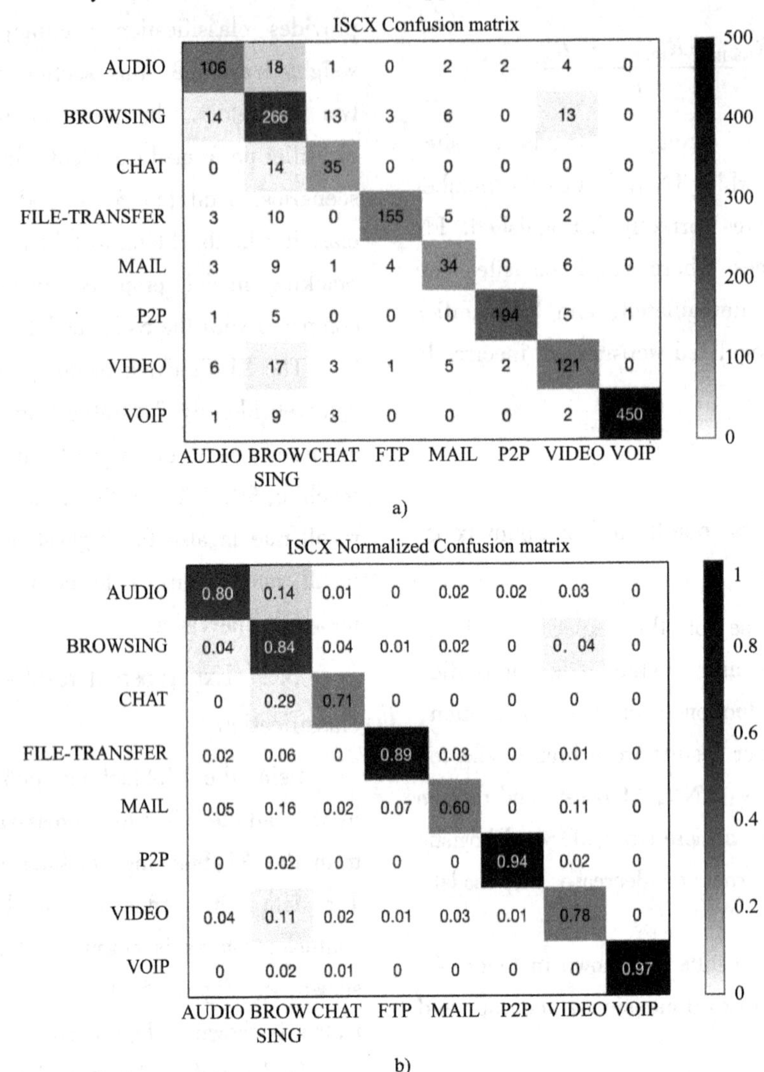

Figure 5 ISCX Confusion matrix and ISCX Normalized Confusion matrix.

As shown in Figure 6, the XL-Stacking model has an accuracy of 90.3% and a recall rate of 87.4% on the imbalanced ISCX Tor data set. The best results of UNB-CIC are using the random forest classifier, and the experimental results are 84.2% and 84.0% respectively.

Finally, on the ISCX Tor dataset, the test dataset is used to evaluate the precision and recall of different application categories. And compared with the RF, KNN, and C4.5 models used by UNB-CIC. The results are shown in Figures 7 and 8, indicating the precision and recall values for each of the eight application categories. The XL-Stacking model proposed in this article evidently yields the most superior classification outcomes.

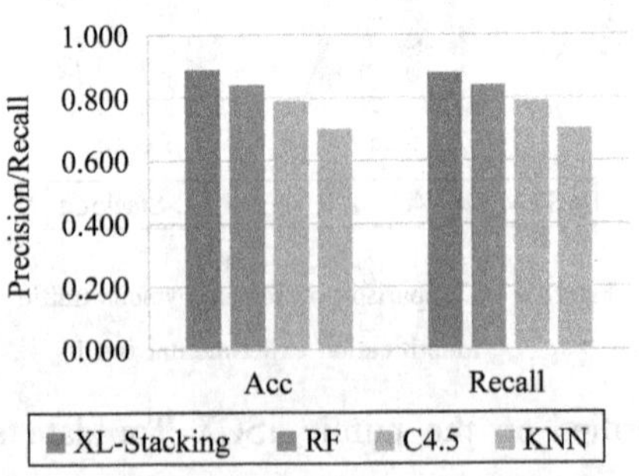

Figure 6 Tor traffic application classification

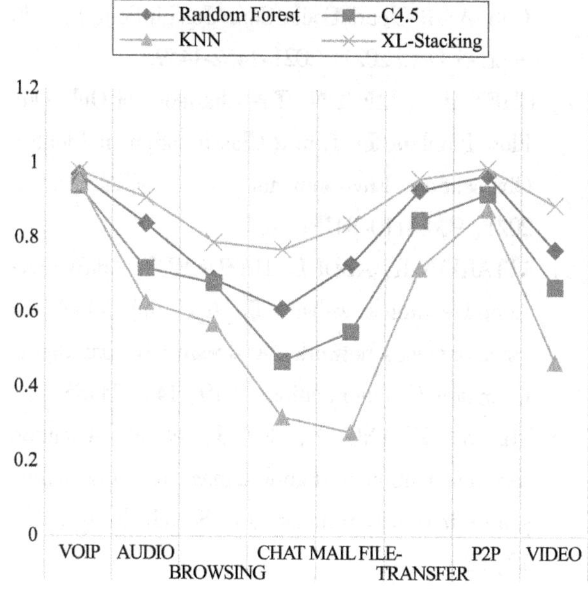

Figure 7 Tor Characterization Precision

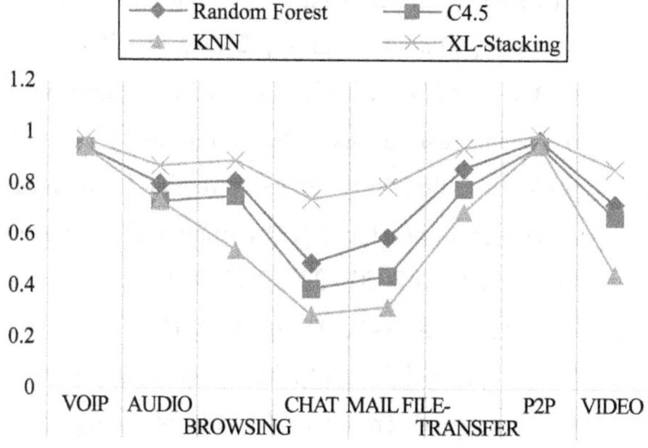

Figure 8 Tor Characterization Recall

4 Discussion traffic identification and classification

This article combines the characteristics of Tor routing and Obfs4 protocols. In-depth analysis incorporates packet-based length features, information entropy features, and time-based features. Perform discrete normalization on the scraped data set. Improve traffic analysis results and model training efficiency from the source of data and feature selection.

Ideological guidance based on original flow data fusion, feature data fusion, and decision-making layer data fusion in remote sensing analysis. We proposed XL-Stacking model to identify Tor anonymous traffic and classify applications. After experimental testing, the first layer of the stacked model uses KNN, XGBoost, and random forest algorithms, and the second layer uses the Logistic algorithm. This enables it to achieve higher classification accuracy with smaller feature dimensions. The algorithm can quickly identify whether the user's traffic is darknet traffic.

The experimental results strongly prove that although the Tor protocol and Obfs4 plug-in confuse the surface characteristics of the traffic. However, they are still different from normal network traffic in terms of combined features such as handshake packet length features, information entropy features, and time interval features. The XL-Stacking proposed in this article also has good experimental results in multi-classification scenarios for classifying Tor anonymous traffic application types. Can accurately identify different application types corresponding to Tor traffic.

5 Conclusions

Inspired by hierarchical classification methods in remote sensing comprehensive analysis. In the first layer, we first analyze whether it is Tor anonymous traffic, then in the second layer we analyze the traffic belonging to that category of Tor.

The XL-Staking model based on ensemble learning proposed in this chapter can not only identify Tor anonymous traffic, but also classify Tor traffic. In terms of the effect of Tor traffic identification, the model proposed in this article is better than the traditional SVM and the results of C4. 5 and KNN used by the Canadian Network Research Institute. The precision and recall rates are higher, reaching 99. 1% and 99. 3% respectively. In the Tor application traffic classification experiment, it also reached an accuracy of 90. 3% on the ISCX public data set. Compared with UNB-CIC's RF, KNN, and C4. 5 multi-classification models, the results are better.

The model proposed in this article based on remote sensing analysis methods can effectively identify and classify Tor anonymous traffic. Provide certain technical support for Tor traffic supervision. At the same time, the vulnerability of the Tor network was discovered, laying the foundation for future improvement and improvement of the Tor system, and providing anonymity for legitimate users.

References

[1] BASYONI L, FETAIS N, ERBAD A, et al. Traffic analysis attacks on Tor: a survey. In Proceedings of the 2020 IEEE International Conference on Informatics, IoT, and Enabling Technologies (ICIoT)[J], 2020:183-188.

[2] LASHKARI A H, GIL G D, MAMUN M S I, et al. Characterization of tor traffic using time based features[J]. In Proceedings of the International Conference on Information Systems Security and Privacy, 2017:253-262.

[3] CAO, Z, LI Z, ZHANG J, et al. A Homogeneous Stacking Ensemble Learning Model for Fault Diagnosis of Rotating Machinery With Small Samples[J]. IEEE Sensors Journal 2022, 22, 8944-8959.

[4] HE Y, HU L, GAO R. Detection of tor traffic hiding under obfs4 protocol based on two-level filtering[J]. In Proceedings of the 2019 2nd International Conference on Data Intelligence and Security (ICDIS), 2019:195-200.

[5] LINGYU J, YANG L, BAILING W, et al. A hierarchical classification approach for tor anonymous traffic[J]. In Proceedings of the 2017 IEEE 9th International Conference on Communication Software and Networks (ICCSN), 6-8 May 2017, 2017:239-243.

[6] WU S, WANG Y. Attention-based Encoder-Decoder Recurrent Neural Networks for HTTP Payload Anomaly Detection[J]. In Proceedings of the 2021 IEEE Intl Conf on Parallel & Distributed Processing with Applications, Big Data & Cloud Computing, Sustainable Computing & Communications, Social Computing & Networking (ISPA/BDCloud/SocialCom/SustainCom), 30 Sept.-3 Oct. 2021, 2021:1452-1459.

[7] CHEN H Y, LIN T N. The Challenge of Only One Flow Problem for Traffic Classification in Identity Obfuscation Environments [J]. IEEE Access 2021, 9, 84110-84121.

[8] ATTARIAN R, ABDI L, HASHEMI S. AdaWFPA: Adaptive online website fingerprinting attack for tor anonymous network: A stream-wise paradigm. Computer Communications 2019, 148, 74-85.

[9] XIE X, ZHANG X, FU J, et al. Location recommendation of digital signage based on multi-source information fusion[J]. Sustainability 2018, 10, 2357.

[10] DŽEROSKI S, ŽENKO, B. Is combining classifiers with stacking better than selecting the best one? Machine learning 2004, 54, 255-273.

[11] XIAN S, LI T, CHENG Y. A novel fuzzy time series forecasting model based on the hybrid wolf pack algorithm and ordered weighted averaging aggregation operator[J]. International Journal of Fuzzy Systems 2020, 22, 1832-1850.

[12] ZHU S, XU X, GAO H, et al. CMTSNN: A Deep Learning Model for Multiclassification of Abnormal and Encrypted Traffic of Internet of Things[J]. IEEE Internet of Things Journal 2023, 10, 11773-11791.

[13] SIRINAM P, IMANI M, JUAREZ M, et al. Deep fingerprinting: Undermining website fingerprinting defenses with deep learning [C]. In Proceedings of the Proceedings of the 2018 ACM SIGSAC Conference on Computer and Communications Security, 2018; pp. 1928-1943.

[14] ZHIOUA S. Tor traffic analysis using hidden markov models[J]. Security and Communication Networks 2013, 6: 1075-1086.

基于 AIGC 的高速公路收费稽核的研究

邱　暾[1,2]　杨　杰*[1]　高明坤[1,3]
(1. 辽宁艾特斯智能交通技术有限公司;2. 东南大学交通学院;3. 东北大学信息科学与工程学院)

摘　要　【目的】随着高速公路收费稽核业务的深入开展,需要处理数据查询、图像查看、工单构建等大量的内容操作,针对大规模结构性内容生成类的业务需求,结合现有的数据积累和算力资源条件,研究基于 AIGC(AI-Generated Content,人工智能生产内容)技术高效处理并自动生成相关内容以提升稽核业绩和效率。【方法】第一,根据稽核业务规则设计合理地 AIGC 技术架构和路线;第二,进行稽核业务的内容生成类需求分析,构建不同的 AIGC 应用功能设计;第三,在此基础上研究如何进行专业化、泛化和适应时间分布转移的稽核垂直领域的训练数据集;第四,研究基于训练数据集对不同 AIGC 模型进行训练或微调的策略选择;第五,同时设计制定 AIGC 人机交互方式和输出结果质量评估方法;第六,对于 AIGC 应用的关键难点进行评估和展望。【结果】提出了一种基于 AIGC 的高速公路收费稽核体系架构,设计了优化稽核流程、提升稽核技能、改善稽核效果的 AIGC 业务功能,并研究了基于数据集、算法模型、自动化流程、用户交互和反馈优化的技术方案,并对潜在问题和风险进行了预估和探索。【结论】AIGC 已经在文本、图像、视频、音频等容错性要求不高的社区领域取得成功,如何针对高速公路收费稽核的精准、快速、合规的容错性要求高的垂直业务领域进行 AIGC 的赋能,本文进行了相应的研究和探索。

关键词　高速公路　收费稽核　AIGC　问答系统　流程自动化　人机交互

0　引言

高速公路收费稽核则是确保通行费应收尽收、打击逃费的重要手段,其对于保证高速公路的正常运营和可持续发展具有重要意义。为了进一步加强高速公路收费稽核工作,需要不断提高稽核系统的数字化和智能化水平[1]。

高速公路收费稽核业务中的内容生成应用需求日益增加。在稽核业务流程当中,稽核人员依然每日要完成一些重复性的工作,如数据清洗、归类等,稽核流程还需要优化从而来提高现有的稽核工作效率,释放稽核人员脑力从事更有业务深度的思考分析工作。

AIGC 技术在各个领域的应用越来越广泛,在文本、图像、视频和音频方面都取得了成功应用[2-8]。例如,OpenAI 的 GPT-3 模型可以生成与人类写作水平相媲美的文本内容,并被广泛应用于新闻、文学、创作等领域。Deep Mind 的 DALL-E 2 模型可以根据用户的文字描述生成逼真的图像,并被应用于艺术创作、图像设计等领域。Sora 可以根据电影剧本生成电影预告片,为电影宣传造势,为视频创作带来了新的可能性。

高速公路收费稽核业务处理规模和容错性要求都很高,对 AIGC 的应用在准确性、可解释性、鲁棒性和安全性等方面都提出了挑战。然而 AIGC 技术在生成内容时,难免会出现偏差或错误,这可能会导致稽核结果不准确,影响收费收入和公平性。此外,AIGC 生成内容可能会出现性能下降或失效,影响稽核效果。

针对上述 AIGC 在稽核业务应用的需求和挑战,本文基于 AIGC 对稽核系统进行赋能设计,首先分析了收费稽核业务的内容生成类需求,提出了适配的稽核技术架构,设计了应用功能、数据集构建、算法模型、交互方式和质量评估等 5 个方面,并对于 AIGC 应用的难点提出了相应的对策。

1　稽核业务的内容生成需求

1.1　业务培训的数字教练

基于 AIGC 的数字教练,可以分析用户的功能、点击使用情况和使用偏好等信息,评估用户的业务成熟度和技能水平,并针对用户的薄弱环节制定个性化的学习计划,了解用户的学习习惯和认知特点,提供更具针对性的培训内容和方式。数字教练可以提供个性化的学习资源,如视频教程、知识库等,帮助用户快速查缺补漏,提升业务能力,帮助他们快速掌握新的稽核规则和操作能力。

1.2　业务数据的整合评估

高速公路收费稽核业务需要对收费站、ETC门架、称重检测、优免预约查验、车型识别、服务区、发行、路网拓扑、清分拆分等大量的业务数据进行整合评估,以发现违规行为,确保收费的准确性和公平性。整合评估的动作包括数据收集、数据清洗、数据整合、数据分析和撰写评估结论等。

1.3　业务工单的内容创建

在业务工单的内容创建时,要求能清晰简洁的描述工单的内容,便于审核人员快速识别和处理。工单的内容应包括时间、地点、车牌号、问题描述、逃费金额计算、相关证据等。工单的流转处理过程需要包括处理时间、处理人、处理结论等。建立工单知识库和定期对工单进行统计分析能够发现问题并改进工作。

1.4　业务操作的会话代理

稽核人员需要大量收集和分析信息,以发现问题并提出改进建议。会话代理可以有效解决这些问题,提升信息搜索的效率和质量。会话代理在自然语言交互、个性化需求满足、搜索效率、搜索质量、搜索覆盖率等方面具有明显的优势。例如稽核人员可以利用会话快速了解被稽核对象的概况,包括历史数据、行驶偏好状况、收费构成等。

2　基于 AIGC 的稽核技术架构

基于 AIGC 的稽核技术架构如图 1 所示。

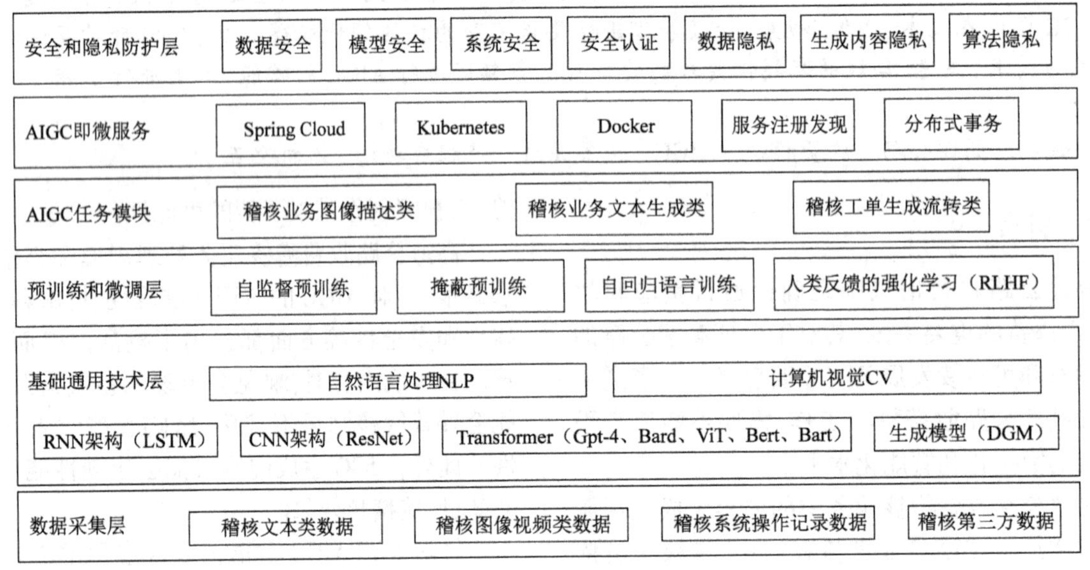

图 1　基于 AIGC 的稽核技术架构

2.1　基础通用技术层

自然语言处理(NLP):用于理解文本数据,包括文本生成、语义分析、机器翻译等。

计算机视觉(CV):用于理解图像和视频数据,包括图像识别、目标检测、图像生成等。

2.2　数据采集层

稽核相关文本数据:包括稽核报告、收费记录、数据报表、制度规范等。

稽核相关图像和视频数据:包括监控视频、现场照片、票据图像等。

稽核系统操作记录数据:点击、增删改查、下载、上传等操作过程数据。

稽核第三方数据:如人员信息、企业信息、行业数据等。

2.3　预训练和微调

使用 NLP、CV 和 ML 技术对基础通用模型进行预训练,使其具备强大的学习能力[9,10]。

根据稽核业务的特点,对预训练模型进行微调,使其能更好理解和处理稽核相关数据。

2.4　AIGC 任务模块

AIGC 任务模块主要包括稽核业务图像描述类、文本生成类和工单生成流转类 3 种类型。

2.5 AIGC 即微服务

将 AIGC 的功能封装成服务，以便为稽核人员提供使用。这项服务通过 API 接口向稽核人员提供访问 AIGC 的能力，从而使稽核人员能够更快速地完成稽核任务。通过提供给稽核人员使用的接口，用于与 AIGC 服务进行通信[11-13]。

2.6 安全和隐私防护

为了保障 AIGC 内容安全和隐私，需要从数据安全、模型安全、系统安全和安全认证四个方面进行设计和考虑。在隐私防护架构设计方面，需要考虑数据隐私、生成内容隐私和算法隐私三个方面。

3 基于 AIGC 的稽核业务设计

3.1 稽核 AIGC 应用功能设计

3.1.1 稽核业务图像描述

图像识别和增强：识别稽核图像中的关键元素，如轴数、车牌号、人员、物品、品牌、颜色、轮廓等。

目标检测和对比：检测稽核图像中的异常目标车辆，对其在不同路径点位的车牌、货物、挂车等进行检测和对比等。

OCR 分析：分析图像中的文字内容，并提取相关信息，如绿通查验图片、车辆行驶证件等。

3.1.2 稽核业务文本生成

文本理解：理解稽核文本内容，并提取关键信息，如稽核发现的问题、建议等。

文本生成：自动生成稽核报告，包括稽核内容、发现的问题、分析结果和建议等。

文本摘要：自动生成稽核文本摘要，方便稽核人员快速了解当前收费数据异常概况和逃费规模态势。

3.1.3 稽核工单生成流转

自动生成稽核工单：根据稽核发现的问题，自动生成稽核工单，并指派给相关人员处理。

工单流转：跟踪稽核工单的流转情况，并及时提醒相关人员处理工单。

工单分析：分析稽核工单数据，发现稽核工作中的问题并进行改进。

3.2 AIGC 训练数据集的构建

3.2.1 数据收集

内部数据收集：收集组织内部的财务数据、交易记录、报告和其他相关文档。这些数据通常包括账户余额、交易金额、客户信息等。

外部数据源：获取外部数据源，如行业报告、市场数据、法规文件等。这些数据可以帮助模型更好地理解外部环境和市场动态。

模拟数据生成：在某些情况下，可以使用模拟数据生成具有一定规律和特征的数据，以增加数据集的多样性。

3.2.2 数据清洗与预处理

数据清洗：处理数据中的缺失值、异常值和重复值，确保数据的质量和准确性。

特征选择与提取：根据稽核任务的特点和目标，选择合适的特征，并进行特征提取和转换，以便于模型学习和训练。

数据标准化：将数据进行标准化或归一化处理，以确保不同特征的数值范围一致，避免模型训练过程中的偏差。

3.2.3 标注数据

定义稽核标准：根据组织的稽核要求和目标，明确定义稽核标准和规则。这些标准将用于为数据集中的样本进行标注。

人工标注：利用专业稽核人员或相关领域的专家对数据集中的样本进行人工标注，指定其符合或不符合稽核标准的情况。

样本平衡：确保数据集中各类别样本的平衡性，避免模型训练过程中出现类别不平衡导致的偏差。

3.2.4 数据分割与验证

训练集与测试集：将数据集划分为训练集和测试集，用于模型的训练和评估。

交叉验证：采用交叉验证等技术对模型进行验证，确保模型的泛化能力和稳定性。

3.2.5 数据集更新与维护

定期更新：随着业务和环境的变化，需要定期更新数据集，以反映最新的情况和需求。

监控与维护：监控模型在实际应用中的表现，并根据反馈和评估结果对数据集进行调整和维护，持续优化模型性能。

3.3 AIGC模型的建立

根据稽核任务的类型和数据特点,选择合适的AIGC模型,如Transformer、BERT、GAN等。使用训练好的预训练模型,或者从零开始训练模型。利用训练数据调整模型参数,优化模型性能。使用测试数据评估模型性能,并进行模型调优。将训练好的模型部署到生产环境,并提供服务接口。定期更新模型,以提高模型性能和适应新的数据。

3.3.1 稽核图像处理模型

采用图像识别、目标检测和图像分析模型,对稽核图像进行处理。可以使用公开数据集训练模型,也可以使用自建数据集训练模型。

3.3.2 稽核文本处理模型

采用文本理解、文本生成和文本摘要模型,对稽核文本进行处理。可以使用公开数据集训练模型,也可以使用自建数据集训练模型。

3.3.3 稽核工单生成模型

采用自然语言处理和机器学习模型,自动生成稽核工单。可以使用自建数据集训练模型。

3.4 交互方式和质量评估

AIGC的双向交互和质量评估流程如图2所示,决定了AIGC的时间迁移和泛化能力[13,14]。

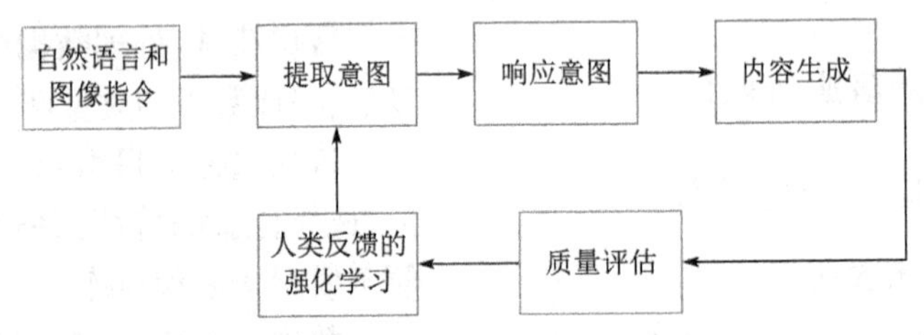

图2 AIGC的双向交互和质量评估流程

3.4.1 AIGC的交互方式

自然语言交互:用户使用自然语言与AIGC模型进行交互,如通过文本或语音输入指令。

图形界面交互:用户通过图形界面与AIGC模型进行交互,如通过按钮、菜单等操作。

混合交互:结合自然语言交互和图形界面交互,为用户提供更加便捷的交互体验。

3.4.2 AIGC的质量评估

准确性:生成内容的准确性,如生成文本的语义是否正确、生成图像是否与目标一致等。

流畅性:生成内容的流畅性,如生成文本是否通顺、生成图像是否清晰等。

创造性:生成内容的创造性,如生成文本是否新颖、生成图像是否具有创意等。

安全性:生成内容的安全性和合规性,如生成内容是否包含敏感信息、是否违反法律法规等。

4 AIGC应用中的难点评估

AIGC在高速公路收费稽核业务应用中会遇到的难点包括:结果质量控制和应用部署落地两个方面。其中结果质量控制主要体现在避免算法偏见、避免信息误导、克服扩散模型的随机性、构建质量评估标准数据库。而应用部署落地的难点体现在大型AIGC的训练成本高昂、小型AIGC的能力达标等方面。

结果质量控制方面,建立多维度质量评估指标体系,对AIGC模型生成的内容进行全面评估,然后采用人工审核和机器学习相结合的方式,确保评估结果的准确性。针对避免算法偏见的难点,需要使用公平性敏感的训练数据集,并采用消除算法偏见的技术。建立算法偏见评估机制,定期对算法进行评估和调整。针对避免信息误导的难点,建立信息审核机制,对AIGC模型生成的内容进行审核。对用户进行教育和培训,提高用户识别虚假信息的能力。针对克服扩散模型随机性的难点,需要采用改进的扩散模型,提高图像的稳定性和一致性。使用多模态数据进行训练,提高模型的鲁棒性。针对构建质量评估标准数据库的难点,需联合行业专家和学者,制定高质量的评估标准。建立数据共享机制,促进数据资源的共享和利用。

在应用部署落地方面,针对大型AIGC的训练成本高昂的难点,需要探索云计算、边缘计算等技术,降低训练成本,并采用迁移学习等技术,提高训练效率。针对小型AIGC的能力达标的难点,可采用多任务学习等技术,提高小型AIGC模型的能力。不断针对特定场景进行模型优化，提高模型的性能。

5 结语

将 AIGC 应用于高速公路收费稽核业务是降本增效、数字管理等数字化转型与升级的必然需求。随着内容生成业务需求的不断增加，内容生成技术的不断革新，面对容错性要求高的行业领域特性，需要对 AIGC 的技术架构、业务设计和实现难点进行深入的研究和设计。

本文就 AIGC 对稽核业务体系的赋能过程进行全面的思考和探索，并提出相应的实施步骤：建立技术架构、应用功能设计、算法模型、设计交互方式和质量评估。然而，未来还需要进一步充分结合稽核业务领域知识和 AIGC 技术发展趋势不断迭代完善，从而提升 AIGC 在稽核业务当中的应用深度和广度。

参考文献

[1] 朱国伟. 高速公路收费稽核技术与实施方案研究[J]. 交通与运输, 2022.

[2] DU H, LI Z, NIYATO D, et al. Enabling AI-generated content (AIGC) services in wireless edge networks[J]. arXiv preprint arXiv:2301.03220, 2023.

[3] CAO Y, LI S, LIU Y, et al. A comprehensive survey of ai-generated content (aigc): A history of generative ai from gan to chatgpt[J]. arXiv preprint arXiv:2303.04226, 2023.

[4] ZHANG C, ZHANG C, ZHENG S, et al. A complete survey on generative ai (aigc): Is chatgpt from gpt-4 to gpt-5 all you need? [J]. arXiv preprint arXiv:2303.11717, 2023.

[5] ZHANG Z, LI C, SUN W, et al. A Perceptual Quality Assessment Exploration for AIGC Images [J]. arXiv preprint arXiv: 2303.12618, 2023.

[6] ZHANG C, ZHANG C, LI C, et al. One small step for generative ai, one giant leap for agi: A complete survey on chatgpt in aigc era [J]. arXiv preprint arXiv:2304.06488, 2023.

[7] WU J, GAN W, CHEN Z, et al. Ai-generated content (aigc): A survey[J]. arXiv preprint arXiv:2304.06632, 2023.

[8] LI C, ZHANG C, WAGHWASE A, et al. Generative AI meets 3D: A Survey on Text-to-3D in AIGC Era[J]. arXiv preprint arXiv:2305.06131, 2023.

[9] CHEN J, YI C, DU H, et al. A revolution of personalized healthcare: Enabling human digital twin with mobile AIGC [J]. arXiv preprint arXiv:2307.12115, 2023.

[10] FOO L G, RAHMANI H, LIU J. Ai-generated content (aigc) for various data modalities: A survey [J]. arXiv preprint arXiv: 2308.14177, 2023, 2.

[11] DU H, LI Z, NIYATO D, et al. Diffusion-based Reinforcement Learning for Edge-enabled AI-Generated Content Services [J]. IEEE Transactions on Mobile Computing, 2024.

[12] DU H, ZHANG R, NIYATO D, et al. Exploring collaborative distributed diffusion-based AI-generated content (AIGC) in wireless networks [J]. IEEE Network, 2023.

[13] XU M, DU H, NIYATO D, et al. Unleashing the power of edge-cloud generative ai in mobile networks: A survey of aigc services[J]. IEEE Communications Surveys & Tutorials, 2024.

[14] WANG Y, DONG Y. AIGC Assisted Generation Craft Based on Dialogue Interface[J]. Highlights in Science, Engineering and Technology, 2023, 57: 242-246.

A Low-light Image Enhancement Method Based on Improved U-Net Architecture for Nighttime Traffic Scene Image Recovery

Xiaohang Jia* Shujing Fang Sai Zhou Yangyang Li
(School of Information Engineering, Chang'an University)

Abstract Images obtained in extreme dark light scenes usually suffer from severe quality degradation, such as reduced contrast and loss of content and color, leading to a perceptual decline in visual quality, which adversely affects intelligent traffic surveillance based on video monitoring. The deep learning-based low-light enhancement method provides an effective solution for the quality restoration of nighttime traffic images. However, the low-frequency luminance and high-frequency texture information of low-light images are coupled with each other, which is difficult to take into account by most enhancement methods, resulting in luminance imbalance and artifacts. Moreover, accurate color restoration is rarely considered during network optimization, leading to color distortion in images. To address this, we propose a low-light image enhancement method based on an improved U-Net architecture. We design a high-low frequency decoupling multi-branch convolutional block (MBC block) to simultaneously focus on extracting high and low-frequency features of images and utilize spatial and channel attention to further enhance network representation capability. During model optimization, we introduce a color fidelity loss, optimizing the brightness and color of images by decomposing RGB color values into vector lengths and angles, to achieve more natural color representation. Experiments on a low-light-enhanced dataset show that our method balances image brightness and high-frequency detail recovery with more accurate color representation. It also shows excellent enhancement results on the nighttime traffic image recovery task, which contributes to the stable operation of a real-time traffic monitoring system.

Keywords Nighttime traffic image Low-light enhancement U-Net architecture Multi-branch convolution Spatial and channel attention Color fidelity loss

0 Introduction

With the development of intelligent transportation and autonomous driving technology, image sensors such as cameras are widely used in roadside infrastructure and intelligent connected vehicles to assist in supervising intelligent transportation and the environmental perception of autonomous driving vehicles. However, inappropriate camera exposure parameters and images captured in extreme dark light scenes usually suffer from brightness and contrast degradation, resulting in loss of image content and interference with human eye and machine vision perception. It is detrimental to traffic supervision at night degrades the performance of back-end high-level vision tasks, such as target detection and image segmentation, and interferes with the environment perception of smart connected vehicles (Qu et al., 2024)(Ma et al., 2022).

The quality degradation of low-light images can be categorized into two parts based on frequency: low-frequency and high-frequency. The low-frequency part mainly includes the luminance shift and color distortion of the image, while the high-frequency part refers to the relatively sparse edge texture part of the image content. In the low-light enhancement task, the low-frequency statistical modeling of luminance coupled with the high-frequency edge texture enhancement poses a challenge for accurate and efficient low-light image restoration.

Single-stage network-based image enhancement methods, utilize self-encoder structures or deep residual networks to directly model the mapping relationship from a low-light image to a normally exposed image (Guo et al., 2020) (Li et al., 2021) (Huang et al., 2022). These methods usually ignore the coupling relationship between the low-frequency and high-frequency portions of the image during the recovery process, resulting in inaccurate image exposures as well as under-enhancement of details.

Consequently, more and more multi-stage coarse-to-fine low-light enhancement methods have been proposed. LPNet(Li et al., 2020) and MSEC(Afifi et al., 2021) utilizes the Laplace pyramid of the image to reconstruct the corresponding Gaussian pyramid image step-by-step. But they does not take into account the targeted processing of dense low-frequency representations and sparse high-frequency representations during the convolution process, resulting in under-enhancement of image details. In addition, in the imaging process of low-light images, the lack of exposure leads to the lack of color information in a certain channel, and under different lighting conditions, different colors of light are absorbed and reflected to different degrees, resulting in an imbalance of colors in the image. Most low-light image methods directly optimize the three independent channels of RGB without considering the balance between the three color channels, resulting in color distortion in the enhancement results.

To address the above problems, we constructed a low-light image enhancement network based on improved U-Net(Ronneberger et al., 2015) to learn the mapping relationship from low-light images to normal-exposure images. To balance the recovery effect of the high-frequency and low-frequency parts of the image, we design a multi-branch convolutional block (MBC block) with high and low frequency decoupling, which extracts and fuses the low-frequency and high-frequency representations of the image by using the ordinary convolution and the Central Differential Convolution (CDC)(Yu et al., 2020), respectively. In addition, we design a color fidelity loss that decouples the luminance and hue of the image by converting the independent three-channel values into vector representations to achieve a more accurate and natural color representation.

The main contributions of this paper are as follows:

(1) Aiming at the coupling of low-frequency luminance and high-frequency details in the recovery process of low-light images, we design a high and low frequency decoupled multi-branch convolutional block (MBC block) to balance the high and low frequency feature representations of the image and use it as a base convolution unit to construct a low-light image enhancement network based on the U-Net structure.

(2) To obtain a more accurate and natural color representation, we decompose the independent RGB values into the length of the vector representing the luminance and the angle of the vector representing the hue, to construct the color fidelity loss, and decouple the luminance and the color in the network optimization process.

(3) Experiments show that our method achieves a relatively great correction effect and has a more natural image color performance. In addition, it demonstrates excellent human eye vision on a real dark light traffic testset, which contributes to the stable and efficient operation of the nighttime traffic monitoring system.

1 Related work

1.1 Traditional methods

Traditional low-light enhancement methods are divided into two main categories, histogram-based methods and Retinex-based methods. Histogram-based methods (Reza, 2004) enhance dark light images by stretching the image's gray level to enhance the brightness level. Retinex-based (Guo et al., 2016) methods decompose the image into reflective and luminance components and algorithmically derive the reflective component of the image as the enhancement result. However, these methods rely on a priori knowledge of manual design. They cannot adapt well to the complex and variable low-light environment, resulting in over-enhancement as well as the appearance of artifacts.

1.2 Learning-based methods

In recent years, many learning-based methods have been proposed for low-light image enhancement and satisfactory correction results have been obtained. Zero-DCE (Guo et al., 2020) describes low-light enhancement as a task of estimating a specific luminance curve, and luminance enhancement is achieved by estimating the parameters of the corresponding curve of the image by CNN. Subsequently, Zero-DCE++ (Li et al., 2021) lightened the network to achieve faster and more efficient low-light enhancement. RetinexNet (Wei et al., 2018) decomposed the image into reflectance and illumination maps, and estimated the illumination map by CNN, thus obtaining the reflectance map as the enhancement result of the low-light image. KinD (Zhang et al., 2019) designed three sub-networks for layer decomposition, reflectance recovery, and illumination adjustment, respectively. MSEC (Afifi et al., 2021) and LPNet (Li et al., 2020) utilized the Laplace image pyramid to achieve the brightness enhancement from coarse to fine. SCI (Ma et al., 2022) designed a self-calibrating luminance correction framework for robust and flexible low-light image enhancement by means of multi-stage correction modules connected in series. PairLIE (Fu et al., 2023) learns adaptive priors for low-light image enhancement from low-light image pairs, and achieves unsupervised image luminance enhancement using a simple network and fewer manual priors. However, these methods rarely take into account the high and low frequency coupling during low-light image enhancement, resulting in inaccurate luminance as well as under-enhanced details. In addition, most methods use L1 loss to guide network optimization, and the lack of interaction between independent color channels can lead to color distortion in the enhancement results.

2 Proposed methods

In this section, we describe our low-light enhancement approach in detail. The overall U-Net architecture is first introduced, followed by our frequency decoupled multi-branch convolutional blocks (MBC block) and spatial and channel attention modules. Finally, the loss function used in the network optimization process is introduced, detailing the representation and principle of action of the color fidelity loss.

2.1 U-net-based architecture

U-Net was first proposed for image segmentation tasks, and its name comes from its U-shaped network structure. Owing to its excellent multi-scale modeling capability, the U-Net architecture is also often used for low-level vision tasks such as low-light enhancement. As shown in Figure 1, our method is based on the U-Net architecture, which consists of a left-right symmetric encoder and decoder. The encoder consists of a series of maximum pooling downsampling operations and multi-branch convolution blocks (MBC block) to encode the multi-scale features of the image. While the decoder uses bilinear interpolation upsampling and multi-branch convolution blocks, which gradually recovers the image scale by fusing the shallow features corresponding to the corresponding resolution in the encoder through skip connection as well as the spatial and channel attention blocks to ultimately realize the recovery and reconstruction of the image.

In summary, the low-light image is extracted and fused with shallow and deep features by the encoder and decoder, while the multi-branch convolution ensures the effective retention of low-frequency and high-frequency features, and the spatial and channel attention module assigns different attentions to different regions and channels, and ultimately restores the scale of the image by successive up-sampling of the decoder to obtain the normally exposed image.

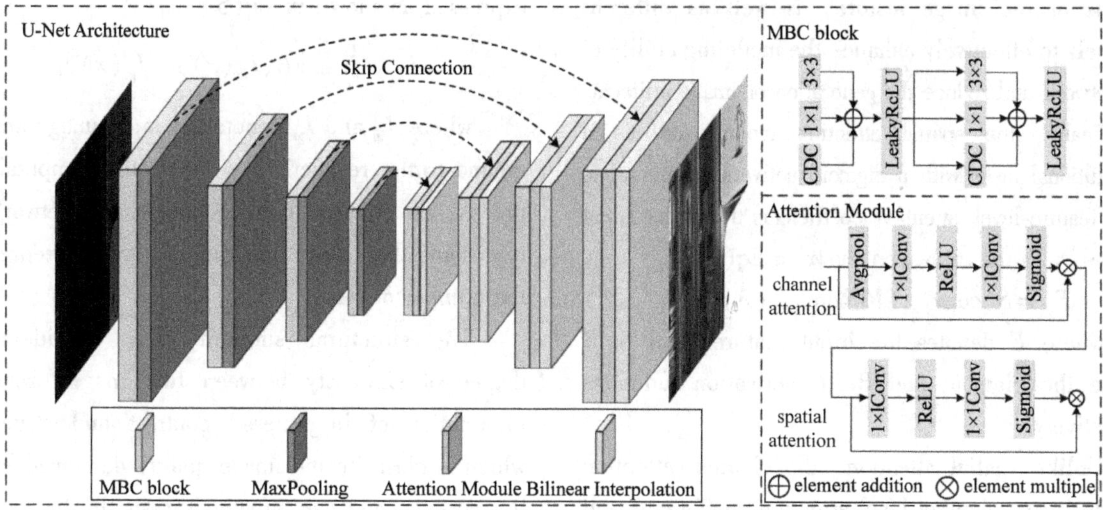

Figure 1 The structure of our low-light enhancement network. Our approach adopts a U-Net-like structure, augmented with multi-branch convolutional blocks and attention modules.

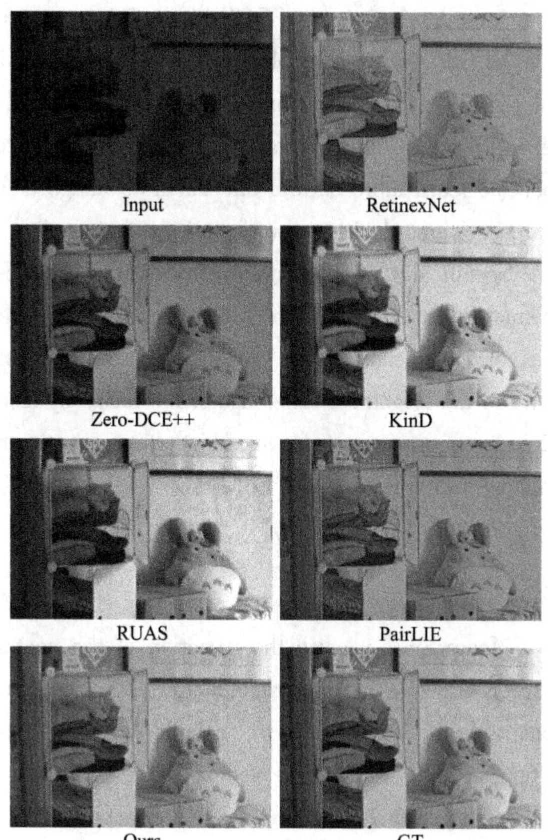

Figure 2 Qualitative comparison results

2.2 Multi-branch convolutional blocks

Considering the coupling problem of the high and low frequency parts in the recovery process of low-light images, we design a high and low frequency decoupled multi-branch convolution block (MBC block) to take into account the extraction of high and low frequency features of the image. Since the degradation of low-light images is mainly concentrated in large low-frequency luminance regions, there is a natural lack of attention to high-frequency details during the network optimization process, resulting in optimized convolution parameters that are more biased towards low-frequency feature extraction. Central Differential Convolution (CDC) extracts high-frequency information by calculating the gradient of image features. Accordingly, we add Central Differential Convolution (CDC) to ordinary convolution to directionally extract high-frequency features such as the edge texture of the image. Specifically, the basic unit composed of three parallel branches, Conv1 × 1, Conv3 × 3 and CDC, simultaneously extracts high-frequency and low-frequency information of the image, and performs element-by-element summation and fusion. Two basic units in series form our multi-branch convolution block, as shown in the Figure 2.

2.3 Spatial and channel attention module

Attentional modules are widely used in the design of deep convolutional neural network structures to enhance the representation capability of the network. In the low-light enhancement task, different regions have different degrees of luminance degradation, and different feature channels have different degrees of importance. The spatial and channel attention module assigns adaptive importance weights to different regions of the image features as well as different channels to effectively enhance the modeling ability of the network and reduce the generation of image artifacts. Specifically, the spatial attention module utilizes a convolutional layer with a Sigmoid activation function to learn feature-level attention coefficients from the input features, with the expression shown in Eq(1).

$$F_{sa} = S(\mathrm{conv}_{1\times1}(R(\mathrm{conv}_{1\times1}(F)))) \quad (1)$$

where F denotes the input features and S, R denote the Sigmoid and ReLU activation functions respectively.

Unlike spatial attention, the channel attention module learns channel-level attention coefficients and uses global average pooling after the convolutional layer to obtain the global receptive field, and subsequently uses conv 1×1 to achieve the mapping of channel features to channel attention coefficients with the expression shown in Eq(2):

$$F_{ca} = S(\mathrm{conv}_{1\times1}(R(\mathrm{conv}_{1\times1}(\mathrm{GAP}(F))))) \quad (2)$$

where GAP denotes global average pooling.

2.4 Loss function

In the training phase of the network, we designed two losses to supervise the optimization of the network parameters. The image reconstruction loss is used to supervise the network to recover the content, brightness, and high-frequency details of the image. Considering the problem of color distortion in low-light enhancement tasks, we designed the color fidelity loss to supervise the network to recover image colors that are more natural and consistent with the human eye's perception. The total loss function is represented as shown in Eq(3):

$$L_{total} = L_{recon} + L_{color} \quad (3)$$

The image reconstruction loss consists oftwo components applied between the output image of the network and ground truth, which are represented as shown in Eq(4):

$$L_{recon} = w_{l1} L_1 + w_{ssim} L_{ssim} \quad (4)$$

where w_{l1} and w_{ssim} denote the weights of the two losses, respectively.

L_1 denotes L_1 loss, which is used to direct the image to boost the intensity value of each channel thereby boosting the image brightness level, and is expressed as shown in Eq(5):

$$L_1 = \frac{1}{N}\sum_{x=1}^{N} \| E(I_{in}(x)) - I_{gt}(x) \|_1 \quad (5)$$

where, I_{in} and I_{gt} denote the input image and the ground truth, respectively, denote the computational process of our low-light enhancement network, x represents the image pixel index, and N represents the number of pixels.

The structural similarity loss considers the degree of similarity between two images from the information of brightness, contrast and structure, which is closer to the image quality perceived by the human eye, and can effectively assist in the recovery of high-frequency details of the image, expressed as shown in Eq(6):

$$L_{ssim} = 1 - \mathrm{ssim}(E(I_{in}(x)), I_{gt}) \quad (6)$$

To address the problem of color distortion in low-light image enhancement results, we consider decoupling the luminance and hue of colors in vector space to learn more natural and accurate image color representations during network optimization.

Specifically, a color image consists of RGB three-channel integers to determine the color representation of a pixel. We consider its vector representation and measure the brightness difference of the image by using L2 norm of the vector for its length to construct the brightness loss as shown in Eq(7):

$$L_{value} = \frac{1}{N}\sum_{x=1}^{N} | (\| E(I_{in}(x)) \|_2 - \| I_{gt}(x) \|_2) |_1 \quad (7)$$

Meanwhile, we use the direction of the vectors to represent the hue information of the colors, and construct the hue loss by calculating the color difference measured by the vector cosine similarity of the corresponding positions of the enhanced image and the reference image, as shown in Eq(8):

$$L_{angle} = \frac{1}{N}\sum_{x=1}^{N} \mathrm{COS}(E(I_{in}(x)), I_{gt}(x)) \quad (8)$$

where COS denotes the process of cosine similarity calculation.

The final representation of the color fidelity loss is shown in Eq(9):

$$L_{color} = L_{value} + L_{angle} \quad (9)$$

3 Experiments

3.1 Datasets and metrics

We train our network and test the enhancement performance of our method on the LOL dataset (Wei et al., 2018). It is a widely used low-light image dataset containing 485 training image pairs matching low-light to normal exposure and 15 test images. In addition, we select 30 images in the ExDark dataset (Loh and Chan, 2019) as a traffic scene testset to measure the enhancement effect of our method in a dark-light traffic scene.

We use PSNR and SSIM as a measure of low-light enhancement, PSNR focuses on how similar the images are in terms of luminance while SSIM focuses more on the enhancement of high-frequency details such as the edge texture of the images.

3.2 Implementation details

We implemented our low-light enhancement method using the PyTorch framework on two NVIDIA RTX3090 GPU platforms. In the training phase, we optimized the parameters using the Adam optimizer, setting β_1, β_2, and ε to 0.9, 0.999, and 1e-08, respectively, and setting the initial learning rate to 0.0001.

3.3 Quantitative analysis

We selected several advanced low-light correction methods, including RetinexNet (Wei et al., 2018), Zerodce (Guo et al., 2020), SCI (Ma et al., 2022), PairLIE (Fu et al., 2023), LPNet (Li et al., 2020), KinD (Zhang et al., 2019), RUAS (Liu et al., 2021).

Table 1 shows the quantitative metrics of our method with other advanced low-light enhancement methods on the LOL dataset. It can be seen that our method achieves higher PSNR (22.30) & SSIM (0.8236) compared to other methods. This indicates that our method can more accurately restore the brightness of the image while preserving the high-frequency details of the image, thanks to the accurate capture of high and low-frequency image information by our U-Net-based restoration network fusing multi-scale information and multi-branch convolution.

Quantitative comparison results Table 1

Method		Metrics	
Name	Year	PSNR	SSIM
RetinexNet	2018	17.55	0.6480
Zerodce	2020	14.86	0.5590
LPNet	2021	21.46	0.8020
KinD	2021	20.87	0.8022
RUAS	2021	18.23	0.7170
SCI	2022	14.78	0.5220
PairLIE	2023	19.51	0.7360
Ours	2024	22.30	0.8236

3.4 Qualitative analysis

In this subsection, we qualitatively analyze the visual quality of the enhanced images by showing the enhancement results of our method with other state-of-the-art methods. Specifically, we test our method against RetinexNet, Zerodce++, PairLIE, KinD, RUAS on the LOL testset for low-light image restoration. As shown in the Figure 2, compared with other low-light enhancement methods, our method has more accurate brightness levels and more natural color performance.

In addition, we tested the performance of our method on the ExDark dataset in a dark-light traffic scene, as shown in Figure 3. Our method also obtains satisfactory enhancement results in real traffic scenes, which not only enhances the image brightness to recover more complete content information but also has natural and accurate color performance.

3.5 Ablation studies

In order to validate the effectiveness of our proposed method, we conduct an ablation study on the structural part of the network as well as the loss function part. Specifically, we use ordinary convolution instead of multi-branch convolutional blocks and remove the attention module to verify the effectiveness of both separately. In addition, we remove specific terms of the loss function to verify their effectiveness separately.

The results of the ablation study are shown in Table 2. In terms of network structure design, the benchmark performance of the U-Net baseline is PSNR (20.83) and SSIM (0.8021). Multi-branch convolutional block (MBC block) helps to extract the high and low frequency features of the image, with an improvement of 0.82dB and 0.0258 in PSNR and SSIM, respectively. The attention mechanism improves the characterization ability of the network, with an improvement of 0.61dB in PSNR and 0.0017 in SSIM, respectively. In the loss function design, the structural similarity loss helps to enhance the edge texture of the image with an improvement of 0.0042 in SSIM. The color fidelity loss also improves the quality of the image with an improvement of 0.19dB in PSNR and 0.0026 in SSIM.

Low-light Image　　Enhanced Image

Figure 3　Realistic traffic scene enhancement results

Results of ablation studies　Table 2

Item	PSNR	SSIM
U-Net baseline	20.83	0.8021
w/o attention	21.69	0.8219
w/o MBC block	21.48	0.7978
w/o ssimloss	22.30	0.8194
w/o colorloss	22.11	0.8210
Ours	22.30	0.8236

In addition to the improvement in metrics, we also selected several images to test the model before and after using the color fidelity loss, in order to verify the improvement of visual perception quality by the color fidelity loss, as shown in Figure 4. It is not difficult to find that the color fidelity loss takes into account the interaction information between the three RGB channels, which makes the color performance more natural and saturated, and further improves the quality of visual perception by the human eye.

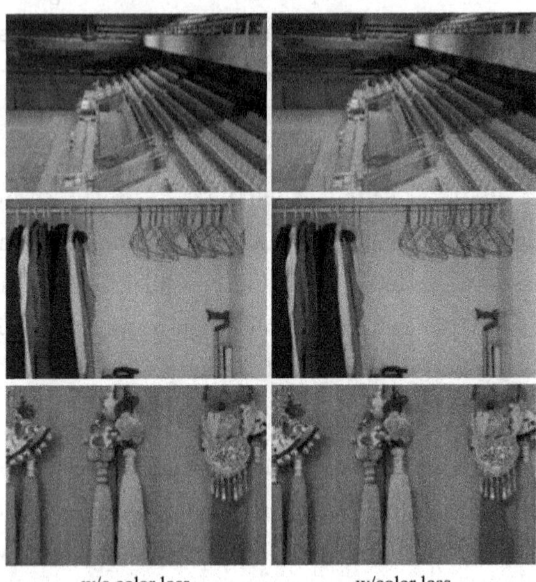

w/o color loss　　w/color loss

Figure 4　Visualization of ablation results with color fidelity loss

4 Conclusions

In this paper, we design a low-light image enhancement network based on U-Net architecture to accomplish the recovery of dark traffic images. In order to balance the recovery effect of the high and low frequency parts of the low-light image, we design a multi-branch convolutional block (MSB block), which extracts the high and low frequency features of the image by the concatenation of the ordinary convolution and the Central Differential Convolution, respectively. In addition, to effectively suppress the color bias problem during the recovery of low-light images, we design a novel color fidelity loss, which decomposes the RGB trichromatic values into the length and angle of the vectors to optimize the luminance and hue of the image, respectively, and obtains a more natural and saturated color performance.

Experiments on the low-light dataset and the real dark traffic scene testset show that our method achieves better enhancement results, which helps to recover night traffic images. Finally, considering the limited arithmetic power of roadside and vehicle-end edge devices, we will consider model compression and lightweight in our future work to achieve efficient and excellent enhancement results with limited arithmetic power.

References

[1] AFIFI M K G, DERPANIS B. Ommer and M. S. Brown. Learning multi-scale photo exposure correction [C] // Proceedings of the IEEE/CVF Conference on Computer Vision and Pattern Recognition, 2021: 9157-9167.

[2] FU Z Y, YANG X, TU Y, et al. Learning a Simple Low-Light Image Enhancer From Paired Low-Light Instances [C] // Proceedings of the IEEE/CVF Conference on Computer Vision and Pattern Recognition, 2023: 22252-22261.

[3] GUO C C, LI J, GUO C C, et al. Zero-reference deep curve estimation for low-light image enhancement [C] // Proceedings of the IEEE/CVF conference on computer vision and pattern recognition, 2020: 1780-1789.

[4] GUO X Y, Li H. LIME: Low-light image enhancement via illumination map estimation [J]. IEEE Transactions on image processing, 2016, 26(2): 982-993.

[5] HUANG J Y, LIU X, FU M, et al. Exposure normalization and compensation for multiple-exposure correction [C] // Proceedings of the IEEE/CVF Conference on Computer Vision and Pattern Recognition, 2022: 6043-6052.

[6] LI C C, GUO C C. Learning to enhance low-light image via zero-reference deep curve estimation [J]. IEEE Transactions on Pattern Analysis and Machine Intelligence, 2021, 44 (8): 4225-4238.

[7] LI J J, LI F, FANG F et al. Luminance-aware pyramid network for low-light image enhancement [J]. IEEE Transactions on Multimedia, 2020, 23: 3153-3165.

[8] LIU R L, MA J, ZHANG X et al. Retinex-inspired unrolling with cooperative prior architecture search for low-light image enhancement [C] // Proceedings of the IEEE/CVF Conference on Computer Vision and Pattern Recognition, 2021: 10561-10570.

[9] LOH Y P, CHAN C S. Getting to know low-light images with the exclusively dark dataset [J]. Computer Vision and Image Understanding, 2019, 178: 30-42.

[10] MA L T, MA R, LIU X et al. Toward fast, flexible, and robust low-light image enhancement [C] // Proceedings of the IEEE/CVF Conference on Computer Vision and Pattern Recognition, 2022: 5637-5646.

[11] QU J R W, LIU Y, GAO Y, et al. Double Domain Guided Real-Time Low-Light Image Enhancement for Ultra-High-Definition Transportation Surveillance [J]. IEEE Transactions on Intelligent Transportation Systems, 2024.

[12] REZA A M, Realization of the contrast limited adaptive histogram equalization (CLAHE) for real-time image enhancement [J]. Journal of VLSI signal processing systems for signal, image and video technology, 2004, 38: 35-44.

[13] RONNEBERGER O P, FISCHER T B. U-net: Convolutional networks for biomedical image segmentation [C] // Medical Image Computing and Computer-Assisted Intervention-MICCAI 2015: 18th International Conference, Munich, Germany, October 5-9, 2015, Proceedings, Part Ⅲ 18: Springer, 2015: 234-241.

[14] WEI C W, WANG W, YANG J. Deep retinex decomposition for low-light enhancement [J]. arXiv preprint arXiv:1808.04560, 2018.

[15] YU Z C, ZHAO Z, WANG Y, et al. Searching central difference convolutional networks for face anti-spoofing [C] // Proceedings of the IEEE/CVF Conference on Computer Vision and Pattern Recognition, 2020: 5295-5305.

[16] ZHANG Y J, ZHANG X. Kindling the darkness: A practical low-light image enhancer [C]// Proceedings of the 27th ACM international conference on multimedia, 2019: 1632-1640.

Vehicle Route Planning: Integrating Dual-Objective Optimization with Reinforcement Learning

Yu Wang[1] Shuang Wu[1] Jing Chen*[1,2] Zihan Wang[1] Minghui Zhang[1] Xinjie Fang[1]

(1. College of Transportation Engineering, Chang'an University;2. Engineering Research Center of Highway Infrastructure Digitalization, Ministry of Education of PRC, Chang'an University)

Abstract Given the challenges of road congestion, elevated traffic costs, and suboptimal utilization of road resources in contemporary society, reasonable route planning emerges as a crucial approach to address these issues. Presently, the majority of vehicle route planning schemes are crafted with the singular objective of attaining a specific goal, such as the shortest route or minimal travel time. Considering the diverse needs of drivers and the dynamic nature of the road environment, this paper proposes a dual-objective optimization Q-learning reinforcement learning algorithm based on distance and time. Initially, the FMM algorithm is employed to match GPS data with the road network. Subsequently, a linear combination of distance and average driving time is performed to derive the overall optimization objective. Lastly, vehicle routes are planned using a series of algorithms, namely the shortest distance algorithm, the dual-objective weighted Dijkstra algorithm, the dual-objective weighted Bellman-Ford algorithm, and the dual-objective weighted Q-learning reinforcement learning algorithm. Utilizing real road network nodes and GPS trajectory data within the secondary ring area of Xi'an, a set of experiments was conducted to assess the efficacy of the four aforementioned algorithms. The results of the experiments reveal that the Q-learning algorithm excels in optimizing average driving time. Furthermore, the adaptability of the algorithm allows for parameter adjustments based on the specific requirements of the driver, facilitating the generation of the most suitable recommended route.

Keywords Dual-objective optimization Q-learning Reinforcement learning

0 Introduction

As society undergoes rapid development and the population continues to grow[1], challenges such as road congestion, escalating travel costs, and suboptimal utilization of road resources persistently arise. Route planning emerges as a pivotal solution to address these issues, with the primary goal of identifying routes that optimize a defined objective function (e. g., traveled distance, fuel consumption) while adhering to routing constraints[2].

In the realm of urban transportation, strategic route planning assumes a critical role in elevating the efficiency and sustainability of city traffic networks, serving as a fundamental tool in alleviating traffic congestion. Particularly within the domain of taxi services and other commercial transport, adept route planning becomes essential for optimizing operational efficiency, minimizing travel costs for passengers, and augmenting overall service quality. However, insufficient or uninformed route planning has the potential to exacerbate traffic congestion, result in suboptimal utilization of road resources, and escalate travel costs in both time and expenses[3].

In recent years, there has been rapid advancement in route planning algorithms, leading to their widespread adoption. Presently, existing route planning algorithms encompass a range of categories,

Funding: National Natural Science Foundation of China, (62107006); The Ministry of Education in China Project of Humanities and Social Sciences, (21YJC880006); Fundamental Research Funds for the Central Universities, Chang'an University, (300102343101).

including geometric search algorithms, sampling-based route planning algorithms, intelligent search algorithms, deep learning-based route planning algorithms, and reinforcement learning algorithms.

The category of geometric search algorithms primarily comprises the Dijkstra algorithm[4], A * algorithm[5], and Voronoi graph algorithm[6]. The sampling-based route planning algorithms mainly include the RRT series algorithms[7]. The intelligent search algorithms mainly include heuristic algorithms such as genetic algorithm[8] and ant colony algorithm[9]. Each of the aforementioned methods possesses distinct advantages. However, their efficacy is often compromised in the face of complex environments and dynamic scenes. A pivotal challenge resides in the delicate balancing act between computational efficiency and the optimization of routes. Moreover, while deep learning approaches demonstrate proficiency in processing intricate data, their application is frequently hampered by the substantial computational resources required, particularly in the context of large-scale datasets. This predicament inherently restricts their utility in environments where resources are limited. In contrast, reinforcement learning[10] emerges as a promising alternative for optimizing decision-making processes. This method distinguishes itself by learning optimal strategies through direct interaction with the environment, rendering it exceptionally apt for managing complex and continuously evolving scenarios in route planning.

Currently, the majority of research applying reinforcement learning to route planning is constrained to experiments and models focusing on small spatial areas with singular objectives. Acknowledging the dynamic nature of road networks, the unpredictability of traffic flows, and the varied requirements of drivers, this paper proposes a dual-objective optimization Q-learning[11] reinforcement learning algorithm. The primary objective of this algorithm is to minimize the driving distance, while the secondary objective is to optimize the ratio of the total track length traversed by the vehicle on a road segment to its instantaneous speed (i. e., the average driving time). The contributions of this paper are outlined as follows: firstly, we introduce a dual-objective optimization strategy that simultaneously considers distance and average driving time, thereby catering to the diverse travel needs of individuals. Secondly, to adapt to the dynamic nature of road networks, we employ the Q-learning algorithm to identify the most optimal route relative to the current state of the network. Thirdly, this study extends its practicality by constructing a model and conducting experiments based on real-world road network nodes and GPS trajectory datasets within the second ring area of Xi'an. This provides a robust reference framework for future research endeavors in similar domains.

1 Methodology

1.1 Problem statement

A road network is modeled as a directed graph $G=(N,E)$, where N is the set of nodes, and E is the set of edges. A link from node $n_i \in N$ to node $n_j \in N$ is shown by $e_{ij} \in E$. And route $\tau = (e_{0,1}, e_{1,2}, \cdots, e_{i,i+1}, e_{k-1,k})$ symbolizes a series of connecting edges from the road network node n_0 to the target node n_k. Given state collection $S = (s_1, s_2, \ldots, s_l)$ and action collection $A = (a_1, a_2, \ldots, a_l)$. s_i and a_i represent the state and action of the vehicle at time i, respectively.

Figure 1 shows the route recommendation process based on the dual-objective Q-learning reinforcement learning algorithm. Firstly, we match the GPS data with the map by using the fast map matching algorithm. Secondly, we linearly combine the route distance with the average driving time to get the overall optimization objective. Finally, we use the Q-learning algorithm to get the suitable route.

1.2 Map matching based on FMM algorithm

In this experiment, we use the Fast Map Matching (FMM)[12] algorithm to match the GPS data with the map. The FMM algorithm presents a swift and precise method for aligning raw GPS trajectory points with a road network map. This alignment significantly enhances the accuracy of both positioning and tracking, particularly within intricate road networks. FMM adeptly discerns the road network's topology, effectively integrating the road attributes with the geometric nuance of the GPS data. When contrasted with conventional map matching techniques, FMM's prowess is predominantly in its efficiency. Capable of processing data on a large scale, it is well-suited for real-time or near-real-time applications. Moreover, FMM demonstrates remarkable robustness in handling noisy and imprecise GPS data. Even in urban settings, known for their challenging navigation environments, it maintains high levels of matching accuracy.

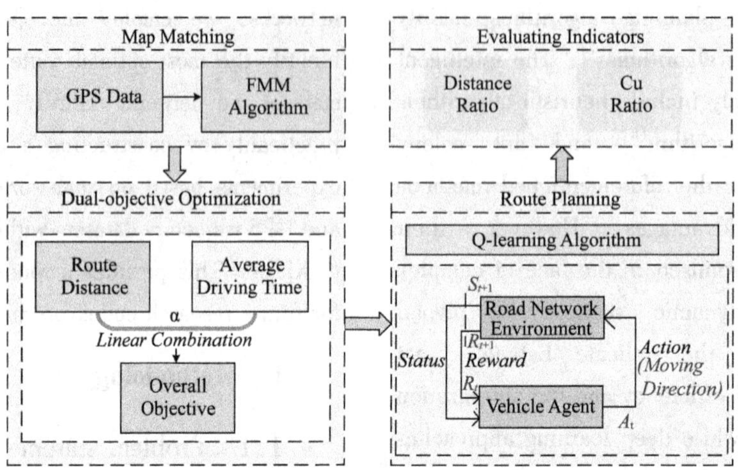

Figure 1 Framework of route planning based on the dual-objective Q-learning algorithm

1.3 Dual-objective optimization considering distance and time

Considering the diverse needs of drivers, paper proposes dual-objective optimization considering distance and time to find optimal route. The principle objective is to minimize the route distance $d(\tau)$, and sub-object is to maximize or minimize the route $cu(\tau)$ according to the objective criterion. The overall objective is to minimize the linear combination of the two above objectives, their formulas are shown as:

$$d(\tau)=\sum_{i=1}^{k}d(e_{i-1,i}) \tag{1}$$

$$cu(\tau)=\sum_{i=1}^{k}cu(e_{i-1,i}) \tag{2}$$

$$\bar{r}=(1-\alpha)\times d(\tau)+\alpha\times cu(\tau) \tag{3}$$

Where, $d(e_{i-1,i})$ represents the margin of edge $e_{i-1,i}$. $cu(e_{i-1,i})$ represents the cost or utility of edge $e_{i-1,i}$. Specially, unlike common edge attributes such as the travel distance carried by each edge, cu can be zero on some edges, depending on the physical meaning of the specific attribute. α is the hyperparameter used to weight the sub-object cu. Its notation indicates whether cu is used as a cost or as a utility. When cu is set to utility, its notation is positive . And its notation is negative when cu is set to cost. The trade-off between primary and secondary goals can be achieved by adjusting α.

In this paper, the average driving time of the road segment is used as the cost, its equation is shown as:

$$cu(e_{i-1,i})=\frac{\sum_{s=1}^{n}m_{s}^{i-1,i}}{\sum_{s=1}^{n}\sum_{t=1}^{m_{s}^{i-1,i}}u_{s,t}^{i-1,i}}\times d(e_{i-1,i}) \tag{4}$$

Where, $u_{s,t}^{i-1,i}$ is the instantaneous speed at the tth point returned by the tth car on the road segment connected to node n_{i-1} and node n_i. $m_s^{i-1,i}$ is the total number of trajectories returned by the tth vehicle on the road segment connected to node n_{i-1} and node n_i.

1.4 Vehicle route planning based on Q-learning

Q-learning, which is a reinforcement learning algorithm, can make an agent learn to discover the most valuable actions to achieve the goal in an uncertain environment. The Q-learning framework mainly comprises the agent, environment, state, action, and reward. After the agent acts, the environment will transition to a new state and give a reward signal. Then, the agent executes new actions according to specific strategies according to the reward of the new state and environmental feedback. Through this learning method, agents can know what actions they should take in a particular state to maximize their reward. "Q" defines how useful an action that an agent takes in a state is, and it is computed by using the state action-value function, which is as follow:

$$\Delta Q_t(s_t, a_t) = \lambda[t_{t+1} + \gamma * (\max) * Q_t(s_{t+1}, a) - Q_t(s_t, a_t)] \tag{5}$$

Where, λ is the learning rate. γ is the discount factor, which determines how much the future rewards are valued. A low discount factor indicates that the algorithm prefers rewards in the short term, while a high discount factor would value rewards in the future more. s_t and a_t represent the current state and action, respectively. r_{t+1} is the instant reward and s_{t+1} represents a new state.

The Q-learning Algorithm utilizes a Q Table, and the Q Table is updated according to the λ and γ value. The Q Values in the Q Table are used to determine what the best action is. Its update formula as follow:

$$Q(s_t, a_t) \leftarrow Q(s_t, a_t) + \Delta Q(s_t, a_t) \tag{6}$$

Specially, the general Q learning algorithm often selects the maximum Q value in the training and evaluation stages. However, because the optimization target needs to be minimized in our study, the minimum Q value is used in both iteration and selection.

2 Experiment setting

In this study, the area within the second ring road of Xi'an is used as the research scope, and the taxi GPS dataset from February 28, 2019 to March 30, 2019 is used for experimental research. 200 OD pairs with random start and end points are generated in the road network, accounting for about 10% of the total number of nodes in the road network. The training episode is 100000, dim is 2104, the learning rate is 0.22, and the discount rate is 0.9.

All of the evaluation experiments were performed on a PC with a 12th Gen Intel (R) Core (TM) i7-12700H 2.30 GHz processor, 1 NVIDIA GeForce RTX 3060 GPU and 16GB RAM. We implement experiment in Python 3.8 and TensorFlow-2.10.

To compare the results more fully, the performance was measured by the ratio of the route distance $d(\tau)$ and route $cu(\tau)$ to the shortest single-target distance algorithm for each algorithm. And the average ratio of all tested OD pairs is used as the evaluation indication, their equation are shown as:

$$\text{distanceratio} = \frac{1}{|P|}\sum_{i=1}^{|P|}\frac{d(\tau_i)}{d(\tau_{\text{Shortesti}})} \tag{7}$$

$$\text{curatio} = \frac{1}{|P|}\sum_{i=1}^{|P|}\frac{cu(\tau_i)}{cu(\tau_{\text{Shortesti}})} \tag{8}$$

Where, P is the set of all tested OD pairs, τ_i is the route obtained by the test algorithm of the ith OD pair, $\tau_{\text{Shortesti}}$ is the route of the ith OD pair obtained through the shortest algorithm. Specially, the route distance ratio and cu ratio obtained by the shortest algorithm are equal to 1. Moreover, the algorithm with the distance ratio closer to 1 and the cu ratio farther away from 1 means better performance.

3 Experimental results

3.1 Results of map matching

With the same accuracy, the FMM algorithm matches faster and more efficiently when there is more trajectory data. Table 1 shows the computation time of the two algorithms at the different number of trajectory points. The computation time of ST-Matching is shorter than FMM in most cases. But when the trajectory data reaches 5000 pieces, the matching time of the ST-Matching algorithm reached 358.808s, which is much higher than the 41.199s of the FMM.

Calculation time for the different number of trajectory points Table 1

Numbers (Point)	FMM Calculation Time (s)	ST-Matching Calculation Time (s)
333	2.684	2.627
600	4.678	4.737

continued

Numbers (Point)	FMM Calculation Time (s)	ST-Matching Calculation Time (s)
999	8.657	7.752
1999	18.104	15.794
2660	22.256	20.865
5000	41.199	358.008

3.2 Results of vehicle route planning

The Q-learning algorithm is not the best choice when simply solving the shortest route problem. However, it takes less driving time and it can bring a relatively comfortable driving trip to the driver. Table 2 shows the experiment result of the Q-learning algorithm and baseline algorithm. The baseline methods contain single-objective shortest distance algorithm, dual-objective weighted Dijkstra algorithm, and dual-objective weighted Bellman-Ford algorithm. Specially, each algorithm is only the single-object algorithm with the shortest distance when $\alpha = 0$. The route distance derived by the Q-learning algorithm is large relative to the baseline algorithm, but its cu ratio is smaller. It means the algorithm selects relatively small traffic density roads to shorten driving time and make people comfortable driving trips.

Results of vehicle route planning

Table 2

Method	Alpha	distance ratio	*cu* ratio
Shortest Distance	0	1	1
Dual-objective Dijkstra		1	1
Dual-objective Bellman-Ford		1	1
Dual-objective Q-learning		1.083	0.965
Shortest Distance	0.4	1	1
Dual-objective Dijkstra		1.04	0.961
Dual-objective Bellman-Ford		1.04	0.961
Dual-objective Q-learning		1.123	0.912
Shortest Distance	0.8	1	1
Dual-objective Dijkstra		1.04	0.961
Dual-objective Bellman-Ford		1.05	0.961
Dual-objective Q-learning		1.287	0.896

As the weight of the sub-object increases, the route distance obtained by the proposed method also increases, but the *cu* ratio decreases to a certain extent. Specially, when $\alpha = 0.4$, both the dual-objective weighted Dijkstra algorithm and the dual-objective weighted Bellman-Ford algorithm showed a slight increase in route length and their distance ratio are 1.04. Their *cu* ratio is decreased to some extent, reaching 0.961. However, the route distance obtained by the Q-learning algorithm increases by about 3.7% relative to $\alpha = 0$and the *cu* ratio decreases by about 5.5%. In terms of the route distance, there is still a certain gap with the baseline algorithm (nearly 8% more than the path distance), but the *cu* ratio advantage is still obvious. When $\alpha = 0.8$, the results of two ratios of Q-learning still vary to a certain extent. But the baseline methods have barely changed. It shows that the dual-objective optimization capability of the two baseline algorithms has reached saturation.

3.3 Adjustment of weights under dual-objective

In most cases, the main target is sacrificed to a certain extent as the sub-object optimization weight increases. The ability to minimize the *cu* ratio is already near the limit when α is 0.5. Figure 2 shows distance ratio and *cu* ratio of the Q-learning models under different α. The α is set from 0 to 1 and the step size is 0.1. As α increased, distance ratio shows an overall upward trend, while *cu* ratio showed a downward trend. When α reaches 0.5, the *cu* ratio almost no longer increases, but the distance ratio is still increasing. One possible explanation is that the vehicle agent tries to explore routes that obtain less *cu*, but it does not move to the target node, leading in unnecessary detours during path lookup.

3.4 Case study

Two sets of typical node sequences were selected for analysis in the path sequence set obtained from multiple experimental results.

The starting point of the first group of routes is the south of Xi'an Museum, the node is set as o_1, and the end point is selected as the node at the west of Xi'an Railway Station, and the node is set as d_1.

The starting point of the second route is selected as the node near the intersection of Fenghe Road and Xingyuan Road in Lianhu District, and the node is set to o_2. And the end point is set to the node near the Wenjing Interchange in Weiyang District, and the node is set to d_2. To reduce the random error of the experiment, the starting and ending groups can be entered into the model interface multiple times. Combing with the reward function matrix and adjusting different weight values α to obtain node sequences under different main and sub-target weights.

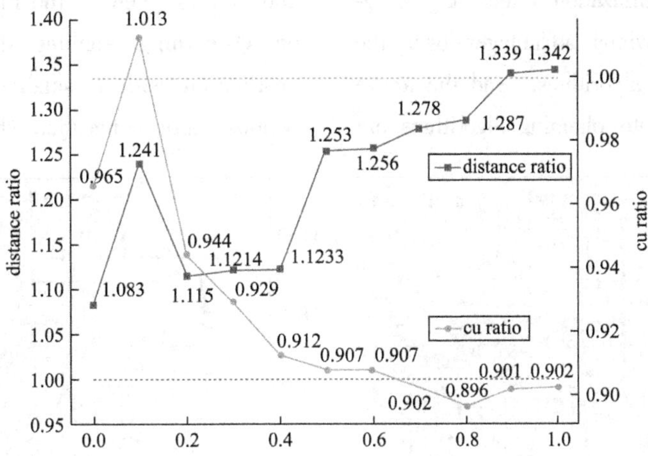

Figure 2 Distance ratios and *cu* ratios of Q-learning models under different α

Figure 3 and 4 shows the recommended routes with different weights above two sets of route segment. As the α value increases, the weight is more inclined to consider the average driving time of the road segment. Therefore, it is more inclined to choose the route that can shorten the route driving time. For instance, in the first route, when $\alpha = 0$, the recommended route directly through the densely trafficked areas (the eastern area of the Ring Road). But, as the α value increases, the recommended route is more inclined to bypass the dense areas.

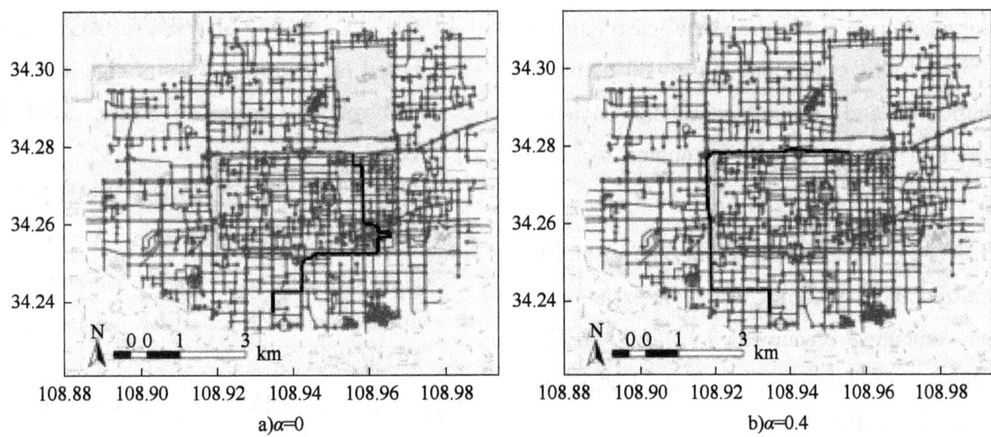

Figure 3 Recommended route for o_1 to d_1

4 Conclusions

In this paper, a Q-learning reinforcement learning algorithm based on dual-objective optimization is proposed. We first match the GPS data with the map by using the FMM algorithm, then adopt linear weighted route distance and the average driving time as the optimization object of the vehicle agent. Finally, the Q-learning model makes them learn to select the actions with a small Q value, then to optimize the route planning. Moreover, the Q-learning model is compared with the traditional Dijkstra and Bellman-Ford algorithms. The experimental results show that the proposed algorithm combining route distance and average driving time can effectively recommend driving paths for drivers. Specifically, for the optimization of the sub-objective, the optimization effect of the Q-learning algorithm has obvious advantages over the Dijkstra and Bellman-Ford algorithms. And the above two types of traditional route planning algorithms are easy to achieve saturation for the optimization of dual objectives. Moreover, the weighted reward parameter design is effective in the Q-learning algorithm. By adjusting the weight parameters, the algorithm model can recommend route planning with different requirements. According to the actual road conditions and drivers' needs, the route planning model based on Q-learning enables drivers to travel to the destination with a small driving cost. And avoid serious traffic congestion while driving.

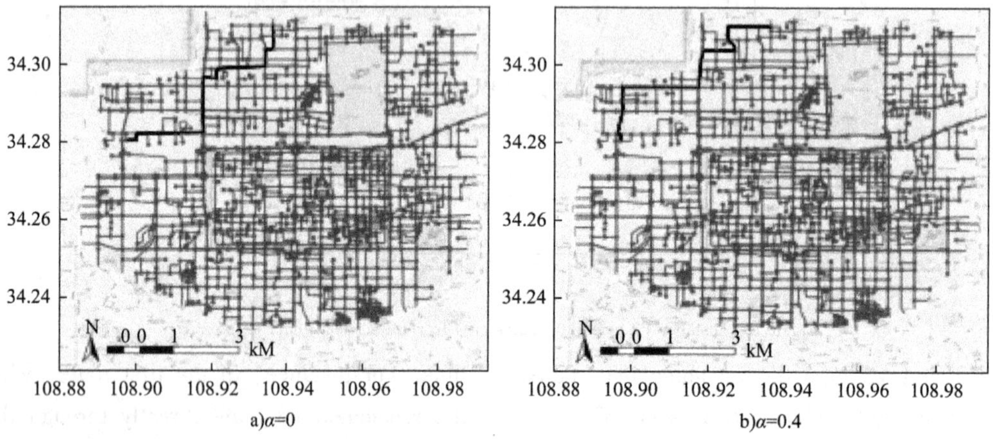

Figure 4 Recommended route for o_2 to d_2

In the future, the expansion of the data scale of the historical GPS dataset of the vehicle GPS used can be considered, and the utilization of longer time scales and larger data to study the actual case can be attempted. Since traffic conditions and travel patterns may vary with time and season, conditions such as time, season, and weather can be accounted for.

References

[1] TALUSAN J P, WILBUR M, DUBEY A et al. On decentralized route planning using the road side units as computing resources [J]. 2020 IEEE International Conference on Fog Computing (ICFC) IEEE, 2020,5:1-8.

[2] TRESCA G, CAVONE G, DOTOLI M. Logistics 4.0: A Matheuristics for the Integrated Vehicle Routing and Container Loading Problem [J]. 2022 IEEE International Conference on Systems, Man, and Cybernetics (SMC), 2022, 10: 333-338.

[3] OUBBATI O S, ATIQUZZAMAN M, LORENZ P, et al. SEARCH: An SDN-enabled approach for vehicle path-planning [J]. IEEE Transactions on Vehicular Technology, 69(12), 14523-14536.

[4] SUN Y, FANG M, SU Y. AGV path planning based on improved Dijkstra algorithm[J]. Journal of Physics: Conference Series, 2021, 1746 (1): 12-52.

[5] TANG G, TANG C, CLARAMUNT C, et al. Geometric A-star algorithm: An improved A-star algorithm for AGV path planning in a port environment [J]. IEEE Access, 2021, 9: 59196-59210.

[6] CHI W, DING Z, WANG J, et al. A generalized Voronoi diagram-based efficient heuristic path planning method for RRTs in mobile robots [J]. IEEE Transactions on Industrial Electronics, 2021, 69 (5): 4926-4937.

[7] ZHOU Y, ZHANG E, GUO H, et al. Lifting path planning of mobile cranes based on an

improved RRT algorithm [J]. Advanced Engineering Informatics, 2021, 50, 101376.

[8] CHEN X, DAI Y. Research on an improved ant colony algorithm fusion with genetic algorithm for route planning. [J]. 2020 IEEE 4th Information Technology, Networking, Electronic and Automation Control Conference (ITNEC), 2020, 6: 1273-1278.

[9] ABOLHOSEINI S, ALESHEIKH A A. Dynamic routing with ant system and memory-based decision-making process[J]. Environment Systems and Decisions, 2021, 41: 198-211.

[10] SUTTON R S, BARTO A G. Reinforcement learning: An introduction[M]. MIT press, 2018.

[11] WANG C, YANG X, LI H. Improved Q-learning applied to dynamic obstacle avoidance and path planning [J]. IEEE Access, 2022, 10, 92879-92888.

[12] YANG C, GIDOFALVI G. Fast map matching, an algorithm integrating hidden Markov model with precomputation [J]. International Journal of Geographical Information Science, 2018, 32 (3): 547-570.

Ship Draft Prediction Using Multifactor Learning and Random Forest Models

Zihao Fan* Tianyou Yi

(School of Navigation, Wuhan University of Technology)

Abstract Accurately predicting ship draft is crucial for improving waterway transport efficiency. To ensure navigation safety and address existing method shortcomings, this study proposes a ship draft data prediction algorithm based on the random forest model in machine learning. The data is first pre-processed. Then, the correlation coefficients between different physical factors and ship draft are analysed to judge the key factors affecting ship draft. This is done by combining the data distribution map and determining the optimal group for prediction using a multi-factor learning and random forest model. Finally, validation and comparison analysis are carried out by combining datasets with different data volumes. The ship draft prediction results proposed in this paper can be practically applied to solve the problem of manual detection difficulty and low observation precision.

Keywords Ship draft Multifactor Learning Vessel safety Data analytics Machine learning

0 Introduction

Ship draft is the vertical distance from the bottom of the ship to the surface of the water. It indirectly reflects the ship's buoyancy while traveling. The draft of large or inland waterway ships is often crucial for safety due to the limited water depth of waterways and ports[1]. To ensure efficient ship transport in waterways and ports, and to safeguard navigation and safety of people and properties, accurate prediction of the draft for a ship is necessary. This also helps to reduce environmental pollution and achieve better social and environmental benefits.

Currently, ship draft monitoring and detection can be divided into two methods: artificial observation and automatic detection. Artificial observation involves visually reading the water ruler scale on the hull, which is susceptible to weather and low efficiency. Additionally, it cannot overcome deliberate modification of the draft value [2-4]. Automatic detection mainly involves detecting drafts automatically using pressure or electronic sensors installed on the outside of the hull[5-7]. However, this method is not suitable for off-ship detection and the sensors are vulnerable to damage in harsh sailing environments. The technology for detecting draught based on image processing has limited effectiveness in foggy conditions and poor visibility. Additionally, the accuracy of converting camera coordinates to spatial coordinates can also impact measurement results[8, 9]. Laser monitoring technology is affected by transmission attenuation in water and the transmission distance is closely related to water quality, resulting in blind zones and reduced accuracy. The multibeam elevation scanning monitoring method is susceptible to such as wind and wave currents, which can lead to inaccurate and unreliable results. Additionally, the continuous power supply of equipment cannot be guaranteed, further compromising the accuracy and robustness of the results[9]. It is important to consider these limitations when using this method.

Ship draft is determined by the optimal combination of multiple independent variables, such as shipload and coefficients. Therefore, predicting or estimating using a single variable is not effective. It is important to consider all variables together to accurately determine the ship draft. The random forest algorithm is a suitable method for handling multiple independent variables. It reflects the characteristics of the attributes of the factors in the dataset and expresses their relationship through a mathematical function[10]. This method not only helps to obtain the relationship between various factors but also has significant application value in data prediction. Therefore, this paper selects the Random Forest algorithm to predict the ship's draft and investigate the influence from correlation of the respective variables on the ship's draft.

1 Overall technical route

(1) The ship data anomaliesin length, width, gross tonnage, and deadweight, are removed. The histogram distribution is then analysed.

(2) Spearman's correlation analysis was used to calculate the correlation between the ship's draft and quantitative variables, including the ship's length, width, gross tonnage, and deadweight. The correlation coefficient and significance test are combined to identify the important quantitative factors related to the ship's draft.

(3) This study proposes the adoption of a random forest model to accurately predict the actual ship draft using relevant multi-factors. This method can supplement the current approach, which requires a large amount of manpower and resources for on-site measurements.

2 Random forest modelling

The paper's random forest model (Figure 1) is constructed using information-increasing entropy. The specific steps are as follows is Table 1.

Symbol Description Table 1

No.	Sign	Sign Value	Symbol Description
1	D_{r_n}	$n=1,2,\cdots,n$	Vessel draft
2	x_n	$n=1,2,\cdots,n$	Variable factor
3	β_n	$n=1,2,\cdots,n$	Regression coefficient
4	D	Specific data	Training data set
5	$\|D\|$	any integer	Sample size
6	K	$n=1,2,\cdots,18$	Category ordinal number
7	x_{n_i}	$i=1,2,\cdots,n$	Data for feature x_n

Input: training dataset D and feature x_1; Output: information gain of feature x_1 on training dataset D is $g(D, x_1)$. Calculate the empirical entropy $H(D)$ of the dataset D is shown in equation (1).

$$H(D) = -\sum_{k=1}^{K}\frac{|C_K|}{|D|}\log_2\frac{|C_k|}{|D|} \tag{1}$$

Calculate the empirical conditional entropy $H(D|A)$ of feature x_1 for dataset D is shown in equation (2).

$$\begin{aligned} H(D/x_1) &= \sum_{i=1}^{n}\frac{|D_i|}{|D|}H(D_i) \\ &= -\sum_{i=1}^{n}\frac{|D_i|}{|D|}\sum_{k=1}^{K}\frac{|D_{ik}|}{|D_i|}\log_2\frac{|D_{ik}|}{|D_i|} \end{aligned} \tag{2}$$

The information incremental entropy calculation formula is shown in equation (3).

$$g(D,x_1) = H(D) - H(D|x_1) \tag{3}$$

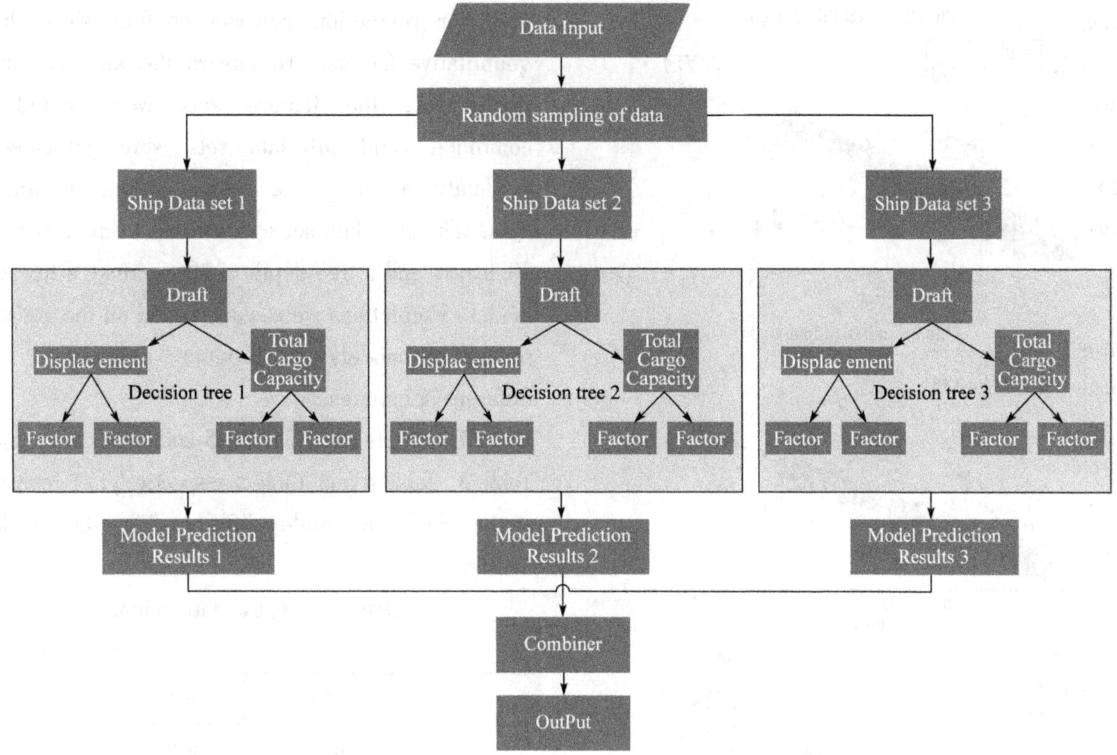

Figure 1 Flow chart of random forest model

Calculate the information incremental entropy of all the features of x_1, x_2, x_3, $\cdots$, x_n sequentially and take the feature with the largest information incremental entropy as the preferred feature.

3 Data analysis experiments and results

3.1 Selection of experimental data

The experimental data in this paper include ship name, ship's registry number, ship length, ship's breadth, ship's depth, full draught, empty draught, gross tonnage, ship's type, port of departure, port of destination, and time of arrival. In terms of quantitative factors affecting the ship's draft, this paper identifies four sets of data, including length, breadth, gross tonnage, and deadweight. Prior to experimental analyses, the experimental data are first pre-processed to improve the quality and reliability of the data, including the elimination of outliers, such as the elimination of missing data and zero data. This helps in the ensuing data analysis and modelling, as well as determining whether there are overloading violations on the vessel.

3.2 Correlation analysis of ships' draft with multiple factors

Specifically, ship draft is positively correlated with displacement, deadweight and depth, and not significantly correlated with maximum height. The correlation between ship draft and various factors varies. As the gross tonnage and gross cargo capacity of the ship increases, the draft also increases. Figure 2 shows the scatter plot of ship's draft against all the parameters such as length, breadth, gross tonnage and deadweight. To verify the correlation between ship draft and several factors, Spearman's correlation coefficients were calculated and are shown in Table 2. ship draft is strongly correlated (correlation coefficient greater than 0.7) with each of the eigenfactors selected for this experiment.

Correlation coefficients between different factors and ship's draught Table 2

variable name	Correlation coefficient
draught	1
length	0.719
breadth	0.749
gross tonnage	0.751
deadweight	0.742

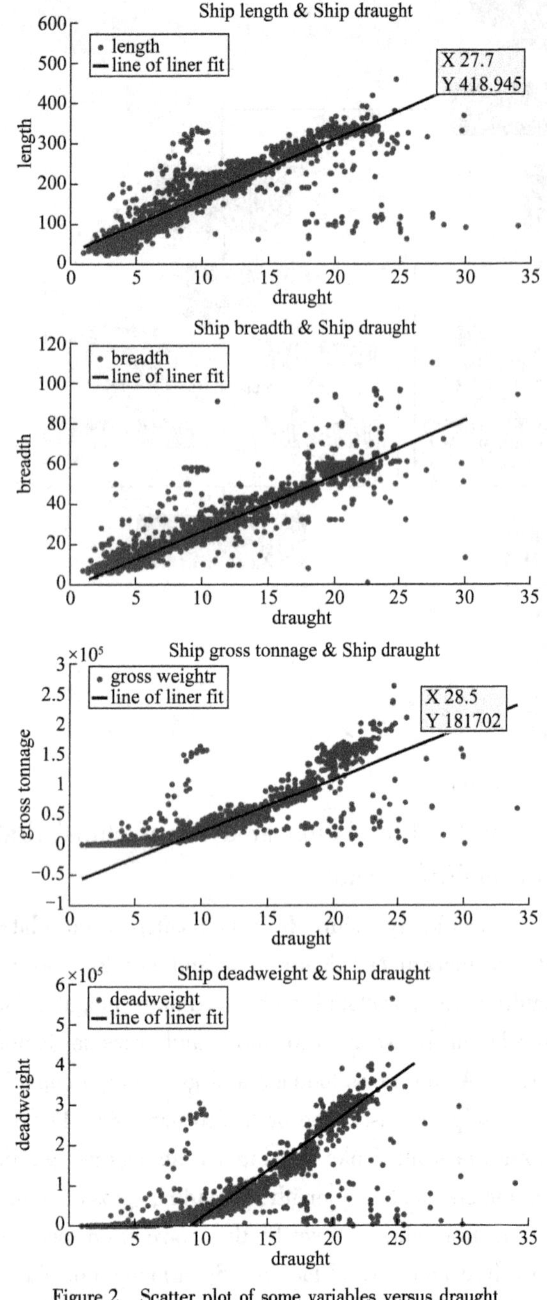

Figure 2 Scatter plot of some variables versus draught

The x-axis of the graph is the draught and the $y$axis is the length, breadth, gross tonnage or deadweight.

3.3 Results and analysis of data projections

After pre-processing the data, the total data of this experiment was randomly divided into three copies with different data volumes (data volumes of 1673, 2085, and 11000, respectively) to guarantee that the results of the subsequent experiments would provide comparisons to increase the reliability, and at the same time, the data was divided into a training set and a test set in the ratio of 3∶1. The feature set used for prediction consists of four ship physics quantitative factors. To ensure the accuracy of the predictions, the feature sets were sorted and combined, and sub-data sets were generated by randomly selecting the corresponding training set data. The sub-data set was trained using 100 trees, 50 leaves and a tree depth of 20 to create a forest tree model. Predictions were made based on the generated prediction models to produce predictions under different subgroups.

The results for 1673, 2085 and 11000 are shown in Table 3, Table 4 and Table 5 respectively. A comparison of the predictions under different "forests" is shown in Figure 3.

Predicted results for data volume 1673

Table 3

CN	MAE	RMSE	OC
1	0.605	0.824	1
2	0.703	1.022	2
3	0.522	0.716	3
4	0.440	0.624	4
5	0.489	0.679	1,2
6	0.450	0.629	1,3
7	0.373	0.539	1,4
8	0.474	0.645	2,3
9	0.351	0.489	2,4
10	0.376	0.556	3,4
11	0.437	0.612	1,2,3
12	0.344	0.509	1,2,4
13	0.341	0.475	1,3,4
14	0.364	0.546	2,3,4
15	0.320	0.458	1,2,3,4

The table below shows the optimal combinations of numbers 1- 4, representing the following ship characteristics: length breadth gross tonnage and deadweight. And in the table header, CN is the number of combinations, MAE is the mean absolute error, RSME is the root mean square error and OC is the optimal combination.

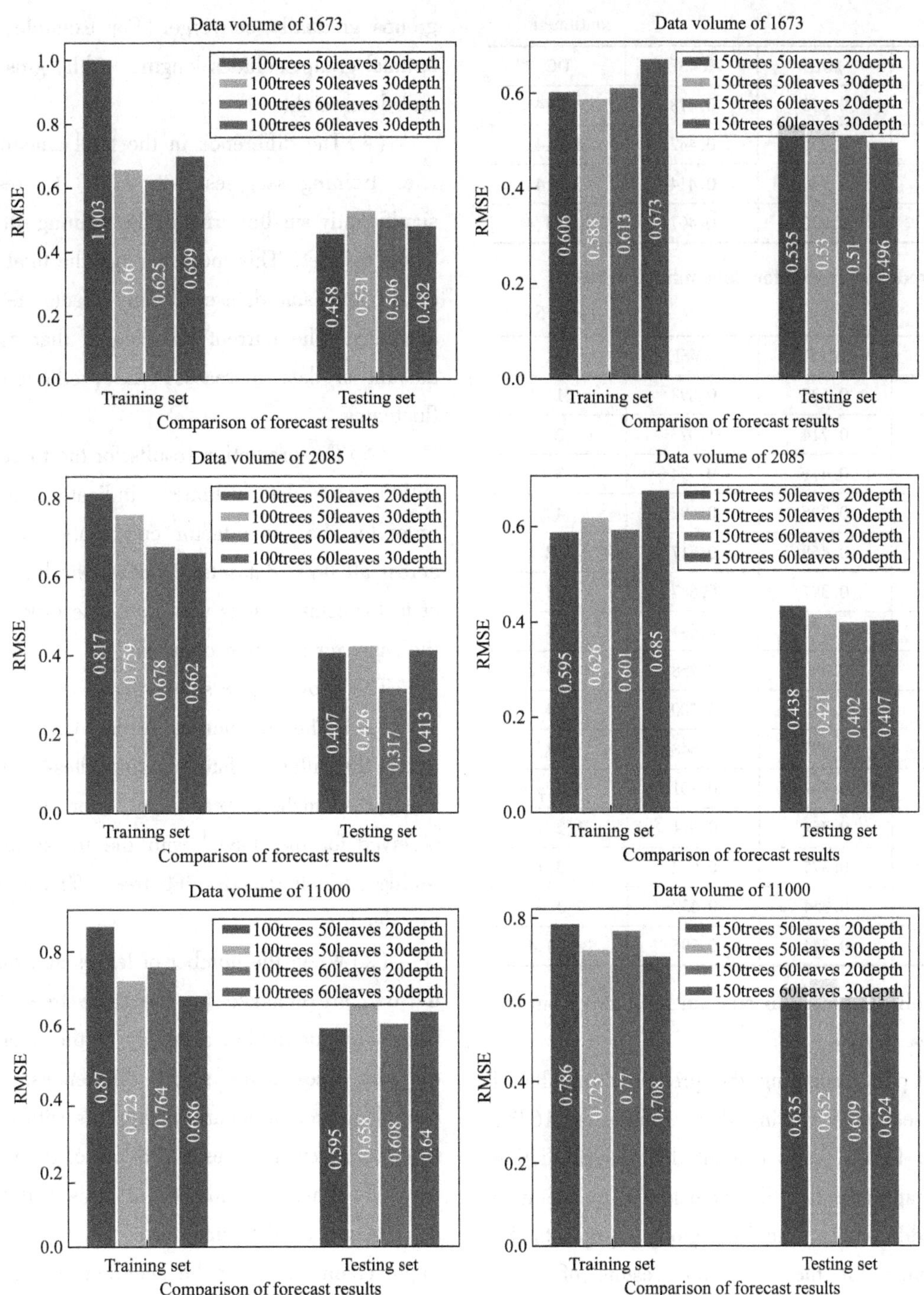

Figure 3 Comparison of experimental results in different "forests"

Predicted results for data volume 2085

Table 4

CN	MAE	RMSE	OC
1	0.454	0.794	1
2	0.563	0.954	2
3	0.339	0.590	3
4	0.339	0.580	4
5	0.410	0.734	1,2

continued

CN	MAE	RMSE	OC
6	0.294	0.503	1,3
7	0.309	0.522	1,4
8	0.260	0.447	2,3
9	0.274	0.473	2,4
10	0.268	0.453	3,4
11	0.269	0.451	1,2,3

continued

CN	MAE	RMSE	OC
12	0.275	0.478	1,2,4
13	0.259	0.442	1,3,4
14	0.240	0.414	2,3,4
15	0.232	0.407	1,2,3,4

Predicted results for data volume 11000

Table 5

CN	MAE	RMSE	OC
1	0.535	0.898	1
2	0.714	1.073	2
3	0.471	0.794	3
4	0.396	0.692	4
5	0.468	0.817	1,2
6	0.397	0.687	1,3
7	0.376	0.691	1,4
8	0.430	0.758	2,3
9	0.378	0.700	2,4
10	0.377	0.648	3,4
11	0.392	0.701	1,2,3
12	0.361	0.671	1,2,4
13	0.375	0.672	1,3,4
14	0.354	0.639	2,3,4
15	0.344	0.595	1,2,3,4

The following conclusions can be drawn from the three tables above:

(1) Upon examining the prediction results of three datasets with varying data volumes of 1673, 2085, and 11000, it is evident that the prediction accuracy improves with the inclusion of quantitative factors. Additionally, the 15th group represents the optimal value for the prediction results of these datasets.

(2) The prediction accuracy of different single eigen factors basically converges with the size of the correlation term coefficients in the data pre-processing stage, as shown in the single-factor prediction results of the three datasets. This further proves the accuracy of the data selection and the feasibility of the draught prediction.

(3) As the number of combinations increases, the quantitative factors of the optimal prediction groups gradually converge. For example, the 15th optimal group includes length, width, gross tonnage, and deadweight.

(4) The difference in the total amount of data, i. e. training set: test set = 3 : 1, results in a significantly smaller error in the training set compared to the test set. This indicates that the total amount of data in the same dataset directly affects the prediction accuracy. The current data shows that as the total amount of data increases, the prediction accuracy fluctuates.

(5) The prediction results for the three datasets, with varying data volumes, indicate that the error order for the same factor combination is consistent across all three datasets. In other words, the number of factor combinations with the same order of error is the same for all three datasets.

The above figure shows that:

(1) The prediction errors vary significantly among the different 'forests'. Regardless of the dataset size, the highest prediction error is consistently observed for the 'forest' with the initial experimental settings, which includes 100 trees, 50 leaves, and 20 tree depths.

(2) When the number of leaves and the depth of the tree are changed for the same tree, the model fitness and prediction accuracy of the data sets with different sizes show slight differences. However, overall prediction accuracy improves with an increase in the number of leaves and depth of the tree.

(3) When the number of trees and tree depth are changed for the same leaves, there is a significant improvement in prediction accuracy with an increase in both trees and tree depth. This suggests that both tree depth and number of trees have a significant impact on prediction accuracy.

(4) When the tree depth is the same, the prediction accuracy can be improved by varying the number of trees and leaves.

(5) Upon comparing (2), (3), and (4), it was observed that the prediction accuracy improved with an increase in the number of trees, number of leaves, and depth of the tree in a single case.

However, upon examining the prediction results of different forests in various datasets, it was found that the optimal prediction accuracy in this experiment was achieved with 100 trees, 60 leaves, and a tree depth of 20.

4 Conclusions

To enhance the precision of ship draft data prediction, this paper presents a machine learning algorithm that employs the random forest method to construct a prediction model. The model, which is based on correlation analysis, distribution visualisation of data, and actual observations, is a random forest prediction model. The experimental results demonstrate the optimal combination of various draft predictions. This study demonstrates the accuracy and feasibility of predicting ship drafts based on multi-type data. The dataset was randomly split into three datasets with different data volumes, and the prediction results of the three datasets were compared with those obtained using different 'random forest' tree structures. After considering various factors such as length, width, gross tonnage, and deadweight, the combination of factors that resulted in the highest model accuracy was the combination of length, width, gross tonnage, and deadweight for optimal prediction accuracy, we recommend using a tree structure consisting of 100 trees, 60 leaves, and a depth of 20.

Additionally, the model can be continuously updated, and feature factors can be added to further improve the accuracy of data prediction. The statement implies that the model has a broad range of potential applications and opportunities for advancement in the area of ship draft data prediction.

Acknowledgments

This work was supported by the National Natural Science Foundation of China (No. 42371415 and No. 42101429); the National Key Research and Development Program of China (No. 2022YFC3302703); Open Fund of State Key Laboratory of Information Engineering in Surveying, Mapping and Remote Sensing, Wuhan University (Grant No. 21S04), and the Young Elite Scientists Sponsorship Program by China Association for Science and Technology (CAST) (No. YESS20220491).

References

[1] ZHONG H. Research on remote monitoring and early warning system of draft of ships navigating through Three Gorges [D]. Dalian: Dalian Maritime University, 2011.

[2] LI S Y. Design and implementation of ship draft monitoring system based on data deep mining [J]. Ship Science and Technology, 2022, 44(8):4

[3] LI J X, ZHOU X C, CHU X M, et al. Ship draft detection technology based on single-beam elevation-sweep echo signal strength processing [J]. Marine Engineering, 2017, 046(006): 12-16,22.

[4] WANG X, SUN Z F. Analysis of influencing factors of ship draft standard based on real ship test of ship lift[J]. Waterway Port, 2020, 41(5):7.

[5] XIONG M D, ZHU S Y, LI L, et al. Research on data processing method of real-time draught detection system for navigable ships [J]. Journal of Instrumentation, 2012, 33(1):8.

[6] ZHANG X, YU M, MA, Z, et al. Self-powered distributed water level sensors based on liquid-solid triboelectric nanogenerators for ship draft detecting [J]. Advanced Functional Materials, 2019,29(41), 1900327.

[7] ZHAN W, HONG S, SUN Y, et al. The system research and implementation for autorecognition of the ship draft via the UAV [J]. International Journal of Antennas and Propagation, 2021.

[8] RAN X, SHI C, CHEN J, et al. Draft line detection based on image processing for ship draft survey [C]. In Proceedings of the 2011 2nd International Congress on Computer Applications and Computational Science. Springer, Berlin, Heidelberg, 2012.

[9] GU H W, ZHANG W, XU W H, et al. Digital measurement system for ship draft survey. In

Applied Mechanics and Materials [J]. Trans Tech Publications Ltd, 2013, 333: 312-316.

[10] WU HQ. Rapid troubleshooting method of optical fibre fault data information based on machine learning [J]. Laser Journal, 2018 (12): 160-165.

[11] WEI Y. Research Review of Ship Draft Observation Methods [J]. American Journal of Traffic and Transportation Engineering, 2023, 8(2).

Evaluating the Impact of Surveillance Cameras on Traffic Compliance: An Evolutionary Game Theoretic Approach

Liang Zhu* Fanhua Qi Qiaoting Gan

(Renmin University of China)

Abstract The widespread installation of surveillance cameras in traffic systems has transformed the approach to traffic management, shifting from conventional, police-focused techniques to technology-driven tactics. This paper examines how surveillance cameras affect traffic compliance using evolutionary game theory. We develop a dual-sided model to analyze the dynamic interactions between government enforcement agencies and drivers, taking into account scenarios with and without navigation services. By using the replicator dynamic and the Jacobian matrix, we identify Evolutionarily Stable Strategies (ESS) that reflect the complex interplay between policy, behavior, and technology. Our research shows that surveillance cameras can improve road safety and decrease violations. However, the introduction of navigation services can change compliance behavior, causing a paradox where more surveillance can shift from cooperation to a cycle of evasion and enforcement. The paper concludes with a discussion on the consequences of technology governance in traffic systems, highlighting the necessity for policy approaches that balance technological progress with the principles of good governance, privacy issues, and public trust.

Keywords Surveillance Cameras Evolutionary Game Theory Navigation Services

0 Introduction

The complex network of highway traffic systems stands as one of the most sophisticated constructs of human ingenuity, with public roads serving as essential conduits for societal interaction (Resnick 1997). Advancements in digital technologies have led to a significant increase in the use of surveillance cameras, marking a transformative shift in traffic management strategies. This shift represents a move away from labor-intensive management, which relied heavily on traffic police officers, to a more technology-centric model (Asadianfam et al. 2020, Buch et al. 2011). Traffic management now leverages information technology and extensive use of electronic surveillance devices, including traffic cameras, to regulate and maintain road order (Delaney et al. 2005, Koskela 2000). This evolution has profound implications for transport policies, prompting a reevaluation of traditional strategies and the novel integration of surveillance to handle the complexities of modern traffic systems.

The proliferation of surveillance technology is a global phenomenon, and it was predicted that the global video surveillance camera market was valued at 35 billion U. S. dollars in 2022, and up to 54 billion by 2026, the number of surveillance cameras was projected to reach 1 billion by the end of 2021 (IHS Markit 2020), China was estimated to have 626 million cameras in 2020 (Slotta 2020), with one camera for every 4.1 people, 85 million cameras in the United States in 2021 (Lin and Purnell 2019), about one camera for 4.6 people, and in the United Kingdom, the number is about 4 to 6 million (Ratcliffe 2020). This exponential increase has the potential to significantly transform the landscape of traffic management. These surveillance apparatuses and the underlying information technology has facilitated real-time monitoring of road traffic and remote processing of violations (Yu et al. 2021, Zhang et al. 2007), created a new paradigm where technology plays a central role on governance and public management, a trend that is both transformative and fraught with challenges. However, the effectiveness and implications of such a technology-centric approach remain a subject of debate.

The data further elucidates the contradiction between the effectiveness of technology. In recent years, countries have continued to increase investment in road traffic system management and have implemented measures such as deploying "electronic police" to enhance traffic regulation. However, the latest statistics from the World Health Organization reveal that global road traffic fatalities have continued to rise since 2000, making road traffic accidents the eighth leading cause of death worldwide. Furthermore, 93% of traffic accidents are attributed to human factors. The emergence of naturalistic driving research, supported by extensive and adequate sample observations, further substantiates the existence of "hazardous events" beyond regulatory oversight in natural driving scenarios. Taking speeding as an example, data from one of China's largest navigation service providers, Baidu Maps, reveals that the number of incidents of speeding in China is approximately 3,000 per 10,000 vehicle kilometers. (Baidu Maps 2023), which is considerably higher than the number of traffic violations recorded by the government, suggesting a gap between actual violations and those detected and enforced. This underscores the magnitude of the traffic management challenge, raises questions about the effectiveness of current surveillance systems and enforcement strategies, and the potential impact of technology on influencing driver behavior and enhancing adherence to traffic regulations.

While there is a rich body of literature on the role of digital technologies in governance (Zuboff 2019), there remains a lack of comprehensive studies that critically examine the potential risks and challenges associated with this growing reliance on technology (Bertot et al. 2010). This gap is especially noticeable in the field of traffic management, which has undergone rapid digitalization in recent years. Many studies on digital governance in traffic management tend to focus on the operational benefits, such as improving road safety (Wang et al. 2013) and reducing traffic violations (La Vigne et al. 2011). For instance, researchers have examined the impact of surveillance cameras on driver behavior (Hu et al. 2011) and analyzed the effectiveness of digital traffic control systems in reducing congestion (Papageorgiou et al. 2003). These studies, however, often adopt a techno-optimistic perspective, emphasizing the advantages of surveillance cameras while neglecting the potential downsides. There is a lack of research that critically examines the broader implications of the reliance on technology in traffic management. Key issues, such as the potential overuse of surveillance cameras, privacy concerns (Brownsword 2008), and the changing power dynamics between citizens and the state (Lyon 2002), often go unaddressed. Studies have examined the role of technology in traffic governance from an economic perspective (Verhoef 2007), other dimensions such as social, political, and environmental aspects have also been extensively debated, have raised concerns about the effectiveness of technology and highlighted safety, racial, and equity issues related to its use (Delaney et al. 2005, Gallagher and Fisher 2020, Novoa et al. 2010, Tilahun 2023). These concerns underscore the issue's complexity and frame this paper's research questions: Can traffic surveillance cameras effectively reduce traffic violations, enhance road safety, and maintain traffic efficiency? Furthermore, does the implementation of digital technologies, specifically surveillance cameras, necessarily lead to improved governance in traffic management?

This study aims to fill this gap by utilizing evolutionary game theory to examine the mechanics of digital traffic surveillance. This research utilizes evolutionary game theory to create a two-way model of interactions between governmental bodies and drivers in traffic management, considering scenarios with and without navigation service. Governmental bodies in this model can choose between two distinct enforcement strategies. A stringent approach involves the extensive use of surveillance cameras and a reliance on technologies that were intended to generate more violation tickets, for enhancing surveillance infrastructure is a more accessible and direct strategy for the government compared to raising fines, which would need legislative changes. A more lenient approach involves fewer cameras and less emphasis on punitive measures, resulting in a higher level of tolerance for traffic violations by the government. On the other hand, navigation technologies function as a significant variable, potentially modulating drivers' compliance with or violation of traffic regulations. Drivers' utilization or non-utilization of navigation service introduces an additional dimension into this decision-making matrix, as the navigation service enables them to have the choice to either obey or disregard traffic laws. By constructing a replicator dynamic and employing the Jacobian matrix to ascertain the stability of the resulting strategies (Evolutionarily Stable Strategies, ESS), this study discusses the game's outcomes under diverse parameter conditions. It thereby provides an in-depth comprehension of the complex relationship among government policies, driver behaviors, and technology's impact on traffic management.

This study lies in its innovative application of evolutionary game theory to the realm of traffic governance, a perspective that has not been thoroughly explored in existing research. By analyzing the interactions between the government and drivers, as well as the role of navigation service, this study will shed light on the potential overuse of surveillance cameras, enhance our understanding of the dynamics between government and technology in the context of traffic management, offer insights into equilibrium between technological advancement and good governance (Kaufmann et al. 2009).

1 Game theory in traffic systems: an overview

1.1 The role of government and policy implications

Governments strategically decide to deploy traffic cameras on public roadways based on a variety of factors and motivations. The primary motivations include the duty of public service, as governments are committed to ensuring safety, order, and equitable access to public roads. These roads, which are crucial public goods, present complex management challenges due to overuse damage and exclusivity issues during congestion. The dual role of roads as both means of communication and public spaces necessitates the establishment of governance measures and regulations. These are essential to maintain order and ensure sustainable usage. Governments have implemented various traffic regulations to enhance traffic flow efficiency and safety. Implementing these regulations necessitates significant resources, a difficulty that governments are currently confronting.

To aid in this enforcement, traffic cameras, known as 'E-police' in China, have been widely utilized (Malenje et al. 2019). These devices are designed to detect violations such as speeding, illegal parking, and lane occupancy, subsequently issuing electronic tickets to violators. This technology simplifies the enforcement process by removing the requirement for on-site officers and also creates a possible source of income through fines for violations (Davis et al. 2023, Graham and Makowsky 2021, Kamanga et al. 2021, Mai and Rafael 2020, Ralph et al. 2022, Shoub et al. 2021, Su 2020). However, the integration of public safety measures with revenue generation creates a complex dynamic within public management. While fines can serve as a societal correction, acting as a 'Pigouvian tax' to compensate for the external costs of traffic violations, there is a risk. If the pursuit of revenue overshadows public safety commitment, a conflict of interest might arise(AYRAT and LIN 2022, Dutta et al. 2022).

To address this issue, it is crucial to recognize the extensive network of public roads and the difficulties it poses for governments in maintaining order solely through human resources. This has resulted in a greater dependence on contemporary technology, such as traffic cameras. These devices deter dangerous behaviors and violations while simultaneously generating revenue through fines. They have a crucial impact on influencing traffic behavior and improving road safety, highlighting the need for a delicate equilibrium in traffic management. This equilibrium must consider efficiency, safety, and financial factors, emphasizing the need for a deliberate approach in public administration.

1.2 Technological influence on traffic management

The introduction of the vehicle necessitated the development of traffic management systems, which initially relied on human supervision. However, the increasing traffic volumes required a transition to more effective enforcement methods. This transition was characterized by a notable shift from human-centered to technology-centered enforcement techniques. Technology, particularly surveillance cameras, has become an indispensable tool in upholding traffic laws in the contemporary traffic landscape. Automated enforcement systems such as speed, red-light, and parking cameras offer continuous monitoring and are now essential components of city settings.

Speeding is a common traffic violation that has been effectively addressed by technological advancements. Radar surveillance systems monitor vehicle speed and take pictures if the predetermined speed limit is surpassed. Research on how well these speed cameras contribute to increased road safety is still in progress(Pilkington and Kinra 2005). The results have been variable, and there are potential dangers linked to abrupt braking in reaction to camera detection (Obeng and Burkey 2008). Parallel to this, running red lights is another widespread violation that technology has been instrumental in curbing. Red light cameras capture images of vehicles that enter the intersection after the signal has turned red. These cameras have significantly reduced the incidence of red light running. However, research on their safety impact presents a mixed picture (Gallagher and Fisher 2020). While they have led to a decrease in side-impact collisions, there has been a noted increase in rear-end collisions. Technology also helps to tackle illegal parking violations. CCTV systems, intelligent sensors, and Automatic Number Plate Recognition (ANPR) work together to remotely identify illegally parked vehicles and enforce penalties. These systems' effectiveness depends on factors such as enforcement practices and local parking demand dynamics.

Although these surveillance technologies have greatly enhanced traffic management and decreased violations, their implementation raises crucial concerns, especially regarding privacy and dependability. Consequently, governments are faced with establishing a balance between the benefits of these surveillance technologies and the potential risks and ethical concerns they pose. Policymakers must strategically place and effectively execute traffic management technologies while considering careful policy considerations to ensure efficiency and public acceptance.

1.3 Understanding driver behavior in the tech-driven traffic environment

Drivers' behavior on the road is shaped by a variety of factors such as safety concerns, the need for efficient travel, financial consequences, and the fear of penalties. Many drivers prioritize safety due to self-preservation instincts and social responsibility, which results in following traffic laws aimed at minimizing accident risks (Elvik 2010). However, this can conflict with the goal of efficient travel, as some drivers may ignore traffic regulations to arrive at their destination more quickly. The financial consequences of traffic violations, including fines, possible insurance premium increases, and license suspension, act as a strong deterrent against dangerous driving habits. If drivers believe the chances of facing penalties are low, they might prioritize their own convenience over following the law, leading to increased instances of aggressive driving or speeding violations.

The interaction between drivers' actions and law enforcement can be analyzed using game theory, especially focusing on information asymmetry (Camerer 2011). The effectiveness of enforcing traffic laws greatly relies on drivers' incapacity to accurately identify the locations of traffic cameras. Possessing an adequate amount of cameras could eliminate traffic violations. Today, drivers have more power to question traditional traffic regulations due to their increased access to information in the era of information.

Mobile navigation apps such as Google Maps, Waze, and Baidu Maps offer geospatial data and live updates, turning drivers from passive observers into engaged decision-makers during their travels (Cabannes et al. 2018). Most importantly, these apps have the ability to indicate where traffic cameras are, so drivers can modify their behavior to avoid being caught and fined. This information encourages compliance with traffic laws near surveillance cameras but could potentially facilitate non-compliance in areas without surveillance. Technology's role in addressing the information asymmetry between enforcement and drivers is significant. The government initially depended on traffic cameras to oversee illegal activities, but it was challenging to identify and punish violations occurring beyond the surveillance area. Despite increased law enforcement efforts, drivers might continue to violate laws due to technological advancements, prompting the government to enhance traffic monitoring. This interaction among technology, drivers, and government enforcement has already resulted in the development of interval speed measurement and mobile speed points on highways.

In the ongoing "game" of traffic governance, the government balances increased surveillance for stronger law enforcement with reduced surveillance for more lenient enforcement. Meanwhile, drivers choose between obeying or breaking laws. The game is played repeatedly because of continuous traffic monitoring as well asdrivers utilizing the road repeatedly, with each round impacting the next. Technology plays a crucial role in this game, enabling the government to increase traffic cameras and drivers to evade them through digital tools, creating a dynamic cat-and-mouse scenario. This game features drivers (individuals using navigation apps) and traffic cameras (representing the government). Despite potential private interests, the government strives to maintain traffic order, efficiency, and safety while minimizing violations and accidents. Concurrently, drivers, aided by navigation apps, strategically break laws to prioritize their interests concerning safety and efficiency.

2 Methodology: an evolutionary game theory approach

Bowles presents an evolutionary approach to microeconomics to how institutions evolve due to individual actions (Bowles 2004). Evolutionary game theory is a theoretical framework that analyzes strategic interactions within various populations over time. It helps to understand how group behaviors form stable strategies known as Evolutionarily Stable Strategies (ESS) (Smith 1982). The strategies act as stable points in the decision-making environment, influencing the patterns of interactions within a group. Evolutionary game theory is highly applicable in the ever-changing dynamics of traffic management, where government decisions and driver behavior interact and evolve over time. Due to the difficulty in obtaining data on covert violations in natural driving environments, evolutionary game theory is highly applicable for analyzing the rapidly changing dynamics of traffic management and the complex game processes between the government and drivers. This paper introduces a complex dual-sided evolutionary game model that carefully analyzes the dynamic relationship between government entities and drivers in two scenarios: one with digital navigation and one without. The model carefully examines the behavioral strategies and interactions of each participant in public traffic to gain a thorough understanding of their roles and impacts.

2.1 Assumptions and parameters' setting

To determine the equilibrium point of the evolutionary game and analyze the complex interaction among different factors, In the preliminary stage, we collected a rich set of traffic game behaviors through methods such as field surveys, interviews, and analysis of textual data, aiming to capture the diversity of real-world actors' behaviors as comprehensively as possible. Furthermore, using the Delphi method, we organized and summarized the parameters of traffic game behaviors. Building upon the aforementioned efforts, we propose the following hypotheses:

2.1.1 Assumption 1

The primary participants of the traffic game are the government and the drivers. Both parties exhibit bounded rationality (Simon 1957), where each strategic decision impacts the benefits of the other player. A variety of factors influence these strategic choices. For the government, it can be the overall traffic situation, public safety considerations, resources available for enforcement, and public sentiment towards traffic laws and their enforcement. For the public, considerations may include their perceived risk of being caught, potential penalties, personal attitudes towards rules, and societal norms regarding traffic law compliance (Tyler 2006). Over time, players adapt their strategies by considering their past decisions, the changing dynamics of the game, and alterations in influencing factors. This iterative process eventually leads to a stable state in the game, but it is a dynamic equilibrium that can shift with changes in the influencing factors.

Navigation service providers do not directly participate in traffic management, but they have an external impact on it. Their decisions to offer or withhold new technologies can affect the dynamics of the game by altering the costs and benefits of certain strategies for drivers, and indirectly influence the governments. For instance, a navigation service can offer information to assist drivers in avoiding traffic enforcement, which can impact the game's dynamics subtly. Their decisions are influenced by market competition, technological advancements, and the regulatory environment; importantly, service providers are not established to change their strategies in response to government regulations as they do not violate any law. This aspect is crucial as it separates the actions of these providers from the direct influence of the traffic governance game. Thus, they are accustomed to operating independently of the government's and drivers' strategies. This additional layer of complexity enriches the model for it reflects the multifaceted nature of real-world traffic management, taking into account the interplay between direct players, indirect influencers, and a multitude of factors that affect their decision-making.

2.1.2 Assumption 2

The government, as the principal entity in traffic governance, can modulate the intensity of law enforcement to achieve its desired outcomes. Its strategic choices lie between "strict enforcement" and "lenient enforcement". In the context of strict enforcement, it is worth noting that the government is more likely to increase the density of traffic surveillance to detect more violations rather than escalate the fines. In a legally governed nation, the fine values are typically fixed by law, and amending these values often necessitates a complex legislative process. As it is shown in Table 1, the probability of "lenient enforcement" is denoted as x, then the probability of "strict enforcement" is $1-x$, where $0 \leq x \leq 1$. This assumption emphasizes the regulatory decisions being a continuum rather than binary choices, and highlights the government's flexibility in adjusting its enforcement intensity based on situational needs.

Individual drivers, being significant participants in traffic governance and targets of the government's influence, choose between compliance and violation of the law. This decision is influenced by factors such as perceived risk of detection, potential penalties, personal ethics, and societal norms. If the probability of a driver choosing to comply with the law is y, then the probability of choosing to violate the law is $1-y$, where $0 \leqslant y \leqslant 1$. This illustrates how drivers make decisions in reaction to the government's enforcement strategy, indicating that it is a flexible response rather than a static behavior.

Variable definition

Table 1

Parameter	Explanation of parameter's meaning	Notes
x	Probability of government's "lenient enforcement" strategy	$x \in [0,1]$
y	Probability of drivers' "comply" strategy	$y \in [0,1]$
g	Coefficient of government's external utility	$g \in [0,1]$
d	Coefficient of drivers' safety utility	$d \in [0,1]$
E	Extra expenses of government's "strict enforcement" strategy	
R	Extra revenues of government's "strict enforcement" strategy	
H	Harm in overall social benefits by government's "strict enforcement" strategy	
A	Additional costs on law-abiding drivers under government's "strict enforcement" strategy	
L	Lowered overall societal benefit by law-breaking drivers	
S	Safety benefits by complying the law	
C	Compliance cost of law-abiding drivers	
B	Economic benefit by violating the law	
F	Fines and punishment imposed by "strict enforcement" government to law-breaking drivers	Equal to R
V	Reduced penalties on law-breaking with digital navigation	Equal to T
T	Decreased enforcement revenue of "strict enforcement" government	Equal to V

2.1.3 Assumption 3

The government's utility comprises external and internal utilities. In this game model, the government's external utility refers to societal benefits, such as public safety, smooth traffic flow, and reduced environmental impact of traffic. The internal utility pertains to economic benefits, such as revenue from fines and cost savings from efficient enforcement. The balance between external and internal utilities can be adjusted by changing the coefficient g, where g represents the external utility and $1-g$ represents the internal utility. The value of g can range from 0 to 1, and can be set between 0.3 and 0.7 in increments of 0.1 to analyze the impact of different levels of external government utility in the evolutionary game. Studies have found that cities with larger shares of revenue from fines and forfeits issued significantly more traffic citations (Makowsky and Stratmann 2009), and cities with fiscal deficits were more likely to issue tickets (Makowsky et al. 2019), suggesting that in some financially strained cities the weight might be lower. In a scenario where g is low, representing a government that places less weight on external factors such as public opinion or international reputation, the government is more focused on revenue than societal harm. This could be true in cities where traffic fines significantly contribute to revenue. On the other hand, a higher g value simulates a government that places more emphasis on external factors, possibly leading to a shift in strategy towards leniency.

Similarly, drivers' utility is composed of safety and economic utilities, represented by a safety utility coefficient of d and an economic utility coefficient of $1-d$, with d ranging from 0 to 1. Safety utility (S) refers to the personal safety and peace of mind that comes from obeying traffic laws and reducing the risk of accidents. Economic utility refers to the time and cost savings that might come from violating traffic laws, such as by speeding to reach a destination faster, weighed against the potential costs of fines and increased insurance premiums if caught. A study found that drivers often overestimate their driving skills and underestimate the risks (Fuller 2005), and according to a report in 2022, although 63% of drivers thought they would probably be caught by the police for driving 15mph over the speed limit on a highway, nearly half admitted to doing so in the previous month (AAA Foundation for Traffic Safety 2022). This suggests a complex balance where drivers value safety but will still take risks for perceived economic benefits, and they may place a flexible weight on both safety and the economic benefits of violation, based on factors such as their personal risk tolerance, financial situation, and ethical views. Hence d could also be set at varying from 0. 3 to 0. 7, representing a dynamic level of importance placed on safety by drivers.

2.1.4 Assumption 4

The government incurs costs and reaps benefits when it strengthens law enforcement, which also alters societal benefits. Implementing "strict enforcement" incurs execution expenses E, which can include extra costs associated with increased surveillance equipment, manpower, and administrative processes. Conversely, fines levied against drivers who violate traffic laws yields a revenue of R, which is usually higher than extra expenses E. This revenue represents the potential fines and penalties collected from drivers who do not comply with the law, indicating that the government can make a sizable profit from fines, which could be represented by $R - E$. This money can be put toward other traffic safety projects, applied to other parts of the government budget, or used to defray enforcement expenses.

Fines and punishment imposed by "strict enforcement" government to law-breaking drivers, represented by F, can be quite high worldwide. In China, for example, running a red light can result in a fine of CNY 200, and in California, the total cost of a red-light running ticket is nearly \$500. It's important to note that the amount of fine for each offense is typically regulated by law and does not change easily. However, by varying the rigor of enforcement, the government can affect the actual amount of fines collected. Therefore, the value of F not only signifies the level of fines and penalties for traffic offenses, but also reflects the strength of the enforcement strategy. And R can be considered equivalent to the penalty F.

However, the effects of "strict enforcement" extend beyond direct costs and revenues. Compared to a "lenient enforcement" strategy, which reduces the frequency of traffic checks and inspections, the "strict enforcement" strategy may negatively impact traffic flow efficiency due to an excessive number of cameras and checkpoints, especially in areas with high traffic volume or during peak travel times, and over-policing can lead to community dissatisfaction and a perception of unfairness, which can undermine societal cohesion (Tyler and Fagan 2008). Moreover, aggressive enforcement of traffic fines can disproportionately affect lower-income individuals, creating a cycle of poverty and punishment (Harris 2016). The negative impact on general social advantages caused by the government's strategy of "strict enforcement" is denoted by the variable H.

In addition, a "strict enforcement" strategy might impose additional costs A on law-abiding drivers. A represents the supplementary expenses incurred by compliant drivers due to a stringent enforcement approach by the government. These costs could include increased wait times due to frequent checks, the psychological burden of being under constant surveillance, and potential increases in insurance premiums due to the perception of increased risk. These expenses can be significant in practical situations and have a notable impact on drivers' choices regarding following traffic regulations. Therefore, in this model, A is set at a value that reflects these additional costs for law-abiding drivers under a strict enforcement strategy.

2.1.5 Assumption 5

Drivers who choose to "comply" with the law, such as by parking legally, paying tolls, and adhering to speed limits, face a compliance cost C. The cost of compliance with traffic laws can include time spent adhering to speed limits, tolls, and parking fees. Research indicates that the average American commuter spends an additional 54 hours per year in traffic congestion (Schrank et al. 2019), a cost that speeding could significantly reduce. And in New York City, the cost of monthly parking can exceed \$440 (FINN 2023), while the most expensive toll roads in New York could costs drivers \$1.25 per mile (CarInsurance.org 2023). These costs can be substantial, so C is supposed to have a meaningful value to accurately represent the actual and perceived costs that drivers incur in adhering to traffic regulations. Besides, there are additional costs on law-abiding drivers when government strictly enforces the law, represented by A.

However, adhering to regulations improves safety, resulting in safety advantages and fostering societal benefits. The safety benefits of obeying traffic laws are significant. The World Health Organization reports that approximately 1.35 million fatalities and 50 million non-fatal injuries happen annually due to road traffic accidents globally. Adhering to speed limits and traffic signals can greatly decrease the likelihood of fatal accidents (WHO 2019). Hence, S should possess a relatively high value, indicating the significant importance drivers place on their safety and the safety of others.

Conversely, drivers who violate the law could avoid compliance costs, but they are more likely to face dangerous driving and lose their safety benefits S. Drivers may choose to run red lights to save time, particularly in situations where they perceive the expected time savings to outweigh the potential risks or fines (Elvik 2009), a small reduction in travel time can have significant economic benefits (Börjesson and Eliasson 2014). Besides, a survey revealed that American drivers typically spend 17 hours annually looking for parking spaces, resulting in an average cost of \$345 per driver in terms of time, fuel, and emissions (Graham Cookson and Bob Pishue 2017). The economic benefits from violating traffic laws is encapsulated in parameter B, and a decrease in the overall societal benefit of the violation is represented by L.

2.1.6 Assumption 6

The decision of navigation technologies providers to offer new technologies to drivers is influenced by exogenous factors, such as technological innovation, market competition, and user demand, which do not directly relate to the traffic governance game. However, these technologies can significantly influence the game's dynamics by affecting drivers' behavior and the government's enforcement effectiveness. The parameter V represents the reduced penalties drivers face due to using digital navigation services, which can help them evade punishment. Because navigation services can provide real-time information about the location of traffic cameras and police patrols, drivers can adjust their behavior to avoid detection and thus reduce the likelihood of receiving penalties for traffic law violations. In real-world scenarios, the value of V can be pretty significant, as the potential fines for traffic law violations can be quite high. In certain areas, fines for speeding or running a red light can reach hundreds of dollars. Therefore, in this model, V is set at a value that reflects the potential savings for drivers who use navigation services to evade traffic enforcement.

Navigation technologies assist drivers in avoiding detection and penalties, leading to a decrease in the government's revenue from traffic fines, T. The value of T is set to be equal to V, reflecting the direct impact of navigation services on government enforcement revenues. This equality underscores the zero-sum nature of the game: the savings for drivers due to decreased penalties result in losses for the government due to reduced enforcement revenue.

However, the impact of navigation technologies goes beyond merely reducing costs. Over time, the extensive adoption of these technologies by drivers can cause a change in driving behaviors, impacting the patterns of traffic violations and enforcement. The changes impact the frequency, location, and timing of traffic violations, which can also affect the overall effectiveness of the government's enforcement strategy. As these technologies advance, they could offer drivers more precise and up-to-date information about law enforcement operations. This could potentially lead to a further decrease in the cost of law-breaking for drivers, a corresponding decrease in enforcement revenue for the government, and a more inefficient traffic management.

2.2 Formulating the Game Models

Based on these assumptions and payoffs, this paper constructs the following evolutionary game matrix and the corresponding payoff values. This matrix serves as a comprehensive tool to understand the dynamics of the game and the potential outcomes based on the strategic choices of the players. It matrix represents the possible strategies each player may take. In this case, the players are the government and the drivers, each has two possible strategies:

Government: Lenient Enforcement (x) or Strict Enforcement ($1-x$);

Drivers: Comply (y) or Violate ($1-y$).

The matrix in Table 2 and Table 3 shows all possible combinations of these strategies and each combination is a potential scenario in the game.

Strategies Matrix Table 2

Government	Navigation Disabled/Enabled	
	Drivers Comply(y)	Drivers Violate($1-y$)
Lenient Enforcement(x)	(Lenient Enforcement, Comply)	(Lenient Enforcement, Violate)
Strict Enforcement($1-x$)	(Strict Enforcement, Comply)	(Strict Enforcement, Violate)

Payoff Matrix Table 3

Situation	Strategies	Government	Drivers
Situation Ⅰ: Navigation Disabled	(Lenient Enforcement, Comply)	$g*0+(1-g)*0$	$dS+(1-d)(-C)$
	(Lenient Enforcement, Violate)	$g(-L)+(1-g)*0$	$d*0+(1-d)B$
	(Strict Enforcement, Comply)	$g(-H)+(1-g)(-E)$	$dS+(1-d)(-C-A)$
	(Strict Enforcement, Violate)	$g(-L-H)+(1-g)(R-E)$	$d*0+(1-d)(B-F)$
Situation Ⅱ: Navigation Enabled	(Lenient Enforcement, Comply)	$g(0)+(1-g)*0$	$dS+(1-d)(-C)$
	(Lenient Enforcement, Violate)	$g(-L)+(1-g)*0$	$d*0+(1-d)B$
	(Strict Enforcement, Comply)	$g(-H)+(1-g)(-E)$	$dS+(1-d)(-C-A)$
	(Strict Enforcement, Violate)	$g(-H-L)+(1-g)(R-E-T)$	$d(0)+(1-d)(B-(F-V))$

The Payoff Matrix displays the expected payoff for each player, given the combination of strategies. The payoff is calculated based on the utility function, which is a measure of satisfaction or benefit that a player receives from a particular combination of strategies. The payoff for each player in each scenario is given as a combination of various factors, represented by the parameters in Table 1, which are determined based on the model's assumptions. For example, if we consider the situation where the government enforces traffic rules leniently and the public obeys the rules, the payoff for the government is given by the formula: $g*0+(1-g)*0$. Here, g is the coefficient of the government's external utility. This formula suggests that the government receives no direct benefit (0). However, the payoff for the government could be comparatively high because it achieves its objective of maintaining order without extra expenses. The payoff for drivers in this scenario is given by the formula: $dS+(1-d)(-C)$. Here, d is the drivers' safety utility coefficient, S is the safety benefits by complying with the law, and C is the compliance cost for law-abiding drivers. The formula suggests that drivers receive a benefit proportional to their safety utility but incur a cost proportional to their compliance cost. However, the payoff for the public could also be significant because they avoid penalties and enjoy a smooth traffic flow. The payoff values for all other scenarios are calculated similarly, taking into account the parameters relevant to those scenarios.

The expected benefits for both the government and drivers under different strategies are computed by employing evolutionary game theory. Expected benefits are the average payoffs a player can anticipate, determined by calculating a weighted average of the payoffs from each strategy, with the probabilities of each strategy serving as the weights. We utilize evolutionary game theory to calculate expected benefits for both the government and drivers under varying strategies. These calculations involve expected benefits, total average returns, replication dynamics, and the use of the Jacobian Matrix for stability analysis. For detailed equations and calculations, please refer to Appendix.

We calculated four equilibrium points and their corresponding eigenvalues for this game using MATLAB. The results are presented in Table 4 under Situation I. The eigenvalues of the Jacobian Matrix at a point of equilibrium provide information about the stability of that equilibrium. If all eigenvalues possess negative real parts according to evolutionary game theory, the equilibrium is asymptotically stable. This indicates that the system will converge to this equilibrium following any minor perturbation, making it an Evolutionarily Stable Strategy (ESS). If the eigenvalues of the Jacobi matrix have at least one positive real part, the equilibrium point is unstable, indicating that the system will not remain at these points when perturbed.

Table 4 provides a detailed analysis of the stability of the equilibrium points [0,0], [1,0], [0,1], and [1,1] in Situation I. Situation I displays three Evolutionarily Stable Strategies (ESS)-E1, E2, and E4-along with one unstable point (E3), offering crucial insights into the system's dynamics under varying conditions. In the long run, the system is expected to move towards strategies E1, E2, and E4 based on the payoff conditions.

Situation Ⅱ involves the inclusion of navigation technologies, which adds the parameters V and T to the Payoff Matrix. This occurs when the government enforces strict regulations and the driver chooses to engage in illegal behavior. The system's dynamics shift due to these changes. We will compute the Jacobian Matrix for the revised system using the same process as in Situation I to determine the equilibrium points. The revised equations and calculations are shown in Appendix.

The results are shown in Table 4 Situation Ⅱ, which also indicate that the equilibria E1, E2, and E4 are ESS, while E3 is an unstable point.

Analysis of stability Table 4

Situation	Equilibrium point	Eigenvalue λ_1	Eigenvalue λ_2	Results
Situation I: Navigation Disabled	$E_1(0,0)$	$dS+(1-d)(F-B-C)$	$gH-(1-g)(R-E)$	ESS
	$E_2(1,0)$	$dS-(1-d)(B+C)$	$(1-g)(R-E)-gH$	ESS
	$E_3(0,1)$	$(1-d)(B+C-F)-dS$	$gH+(1-g)E$	Unstable point
	$E_4(1,1)$	$-dS+(1-d)(B+C)$	$-gH-(1-g)E$	ESS
	$E_5(x^*,y^*)$	—	—	Saddle point
Situation II: Navigation Enabled	$E_1'(0,0)$	$dS+(1-d)$ $(-B+F-V-C-A)$	$gH+(1-g)(E-R+T)$	ESS
	$E_2'(1,0)$	$Lg-g(H+L)+(g-1)$ $(E-R+T)$	$Sd+(B+C)(d-1)$	ESS
	$E_3'(0,1)$	$(1-d)(A+B+C+V-F)$ $-dS$	$gH+(1-g)E$	Unstable point
	$E_4'(1,1)$	$-dS+(1-d)(B+C)$	$-gH-(1-g)E$	ESS
	$E_5'(x^*,y^*)$	—	—	Saddle point

The interesting observation is the alteration in the ESS at point E_1 when transitioning from Situation I to II. In Situation I, E_1 has eigenvalues: $dS+(1-d)(F-B-C)$ and $gH-(1-g)(R-E)$. However, in Situation II, the $E1'$ point shows different eigenvalues: $dS+(1-d)(-B+F-V-C)$ and $gH-(g-1)(E-R+T)$. The dynamics are altered by the introduction of navigation technologies, which are represented by the variables V and A. And so does E2, E3. It indicates that the introduction of navigation technologies has modified the stability conditions at this equilibrium point. Specifically, the alterations in the eigenvalues indicate that the system's dynamics, involving interactions and decision-making between the government and drivers, have been impacted by the introduction of navigation technologies.

2.3 Simulation design and implementation

This section explores the analysis of the evolutionary game with different initial conditions and parameter settings, showcasing the outcomes of our simulations. The simulations were conducted utilizing MATLAB's ode45 function. We selected a set of parameter values that satisfy specific conditions for the Evolutionarily Stable Strategy (ESS) based on the definitions and realistic scenarios discussed in the previous section. The parameters represent the costs and benefits for both players in the game (the government and the drivers). These values aim to reflect the relative importance in players' decision-making process in real-world situations.

The parameters are set in Table 5.

Parameters' value Table 5

Parameter	Scenario 1	Scenario 2	Scenario 3
g	[0.3, 0.7]	[0.3, 0.7]	[0.3, 0.7]
d	0.5	0.5	0.5
E	10	10	15
R	40	40	60
H	10	10	10
A	10	10	20
L	20	20	20
S	25	55	55
C	35	25	25
B	30	25	25
F	30	30	45
V	—	—	35
T	—	—	35

2.3.1 Scenario 1

For example, according to evolutionary game theory, $E1\ (0, 0)$ as an ESS with the following equations to be met.

$$gH-(1-g)(R-E)<0$$

$$gH<(1-g)(R-E) \tag{1}$$

$$dS+(1-d)(F-B-C)<0$$

$$dS<(1-d)(B+C-F) \tag{2}$$

$$-dS+(1-d)(B+C)>0$$

$$dS<(1-d)(B+C) \tag{3}$$

To meet the equation (1), (2) and (3), the parameters and their corresponding values are set as Table 5. A numerical simulation of the evolutionary game is performed by MATLAB, we could obtain the evolutionary path and the steady state at a initial point of (0.5, 0.5) and random initial points, as g goes form 0.3 to 0.7, converges to the evolutionary stable strategy for different values of g, as shown in Figure 1.

From the analysis of the MATLAB simulation of the evolutionary game, we can make the following interpretations: Given that E1 (0, 0) is the equilibrium point, the game's direction will converge to (0, 0) regardless of the initial conditions. This suggests that if the government enforces strict laws, drivers may choose to break them. Therefore, in this scenario, a stringent government law enforcement strategy is associated with a rise in driver law violations. As x decreases from 1 to 0, the rate of decrease in the y value slows down. Drivers are less likely to follow the law when the government's law enforcement becomes more intense. The marginal decreases in this tendency diminish as the enforcement intensity increases. The game's evolutionary trajectory exhibits diverse behaviors depending on the different g values. A higher g value indicates an increased external utility coefficient for the government, suggesting a stronger focus on societal benefits. It is clear from the simulation that when comparing trajectories with the same y value, the x value is greater for the trajectory with a higher g value. With an increased emphasis on social benefits, the government shows a greater tolerance for illegal actions.

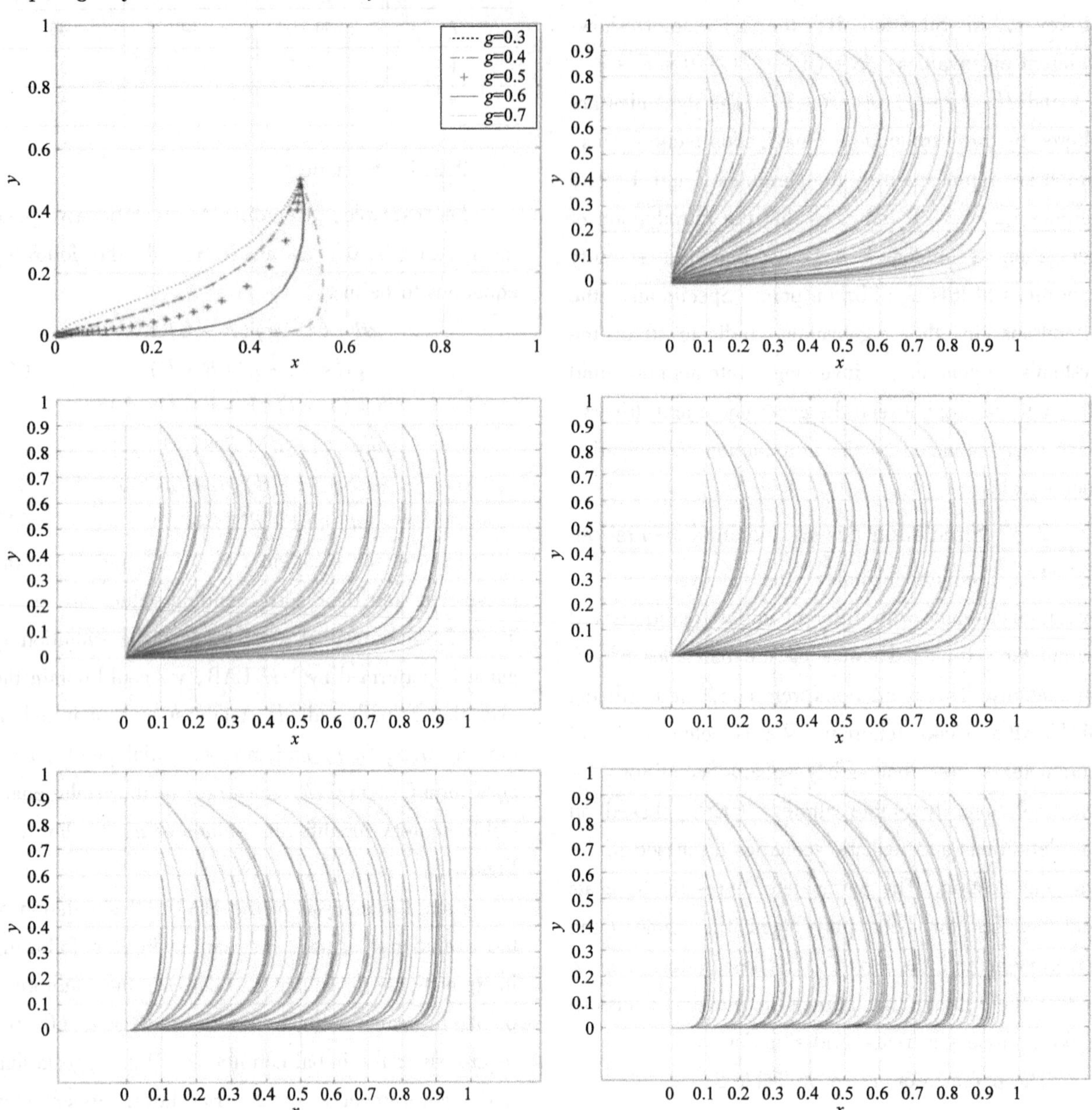

Figure 1 Evolutionary game of E1 with different initial point

2.3.2 Scenario 2

Scenario 2 explores the equilibrium point E4, representing a situation where the government enforces traffic laws with leniency ($x = 1$), and drivers adhere to them ($y = 1$). This equilibrium is important because it signifies an optimal condition of traffic management where the government's use of disciplinary measures is minimal, and drivers naturally follow traffic laws diligently. This condition could initiate a positive cycle of trust and adherence, decreasing the necessity for monitoring and improving the overall efficiency of traffic control. $E4(1, 1)$ functions as an evolutionary stabilization strategy, subject to specific conditions that must be fulfilled.

$$
\begin{gathered}
-dS + (1-d)(B-C) < 0 \\
(1-d)(B+C) < dS \\
dS + (1-d)(F-B-C) > 0
\end{gathered}
\tag{4}
$$

$$(1-d)(B+C-F) < dS \quad (5)$$

For equilibrium to be achieved, specific conditions must be met: Setup the safety utility coefficient (4) must be calibrated such that drivers' safety considerations outweigh the economic incentives for violating traffic laws. The compliance cost (C) and the benefit of law violation (B) must be moderated to reduce the attractiveness of non-compliant behavior. The safety benefits (S) must be amplified to underscore the value and importance of law-abiding actions.

To satisfy these equilibrium conditions, the parameters can be set as follows: The coefficient of drivers' safety utility (4) could be set around 0.5, reflecting a balance between safety concerns and economic incentives. The compliance cost (C) and the benefit of law violation (B) can be set at 25, reducing the relative advantage of violating traffic laws. The safety benefits (S) can be increased to 55, thereby favoring compliance. The values of other parameters are displayed in Table 5. The evolutionary game starts at the initial point (0.5, 0.5) and a random point, with the variation of d ranging from 0.3 to 0.7. The outcomes of this evolutionary game are shown in Figure 2.

By making these modifications, where the government's utility coefficient g remains moderate, the costs for drivers to comply with the law and the benefits from violating it are decreased. Additionally, the importance of drivers' safety is increased, resulting in the equilibrium point E3 (1,1) being met. The evolutionary game's path ultimately converges to (1, 1). This suggests that under circumstances of low cost of compliance and low benefits from law violation for drivers, and a high emphasis on safety, the government is inclined to implement a lenient law enforcement strategy, leading drivers to adhere to regulations.

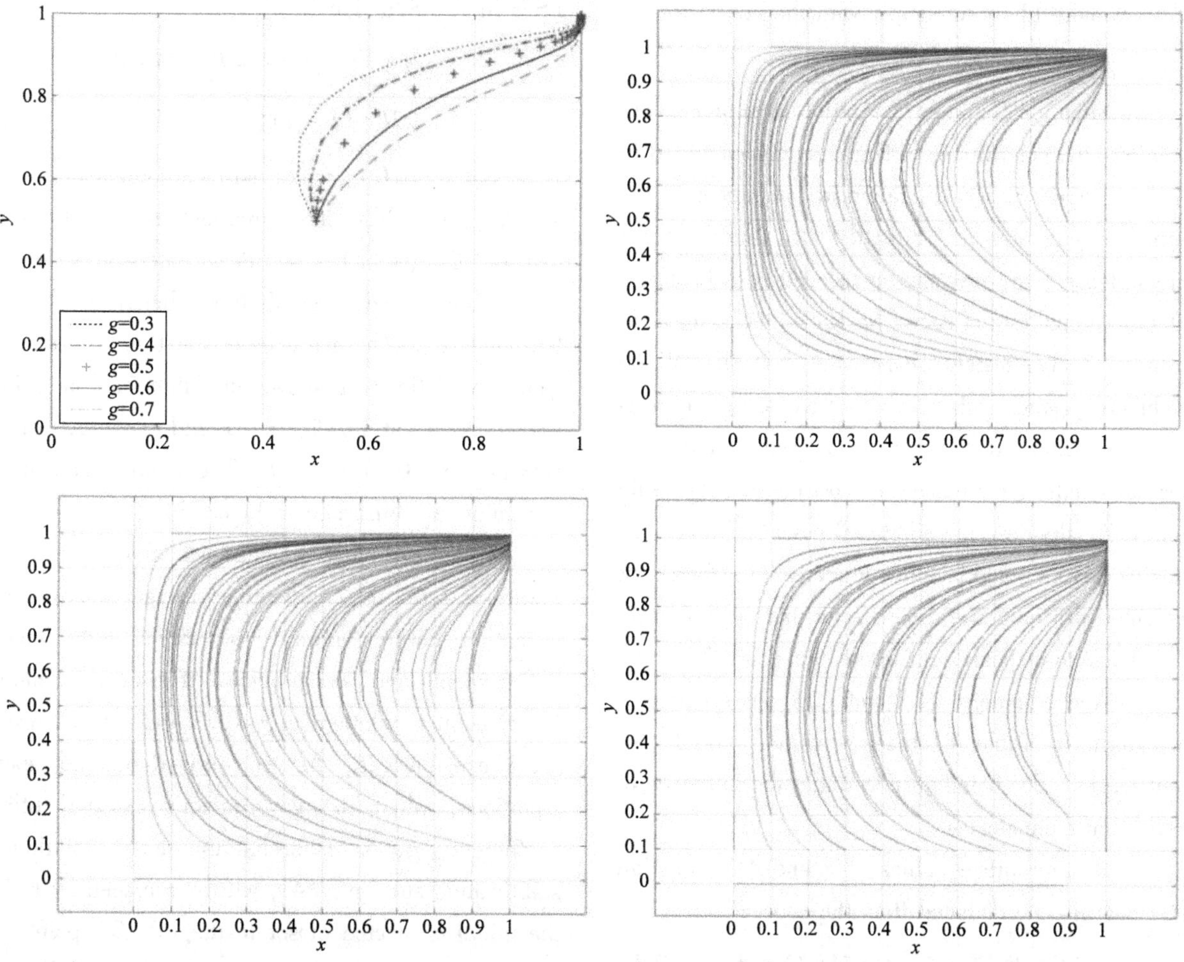

Figure 2

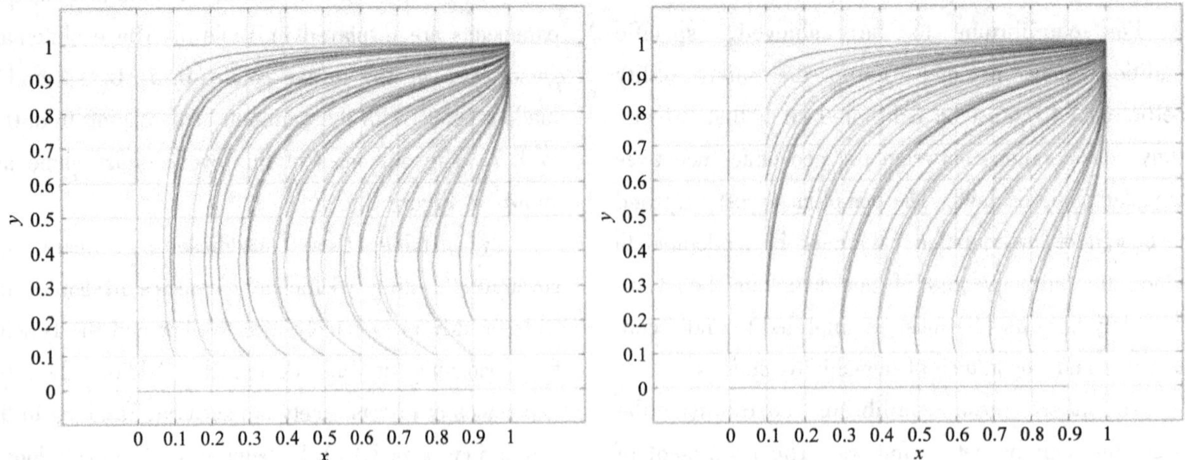

Figure 2 Evolutionary game of E4 with different initial point

As shown in the figure, the evolutionary game displays varied trends under different g values, and in a condition of a fixed g, for a given x value, a larger d value corresponds to a larger y value on the curve. This suggests that drivers with a higher value of d are more likely to comply with the law.

2.3.3 Scenario 3

In Situation II, when navigation technologies are enabled, the eigenvalues of ESSs, as demonstrated in Table 4, undergo a modification in comparison to the initial eigenvalues of Situation I. Under these circumstances, the presence of navigation technologies alters the conditions of ESSs. Navigation technologies in Scenario 3 significantly change the dynamics of the evolutionary game, when drivers have access to real-time information that helps them evade punishment measures, effectively reduce the cost of violating traffic laws (V). Besides, the additional costs (A) that law-abiding drivers would face due to increased enforcement measures also introduce a new factor into the equation.

Back to Scenario 2, where the point $E4$ is an ESS, if the equations (4) and (5) are satisfied.. As shown in Table 4, these equations could also contribute to $E4'$ being an ESS under the influence of navigation technologies.

With appropriate values of V and A , equation (6) can also be deduced from the above:

$$(1-d)(B+C-F+V+A)>dS \tag{6}$$

Equation(6) is a criterion that helps establish $E1'$ as an ESS. This implies that previous parameters supporting E4 as an ESS can also satisfy the conditions for $E1'$ as an ESS. Provided equation (7) holds true (which doesn't affect the validation of $E4$ or $E4'$ as an ESS), we can theoretically obtain two ESSs in this Situation II.

$$gH+(1-g)(E-R+T)<0$$

$$gH<(1-g)(R-E-T) \tag{7}$$

At $E1'(0,0)$, where strict enforcement by the government leads to more frequent law violations by drivers. $E4'(1,1)$, the ideal state where lenient enforcement and law-abiding behavior coexist harmoniously. The parameters for this evolutionary game are defined as shown in Table 5. The initial points are set at (0.5, 0.5) and random, with g varying from 0.3 to 0.7. The evolutionary game dynamics are illustrated in Figure 3.

While our first simulations show atendency towards $E4'(0,0)$, indicating stronger gravitational attraction towards towards situations with lenient enforcement and compliance. However, random initial point simulations at $g=0.3$ and $g=0.4$ reveal some irregularities. As we derived in the above equations, when the government's external utility coefficient, g, is modest, an ideal evolutionary stabilization strategy, $E4'$, will be replaced by $E1'$ if the initial is located closer to the (0, 0) point. In other words, the ideal evolutionary stabilization strategy $E4$ in Scenario 3 (i. e. , lenient government enforcement and driver compliance) shifts to point $E1'$ when the navigation service is enabled. In this new equilibrium, the government strictly enforces the law and the driver violates the law, due to the reduced cost of law violation made possible by navigation services. This suggests that the introduction of navigation technologies can significantly alter the dynamics of the system, prompting adjustments in the strategies adopted by both the government and drivers.

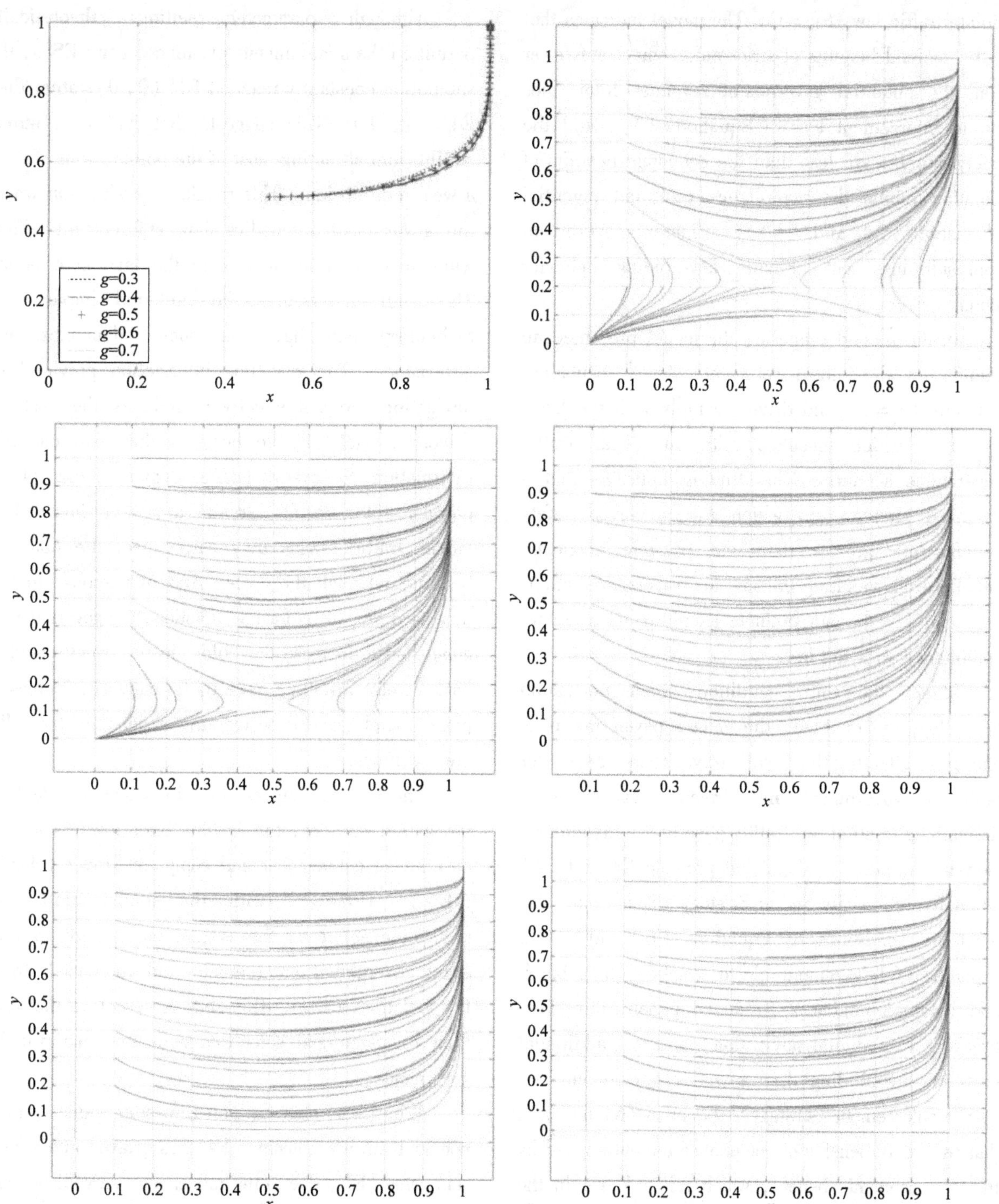

Figure 3 Evolutionary game of E1′ and E4′ with different initial point

2.4 Results and interpretation

Applying our evolutionary game model in various scenarios and simulating it with MATLAB, we uncovered interesting interactions between driving behaviors, the function of navigation services, and government enforcement strategies.

Under the first condition, the simulation pointed towards an equilibrium where the government adopts lenient enforcement ($x=1$), and drivers choose to violate traffic laws ($y=0$). The model indicates that if the societal benefits of strict enforcement are lower than the potential government revenues from fines minus enforcement costs (Equation (1)), and the safety benefits are less than the economic benefits of violation minus the compliance cost and potential (Equation (2) and (3)), a lenient government approach may not promote law-abiding behavior among drivers.

In the second scenario, the model presented an equilibrium where the government enforces regulations leniently ($x=1$) and drivers comply with the laws ($y=1$), which matches with an ideal traffic governance scenario. This finding indicates that a balanced strategy, in which the perceived safety benefits are greater than the possible economic benefits from violating the law for drivers [equations (4) and (5)], can promote a culture of voluntary compliance with the law.

Under the third condition, when navigation technology are enabled, the game's payoff matrix is changed, affecting the payoffs of various strategies for both the government and drivers, leading to a dramatic alteration in traffic governance dynamics. Certain parameter settings that promote E4 and E4' as an Evolutionarily Stable Strategy (ESS) may also meet the conditions of Equations (6) and (7). Equation (6) is comparable to equation (5), but it additionally contains V (reduced penalties on law-breaking with digital navigation) and A (additional costs on law-abiding drivers under government's "strict enforcement" strategy). Equation (6) indicates that the safety benefits of compliance are outweighed by the total economic benefit, which raises $V+A$ in the equation compared to the initial scenario due to an adjustment in the payoff matrix. Besides, Equation (7) is a condition that doesn't affect the validation of E4 or E4′ as an ESS but is necessary to obtain two ESSs in Situation II. Equation (7) suggests that the harm in overall social benefits by the government's "strict enforcement" strategy (gH) is less than the net gain from the "strict enforcement" strategy for the government ($(1-g)(R-E-T)$).

Although parameter settings theoretically permitted the simultaneous existence of two ESSs, the simulation constantly reached E1′ (0, 0) rather than E4′ (1, 1). This suggests that E1′ is a strong equilibrium attracting most of the points, while E4′ is a weak equilibrium. This results in a situation where the government intensifies law enforcement efforts while drivers prefer to violate the law more often. This shift underscores the profound impact that technology can have on social dynamics and governance. The real-time information provided by navigation services effectively reduces the cost for drivers of violating the law, as they can use this information to evade traffic cameras and police patrols. As a result, drivers are more inclined to violate traffic lawsas they can expect the potential benefits outweigh the costs. And in response to this increased propensity for law violation, the government is compelled to increase law enforcement, which could in back involve installing more traffic cameras, increasing police patrols, and imposing stricter penalties for traffic law violations.

The findings suggest that in a scenario lacking navigation services, the system tends towards lenient government enforcement and compliant driver behavior (E4). However, with the implementation of navigation services, the system could shift towards strict government enforcement and increased driver law violations (E1′). This shift represents a transition from a non-zero-sum game to a zero-sum game in traffic governance.

What was once a non-zero-sum game with a potential win-win outcome (E4) has evolved into a zero-sum game (E1′) due to the influence of surveillance and navigation technology. This shift presents a paradoxical situation where technology, typically seen as a means to improve efficiency and collaboration, results in increased conflict and stringent regulation.

3 Discussion: technological governance in the transportation sector

Integrating digital technology into governance has been championed for enabling diverse entities like citizens and social organizations to participate in governance (Hilbert 2013). In the realm of traffic management, these technologies have subtly altered the dynamics of the traffic game. However, an equilibrium that was initially perceived as a non-zero-sum game in traffic governance has devolved into a cycle of evasion and enforcement, a prisoner's dilemma (Axelrod and Hamilton 1981), which results in an expanding government regulation and a paradoxical state of ungoverned traffic governance. Technology neutrality is frequently misunderstood in discussions about technology governance (Winner 1980). Technology is intended to empower all governing entities equally to improve collaborative governance, however it does not always benefit all governing entities the same, and technological governance does not always advance collaborative governance.

In traffic management, there is a trend towards more surveillance and excessive use of technology in public areas. The move towards digital governance has also resulted in an increasing number of sophisticated traffic surveillance cameras. This shift may lead to oversimplification of the complexity involved in traffic management, a process that includes various stakeholders. Simplifying technology governance may lead to a model that aligns more with the preferences of those in authority, rather than accurately reflecting the full range of diversity and intricacy in societal phenomena. Moreover, this enthusiasm for digitalization might result in what could be described as 'technology overreach,' characterized by an excessively invasive technological presence in public areas. This overreach is readily apparent in the context of traffic management. The growing number of advanced traffic surveillance cameras on our roadways is leading to a rise in surveillance capitalism (Zuboff 2019).

An idealized traffic governance scenario would involve lenient regulation by the government and compliant behavior from drivers. This could ensure efficient traffic flow, minimum law enforcement involvement, and high public compliance. In this situation, the government wouldn't have to rely on widespread surveillance or harsh punishments. Instead, drivers would follow traffic rules due to a sense of duty and awareness of the benefits of obeying traffic laws. This is desirable as it establishes an environment that upholds the rights and freedoms of all individuals. The government little interferes in citizens' lives, while citizens act responsible for the common good. It fosters a harmonious relationship between the government and the governed, promoting trust and cooperation.

However, the reality of a traffic law violation could disrupt this ideal scenario under technological governance. Breaking traffic laws may temporarily help individual offenders drive more efficiently, but it introduces hidden dangers to the road system, endangering overall safety and effectiveness of transportation. Faced with these violations, the most natural response from the government is to install more surveillance cameras. However, this may create a negative feedback loop: Increased surveillance to deter infractions may lead citizens to perceive an intrusion on their privacy and diminish their confidence in the government (Zuboff 2019). Moreover, advancements in navigation technologies reduce the costs of violations for drivers by helping them evade law enforcement. These factors could lead to even more violations, necessitating more surveillance, and hence perpetuating the cycle.

This cycle not only fails to address the issue of traffic violations but also compounds the tension between governance and the governed (Harcourt 2008). It clearly illustrates how the blind adoption of technology in governance can lead to unintended consequences that undermine the very goals of governance. Our findings emphasize the importance of careful institutional design when implementing policies, highlighting the necessity for serious consideration of policy implications (Dunleavy et al. 2006). The digital era offers numerous chances for governments to improve their governance capabilities. Legitimacy and equity must be prioritized in the reevaluation of traffic laws and enforcement strategies. An advanced traffic governance system would rely on a fair balance between technological surveillance, rule legitimacy, and stakeholder participation. Drivers' involvement in governance, facilitated by technology, must be recognized and handled carefully to ensure that their rights and duties are in line with the primary objective of public safety. Policymakers should focus on developing a comprehensive approach that adapts to the evolving digital environment while staying rooted in the fundamental principles of good governance.

4 Conclusions

Our research toward the complicated relationship of traffic governance, surveillance technology, and driver behavior has revealed a dynamic scenario characterized by continuous transformation. Notably, the increasing integration of surveillance technology into traffic management has led to unforeseen challenges, making the governing process more complex. An ideal traffic governance scenario would entail a lenient enforcement strategy by the government, combined with compliant behavior from drivers. Having this equilibrium would guarantee smooth traffic flow, limited involvement of law enforcement, and a high level of public adherence. While individual violations may temporarily improve efficiency for the violator, they introduce hidden risks into the road network, ultimately undermining the overall safety and effectiveness of transportation. The situation generates pressure on the government to increase the number of surveillance cameras, resulting in a cycle of evasion and regulation, which diverges from the non-zero-sum game that traffic governance should ideally follow. Impulsively adopting technology into governance can lead to unintended consequences that may undermine the original goals of governance. Our research emphasizes the necessity of a comprehensive approach to traffic management. This approach should respond dynamically to the evolving digital landscape while remaining anchored in enduring principles of good governance. The focus should be on establishing strong institutional mechanisms to regulate the impacts of digital technologies. It should promote voluntary compliance with the law among citizens, creating a positive relationship between the government and citizens, and improving trust and collaboration.

In conclusion, digitalization in traffic management presents new challenges and opportunities for policymakers. Future research should further deepen the application of Empirical Game Theory Analysis (EGTA) in the field of digital traffic management, utilizing the rigorous mathematical and logical methods of game theory to construct a theoretical framework for digital traffic management. This framework should explore empirical strategies based on transparent assumptions and process tracking, aiming to characterize the psychology of monitored drivers in a more profound manner beyond the "verifiability" aspect. Moreover, it should seek creative approaches to integrate technological advancements with a shared sense of responsibility towards road safety.

Reference

[1] ASADIANFAM S, SHAMSI M, RASOULI KENARI A. Big data platform of traffic violation detection system: identifying the risky behaviors of vehicle drivers [J]. Multimedia Tools and Applications, 2020, 79 (33): 24645-24684.

[2] SACHS J L, MUELLER U G, WILCOX T P, et al. The evolution of cooperation [J]. The Quarterly review of biology, 2004, 79 (2): 135-160

[3] AYRAT E, LIN X. Is Congestion Pricing Effective for Traffic Jams? [J]. Promet, 2022, 34(1):149-163.

[4] BERTOT J C, JAEGER P T, GRIMES J M. Using ICTs to create a culture of transparency: E-government and social media as openness and

anti-corruption tools for societies [J]. Government Information Quarterly, 2010, 27 (3):264-271.

[5] BÖRJESSON M, ELIASSON J . Experiences from the Swedish Value of Time study [J]. Transportation Research Part A: Policy and Practice,2014, 59:144-158.

[6] BOWLES S. Microeconomics: behavior, institutions, and evolution [M]. Princeton University Press, 2003.

[7] BROWNSWORD R. Rights, regulation, and the technological revolution [M]. Oxford University Press, 2008

[8] BUCH N, VELASTIN SA, ORWELL J . A review of computer vision techniques for the analysis of urban traffic [J]. IEEE Trans. Intell. Transport. Syst. 12(3):920-939.

[9] CABANNES T, VINCENTELLI M A S, SUNDT A, et al. The impact of GPS-enabled shortest path routing on mobility: a game theoretic approach[C]//Transportation Research Board 97th Annual Meeting. Washington DC, USA. 2018: 7-11.

[10] CAMERER C F. Behavioral game theory: Experiments in strategic interaction [M]. Princeton university press, 2011.

[11] DAVIS BA, ARCAYA MC, WILLIAMS DR, et al . The impact of county-level fees & fines as exploitative revenue generation on US birth outcomes 2011-2015 [J]. Health & Place, 2023, 80:102990.

[12] DELANEY A, WARD H, CAMERON M, et al. Controversies and Speed Cameras: Lessons Learnt Internationally [J].. J Public Health Pol ,2005,26(4):404-415.

[13] DUNLEAVY P, MARGETTS H, BASTOW S, et al. New Public Management Is Dead—Long Live Digital-Era Governance [J]. Journal of Public Administration Research and Theory , 2006,16(3):467-494.

[14] DUTTA R, LEVINE DK, MODICA S. Interventions with Sticky Social Norms: A Critique [J]. Journal of the European Economic Association,2002, 20(1):39-78.

[15] ELVIK R . The trade-off between efficiency and equity in road safety policy [J]. Safety Science,2009 ,47(6):817-825.

[16] ELVIK R . Why some road safety problems are more difficult to solve than others [J]. Accident Analysis & Prevention, 2010, 42 (4):1089-1096.

[17] FULLER R. Towards a general theory of driver behaviour [J]. Accident Analysis & Prevention ,2005,37(3):461-472.

[18] GALLAGHER J, FISHER P J. Criminal Deterrence When There Are Offsetting Risks: Traffic Cameras, Vehicular Accidents, and Public Safety[J]. American Economic Journal: Economic Policy,2020, 12(3):202-237.

[19] COOKSON G, PISHUE B. The impact of parking pain in the US, UK and Germany[J]. Hg. v. INRIX Research. Online verfügbar unter http://inrix. com/research/parking-pain/, zuletzt geprüft am, 2017, 21: 2018

[20] GRAHAM S R, MAKOWSKY M D . Local Government Dependence on Criminal Justice Revenue and Emerging Constraints [J]. Annu. Rev. Criminol,2021, 4(1):311-330.

[21] HARCOURT B E. Against prediction: Profiling, policing, and punishing in an actuarial age [M]. University of Chicago Press, 2019.

[22] HARRIS A. A pound of flesh: Monetary sanctions as punishment for the poor [M]. Russell Sage Foundation, 2016.

[23] HILBERT M. Big data for development: From information-to knowledge societies [J]. Available at SSRN 2205145, 2013.

[24] HU W, MCCARTT A T, TEOH E R . Effects of red light camera enforcement on fatal crashes in large US cities [J]. Journal of Safety Research ,42(4):277-282.

[25] KAMANGA F, SMERCINA V, BRENTS B G, et al. Costs and Consequences of Traffic Fines and Fees: A Case Study of Open Warrants in Las Vegas, Nevada [J]. Social Sciences,

2021, 10(11): 440.

[26] KAUFMANN D, KRAAY A, MASTRUZZI M. Governance matters VIII: aggregate and individual governance indicators, 1996-2008 [J]. World bank policy research working paper, 2009,4978.

[27] KOSKELA H. ' The gaze without eyes ': video-surveillance and the changing nature of urban space [J]. Progress in human geography, 2000, 24(2): 243-265.

[28] LA VIGNE N G, LOWRY S S, MARKMAN J A, et al. Evaluating the use of public surveillance cameras for crime control and prevention [J]. Washington, DC: US Department of Justice, Office of Community Oriented Policing Services. Urban Institute, Justice Policy Center, 2011: 1-152.

[29] LIN L, PURNELL N. A world with a billion cameras watching you is just around the corner [J]. The Wall Street Journal, 2019.

[30] LYON D. Surveillance as social sorting: Computer codes and mobile bodies [M]// Surveillance as social sorting. Routledge, 2005: 27-44..

[31] MAI C, RAFAEL M K E . User Funded? Using Budgets to Examine the Scope and Revenue Impact of Fines and Fees in the Criminal Justice System [J]. Sociological Perspectives ,2020,63(6):1002-1014.

[32] MAKOWSKY M D, STRATMANN T. Political Economy at Any Speed: What Determines Traffic Citations? [J]. American Economic Review,2009, 99(1):509-527.

[33] MAKOWSKY M D, STRATMANN T, TABARROK A. To Serve and Collect: The Fiscal and Racial Determinants of Law Enforcement [J]. The Journal of Legal Studies,2019,48(1):189-216.

[34] MALENJE JO, ZHAO J, LI P, HAN Y. Vehicle yielding probability estimation model at unsignalized midblock crosswalks in Shanghai, China[J]. PLoS ONE ,2019,14 (3):213.

[35] NOVOA A M, PEREZ K, SANTAMARINA-RUBIO E, et al. Effectiveness of speed enforcement through fixed speed cameras: a time series study [J]. Injury Prevention , 2010,16(1):12-16.

[36] OBENG K, BURKEY M . Explaining crashes at intersections with red light cameras: A note [J]. Transportation Research Part A: Policy and Practice,2008, 42(5):811-817.

[37] PAPAGEORGIOU M, KIAKAKI C, DINOPOULOU V, et al. Review of road traffic control strategies[J]. Proc. IEEE ,2003,91(12): 2043-2067.

[38] PILKINGTON P, KINRA S. Effectiveness of speed cameras in preventing road traffic collisions and related casualties: systematic review [J]. BMJ , 2005, 330 (7487): 331-334.

[39] RALPH K, BARAJAS J M, JOHNSON-RODRIGUEZ A, et al. The end of speed traps and ticket quotas: Re-framing and reforming traffic cameras to increase support[J]. Journal of Planning Education and Research, 2022: 0739456X221138073.

[40] RESNICK M. Turtles, termites, and traffic jams: Explorations in massively parallel microworlds[M]. Mit Press, 1997.

[41] DUDEK C L, ULLMAN G L. Texas Transportation Institute[J]. State of the Art Related to Real-Time Traffic Information for Urban Freeways, 1970:[s. n.].

[42] SHOUB K, CHRISTIANI L, BAUMGARTNER F R, et al. Fines, fees, forfeitures, and disparities: A link between municipal reliance on fines and racial disparities in policing[J]. Policy Studies Journal, 2021, 49 (3): 835-859.

[43] SOLOW R M. Models of Man—Social and Rational[J]. 1958:81-84.

[44] SMITH J M. Evolution and the Theory of Games[M]//Did Darwin get it right? Essays on games, sex and evolution. Boston, MA: Springer US, 1982: 202-215.

[45] SU M. Taxation by Citation? Exploring Local Governments' Revenue Motive for Traffic Fines [J]. Public Administration Review, 2020,80(1):36-45.

[46] TILAHUN N. Safety Impact of Automated Speed Camera Enforcement: Empirical Findings Based on Chicago's Speed Cameras [J]. Transportation Research Record: Journal of the Transportation Research Board, 2020, 2677(1):1490-1498.

[47] TYLER T R. Why people obey the law[M]. Princeton university press, 2006.

[48] TYLER T R, FAGAN J. Legitimacy and cooperation: Why do people help the police fight crime in their communities[J]. Ohio St. J. Crim. L., 2008, 6: 231..

[49] SMALL K, VERHOEF E T. The economics of urban transportation[M]. Routledge, 2007..

[50] WANG C, QUDDUS M A, ISON S G. The effect of traffic and road characteristics on road safety: A review and future research direction [J]. Safety science, 2013, 57: 264-275.

[51] World Health Organization. Global status report on road safety 2018[M]. World Health Organization, 2019.

[52] WINNER L. Do artifacts have politics? [M]//Computer ethics. Routledge, 2017: 177-192.

[53] YU Y, TANG X, YAO H, et al. Citywide Traffic Volume Inference with Surveillance Camera Records[J]. IEEE Trans. Big Data, 2021:7(6):900-912.

[54] ZHANG G, AVERY R P, WANG Y. Video-Based Vehicle Detection and Classification System for Real-Time Traffic Data Collection Using Uncalibrated Video Cameras [J]. Transportation Research Record, 2007, 1993 (1):138-147.

[55] HAGGART B. The age of surveillance capitalism: The fight for a human future at the new frontier of power, S. Zuboff (2018)[J]. Journal of digital media & policy, 2019, 10 (2): 229-243.

Appendix

In a scenario without navigation, the expected benefits from lenient enforcement by government is

$$UG_1 = y(g*0+(1-g)*0)+(1-y)(g(-L)+(1-g)*0) \tag{1}$$

The expected benefits from strict enforcement by government is

$$UG_2 = y(g(-H)+(1-g)(-E))+(1-y)(g(-H-L)+(1-g)(R-E)) \tag{2}$$

Then, the total average return to the government is then calculated in equation (3),

$$UG = xUG_1 + (1-x)UG_2 \tag{3}$$

Similarly, the expected benefit when drivers comply with the law is

$$UD_1 = x(dS+(1-d)(-C))+(1-x)(dS+(1-d)(-C-A)) \tag{4}$$

The expected benefit of violation is

$$UD_2 = x(d*0+(1-d)B)+(1-x)(d*0+(1-d)(B-F)) \tag{5}$$

The total average return to the drivers is

$$UG = y\,UD_1 + (1-y)UD_2 \tag{6}$$

Replication dynamics is a concept in evolutionary game theory that describes how strategies evolve over time based on their relative success. The replication dynamics equations for the government and drivers are given by equations (7) and (8), respectively.

$$F(x) = \frac{dx}{dt} = x(UG_1 - UG) = x(1-x)(UG_1 - UG_2) \tag{7}$$

$$F(y) = \frac{dy}{dt} = y(UD_1 - UD) = y(1-y)(UD_1 - UD_2) \tag{8}$$

The Jacobian Matrix can be used to analyze the asymptotic stability of the equilibrium point and to obtain the evolutionarily stable strategy. According to the dynamics equations above, the Jacobian Matrix can be obtained.

$$J=\begin{bmatrix}\frac{\partial F(x)}{\partial x} & \frac{\partial F(x)}{\partial y}\\ \frac{\partial F(y)}{\partial x} & \frac{\partial F(y)}{\partial y}\end{bmatrix}$$

$$\frac{\partial F(x)}{\partial x}=-x(E-R-Eg+Hg+Rg+Ry-Rgy)-(x-1)(E-R-Eg+Hg+Rg+Ry-Rgy)$$

$$\frac{\partial F(x)}{\partial y}=-x(R-Rg)(x-1)$$

$$\frac{\partial F(y)}{\partial x}=y(y-1)[(d-1)(A+C)-B(d-1)-C(d-1)+(B-F)(d-1)]$$

$$\frac{\partial F(y)}{\partial y}=(y-1)(((d-1)(A+C)+Sd)(x-1)-x(Sd+C(d-1))+(B-F)(d-1)(x-1)-Bx(d-1))+y(((d-1)(A+C)+Sd)(x-1)-x(Sd+C(d-1))+(B-F)(d-1)(x-1)-Bx(d-1))$$

While the navigation technologies are enabled, the revised equations are

$$UG_1'=y(g*0+(1-g)*0)+(1-y)(g(-L)+(1-g)*0)$$

$$UG_2'=y(g(-H)+(1-g)(-E))+(1-y)(g(-H-L)+(1-g)(R-E-T))$$

$$UG'=x\,UG_1'+(1-x)UG_2'$$

$$UD_1'=x(dS+(1-d)(-C))+(1-x)(dS+(1-d)(-C-A))$$

$$UD_2'=x(d*0+(1-d)B)+(1-x)(d*0+(1-d)(B-(F-V)))$$

$$UD'=y\,UD_1'+(1-y)UD_2'$$

$$f(x)=\frac{\mathrm{d}x}{\mathrm{d}t}=x(UG_1'-UG')=x(1-x)(UG_1'-UG_1') \tag{9}$$

$$f(y)=\frac{\mathrm{d}y}{\mathrm{d}t}=y(UD_1'-U'D)=y(1-y)(UD_1'-UD_2') \tag{10}$$

The revised Jacobian Matrix is,

$$J'=\begin{bmatrix}\frac{\partial f(x)}{\partial x} & \frac{\partial f(x)}{\partial y}\\ \frac{\partial f(y)}{\partial x} & \frac{\partial f(y)}{\partial y}\end{bmatrix}$$

$$\frac{\partial f(x)}{\partial x}=-(x-1)(y(Hg-E(g-1))-(y-1)(g(H+L)-(g-1)(E-R+T))+Lg(y-1))-x(y(Hg-E(g-1))-(y-1)(g(H+L)-(g-1)(E-R+T))+Lg(y-1))$$

$$\frac{\partial f(x)}{\partial y}=-x(x-1)(Hg+Lg-E(g-1)-g(H+L)+(g-1)(E-R+T))$$

$$\frac{\partial f(y)}{\partial x}=y(y-1)((d-1)(A+C)-B(d-1)-C(d-1)+(d-1)(B-F+V))$$

$$\frac{\partial f(y)}{\partial y}=y(((d-1)(A+C)+Sd)(x-1)-x(Sd+C(d-1))+(d-1)(x-1)(B-F+V)-Bx(d-1))+(y-1)(((d-1)(A+C)+Sd)(x-1)-x(Sd+C(d-1))+(d-1)(x-1)(B-F+V)-Bx(d-1))$$

基于联盟链和多方监管的车联网隐私保护方案

苏昱军　张文芳*

(西南交通大学信息科学与技术学院,四川成都　610031)

摘　要　为了解决传统车联网设备泄露用户隐私的问题,提出了一种基于联盟链和多方监管的车联网隐私保护方案。利用区块链技术分布式和防篡改的特性来完成车联网设备信息的生成和存储。针对数据隐私泄露问题,利用高效的twisted EIGamal同态加密算法实现敏感数据的隐藏,同时确保正确的验证和更新对应的账户。针对身份隐私泄露问题,利用群签名实现用户身份隐私保护,同时结合门限秘密共享技术和智能合约实现追溯密钥的共享,提供多方监管功能,解决现有方案中单监管中心权限过高带来的隐私泄露、单点故障、权力滥用的问题。通过分析,该方案可以正确的验证交易的合法性并更新对应的账户,可以抵抗篡改攻击和公钥替换攻击。和其他方案相比,该方案平衡了匿名性和可监管性,解决了现有方案管理员权限过高带来的隐私泄露、单点故障、权力滥用的问题,并利用twisted EIGamal同态加密算法的加同态属性,提供了更高效的验证和数据隐私保护。

关键词　车联网　联盟链　隐私保护　多方监管

0　引言

随着城市智能化的发展,车联网为人们提供了在交通管理和出行方面的便利,已成为智慧城市发展的重要象征。由于参与车联网的人员和车辆越来越多,以及拓扑结构的高度动态性,出现了个人信息可用性和用户隐私保护之间不协调的矛盾。车联网普遍面临安全风险,例如车辆人员信息或车辆位置信息的泄露,这制约了车联网的广泛应用[1]。

区块链技术是一种安全共享的去中心化的数据账本,为解决车联网中的相关问题提供了解决思路。大部分区块链平台上的数据对全网公开,导致区块链技术缺乏身份和数据隐私保护。因此,在基于公有链或者联盟链的车联网设计中,探讨如何运用加密处理来保护车辆和人员信息的隐私性成为一个亟待解决的问题。

当前,在基于区块链的车联网隐私保护中,主要有基于加密和基于k匿名方案两种方式。文献[13]面向基于车辆的空间众包应用提出使用区块链实现分布式的位置隐私保护。文献[14]在空天地一体化网络的辅助下提出基于区块链的LBS隐私保护信任服务方案,基于k匿名的位置隐私保护使用k个参与者的位置构建匿名隐身区域,使得车辆在匿名隐身区域与至少"$k-1$"个参与者联系,有效地保护车辆的位置隐私。

区块链分布式存储和管理的特性给车辆隐私保护方法带来新的研究思路。结合现有文献来看,基于区块链的车辆隐私保护研究仍处于初级阶段,缺乏对新兴区块链隐私保护技术的探索,如混币、群签名、基于同态加密的机密计算等新兴技术。目前基于区块链的身份隐私保护技术主要分为混币技术和加密技术。为了解决身份隐私保护问题,首先采用的是混币技术。Maxwell[2]首次提出了CoinSwap条件混币机制实现了身份保护,但该方案仍然暴露了数据隐私。达世币[3]解决中心化混币隐私保护方案面临的瓶颈,但该方案要支付高额的手续费。为了解决混币方案存在的问题,密码学技术得到广泛关注。Monero[4]采用环签名机制隐藏发送者地址,但是该方案中的交易签名都非常大。Miers[5]提出Zerocoin方案,使用承诺封装交易的来源和去向,并利用零知识证明技术证明交易、隐藏交易之间的关联性,但是该方案效率低下。上述提到的隐私保护方案均是针对UTXO模型设计的,难以支持具有广泛应用前景的账户模型。此外,这些隐私保护方案没有提供监管功能,可能会被不法分子用于违法犯罪活动。在数据隐私保护方面,主要使用同态加密技术。在2013年,Adam[6]提出引入同态加密技术隐藏交易金额的思路。2015年,Maxwell[7]对该想法进行了完善及实现,提出机密交易方案,但没能实现区块链身份隐私的保护。2015年,Noether等人提出环机密交易技术[8],该技术能实现强隐私保护,但该方案不适用于账户模型且无监管。Wang[9]于2017年使用Paillier同态加密算法进行隐私保护,但该方案无身份隐私保护和监管。Chen等[10]于2020年引入了twisted EIGamal,实现数据隐私保护,但该方案没有实现身份隐私保护和监管的需求,同时验证效率低下。综上所述,国内外学者在区块链的隐私保护方面的研究已取得了一定的研究成果,但这些成果难以满足现实应用在隐私、监管、性能等方面的差异性需求。

本文提出一种基于联盟链和多方监管的车联网隐私保护方案,通过twisted EIGamal同态加密实现车联网的数据隐私保护;利用群签名实现用户身份隐私保护,同时结合门限秘密共享技术和智能合约实现追溯密钥的共享,提供多方监管功能,解决现有方案中单例管理员权限过高带来的隐私泄露、单点故障、权力滥用的问题。在全面保护车联网身份隐私和数据隐私的同时具有较小的计算开销与存储开销,效率较高,便于用户使用。

1 方案设计

本方案基于群签名、门限秘密共享技术、twisted EIGamal同态加密技术进行设计,其基本思想如下:

(1)利用高效的twisted EIGamal同态加密算法实现车联网用户隐私敏感数据的保护,同时确保联盟链节点能验证交易的合法性和正确更新对应的账户状态。

(2)将车联网中的联盟链认证节点和群的概念结合,利用群签名实现用户身份隐私保护,同时平衡了匿名性和可监管性,提供了监管功能。

(3)结合门限秘密共享技术和智能合约实现追溯密钥的共享,解决单群管理员权限过高带来的隐私泄露风险。

1.1 系统模型

本方案包括认证中心(CA),群管理员(Manager)、主要节点(PN)和用户(User)4种实体。系统模型如图1所示。

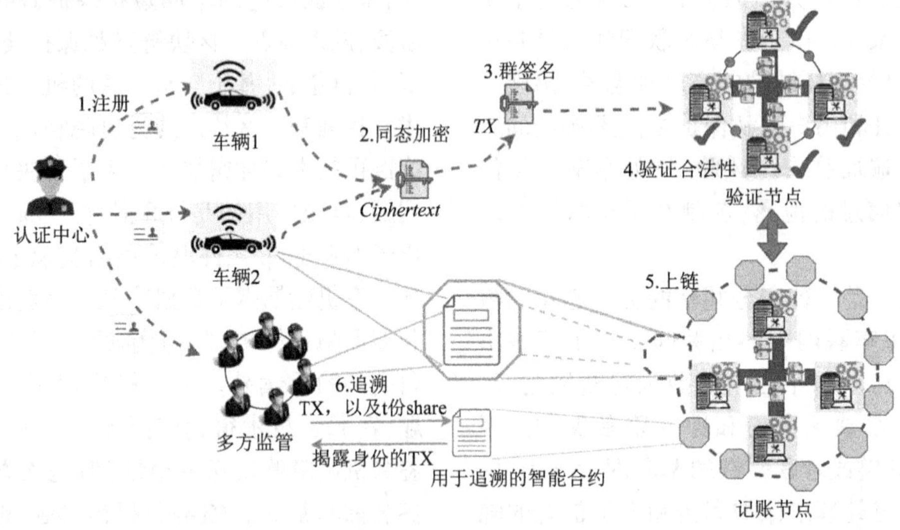

图1 系统模型

(1)认证中心(CA):该实体是基于联盟链的车联网中可信的第三方,负责其他实体的身份认证和注册。

(2)群管理员(Manager):该实体是基于联盟链的车联网中可信的第三方,负责追溯恶意行为和注销恶意用户的身份。

(3)用户(User):该实体是本系统的主要使用者,也是基于联盟链的车联网节点中的次要节点。

(4)主要节点(PN):该实体经过CA授权的可信实体,负责根据共识算法去处理和维护联盟链系统的账本。可将主要节点细分成验证节点和记账节点两类,其中验证节点负责验证交易的合法性,记账节点负责将合法的交易上链。

本方案将用户通过车联网的传感器节点收集的数据msg分为公共数据msgPD和敏感数据msgSD。对于msgSD将使用twisted EIGamal同态加密进行保护，该同态加密算法的步骤如下：

(1)密钥生成 keyGen(1^λ)→(sk,PK)：输入安全参数 λ，输出公私钥(sk,PK)。随机选取 sk($1<sk<N$)，令 $PK=sk\cdot G$，则 PK 为公钥，sk 为私钥。

(2)加密 $E_{PK}(m)\to(C_1,C_2)$：输入明文消息 m，输出密文(C_1,C_2)。随机选取 r($1<r<N$)，计算 $E_{PK}(m)=(C_1,C_2)=(rG,mG+r\cdot PK)$。

(3)解密 $D_{sk}(C)\to mG$：输入一个密文 $C=(C_1,C_2)$，并输出 mG。计算 $D_{sk}(C)=C_2-sk\cdot C_1=mG$。最终通过暴力求解得 m。

1.2 系统流程

(1)系统初始化：在此阶段管理员根据输入的安全参数 λ 生成系统公开参数 $pp=\{pp_{\mathrm{tE}},pp_{\mathrm{R}},pp_{\mathrm{E}},pp_{\mathrm{G}}\}$，由 twisted EIGamal 同态加密、范围证明、椭圆曲线签名以及群签名这些算法初始化产生的公共参数组成。

(2)注册阶段：任何想要加入联盟链的用户、管理员或主要节点都需通过认证中心注册并获取相关密钥，其中(PK_i,sk_i)是账户公私钥、gsk_i 是群私钥、aPK 是主要节点的公钥。首先根据系统公开参数 pp 里的 pp_{E} 生成联盟链账户公钥和私钥(PK_i,sk_i)，然后将账户公钥PK_i、真实身份rid_u 以及其他证明身份的信息aux_u 发送给认证中心。认证中心验证请求信息合法性并决定是否为该账户生成群签名密钥和追溯密钥以及分发同态加密公钥。若通过认证，认证中心将记录该用户的真实身份和对应的群私钥的对应关系 List = ($\mathrm{rid_u}$, $\mathrm{gsk_u}$, tag_i)，用于以后的恶意行为追溯。假如来认证中心注册的是管理员，那么还需要返回追溯密钥 gtk 的 share 给管理员，用于后续的追溯；若是来认证中心注册的是主要节点，那么还需要返回主要节点私钥 askverify。

(3)交易生成：用户通过车联网的传感器节点收集到数据 msg，将其分为公共数据 msgPD 和敏感数据 msgSD。对于 msgSD 将使用 twisted EIGamal 同态加密进行保护。若隐私数据不涉及金额，那么将直接加密，比如车辆的行驶里程数、燃油用量等敏感数据。如果隐私数据涉及金额，比如停车缴费金额，那么将生成特殊的交易，通过区块链数字货币来实现价值转移。该交易将利用同态加属性验证合法性。根据共识规则，记账节点将该交易打包形成区块，在得到大多数其他车联网节点验证后加入区块链。

(4)追溯阶段：当管理员发现可疑交易时，需要召集 t 名管理员，然后将 t 份秘密子份额和可疑交易送入用于追溯的智能合约。智能合约会根据这 t 份秘密子份额恢复出追溯密钥，并对可疑交易进行追溯。

2 方案分析

2.1 安全性分析

(1)公钥替换攻击：PN 对交易进行验证和上链。攻击者想伪造公钥，转移发送者账户的钱。若攻击者不是群成员，那么在交易验证的群签名验证将无法通过。若攻击者是群成员，那么将验证账户所属权。此时，攻击者由于伪造公钥，无法通过账户所属权的验证。因此，本方案可以抵抗公钥替换攻击。

(2)篡改攻击：本方案中的交易金额经过同态加密，且需要经过同态加法的验证。如果攻击者试图篡改交易金额，那么在交易合法性中会检测出输入不等于输出。任何人试图篡改金额，同样也无法通过交易合法性验证。篡改交易任何一个部分，都会导致群签名验证出错。因此，本方案可以抵抗篡改攻击。

(3)抗生日碰撞攻击：区块链系统中有可能同时生成两个相同的区块，导致分叉。而本方案采用 PBFT 共识机制，去进行账本的维护，因此不会出现区块分叉的情况，有效抵抗了此类攻击。

2.2 匿名性分析

本方案平衡身份匿名性和可监管性。对于联盟链用户来说，彼此的身份隐私是不可见的。而 PN、CA、Manager 等联盟链系统的可信第三方具有查看用户身份的监管功能。可信第三方的权限已被分离，实现的是多方监管。

在 P2P 网络传播的交易不会暴露任何用户的身份隐私。攻击者不知道具体用户身份。交易中和用户身份隐私有关的数据都被 apkverify 加密。只有 PN 具有对应的私钥。因此攻击者也无法从交易里获取任何与身份有关的信息。

对于监管方，需实现多方监管。本方案引入门限秘密共享技术结合智能合约实现追溯密钥共享，实现了多群管理员机制，解决权限过大的问题。

2.3 方案对比

本节分别从匿名性、机密性、可监管性、群管理员数量、追踪方、使用的同态加密以及区块链模型 7 个方面,对本文方案进行分析并将其与其他方案作对比。从表 1 可以看出,本方案实现用户身份和数据隐私保护,提供匿名性和机密性。在机密性的实现上,采用了高效的 twisted EIGamal,与其他方案中使用的同态加密算法相比,twisted EIGamal 的加解密效率更高,密文和密钥所占的存储空间更小。文献[10]也采用 twisted EIGamal 同态加密,但该方案在匿名性、恶意用户的追踪上存在缺陷。本方案平衡了可监管性和匿名性,在分化群管理员权限的同时,实现了用户身份的可追踪性,在性能和隐私保护上更具优势。

方案对比 表 1

方案	匿名性	机密性	可监管性	群管理员数量	追踪方	同态加密算法	区块链模型
文献[7]	否	是	否	无	无	Pedersen	UTXO
文献[8]	是	是	否	无	无	Pedersen	UTXO
文献[9]	否	是	否	无	无	Paillier	UTXO
文献[10]	否	是	是	无	无	Twisted EIGamal	账户模型
文献[11]	是	否	是	1	1	无	UTXO
文献[12]	是	是	是	2	双方	Paillier	账户模型
本方案	是	是	是	N	N	Twisted EIGamal	账户模型

3 结语

本文基于同态加密、群签名、门限秘密共享技术,确保了联盟链车联网中用户数据和身份的隐私。在匿名性和可监管性上,利用群签名实现用户身份隐私保护,结合门限秘密共享技术和智能合约实现追溯密钥共享,提供多方监管功能。通过同态加密及其加同态属性,对敏感数据进行隐私保护。后续工作将研究共识机制以进一步提升交易吞吐量。

参考文献

[1] DIMITROV D V. Medical internet of things and big data in healthcare[J]. Healthcare informatics research, 2016, 22(3): 156-163.

[2] MAXWELL G. CoinSwap: Transaction graph disjoint trustless trading[J]. CoinSwap: Transactiongraph-disjointtrustlesstrading (October 2013), 2013.

[3] DUFFIELD E, DIAZ D. Dash: A privacycentric cryptocurrency[J]. 2015.

[4] SUN S F, AU M H, LIU J K, et al. Ringct 2.0: A compact accumulator-based (linkable ring signature) protocol for blockchain cryptocurrency monero [C]//Computer Security-ESORICS 2017: 22nd European Symposium on Research in Computer Security, Oslo, Norway, September 11-15, 2017, Proceedings, Part II 22. Springer International Publishing, 2017: 456-474.

[5] MIERS I, GARMAN C, GREEN M, et al. Zerocoin: Anonymous distributed e-cash from bitcoin [C]//2013 IEEE Symposium on Security and Privacy. IEEE, 2013: 397-411.

[6] BACK A. Bitcoins with homomorphic value (validatable but encrypted) [J]. Bitcointalk (accessed 1 May 2015) https://bitcointalk.org/index.php, 2013.

[7] MAXWELL G. Confidential transactions [EB/OL]. (2017-04-28) [2019-11-12]. http://diyhpl.us/wiki/transcripts/gmaxwel-confidentiak transactions

[8] NOETHER S, MACKENZIE A. Ring confidential transactions[J]. Ledger, 2016, 1: 1-18.

[9] WANG Q, QIN B, HU J, et al. Preserving transaction privacy in bitcoin [J]. Future Generation Computer Systems, 2020, 107: 793-804.

[10] CHEN Y, MA X, TANG C, et al. PGC: decentralized confidential payment system with auditability[C]//Computer Security-ESORICS 2020: 25th European Symposium on Research in Computer Security, ESORICS 2020, Guildford, UK, September 14-18, 2020, Proceedings, Part I 25. Springer International Publishing, 2020: 591-610.

[11] 李莉,杜慧娜,李涛.基于群签名与属性加密

的区块链可监管隐私保护方案[J].计算机工程,2022,48(6):132-138.

[12] 刁一晴,叶阿勇,张娇美,等.基于群签名和同态加密的联盟链双重隐私保护方法[J].计算机研究与发展,2022,59(1):172.

[13] ZHANG J, YANG F, MA Z, et al. A decentralized location privacy-preserving spatial crowdsourcing for internet of vehicles[J]. IEEE Transactions on Intelligent Transportation Systems, 2020, 22(4): 2299-2313.

[14] LI B, LIANG R, ZHOU W, et al. LBS meets blockchain: an efficient method with security preserving trust in SAGIN[J]. IEEE Internet of Things Journal, 2021,9(8): 5932-5942.

地下环路规划设计关键因素分析和实施评价

张　晟*　李雅楠　查　君

(华东建筑设计研究院有限公司)

摘　要　建设地下环路是解决高强度开发地区、复杂交通区域交通组织问题的有力措施,对缓解交通拥堵、提升到发疏散能力产生显著效果。地下环路的规划结构设计和交通工程设计,在国外交通环境难以借鉴、国内尚未有统一规范的情况下,是困扰建设单位、设计方的设计要点。本文通过理论分析与实证分析相结合的方式,对地下环路规划结构及交通工程方面的设计要素进行了研究,并提出了地下环路的运行指标和评价方法。结合项目实践,通过对实际项目的评价,实现了对项目设计的优化,体现了系统化的理论的实用性。

关键词　地下环路　规划结构　交通工程　因素分析　实施评价

0　引言

地下环路作为城市立体道路交通网中的地下部分,是到发交通的"城市道路—地下环路—地下车库"的三级车行系统中的重要组成。地下环路使部分到发交通可以迅速在外围快速路网和地下车库之间转换,提高交通出行效率,实现快速集散、直进直出地到发分流秩序。目前成为越来越多高强高密地区城市交通问题的解决方向。

回顾地下环路设计及特征分析相关研究文献,章华金对地下环路进行了特征分析,对路径规划、接地点方式进行了分类[1],金兆丰介绍了义乌金融商务区地下环路设计方案并对高峰使用流量进行了预测[2],章华金等对地下环路接地点方式进行了分类并针对交通组织方式进行细致分析评价[3],康抗通过对银川市某大型地下车库联通道进行四阶段法预测其交通流量[4],陈劼通过类比国内现有案例的方式,对地下环路车道数、内部车库可出入口布设数量及位置进行了建议及归纳,并对地下出入口视距进行了多方法验算[5]。

历史文献着重于对环路整体结构、出入口、接地点交通设计,以及工程建设方式的进行探索;评价方面局限于地下环路整体流量预测,以及环路整体交通效率表现。对地下环路对属地城市交通产生的综合正向社会效益,历史文献未作为整体系统进行评价,无法形成系统理论,难以从规划层面反馈指导地下环路规划工作。

1　地下环路设计要素

规划设计层面,地下环路关键设计要素主要包括服务对象及规模、行车方向、接地点的选择、与地面道路连接方式、与地下车库连接方式等。

1.1　地下环路服务对象及规模

地下环路规模和服务范围通常由主环大小决定。由于地下环路建造成本较大,工程上对建设效用及其经济性进行考量极其重要。如何实现地下环路在最大程度上服务于城市交通,建议遵循以下三项原则:

(1)地下环路应服务于开发密度最高的区域。

开发密度最高的区域,到发交通压力最大,最容易形成地面交通拥堵,地下环路对此地区形成的效果最为显著。

(2)地下环路应服务公共业态,即商业、办公、公共服务业态的地块。住宅地块由于私密性要求较高,地下环路建成后对私密性产生挑战,因此不宜建设地下环路。此外公共地块建设地下环路社会效益更为显著。

(3)地下环路适合服务小街密路地块。小街密路的城市规划通常会产生一系列的交通问题,包括交叉口距离短、地面道路通行效率低、出入口开设困难、高密度空间人行品质要求高、人行交通同车行交通矛盾加重等,建设地下环路可针对性地缓解这些问题。地下环路通过接地点外移避开区域内部交叉口、地下开设出入口缓解开口压力等一系列组合方案构建车行交通地下化,还地面人行主导空间。

随着近年管理方、建设方对地下环路的建设愈发审慎,对地下环路建设的必要性、合理性论证提出更高的要求,设计方可通过对环路建设进行定量分析论证必要性、合理性,使用服务交通量、环路规模公里数等指标评价,针对不同规模环路的服务效率进行方案选择。

1.2　地下环路行车方向

地下环路为了形成连续流,通常采用单向交通组织。单向交通组织方向配合环路成环,则产生顺时针与逆时针两种方向。方向选择可遵循以下两项原则:

(1)逆时针优先原则。逆时针环路,主线车辆全程左转通行,国内左舵环境下,左转相比右转具有更好的安全视野。

(2)右进右出优先原则。分别统计地下环路服务的地库中,位于环路左侧和右侧的停车数量和出入口数量。当右侧多于左侧时,道路拥有更好的更顺畅的交通组织。对于地上道路,设置左侧式出口时,研究表明在同等交通流、道路环境条件下,其事故率、事故严重程度远高于右侧式情况(美国南弗罗里达大学,收集了 73 个出口匝道的事故统计资料及道路资料,其中 7 个左侧式出口进行的数据分析,图 1)。我国部分高速公路互通立交也存在左侧情况,事故率较高。当在城市地下道路内部设置“左侧式”出口,行车安全问题将比地上道路面临更大挑战:

①地下道路空间封闭、环境单调、噪声大,视觉条件相对较差,出入口识别易受遮挡。

②地下道路内部光线及噪音等不利环境,一定程度上影响驾驶人的反应行为。

③事故后,易引发火灾等二次事故,逃生救援相对困难。

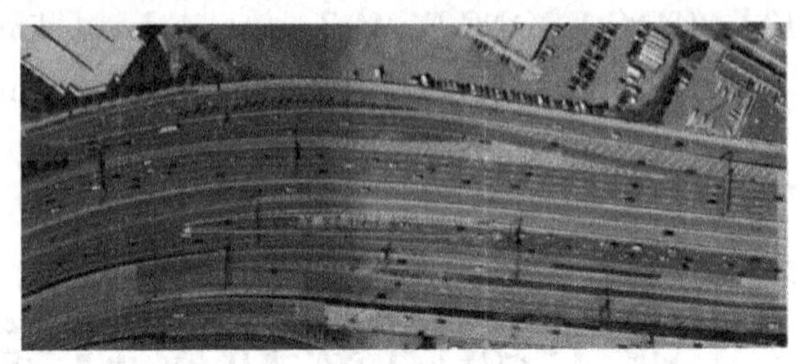

图 1　波士顿 I93 高速公路左侧式、右侧式出入口

因此,由于交通组织的方向直接决定了右进右出同左进左出的出入口数量,方向选择需遵循右进右出优先原则。当顺逆时针右进右出的出入口数量大致相等时,考虑采用逆时针环路更符合驾驶习惯。

1.3　地面道路接地点的选择

地下环路起到连接地下车库与城市道路的过渡作用。过渡交通是否平顺是该系统布设尤其是接地点布设的重要考虑因素。

地下环路设计车速 20km/h,上下游道路设计车速需控制在其 1.5 倍范围内,则地下环路、车库联络道同次干路、支路连接较为适宜。理想条件下应设置于同城市骨干道路相接并转换能力强的次干路或支路上,若一定要设于主干路上,应保证较长的加减速缓冲段,并采取诱导、安全警示措施。

接地点至上下游交叉口的距离主要取决于出入车辆的加减速车道长度及交织段长度。根据道路流量及道路等级进行测算。

1.4　与地面道路连接方式

地下环路连接地面道路的方式,主要有路中式、路侧式、出入口式三种连接方式,如图 2 所示。

目前实践环境下,地下环路与地面道路连接方式与主体占地属性相关。主体布设于市政道路下时,接地点布置一般布置在市政道路红线范围内,即路中式[图 2a)]和路侧式[图 2b)]。地下环路布设于地块红线内时,地下环路和与市政道路的衔接一般采用出入口式[图 2c)],其功能特点与常规地块出入口一致。

本文认为:接地点布设位置应优先考虑建设区域的交通情况,结合实际条件后择优选择。

(1)应考虑接地点的交通需求量。三种出入口方式中,路中式受周边地面交通影响最小,通行能力最强,接近甚至超过地面一条车道的通行能力;路侧式次之;出入口式受周边地面交通影响最大,与路中式的通行能力产生了本质上的区别。

(2)应考虑实施可行性,部分高强高密区域自身条件较为复杂,可供接地点开设条件有限,应最大化挖潜开设空间。

(3)应考虑地下车行体系权属,选择合适的开设方式方便有关部门管理。

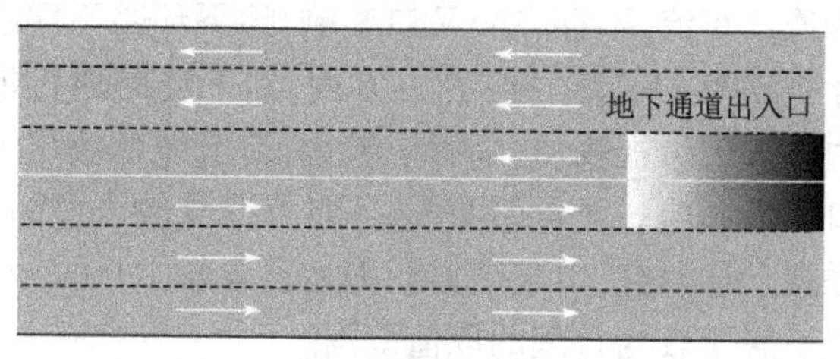

a)路中式

b)路侧式

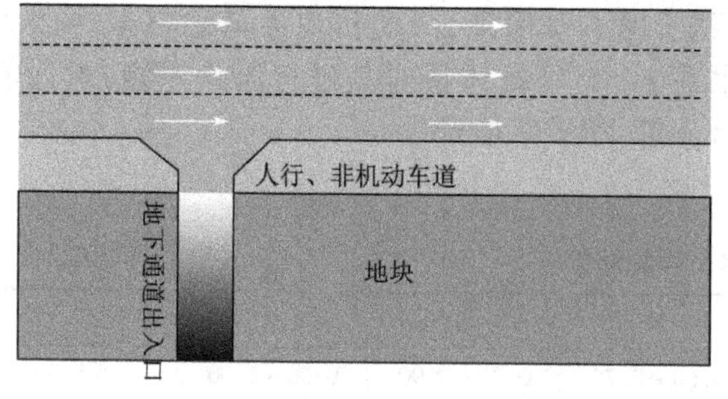

c)出入口式

图2 地下环路、地下通道与地面道路的连接方式

1.5 与地下车库连接方式

与地下车库连接方式直接影响车行环路主体运行效率。好的衔接方式,将进出地下车库的交通流对主线交通流的影响降至最低,保证系统运行通畅。设置要素包括布设方式及出入口间距。

出入口布设方式主要分直接式与展宽式。直接式为地库出入口直接同环路主线相连,如图3a)所示。该方式适用于地下车库同环路主线距离较长,或者有充裕空间进行缓冲的情景,在实际建设中,项目基地存在各地块同环路标高相差过大的情况,该情况下需设置较长的坡道同地下环路衔接,则可以通过直接式同环路主线连接。展宽式表示环路主线通过展宽一对加减速车道接入车库出入口的形式,如图3b)所示。衔接通道、展宽车道除了提供加减速功能外,极端车流量较大的情况下当车库排队较长时,可提供部分排队空间,避免排队侵入主线影响主线交通流。

a)直接式出入口

b)展宽式出入口

图3 地库出入口布设方式

规划过程中需要对出入口布设方式提前考虑。

(1)需尽可能保证沿线车库高程处于相近状态,避免建设大规模上下衔接坡道,对珍贵的地下空间进行集约化处理,并利于出入口排布。在此前提下,应倾向于选择展宽式布设方式避免或减轻出入口对主线的影响。

(2)地块车库联系的出入口接入间距应满足相关规范要求,包括满足接入口停车视距、接入口的识别视距、警告标志设置距离、分离右转冲突重叠区域、通行能力要求。

2 地下环路的运行指标

地下环路运行指标可包括设计车速、通行能力及服务水平的底线。

2.1 设计车速

属于市政道路的车行体系的地下环路,设计车速需遵循城市道路相应规范,采用20km/h的设计车速。相应道路设计参数需参照该车速选取。

根据三级道路衔接理论,地下环路作为中间一级的衔接角色,应在车速上也起到衔接作用,因此跳开以权属对标规范的方法,采用前后两级道路的中间值更为合适,根据道路通行能力的瓶颈点(通常是地下车行系统的接地点),确定设计车速,尽可能将设计车速设置为15~20km,并在相应的道路设计中尽可能对标市政道路的设计指标,保障地下车行系统衔接的顺畅性,避免交通流速度的断档。

2.2　通行能力

目前国内尚未对地下环路进行过明确的通行能力规定。根据2004年上海市科委重大科技攻关项目“地下道路通行能力及交通设计研究”[6]，理论通行能力主要通过采取车头间距+车身长度所形成的距离进行变量控制，经过理论计算后单车道通行能力为1230~1630pcu/h之间，最后提供理论通行能力推荐值，常规理论通行能力为1500pcu/h，考虑火灾理论通行能力1200pcu/h，如表1所示。

地下道路理论通行能力推荐值　表1

设计车速(km/h)	80	60	50	40	30	20
常规理论通行能力(pcu/h)	2100	2050	2000	1950	1750	1500
考虑火灾时理论通行能力(pcu/h)	1900	1850	1800	1700	1500	1200

此外，随着计算机仿真技术的成熟，可以借鉴微观模拟方式，通过建设地下环路模型，输入大量随机工况进行测试，最终测出环路最大的理论通行能力(图4)。

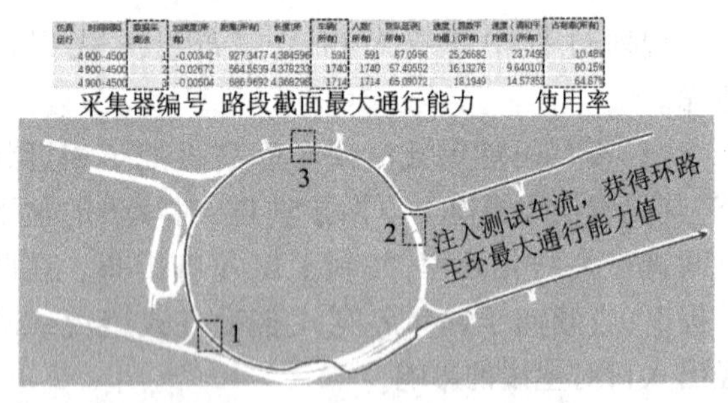

图4　地下环路最大通行能力仿真结果

对深圳某项目地下环路方案设计阶段中的方案进行通行能力测试，由一端注入测试车流，直至饱和后测量环路运行参数。根据图4仿真结果，在运行速度20km/h左右的情况下，该环路理论通行能力可达到1700pcu/h以上(双车道)，则单车道理论通行能力为850pcu/h。

由此可见，由于地下环路、车库联络道运行工况同地面道路有着很大的不同，一方面地下环路为连续车流，不存在交叉口影响，地下环路不存在非机动车、人行干扰；另一方面，地下环路通行能力受驾驶员视线、心里影响较大，受沿线地块出入口布设影响。不同环路通行能力差异较大，然而根据上述研究，单车道通行能力设置在1200pcu/h以下属于较为合理的取值范围。

2.3　服务水平的底线

目前尚未有成熟的服务水平分级方法。立体道路体系均采用连续流交通组织，车流通过汇入、分流、交织方式进行交互。同高速公路、快速路相比，地下环路连续流长度通常较短，如果采用高速路一~四级分级体系分级，同道路尺度不匹配，也不够精细，因此从业人员通常采用服务水平A~F等级体系对其进行流量评测、承载能力分析，如表2所示。

城市道路路段服务水平等级划分　表2

服务水平等级	A	B	C	D	E	F
V/C	≤0.40	0.40~0.60	0.60~0.75	0.75~0.90	0.90~1.00	>1.0

注：1.资料来源《道路通行能力手册2000》。

2. V/C为实际通行能力与可能通行能力的比值。

与快速路、立体交叉不同，未有规范对地下环路运行情况有底线标定，即实际通行交通量/可能通行能力的比值(V/C)，没有明确规定应小于某一具体值或达到某一具体服务水平。参考立体交叉口20km/h，匝道服务水平最小值为0.59。地下环路工况较立交匝道更为复杂，因此认为不应大于0.59较为合理，对应上述服务水平分级，则应为B级。

3　地下环路评价体系

地下环路评价体系主要由社会效用评价及运行情况评价两部分指标集体现。

3.1　社会效用评价

社会效用评价主要体现了地下环路对于盘活片区活力产生多少综合效益。社会效用评价指标分为初级指标及进阶指标，如表3所示。基础指标为环路本身的特征指标，服务效率指标、经济效益指标和环境效益指标为基础指标的组合指数。通常进阶指标的高低对立体车行体系的规划起到较强的参考作用。

社会效用评价指标　　表3

类别	项目	备注
基础指标	地下环路长度	可分为主体道路规模跟总规模
	工程投资	土建造价、总体投资、运营成本等
	服务地块数量	环路、联络道同车库相接的地块
	服务地块开发量	建筑规模、建筑面积
	服务地块人口	规划中服务地块的人口
	服务地块客流及职工数	规划中服务地块的商业办公访客及职工数
	服务地块停车位数	串联配建停车位数
服务效率指标	服务客流及职工数/环路长度	侧重于服务效率的潜力
	服务停车位数/地下环路长度	侧重于极端情况下的服务效率
	系统交通流量/地下环路长度	侧重于一般情况下的服务效率
	服务地块开发总投资/建设投资	进阶成本指标，评判成本是否更高效
经济效益指标	投资回报周期、内部收益率、投资利润率等等	涉及建设成本、效益及运营成本的综合计算
环境影响指标	碳排放量	节能减排产生的收益
	噪声强度	行车地下化对噪声治理的收益
管理效益指标	人车冲突点数量	接地点外移减少的人车冲突机会
	交通管理成本	减少交通管制人力成本

3.2　运行情况评价

运行情况评价主要体现了地下环路对于整个区域交通压力产生了多大的缓解，交通运行通畅程度是否有提高，提高的效果，运行情况评价在规划地区尚未实施的情况下，通常采用交通仿真的方式。运行情况评价采用微观交通仿真评价时，对整个道路网、关键交叉口等节点均有不同的评价指标，由于近年来注重对绿色及排放的要求，整个道路的绿色及节能指标也应纳入评价体系。指标内容如表4所示。

运行情况评价指标　　表4

类别	项目	备注
总体指标	流量(pcu/h)	单位小时内车行通过量
	密度(pcu/km)	平均密度、最大密度
	速度(km/h)	运行车速、最大车速
关键节点指标	车辆延误(s)	交叉口车辆损失时间
	停车延误(s)	交叉口车辆停车等候时间
	排队长度(pcu)	交叉口进口道排队平均长度、最大长度
绿色及节能指标	排放物(包括CO、NOx、VOC等)	单位时间内全体车辆排放气体当量
	油耗(L/h)	单位时间全体车辆油耗

运行情况评价通过交通仿真对整体路网、关键节点的相关评价指标，进行有无地下环路甚至多方案的对比分析，得出地下环路对区域整体交通改善程度、关键节点拥堵缓解程度，分析成果可通过交通指标热力图、关键节点运行参数表格体现。

4　评价体系运用

评价体系的运用，在地下环路交通规划及交通工程设计方面可以满足精细化设计要求，帮助建设方起到辅助决策作用。规划设计阶段中对上述社会效用指标、运行指标进行分析、比对，通过定性或者定量的评价成果，导出方案结论。本节对成都某项目地下环路规划设计中，该评价体系如何指导设计的过程进行简要回放，旨在表现一套成型的运用方式。

4.1　设计背景

项目位于成都新建某总部商务片区，周边围绕2条城市快速路、1条主干道和1条次干道，在对外大交通便利的同时，车流到发离散由于受到快速路和匝道设置的影响，整体绕行较多。同时项目整体呈现小街区密路网的设置，但高密度开发量造成了整体区域交通压力较大，多条道路的服务水平达到E级。

为解决交通集散、路网承载力和地块进出能力的问题，项目组提出通过地下环路实现地块的快速到发、提升路网通行能力和出入口分流。

4.2　地下环路方案生成

4.2.1　地下环路规模确定

首先对项目地块的业态类型、开发强度以及出入口开设的情况进行摸排，如图 5 ~ 图 7 所示。提出了以下地下环路设置原则：

(1)服务高密度、高开发量公共建筑地块(商办地块)。

(2)服务交通影响大的地块(开口难地块、到达性差的地块)。

(3)最大化公共利益、经济利益(服务性价比：高峰交通出入总量/主环长度)。

图 5　地块用地性质和开发高度分析图

图 6　地块用地性质和开发高度分析图

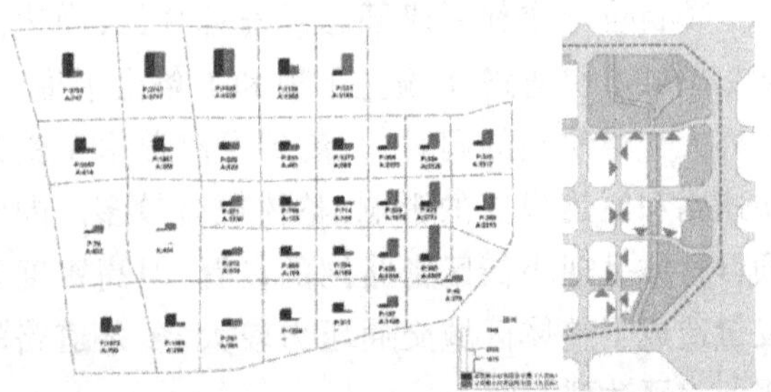

图 7　高峰时段交通需求预测及开设困难的地块开口

基于服务地块、服务效率、地下限制条件和实施难点的指标，对 4 个地下环路进行方案对比，如表 5 所示。根据服务效率指标，基本判定为方案一，同时结合限制条件和实施难点，也推荐方案一作为地下环线路径的基础方案。

4.2.2　接地点选择

在满足建设的实际条件下，地下环路接地点应实现快进快出，环路接地点尽量对接高等级道路，同时同地面道路衔接顺畅，保证视距及排队距离，避免入口堵塞。项目针对景观展示面、山区保护线、综合管廊等限制要求进行了分析论证，选择了 4 条对外衔接条件较好的道路作为地下环路的接地点，如图 8 所示。

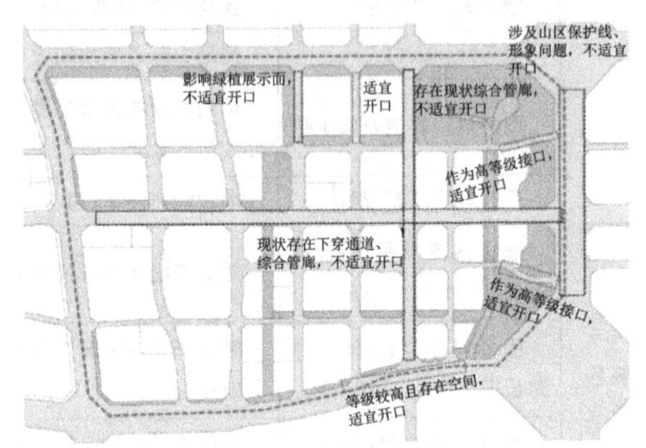

图 8　地下环路接地点选择分析图

4.2.3　环路车行方向选择

选定基础的地下环路方案后，对环路的运行交通组织进行了分析。根据环路的设置方案，环路外围的地块有 8 个，内侧的地块仅有 3 个。根据利益最大化的选择，将多数地块的交通出行习惯和安全性作为主要保证要素，采用多数地块车辆右进右出的交通组织方案。故整体的地下环路方案采用逆时针，如图 9 所示。

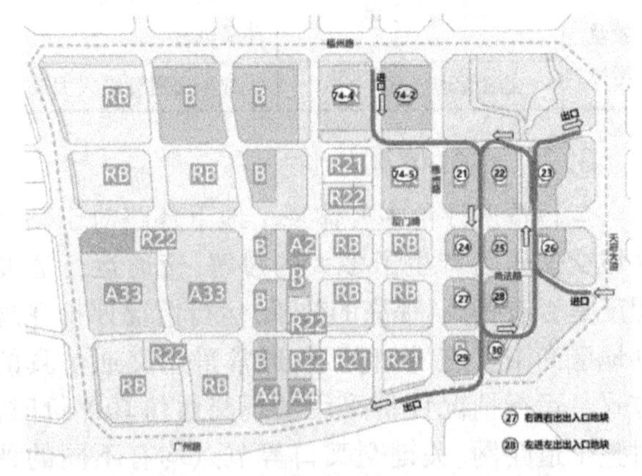

图 9　地下环路交通组织方向分析图

地下环路方案和关键指标要素分析

表 5

指标	方案一(推荐)	方案二	方案三	方案四
主环长度(km)	1.2	1.5	2.2	2.5
主环服务公共地块	10	10	15	18
其中右进右出地块数	7	4	9	9
服务效率（高峰交通出入总量/主环长度,pcu/km)	23390	18713	17712	19077
地下构筑物	青里沟、青里沟沿线桥梁	青里沟、青里沟沿线桥梁、现有综合管廊	青里沟、青里沟沿线桥梁、综合管廊	青里沟、青里沟沿线桥梁、综合管廊、轨道交通区间段
实施难点	—	雅州路综合管廊同主线共线,环路沿线接入地块的接口需要下跨管廊难以处理	—	地铁区间段同主线共线,环路沿线接入地块的接口需要下跨地铁难以处理

4.2.4　与地面道路连接方式选择

对于接地通道的交通组织的确定,考虑到部分城市道路红线较窄,尽量减少对红线外土地的占用,因此选择了单向单腔的做法。

出入口的交通组织选择了单向进入和单向离开,故接地布设均为路侧式。同时道路红线在设计之初并未考虑到地下环路的方案,因此敞开段处需依托公共绿地空间,拓宽所在道路红线,保证地面车道数不变,如图 10 所示。

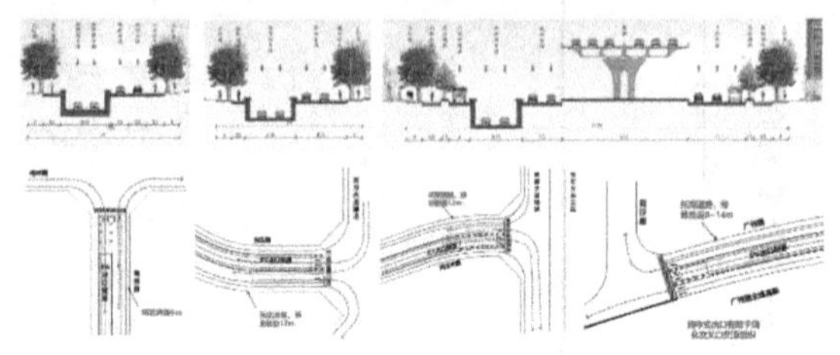

图 10　地下环路各出入口的断面和平面设计图

4.2.5　与地下车库连接方式选择

考虑地下空间经济性,采用直接式接入方式。在靠近地库出入口的端部处,利用应急车道逐渐展宽为 3 个车道,分别为过境车道、集散 + 过境车道、进出地库车道。断面宽度由标准段的 3.25m + 3.25m + 2.5m,渐变至 3m + 3m + 3m,总宽度不变,最大化空间利用效率,如图 11 所示。进出地库车道的设置,将满足两个功能:进出地库加减速、进出车辆流量多时,提供排队空间。紧急状态下关闭出入口,进出地库车道禁止车辆滞留,保障应急车道通畅。

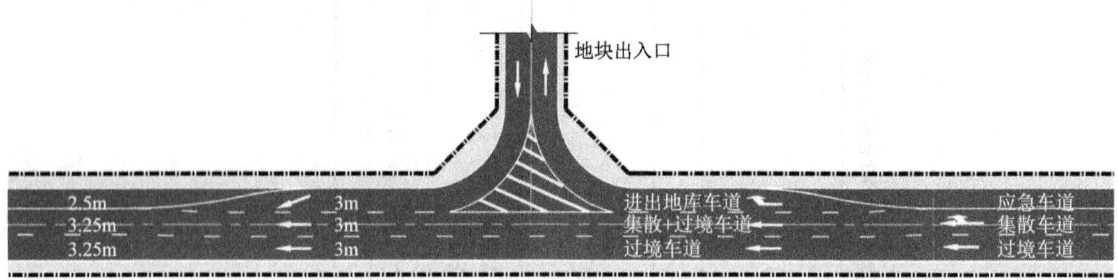

图 11　地库出入口端部设计方案

4.3　方案评价

项目地块采用双管齐下的交通策略:区域公交优先,完善公交配给,鼓励公交出行,同时在做好成本分析及建设协调基础上,进行地下环路建设。数据分析结果如表 6 及图 12 所示。结论为:若仅实施公交优先、将公交出行比例提升至非常高的水平,对地面道路的交通缓解依然有限;地下环路的实施将大幅度减少地面交通出行量,提升整体的路网服务水平,缓解拥堵。

地下环路运行情况及社会效益对比表　　表 6

项目	无措施	公交优先策略			修建地下环路	
		公交出行比例	地面交通量	地面道路服务水平	地面交通量	地面道路服务水平
区域道路交通运行	地面交通量 12124pcu/h	不变	12124pcu/h	B ~ E	8594pcu/h, 29% ↓	B ~ D
		52%	10912pcu/h, 10% ↓	B ~ E	7759pcu/h, 36% ↓	A ~ C
		54%	9699pcu/h, 20% ↓	B ~ D	6911pcu/h, 43% ↓	A ~ C
地下空间开发及用地影响	地下空间分散建设,配建机动车位 6177 个	可根据公共交通可达性的提高,适当加大配建车位折减系数,配建停车位:约 5628 ~ 5833 个			地下车行空间互联互通,配建停车位约 4632 ~ 5252 个	

续上表

项目	无措施	公交优先策略	修建地下环路
地块机动车开口条件	3个地块无法合规开口 7个地块合规开口局促	同"无措施",未有改善	13个地块整体串联 较好的解决地面机动车出入口开设合规性问题
环境综合效益	各类污染物排放量15.9t	各类污染物排放量14.4t,10%↓ (公交比例52%)	各类污染物 排放量12.9t,19%↓
建设管理统筹	常规开发管理,难度小	注意协调公共空间同公共交通建设联系,难度较小	存在地下环路与相邻地块建设管理界面区分, 整体管理统筹难度较大

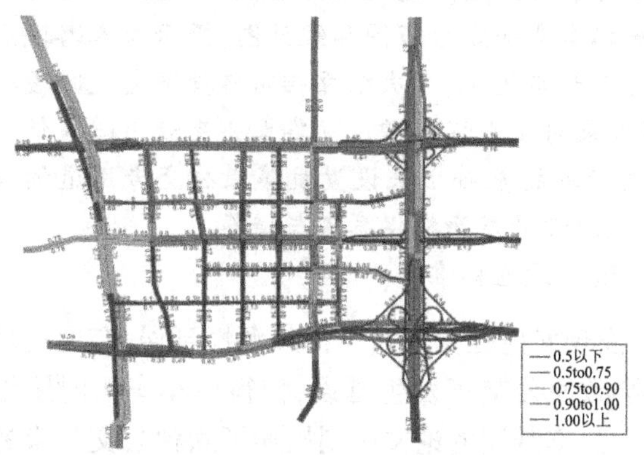

a)路网服务水平预测——无地下环路

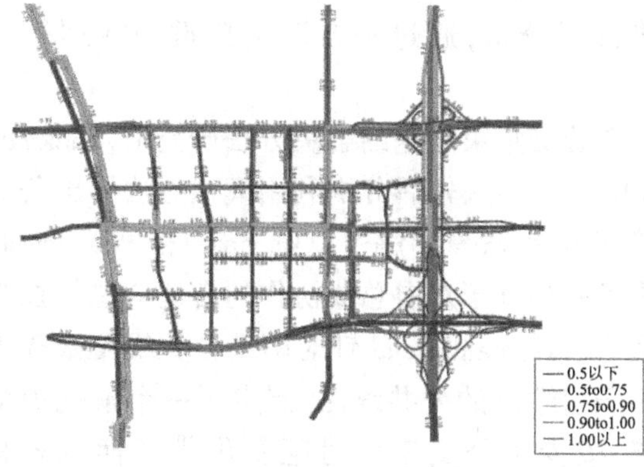

b)路网服务水平预测——有地下环路

图12 地下环路路网服务水平预测图

5 结语

本文总结了地下环路设计要素特征,提出基于社会效用及运行评价各类指标的评价体系,通过案例展现具体应用办法。

在实际工程实践中,需要考虑将具体条件因素同理论结合,得到相对合理的地下环路设计。在建设条件和经济条件可行的情况下,地下环路可作为解决高强度开发、复杂交通构成区域交通组织问题的有力措施,其后续仍需加强政策支持和理论研究。

参考文献

[1] 章华金.因地制宜的商务核心区地下车行环路[J].交通与运输,2017,33(5):16-18.

[2] 金兆丰.浅析地下道路在城市中央商务区中的应用[J].交通与运输(学术版),2017(1):166-169.

[3] 章华金,余朝玮.地下车库联络道外部出入口布置位置研究[J].城市道桥与防洪,2017(7):24-28.

[4] 康抗.地下车库联络道交通预测方法研究及实例应用[J].湖南交通科技,2016,42(3):193-197.

[5] 陈劼.地下车库联络道交通组织与内部出入口布置研究[J].交通与运输(学术版),2018(01):37-41.

[6] 李素艳.地下道路通行能力及交通设计研究[D].上海:同济大学,2007.

抗集束公交专用道设置需求判别方法及设计

周　旋　李大韦*
(东南大学交通学院)

摘　要　随着城市化进程不断推进的今天,社会车辆不断增加,所造成的交通拥堵和空气污染也日益严重,公共交通的职能尤为突出。但公交车运行存在诸多问题,比如公交集束(同一路公交车在同一站点接连到达或许久不到站),公交集束严重破坏了公交系统的稳定性与准时性。本文将从增设公交专用道的角度出发,以降低公交集束发生概率为目标来解决公交集束问题。通过MATLAB构建公交运行仿真平台,刻画全天时段公交运行时空轨迹图,并绘制前后车辆车头间距分布图和统计图,揭示原本路段上公交集束发生概率。随后通过增设抗集束公交专用道进行调节与优化,再次刻画相同路段下全天时段公交运行时空轨迹图与车头间距分布图和统计图,通过数据效果对比来证实增设抗集束公交专用道降低路段公交集束的可行性。最后在现阶段已有公交专用道设置标准的基础上来设置抗集束公交专用道的设置标准及各种设置细节,为降低路段公交集束概率在路网规划设计层面提供参考与借鉴。

关键词　公交集束　MATLAB仿真　抗集束公交专用道　设置标准

0　引言

截止到2019年末,我国全国民用汽车保有量约为26150万辆[1]。车辆增多导致交通拥堵问题日益严重,而公共交通对于治理该问题颇具成效,但公共交通本身也有诸多问题,如公交集束现象。公交行驶过程中受到某些因素干扰,使得原本按计划行驶的公交车规律的车距和间隔不复存在,在车站会出现同一路公交车接连到达或长时间未到达的局面,这就是所谓的公交集束,也是所谓的"串串车"。公交集束问题对于公交系统的稳定性与准时性进行了破坏,会导致乘客在车站等待时长增加以及车内乘客密度过大,拥挤异常的不良后果,严重影响市民出行对公交车的选择[2]。

Newell和Potts最早对公交集束问题进行研究,他们发现公交车受到初始发车延误时间大小的影响,前车发生延误之后,与后车的车头时距变小,到站更晚,从而站点也会有更多的乘客积累,后车重复该情景,公交集束便形成[3]。Potts和Tamlin的论文中论证了该观点,同时发现公交车与车站配对一部分是根据乘客上车时间的变化而变化[4]。对于公交集束具有逐级放大效应的研究上,Daganzo建立了关于公交运动状态的方程,同时还考虑了公交出行时间等因素的随机影响,使其更接近实际情况[5]。而Fonzone等人在其研究中,发现发生在交通途中的外源性延误,交通拥堵等会致使公交车发生延误,使得后车车头时距缩短[6]。李梦甜的论文中则描述了六种公交集束的典型现象,建立了车头时距的模型对公交集束致因进行了分析,通过来自四川自贡的数据得以验证[7]。

在公交集束问题的解决方法研究上,Hickman和Eberlein等人先后分别利用模拟方法导出公交车静态和动态等待解[8]。Daganzo和Pilachowski提出了一种基于双向总线协作的自适应总线控制方案[9]。Hernándezetal针对两条公交线路服务于同一子组站点的公共线路,制定了一个最优等待策略,减少了公交车头时距变化[10]。而Sun和Schmöcker分析了不同乘客分布对公交车聚集的作用。Schmocker等人的论文中通过案例分析,说明超车的存在对于提高公交线路服务满意度有着积极的影响[11]。

公交专用道指的是专门为公交车设置的具有独享路权的车道,而抗集束公交专用道能够在特定路段帮助公交调节运行速度,控制车头间距,这也是国内外目前广泛采用的方案[12]。本文目的旨在通过抗集束公交车专用道来解决公交集束问题。具体工作如下:

(1)从三方面致因入手,建立起公交集束的典型过程,绘制该过程的时空轨迹图,建立数学模型,分析公交集束成因。

(2)基于 MATLAB 搭建仿真模型,进行仿真模拟,得出两种情况下公交集束概率(增设抗集束公交专用道前后),并以减少路段公交集束概率为导向,来判断增设抗集束公交专用道效果。

(3)考虑既有公交道设置标准,给出符合仿真条件下增设的抗集束公交专用道的设置标准以及设置细节。

1 公交集束产生原因分析

1.1 公交集束产生典型过程

导致公交集束产生有三大原因(发车时间、路段旅行时间、停车时间),下面通过时空轨迹图的描绘进行直观展示。假设常规情况下公交公司行车计划,编号为 n_1, n_2, n_3 的公交车按照计划时刻表运行。

如图 1a)所示,当 n_1, n_2 正常运行,但 n_3 却因为某些外部因素导致过早发车时,会导致公交集束现象的产生(图中红点处)。同理如图 1b)所示,当 n_1, n_3 运行正常,但 n_2 因某些外部因素导致过迟发车时,也会产生公交集束现象。

1.2 公交集束典型过程数学描述

现在从数学角度进行分析,对公交集束问题进行简化建立数学模型,并作以下假设。

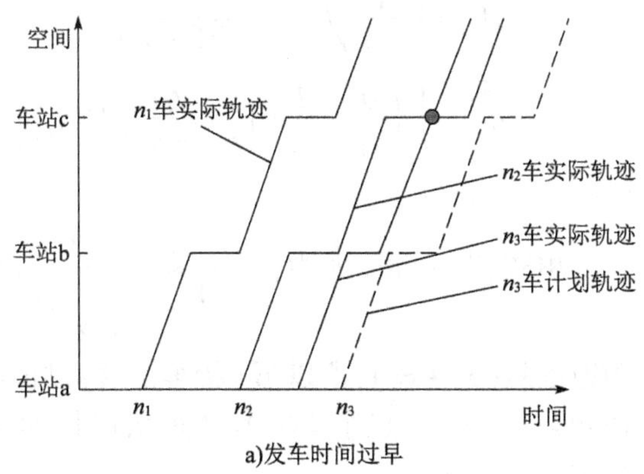

a)发车时间过早

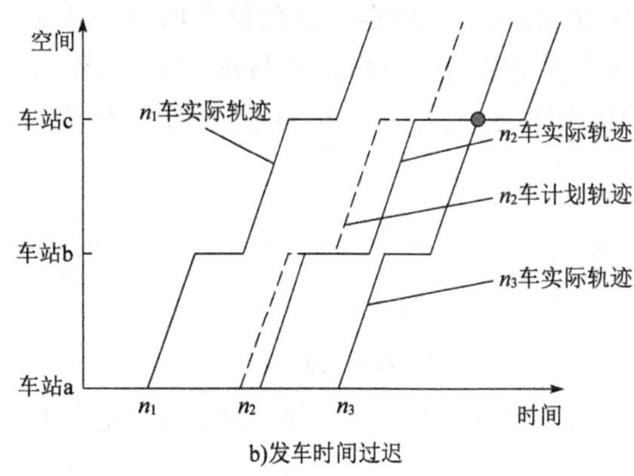

b)发车时间过迟

图 1 发车时间过早或过迟产生的公交集束

(1)道路假定。在一条既定的公交线路上,公交车按照计划时刻表运行,可认为在终到站消失的公交车又从始发站重新出发,那么便可以把公交车道抽象的看作一条连续、闭合的线路图。如图 2 所示(圆圈为车站、双平行线为道路)。

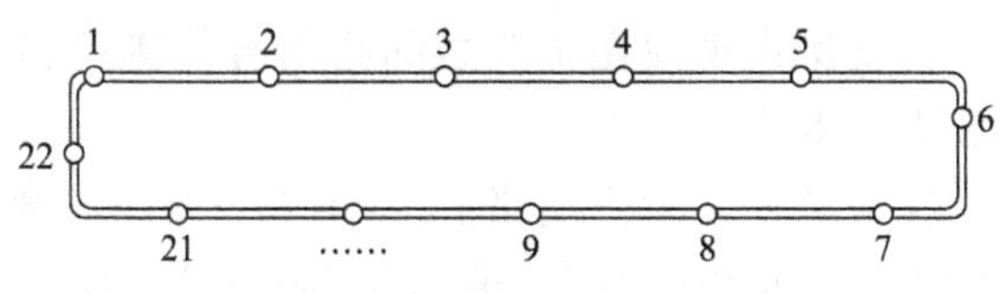

图 2 抽象公交线路图

(2)车辆假设。共有 i 辆车,车辆视为质点时,具体到车辆动作(起动,制动等)忽略不计,车站停留时间由车辆到达时站点乘客登车时间决定。

(3)乘客以及站点假设。共有 j 个车站,车站候客空间无限,即站点容量不受乘客聚集人数影响。每个公交站点的乘客到达速率是相互独立的且服从正态分布,并且到达速率随时间动态变化,乘客就近候车。

(4)单一变量假设。车辆之间在路段运行时相互独立,在研究第 i 辆车在 j 站和 $(j-1)$ 站产生公交集束问题时,其前一辆车 $(i-1)$ 保持理想状态。

公交集束模型中需要用到的数学符号及其说明如表 1 所示。

模型符号与说明 表 1

符号	意义	单位
D	车站间距 $\left(D=\frac{L}{i=1}\right)$	m
v_i	第 i 辆车的区间运行速度	m/s
H	平衡条件下的发车间隔	s
$H_{i,j}$	第 i 辆车在第 j 站与前车的车头时距	s
γ	乘客人均登车时间	s
$L_{i,j}$	第 i 辆车离开第 j 站时刻	—
a_j	第 j 站的乘客到达率	per/s
$T_{i,j}$	第 i 辆车在第 j 站停站时间	s

1.2.1 成因分析模型建立与计算

1)系统平衡条件下状态

每个车站的乘客的到达率一定(a_j 不变、车站聚集乘客数量与前后到达车辆时间差成正比);公交车辆运行在每个路段时,以恒定速度运行(v_i 不变);按照计划时刻表运行,车头时距等于发车间隔($H_{i,j}=H$)。

2)成因分析模型计算

在该模型建立前提下,车辆从$(j-1)$站行驶到j站所需的总运行时间包括以下两部分:车辆在区间内的运行时间,与乘客在站点间距聚集行为相互独立,该数值与站点间距成正比,与公交运行速度成反比;车辆在车站的停留时间。主要是乘客在站点的上车时间,其与乘客到达率、车头时距和乘客人均上车时间成正比。如图3所示:

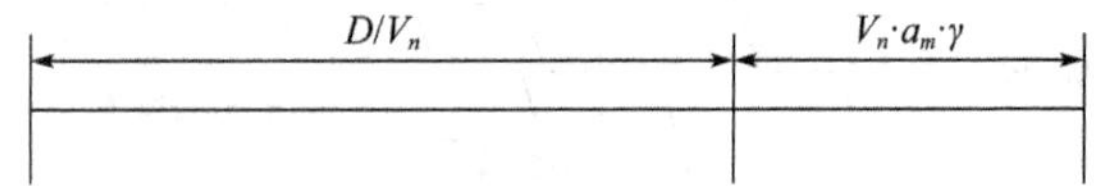

图3 路段时间划分

(1)第i辆车在第j站的停站总时间:如式(1)所示。

$$T_{i,j}=a_j\cdot H_{i,j}\cdot\gamma \tag{1}$$

(2)第i辆车在第j站的离站时刻:如式(2)所示。

$$L_{i,j}=L_{i,(j-1)}+\frac{D}{v_i}+T_{i,j}=L_{i,(j-1)}+\frac{D}{v_i}+a_jH_{i,j}\gamma \tag{2}$$

(3)第i辆车离开第j站的离站车头时距:如式(3)所示。

$$H_{i,j}=L_{i,j}-L_{(i-1),j}=L_{i,(j-1)}+\frac{D}{v_i}+a_jH_{i,j}\gamma-\left[L_{(i-1),(j-1)}+\frac{D}{v_{i-1}}+a_jH_{i,(j-1)}\gamma\right] \tag{3}$$

整理式(3),可得式(4)。

$$(1-a_j\gamma)H_{i,j}=H_{i,(j-1)}+\left(\frac{D}{v_i}-\frac{D}{v_{i-1}}\right)-a_jH_{i,(j-1)}\gamma \tag{4}$$

进一步整理,可得式(5)。

$$H_{i,j}=\frac{1}{1-a_j\gamma}H_{i,(j-1)}+\frac{1}{1-a_j\gamma}\cdot\left[\left(\frac{D}{v_i}-\frac{D}{v_{i-1}}\right)-a_jH_{(i-1),j}\gamma\right] \tag{5}$$

同样还可表述为式(6)。

$$H_{i,j}=L_{i,(j-1)}+\frac{D}{v_i}+T_{i,j}-\left[L_{(i-1),(j-1)}+\frac{D}{v_{i-1}}+a_jH_{i,(j-1)}\gamma\right] \tag{6}$$

1.2.2 模型结果分析

在式(5)中$\frac{1}{1-a_j\gamma}$的取值范围是$(1,+\infty)$,所以第i辆车在第j站的车头时距与其第$(j-1)$站的车头时距呈现正相关。

同时,式(6)可以转化为式(7):

$$H_{i,j}=\frac{1}{1-a_j\gamma}H_{i,(j-1)}+\frac{1}{1-a_j\gamma}\cdot\left[\left(\frac{D}{v_i}-\frac{D}{v_{i-1}}\right)-\frac{a_j\gamma}{1-a_j\gamma}H_{(i-1),j}\right] \tag{7}$$

由式(7)可得,因为$\frac{a_j\gamma}{1-a_j\gamma}$即为$\frac{1}{\frac{1}{a_j\gamma}-1}$,其取值范围是$(0,+\infty)$,所以第$i$辆车在第$j$站的车头时距与第$(i-1)$辆车在本站车头时距呈现负相关。

此外,由式(6)可得:第i辆车在第j站的车头时距其在本站的停站时间、区间运行时间呈现正相关的趋势;与第$(i-1)$辆车在本站的停站时间及第$(i-1)$辆车的区间运行时间,呈现负相关趋势。

1.2.3 模型结果分析

公交集束现象在车辆之间会具有传递性和逐级放大的效应。

在一条公交运行线路上,当第$i-1$辆车在第j站发生公交集束问题时,第i辆车将在此站拉大与后车即第$i+1$辆车的车头时距,同时当第i辆车在第$j-1$站拉大与后车的车头时距时,第$i+1$辆车将发生公交集束问题,如果不加以干涉,第i辆车在第j站还会发生大间隔问题,此外,随着第$j-1$站的大间隔问题不断恶化,第j站出现的车辆之间车头时距拉大的现象会加剧。

1.3 增设公交专用道作用

在上述三种成因中,抗集束公交专用车道能使公交车在路段旅行中保持可观的车头时距,来解决路段旅行时间不确定性问题。在相对较长线路上当路段旅行时间远大于停站时间时，停站时间相对于车头时距影响不会很大，所以最终影响到公交集束还应从路段旅行速度入手，即增设抗集束公交专用道能够解决该问题。

2 基于 MATLAB 方针的公交集束问题分析

通过建立仿真模型，来展示增设抗集束公交专用道的作用与效果。

2.1 公交集束的 MATLAB 仿真

2.1.1 仿真环境及参数

根据常规线路，公交线路特征指标见表2[13]：

常规公交线路特征指标 表2

特征指标	常规公交线路
公交站点	>20 个
公交站距	400 ~ 600m
…	…
首末站	无要求
控制信号	一般无

中小城市公交线路长度一般在 10 ~ 15km 范围内，本文构建公交线路有以下参数：22 个连续公交站点，这些把某公交线路划分为 21 个首尾衔接路段，线路上有 10 个道路交叉口，站点和道路交叉口部分相关信息如表 3 和表 4 所示。

路段相关信息 表3

路段编号	路段起始站点	路段结束站点	路段起点距原点距离（m）	路段终点距原点距离（m）	路段长度（m）
1	1	2	0	500	500
2	2	3	500	1100	600
…	…	…	…	…	…
20	20	21	11000	11500	500
21	21	22	11500	11900	400

道路交叉口相关信息 表4

交叉口编号	交叉口距原点位置（m）	所属路段编号	与路段起点距离（m）	与路段终点距离（m）
1	800	2	300	300
2	1800	4	300	300
…	…	…	…	…
9	10200	18	300	200
10	11300	20	300	200

本仿真实验模拟的是平峰状况下公交运行状况，所有道路交叉口均为定时信号配时且同步，信号控制方案统一设置为周期时长 120s，绿信比为 0.6，开始相位为绿灯相位。经研究表明公交车的路段平均车速取为 5m/s，可调节路段车速为 3.6m/s ~ 6.1m/s，平均驻站时长为 20s，浮动范围为 5s，发车时间间隔取为 600s，12h 全天候运营，模拟发车数为 72 辆。车头间距偏差系数取 0.8 ~ 1.2（即在这个范围之外就发生了公交集束现象）。

2.1.2 算法思路及流程

通过循环模拟车站在线路上发出一辆辆公交车，最后可得每辆公交车时空轨迹图和车头间距（两辆相邻公交车之间相隔距离）折线图以及公交集束概率图。如图 4 和图 5 所示。

2.2 仿真结果展示及分析

2.2.1 仿真结果示例

增设抗集束公交专用车道前后指标结果见图 4 和图 5。

2.2.2 仿真结果分析

可以看到增设抗集束公交专用道之后车头间距更多地集中在了正常间隔范围内，车辆正常间距概率由原本 52% 提高到 81%，而集束概率由原本 45% 降低到 17%，大间隔概率极少状况下会发生。同时在本次模拟中程序判定在路段 1、2、…、20 等 14 个路段需要设置抗集束公交专用车道，全路段平均速度也从约4.97m/s提高到了约5.8m/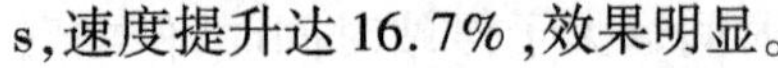s,速度提升达16.7%,效果明显。

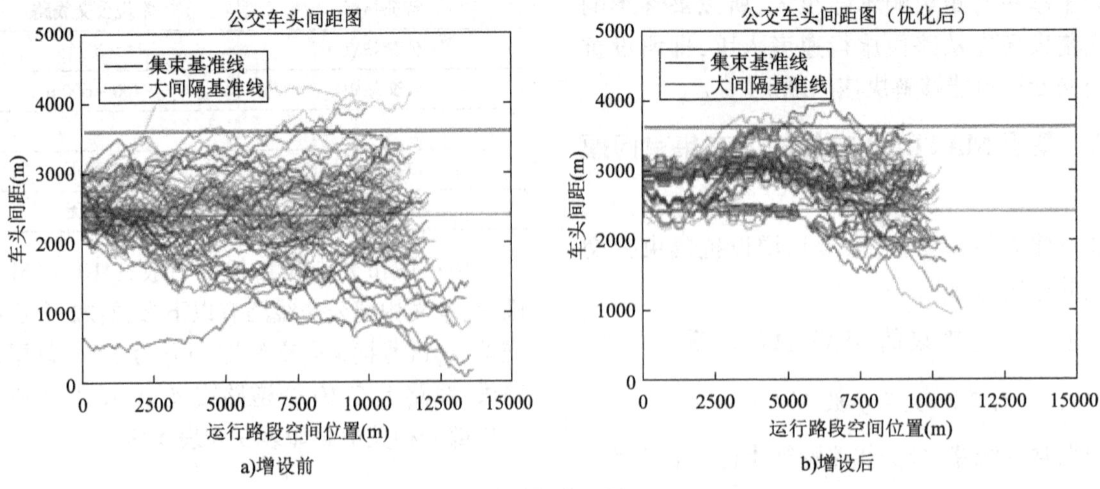

图4 增设公交专用车道前后车距折线图

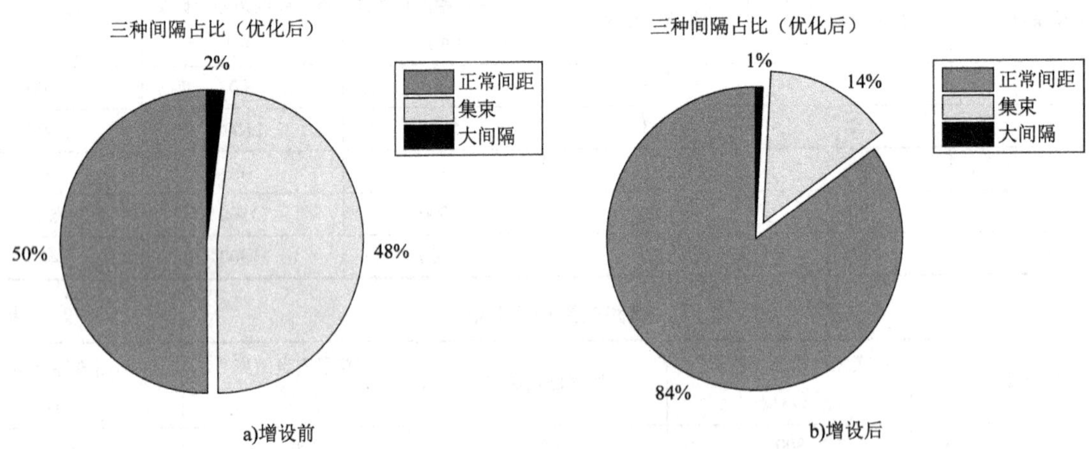

图5 增设公交专用车道前后车头间距统计饼状图

3 公交专用道设置标准

3.1 公交专用车道设置判别方法及设计

3.1.1 抗集束公交专用车道设置标准

据《公交专用车道设置规范》(DB11/T 1163—2015),把重心放在提高公交运输速度,抗集束公交专用车道设置标准如下:

(1)单向机动车道3车道以上(含3车道);

(2)当公交车在路段运行,平均速度低于所限定的平均速度(18km/h)时,应该设置抗集束公交专用道,以提高路段平均速度;

(3)在抗集束公交专用车道上行驶的公交车因为排除了社会车辆的影响,应该保持匀速、稳定、较高的平均速度(以22km/h)行驶,同时保证良好的车头间距;

(4)全天时段为公交供应服务,为了排除社会车辆对公交车运行速度的影响,社会车辆(部分特殊车辆除外)禁止使用。

3.1.2 抗集束公交专用车道连续设置条件

为保证抗集束公交专用车道有连续性,当连续抗集束公交专用车道之间间隔1个路段未达到设置抗集束公交专用车道的标准时,应在该路段同样设置抗集束公交专用车道以保证连续性。

3.2 设置形式

主要包括两种形式:外侧式和内侧式。优先采用内侧式公交专用车道。外侧式公交专用车道设置在机动车道行驶方向最右侧。内侧式公交专用车道设置在机动车道行驶方向最左侧。

3.3 标志标线设置方法

应符合GB 5768和DB11/T 776.1的相关要求。

4 成果与展望

4.1 主要成果

公交顽疾中的公交集束问题是本文着力解决的难点,通过建模、仿真、设置标准等一系列措施,具体成果如下:

1)理论分析公交集束致因

通过绘制公交时空轨迹图直观展示三种致因(发车时间、路段旅行时间、停车时间)如何导致公交集束,同时建立数学模型进一步解释公交集束产生原因。

2)MATLAB 仿真展示增设抗集束公交专用道作用

在 MATLAB 构建仿真平台,刻画增设公交专用道前后公交车时空轨迹图并统计公交集束发生概率,展示增设抗集束公交专用道的作用。

3)制定抗集束公交专用道标准

通过研究现有公交专用道设置标准,制定抗集束公交专用道设置标准,为降低路段公交集束发生概率在路网规划设计层面提供参考与借鉴。

4.2 不足与进一步研究方向

由于本文作者能力的有限、毕业设计的时间不允许、具体数据的难以获得等一些因素,本文的研究存在以下问题,有待进一步研究与探索:

1)仿真真实度的欠缺

本文中的仿真数据来源于论文中一般常规公交车的特征指标,对于路段上三要素(公交车、站点、道路交叉口)只有一个笼统的刻画,但公交运行状态并不是一个简单的只有行驶和停止的双状态模型;站点停靠时间仍需考虑乘客聚集率、乘客上车率、人口比例等精细因素。同样,在公交运行过程中可能会发生前后车辆相遇情况,仿真中也未给出相应控制策略(如允许超车等)。

2)增设抗集束公交专用车道的问题

为防止抗集束公交专用车道职能单一,除实现抗集束功能以外,也对使用抗集束公交专用车道的车辆行驶速度有所要求,原因是在公交专用车道理念中与提高公交运行速度和提高乘客输送效率上有一部分相重叠,现实情况下还需要根据当地城市规划方案和依托城市公交实际运行状况模拟来判断方案合理与可行性。

参考文献

[1] 夏耕. 关于城市公交线路“串串车”现象的探讨[J]. 人民公交,2018(05):76-79.

[2] NEWELL G F, POTTS R B. Maintaining a bus schedule[C]//Australian Road Research Board (ARRB) Conference, 2nd, 1964, Melbourne. 1964, 2(1):[s. n.].

[3] POTTS R B, TAMLIN E A. Paring of buses. [[C]// Proceedings of 2nd Australian Road Research Board (ARRB) Conference, 1964,2, 3-9.

[4] DAGANZO C F. A headway-based approach to eliminate bus bunching: Systematic Analy-sis and comparisons[J]. Transportation Research Part B: Methodological, 2009, 43 (10): 913-921.

[5] FONZONE A, SCHMÖCKER J D, LIU R. A model of bus bunching under reliability- based passenger arrival patterns[J]. Transportation Research Part C: Emerging Technologies. 2015,7,164-182.

[6] 李梦甜. 公共交通车辆串车形成原因及预测研究[D]. 南京:东南大学,2016.

[7] HICKMAN M D. An analytic stochastic model for the transit vehicle holding problem[J]. Transportation Science, 2001, 35 (3): 215-237..

[8] DAGANZO C F, PILACHOWSKI J. Reducing bunching with bus-to-bus cooperation [J]. Transportation Research Part B: Methodological, 2011, 45(1): 267-277.

[9] HERNÁNDEZ D, MUÑOZ J C, GIESEN R, et al. Analysis of real-time control strategies in a corridor with multiple bus services [J]. Transportation Research Part B: Methodological, 2015, 78: 83-105.

[10] SCHMÖCKER J D, SUN W, FONZONE A, et al. Bus bunching along a corridor served by two lines[J]. Transportation Research Part B: Methodological, 2016, 93: 300-317.

[11] 肖岳,刘雨涵,湛天舒,刘博. 浅析公交专用道现有问题及改进方案[J]. 黑龙江交通科技,2020,43(12):268,270.

[12] 孙逢春,王震坡,王军. 北京市公共汽车平均车速统计分析[J]. 汽车工程,2003(03):219-222,242.

Research on Comprehensive Traffic Management in Main Urban Areas of Large Cities Based on Smart Transportation

Bingyi Jin [*1,2] Yan Li[1,2] Shujun Zhang [2] Xin Li[3]
(1. Housing and Urban Rural Development Bureau of Erdao District;2. Traffic Management Office of Erdao District;
3. Second District Brigade of Traffic Police Detachment of Changchun Public Security Bureau)

Abstract In response to the current situation and management difficulties of the traffic congestion in the main urban areas of large cities, adopting a new model of comprehensive urban traffic management based on smart transportation can effectively improve the current urban traffic congestion, which is the development direction of modernizing the urban traffic governance system and governance capacity in the future. In traditional traffic management, new technologies such as real-time traffic platform systems, refined road congestion analysis, and unmanned aerial vehicle (UAV) are introduced to comprehensively manage traffic congestion in urban areas of large cities. This aims to achieve intelligent, precise, and real-time management of urban traffic which can construct modern management model for the comprehensive urban traffic management and achieve comprehensive real-time analysis and judgment of the people vehicle road environment. It dynamically adjust urban travel demand and driving resources to achieve the development goal of the comprehensive management of high-quality urban smart transportation in the new era.

Keywords Smart transportation Urban transportation Comprehensive traffic management Congestion management

0 Introduction

In recent years, with the rapid development of Chinese economy and the advancement of urbanization, the demand for urban pedestrian flow, logistics and other transportation has been increasing. The urban transportation network has gradually become more complex, networked and large-scale. The total urban population in China has increased from 749 million in 2014 to 932 million in 2023. The urbanization rate has been continuously increasing from 54. 77% in 2014 to 66. 16% in 2023[1]. According to the data from the Ministry of Public Security, the number of motor vehicles in China in 2023 was 435 million, which 336 million were automobiles as shown in Figure 1.

With the increasing scale and spatial density of cities, there have been structural changes in the way residents travel, especially with the increasing popularity of the motor vehicle travel. The contradiction between the huge number of motors and the urban transportation carrying capacity has made urban traffic problems increasingly prominent. Along with it comes a series of traffic problems, such as road congestion, disorderly vehicle order and serious pollution. The losses caused by urban traffic congestion include time loss, fuel loss and environmental costs. The economic losses caused by the traffic congestion in China exceed 250 billion yuan, equivalent to a GDP loss of 2% [2].

Urban traffic congestion has gradually spread from specific time periods and specific areas to all time periods. The current situation iswhich the contradiction between the supply and demand in transportation is increasing year by year, especially in urban areas with concentrated population, good economic development and complete infrastructure which is the main direction of transportation governance. Scholars have conducted a series of studies on the problem of urban traffic congestion. Wang Zhenpo[3] analyzed the causes of urban traffic congestion in China and found that excessive motor ownership is an important factor causing excessive traffic carrying capacity. Liu Shuyan[4] analyzed the modernization transformation model of urban traffic governance in China and pointed out that the guarantee measures for urban traffic cooperation governance are the key content to promote the modernization and cooperation development of urban traffic governance in China. Jiang Zhuqing [5] used panel data from prefecture level and above cities in China from 2003 to 2014 as samples and used a spatial lag explanatory variable model to explore the impact of road traffic density on urbanization and its spatial effects. The existing traffic management system still faces many problems in terms of informatization and intelligence, such as serious information silos, insufficient collaboration and inadequate data sharing mechanisms among traffic management departments. With the support of new technologies such as the Internet, big data, and cloud computing, smart transportation can integrate information on transportation elements such as people, roads, vehicles, and land into the same dimension, enabling real-time interaction between various elements. Smart transportation is a new modern model for the comprehensive management of urban traffic congestion.

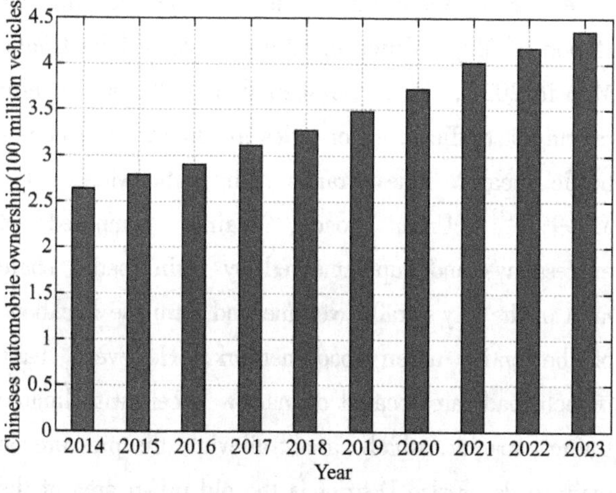

Figure 1 Chinese motor vehicle ownership

1 Smart transportation

In 2009, IBM proposed the concept of smart transportation for the firsttime. In the Smart City concept proposed in 2010, smart transportation was considered as the one of core systems of the smart city[6]. Smart transportation is intelligent comprehensive transportation system which integrates the high-tech such as the Internet , artificial intelligence , communication technology, big data and cloud computing on the basis of intelligent transportation system. It has certain judgment, innovation and self-organizing capabilities. Smart transportation has characteristics such as integration, convenience, intelligence and safety. Chinese smart transportation industry is in a stage of rapid growth. In 2019, the Central Committee of the Communist Party of China and the State Council published the Outline for Building Strong Transportation Country which proposed to vigorously develop smart transportation[7]. In 2020, smart transportation is entering new stage. Chinese smart transportation construction is entering the fast lane, accelerating the deep integration of new technologies such as big data, the Internet, artificial intelligence and supercomputing with the transportation industry and carrying out digital, intelligent transformation and upgrading of traditional transportation infrastructure[8]. In recent years, the level of intelligent transportation in China has been continuously improving. The scale of the smart city transportation market accounts for the highest proportion accounting for 48.85%, the proportion of smart highways is 28.36% and the other smart transportation accounts for 22.79%. Currently, smart transportation is the most active area for innovative practices in the transportation industry, an important area for new infrastructure construction and an important component of the national digital economy. The market size trend of Chinese smart transportation industry from 2017 to 2023 is shown in Figure 2.

Smart transportation industry has the advantages

of efficiency, intensification, safety, convenience and green sustainability. Smart transportation management has the characteristics of the diversification, personalizationand service-oriented. Urban traffic comprehensive governance is a comprehensive and three-dimensional traffic governance model developed with the progress of technology and socio-economic development. Urban traffic management is a strategic requirement and important lever to enhance the national and urban governance capabilities. Research on the modernization theory of urban traffic governance oriented towards the new relationship of diversified entities in transportation services[9]. The current comprehensive the urban transportation management will rise from single transportation field to include multiple aspects such as economic development, environmental protection, urban sustainable development and citizen happiness index. Wang Liying[10] believed that big data methods provide new technological ideas for effectively alleviating urban road traffic congestion. Based on big data, managing urban traffic congestion is currently a new development direction for solving and preventing urban traffic congestion. Wang Chuanrui[11] proposed the idea of using smart transportation technology to alleviate traffic congestion and proposed specific technical means and suggestions. Shu Zhong[12] analyzed the big data provided by Gaode Map and Baidu Map focused on the causes of the traffic congestion which provided intelligent traffic analysis services and provided strategies for urban traffic congestion management.

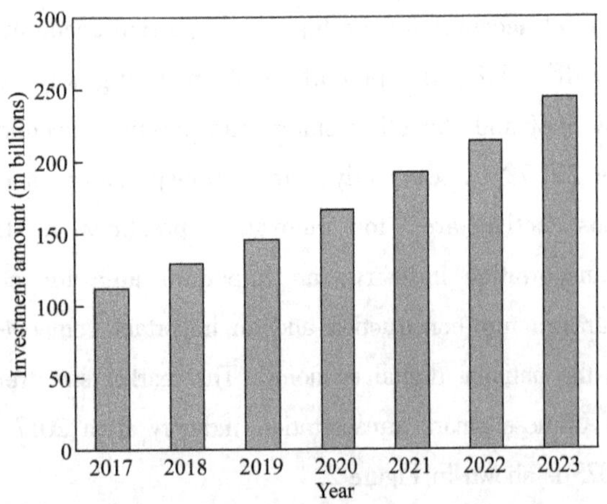

Figure 2 Chinese smart transportation industry investment

2 Analysis of the current situation and causes of traffic congestion

2.1 Current situation of transportation in Changchun urban area

The total area of Changchun is 24592 km^2 with the central urban area including Chaoyang District, Nanguan District, Kuancheng District, Erdao District and other areas which covering a total area of approximately 610 km^2. Since 2000, the urban scale and spatial expansion of Changchun have led to rapid growth in the supply of backbone transportation facilities such as roads and rail transit. Changchun's transportation development has entered a stage of stock development and it is expected that by 2025 which the urban road mileage in the central urban area will reach 2500 kilometers. As of the end of 2023, the number of motor vehicles in the urban area of Changchun has exceeded 2.042 million including 1.797 million passenger cars. Car travel accounts for 41.7% of all modes of transportation with a usage intensity of 2.9 times per day and 38.3% of car travel is concentrated within the core urban area of 70 square kilometers. The total permanent population of Changchun City is 9.07 million with approximately 5.97 million permanent residents in the city. Each urban area is the core area with population density, frequent commercial activities, convenient transportation environment and the highest level of socio-economic development According to the 2023 Traffic Analysis Report of Major Cities in China" released by Gaode Map in 2023, it can be seen that in the sub health ranking of traffic in major cities in China, Changchun's traffic health index ranks 7th nationwide, at 52.99%[13]. Urban roads, mainly composed of expressways and supplemented by main roads, share most of the city's traffic volume and form the backbone of the entire urban road network. However, many branch roads are located on narrow streets with limited traffic capacity, which cannot alleviate the pressure on main roads. Erdao District is the old urban area of the central urban area of Changchun, serving as the main urban area and transportation hub in the eastern part of Changchun. The total mileage of this urban area is 309.45km with 4 urban expressways, 14 urban main roads, 10 urban secondary roads and 107 urban branch roads passing through the area. The specific road network of this urban area is shown in Figure 3.

Figure 3 Urban plan of Erdao district

The main roads in Changchun City include Renmin Street, Yatai Street, Linhe Street, Jilin Road, Dongfeng Street, etc. The road pressure in the urban center and main roads is too high vresulting in the traffic congestion. There are 12 middle schools concentrated in Erdao District with highly concentrated educational resources leading to close connections between Erdao District and other urban areas, especially in the Lingdong Road Labor Park area which accounts for 42% of the total travel volume in Erdao District. The main road of the second section of the current eastern expressway has basically formed with limited channel capacity. Traffice congestion is mainly concentrated around the current up and down ramps. Due to the large traffic volume on and off bridges during peak hours, the intersection roads are congested as shown in Figure 4.

2.2 Causes of urban congestion

With the expansion of Changchun city and the increase in population and car ownership in various urban areas, it has attracted a large number of citizens to evacuate. However, the old urban area still gathers more than 70% of job positions and public facilities forming a separation of work and residence. The average speed during peak hours on the main roads in the urban area of Changchun City has decreased from 24.65km/h in 2018 to 23km/h in 2021.

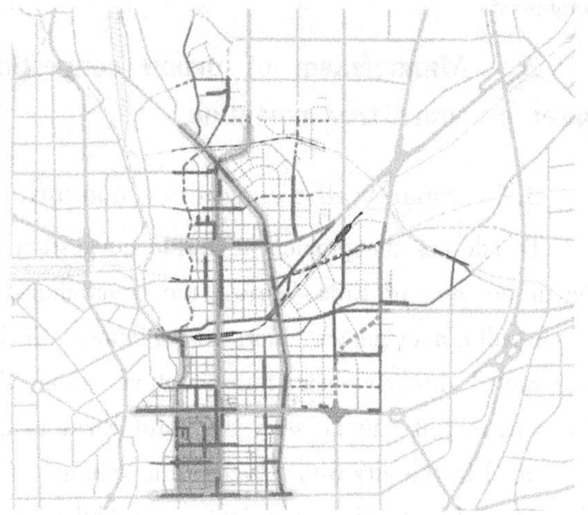

Figure 4 Distribution of congestion points in the main urban areas of Erdao district

As shown in the above figure, the distribution of heat maps in Changchun City is mainly concentrated in the main urban areas, such as Chaoyang District, Nanguan District, Erdao District and other densely populated areas. From the above figure, it can be seen that the higher the red density of the heat map in these urban areas, especially on both sides of the main roads indicating that the population activity in the area higher and the congestion pressure are greater. In terms of space, the traffic flow in Changchun City shows a clear central gathering trend, mainly concentrated on urban main roads such as Renmin Street, Jiefang Road, Yatai Street, and decreasing from the center of Changchun City to the surrounding areas. The congestion range in the Erdao District continues to expand especially along the eastern expressway. Among them, the eastern expressway is an important component of the two horizontal and three vertical expressway system in Changchun City which serving as a hub for transit and external traffic flow conversion in the eastern part of the city. About 71% of the traffic flow is cross regional through traffic with obvious tidal characteristics. Jilin Road, Dongrong Road, Dongsheng Street, Linhe Street and other main roads are important traffic congestion routes in the city that have been prolonged for a long time. They have evolved from peak morning and evening congestion to prolonged daytime congestion especially during holidays when the city is congested.

3 Management of urban congestion based on smart transportation

3.1 Smart traffic congestion monitoring

To address the problem of traffic congestion in the urban area of Erdaodistrict, the comprehensive urban traffic management information platform will be constructed through smart transportation. From the above figure, it can be seen that Jilin Road is the main road in the city with a high traffic volume. It is also affected by traffic congestion around Linhe Street schools and vehicles off the bridge of the eastern expressway which is prone to congestion during peak hours in the morning and evening. On both sides of Jilin Road, there are several large residential areas including the Golden Olive City, Evergrande Emperor Scenic Area and Yujing Mingdu. The occupancy rate is high come and go frequently, with a permanent population of about 100 thousand. According to the big data monitoring of congestion on ordinary sections of Gaode Transportation, it can be seen that during the morning rush hour, the congestion situation on local sections is relatively severe. By combining real-time monitoring of urban traffic congestion with transportation big data, spatial organization and monitoring analysis of the urban road network are carried out. By monitoring the congestion situation of expressways, ordinary roads, frequently congested roads, commercial districts and comparing and analyzing weekly data, we can predict congestion for the next week and analyze the prediction of congested road sections in urban areas in January 2024, as shown in Figure 5.

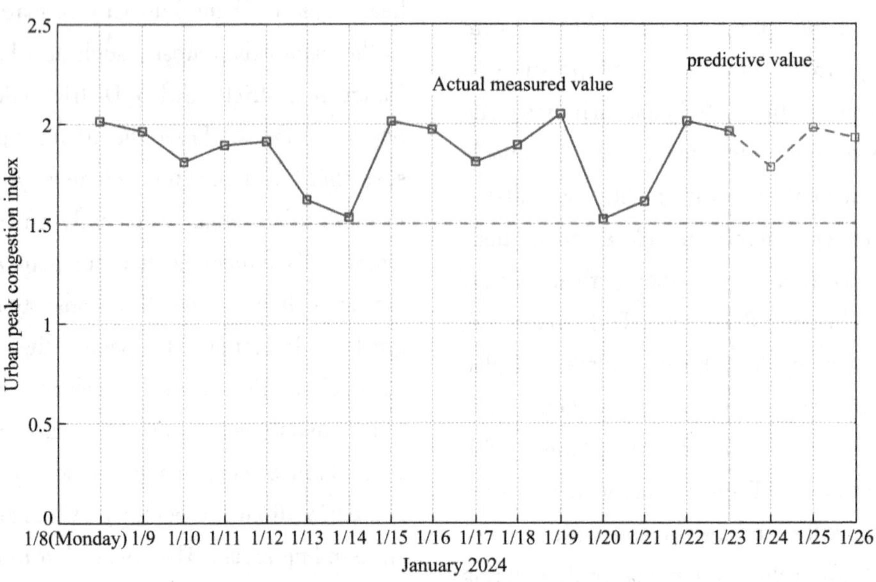

Figure 5 Prediction of the peak congestion Index in urban areas

The main road sections, intersections and traffic flow in the urban area are formed through the topological relationship of the road network, forming the smart transportation system for the entire urban road network. Big data monitoring of urban traffic congestion is carried out.

From the above figure, it can be seen that through the analysis of urban traffic congestion index, the daily occurrence congestion index on wednesday and thursday is relatively reduced compared to Monday. The overall congestion level on Friday is similar to that on thursday. The traffic congestion problem in erdao district which is affected by the local transportation infrastructure, population distribution and other factors. The 24-hour traffic congestion index on a working day on the Jilin road in

January 2024 is shown in Figure 6.

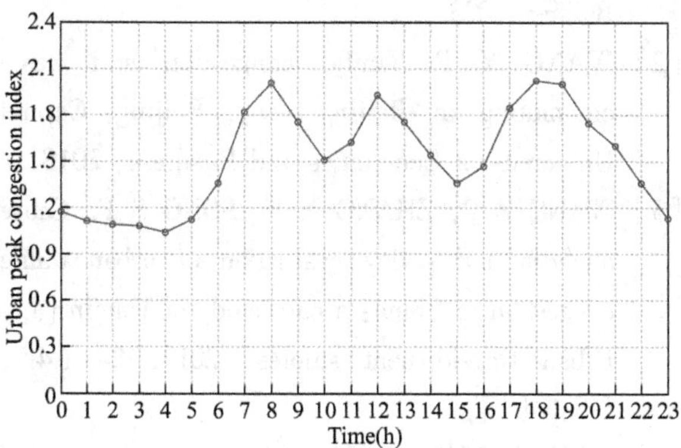

Figure 6 Trend of congestion in the urban

From the above figure, it can be seen that the coupling characteristics of traffic flow on Jilin road are typical. The traffic volume is mainly concentrated during the daytime period, especially from 7:00 to 19:00. The traffic flow shows the characteristics of the morning and evening peaks, other flat peaks and the evening peak is slightly larger than the morning peak. According to the time division, the peak of urban congestion occurs around 8:00 in the morning with a congestion delay index of 2.06. At around 18:00 in the evening, there will also be peak traffic congestion periods, with a congestion delay index of 2.07. Jilin toad illustrates periodic congestion with peak hours in the morning and evening caused by saturated or supersaturated traffic flow on the main road which mainly concentrated between 7:00-9:00 in the morning and 17:00-19:00 in the evening on weekdays. The mainly congestion show in the Jilin road during peak periods for the students commuting to and from school.

3.2 Urban smart transportation UAV management

Considering the characteristics of the multiple points, long lines, wide coverage and real-time changes in urban traffic comprehensive management, traditional traffic congestion management methods are difficult to monitor and analyze traffic congestion. The investigation of the urban traffic congestion points generally lags behind the actual situation and there is also phenomenon of the missing or missing congestion points. Unmanned aerial vehicle (UAV) has some advantages such as strong timeliness, flexibility, good maneuverability and wide inspection range[14]. Combined with the UAV flight control system, pan tilt + camera and wireless image transmission system, real-time comparison of multiple lines and congestion points in key areas of the entire region is conducted. Through the onboard computer program control system are operated to fly to the top ranked morning and the evening peak congestion points for the field operations. Traffic congestion is analyzed through real-time high-altitude images transmitted and urban traffic congestion management platform based on intelligent transportation analyzes urban traffic big data in real time, analyzing morning and evening peak areas.

Through the autonomous navigation function of drones, it is possible to autonomously complete the traffic network inspection tasks in complex environments (rain, snow, sand, etc.) which can reduce the risk of traditional manual search of traffic congestion points and improving the safety of traffic patrols. Drones can conduct urban traffic inspections and synchronize multiple operations for the real-time high-definition shooting of the entire area at high altitudes. Drones have greater advantages in terms of timeliness, mobility and scalability in recording traffic flow on congested sections during morning and evening rush hours compared to the traditional manual analysis. Based on the information from the urban transportation big data platform, we will implement one by one strategy approach to address the situation of traffic congestion in the urban area, and develop the potential of traffic nodes through the micro cycle of congestion.

4 Conclusions

The comprehensive management of transportation in the main urban areas of large cities is complex, multi-dimensional management and smart transportation is an important component of the modernization of the transportation management system and governance capacity in large city. The intelligent comprehensive management of urban transportation in the main urban area is a long-term dynamic process that utilizes new technologies such as big data, smart platforms and drones to solve the comprehensive management of the urban transportation. The management of urban traffic congestion based on the smart transportation can provide the data support and real-time congestion image analysis. It can not only achieve tue intelligent, information-based and scientific traffic management, but also replace empirical decision-making with data decision-making, effectively improving the traffic efficiency of the urban roads and improving the operational efficiency of the entire city. Based on the big data of intelligent traffic monitoring, regularly evaluate the situation of road traffic congestion points, focus on the elements of people, vehicles, roads, lights, and environment model, which can adopt refined one point one policy model and one road congestion point management. In order to alleviate periodic and frequent congestion and determine the causes of traffic congestion on road sections, UAV is used for wide-angle, wide range and multi time synchronous traffic congestion analysis, especially for regular UAV inspections, monitoring during morning and evening peak hours. Key areas, road sections and intersections are strengthened for the key time period control and UAV road monitoring mode with the wider coverage, higher technological content and better governance effect is constructed. The comprehensive management of the urban transportation adopts a series of intelligent transportation management models, such as the intelligent transportation comprehensive management information platform, UAV road network congestion inspection and traffic big data which can connect the multiple boundaries and multi-dimensional spaces of the urban transportation comprehensive management and thereby achieve the comprehensive management of dynamic traffic data in large urban areas which can provide a data foundation and decision-making basis for the urban transportation comprehensive management.

References

[1] Ministry of Housing and Urban Rural Development of the People's Republic of China. Statistical Yearbook of Urban Construction in 2023 [R]. Beijing, 2023.

[2] WANG Y P. Traffic congestion and waste commuting in Beijing [D]. Beijing: Capital University of Economics and Business, 2018.

[3] WANG Z P, ZHANG X F, SONG S F. Cause analysis and policy evaluation of urban traffic congestion in China: a case study of Tianjin [J]. Urban Development studies, 2017, 24 (4): 118-124.

[4] LIU S Y, ZHANG B. Modernization transformation of the urban transportation management in China [J]. Urban Transportation, 2020, 18 (1): 59-64.

[5] JIANG Z Q, LIU J J, HAN F. Traffic congestion, spatial spillovers and population urbanization in China [J]. Collected Essays on Finance and Economics, 2019, 246 (5): 104-112.

[6] ZHANG D. Analysis andsuggestions on the current situation of smart transportation construction in China [J]. Transportation Technology and Management, 2023,4 (20): 192-194.

[7] WANG G T, WANG T. Implementing the outline for building a leading transportation nation to promote high-quality development of urban transportation [J]. Urban Planning, 2020 (3): 31-42.

[8] ZHAO L, LIU M. Research on comprehensive management of urban traffic congestion under the background of traffic power—a case study of Foshan Nanhai [J]. Heilongjiang Transportation Technology, 2022, (2): 176-179.

[9] WANG G T. Concept and objectives of urban transportation management [J]. Urban Transportation, 2018, 16 (01): 1-6.

[10] WANG L Y. Research onurban traffic congestion control strategy based on the big data [J]. Journal of Liaoning Police College, 2019, 21 (6): 91-94.

[11] WANG C R. Study of all eviating urban traffic congestion in Xi'an city based on intelligent transportation system [D]. Xi'an: Chang'an University, 2017.

[12] SHU Z. Research on the current situation and control strategy of traffic congestion based on big data —a case Study of Changsha City [J]. Henan Science and Technology, 2019,(22): 114-116.
[13] Gaode map 2023 traffic analysis Report on major cities in China [R]. Beijing: Gaode Map Traffic Big Data, 2023
[14] HUANG L, WU Z R, HONG P X, et al. Research on UAV traffic state perception method based onair-ground information fusion [J]. China J. Highw Transp. 2021,34 (12): 249-261.

考虑噪声与安全影响的无人机起降点位置调整策略

雷　钧[1]　赵津晨*[2]　余莎莎[2]
(1. 西华大学汽车与交通学院;2. 西华大学航空航天学院)

摘　要　当前无人机起降点规划布局却尚未有明确的方案,起降点的位置选择成为亟待解决的难题。针对无人机在起降过程会造成噪声影响与携带货物掉落风险,构建了起降点选址模型,同时提出K-means + Voronoi图对起降点进行初选址与分区,构建六边形地图确定起降点调整位置。结果证明该调整策略切实可行,调整位置后的起降点能够减轻对附近用户造成的影响。据此可对无人机起降点布局提供决策依据。

关键词　起降点布局　K-means　Voronoi　物流无人机　噪声　风险评估

0　引言

近年来低空经济作为战略性新兴产业,无人机在物流配送领域有着广阔的发展前景,而无人机起降点作为配送末端站点,能够有效解决无人机所面临的困难,并在近年来不断发展,随着无人机技术的快速进步和广泛应用,相关基础设施也得到了加强和拓展。如讯蚁的无人机枢纽站RH1,融合无人机、无人枢纽站和无人车的三机协作模式,大大提高了配送效率;亿航智能公司与DHL物流集团合作搭建的智能AAV货柜实现无人机充电、装卸分拣功能;大疆无人机机场能够远程给无人机制定飞行计划、自动执行任务等。

无人机起降点的选址问题,作为设施选址问题的分支,已经证明为NP难问题,不少学者对此问题进行归纳总结[1-3]。一方面,有学者提出分区算法[4,5],将大问题拆分成N个小问题进行解决,把多选址问题转换为单选址问题;Lage等[6]将Voronoi图方法与地理信息系统(GIS)结合用于选择定位,并使用两种分层设施位置模型来确定理想的站点位置;崔羽等[7]基于GIS分析的Voronoi图对变电站选址模型进行了优化。另一方面,有学者采用K-means算法对与起降点进行预选址[8,9]。此方法只需要获取数据点的坐标,将求得的簇心作为无人机起降点的定位点。

随着研究的深入,无人机起降点选址开始涉及满意度、环境、经济性等因素,金垚炜[10]考虑顾客满意度、配送成本等因素,建立无人机即时配送二层规划模型;钱欣悦等[11]考虑空域环境及物流特点等因素,建立起物流无人机起降点选址分配规划模型。在考虑起降点选址的同时,也需要考虑无人机在起降过程中产生的影响,有学者针对无人机飞行过程中产生的噪声与安全性等因素构建起一套风险模型[12,13],钟罡等[14]聚焦无人机运输场景,分析无人机受到碰撞所造成的影响情况。

通过综合以上选址类的文献,可以发现对无人机起降点(根据大小规模分为起降中心、起降场、起降点)选址的研究较少,而起降点作为物流

基金项目:国家空管监视与通信系统工程技术研究中心开放研究基金(w222394)。

配送的末端,将放置在居民区、办公区、街道等位于用户生活的地方,而当前学者在研究过程中很少考虑起降点位置影响状况,无人机在飞行过程中产生的噪声影响与携带货物跌落风险产生的安全性引起了人们的担忧[15]。

因此本文将对传统的 K-means 聚类求解得到的起降点初选址位置提出一种调整策略,该策略将构建一个选址地图,在考虑无人机噪声与安全性影响的情况下,对起降点初选址的位置进行调整。

1　问题描述及相关假设

1.1　问题描述

某城区根据其物流需求分布情况,需要设立一定数量的起降点进行服务,假设研究范围内所有用户位置都有配送需求,起降点需要服务所有的需求点,但起降点需考虑自身位置对附近用户产生的影响,因此需要对初选址位置进行调整。本文仅仅起降点位置的影响,不考虑无人机配送过程造成的影响。如图 1 所示,为形象刻画起降点与需求点之间的影响关系,特将起降点的影响示意图表示如下。

图 1　起降点影响示意图

图中的圆形区域为起降点自身对附近的影响圈,如需求点在影响圈内则需要对起降点位置进行调整。本文主要考虑无人机降落过程产生的噪声与起飞过程携带货物意外掉落情况作为约束,对起降点位置进行调整,技术路线如图 2 所示。

1.2　相关假设

起降点在服务需求点过程中,需要对可能发生的情况进行前提假设,以下是相关假设:

(1)起降点的仓储量、货物处理能力均能满足上一级运输需求,且每个起降点均合理可行。

(2)起降点在研究范围内的所有位置均可放置,不考虑障碍物等环境因素。

(3)每个需求点只能被一个起降点服务,不考虑多起降点服务单需求点情况。

(4)研究范围的起降点放置成本均相同,不考虑具体的土地价格。

(5)起降点放置的位置均可满足无人机的正常起降功能。

(6)起降点到需求点距离为直线距离,不考虑起降点最大服务范围。

(7)所有需求点的需求量相同。

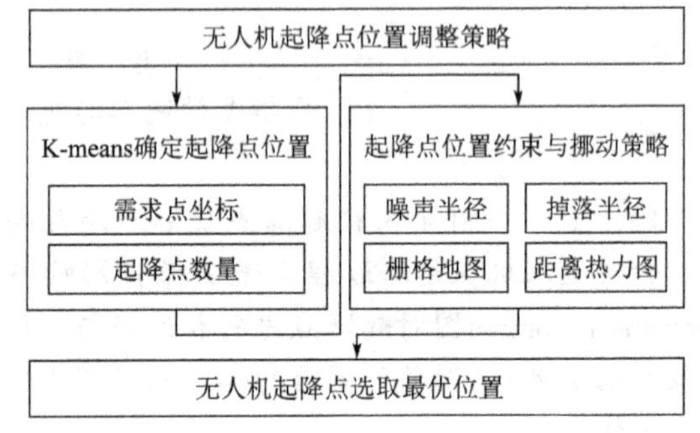

图 2　技术路线

1.3　模型构建

根据以上假设条件,建立起降点选址的数学模型可表示为:

$$\min D = \sum_{i=1}^{m}\sum_{j=1}^{n} d_{ij}x_{ij} \tag{1}$$

$$\sum_{j=1}^{m} x_{ij} = 1,\ \forall i = 1,2,\cdots,n \tag{2}$$

$$d_{ij} \geqslant r_{\max},\ \forall i = 1,2,\cdots,n;\ \forall j = 1,2,\cdots,m \tag{3}$$

$$x_{ij} \in \{0,1\},\ \forall i = 1,2,\cdots,n;\ \forall j = 1,2,\cdots,m \tag{4}$$

$$r = \omega_1 r_{1\max} + \omega_2 r_{2\max} \tag{5}$$

$$h = \sqrt{\frac{mg}{k}}t + \frac{m}{k}\left\{\ln\left[1 + \exp\left(2\sqrt{\frac{mg}{k}}t\right)\right]\right\} - \sqrt{\frac{m}{k}}\ln 2 \tag{6}$$

$$r_2 = \frac{m}{k}\ln\left(kt + \frac{m}{V_0}\right) - \frac{m}{k}\ln\left(\frac{m}{V_0}\right) \tag{7}$$

模型中:

式(1)为目标函数,表示需求点与起降点的距离最短。

式(2)表示每个需求点只能被一个起降点服务。

式(3)表示 r 为起降点受影响范围。

式(4)表示 x_{ij} 为0-1变量。

式(5)表示影响范围由噪声范围最大值 r_{1max} 与掉落范围最大值 r_{2max} 构成；式中，ω_1 与 ω_2 为影响权重。

式(6)表示考虑风阻情况货物掉落高度所需时间。

式中，m 为货物质量；k 为阻力系数，货物在掉落过程中会发生角度旋转，参考维基百科 Angled cube 的取值；t 为货物坠地时间；g 为重力加速度。

式(7)表示货物受风阻影响水平掉落距离。

(6)(7)式推导过程详见文献[14]，影响示意图如图3、图4所示。

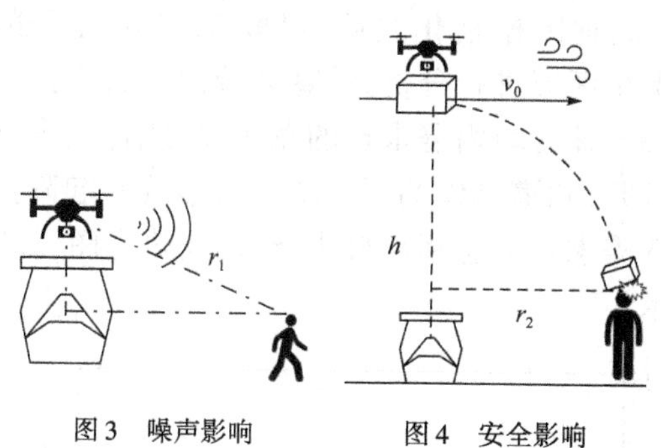

图3　噪声影响　　图4　安全影响

1.4　算法设计

城市无人机起降点选址问题为设施选址问题，该问题为经典的NP难问题。本次研究采用K-means算法 + Voronoi图结合求解出初选址的位置，并由Voronoi图将多选址问题简化为单选址问题。由于上述两种算法都属于经典方法，因此本文将粗略解释一下各算法步骤：

1. K-means算法

(1)随机地或基于一些先验知识来初始化 k 个子簇中心。

(2)将数据集中的每个对象分配给最近的子簇——依据距离函数。

(3)根据当前划分重新计算子簇中心——一般是质心。

(4)重复步骤(2)、(3)，直到每个子簇没有变化。

2. Voronoi图

按照最临近原则划分平面，通过连接不同相邻两点直线的垂直平分线组成连续多边形。

1.5　地图构建

本文结合风险地图栅格化思想，将研究范围进行栅格化处理。由于考虑起降点的影响范围为圆形，而传统的栅格多采用矩形，两者的拟合程度不佳，因此本文将采用正六边形栅格对地图进行处理，正六边形不仅在二维地图有较为优秀的密铺效果，在三维地图下考虑曲率以及不规则的形状的表面时，正六边形的密铺效果更能优于矩形栅格。

2　模拟实验

2.1　参数设置

本次研究中无人机与起降点的适用场景为城市场景，为验证前文所提算法以及地图构建对起降点选址的有效性，研究范围采取0.5km × 0.5km，并在此随机生成50个需求点，假设已确定7个起降点能提供服务，影响范围 r_{1max} 与 r_{2max} 的取值及 ω_1 与 ω_2 的权值取值见表1，部分参数参考资料详见文献[13]与文献[14]以及《社会生活环境噪声排放标准》(GB 22337—2008)等规则制度，同时为保证场景的泛用性，将考虑较为糟糕的场景，具体求解公式不作为本文讨论重点。

相关参数设置　　表1

参数	值
噪声范围 r_1(m)	27.3
掉落范围 r_2(m)	5.7
噪声权重 ω_1	0.25
安全权重 ω_2	0.75
无人机飞行高度 h(m)	120.0
货物质量 m(kg)	2.5
阻力系数 k	0.8
风速 v_0/(m·s^{-1})	5.4

2.2　起降点选址仿真

本此实验采用MATLAB进行仿真，首先采用K-means算法对需求点进行聚类，将求解出的质心作为起降点初选址的位置，再将起降点作为Voronoi图的离散点，由此构建Delaunay三角网，最后再加入起降点的影响范围，即可得到如图5所示的初选址示意图。

将菱形作为起降点初选址，其他颜色的离散点作为需求点分布方位，如图所示加入影响范围后的部分起降点对周围起降点产生了影响，不满足约束条件，此时需要对起降点位置进行调整。

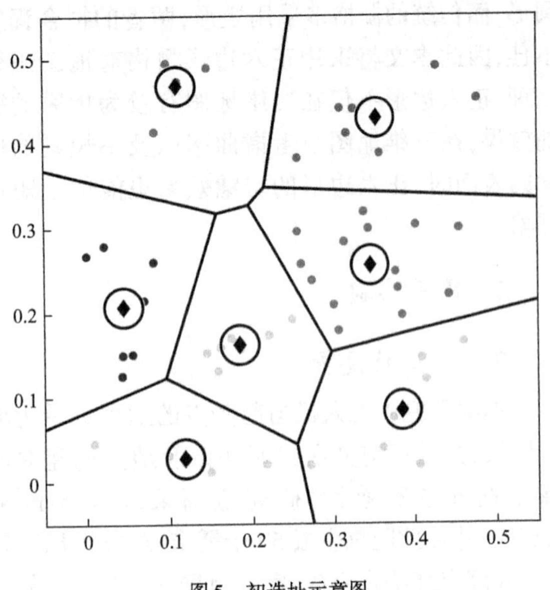

图5 初选址示意图

由于假设设定研究范围均可放置起降点,意味着难以确定移动步长方向来满足约束条件,至此需要将土地进行栅格化处理,设定每一块六边形都作为起降点放置的备选集,压缩了放置空间,又已知力的作用是相互的,那么影响的范围也是相互的,将起降点影响范围转变为需求点被影响范围,这样可以进一步压缩放置空间,如图6所示。

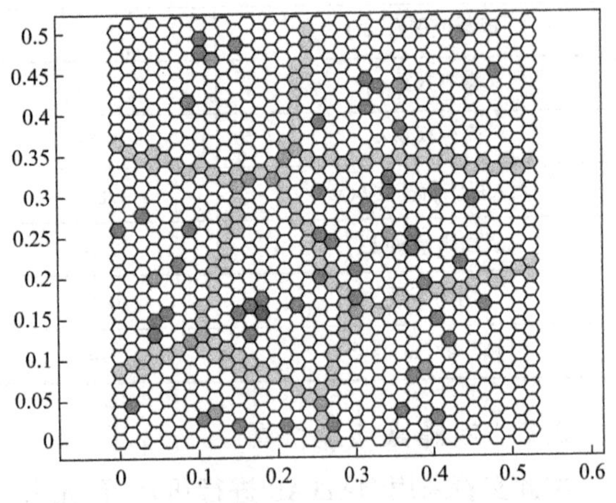

图6 栅格化初选址

将需求点与六边形重合的区域填充为淡蓝色,起降点与六边形重合的区域填充为淡红色,以此类推浅黄色为受影响范围,橙色为Voronoi图平分线。图5、图6转换难点在于如何将点、线、圈与六边形相交的逻辑构建出来,使得交汇的六边形能够被填充为对应的颜色。

首先是点相交逻辑,对于每个点均射出一条水平射线,计算该射线与多边形的每条边的交点。统计交点数量,如果是奇数则判定点在六边形内,否则在外。然后是圈相交逻辑,将六边形的各顶点与圆心相连接,如果存在一个顶点小于圆的半径,那么就可以判断圆与六边形相交。最后是直线相交逻辑,需要判断直线与六边形的任一条边是否相交。此过程分为两个步骤,第一步是给六边形外切一个矩形包围盒,此法能够减少判断难度,由六边形的六个边转换成矩形的四个边,如果直线与矩形不相交,则必定与六边形不相交;第二步是筛选与包围盒相交的直线,采用"polyxpoly函数"能够检测直线与六边形各个边的相交情况,至少有一条边相交则可以认为直线与六边形相交。

将地图栅格化之后,提取Voronoi图分隔的左下角区域进行分析,计算区域内所有六边形的中心与该区域内需求点的总距离,统计成表格数据,即可知道具体的哪一块六边形放置起降点距离各需求点的总距离最小,绘制成热力图,如图7所示。

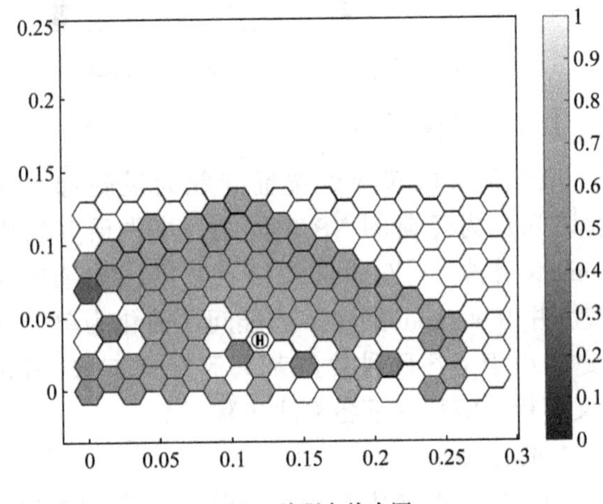

图7 总距离热力图

图中颜色条由蓝色向黄色转变,越接近黄色则代表起降点位置越优,同时为避免颜色混淆,将该区域起降点初选址的淡红色六边形改为起降标志"H",起降区域会影响到附近需求点,需要将起降点位置进行调整,调整后如图8所示。

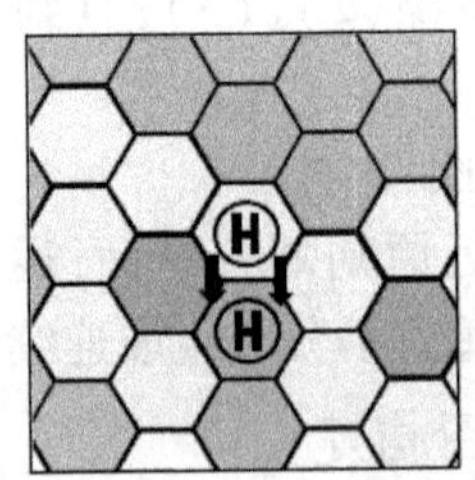

图8 调整后示意图

将一块区域起降点位置调整完成，其余需要调整的区域同样可以采用上述构建热力图的方法，本文不再重复。试验最终调整结果如图9所示。

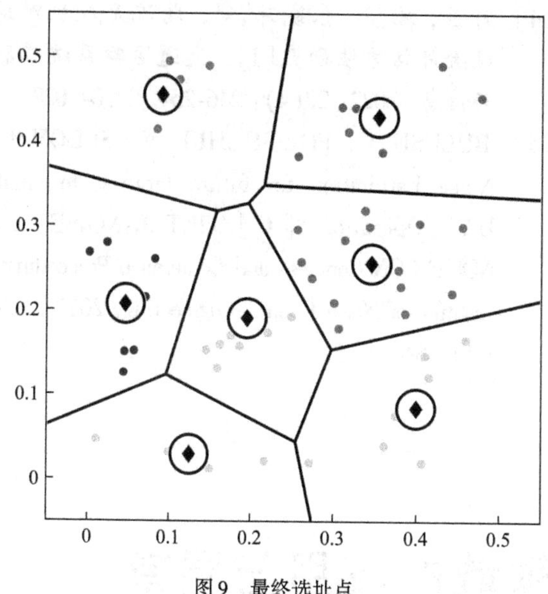

图9 最终选址点

对比图5的初选址，起降点位置有所调整，具体数据如表2所示。总距离提升了144m，平均每个起降点移动了36m。调整后的起降点远离用户所在地，所用起降点均未对用户产生直接影响。

选址结果对比 表2

项目	初选址	调整后
总距离 d_{ij}(km)	3.0376	3.1820
造成影响起降点数 n	4	0

3 结语

本文针对城市无人机起降点布局问题进行初步研究，考虑起降点在衔接无人机起降的过程中会对附近用户造成的影响，从而建立起降点整数规划模型。运用K-means +Voronoi图进行初选址加分区，再构建六边形地图与热力图确定起降点的调整位置至此说明本文提出的这种调整策略是切实可行的，同时在六边形位置的限制下，能保证起降点在不影响附近需求点的同时，取得最优解。一方面该调整策略保证了起降点在未来融入居民生活圈时减轻对用户的生活影响，给用户带来更加舒适的体验。另一方面给起降点放置位置提出一种方案，为后续结合无人机路径规划做出铺垫。

本文当前还存在许多不足，如起降点数量确定，需求点位置如何获取，以及需求点受影响范围是否能差异化处理等均是本文没有考虑到的内容。同时为保证图片的直观性，六边形的颗粒度选择较大，没有与起降点占地面积保持一致。

后续研究可以多结合无人机续航、飞行时间等自身特性对起降点的服务范围进行深入，结合无人机物流配送进一步优化选址-路径方案。

参考文献

[1] BOLOORI ARABANI A, FARAHANI R Z. Facility location dynamics: An overview of classifications and applications[J]. Computers & Industrial Engineering, 2012, 62(1): 408-420.

[2] KHALEGHI A, EYDI A. Multi-period hub location problem: a review[J]. Rairo-Operations Research, 2022, 56(4): 2751-2765.

[3] MARA S T W, KUO R J, ASIH A M S. Location-routing problem: a classification of recent research[J]. International Transactions in Operational Research, 2021, 28(6): 2941-2983.

[4] SUNG I, NIELSEN P. Zoning a service area of unmanned aerial vehicles for package delivery services[J]. Journal of Intelligent and Robotic systems, 2020, 97(3-4): 719-731.

[5] 任新惠，王柳，王佳雪. 基于分区优化的无人机全自动机场选址研究[J]. 运筹与管理, 2023, 32(6): 20-26.

[6] LAGE M O, MACHADO C A S, MONTEIRO C M, et al. Using hierarchical facility location, single facility approach, and GIS in carsharing services[J]. Sustainability, 2021, 13(22): 12704.

[7] 崔羽，侯頔. 基于GIS分析的Voronoi图变电站选址模型优化[J]. 地理空间信息, 2018, 16(11): 75-78,11.

[8] ZHOU Y, XIE R, ZHANG T, et al. Joint distribution center location problem for restaurant industry based on improved K-means algorithm with penalty[J]. IEEE Access, 2020, 8: 37746-37755.

[9] JEONG J, SO M, HWANG H Y. Selection of vertiports using K-means algorithm and noise analyses for urban air mobility (uam) in the

seoul metropolitan area[J]. Applied Sciences, 2021, 11(12): 5729.

[10] 金垚炜. 基于二层规划的无人机城市即时配送定位-路径优化研究[D]. 杭州: 浙江工商大学, 2018.

[11] 钱欣悦, 张洪海, 张芳,等. 末端配送物流无人机起降点选址分配问题研究[J]. 武汉理工大学学报(交通科学与工程版), 2021, 45(4): 682-687,693.

[12] Model of Third-Party Risk Index for Unmanned Aerial Vehicle Delivery in Urban Environment [J]. RenXinhui, Cheng Caixia. Sustainability. 2020(20).

[13] PANG B, HU X, DAI W, et al. UAV path optimization with an integrated cost assessment model considering third-party risks in metropolitan environments [J]. Reliability Engineering & System Safety, 2022, 222: 108399.

[14] 钟罡, 励瑾, 张晓玮,等. 物流无人机对地风险评估方法研究[J]. 交通运输系统工程与信息, 2022, 22(4): 246-254. 22.04.028.

[15] BULUSU V, POLISHCHUK V, SEDOV L. Noise Estimation for future large-scale small UAS Operations [C]//INTER-NOISE and NOISE-CON Congress and Conference Proceedings. Institute of Noise Control Engineering, 2017, 254(2): 864-871.

AI大模型在智慧交通领域的应用与展望

罗　昊　马庆禄*　王欣宇
(重庆交通大学交通运输学院)

摘　要　随着ChatGPT等人工智能技术的不断发展,让AI大模型受到了空前的关注,其不断迭代的预训练功能为将打开交通领域数字化、智能化的新格局。AI大模型可为交通提供数据驱动的决策支持和智能化服务,促进了交通系统的效率、安全和便捷性的提升。在这一背景下,归纳总结了AI大模型从2018年至今的迭代更新过程,具体阐述了2018年从12层Transformer解码器最大参数规模1.2亿的GTP,演化至2023年40层Transformer解码器最大参数规模3400亿的PaLM2的全过程。同时,阐述了AI大模型在智慧交通中的广泛应用,包括AI大模型中的数据融合技术将不同来源的数据进行集成;循环神经网络和长短时记忆网络应用于交通流量预测;决策树和支持向量机自动检测并分类不同类型的交通拥堵情况;强化学习及优化算法实时调整交通信号减少拥堵时间;机器学习模型分析用户行为和偏好以便推荐更符合个人习惯的路线;迁移生成技术解决自动驾驶场景数据过拟合问题。此外,探讨了AI大模型在智慧交通领域的未来发展趋势,如车辆具身智能领域如何存储知识、以何种形式存储、如何提取的问题;AI大模型可以更加精细化地管理交通数据安全;AI大模型可支持更强大的多模态跨领域融合等。期望AI大模型推动交通领域向更加智能化、绿色化、高效化的方向发展。

关键词　AI大模型　智慧交通　人工智能　ChatGPT模型构架

0　引言

智慧交通是现代信息技术与交通运输业深度融合的产物,正在逐步改变人们的出行方式和城市交通管理模式。AI交通大模型具备处理、分析海量交通数据的能力,并且能够模拟、预测交通系统中的复杂现象。这种技术不仅可以为交通管理者提供科学、智能的决策支持,也有助于出行者更加有效地规划自己的行程。

AI大模型在智慧交通领域的应用十分广泛。户佐安等[1]认为与只考虑时间相关性的基准模型相比,基于图神经网络的预测方法性能显著提升,

基金项目:重庆市自然科学基金面上项目(CSTB2023NSCQ-MSX0551);2023年研究生科研创新项目(CYB23256)。

多模式时间相关性、时空注意力机制、边特征、外部数据均会显著影响预测性能。在交通流量预测方面,井佩光等[2]提出动态扩散图卷积的交通流量预测模型,以确保各节点在各时刻间的特性均得到学习。夏以柠[3]认为基于生成式人工智能的大模型将在自动驾驶中有广泛的应用。在2021年,特斯拉首次引入了重感知和轻地图,提出了"BEV + Transformer"的自动驾驶技术方案[4]。随后在2022年,特斯拉又提出了基于占用网络的自动驾驶技术方案[5]。在智能驾驶方面,大模型技术则能够实现车辆的自主控制、路径规划和障碍物识别等功能,提高驾驶的安全性和舒适性[6]。此外,在智能交通信号控制[7]、智能停车管理[8]、智能交通监控[9]等领域,AI大模型技术都展现出了广阔的应用前景。

AI大模型能够深度挖掘和学习历史交通数据,从而准确预测未来交通流量的变化趋势,帮助交通管理部门提前制定应对措施。但AI大模型仍面临着诸多挑战和问题,大模型数据的准确性和实时性是决定大模型性能的关键因素之一,因此深入探讨AI大模型在智慧交通领域的应用,并展望未来的发展趋势十分必要。

1 AI大模型的演变过程

AI大模型经过持续优化和迭代,成为一代语言模型的重要成果。从2018年至今,AI大模型的参数不断改进、最大参数规模不断扩大、训练数据规模不断增大,部分代表性参数如表1所示。

代表性大模型参数[10]

表1

模型	年份	参数规模	数据规模	模型架构
LaMDA[11]	2022年	约1370亿	公开标记数据及人工标记数据(7680亿标记)	64层Transformer解码器
InstructGTP[12]	2022年	约1750亿	提示文本及生成结果标记	GPT-3 + RLHF算法
PaLM[13]	2022年	约5400亿	Webpages, Books, Wikipedia News, Githu, Social media conversations (7800亿标记)	118层Transformer解码器
ChatGPT[14]	2022年	约1750亿	其他的标记数据	与GPT-3 + RLHF算法相似
LLaMA[15]	2023年	约650亿	CommonCrawl, C4, Github, Wikipedia, books, ArXiv, and StackExchange(1.4万亿标记)	80层Transformer解码器
GPT-4[16]	2023年	—	文本及图像数据	Transformer解码器
ChatGLM-6B[17]	2023年	约62亿	中英文各5000亿(1万亿标记)	与Transformer解码器相似
PanGu-Σ[18]	2023年	约1.085亿	WuDaoCorpora2.0, Pile Dataset, Python and Java code (超3000亿标记)	40层Transformer解码器
Vicun[19]	2023年	约130亿	基于LLaMa-13B 使用监督数据微调 (7万个用户共享的ChatGPT对话)	40层Transformer解码器
PaLM2[20]	2023年	约3400亿	Web documents, Books, Code, Mathematics, and Conversational Data (非英语数据,3.6万亿标记)	40Transformer解码器

由表1可看出GTP从2018年的12层Transformer解码器最大参数规模1.2亿,演化至2023年40层Transformer解码器,最大参数规模3400亿的PaLM2。在此基础上,对国内外大模型基座的发展情况进行总结,如图1所示。

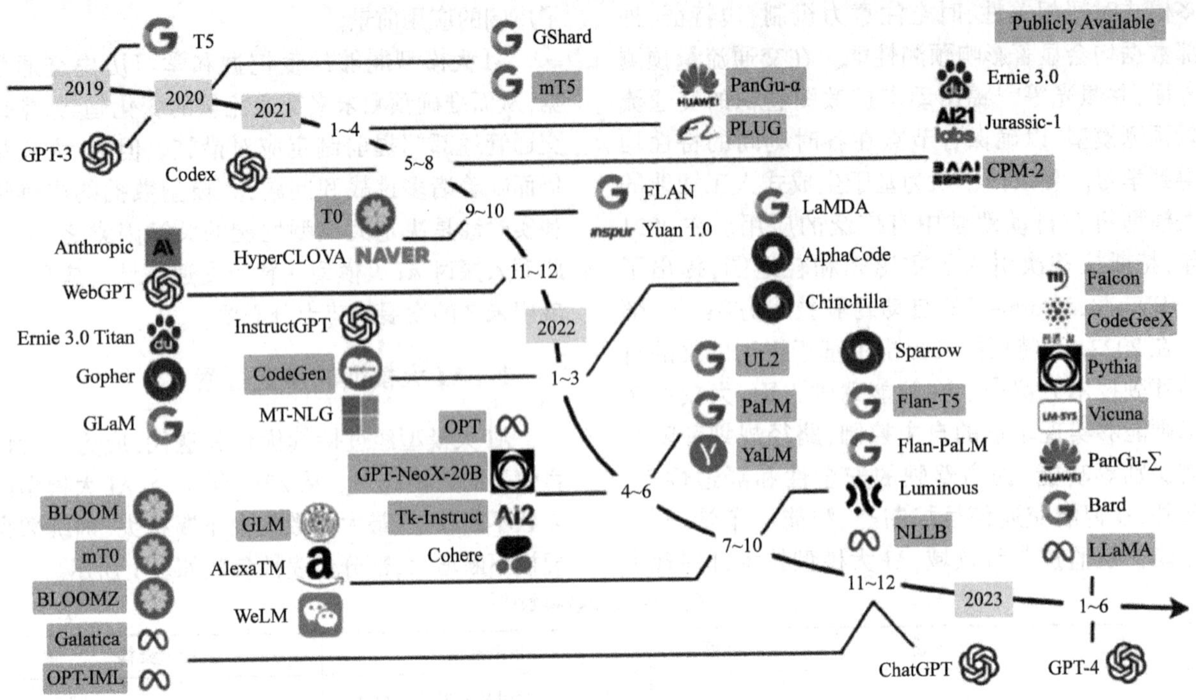

图1　国内外大模型基座发展历程图[20]

由图1可知,国内外的大模型大多以Transformer为基本架构。模型的基座主要分为:仅包含解码器的自回归模型,典型代表是GPT[21]、仅包含编码器的自编码模型,典型代表是BERT[22]、包含编码器和解码器的Transformer结构,典型代表是T5[23]。

2　人工智能大模型与智慧交通

2.1　交通数据收集预测

GPS和移动应用提供了更为动态和全面的数据。这些数据不仅包括车辆位置和速度,还可以包括用户报告的实时事件,如交通事故、路障等。这类数据特别适用于机器学习算法,如神经网络和决策树,用于更复杂的交通模式识别和预测。实际应用中利用AI大模型中的数据融合技术将来自不同源的数据进行集成,以构建更为全面和准确的交通模型。卡尔曼滤波可以用于整合来自地面传感器和GPS的数据,如式(1)所示。

$$\begin{cases} x_t = \boldsymbol{A}x_{t-1} + \boldsymbol{B}\mu_t + \omega_t \\ z_t = \boldsymbol{H}x_t + \mu_t \end{cases} \tag{1}$$

式中:x_t——状态向量;

z_t——观测向量;

μ_t和ω_t——过程和观测噪声;

$\boldsymbol{A}$、$\boldsymbol{B}$、$\boldsymbol{H}$——转换矩阵。

2.2　交通流量预测

基于人工智能的方法如支持向量机、决策树和随机森林等广泛应用于交通流量预测。这些方法能够处理更复杂的非线性关系,且可以容易地整合其他类型的数据,如天气、节假日等。AI大模型中的深度学习,尤其是循环神经网络和长短时记忆网络也开始应用于交通流量预测。这些网络模型特别适用于处理具有时序依赖性的交通数据,可以更好地处理交通流量的高度动态性和复杂性,并且能适应不断变化的交通环境。例如,在某城市进行的一项研究中,利用LSTM模型对主要道路交通流量进行准确预测,准确率提高了15%以上,有效缓解交通拥堵问题。

2.3　实时交通状况分析

借助于人工智能和机器学习的先进技术,如多源数据、传感器数据、车载GPS数据和社交媒体数据,能更有效地进行实时交通流量估计。例如,基于卡尔曼滤波的实时流量估计模型可以用于生成高精度的交通流量地图。AI大模型中的机器学习算法,例如决策树和支持向量机,能够自动检测和分类不同类型的交通拥堵。同时,如卷积神经网络和循环神经网络的深度学习方法也可用于实时识别交通模式,例如车道变更和紧急制动等情况。

2.4　自适应交通信号控制

自适应交通信号控制系统通过实时分析交通

数据,自动调整交通信号时序和时长,实现最大化交通流量和最小化拥堵。这些系统通常使用复杂的算法和模型,如AI大模型中的强化学习或优化算法,来进行决策。通过实时调整交通信号,自适应系统能够减少道路拥堵时间、提高道路容量并降低污染物排放。在多个城市中的实际应用已证明,这些系统能够明显提高交通流量和道路使用效率。

2.5 智能路由推荐

智能路由推荐系统通过实时分析交通状况和预测未来的交通流量,为驾驶者提供最优的行车路线。这些系统使用各种AI大模型中的算法和机器学习模型,Dijkstra算法、A搜索算法、以及神经网络时间序列预测模型。通过将实时交通数据与预测模型融合,这些系统能够考虑到即将出现的交通拥堵和其他可能影响旅行时间的因素。这些系统还可以分析用户行为和偏好,以便推荐更符合个人习惯的路线。

2.6 自动驾驶算法训练

在自动驾驶领域,AI大模型扮演者"领航员"的角色,它可以理解驾驶的目标和意图,识别和感知环境,将其翻译成自动驾驶的语言并做出决策,向自动驾驶系统下达合适的指令。目前AI大模型对自动驾驶的改变分为两个方向[24]:一是作为工具辅助自动驾驶算法的训练和优化过程;二是作为决策模型直接驾驶车辆,改变结果。为解决自动驾驶系统在最后0.5%的Corner Case阶段的过拟合问题,AI大模型提供了迁移生成技术,为新的解决方案提供了思路。它基于真实场景,快速生成不同时间、不同环境的情景,这些情景中融入了一些真实数据,既增加了训练场景的多样性,又避免了过度拟合的情况。

3 交通大模型未来发展之路

3.1 车辆具身智能

具身智能(Embodiment AI)已经逐渐受到了关注[25]。车辆具身智能通过车载传感器实时采集道路和交通信息,并将数据反馈给AI大模型。距离AI大模型能够实现自主认知、自主学习的能力还相去甚远,一方面是对现实交通环境的建模能力,即让机器能够实时感知周围真实且复杂的交通环境,并从中推理出自身下一步的决策。其次是记忆能力,目前的ChatGPT等AI技术在储存信息方面存在局限,不仅对多轮对话历史信息的长距离建模能力有限,而且对信息的长时间记忆能力也有所不足[26]。因此,如何让机器能够存储知识、以何种形式存储以及如何提取这些信息,都是具身智能领域需要解决的难题。

3.2 交通数据安全管理

智慧交通作为承载了大量行业内外的多维度、多来源数据信息的基础服务业,至关重要。缺乏规范的数据导流与汇总分析体系将带来涉及数据前端、中端和后端全流程的安全风险。因此,建立健全的数据管理体系显得尤为重要,以确保交通数据的安全性和可靠性[27],其多源数据资源如表2所示。

智慧交通行业的多源数据资源 表2

行业	多源数据资源
城市交通	公交、出租、轨道、客运的动态数据
高速干线	线路、收费站、视频与突发事件数据等
交通调查	服务水平、热门线路数据等
交通安全	线路、交通量、视频、事件数据
移动互联	互联网地图出行数据、POI数据
通信运营商	来自中国移动、联通、电信等运营商的数据,手机信号数据

在收集用户的个人信息过程中,包括账户信息、对话内容、社交媒体信息以及本地终端上存储的数据(Cookies)、日志信息、使用情况、设备信息等。这些信息的收集可能导致用户的路线信息、行动轨迹等敏感个人信息被泄露[28]。ChatGPT技术通过整合各个主体和行业、联通技术终端的交通运输数据传输流程,以最大化技术价值,确保数据安全,避免信息盗用、数据篡改等风险[29]。

3.3 交通多模态融合

AI大模型在进行三维重建时,不仅需要考虑车端输入信号,还要加入时序特征,形成四维空间,通过与4D语义空间的对齐,将自动驾驶传感器所感知到的信息全部进行语义化,从而具备识别万物的能力。认知大模型结合驾驶时的信息和行驶目标,例如直行、变道、左转等信息,给出相应的驾驶决策和解释,将其转化为自动驾驶系统的语言,并通过Drive Prompt与自动驾驶系统进行交互。

4 结语

AI大模型为智慧交通提供了数据驱动的决策支持和智能化服务,促进了交通系统的效率、安全和便捷性的提升。AI大模型通过对历史数据的学习,在交通数据收集预测、交通流量预测、实时交通状况分析、自适应交通信号控制、智能路由推荐、自动驾驶算法训练等多个方面应用广泛,可以帮助车辆和道路基础设施做出更智能的决策。AI大模型能够更加精细化地管理交通数据安全,可支持更强大的多模态跨领域融合。

参考文献

[1] 户佐安,邓锦程,韩金丽等.图神经网络在交通预测中的应用综述[J].交通运输工程学报,2023,23(5):39-61.

[2] 井佩光,田雨豆,汪少初等.动态扩散图卷积交通流量预测算法[J/OL].吉林大学学报(工学版): 1-13[2024-02-19]. https://doi.org/10.13229/j.cnki.jdxbgxb20220888

[3] 夏以柠.生成式人工智能技术进展及其在自动驾驶领域的应用与展望[J].汽车技术,2023(09):43-48

[4] DU J, SU S, FAN R, et al. Bird's Eye View Perception for Autonomous Driving [J]. Autonomous Driving Perception: Fundamentals and Applications, 2023: 323-356.

[5] SAYED A N, HIMEUR Y, BENSAALI F. Deep and Transfer Learning for Building Occupancy Detection: A Review and Comparative Analysis [J]. Engineering Applications of Artificial Intelligence, 2022, 115: 105254.

[6] 陈雪,胡蓉,王辉等.学习型蚁群算法求解一类复杂两级车辆路径问题[J].系统仿真学报,2023,35(11):2476-2495.

[7] OUALLANE A A, BAHNASSE A, BAKALI A, et al. Overview of Road Traffic Management Solutions Based on IoT and AI[J]. Procedia Computer Science, 2022, 198: 518-523.

[8] KE R, ZHUANG Y, PU Z, et al. A Smart, Efficient, and Reliable Parking Surveillance System with Edge Artificial Intelligence on IoT Devices[J]. IEEE Transactions on Intelligent Transportation Systems, 2020, 22(8): 4962-4974.

[9] 李瑞,李平,马小宁等.5G环境下铁路视频图像智能化应用云边协同技术架构研究[J].铁道运输与经济,2022,44(05):57-63.

[10] 徐月梅,胡玲,赵佳艺等.大语言模型的技术应用前景与风险挑战[J/OL].计算机应用,1-10[2024-02-17]. https://link.cnki.net/urlid/51.1307.TP.20230911.1048.006

[11] THOPPILAN R, DE FREITAS D, HALL J, et al. Lamda: Language Models for Dialog Applications [J]. Arxiv Preprint: 2022, 2201.08239. https://arxiv.org/pdf/2201.08239.pdf

[12] OUYANG L, WU J, JIANG X, et al. Training Language Models to Follow Instructions with Human Feedback [J]. Advances in Neural Information Processing Systems, 2022, 35: 27730-27744.

[13] CHOWDHERY A, NARANG S, DEVLIN J, et al. Palm: Scaling Language Modeling with Pathways[J]. Journal of Machine Learning Research, 2023, 24(240): 1-113.

[14] OpenAI. ChatGPT plugins[EB/OL]. (2023-11-10) https://openai.com/blog/chatgpt-plugins

[15] TOUVRON H, LAVRIL T, IZACARD G, et al. Llama: Open and Efficient Foundation Language Models[J]. Arxiv Preprint: 2023, 2302, 13971. https://arxiv.org/pdf/2302.13971.pdf

[16] OpenAI R. Gpt- 4Technical Report. Arxiv 2303.08774 [J]. View in Article, 2023, 2: 13.

[17] REN X, ZHOU P, MENG X, et al. PanGu-Σ: Towards Trillion Parameter Language Model with Sparse Heterogeneous Computing [J]. Arxiv Preprint: 2023. 2303, 10845. https://arxiv.org/pdf/2303.10845.pdf

[18] AZAM M, CHEN Y, AROWOLO M, et al. A Comprehensive Evaluation of Large Language

Models in Mining Gene Interactions and Pathway Knowledge[J]. BioRxiv, 2024: (1):576542.

[19] ANIL R, DAI A M, FIRAT O, et al. Palm 2 technical report [J]. Arxiv preprint: 2023, 2305, 10403. https://arxiv. dosf. top/pdf/2305.10403.

[20] 刘学博,户保田,陈科海,等.大模型关键技术与未来发展方向——从 ChatGPT 谈起[J].中国科学基金,2023,37(05):758-766.

[21] BLACK S, BIDERMAN S, HALLAHAN E, et al. Gpt-neox- 20b: An Open-source Autoregressive Language Model[J]. Arxiv preprint: 2022, 2204, 06745. https://arxiv. dosf. top/pdf/2204.06745.

[22] DEVLIN J, CHANG M W, LEE K, et al. Bert: Pre-training of Deep Bidirectional Transformers for Language Understanding Proceedings of the 2019 Annual Conference of the North American Chapter of the Association for Computational Linguistics: Human Language Technologies[J]. Minneapolis: Association for Computational Linguistics, 2019: 4171-4186.

[23] RAFFEL C, SHAZEER N, ROBERTS A, et al. Exploring the limits of transfer learning with a unified text-to-text transformer[J]. The Journal of Machine Learning Research, 2020, 21(1): 5485-5551.

[24] 周文斌.大模型攻入自动驾驶[J].大数据时代,2023,(11):42-51.

[25] 张伟男,刘挺. ChatGPT 技术解析及通用人工智能发展展望[J].中国科学基金,2023,37(5):751-757.

[26] DUAN J, YU S, TAN H L, et al. A Survey of Embodied ai: From simulators to research tasks[J]. IEEE Transactions on Emerging Topics in Computational Intelligence, 2022, 6(2): 230-244.

[27] 汪光焘,单肖年,张华,等.数字化转型下的城市交通治理[J].城市交通,2022,20(1):1-9,127.

[28] 贺莉娜,郭泽阔.基于人工智能和大数据的城市轨道交通智能化运维生态系统研究[J].城市轨道交通研究,2022,25(9):79-84,89.

[29] 赵光辉. ChatGPT 赋能交通创新:理论研判、风险因素与推进路径[J].当代经济管理,2023,45(10):17-25.

珠三角城市群城际客运交通低碳发展研究

赵莎莎*[1]　毕　翎[1]　陈素平[2]

(1.北大国土空间规划设计研究院 TOD 与交通规划设计所;2.北京市朝阳区宇恒可持续交通研究中心)

摘　要　城市群作为我国经济的增长极,城际出行量不断增加,交通碳排放持续增长。以珠三角城市群为研究对象,采用自上而下法对 2019 年珠三角城际客运交通碳排放进行了评估。城市群城际客运交通碳排放空间结构与经济体量和出行密度高度一致,高低密度出行区之间和高密度出行区之间碳排放量较高,形成了以多个核心城市为节点发散的碳排放网络结构;公路是碳排放的主要来源。珠三角未来应打造以"轨道 + 中运量"为主、城际大巴为辅的低碳城际出行模式,并优化能源结构,使城市群交通一体化建设沿着绿色、集约的方向发展。

关键词　城际交通　低碳　城市群　珠三角

0　引言

城镇化进程的不断推进,城市规模逐渐扩大,经济的快速发展和交通运输技术的进步使得城市之间的联系和交流逐步加强,促进了城市群的形成。城市群是指由若干个城市及其周边地区相互联系组成的一个经济、文化、社会联系紧密的区域,对于中国经济发展具有重要的战略意义。《中华人民共和国国民经济和社会发展第十四个五年规划和 2035 年远景目标纲要》提出,以促进城市群发展为抓手,全面形成“两横三纵”城镇化战略格局,构建 19 大城市群[1]。城市群内部城市间紧密联系、一体化发展,人员流动频繁,城际交通量大幅提高。根据统计数据显示,2015 年至 2018 年我国城际客运量下降了 7.7%,而京津冀、长三角、珠三角三大城市群城际客运量逆势增长 12.7%。城际交通需求不断增加,交通方式趋向多样化,城际交通碳排放呈上升趋势,城市群城际客运交通逐渐成为交通领域能源消耗和碳排放的重要来源。因此,评估城市群城际客运交通的碳排放情况有助于了解碳排放的来源和影响因素,基于碳排放现状和城市群发展特征制定相应的低碳减排策略,对于推动城市群绿色低碳可持续发展和实现我国“双碳”目标具有重要的意义。

城市群低碳交通方面的已有研究主要集中在定性分析和定量计算两个方面。在定性分析方面,陆化普[2]总结了我国城市群发展的现状和面临的挑战,提出了城市群健康发展的对策建议;王元庆等[3]分析了不同层级城市群的交通发展形式和碳排放规律,对一体化绿色低碳综合交通体系进行了展望。在定量计算方面,朱潜挺等[4]建立了京津冀城市群交通运输业碳排放核算模型;郭丽君、黄炎[5]和马壮林等[6]基于 DPSIR 模型,分别建立了长株潭城市群和关中城市群低碳交通发展评价体系;张陶新等[7]构建了基于运输工具能耗的城市交通二氧化碳排放计算方法。

既有研究往往将单个城市群作为整体,计算城市群空间下的全局性交通碳排放,缺乏对城市内部交通和城市间城际交通明确的划分,而城市交通和城际交通的出行和碳排放情况存在较大差异,导致政策建议缺乏准确性和针对性。本文将对珠三角城市群城际客运交通碳排放量进行评估,对不同出行等级和交通方式的城际出行碳排放规模、碳排放空间分布展开研究,进而提出城市群城际低碳交通发展策略。

1　城际客运碳排放评估方法

1.1　数据来源与客运量计算

区县间分方式交通出行量是计算城际客运出行碳排放量的重要前提。本研究中的城际出行方式包括铁路、大型客车、小汽车三类。区县间的记录乘客上车位置和下车目标位置的数据(OD 数据)来源于联通手机信令扩样,首先爬取腾讯地图位置大数据得到铁路和大型客车的分担率,再爬取百度地图迁徙数据对客流量进行校核,将手机信令数据与腾讯地图数据的差值作为小汽车客运量。

1.2　城际出行密度分区划分

在城市群的背景下,居民跨行政边界的出行频率不断提高,基于出行角度的行政边界日益模糊,特别是处于城市边缘的远郊区县之间存在大量跨区域高频次、短距离的出行。本文以地级市为单位、区县为最小单元,对每个地级市内各个区县的人均出行密度和单位面积出行强度进行系统聚类,将区县分为高密度出行区和低密度出行区,其中由于中山市和东莞市直辖街镇,两个城市以地级市为最小单元。高低密度出行分区阈值及分区结果如表 1 所示。

高低密度出行区划分标准及划分结果　　表 1

城市	高低密度出行区划分标准阈值		高低密度出行区划分结果	
	人均出行密度(次/人)	单位面积出行强度(次/km²)	高密度出行区	低密度出行区
东莞市	17.8	64158.3	东莞市	—
佛山市	20.1	69796.3	禅城区、南海区、顺德区	高明区、三水区
广州市	14.9	250862.3	海珠区、荔湾区、天河区、越秀区	白云区、从化区、番禺区、花都区、黄埔区、南沙区、增城区
惠州市	17.2	15186.0	惠城区、惠阳区	博罗县、惠东县、龙门县
江门市	17.0	37919.1	江海区、蓬江区	恩平市、鹤山市、开平市、台山市、新会区
深圳市	9.2	108763.3	宝安区、福田区、龙华区、罗湖区、南山区	大鹏新区、光明区、龙岗区、坪山区、盐田区

续上表

城市	高低密度出行区划分标准阈值		高低密度出行区划分结果	
	人均出行密度（次/人）	单位面积出行强度（次/km^2）	高密度出行区	低密度出行区
肇庆市	11.2	36852.6	端州区	德庆县、鼎湖区、封开县、高要区、广宁县、怀集县、四会市
中山市	28.3	60917.6	中山市	—
珠海市	53.8	108343.9	香洲区	斗门区、金湾区

1.3 城际客运交通碳排放评估方法

根据《2006 年 IPCC 国家温室气体排放清单指南》[8]，移动源端碳排放计算通常采用自下而上法，基于交通活动计算非全生命周期碳排放，碳排放模型为：

$$C_i^{nm} = \mathrm{OD}_i^{nm} \times \mathrm{VKT}_i^{nm} \times \mathrm{EF}_i \quad (1)$$

式中：C_i^{nm}——区县 n 到区县 m 第 i 种交通方式碳排放量；

OD_i^{nm}——区县 n 到区县 m 第 i 种交通方式出行量；

VKT_i^{nm}——区县 n 到区县 m 第 i 种交通方式的出行距离，可由 ArcGIS 计算得到；

EF_i——i 方式的二氧化碳排放因子，取值可参考文献[9]。

2 珠三角城市群内部城际客运碳排放评估结果

2019 年珠三角城市群内部城际客运出行总量为 12.99 亿人次，空间上形成了以核心城市广州和深圳为中心向周边辐射的多核发展模式。广州市的出行总量最高，占九市总量的 47.6%。广州市和佛山市的联系强度领先于其他城市对，同城现象明显。从分区来看，高密度出行区之间的出行强度为 6.2 亿次，占比 47.7%，高低密度区和低密度区之间的出行强度分别占比 44.5% 和7.8%。从分担率来看，城际出行以公路运输为主，小汽车分担率约为 60.1%，大巴车约为 27.3%，铁路出行仅为 12.6%。

2019 年城际出行碳排放共计 984.3 万 t。各区县间出行碳排放量呈现多中心分散趋势，位于中部地区广州市碳排量最高，排放量约为 485.5 万 t，占比 49.3%。广佛间的碳排放量远高于其他城市对，双向碳排为 179.1 万 t，其次为东莞市与深圳市之间出行碳排放 82.5 万 t、广州市与深圳市之间出行碳排放 82.2 万 t。

2.1 不同密度分区碳排放规模及特征

高密度出行区之间的碳排放总量为 414.3 万 t，空间上形成了“组团 + 廊道”的格局。广州市和佛山市的高密度出行区之间碳排放量最高，为 77.5 万 t，其中广州市天河区和佛山市南海区的碳排放总量居于首位。其他城市对中东莞市—深圳市和中山市—珠海市的高密度出行区之间碳排放量分别列于第二、第三位，三大都市圈形态明显。除此之外，珠三角核心廊道广州—深圳高密度出行区之间存在大量点对点的高价值出行，导致碳排放量同样处于高位。

高低密度出行区之间的碳排放总量为 459.2 万 t。广州市和佛山市的高低密度出行区之间碳排放量为 89.7 万 t，仍为排放量最高的城市对，其中广州市白云区（低密度出行区）和佛山市南海区（高密度出行区）碳排放占比最大，为 16%。碳排放位于第二、第三的城市对为广州市—深圳市、东莞市—广州市，总量均约为 44 万 t。空间上集中在广州市、佛山市、东莞市围合而成的中心区域，东西两翼出行碳排放量较低。同时，具有较强的地缘效应，不同城市毗邻地区的排放量较高，如东莞市与临近的深圳市龙岗区、惠州市博罗县、广州市增城区碳排放量均超过了 8.4 万 t，位于所有高低密度出行区之间碳排放的前列。

低密度出行区之间的碳排放总量为 110.8 万 t，其中排放量最高的为广州市和惠州市之间，为

16.6万t,与其他城市对相差较小,相较于高密度出行区之间和高低密度出行区之间的碳排放规模更加低量化、均质化。从空间上看,碳排放网络格局均匀分散,距离较近的地区之间具有地理优势,居民出行对行政边界意识不强,出行频率、规模较大,碳排放量较高。如惠州市的博罗县中心和广州市的增城区中心距离仅60km,交界处有大量村庄,跨城出行便利,两地日均出行量为0.63万人次,年度碳排放量为2.5万t。

不同出行区之间的碳排放比例如图1所示,碳排放前十的城市对见表2。

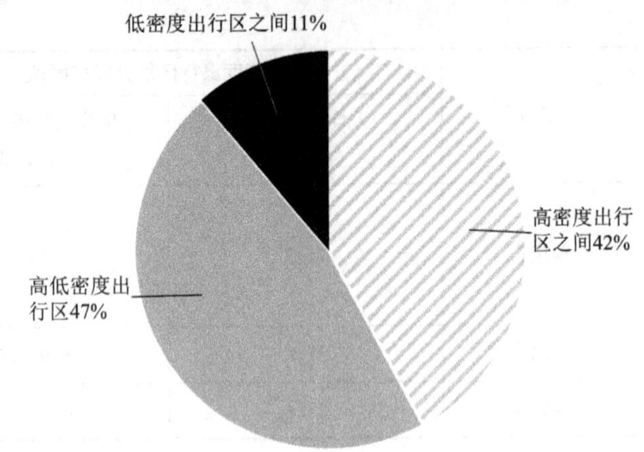

图1　不同出行区之间碳排放比例

不同出行区之间碳排放排名前十的城市对　　表2

排序	高密度出行区之间	高低密度出行区	低密度出行区之间
1	佛山市—广州市	佛山市—广州市	广州市—惠州市
2	广州市—佛山市	广州市—佛山市	惠州市—广州市
3	东莞市—深圳市	广州市—深圳市	肇庆市—广州市
4	深圳市—东莞市	东莞市—广州市	江门市—广州市
5	中山市—珠海市	深圳市—广州市	广州市—肇庆市
6	珠海市—中山市	广州市—东莞市	广州市—江门市
7	广州市—深圳市	深圳市—惠州市	佛山市—广州市
8	深圳市—广州市	惠州市—深圳市	佛山市—肇庆市
9	惠州市—深圳市	佛山市—肇庆市	肇庆市—佛山市
10	佛山市—中山市	肇庆市—佛山市	广州市—佛山市

2.2　不同交通方式碳排放规模及特征

珠三角城际出行碳排放最高的是小汽车,碳排放量达791.9万t,占比81%;大型客车碳排放量为141.9万t;铁路碳排放量为50.5万t。高密度出行区的铁路网密度和公路网密度优于低密度出行区,所有交通方式碳排放量最高的均为高低密度出行区之间(图2)。

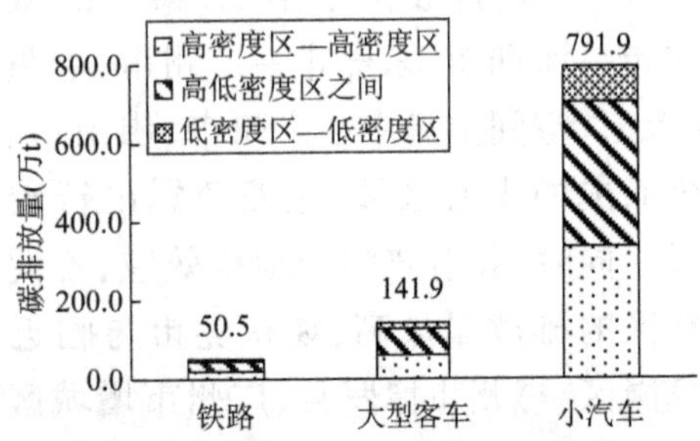

图2　不同交通方式的碳排放量

珠三角城市群截至2019年开通了穗莞深城际、广佛肇城际、莞惠城际、广珠城际四条线路,线网总长约为429km,线路呈由广州市、东莞市向外辐射的形态,暂未成网运行。广佛之间城际铁路利用率最高,两地间年均铁路碳排放量达10.7万t,占铁路碳排放总量近1/5。其次为东莞—深圳、深圳—广州。碳排放更集中在中部铁路密集区域,低密度出行区的铁路连通度较差。

公路碳排放占总量比高达95%,碳排放空间特征与基础设施布局的形态一致。截至2019年珠三角公路线网总长约为1.1万km,线网密度0.16km/km^2,核心区公路网络发达,两翼建设滞后。小汽车和大巴车排放量最高的城市对为广州—佛山、深圳—广州、深圳—东莞,碳排放空间格局以广州、东莞为中心区域向四周发散递减。广州—佛山仍然是公路碳排放量最高的城市对,其大巴及小汽车的碳排放量均远超其他城市对,两地间公路碳排放量占区域公路碳排放总量近18%。

3 城际交通低碳发展策略

珠三角城市群作为最先成形并率先开始进行协同一体规划的先驱，其城际客运发展路径对全国范围内其他各城市群都有着重要的参考性。其他城市群对低碳交通策略的应用需契合自身空间结构和出行特征，优化调整出行结构和出行方式侧重，从而推动可持续的城市群交通减排发展进程。

3.1 策略一：在高密度出行地区之间和高低密度出行地区之间构建以“轨道 + 中运量”为主的高中运量交通系统

接近半数的碳排放集中在高低密度出行区之间，大规模出行导致了碳排放量较高。高密度出行并未采用集约化的模式，小汽车的分担率仍高达61.2%。从碳排放空间格局可以看出，珠三角已经基本形成核心城市之间强联系和围绕核心城市外溢都市圈的二级网络形态。我国正处于城镇化快速发展的阶段，预计到2035年常住人口城镇化率将达到75%左右，都市圈将成为吸纳新增城镇人口的重要地区[10]。目前，广佛肇、深莞惠、珠中江都市圈已初见形态，跨城出行需求逐渐攀升，而都市圈内部轨道系统不完善，缺少市郊铁路、跨城地铁，铁路分担率仅为12.6%，轨道交通尚不能支撑城际出行需求。因此，构建多模式一体化的“轨道上的大湾区”将极大地推动城市群和都市圈的发展。同时，轨道网络需要与人口分布耦合，并注重与城市内部交通的快速转换，提升轨道系统的吸引力和作用价值。另外，考虑到跨城市的轨道规划建设和管理机制复杂，技术标准难以统一、成本大、周期长等问题，中运量公交对于规模适中的区域是更具有性价比的方式。

3.2 策略二：在低密度出行地区之间完善集约化跨城公路运输方式

当前珠三角地区低密度地区之间出行量占比7.8%，碳排放占比11.3%，出行以私家车为主，大巴分担率仅为6.6%。低密度地区之间的出行分布呈现均质化特征，轨道在经济成本和便利性上并不具备优势。对于较远距离的低密度出行区之间，公路运输在灵活性、直达性方面优势明显，仍然是城际出行的重要方式。在低密度出行地区应最大程度发挥公路运输直达性、灵活性的优势，打通断头路，并沿线开通跨城大型客车或公交，引导客流采用更加集约化的方式出行。另外，近年来机动车保有率不断上涨，原先的大型客车客流转移到了机动车上。同时，大型客车多数为私人运营，在线路规划、运营模式等方面存在薄弱之处，受到成本因素的影响减少或关停了低密度出行地区之间的线路，导致低密度地区的大型客车线路和站点设置率较低。大型客车运输仍是必不可少的交通方式，不可由于供给的短缺抑制需求，应在给予相应的优先政策和补贴，采用车票预约制、定线不定站等运营方式兼顾满足需求和运输效率，保证留守老人、低收入人群、无车家庭等群体的出行需求，提高社会公平性。

3.3 策略三：大力发展新能源车辆，并破解充电问题，实现能源结构转型

新能源汽车推广与应用在交通政策方面减排潜力具有较大，远期理想情况下可较基准情景减排60%[11]。但新能源汽车的市场渗透率近期难以快速增长，减排潜力一般，中长距离出行的充电焦虑是最大的制约因素。我国高速公路充电桩集中在经济发达的地区，以珠三角为例，公路沿线平均每25.3km有一台充电设施，边缘地区公路上的充电设施密度仅为中心城区的四分之一且分布不均衡，节假日等出行高峰期经常出现高速公路服务区充电桩长时间排队的情况。因此，需要合理提高公共充电设施和公路充电设施密度及利用率。

4 结语

本文对2019年珠三角城市群内部城际出行的碳排放进行了研究，分析了跨城客运出行和碳排放的规模、空间分布特征和交通方式分布，并针对性地提出了在高密度区之间与高低密度区之间构建“轨道 + 中运量”、在低密度区之间完善集约化公路运输方式和大力推进新能源车的低碳交通发展策略。我国城市群正处于发育的初期阶段，经过多年的探索，城市群规划实施中的尺度相对较大，都市圈是城市群建设的切入点和抓手，也是未来出行量和碳排放增长的主要来源地。另外，城际交通只是居民出行链中的一个环节，城市内部的出行仍是碳排放的重要来源。未来对低碳交通的研究应当形成城市、都市圈、城市群、全国的

空间层次,提高相关政策制定和实施的可行性和落地性。

参考文献

[1] 中华人民共和国中央人民政府. 中华人民共和国国民经济和社会发展第十四个五年规划和2035年远景目标纲要[EB/OL]. (2021-03-13) [2022-04-25]. http://www.gov.cn/xinwen/2021-03/13/content_5592681.htm.

[2] 陆化普. 我国大都市圈和城市群发展的现状与课题[J]. 中国国情国力,2017,No.296(09):9-13. DOI:10.13561/j.cnki.zggqgl.2017.09.003.

[3] 王元庆,李若彤. 城市群交通碳达峰与碳中和研究综述与展望[J]. 交通运输研究,2021,7(05):2-9.

[4] 朱潜挺,王萌,周芳妮,等. 京津冀一体化下交通运输业碳排放核算及其影响因素研究[J]. 重庆理工大学学报(社会科学版),2019,33(6):23-31.

[5] 郭丽君,黄炎. 长株潭城市群低碳交通DPSIR评价模型的建立及应用研究[J]. 湖南交通科技,2014,40(04):144-148.

[6] 马壮林,高阳,胡大伟,等. 城市群绿色交通水平测度与时空演化特征实证研究[J]. 清华大学学报(自然科学版),2022,62(07):1236-1250.

[7] 张陶新,周跃云,赵先超. 中国城市低碳交通建设的现状与途径分析[J]. 城市发展研究,2011,18(1):68-73,80.

[8] IPCC. 2006. 2006 IPCC Guidelines for national greenhouse gas inventories. Cambridge, United Kingdom: Cambridge University Press.

[9] 邵丹,李涵. 城市客运交通电动化碳减排效益和碳达峰目标——以上海市为例[J]. 城市交通,2021,05:53-56.

[10] 国家发改委基础设施发展司,国家发改委城市和小城镇改革发展中心. 多层次轨道交通协同及与城市融合发展研究[R].

[11] 世界资源研究所. 迈向碳中和:中国道路交通领域中长期减排战略[R]. 2022.

MODIS-NDVI对高寒地区铁路工程活动的响应

张静晓*1 张瑞雪1 孙少奇2

(1.长安大学经济与管理学院;2.西北大学城市与环境科学学院)

摘 要 (目的)高寒地区生态敏感脆弱,铁路工程建设对其生态环境的影响不容忽视。植被作为生态环境变化的指示器,研究铁路沿线的植被动态变化对当地生态环境保护至关重要。(方法)本研究采用归一化差异植被指数(NDVI)作为植被覆盖指标,融合缓冲区分析、Slope趋势分析、地理探测器等方法,构建了铁路沿线植被覆盖度时空格局演变及其驱动因素分析的理论模型。基于MODIS-NDVI数据集,应用该模型对高寒地区重大铁路工程沿线2001—2020年植被覆盖度进行案例研究。(结果)铁路修建后,a段植被恶化区域面积由35.39%下降到28.91%,b段恶化区域面积由21.07%上升到41.75%;a段植被变化类型向下转移概率为28.69%,低于向上转移概率39.77%,b段植被向下转移概率为49.23%,高于向上转移概率18.55%;a段坡度和气温对植被变化的解释力最强,b段铁路工程活动对植被变化的影响最为显著等。(结论)(1)铁路沿线植被动态变化对自然和人为因素的响应具有空间异质性。高海拔地区,生态因子占主导;低海拔地区,人类活动占主导。(2)驱动因素对植被覆盖度存在双因素和非线性增强交互作用,且交互作用的影响大于独立影响。(3)人类活动既可以负向影响植被生长导

基金项目:国家重大基础科学问题专项基金(71942006);陕西省社会科学基金(2023R001);国家社科基金项目(No.19FJYB017;No.20BJY010);中国路桥工程有限公司科研项目(2020-zlkj-04);中国铁道科学研究院集团公司开放基金(2021YJ049);中央高校基本科研业务费专项资金(300102282601)。

致植被退化,也可以正向促进植被恢复。本研究构建的通用理论模型为高寒地区及相似地理环境特征区的生态环境监测与恢复提供了实践指导,也为国际重大铁路工程沿线植被动态变化研究提供了理论支撑。

关键词 植被动态 植被覆盖度 地理探测器 驱动因素 铁路工程 时空演变

0 引言

铁路的修建增加了人类对生态系统的干扰程度[1-2]。高寒地区某重大铁路工程受当地独特气候条件和地理位置的影响,铁路沿线生态系统敏感而脆弱[3-4],如果遭到破坏,修复难度大,甚至造成严重的环境问题[5]。植被是铁路沿线生态系统中重要组成部分,在维护生物多样性、全球碳平衡等方面发挥着重要作用[6-7]。因此,动态、客观地监测与分析高寒地区重大铁路工程沿线植被生长的时空格局演变及驱动因素对当地生态保护、生态修复及全球的生态平衡至关重要。

近年来,许多学者致力于高寒地区铁路沿线生态环境影响的研究。大多数研究起源于当地高寒植被,探究铁路沿线植被覆盖度等的变化。例如,Chen 等根据 2001 年 8 月和 2002 年 8 月的调查数据发现铁路项目的实施将导致植被和生物量的年净初级生产力(NPP)下降[8]。Luo 等研究了 1981—2010 年气候变化对高寒植被的影响,发现气候变暖和加湿可以促进植被生长[9]。Ding 等[10]发现铁路建设过程中的工程活动是影响植被覆盖的主要因素。

以往研究对高寒地区铁路工程沿线植被变化的驱动因素进行了广泛分析,但大多集中在一个方面(自然因素或人为因素),存在驱动因素选取不全面、研究时序较短等问题,尚不清楚植被变化是否以及在多大程度上可归因于温度、降水、坡度等生态因子的变化和铁路工程活动的影响[11-13]。此外,植被生长与自然因素和人为因素间不是简单的线性关系[14-15]。传统基于线性假设的刚性模型无法准确地描述这种内在联系[16]。

因此,本研究创新性地构建了通用的铁路沿线植被覆盖度时空格局演变及其驱动因素分析的理论模型,选取地理要素复杂的高寒地区某重大铁路工程 $a—b$ 段作为研究区域,结合 Slope 趋势分析等方法分析了铁路沿线植被生长在 2001—2020 年的时空格局演变。利用地理探测器探索铁路工程活动和生态因子对当地植被生态环境的影响。旨在综合生态因子和铁路工程活动分析高寒地区某重大铁路沿线植被动态变化的驱动因素,从而为高寒地区及类似地区生态保护提供参考。

1 材料与方法

1.1 研究区概况

高寒地区某重大铁路工程东西横跨盆地、高山峡谷区等多个地貌单元,海拔差异巨大,形成了独特的生态地质条件。其 $a—b$ 段跨越了亚热带湿润气候区、高原温带季风半湿润气候区和半干旱季风气候带,具有强风、暴雨、平均气温低、温差大、紫外线辐射强等特点。

1.2 研究方法

1.2.1 理论模型

基于前人研究,本研究将驱动因素划分为气温、降水、海拔、坡度和坡向 5 大生态因子及铁路工程活动 1 个人为因子,采用缓冲区分析、变异系数与 Slope 趋势分析、克里金插值法和自然断点法、地理探测器等方法对植被覆盖度时空格局的演变、驱动因素的单因子及交互作用影响等进行分析,为铁路沿线植被覆盖时空格局演变及其驱动因素分析提供理论支撑,如图 1 所示。

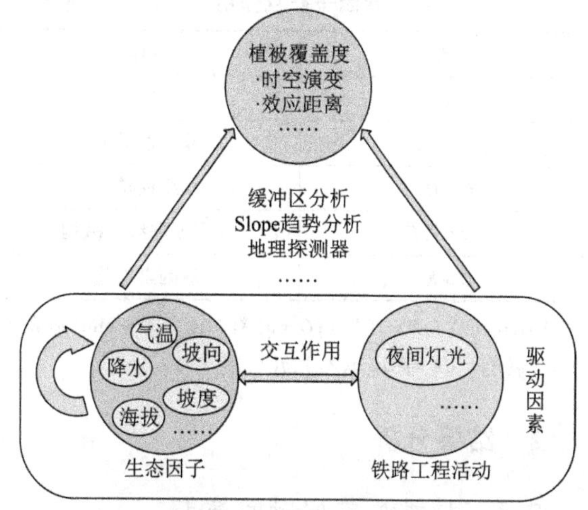

图 1 铁路沿线植被覆盖度时空格局演变及其驱动因素分析理论模型

1.2.2　植被覆盖度计算

采用像元二分法计算植被覆盖度(Fractional Vegetation Cover, FVC),有效降低无植被区域光谱特征带来的不确定性,提升分析精度[17]。计算公式如下:

$$FVC=\frac{NDVI-NDVI_{soil}}{NDVI_{veg}-NDVI_{soil}} \tag{1}$$

式中:FVC——植被覆盖度;

$NDVI_{soil}$和$NDVI_{veg}$——研究区裸土像元和纯植被像元对应的最大NDVI值。

1.2.3　Slope趋势分析

选用Slope趋势分析法拟合植被覆盖度的变化趋势。以2014年铁路动工时间为节点,计算2001—2014年(铁路修建前)和2015—2020年(铁路修建后)的Slope值。计算公式如下:

$$Slope=\frac{n\sum_{i=1}^{n}(iFVC_i)-\sum_{i=1}^{n}i\sum_{i=1}^{n}FVC_i}{n\sum_{i=1}^{n}i^2-(\sum_{i=1}^{n}i)^2} \tag{2}$$

式中:Slope——变化速率;

FVC_i——第i年对应的FVC值。参考已有研究,FVC变化趋势划分为5种类型,设定类型划分标准见表1。

Slope值等级划分标准　　表1

增长类型	明显恶化	轻微退化	基本稳定	轻微好转	明显好转
Slope	$<S-v$	$S-v\sim S-0.5v$	$S-0.5v\sim S+0.5v$	$S+0.5v\sim S+v$	$>S+v$

注:S是指某城市20年逐像元Slope的平均值;v是指逐像元20年Slope的标准差。

1.2.4　地理探测器

地理探测器可以探测单因子以及交互因子对于植被覆盖度的解释能力大小。计算公式如下:

$$q=1-\frac{1}{N\sigma^2}\sum_{i=1}^{k}N_i\sigma_i^2 \tag{3}$$

式中:q——植被覆盖度影响因素的解释力大小;

N_i——第i类的样本数;

N——研究区域总的样本数量;

σ_i^2——第i类样本方差;

σ^2——整个研究区域的方差,q越大越能解释X对NDVI的空间异质性。

双因子交互作用计算方式见表2。

双因子交互作用　　表2

依据	交互作用
$C=A+B$	独立
$C>A+B$	非线性增强
$C<D$	非线性减弱
$D<C<E$	单因素非线性减弱
$C>E$	双因素增强

注:$A=q(X_1)$;$B=q(X_2)$;$C=q(X_1\cap X_2)$;$D=\mathrm{Min}[q(X_1),q(X_2)]$;$E=\mathrm{Max}[q(X_1),q(X_2)]$

2　结果分析

2.1　植被覆盖度时间演变

研究选用2001—2020年高寒地区重大铁路工程沿线植被覆盖度平均值来描述研究区植被覆盖度的变化趋势,并以2001年的平均FVC值为基准值分析2002—2020年各年的平均FVC值的变化情况(图2)。由图2可看出,整体而言,a段与b段沿线FVC均呈现波动上升趋势,且b段植被覆盖度一直高于a段。两段铁路在2003年的增长率呈现一个峰值。

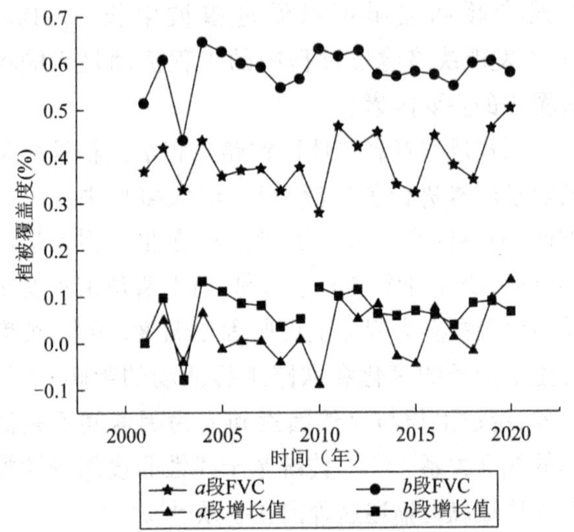

图2　2001—2020年高寒地区重大铁路工程沿线平均FVC时间变化曲线图

2.2　植被覆盖度空间演变

研究区平均植被覆盖度分级如图3所示。a段位于高寒地区,植被以高山灌木与高山草甸为主，整体 FVC 值偏低。铁路沿线 FVC 空间分异特征明显，总体呈现“东高西低”的分布特征［图 3a)］。b 段位于低海拔地区，沿线多为耕地与人造地表，空间分布总体呈现“西高东低”的分布特征［图 3b)］。

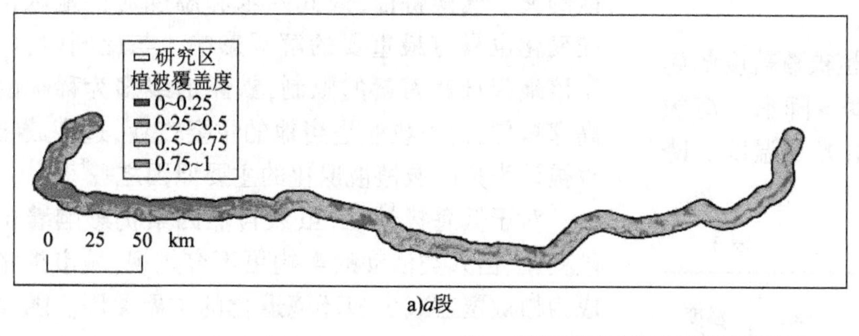

a)*a*段

b)*b*段

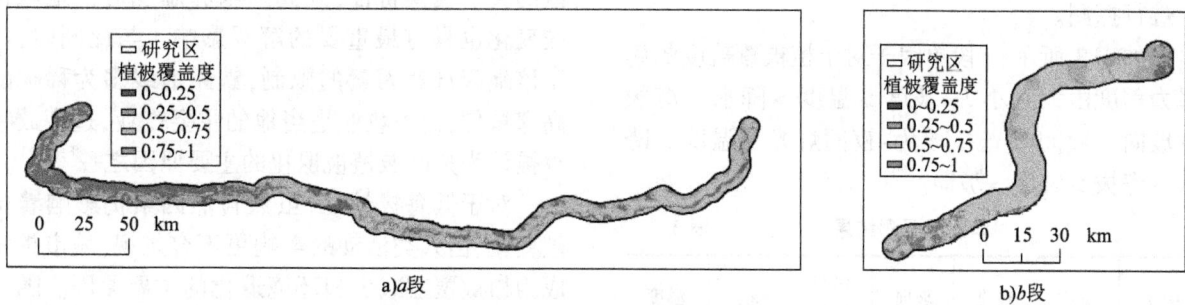

图 3 研究区平均植被覆盖度分级图

对比铁路修建前后植被覆盖度变化类型的空间分布(图 4、图 5)，*a* 段沿线植被长势逐年好转；*b* 段沿线植被长势逐年恶化。经统计，2001—2014 年 *a* 段与 *b* 段植被覆盖度变化类型为“基本稳定型”的面积占比分别为 46.46% 和 48.39%，呈现“明显恶化型”或者“轻微退化型”的植被比重分别为 35.39% 和 21.07%。2015—2020 年铁路修建期间，*a* 段植被覆盖变化类型呈现“明显恶化型”或者“轻微退化型”的面积由 35.39% 下降到 28.91%，*b* 段由 21.07%上升为 41.75%。

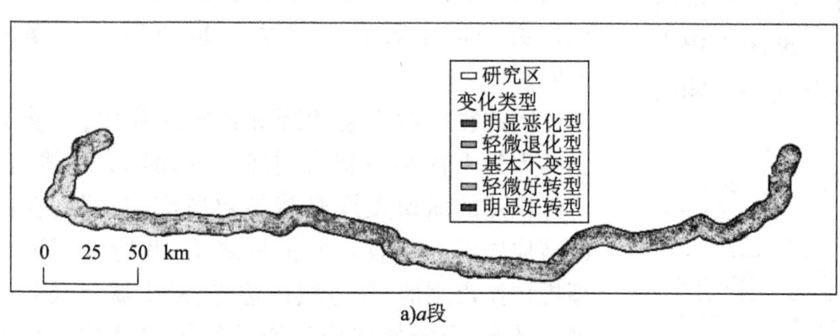

a)*a*段

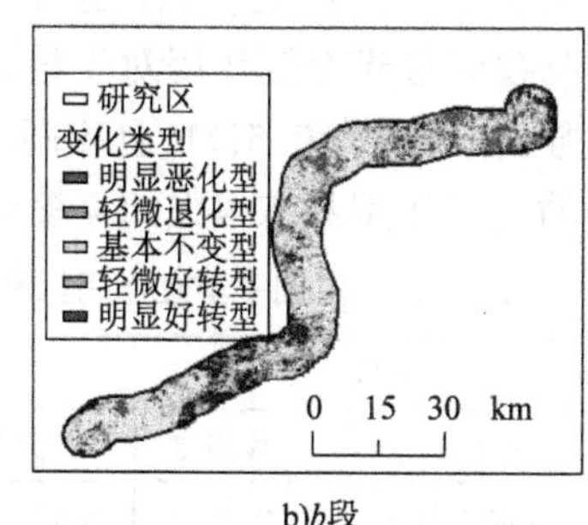

b)*b*段

图 4 2001—2014 年铁路工程沿线植被覆盖度不同变化类型空间分布图

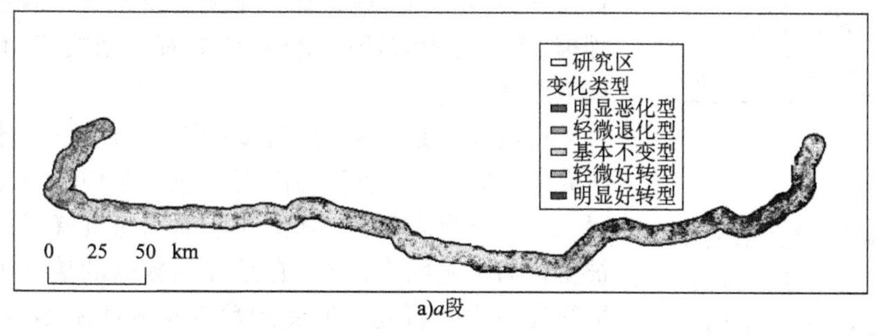

a)*a*段

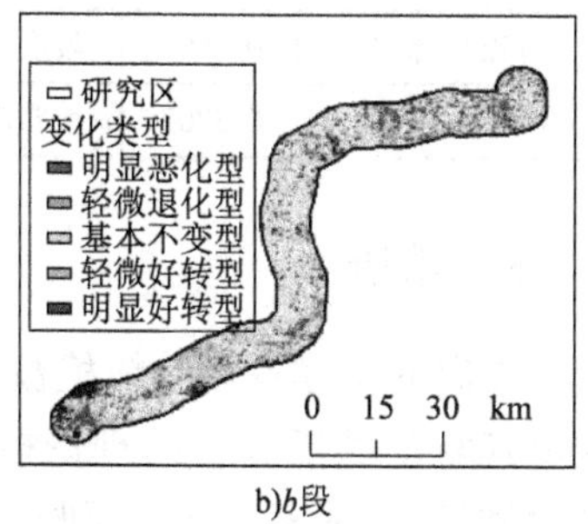

b)*b*段

图 5 2015—2020 年铁路工程沿线植被覆盖度不同变化类型空间分布图

植被变化类型由差转好的趋势称为向上转移，反之称为向下转移。*a* 段植被覆盖度变化类型为“基本稳定型”和“明显好转型”保持稳定的概率达到 47.07% 和 39.16%。*b* 段植被变化类型为“基本稳定型”保持自身稳定性的概率最高，达到 52%。

此外，*a* 段植被变化类型向下转移概率(28.69%)低于向上转移概率(39.77%)，该路段植被长势并没有受到铁路建设的过多干扰，反而有所好转；*b* 段植被向下转移概率(49.23%)高于向上转移概率(18.55%)，此路段沿线植被长势在铁路修建后显著变差。铁路的修建可能对于沿线植被生长造成了影响，是否为主要因素，需进一步研究。

2.3 植被覆盖度驱动因素

选用自然间断点法对影响因素进行离散化处理,再利用地理探测器对分类后的各因素的解释力进行探测。

如表3所示,a段单因子对于植被覆盖度的解释力程度由大到小为:坡度 > 温度 > 降水 > 海拔 > 坡向 > 夜间灯光;b段为:夜间灯光 > 温度 > 降水 > 海拔 > 坡度 > 坡向。

单因子探测结果 表3

因子	海拔	坡度	坡向	夜间灯光	降水	温度
a段	0.1461	0.2602	0.0660	0.0289	0.2169	0.2597
b段	0.2387	0.0699	0.0016	0.4839	0.2541	0.2892

如表4所示,研究选取双因子交互探测q值较高的5组因子进行分析。a段降水与气温交互作用的解释能力最强,作用力达0.4549;坡度与降水的交互作用次之,其作用力为0.3967。b段海拔与夜间灯光交互作用对于植被覆盖度的作用力最强,作用力为0.5711,且夜间灯光与任一影响因子的交互作用都有很强的显著性。

多因子交互作用探测结果 表4

a段		b段	
交互因子	作用力	交互因子	作用力
降水∩温度	0.4549	海拔∩夜间灯光	0.5711
坡度∩降水	0.3967	夜间灯光∩温度	0.5576
海拔∩温度	0.3863	夜间灯光∩降水	0.5530
海拔∩降水	0.3803	坡度∩夜间灯光	0.5172
海拔∩坡度	0.3707	坡向∩夜间灯光	0.4858

3 结语

本研究构建铁路沿线植被覆盖度时空格局演变及其驱动因素分析的理论模型,并以高寒地区重大铁路工程a—b段为研究区域,基于2001—2020年的MODIS-NDVI数据集及海拔、温度、降水、坡度、坡向和夜间灯光6个驱动因素,采用缓冲区分析、Slope趋势分析和地理探测器等方法分析铁路沿线植被覆盖度的时空分布特征、变化趋势及驱动因素对植被影响的空间分异。

结果发现,铁路沿线植被动态变化对自然和人为因素的响应具有空间异质性。对于高海拔地区,自然因子对植被覆盖的影响相对较强。一方面,由于a段海拔落差大,坡度越大,土壤越易流失,水分和养分难以维持,导致植被覆盖率低。另一方面,随着海拔的升高,干旱和寒冷也成为该地区的又一气候特征,因此降水和温度对该地区植被变化也具有最重要的解释影响。与此同时,由于该地区自然因素的限制,铁路沿线多为稀疏的高寒草甸,而畜牧业是当地的主要产业,过度放牧也被认为是区域植被退化的主要原因之一[18,19]。

对于低海拔地区,虽然自然因素仍影响着植被变化,但人类活动的影响更不容忽视,城市扩张成为植被覆盖减少和环境退化的主要原因。随着b段铁路的修建,快速城市化伴随着人口密度的增加,改变了自然生境,导致森林和草原的丧失,从而减少了植被覆盖。然而,值得注意的是,人类活动对植被动态的影响除了负向效应导致植被退化外,也能通过正向效应促进植被恢复。适当的人为干预实际上更有利于植被的生长,加速生态环境的正向变化[20],这可能也是a段铁路沿线植被变化类型向上转移概率大于向下转移概率的原因。

因此在后续生态治理和修复工作中,应从适当的人为干预和限制人类经济活动两方面进行。首先快速的城市发展必然导致城市的扩张,在保证当地居民经济收入的前提之下,政府部门需合理规划城市用地,划定城市边界,减少城市低效扩张。其次,严酷的气候环境使得沿线植被成活率较低,为提高植被成活率,改善土壤,可大面积栽种灌木,实施滴灌,或将保留下来的耕地部分绿色种植,减少化肥农药的使用,增加有机肥的使用,调节土壤。

植被变化是复杂的,与多种因素有关。在本研究中,确定了6个驱动因素,但是,它们仍不全面。一些研究表明,一氧化碳浓度和氮沉降是植被变化的关键因素,应在有足够的数据的情况下进行进一步的研究。但受到数据来源的限制,本文并未将其考虑在内。此外,空间分辨率对于研究植被覆盖至关重要。本研究基于MODIS-NDVI数据集进行分析,虽然时间序列长,但空间分辨率较低,无法分析具体植被类型的不同生长情况,未来研究旨在引入空间分辨率较高的数据(如Landsat NDVI)来完善研究结果。

参考文献

[1] SHI C. Study on Ecological Compensation

Mechanism of Railway Construction Projects [J]. E3S Web of Conferences, 2020, 145: 02047-50.

[2] HONG D, YONGHUAN J I N, JIANGUO C U I, et al. Review on ranges of ecological road-effect zones [J]. Journal of Zhejiang Forestry College, 2008, 25(6): 810-6.

[3] 刘志伟，李胜男，韦玮，等. 近三十年青藏高原湿地变化及其驱动力研究进展 [J]. 生态学杂志, 2019, 38(03): 856-62.

[4] NIU F, GAO Z, LIN Z, et al. Vegetation influence on the soil hydrological regime in permafrost regions of the Qinghai-Tibet Plateau, China [J]. Geoderma, 2019, 354: 113892.

[5] LI X, MU P, WEN J, et al. Carrier-Mediated and Energy-Dependent Uptake and Efflux of Deoxynivalenol in Mammalian Cells [J]. Scientific Reports, 2017, 7(1): 5889.

[6] LIU S, HUANG S, XIE Y, et al. Spatial-temporal changes in vegetation cover in a typical semi-humid and semi-arid region in China: Changing patterns, causes and implications [J]. Ecological indicators, 2019, 98: 462-75.

[7] TONG X, WANG K, BRANDT M, et al. Assessing future vegetation trends and restoration prospects in the karst regions of southwest China [J]. Remote Sensing, 2016, 8(5): 357.

[8] CHEN M C, HSIAO S F, YANG C H. Design and implementation of a video-oriented network-interface-card system [Z]. Proceedings of the 2003 Asia and South Pacific Design Automation Conference. Kitakyushu, Japan; Association for Computing Machinery. 2003: 559-60. 10.1145/1119772.1119890

[9] LUO L, MA W, ZHUANG Y, et al. The impacts of climate change and human activities on alpine vegetation and permafrost in the Qinghai-Tibet Engineering Corridor [J]. Ecological Indicators, 2018, 93: 24-35.

[10] DING M, ZHANG Y, SHEN Z, et al. Land cover change along the Qinghai-Tibet Highway and Railway from 1981 to 2001 [J]. Journal of Geographical Sciences, 2006, 16 (4): 387-95.

[11] DU J, HE Z B, PIATEK K B, et al. Interacting effects of temperature and precipitation on climatic sensitivity of spring vegetation green-up in arid mountains of China [J]. Agricultural and Forest Meteorology, 2019, 269: 71-7.

[12] DUAN J P, MA Z G, LI L, et al. August-September Temperature Variability on the Tibetan Plateau: Past, Present, and Future [J]. Journal of Geophysical Research-Atmospheres, 2019, 124(12): 6057-68.

[13] FU G, SHEN Z X, ZHANG X Z. Increased precipitation has stronger effects on plant production of an alpine meadow than does experimental warming in the Northern Tibetan Plateau [J]. Agricultural and Forest Meteorology, 2018, 249: 11-21.

[14] LIU H, JIAO F, YIN J, et al. Nonlinear relationship of vegetation greening with nature and human factors and its forecast-A case study of Southwest China [J]. Ecological Indicators, 2020, 111: 106009.

[15] XU X, LIU H, JIAO F, et al. Nonlinear relationship of greening and shifts from greening to browning in vegetation with nature and human factors along the Silk Road Economic Belt [J]. Science of The Total Environment, 2021, 766: 142553.

[16] DU J, SHU J, YIN J, et al. Analysis on spatio-temporal trends and drivers in vegetation growth during recent decades in Xinjiang, China [J]. International Journal of Applied Earth Observation and Geoinformation, 2015, 38: 216-28.

[17] ZHANG K, LYU Y, FU B, et al. The effects of vegetation coverage changes on ecosystem service and their threshold in the Loess Plateau [J]. Acta Geographica Sinica, 2020, 75(5): 949-60.

[18] LIU L, WANG Y, WANG Z, et al. Elevation-dependent decline in vegetation greening rate driven by increasing dryness based on three

satellite NDVI datasets on the Tibetan Plateau [J]. Ecological Indicators, 2019, 107: 105569.

[19] OUYANG Z, ZHENG H, XIAO Y, et al. Improvements in ecosystem services from investments in natural capital [J]. Science, 2016, 352(6292): 1455-9.

[20] FENG D, FU M, SUN Y, et al. How Large-Scale Anthropogenic Activities Influence Vegetation Cover Change in China? A Review [J]. Forests, 2021, 12(3): 320.

融合MNL模型和知识图谱的民航旅客乘机需求预测

谭童云[1] 张海峰[2] 黄铭茵[1] 陆 婧*[1]

(1.南京航空航天大学民航学院;2.中国东方航空股份有限公司销售委员会)

摘 要 为精准预测民航旅客个性化乘机需求,本文构建旅客需求图谱本体后,建立四种虚拟航站楼地理环境,对民航旅客进行RP和SP调研,将调研结果处理为带置信度的知识三元组后建立民航旅客画像知识图谱。然后运用MNL模型概率标注实体间的不确定性关联关系,采用能够多维感知与预测的不确定知识图谱嵌入技术对民航旅客的需求标签及标签间关联关系进行提取、存储和挖掘。根据旅客画像知识图谱嵌入结果,得到每个实体及每种关系的低维向量终值,并基于此推理预测每位旅客的乘机需求。预测结果显示不确定知识图谱推理模型的预测精度指标值为:MRR:0.318,Hit@10:0.732;显著高于确定性知识图谱模型的预测精度指标值:MRR:0.297,Hit@10:0.508。研究表明不确定知识图谱推理模型更适用于预测民航旅客乘机需求,能够为机场旅客个性化服务提供支撑,推动智慧机场建设。

关键词 知识图谱推理 知识表示学习 MNL模型 需求预测

0 引言

随着经济和信息技术的发展,民航旅客乘机需求逐渐趋向多元化和个性化[1],现有的乘机服务在应对旅客不断增长的多样化出行需求方面,存在一定的局限性且难以适应各环节服务逐步智慧化的新业态。如何实现“机场-个体旅客”点对点的精准服务已成为行业高度重视的问题,其关键在于准确感知并预测民航旅客的乘机需求[2]。

机场不仅需要满足民航旅客的乘机需求,还要满足民航旅客在乘机过程中的购物、饮食、娱乐等多元需求[3]。部分学者选择离散选择模型进行研究,如MNL模型[4]、NL模型[5]。离散选择模型在旅客行为决策方面具有较强的解释性,但其假设旅客的选择是完全理性的,忽略了民航旅客个体的异质性,难以切实聚焦到每位旅客的个性化需求[6]。此外,航站楼内店铺数量多、更迭速度快,且航站楼布局也会影响客流分布结果[7]。若采用传统的离散选择模型预测旅客行为,当机场环境或布局改变时都需重新采集旅客出行数据并重新训练模型,会消耗大量资源成本和时间成本[8]。

为了解决上述问题,本研究首先探索了知识图谱嵌入技术在感知和推理预测方面的能力。知识图谱作为能够多维感知旅客需求特征的技术,具有强大的标签刻画能力、灵活的关系构建能力和推理优势[9],其能够将机场环境、旅客行为等多源知识嵌入到低维连续向量空间,形成结构化的知识表示形式,从而推理预测每位旅客的乘机需求。

其次,机场旅客的行为选择具有不确定性和概率性,此类知识难以通过传统的确定性知识图谱技术表达。因此,本研究引入了不确定知识图谱嵌入(UKGE)模型,并在图谱推理前对关联关系

基金项目:中央高校基本科研业务费项目(NS2022068);南京航空航天大学校创新计划(xcxjh20230722)。

进行概率标注,即量化民航旅客画像图谱中旅客与某一项服务之间的不确定关联关系[10]。离散选择模型(DCM)作为公认的有效工具被广泛应用于旅客行为选择的研究中,在判断旅客的行为决策方面具有较强解释性,因此本文融合离散选择模型刻画不同实体间的不确定概率,并结合不确定知识图谱嵌入模型建立民航旅客乘机需求预测模型——DCM-UKGE 模型以预测旅客需求。

本研究融合离散选择模型和不确定知识图谱推理技术,构建民航旅客乘机需求预测模型,革新了民航旅客需求预测方法,提高了预测精度。同时,该研究可以帮助机场识别、预测旅客个性化需求,为机场个性化服务提供支撑,推动智慧机场建设。

1 模型建立

本文所提出模型的总体框架如图 1 所示,包括两个部分:离散选择模型概率标注实体间的不确定性关联关系;不确定知识图谱嵌入模型链接预测航站楼内的旅客需求。

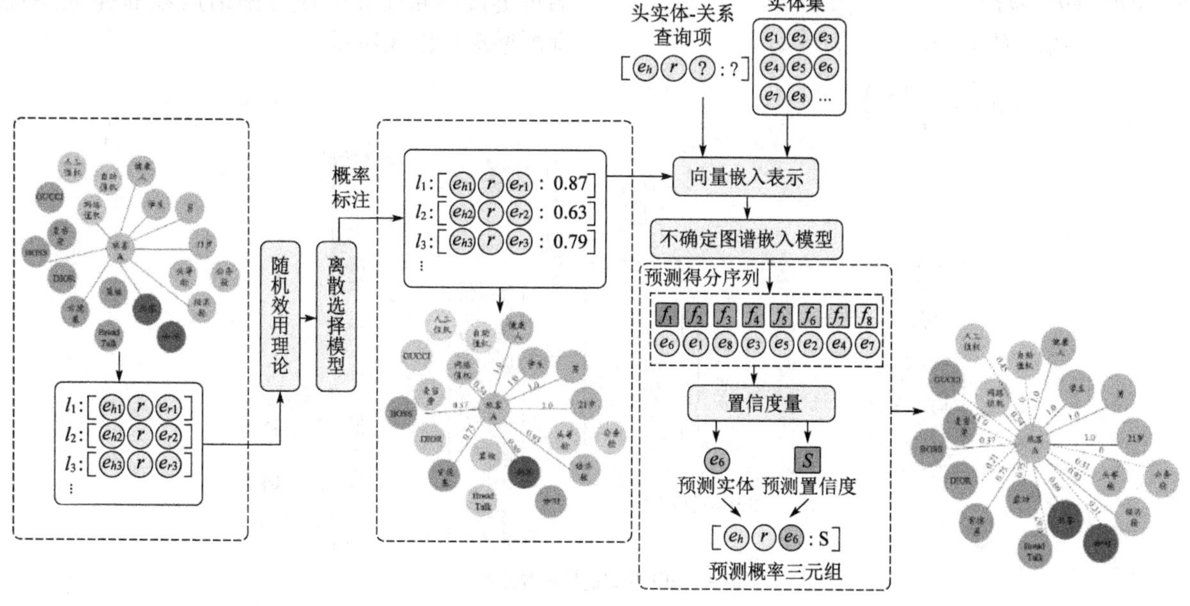

图 1 DCM-UKGE 模型框架图

1.1 DCM 模型

由于航站楼内兴趣点数量较多,且每个旅客可选择多个兴趣点,很难利用多项选择模型标定旅客选择兴趣点的概率。而 Probit 模型作为一类二值选择模型(图 2),随机效用服从正态分布,更符合旅客选择的特征。因此,本文将每个兴趣点看作一个独立的预测项,使用二项 Probit 模型判断旅客选择/不选择前往某兴趣点,并计算出相应的概率。

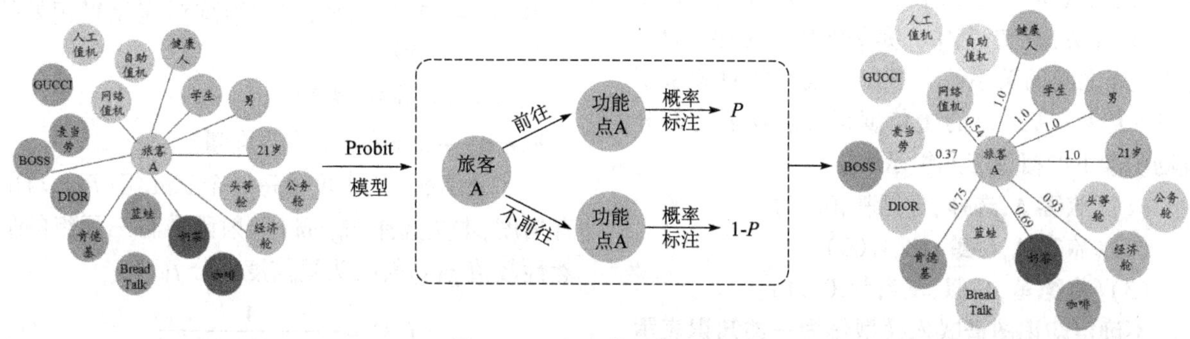

图 2 二元 Probit 模型作用示意图

Probit 模型基于最大效用理论,认为旅客在决策时,会受到各因素如社会经济特征、个体偏好特征、环境特征等的影响。根据效用最大化理论,旅客 n 选择活动点(∈)的概率P_{in}可以表示为:

$$P_{in}=\mathrm{prob}(U_{in}>U_{jn};i\neq j,j\in C_n) \tag{1}$$

其中,$0\leqslant P_{in}\leqslant 1,\sum_{i\in C_n}P_{in}=1$。

根据离散选择理论,旅客 $n(n=1,2,\cdots,N)$ 选择第 $i(i=1,2,\cdots,I)$ 类活动点的效用为:

$$U_{in}=V_{in}+\varepsilon_{in} \tag{2}$$

式中:V_{in}——旅客 n 选择活动点 i 的确定性效用;

ε_{in}——误差分量。

ε_{in}服从正态分布:

$$\varepsilon_{in}\sim N(0,\sigma^2) \tag{3}$$

依据式(1)(2)(3),得到旅客 n 选择活动点($\in$)的概率P_{in}为:

$$P_{in}=P(\varepsilon_{jn}-\varepsilon_{in}<V_{in}-V_{jn})=\Phi\left(\frac{V_{in}-V_{jn}}{\sigma}\right) \tag{4}$$

式中:$\Phi\left(\frac{V_{in}-V_{jn}}{\sigma}\right)$——标准正态分布的累积分布函数。

1.2　UKGE 模型

旅客需求具有不确定性和概率性,不确定知识图谱嵌入(UKGE)模型能够同时考虑知识的结构信息与置信度信息,为每条知识添加置信度以描述知识的不确定性,契合旅客需求的特征。在不确定图谱嵌入模型中,所有不确定性知识被嵌入到低维向量空间中形成结构化的知识网络,并通过链接预测任务完成对图谱内容的补全,链接预测原理如图3所示。

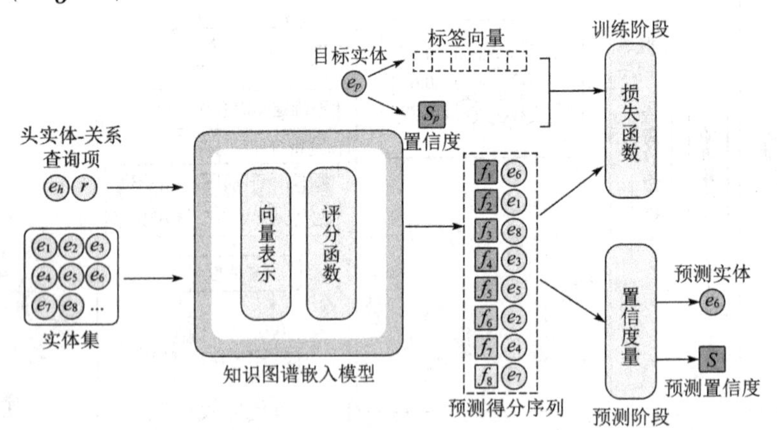

图3　知识图谱链接预测原理图

在不确定知识图谱 $\boldsymbol{G}$ 中,所有信息都被归为带概率的三元组形式 $\boldsymbol{G}=\{\boldsymbol{E},\boldsymbol{R},\boldsymbol{L},\boldsymbol{S}\}$。其中,$\boldsymbol{E}$ 表示实体集合:$\boldsymbol{E}=\{e_1,e_2,\cdots,e_n\}$,$n$ 为实体数量,$\boldsymbol{R}$ 表示关系集合:$\boldsymbol{R}=\{r_1,r_2,\cdots,r_m\}$,$m$ 为关系数量。在机场场景中,实体可以是旅客、店铺等,关系可以是前往、选择、相似等;$\boldsymbol{L}$ 是知识图谱中的事实集合,通常用三元组表示事实:$l=(h,r,t)\in\boldsymbol{L}$,且 $h,t\in\boldsymbol{E},r\in\boldsymbol{R}$,其中 h 是头实体,t 是尾实体,r 是 h 与 t 之间的关系;$s_l\in[0,1]$ 表示每对关系事实三元组$l=(h,r,t)$的置信度得分。以下为部分机场场景下的概率三元组示例。

(1)(旅客A,选择,肯德基,0.82);

(2)(旅客A,年龄,18,1.00);

(3)(肯德基,相似,麦当劳,0.91)。

不确定知识图谱嵌入模型作为一类知识表示形式,在低维空间中对每个实体及关系进行编码,该空间中保留了关系事实的结构信息和置信度得分。

1.2.1　能量函数

UKGE模型的能量函数在于构建三元组 $l=(h,r,t)$ 的似然性 $g(l)\in M$,以度量该三元组成立的可能性。似然性 $g(l)$ 越高,则对应的置信度得分 s 越高。

$$g(l)=\boldsymbol{r}\cdot(\boldsymbol{h}\circ\boldsymbol{t}) \tag{5}$$

式中:$\circ$——哈达玛乘积,即矩阵对应元素相乘的乘积;

$\cdot$——矩阵的内积;

$\boldsymbol{h}$、$\boldsymbol{r}$、$\boldsymbol{t}$——h、r 和 t 的嵌入向量。

评分函数 f 用来度量每一个三元组(h,r,t)的置信度,本文选择 Sigmoid 映射函数将三元组的似然性数值 $g(l)$ 转换为置信度得分 $f(l)$:

$$f(l)=\frac{1}{1+e^{-w[\boldsymbol{r}\cdot(\boldsymbol{h}\circ\boldsymbol{t})]+b}} \tag{6}$$

1.2.2　先验知识推导

为避免将历史信息中不存在但仍有意义的旅

客关系作为负样本导入下一步的图谱推理中，本文引入概率软逻辑（PSL）先一步推导先验知识，针对旅客对各类兴趣点的概率选择作初步推理，以增强嵌入功能。

PSL 作为一类置信度推理框架，视三元组 l 的置信度为[0,1]区间中连续的软真值 $I(l)$，软真值对应于不确定知识图谱中的置信度得分，继而通过加权的一阶逻辑规则推导未发生的关系事实的置信度信息。

依据本研究所需先验知识为旅客对各 POI 点的选择概率，构建一阶逻辑规则如下：

（旅客 A，去过，航站楼 POI 点 a）∧（航站楼 POI 点 a，相似，航站楼 POI 点 b）→（旅客 A，选择，航站楼 POI 点 b）

其中，旅客 A、航站楼 POI 点对应为实体，“相似”对应于关系谓词，（旅客 A，选择，航站楼 POI 点 b）为规则推导出的结果。

此外，该推理框架使用 Lukasiewicz 逻辑推理计算三元组的置信概率，Lukasiewicz 逻辑的合取（∧）、析取（∨）以及否定（¬）表达式如下：

$$l_1 \wedge l_2 = \max\{0, I(l_1) + I(l_2) - 1\} \tag{7}$$

$$l_1 \vee l_2 = \min\{1, I(l_1) + I(l_2)\} \tag{8}$$

$$\neg l_1 = 1 - I(l_1) \tag{9}$$

以本文构建的逻辑规则为例，若l_1 =（旅客 A，去过，航站楼兴趣点 a）及l_2 =（航站楼兴趣点 a，相似，航站楼兴趣点 b）的置信度分别为 0.9 和 0.5，则$l_1 \wedge l_2 = 0.4$，$l_1 \vee l_2 = 1$。

PSL 中，规则 γ 可被描述为 $\gamma_{\text{body}} \rightarrow \gamma_{\text{head}}$，当 $I(\gamma_{\text{body}}) \leqslant I(\gamma_{\text{head}})$，即 $I(\gamma) = 1$ 时，该规则被满足。否则，通过计算距离满意度 $d(\gamma)$ 来衡量逻辑规则被满足程度，$d(\gamma)$ 计算方式如下：

$$d(\gamma) = \max\{0, I(\gamma_{\text{body}}) - I(\gamma_{\text{head}})\} \tag{10}$$

例如，若l_1和l_2分别是置信度为 0.9 和 0.5 的三元组，l_3 =（旅客 A，选择，航站楼功能点 b）为待计算置信度的不可见三元组，则满足此基本规则的距离计算如下：

$$\begin{aligned} d(\gamma) &= \max\{0, I(l_1 \wedge l_2) - I(l_3)\} \\ &= \max\{0, s_{l_1} + s_{l_2} - 1 - f(l_3)\} \\ &= \max\{0, 0.4 - f(l_3)\} \end{aligned} \tag{11}$$

式中：s_{l_1}和s_{l_2}——三元组l_1和l_2的置信度得分。

当（旅客 A，会去，航站楼功能点 b）的估计置信度分数 $f(l_3)$ 高于 0.4 时，规则被完全满足。当 $f(l_3)$ 小于 0.4 时，$f(l_3)$ 越小，损失越大。

基于以上要求，我们还需获取两个 POI 点间的相似度数据。本文结合 POI 点的品牌属性和地理属性来计算两两 POI 间的相似度。

$$S_{AB} = \beta_1 P_{AB} + \beta_2 Q_{AB} \tag{12}$$

式中：S_{AB}——POI 点 A 和 POI 点 B 的最终相似度；

β_1、β_2——位置相似度和品牌相似度所占权重；

P_{AB}和Q_{AB}——POI 点 A、B 间的位置相似度和品牌相似度。

假设功能点 A 和功能点 B 的属性矩阵分别为 $\widetilde{A} = (a_1, a_2, a_3)$，$\widetilde{B} = (b_1, b_2, b_3)$，则功能点 A 和 B 间的马氏距离为：

$$d_M(A,B) = \sqrt{(A-B)^T \Sigma^{-1} (A-B)} \tag{13}$$

经过归一化转为数值在[0,1]的相似度：

$$S_{AB} = \frac{1}{1 + d_M(A,B)} \tag{14}$$

由于不同领域的品牌定位完全不同，本文定义不同领域间的品牌相似度为 0，即：

$$q_{AB} = \sum_{i=1}^{n} Z_i \cdot \frac{1}{1 + d_Q(A,B)} \tag{15}$$

$$Z_i = \begin{cases} 1 & \text{两品牌同属第 } i \text{ 个领域} \\ 0 & \text{两品牌不同属第 } i \text{ 个领域} \end{cases} \tag{16}$$

此外，由于推理得到的先验知识为真的概率会比真实三元组低，本文加入否定规则以惩罚推理得到的三元组的置信度得分：

$$\gamma_0 = \neg\,(\text{旅客 A，选择，航站楼兴趣点 b}) \tag{17}$$

基于以上论述：

$$d(\gamma_0) = f(l) \tag{18}$$

1.2.3 损失函数

UKGE 模型选择均方误差 MSE 作为其损失函数以拟合三元组的置信度。需要嵌入的知识包括事实三元组和推理得到的先验三元组，因此，针对两类知识三元组分别构建损失函数。

（1）事实三元组的嵌入损失函数。针对事实三元组，目标函数为最小化三元组 $l \in L^+$ 的真实置信度得分s_l与预测值 $f(l)$ 之间的均方误差：

$$\Gamma^+ = \sum_{l \in L^+} |f(l) - s_l|^2 \tag{19}$$

（2）先验三元组的嵌入损失函数。针对先验三元组，目标函数是最小化三元组 $l \in L^-$ 的先验距离得分 $d(\gamma_0)$ 与预测值 $f(l)$ 之间的均方误差，并选择距离的平方作为损失：

$$\Gamma^{-}=\sum_{l\in L^{-}}\left|f(l)-d(\gamma_0)\right|^2 \tag{20}$$

(3)联合嵌入损失函数。联合事实三元组和先验三元组的损失函数,得到联合目标函数：

$$\Gamma=\sum_{l\in L^{+}}\left|f(l)-s_l\right|^2+\sum_{l\in L^{-}}\left|f(l)-d(\gamma_0)\right|^2 \tag{21}$$

1.2.4　链接预测指标

本文主要通过知识图谱链接预测任务对旅客的选择进行预测,通常采用两种评估指标来度量模型的预测性能：

(1)MRR,测试三元组的平均排名倒数：

$$\mathrm{MRR}=\frac{1}{|T_{\text{test}}|}\sum_{t\in T_{\text{test}}}\frac{1}{\mathrm{rank}(t)} \tag{22}$$

(2)Hits@ N,排名在前 N 位的正确实体的比例：

$$\mathrm{Hits@}\,N=\frac{\left|\{t\in T_{\text{test}}\,|\,\mathrm{rank}(t)\leqslant k\}\right|}{|T_{\text{test}}|} \tag{23}$$

2　信息采集与关系抽取

2.1　信息采集

本文所需数据可大致分为两类：特定于航站楼旅客的多维信息和变动的机场环境数据。然而,在实际中很难采集到不同机场环境下同一位旅客的活动链数据。因此,本文基于北京首都机场的基础布局设计了虚拟的航站楼旅客活动链调研问卷系统,包括四类不同的航站楼虚拟地理环境(图4),从而采集变动环境下旅客的活动链信息,用于后续航站楼旅客图谱的建立与推理。

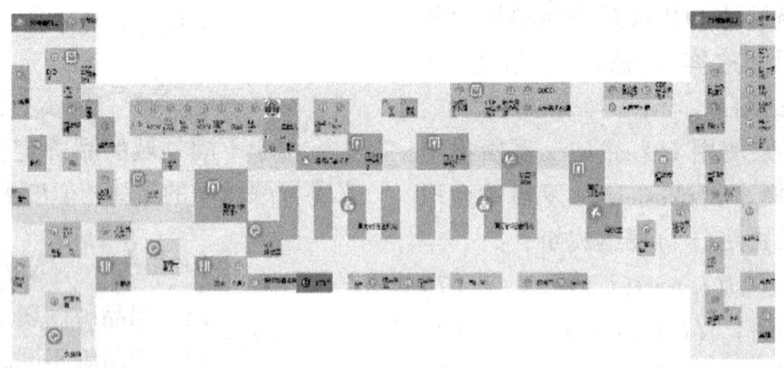

a)虚拟环境图A

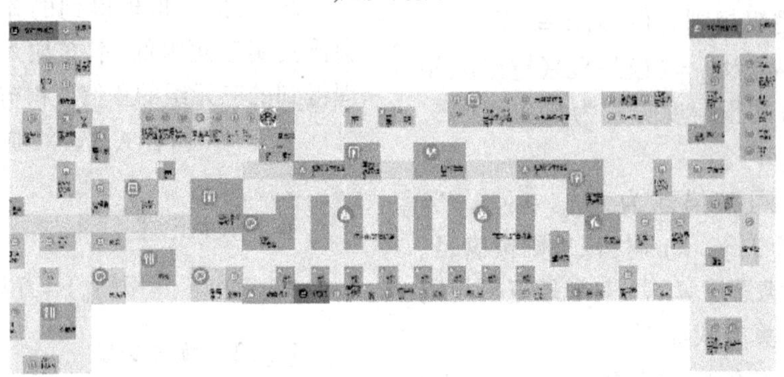

b)虚拟环境图B

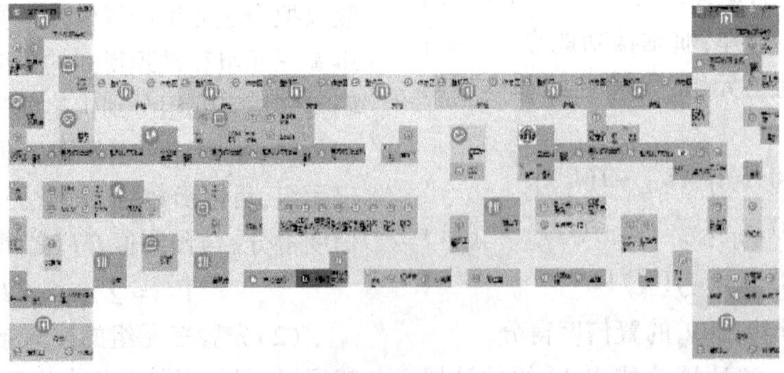

c)虚拟环境图C

图　4

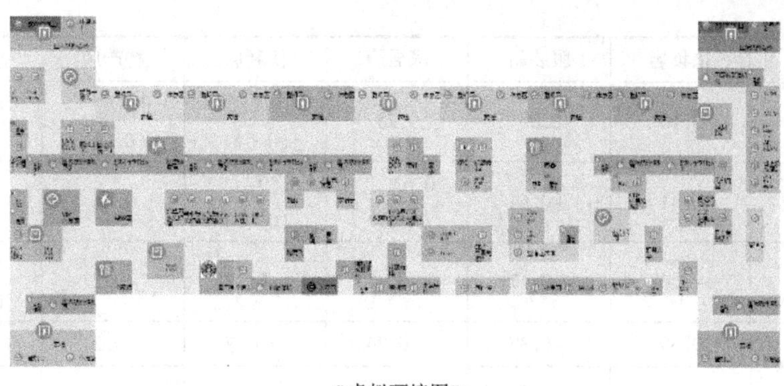

d)虚拟环境图D

图4 虚拟航站楼地理环境图

虚拟机场环境主要由各类兴趣点(POI)建构而成,每个POI都分属一个品牌类型和地理点坐标。本研究将品牌类型的属性划分为价格、品类、服务人群共3类,通过爬取大众点评软件内相应数据作为品牌属性值。地理点坐标数据难以全面度量地理位置本身带有的隐性信息,本文依据值机、安检和登机三种关键活动抽取了6个地理特征作为每个POI点的地理属性,包括POI点到航站楼入口的距离、到国内/国际值机岛的距离、到国内/国际安检的距离、到登机口的距离。

本文对北京首都机场和大兴机场的民航旅客进行了为期两周的调研,回收有效问卷807份,其中包含8763条航站楼POI点选择数据。调研问卷共收集旅客社会人口统计信息7项,包括性别、年龄、年可支配收入、旅客类型等;收集旅客历史出行信息4项,包括前一年民航出行次数、公费占比、舱位等级、特殊服务需求;历史出行偏好4项,包括航站楼购物偏好、用餐偏好、饮品偏好及办公区域偏好;此外,基于航站楼虚拟地理环境图,旅客将在随机情境下选择自己偏好前往的兴趣点,每位旅客的选择最终形成一条完整的活动链。

在样本构成上,48.5%的受访者为女性,51.5%的受访者为男性;80.7%的受访者年龄在35岁以下;本科/大专人员占57%,研究生及以上人员占31%;无业人员占30%,企事业人员占32%,其他单位占33%;56%的受访者的年收入小于18万元人民币;此外,17.49%的受访者没有航空旅行经历,而分别有62.36%、15.56%和4.58%的受访者航空出行了1~5次、6~9次和10次以上;89.51%的受访者出行选择经济舱;公费出行占比低于20%的人员占66.19%,高于80%的人员占15.28%。

2.2 知识存储

本文选择Neo4j作为民航旅客知识图谱的存储数据库,进行部分民航旅客个体信息图谱和群体信息图谱存储展示。

2.3 不确定关系抽取

旅客信息主要分为调研收集到的旅客属性信息和旅客活动链信息。由于问卷信息本身即为确定性的半结构化数据,本文通过分词等方式转化为概率为1的确定性知识,并通过Neo4j数据库自动抽取为民航旅客图谱关系示意图。

基于以上论述,本文共抽取实体1273个、关系类型17项(性别、年龄、年收入、单位类型、职务、受教育水平、旅客类型、POI选择、POI相似、民航出行次数、公费占比、机票舱位等级、特殊服务需求、购物偏好、用餐偏好、饮品偏好、办公区域偏好、店铺类型属于),建立三元组178404个。

3 模型预测结果

3.1 MNL模型结果

旅客在航站楼内的购物活动和餐饮活动被视为旅客在航站楼的主要非航活动,因此,我们分别为其建立了MNL模型进行系数估计,书店及西式快餐被设置为参考值,估计系数结果如表1、表2所示。

MNL模型的购物类店铺估计结果 表1

系数	奢侈品	化妆店	服装品	家居店	便利店	特产店	免税店	其他
Constant	-0.96	-2.22** (0.02)	-0.61	-2.0** (0.03)	0.12	-2.1** (0.02)	-0.84	-0.63

续上表

系数	奢侈品	化妆店	服装品	家居店	便利店	特产店	免税店	其他
年龄	0.10	0.10	0.09	0.23	-0.27** (0.04)	0.37** (0.03)	0.14	-0.00
性别	0.73	0.41	-0.64	0.63** (0.03)	0.59*** (0.00)	0.44	0.67	0.99*** (0.00)
收入	0.16	-0.47	-0.47	-0.31	-0.19	-0.27	0.47* (0.08)	-0.30* (0.09)
教育水平	-0.14	0.39	-0.37	-0.34	-0.17	-0.21	-0.17	-0.29
单位类型	-0.27* (0.01)	-0.58	-0.37* (0.07)	-0.08	-0.02	-0.12	0.13	-0.11
职位	-0.10	-0.33	0.36	0.10	-0.16	-0.17	0.04	0.17
座舱等级	0.50*** (0.00)	0.25	0.45	0.35	-0.44* (0.07)	0.17	0.32** (0.05)	-0.77* (0.08)
出行频率	-0.15	-0.09	-0.01	-0.47** (0.04)	-0.01	-0.09	-0.29	-0.24
公费比例	-0.33	-0.07	-0.61	0.27	0.12	0.17	-0.28	0.06

注:***重要性水平0.01;**重要性水平0.05;*重要性水平0.1。

MNL模型的餐饮类店铺估计结果　表2

系数	中式正餐	中式快餐	西式正餐
Constant	-1.45** (0.05)	-1.11	-3.9** (0.02)
年龄	-0.35** (0.02)	0.24	0.03
性别	-0.12	-0.30	0.36
收入	0.44** (0.014)	-0.12	0.54* (0.09)
教育水平	-0.04	-0.31	-0.06
单位类型	0.09	0.54*** (0.00)	0.61*** (0.00)
职位	-0.11	-0.12	-0.31
座舱等级	0.27	-0.57	0.10
出行频率	-0.02	0.16	-0.27
公费比例	-0.14	0.13	-0.07

注:***重要性水平0.01;**重要性水平0.05;*重要性水平0.1。

3.2 UKGE模型结果

本文在DCM-UKGE模型的训练过程中,设置的参数包括:学习率 $lr \in \{0.005, 0.002, 0.001, 0.0005\}$,嵌入向量维度 $\dim \in \{16, 32, 64, 128, 256\}$,批处理大小 batch size $\in \{128, 256, 512, 1024\}$。根据参数调整,本文最优参数设置如下:$lr = 0.001$, $\dim = 128$, batch size $= 1024$。

此外,为比较确定性知识图谱模型和不确定性知识图谱模型预测精度,本实验通过KGE开源代码对民航旅客数据集进行训练和测试,KGE模型的预测精确度结果如表3所示。可以发现,Complex在多个KGE模型中表现最好,因此本研究将以在KGE模型中表现最好的Complex模型作为基线模型,参与下一步对DCM-UKGE模型预测精确度的讨论,最终结果如表4所示。

KGE模型精确度预测结果对比　表3

KGE模型	MRR	hit@1	hit@3	hit@5	hit@10
TransE	0.221	0.257	0.347	0.382	0.405
Distmult	0.248	0.251	0.347	0.395	0.459
Complex	**0.297**	**0.272**	**0.361**	**0.453**	**0.508**

DCM-UKGE模型预测结果精确度　表4

模型	MRR	hit@1	hit@3	hit@5	hit@10
KGE[TransE]	0.303	0.241	0.378	0.423	0.475
UKGE [DCM不介入]	0.301	0.267	0.388	0.602	0.731
UKGE [DCM只用于先验]	**0.318**	**0.319**	**0.391**	**0.606**	**0.732**
UKGE [DCM用于先验嵌入]	0.302	0.286	0.382	0.501	0.630
U complex	0.322	0.312	0.422	0.640	0.802

从表3和表4可知,相比于确定性知识图谱Complex,DCM-UKGE模型的MRR指标上升了0.021;hit@1、hit@3、hit@5、hit@10的结果分别上升了0.047、0.030、0.153、0.224。根据预测结果可以发现结合离散选择模型的不确定知识图谱模型表现最优。

4 结语

本研究基于民航旅客虚拟候机实验系统创建四类不同的虚拟机场环境,采集民航旅客的出行信息以及不同环境下的活动链信息。构建了民航旅客画像知识图谱,引入不确定知识图谱(UKGE)嵌入模型,量化民航旅客画像图谱中旅客与某一项服务之间的不确定关联关系,并融合离散选择模型对民航旅客乘机需求进行了预测。

研究结果显示,融合MNL模型后,不确定知识图谱推理模型的预测精度指标值为:MRR:0.318,Hit@10:0.732;显著高于确定性知识图谱模型的预测精度指标值:MRR:0.297,Hit@10:0.508。这表明不确定知识图谱推理模型更适用于预测民航旅客乘机需求,能够为机场的服务优化、非航业务布局等提供理论支撑。

但由于本文样本数据集较小,知识图谱嵌入推理的精确度可能会受到影响。未来可以增加样本数量,提高预测精度。

参考文献

[1] 罗焕,黄泽龙.基于旅客体验及新技术应用的航站楼发展趋势[J].建筑学报,2019(9):12-17.

[2] SILVA J, KALAKOU S, ANDRADE A R. Maximizing non-aeronautical revenues in airport terminals using gate assignment and passenger behaviour modelling[J]. Journal of Air Transport Management, 2023, 112: 102452.

[3] TAHANISAZ S. Evaluation of passenger satisfaction with service quality: A consecutive method applied to the airline industry[J]. Journal of Air Transport Management, 2020, 83: 101764.

[4] TSENG W C. Air passengers' purchasing behaviours at airport terminals[D]. UNSW Sydney, 2018.

[5] 上官伟,邓雨亭,柴琳果,等.基于旅客画像的航班出行选择预测方法研究与实现[J].北京交通大学学报,2021,45(5):56-62.

[6] ZENG J, YU R, GUO J, et al. Optimization research of transfer services plan based on heterogeneous demand of railway passengers [C]. 2012 Second International Conference on Intelligent System Design and Engineering Application. IEEE, 2012: 877-882.

[7] WU C L, CHEN Y. Effects of passenger characteristics and terminal layout on airport retail revenue: an agent-based simulation approach [J]. Transportation Planning and Technology, 2019, 42(2): 167-186.

[8] ODHIAMBO C. Use of passenger profiling to enhance aviation security in Kenya[D]. United States International University-Africa, 2019.

[9] CHIKHAOUI B, WANG S, XIONG T. Pattern-based causal relationships discovery from event sequences for modeling behavior user profile in ubiquitous environments [J]. Information Sciences,2014,285(11):204-222.

[10] CHEN X, CHEN M, SHI W, et al. Embedding uncertain knowledge graphs[C]//Proceedings of the AAAI conference on artificial intelligence. 2019, 33(1): 3363-3370.

绿色经济背景下提升绿色出行比例策略探讨

——以贵阳为例

张永波*1 李 衡2

(1.清华大学交通研究所;2.贵阳市交通发展研究中心)

摘 要 绿色出行比例是绿色经济发展、国家公交都市建设及双碳目标实现、市民幸福生活的重要考核内容。本文在提出绿色交通出行中国内涵基础上,以贵阳为案例,对其绿色出行,现状特征与问题进行了分析,为破解困境,提出了打造贵阳"1368"绿色出行提升策略体系,即1个总目标、3个突破口、6项策略、8方面关键任务。重点推动"公交+"模式向纵深应用、"最后一公里"接驳、公交专用道建设和监管、重点区域错时停车共享、绿色出行典型示范等试点工作,提高绿色出行服务水平,促进绿色出行比例整体提升,加强市民出行幸福感。

关键词 绿色出行 公交优先 "最后一公里"接驳 需求引导

0 引言

国家对绿色交通出行提出了明确要求。中共中央、国务院先后出台《交通强国建设纲要》《国家综合立体交通网规划纲要》等文件,将绿色低碳交通发展推升到了一个新的高度。

贵阳市发布《贵阳市以绿色经济为引领推动经济社会高质量发展的实施方案》(筑党办发〔2023〕1号)[1]提出了"四大"绿色行动,其中"倡导绿色生活行动"中明确提出要实施绿色交通建设工程,提升绿色出行比例。

如何提升绿色出行比例成为当前贵阳交通发展面临的重要挑战,同时也是促进贵阳提出的绿色经济发展、公交都市建设等目标实现的机遇期。本文以贵阳为例,基于贵阳绿色出行现状特征与问题,提出了绿色出行比例目标与对应的策略与实施体系。

1 绿色交通出行内涵

绿色交通是推动公交优先发展、促进人们在短距离出行中选择非机动车和步行的出行模式,节约能源、保护环境、建立公共交通为主导的城市综合交通系统等[2]。

基于我国人口密度大、土地资源和能源紧缺、城市区域环境容量有限的基本国情,以集约化、低碳化的交通运输方式为主导是中国特色绿色交通的本质特征。

我国绿色交通系统在城市间主要指铁路、水运,以及长途客运公交系统;在城市内主要指城市公共交通、步行和非机动车交通。

在集约化方面,绿色交通包括铁路运输、水路运输、公路长途客运和城市公共交通。在低碳化方面,绿色交通要求使用清洁能源、低排放、对环境影响小、对生态冲击程度小的交通方式及交通工具,包括步行、非机动车、公共交通以及绿色车船[3]。

针对本文,绿色交通出行作为倡导的出行理念,是指出行时选择公共交通、非机动车、步行出行方式,并在确需使用小汽车时做出优先选择低碳环保车辆等行为决策。

2 绿色出行现状特征与问题

2.1 绿色出行特征

贵阳市绿色出行比例(步行、公共交通、自行车)由2020年的67.3%提升至70.05%,得到了明显提升,但还低于同类城市西安市的72.41%、南宁市的80.45%[4](图1)。

中心城区居民出行平均出行距离为5.76km。2km以内的出行量最多,占比为43.69%;平均出行时耗为31.24min,超过30min比例为37%。

基金项目:中国工程院重大咨询项目 综合交通运输体系效率提升战略(2022-PP-06)。

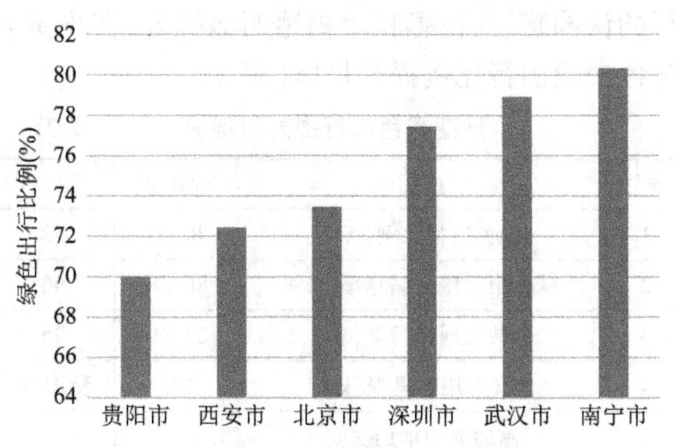

图1 贵阳市与其他城市绿色交通比例对比

贵阳市城市轨道交通 800m 覆盖通勤比重为 12%，低于平均值的 13%，对比同规模城市南宁市的 27% 有较大差距(图2)。

2.2 绿色交通路权占比低

贵阳市公交出行以 20.46% 的出行分担率，仅得到 2% 的专用路权空间；小汽车出行则以 25.34% 的出行分担率占用了约 75% 的道路资源；慢行交通(非机动车 + 步行)48.61% 出行比例，占用 21% 路权。不同出行方式路权占比如图3所示。

2.3 公交出行服务水平亟待提升

城区平均公交线网密度为 $2.8km/km^2$，线路重复系数为 4.4，轨道交通服务覆盖不足；常规公交服务质量有待提高，吸引力不足；公交配套基础设施欠账较多，建设缓慢；轨道交通 1、2、3 号线 50% 以上站点公交平均接驳距离大于 300m；公共交通“四网融合”度不高，相关设施建设明显不足。

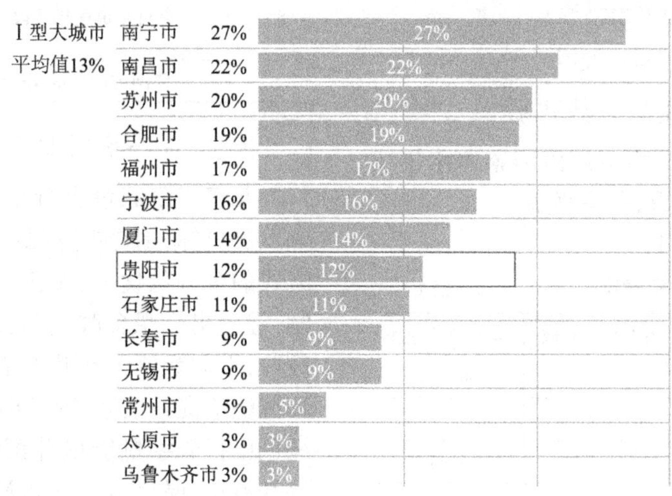

图2 城市轨道交通 800m 覆盖通勤比重[5]

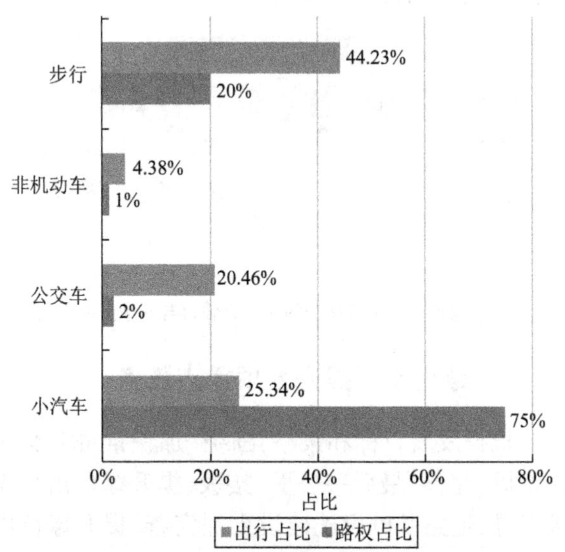

图3 不同出行方式路权占比[6]

公交高峰平均发车间隔 19min，间隔没有小于 5min 的线路，5 ~ 10min 间隔占 12%，10 ~ 15min 间隔占 41%，15 ~ 20min 间隔占 24%，大于 20min 间隔占 23%，如图4所示。

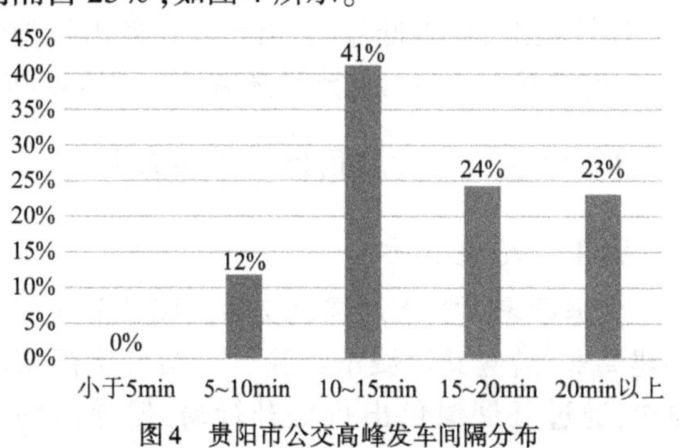

图4 贵阳市公交高峰发车间隔分布

2.4 步行非机动车出行环境有待改善

贵阳市非机动车出行环境则面临着“非机动车网络不完善、缺乏非机动车服务设施、非机动车道设置不连续、缓坡施工不到位、机动车占道违停、非机动车行人混行严重”等问题。

人行道存在着“过街不便捷、宽度不满足需求、市政设施侵占人行道、道路面破损、占道经营、指路标识不清”等问题,如图5所示。

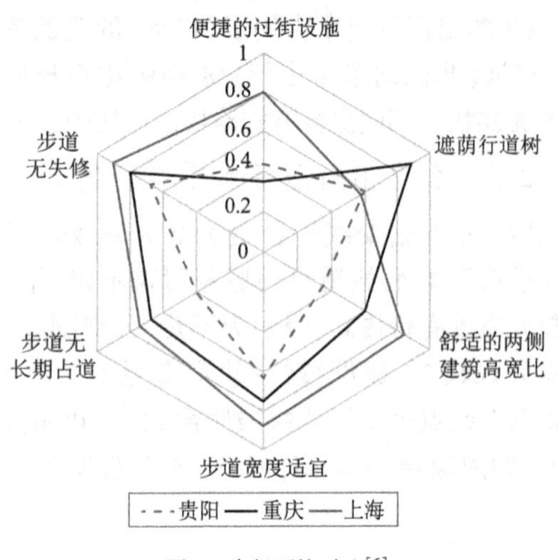

图5　步行环境对比[6]

2.5　道路基础设施天然薄弱

由于地势等原因,贵阳市道路网整体水平不高,次干路、支路缺失严重,断头路多。

路网指标对比见表1。

路网指标对比[7]　　表1

城市	路网连通度	百公里断头路(条)	人均道路面积(m^2/人)
北京	3.23	3.5	7.7
深圳	3.31	4.9	9.11
成都	3.29	5.8	8.9
贵阳	**3.21**	**7.7**	**4.53**

此外,停车供需矛盾突出,但路边违法停车严重,小汽车出行成本低,加上出行者绿色出行理念不足,使得绿色出行整体水平还有较大提升空间。

3　绿色出行发展目标与策略方向

3.1　发展目标

根据国家、省、市对绿色交通发展及公交都市创建要求,借鉴其他城市经验[8,9],结合贵阳实际需求,通过开展绿色出行提升行动,倡导简约适度、绿色低碳的生活方式,引导公众优先选择公共交通、步行和非机动车等绿色出行方式,降低小汽车通行总量,整体提升贵阳绿色出行水平,基本实现建成布局合理、生态友好、清洁低碳、集约高效的高质量绿色出行服务体系,绿色出行环境明显改善、公共交通服务品质显著提高,市民对绿色出行的认同感、获得感和幸福感明显提升,实现贵阳绿色交通出行比例提升目标(表2)。

近期绿色出行提升目标值　　表2

序号	指标	现状值	2025年
1	绿色出行比例(%)	70.05	72
2	绿色出行服务满意率(%)	86.38	90
3	公共交通出行率(%)	23.38	25
4	公交专用道里程(km)	125	新增60
5	高峰公交平均运营速度(km/h)	14	16
6	公交线网密度(km/km^2)	2.8	2.85
7	轨道站点800m半径覆盖率(%)	23	25
8	慢行车道优化建设	—	不低于50处
9	道路网密度(km/km^2)	6.7	6.9

3.2　3个突破口与6个策略方向

基于贵阳绿色出行现状问题,结合对标分析和发展目标,围绕提升绿色出行比例,以绿色出行方式的全方位优先、小汽车出行的引导与适度限制、绿色出行观念改变与文化培养3个方面为突破口,采取绿色出行服务品质提升策略、绿色出行环境整治提升策略、绿色出行需求引导提升策略、绿色出行数字赋能提升策略、绿色出行装备升级提升策略、绿色出行文化培育提升策略6个策略方向促进绿色交通发展(图6)。

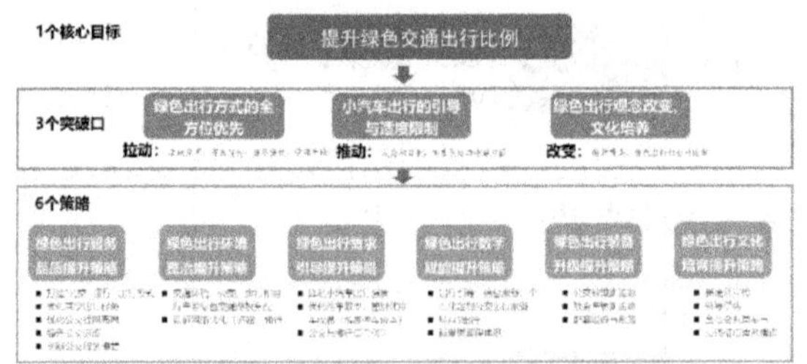

图6　绿色交通出行提升的3个突破口与6个策略方向

4　绿色出行提升8项重点任务

根据发展目标和策略,围绕“加快推进公交优先发展、完善‘最后一公里’接驳、提升绿色出行需求引导、道路基础设施建设更加完善、提升绿色出行科技支撑、大力培育绿色出行文化、推进绿色车辆规模应用、大力推动TOD全面发展”等8个方面,制定科学、合理、有序的实施行动任务(图7)。

优化贵阳城市绿色出行结构，促进绿色出行比例整体提升，全面完善绿色交通服务能力，提升绿色出行服务水平，推动贵阳绿色出行更高质量、更有效率、更加公平、更可持续的发展。

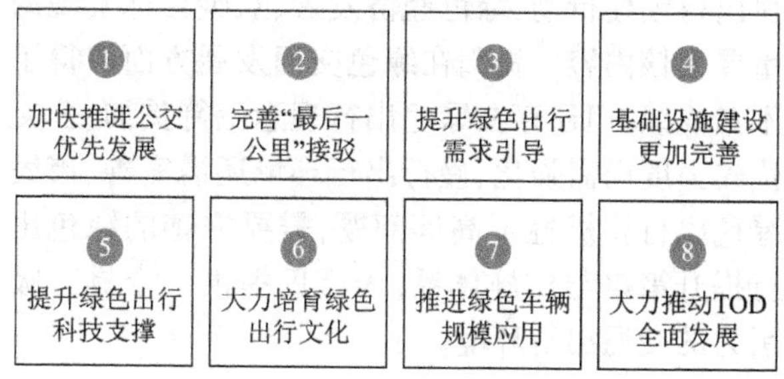

图7 绿色出行提升的8项重点任务

4.1 加快推进公交优先发展

持续发展公交优先，提高公交分担率，全面提升公共交通门到门出行服务品质是重中之重。

（1）利用智能手段，将"公交＋"模式向纵深应用，通过交通、教育、文旅等部门共同制定"公交＋中小学""公交＋通勤（班车）""公交＋旅游""公交＋对外租赁"等"公交＋"模式深度应用推广实施计划，结合智能应用手段，推广定制公交及需求响应式服务等多样化开放性辅助公交服务。

（2）着眼于提升城市公共交通"门到门"效率和品质，围绕"快速、便捷、多样"提高公共交通相对于小汽车的竞争力和吸引力。

（3）发展多层次公交系统，优化调整公共交通线路与站点布设，加密轨道交通（包括低运量轨道）线路与站点，以"互联网＋公交"理念，按照"一线一分析、一线一决策"思路，建立公交线网评估与优化工作机制，对公交线路实 施动态调整。

（4）大力度加强公交优先，推进建设公交专用道网络和使用监管，进一步提高公交速度优势。

（5）提高轨道交通服务水平，实现轨道交通与常规公交站点零换乘。

4.2 完善"最后一公里"接驳

（1）精心设计末端交通，以出行"最后一公里"为对象，提供温馨连续的可选择的绿色出行体系。

构建贵阳完善的"轨道＋公交/步行（自行车/共享电单车）"交通模式，并进行试点。在城区逐步推广"最后一公里"电单车模式，即在轨道、公交站站点增设共享电单车，充分利用其灵活性和便捷性，实现电单车进小区、进单位；围绕居住区，开通"最后一公里"微公交，即让公交车进入社区、小街小巷，串联起社区、医院、学校、菜市场等生活服务设施，与城市轨道交通、干线公交和公交枢纽场站无缝接驳。

（2）连续完善的自行车通行与停放空间，构建良好的自行车出行环境条件，高峰路边减少停车。

（3）以小学为中心组织通学路系统，减少接送学生交通，实现学生步行、自行车或公交方式独立上下学，缓解学校周边交通压力，减小家长接送孩子压力。

（4）开展慢行廊道综合整治，提高步行和自行车等绿色交通路权使用分配，加强道路停车位治理，完善非机动车停车设施规划建设。

4.3 提升绿色出行需求引导

（1）通过小汽车需求管理，引导小汽车理性拥有与合理使用，减少小汽车对地面公交系统运行速度的影响，提高城市公共交通车辆的拥有水平和公共汽（电）车平均运营时速。启动开展研究探索小汽车分区域、分时段、分路段通行管控措施。

（2）合理提供停车设施，适当引导停车需求，严格执法管理。实现停车合理供给；促进泊位共享，资源整合，加强停车信息服务与诱导，鼓励停车泊位共享；结合轨道站点，居住小区停车位有偿共享开放及停车换乘（P＋R）；严格停车执法管理，系统治理违法停车，提高违法成本；进一步提高核心区差异化停车收费标准和覆盖范围；外围优惠（免费）停车换乘。

（3）组织开展绿色出行宣传和公交出行宣传活动，深入机关、社区、校园、企业和乡村等开展绿色出行宣传，扩大宣传覆盖面和影响力，提高公众对绿色出行方式的认知度和接受度。积极倡导公务出行优先选择绿色出行方式。推进将公共交通、绿色出行优先纳入工会会员普惠制服务。制作发布绿色出行公益广告，弘扬传播绿色出行正能量，让低碳交通成为时尚，让绿色出行成为习惯。

4.4 基础设施建设更加完善

（1）优化路网结构、提高路网密度、消除路网瓶颈、提高支小路利用率等对策，提高道路网络整体通行能力和通行效率。

（2）对贵阳市重点路口交通渠化以及交通组

织设计精细化。

4.5　提升绿色出行科技支撑

(1)提供多样化的公共交通服务和门到门全程交通服务。通过多手段多途径,提供高质量交通服务信息与出行方案,满足多层次交通出行需求,实现精准、精细服务。

(2)完善推广MaaS和建立交通出行碳积分交易体系。建设完善并推广贵阳MaaS系统,并建立交通出行碳积分交易体,提升公共交通、出租车等交通工具的共享使用频率,减少私人机动车的拥有和使用,促进绿色交通发展。

(3)提升城市智能交通管理水平。重点功能包括先进的绿波及区域自适应信号控制功能、区域交通组织方案实时生成功能、路网交通状态分析诊断功能、公交优先信号控制与管理功能、智能违法数据提取与智能执法功能、交通拥堵点识别原因分析与对策生成功能、交通安全态势分析与预警功能、城市交通发展顶层设计支撑功能、交通对策智能交通管理相关的服务功能等。

4.6　大力培育绿色出行文化

规范人的交通出行行为,创建良好交通秩序和道德水平是治本之策,推动形成全民参与、社会共治的治理格局,需要全社会共同长期不懈的努力。

倡导领导带头绿色交通方式通勤。完善公众参与机制,倡导事业单位、机关单位等领导绿色交通方式通勤,建立鼓励与宣传机制,同时推动建立贵阳交通征信体系,通过全社会征信体系规范交通行为,提高交通道德水平,进行交通文化建设。

4.7　推进绿色车辆规模应用

推进公共交通领域持续新能源化,适时推出自动驾驶示范线;进一步鼓励提升社会车辆新能源化比例,同时完善新能源车辆配套设施建设;提出推进新能源汽车电池无害化处理,积极探索动力电池梯级利用,同时提出推动动力电池回收市场规模化;城市物流配送、快递等车辆绿色化。

4.8　大力推动TOD全面发展

在国家大力推动以公共交通为导向发展(TOD)模式的大背景下,利用贵阳市贵安新区轨道交通发展契机,打造贵阳特色的TOD模式,推动产业发展、吸引人才聚集,服务贵安新区高质量发展,建设全国TOD示范。在TOD综合开发领导小组领导下统筹推进贵安新区TOD示范项目的综合开发工作。

5　结语

提升绿色出行比例是国家公交都市建设、绿色出行创建行动、绿色经济发展、双碳目标实现的重要考核内容。贵阳在绿色交通发展方面取得了不错成绩,但还存在绿色出行理念亟待贯彻、公交优先力度尚需强化、慢行出行环境还需完善、市民绿色出行积极性不高等问题,需要完善的绿色出行提升策略与实施体系,为市民提供一个具有吸引力的交通出行环境。

参考文献

[1] 中共贵阳市委办公厅、贵阳市人民政府办公厅. 贵阳市以绿色经济为引领推动经济社会高质量发展的实施方案(筑党办发〔2023〕1号)[EB/OL].(2023-1-11)[2023-12-3] https://www.guiyang.gov.cn/ztzl/rdzt/gygaqmsxlzz/gztj/202301/t20230114_77931571.html.

[2] 苟广源. 绿色生态交通规划[J] 交通世界(运输·车辆),2013-05:120-121.

[3] 傅志寰,孙永福,翁孟勇,等. 交通强国战略研究[M]. 北京:人民交通出版社股份有限公司,2019.

[4] 贵阳市交通委员会、贵阳市城市规划设计研究院 贵阳市公共交通总体规划[R] 2022.

[5] 住建部城市交通基础设施监测与治理实验室、中国城市规划设计研究院. 2023年度中国主要城市通勤监测报告[R]2023.

[6] 贵阳市交通委员会、贵阳市城市规划设计研究院. 贵阳市综合交通体系规划[R] 2022.

[7] 公安部道路交通安全研究中心、北京世纪高通科技有限公司、中国城市规划设计研究院. 中国重点城市道路网结构画像报告[EB/OL].(2020-12-14)[2023-9-3] https://mp.weixin.qq.com/s/diY_ZmFSSM4oUwqmG-jngg

[8] 湖州市人民政府办公室关于印发湖州市绿色出行提升行动实施方案(2022—2025)的通知:湖政办发(2022)37号[EB/OL].(2022-9-14)[2023-10-12] http://www.huzhou.gov.cn/art/2022/9/14/art_1229561845_1667545.html? eqid=911587bd000ed5ce0000000464533c1b.

[9] 多部门关于印发绿色出行行动计划(2019—2022年)的通知[EB/OL].(2019-6-3)

[2023-10-12]. https://www.gov.cn/xinwen/2019-06/03/content_5397034.htm.

Young People's Car-use Intention Considering the Impact of the COVID-19 on Psychological Preferences

Donglin He[1] Hongyu Pei[2] Guoling Zhu[1] Yang Liu[1] Zhuangbin Shi[*1]
(1. Faculty of Transportation Engineering, Kunming University of Science and Technology;
2. Hangzhou Comprehensive Transportation Research Center)

Abstract Promoting sustainable urban transportation and guiding the public towards low-carbon travel are crucial issues that need to be addressed in the post-pandemic era. Young people in most developing countries are the main group who are likely to purchase and use private cars in the near future. Understanding the young people's car-use intention considering the impact of the epidemic on psychological preferences can inform the policymaking towards a low-carbon transport system. Based on extended Theory of Planned Behavior (TPB), this paper conducts a SP + RP questionnaire survey to investigate the preference of Chinese young people for travel mode choice under the pandemic. A total of 505 valid samples are collected from people aged 20-35. The findings reveal a trend of shifting from public transport to active transport, with a strong psychological inclination towards car travel. Then, a Hybrid Choice Model (HCM) is applied in model estimation. The results show that virtual mobility and perceived risks caused by the epidemic have promoted young people's preference for car travel. Gender, age, occupation, living mode, and car ownership are important factors affecting the psychological preferences of young people. Moreover, information attention and subjective norms are important psychological factors that affect the choice of travel modes among young people; social and economic attributes such as marriage, occupation, residential location, and modal shift in travel modes can also affect the choice of travel modes for young people. Finally, relevant policy implementations are proposed to guide young people towards adopting low-carbon travel modes.

Keywords Travel mode preferences Young people Extended theory of planned behavior Hybrid choice model Post-pandemic era.

0 Introduction

Since the outbreak of a new coronavirus (COVID-19) emerged at the end of 2019, there has been a significant decline in travel intentions and use of public transport (Zhang et al., 2021; Khubchandani et al., 2022; Mashrur et al., 2023). Existing studies have shown that many public transport passengers shift the mode to using cars, bicycles, and other personal vehicles (Vega-Gonzalo et al., 2023). Although some studies suggest that people would turn to public transport again if safety and hygiene are guaranteed (Beck and Hensher, 2020; Zhang and Fricker, 2021). However, this intention is still far inferior to the pre-COVID-19 era (Dadashzadeh et al., 2022). Research evidence shows that 48.8% of the respondents who previously had no plans to purchase a car now expect to travel by car, among which the post-80s and married consumers accounted for the majority (Honey-Rosés et al., 2020).

Funding: National Natural Science Foundation of China (Grant No. 52202381, 52102378), Yunnan Fundamental Research Projects (Grant No. 202201 AU070109, 202201 AU070148, grant NO. 202201BE070001-052).

Unlike Western counties, where young people are less willing to own and use private cars, in emerging economies like China, young people are still the main group of potential car users (IPSOS, 2020). Different from other groups, young people are in the life course from campus life to entering the workplace and then getting married. Their travel behavior is highly active and unstable, and they are very sensitive to social trends, new things, living environment, public emergencies, and other factors. The decreased willingness of the young people to use public transportation during this pandemic is a manifestation of these characteristics. Although many young people are unable to afford or use private cars at present due to financial limitations or policy interventions, it's important to acknowledge their potential as future car users. Therefore, to reduce car usage and effectively guide the low-carbon travel behavior of young people in the post-pandemic era, it is crucial to understand their travel mode preferences. However, there is currently a lack of research on the mechanism of travel behavior choices among young people in the post-pandemic era, especially considering psychological factors such as the potential subjective attitude perception of travelers caused by the epidemic, which requires further exploration.

To fill this research gap, in view of the situation in China, this study aims to analyze the changing characteristics of young people's travel psychological preferences under the impact of the epidemic from a low-carbon perspective, and reveal the internal mechanism between the psychological and behavioral shifts in young people and their travel choices as influenced by epidemic. Specifically, this study is carried out in the following three aspects: (1) Design a SP&RP questionnaire based on the extended Theory of Planned Behavior to analyze the travel psychological preferences characteristics of the youth group in the post-pandemic era, as well as their travel characteristics and the changing trends in travel demand. (2) Examine the impact mechanism of young people's travel psychological preferences by establishing the Multiple Indicators and Multiple Causes (MIMIC) model, which aims to determine the appropriate values for each latent psychological variable. (3) Explore the internal mechanism between the psychological and behavioral changes of young people and their travel mode preferences by constructing the Hybrid Choice Model (HCM) that incorporates psychological preferences latent variables into multinomial logit model (MNL). The results of this study will contribute to formulating relevant low carbon travel policies targeting young people in the post-pandemic era.

The remainder of this study is structured as follows. Section 2 reviews the relevant literature. Section 3 describes theoretical foundation and proposes the research framework. The research methodology is introduced in Section 4. Section 5 presents the survey and model results. In Sections 6, we conclude this study and present discussions.

1 Literature review

1.1 Impact of COVID-19 on travel behavior

An increasing number of studies have examined the factors that influence individual's travel mode choices during the COVID-19 pandemic (Dingil and Esztergár-Kiss, 2021). These studies have shown that socio-economic attributes (e.g., education, employment, housing type), travel characteristics (e.g., travel frequency and distance), and environmental factors (e.g., the numbers of COVID-19 cases in the nearby living area) play significant roles in determining individual's travel mode choice (Zhang et al., 2021; Liu et al., 2022). Although the impact of these factors varies in different countries and cities, it is widely observed that the proportion of young and elderly people who reduce their use of public transportation due to the impact of the epidemic is significantly higher than other groups, and this impact is expected to persist (Gkiotsalitis and Cats, 2021; Mashrur et al., 2023).

In addition, some scholars have confirmed that psychological factors and potential attitude changes also affect individual's travel behavior (Beck and Hensher, 2020; Zhang and Fricker, 2021; Dadashzadeh et al., 2022). For instance, Chen et al.

(2022b) showed that the shift in travel mode during the pandemic is mainly due to underlying aspects, such as the perception of COVID-19 pandemic severity and sensitivity to pandemic countermeasures. Similarly, Aaditya and Rahul (2021) suggested that factors such as perceived risk, subjective norms, attitude to public transport, concern for the environment, attitude to physical exercise, and risk aversion to epidemic also affect travel mode choice. However, most of these studies primarily focus on the actual travel behavior. They directly compare travel behavior before and after the outbreak of the epidemic to evaluate the impact of relevant factors on behavior changes. There is a lack of in-depth exploration of the specific impact mechanisms underlying these changes in attitude preferences.

1.2 Travel behavior of young people

Research on young people's car ownership and usage has been widely discussed. For instance, Shen et al. (2020) found that the decline in car ownership in France is mainly attributed to young people (18-34 years old) being less likely to obtain a driver's license. Liu et al. (2020) found that education level, employment status, household characteristics, and travel demand affect car ownership among young people in the United States. In the context of China, Zhou and Wang (2019) revealed a positive correlation between the symbolic emotional values of cars and young people's car ownership. Besides, Shafi et al. (2020) found that Asians have lower rates of car ownership and usage than Australians, while their intention to purchase a car is high. This reflects significant differences between the actual travel behavior of young people and their inner travel preferences and attitudes, particularly among Asians.

The aforementioned studies suggest that there is a strong tendency among young people to purchase and use cars in the post-pandemic era. Moreover, individuals who previously relied on public or active modes of transportation are also likely to shift towards car usage. To address the urban traffic challenges stemming from the significant increase in private car usage, it is crucial to gain a comprehensive understanding of the travel behavior patterns of young people in the post-pandemic era and devise targeted strategies to promote low-carbon travel. Travel behavior varies depending on both the individual's prior preferences and individual experience during the pandemic (Chen et al., 2022a). It is important to provide more information on the change of travel habits and preferences before and after the pandemic and to study ways to promote desirable new habits while suppressing unwanted ones.

Notably, according to the Medium and Long-Term Youth Development Plan (2016—2025) issued by the Central Committee of the Communist Party of China and the State Council, the youth group in China refers to the youth aged 14-35. Excluding those under the age of 18 who cannot apply for a driver's license, the youth group of 18-35 years old is finally determined as the object of this study.

2 Theoretical foundation and the framework of research

2.1 The extended theory of planned behavior

The Theory of Planned Behavior (TPB) is widely used to explain and identify the factors that drive human behavior. It includes three basic types of variables-attitude, subjective norm, and perceived behavioral control-to motivate people's behavioral intention and subsequent behavior. Attitude refers to an individual's perception toward certain behaviors. Subjective norm reflects social pressure to engage or not to engage in a behavior. Perceived control describes the difficulty a person perceives in performing a behavior based on their evaluation of strengths and limitations. Recently, scholars in transportation research field have expanded TBP to include factors related to specific behaviors and contexts, such as comfort, satisfaction, convenience, perceived service quality, environmental consciousness, perceived health, and behavioral habits (Huang et al., 2022; Zhang et al., 2023). To reflect the pandemic's impact on young people, this study introduces "information concern", "virtual mobility" and "perceived risk" as additional constructs. The specific explanations for these three extended constructs are as follows:

(1) The application of information concern in the extended TPB

Previous studies have confirmed that the interaction between travelers and the surrounding information environment has an impact on their travel intentions (Calder et al., 2016). Particularly during an epidemic, individuals pay more attention to epidemic-related information, such as updates on new cases and changes in travel restrictions, tend to develop a stronger psychological connection with the epidemic. This connection is characterized by increased levels of anxiety, a diminished sense of security, and reduced satisfaction with public transportation services (Zhao and Gao, 2022). In light of these findings, the variable of "information concern" is introduced to characterize the impact of epidemic-related information on young people's travel behavior. Specifically, three indicators are used to measure the perceived information concern of young people: concern about the daily new cases, concern about changes in prevention and control policies, and discuss the latest epidemic situation with friends.

(2) The application of virtual mobility in the extended TPB

Virtual mobility refers to activities conducted through online social media, such as remote work, that are not constrained by time and space. In recent years, some scholars have discussed its impact on individuals' actual mobility (Camacho and Barrios, 2022). For instance, Hong and McArthur (2017) found that frequent use of social media for virtual mobility increases the travel desires of young people and their willingness to purchase cars. Konrad and Wittowsky (2018) found that virtual mobility carried has replaced some short distance travel while increasing car usage for long-distance travel. Therefore, we introduce the variable of "virtual mobility" to describe the impact of online social activities on the travel behavior of young people. The development of virtual activities under the influence of the epidemic is characterized by four indicators: remote office and learning education activities, online shopping, and online socializing.

(3) The application of perceived risk in the extended TPB

When the external environment remains stable, individuals tend to stick to their usual travel modes. However, the outbreak of the epidemic can change people's perception of the risk of viral spread associated with different travel modes, leading to changes in their travel behavior (Abdullah et al., 2020). Perceived risk is a subjective judgment of the severity of danger and an important indicator of individual's psychological panic. Previous studies have confirmed that individuals' perceptions of risk and safety vary among individuals (Zafri et al., 2022) and significantly influence their travel mode choice (Hotle et al., 2020; Ozbilen et al., 2021). To understand the impact of the epidemic on the travel behavior of young people, we introduce the variable of perceived risk. Employing four indicators to measure it, namely fear of infection, increased risk of infection, concerns about infection among friends and family, and concerns about sequelae, to measure perceived risk.

2.2 The framework of research

In this study, we consider car attitude, subjective norms, and perceived behavioral control, which are the original elements in the extended TPB, as indicators of the youth group's car attitude preferences. The research framework of this study is shown in Figure 1.

We assume that the travel behavior choices of young people are influenced by both their demand preferences and car attitude preferences under the influence of the epidemic, while demand preferences also affect their car attitude preferences. Additionally, based on the literature review above, we assume that personal and family attributes, travel characteristics and epidemic-related factors are assumed the key elements that influence young people's travel behavior choices in the post-pandemic era. The upper model is the MIMIC model, which examines the influencing factors of young people's travel psychological preferences proposed in this study. The below model is the MNL model, which is used to analyze the impact of observed variables and latent variables on travel mode choices. The model introduction is in Section 4.3.

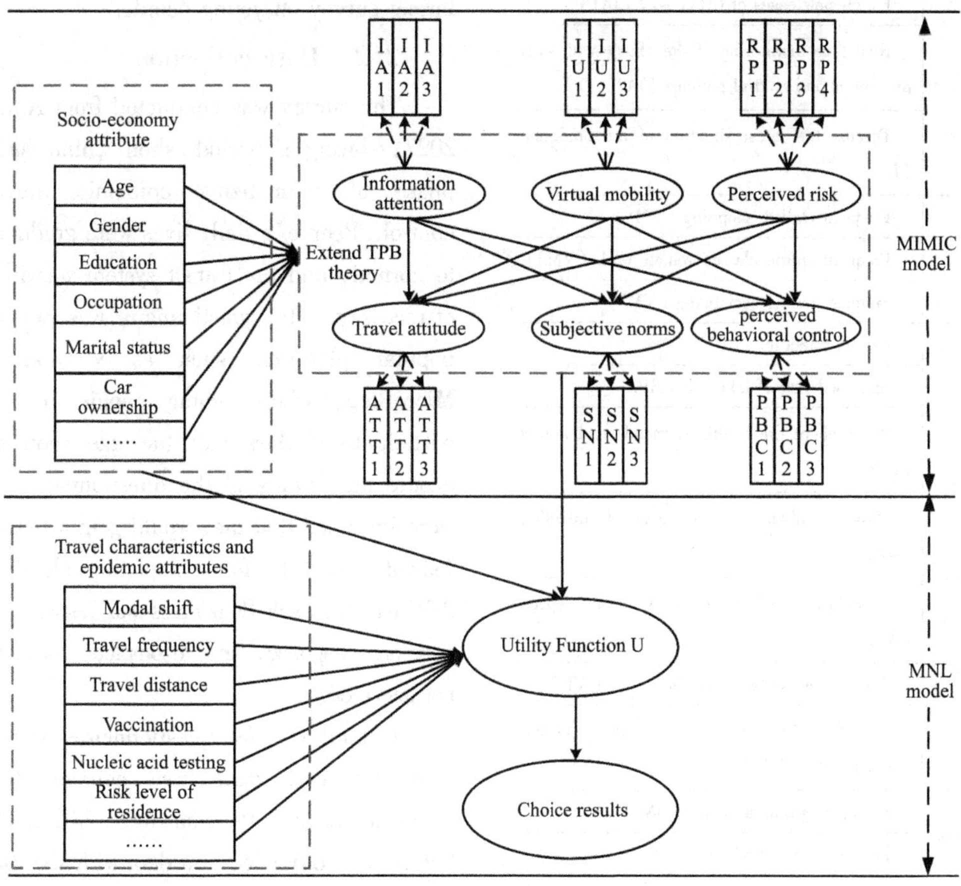

Figure 1 The framework of research

3 Data and method

3.1 Questionnaire design

This study aims to investigate young people's car use intention based on survey data. Thus, the main information to be collected in the questionnaire consists of four parts: (1) Demographic characteristics, including the socio-demographics (e.g., gender, age, education, income, and car ownership) and epidemic-related information items (e.g., COVID-19 vaccination records and health QR code). (2) Travel attributes before and after the outbreak of COVID-19, namely travel mode choice intention, travel distance and other items before and after the outbreak of COVID-19. The purpose of collecting the above information is to understand the changes in people's travel intentions caused by the epidemic. (3) Latent variables, including original TPB (i.e., travel attitude, subjective norm and perceived behavior control), three additional latent variables (i.e., information concern, virtual mobility and perceived risk). Three or four observation items are designed for each latent variable. In this survey, a seven-level Likert scale is used to design psychological questions, ranging from 1 to 7, where 1 indicates strong disagreement and 7 signifies strong agreement. The travel psychological and behavioral preferences attributes in the questionnaire are shown in Table 1. Therein, travel modes are divided into public transport (bus and metro, PT), active transport (walking, shared bicycle/electric bike and private bicycle/electric bike, AT), and car (private cars and taxis/e-hailing vehicles, CAR).

Questionnaire on travel psychological and behavioral preferences attributes

Table 1

Variables	Items
Information attention (IA)	Follow new cases of COVID-19 (IA1)
	Real time monitoring of the changes of local prevention and control policies (IA2)
	Discuss the latest situation of the epidemic (IA3)
Virtual mobility (VM)	Frequent Online shopping (VM1)
	Frequent online classes/remote work (VM2)
	Frequent online socializing (VM3)
Perceived risk (RP)	Fear of infection (RP1)
	Increased risk of infection (RP2)
	Worry about the health of friends and family (RP3)
	Worried about the sequelae of infection (RP4)
Travel attitude (ATT)	Avoiding coexistence in a closed space (ATT1)
	Avoid close contact with the crowd (ATT2)
	Freedom from exposure to the external environment (ATT3)
Subjective norms (SN)	Important group guidance (SN1)
	Peer pressure (SN2)
	Public opinion guidance (SN3)
Perceptual behavior control (PBC)	Perception of cost (PBC1)
	Perception of difficulty (PBC2)
	Self-decision-making ability (PBC3)

The survey targeted young people aged 18 to 35 (including students and people who have worked). At the beginning of the questionnaire, we explained the purpose of the survey and specified that only respondents aged between 18 and 35 are eligible to participate. The data collection process involved two rounds of testing for the questionnaire. In the first round, 5 experts and scholars were invited to comment on the questionnaire design. In the second round, 30 young people from different parts of China were invited to fill in the questionnaire and point out any terms, meanings, sentences, and issues that might be unclear. Based on their feedback, we made corrections and modifications before conducting the formal survey on young people.

3.2 Data collection

The survey was conducted from April 13 to 18, 2022, during a period when China had entered a phase of normalizing epidemic prevention and control. People's daily lives were gradually returning to normal, and the transit system was in the process of recovery. The questionnaire was posted online on popular platforms such as WeChat, QQ, and MicroBlog, where young people in China could participate if they met the age requirements. To ensure the quality of the questionnaire, respondents were informed that they would gain a reward of 5 yuan (about \$0.6) after completing all the questions. Additionally, each IP address was restricted to providing only one response, and incomplete questionnaires were not accepted.

A total of 549 questionnaires were collected. After removing data from college students aged between 18 and 19 who were still in high school before the epidemic, and data with significant income changes before and after the epidemic, indicating potential changes in employment status, or transition from student to workplace after the epidemic. Several answers that did not conform to logic (e.g., age and education mismatch) were also eliminated. Finally, 505 valid samples are used for the analysis of this study. The Cronbach's α value of the latent variables is 0.892, indicating acceptable reliability. The KMO value is 0.882, and the chi-square value of the Bartlett spherical test is 4274.446 with a DF value of 153 ($p < 0.001$), indicating the good validity of the questionnaire. Definitions of the selected variables and their descriptive statistics are presented in Table 2.

Variable's definition and descriptive statistic

Table 2

Variable	Definition (Proportion of categories)	Mean	Std.	Min	Max
Age	Years (Manual Fill)	24.13	3.41	20	35

continued

Variable	Definition (Proportion of categories)	Mean	Std.	Min	Max
Gender	Male = 1(45.2%) Female = 0(54.8%)	0.45	0.50	0	1
Occupation	Company staff = 0(21.2%) Public servants = 1(16.6%) Student = 2(46.2%) The others = 3(16%)	1.57	1.00	0	3
Education	Bachelor or above = 1(85.3%) Below bachelor = 0(14.6%)	0.85	0.35	0	1
Living pattern	Living alone = 1(17.2%) Otherwise = 0(82.7%)	0.17	0.38	0	1
Marital status	Married = 1(21.2%) Otherwise = 0(78.8%)	0.21	0.41	0	1
Car ownership	At least one car = 1(68.1%) Otherwise = 0(31.8%)	0.68	0.47	0	1
Vaccination	Less than three shots or not vaccinated = 1(21.4%) Got all three shots = 0(78.6%)	0.21	0.41	0	1
Residential location	Main urban area = 0(24.7%) Urban new area = 1(51.8%) Suburbs = 2(23.3%)	0.99	0.69	0	2

3.3 Hybrid choice model (HCM)

The Hybrid Choice Model (HCM) is a hybrid model that integrates structural equation models and discrete choice models, aiming to improve the alignment between behavioral choices and real-world situations by incorporating psychological factors of individuals. Therefore, this study uses the HCM to investigate the impact of travel psychology and behavior on the travel behavior choices of young people.

Multiple Indicators and Multiple Causes (MIMIC) model: The MIMIC model is a special form of structural equation model that combines measurement and structural aspects. It is used to analyze the relationship between observed variables and latent variables while considering the influence of both latent variables and external factors on the observed variables (Jacobucci et al., 2019). The model consists of two parts: the multiple indicator (MI) part, which includes the latent variable, its corresponding indicator variable, and the residual term for each indicator variable; and the Multiple Cause (MIC) part, which includes multiple exogenous explicit variables, multiple latent variables, and residual term.

Multinomial logit (MNL) model: The MNL model is widely used to analyze the relationship between independent variables and behavioral choices (Alfandari et al., 2019; AlKheder et al., 2019; Yang et al., 2019; Cao et al., 2022). This study used the MNL model to examine the factors influencing the intention of travel mode choice of young people. The model incorporates various explanatory variables, including family attributes, personal attributes, travel characteristics, and psychological latent variables. It should be noted that the psychological latent variable of travelers is an abstract concept that cannot be quantitatively described. Thus, before incorporating the psychological latent variables into the MNL model, it is necessary to use the MIMIC model to estimate the values of each latent variable.

Before modeling, we perform factor analysis to validate the hypotheses associated with latent variables. We employ the maximum variance method for rotation and setting six factors. The results reveal the following: (1) The cumulative squared loadings of the six rotated factors explain 76.947% of the total variance, indicating a significant explanatory power of the six factors in relation to the original variables. (2) The factor loadings of the observed variables exceed 0.60 within their respective positions in the latent variables while registering values lower than 0.35 elsewhere. Therefore, the results are consistent with the original hypothesis regarding latent variables. Finally, we incorporate estimated values of psychological latent variables, along with individual attributes, travel characteristics, and other external manifest variables, into the MNL framework. In combination with the utility function U, this influences the decision-making process and yields the final results.

4 Analysis

4.1 Analysis of travel characteristics and intentions before (during) the epidemic

The travel-related characteristics of young people before and during the epidemic are shown in Figure 2. Figure 2a) shows that commuting was the primary purpose of travel for young people before and during the epidemic. During the epidemic, there was a significant decrease in travel for leisure and entertainment, while the proportion of travel for medical attention and fitness exercise increased. Figure 2b) shows a notable decline in the travel frequency of the youth group after the outbreak of the epidemic compared to the preepidemic period. Figure 2c) shows a significant reduction in the travel distance of the youth group after the outbreak of the epidemic compared to the preepidemic period, with the majority of the population traveling less than 3 kilometers. Figure 2d) shows that convenience was the primary consideration for young people when choosing travel mode before the epidemic, followed by price. However, during the pandemic, the focus shifted towards the safety and hygiene of transportation, with over half of young people prioritizing safety and hygiene.

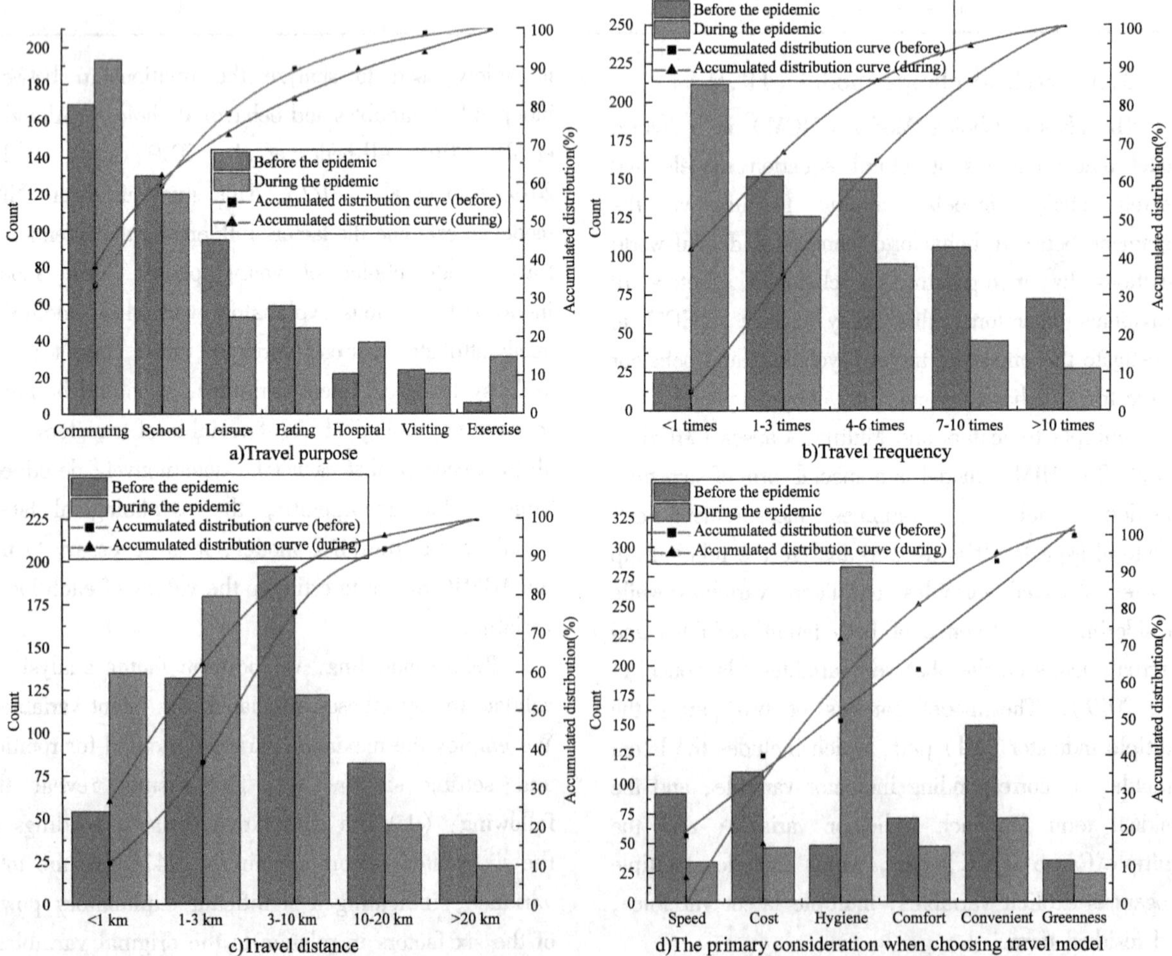

Figure 2 Travel purpose, frequency, distance, and factors of concern for young people before (during) the epidemic

Figure 3 shows the travel modal shift during the epidemic as well as travel mode choice intention. It reflected the trend of young people shifting from public transport to active transport. Interestingly, some car travelers have also turned to active travel, possibly due to economic damage during the pandemic and the rise in oil prices. In addition, there is an increase in the proportion of individuals who expressed an intention to travel by car compared to both the pre-epidemic and epidemic periods. While the increase is not particularly significant, it reflects a growing inclination among young people to choose car travel. It is important to note that 46% of the respondents in this survey sample are students, which may introduce limitations in accurately predicting their future travel mode choices. This suggests that the proportion of young people expressing a car travel intention may be relatively lower than the actual situation.

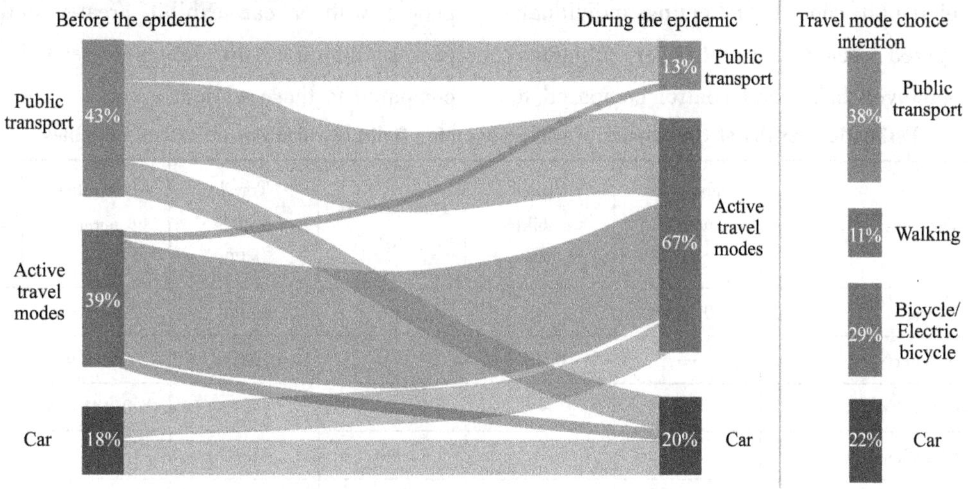

Figure 3 Travel modal shift and travel mode choice intention of young people

4.2 Analysis of MIMIC model estimation results

Based on the data from 505 valid questionnaires, the modified model is evaluated using the statistical software AMOS. Four indexes, namely CMIN/DF (Chi-square ratio), RMSEM (Root mean squared error of approximation), CFI (comparative fit index), and TLI (Tucker-Lewis Index) are used to test the performance of the models. A CMIN/DF value less than 3 and an RMSEA value less than 0.08, along with CFI and TLI values greater than 0.9, indicate that the model has the best goodness of fit. In this study, the values of CMIN/DF and RMSEA are 2.851 and 0.061, respectively, indicating a good fit between the constructed model and the sample data. Although the values of CFI and TLI are 0.875 and 0.836, respectively, which are less than 0.9, they still fall within an acceptable range. In summary, the MIMIC model constructed is reasonable in this study.

4.2.1 Analysis of the relationship between latent variables and socio-economic attributes

Based on the estimation results of the MIMIC model, we analyze the impact of social-economic attributes of young people on six latent variables: information attention (IA), virtual mobility (VM), perceived risk (RP), travel attitude (ATT), subjective norms (SN), and perceptual behavior control (PBC). The parameter estimation results between the latent variables and socio-economic attribute variables in the MIMIC model are shown in Table 3.

Table 3 shows age has a significant negative impact on information attention and subjective norms within the youth group, indicating that as age increases, attention to epidemic-related information decreases, and expected compliance with car travel behavior decreases. Gender is significantly negatively correlated with virtual mobility, indicating that young women engage in virtual mobility activities on the internet more frequently. However, gender is significantly positively correlated with travel attitude, subjective norms, and perceived behavioral control. This indicates that, under the influence of the epidemic, young men have a more positive attitude towards car travel, and their subjective norms and perceived behavioral control are stronger. Occupation is negatively correlated with subjective norms and perceived behavioral control, reflecting individuals who have entered society have stronger subjective norms and perceived behavioral control compared to the student group. Similarly, living pattern is negatively correlated with virtual mobility, indicating that individuals living with others engage in virtual mobility activities more frequently. Furthermore, living arrangement significantly positively influences subjective norms, suggesting that individuals living alone have a stronger sense of subjective norms towards car travel. Finally, car ownership has a positive impact on the attention of young people to epidemic-related information, indicating that young people with a car exhibit greater enthusiasm for paying attention to epidemic-related information compared to those without a car.

Estimation results of the impact of socioeconomic attribute variables on latent variables Table 3

Variables	Information attention IA	Virtual mobility VM	Perceived risk RP	Travel attitude ATT	Subjective norms SN	Perceptual behavior control PBC
Age	-0.121 *	—	—	—	-0.102 *	—
Gender	—	-0.122 *	—	0.081 *	0.096 *	0.151 * *
Occupation	—	—	—	—	-0.181 * *	-0.228 * *
Education	—	—	—	—	—	—
Living pattern	—	-0.138 *	—	—	0.122 *	—
Marital status	—	—	—	—	—	—
Car ownership	0.107 *	—	—	—	—	—

Note: *: $p<0.05$, **: $p<0.01$, —: not significant.

4.2.2 Analysis of the relationship between latent variables and corresponding indicator variables

The parameter estimation results between psychological preferences variables and their respective indicator variables are shown in Table 4. The standardized factor loading coefficients for all variables exceed 0.5, and all parameter estimates are statistically significant at $p < 0.001$. This indicates that each indicator variable effectively represents its corresponding latent variable.

Table 4 shows the significant impacts of indicator variables on information attention, virtual mobility, perceived risk, travel attitude, subjective norms, and perceived behavioral control among young people. Attention to new cases and prevention and control policies has a slightly greater impact on information attention compared to discussing the latest information about epidemic with friends. Virtual mobility is mainly influenced by the frequency of online classes and telework. In terms of perceived risk. All the selected indicator variables contribute to determining the level of perceived risk among young people towards the epidemic. The indicator variables related to travel attitude suggest that the ability to avoid exposure to the external environment has a significant impact on the attitudes of young people towards car travel. The indicator variables related to subjective norms suggest that young people's attitudes towards car travel are more influenced by peer pressure and public opinion guidance. For perceived behavior control, the indicator variables including perceived cost, difficulty, and degree of autonomous control have an equal influence.

Estimation results of latent variables and indicator variables

Table 4

Paths relationship	Factor loading	S. E.	Significance
IA1 < - - - Information attention	0.791	0.037	0.000
IA2 < - - - Information attention	0.803	0.032	0.000
IA3 < - - - Information attention	0.745	0.036	0.000
VM2 < - - - Virtual mobility	0.802	0.126	0.000
VM3 < - - - Virtual mobility	0.684	0.117	0.000
RP1 < - - - Perceived risk	0.516	0.046	0.000
RP2 < - - - Perceived risk	0.794	0.029	0.000
RP3 < - - - Perceived risk	0.816	0.03	0.000
RP4 < - - - Perceived risk	0.81	0.028	0.000
ATT1 < - - - Travel attitude	0.822	0.036	0.000
ATT2 < - - - Travel attitude	0.86	0.025	0.000
ATT3 < - - - Travel attitude	0.853	0.032	0.000
SN1 < - - - Subjective norms	0.672	0.044	0.000
SN2 < - - - Subjective norms	0.857	0.025	0.000
SN3 < - - - Subjective norms	0.822	0.032	0.000
PBC1 < - - - Perceived behavioral control	0.685	0.048	0.000
PBC2 < - - - Perceived behavioral control	0.617	0.052	0.000
PBC3 < - - - Perceived behavioral control	0.64	0.046	0.000

4.2.3 Analysis of the relationship between latent variables

Table 5 shows the estimated results between the latent variables of preferences attributes of young people under the influence of the epidemic. Information attention has no significant impact on car travel attitudes, subjective norms, and perceived behavioral control. On the contrary, virtual mobility has a significant positive impact on travel attitude, subjective norms, and perceived behavioral control. This indicates that the more frequently young people engage in virtual mobility, the more positive their views and attitudes towards cars become, and the stronger the perceived social pressure to use cars for travel.

Estimation results among latent variables.

Table 5

Items	Car travel attitude	Subjective norms	Perceived behavioral control
Information attention	—	—	—
Virtual mobility	0.25 * *	0.179 *	0.282 *
Perceived risk	0.38 * *	0.25 * *	0.338 * *

Note: * : $p<0.05$, * * : $p<0.01$, —: not significant.

Perceived risk also has a positive effect on travel attitude, subjective norms, and perceived behavioral control. This indicates that as the perception of epidemic risk increases among young people, they become more inclined to recognize the risk-avoidance benefits of car travel, perceive a stronger influence from important individuals and social public opinions, and have a greater sense of control and ease when it comes to using cars for future travel.

4.3 Analysis of MNL model estimation results

To explore the relationship between psychological and behavioral changes of young people and their intention in travel mode choice, we use the estimated adaptive values of each latent variable obtained from the MIMIC model, along with other observed variables such as personal attributes and travel-related characteristics, in the MNL model. Collinearity among variables is checked using the variance inflation factor (VIF), and all variables passed the collinearity test with VIF values less than 7.5. After removing non-significant at the 0.10 level, the estimation and evaluation results are reported in Table 6. The McFadden Pseudo R2 value is 0. 28, indicating a good goodness-of-fit for the constructed model.

Estimation results of MNL model considering psychological preferences attributes. Table 6

Variables	Public transport	Walking	Bicycle/Electric bicycle
Marital status(unmarried = ref.)			
The others	-1.471***	-1.448***	-1.393***
Occupation (company staff = ref.)			
Public servants	0.41	2.239***	0.974**
Students	0.883**	1.392**	0.185
The others	0.531	1.142	0.651
Residential location (Urban area = ref.)			
Urban new area	-0.623	-1.692***	-0.831**
Suburbs	-0.536	-1.025*	-0.709
Modal shift(AT to AT modal = ref.)			
PT-to-PT modal	2.365***	-2.252*	-2.308**
PT-to-AT modal	1.935***	-0.450	-0.405
CAR-to-CAR modal	-1.861***	-4.244***	-3.685***
PT/AT-to-CAR modal	0.560	-2.319***	-2.694***
OTHER modal	-0.010	-0.947*	-1.765***
Information attention	0.292**	0.044	0.229*
Perceived behavioral control	-0.295*	-0.584***	-0.369**

Note: the dependent variable is represented by a car as the reference group; PT: public transport, AT: active transport, CAR: car travel; *: $p<0.1$, **: $p<0.05$, ***: $p<0.01$.

In terms of socio-economic attributes, marital status has a significant negative impact on public transport, walking, and cycling. This indicates that among young people, unmarried individuals are more willing to choose public transportation and active travel mode, while married individuals are more inclined to use cars for travel. Employees of public servants are more likely to choose walking and cycling compared to employees of companies and enterprises, while students prefer public transport and walking. This suggests a potential demand for cars among employees of companies and enterprises. Moreover, young people living in new urban areas are less likely to choose walking and cycling, and those living in suburban areas also show a reduced likelihood of choosing walking. This indicates that living far from the city center reduces the likelihood of choosing active modes of travel. This may be due to the absence of convenient transportation facilities and infrastructure in distant suburban areas, which limits the travel mode choices available to young people.

For travel-related characteristics, the modal shift before and during the epidemic significantly influences the intention of travel mode choice among young people. The PT-to-PT modal has a significant positive impact on young people's choice of public transport, but it has a negative impact on their choice of walking and cycling. This indicates that individuals who used public transport before and during the epidemic are more likely to choose public transport rather than cars. However, they are less likely to choose walking and cycling. The coefficient of the PT-to-AT modal for public transport is 1. 935, indicating that individuals who temporarily shifted from using public transport to active modes of travel during the epidemic may return to using public transport once the epidemic is completely over. The negative coefficients of the Car-to-Car modal for public transport, walk, and bike indicate that young people who frequently use cars for travel before and during the epidemic are more likely to continue relying on cars after the epidemic ends. Interestingly, the PT/AT-to-CAR modal has a significant negative impact on young people's choice of walking and cycling, indicating that individuals who shifted from using public transport/active travel modes to cars during the epidemic are less likely to revert back to walking or cycling once the epidemic ends. However, the PT/AT-to-CAR modal does not have a significant impact on their choice of public transport. Similar trends could be found in the OTHER modal.

In terms of preferences attributes, two latent variables, namely information attention and perceived behavioral control, have a significant impact on young people's travel mode preferences. Information attention has a positive effect on public transport and bicycle/electric bicycle, indicating that a higher level of attention to epidemic-related information is associated with a greater likelihood of choosing these modes. Conversely, perceived behavioral control has a significant negative effect on public transport, walking, and bicycle /electric bike, suggesting that the objective difficulty of car travel restricts their choice of these modes.

5 Discussion and conclusions

Promoting sustainable urban transportation and guiding the public towards low-carbon travel are crucial issues that need to be addressed in the post-pandemic era. This study investigates young people's car use intention in the post-pandemic era in the context of China. Using the extended TPB theory, a MIMIC model is constructed to examine the preferences attributes of young people. Furthermore, a HCM is developed to the underlying mechanism between individual psychology, behavior, and travel mode choices. The findings can provide valuable insights for guiding young people towards adopting low-carbon travel modes.

Firstly, men and young people who have entered the workplace exhibit the strongest psychological preferences for car travel, as evidenced by their attitudes, subjective norms, and perceived behavioral control. Women and individuals cohabiting with others demonstrate secondary preferences for car travel, primarily reflected in subjective norms. Therefore, it is important to pay closer attention to the opinions and attitudes of young people toward car travel and utilize online media to provide guidance and promotion. Moreover, it is crucial to enhance overall societal awareness and shape the ideology surrounding low-carbon travel to cultivate a culture of sustainable transportation.

Secondly, our findings show that the more frequently young people engage in virtual activities and the higher their perception of risk, the stronger their psychological inclination towards cars. Among the youth group, a higher frequency of engaging in online classes or remote work indicates that their daily travel purposes are mainly for non-commuting or non-school-related trips. According to the research findings by Bieser et al. (2021), although remote workers may choose to walk or cycle for their commuting trips, they predominantly use cars for their non-commuting trips such as leisure and entertainment. Therefore, in the post-pandemic era, it is necessary to optimize the built environment, improve the level of basic service facilities near residential areas, and create a living environment with diverse facilities and good accessibility. Additionally, it is important to enhance the level of public transport and shared mobility services, especially in terms of safeguarding against unknown infection risks.

Thirdly, due to a high potential demand for car travel among married individuals, it is beneficial to focus on the development of family-oriented shared mobility services. For example, public transport companies can establish a special system of family joint travel services by implementing features such as specialized ticketing systems and designated seating arrangements. Customized commuting bus routes or discounted public transport fares can also be provided for company employees, as this group also demonstrates a higher inclination towards car usage. In addition, young people living in the suburbs and new areas of cities show distinct preferences against active travel. This may be related to urban planning and uneven distribution of resources, resulting in a lack of convenient access to public transportation and other amenities outside the city center. Therefore, it is important to enhance the infrastructure development of public transit in these suburban and new areas.

Finally, individuals with previous experience of active travel tend to avoid active travel modes, possibly due to the lack of pedestrian and cycling infrastructure in Chinese cities. To address this, it is essential to enhance the protection of pedestrian and cyclist rights and create a safe and convenient urban environment that promotes active travel. For instance, some European cities have installed bicycle lanes during the epidemic closure period, creating new space for bicycle travel and reducing the risk of infection while encouraging low-carbon travel.

The findings of this study offer valuable insights for policymakers to better understand the future travel intentions of young people impacted by the epidemic. Nevertheless, there are some limitations to this research. Firstly, our survey targeted individuals aged 18-35 without distinguishing between students and workers, which resulted in the omission of income, an important variable in determining car ownership. Future research can examine the travel behavior of these two groups separately to gain a more comprehensive understanding. Secondly, this study primarily focuses on the intrinsic factors of young people, such as their travel characteristics and preferences, without considering the characteristics of various transportation modes. Future research can take a more comprehensive approach and consider multiple perspectives.

References

[1] AADITYA B , RAHUL T M . Psychological impacts of covid-19 pandemic on the mode choice behaviour: A hybrid choice modelling approach [J]. Transport policy, 2021, 108: 47-58.

[2] ABDULLAH M, DIAS C, MULEY D, et al. Exploring the impacts of covid-19 on travel behavior and mode preferences [J]. Transportation Research Interdisciplinary Perspectives, 2020, 8: 100255.

[3] ALFANDARI L, DENOYEL V, THIELE A . Solving utility-maximization selection problems with multinomial logit demand: Is the first-choice model a good approximation? [J]. Annals of Operations Research , 2019, 292 (1): 553-573.

[4] ALKHEDER S, ALRUKAIBI F, AIASH A. Drivers' response to variable message signs (vms) in kuwait Cognition[J]. Technology & Work 2019, 21(3): 457-471.

[5] BECK M J, HENSHER D A. Insights into the impact of covid-19 on household travel and activities in australia-the early days of easing restrictions[J]. Transport policy , 2020, 99: 95-119 .

[6] BIESER J C T, VADDADI B, KRAMERS A, et al. Impacts of telecommuting on time use and travel: A case study of a neighborhood telecommuting center in stockholm[J]. Travel Behaviour and Society ,2021, 23: 157-165.

[7] CALDER B J, ISAAC M S, MALTHOUSE E C. How to capture consumer experiences: A context-specific approach to measuring engagement predicting consumer behavior across qualitatively different experiences[J]. Journal of Advertising Research, 2016, 56(1): 39-52 .

[8] CAMACHO S, BARRIOS A. Teleworking and technostress: Early consequences of a covid-19 lockdown Cognition[J]. Technology & Work, 2022, 24(3): 441-457.

[9] CAO Y F, KLEYWEGT A J, WANG H. Network revenue management under a spiked multinomial logit choice model [J]. Operations Research ,2022, 70(4): 2237-2253 .

[10] CHEN C, FENG T, GU X N. Role of latent factors and public policies in travel decisions under covid-19 pandemic: Findings of a hybrid choice model [J]. Sustainable Cities

and Society, 2022, 78: 103601 .

[11] CHEN C, FENG T, GU X N, et al. Investigating the effectiveness of covid-19 pandemic countermeasures on the use of public transport: A case study of the netherlands [J]. Transport policy, 2022, 117: 98-107 .

[12] DADASHZADEH N, LARIMIAN T, LEVIFVE U, et al. Travel behaviour of vulnerable social groups: Pre, during, and post covid-19 pandemic [J]. International journal of environmental research and public health ,2022, 19(16): 10065 .

[13] DINGIL A E, ESZTERGÁR-KISS D. The influence of the covid-19 pandemic on mobility patterns: The first wave ' s results [J]. Transportation Letters ,2021, 13(5-6): 434-446 .

[14] GKIOTSALITIS K, CATS O. Public transport planning adaption under the covid-19 pandemic crisis: Literature review of research needs and directions[J]. Transport Reviews, 2021, 41(3): 374-392 .

[15] HONEY-ROSÉS J, ANGUELOVSKI I, CHIREH V K, et al. The impact of covid-19 on public space: An early review of the emerging questions-design, perceptions and inequities[J]. Cities & Health ,2020, 5(1): S263-S279.

[16] HONG J, MCARTHUR D P. How does internet usage influence young travelers ' choices? [J]. Journal of Planning Education and Research ,2017, 39(2): 155-165 .

[17] HOTLE S, MURRAY-TUITE P, SINGH K. Influenza risk perception and travel-related health protection behavior in the us: Insights for the aftermath of the covid-19 outbreak[J]. Transportation Research Interdisciplinary Perspectives ,2020, 5: 100127 .

[18] HUANG H, WEI J, YANG R . Determinants of consumers ' intention to participate in automobile recalls for environmental defects: Using an extended theory of planned behavior [J]. Journal of Environmental Planning and Management, 2022, 66(10): 2151-2170 .

[19] IPSOS. Impact of coronavirus to new car purchase in China [R]. Web from England, 2020

[20] JACOBUCCI R, BRANDMAIER A M, KIEVIT R A . A practical guide to variable selection in structural equation modeling by using regularized multiple-indicators, multiple-causes models Advances in Methods and Practices [J]. Psychological Science ,2019, 2(1): 55-76 .

[21] KHUBCHANDANI J, BISWAS N, MUSTAPHA T, et al. Covid-19 vaccination refusal among college students: Global trends and action priorities [J]. Brain, Behavior, and Immunity, 2022, 99: 218-222 .

[22] KONRAD K, WITTOWSKY D . Virtual mobility and travel behavior of young people-connections of two dimensions of mobility [J]. Research in Transportation Economics, 2018, 68: 11-17 .

[23] LIU J, CAO Q, PEI M . Impact of Covid-19 on adolescent travel behavior[J]. Journal of Transport & Health 2022, 24: 101326 .

[24] LIU J, NAMBISAN S, LI X,et al. Are young americans carless across the united states? A spatial analysis[J]. Transportation Research Part D: Transport and Environment , 2020, 78: 102197 .

[25] MASHRUR S M, WANG K L, LOA P, et al. Application of protection motivation theory to quantify the impact of pandemic fear on anticipated postpandemic transit usage [J]. Transportation Research Record ,2023, 2677(4): 267-286 .

[26] OZBILEN B, SLAGLE K M, AKAR G. Perceived risk of infection while traveling during the covid-19 pandemic: Insights from columbus, [J]. Transportation Research Interdisciplinary Perspectives, 2021, 10: 100326 .

[27] SHAFI R, DELBOSC A, ROSE G . Travel attitudes and mode use among asian

international students at an australian university [J]. Transportation Research Part D: Transport and Environment, 2020, 80: 102259.

[28] SHEN H, ZOU B, LIN J, et al. Modeling travel mode choice of young people with differentiated e-hailing ride services in nanjing China[J]. Transportation Research Part D: Transport and Environment 2020, 78: 102216.

[29] VEGA-GONZALO M, GOMEZ J, CHRISTIDIS P. How has covid-19 changed private car use in european urban areas? An analysis of the effect of socio-economic characteristics and mobility habits [J]. Transportation Research Part A: Policy and Practice, 2023, 172: 103679.

[30] YANG, B, LIANG K, ZHAO X, et al. Psychological influences on drivers' yielding behavior at the crosswalk of intersections Cognition[J]. Technology & Work, 2019, 22 (3): 501-516.

[31] ZAFRI N M, KHAN A, JAMAL S, et al. Risk perceptions of covid-19 transmission in different travel modes [J]. Transportation Research Interdisciplinary Perspectives, 2022, 13: 100548.

[32] ZHANG N, JIA W, WANG P H, et al. Changes in local travel behaviour before and during the covid-19 pandemic in Hong Kong [J]. Cities, 2022, 112: 103139.

[33] ZHANG Y C, FRICKER J D. Quantifying the impact of covid-19 on non-motorized transportation: A bayesian structural time series model [J]. Transport policy, 2021, 103: 11-20.

[34] ZHANG Y Q, ZHANG F, JI Y J, et al. Understanding the illegal charging intention of electric micro-mobility vehicle users by extending the theory of planned behavior[J]. Journal of Cleaner Production, 2023, 413: 137491.

[35] ZHAO P J, GAO Y K. Public transit travel choice in the post covid-19 pandemic era: An application of the extended theory of planned behavior [J]. Travel Behaviour and Society, 2022, 28: 181-195

[36] ZHOU M, WANG D G. Generational differences in attitudes towards car, car ownership and car use in Beijing [J]. Transportation Research Part D: Transport and Environment, 2019, 72: 261-278.

Investigating the Metro-based Activity Spaces of School Children Using Smart Card Data

Qian Qian[1] Hongyu Pei[2] Rui Tang[1] Donglin He[1] Yang Liu*[1]

(1. Faculty of Transportation Engineering, Kunming University of Science and Technology;
2. Hangzhou Comprehensive Transportation Research Center)

Abstract Encouraging students to commute by metro can effectively reduce CO_2 emissions caused by car use for long-distance commuting to school. To better understand the relationship between school children's metro use and their activity patterns, this study explores the metro-based activity spaces of school children. First, the concept of metro-based activity space of school commuters is introduced to depict their activities geographically. Then, using three-week metro smart card data collected from Nanjing, China, student commuters are identified and classified into three groups, namely high-, medium-, and low-frequency group based on their metro-use frequency. Moreover, a path buffer analysis method is used to describe the geometry of school children's metro-based activity spaces and four indices to measure the spatial relationship between activities are proposed. Further, a comparison analysis of the activity space characteristics of different groups is conducted. Results show that student commuters' activity space patterns significantly influence their metro use frequencies. The activity spaces of the high-frequency group are stable and usually covered by one single metro line, while that of other groups are scattered. Besides, the home-school distance for the low-frequency group is the longest and cross-region travel is pervasive. This study can offer practical guidance to reduce the CO_2 emissions for escorting long-distance school commuters.

Keywords School children Metro activity space CO_2 emissions Smart card data

0 Introduction

Recent years, individual spatiotemporal behavior has been becoming one of the main focuses to understand urbanization, urban development, and social spatial segregation[1-2]. Activity space, as an important measure of individual's daily spatial behaviour, can reflect individuals' habitual movements that interact with their environment and utilisation of urban space according to their physical and social psychological needs[3]. Hence, it has been widely used in urban planning and public health research such as social exclusion, accessibility and human well-being[4-5]. For the development of sustainable people-oriented smart cities, exploring individuals' temporal-spatial behaviour from an activity space perspective has become a trend.

School children is a special group of travellers whose outdoor activities are usually associated to their physical and mental development[6-7]. A large number of studies have shown that the increasing rates of driving students to/from school have led to not only a notable increase in traffic congestion at peak times and schoolchildren's risk of traffic accidents but also an increase in rates of childhood obesity[8-10]. However, a global decline of active travel of school children is happening due to economic growth and urbanization[11]. In China, primary and secondary middle school children entrance to school under the nearby enrollment policy that guarantee the equal right of students to receive education. However, due to the imbalanced education resources and parents' enthusiasm of pursuing for high quality education, school choice phenomenon is ubiquitous, resulting in the separation of school and home[6,11-12]. As a result, most such students are still escorted to and/or from school due to parental concerns about safety, comfort, reliability and convenience. In order to reduce the car use for driving these children to/from school, metro as one of the main long-distance public transits should be encouraged because of its low carbon emission, high-speed and efficiency, especially in cities that lack school buses[13]. Therefore, it is important to understand the activity patterns of school commuters on the metro. Since student metro users who live far from school rarely walk or cycle to school, they are more likely to be escorted by their parents or use other motorised modes (such as cars) if they are not using the metro on weekdays. For this reason, this paper assumes that students who use the metro occasionally on weekdays are likely to generate more CO_2 emissions.

Moreover, since school activities are at the core of all the other activities students take part in, the use of metro, to a large extent, affects their quality of life. Therefore, studying the travel behaviour of metro school commuters based on activity space perspective, not only can we understand the characteristics of their activity and travel patterns, but also can have a deeper understanding of the potential escorting behaviour for these school commuters. Furthermore, it enables us to grasp the spatial segregation between various activities on the metro at a macro level. Therefore, this study aims to put forward a measurement of activity space for school commuters based on metro smart card data. The following research questions will be addressed in this paper.

(1) How to use smart card data to measure the metro-based activity space of school commuters considering the potential CO_2 emissions?

(2) What is the activity space characteristics of different CO_2 emissions groups?

(3) Are there significant variations of activity spaces between different CO_2 emissions groups?

This paper contributes to the analysis of activity space of student commuters using metro smart card data. By classifying the student commuters into different clusters according to their metro-use frequency, we identify different activity patterns of the metro-based schooling groups. Results can reflect the role that metro plays in the students' daily life, which enable us to understand the behavioral characteristics and travel demand of different school commuters in metro system. Further, we can plan the spatial layout of the city to improve the quality of life for younger generations.

The rest of the paper is organized as follow: Section 1 conceptualizes metro-based activity space for school commuters. Section 2 describes the study area and the data set. Section 3 and section 4 introduces the methodology and presents the analysis results respectively. The discussions and conclusions of the paper is provided in Section 5.

1 Metro-based activity space for student commuters

The concept of activity space rooted in behavioral geography is an approach to investigate individual's activities and travel behaviour in space, place and environment[14]. Behavioral geographers defined activity space as "the local areas within which people move or travel during the course of their daily activities", and explored its formation by anchor-point theory[15]. This theory proposed that individuals who are familiar with the new space environment will extend their activities and travel repeatedly between main activity anchors. These activity anchors and the linkages between them constitute the spatial structure of activity space[16]. Since the first tour of individual trips is usually home based, activity space can be also regarded as an extended home range within which individual daily activities are carried out. It can be classified into different types such as work space, shopping space and leisure space based on different types of activities. In this paper, metro-based activity space of school students is conceptualized as a special kind of activity space which is formed with an increasing use of metro for school students in the context of China. Since going to school is the main activity of school commuters, metro-based activity space of school students is made up of residence, school location and other activities points. The diagram of metro-based activity space is shown in Figure 1.

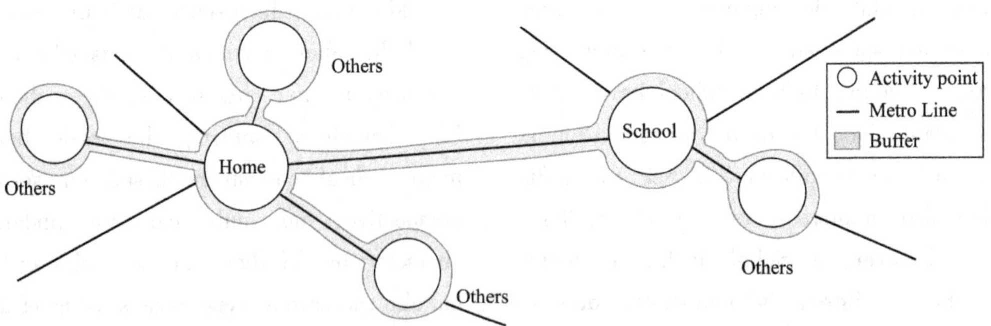

Figure 1 Activity space diagram in time geography

The measurement of activity space has been extensively discussed in the existing literature. In generally, standard confidence ellipse, minimum convex polygon, kernel density estimation and shortest paths networks are widely used to measure human activity spaces[17-18]. For instance, Schönfelder et al.[19] measured activity space using three different methods: confidence ellipse, kernel density estimation and shortest path networks. They revealed the differences of activity spaces among personal attributes.

Casas[20] associated individual's activity space with their accessibility, and took the longest travel distance of individual in a day as the boundary of their activity space range. Zenk et al.[21] used the method of standard confidence ellipse and daily path area to study the relationship between residents' personal attributes, environmental characteristics and activity space and their travel behaviour. They pointed out that owning a car enlarges residents' activity space range. Li and Tong[22] proposed an time geography based approach to measure human activity spaces by taking into account the full complexity of activity-travel and urban structures. Activities including home-based, workplace-based and other sub-activities has been incorporated in their constructed activity spaces. However, most of the previous studies were based on traditional survey data, which have some shortcomings in the measurement of activity space such as lack of space-time information and short recording time.

With the rapid technological improvement of mobile devices, GPS trajectory collection with Personal Digital Assistant (PDA) have provided an opportunity to measure activity space in a more accurate manner. Compared with the traditional survey data, such data sources have higher accuracy, larger sample sizes, wider coverage, and stronger real-time performance, which provides a better data foundation for studying the spatial-temporal behaviour of travellers. The methods aiming at the measure of space range have been widely used in previous studies, including the confidence ellipse, the kernel density estimation and the minimum spanning tree which mainly[23]. For instance, Jaerv et al.[24] used 12-month mobile phone call detail records to reveal the variance in human activity spaces from a longitudinal perspective. They found significant monthly variations in the sizes of individual activity spaces. Wang et al[17] proposed a context-based crystal-growth method to measure the characteristics of individual activity space in Chicago using GIS and GPS trajectory data. However, smart card data recorded a comprehensive, long-term and precise information of individuals who use metro has been rarely focused on. As a result, the activity space of specific population groups, such as long-distance school commuter groups have been overlooked.

2 Study area and data collection

As the capital of Jiangsu Province, Nanjing is an important economic, cultural, and educational centre of Eastern China. The permanent residents of Nanjing accounted for 8.23 million, the urban population was 6.53 million, and the urbanisation rate was 81.4%. In 2015, the built-up area was 755.27 km^2[25]. As of October 2015, 6 metro lines had been in operation in Nanjing, namely Metro Line 1, Line 2, Line 3, Line 4, Line 10, Line S1, and Line S8, with a total of 113 metro stations. The total length of metro lines climbed to 225 km and the average daily passenger flow has reached 2.2 million, accounting for 34.8% of the total urban travel. In this study, Nanjing was divided into three regions, namely urban, suburban, and exurban regions. The inner city consists mainly of mixed-use land, where jobs and educational resources are densely distributed and the quality of metro facilities is reasonably high; whereas the exurban region is made up of single-use, low density areas where transport infrastructures, especially metro, are underdeveloped. By the end of 2015, there were 16 metro stations in the urban region, 58 in the suburban region, and 39 in the exurban region. With the increasing distance for schooling, more and more students may choose the metro to go to school. Consequently, metro-based travel is affecting their quality of daily life.

The data used for this study consists of two parts, one of which is the smart card data of Nanjing Metro from October 10, 2015 to October 25, 2015, including three consecutive weeks. The data are used for the identification of school commuters who attended school by metro and the measurement of their activity spaces. Information used in this study includes date of arrival, time of arrival, date of departure, time of departure, card type, arrival station number, departure station number and card number. After the collection of the original data, all the trips in a traveller's record were merged following a chronological order. The data was then cleaned to filter out invalid data such as data with the same arrival and departure station, and those who arrived and departed in different days. After the pre-proceedings, we got a total of 475 thousand valid metro smart card use record by 64,397 student metro users in 15 continuous working days in October 2015.

Besides, in order to identify metro-based schooling behaviour, we also investigated the opening and closing time of most of the primary, secondary and high schools. In the morning, the opening time ranged from 6:30 am to 8:30 am and the closing time ranged from 11: 30 am to 12: 00 am. In the afternoon, the opening time ranged from 13:00 pm to 14:00 pm and the closing time ranged from 14:00 pm to 21:30 pm.

3 Methodology

3.1 Identifying and classifying school commuters

In this study, a metro school commuter is defined as a student who travels to and/or from school on weekdays using the metro. Geographically, the key to identify schooling behaviour is to identify students' home and school locations. Most of the previous studies regarded the first departure point as home and the place where commuters stay for more than a certain period of time (e. g. 6 hours) as the workplace[26]. However, this is problematic to identify students' home and school locations because parents are likely to escort their children, it is quite common that students only take metro one-way. Since the opening and closing time for school students are relatively stable, we can identify students' home and school location by considering their spatial-temporal characteristics. The identification method was introduced and elaborated in our previous papers[13,27]. In this study, we used the programming language R to identify schooling behaviour in the smart card data. Notably, some of the high school students in Nanjing studies in boarding schools. These students usually go to school on Sunday afternoon, stay at the school through the weekdays, and go home on Friday afternoon every week. Therefore, the identified results that students commute to school by the metro less than three days in the 15 weekdays were deleted. Finally, we identified 25,469 metro-based student commuters, accounted for 39.6% of the student population. The average times of metro-based schooling were 11.2. The distribution of the number of days students commuted by the metro as shown in Figure 2. Figure 2 shows that most of the students only use metro occasionally in weekdays with only days in the 15 working days. Other students are distributed in the 4 ~ 6 days and 13 ~ 15 days frequency category. A few students often travelled by metro, with 7 ~ 12 days of use frequency. Although the frequency of students using the metro differs, they show similar travel behaviour in the same frequency groups. Thus, K-means cluster analysis was conducted to classify the metro-commuting students based on their use frequency, and three frequency groups were obtained, namely 3 ~ 5 days, 6 ~ 13 days, and 13 ~ 15 days-group. In this paper, we defined these three frequency groups as low-, medium-and high-frequency group, respectively. Students from the high-frequency group were loyal metro users whose travel mode choice were less likely to be shifted to others, while students from the low-frequency group only used metro for schooling occasionally and hence more likely to contribute to CO_2 emissions. Besides, the medium-frequency group, the floating one, could be deemed as potential low-frequency or high-frequency metro users. Statistically, the low-frequency group accounts for 37.8% of the sample, followed by the high-frequency group (33.8%) and the medium-frequency group (28.3%).

3.2 The measure of metro-based activity space

As mentioned in section 1, the measurement methods of activity space mainly include standard confidence ellipse[28], minimum convex polygon[29-30], kernel density estimation[31], shortest paths networks (also called network buffers)[4,17] and their extension methods. Among them, standard confidence ellipse is the most widely used method for the measurement of individuals' activity spaces, and the ratio of long axis to short axis, area and activity duration of active ellipses can be regarded as the characteristics of activity space[32]. However, since places for activity on the metro are less than that of ground transport, the confidence ellipse method cannot reflect metro-based activity space of individuals. The minimum convex polygon method refers to the smallest convex polygon that can contain all the active places to represent the individual's activity space. This method mainly focuses on the description of the active region in the polygon, which may lead to the exclusion of the space near the actual active point. The kernel density estimation is a spatial interpolation based on known activity points, and is mainly used to describe the spatial distribution characteristics of activity points associated with potential attainable opportunities within a certain distance. However, this method is not suitable for measuring metro-based activity space because most metro travel has a fixed route.

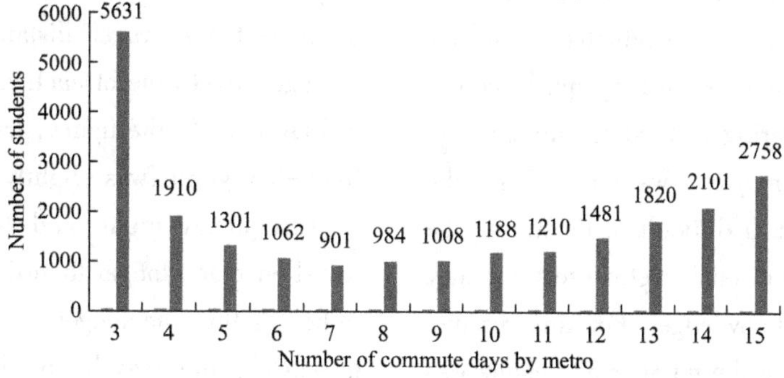

Figure 2 Distribution of the number of days students commuted by the metro

Unlike the above-mentioned methods, the path buffer analysis focuses on the areas that are within close proximity to individual's travel path[33]. This method assumes that an individual's travel path is correlated with his/her surrounding environments. Since the band areas of paths can actually reflect individual's activity space on a known road network, this method is applicable to the construction of metro-based activity spaces. Therefore, this paper used the path buffer method to construct student commuters' activity space based on the metro network. It is noteworthy that although the path buffer analysis can be used to describe the geometric characteristics of individual's activity space, it annot reflect the spatial relationship between activity points. Therefore, this paper further proposed four indices to measure the spatial relationship of metro-based activities for students according to the centroid of activity points[34], as shown in Figure 3. In the figure, *Id* indicates the network distance between home and school, *Ic* is equal to the sum of the distance from other activity points to the centroid of all the other activity points, and is used to characterize the spatial dispersion of students traveling on the metro. Specifically, the higher the value, the greater the degree of dispersion and the wider the spatial range of students travel on the metro. *Ih* is the distance between home and the centroid of all the other activity points, and *Is* is the distance between school to the centroid of all the other activity points. For the convenience of description, this paper defined the spatial relationship of the above activity locations as active space pattern.

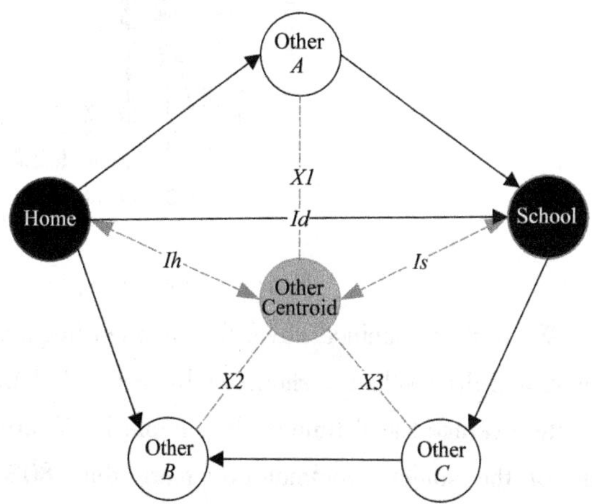

Figure 3 Schematic diagram of metro-based activity space of school commuters

3.3 The measure of metro-based activity space

Due to the differences of individual students, the measured activity space indices are different in value, which is not conducive to analysis and find the travel patterns of the group who attend school by daily trips. In order to simplified the studied issue, we clustered students into groups according to the measuring indices of activity space. The clustering aimed to cluster indices with similar values and to differ the groups of indices from one another as much as possible. Therefore, we conducted K-means clustering method to cluster the activity space indices since the K-means clustering method is efficient and concise. Prior to the analysis, we have to set the number of clusters but it is difficult to determine the amount of activity space of each metro-use frequency group according to our knowledge. For this reason, elbow rule for determining the number of clusters was introduced in this paper. This method shows the sum of squares for error of different cluster numbers. The sum of squares for error represents the sum of the squares of the distance from all the data point to the centre point. The smaller the sum of squares for error, the higher the similarity of indices of each data in the group.

4 Results

4.1 Metro-based activity space indices of school commuter

4.1.1 *Id* value

Compared with travel distance, travel time can be more intuitively perceived by the travellers. The travel time of metro schooling consists of their waiting time and travel time. To some extent it can be used to present the travel distance characteristics. The average travel time of each frequency group is shown in Figure 4. In the figure, travel time of the medium-frequency group was slightly longer than that of the high-frequency group and the low-frequency group travelled much longer than the other two groups. This indicates that the longer student commuters go/from to school, the less likely they travelled by metro. Besides, the lower the frequency was, the higher the discreteness of student commuters' travel time would be. On the contrary, the travel time of students whose metro use frequency were higher were regular and relatively consistent.

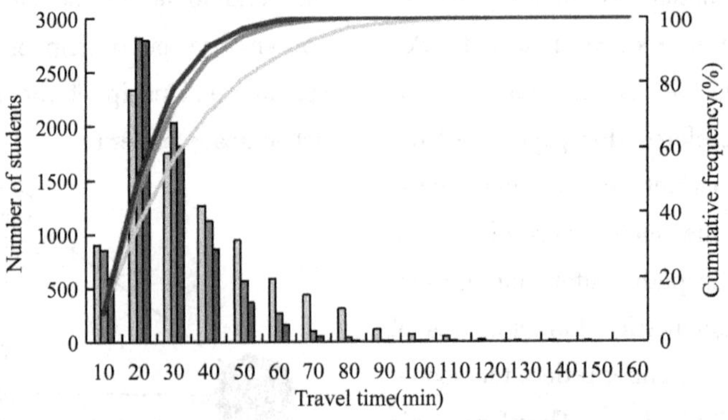

Figure 4 Travel time between home and school on the metro by different groups

We further examined travel time of each frequency group, and the results are shown in Table 1. We found that the average travel time of the sample is 27 mins. Most of the student commuters (more than 80%) used metro when travel time was less than 40 mins. With the increase of frequency, the average travel time decreased and the discreteness of the sample became lower. This indicates that travel distance measured by travel time is one of the key determinants of metro use for schooling.

Description of Travel Time between Home and School by Different Groups Table 1

Frequency Group	25% Quartile(%)	Median(%)	Mean(%)	75% Quartile(%)	Std. Deviation(%)
High	13.80	19.81	22.59	31.16	11.92
Medium	13.98	20.92	24.20	34.61	13.89
Low	15.59	26.28	32.19	48.48	21.71
Total	14.35	21.75	26.77	38.23	17.38

We also observed the location relationship between the home and school varied among the different groups. Based on the three identified regions (i. e. urban, suburban and exurban), there were nine combinations for the location of home and school in this paper. For example, a student whose resided in urban area and studied in suburban area was represented by U-S. Statistically, students who lived in the suburbs and went to school in urban and suburban areas accounted for the highest proportion (31.03% and 26.35%) of all metro-commuting students. It is arguably because: (a) on the one hand, most of the young couples, especially a large number of rural-urban migrants, have to live in the suburban or exurban areas due to the high housing price in the city centre; and (b) on the other hand, the majority of educational resources, especially those high-quality and reputable schools are located in the compact city centre. For both high-frequency and medium-frequency metro groups, the largest proportion of home-school relationship was S-U (40.32% vs 33.80%), followed by S-S (25.35%. vs 28.36%). The number of other combinations was much lower. However, for low-frequency users, the most common relationship is S-S (25.34%) followed by U-S (21.56%) and E-S (12.21%). That is to say, those who have used the metro for a long time mainly lived in suburban areas and went to school in urban or suburban areas, where the distances between metro stations were short. This result is consistent with Li and Zhao's[9] findings that students living in the core area tend to go to school by public transport over a short distance. In addition, the proportion of E-E for low-frequency users was far higher than that for high-frequency users. These students are more likely to be escorted by their parents to and/or from school most of the time.

4.1.2 *Ic* value

The distribution of *Ic* value for each frequency group is shown in Figure 5. The figure shows that the *Ic* values of students in the high frequency group were relatively low, the *Ic* values of about 80% of the students were less than 15 km. With the increase of the frequency of metro-based schooling, the *Ic* value gradually climbed to a higher level at which the *Ic* values of 80% of students in the low-and medium-frequency group reached 25 km. It indicates students who were less frequently travelled by metro travelled in a wider area. With the increase of *Ic* value, differences between the three frequency groups progressively decreased and the distribution curve of the low-and medium-frequency group was virtually coincided.

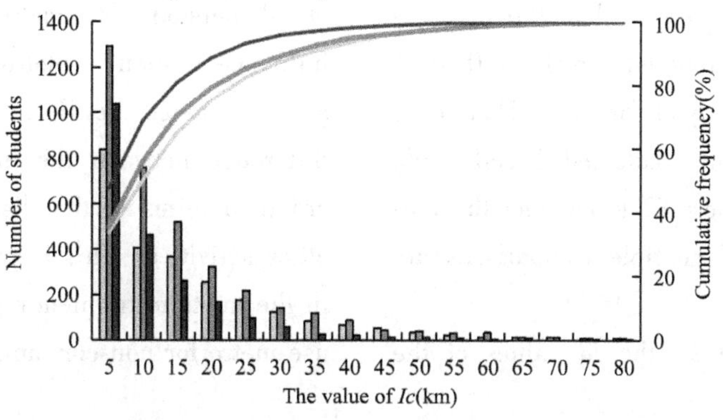

Figure 5 Distribution of *Ic* value by different groups

4.1.3 *Ih* and *Is* value

We calculated the distances between home, school and the centroid of all the other points of activity for each student and obtained the *Is-Ih* heat maps of the three frequency groups, as shown in Figure 6. Although, generally, most travels happened around the stations near their home instead of schools, there are considerable differences between the three frequency groups. Specifically, Figure 6a) shows that high-frequency group students were likely to attend other activities around their home or school points. Their metro use was more regular than other groups and they have more trips at the school end. The characteristics of medium-frequency group were similar to the high-frequency group but the distribution of their activity locations is more dispersed. As shown in Figure 6c), the low-frequency group was more dispersed and less regular. There were more trips far away from home and school when participating in other activities, but only at both ends of the trip still accounts for a high proportion. This indicates that the land use around the low-frequency group's home or school cannot meet their needs for participating in other activities.

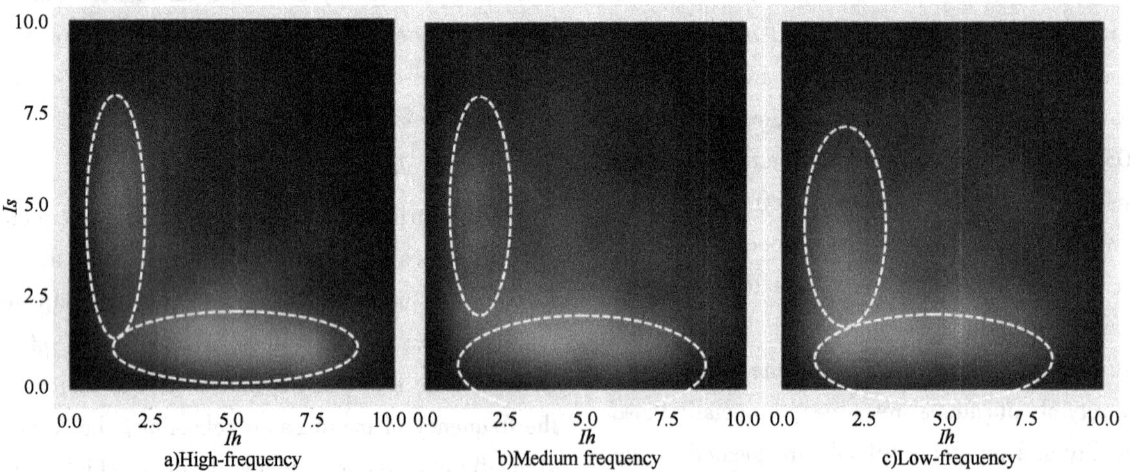

Figure 6 *Is* – *Ih* heat maps by different groups

In order to test the significant differences between the three frequency groups, one-way analysis of variance tests (one-way ANOVA) was conducted. ANOVA is often used to test the significance of the difference between the means of two or more samples. Prior to the one-way ANOVA test, the homogeneity of variance tests was conducted via SPSS. The results show the p values of the four indices we proposed are 0 (<0.05) which indicates homogeneity of variance. Therefore, the ANOVA test cannot be conducted directly. We then adopted the Tamhane's T2 to conduct the post hoc test. The results of multiple comparisons are shown in Table 2.

As shown in Table 2, the *Id* values of the three frequency groups shows significant heterogeneity, which implies that metro-based travel distance of the three frequency groups varies significantly. In other words, the distance between home and school significantly influences students' metro use. Similar results can be found in the results of *Is* and *Ic*, which suggests that the degree of dispersion of metro-based activity points influence their metro use. Unlike the aforementioned results, there is no significant difference between the low-, and high-frequency group in terms of the distance between home the other activities. This is probably because students in the medium-frequency group are more willing to use metro for non-commuting activities.

One-way ANOVA by Tamhanes's T2 — Table 2

Dependent variable	(I) Group	(J) Group	Mean difference (I-J)	S. E.	p-value	95% CI	
						LowerBound	UpperBound
Id	1	2	3.05	0.11	0.00	2.79	3.31
	1	3	3.34	0.11	0.00	3.08	3.59
	2	3	0.29	0.08	0.00	0.09	0.49
Ih	1	2	−1.06	0.09	0.00	−1.27	−0.85
	1	3	0.03	0.09	0.97	−0.17	0.24
	2	3	1.10	0.08	0.00	0.90	1.30
Is	1	2	−0.60	0.08	0.00	−0.79	−0.41
	1	3	0.38	0.08	0.00	0.20	0.56
	2	3	0.98	0.07	0.00	0.80	1.15
Ic	1	2	−2.21	0.19	0.00	−2.65	−1.78
	1	3	1.27	0.14	0.00	0.93	1.61
	2	3	3.49	0.17	0.00	3.08	3.89

4.2 Metro-based activity space patterns in different group

We set the number of clusters from 1 to 15 to identify the optimal patterns of activity space in each frequency group. By comparing the elbow figure for all clustering results, 2, 2 and 4 patterns for the high-, medium and low-frequency group were finally identified respectively. The clustering results of each frequency group are shown in Figure 7. As shown in Figure 7a), there were two typical activity space patterns for the high frequency group. Comparison between the two patterns showed that all the four activity space indices of Cluster 2 were greater than that of Cluster 1, especially the *Ic* value. It suggested that individuals in Cluster 2 travelled in a wider area and their activity spots (except home and school) were relatively dispersed. The majority of high-frequency metro-based student commuters fell in Cluster 1, accounts for 89.77%, which revealed that the most of high-frequency student commuters had a relatively small activity space. It implies that the activity demand of high-frequency student commuters can be fulfilled near their home. Likewise, as shown in Figure 7b), medium-frequency student commuters shared the same characteristics of the high-frequency group, only with a significantly smaller *Ic* value. The metro use patterns were much more diverse among the low-frequency student commuters. As shown in Figure 7c), low-frequency student commuters were clustered into 4 groups which accounted for 19.52%, 6.32%, 56.96% and 17.57% respectively. More than 70% of them (Cluster 1 and Cluster 3) mainly used metro for schooling but did not use metro for other activities. The *Id* value of low-frequency student commuters was considerably higher than other groups. This revealed that long commuting distance will lower the frequency of metro-based schooling and other activities, albeit metro's suitability for medium and long-distance travel. Based on the clustering results, we selected one representative individual from each one of the clusters and generated their activity space as shown in Figure 8.

In general, activity space of the high-frequency group was relatively more stable than the other two groups, mainly surrounding the route between home and school. This implied that their activity spots were mainly distributed around the schooling routes, which can be covered by one single metro line. The medium-frequency group was very similar but other activities were not distributed around the schooling routes, which cannot be covered by one single metro line. Even so, their other activity spots were still distributed around either their home or school and their activity spaces were mainly distributed around the edge of the urban area. Unlike the other two groups, low-frequency student commuters travelled considerably longer distances and longer time. It was pervasive that they had to travel across different regions. Meanwhile, other activity spots of the low-frequency group were also far away from their home and school. This activity space pattern is probably the reason why they use metro for schooling much less frequently. In this case, they were highly likely to be escorted by their parents by using cars. Besides, some low-frequency students in Cluster 3 had a very short schooling distance and their other activity spots were on their schooling routes. Such an activity space pattern offered them relatively more options to travel. It is worth noting that most metro-based school commuters lived far away from the city centre while their schools were mostly located in the city centre, especially the low-frequency group. It implies that the unevenly distributed educational resources arguably contributed to students' long-distance travel.

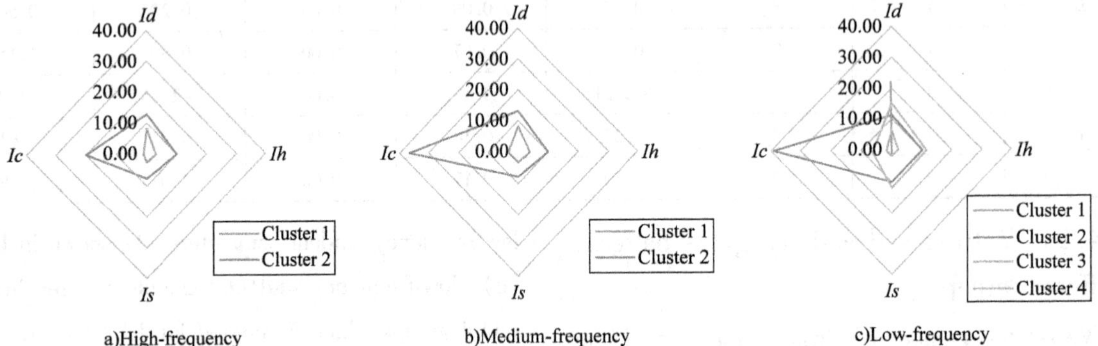

Figure 7 Clustering results of different frequency groups

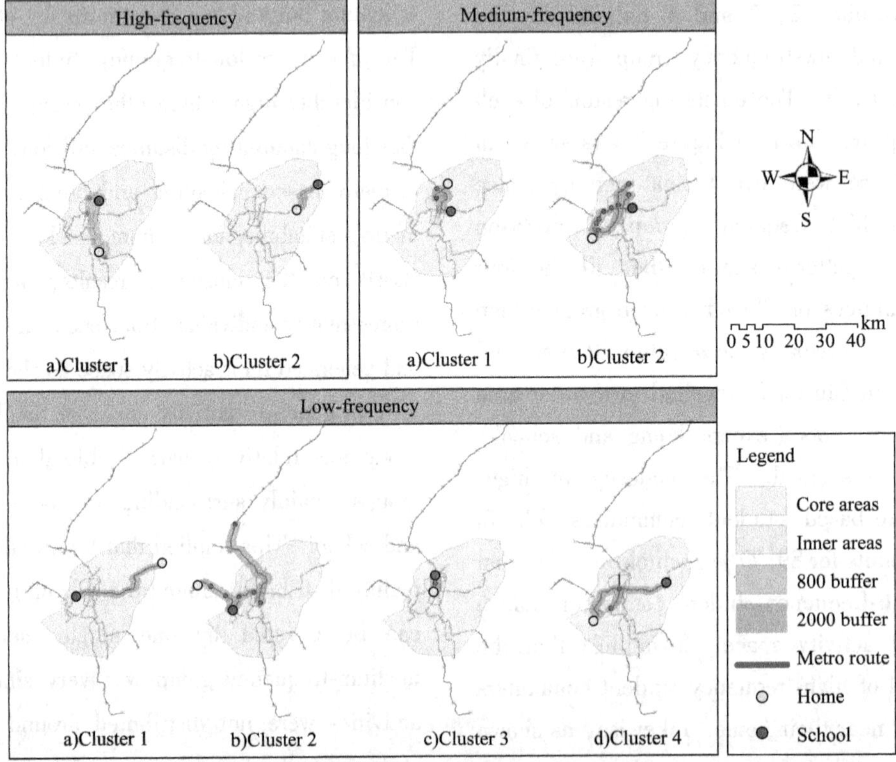

Figure 8 Typical activity space patterns by different groups

5 Discussion and Conclusion

Current research on school travel mode choice has mostly focused on how to encourage students to go to school by walking or cycling. Because these travel modes alone are not feasible for long-distance school commuters, the use of metro may considerably increase the likelihood of choosing active travel modes and reduce parents' escorting and CO_2 emissions. Physically, students may adopt a healthier lifestyle if they use metro instead of being escorted by their parents. By using metro, students may become less dependent on their parents. Moreover, for most of the families in China, escorting children has been one of the heavy burdens of young couples. Therefore, encouraging students to choose metro for medium-and long-distance trips can effectively improve their parent's quality of life, as well as contributing to a sustainable urban transport system by reducing CO_2 emissions.

This paper focuses on the relationship between school commuters' metro use frequency and their activity spaces using smart card data collected from Nanjing, China. K-means clustering was conducted to investigate activity space patterns for each frequency group. The clustering results reveals that student commuters' activity space patterns significantly influence their metro use frequencies. Via visualisation, it is crystallised that: (a) with the increase of travel distance, metro-based schooling dropped; (b) the activity spaces for the high-frequency group were stable and were covered by one single metro line; (c) for the medium-frequency group, activities were engaged in around home or school, activity points were to some extent concentrated but cannot be covered by one single metro line; (d) the home-school distance for the low-frequency group was visually longer than the other groups and cross-region travel was pervasive. The results are insightful for both policymakers and practitioners in terms of travel time reduction, educational resources, and land use patterns.

Firstly, the results reveal that travel time is a significant factor that influences students' metro-use for school commuting. A long travel time crucially contributes to lower metro use frequency for school commuting. As aforementioned, a student's longest acceptable travel duration is 40 minutes but a large number of the students in Nanjing currently had to spend more than 40 minutes on metro. Most of them were low-and medium-frequency users. It is therefore conceivable that reducing their travel time would consequently increase their metro use for schooling.

Secondly, almost all the high-frequency commuters lived in suburban or urban areas and went to schools in urban areas, while most of the low-frequency commuters had to travel across the region from the periphery to the centre. The results also reveal that a long school-housing distance led to parent's escorting which significantly contributes to CO_2 emissions. It is noteworthy that people reside in the suburban area are mostly new migrants who have been experiencing many other kinds of transport-related social inequities[35]. Therefore, a more equitable distribution of educational resources is compellingly desired both in terms of urban ecological sustainability and social inclusiveness for new migrants and their children. In order to promote the equitable distribution of educational resources, especially high-quality resources, hard policies should be implemented to prohibit the concentration of high-quality educational resources and to restrict school-choosing. Meanwhile, the nearby enrolment policy could be enhanced by soft policies, such as providing primary-secondary school packages. In addition, in urban planning, the school-housing balance should be taken into account, especially in suburban and exurban areas, to reduce cross-regional or long-distance travel.

Thirdly, scattered activity locations are likely to reduce the frequency of students using metro. Therefore, policymakers and practitioners should adopt a mix-land use pattern near metro stations, especially in the residential and school districts. Besides, bikeshare mode as an effective feeder mode to metro should be implemented in residential and school locations, especially in the exurban area. On the one hand, the integrated metro and bikesharing schemes is benefit to shift from cars to public transits[2,5]. On the other hand, cycling contributes to students' physical and mental health, especially for those who rarely participate in other outdoor activities.

The contributions of this paper are highlighted as follows. Firstly, we measure the activity space of the school children group from an individual perspective using the smart card data. compared to traditional travel survey data, using smart card data to investigate student commuters' activity space is more concise and more accurate. At the same time, the smart card data can trace individual travel during a long period, and can reflect the habitual behaviour of specific groups. Secondly, by measuring the activity space based on the shortest path method, this paper obtains the spatial position relationship of the activity points according to the distances between the centroids of the activity points. It enables the activity space constructed in this paper to reflect not only the spatial geometric characteristics of individual activities, but also the spatial relevance of each activity point. Finally, the typical activity space patterns corresponding to the high-, medium-and low-frequency group are obtained through the clustering method, which is helpful to explore the relationship between the activity space of students and the frequency of metro usage.

There are some limitations of this study. The shortest path-based activity space generation method regards the path between the origin and the destination as the shortest path which ignored the possibility of choosing other paths. In the real-world situation, due to the crowdedness of metro, people may not choose the shortest path to travel. Also, we analysed the activity space for the three frequency groups but we did not consider the impacts of other factors such as individuals' socio-demographic attributes and built environment. In our further study, the above-mentioned issues will be addressed.

This study represents an effort to develop a method using smart card data to analyse the characteristics of metro-based activity spaces of school children. First, we discuss the conceptualization metro-based activity space of school commuters. Second, we use smart card data collected from Nanjing to identify and cluster the student commuters into three frequency groups, namely high-, medium-, and low-frequency group based on their metro-use frequency. Third, a path buffer analysis method is used to describe the geometry of their metro-based activity spaces for each frequency group. Consider that the path buffer method cannot reflect the spatial relationship between active points, we further propose four metro-based activity space indices of school commuters to measure their activity active space and analyse the characteristics of activity space for the three frequency groups. Finally, policy implications are proposed based on the results. This study can be used for understanding long-distance school children's habitual movements that interact with their environment and utilisation of urban space according to their physical and social psychological needs.

References

[1] GAN Z M, YANG T, FENG H T. Understanding urban mobility patterns from a spatiotemporal perspective: daily ridership profiles of metro stations[J]. Transportation, 2018 : 1-22.

[2] LIU Y Y, JI T , FENG H J P T. Understanding the determinants of young commuters ´ metro-bikeshare usage frequency using big data[J]. Travel Behaviour & Society 2020,22 : 121-130.

[3] RUSEK R L J C, FRIGOLA J M . A comparison study on space-use analysis techniques and proposal of a novel method for determining space needs in public facilities[J]. Sustainable Cities and Society , 2018, 39 : 326-334.

[4] BABB C D, OLARU C, CURTIS D R. Children's active travel local activity spaces and wellbeing: A case study in Perth [J]. WA Travel Behaviour & Society 2017 :221.

[5] MA X R, CAO J W. Effects of Psychological Factors on Modal Shift from Car to Dockless

Bike Sharing: A Case Study of Nanjing China [J]. International journal of environmental research and public health 2019, 16:3420.

[6] LIU Y Y , JI Z ,SHI B, HE Q L. Investigating the effect of the spatial relationship between home workplace and school on parental chauffeurs' daily travel mode choice [J]. Transport Policy,2018, 69 2018 : 78-87.

[7] LEUNG Y, LOO B . Determinants of children's active travel to school: A case study in Hong Kong[J]. Travel Behaviour and Society. 2020, 21 : 79-89 .

[8] FAULKNER G E J R N, BULIUNG P K , FLORA C F. Active school transport physical activity levels and body weight of children and youth: A systematic review [J]. Preventive Medicine 2019, 48(1) : 3-8.

[9] LI S, ZHAO P . The determinants of commuting mode choice among school children in Beijing [J]. Journal of Transport Geography 2015, 46: 112-121 .

[10] ZHANG Y, BRUSSEL M J G , THOMAS T , et al. Mining bike-sharing travel behavior data: An investigation into trip chains and transition activities [J]. Computers Environment and Urban Systems 2018: 39-50.

[11] YANG Y , XUE H , LIU S , et al. Is the decline of active travel to school unavoidable by-products of economic growth and urbanization in developing countries? [J]. Sustainable Cities and Society 2019.

[12] ZHANG R , YAO E , LIU Z . School travel mode choice in Beijing[J]. China Journal of Transport Geography. 2017, 62: 98-110.

[13] LIU Y, JI Y , SHI Z, et al. The Influence of the Built Environment on School Children' s Metro Ridership: An Exploration Using Geographically Weighted Poisson Regression Models[J]. Sustainability 2018 ,10 : 1-16.

[14] RAI R K , BALMER M , RIESER M ,et al. Axhausen Capturing Human Activity Spaces: New Geometries[J]. Transportation Research Record: Journal of the Transportation Research Board . 2007, 1 : 70-80.

[15] GOLLEDGE R G, STIMSON R J. A Geographic Perspective [M]. New York: Guilford Press 1997.

[16] FAN Y, KHATTAK A . Urban Form Individual Spatial Footprints and Travel: Examination of Space-Use Behavior [J]. Transportation Research Record Journal of the Transportation Research Board. 2008, 2082 : 98-106 .

[17] WANG J , KWAN M P ,CHAI Y. An Innovative Context-Based Crystal-Growth Activity Space Method for Environmental Exposure Assessment: A Study Using GIS and GPS Trajectory Data Collected in Chicago[J]. International Journal of Environmental Research & Public Health, 2018, 4 .

[18] PERCHOUX C , CHAIX B , CUMMINS S ,et al. Conceptualization and measurement of environmental exposure in epidemiology: Accounting for activity space related to daily mobility[J]. Health & Place 2013, 21 : 86-93.

[19] SCHÖNFELDER S, AXHAUSEN K W, Activity spaces: measures of social exclusion? [J]. Transport Policy, 2003, 10 (4) : 273-286 .

[20] CASAS I . Social Exclusion and the Disabled: An Accessibility Approach [J]. Professional Geographer, 2007, 59(4) : 463-477 .

[21] ZENK S N, SCHULZ A J , MATTHEWS S A, et al. Activity space environment and dietary and physical activity behaviors: A pilot study [J]. Health & Place, 2011, 17 (5) : 1150-1161 .

[22] LI R , TONG D . Constructing human activity spaces: A new approach incorporating complex urban activity-travel[J]. Journal of Transport Geography , 2016, 56 : 23-35 .

[23] ZENK S N, MATTHEWS S A , KRAFT A N, et al. How many days of global positioning system (GPS) monitoring do you need to measure activity space environments in health research? [J]. Health & Place, 2018, 51

2018 : 52-60 .

[24] JAERV O, AHAS R, WITLOX F. Understanding monthly variability in human activity spaces: A twelve-month study using mobile phone call detail records [J]. Transportation Research Part C Emerging Technologies 2014,38:122-135

[25] BUREAU N S . Nanjing National Economic and Social Development Statistics Bulletin Nanjing Statistics Bureau[R] . Nanjing, 2016

[26] LONG Y , THILL J C. Combining smart card data and household travel survey to analyze jobs-housing relationships in Beijing [J]. Computers Environment & Urban Systems, 2015,53:19-35

[27] GU Y , LIU Y , JI Y, et al School Commuting Pattern in Metro System Across Different Loyalty Groups [C] ,2018.

[28] LIU C , SUSILO Y O, DHARMOWIJOYO D B E. Investigating intra-household interactions between individuals′time and space constraints [J]. Journal of Transport Geography. 2018, 73:108-119 .

[29] ROGALSKY J . The working poor and what GIS reveals about the possibilities of public Transit[J]. Journal of Transport Geography, 2010,18(2):226-237 .

[30] JONES M , PEBLEY A R. Redefining Neighborhoods Using Common Destinations: Social Characteristics of Activity Spaces and Home[J]. Census Tracts Compared Demography, 2014, 51(3) : 727-752 .

[31] KWAN M P. Interactive geovisualization of activity-travel patterns using three-dimensional geographical information systems: a methodological exploration with a large data set [J]. Transportation Research Part C, 2000, 6: 185-203

[32] NEWSOME T H, WALCOTT W A , SMITH P D. Urban activity spaces: Illustrations and application of a conceptual model for integrating the time and space dimensions[J]. Transportation , 1998,25(4) : 357-377

[33] WONG S. The limitations of using activity space measurements for representing the mobilities of individuals with visual impairment: A mixed methods case study in the San Francisco Bay Area [J]. Journal of Transport Geography, 2018,66 : 300-308

[34] DHARMOWIJOYO D B E , SUSILO Y O , KARLSTROEM A . Day-to-Day Interpersonal and Intrapersonal Variability of Individuals′ Activity Spaces in a Developing Country [J]. Environment & Planning B Planning & Design, 2014 ,41(6) : 1063-1076 .

[35] LIU Q , LUCAS K , MARSDEN G ,et al. Egalitarianism and public perception of social inequities: A case study of Beijing congestion charge [J]. Transport Policy, 2019, 74: 47-62

HA-LSTM: A Meta-path Based Layered Attention LSTM Trajectory Prediction Network

Yangyang Li[1] Meiyun Li*[1] Zhihao Gao[2] Xiaohang Jia[1] Jinlong Wang[2]
(1. School of Information Engineering, Chang'an University;
2. Research Institute for Frontier Science, Beihang University)

Abstract Trajectory prediction plays a crucial role in guiding future actions of autonomous vehicles. It is the key challenge in trajectory prediction that extracts the complex interactions among vehicles in the scene. However, existing methods often overlook the heterogeneity of traffic participants and employ uniform computational approaches when considering interactions among surrounding vehicles. Therefore, this study introduces a Hierarchical Attention LSTM (HA-LSTM) network based on vehicle behavior meta-paths. Specifically, the study initially divides environmental vehicles into meta-path categories by validating interaction patterns among vehicles. Subsequently, historical trajectory encoders are employed to extract historical motion features of the predicted vehicle. Then, a hierarchical attention module is utilized to extract heterogeneous interaction features. Finally, the interaction features and historical motion state features are concatenated and fed into the LSTM decoder to output future trajectories. Practical validation and comparative experiments on the highD dataset demonstrate that the proposed model, HA-LSTM, exhibits superior performance in highly interactive scenarios and long-term prediction capabilities.

Keywords Autonomous driving Trajectory prediction Meta-path Hierarchical attention LSTM

0 Introduction

Trajectory prediction is a critical task for ensuring the safe and efficient operation of intelligent vehicles, aimed at forecasting a series of future positions for a predicted vehicle based on its past trajectory positions within the scene. However, due to the complexity of the driving environment, the future positions of vehicles often exhibit strong randomness, making trajectory prediction a highly challenging task.

The development of trajectory prediction methods has evolved from manual design functions to data-driven approaches (Liu et al., 2021). Early trajectory prediction methods involved optimization using manually designed functions such as linear or Gaussian regression models, time series analysis, and auto-regressive models (Quinonero-Candela and Rasmussen, 2005) (Nelder and Wedderburn, 1972). However, these methods heavily relied on expert knowledge, and their performance was limited by the design of cost functions.

With the flourishing development of deep learning, existing models are typically based on either data-driven or model-driven approaches, divided into two paradigms: models based on the vehicle's own maneuverability and models considering the interaction perception of the surrounding scene.

Mobile Model: This category of model employs simple kinematic reasoning for trajectory prediction. Hubmann et al. (Hubmann et al., 2018) treated vehicle trajectories as partially observable Markov decision processes, utilizing point-based solvers to forecast future trajectories. Barth et al. (Barth and Franke, 2008) analyzed image sequences in space and time, employing Kalman filtering methods to predict the driving paths of traffic participants in the short term. However, these methods rely on the quality of the original data, exhibit poor robustness, and entail complex parameter settings. Since they rely solely on kinematic reasoning without considering scene interactions, such models face challenges in achieving breakthroughs in long-term trajectory prediction.

Interactive Perception Model: This category of models objectively considers scene interactions and has achieved more accurate prediction results. Alahi et al. introduced the Social LSTM (Alahi et al., 2016), which incorporates a social pooling layer, transforming trajectory prediction into a social problem and for the first time, considering the mutual influence and interaction between vehicles, thereby achieving improved prediction results. Inspired by Social LSTM, Nachiket et al. (Deo and Trivedi, 2018) introduced convolutional operations into the convolutional-social LSTM (CS-LSTM), a model that preserves spatial dependencies between vehicles while exploring interactions among vehicles, significantly enhancing model performance. Additionally, Messaoud et al. (Messaoud et al., 2019) considered vehicles further away in distance in their social pooling modeling.

However, existing interaction-aware models overlook the heterogeneity of interactions among vehicles in the scene, meaning that surrounding vehicles of the target vehicle vary in terms of speed, position, intent, and other factors, resulting in different impacts on the predicted vehicle. Additionally, under specific driving behaviors of the predicted vehicle, stronger interactions may occur with vehicles at specific positions. But in the entire process of handling interactions, existing models treat all traffic participants equally, lacking differentiation in their treatment of participants. Consequently, their trajectory prediction capabilities significantly diminish when facing complex interaction scenarios.

To address these issues, inspired by heterogeneous graph networks (Wang et al., 2019) (Hu et al., 2020) (Mo et al., 2022), this paper proposes a hierarchical attention mechanism based on interaction meta-paths and designs the HA-LSTM architecture for trajectory prediction. The main contributions are as follows:

a. Meta-path Partitioning: Based on the potential driving behaviors of the predicted vehicle, behavior meta-paths are partitioned to correspond to different interaction patterns, revealing finer structural information within the vehicle relationship graph.

b. Hierarchical Attention Interaction Extraction Module: Utilizing node-level attention and layer-level attention to respectively characterize the heterogeneous interaction features within meta-paths and across meta-paths, the fusion of interaction features from different layers facilitates the discrimination of complex and diverse interaction patterns under different driving scenarios.

1 Methodology

The overall model of HA-LSTM is illustrated in Figure 1. Specifically, firstly, historical motion features of the predicted vehicle are extracted. Secondly, based on the partitioning of interaction meta-paths, a node-level attention module is utilized to extract node interaction features for each vehicle within each meta-path. Then, by computing the importance of different meta-paths, node interaction features are aggregated to obtain hierarchical interaction features between meta-paths. Finally, the concatenated historical motion features and hierarchical interaction features are fed into the decoder to obtain the predicted values of the vehicle's future trajectory.

Trajectory prediction is a temporal forecasting problem, where given the historical state sequence of a vehicle at the current and past T_h moments, the goal is to predict the specific position of the vehicle in the next T_f moments.

The model input consists of the historical motion states of the ego vehicle and surrounding vehicles in the three adjacent lanes. Defined as:

$$\begin{gathered} X_n = \{X_1^{1:T_{\text{obs}}}, \cdots, X_{n-1}^{1:T_{\text{obs}}}, X_n^{1:T_{\text{obs}}}\} \\ X_{\text{ego}} = \{X_{\text{ego}}^{1:T_{\text{obs}}}\} \\ X_m = \{X_n; X_{\text{ego}}\} \end{gathered} \tag{1}$$

Where, n represents the number of surrounding vehicles. *ego* represents the predicted vehicle. $X_m^{1:T_{\text{obs}}}$ represents the historyical motion states of the vehicle can be defined as:

$$X_m^{1:T_{\text{obs}}} = \{X_m^{t-(T_h-1)}, \cdots, X_m^{(t-1)}, X_m^t\} \quad (2)$$

Where, X_m^t represents the motion state of vehicle m at time t can be defined as:

$$X_m = \{x^t, y^t, vx^t, vy^t, ax^t, ay^t\} \quad (3)$$

Where, the six-dimensional features respectively represent the position, velocity, and acceleration in the x and y directions.

The model outputs the position of the predicted vehicle in the next T_f seconds.

$$\hat{Y} = \{\hat{y}^{t+1}, \hat{y}^{t+2}, \cdots, \hat{y}^{t+T_f}\} \quad (4)$$

Where, $\hat{y}^t$ represents the predicted trajectory position of the predicted vehicle at time t in the x and y directions, can be defined as:

$$\hat{y}^t = \{\hat{x}^t, \hat{y}^t\} \quad (5)$$

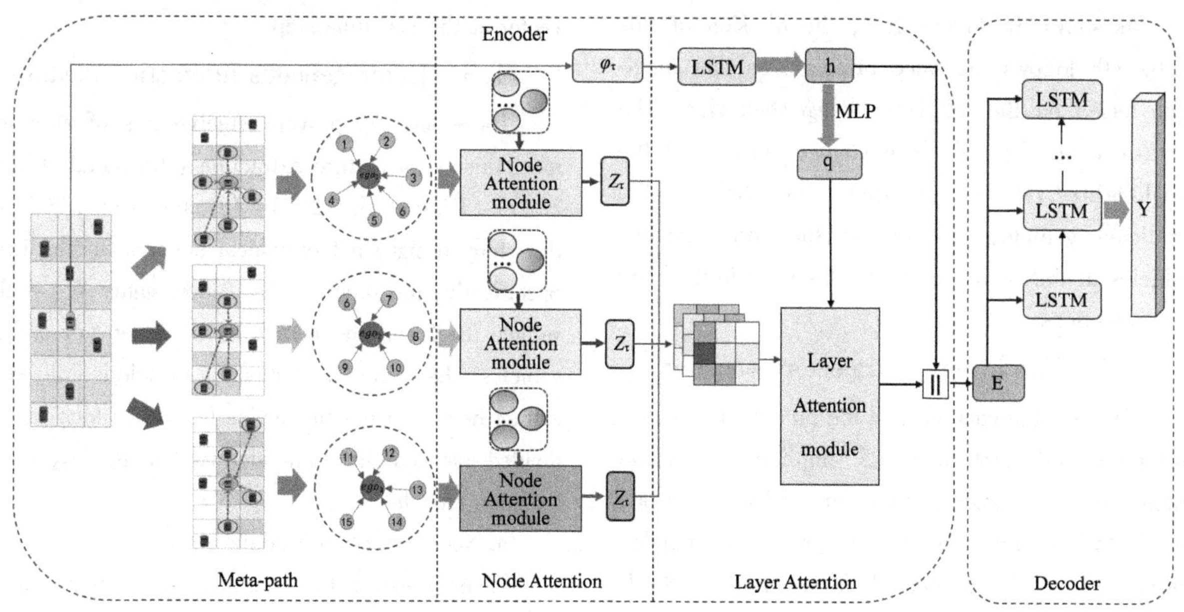

Figure 1 Hierarchical Attention LSTM framework

1.1 Meta-path partitioning

To account for the heterogeneity of interactions between vehicles, three types of meta-paths are defined based on driving behavior patterns, namely, following, left lane change, and right lane change. As shown in Figure 2. Each meta-path includes the predicted vehicle and vehicles at specific positions around it. The definitions of the three meta-paths are as follows:

a. Meta-path based on car following behavior

As shown in Figure 2a), when the predicted vehicle follows the trajectory of another vehicle, it is necessary to observe the deceleration and lane-changing behaviors of the vehicle directly ahead, as well as the overtaking lane-changing behaviors of vehicles in the left and right lanes. Therefore, vehicles directly ahead and surrounding vehicles that may perform overtaking maneuvers (vehicles in the left, left-rear, directly rear, right, and right-rear positions) are selected and categorized as Meta-path based on car following behavior.

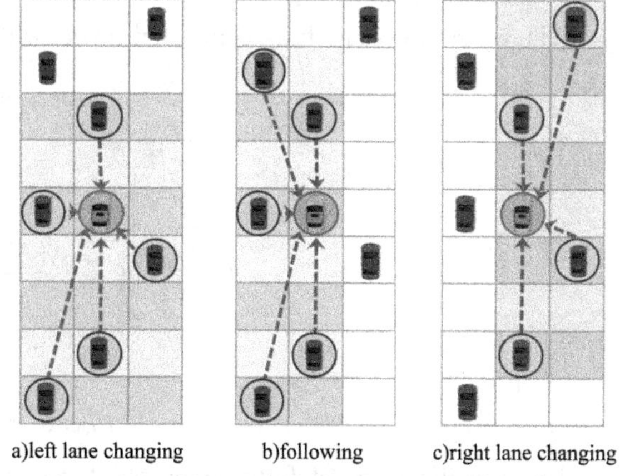

Figure 2 Meta path partitioning

b. Meta-path based on left lane changing behavior

As shown in Figure 2b), when the predicted vehicle changes lanes to the left, it's necessary to observe the motion states of vehicles in the left lane, whether trailing vehicles exhibit left lane-changing behaviors, and whether there are overtaking maneuvers by vehicles behind. Therefore, the selected vehicles include the leading and trailing vehicles in the current lane of the predicted vehicle, as well as the three nearest vehicles in the front, middle, and rear positions in the left lane, forming meta-path based on left lane changing behavior.

c. Meta-path based on right lane changing behavior

As shown in Figure 2c), the division of this meta-path follows the same principle as that meta-path based on the left lane change behavior. The meta-path for the right lane change consists of the neighboring vehicles in front and behind the predicted vehicle, as well as the three nearest vehicles in the right lane in the front, middle, and rear directions.

1.2 The historical trajectory encoder

To learn the continuity of the predicted vehicle's historical trajectory and its implicit behavioral intentions, this paper employs an LSTM to encode the historical trajectory of the predicted vehicle. Initially, a fully connected layer with a ReLU activation function is used to embed the historical motion states X_{ego} of the predicted vehicle (ego) into a high-dimensional feature vector e^t_{ego}.

$$e^t_{ego} = \varphi(X^t_{ego}; W_{emb}) \tag{6}$$

Where, φ represents fully connected layers with ReLU activation function (The following text remains the same). W represents learnable embedding weights (The following text remains the same). Then they are fed into the LSTM encoder:

$$h^t_{ego} = \text{LSTM}(h^{t-1}_{ego}; e^t_{ego}; W_{lstm}) \tag{7}$$

Where, h^t_{ego} represents the hidden feature vector of the ego vehicle at time t, The output of the historical trajectory encoder is the hidden feature vector at the last time step.

1.3 Heterogeneous interaction module

Based on the proven effectiveness of attention mechanisms for feature extraction (Messaoud et al., 2020) (Ding et al., 2021) (Huang et al., 2022), this study designs a hierarchical attention mechanism. Specifically, the input is the motion status X_{ego} of the vehicle itself and the motion status X_n of surrounding vehicles, the hierarchical attention module is utilized to extract heterogeneous interaction features, which can be divided into node-level attention module and layer-level attention module.

a. Node Attention Module

Given a meta-path, each node has many neighbors based on this meta-path. The Node Attention Module aims to learn the importance of neighbors based on different meta-paths and assign them different attention weights. The specific architecture is illustrated in Figure 3.

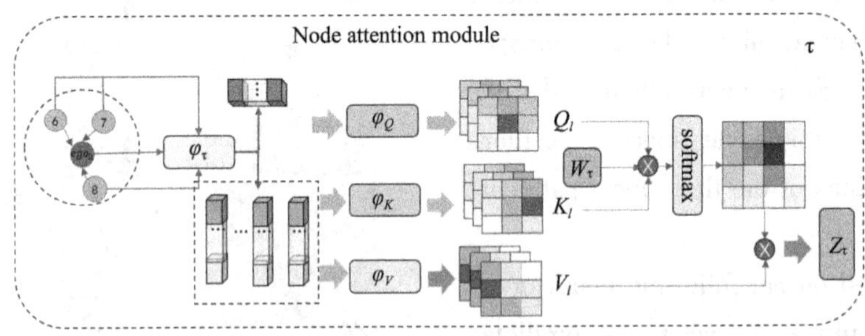

Figure 3 Node Attention Module

Use specific types of fully connected layers to embed the historical motion states X^t_p of neighboring vehicles for different meta-paths to obtain feature vectors $e^t_{p,\tau}$.

$$e^t_{p,\tau} = \varphi_\tau(X^t_p; W_e) \tag{8}$$

Where, p represents the number of neighbors in this meta-path. $\tau = 1, 2, 3$ represents the number of meta paths.

To measure the differences in importance between meta-path neighbors, query vectors Q, key vectors K, and value vectors V are generated.

Obtain the Q matrix of the target vehicle:

$$Q^\tau_l = \varphi^{\tau,Q}_{ego,l}(e^t_{ego,\tau}, W^Q_{ego,l}) \tag{9}$$

Where, l is the number of attention heads, select

8 attention heads.

Obtain the K and V matrices of neighboring vehicles in the meta path:

$$K_{p,1}^{\tau} = \varphi_{p,1}^{\tau,K}(e_{p,\tau}^{t}, W_{p,1}^{K}) \\ V_{p,1}^{\tau} = \varphi_{p,1}^{\tau,V}(e_{p,\tau}^{t}, W_{p,1}^{V}) \tag{10}$$

Calculate the importance of each neighboring vehicle and aggregate their features by weighted summation to obtain the node-level embedding vector for meta-path τ.

Compute the importance of each neighboring vehicle:

$$\text{Att-head}_{\tau}^{1} = (Q_{1}^{\tau} W_{\tau} K_{p,1}^{\tau T})\frac{\mu}{\sqrt{d}} \\ \alpha_{j,1}^{\tau} = soft\max(\text{Att-head}_{\tau}^{1}) \tag{11}$$

Where, α represents the attention weight applied by the target vehicle to surrounding vehicles, d is a scaling factor equal to the dimension of the projection space, and μ is a prior tensor used to scale attention. when extracting heterogeneous interaction information, due to the presence of different meta-paths, the model needs to extract features specific to each meta-path. In this paper, for each meta-path τ, we specifically maintain a meta-relation matrix W_{τ}, allowing nodes within the same meta-path to share parameters, thus achieving rapid adaptation and generalization while preserving their specific features. Aggregate their features with weighting to obtain the node-level embedding vector head for this meta-path.

$$\text{head}_{1}^{\tau} = \sum_{j=1}^{p} \alpha_{j,l}^{\tau} V_{j,l}^{\tau} \tag{12}$$

Finally, concatenate and weight the obtained attention features to obtain the Node-Level attention feature vector based on this meta-path.

$$z_{\tau} = \text{Concat}(\text{head}_{1}^{\tau}, \text{head}_{2}^{\tau}, \cdots, \text{head}_{l}^{\tau}) \tag{13}$$

b. Layer Attention Module (Figure 4)

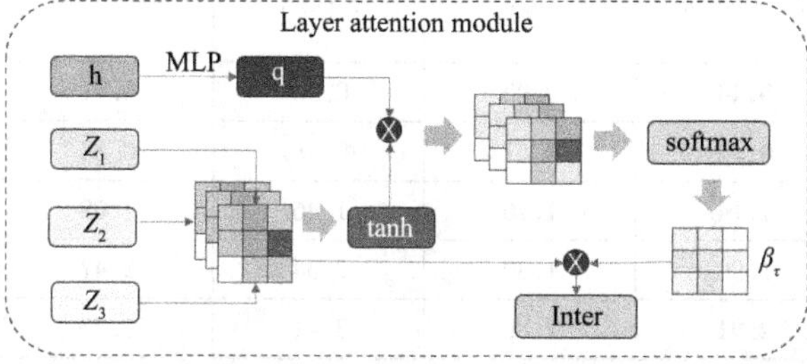

Figure 4 Layer Attention Module

Hierarchical attention aims to compute the importance of each meta-path and aggregate the node-level attention features with weighting to obtain heterogeneous interaction features. First, embedding vectors q are obtained by forward feeding historical trajectory information h that contains implicit vehicle intent through an MLP. Use it to measure the importance of a specific meta path.

$$q = \text{MLP}(h_{\text{ego}}^{t}) \\ \omega_{\tau} = q^{T} \odot \tanh(W \cdot z_{\tau} + b) \tag{14}$$

Where, W represents weight vector, b represents bias vector. ω_{τ} represents the calculated meta path importance score. Finally, the weight β_{τ} is calculated through the *soft* max function.

$$\beta_{\tau} = \frac{\exp(\omega_{\tau})}{\sum_{\tau=1}^{\tau} \exp(\omega_{\tau})} \tag{15}$$

By using this weight as a coefficient and fusing the features of each meta path, the embedding Inter is ultimately obtained, as follows:

$$\text{Inter} = \sum_{\tau=1}^{\tau} (\beta_{\tau} \cdot z_{\tau}) \tag{16}$$

Splicing interaction features with historical trajectory features to obtain the final encoder output.

$$\text{Enc\_fea} = \text{Concat}(h_{\text{ego}}^{t}, \text{Inter}) \tag{17}$$

1.4 Future trajectory decoder

Utilize an LSTM decoder to decode the feature vectors Enc_fea encoded by the encoder, thereby obtaining hidden features containing future trajectories. These features are then passed through an MLP layer to output the final prediction results.

$$\hat{h} = \text{LSTM}(\text{Enc\_fea}; W_{\text{lstm}}) \\ \hat{Y} = \text{MLP}(\hat{h}) \tag{18}$$

Where, $\hat{h}$ represents decoded feature vectors by decoder. W_{lstm} represents the learnable parameter of the LSTM model. $\hat{Y}$ represents the predicted position coordinate information of the vehicle at future times.

2 Experiment

2.1 Dataset

This paper selects the publicly available HighD

dataset (Krajewski et al., 2018) of large-scale natural vehicle trajectories on German highways. The dataset includes measurements from 6 locations, 110,000 vehicles, covering a total mileage of 45,000 kilometers, with a sampling frequency of 25Hz. The dataset contains over 5,000 complete lane-change trajectories used for training and testing the model.

2.2 Evaluating indicator

To measure the magnitude of the offset between predicted trajectories and real trajectories, this paper employs the Root Mean Square Error (RMSE) as the evaluation metric for the complete model's prediction results. RMSE quantifies the average size of displacement errors between predicted positions and real positions within the prediction time range, thus assessing the quality of the model. The formula is as follows:

$$RMSE = \sqrt{\frac{1}{T_f}\sum_{t=T_h+1}^{T_h+T_f}\left((x^t - x^t_{pred})^2 + (y^t - y^t_{pred})^2\right)} \tag{19}$$

Where, T_h and T_f are the length of the historical trajectory sequence and the length of the future trajectory sequence. x^t and y^t are the true coordinates of the target vehicle at time t. x^t_{pred} and y^t_{pred} are the predicted coordinates of the target vehicle at time t.

2.3 Model Evaluation

The following models are mainstream models for interaction perception at present. Comparing with them validates the superiority of the model proposed in this paper.

a. Social LSTM (S-LSTM) (Alahi et al., 2016): Combines recurrent neural networks (RNNs) and attention mechanisms, as well as models interactions between vehicles, using fully connected social pooling layers to generate a unimodal output distribution.

b. Convolutional Social Pooling (CS-LSTM) (Deo and Trivedi, 2018): Utilizes a convolutional social encoder-decoder (CS-LSTM(M)) employing six maneuvers (2 longitudinal and 3 lateral) to generate multimodal trajectory predictions.

c. Non-local Social Pooling (NLS-LSTM) (Messaoud et al., 2019): Established a non-local social pooling mechanism that combines local and non-local information. The non-local multi-head attention mechanism captures the importance of each vehicle, generating adaptive context vectors for the social pool.

d. Dual Learning Model(DLM)(Khakzar et al., 2020): This model embeds occupancy maps and traffic risk maps into the encoder-decoder structure of LSTM, allowing a comprehendsive understanding of the interaction between vehicles and generating a distribution of predicted trajectories.

e. Stochastic Generative Adversarial Networks (S-GAN) (Gupta et al., 2018): This method combines a recurrent sequence-to-sequence model with a generative adversarial network to aggregate information from different agents, thereby generating multiple socially plausible future trajectories.

The proposed model in this paper was compared with the aforementioned five existing models in the same scenario through comparative experiments. The table below demonstrates the RMSE indicators of each model within 1 ~ 5 seconds. The actual comparison results are shown in Table 1.

The Results of Comparative Experiment Table 1

Evaluation Metric	Prediction Horizon (s)	S-LSTM	CS-LSTM (M)	NLS-LSTM	DLM	S-GAN	HA-LSTM
RMSE	1	0.22	0.23	**0.20**	0.22	0.30	0.71
	2	0.62	0.65	**0.57**	0.61	0.78	0.84
	3	1.27	1.29	1.14	1.16	1.46	**1.09**
	4	2.15	2.18	1.90	1.80	2.34	**1.47**
	5	3.41	3.37	2.91	2.80	3.41	**1.75**

To provide an intuitive comparison, we created Figure 5. It can be observed that the proposed model exhibits a significant advantage in long-term prediction, specifically in predicting trajectories within 3 ~ 5 seconds, compared to the other five models. The HA-LSTM model shows smaller deviations in predicted trajectory errors as reflected by RMSE, validating the superiority of HA-LSTM for trajectory prediction tasks. However, there is a certain gap between the RMSE of HA-LSTM within 1 ~ 2 seconds and the existing models. This may be attributed to the model's emphasis on dynamic factors during short-term prediction, with less influence from interaction information. It is during long-term prediction that the model focuses more on the behavioral information of the target vehicle and the social interaction among neighboring vehicles.

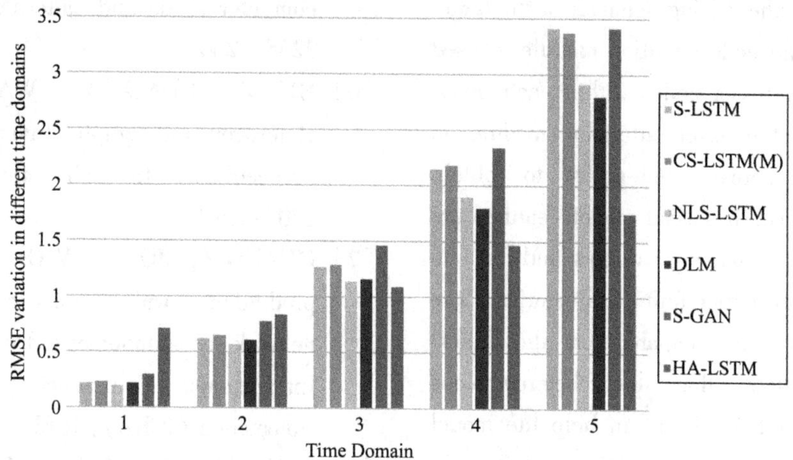

Figure 5 The RMSE of five models

In order to visually depict the predictive performance of the proposed model, we have visualized the prediction results of HA-LSTM. As shown in Figure 6, the performance of the model in various traffic scenarios is demonstrated. It can be observed that in different complex traffic scenarios such as following and lane-changing, HA-LSTM accurately and smoothly predicts the trajectory of the target vehicle, indicating the excellent performance of HA-LSTM.

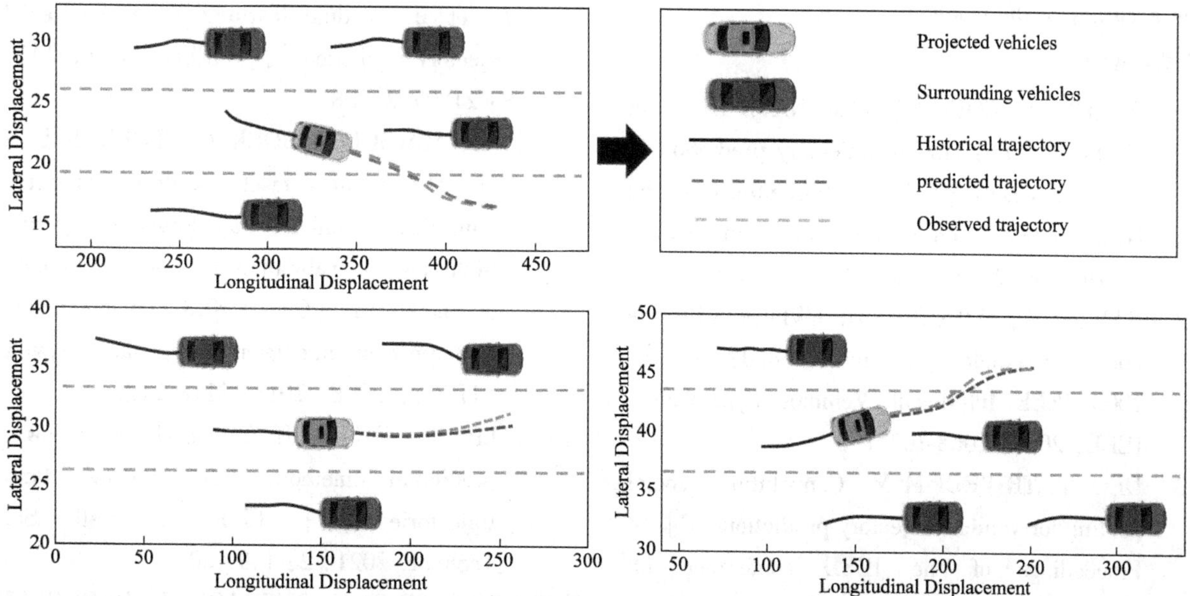

Figure 6 Left and right lane change, overtaking predicted trajectories

3 Conclusions

This paper proposes a trajectory prediction model, HA-LSTM, based on a meta-path-aware hierarchical attention mechanism, achieving more accurate trajectory prediction in complex interaction scenarios. The historical trajectory encoder extracts the historical motion features of the target vehicle, and then divides surrounding vehicles into three meta-paths based on the driving behavior of the target vehicle. Initially, the node attention module is used to aggregate the features of nodes within each meta-path, followed by the layer attention module to aggregate features across meta-paths to obtain interaction vectors. The historical motion features are concatenated with the interaction vectors and fed into the LSTM decoder to output future trajectories. The model is validated and compared on the highD dataset, demonstrating that the heterogeneous interaction module of HA-LSTM can help the model better understand interaction scenarios, resulting in more reliable trajectory prediction results.

In future work, to address the long-tail problem encountered during training, we plan to fully utilize the trajectory features provided by the encoder to differentiate between different types of trajectories and apply different treatments at the decoder to improve the accuracy of the model.

References

[1] ALAHI, A, GOEL K, RAMANATHAN V, et al. Social lstm: Human trajectory prediction in crowded spaces [C] // Proceedings of the IEEE conference on computer vision and pattern recognition, 2016: 961-971.

[2] BARTH A, FRANKE U. Where will the oncoming vehicle be the next second? [C] // 2008 IEEE Intelligent Vehicles Symposium: IEEE, 2008: 1068-1073.

[3] DEO N, TRIVEDI M M. Convolutional social pooling for vehicle trajectory prediction [C] // Proceedings of the IEEE conference on computer vision and pattern recognition workshops, 2018: 1468-1476.

[4] DING Z, YAO Z, ZHAO H. Ra-gat: Repulsion and attraction graph attention for trajectory prediction [C] // 2021 IEEE International Intelligent Transportation Systems Conference (ITSC): IEEE, 2021: 734-741.

[5] GUPTA A, JOHNSON J, FEI L, et al. Social gan: Socially acceptable trajectories with generative adversarial networks [C] // Proceedings of the IEEE conference on computer vision and pattern recognition, 2018: 2255-2264.

[6] HU Z, DONG Y, WANG K, et al. Heterogeneous graph transformer [C] // Proceedings of the web conference 2020, 2020: 2704-2710.

[7] HUANG Z, MO X, LV C. Multi-modal motion prediction with transformer-based neural network for autonomous driving [C] // 2022 International Conference on Robotics and Automation (ICRA): IEEE, 2022: 2605-2611.

[8] HUBMANN C, SCHULZ J, BECKER M, et al. Automated driving in uncertain environments: Planning with interaction and uncertain maneuver prediction [J]. IEEE transactions on intelligent vehicles, 2018, 3(1): 5-17.

[9] KHAKZAR M, RAKOTONIRAINY A, BOND A, et al. A dual learning model for vehicle trajectory prediction [J]. IEEE Access, 2020, 8: 21897-21908.

[10] KRAJEWSKI R, BOCK J, KLOEKER L, et al. The highd dataset: A drone dataset of naturalistic vehicle trajectories on german highways for validation of highly automated driving systems [C] // 2018 21st international conference on intelligent transportation systems (ITSC): IEEE, 2018: 2118-2125.

[11] LIU W, HU K, LI Y, et al. A review of prediction methods for moving target trajectories [J]. Chin. J. Intell. Sci. Technol, 2021, 2: 149-160.

[12] MESSAOUD K, YAHIAOUI I, VERROUST-BLONDET A, et al. Non-local social pooling

for vehicle trajectory prediction [C] // 2019 IEEE Intelligent Vehicles Symposium (Ⅳ): IEEE, 2019: 975-980.

[13] MESSAOUD K, YAHIAOUI I, VERROUST-BLONDET A, et al. Attention based vehicle trajectory prediction [J]. IEEE Transactions on Intelligent Vehicles, 2020, 6 (1): 175-185.

[14] MO X, HUANG Z, XING Y, et al. Multi-agent trajectory prediction with heterogeneous edge-enhanced graph attention network [J]. IEEE Transactions on Intelligent Transportation Systems, 2022, 23(7): 9554-9567.

[15] NELDER J A, WEDDERBURN R W. Generalized linear models [J]. Journal of the Royal Statistical Society Series A: Statistics in Society, 1972, 135(3): 370-384.

[16] QUINONERO-CANDELA J. RASMUSSEN C E. A unifying view of sparse approximate Gaussian process regression [J]. The Journal of Machine Learning Research, 2005, 6: 1939-1959.

[17] WANG X, JI H, SHI C, et al. Heterogeneous graph attention network [C] // The world wide web conference, 2019: 2022-2032.

基于 Informer 的换道意图识别算法研究与实现

梁子言[1]　刘志广*[1]　徐志刚[1]　翟广平[2]　申金坤[1]　崔志超[3]

(1. 长安大学信息工程学院;2. 西安市经开第一中学;3. 长安大学电子与控制工程学院)

摘　要　本文提出了一种基于 AGCN 和 Informer 的换道意图识别算法,用于自动驾驶车辆准确、高效地识别周围车辆的换道意图,以降低交通事故风险。研究数据来自德国高速公路自然驾驶轨迹 HighD 数据集。首先进行数据预处理,分析误差和噪声。提取换道轨迹,记录车辆的特征变量。根据 PICUD 指标将换道行为划分为高风险和低风险。本研究结合 AGCN 和 Informer 模型,充分利用图结构和时序信息进行换道意图识别。AGCN 模型建模车辆之间的交互和依赖关系,并结合注意力机制聚合车辆特征。输出经过自适应图卷积层处理后的特征表示,作为 Informer 模型的输入。Informer 模型理解换道过程中的时序变化,建模和预测时间序列数据中的长期和短期依赖关系。捕捉换道过程中的时序信息,最终输出换道意图概率向量。通过构建 5 个不同层数的模型,确定最佳模型层数网络并进行实验评估。实验结果表明,所提出的算法收敛速度明显高于其他模型。MSE、MAE、RMSE 值均低于 LSTM 以及 Transformer 模型。

关键词　换道意图识别　AGCN　Informer　自动驾驶感知系统　时间序列建模

0　引言

换道意图识别是自动驾驶和智能交通系统中重要的任务之一。自动驾驶车辆准确、高效地识别出周围车辆的换道意图,认知其他车辆的行为,可以帮助车辆作出合理决策,大幅降低交通事故发生的风险。准确判断周围车辆换道行为,对减少交通事故、提升道路通行效率和降低经济损失都至关重要。

近年来,随着深度学习和人工智能技术的发展,基于机器学习的方法在换道意图识别任务上取得了显著的进展。目前用于预测换道意图的模型主要有四种:支持向量机(SVM)、卷积神经网络(CNN)、长短期记忆(LSTM)[1,2]和贝叶斯网络(BN)[3]。Mandalia 等[4]采用支持向量机(Support vector machine, SVM)预测驾驶员的换道意图,然而该方法难以反映出车辆换道过程的连续性特征。为了降低模型预测的误判率,Lyu 等[5]提出了一种基于 SVM 的递归特征消除 SVM 模型(SVM-RFE),并设置了一个换道率来降低换道行为预测的误判率。Li 等[6]利用道路几何特征和目标车辆的历史状态信息,设计了一种基于动态贝叶斯网络(Dynamic bayesian network, DBN)的车辆换道预测模型,然而 DBN 模型没有综合考虑车辆之间的交互影响,识别精度难以满足要求。Kumar 等[7]提出了一种支持向量机和贝叶斯网络相结合的换道意图识别方法,由于忽视了车辆跟随传感器精度的影响,导致系统误报率较高。Liu 等[8]采用隐马尔科夫模型(Hidden markov model,HMM)对驾驶员驾驶意图进行预测,虽然可以对任意长度的时间序列进行建模,但是无法体现出上下文时间特征序列之间的关联性特征。付智俊等[9]基于 NGSIM 数据集采用随机森林算法对前车的换道意图进行识别,采用纵向速度均值、纵向加速度、横向加速度等车辆参数建立特征向量,该方法的准确率达到了 93.73%。Zyner 等[10]提出一种基于 LSTM 的意图识别模型,该方法没有单独分析每个时间步骤的观测结果,而是考虑了一个较短的数据序列,使模型能够做出可靠的预测。

Transformer 网络是一种机器学习网络,最早由 Google 提出[11]。它采用编码器-解码器结构,完全基于注意机制。Transformer 采用自注意力机制来整体处理顺序信息,可以避免信息递归,同时允许关注相关性强的局部信息[12]。Informer 本质上是 Transformer 的改进,其通过修改 Transformer 的结构以及稀疏化原有自注意力机制概率,加快 Transformer 的计算速度,有效提高了序列预测的准确性。Informer 模型[13]通过使用稀疏注意力机制来解决存在的梯度问题,能够实现算法上的优化创新,因此,本论文采用 Informer 模型对车辆的换道意图进行识别。

1　AGCN 模型

AGCN(Attention-based Graph Convolutional Network)模型结合了图卷积网络(Graph Convolutional Network, GCN)和注意力机制(Attention Mechanism),以实现对图数据的有效建模和表示学习。

1.1　图卷积网络

图卷积网络(Graph Convolutional Network, GCN)的核心思想是通过在图中定义卷积操作,将节点的特征与其邻居节点的特征进行聚合。每个节点可以通过与其相邻节点的信息相互作用来更新自身的表示。使用邻接矩阵来表示图的结构,将节点的特征矩阵与邻接矩阵相乘,得到更新后的节点表示。

1.2　注意力机制

注意力机制(Attention Mechanism)在传统的机器学习模型中,模型通常会将输入数据的所有部分视为同等重要,不论其对于模型的预测结果的贡献大小。这种处理方式可能会导致模型在处理复杂任务时效果有限。

注意力机制允许模型自动地学习和关注与当前任务相关的输入部分,忽略掉对任务不重要的部分。通过引入注意力权重,注意力机制使模型能够自适应地选择性地聚焦于输入数据的不同部分,无须手动设计特征权重,从而提高模型的性能以及处理复杂数据的能力。

AGCN 模型通过学习注意力权重,为每个节点与其邻居之间的连接赋予不同的重要性。这样,模型可以自适应地聚合对于节点表示学习更为重要的邻居节点特征。

2　Informer 模型

Informer 模型是对 Transformer 模型在结构优化方面改进的结果。它沿用了 Transformer 模型中的编译器-解释器架构,结合稀疏自注意力机制(ProbSparse self-attention Mechanism)的思想,降低了模型的时间复杂度,提高了模型的运行效率。

2.1　稀疏自注意力机制

Transformer 计算自注意力 self-attention Mechanism 的时间复杂度为 $O(n^2)$,为了降低时间复杂度,Informer 创新性地提出稀疏自注意力机制(ProbSparse Self-attention Mechanism)。

该机制只关注注意力函数中贡献最大的少数点积,减少其他点积的权重。算法将第 i 个查询向量 Q 的注意力权重看作一个概率分布,并假设该分布服从均匀分布。式(1)、式(2)为权重的概率分布计算公式,根据概率分布与均匀分布的偏移量的大小来判断点积的贡献大小。

$$q(k_j \mid q_i) = \frac{1}{L_K} \tag{1}$$

$$p(k_j \mid q_i) = \frac{k(q_i, k_j)}{\sum_l k(q_i, k_l)} \tag{2}$$

式(2)为注意力概率分布计算公式。

式中:$k(q_i, k_j)$——非对称的指数核函数 $\exp\left(\frac{q_i k_j^T}{\sqrt{d}}\right)$;

L_K——Q 的长度,代入 KL 散度公式得到稀疏性度量公式(3),

$$\overline{M}(q_i,K)=\max_j\left\{\frac{q_iK_j^T}{\sqrt{d}}\right\}-\frac{1}{L_K}\sum_{j=1}^{L_K}\frac{q_iK_j^T}{\sqrt{d}} \tag{3}$$

选择值最大的若干个$\overline{M}$构成$\widehat{Q}$计算注意力,即选取点积对中影响力较高的 Q 值。计算公式如下

$$A(\widehat{Q},K,V)=\text{Softmax}\left(\frac{\widehat{Q}K^T}{\sqrt{d}}\right)V \tag{4}$$

式中:Q——查询向量;

K——键值;

V——数据的相似度权重。

2.2 生成式 decoder 设计

Transformer 的 decoder 为 step-by-step 方式,而 Informer 将 decoder 改由一个带掩码的稀疏注意力模型和一个多头注意力模型组成。decoder 的输入由两部分组成,第一部分输入为 encoder 的输出,包含数据的 K 值与 V 值;第二部分输入是由上一个 decoder 的输出用 0 遮挡后得到的向量。在 decoder 进行输入时,Informer 模型并没有设置一个特定的开始标记,而是根据预测序列的长度选择多个时间步长来生成 decoder 的目标函数,采用一次前向过程即可解码得到整个输出序列。流程图如图 1 所示。

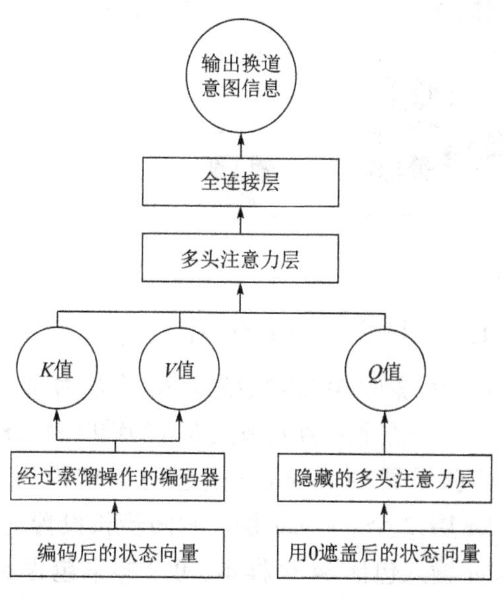

图 1 decoder 流程图

3 换道意图识别模型

本研究将 AGCN 模型和 Informer 模型相结合,以充分利用图结构和时序信息,实现换道意图识别。AGCN 模型接收换道轨迹数据,首先顺序读取本车以及周围车辆的特征,利用图结构来建模车辆之间的交互和依赖关系。同时模型结合注意力机制,自适应地聚合本车以及周围车辆特征,关注不同位置车辆间的重要性,捕捉换道意图识别任务中车辆之间的关系。模型输出经过自适应图卷积层处理后的各个车辆特征表示,将其作为 Informer 模型的输入,Informer 模型理解换道过程中的时序变化,建模预测时间序列数据中的长期和短期依赖关系,捕捉换道过程中的时序信息,最终输出换道意图概率向量。

4 实例分析

本文使用德国 HighD 数据集作为训练数据。数据集总结包含 60 个子数据集,每个子数据集包含采集路段的航拍图、采集点数据、车辆轨迹数据。其中采集点数据给出了位置 ID、时间、采集时长、车辆踪迹行驶距离、车辆数等信息,车辆轨迹数据中主要包括车辆 ID、车辆坐标、速度、加速度等信息。HighD 数据集中车辆轨迹数据部分参数说明如表 1 所示。

数据集车辆轨迹数据部分参数说明 表 1

Frame	帧时间
id	车辆 ID
x	车辆 X 坐标
y	车辆 Y 坐标
xVelocity	车辆 X 方向速度
yVelocity	车辆 Y 方向速度
xAcceleration	车辆 X 方向加速度
yAcceleration	车辆 Y 方向加速度
dhw	车头间距
thw	车头时距
ttc	碰撞时间
preceedingId	前车 ID,若没有前车,该值为 0
followingId	后车 ID,若没有后车,该值为 0
laneId	车辆所在车道

4.1 数据处理

首先分析数据集中存在的误差与噪声,进行数据预处理。接着,基于车辆在车道中心位置的纵向偏移量与车辆高度的比例提取换道轨迹。轨

迹数据保存为数据文件 lane_change. npy,其中记录847条车辆的换道轨迹。一条轨迹示例如图2所示。大小为50×42,其中行1代表时间戳,采样频率为25hz;t 表示本车换道开始时刻,$t-1$ 为换道开始前的上一个采样时刻,依此类推,由上至下分别记录开始换道至开始换道前2s的轨迹;列代表特征变量,为别按照本车、前车、左前车、右前车、后车、左后车、右后车顺序记录了与本车相关的7个车辆的 x 轴与 y 轴坐标、速度、加速度。图3表示车辆在某一时刻的轨迹信息。车辆位置关系以及 x 轴、y 轴方向如图4所示,其中坐标为绝对坐标,左上角为坐标原点(当相对位置上未检测到车辆数据,则以 nan 值进行填充)。

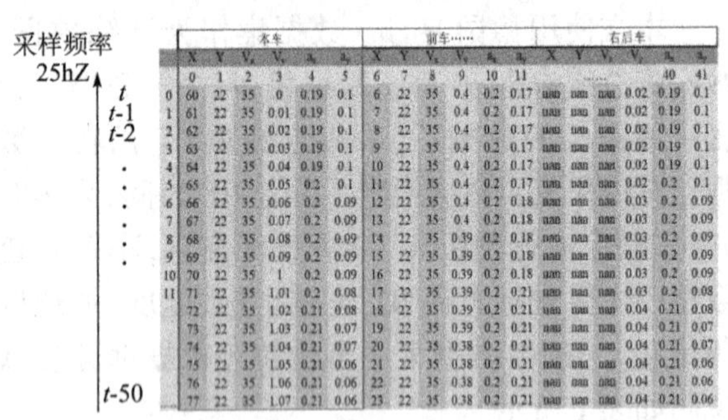

	本车						前车……						右后车					
	X	Y	V_x	V_y	a_x	a_y	X	Y	V_x	V_y	a_x	a_y	X	Y	V_x	V_y	a_x	a_y
	0	1	2	3	4	5	6	7	8	9	10	11		……			40	41
0	60	22	35	0	0.19	0.1	6	22	35	0.4	0.2	0.17	nan	nan	nan	0.02	0.19	0.1
1	61	22	35	0.01	0.19	0.1	7	22	35	0.4	0.2	0.17	nan	nan	nan	0.02	0.19	0.1
2	62	22	35	0.02	0.19	0.1	8	22	35	0.4	0.2	0.17	nan	nan	nan	0.02	0.19	0.1
3	63	22	35	0.03	0.19	0.1	9	22	35	0.4	0.2	0.17	nan	nan	nan	0.02	0.19	0.1
4	64	22	35	0.04	0.19	0.1	10	22	35	0.4	0.2	0.17	nan	nan	nan	0.02	0.19	0.1
5	65	22	35	0.05	0.2	0.1	11	22	35	0.4	0.2	0.17	nan	nan	nan	0.02	0.2	0.1
6	66	22	35	0.06	0.2	0.09	12	22	35	0.4	0.2	0.18	nan	nan	nan	0.03	0.2	0.09
7	67	22	35	0.07	0.2	0.09	13	22	35	0.4	0.2	0.18	nan	nan	nan	0.03	0.2	0.09
8	68	22	35	0.08	0.2	0.09	14	22	35	0.39	0.2	0.18	nan	nan	nan	0.03	0.2	0.09
9	69	22	35	0.09	0.2	0.09	15	22	35	0.39	0.2	0.18	nan	nan	nan	0.03	0.2	0.09
10	70	22	35	1	0.2	0.09	16	22	35	0.39	0.2	0.18	nan	nan	nan	0.03	0.2	0.09
11	71	22	35	1.01	0.2	0.08	17	22	35	0.39	0.2	0.21	nan	nan	nan	0.03	0.2	0.08
	72	22	35	1.02	0.21	0.08	18	22	35	0.39	0.2	0.21	nan	nan	nan	0.04	0.21	0.08
	73	22	35	1.03	0.21	0.07	19	22	35	0.39	0.2	0.21	nan	nan	nan	0.04	0.21	0.07
	74	22	35	1.04	0.21	0.07	20	22	35	0.38	0.2	0.21	nan	nan	nan	0.04	0.21	0.07
	75	22	35	1.05	0.21	0.06	21	22	35	0.38	0.2	0.21	nan	nan	nan	0.04	0.21	0.06
	76	22	35	1.06	0.21	0.06	22	22	35	0.38	0.2	0.21	nan	nan	nan	0.04	0.21	0.06
	77	22	35	1.07	0.21	0.06	23	22	35	0.38	0.2	0.21	nan	nan	nan	0.04	0.21	0.06

图2　一条轨迹示例图

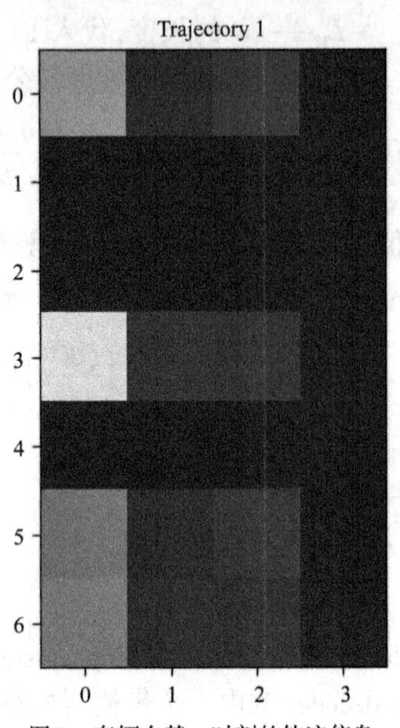

图3　车辆在某一时刻的轨迹信息

提取包含了相同数量的车辆直行轨迹数据 lane_keep. npy,作为换道数据的对照数据并具有相同的数据记录格式。

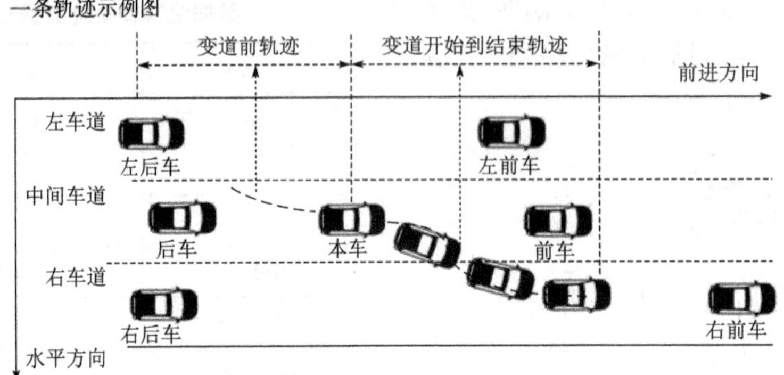

图4　车辆位置关系

按照一定标准将换道数据分类并存入 label_risk. csv,其中样本的 id 与 lane_change. npy 的轨迹 id 相匹配。高风险判断标准为紧急制动下最终车间距离(Potential Index for Collision with Urgent Deceleration)(PICUD)<0,表达式如下:

$$\mathrm{PICUD}=\left(\frac{v_1'^2-v_2'^2}{2a}\right)+D-V_2'\Delta t \tag{5}$$

式中:v_1'、v_2'——本车与后车速度;

D——本车与后车的车辆间距;

Δt——驾驶人反应时间;

a——最大制动加速度。

4.2　模型网络初始化

实验设置的 AGCN 模型隐藏层个数为32,参数维度为4,节点个数为7,节点嵌入的维度为128。

实验设置的 Informer 模型网络结构为3个 encoder 层,2个 decoder 层。时间步长设置为50,encoder 输入包括64个样本,每个样本包含50个帧数的数据,数据维度为32个。decoder 输入包括32个数据维度,时间数据为100个。其中前50个数据从编码器时间点的后半段进行截取,之后50个数据将作为预测数据进行输出。模型输出维度为3个,分别表示车辆左换道、右换道以及保持直行。一维卷积核大小为 1 × 3,投影维度设置为 512,将维度为 12 的时间数据投影成 512 维的数组矩阵。设置 dropout 比率为 0.1,稀疏注意力层采用了 8 个注意力头,稀疏注意力层通过输入的序列长度灵活筛选 Q 值作为活跃值。

模型的学习率为 0.001,迭代次数为 20,使用 Adam 优化器更新网络权重。

4.3 结果分析

本文使用均方误差(MSE)、平均绝对误差(MAE)以及均方根误差(RMSE)对模型进行性能评价。实验结果表明,所提出的基于 AGCN 和 Informer 的换道意图识别算法 loss 收敛速度明显高于其他模型,如图 5 所示。本文对所提出算法的性能进行了讨论,并讨论了可能的改进方向。结果表明,用本文提出的算法所得 MSE、MAE、RMSE 值均低于其他模型,如表 2 所示。

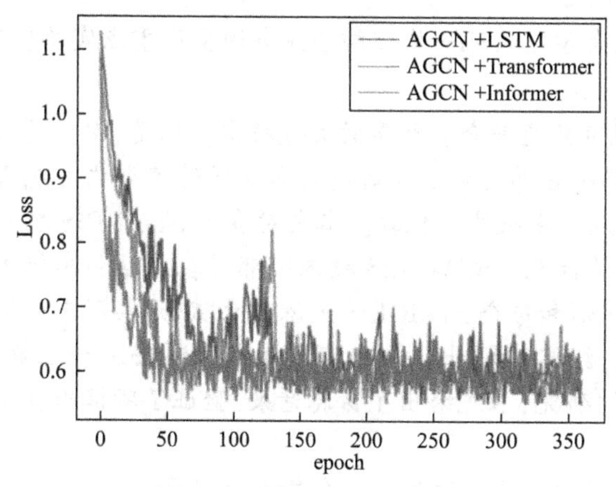

图 5 三种算法的 loss 对比图

三种算法比较结果 表 2

算法	LSTM	Transformer	Informer
MAE	0.05083	0.06963	0.02531
MSE	0.04367	0.06108	0.02384
RMSE	0.20899	0.24715	0.15441

5 结束语

本研究通过结合 AGCN 和 Informer 模型,提出了一种基于图神经网络和时间序列建模的换道意图识别算法。该算法能够充分利用图结构和时序信息,实现更准确和鲁棒的换道意图识别。本研究在 HighD 公开数据集上进行了实验评估,验证了所提出算法的性能和有效性。这项研究对于智能驾驶系统的发展和道路交通安全具有重要意义。

参考文献

[1] QIAN S ,HUI Z . An improved learning-based LSTM approach for lane change intention prediction subject to imbalanced data [J]. Transportation Research Part C,2021,133.

[2] HAN T ,JING J ,ÖZGÜNER Ü. Driving intention recognition and lane change prediction on the highway. [J]. CoRR,2019,abs/1908.10820.

[3] SCHREIER,MATTHIAS,WILLERT , et al. An integrated approach to maneuver-based trajectory prediction and criticality assessment in arbitrary Road environments [J]. IEEE transactions on intelligent transportation systems, 2016, 17 (10): 2751-2766.

[4] MANDALIA M H ,SALVUCCI D D M . Using support vector machines for lane-change detection[J]. Proceedings of the Human Factors and Ergonomics Society Annual Meeting,2005,49 (22):1965-1969.

[5] LYU N, WEN J, DUAN Z, et al. Vehicle trajectory prediction and cut-in collision warning model in a connected vehicle environment[J]. IEEE Transactions on Intelligent Transportation Systems, 2020, 23(2): 966-981.

[6] LI J ,DAI B ,LI X , et al. A dynamic bayesian network for vehicle maneuver prediction in highway driving scenarios framework and verification[J]. Electronics,2019,8(1):40.

[7] KUMAR P, PERROLLAZ M, LEFEVRE S, et al. Learning-based approach for online lane change intention prediction [C]//2013 IEEE Intelligent Vehicles Symposium (Ⅳ). IEEE, 2013: 797-802.

[8] LIU S ,ZHENG K ,ZHAO L , et al. A driving intention prediction method based on hidden markov model for autonomous driving [J]. Computer Communications,2020,157(prepublish): 143-149.

[9] 付智俊,郭启翔,何薇,等.基于前车意图识别的自动驾驶车辆实时避障换道策略研究[J]. 汽车电器, 2020,(12): 1-7 + 11. DOI: 10.13273/j.cnki.qcdq.2020.12.007.

[10] ZYNER A, WORRALL S, WARD J, et al. Long short term memory for driver intent prediction [C]//2017 IEEE Intelligent Vehicles Symposium (Ⅳ). IEEE, 2017: 1484-1489.

[11] VASWANI A, SHAZEER N, PARMAR N, et al. Attention is all you need[J]. Advances in neural information processing systems, 2017, 30.

[12] 韩皓,谢天.基于注意力Seq2Seq网络的高速公路交织区车辆变道轨迹预测[J].中国公路学报,2020,33(6):106-118. DOI:10.19721/j.cnki.1001-7372.2020.06.010.

[13] ZHOU H, ZHANG S, PENG J, et al. Informer: Beyond efficient transformer for long sequence time-series forecasting[C].//Proceedings of the AAAI conference on artificial intelligence. 2021, 35(12): 11106-11115.

多智能全向超表面辅助车载通信系统的联合波束赋形设计

刘　虎*[1]　章正权[1,2]

(1.西南交通大学信息科学与技术学院;2.西安电子科技大学空天地一体化综合业务网全国重点实验室)

摘　要　车联网是5G核心应用场景之一,是提升城市交通安全和效率的关键技术。但是,由于复杂的城市环境以及大量建筑物的遮挡,车载通信的传播链路很容易劣化。同时透射和反射的可重构智能表面(STAR-RIS)技术对电磁波传播进行全向调控,可以有效地克服这个挑战。本文对多个STAR-RIS辅助的车载通信展开研究,以改善复杂城市环境中车载通信的性能。STAR-RIS被依次部署在基站和车辆之间以形成有效的多跳链路,通过联合优化基站发射波束赋形和每个STAR-RIS无源波束赋形,实现车载通信的和速率最大化。针对最大化和速率这个非凸优化问题,本文提出了一个有效的迭代算法进行求解。本文还进一步地研究了STAR-RIS的阵元数量分配。通过研究,本文给出了仿真结果,验证了所提出算法的有效性和多跳STAR-RIS车载通信系统的优势。

关键词　车载通信　同时透射和反射的可重构智能表面　多跳通信　联合波束赋形设计

0　引言

智能交通是提升城市交通效率和安全的重要基础,其中车联网在智能交通中发挥着中枢神经的作用[1]。车联网已发展成为5G最大规模的单体应用场景,成为国内外新一轮科技创新和产业发展的必争之地。然而,由于城市的复杂传播环境,特别是城区多建筑物的遮挡以及车辆高流动性导致的信道快速变化,导致车载通信的传播链路很容易劣化。为了克服这个挑战,近年来提出的智能超表面技术引起了广泛关注,因为它通过对电磁波传播的智能调控,使得无线信号在复杂的传播环境仍然能实现良好的传输。

智能超表面包括智能反射表面(RIS)[2-4]和智能全向表面(IOS),也叫同时透射和反射的可重构智能表面[5]。RIS是由大量的无源反射阵元组成,通过联合调整大量反射阵元的相位实现调控电磁波传播的目的来改善无线通信的性能。RIS较传统的有源收发器/中继器相比具有更低的硬件成本和能耗。但是,RIS只具有反射信号的能力,要求反射位于同一侧用户的信号,而无法实现全方向的信号调控。为了克服RIS存在的调控方向挑战,研究人员又提出了具有全向电磁波调控能力的STAR-RIS技术[5]。当无线信号进入STAR-RIS

基金项目:四川省自然科学基金(No. 2023NSFSC0455);西安电子科技大学空天地一体化综合业务网全国重点实验室开发基金(No. ISN21-15)。

的任何一侧时，STAR-RIS 可以将部分信号反射给同一侧的用户，同时让部分信号穿透它进入另一侧的用户。STAR-RIS 具有的突出优点激发了国内外研究工作者的极大兴趣，促使了对 STAR-RIS 在不同无线系统设置下的性能增益的研究。如 STAR-RIS 辅助的多天线/多输入多输出（MIMO）系统[6]，正交频分复用（OFDM）系统[7]、非正交多址（NOMA）系统[8]、多小区网络[9]、同步无线信息和功率传输[10]、物理层安全[11]等。文献[12]研究了基于缓慢变化的大规模衰落信道信息的智能反射面辅助车载通信的资源分配问题，研究结果表明 STAR-RIS 可以显著提高车辆通信的质量。此外，为了灵活部署 RIS，文献[13]创造性地提出了配备 RIS 的无人机系统（RIS-UAV）。在该系统中，RIS-UAV 充当移动中继器，以改善从信源到目的地的合作通信。

在上述背景下，考虑城市环境的复杂性，本文采用多个 STAR-RIS 辅助车载通信，以显著地改善 V2X 通信性能。具体来说，在车载网络的发射端和接收端之间依次部署有多个 STAR-RIS，以形成有效的多跳链路，从而改善受到遮挡车辆的通信质量。基于所提出的系统模型，本文对基站发射波束赋形和 STAR-RIS 无源波束赋形进行联合设计，实现系统的和速率最大化。但是，和速率最大化这个优化问题存在多个变量，且是非凸的。为了解决此问题，提出了一个有效的迭代算法。首先应用加权最小均方误差（WMMSE）方法[14]，将吞吐量最大化问题转化为等效的加权均方误差（MSE）最小化问题。然后再将其分解为三个互不相关子问题依次求解。由于 STAR-RIS 各元素系数和不同 STAR-RIS 之间的相互作用，计算十分复杂，所以通过迭代优化每个 SATR-RIS 的反射和透射系数来求解，为此，对信道表达式进行了重写以推导每个 STAR-RIS 的反射和透射系数。最后，仿真结果证明了提出算法的收敛性，以及多 STAR-RIS 辅助车载通信系统的性能优势。此外，本文还研究了在总的 STAR-RIS 阵元数量固定情况下，如何给各 STAR-RIS 分配阵元数量以实现最大化的和速率。

1 系统模型

考虑由多个 STAR-RIS 辅助的车载通信系统，如图 1 所示。其中 r 个 STAR-RIS 被依次部署以协助车载通信，从而改善受遮挡车辆通信性能。STAR-RIS 1 被部署在离 BS 非常近的地方，以保证视距（LoS）传输，其他 STAR-RIS（即 STAR-RIS 2，3，...，r）被依次部署以形成多跳链路。第 r 个 STAR-RIS 由 N_r 个反射元件组成，每个 STAR-RIS 连接到一个调整其相位偏移的控制器。假设基站配备有 M 根天线，系统包含 K 台单天线车辆，令 $\boldsymbol{G} \in \mathcal{C}^{N_1 \times M}$，$\boldsymbol{S}_{r-1,r} \in \mathcal{C}^{N_r \times N_{r-1}}$，$\boldsymbol{F}_{r,k} \in \mathcal{C}^{l \times N_r}$ 分别表示从 BS 到 STAR-RIS 1 的信道，从 STAR-RIS $r-1$ 到 SATR-RIS r 的信道和从 SATR-RIS r 到车辆 k 的信道。SATR-RIS r 的反射系数和透射系数矩阵分别表示为 $\boldsymbol{\Phi}_{r,r} \in \mathcal{C}^{N_r \times N_r}$ 和 $\boldsymbol{\Phi}_{r,t} \in \mathcal{C}^{N_r \times N_r}$（第二个 r 表示反射，t 表示透射），其中 $\boldsymbol{\Phi}_r = \mathrm{diag}(\boldsymbol{\phi}_r)$。$\boldsymbol{\phi}_r = [\phi_{r,1}, \phi_{r,2}, \cdots, \phi_{r,N_l}]^T$ 是 SATR-RIS r 的反射或透射向量，其中 $\phi_{r,n} = \beta_{r,n} e^{j\theta_{r,n}}, n = 1,2,...,N_r$。$\theta_{r,n} \in [0,2\pi]$ 和 $\beta_{r,n} \in [0,1]$ 分别表示第 n 个元件对入射信号带来的相位和振幅变化。对于低成本无源无损 STAR-RIS，透射和反射的相移系数是相互耦合的。实际上，振幅和相移的值由 STAR-RIS 的相应电阻抗和磁阻抗决定。根据文献[15]的分析，无源无损 STAR-RIS 必须满足两个约束条件：$\beta_{t,n} + \beta_{r,n} = 1, \cos(\theta_{t,n} - \theta_{r,n}) = 0$。

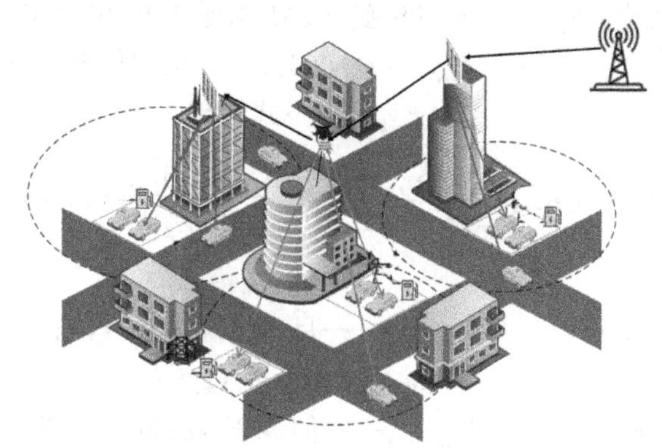

图 1 多个 STAR-RIS 辅助的车载通信系统

1.1 信道模型

假设所有的信道都遵循 Rician 衰落。与文献[16]类似，假设天线元素在 BS 处形成半波长均匀线性阵列（ULA）配置，而反射和透射元素在 STAR-RIS 处形成均匀平面阵列（UPA）配置。SATR-RIS r 的元件数 $N_r = N_{rx} N_{ry}$，其中 N_{rx} 和 N_{ry} 表示沿 x 轴和 y 轴的元件数量，相邻元件间距离为 d_x 和 d_y。$\boldsymbol{G}$ 可由式(1)给出。

$$\boldsymbol{G} = \sqrt{\beta_G}\left(\sqrt{\frac{K_G}{K_G+1}}\boldsymbol{G}_{\mathrm{LoS}} + \sqrt{\frac{1}{K_G+1}}\boldsymbol{G}_{\mathrm{NLoS}}\right) \tag{1}$$

式中：　β_G——自由空间路径衰落；

K_G——Rician 因子；

矩阵$\boldsymbol{G}_{\mathrm{LoS}}$和$\boldsymbol{G}_{\mathrm{NLoS}}$——信道 $\boldsymbol{G}$ 的视距(LoS)和非视距(NLoS)分量。视距分量$\boldsymbol{G}_{\mathrm{LoS}}$可以表示为：

$$\boldsymbol{G}_{\mathrm{LoS}}=\boldsymbol{a}_{1,\mathrm{R}}(\psi_{1,\mathrm{R}},\vartheta_{1,\mathrm{R}})\boldsymbol{a}_{\mathrm{T}}^{H}(\vartheta_{1,\mathrm{R}}) \tag{2}$$

式中：$\boldsymbol{a}_{1,\mathrm{R}}(\psi_{1,\mathrm{R}},\vartheta_{1,\mathrm{R}})\in\mathbb{C}^{N_1\times 1}$——STAR-RIS 1 的接收阵列响应，由下式给出：

$$\boldsymbol{a}_{1,\mathrm{R}}(\psi_{1,\mathrm{R}},\vartheta_{1,\mathrm{R}})=\left[1,\cdots,\mathrm{e}^{j2\pi(N_{1x}-1)\frac{d_x}{\lambda}\Theta_{1,\mathrm{R}}}\right]^T\otimes\left[1,\cdots,\mathrm{e}^{j2\pi(N_{1y}-1)\frac{d_y}{\lambda}\Omega_{1,\mathrm{R}}}\right]^T \tag{3}$$

式中：$\Theta_{1,\mathrm{R}}=\sin(\vartheta_{1,\mathrm{R}})\sin(\psi_{1,\mathrm{R}})$；

$\Omega_{1,\mathrm{R}}=\cos\vartheta_{1,\mathrm{R}}$；

$\vartheta_{1,\mathrm{R}}$——SATR-RIS 1 处的到达仰角；

$\psi_{1,\mathrm{R}}$——STAR-RIS 1 处的到达方位角。

BS 的发射阵列响应由式(4)给出。

$$\boldsymbol{a}_{\mathrm{T}}(\vartheta_{1,\mathrm{R}})=\left[1,\mathrm{e}^{j\pi\sin\vartheta_{1,\mathrm{R}}},\cdots,\mathrm{e}^{j\pi(M-1)\sin\vartheta_{1,\mathrm{R}}}\right]^T \tag{4}$$

式中：$\vartheta_{1,\mathrm{R}}$——从 BS 到 STAR-RIS 1 的出发角；$\boldsymbol{G}_{\mathrm{NLoS}}\sim\mathcal{CN}(0,1)$。按照同样的步骤，$\boldsymbol{F}_{r,k}$可由下式给出：

$$\boldsymbol{F}_{r,k}=\sqrt{\beta_{F_{r,k}}}\left(\sqrt{\frac{K_{F_{r,k}}}{K_{F_{r,k}}+1}}\boldsymbol{F}_{r,k,\mathrm{LoS}}+\sqrt{\frac{1}{K_{F_{r,k}}+1}}\boldsymbol{F}_{r,k,\mathrm{NLoS}}\right) \tag{5}$$

式中：　$\beta_{F_{r,k}}$——自由空间路径衰落；

$K_{F_{r,k}}$——Rician 因子；

矩阵 $\boldsymbol{F}_{r,k,\mathrm{LoS}}$和 $\boldsymbol{F}_{r,k,\mathrm{NLoS}}$——信道 $\boldsymbol{F}_{r,k}$的视距和非视距分量。视距分量$\boldsymbol{G}_{\mathrm{LoS}}=\boldsymbol{a}_{r,T}^{T}(\psi_{r,T},\vartheta_{r,T})$，$\boldsymbol{a}_{r,T}(\psi_{r,T},\vartheta_{r,T})$表示 STAR-RIS r 的发射阵列响应，由下式给出：

$$\boldsymbol{a}_{r,T}(\eta_{r,T},\vartheta_{r,T})=\left[1,\cdots,\mathrm{e}^{j2\pi(N_{rx}-1)\frac{d_x}{\lambda}\Theta_{r,T}}\right]^T\otimes\left[1,\cdots,\mathrm{e}^{j2\pi(N_{ry}-1)\frac{d_x}{\lambda}\Omega_{r,T}}\right]^T \tag{6}$$

1.2　信号模型

由于各种障碍物，假设只考虑一条经过 STAR-RIS 到达车辆的通信路径，其他路径忽略不计，则从 BS 到车辆 k 的信道表示为：

$$\boldsymbol{H}_k=\boldsymbol{F}_{r_k,k}\boldsymbol{\Phi}_{r_k,u}\left(\prod_{i=r_k}^{1}\boldsymbol{S}_{i-1,i}\boldsymbol{\Phi}_{i-1,u}\right)\boldsymbol{G} \tag{7}$$

式中：r_k——信号到达车辆 k 经过的最后一个 STAR-RIS，$u\in\{r,t\}$。若 $r_k=1$，则 $\boldsymbol{H}_k=\boldsymbol{F}_{r_k,k}\boldsymbol{\Phi}_{r_k,u}\boldsymbol{G}$。车辆 k 的接收信号为：

$$y_k=\boldsymbol{H}_k\left(\sum_{k=1}^{K}\boldsymbol{w}_k x_k\right)+n_k \tag{8}$$

式中：$\boldsymbol{w}_k\in\mathbb{C}^{M\times 1}$——车辆 k 的相应发射波束成形向量；

x_k——BS 发送给车辆 k 的信号；

车辆 k 接收到的信号的信干噪比(SINR)表示为：

$$\gamma_k=\frac{|\boldsymbol{H}_k\boldsymbol{w}_k|^2}{\sum_{l\neq k}|\boldsymbol{H}_k\boldsymbol{w}_l|^2+\sigma_k^2} \tag{9}$$

车辆 k 的通信速率表示为：

$$R_k=\log_2(1+\gamma_k) \tag{10}$$

为了实现多 STAR-RIS 辅助车载通信系统的最大化性能，本文将其归结为一个和速率最大化的优化问题，表示如下：

$$\begin{aligned}&\max_{W,\boldsymbol{\Phi}_{1,u},\cdots\boldsymbol{\Phi}_{R,u}}\sum_{1}^{K}R_k\\&\text{s. t. } C_1:\beta_{r,r,n}\in[0,1],\beta_{r,t,n}\in[0,1],\beta_{r,r,n}+\beta_{r,t,n}=1\\&C_2:\cos(\theta_{r,r,n}-\theta_{r,t,n})=1\ \forall r\in R,\forall n\in N\\&C_3:\mathrm{tr}\{\boldsymbol{W}\boldsymbol{W}^H\}\leqslant P_{\max}\end{aligned} \tag{11}$$

式中：$\boldsymbol{W}=[\boldsymbol{w}_1,\cdots,\boldsymbol{w}_k]$。

2　多跳 STAR-RIS 辅助车载通信系统的波束赋形设计方案

上述问题是非凸的，并且相移约束是相互耦合的，所以求解十分困难。为此，下面研究一种可求解次优解的低复杂度方案。首先，应用著名的加权最小均方误差(WMMSE)方法[15]，将吞吐量最大化问题转化为等效的加权均方误差(MSE)最小化问题。

$$\max_{W,\boldsymbol{\Phi}_{1,u},\cdots\boldsymbol{\Phi}_{R,u}}\sum_{1}^{K}R_k\rightarrow\min_{W,\boldsymbol{\Phi}_{1,u},\cdots\boldsymbol{\Phi}_{R,u}}\sum_{1}^{K}\omega_k e_k \tag{12}$$

式中：ω_k——权重向量；

e_k——均方误差，如式(13)所示。

$$e_k = y_k^2\left(\sum_{l=1}^{K}(|\boldsymbol{H}_k\boldsymbol{w}_l|^2)+\sigma_k^2\right)-2\mathrm{Re}\{y_k^*\boldsymbol{H}_k\boldsymbol{w}_k\}+1 \tag{13}$$

上述问题可分解为 3 个子问题,并求解每个子问题的闭式最优解。

2.1 关于$\{\omega_k, y_k\}$

$\{\omega_k, y_k\}$的最优值可由下式给出[16],$\forall k\in K$,$\forall u\in\{r,t\}$。

$$\omega_k = 1+\gamma_k \tag{14}$$

$$y_k = \frac{\boldsymbol{H}_k\boldsymbol{w}_k}{\sum\limits_{l\in K}|\boldsymbol{H}_k\boldsymbol{w}_l|^2+\sigma_k^2} \tag{15}$$

2.2 关于 W

根据求得的$\{\omega_k, y_k\}$和$\{\boldsymbol{\Phi}_{1,u},\cdots,\boldsymbol{\Phi}_{R,u}\}$,可得到如下关于 $\boldsymbol{W}$ 的优化问题。

$$\begin{aligned}&\min_{W}\sum_{1}^{K}\omega_k e_k\\ &\text{s. t.}\quad C_3:\mathrm{tr}\{\boldsymbol{W}\boldsymbol{W}^{\mathrm{H}}\}\leqslant P_{\max}\end{aligned} \tag{16}$$

式(16)问题的可通过标准凸优化求解器(如 CVX)高效求解。

2.3 关于$\{\boldsymbol{\Phi}_{1,u},\cdots,\boldsymbol{\Phi}_{R,u}\}$

根据求得的$\{\omega_k, y_k\}$和 $\boldsymbol{W}$,可得到如下关于$\{\boldsymbol{\Phi}_{1,u},\cdots\boldsymbol{\Phi}_{R,u}\}$的优化问题。

$$\begin{aligned}&\min_{\boldsymbol{\Phi}_{1,u},\cdots\boldsymbol{\Phi}_{R,u}}\sum_{1}^{K}\omega_k e_k\\ &\text{s. t. } C_1:\beta_{r,r,n}\in[0,1],\beta_{r,t,n}\in[0,1],\beta_{r,r,n}+\beta_{r,t,n}=1\\ &C_2:\cos(\theta_{r,r,n}-\theta_{r,t,n})=1\quad \forall r\in R,\forall n\in N\end{aligned} \tag{17}$$

由于$\{\boldsymbol{\Phi}_{1,u},\cdots\boldsymbol{\Phi}_{R,u}\}$之间耦合,所以通过迭代优化每个 SATR-RIS 的反射和透射系数来求解。即固定其他 STAR-RIS 的反射和透射系数,优化 STAR-RIS r 的反射和透射系数。为此,需要进行如下重写。

$$\boldsymbol{H}_k\boldsymbol{w}_p = \boldsymbol{v}_{k,p,r}\boldsymbol{\phi}_r \tag{18}$$

$\boldsymbol{v}_{k,p,r}$由以下给出。

1)当 $r>r_k$ 时,即路径不经过 STAR-RIS r 时,$\boldsymbol{v}_{k,p,r}=\boldsymbol{0}$;

2)$r\leqslant r_k$ 时,有如下情况。

$r_k=r=1$ 时,$\boldsymbol{v}_{k,p,r}=\boldsymbol{F}_{r_k,k}\boldsymbol{\Phi}_{r_k,u}*\mathrm{diag}(\boldsymbol{G}\boldsymbol{w}_p)$;

$r_k>1$ 时,

$$\boldsymbol{v}_{k,p,r}\begin{cases}=\boldsymbol{F}_{r_k,k}\boldsymbol{\Phi}_{r_k,u}\boldsymbol{A}_{r_k-1,r+1}\boldsymbol{S}_{1,2}*\mathrm{diag}(\boldsymbol{G}\boldsymbol{w}_p) & r=1,\\ =\boldsymbol{F}_{r_k,k}\mathrm{diag}(\boldsymbol{A}_{r-1,1}\boldsymbol{G}\boldsymbol{w}_p) & r=r_k\\ =\boldsymbol{F}_{r_k,k}\boldsymbol{\Phi}_{r_k,u}\boldsymbol{A}_{r_k-1,r+1}\boldsymbol{S}_{r,r+1}*\mathrm{diag}(\boldsymbol{A}_{r-1,1}\boldsymbol{G}\boldsymbol{w}_p) & r\in(0,r_k)\end{cases} \tag{19}$$

$$\boldsymbol{A}_{a,b}=\begin{cases}I & a=b\\ \prod\limits_{i=b}^{a}\boldsymbol{S}_{i,i+1}\boldsymbol{\Phi}_{i,u} & a<b\end{cases} \tag{20}$$

然后,固定其他 STAR-RIS 的反射和透射系数,优化第 r 个 STAR-RIS 的反射和透射系数,可得到如下的优化问题。

$$\begin{aligned}&\min_{\boldsymbol{\Phi}_{r,u}}\sum_{1}^{K}\omega_k e_k\\ &\text{s. t. } C_1:\beta_{r,r,n}\in[0,1],\beta_{r,t,n}\in[0,1],\beta_{r,r,n}+\beta_{r,t,n}=1\\ &C_2:\cos(\theta_{r,r,n}-\theta_{r,t,n})=1\quad \forall n\in N\end{aligned} \tag{21}$$

为了处理耦合相移约束,根据文献[17]的方法,可以得到如下推导。首先定义 $\tilde{\boldsymbol{\phi}}_{r,u}=\boldsymbol{\phi}_{r,u}$,

$$\begin{aligned}&\min_{\boldsymbol{\phi}_{r,u},\tilde{\boldsymbol{\phi}}_{r,u}}\sum_{1}^{K}\omega_k e_k\\ &\text{s. t. } C_4:\tilde{\boldsymbol{\phi}}_{r,u}=\boldsymbol{\phi}_{r,u}\\ &C_5:\tilde{\beta}_{r,r,n}\in[0,1],\tilde{\beta}_{r,t,n}\in[0,1],\tilde{\beta}_{r,r,n}+\tilde{\beta}_{r,t,n}=1\\ &C_6:\cos(\tilde{\theta}_{r,r,n}-\tilde{\theta}_{r,t,n})=1\quad \forall n\in N\end{aligned} \tag{22}$$

为了处理$\boldsymbol{\phi}_{r,u}$的相等约束条件 $C_4:\tilde{\boldsymbol{\phi}}_{r,u}=\boldsymbol{\phi}_{r,u}$,可以通过将相等约束作为惩罚项移至目标函数,将原始问题转换为相应的增强拉格朗日(AL)问题[18],如下所示。

$$\begin{aligned}&\min_{\boldsymbol{\phi}_{r,u},\tilde{\boldsymbol{\phi}}_{r,u}}\sum_{1}^{K}\omega_k e_k+\frac{1}{2\rho}\sum_{u\in\{t,r\}}\|\tilde{\boldsymbol{\phi}}_{r,u}-\boldsymbol{\phi}_{r,u}+\rho\boldsymbol{\lambda}_{r,u}\|^2\\ &\text{s. t. } C_5:\tilde{\beta}_{r,r,n}\in[0,1],\tilde{\beta}_{r,t,n}\in[0,1],\tilde{\beta}_{r,r,n}+\tilde{\beta}_{r,t,n}=1\\ &C_6:\cos(\tilde{\theta}_{r,r,n}-\tilde{\theta}_{r,t,n})=1\quad \forall n\in N\end{aligned} \tag{23}$$

式中:$\rho>0$ 表示惩罚因子;$\boldsymbol{\lambda}_{r,u}$,$\forall u\in\{r,t\}$,表示拉格朗日对偶变量。上述问题关于$\boldsymbol{\phi}_{r,u}$是一个凸问题,因此可以通过 CVX 高效求解。最后得到如下关于$\tilde{\boldsymbol{\phi}}_{r,u}$的优化问题。

$$\min_{\tilde{\phi}_{r,u}} \sum_{u\in\{t,r\}} \|\tilde{\boldsymbol{\phi}}_{r,u}+\boldsymbol{\vartheta}_{r,u}\|^2$$

$$\text{s.t. } C_5: \tilde{\beta}_{r,r,n}\in[0,1], \tilde{\beta}_{r,t,n}\in[0,1], \tilde{\beta}_{r,r,n}+\tilde{\beta}_{r,t,n}=1$$

$$C_6: \cos(\tilde{\theta}_{r,r,n}-\tilde{\theta}_{r,t,n})=1 \quad \forall n\in N \tag{24}$$

其中,$\boldsymbol{\vartheta}_{r,u}=-\boldsymbol{\phi}_{r,u}+\rho\lambda_{r,u}$, $\forall u\in\{r,t\}$,然后优化目标函数可重写如下：

$$\begin{aligned}\sum_{u\in\{t,r\}}\|\tilde{\boldsymbol{\phi}}_{r,u}+\boldsymbol{\vartheta}_{r,u}\|^2 &= \sum_{u\in\{t,r\}}[\tilde{\boldsymbol{\phi}}_{r,u}^H\tilde{\boldsymbol{\phi}}_{r,u}+\boldsymbol{\vartheta}_{r,u}^H\boldsymbol{\vartheta}_{r,u}+2\mathrm{Re}(\boldsymbol{\vartheta}_{r,u}^H\tilde{\boldsymbol{\phi}}_{r,u})] \\ &= \sum_{u\in\{t,r\}}\sum_{n\in N}\tilde{\beta}_{r,u,n}+\sum_{i\in\{t,r\}}\boldsymbol{\vartheta}_{r,u}^H\boldsymbol{\vartheta}_{r,u}+\sum_{i\in\{t,r\}}2\mathrm{Re}(\boldsymbol{\vartheta}_{r,u}^H\tilde{\boldsymbol{\phi}}_{r,u}) \\ &\overset{(a)}{=} N+\sum_{u\in\{t,r\}}\boldsymbol{\vartheta}_{r,u}^H\boldsymbol{\vartheta}_{r,u}+\sum_{i\in\{t,r\}}2\mathrm{Re}(\boldsymbol{\vartheta}_{r,u}^H\tilde{\boldsymbol{\phi}}_{r,u}),\end{aligned} \tag{25}$$

式中,(a)是因为$\tilde{\beta}_{r,r,n}+\tilde{\beta}_{r,t,n}=1$。定义$\tilde{\psi}_{r,u}=[\mathrm{e}^{j\tilde{\theta}_{r,u,l}},\cdots,\mathrm{e}^{j\tilde{\theta}_{r,u,N}}]^T$,再去除常数项,即可得到如下关于$\tilde{\beta}_{r,r,n}$,$\tilde{\psi}_{r,r}$,$\tilde{\beta}_{r,t,n}$,$\tilde{\psi}_{r,t}$的优化问题。

$$\min_{\substack{\tilde{\beta}_{r,r,n},\tilde{\psi}_{r,r}\\ \tilde{\beta}_{r,t,n},\tilde{\psi}_{r,t}}} \sum_{u\in\{t,r\}}\mathrm{Re}(\boldsymbol{\vartheta}_{r,u}\mathrm{diag}(\tilde{\boldsymbol{\beta}}_{r,u})\tilde{\boldsymbol{\psi}}_{r,u})$$

$$\text{s.t. } C_5: \tilde{\beta}_{r,r,n}\in[0,1], \tilde{\beta}_{r,t,n}\in[0,1], \tilde{\beta}_{r,r,n}+\tilde{\beta}_{r,t,n}=1$$

$$C_6: \cos(\tilde{\theta}_{r,r,n}-\tilde{\theta}_{r,t,n})=1 \quad \forall n\in N \tag{26}$$

定义$\tilde{\boldsymbol{\vartheta}}_{r,u}=\mathrm{diag}(\tilde{\boldsymbol{\beta}}_{r,u}^H)\boldsymbol{\vartheta}_{r,u}=[\tilde{\vartheta}_{r,u,l},\cdots,\tilde{\vartheta}_{r,u,N}]^T$,$\varphi_n^+=\tilde{\vartheta}_{r,t,n}^*+j\tilde{\vartheta}_{r,r,n}^*$,$\varphi_n^-=\tilde{\vartheta}_{r,t,n}^*-j\tilde{\vartheta}_{r,r,n}^*$,$\tilde{\psi}_{r,t}$和$\tilde{\psi}_{r,r}$的各元素最优值可由下式给出。

$$(\tilde{\psi}_{r,t,n},\tilde{\psi}_{r,r,n})=\underset{(\tilde{\psi}_{r,t,n},\tilde{\psi}_{r,r,n})\in\chi_\psi^n}{\arg\min}\ \mathrm{Re}(\tilde{\vartheta}_{r,t,n}^*\tilde{\psi}_{r,t,n})+\mathrm{Re}(\tilde{\vartheta}_{r,r,n}^*\tilde{\psi}_{r,r,n}) \tag{27}$$

式中:χ_ψ^n——一对闭式解的集合,由式(28)给出。

$$\chi_\psi^n=\{[\mathrm{e}^{j(\pi-\angle\varphi_n^+)},\mathrm{e}^{j(\frac{3}{2}\pi-\angle\varphi_n^+)}],[\mathrm{e}^{j(\pi-\angle\varphi_n^-)},\mathrm{e}^{j(\frac{1}{2}\pi-\angle\varphi_n^-)}]\} \tag{28}$$

定义$\breve{\boldsymbol{\vartheta}}_{r,u}=\mathrm{diag}(\tilde{\psi}_{r,u}^H)\boldsymbol{\vartheta}_{r,u}=[\breve{\vartheta}_{r,u,1},\cdots,\breve{\vartheta}_{r,u,N}]^T$,$a_n=|\breve{\vartheta}_{r,t,n}^*|\cos(\angle\breve{\vartheta}_{r,t,n}^*)$,$b_n=|\breve{\vartheta}_{r,r,n}^*|\cos(\angle\breve{\vartheta}_{r,r,n}^*)$,$\xi_n=\mathrm{sgn}(b_n)\arccos\left(\frac{a_n}{\sqrt{a_n^2+b_n^2}}\right)$,然后对于给定的$\tilde{\psi}_{r,t}$和$\tilde{\psi}_{r,r}$的值,$\tilde{\boldsymbol{\beta}}_{r,t}$和$\tilde{\boldsymbol{\beta}}_{r,r}$各元素的最优值可以由下式给出。

$$\tilde{\beta}_{r,t,n}=\sin\omega_n,\quad \tilde{\beta}_{r,r,n}=\cos\omega_n \tag{29}$$

$$\omega_n=\begin{cases}-\frac{1}{2}\pi-\xi_n & \text{if } \xi_n\in\left[-\pi,-\frac{1}{2}\pi\right) \\ 0 & \text{if } \xi_n\in\left[-\frac{1}{2}\pi,\frac{1}{4}\pi\right) \\ \frac{1}{2}\pi & \text{otherwise.}\end{cases} \tag{30}$$

其他STAR-RIS系数也可以使用类似的步骤进行求解。最后,具体算法流程由算法1给出(图2)。

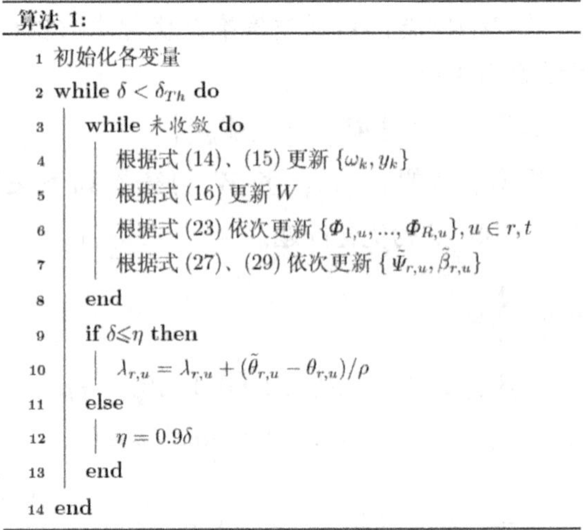

算法 1:

初始化各变量
while $\delta<\delta_{Th}$ do
　while 未收敛 do
　　根据式 (14)、(15) 更新 $\{\omega_k, y_k\}$
　　根据式 (16) 更新 W
　　根据式 (23) 依次更新 $\{\Phi_{1,u},\ldots,\Phi_{R,u}\}, u\in r,t$
　　根据式 (27)、(29) 依次更新 $\{\tilde{\Psi}_{r,u},\tilde{\beta}_{r,u}\}$
　end
　if $\delta\leqslant\eta$ then
　　$\lambda_{r,u}=\lambda_{r,u}+(\tilde{\theta}_{r,u}-\theta_{r,u})/\rho$
　else
　　$\eta=0.9\delta$
　end
end

图2　算法1

3　仿真结果和数据分析

假设部署两个STAR-RIS,反射和折射面各服务一个车辆,BS配有$M=4$根天线。信道为Rician衰减信道,Rician因子为3dB,路径损耗指数为2.2(图3)。参考距离为1m时的路径损耗设定为30dB。BS的发射功率和车辆的噪声功率分别为20dBm和-110dBm。

图3a)显示了提出迭代算法的收敛性。可以看出,结果若干次迭代后,该算法可以实现快速收

敛。图3b)、c)显示了每个STAR-RIS的所有元素的绝对相移差$|\theta_{r,t,n}-\theta_{r,r,n}|$。可以看出,绝对相移差收敛于$\frac{\pi}{2}$或$\frac{3\pi}{2}$,即$\cos(\theta_{t,n}-\theta_{r,n})=0$。

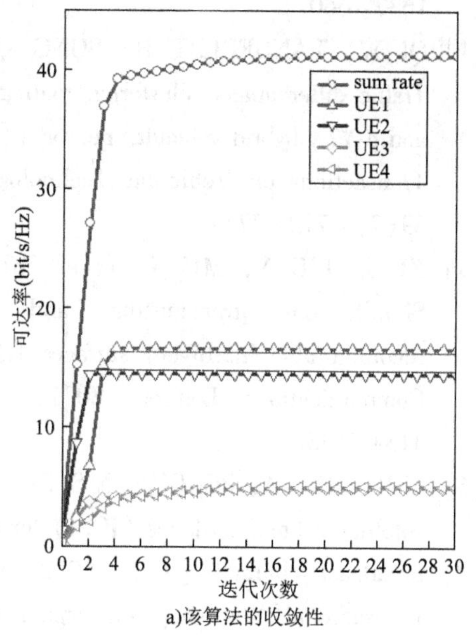

a)该算法的收敛性

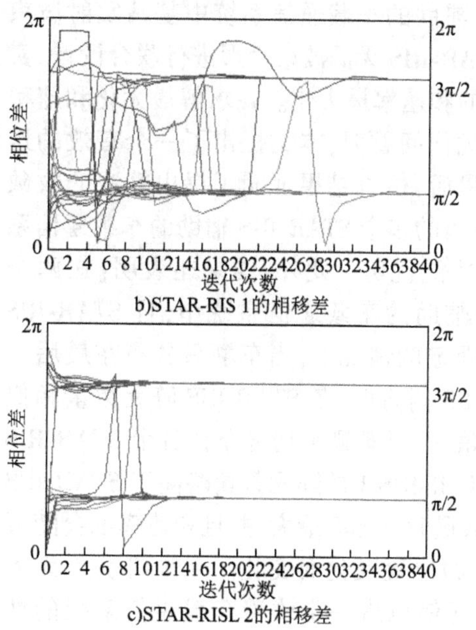

b)STAR-RIS 1的相移差

c)STAR-RISL 2的相移差

图 3

图4给出了和速率与STAR-RIS 1位置关系的性能结果。BS和STAR-RIS 2的位置固定,且相距20m,STAR-RIS 1部署在BS和STAR-RIS 2之间,车辆均匀分布在STAR-RIS 2附近,并且信号都是经过两跳到达车辆,d_1表示STAR-RIS 1与BS之间的距离。由图可以看出,STAR-RIS 1部署在靠近BS或者靠近STAR-RIS 2的效果最好,部署在两者中间的效果最差。根据文献[19]的推导,智能超表面辅助辅助通信系统有"乘积-距离"功率损耗,所以当部署在中间位置时,距离乘积最大,性能最差。

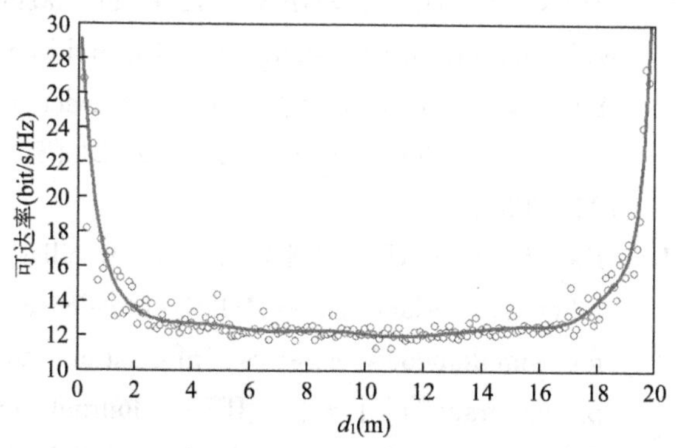

图4 和速率与STAR-RIS 1的位置关系

图5和图6给出了和速率与STAR-RIS 1阵元数量(N_1)关系的性能结果。假设STAR-RIS的总阵元数量为400,STAR-RIS 1的阵元数量为N_1,则STAR-RIS 2的阵元数量为400-N_1。图4是车辆只分布在STAR-RIS 2附近而STAR-RIS 1附近不存在车辆情况下的和速率性能。可以看出,和速率的峰值发生在两个STAR-RIS的阵元数量相似时。图5是两个STAR-RIS附近都存在车辆情况下的和速率性能。可以看到,STAR-RIS 1的阵元数量稍多于STAR-RIS 2时达到峰值。这是因为在这种情况下,增加STAR-RIS 1的阵元数量既能提高STAR-RIS 1附近车辆的通信速率,也能提高STAR-RIS 2附近车辆的通信速率。

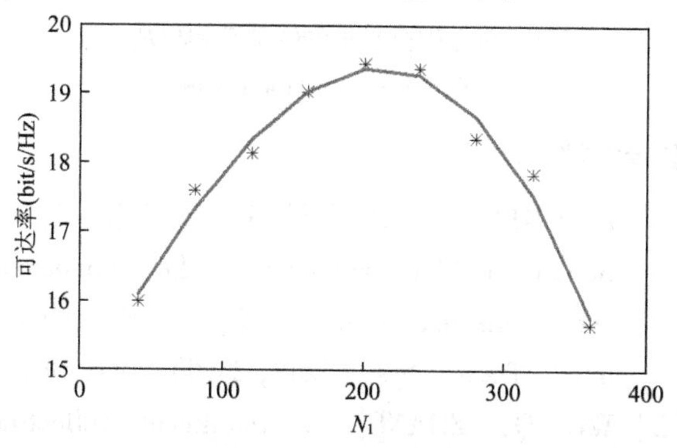

图5 和速率与STAR-RIS 1的元素数(N_1)关系(2个STAR-RIS,2个车辆)

4 结语

本文研究了由多个STAR-RIS辅助的车载通信系统,在基站和车辆之间依次部署STAR-RIS以形成有效的多跳链路,从而在复杂的城市环境下仍然可以实现良好的车载通信性能。本文对多个 STAR-RIS 辅助的车载通信系统中基站发射波束赋形和 STAR-RIS 无源波束赋形进行联合设计,实现了系统的和速率最大化。在求解最大化和速率这个非凸优化问题时,本文提出了一个有效的迭代算法。最后,仿真结果证明了提出算法的收敛性,以及提出的多个 STAR-RIS 辅助的车载通信系统方案的性能优势。此外,结果还表明:在两个 STAR-RIS 辅助的车载通信系统中,且 STAR-RIS 阵元数量固定的情况下,当车辆只分布在最后一跳 STAR-RIS 附近时,各 STAR-RIS 阵元数量相似时和速率最大;当车辆平均分布在各个 STAR-RIS 附近时,STAR-RIS 1 的阵元数量略高于 STAR-RIS 2 的阵元数量时和速率最大,并且和速率也会随着 STAR-RIS 的位置变化而变化。未来将引入无人机(UAV)通信以进一步改善车载通信系统的性能,对 STAR-RIS-UAV 辅助的车载通信系统展开研究。

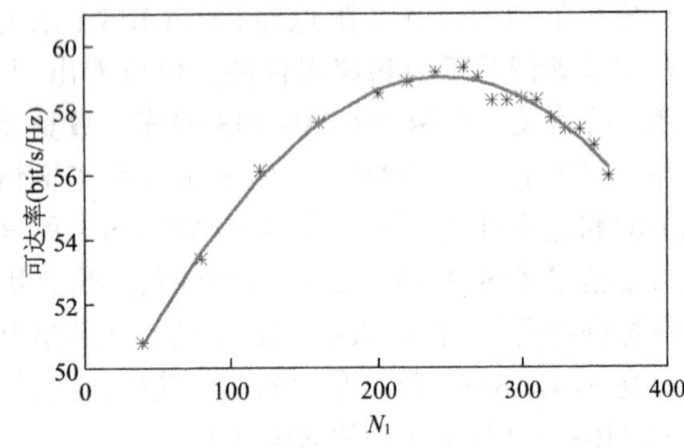

图 6 和速率与 STAR-RIS 1 的元素数(N_1)关系(2 个 STAR-RIS,4 个车辆)

参考文献

[1] DARBHA S, KONDURI S, PAGILLA P R. Benefits of V2V communication for autonomous and connected vehicles [J]. IEEE Trans. Intell. Transp. Syst., 2019, 20(5): 1954-1963.

[2] WU Q, ZHANG R. Intelligent reflecting surface enhanced wireless network via joint active and passive beamforming [J]. IEEE Transactions on Wireless Communications, 2019, 18(11): 5394-5409.

[3] ZHANG J, BJORNSON E, MATTHAIOU M, et al. Prospective multiple antenna technologies for Beyond 5G [J]. IEEE Journal on Selected Areas in Communications, 2020, 38 (8): 1637-1660.

[4] QI W, LANDFELDT B, SONG Q, et al. Traffic differentiated clustering routing in DSRC and c-V2X hybrid vehicular networks [J]. IEEE Transactions on Vehicular Technology, 2020, 69(7): 7723-7734.

[5] XU J, LIU Y, MU X, et al. STAR-RISs: Simultaneous transmitting and reflecting reconfigurable intelligent surfaces [J]. IEEE Communications Letters, 2021, 25 (9): 3134-3138.

[6] MOHAMED A, PEROVIC N S, DI RENZO M. Intelligent omni-Surfaces (IOSs) for the MIMO broadcast channel [C]. 2022 IEEE 23rd International Workshop on Signal Processing Advances in Wireless Communication (SPAWC). 2022: 1-5

[7] YANG Y, ZHENG B, ZHANG S, et al. Intelligent reflecting surface meets OFDM: protocol design and rate maximization [J]. IEEE Transactions on Communications, 2020, 68(7): 4522-4535.

[8] ZHANG C, YI W, LIU Y, et al. STAR-IOS Aided NOMA Networks: Channel model approximationand performance analysis [J]. IEEE Transactions on Wireless Communications, 2022, 21(9): 6861-6876.

[9] ZHANG Y, DI B, ZHANG H, et al. Meta-Wall: Intelligent omni-Surfaces aided multi-cell MIMO communications [J]. IEEE Transactions on Wireless Communications, 2022, 21 (9): 7026-7039.

[10] PAN C, REN H, WANG K, et al. Intelligent reflecting surface aided MIMO broadcasting for simultaneous wireless information and power transfer [J]. IEEE Journal on Selected Areas in Communications, 2020, 38 (8): 1719-1734.

[11] FANG S, CHEN G, ABDULLAH Z, et al. Intelligent omni surface-assisted secure MIMO communication networks with artificial noise

[J]. IEEE Communications Letters, 2022, 26(6): 1231-1235.

[12] CHEN Y, WANG Y, ZHANG J, et al. Resource allocation for intelligent reflecting surface aided vehicular communications [J]. IEEE Transactions on Vehicular Technology, 2020, 69(10): 12321-12326.

[13] LIU X, YU Y, LI F, et al. Throughput maximization for RIS-UAV relaying communications [J]. IEEE Transactions on Intelligent Transportation Systems, 2022, 23(10): 19569-19574.

[14] CHRISTENSEN SS, AGARWAL R, DE CARVALHO E, et al. Weighted sum-rate maximization using weighted MMSE for MIMO-BC beamforming design [J]. IEEE Transactions on Wireless Communications, 2008, 7(12): 4792-4799.

[15] XU J, LIU Y, MU X, et al. STAR-RISs: A correlated T&R phase-shift model and practical phase-shift configuration strategies [J]. IEEE Journal of Selected Topics in Signal Processing, 2022,16(5): 1097-1111

[16] MA X, FANG Y, ZHANG H, et al. Cooperative beamforming design for multiple RIS-Assisted communication systems [J]. IEEE Transactions on Wireless Communications, 2022, 21(12): 10949-10963.

[17] WANG Z, MU X, LIU Y, et al. Coupled Phase-Shift STAR-RISs: A general optimization framework [J]. IEEE Wireless Communications Letters, 2023, 12(2): 207-211.

[18] SHI Q, HONG M. Penalty dual decomposition method for nonsmooth nonconvex optimization—Part Ⅰ: Algorithms and convergence analysis [J]. IEEE Transactions on Signal Processing, 2020, 68: 4108-4122.

[19] MEI W, ZHANG R. Cooperative beam routing for multi-IRS aided communication [J]. IEEE Wireless Communications Letters, 2021, 10(2): 426-430.

新时代背景下自动驾驶决策的伦理道德研究综述

焦培刚*1　张　伟2　牛　伟2　马亚男2

(1. 山东交通学院工程机械学院;2. 日照市科技中等专业学校)

摘　要　当今时代汽车行业正面临着百年未有之大变革,而自动驾驶则是其中关键的一环,自动驾驶技术的市场化应用对人们的出行方式和城市交通产生了深远的影响。自动驾驶技术在带给人们便利的同时也会带来一些社会问题和伦理挑战,当面临"电车难题"时,系统会如何作出决策,保证驾驶员和行人的生命安全,当车辆发生意外交通事故时该由哪一方承担责任,如何有效避免"责任鸿沟"问题,用户的隐私和数据安全如何得到保障。本文论述了当前自动驾驶技术的发展和应用,阐述了伦理学对于自动驾驶技术发展和决策的重要性,展望了自动驾驶技术的未来发展趋势并提出一些相关建议,未来,自动驾驶技术的创新发展不仅仅取决于科学技术的进步,还取决于人们如何有效地应对伦理挑战,确保无人驾驶技术的发展符合社会公德和公众伦理道德。

关键词　自动驾驶技术　决策　伦理学

0　引言

自人类步入工业社会以来,在数次工业革命和科学技术革命的推动下,社会生产力快速提高,科学技术的发展极大地促进了人类文明的进步,为人们带来了前所未有的全新体验。其中自动驾驶技术的市场化应用将对未来交通运输领域的发展产生革命性的影响,自动驾驶车辆在道路行驶时,系统通过各种传感器和电子设备实时的观测车辆周围环境,依据周围环境精确计算车辆间的行驶安全距离,当发生紧急情况时,车辆能快速做出决策,及时的响应决策将减少因驾驶员个人因素(违反规定、驾驶疏忽和操作不当)产生的交通事故,提高了车辆行驶的安全性[1]。对于老年人,残疾人,和无驾驶证件的公众,自动驾驶汽车能够给予更多的出行自由,能更好地满足他们的日常需求,提高公众出行的可达性。同时自动驾驶系统可以根据车辆行驶的不同工况,使车辆在各种行驶工况下都能够以最佳的性能行驶,在保证汽车动力性的情况下提高车辆的燃油经济性。自动驾驶技术还可以与道路交通管理系统集成,实时适时的调整道路交通信号和了解前方交通路况,同时该技术能促进共享模式的出行,降低因车辆过多造成的道路拥堵,进一步改善交通管理[2]。

人类现代社会文明程度的提升,离不开伦理道德体系的构建与完善,当今时代先进技术与伦理学的交叉并行并不是一个新兴话题。齐格蒙特·鲍曼(Zygmunt Bauman)认为,我们"比过去任何时代更迫切的需要伦理①。"美国的情感计算研究专家罗莎琳德·皮卡德(Rosalind W. Picard)指出:"机器越自由,就越需要道德准则②。对于自动驾驶车辆来说,自动驾驶技术与伦理学的交叉需要引起人们的格外重视,因为车辆的决策行为会涉及更深层次的公众伦理,社会价值观和地域文化。基于自动驾驶系统的决策和基于驾驶员道德的决策会存在一定的差异,这种差异的如何解决将成为无人驾驶技术发展的一个重要课题[3]。未来,无人驾驶汽车的市场化普及将不仅仅取决于自动驾驶技术的发展,还取决于如何应对伦理挑战,确保其符合社会公众的伦理道德原则。

1 自动驾驶技术的发展及应用

自动驾驶汽车(Autonomous vehicles; Self-driving automobile)又称无人驾驶汽车、电脑驾驶汽车、或轮式移动机器人,是一种通过电脑系统实现无人驾驶的智能汽车,其核心概念是汽车在无须驾驶员干预的情况下完成行驶任务。自动驾驶的概念始于20世纪初,20世纪80年代各国开始无人驾驶技术的研究,其无人驾驶技术的研发主要集中在基于规则的系统上,在历经40余年的飞速发展,现今自动驾驶汽车的研发则更多地集中在人工智能系统上[4]。

国际汽车工程师学会SAE J3016标准中将自动驾驶的级别分为6个级别③。2022年03月01日实施的中华人民共和国国家标准《汽车驾驶自动化分级》(GB/T 40429—2021),规定了汽车驾驶自动化功能的分级6个级别④。0级(Level 0: No Automation)车辆没有自动驾驶功能,由驾驶员本身控制,有基础的警告系统,但不能称之为自动驾驶。1级(Level 1: Driver Assistance)车辆在某些特殊情境下可以执行单一的车辆行驶任务,如控制汽车的行驶速度、控制汽车转向,代表性功能自适应巡航控制系统(ACC)和车道保持辅助系统(LKA)。2级(Level 2: Partial Automation)车辆可同时自动控制转向和控制车辆的加速减速,但在行驶过程中需要驾驶员持续保持驾驶姿态并随时干预,该级别代表车型有特斯拉Autopilot。3级(Level 3: Conditional Automation)车辆在正常情境下能够完全自动驾驶,但在一些特殊情况下需要驾驶员干预,车辆需要更为高级的传感器等硬件和一定的决策能力,奥迪A8的Traffic Jam Pilot系统是L3级别的代表。4级(Level 4: High Automation),车辆在特定场景下(如市内行驶或高速公路行驶)即使驾驶员不干预行驶也能完全自动驾驶且安全运行,该级别的车辆需要具备高度复杂的决策能力和冗余安全机制。5级(Level 5: Full Automation),车辆在所有情境下可以实现完全自动驾驶,无须驾驶员人为干预,车辆完全去掉传统的驾驶员控制元件,如转向盘或制动踏板。现今已有L2和L3级的自动驾驶汽车上市并取得市场化普及,其关键技术主要包括机器视觉、深度学习、融合传感器数据等。目前,L4和L5级的技术仍处于研发和测

① [英]齐格蒙特·鲍曼.后现代伦理学[M].张成岗,译.南京:江苏人民出版社,2003年,第20页。

② [美]温德尔·瓦拉赫,科林·艾伦著.道德机器——如何让机器人明辨是非[M].王小红,译.北京:北京大学出版社,2017年,第18页。

③ 北京智能车联产业创新中心.北京市自动驾驶车辆道路测试报告(2018)[Z].北京:北京智能车联产业创新中心,2019.1.

④ 国家市场监督管理总局,国家标准化管理委员会.汽车驾驶自动化分级:GB/T 40429—2021[S].2021:3-5.

试阶段,高级别的自动驾驶技术不单单是面临技术的挑战,还面临法律、伦理、文化和经济等多方面的挑战。

2 自动驾驶技术的伦理决策

2.1 无人驾驶汽车的伦理

伦理学是哲学的一门分支,是关于规范和价值、是非善恶的观念以及应该做什么不应该做什么的哲学探究①。随着社会生产力的快速提高,人民对美好生活的向往得到了一定的满足,对人们的生活产生了积极的影响,但同时也给人们带来了前所未有的选择,这些选择因文化、地域、道德、法律和价值观的影响而产生伦理困境,为确保技术价值与人类价值的对齐,因此"在人工智能中嵌入人类的价值观与伦理原则显得尤为重要[5]。"

所谓无人驾驶汽车的伦理,指的是无人驾驶汽车发展本身的伦理属性以及在使用中体现的伦理功能。是给予无人驾驶汽车以伦理规则或程序,从而使它们以一种伦理上负责任地方式运行,并给出自己的伦理决策[6]。新时代伦理学的应用在科学技术领域变得日益重要,它将帮助人们解答遇到的一系列难题,例如,在数字信息化时代,用户的数据隐私如何能够得到保证;在生物遗传中,生物的基因编辑是否符合社会道德[7]。

2.2 决策算法与"电子道德"

自动驾驶技术指的是利用计算机、传感器、算法等技术手段,使汽车能够在一定程度上甚至完全的无须人为干预执行驾驶功能。传感器主要用于检测车辆周围的环境,高精度地图则提供了道路和周围地形的详细信息,而算法则用于决策和控制车辆的运动,如卷积神经网络(CNN)和循环神经网络(RNN),为车辆的场景理解和行为预测提供了强大的支撑[8]。

(1)决策算法。自动驾驶系统的核心是决策算法,算法会直接影响车辆在各种情境下的决策行为。自动驾驶技术的决策可分为两种类型:基于规则的决策和基于学习的决策。基于规则的决策是依据确定的算法编程来做出决策,以现行的交通法规和车辆安全行驶准则为标杆,该决策更加公开透明且社会公众更易了解,符合社会价值观和道德的预期准则,但该方法也存在一定的局限性,决策并不能采用车辆在实际行驶中的数据来学习训练未编程的情景,在一些特殊的情景下限制了车辆的决策行为。基于学习的决策是采用机器学习,该决策依据大数据的训练,系统能从大量的数据中训练学习从而做出恰当的决策,当车辆在面临复杂、不确定的行驶情景时能做出有效的决策行为,然而该决策由于决策过程的不公开不透明会产生"黑箱问题(black box)",这将使得验证系统决策的道德标准和行为解释变得复杂困难[9],且用于学习训练的大量数据中若存在偏见,系统可能会学习并复制这些偏见,进而影响系统的决策,使得车辆在应对紧急情况时会产生带有偏见的决策行为。

(2)电子道德。随着自动驾驶技术的应用和发展,它带来的伦理问题也日趋复杂多变,其中三个主要的电子道德问题尤为突出:透明度、偏见和道德困境。

透明度:基于规则的决策因决策依据清晰且易追溯,有助于监管方设定标准,较易获得社会公众的理解和信任。基于学习的决策则更加依赖于大数据的学习训练,这使得该决策透明度较低,其决策行为有时难以获得公众的理解和信任,监管者难以制定合理且有效政策标准。

偏见:基于学习的决策依赖于大量数据的训练,若用于训练的大量数据集中包含偏见时,自动驾驶系统会在发生紧急事故时产生带有偏见的行为决策。例如,系统学习训练的一组数据集中含有种族、皮肤或者性别偏见,当发生紧急事故时系统的决策会体现出偏见,车辆的决策行为会表现出优先保护"价值"更大一方的生命安全。

道德困境:在面临潜在的交通事故时,自动驾驶系统需在极短的时间内做出决策,车辆的决策行为可能会面临一种"无法通行的困境"中,这其中涉及诸多的道德、伦理和价值观,包括平等、公正、和保护弱者的义务等。

① [英]D·拉斐尔.道德哲学[M].邱仁宗,译.辽宁:辽宁教育出版社,1998年,第10页。

3　自动驾驶技术的伦理挑战

3.1　责任鸿沟与道德困境

2016年的特斯拉和2018年的Bber交通事故引发了社会公众对于自动驾驶系统算法决策的思考①。车辆行驶时遇到威胁人员生命安全的潜在突发情况时，系统如何决策？在驾驶员和乘客及行人的生命安全之间如何抉择？自动驾驶系统的算法决策应如何平衡不同的利益方？是否存在一种“最佳”或“最道德”的决策？当发生利益冲突时如何在冲突的各方之间做出选择？哪一方的“价值”应该被照顾？驾驶员所扮演的角色和所承担的责任是什么？车辆发生事故时的主体责任该由哪一方承担？是汽车制造商、技术开发者、驾驶员本身还是其他相关责任人[10]？对上述问题似乎各方都有一定的责任，但各方都不愿意承担责任，各方承担责任的莫衷一是将产生“主体悬置”现象，进而会产生“责任鸿沟(responsibility gap)”问题[11]。

自动驾驶技术的伦理决策是一个具有挑战性的议题，车辆在紧急情况下如何做出决策，这些决策通常被称为“道德困境”。一个典型的伦理学思想实验“电车难题(trolley problem)”，一方面，系统的决策需要确保车辆遵循道路交通法规。另一方面，还应在驾驶员与行人的生命安全之间找到一个平衡点[12]。

系统的决策应该与当下的价值观、地域文化、社会道德和公众的伦理观念相符合，以保证车辆在不同的行驶情境下做出符合“标准”的决策行为。由于社会公众的伦理观念随着人类文明的进步而不断更新，自动驾驶技术的伦理决策将是一个与时俱进的问题，伦理决策在自动驾驶技术中不是单一的技术应用，还包含一定的社会责任，其决策应既与当今社会的价值观和伦理道德等因素有关，也涉及法律、经济和社会结构的深层变革[13]。

3.2　用户隐私与数据安全

自动驾驶车辆数据的存储可分为两大类：本地储存和云端储存，本地存储的数据存放在车辆存储器中，云端储存是本地数据通过互联网传输到云端数据中心。在数字信息化时代，用户的数据和隐私安全问题显得尤为重要，谁可以访问这些数据，访问数据的方法是否得当，这已经成为一个重要的数据隐私问题，数据在传输的过程中易遭到中间人的攻击，攻击者会截取、修改或偷取数据，威胁到用户的隐私和安全，若没有得到用户的同意，这将产生隐私泄露风险。车辆在行驶时的位置、行驶轨迹数据，驾驶员及乘客的行为，这些都与用户隐私紧密相关，自动驾驶技术系统需采取高强度的数据加密技术，进一步完善数据存储和传输机制，对于含有敏感信息和涉及用户隐私的数据应设立访问权限，禁止未授权者访问，对于含有敏感信息的数据需要进行脱敏或匿名化处理。一方面自动驾驶技术的决策需要大量数据的支撑来进一步提高车辆的行驶安全；另一方面，数据的收集和传输也应本着尊重和保护用户隐私的原则[14]。

4　前瞻与建议

自动驾驶技术的迅速发展和市场应用为交通运输领域带来了一场大变革，这不仅是科学技术飞速发展的体现，也会为社会带来价值观、道德和伦理的变革。为确保这一变革能为社会的进步带来积正向的影响，政府、技术开发者和、社会公众及其他相关利益者应采取一些相应的措施。

技术开发者应将无人驾驶系统的安全性作为第一要务并且贯穿于系统开发的各个阶段并保证其决策逻辑的公开透明，以确保社会公众对无人驾驶系统的信任和接纳。针对数据隐私问题，应建立相关的用户隐私条款和安全标准，且数据的收集、使用和存储上传都应使其透明化，确保用户有权利知晓个人数据的使用方式。

政府及相关部门应对自动驾驶技术的研发、测试及市场应用做好全方位监管，确保该技术能满足车辆的安全行驶和相关伦理标准。通过鼓励各方相互交流与合作，共同研讨制定自动驾驶技术的统一标准，同时依据本国国情制定相关法律框

① 2016年5月，美国佛罗里达州发生了一起因特斯拉电动汽车在自动驾驶模式下导致撞车的事故。2018年3月，亚利桑那州更是发生了无人驾驶测试车辆致人死亡的事故。2023年2月，美国国家公路交通安全管理局表示，由于“全自动驾驶”测试软件可能会增加撞车风险，特斯拉将在美国召回36.2万辆汽车，引发各界对自动驾驶汽车安全问题的关注。

架,为自动驾驶车辆的测试和商业化提供准确的指导框架,对道路基础设施进行升级改造,部署先进的通信基础设施,为无人驾驶的普及提供硬件支持确保车辆能够与道路基础设施、其他车辆及行人进行数据通信,制定惠及大众的公共政策,通过提供税收减免、补贴和其他激励措施来鼓励绿色高效的自动驾驶技术创新应用,使中低收入和偏远地区的人们也能享受自动驾驶汽车带来的便利,避免因科学技术的飞速发展而产生的"数字鸿沟"问题[15][16]。

社会公众应积极参与由政府、相关教育机构或公司提供的自动驾驶培训项目,了解自动驾驶技术,公众还应充分发挥主体作用,通过互联网等渠道来了解自动驾驶技术并表达对自动驾驶技术的态度和需求。

对于其他利益相关者如汽车制造商、技术公司、保险公司和其他相关行业之间应积极进行合作,共同去克服在技术和伦理上的挑战,在发展中去解决发展过程中遇到问题,确保自动驾驶技术的发展与社会的价值观和公众伦理相符合。

5 结语

科学技术的进步不在于促进其本身的发展,还应为全社会共同的价值和伦理道德服务,进而促进人类文明的发展,自动驾驶技术带来了交通运输领域的变革,但也带来了一系列的伦理和道德挑战。本文阐明了伦理学在自动驾驶技术发展中的重要地位,随着社会的发展伦理问题也不是一个静态问题,它随着社会的发展而不断产生新的问题,伦理学的核心在于面对各种道德困境和伦理挑战时,它能提供一系列决策的思维方式。当自动驾驶车辆在发生潜在交通事故的情况下,如何在行人的安全和乘客的安全之间找到一个平衡点,如何保护用户的个人隐私不被泄露和窃取,这都是自动驾驶技术面临的挑战。政府、技术开发者和社会公众等其他相关利益者应积极合作,共同去克服在技术和伦理道德上的挑战,确保技术的发展与社会的价值观相符合,使车辆的决策行为符合公众伦理和社会道德,这不仅是遵守法律的规定,更是对公众生活和其社会活动的遵循,科学技术的发展不应只追求效率和便利,还应该本着尊重道德和伦理的原则。

参考文献

[1] 来飞,黄超群,胡博. 智能汽车自动驾驶技术的发展与挑战 [J]. 西南大学学报(自然科学版), 2019, 41 (8): 124-133.

[2] 黄千骏,郭的健,孟宇博等. 共享电单车的自动驾驶技术研究 [J]. 新技术新工艺, 2023, (8): 40-46.

[3] 李伟,华梦莲. 论自动驾驶汽车伦理难题与道德原则自我选择 [J]. 科学学研究, 2020, 38 (4): 588-594,637.

[4] 王天恩. 人工智能应用"责任鸿沟"的造世伦理跨越——以自动驾驶汽车为典型案例 [J]. 哲学分析, 2022, 13 (1): 15-30 + 196.

[5] 闫坤如. 人工智能"合乎伦理设计"的实现路径探析 [J]. 大连理工大学学报(社会科学版), 2019, 40 (6): 123-128.

[6] 索鑫. 无人驾驶汽车引发的伦理问题研究 [D]. 北京:北京理工大学, 2018.

[7] 陈磊,王柏村,黄思翰,等. 人工智能伦理准则与治理体系:发展现状和战略建议 [J]. 科技管理研究, 2021, 41 (6): 193-200.

[8] 杨超. 面向典型城市应用场景的自动驾驶汽车决策规划算法研究[D]. 重庆:重庆交通大学, 2023.

[9] ARRIETA A, DÍAZ-RODRÍGUEZ N, SER J, et al. Explainable artificial intelligence (XAI): concepts, taxonomies, opportunities and challenges toward responsible AI [J]. Information Fusion, 2020, 58:82-115.

[10] GLESS S, SILVEMAN E, WEIGEND T. If robots cause harm, who is to blame? self-driving cars and criminal liability [J]. New Criminal Law Review, 2016, 19(3):412-436.

[11] SIMMLER M. Responsibility gap or responsibility shift? the attribution of criminal responsibility in human-machine interaction[J] Information, Communication & Society, 2023, 6 (26): 1-21.

[12] 朱振. 生命的衡量——自动驾驶汽车如何

破解“电车难题”[J]. 华东政法大学学报, 2020, 23 (06): 20-34.

[13] 孙铭杰. 自动驾驶技术应用的法律问题及其规制路径[J]. 交通运输部管理干部学院学报, 2021, 31 (04): 44-48.

[14] 高兆明,高昊. 信息安全风险防范与算法法则的价值原则——自动驾驶汽车研发的两个实践哲学问题[J]. 哲学动态,2017,000(009):77-83.

[15] 张笑,孙典. 再谈“数字鸿沟”:新兴技术关注度与社会公平感知[J/OL]. 科学学研究, 1-17[2023-11-13] https://doi.org/10.16192/j.cnki.1003-2053.20231030.001.

[16] 刘志伟,刘建荣. 数字鸿沟背景下老年人对自动驾驶汽车接受度[J]. 交通运输系统工程与信息, 2023, 23 (02): 168-175. DOI: 10.16097/j.cnki.1009-6744.2023.02.018.

交通强国视域下智慧交通法治建设的路径探索

董 翌* 陈 谦

(长安大学人文学院)

摘 要 为了实现交通强国的宏伟目标,必须全面加强交通法治建设,特别是针对智慧交通领域的法治建设。虽然当前已经取得一定的积极成果,但仍存在立法不全面等问题,从而导致智慧交通立法存在空白和模糊地带,影响了法律的实际效果。在执法方面,行政监管的缺失和交通执法体系的不完善,削弱了法律的执行力。此外,社会法治环境的不足、执法主体法治意识的欠缺以及公众法律意识的薄弱,都削弱了法律的权威性和实施效果,制约了智慧交通的健康发展。因此,国家必须不断完善法律法规体系,加强综合交通行政执法的机制建设。同时,积极引导公民树立正确的法治观念,为智慧交通的持续发展创造有利的法治环境。

关键词 智慧交通 交通强国 综合行政执法 依法行政 交通治理

0 引言

随着时代的变迁,我国交通行业历经了显著的发展与转型。从满足基础出行需求,到为公众生产生活提供便捷服务,再到如今成为推动经济社会发展的新引擎,这一发展历程不仅彰显了我国交通事业的巨大成就,更为建设交通强国奠定了坚实的基础。在这一进程中,我国不仅展现了作为交通大国的实力,更积累了构建交通强国的必要条件和综合国力[1]。值得注意的是,建设交通强国不仅需要完善的交通基础设施作为硬件支撑,更离不开完备的交通法律法规体系作为软件保障。近年来,我国在智慧交通建设方面取得了一定的进展,但在法律层面上仍存在诸多不足和亟待解决的问题[2]。鉴于此,本文旨在深入探讨交通强国背景下智慧交通法治化建设的合理性与路径。通过系统分析我国交通强国建设的特点与需求,以期为智慧交通的法治化进程提供更为全面和深入的法律支撑建议[3]。

1 交通强国背景下智慧交通法治化建设的正当性分析

1.1 智慧交通发展的现状分析

1.1.1 智慧交通产生的背景

改革开放以来,我国经济快速发展,交通出行需求增加,汽车普及带来诸多问题,如交通拥堵、污染和噪声,影响城市承载力和社会效率。为解决这些问题,智慧交通应运而生。我国智慧交通建设起步晚,但发展迅速,成为智慧城市建设的关键部分。随着交通强国战略的推进,智慧交通正进入新阶段,满足日益增长的交通优化需求[4]。

1.1.2 智慧交通发展的主要特征

智慧交通以“智慧”为特征,而立足于“交通”,“智慧”服务于“交通”。在交通强国背景下,智慧交通的发展方向已经从早期的“简单应用新技术”转变为如今的“重视提高交通服务的效率和质量”,智慧交通的发展将更加注重实效性。其发展特征如下:一是,智慧交通具有广泛性,已经贯穿了全社会各个领域,其包含的内容比较广泛,影响着社会的各个方面。二是,智慧交通具有便民利民性,智慧交通更加注重以人为本和互动性,这意味着管理者对交通会进行精细化的管理,对出行者提供差异化的服务。三是,智慧交通具有可持续发展性。智慧交通本着绿色发展的理念,引导公众绿色出行,着力解决城市发展速度与社会效率之间的矛盾。

1.2 交通强国背景下智慧交通法治化建设的合理性证成

首先,智慧交通法治化建设助力交通治理现代化。改革开放以来,交通治理虽有成果和经验,但与交通强国要求仍有差距。推进智慧交通法治化,完善法规政策,深化改革,是实现交通治理现代化的前提和基础[5]。

其次,智慧交通法治化建设推动交通高质量发展。交通强国新阶段要求智慧交通促进高质量发展,满足人们对舒适出行的需求。法治是高质量发展的内在要求,推进智慧交通法治化有利于维护市场秩序,优化交通资源配置,提升综合实力[6]。

最后,智慧交通法治化建设确保交通先行作用。法治思维是发挥交通先行作用的关键。通过法治化建设,确保交通法律制度、执法决策和服务的公平公正,促进交通更好发展,造福全体人民。

2 交通强国背景下我国智慧交通法治化建设存在问题的检视

近年来,我国智慧交通的法治建设取得了迅猛的发展,我国距离交通强国的目标更近一步。然而,智慧交通在法治化建设过程中也面临了一些急需解决的问题。

2.1 智慧交通法治化建设立法上的空白

目前,我国许多法律法规中都包含了智慧交通治理的相关规定,然而,大部分规定都是原则性的条款。对于大众而言,他们并不清楚如何主张权利以及主张哪方面的权利。如果继续沿着这种分散性模式进行立法,公民对于交通大数据享有的基本权益以及司法救济等核心问题将无法得到明确[7]。此外,由于智慧交通治理相关立法带有浓厚的行政法色彩,每个部门都更偏向于从自己的角度进行立法,可能导致重复立法等问题。以自动驾驶为例,目前既没有合适的行业标准来规范驾驶人员的行为,行业监管者也缺乏完备的法律依据来予以适用。自动驾驶汽车上路是否合法是目前社会争议最大的问题之一[8]。根据《中华人民共和国公路法》和《中华人民共和国道路交通安全法》等有关规定,自动驾驶汽车目前还在测试阶段,并未授权驾驶人真正上路行驶。这是因为立法者考虑到目前的自动驾驶技术并不完善,还存在一定的安全隐患,如若放任自动驾驶汽车进入人们的日常生活,将给人们的生活带来较大的风险。此外,风靡全国的共享单车也因缺乏专门的法律规范来予以调整,从而滋生出乱停乱放、违反交通秩序、随意破坏以及占为私有等诸多问题。因此,我们必须根据实际情况,制定有关智慧交通的专门性法律来加以规范,形成统一标准,促进智慧交通快速发展。

2.2 智慧交通法治化建设执法上的不足

一方面,基础数据共享面临挑战,相关业务系统难以整合,同时执法主体未能及时调整管理理念,导致信息融合的综合效能受限。虽然智慧交通的概念已被提出,但政府部门仍沿用传统的思维方法,过度依赖执法主体的事后监管来处理交通管理问题。这不仅使治理体系难以适应经济社会快速发展的需求,还导致行政相对人管理不力,以及执法人员分配不均、政府监管信息反馈系统效率低下、行政执法规范不统一和僵化等问题。在执法实践中,执法人员对违规驾驶员实施抄写“红灯停,绿灯行”等行政处罚措施,或对滥用远光灯的驾驶员采取罚看远光灯等方式,其初衷是督促公众遵守交通法规。然而,这些惩罚措施缺乏灵活性和法治保障,与法治精神相悖。综上所述,此问题无法通过常规技术标准衡量,其本质在于如何在传统“命令-服从”管理模式下有效监管与人工智能相关的新兴领域。

另一方面,智慧交通治理的成效与交通执法的实际表现紧密相连。在我国交通行政执法中,一个显著的问题是交通管理权限的划分不够明确。交管部门和公安交警部门共同承担交通行政执法的职责。具体而言,交管部门主要负责路政管理和运政管理等方面的工作,而公安交警部门则主要管理车辆、驾驶员以及维护道路安全等。尽管这两个部门的工作范围和执法方式各异,但当遇到涉及双方职责的交通事件时,往往容易出现意见分歧或互相推诿的情况。这种局面不仅影响了交通执法的效率,还可能对整体交通管理造成负面影响。因此,明确交通管理权限的划分,加强部门间的沟通与协作,对于提升交通执法效果和智慧交通治理的整体效能至关重要。

2.3　智慧交通法治化建设中主体法治思维不足

为构建人民满意、世界领先的交通体系,需推进交通执法改革,并强化执法团队建设。在我国交通运输法治体系建设中,仍存在执法人员法治意识不足的问题。尽管我国已完善交通法规并普及法治教育,但仍有部分交通执法行为与行政法规相悖[9]。此外,部分执法人员存在暴力执法、违规操作等现象。

在逐步建设我国智慧交通法治化的过程中,公民整体法律意识已经得到了进一步提升,但与满足智慧交通法治化建设的要求相比,还远远不够。由于一部分公民法律意识淡薄,导致其不能及时承担社会责任[10]。例如一些公民为了能供自己单独使用共享单车而将其上锁,或者为了不能让他人合理使用共享单车而随意破坏单车。究其原因,主要是交管部门对交通法治文化推广不到位,全社会尚未形成一个良好的法治氛围。目前,交通管理部门宣传工作的重心在于交通安全知识,导致交通法治文化宣传不足,给智慧交通法治的发展产生了不利的影响。

3　完善我国智慧交通法治化建设的路径

推进智慧交通法治建设是为实现交通强国这一战略目标,国家需要探索法治化路径来实现。因此,建设法治化智慧交通,需要从“法”的层面出发,全面落实依法治国方略。

3.1　加快制定智慧交通的专门立法

一方面,该法是针对智慧交通建设专门设立的,因此有必要围绕智慧交通来拟定法律条文,从各个方面都要体现出智慧交通的理念。以自动驾驶为例,自动驾驶虽然有助于解决酒驾和疲劳驾驶等问题,但是现行法律就如何规范自动驾驶操作人员的资质条件和如何分配相关人员的法律责任等问题并没有做出明确的规定。又例如风靡全国的共享交通在交通资源共享领域也存在立法缺失的问题,数据质量参差不齐以及数据安全存在隐患,亟须通过立法来解决。此外,在ETC收费中,总存在车辆逃费的现象,甚至还出现了其他人盗用车主的身份信息为了抢先注册ETC的现象。因此,国家不仅需要建立全国车辆信用征信体系,加大惩处力度,还需要提出施行建议,使得具体执法都有法可依,这是保证和增强法律实施效力的有效手段。

另一方面,在制定智慧交通发展政策和行业标准时,要坚持听取各方的意见,充分采纳社会各界尤其是市场主体的建议。由于人工智能等高新技术在交通行业中广泛运用,国家应该运用各种鼓励政策和金融手段来引导和鼓励智慧交通核心技术的研究和开发[11]。此外,国家应当加快智慧交通领域的知识产权立法,为其提供有效的法律保障,不断提高智慧交通行业的核心竞争力。

3.2　加快完善综合交通行政执法机制

严格监督是提升执法能力的基础,必须正确行使监督权,实施精准监督。交通主管部门应建立内部评估机制,依法取消影响智慧交通建设的项目,追究责任,严格要求执法人员,并评估其执法能力和成效[12]。司法机关要加强外部监督,严格监管执法队伍,监督智慧交通建设项目,特别是涉及公共利益的重大项目,如交通大数据共享项目,确保详细备案。公众也应参与监督,维护自身合法权益。

此外,交通执法从分散到集中是行政执法的重要转变,需进一步制度化和法律化。为实现法治政府,交通综合执法应秉持以人为本,多元执法,公开透明[13]。首要任务是明确综合执法的主体地位,坚持其独立性,确保行政处罚与行政许可的分离。其次,需消除职能交叉,各职能部门应恪守职责,不得越权。合理配置执法资源,简化整合职能,明确权力界限,防止越界行为。最后,界定综合执法机构职能,合理划分专职交通管理与综合执法部门职责,明确管辖范围,避免干涉。双方应共享资源,加强交流,互相支持配合,推动智慧交通良性发展。

3.3　推广智慧交通法治文化

要实现智慧交通的法治化建设,离不开全国

人民的齐心协力。全体公民都必须建立起交通法治的观念,以便每个人都能理解和遵守法律。首先,要开展全方位宣传,有效加强智慧交通推广工作。在建设智慧交通法治文化的过程中,要充分利用新闻媒体,大力搭建智慧交通法治文化的交流新平台。此外,要充分发挥互联网、广播、电视等载体的作用,逐渐形成多元化的宣传手段。政府部门还可以组织专门的法律宣讲会,向公众讲解相关法律法规,增强公民的法治意识。最后,政府部门可以组织相关活动,提高公众的社会参与度。政府部门可以组织相应的智慧交通知识竞赛、演讲比赛等活动,激励人民群众树立法治思维,实现人人自律,互相监督。

4 结语

智慧交通建设是交通强国的重要组成部分,新时代推进智慧交通法治建设是全面推进依法治国的必然要求,也是保障公众舒适出行的必然选择。虽然国家大力支持发展智慧交通,为智慧交通发展提供了一系列的政策支撑,可与智慧交通的可持续发展要求相比,还是远远不够。目前,我国城市智慧交通还缺乏专门性立法来予以规制,各主管部门之间缺少沟通交流,以至于交通信息数据不能得到合理使用。为此,应加快智慧交通法治建设的步伐,构建一个完善的智慧交通发展框架,赋予智慧交通新的时代内涵,以适应社会形势发展的需要。

参考文献

[1] 吕靖,蒋美芝.交通强国背景下我国国际海上通道安全影响因素分析[J].中国水运(下半月),2018,18(04):32-33.

[2] 蒋中铭.交通运输治理体系和治理能力现代化研究[J].综合运输,2018,40(12):29-33+101.

[3] 本刊编辑部.交通强国,任重道远 科技赋能,智慧交通[J].智能建筑与智慧城市,2020(10):6-12.

[4] 伍朝辉,武晓博,王亮.交通强国背景下智慧交通发展趋势展望[J].交通运输研究,2019,5(04):26-36.

[5] 魏东.坚持法治引领交通强国建设[N].中国交通报,2019-12-10(001).

[6] 焦法.为交通强国建设提供坚实的法治保障[N].中国交通报,2018-11-08(001).

[7] 贺宏斌,李美卓.运用公路法治理念分析交通强国建设[J].嘉应学院学报,2022,40(02):42-45.

[8] 周永.我国智慧交通发展现状、问题及其法治化[J].长沙大学学报,2020,34(06):19-24.

[9] 崔紫瀚.基层干部法治思维能力的内在逻辑与提升路径[J].中国领导科学,2022,(01):90-95.

[10] 王成.用文化的力量破解交通法治文化建设瓶颈[J].人文天下,2020(08):71-73.

[11] 蔡翠.我国智慧交通发展的现状分析与建议[J].公路交通科技(应用技术版),2013,9(06):224-227.

[12] 唐孝辉,马宁.我国交通环境生态法治建设的路径探索[J].法制与经济,2017(01):185-187.

[13] 周佑勇.以新发展理念引领城市交通法治新发展[J].学术交流,2018(01):67-73.

自动驾驶汽车的法律风险及其防范

董　翌*
(长安大学人文学院)

摘　要　自动驾驶汽车的出现改变了人们的交通出行方式,为人们的生活带来了便利。然而,这场技术变革也进一步导致了法律风险和挑战的出现。这些法律风险不仅彰显了自动驾驶技术的不完善和不成熟,还体现出技术创新与个人权益关系之间的复杂性。自动驾驶汽车在实际运行中主要存在责任认定不清、数据隐私泄露、法律监管滞后以及伦理规则冲突等法律风险。为了应对这些挑战,需要构建一个具有综合性的法律监管体系。首先,需要明确自动驾驶汽车的法律主体资格;其次,通过加强数据保护以减少数据隐私侵权;同时,需要进一步完善立法,以确保自动驾驶汽车在各个运行环节符合法律规定;最后,还需要制定自动驾驶技术伦理准则,以此保障自动驾驶技术的发展符合社会的道德标准。

关键词　自动驾驶汽车　责任主体　数据隐私　法律监管　伦理风险

0　引言

自动驾驶汽车是现代高新技术的重要代表,其不仅为用户展现了人工智能、自动化决策和驾驶技术的最新成果,还为公众提供了更加安全和高效的出行服务。然而,自动驾驶汽车在实际运行中也存在一些法律风险和挑战。这些问题不仅涉及责任归属困难,还包括了用户数据隐私保护以及道德伦理冲突等风险,并对现有交通法律体系提出了全新的挑战。针对这一重大课题,亟须构建一个全新的自动驾驶法律监管体系。鉴此,本文在深入研究自动驾驶汽车技术特点和法律属性的基础上,准确识别自动驾驶汽车带来的法律风险,最终探讨规制我国自动驾驶汽车的法律路径,以期为自动驾驶技术的法治化进程提供更为全面的法律支撑。

1　自动驾驶汽车概述

1.1　自动驾驶汽车

目前,根据我国《国家车联网产业标准体系建设指南(智能网联汽车)(2023版)》的最新规定,智能网联汽车,亦即自动驾驶汽车是一种具有高度智能化和网联化特点的交通工具。具体而言,自动驾驶汽车具备多种功能,例如智能决策、信息交互以及自动控制等功能。其中,自动驾驶汽车运行的核心在于车内先进的自动驾驶操作和控制系统,该系统以计算机算法为主导[1]。

1.2　自动驾驶汽车的核心特性

与传统汽车相比,自动驾驶汽车具有以下几个主要特征:

一是具有智能性和自主性。具体而言,自动驾驶汽车拥有高度的自主性,即自动驾驶汽车在各种情境下都能独立自主地进行决策和判断[2]。这一特征是自动驾驶汽车重要标志,展现了自动驾驶汽车在智能决策方面的能力。在当今技术潮流中,自动驾驶汽车自主决策的核心主要依赖于深度学习算法。通过借助这种算法,程序员只需提供原始的训练数据来指导自动驾驶汽车的行为。

二是表现为驾驶人员的不特定性。随着自动驾驶汽车技术的不断发展,驾驶技能的难度将大幅降低。目前,根据我国《道路安全交通法》的规定,驾驶人员需要具备一定的驾驶技能并有驾驶资格证才能驾驶汽车。自动驾驶汽车的出现将打破关于驾驶人员的特别限制,例如年龄要求,身体状况等[3]。

三是具有数据依赖性。正如前文所言,自动驾驶汽车在决策和控制的过程中非常依赖大量的数据。这些数据不仅涉及了道路信息、交通信号、行人动态以及障碍物分布等关键要素,还包括从其他车辆、基础设施以及整个交通网络中获取的多元信息。

1.3　自动驾驶汽车的法律定位

当前,法学界关于自动驾驶汽车的法律属性

存在争议,主要包括“工具说”、“电子人格说”和“代理说”三种学术观点[4]。持“工具说”观点的学者认为,自动驾驶汽车是一种高度先进的交通工具,其核心功能在于为人类提供出行服务。因此,自动驾驶汽车不具备独立的意思表示能力,在法律层面上,它不应被赋予独立的主体地位[5]。

然而,主张“电子人格说”观点的学者认为,自动驾驶汽车具有一定的行为能力,但是其不享有权利能力。因此,自动驾驶汽车在特定情况下能够自主做出决策[6]。究其原因,主要在于自动驾驶汽车缺乏自主意志和道德观念,导致其无法像人类一样对权利和义务有清晰的认知。

在“代理说”框架下,学者主张驾驶员与自动驾驶汽车之间建立了一种法律代理关系。即自动驾驶汽车是驾驶员的代理人,而驾驶员则是被代理人[7]。这一观点反映出了驾驶员在自动驾驶汽车运行过程中的主导地位。综上所述,关于自动驾驶汽车的法律属性,法学界尚未达成共识。因而,自动驾驶汽车法律定位的模糊滋生了一系列的法律风险。

2 自动驾驶汽车的法律风险分析

自动驾驶汽车的出现不仅提升了驾驶的安全性和效率,还进一步缓解了交通拥堵以及减少交通事故。然而,随着自动驾驶汽车的逐步普及,导致了一些法律问题的出现。

2.1 责任认定风险

由于自动驾驶汽车法律主体资格的不确定性导致了在责任认定和分配方面存在难题。具体而言,自动驾驶汽车涉及汽车制造商、驾驶员以及乘客等多方主体,各主体之间的权利义务关系不够明确,从而导致交通事故侵权责任认定困难[8]。

在传统的交通事故中,主要是通过判定驾驶员的行为以及过错程度来分配责任[9]。然而,自动驾驶汽车发生交通事故时,自动驾驶汽车成为实质上的“驾驶人”,而车辆的使用人转变为“乘客”,进而导致无法适用传统的过错侵权责任模式来认定责任主体[10]。此外,由于交通事故发生的原因涉及多个方面,例如自动驾驶汽车设计存在缺陷或者道路基础设施不完善,因而需要进一步分析是否应适用产品质量侵权责任或者无过错责任。

2.2 数据隐私风险

自动驾驶汽车在运用决策、导航以及优化运行等功能时需要深度学习大量数据信息。这些数据信息不仅记录着自动驾驶汽车自身的行驶轨迹,还储存着乘客的个人信息以及实时的道路状况和环境数据。然而,正是由于这些数据信息的丰富性和敏感性,使得自动驾驶汽车面临着隐私泄露和数据滥用的风险。具体而言,乘客的个人信息、出行习惯以及位置信息等可能被不法分子窃取后用于诈骗以及身份盗窃等违法犯罪活动,不仅会给用户带来经济损失,还会造成严重的精神损害[11]。此外,车辆行驶轨迹等信息关系到国家安全和公共安全。因此,自动驾驶汽车如何合理地收集、使用和储存用户的数据信息成为又一难题[12]。

2.3 法律监管风险

目前,我国关于自动驾驶汽车的法律法规仍然处于摸索阶段,尚未形成一套完善的监管体系[13]。由于法律监管的缺失,导致自动驾驶汽车在研发、测试以及运营等环节面临了诸多法律风险。我国现行的交通法规无法完全适应自动驾驶汽车的特点和需求,究其原因,主要是由于我国传统的交通法规是基于驾驶员的行为和规则制定的,而自动驾驶汽车的出现突破了驾驶员的特定性。因此,需要进一步完善和调整相应的交通法规。

2.4 道德伦理风险

自动驾驶汽车在遇到某些极端情况下,需要做出相应的决策,例如当自动驾驶汽车在遭遇一场无法避免的交通碰撞事故时需要选择优先保护车内的乘客或者选择优先保护道路上的行人。这便是著名的“电车难题”,表明了自动驾驶汽车在经历紧急情形下如何权衡生命与选择[14]。这项决策不仅关系到自动驾驶汽车的技能设计,更直接涉及人们的生命权和安全权[15]。如果自动驾驶汽车选择保护乘客,那么行人可能会遭受伤害甚至死亡。而如果车辆选择保护行人,那么乘客的生命安全也可能面临威胁。在这种极端而紧迫的情况下,如何设置自动驾驶汽车的决策标准需要进一步探讨。

3 自动驾驶汽车法律规制的路径优化

上文所述的自动驾驶汽车的困境和局限性,

为大家揭示了自动驾驶技术所带来的法律风险。如何在推动自动驾驶技术发展的同时,有效治理这些风险以及保护公民的个人权益,成为我国立法层面的一项重要议题。因此,本文基于上述法律风险提出相应的规制路径。

3.1 明确责任主体

为了有效降低自动驾驶汽车在事故中的责任认定风险,需要确立清晰的责任主体。具体而言,一方面需要制定专门性的自动驾驶汽车法规,在这部专门性法规中需要为自动驾驶汽车制造商、开发者、乘客等多方主体设定明确的权利和义务,以确保在发生交通事故时能够迅速地确定责任归属。另一方面,需要构建专门的保险制度。通过保险机制,可以有效分散事故风险,进而减轻责任主体的经济负担,并保障受害者的合法权益。

3.2 加强数据保护

在应对自动驾驶汽车技术所带来的数据隐私风险时,制定全面且严格的数据保护法规显得尤为关键[16]。一是需要明确界定自动驾驶汽车收集和使用数据的目的和范围,从而限制乘客的个人信息等数据被滥用[17]。这要求自动驾驶汽车制造商等其他相关法律责任人在收集数据时,必须明确贯彻知情同意原则,即明确告知用户数据的用途,并征得用户的同意。二是在使用乘客数据信息时,自动驾驶汽车应确保数据的合法性和安全性,不能随意将数据信息泄露给他人用于违法犯罪活动。三是需要建立完善的数据存储和管理机制,自动驾驶汽车相关责任人在储存乘客的数据信息时应确保信息的安全性和保密性。

3.3 完善法律监管

针对自动驾驶汽车监管方面的风险需要制定和完善专门的法律法规[18]。首先,需要制定关于自动驾驶汽车的生产、测试以及运行等方面的具体法规,以及明确对应的处罚措施。其次,需要建立一个专门的监管机构。这个监管机构主要负责审查自动驾驶汽车的技术方案、监督测试过程、评估运营安全等,从而确保自动驾驶汽车在法律和技术双重标准下得到合规发展。此外,还需要加强与国际社会的交流与合作。主要通过与国际同行共同研究以及制定国际标准等合作,从而更好地应对自动驾驶汽车技术带来的全球性挑战。

3.4 明确伦理指引

目前,以德国为例的欧美国家已经针对自动驾驶技术制定了相应的伦理指南,为自动驾驶技术的发展提供了明确的道德指向。德国在其自动驾驶伦理指南中指出自动驾驶的首先目标是保障所有交通参与者的安全性,这为我国制定自动驾驶算法伦理准则时提供了很好的借鉴。对于我国而言,这份伦理指南应包括但不限于以下内容:

首先,在设计自动驾驶系统时,应将保护人类的生命权和安全权放在首位,从而最大限度地减少人员伤亡。其次,需要对自动驾驶算法进行限制,防止自动驾驶汽车在遇到紧急情况做出过度优化或偏离道德底线的决策。此外,需要坚持生命平等原则,将生命权抉择交由算法进行公正公平的决策,从而避免出现任何形式的生命歧视。

4 结语

本文主要围绕着自动驾驶汽车的责任主体、数据保护、法律监管和伦理指引等关键领域开展了深入探讨,不仅厘清了这一新兴领域的理论基础,还提出了一系列具有实践指导意义的措施。回顾整个研究过程,可以发现自动驾驶汽车的法律规制是一个涉及多方面、多层次因素的复杂系统。具体而言,在规制自动驾驶技术时,不仅需要考虑技术本身的特性,还需要兼顾社会伦理和法律规定。

然而,本文在研究过程中还存在不足。一是由于自动驾驶汽车技术的快速发展和法律法规的滞后性,研究可能无法涵盖所有可能出现的法律风险;二是由于研究视角的局限性,本文可能未能充分考虑到所有利益相关方的观点和利益。未来将持续关注自动驾驶汽车技术的最新发展,及时分析新的法律风险和挑战,为自动驾驶汽车的法律规制提供更全面的理论支撑。

参考文献

[1] 陈晓林. 自动驾驶汽车致人损害的对策研究[J]. 重庆大学学报(社会科学版),2017,23(04):79-85.

[2] 杨杰,张玲. 自动驾驶汽车的法律障碍和立法思考[J]. 电子政务,2018(08):99-111.

[3] 司晓,曹建峰. 论人工智能的民事责任:以自动驾驶汽车和智能机器人为切入点[J]. 法律

科学(西北政法大学学报),2017,35(05):166-173.

[4] Hristov K. Artificial intelligence and the copyright dilemma[J]. Social Science Electronic Publishing, 2017, 57 (03) :431-454.

[5] 吴汉东.人工智能时代的制度安排与法律规制[J].法律科学(西北政法大学学报),2017,35(05):128-136.

[6] 袁曾.人工智能有限法律人格审视[J].东方法学,2017,(05):50-57.

[7] 张继红,肖剑兰.自动驾驶汽车侵权责任问题研究[J].上海大学学报(社会科学版),2019,36(01):16-31.

[8] 宋俊杰.交通强国背景下自动驾驶汽车的法律规制[J].交通企业管理,2021,36(03):91-94.

[9] 陈紫燕.自动驾驶汽车立法的中美比较与思考[J].北方论丛,2020(01):43-56.

[10] 肖君拥,李浩骥.自动驾驶道德决策的法理难题及法益调谐[J].湖湘法学评论,2022,2(02):50-65.

[11] 陈晓林.自动驾驶汽车对现行法律的挑战及应对[J].理论学刊,2016(01):124-131.

[12] 田喜清,韩伟.自动驾驶汽车及其法律规制[J].长安大学学报(社会科学版),2019,21(01):24-31.

[13] 杨丽娟,耿小童.自动驾驶汽车的伦理困境及法律规制[J].沈阳工业大学学报(社会科学版),2021,14(04):371-376.

[14] 韦欣荃.自动驾驶极端情况下的算法治理探究[J].网络安全与数据治理,2023,42(03):38-45.

[15] 肖晗,胡惠婷.法律视阈下自动驾驶汽车的伦理冲突及其调和[J].前沿,2020(01):71-75+81.

[16] 吴英霞.自动驾驶汽车规范发展法律路径研究[J].科技管理研究,2019,39(02):37-42.

[17] 杜明强.自动驾驶汽车运行中隐私权保护困境与进路[J].河南财经政法大学学报,2021,36(04):28-40.

[18] 樊云慧.论自动驾驶汽车的法律监管[J].兰州学刊,2019(10):100-115.

面向自动驾驶仿真测试的高速公路可解释性切入逻辑场景模型构建

董倩茹[1] 谷远利[1] 李鹏辉*[1] 范志翔[2] 胡孟夏[3] 董春娇[1]

(1. 北京交通大学交通运输学院;2. 公安部交通管理科学研究所道路交通安全公安部重点实验室;3. 中国汽车工程研究院股份有限公司智能汽车安全技术全国重点实验室)

摘 要 虚拟仿真技术有利于提升自动驾驶开发测试效率、降低成本,弥补实车测试的不足,逻辑场景构建是虚拟仿真测试场景生成的理论基础。本文以高速公路切入场景为研究对象,基于搭载毫米波雷达、Mobileye与摄像头实车采集的自然驾驶数据,开发了周边车辆切入起止点识别算法,据此提取了2904例切入场景。建立了基于运动学特征的车辆切入场景轨迹模型,分析了模型参数分布特征,从而构建了高速公路切入逻辑场景,与传统五次多项式模型进行了对比。结果表明:五次多项式模型拟合精度更高,但本文提出的车辆运动学模型可解释性更强,更适合用于自动驾驶仿真测试虚拟场景的生成;基于本文提出的模型生成了切入场景片段,接入仿真软件VTD进行仿真,验证了模型所生成切入场景的可用性。本文提出的高速公路切入逻辑场景模型具有兼顾可解释性和拟合精度,将为自动驾驶算法的虚拟仿真测试提供有力支撑。

关键词 自动驾驶 虚拟仿真 切入场景 逻辑场景 运动学模型

基金项目:国家重点研发计划(2023YFC3009600),国家自然科学基金(52302425),道路交通安全公安部重点实验室开放课题基金资助(2023ZDSYSKFKT07),教育部“春晖计划”(HZKY20220047)。

0 引言

自动驾驶系统测试是保障产品安全合规的重要环节,基于里程的测试方法可覆盖不同道路类型、交通情况、气象条件、时间段等各类驾驶场景,全面评估自动驾驶系统性能[1]。但是对自动驾驶系统安全性测试较为关键的事件在自然驾驶环境中极为罕见[2],美国兰德公司研究表明,若证明智能汽车比普通驾驶者更安全,需要在各种交通场景下对100辆车进行24h全天测试,并连续测试225年[3]。基于场景的虚拟仿真测试方法具有高效、低成本的特点,可以根据需求生成各种复杂的驾驶场景,无须实际的车辆和行驶里程。在确保安全性的前提下可以覆盖各种边缘场景,是解决自动驾驶安全性测试的有效途径[4]。

目前自动驾驶测试场景定义、建模与生成尚处于研究阶段。国际标准ISO/PAS 21448将测试场景定义为“驾驶情景的时序组合”[5]。欧盟近几年也在积极研究基于场景的测试方法,AdaptIVe研究项目[6]利用场景识别和时序分类技术对实际驾驶数据进行场景划分和评估,旨在覆盖尽可能多的不同驾驶场景。德国PEGASUS项目[7]提出了一个场景划分和定义的框架,包括表征场景语义化描述的功能场景、表征参数化场景模型与分布的逻辑场景、表征具体可执行案例的具体场景三个层级的场景属性指导仿真场景生成。在测试时,功能场景需转换为逻辑场景,每个逻辑场景可派生出多个具体场景,用于详细描述测试场景并生成测试用例。然而,尽管PEGASUS项目提出的研究流程被国内外学者广泛接受,但目前缺乏对该流程的实例研究。

在自动驾驶车辆面临的各类道路交通场景中,频繁的变道、切入等驾驶行为会对道路的通行能力和交通安全产生不利影响。美国加利福尼亚州自动驾驶车辆路试事故分析表明,社会车辆切入/变道导致的自动驾驶事故占18.85%,其比例是传统车辆变道碰撞场景的两倍多[8]。周边车辆切入作为一种典型性与危险度高的驾驶场景,是自动驾驶需重点应对的场景,相关的切入场景轨迹模型是虚拟仿真切入场景生成的核心。

传统车辆切入/变道轨迹模型主要面向自动驾驶换道轨迹规划,多考虑安全性、舒适性、拟人化等约束条件。如杨志刚等[9]提出了一种等速偏移加正弦函数的变道模型,结合了两种函数的优势,以满足乘客舒适性要求。Suh等[10]在双曲正切函数的基础上加入了加速度的限制,改善了乘坐舒适性。冀杰等[11]利用正反梯形横向加速度变道轨迹函数对车辆变道进行建模,并分析不同变量对车辆换道轨迹的影响。以上基于正弦、正切、梯形加速度函数的轨迹规划模型计算简单、具有一定物理含义,但曲率有突变、不连续,拟合度较差。Tehrani[12]基于日本高速公路采集的人类驾驶员换道数据,提出了一种模拟人类驾驶员的两段式换道模型,并在PreScan中进行了仿真验证。Liu等[13]建立五次多项式变道模型,在变道过程中若环境变化可重新设计变道轨迹使得车辆继续驶向目标点。Zhou[14]建立了三次多项式变道模型,采用聚类方法得到最优的变道轨迹。以上基于多项式的轨迹模型计算简单、拟合度较好,但缺乏物理含义。

综上所述,自动驾驶仿真测试需要参数化、可遍历、生成快捷的数字化场景。但目前研究所提出的车辆变道/切入轨迹模型主要应用于自动驾驶换道轨迹规划,存在模型拟合度、物理含义、计算复杂度相互制约的问题,难以满足自动驾驶虚拟仿真场景需求。面向自动驾驶仿真测试需求,本文研究高速公路切入场景的轨迹建模方法,提出一种基于车辆运动学的切入场景轨迹模型,基于本土化实车自然驾驶数据对模型进行了标定与参数分布特性研究,为高覆盖、快速化自动驾驶仿真场景生成提供了基础。此外,与传统基于五次多项式的模型进行了对比,并将模型生成的轨迹应用于场景仿真软件,验证本文提出模型的有效性与可用性。

1 高速公路切入逻辑场景建模

1.1 自然驾驶数据采集与预处理

本研究采用来自中国汽车工程研究院股份有限公司自动驾驶汽车测试评价技术项目所采集的中国道路自然驾驶数据(Naturalistic Driving Study in China Automotive Engineering Research Institute Co., Ltd, CAERI-NDS)。数据集总里程约85.6万km(截至2021年1月),其中高速道路占比39.7%。场景数据采集装备车的传感器配置方案包括分布在装备车不同位置的3个摄像头、毫米波雷达、Moblieye和组合惯导系统,同时通过CAN

记录车辆状态信息,如图1所示。

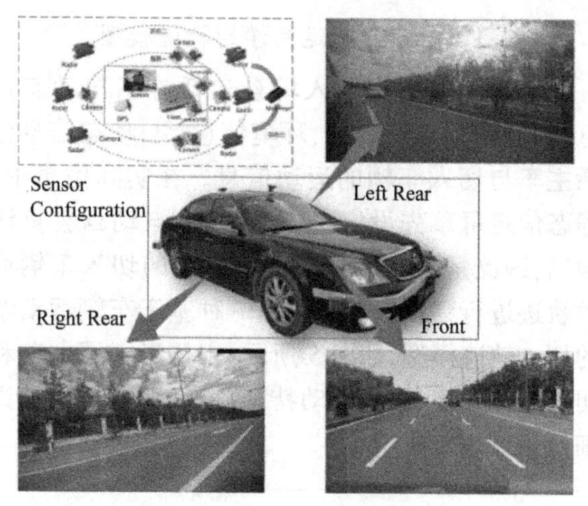

图1 场景数据采集装备车示例

由于车辆CAN总线与毫米波雷达、Mobileye采集数据的频率不同,导致所获得的主车运动数据与目标车数据并不是一一对应的,需要根据主车的帧数搜索匹配目标车辆帧数,并对缺失的帧数进行补全。此外,原始数据中存在的缺省值、突变值等噪声会对数据分析造成一定的影响,故本文根据切入片段的特性采用对称指数移动平均滤波算法进行降噪滤波处理,如图2所示,滤波后的数据平滑、连续性明显提升,方便后续数据处理与分析。

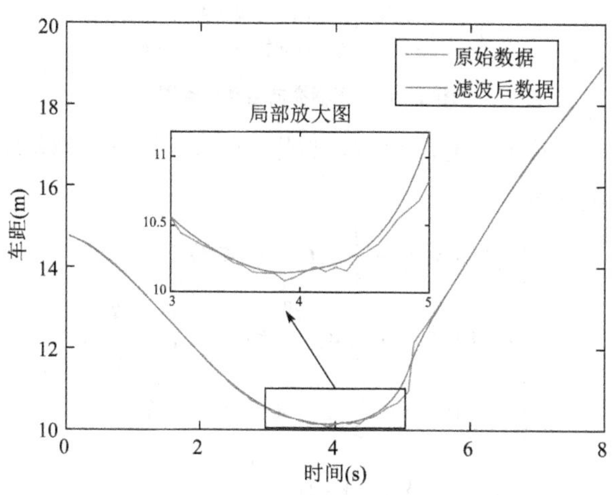

图2 滤波前后车距数据对比图

1.2 车辆起止点识别算法

切入场景指主车在本车道正常行驶过程中,相邻车道其他车辆突然切入主车车道前方的场景。本文以车辆切入场景作为研究对象,首先需要对原始数据片段进行提取,故开发了切入起止点识别算法,具体流程如图3所示。该算法可以自动识别出切入片段并标注出切入的起止点,据此可以提取出切入过程轨迹的原始数据片段,共2904例。所涉及参数具体含义如表1所示。

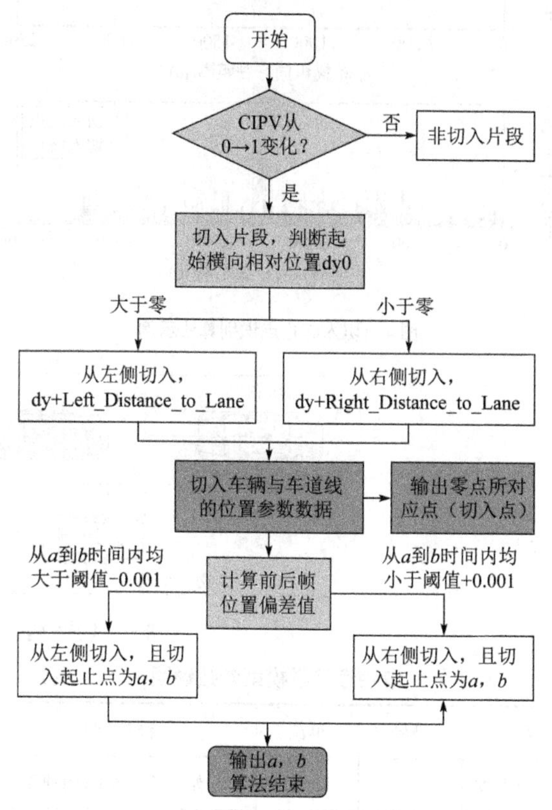

图3 切入起止点识别算法流程图

切入起止点识别算法参数说明 表1

参数	英文	单位	详细说明
帧号	FrameID	FPS	整数,相同时间戳的数据为一帧
前向关键目标	CIPV	0/1	0:非前向关键目标标记 1:前向关键目标标记
车道线位置	Distance_to_Lane	m	车道线与本车的横向距离,左负右正
横向相对距离	dy	m	车辆坐标系,左正右负

CIPV为前向关键目标参数,CIPV为0表示目标车辆不在主车所在车道,CIPV为1表示目标车辆在主车所在车道,故用CIPV从0到1的变化来判断目标车辆是否从其他车道变换到主车所在车道,即发生切入。根据主车与车道线的横向距离及目标车辆与主车的横向相对距离描述目标车辆的位置轨迹。算法识别的起止点位置示例如图4所示。

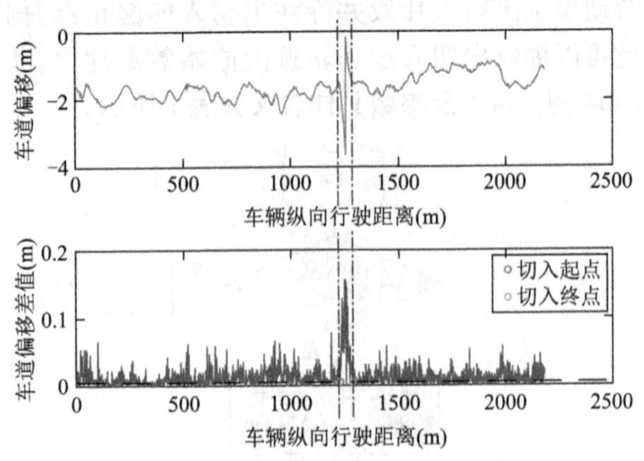

图 4 切入起止点识别算法示例

1.3 可解释性切入场景轨迹建模

1.3.1 基于车辆运动学的轨迹模型

自动驾驶仿真切入场景包括静态与动态信息,静态信息包括道路、环境信息[15],动态信息包括主车与切入车辆的运动信息。在实际仿真中,静态信息可事先设定,主车运动由自动驾驶算法输出,因此只需对场景动态信息中的切入车辆运动轨迹进行建模。本文提出一种基于车辆运动学的切入轨迹模型,如图 5 所示,主要考虑了主车和切入车辆的横、纵向运动特征,模型所需参数及详细说明如表 2 所示。

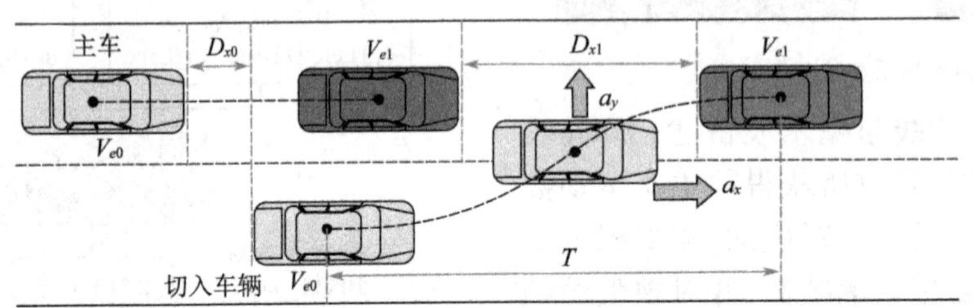

图 5 基于车辆运动学的切入轨迹模型示意图

车辆运动学模型参数说明 表 2

参数	符号	单位	详细说明
主车速度	V_{e0}	km/h	初始时刻主车纵向速度
相对速度	V_{r0}	m/s	初始时刻切入车与主车纵向速度之差
车距	D_{x0}	m	初始时刻切入车与主车纵向相对距离
切入时长	T	s	切入起止点算法识别到的切入持续时间
横向加速度	a_y	m/s^2	切入车辆的横向加速度
纵向加速度	a_x	m/s^2	切入车辆的纵向加速度

该运动学模型将切入车辆轨迹横、纵向解耦,道路行驶方向定义为纵向,用 x 来表示,与之垂直的方向定义为横向,用 y 来表示。为简化车辆运动学模型,本文假设切入车辆在纵向的运动为匀加速运动;切入车辆在切入开始时刻和切入结束时刻的横向速度均为 0;切入车辆在切入过程中的横向运动为两个阶段,先匀加速再匀减速,且加(减)速度相同,如图 6 所示。

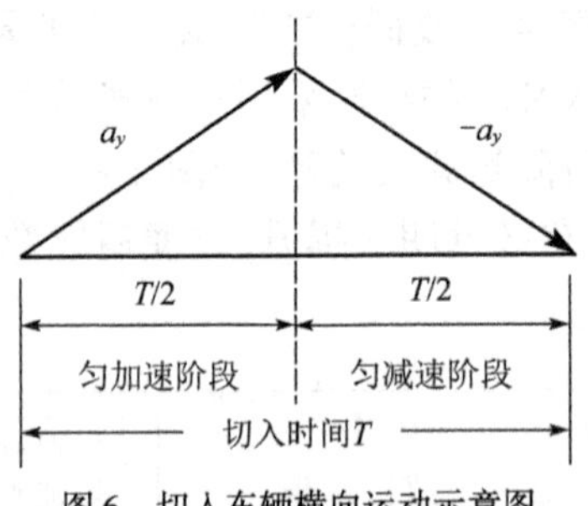

图 6 切入车辆横向运动示意图

基于以上假设,本文提出的车辆运动学模型表示为:

$$\begin{cases} y_1(t) = y_0 + \dfrac{1}{2}a_y t^2 \quad (t \leqslant T/2) \\ y_2(t) = y_0 + \dfrac{1}{2}a_y \dfrac{T^2}{2} + a_y \dfrac{T}{2}\left(t - \dfrac{T}{2}\right) \\ -\dfrac{1}{2}a_y\left(t - \dfrac{T}{2}\right)^2 \quad (T/2 < t \leqslant T) \\ x(t) = (V_{e0} + V_{r0})t + \dfrac{1}{2}a_x t^2 \end{cases} \tag{1}$$

式中:y_1 和 y_2——切入车辆在匀加速、匀减速过程中的横向位置坐标;

y_0——切入车辆在切入起始时刻与中间车道线的距离;

x——切入车辆的纵向坐标;

t——车辆开始切入后的时间。基于所提出的运动学切入轨迹模型拟合所采集的原始切入数据片段,获得每个片段对应的切入轨迹模型参数,并进行误差分析,形成切入场景参数集。

1.3.2 基于五次多项式的轨迹模型

传统基于五次多项式的切入轨迹模型主要描述切入车辆横向运动轨迹[13],将切入车辆纵向运动视为匀速或匀加速。为便于对比本文提出的运动学轨迹模型与五次多项式轨迹模型的差异性,假定五次多项式轨迹模型中切入车辆纵向运动也为匀加速,与运动学轨迹模型中一致。因此,此处建模仅考虑横向运动轨迹,具体运动轨迹函数形式为:

$$\begin{cases} y(t) = a_6t^5 + a_5t^4 + a_4t^3 + a_3t^2 + a_2t + a_1 \\ x(t) = V_{x0}t + \dfrac{1}{2}a_xt^2 \end{cases} \tag{2}$$

式中:$a_1 \sim a_6$——轨迹函数中的未知系数;

V_{x0}——切入车辆开始切入时的纵向速度。

1.4 场景轨迹模型拟合优度分析

本节分别对基于五次多项式模型和车辆运动学模型所形成的横向切入轨迹、基于运动学模型的纵向切入轨迹进行对比分析。选取原始数据与拟合后的数据所形成的包络面积以及均方根误差两个指标对模型拟合精度进行分析。

运动学模型的包络面积即将运动学模型的拟合曲线与原始数据的曲线首尾相连形成若干封闭图形并计算其面积,五次多项式模型的包络面积即将五次多项式模型的拟合曲线与原始数据所形成的曲线收尾相连形成若干封闭图形,求每个封闭图形的面积并求和即为所求的包络面积指标。

均方根误差衡量估计值与真值之间的偏差,取值范围为[0, +∞),计算公式为:

$$\mathrm{RMSE} = \sqrt{\frac{1}{n}\sum_{i=1}^{n}(\hat{y}_i - y_i)^2} \tag{3}$$

1.5 切入场景参数分布特征

采用上述模型针对切入数据集进行拟合后,为进一步探究模型参数分布特征,构建车辆切入逻辑场景库。采用均值、中位数、标准、峰度及偏度等统计量指标描述模型各参数分布特征。此外,由于数据量庞大,有个别数据偏差较大,讨论最大值、最小值较为片面,故对各系数的1/4分位数和3/4分位数进行计算分析。

2 研究结果

2.1 切入轨迹模型拟合结果

基于1.3.1中运动学切入轨迹模型和1.3.2中五次多项式模型,选取真实切入车辆轨迹片段进行拟合,拟合前后的轨迹如图7所示。整体而言,两种模型真实轨迹曲线与拟合轨迹曲线重合度较高,模型拟合度较高。

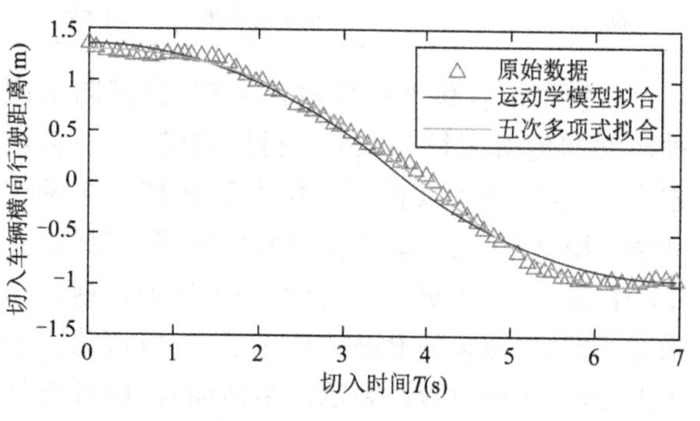

图7 模型拟合示例

根据1.4中两种指标的定义及计算方式分别计算出五次多项式模型和车辆运动学模型横向轨迹的包络面积与RMSE值,如图8所示。同时计算出模型(两模型一致)纵向拟合轨迹的RMSE并绘制其分布曲线,如图9所示。对两种模型的拟合精度进行对比如表3所示。

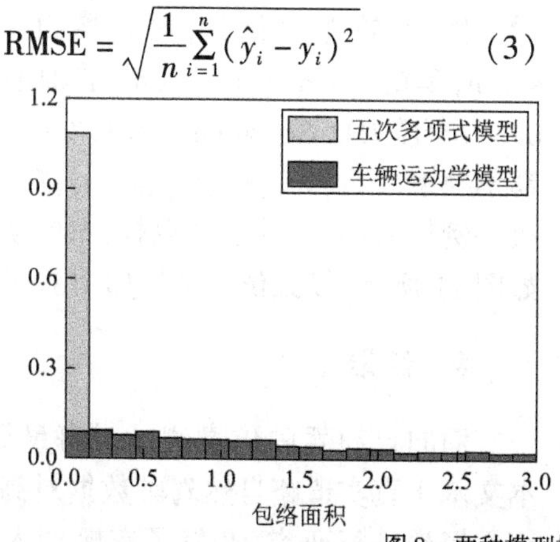

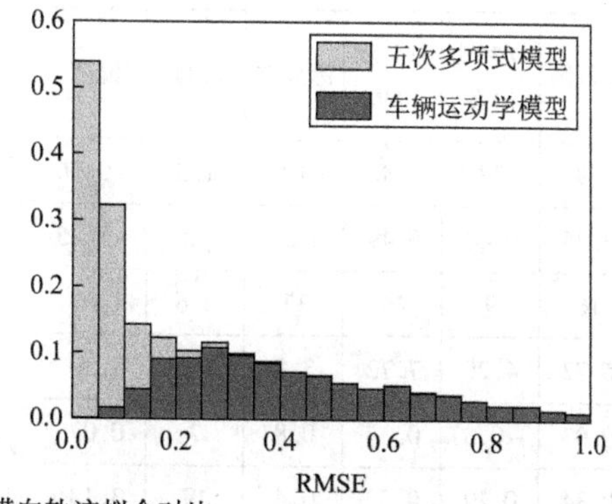

图8 两种模型横向轨迹拟合对比

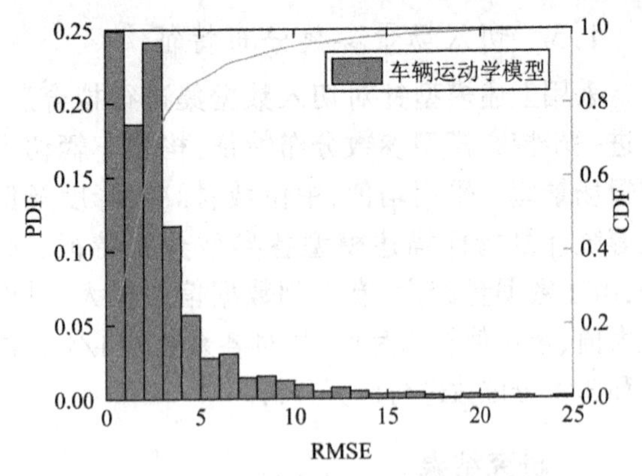

图9　模型(两模型一致)纵向轨迹拟合

模型拟合精度对比　　表3

方向	指标	模型	均值/中位数
横向	包络面积	五次多项式	0.01
		车辆运动学	2.50
	RMSE	五次多项式	0.06
		车辆运动学	0.53
纵向	RMSE	车辆运动学	2.28

从模型拟合优度结果对比可知,在横向上两种模型的包络面积与RMSE指标均较小,拟合误差小,且五次多项式模型的精度显著高于车辆运动学模型,但车辆运动学模型的可解释性更强;在车辆行驶方向(即纵向)两模型均采用匀加速运动来进行拟合,拟合的RMSE分布不均,极端值影响较大,故采用中位数来表示。整体而言,两种模型拟合精度均可,但五次多项式模拟精度更高。

2.2　车辆运动学模型参数分布

采用本文提出的运动学切入轨迹模型对所建立的2904例自然驾驶切入数据集进行拟合,获得模型参数分布统计量值见表4。绘制模型参数分布直方图,并拟合各参数的概率密度函数、累积分布函数进行分析,如图10所示。

模型参数统计量计算值　　表4

参数	均值	中位数	1/4分位数	3/4分位数	标准差	峰度	偏度
V_{e0}	87	89	77	100	19	1.3	-0.96
V_{r0}	2.80	3.26	0.48	5.49	4.37	12	-1.35
D_{x0}	32	16	9	46	33	2.6	1.67
T	6.41	5.72	4.20	7.72	3.8	162	8.20
a_x	1.48	0.03	-0.37	0.35	0.8	7	0.07
a_y	0.46	0.34	0.19	0.59	0.4	19	3.19

切入初始状态参数包括主车速度、两车相对速度和纵向车距,分析两车起始时刻相对速度发现,其均值、中位数均大于0,在分布图中表现为相对速度以0为中心向右侧偏移,表明大多数切入驾驶行为中切入车辆的速度相比主车较快。偏度值-1.35表明相对速度的分布为左偏态分布,从图9中可以看到概率密度曲线左侧尾部拖得比右侧长很多,这也表明标准差的增大是由少数小于均值的极端值引起的。

从切入时长的统计量值发现本文研究数据的切入时长大多在4.2~7.72s范围内,平均切入时长为6.41s,这与张良等[16]对驾驶员换道持续时长的研究结果一致。

郭应时等[17]研究表明换道和回正时的横向最大加速度分布在0.17~0.79m/s^2,均值为0.45m/s^2。本文拟合的大多数车辆切入时的横向加速度分布在0.19~0.59m/s^{2}区间内,均值为0.46m/s^2。这与其研究结果大体一致,同时也说明了本文采用的车辆运动学模型对切入车辆横向运动的假设(先加速后减速)与实际情况较为一致。

3　应用示例

为验证本文所提出基于运动学特征的车辆切入轨迹模型与危险度评价模型的可用性,采用VTD仿真软件对基于车辆运动学的切入轨迹模型进行仿真展示。VTD的场景生成主要包括静态道路环境的搭建和动态交通场景的配置两个步骤,本文的数据均是高速公路的主路部分,故设置道路为全长5000m的双向六车道直线路段,车道线间距1m,添加了树等道路周边的其他静态元素。在Scenario Editor中导入上述生成的静态道路场景文件,设置车辆信息,两车均为小汽车,车长4.5m,车宽2.1m,车高1.8m,前轴最大转向角为0.5°,轮径为0.6m,轮间距为1.8m,并基于车辆运动学模型参数(V_{e0}、V_{r0}、D_{x0}、a_x、a_y、T),分布自动生成一例切入场景,并录制视频,车辆切入轨迹示意如图11所示,场景仿真结果如图12所示。

4　结语

面向自动驾驶仿真测试对海量场景的需求,本文基于真实道路自然驾驶数据对高速公路车辆切入场景进行研究,开发了车辆切入场景起止点识别算法,据此从原始数据中提取了2904例切入片段,形成高速公路切入数据集。其次,提出了基于运动学特征的车辆切入轨迹模型,获得了模型参数分布特征,形成了高速切入逻辑场景库,据此可大批量生成切入场景。同时与五次多项式切入轨迹模型进行对比,发现五次多项式模型拟合精度更高,但本文提出的模型可解释性更高,机理性更强。最后将基于运动学切入轨迹模型生成的切入车辆横纵向位置轨迹在VTD软件中进行仿真,验证了所生成模型的合理性与可用性。

综上所述,本文提出的切入场景轨迹模型具有参数化可扩展、危险等级可调节、物理含义明确、计算便利等特征,可供虚拟切入场景的快速与大批量生成,应用于自动驾驶仿真测试。

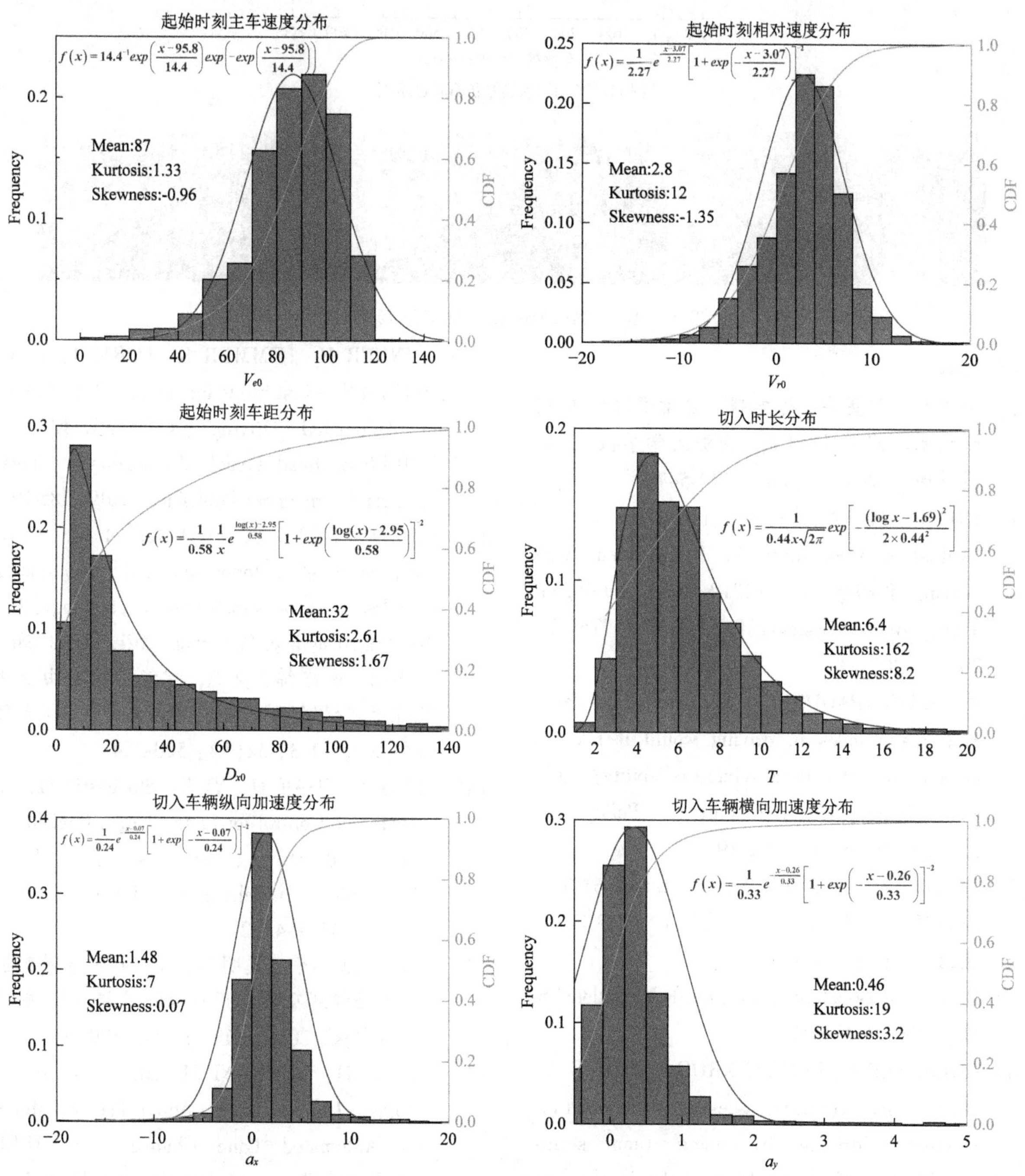

图10 模型参数分布

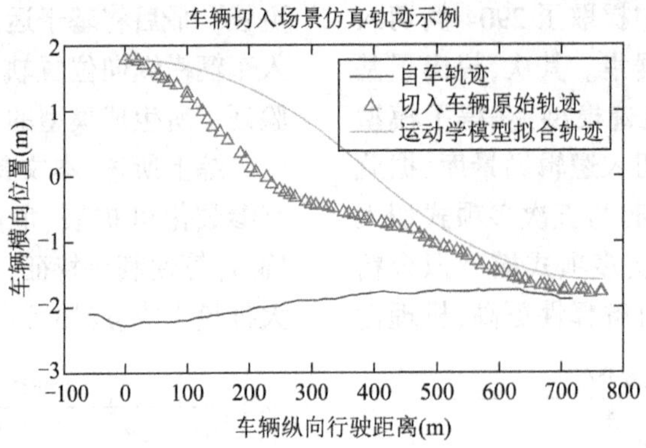

图 11　车辆切入场景仿真轨迹示例

图 12　基于车辆运动学模型参数的切入场景仿真

参考文献

[1] 余卓平，邢星宇，陈君毅. 自动驾驶汽车测试技术与应用进展[J]. 同济大学学报(自然科学版)，2019，47(4)：540-547.

[2] HUANG Z, ARIEF M, LAM H, et al. Evaluation Uncertainty in Data-Driven Self-Driving Testing [C]//2019 IEEE Intelligent Transportation Systems Conference (ITSC). 2019：1902-190.

[3] KALRA N, PADDOCK S M. Driving to safety: How many miles of driving would it take to demonstrate autonomous vehicle reliability? [J]. Transportation Research Part A: Policy and Practice, 2016, 94：182-19.

[4] 徐向阳，胡文浩，董红磊，等. 自动驾驶汽车测试场景构建关键技术综述[J]. 汽车工程，2021，43(4)：610-619.

[5] Road vehicles-Safety of the intended functionality [S]. ISO 21448:202.

[6] ROESENER C, FAHRENKROG F, UHLIG A, et al. A scenario-based assessment approach for automated driving by using time series classification of human-driving behaviour[C]//2016 IEEE 19th International Conference on Intelligent Transportation Systems (ITSC). 2016：1360-136.

[7] WINNER H, LEMMER K, FORM T, et al. PEGASUS—First Steps for the Safe Introduction of Automated Driving [C]//MEYER G, BEIKER S. Road Vehicle Automation 5. Cham: Springer International Publishing, 2019：185-195.

[8] LIU Q, WANG X, WU X, et al. Crash comparison of autonomous and conventional vehicles using pre-crash scenario typology[J]. Accident Analysis & Prevention, 2021, 159：106281.

[9] 杨志刚，戚志锦，黄燕. 智能车辆自由换道轨迹规划研究[J]. 重庆交通大学学报(自然科学版)，2013，32(3)：520-524.

[10] SUH J, CHAE H, YI K. Stochastic Model-Predictive Control for Lane Change Decision of Automated Driving Vehicles [J]. IEEE Transactions on Vehicular Technology, 2018, 67(6)：4771-4782.

[11] 冀杰，唐志荣，吴明阳，等. 面向车道变换的路径规划及模型预测轨迹跟踪[J]. 中国公路学报，2018，31(4)：172-179.

[12] DO Q H, TEHRANI H, MITA S, et al. Human Drivers Based Active-Passive Model for Automated Lane Change [J]. IEEE Intelligent Transportation Systems Magazine, 2017, 9(1)：42-56..

[13] LIU Z, CHEN J, LAN F, et al. Methodology of hierarchical collision avoidance for high-

speed self-driving vehicle based on motion-decoupled extraction of scenarios [J]. IET Intelligent Transport Systems, 2020, 14(3): 172-181.

[14] ZHOU J, ZHENG H, WANG J, et al. Multiobjective Optimization of Lane-Changing Strategy for Intelligent Vehicles in Complex Driving Environments[J]. IEEE Transactions on Vehicular Technology, 2020, 69(2): 1291-1308.

[15] LI J, LU C, LI P, et al. Driver-Specific Risk Recognition in Interactive Driving Scenarios Using Graph Representation [J]. IEEE Transactions on Vehicular Technology, 2023, 72(4): 4453-4465.

[16] 张良,陈诗慧,张伟. 驾驶员换道执行持续时间研究[J]. 工业工程与管理,2014,19(4):109-114.

[17] 郭应时,苏彦奇,付锐,等. 换道操作对智能车辆乘客舒适性的影响研究[J]. 中国公路学报,2022,35(5):221-230.

混合现实的微观车路协同仿真评估平台

杨兴杰[1] 徐海风[1] 徐志刚[1] 崔志超*[2]

(1. 长安大学信息工程学院;2. 长安大学电子与控制学院)

摘　要　智能车路协同系统(Intelligent Cooperative Vehicle-Infrastructure Systems, ICVIS)需要在真实驾驶场景中进行自动化车辆测试,但由于安全等问题,并没有足够的条件让研究者都能在完全真实的场景中执行。可以创建真实道路、通信、车流的数字复制品,作为现实世界ICVIS的替代方案,在混合现实的模拟环境中执行测试。混合现实的车路协同仿真平台可以是验证ICVIS的功能性能和安全性的第一步,以便于最终在物理车辆上实现。通过使用混合现实环境,人们可以以低成本创建出对多样化的环境,其中包括交通、障碍物和意外情况。在本研究中,利用Unity游戏引擎为ICVIS开发了混合现实仿真平台,提出混合现实仿真架构,由其虚拟到现实的过渡过程分成了三个层次,第一层是用于提供现实道路情况、通信情况、车流情况的数字复制品的工具(有roadrunner、OMNET+、SUMO和python),第二层是用第一层提供的数据构建出仿真对象并构建出仿真平台的Unity引擎,第三层是用于提供微观车路协同系统仿真中第一人称驾驶体验的驾驶模拟器。搭建出了让用户能在驾驶舱中以第一人视角体验混合现实的智能车路系统的仿真评估平台。仿真结果表明,该平台是对车路协同系统虚拟交通仿真和混合现实场景再现的有效工具,节省了交通策略的仿真测试成本,提高了评估体验,为ICVIS提供了一种新的仿真评估方法。

关键词　车路协同　Unity3D　混合现实　仿真平台

0　引言

智能车路协同系统中的驾驶场景测试是系统开发中所必需的,但是由于安全与成本等问题,并不能总是能完全真实地执行场景测试的全部。仿真评估环境的建立将允许研究者不使用物理车辆或不占用现实道路、人力等,而完成系统的仿真测试与评估过程。通过使用混合现实环境,人们可以在真实的测试车辆周围创建一个多样化的环境,其中包括交通、障碍物和意外情况,可以极大地协助自动驾驶汽车的开发过程。数字孪生或混合现实仿真平台对于推动ICVIS的发展发挥着至关重要的作用[1]。ICVIS的测试通常涉及传统的户外驾驶测试和计算机虚拟仿真测试[2,3]。鉴于传统的户外模拟测试和重复测试成本较高,室内的混合现实或数字孪生仿真平台使得智能协同车路场景重复实验成为可能[4],降低实验成本,提升用户仿真体验。目前已经有团队使用Unity3D完成了交通场景的再现[5],并且将SUMO[6]与Unity连接[7]完成混合现实的智能车辆仿真软件[8,9]。

在道路模型方面,有用 RoadRunner 快速生成现实道路的 3D 道路模型的研究[10]。使用 Unity3D 进行仿真的主要优点在于其出色的视觉效果,还有其在连接模拟驾驶器后可以提供测试者更好的微观车路协同测试仿真与评估的体验,使现有的研究可以结合此特点实现混合现实的微观车路协同仿真评估。于是本研究在 Unity3D 加 SUMO 的混合现实交通仿真平台开发的基础上,增加了 RoadRunner 以简化创建现实道路的 3D 模型的过程,并增加驾驶模拟器与 OMNET +[11] 来提供 ICVIS 仿真中可操控的驾驶第一视角与通信功能。本研究针对山东高速与长安大学汽车试验场搭建出其对应的混合现实的微观车路协同仿真评估平台,使研究者可以低成本地在驾驶舱中以驾驶者第一人称完成不同 ICVIS 策略的仿真测试与评估,也能低成本地构建其他路网情况与交通情况的仿真。

1　整体设计与关键技术

1.1　整体设计

平台总体规划如下:

(1)生成公路上的交通流并模拟车辆的运动。

(2)用户可以选择要模拟的智能交通场景,并测试每种交通策略在每个场景中的表现。

(3)模拟车对车(V2V)和车对基础设施(V2I)通信,可以实现智能交通中的通信。

(4)快速重建真实高速公路的 3D 模型,增强了模拟过程中场景的真实感,改善了用户的视觉体验。

(5)高保真的场景模拟车辆,让用户可以操作车舱内的转向盘、制动踏板、加速踏板等部件,感受系统提供的动态反馈。提供小地图可以让用户在驾驶时了解自己在交通中的位置。

我们可以通过图 1 了解整体系统架构。

1.2　关键技术

1.2.1　交通流信息

利用 SUMO 的交通模拟能力,用 XML 文件输入车辆、信号灯、检测器等信息,并将其信息通过 TraCI 接口传到外部或用 TraCI 修改这些信息。利用其构建真实的高速公路网络,并根据特定要求生成交通流。

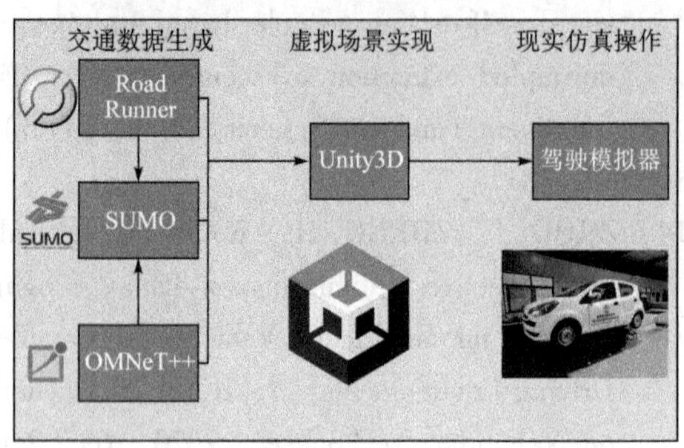

图 1　仿真系统架构

1.2.2　3D 重建

在这项研究中,我们根据从实际高速公路获得的道路拓扑结构数据,如图 2 过程使用 RoadRunner 构建了高速公路的 3D 模型。随后,我们在 Unity3D 中复制了该高速公路模型。为了达到视觉上真实的效果,不仅将高速公路导入到 Unity3D 中,还模拟了类似于现实的凹凸地形,进行地形构建。

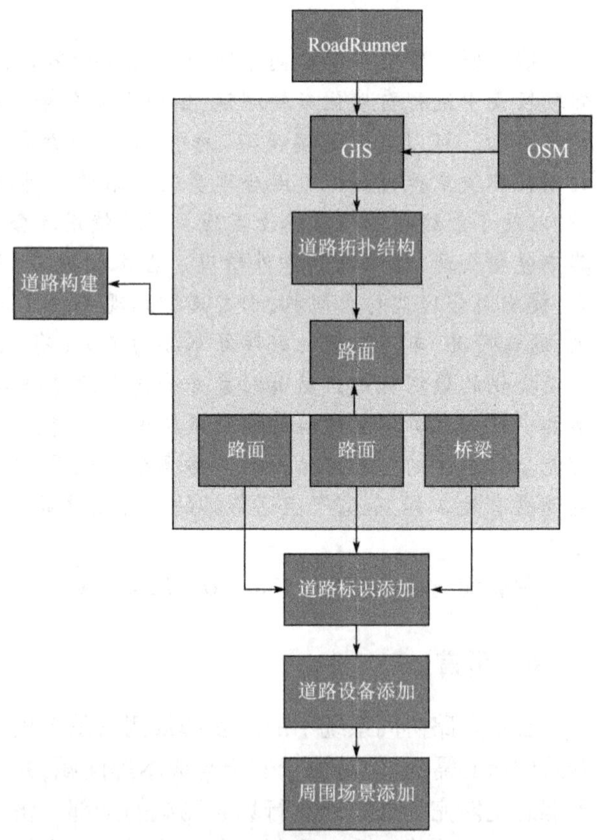

图 2　高速公路 3D 模型

1.2.3　V2V/V2I 的实现

利用 OMNeT + + 仿真工具创建网络工程,导入 Veins 的库文件后定义网络的拓扑结构、节点的属性、通信的协议和参数等,配置相应的仿真参数后,通过 TraCI 接口与 SUMO 进行通信,获取车辆的位置、速度等信息,控制车辆的行为,实现 V2V 和 V2I 的数据交换和控制。

1.2.4 智能车路协同系统场景对象的建立

导入用 RoadRunner 建出来的道路模型,利用 unity3D 中的地形编辑器创建出道路、桥梁、隧道等场景元素,并设置对应碰撞与光照阴影等。

创建 ICVIS 微观仿真中的第一人称驾驶者,利用 Unity3D 的物理引擎,模拟智能车辆的控制、运动、碰撞等行为。

利用 TraCI 接口连接 Unity3D 和 SUMO 使交通流情况在 Unity3D 中展现,并将 Unity3D 中驾驶者的驾驶行为传回 SUMO。

利用 Unity3D 的 UI 系统,设计用户界面,显示智能车辆状态、路况信息、导航指示等,并可以选择或调整场景,使平台使用体验提高。

1.2.5 驾驶模拟器控制

模拟驾驶员控制采用了真实的汽车驾驶舱,在主驾驶座上配备了真正的车辆操作部件,整个驾驶舱旨在为用户提供真实的驾驶运动进行反馈。

1.2.6 车路协同主客观评价方法

主观评价方法涉及评估用户对各种功能实现的感知,例如视图和场景执行。客观评估方法需要分析平台运行时显示的各种数据指标,例如帧速率。

1.3 开发过程

该仿真平台的开发遵循软件开发的一般步骤,即分析、设计、开发、测试、迭代修改,逐步实现规划的功能。具体来说,首先我们分析该平台要仿真评估的智能车路协同系统,确定出要仿真评估的交通场景及该交通场景所对应的交通与通信模型,还有交通场景所对应的视觉模型,如图 3 所示。利用 SUMO 和 OMNeT + + 构建了车路协同系统的网络模型,模拟了车辆的运动和通信行为,以及路侧设施的控制策略。然后利用 RoadRunner 将 SUMO 中的 NET 文件转化为道路模型导入到 Unity3D 中,是场景三维可视化,然后利用 TraCI 接口实现 Unity3D 与 SUMO 的数据交互。最后将 Unity3D 与驾驶模拟器相连,使得用户可以通过驾驶模拟器操控车辆,体验车路协同系统的效果,提高仿真评估的真实感和参与感。

图 3 视觉模型

2 性能分析与平台实例

2.1 系统功能实现

系统功能如表 1 所示。

系统功能 表 1

功能	描述
交通模拟	通过 SUMO 建立不同的交通场景和参数,模拟路网上的车流等效果
通信模拟	通过 OMNeT + + 模拟车辆之间和车辆与路侧设施之间的无线通信,分析通信性能和影响因素
模型生成	通过 RoadRunner 与相关的路网数据,生成现实路网对应的三维模型,以便于进行仿真和展示
视觉展示	通过 Unity3D 使用图形渲染技术,将车辆、路网的模型和状态以可视化的方式呈现在屏幕上
车辆第一人称操控	通过驾驶模拟器的转向盘、制动踏板、加速踏板等输入设备,让用户可以从车辆的第一人称视角控制车辆的行驶和通信
模拟器反馈	通过使用力反馈装置,让用户可以感受到车辆的运动等物理效果

2.2 系统性能指标

系统性能指标如表 2 所示。

系统性能指标 表 2

性能指标	描述
帧数	指每秒钟屏幕上显示的图像的数量,反映了视觉展示的流畅度和真实度
可运行车辆数	指系统能够同时模拟和展示车辆的数量,反映了系统的规模和复杂度
可运行道路长度	指系统能够模拟和展示的道路的总长度,反映了系统的覆盖范围和细节程度
V2V/V2I 信息量	指车辆之间和车辆与路侧设施之间的无线通信的数据量,反映了通信的频率和质量
驾驶模拟器表现	指用户在使用驾驶模拟器时的操作和反馈的效果,反映了系统的交互性和逼真度
道路模型精度	指系统生成的道路模型与实际道路的相似度,反映了系统的准确性和可靠性

2.3　平台实例

基于以上框架,本研究针对现实中的山东高速公路制作出了其对应的微观车路协同仿真评估平台。

首先是其软件部分,用 Unity3D 连接上了 SUMO 和 OMNeT + + 并且导入了使用 RoadRunner 制作出的山东高速公路三维模型,如图 4 所示,Unity3D 界面包括了菜单栏、小地图视图、三维场景视图,此外在 OMNeT + + 和 SUMO 部分还能看到其通信网络视图与车流信息,还有被记录下来的相关历史数据文件以便后续的数据分析。可以通过修改这个软件的配置来修改其仿真参数和场景,如交通网络、车辆类型、车路协同系统、评估指标等。用户可以通过这个部分来观察和分析仿真的结果,如车辆的运动视图、通信的信号强度、数据的统计等。

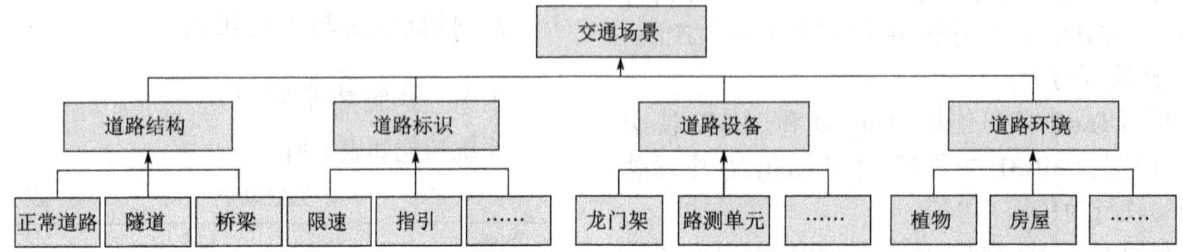

图4　山东高速公路三维模型

然后是驾驶模拟器部分,如图 5 所示,展示了本研究所用的驾驶模拟器,该驾驶模拟器包括了转向盘、加速踏板、制动踏板、仪表盘、座椅、屏幕、扬声器、摄像头等。这些组件可以模拟真实的驾驶操作和其车辆动力学反馈,提供给用户第一人称驾驶体验。

图5　驾驶模拟器

如图 6 展示了这个混合现实的车路协同微观仿真评估平台的运行状态。其中用户可以在前方看到三维的仿真场景,其中有多辆车辆在道路上行驶,以及一些路侧设备和交通信号。用户可以通过驾驶模拟器的转向盘、加速踏板、制动踏板等部件来控制其中一辆车辆,参与到智能车路协同系统的运行中,感受和体验系统的性能和效果。

3　优化方案

对于基于 unity3D 和智能协同车路系统的混合现实仿真平台,我们认为有以下两个优化方向:

(1)通过模拟实验可以发现,我们的平台在一般主机上的大规模场景中有时会出现帧率不足、卡顿的情况。这主要有两个原因。一是上位机计算的模拟图像不够多。我们需要进一步优化我们的图算法来改善这个问题。另外就是当车辆较多时,SUMO 对交通流量的计算也会卡住。对此,我们还需要进一步调整流量决策的算法。

(2)这个模拟器目前没有考虑很多情况,只是考虑了车辆与一些基础设施和车辆之间的影响。还有很多现实因素没有加入,需要未来完善。

图6　驾驶模拟器运行状态

通过实施这些和其他优化方法,可以进一步增强混合现实的车路协同仿真评估平台,以提高交通系统的效率、安全性和可持续性。

4 结语

对我们的研究主要目的是利用车流模拟、驾驶模拟等技术,以 Unity3D 为底层框架,构建一个针对目标高速公路的混合现实模拟评估平台。模拟计算基于原始的 SUMO 计算,通过驾驶模拟器将数据输入到 Unity 中,再返回调整 SUMO。该平台旨在提高模拟实验的体验,降低交通策略模拟的成本。它还与相关的项目 ICVIS 相连,以更真实的形式呈现研究成果。修改模型文件后,它可以与现实世界中对应高速公路的其他实验段相连。通过利用模拟器,用户可以体验到实际车辆在对应路段的驾驶情况。我们的研究目前面临的挑战包括模型和脚本的优化不足,以及在混合现实的微观模拟中构建对应高速公路的 3D 模型背景不那么真实。通过现实生成的车流与真实车流无法完全一致,只能通过从其路段获得的车流密度,在 SUMO 中生成具有类似特征的车流效果,以达到模拟的目的。3D 模型是 RoadRunner 自动构建的,其构建出来的模型与现实模型在背景上有较大差别。一旦解决了快速 3D 重建和算法优化的问题,该平台就可以高效地模拟各种大规模高速公路的交通场景,以及具有高保真度的对应交通策略。

参考文献

[1] STANICA R, CHAPUT E, BEYLOT A L. Simulation of vehicular ad-hoc networks: Challenges, review of tools and recommendations [J]. Computer networks, 2011, 55 (14): 3179-3188.

[2] XU Z, REN L, CHENG, X, et al . A simulation model platform for intelligent vehicle-infrastructure cooperation system based on Vehicular Ad-Hoc Network[P]. CN203232600U,2013.

[3] LI X, XU Z, WANG R, et al. CU-CVIS test bed: a test bed of cooperative vehicle-infrastructure system in chang ' an university [J]. Proceedings of the DEStech Transactions on Engineering and Technology Research (ictim), 2016:1-4.

[4] RUN-MIN W, YU Z H U, XIANG-MO Z, et al. Research progress on test scenario of autonomous driving [J]. Journal of Transportation Engineering, 2021, 21 (2): 21-37.

[5] WANG Z, HAN K, TIWARI P. Digital twin simulation of connected and automated vehicles with the unity game engine[C]//2021 IEEE 1st International Conference on Digital Twins and Parallel Intelligence (DTPI). IEEE, 2021: 1-4.

[6] LOPEZ P A, BEHRISCH M, BIEKER-WALZ L, et al. Microscopic traffic simulation using sumo[C]//2018 21st international conference on intelligent transportation systems (ITSC). IEEE, 2018: 2575-2582.

[7] BIURRUN-QUEL C, SERRANO-ARRIEZU L, OLAVERRI-MONREAL C. Microscopic driver-centric simulator: Linking Unity3d and SUMO [C]//Recent Advances in Information Systems and Technologies: Volume 1 5. Springer International Publishing, 2017: 851-860.

[8] WANG Z, HAN K, TIWARI P. Digital twin simulation of connected and automated vehicles with the unity game engine[C]//2021 IEEE 1st International Conference on Digital Twins and Parallel Intelligence (DTPI). IEEE, 2021: 1-4.

[9] SZALAI M, VARGA B, TETTAMANTI T, et al. Mixed reality test environment for autonomous cars using Unity 3D and SUMO[C]//2020 IEEE 18th World Symposium on Applied Machine Intelligence and Informatics (SAMI). IEEE, 2020: 73-78.

[10] PARVIAINEN H. RoadRunner: a fast and flexible exoplanet transit model[J]. Monthly Notices of the Royal Astronomical Society, 2020, 499(2): 1633-1639.

[11] VARGA A. OMNeT++[M]//Modeling and tools for network simulation. Berlin, Heidelberg: Springer Berlin Heidelberg, 2010: 35-59.

融合地域与民族特色的云南某公路绿美设计的思考

赵洲清*[1,2]　贾敬鹏[1]　李　宁[1]　李佳谕[1]　马祥松[1]
(1.云南省公路科学技术研究院;2.重庆交通大学土木工程学院)

摘　要　通过对自然地貌气候特征、绿化现状及特点进行实地调研与分析,结合绿化区域所处的民族文化特色,根据路段重要性及区域特征按一般路段、起点路段、重点打造路段与主题建设路段进行分区,对重点区域与主题段落着重考虑,分别从设计原则、设计思路、方案分析、植物配制等方面对云南昆明至轿子雪山某路段的绿美公路设计进行阐述,因地制宜,以"彝族风情绿美公路"为主题,融合所在地彝族"火把节"特色民族传统节日,以绿美公路为底色,体现当地彝族民俗文化,达到绿美公路服务于民的目的,为绿美公路植物选择和配置、绿化景观设计提供思路,为实现交旅融合、全域旅游的总体目标而助力。

关键词　路面工程　绿美公路　民族特色　植物选择　交旅融合

0　引言

公路建设是促进国民经济与社会发展的重要纽带,绿化美化是提升公路整体视觉效果及品质的重要措施。公路绿化美化不仅可以防风固沙、稳定路基、净化空气、吸尘降噪、美化路容路貌,而且还对增加司乘人员旅途安全感和舒适感都起到重要作用。然而目前,在公路绿化设计领域中存在千篇一律、差异化模糊的现象,公路所在地的区域特色、传统文化未能得到充分体现,主要是对于人文特色的挖掘不够深刻,使得公路丧失了应有的区域特色。将区域文化融入公路绿化设计中,不仅能够使得司乘人员及时感受到当地特色风光,对公路沿线的传统特色文化起到宣传作用,还能一定程度上拉动区域内部经济的发展。

云南省政府推进实施以"绿美云南"为主题的全省国土全域绿化专项行动工作部署,出台的《云南省城乡绿化美化三年行动(2022—2024年)》[6]将绿美交通作为八项实施重点之一。为落实利用三年时间提升交通沿线绿化水平、推进应绿尽绿的工作部署,云南省交通运输厅印发《绿美交通三年行动计划(2022—2024)》[7]与《云南省绿美交通技术指南》[8],计划三年内高标准完成5万km的绿美公路建设,串联起"山水林田湖""城镇乡村景"等绿美要素,形成高质量的绿美通道。本文通过对云南某公路绿化项目在绿美交通建设中引入区域与民族特色融合理念,以云南某公路绿化为依托,开展绿化质量提升探索工作,通过分类分区设计,充分展现地域特色和民族特色,重建沿线植被群落,与周围环境相融合,做到自然与人文相统一,以期对公路绿美建设及相关研究提供借鉴。

1　路段基本情况

1.1　所属路线

本文实践路段所在项目位于昆明至轿子雪山的路线中,距离昆明主城区25km左右。该路段所属为山岭重丘二级公路,设计速度60km/h,该路线是通往4A级景区轿子雪山的必经之路,属于旅游专线[5]。

1.2　自然地理特征

1.2.1　地理位置

该路段隶属于云南省富民县,位置临近昆明市的西北边、富民县城的东边。项目所在地富民县距离昆明市区仅23km,介于东经102°21′—102°47′,北纬25°08′—25°36′之间。东与嵩明县、寻甸县相邻,西与禄丰县、武定县接壤,南靠西山区,北与禄劝县山水相连。

基金项目:云南省交通运输厅科技计划项目(SZKM202236022)。

1.2.2 地貌条件

项目所在地富民县多为山地，地势基本呈南高北低，由东到西宽约44km，由南往北长约52km。整体地势由南向北倾斜，该县境内有两大水系流经，分别为螳螂川和款庄河。螳螂川贯穿于县境最大的坝子之间，望海山坐落在坝子中部，金铜盆山位于坝子西部，老鸦山坐落在坝子东部，位于与嵩明县的分界处，共同组成了富民县的三山两水。

1.2.3 气候条件

该路段所在地一年中气候变化多样，全年日照时长2287h，年平均降雨量846.5ml，年平均气温约16℃，年极端最低气温-7℃，年极端最高气温33.4℃，属于典型的低纬度亚热带高原季风气候。

1.3 绿化现状调研

项目组对现场进行了实地调查，分析情况，收集沿线植被景观资料，落实路线走向以及地形、地质、水文等方面的资料[1]。在外业调查完成后，共同协商拟订方案，从项目的技术可行性、科学性、经济合理性、实施可能性进行施工图设计，在充分尊重地方意见，严格按照规范标准的基础上，对收集的资料进行清理、查证、测算、分析。现场调查情况详见图1~图6。

图1 路侧色彩单一

图2 路侧出现露土

图3 植被生长杂乱

图4 停车区植被缺失

图5 路域环境较差

图6 植被稀疏

1.3.1 主要设计路段

由现场调查情况可知，原始绿化景观存在以下问题：

(1)植物配制上，沿线路侧植物品种较少、颜色较为单调，部分路段成片小灌；缺少行道树的搭配与遮挡，树种无层次，甚至部分段落出现空白，未能充分考虑公路绿化与周边环境的融合。

(2)植物选择上，地被和草本植物运用不足，沿线路侧路基多处出现黄土裸露,或为乔木下部或为地被之间,易出现扬尘,不利于地表植被覆盖层的形成,且影响陆域生态环境;植物类别分为耐荫和喜阳,若未掌握其生物学特性而进行错乱配制,则会影响其生长态势,原有小灌植被就存在枯死现象;更有部分路段沿线杂草丛生,高低不一。

(3)日常养护不足,部分植被因长期未经修剪,枯枝败叶形态杂乱,视觉效果较差;沿线途经一小型车辆停靠站,该站点虽有临时停靠空间,但绿化管理不到位,仅长有稀稀疏疏的几颗小乔木和凌乱的杂草,土壤裸露明显。综合来看,该路段绿化景观力度欠缺,植被稀疏杂乱、绿量不足,色彩单一,绿化节点与主题突出不够、不成体系,存在较大的绿化美化提升空间。

1.3.2 主题建设路段

根据项目实际情况,本路段拟作为主题建设路段。从现场情况可知:路侧砌有花池,仅种有几颗乔木,色彩较为单一,缺少地被及低矮灌木,无层次感(图7)。花池内已完成了清表与培土。

图7 主题建设路段植被现状

2 绿美公路设计理念

2.1 设计目标

以"畅、安、舒、绿、美"为目标,科学谋划、一体推进、取得实效,通过现场调查,结合项目路线实际情况及未来发展,实施与自然环境条件相适应、与生态资源和特色风貌相协调、与城乡居民需求相契合的绿美公路项目设计,综合"绿美适宜性和协调性、提升安全性和舒适性、突出地域文化特色"设计要点,全面推进公路沿线用地范围内的绿化美化工作。要强化生态环境保护和恢复,重视现有植被保护、移栽工作,充分注重重点点位的生态恢复及覆绿工作,做到"补齐连片、应绿尽绿",最大限度地提高公路沿线绿化覆盖率,改善和提升公路路域生态环境。

2.2 设计原则

在"绿美公路"建设中,结合"适地适绿、因地制宜、和谐自然、路景交融"为总体要求,根据现场自然条件、地理气候特征、苗木适应性,利用现有资源对具有地域特色路段和沿线乡(镇)路域环境较好路段因地制宜进行重点打造[2]。在充分体现地域风情的同时,立足云南生态文明建设,尊重自然、顺应自然、融入自然,实现人文景观与自然景观的有机融合,积极推进交通沿线应绿尽绿,打造与周边生态环境相协调、地域特点显著的绿美交通,建设系统、完整、生态稳定的绿美公路,形成可持续、低维护、地域特色鲜明的公路带状风景。

"疏减"原则[3]。对原有乔木、灌木进行修剪,美化树体形状,调整树型长势,主干、枝条与周围环境相适应。"补绿"原则。因地制宜,进行补植,宜树则树,宜草则草,使绿美体系与周边路域环境相协调。"添色"原则。通过增花添彩,让沿线景观得到提升,满足宜行宜游、四季常绿、四季有花的要求,为旅游者提供多彩视觉效果。"加灌"原则。搭配木春菊、红叶石楠、金竹等灌木,在原有灌木的基础上进行分配布局,合理配置种植密度,优化公路沿线景观。"增量"原则。现场调研,科学规划,合理增加栽种品种及数量,考虑绿美景观的同时,也需要考虑造价及后期养护成本。"遮挡"原则。对沿线路域环境较差,岩土裸露区域进行种植遮挡,通过"绿植屏障"美化路域环境。在"6"原则指导下,做到以自然为美的同时,也做到应绿尽绿,打造自然野趣又满足动态视觉特点的沿线景观。

3 绿美设计方案分析

3.1 总体思路

加强对沿线的路侧边沟杂草清理,并及时清除路面路肩堆积物,拔除枯死树种。对生长杂乱的乔木、灌木进行修剪。定期巡查,控制路域环境污染,进一步深化公路"三美"、路域环境整治工作;备选植物优先考虑当地原生树种,再选择其他生态适应性好的树种,根据S101现场情况及本次劳动竞赛的指导精神,新增灌木可选三角梅;在局部路段合理"添彩",增加颜色鲜艳的开花小灌木,建议种植习性相近的植物,打造路段特色的同时,也易于后期管养。如:玛格丽特、红叶石楠、木春菊、迎春等。

3.2　一般路段

在没有条件添彩增绿的段落,对原有植被进行适当修剪,清理杂草、垃圾;在边坡裸露的路段可适当采用竹子进行遮挡;枯死灌木进行适当补种,增添其色彩饱满度。增色添绿的植被不宜多,需达到色彩丰富中又兼具统一、流畅的视觉效果,拟采用红叶石楠、玛格丽特、木春菊、三角梅。

3.3　重点打造路段

3.3.1　起点位置

该位置处于本路段起点,原始现场杂草丛生、无开花植被,整体缺绿、缺色彩(图8)。但场地较为平整、宽阔,可将空间充分利用起来,种植成片色彩丰富的小灌进行添彩,以达到较好的视觉效果。由于小灌木玛格丽特喜凉爽湿润、全年花期长等习性及当地培育存量多的特点,拟选用玛格丽特进行满铺,形成 2m×7m 的粉白花带,实现整体性的连贯彩色景观(图9)。

图8　起点位置现状

图9　起点位置方案效果图

3.3.2　小型停车区

该路段仅有的一处小型停车区,如图 10 所示。该停车区周围长有参差不齐的枯草、稀稀疏疏几颗乔木,乔木之间无其他出彩植被、间距较为宽松,黄色土壤成片裸露。该区域场地较为平整、宽敞,停车区背后临崖。由此,拟选用玛格丽特围绕现有的每株乔木种植若干圈,簇拥乔木形成半径约 0.5m 的圆形花盘。圆形花盘以外区域,拟选用木春菊整体满铺。停车区左侧与路面交界的带状区域,拟撒播草种、种植一定宽度的草皮,构成"路边沿线草皮+中心乔灌"的组合,以形成"从路面到地被、再到高矮灌木"富有层次、律动感的缓慢过渡。整体景观呈半月形,停车区在半月的直边位置,候车亭三边被花丛环绕,能给等车的人们营造一个轻松、舒适、美好的港湾式停车区。

图10　停车区现状

停车区方案效果如图 11 所示,绿化平面布局如图 12 所示。

图11　停车区方案效果图

3.3.3　边坡坡脚路段

沿线有几处边坡坡脚路段,现场植被单一、杂草较多、色彩单调,宽度仅 1~2m,如图 13 所示。拟采用 40cm 高的花池砌筑,培土种植小灌木(图 14),边坡裸露、场地较窄无条件种植成片开花植被的路段,采取砌筑 1m 左右宽的花池,培土种植竹子遮挡。花池颜色采用与水沟外沟帮接近的灰色系;花池砌筑位置为水沟外沟帮上方,且外立面与水沟内沟帮表面齐平,提升设施的整体性。该类路段全部采用木春菊补齐串联成线,形成视觉冲击力强、色彩饱满、连贯性强的规模花带。

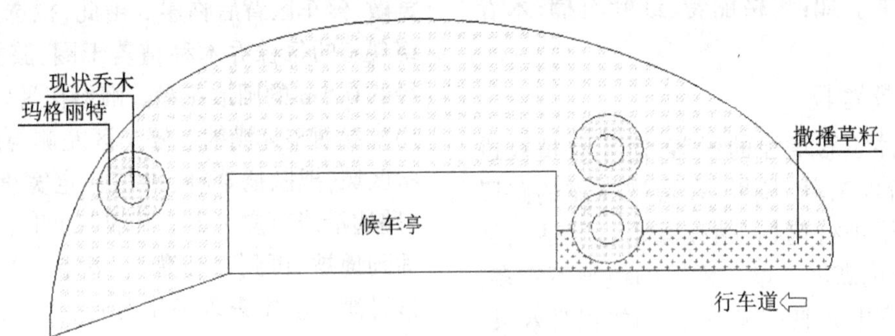

图12　绿化平面布局图

图13　边坡坡脚现状

图14　边坡坡脚方案效果图

3.4　主题建设路段

主题建设路段现状如图15所示。

设计路段S101线位于富民县境内,为突出当地地域文化特色,本路段设计方案以"彝族风情绿美公路"为主题,融合彝族"火把节"特色民族传统节日,以绿美公路为底色,在路段两端以绿植"火把"造型作为景观,体现彝族民俗文化,达到绿美公路服务于民的目的,如图16所示。

设计方案说明:路段两侧分别用0.3m宽的玛格丽特包围,象征路基边线;中间用0.2m宽木春菊作黄色虚线,画4m,空6m;两侧大圆使用木春菊造型,小圆使用玛格丽特造型,中间栽种3颗红色三角梅,象征彝族火把节(彝族的重要民族节日);其余部分用红叶石楠铺满,象征路面,如图17所示。

图15　主题路段现状

图16　主题路段方案效果图

该路段绿植注重科学规划,具有丰富的景观层次和色彩冲击力度。两侧粉色玛格丽特春、夏、秋三季都能开花;金色木春菊花期为2月—10月,中间喜光照的红色三角梅花期为4月—11月,一年四季均可看到万紫千红竞芳菲的花开景象。尤其是三角梅盛花期正值彝族重要的节日“火把节”,红花火树如炬燃,更加突出彝族的群体标识、精神品质传承的文化载体“火把节”。

该路段绿植与乡村文化相得益彰,串联起“城镇乡村景”够绿、够美、够和谐的自然风景象。

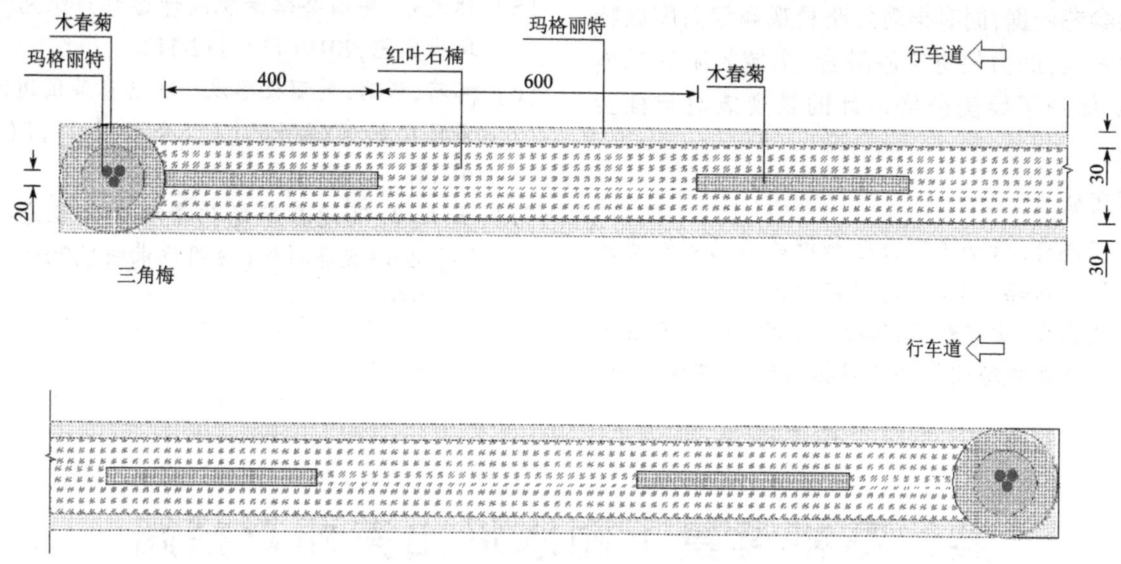

图17 绿化平面布局图(尺寸单位:cm)

3.5 植物选择

尊重自然,依据适地适树的原则,应更大程度的选用本土原生植物,不仅适应当地水土气候、成活率高,也能减少对原本生态环境的影响[4]。在此基础上,应根据公路沿线的自然条件、功能定位进行总体规划来选择对应的绿化苗木,使之同公路及周围环境相协调。在满足行车视线要求,保障安全行车的前提下,以选择乡土树种为主,这样的树木能适应当地的环境,栽培起来比较简单。且能突出地域特征,同时要根据当地的气候环境和公路特征,选择具有较强抗污染和净化空气功能的树种。

(1)根据绿化地段的立地条件、周边自然植被或自然生态景观等,优先选择适应性、抗逆性、稳定性和抗病虫害能力强的乡土树种。

(2)乔木树种应选择具有生长快、冠幅大、枝叶繁茂、树形美观、色彩艳丽、根系发达等性状,并具有固土、滞尘、对烟尘、废气有较强的耐性与抗性,且寿命较长的树种。

(3)灌木应选择枝繁叶茂、花期长、耐修剪和便于管理的树种。绿篱植物和观叶灌木应选用萌芽力强、枝繁叶密、耐修剪的树种。

(4)草本宜选择耐旱、耐瘠薄、根系发达和固土能力强及混播抗逆性强的豆科植物或草本植物,可同时选择攀缘或悬垂绿化植物。

(5)地被植物应优先选择多年生、茎叶茂密、绿期与花期长、繁殖快、抗逆性强、易于管理、养护成本低的树种。草坪地被植物还应选择萌芽力强、覆盖率高、耐修剪和绿色期长的树种。

根据本项目自然区域条件、立地条件,结合现有苗圃情况,在本路线内优先选择根系发达、适应性强,具有一定绿化美化功能的乡土树种或本地培育多年、表现优秀的树种。

4 结语

目前经济社会正在快速发展,公路建设事业也在高质量发展中。绿美公路建设被赋予了新的内涵和使命,从最初安全、畅通、舒适的基础上,逐渐成为展示地方特色、推动经济社会与民族发展的窗口与途径。中华文化源远流长,需要我们对当地历史文化脉络进行调研和挖掘,在绿美设计时进行相应融入,对民族精神进行弘扬,促进文化的传承与发展,从而创建出与周边生态环境相宜、有文化内涵、有地域特色的绿美交通风景线。本研究以云南某公路绿化为依托,通过分类分区设计,充分展现地域特色和民族特色,重建沿线植物群落,与周围环境相融合,做到了自然与人文相统一。本研究成果为公路绿化提供参考依据,同时推动公路景观规划向民族特色化发展,助力促进交旅融合、全域旅游的总体目标,体现了绿美公路设计的景观效益与社会效益。

参考文献

[1] 王志奇. 云南美丽公路旅游线布局规划研究[J]. 公路,2018,(2):144-153.

[2] 周杰之,黄宇哲. 低碳理念下的高速公路生态廊道景观绿化提档设计探讨[J]. 环保前沿,2023,9(64):212-214.

[3] 徐安驰. 高速公路景观绿化美化工程设计探讨[J],园林与景观设计,2021(8):66-67.

[4] 韩英荣. 高速公路服务区景观的生态绿化和环境建设[J]. 智能城市,2019,5(1):25-26.

[5] 林文丹. 美丽公路景观设计思考与探究[J]. 现代园艺,2019(11):112-113.

[6] 解琦,朱浩. 美丽公路设计理念在某国道改造项目中的实践研究[J],公路,2018,7(7):30-34.

[7] 王玉国. 高速公路绿化景观设计理念探析[J]. 公路交通科技(应用技术版),2018(6):101-103

共同富裕背景下丽水沿山美丽富裕路规划探索

楼齐峰* 刘 蛟 裴 彦 何亚男 李玮琳

(浙江数智交院科技股份有限公司)

摘 要 为强化普通国省道在带动区域经济发展、促进共同富裕方面的重要作用,在分析共同富裕内涵及普通国省道功能的基础上,提出了设施先导、服务保障、绿色发展、多元融合以及品牌塑造五大发展导向,并以浙江“四沿”美丽富裕干线路标志性工程(G235 沿山共富路丽水段)为例进行了探索实践,研究成果可为全国普通国省道的规划建设提供经验借鉴。

关键词 共同富裕 普通国省道 美丽公路 丽水市

0 引言

共同富裕是社会主义的本质要求,是中国式现代化的重要特征。浙江是我国沿海经济强省,同时城乡发展差距全国最小,在共同富裕建设方面具有显著的先发优势与良好基础,2021 年党中央国务院选择浙江省先行先试开展共同富裕示范区建设试点。

交通是国民经济和社会发展的重要引擎,在促进共同富裕方面扮演着重要角色。公路是交通运输系统中最基础广泛的设施,纵观近二十年浙江的公路发展历程,高速公路及农村公路发展相对成熟,而普通国省道却成为了短板。因此浙江提出建设“四沿”美丽富裕干线路[1],重点打造G228 沿海产业路、G235 沿山共富路等 6 条标志性工程,将普通国省道与沿海江湖山区域的生态旅游、特色产业、历史人文等深度融合,实现全方位高质量发展。

当前关于共同富裕背景下交通发展研究仍处于初级阶段,主要以政策研究[2-4]为主。鉴于缺乏普通国省道等规划建设领域的研究内容,本文以G235 沿山共富路为例,着重对共同富裕背景下普通国省道的规划建设进行研究。

1 共同富裕背景下普通国省道发展导向分析

从理论内涵上看,共同富裕是发展性、共享性和可持续性的统一[5]，核心是在解放和发展生产力的同时，使人民群众公平公正的共享社会经济高质量发展的成果，重点主要围绕缩小区域、城乡及收入三方面的差距。普通国省道在缩小地区差距、带动沿线经济发展方面具有积极显著的空间效应，在当前共同富裕发展背景下，从缩小三大差距的角度出发，普通国省道的规划建设应着重从五个方面发力：

一是设施先导，交通基础设施是实现公路运输功能的先决条件，因此普通国省道规划建设的首要任务就是要打造形成安全畅通的高质量干线廊道，减少区域间的时空距离，缩小区域差距，保障不同区域人民群众享有公平的发展机会。

二是服务保障，对于普通国省道而言，核心是要以人为本，提升交通基本公共服务水平，为沿线居民、游客提供丰富优质的出行体验，确保高质量发展成果拥有更广泛的共享性，进一步缩小城乡差距。

三是绿色发展，共同富裕不是短期的富裕，而是缩小三大差距的长期趋势，在公路的规划建设中要坚持绿色发展理念，统筹路域环境整治和沿线生态环境保护，将对环境景观和生态的影响降至最低，激活美丽经济。

四是多元融合，普通国省道作为交通干线，连接众多乡镇、景区、产业园区等重要资源，应进一步加强普通国省道与经济、文化、旅游等领域深度融合，带动沿线群众增收致富。

五是品牌塑造，对标美国 66 号公路、威海千里山海等国内外成功案例，公路品牌的塑造为沿线带来显著的经济带动作用，应强化公路品牌的挖掘培育，发挥品牌效应为沿线带来更多的经济和社会效益。

2 G235 丽水段规划建设探索实践

G235 在浙江境内总体呈南北走向，自湖州向南，经杭州、金华、丽水至温州。其中丽水段全长约 151km，其中包含低等级路(二级以下公路)约 54km，途径的松阳、云和及景宁三县均属于浙江 26 个欠发达山区县，是浙江推动共同富裕发展的重要区域，沿线坐拥丰厚的旅游资源，有云和梯田、石门洞景区等 12 处 4A 级及以上景区和国家公园，有松阳县、西屏镇等 9 处历史文化名城名镇名村、1 处红色教育基地及草鱼塘森林公园等 30 余处重要景区，自然风光、历史人文等资源优势突出。

G235 丽水段在发展中也产生了一些问题：一是断头路、瓶颈路依然较多，公路病害、地质灾害等问题突出。二是公路服务设施不足且功能简单，智慧化、绿色设施缺乏。三是沿线道路景观与环境融合度不高，部分路域存在脏、乱、差现象。四是公路与沿线产业资源融合不足，经济带动能力不强。

2.1 规划建设方案

G235 丽水段在定位上承袭浙江 G235 沿山共富路的主题，以构建形成安全畅通、服务优质、生态惠民、特色鲜明的沿山美丽富裕干线路为目标，结合沿线现状特征，综合考虑可实施操作性，围绕设施先导、服务保障、绿色发展、多元融合五大导向提出了规划建设方案。

2.1.1 设施先导

G235 作为一条山区公路，受地形限制路段线型指标偏低，且饱受山体危岩、掉块等地质灾害困扰，因此保障公路的出行安全、运行畅通是其核心主题。通过对沿线的瓶颈路段、公路病害等问题进行调研分析，制定道路畅通工程、安全隐患整治等相应处置方案。

(1)道路畅通工程。

以实现 G235 全线运行通畅为目标，完成松阳段、云和段(图 1)等约 73km 的低等级路段、瓶颈路段提升改造，项目完工后 G235 丽水段全线将建成二级及以上公路，同时为进一步提升运行速度，计划通过中分带封闭、进出口道拓宽等措施整治提升交叉路口 9 处。

图 1 G235 云和段现状地质风险

(2)安全隐患整治。

包括通过路面养护处置路面破损、沉陷等道

路自身病害约 31km,处置危岩、掉块、崩塌等地质灾害 53 处,并综合利用护栏、避险车道、自发光道钉、柱式轮廓标(图 2)、超限检测点等设施加强高落差、急弯陡坡、无路灯路段等隐患点的安全保障能力。

图 2 柱式轮廓标诱导行车

2.1.2 服务保障

考虑到 G235 丽水段沿线城市密度较低,休憩、如厕等服务功能主要依赖于公路本身实现,因此沿线服务设施在满足高品质服务功能的基础上,还应保障设施覆盖范围的广泛充分。

(1)静态服务设施。

按照《公路工程技术标准》规定的服务站(停车区)间距及功能要求,结合沿线用地及流量情况设置服务站(停车区)共 5 处(图 3、图 4),具备条件的在满足停车、休息的功能基础上,宜配置如厕、加油、充电、购物、观景等多样化服务,设施构筑物在设计中可融入松阳古城、景宁畲族等元素以彰显地域特色。

图 3 寨头岭古村特色停车区改造

(2)智慧服务设施。

依托浙路通集成应用系统推进智慧公路建设,增设机电感知设施等外场基础设施,完成数字化管养、数字化服务驿站、可变信息标志等应用场景,实现实时监测山区地质灾害易发地点、路域垃圾自动识别智能下单、服务区微信扫码实现虚拟现实(VR)全景漫游导览、出行信息实时发布等功能(图 5)。

图 4 草鱼塘停车区增设畲乡特色休息区

图 5 可变信息标志实时发布信息

2.1.3 绿色发展

丽水被誉为"浙江绿谷",绿色是其高质量发展的最鲜明底色,在规划建设中应尽可能减小公路线性工程对沿线环境的影响,以最少的资源占用、能源消耗获得最优的工程质量与运输服务。

(1)绿色低碳改造。

在 G235 项目选线中应充分利用地形条件,尽可能利用老路线位,将公路对沿线环境和生态的影响减到最小,同时因地制宜布设太阳能供电系统、中水回用系统等绿色节能设施,在保障服务功能的同时降低设施的能耗及污染。

(2)环境综合整治(图 6)。

强调路域环境整治,对视觉效果较差的路侧以"障景"的手法予以遮挡,将优美景观以"引景"呈现,清理不良场地,引导促进民居建筑风格与村庄整体风格相协调,充分体现自然地理和历史人文特征。

a)场地清理增设文化设施

b)加大垃圾清运

c)建筑风貌整治

图6 环境整治示意图

2.1.4 多元融合

以G235公路为主轴，与周边公路联合成网串联沿线自然风光、历史人文等丰富的旅游资源，并通过文化元素融入及连接线提升来加强路网与旅游资源间的联动，为山区经济发展带来新动能。

(1)重要交叉路口及连接线提升。

对沿线通往云和梯田、苏坑梨园、西屏镇等通景、通产、通文的重要交叉路口进行提升，合理确定连接线的技术标准，实现沿线重要资源点与交通运输干线畅联，推动特色资源与交通廊道融合(图7)。

图7 苏坑梨园交叉口提升连接线白改黑

(2)文化元素融入。

将松阳古城、云和梯田、景宁畲乡等沿线特色资源及文化元素通过景观小品、彩绘等形式融入公路的主要构筑物和附属设施中，把G235打造成为展示和宣扬丽水地域文化的优良载体(图8、图9)。

图8 松阳起点路侧边坡融入古城元素

图9 川园岗隧道融入梯田元素

2.1.5 品牌塑造

围绕“沿山共富路”的主题，依据沿线环境元素，提炼公路特色形象，扩大G235公路品牌影响力。可采用LOGO设计、元素统一来打造公路品牌。

(1)LOGO设计。

以绿水青山为主色调，以中式山水为写意外形，融合沿线串联的秀山丽水、名村古镇等形象元素，打造形成G235丽水段的统一形象LOGO(图10)。

图10 G235丽水段LOGO形象

(2)元素统一。

在路侧骨干绿化、护栏用色采用绿色为基调，花卉灌木、设施立面、护坡挡墙喷涂等方面采用红色系凸显魅力。在导视系统、雕塑小品、公交站的选型上，尽量采用中式的设计方案，对沿途设施风格进行统一。在路侧绿化设计、LOGO要素融入等方面，采用山脉、江水动感线条等元素突出山水韵律特征(图11、图12)。

2.2 成效评估

预计上述规划建设方案落地后，G235丽水段将建成一条安全畅通、服务优质、生态惠民、特色

鲜明的沿山美丽富裕干线路,带动沿线经济发展、助力共同富裕的能力得到显著提升,主要体现在以下四个方面:

图 11 云坛乡红色灌木、木玩小品效果图

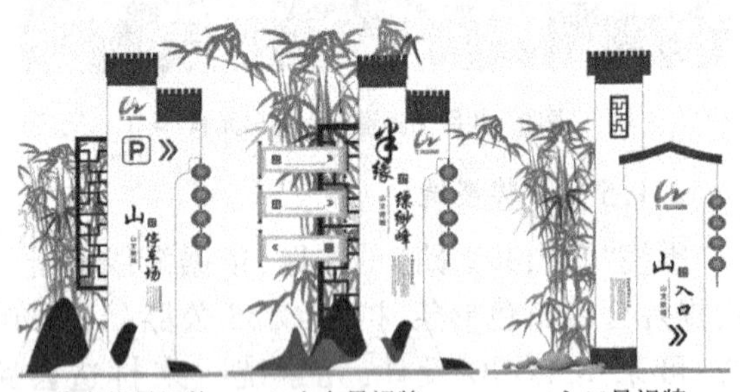

a)停车场导视牌 b)方向导视牌 c)入口导视牌

图 12 统一标识标牌示意图

一是构建形成了一条山区致富快速通道。新改建项目完工后,预计 G235 丽水段实际运行速度较提升前将提高约 41%,沿线乡镇、景区间的时空距离明显缩短,松阳至景宁的出行时间减少约 30min,山区公路的临水临崖等高风险路段基本实现安全设施全覆盖,出行的舒适性及安全性大幅增强,为带动浙西南欠发达山区高质量发展提供了有力支撑。

二是有效支撑带动了沿线经济发展。在 G235 丽水段建设中,同步推进了沿线公路服务站、可变信息标志等服务设施的建设,出行者可实现 15min 便捷抵达就近休憩节点,为 G235 轴线发展提供了高品质的点式发展空间,根据相关研究[7],服务设施的完善对国民经济发展和旅游收入具有正向促进作用,对沿线经济的带动效果将在未来进一步发挥。

三是提升了重要旅游文化节点通达水平。通过对通往西坪镇、苏坑梨园等通景、通产、通文的重要交叉路口及被交路提升,使 G235 丽水段与沿线 12 处 4A 级及以上景区和国家公园、9 处历史文化名城名镇名村及 30 余处重要景区等重要资源点间建立起更紧密的联系,促进了沿线特色农业、乡村旅游、民宿经济等产业发展,实现公路从单一运输功能向交通、景观、文化、休闲等复合功能转变。

四是形成了一张丽水的美丽交通金名片。G235 丽水段通过路域环境整治,使公路景观与周边自然山水和谐相融,在此基础上提炼特色形成统一的 LOGO、元素并融入公路设计,将 G235 打造形成一条独具丽水生态人文特色的交通金名片,经过历史沉淀后公路文化及地域文化将为公路注入灵魂内核,激发出公路品牌的集聚带动效应,为沿线区域发展带来远超项目本身的交通和旅游价值。

3 结语

本文以浙江四沿美丽富裕干线路标志性工程 G235 丽水段为例,对共同富裕背景下普通国省道的规划建设进行了探索研究,提出了设施先导、服务保障、绿色发展、多元融合以及品牌塑造五方面的规划建设内容,并对实施成效进行了预测展望,研究成果可为全国其他类似地区的普通国省道规划建设提供经验借鉴。考虑到方案的可实施操作性,本研究提出的规划建设内容仍然不够全面,后续研究将进一步优化规划建设框架和具体方案内容,从而实现系统性、整体性地推进普通国省道全方位高质量发展。

参考文献

[1] 浙江省交通运输厅.浙江省交通运输厅关于印发《"四沿"美丽富裕干线路总体布局方案》《"四沿"美丽富裕干线路创建导则》和六大"四沿"标志性工程总体规划方案的通知[EB/OL].(2021-12-29)[2022-01-05]. https://jtyst.zj.gov.cn/art/2022/1/5/art_1229114320_2388088.html.

[2] 赵光辉,吴宏,张慧玲.交通运输促进共同富裕政策研究[J].重庆交通大学学报(社会科学版),2022,22(2):19-30.

[3] 张广厚.充分发挥交通运输对共同富裕的促进作用[J].中国发展观察,2022(1):70-72,97.

[4] 肖若石.我国共同富裕目标指标体系初探[J].价格理论与实践,2022(9):21-25,88.

[5] 郁建兴,任杰.共同富裕的理论内涵与政策议程[J].政治学研究,2021,(03):13-25,159-160.

[6] 王海霞,褚春超,刘洋.高速公路服务区路衍经济综合开发建议[J].交通运输研究,2023,9(1):9-18.

非旅游城市交旅融合打造存在问题及对策探讨

倪丽莉* 方 圆 刘 蛟

(浙江数智交院科技股份有限公司综合规划院)

摘 要 本文通过交旅融合发展的背景、历程和阶段,来探讨非旅游城市在交旅融合打造所遇到的旅游基础薄弱、交通服务缺乏、部门缺乏统筹、体制无力支撑等问题,同时通过湖北省黄冈市在打造多彩旅游路的案例,针对其所采用的政府引导、品牌宣传、交通提升、旅游提质等方向的策略,为非旅游城市能通过全域交旅融合打造,形成交通旅游综合大廊道,加强旅游宣传,深入旅游体验,提升城市旅游知名度等方面作出一些浅显的探索。

关键词 非旅游城市 交旅融合 策略探讨

0 引言

近年来,国家多次发布政策红利,不断推进"交通+旅游"融合发展。从2017年2月,交通运输部、国家旅游局①等六部门发布《关于促进交通运输与旅游融合发展的若干意见》,提出构建"快进""慢游"旅游交通基础设施网络。到2023年4月,六部委《关于开展交通运输与旅游融合发展典型案例推荐遴选工作的通知》,并在10月遴选出一批对区域旅游业发展基础性支撑作用明显的标志性交旅融合成果,预示着第一批交旅融合从概念到落地的实践已完成。研究10个十佳和36个典型案例,发现大多是各个省份旅游资源最好、发展基础深厚的旅游公路或产品,对于非旅游城市或旅游基础薄弱的城市交旅融合打造鲜有涉及,对于这类城市的交旅融合打造方面也缺乏相关的资料与案例。本文旨在对湖北省黄冈市在发展全域大文旅的基础上打造黄冈多彩旅游路为案例,探讨非旅游城市交旅融合打造的相关思路与对策。

1 发展背景

1.1 政策背景

2023年10月,六部委公布第一批交通运输与旅游融合发展典型案例36个,第一批交通运输与旅游融合发展十佳案例10个,包括山东威海的"千里山海"自驾旅游公路、江苏溧阳的溧阳1号公路、浙江台州的环神仙居旅游公路、河北省张家口市的草原天路等。同年12月,交通部、文化和旅游部共同印发了《推进旅游公路高质量发展五年行动方案(2023—2027年)》,中国公路学会发布了团体标准《旅游公路设计指南》的征求意见稿。宣传了一批可复制可推广的好经验、好模式、好做法,标准体系的出台让旅游公路的建管养运逐步走向规范化,让交旅融合打造向旅游资源富集、产品知名度高、交通设施旅游服务功能突出的未来发展。

1.2 旅游发展背景

2022年,我国居民人均可支配收入达到36883元,随着生活水平的提高,人民群众对旅游的需求从观光游到休闲游到体验游的转变,我国的旅游发展进入了新的阶段,旅游供给重心从"量"到"质"。旅游IP经济、网红经济、场景经济和互动经济快速发展,旅游产品从功能向旅游体验、向生活方式等转变,更加注重"价值感"的传达。民宿、酒店、旅游地产等爆发增长,Citywalk、户外露营、乡村旅游等户外产品在走红,旅游与文化、交通、体育、健康等产业深度融合,旅游业进入微创新发展阶段。

① 现为文化和旅游部。

1.3 交旅融合发展背景

现在的交旅融合,是交通设施与文旅活动、沿线风景、风土人情紧密结合的阶段,交旅融合程度不断增强,交通设施类型更加丰富,自驾车、房车、游艇、直升机等交通工具使游客出行的自由度大幅提升。旅游服务区、房车营地、主题邮局等特色设施不仅提供了便利的服务,也成为旅途中的风景。交旅融合带来跨界发展,旅游产品、创意活动等通过公路沿线的景区、服务区、房车营地等进行组织,并吸引游客驻足停留,在展示地方资源和文化的过程中,带动旅游、文化、农业、工业、商品零售等多产业发展。同时,通过颜值提升和新媒体营销,使这些服务设施成为网红打卡地,带来新的旅游流量。

2 非旅游城市的困境

旅游城市,是指具备独特的自然风光或者人文资源等独特资源,能够吸引旅游者前往,具备一定旅游接待能力,以景区景点为核心、以旅游产业为主体、旅游业产值超过城市GDP的7%的一类城市。而非旅游城市则是指那些不以旅游业为主要产业的城市。

2.1 没有形成具有地方(全国)吸引力的旅游目的地

非旅游城市一般都拥有一些全国或者地方上的历史、文化、自然要素上的闪光点,现状空间分布多以散点为主,加之缺乏旅游开发,没有形成有主题、有宣传的具有全国或者地方吸引力的旅游目的地。

2.2 没有形成四通八达、体验舒适的公路网络

应结合高速公路、普通国省道、旅游公路道路体系,推动公路与核心景区、旅游资源有效串联,形成主题突出、特性鲜明、快进慢出的旅游交通快进慢游网络。但对于非旅游城市,快进与慢游无法形成有效串联,存在断头路、瓶颈路,在连接主要观光点之间的通达度低、效率低;驾乘体验上,路况不佳、路域环境差等情况,影响旅游舒适性。

2.3 没有形成交旅融合、部门协调的服务能力

应大力推动交通、旅游服务数据跨部门共享、融合、开放和综合利用,提升交通、旅游等跨部门协调联动效能和公共服务能力。但非旅游城市,文旅、交通、住建、水利、城管等部门各自为政,散点精品,缺乏整体感,无法产生规模效益,无法提升城市或片区吸引力。服务设施的建设上,无法提供联程联运、共享信息、一站式的交通、旅游服务,缺乏联动,做不大规模,导致难以产生效益。

2.4 没有形成空间适配、文化突出的旅游吸引点

由于非旅游城市在交旅融合产品提供上过于分散,无法统筹各个部门,导致有空间的地方缺内容,比如住建部门打造了很大的开敞空间,但文旅等部门无法在其周边提供促进消费的功能。有旅游内容的区域配套缺乏,美丽乡村、四好农村路等项目的建设,使乡村、景点等有旅游内容的地方无法为游客提供集散、休闲等服务设施以及其他富有地方特色的文化体验设施。

2.5 没有形成共建共享、多元业态的支撑机制

非旅游城市缺乏交旅融合运营管理的经验,在主导区域性交旅融合发展时,难有足够专业的企业来协调线路沿线的资源和产品供给,以及监督、保障产品和服务供应质量。无法提供交旅融合发展平台,提供多元交旅产品供给,保障各运营主体的利益和积极性。

3 对策研究

选取黄冈市打造多彩旅游路推进全域大文旅高质量发展做为案例。

3.1 黄冈介绍

黄冈市,古称黄州,湖北省辖地级市,地处鄂东、大别山南麓、长江中游北岸,处于鄂、豫、皖、赣四省交界,与武汉市山水相连,东北部与豫皖交界为大别山脉,以东坡赤壁、黄冈中学、佛教天下祖庭及将军之乡等蜚声全国,也是中共早期建党活动的重要驻地和鄂豫皖革命根据地的中心。截至2022年末,全市共辖1个市辖区、7个县,代管2个县级市,总面积17400km²,常住人口579.02万人,地区生产总值2747.9亿元,旅游业对当地GDP的综合贡献比重约为10%(数据来源于黄冈市文化和旅游发展"十四五"规划)。黄冈市旅游业占GDP比重虽超过7%,但现状旅游业并非城

市的主要产业,故将其纳入非旅游城市的讨论范畴。

3.2 工作机制

在全市范围内形成黄冈市大文旅专班,系统性谋划多彩旅游路建设,出台《关于打造多彩旅游路 推进全域大文旅高质量发展的实施方案》《黄冈市多彩旅游路建设导则》《黄冈市打造多彩旅游路 推进全域大文旅高质量发展综合评价指标体系说明》。构建"11N1"的工作体系,包括1张工作底图——由文旅、交通、自资、住建等部门联合绘制,包含景点、古迹、和美乡村、传统村落、交通线路等要素的"1张图",明确全域多彩旅游路的发展定位、空间布局、带动范围等内容。1个创建指南——形成多彩旅游路技术标准,用以指导全域多彩旅游路的建设、养护、管理、运营工作。N个创建样板——形成N个标志性工程,对标志性工程做进一步的设计,明确旅游路的定位、选线、设施配建、路域环境整治等方面的内容。1个落地保障——形成实施方案,有目标,有项目,有时序,明确每一步的设计进程,引导全域多彩旅游公路的建设,保障其成为湖北省的创建样板,成为黄冈对外宣传的金名片。

3.3 实施对策

3.3.1 品牌策略

形成一个品牌——黄冈多彩旅游路。形成以"基因红、发展绿、文化黄、魅力蓝、特色X"的以"4+X"色彩来体现文化、自然内涵的多彩旅游路。红色是将军故乡的革命底色;绿色代表了产业、生态发展的底色,黄色涵盖了佛、文、戏、药等多种文化交织的底色,蓝色突出此心安处、宁静致远的魅力底色,X则是每个县市区选取属于自己的特色底色。形成"跟着彩色走,风景一路有"的交旅融合框架。找到多彩旅游路,就提示游客周边会有好景色、景点。多彩旅游路是以公路为媒介纳入文旅、农旅、体旅等多元素的"文旅+"大廊道,随着时间的推移,会不断延长、扩大、开发,成为全域交旅融合、产品多元、带动广泛的旅游公路综合体。

3.3.2 交通策略

完善交旅融合的公路网络体系,发布《黄冈市多彩旅游路建设指南》,包括LOGO设计、宣传口号、建设标准和彩色标识设置等内容。建设标准方面,以"符合标准、统一主题、智慧节约"作为原则,分为国省干线、农村公路、非等级公路三种类型,在道路主体、服务设施、路域环境和多元融合四个方面进行打造。国省干线主要突出交通的安全性能以及服务旅游的通过性能,增强快进交通给旅游带来的便捷与舒适;农村公路作为慢游系统的构成,注重路域环境打造以及加大对景区、美丽乡村等的连接。非等级公路主要包括通村路、景区路、村内路、田间路等道路,通过彩色标识、文字标记等形式来特色化道路,让美丽又丰富多元的道路也成为新的旅游引力点。如图1所示。

图1 多彩旅游路彩色标识

在距目的地较长距离的交通路上,适当增加服务设施,如停车场、驿站、绿道、旅游服务设施等,同时增加旅游服务的指向功能,引导前方资源点类型和服务设施,为游客进入目的地前做好服务保障。如图2和图3所示。

3.3.3 旅游策略

根据黄州区苏东坡、黄冈中学、遗爱湖、美丽乡村、唐家渡舞龙、蓝靛染色、民间绘画等物质、非物质文化遗产,策划多彩旅游路黄州赋的主题游线,形成树人、遗爱、怡然、求索、逍遥五个篇章。主要策略:一是故事与空间、活动相互成就,将历史人文与城市空间、旅游活动紧密结合,形成具有记忆点的旅游吸引产品(图4)。二是场景打造与文化空间适配,将有文化的遗迹、街区、乡村等空间与演艺、文化活动、健身、小吃等吃住玩游娱购的旅游要素紧密结合,让游客能体验地方文化、感受不一样的风情风景(图5、图6)。三是将旅游路化身为"文旅+"的综合廊道,通过旅游路将旅游产品、旅游活动深度绑定,让游客置身旅游路,则能感受全方位的旅游体验,达到交通与旅游的深度融合。

图2　增加驿站等服务设施

图3　彩色标识的指引功能

图4　特色化非等级公路创造记忆点

4　结语

针对非旅游城市，对于交旅融合打造要更加注重空间与功能、空间与故事的适配与提炼，更加注重交通在其中起到的链接多重空间的作用，通过交通这个大廊道的打造，引导游客在行进过程中对旅游的多种体验，跟着彩色标识，接受下一个体验惊喜。真正实现城市与旅游的双向奔赴，实现文化与旅游的多重融合，实现旅游路与慢生活的相互交织，达到交旅融合品牌的对外宣传、公路网络的广泛带动、旅游产品的迭代升级等多重内涵的完善，将吃住行游娱购与旅游路紧密相连，行在路上、游在路上、体验在路上。本文通过案例讨论了非旅游城市在交旅融合打造中，创造资源、连接资源、创意化展示、吸引流量、带动宣传等功能传递的方式与方法，旨在能形成良性的循环，为非旅游城市能通过交旅融合打造提升城市旅游知名度等方面作出一些浅显的探索。

图5　场景打造与文化空间适配

图6　场景打造与体验空间适配

参考文献

[1] 中国发展网. 绿维文旅:交旅深度融合,看交通旅游化五大转变![EB/OL].(2023-11-03)[2024-02-23]. https://baijiahao.baidu.com/s? id = 1781508644276984504&wfr = spider&for = pc.

[2] 交通运输部. 交旅融合点亮您的旅途[EB/OL].(2020-09-09)[2024-02-23]. https://news.ifeng.com/c/7zd2zbZmCpc.

[3] 陆遇陆语. 我国旅游产品发展的几个阶段[EB/OL].(2020-03-17)[2024-02-23]. https://www.jianshu.com/p/154c9bb2eaab.

[4] 黄冈市统计局. 黄冈市2022年国民经济和社会发展统计公报[EB/OL].(2023-03-27)[2024-02-23]. https://www.hg.gov.cn/zwgk/public/6636765/677380.html.

[5] 黄冈市文化和旅游局. 黄冈市文化和旅游发展"十四五"规划[EB/OL].(2022-08-05)[2024-02-23]. http://wlj.hg.gov.cn/zwgk/public/6636192/296500.html.

[6] 黄冈市多彩旅游路建设指南[R]. 杭州:浙江数智交院科技股份有限公司,2023年.

[7] 黄州区多彩旅游路创建方案[R]. 杭州:浙江数智交院科技股份有限公司,2023年.

隧道建设碳排放计算方法研究进展分析

尹　严*　卢汉青　田　磊
(长安大学公路学院)

摘　要　随着我国交通基础设施建设重点向西部转移的背景下,公路、铁路、地铁隧道建设快速发展,工程建设过程中产生了巨大的碳排放,引发了严重的环境、社会问题。而对隧道碳排放的研究是解决上述问题的突破口,隧道碳排放计算理论及减排技术研究对于隧道建设、运营也至关重要。为了促进隧道碳排放研究体系的发展,本文基于各类型隧道碳排放来源途径及引发的环境效应并从碳排放计量模型、计量方法、排放特性及规律、前沿研究理论四个方面归纳总结了各类型隧道碳排放理论的学术研究现状,指出现有研究中存在的不足及后续研究需要重点关注的领域。建议深入开展施工条件、自然灾害、环境荷载多场耦合作用下的碳排放理论修正、隧道计量模型、计量方法与前沿理论技术如绿植生物固碳、微生物诱导碳酸钙沉淀技术的创新结合等方面的研究,为各类型隧道碳排放理论研究领域提供新的思路和基础资料。

关键词　隧道工程　碳排放计算理论　碳排放特性　研究综述

0　引言

随着我国交通基础设施建设重点向西部转移的背景下,交通基础设施建设迎来了前所未有的高速发展期,涌现了大量的长大隧道。由于隧道工程多数分布在地质条件复杂、自然灾害较多的环境敏感区内,在施工条件、自然灾害、环境荷载等多场耦合作用下,工程建设会产生巨大的碳排放,碳排放引发的环境、社会问题不止存在于工程设计、施工阶段,还会蔓延至运营阶段。因碳排放引发的环境破坏效应具有动态延迟性、层次性和高阶非线性,若碳排放问题不能妥善处理,将对环境敏感区自然环境产生较大破坏如加速冰川融化、污染地表水及地下水,引发环境、社会问题[1]。

交通基础设施建设引发的碳排放问题日渐突出,而交通基础设施建设的碳排放清单数据难以获取且排放边界难以界定是导致碳排放无法精确计算的直接原因。碳排放清单数据之间存在多源异构性,主要是因为碳排放气体来源途径多(图1)[2],监测的方法、设备也具有多源性,导致不同研究背景下的碳排放数据清单计算结果大相径庭,客观上增加了交通基础设施建设碳排放计算的难度,给大型基础设施工程建设的碳排放预测带来严峻挑战。

1　隧道碳排放计量模型

1.1　生命周期评价计量模型

近年来国内外学者针对隧道工程碳排放计量模型展开了深入研究,多以全生命周期评价(Life Cycle Assessment)方法作为计量模型的理论基础,针对隧道建设全过程产生的碳排放进行分析,评价内容包括:隧道碳排放目标定义与范围、碳排放源清单分析、全过程影响评估和解释[3]4个方面。

Grofelnik[4]、Saverio[5]、Myoungki [6]认为隧道建设 LCA 评价阶段应分为建材生产、原材料制造、运营、拆解处置4个阶段。Rafael 则忽略了原材料生产阶段,将工程建设分为建材制造、运营、维护、拆解处置4个阶段[7]。Cole 基于人员、材料、机器运输、消耗且对比了各施工工序的碳排放异同[8]。樊婧[9]将施工周期划分为材料生产、材料运输、机械设备运行、施工废弃物拆除回收4个阶段。栗月欢[10]和王幼松等[11]针对某深圳地铁盾构隧道建设过程的资源与能源消耗强度进行量化分析,基于建材生产、运输和施工机械能耗3个阶段构建了地铁盾构隧道碳排放计量模型。陈灵均[12]

基金项目:新疆重大科技专项(2020A03003-7)。

根据各阶段碳排放源特性构建了碳排放预测模型。徐建峰等[13]根据碳排放路径将隧道工程建设全生命周期阶段划分为物化阶段和运营维护阶段。郭春[14-16]、Xu[17-18]、苏征宇等[19]基于材料与能源投入将物化阶段分为了材料生产、机械、材料运输、施工机械3个阶段。朱合华等[20]以光环境全寿命周期为切入点,提出工程规划、建设、运营和回收构成隧道工程建设的完整周期循环。陈进杰等[21]考虑碳排放因子时空动态变化,对碳排放进行了定量分析。陈云敏等[22]认为工程建设阶段岩土废弃物的处置技术是有效控制碳排放的关键。刘念雄等[23]认为工程建设全生命周期内需考虑工程区绿地的碳吸收效应,以定量评价光合作用对工程建设碳排放的减少程度。

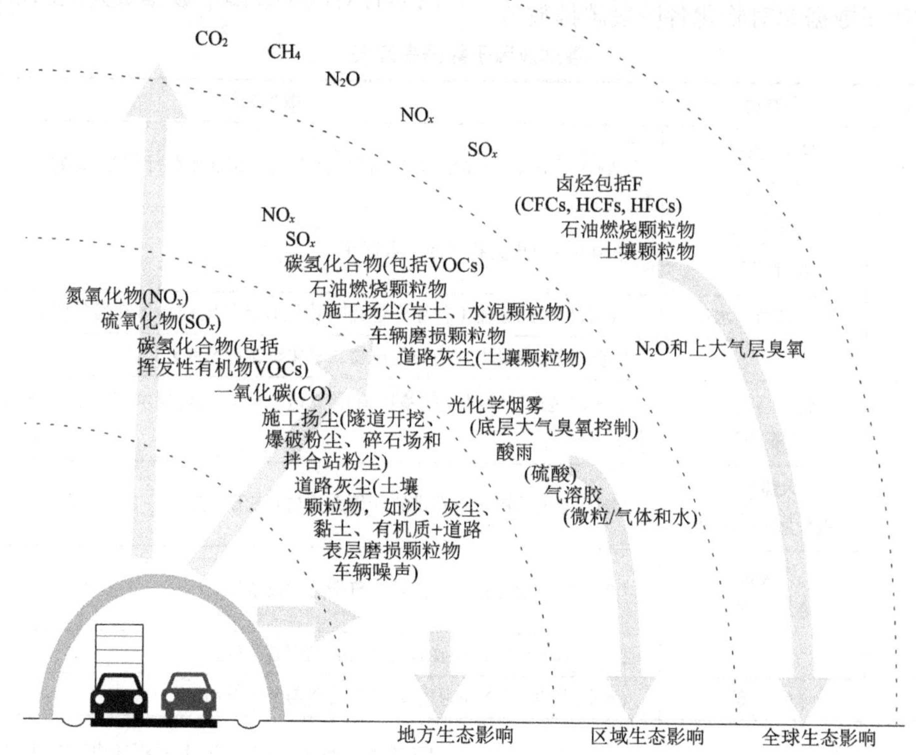

图1 隧道建设过程污染气体及温室气体排放来源[2]

1.2 驱动因素及方程结构计量模型

国外学者针对交通隧道碳排放驱动因素模型的研究可概括为因素分解模型和线性回归模型。因素分解模型最为典型的是借助SDA结构分解分析和IDA指数分解分析所提出的KAYA模型,对交通隧道碳排放影响因素进行分解构建碳排放计量模型[24]。线性回归模型以初期环境压力评估公式(IPAT模型)和可拓展随机性环境影响评估(STIRPAT模型)为代表[25]。李萌萌等[26]从工程管理视角利用方程结构模型从项目概况、建材与能源消耗、仓储运输、施工组织管理、工程物化阶段多方面分析并构建了工程建设阶段碳排放计量模型。刘宽等[27]基于最优路径差原理建立了交通隧道工程碳补偿和综合碳排放计量模型,弥补了LCA计量模型仅考虑工程建设、运营阶段产生碳排放的局限性。

综合来看,不同的计量模型对隧道碳排放计算区间划分有较大差别,但共同目的仍是确定CO_2的排放来源以及分类。国内外学者们仍将隧道温室气体的排放源头聚焦于工程建设和运营阶段。

2 隧道碳排放计量方法

隧道工程碳排放测算方法分为“自上而下”和“自下而上”两大类。“自上而下”是以总体材料、能源消耗量为测算依据,结合材料、能源的碳排放因子,两者相乘累加得到隧道工程的总碳排放量。“自下而上”的测算方法,即过程分析法,通过LCA、方程结构模型对隧道工程建设全阶段进行分析,得到研究对象的输入和输出数据清单,汇总得到隧道工程建设总碳排放量[12]。

2.1 过程分析法

基于国际视角,Susmita等[28]分析了多个城市地铁建设材料排放因子的时空特征及碳排放特征。Angelo等[29]对意大利某地铁建设能源消耗、材料使用和温室气体排放进行了估算评价。Guan等[30]分析中国部分地铁站建设能耗数据库得到了不同能耗对碳排放的贡献程度。黄旭辉[31]通过构建碳排放因子数据库对物化各阶段碳排放特征进行分析,实现了地铁土建工程物化阶段碳排放计量。肖时辉等[32]通过分析现场工程量清单厘清了盾构隧道施工掘进过程中各机械设备消耗电能产生的碳排放量。李萌萌等[26]基于结构方程模型从工程特征、建材消耗类型、运输规划方案、能源结构、物化阶段施工组织管理及碳排放总量6个方面建立了工程碳排放量计算方法。将国内学者对碳排放因子数据研究汇总整理后见表1。

碳排放因子数据来源表 表1

碳排放因子类型	类别	数据来源
化石能源	柴油、汽油、天然气等	《2006年IPCC国家温室气体清单指南》《中国能源统计年鉴2017》
电力	火力发电、核能、风能	中国各区域电力排放因子数据库
运输	公路、铁路、水运	《各省份公路运输工程综合定额》《中国统计年鉴》《中国交通年鉴》
水	水	《基于钢筋混凝土结构的建筑物二氧化碳排放研究》
建材	骨料、水泥、混凝土等	上海市建筑科学研究院集团有限公司、清华大学、哈尔滨工业大学科研机构研究数据库
周转材料	木模版、钢模版和钢支撑	《绿色建筑结构体系碳排放计量方法与对比研究》
机械台班	盾构机、通风机械等	《各省份建设工程施工机具台班费用编制规则》
劳动力	劳动力	《中国居民消费碳排放的测算及影响因素研究》
预制构件	管片等	《地铁土建工程物化阶段碳排放计量与减排分析》

2.2 混合法

Chau等[33]核算了英法海峡铁路隧道(UK Channel Tunnel Rail Link)建设过程中各阶段碳排放量。Westin等[34]采用蒙特卡洛模拟考虑了交通隧道容量需求、建造技术、电力生产等不确定因素对隧道工程建设总碳排放量的影响。李乔松等[35]利用LCA法对盾构隧道建造阶段各环节如建材生产、预制加工、场站内运输、主体工程施工的实际碳排放量进行了精确计算及差异化分析。张孝存[36]基于统计资料和全生命周期理论,利用复合基尼系数构建了公路、铁路交通基础设施碳排放权重分配方法。朱合华等[20]基于LCA理论构建了隧道全生命周期光环境评价模型,基于造价和碳排放两个维度开发了隧道光环境建设阶段和运营阶段碳排放计算程序。将国内外学者对混合法的研究结论汇总整理后见图2。

3 隧道碳排放特性及规律分析

隧道碳排放实例计算能够准确的反映隧道全生命周期内所释放的温室气体数量及排放特性,从宏观角度逐渐发展到现在的微观角度揭示碳排放规律及特性,作者列举了国内外公路、铁路隧道及地铁的实例计算案例,如表2所示。

各类隧道碳排放计算典型案例 表2

工程名称	隧道类型及长度	覆盖阶段	结论
上海北横通道[9]	盾构法双层隧道(1km)	材料生产、材料运输、机械设备运行、施工废弃物拆除阶段	原材料生产占据了施工期碳排放的88.64%

续上表

工程名称	隧道类型及长度	覆盖阶段	结论
广州市某地铁[31]	盾构隧道（双线 3.7km）	建材和预制构件生产、运输、施工阶段	建材和预制构件生产阶段占比碳排放总量的 74.1%，主体土建工程占比为 91.7%
南昌地铁 1 号线[37]	盾构隧道（4.8km）	建设施工阶段	隧道盾构掘进、洞口土体加固、衬砌同步注浆分别占总碳排放量的 32.87%、22.45%、19.8%
渝蓉高速缙云山隧道[12]	平行双车道公路隧道（2.5km）	建设施工、运营维护阶段	运营维护阶段占全生命周期碳排放的 70%，原材料生产占建设施工阶段碳排放总量的 96% 以上
四川某高速公路隧道[15]	四车道公路隧道（4km）	材料生产、运输机械、施工机械	二次衬砌、围岩支护和路面工程对隧道碳排放贡献超过 70%；各类建材和能源中水泥占比碳排放总量的 60.49%
港珠澳大桥[27]	沉管隧道（6.7km）	工程建设、运营阶段	工程建设阶段碳排放占比超过 80%
南天拉所隧道[19]	分离式公路隧道（1.5km）	工程建设阶段（原材料生产、机械能耗）	混凝土、钢板占建材引发的碳排放比例超过 45%；能源类碳排放中电力能耗占比最高为 84%
四川某高速公路隧道[13]	三车道公路隧道（2.4km）	工程建设阶段	围岩支护、模筑衬砌产生碳排放占比最高；喷射混凝土、钢架的碳排放次之
京沪高速铁路隧道[23]	铁路隧道（16km）	工程建设、运营维护阶段	工程建设和运营维护各占全生命周期碳排放总量的 12.66%、84.97%

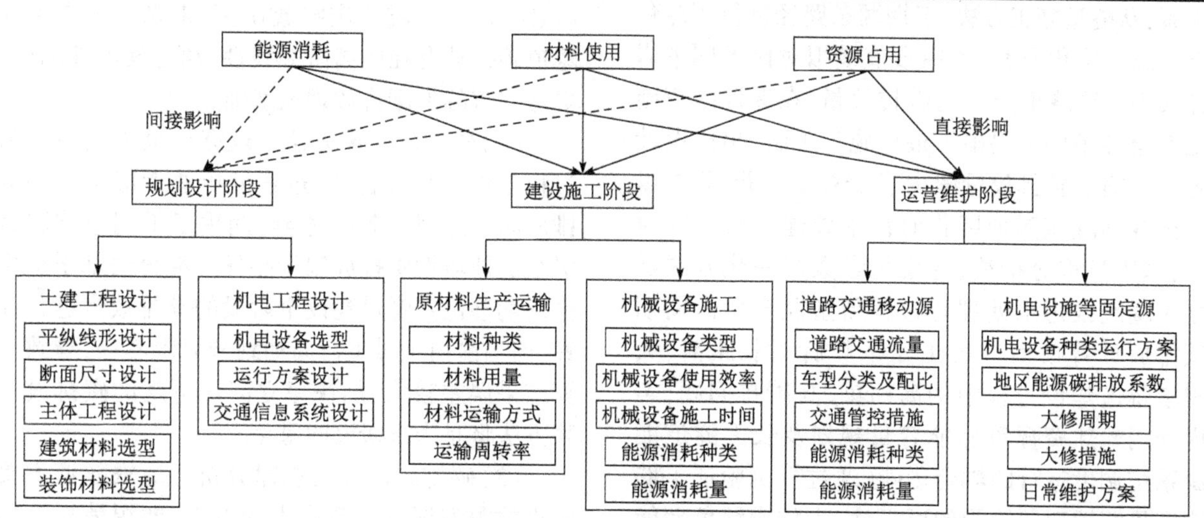

图 2　隧道全生命周期碳排放影响体系

对文献[9—11][37]进行总结并分析了地铁盾构隧道全生命周期各阶段碳排放特性及规律。从过程分析法来看，地铁盾构隧道的排放因子主要包括化石能源、电力、运输、水、建材、周转材料、机械台班、劳动力、预制构件 9 类，其中化石能源、电力、建材、机械台班、预制构件占据了隧道施工碳排放总量的 93% 以上，为主要碳排放源。从混合法来看，物化阶段中建材和预制构件生产阶段碳排放占比高达 79.2% ~83%，其中管片、水泥、钢材、混凝土在建材生产阶段碳排放量的占比分别为42%~45%、27%~35%、8%~16%、9%~12%,总占比为96%~98%。

对文献[12—19]进行总结并分析了公路隧道全生命周期各阶段碳排放特性及规律。从过程分析法来看,公路隧道的碳排放因子与地铁盾构隧道无异,其中建材、化石能源、电力占据了隧道施工碳排放总量的95%以上,为最主要的碳排放源;由于公路隧道开挖方法多为钻爆法,建材原料中水泥用量巨大且碳排放系数高,造成了巨大的碳排放。从混合法来看,隧道工程设计阶段和拆解阶段碳排放占比仅为5%左右,生产建设阶段和运营维护阶段占碳排放总量的95%,主要来自生产建设阶段原材料的生产和运营过程中的照明、通风设备的电力需求及维护,绿色低碳的原材料生产和合理的机具设备布设将会是未来公路隧道低影响建造的研究重点。

4　隧道碳排放计算理论前沿性研究

郭春等[15]以8条双洞公路隧道为研究对象,考虑了不同衬砌设计包括围岩等级、埋深、开挖方法、开挖面积、材料总质量、构造、围岩质量、净距等潜在影响因素对隧道碳排放特性影响,提出了具有区域特性的碳排放预测公式(见表3)。陈鑫磊等[38]考虑了影响碳排放模型的直接、间接影响因素,从隧道施工方法、工期两条路径进行了绿色低碳施工优化研究,利用数值模拟对比不同中岩柱加固方法隧道产生的碳排放量,在保证隧道施工安全性条件下提出了最优施工工法,相比设计施工方案总碳排放量减少了25%。尹严等[39]以天山胜利隧道隧址区临时污水处理厂为研究对象,基于过程分析法、污染物参数归一化方法建立了隧址区污水处理全过程新型混合生命周期碳排放计算模型。刘佳玲等[40]针对长距离、大规模隧道建设过程中的高污染、高碳排问题,考虑利用地热资源等储能容量规划及长大隧道能源系统调度运行的耦合影响,通过算例验证了储能容量配置双层协同的可行性,为隧道绿色储能及碳排放计算提供了新思路。李义华[41]、张涵[42]、周裕[43]等分别针对京沈高铁望京隧道施工中泥水盾构设备的参数优化设计、成昆铁路隧道软弱易滑地层低碳进洞技术参数、武宁路隧道绿色植物固碳机理进行研究,并修正了碳排放计算模型。

隧道关键施工工序碳排放预测公式[15]　表3

自变量	碳排放预测公式	标准残差
M	$GHG = 0.147M + 1.8$	$(-1.8, 2.7)$
W,S	$GHG = 0.218S + 5.828W - 30.874$	$(-1.6, 2.7)$

注:M为材料总质量,$\times 10^3$ t;W为围岩级别,取3、4、5;S为开挖面积,m^2;GHG为碳排放预测量,$\times 10^3$ t CO_{2eq}。

综上所述,国内学者将隧道碳排放的不同计量模型、计量方法理论结合工程实例修正了各种类型隧道的碳排放计算公式和方法,将碳补偿、综合碳排放评价方法、植物固碳等归纳到隧道建设全生命周期碳排放计算中,但如何更好地与工程实例结合确立高精度的碳排放计算理论及为工程减排提出关键性决策将是今后研究的重点。

5　结语

为研究隧道建设碳排放计算理论,本文较为系统地总结了公路、铁路及地铁隧道在碳排放领域所取得的研究成果。基于上述研究成果,作者认为以下几个方面有待进一步探讨和深入研究。

(1)碳排放计量模型。国内外学者对于隧道碳排放计算模型绝大多数聚焦于全生命周期理论(LCA)展开对隧道碳排放研究,未来应重点关注隧道碳排放存在的高阶非线性、动态延迟性问题,更好完善隧道碳排放理论基础。

(2)碳排放计量方法。现有计量方法主要为过程分析法和混合法,过程分析法考虑了不同碳排放因子的时空特性差异,侧重于不同影响因素引起的地域性碳排放因子差异。混合法基于全生命周期理论对隧道建设全阶段的碳排放量进行计算,但当前由于对生命周期划分界限不一,导致计算结果误差较大,加快建立高认可度的碳排放计算方法将是未来研究的重点。

(3)碳排放特性及规律分析。地铁隧道主要碳排放源为掘进设备产生的电力、能源消耗及预制构件生产阶段产生的碳排放;公路隧道碳排放来源主要是建设施工阶段的原材料生产、运营阶段通风、照明设备的电力、能源消耗;铁路隧道主要碳排放来源则是运营阶段的电力、能源、运输消耗,且随运营阶段客运量的增大,年平均碳排放量呈逐渐下降趋势。

(4)碳排放计算前沿理论研究。针对关键施工工序、隧道光环境、衬砌设计、机械配置优化、隧址区临时污水处理厂、清洁能源存储及利用等对隧道碳排放计量模型的影响已有了深入研究,但是由于缺乏与隧道工程实例相结合,在未来研究中应多注重基于工程实例与碳排放前沿理论基础相结合构建高精度的碳排放计算理论,更好地服务于实际工程,为不同类型隧道的低碳排建造技术予以理论指导。

参考文献

[1] 但山林. 高海拔环境敏感区域隧道建设环境影响评价方法及应用研究[D]. 武汉:武汉理工大学, 2019.

[2] 福曼. 道路生态学[M]. 北京:高等教育出版社, 2008.

[3] AZARIJAFARI H, YAHIA A, BEN A M. Life cycle assessment of pavements: Reviewing research challenges and opportunities [J]. Journal of Cleaner Production, 2016, 112: 2187-2197.

[4] GROFELNIK H, KOVAČIĆ N. Factors Influencing the Carbon Footprint of Major Road Infrastructure—A Case Study of the Učka Tunnel[J]. Sustainability. 2023, 15(5): 4461.

[5] DE V S, DEL G A, D'ELIA G, et al. Correlating Air Pollution Concentrations and Vehicular Emissions in an Italian Roadway Tunnel by Means of Low Cost Sensors[J]. Atmosphere. 2023, 14 (4):679.

[6] MYOUNGKI S, EUNYOUNG K, YONGMIN L, et al. Seasonal vehicle emission rate of chemical compounds related to fuel type from on-road tunnel measurement [J]. Atmospheric Environment, 2023, 305: 119777,

[7] RAFAEL D, CLARA I. Z. Life cycle greenhouse gases emissions from high-speed rail in Spain: The case of the Madrid-Toledo line[J]. Science of The Total Environment, 2023, 901:166543.

[8] COLE R J. Energy and greenhouse gas emissions associated with the construction of alternative structural systems[J]. Building and Environment, 1998, 34(3): 335-348.

[9] 樊婧. 地下交通基础设施施工周期内的碳排放核算分析[J]. 建筑施工, 2018, 40(10): 1818-1820.

[10] 粟月欢, 张宇, 段华波, 等. 地铁建设环境影响评估及减排效益研究:以深圳市为例[J]. 环境工程, 2022, 40 (05): 184-192,236.

[11] 王幼松, 黄旭辉, 闫辉. 地铁盾构区间物化阶段碳排放计量分析[J]. 土木工程与管理学报, 2019, 36(03):12-18,47.

[12] 陈灵均. 公路隧道交通碳排放特性与影响机制研究[D]. 重庆:重庆交通大学, 2017.

[13] 徐建峰. 公路隧道施工碳排放计算方法及预测模型研究[D]. 成都:西南交通大学, 2021.

[14] 郭春, 郭亚林, 陈政. 交通隧道工程碳排放核算及研究进展分析[J]. 现代隧道技术, 2023, 60 (1):1-10.

[15] 郭春, 徐建峰, 张佳鹏. 隧道建设碳排放计算方法及预测模型[J]. 隧道建设(中英文), 2020, 40(08):1140-1146.

[16] GUO C, XU J F, YANG L, et al. Life Cycle Evaluation of Greenhouse Gas Emissions of a Highway Tunnel: A Case Study in China[J]. Journal of Cleaner Production, 2019, 211: 972-980.

[17] XU J F, GUO C, CHEN X, et al. Emission Transition of Greenhouse Gases with the Surrounding Rock Weakened-A Case Study of Tunnel Construction[J]. Journal of Cleaner Production, 2019, 209: 169-179.

[18] XU J F, GUO C, YU L. Factors influencing and methods of predicting greenhouse gas emissions from highway tunnel construction in southwestern China[J]. Journal of Cleaner Production, 2019, 229: 337-349.

[19] 苏征宇, 张帆, 韦逸清, 等. 公路隧道建设碳排放量化分析计算及数字化[J]. 现代隧道技术, 2022, 59(S1):115-120.

[20] 朱合华, 邓越, 沈奕, 等. 公路隧道光环境全寿命周期绿色指标应用案例分析[J]. 中国公路学报, 2022, 35(1):13-22.

[21] 刘依明, 刘念雄, 钱方, 等. 我国寒冷地区

城市住宅设计实现矩阵的构建与评价[J]. 建筑学报, 2022, (9):108-113.

[22] 肖电坤, 陈云敏, 徐文杰, 等. 城市固废好氧加速稳定及碳氮迁移试验研究[J]. 中国环境科学, 2022, 42(5):2204-2212.

[23] 陈进杰, 王兴举, 王祥琴, 等. 高速铁路全生命周期碳排放计算[J]. 铁道学报, 2016, 38(12):47-55.

[24] DIETZ T, ROSA E A. Rethinking the environmental impacts of population, affluence, and Technology [J]. Human Ecology Review, 1994, (1): 277-300.

[25] ANG B W, LIU N. Energy Decomposition Analysis: IEA Mode versus Other Methods [J]. Energy Policy, 2007(35):1426-1432.

[26] 李萌萌, 陈为公, 李龙. 装配式建筑物化阶段碳排放计算及影响因素研究[J]. 安全与环境学报:2022:1-10.

[27] 刘宽, 白云, 王创, 等. 交通基础设施项目的综合碳排放评估探究[J]. 环境科学与技术, 2017, 40(10):185-190.

[28] SUSMITA D, SOMIK L, DAVID W. Subways and CO_2 emissions: A global analysis with satellite data [J]. Science of The Total Environment, 2023, 883: 163691.

[29] ANGELO R, ELENA C, GIUSEPPINA T, et al. Emission factors of inorganic ions from road traffic: A case study from the city of Naples (Italy) [J]. Transportation Research Part D: Transport and Environment, 2017, 54, 239-249.

[30] GUAN B W, LIU X H, ZHANG T, et al. Energy consumption of subway stations in China: data and influencing factors [J]. Sustainable Cities and Society, 2018, 43: 451-461.

[31] 黄旭辉. 地铁土建工程物化阶段碳排放计量与减排分析[D]. 广州:华南理工大学, 2019.

[32] 肖时辉, 马振东. 建设工程施工碳排放计算方法在盾构施工中的应用——以珠海横琴超大直径盾构施工为例[J]. 建筑经济, 2018, 39(01):36-42.

[33] CHAU C, SOGA K, O'RIORDAN N, et al. Embodied energy evaluation for sections of the UK Channel Tunnel rail link[J]. Proceedings of the Institution of Civil Engineers-Geotechnical Engineering, 2012, 165(2):65-81.

[34] WESTIN J, KAGESON P. Can high speed rail offset its embedded emissions[J]. Transportation Research Part D: Transport and Environment, 2012, 17(1):1-7.

[35] 李乔松, 白云, 李林. 盾构隧道建造阶段低碳化影响因子与措施研究[J]. 现代隧道技术, 2015, 52(3):1-7.

[36] 张孝存. 建筑碳排放量化分析计算与低碳建筑结构评价方法研究[D]. 哈尔滨:哈尔滨工业大学, 2018.

[37] 皮膺海. 盾构隧道施工碳排放测评研究[D]. 南昌:南昌大学, 2016.

[38] 陈鑫磊, 张学民, 陈进, 等. 基于碳排放评价的超小净距隧道绿色施工优化研[J]. 中国公路学报, 2022, 35(1):59-70.

[39] 尹严, 包卫星, 卢汉青, 等. 天山胜利隧道隧址区污水处理全过程碳排放特征和碳减排模式研究[J]. 现代隧道技术, 2023, 60(6): 58-67.

[40] 刘佳玲, 秦博宇, 孙颖, 等. 面向清洁低碳转型的隧道智慧能源系统框架设计及储能容量优化配置[J]. 高电压技术, 2022, 48(7):2563-2572.

[41] 李义华, 翟志国, 花楠. 基于低碳理念的城市细颗粒地层泥水盾构选型及应用——以京沈高铁望京隧道为例[J]. 现代隧道技术, 2022, 59(S1):22-31.

[42] 张涵, 邹逸伦. 软弱易滑地层隧道成套低碳技术安全进洞研究[J]. 现代隧道技术, 2022, 59(S1):825-831.

[43] 周裕, 王鑫, 陈鼐基. 武宁路隧道节能减碳综合技术研究[J]. 现代隧道技术, 2022, 59(S1):109-114.

装配式 T 梁全生命周期碳排放计算模型研究

袁浩允*[1,2,3] 李昊天[1] 李 昊[1,2] 张佳豪[1,2] 张心攀[1,2]
(1. 中交第二公路工程局有限公司；
2. 中交集团山区长大桥隧建设技术研发中心；3. 长安大学公路学院)

摘 要 桥梁设施生产活动所产生的温室气体是交通基础设施领域碳排放的主要来源之一，对其进行全生命周期量化模型研究是提高行业节能减排工作成效、实现“双碳”目标的关键。本文以装配式 T 梁为研究对象，基于生命周期理论，研究并明确其生命周期阶段划分、碳排放系统边界与主体来源及各阶段碳排放计算方法，构建了系统全面的全生命周期碳排放计算模型，并通过实例验证其科学性，可为此类桥梁结构乃至交通基础建设行业碳排放的计算提供有效技术手段。

关键词 装配式 T 梁 全生命周期 碳排放计算 碳排放模型

0 引言

桥梁作为交通基础设施的重要组成部分，其施工所消耗的能源及资源巨大，且运营维护周期较长，这就意味着桥梁施工和运营阶段产生的温室气体对生态环境的影响尤为显著，亟待开展系统性的统筹与测算[1]。生命周期理论是当前国际公认环境影响及评价手段，是建立在生命周期框架和环境数据统计的基础上，可以充分地、系统地阐述待测产品的环境影响程度[2]。

近年来，众学者将生命周期理论应用于交通基础设施建设领域的碳排放计算研究，代洪娜等考虑车型及路段饱和度的能耗差异，基于改进的 IPCC（Intergovernmental Panel on Climate Change）自上而下模型，构建了高速公路碳排放精细化测算模型[3]；张振浩等界定了 T 梁桥建设期碳排放计算边界，并应用因素分解理论及碳排放系数法，建立了 T 梁桥建设期的碳排放模型[4]；乔兰等归纳了符合中国交通行业特点的碳排放因子数据，并基于归因全生命周期评价方法，建立了公路工程建设期碳排放数据库及碳排放测算模型[5]；林旭坤等基于多源数据融合，提出面向碳排放统计的基础数据清洗方法，建立了高速公路碳排放测算模型[6]。

目前针对交通基础设施的碳排放研究，多集中于生命周期中能源边界条件清晰、碳排放主体来源单一的工程类型或特定阶段，而装配式 T 梁作为桥梁建设中较有代表性的桥梁结构类型，其在全生命周期涉及多项难以清晰界定并追踪的碳排放主体，鲜有针对其全生命周期碳排放相关研究。因此，本文根据装配式 T 梁工程特点，基于生命周期理论，提出系统全面的全生命周期碳排放计算模型，并通过实例分析验证了其科学性，以期为类似桥梁结构乃至交通基础建设行业碳排放的计算提供有效技术手段。

1 装配式 T 梁全生命周期碳排放框架

1.1 装配式 T 梁生命周期阶段划分

为更加全面测算与把控装配式 T 梁全生命周期碳排放，本文依照全生命周期理论（LCA）将装配式 T 梁全生命周期划分为 6 个阶段，分别为勘察设计阶段、原材料准备阶段、临时结构建设阶段、T 梁建设阶段、成桥（运营维护）阶段以及废弃（再利用）阶段，并确定其碳排放输出方式，如图 1 所示。通过划分全生命周期基本框架，可更加清晰地明确碳排放主体清单所需采集的关键数据，构建装配式 T 梁生命周期理论体系。

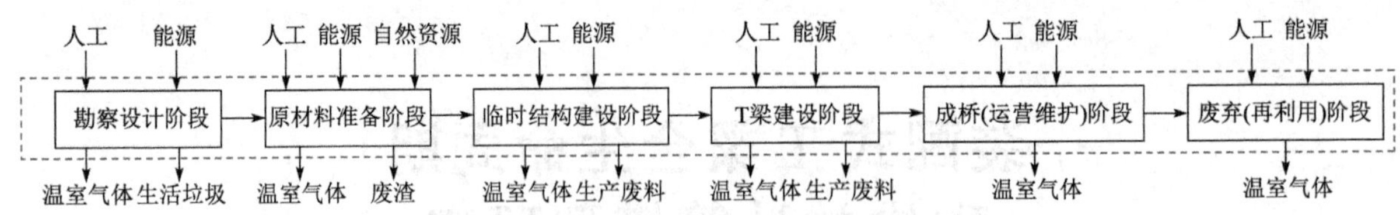

图1　装配式T梁全生命周期阶段划分

1.2　装配式T梁碳排放边界条件

1.2.1　装配式T梁碳排放系统边界

为更加有效地通过全生命周期理论核算装配式T梁碳排放量，首先需明确T梁全生命周期的系统边界，同时细化其物质能源的输入与输出。本文通过实地考察、资料收集等方式调研了多个装配式T梁项目，界定T梁碳排放的系统边界，如图2所示。T梁建设过程中临时结构主要包括工作人员生活区、预制梁场、钢筋加工厂以及混凝土拌和站等，在实际调研时候，发现其中预制梁场与T梁建设密切相关，属于专属临时结构，而办公区、钢筋加工厂、混凝土拌和站均为公用临时结构，难以采集其T梁建设所贡献碳排放，且按功能结构对该类临时结构进行分析，其对T梁建设阶段碳排放贡献极小，现阶段T梁全生命周期框架不考虑该类临时结构碳排放，主要考虑预制梁场建设碳排放。

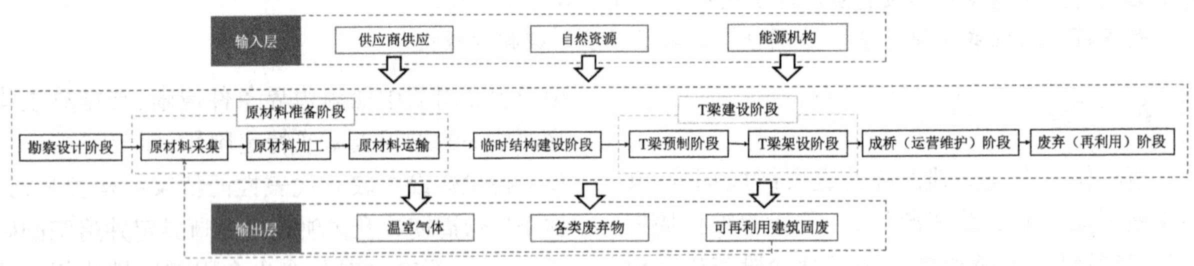

图2　装配式T梁全生命周期碳排放模型系统边界

1.2.2　装配式T梁碳排放主体来源分类

根据全生命周期碳排放模型系统边界，明确装配式T梁在全生命周期的主要碳排放来源，在T梁各阶段的主要建设步骤中，碳排放主体主要包括施工机械所消耗的电力、化石能源等产生的碳排放及生产、运输建材产生的碳排放[7]。本文将在所界定的碳排放模型系统边界的基础上，根据装配式T梁全生命周期的工艺流程、原材料用量以及人工、机械设备台班数量，并结合汽油、柴油、电力及天然气等能源消耗，开展碳排放计算模型研究，如图3所示。

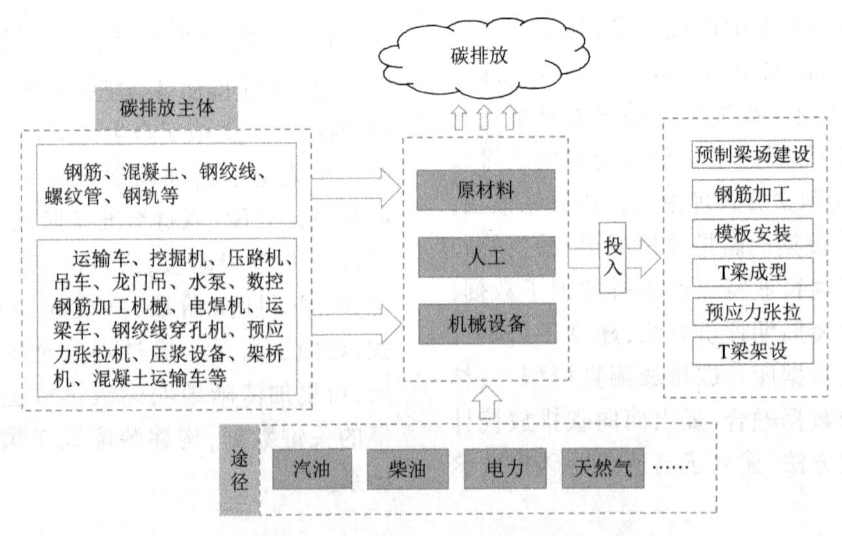

图3　装配式T梁碳排放桥梁主体示意图

2 装配式T梁全生命周期碳排放计算模型

2.1 碳排放计算方法

本文将 CO_2 作为主要温室气体进行研究，单位为 tCO_2e[8]。装配式T梁全生命周期碳排放的组成类型多样、来源复杂、建设阶段繁多，本文采用碳排放因子法进行测算，具体方法见式1。

$$GHG = AD \times EF \tag{1}$$

式中：GHG——温室气体排放量；

AD——导致温室气体排放的生产或消费活动的活动量，如每种化石燃料的消耗量、石灰石原料的消耗量、净购入的电量、净购入的蒸汽量等；

EF——全生命周期各阶段中生产或消费等活动下的单位物质产生的温室气体排放系数，即碳排放因子。

2.2 勘察设计阶段碳排放计算模型

勘察设计阶段的碳排放主要来源如图4所示。

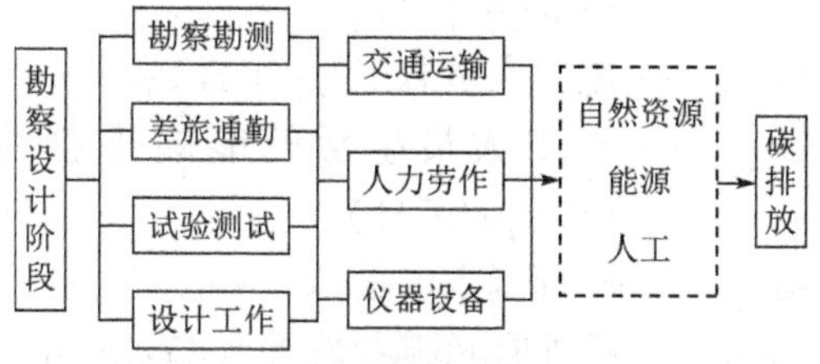

图4 勘察设计阶段碳排放示意

勘察设计阶段碳排放的计算公式为：

$$E_{KS} = E_{KC} + E_{CL} + E_{SC} + E_{SJ} \tag{2}$$

式中：E_{KS}——勘察设计阶段的碳排放总量(tCO_2e)；

E_{KC}——勘察勘测过程产生的碳排放量(tCO_2e)；

E_{CL}——差旅通勤过程产生的碳排放量(tCO_2e)；

E_{SC}——试验测试过程产生的碳排放量(tCO_2e)；

E_{SJ}——设计工作过程产生的碳排放量(tCO_2e)。

其中，勘察勘测过程碳排放来源主要包括勘察车辆、勘察仪器及勘察人员[9]；差旅通勤过程碳排放来源为运输车辆(运输距离为整个差旅通勤过程中的运输总距离)；试验测试过程碳排放来源主要包括试验仪器及试验人员；设计工作过程碳排放来源主要包括设计办公设备及设计人员，由于所涉及办公设备耗能分类较为复杂，故根据办公区整体设备功率及工作时间确定总耗能。计算公式分别为：

$$E_{KC} = \sum_{i=1}^{n} L_{KC,i} \cdot EF_{KC,i} + \sum_{i=1}^{n} AD_{KCY,i} \cdot EF_{KCY,i} + AD_{KCR} \cdot EF_{KCR} \tag{3}$$

$$E_{CL} = \sum_{i=1}^{n} L_{CL,i} \cdot EF_{CL,i} \cdot N_{CL,i} \tag{4}$$

$$E_{SC} = \sum_{i=1}^{n} AD_{SCY,i} \cdot EF_{SCY,i} + AD_{SCR} \cdot EF_{SCR} \tag{5}$$

$$E_{SJ} = AD_{SJ} \cdot T_{SJ} \cdot EF_D + AD_{SJR} \cdot EF_{SJR} \tag{6}$$

式中：$L_{KC,i}$——第 i 种勘察车辆的行驶距离(km)；

$EF_{KC,i}$——第 i 种勘察车辆的碳排放因子(tCO_2e/km)；

$AD_{KCY,i}$——勘察仪器所消耗的第 i 种能源量(t或kW·h)；

$EF_{KCY,i}$——勘察仪器所消耗的第 i 种能源的碳排放因子[tCO_2e/(t或kW·h)]；

AD_{KCR}——勘察人员总工时(工日)；

EF_{KCR}——勘察人员生活耗能碳排放因子(tCO_2e/工日)；

$L_{CL,i}$——第 i 种运输车辆的行驶距离(km)；

$N_{CL,i}$——第 i 种运输车辆的运输货物质量(t)；

$EF_{CL,i}$——第 i 种运输车辆的碳排放因子[tCO_2e/(t·km)]；

$AD_{SCY,i}$——试验仪器所消耗的第 i 种能源量(t或kW·h)；

$EF_{SCY,i}$——试验仪器所消耗的第 i 种能源的碳排放因子[tCO_2e/(t或kW·h)]；

AD_{SCR}——试验人员总工时(工日)；

EF_{SCR}——试验人员生活耗能碳排放因子(tCO_2e/工日)；

AD_{SJ}——办公设备整体功率(kW)；

T_{SJ}——办公设备整体工作时间(h)；

EF_D——全国电网碳排放因子(tCO_2e/kW·h)；

AD_{SJR}——设计人员总工时(工日)；

EF_{SJR}——设计人员生活耗能碳排放因子(tCO_2e/工日)。

2.3 原材料准备阶段碳排放计算模型

原材料准备阶段的碳排放主要来源如图5所示，本阶段碳排放包括临时结构建设阶段、装配式T梁建设阶段所需原材料生产产生的碳排放，后续仅考虑原材料现场加工过程的碳排放。

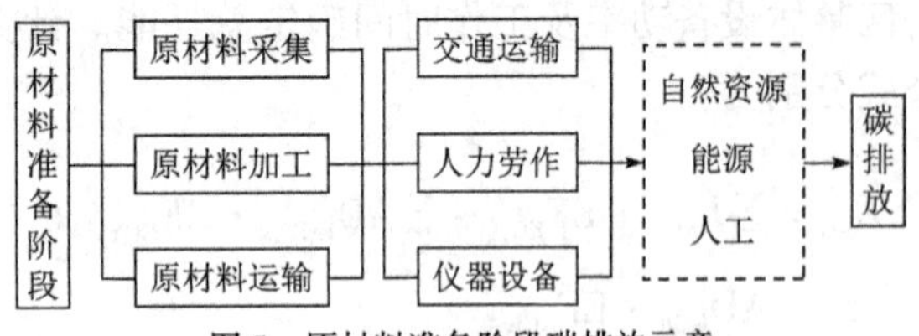

图 5　原材料准备阶段碳排放示意

原材料准备阶段碳排放的计算公式为：

$$E_{YZ} = (1+\varphi_{CJ})E_{CJ} + E_{YY} \tag{7}$$

式中：E_{YZ}——原材料准备阶段的碳排放总量(tCO_2e)；

E_{CJ}——原材料采集与加工过程产生的碳排放量(tCO_2e)；

E_{YY}——原材料运输过程产生的碳排放量(tCO_2e)；

φ_{CJ}——材料在采集与加工过程中的损耗率。

其中，装配式 T 梁所需的主要原材料包括钢筋、水泥及碎石等，其碳排放因子在众多学者研究确定时已综合考虑材料的整个生产过程，故原材料采集与加工过程碳排放可据此计算；原材料运输过程的碳排放主要来源于运输机械将原材料由开采加工所在地运输至装配式 T 梁建设所在地所产生的碳排放，其与机械类型、运输距离密切相关[10]。计算公式分别为：

$$E_{CJ} = \sum_{i=1}^{n} AD_{CJ,i} \cdot EF_{CJ,i} \tag{8}$$

$$E_{YY} = \sum_{i=1}^{n} L_{YY,i} \cdot EF_{YY,i} \cdot N_{YY,i} \tag{9}$$

式中：$AD_{CJ,i}$——第 i 种原材料开采加工数量(t 或 m^3)；

$EF_{CJ,i}$——开采加工第 i 种原材料的碳排放因子[$tCO_2e/(t$ 或 $m^3)$]；

$L_{YY,i}$——第 i 种原材料运输机械的运输距离(km)；

$N_{YY,i}$——第 i 种原材料运输机械的运输货物质量(t)；

$EF_{YY,i}$——第 i 种运输机械的碳排放因子[$tCO_2e/(t \cdot km)$]。

2.4　临时结构建设阶段碳排放计算模型

临时结构建设阶段在装配式 T 梁预制、架设阶段之前，相关临时结构主要包括生活区、预制梁场、钢筋加工厂以及混凝土拌和站等[11]，相较于预制梁场，生活区、钢筋加工厂及混凝土拌和站作为桥梁建设公用临时结构，其产生的碳排放在装配式 T 梁全生命周期碳排放种所占份额较少，本次不纳入计算范围。

临时结构建设阶段碳排放主要来源如图 6 所示。

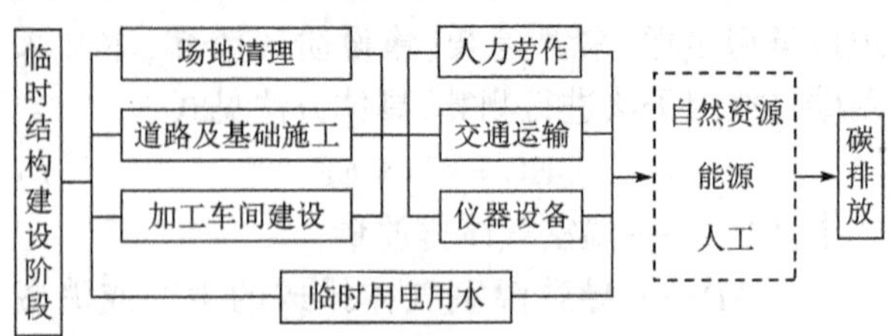

图 6　临时结构建设段碳排放示意

临时结构建设阶段的计算公式为：

$$E_{LJ} = \sum_{i=1}^{n} AD_{LJY,i} \cdot EF_{LJY,i} + AD_{LJR} \cdot EF_{LJR} + AD_{LJD} \cdot EF_{D} \tag{10}$$

式中：E_{LJ}——临时结构建设阶段的碳排放总量(tCO_2e)；

$AD_{LJY,i}$——第 i 种机械设备的台班数量(台)；

$EF_{LJY,i}$——第 i 种机械设备的碳排放因子(tCO_2e/台)；

AD_{LJR}——施工人员总工时(工日)；

EF_{LJR}——施工人员生活耗能碳排放因子(tCO_2e/工日)；

AD_{LJD}——外部调入电量($kW \cdot h$)；

EF_{D}——所消耗电的碳排放因子($tCO_2e/kW \cdot h$)。

2.5　装配式 T 梁建设阶段碳排放计算模型

装配式 T 梁建设阶段是全生命周期中施工步骤最多、碳排放主体来源种类最复杂的一个阶段[12]，其碳排放主要来源于 T 梁预制、T 梁安装架设两部分。

2.5.1　装配式 T 梁预制阶段碳排放计算模型

装配式 T 梁预制阶段的碳排放主要来源如图 7 所示。

装配式 T 梁预制阶段的计算公式为：

$$E_{TY} = E_{GJ} + E_{YZ} \tag{11}$$

式中：E_{TY}——装配式 T 梁预制阶段的碳排放总量(tCO_2e)；

E_{GJ}——钢筋加工过程段的碳排放总量(tCO_2e)；

E_{YZ}——T 梁预制过程的碳排放总量(tCO_2e)。

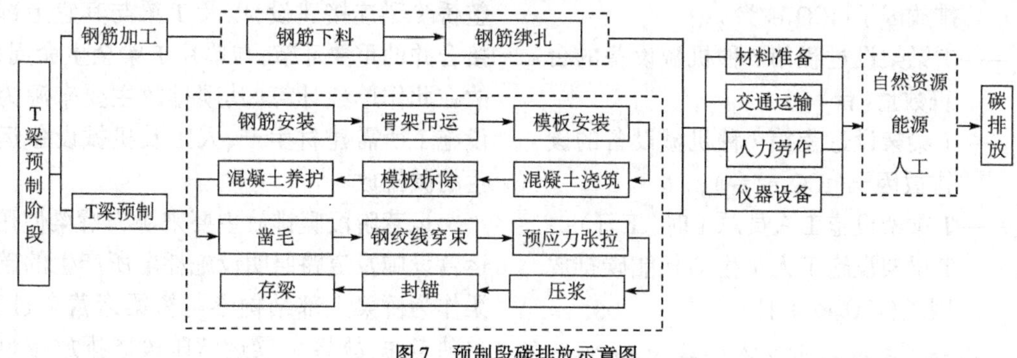

图7 预制段碳排放示意图

$$E_{GJ}=\sum_{i=1}^{n}AD_{GJY,i}\cdot EF_{GJY,i}+AD_{GJR}\cdot EF_{GJR} \tag{12}$$

$$E_{YZ}=\sum_{i=1}^{n}AD_{YZY,i}\cdot EF_{YZY,i}+AD_{YZR}\cdot EF_{YZR}+\sum_{i=1}^{n}L_{YZ,i}\cdot EF_{YZ,i}\cdot N_{YZ,i} \tag{13}$$

式中:$AD_{GJY,i}$——钢筋加工过程第 i 种机械设备的台班数量(台);

$EF_{GJY,i}$——钢筋加工过程第 i 种机械设备的碳排放因子(tCO_2e/台);

AD_{GJR}——钢筋加工人员总工时(工日);

EF_{GJR}——钢筋加工人员生活耗能碳排放因子(tCO_2e/工日);

$AD_{YZY,i}$——T 梁预制过程第 i 种机械设备的台班数量(台);

$EF_{YZY,i}$——T 梁预制过程第 i 种机械设备的碳排放因子(tCO_2e/台);

AD_{YZR}——T 梁预制人员总工时(工日);

EF_{YZR}——T 梁预制人员生活耗能碳排放因子(tCO_2e/工日);

$L_{YZ,i}$——T 梁预制过程第 i 种运输机械的运输距离(km);

$N_{YZ,i}$——第 i 种运输机械的运输货物质量(t);

$EF_{YZ,i}$——T 梁预制过程第 i 种运输机械的碳排放因子[tCO_2e/(t·km)]。

2.5.2 装配式 T 梁架设阶段碳排放计算模型

装配式 T 梁架设阶段,即装配式 T 梁施工阶段,其碳排放主要来源如图 8 所示。

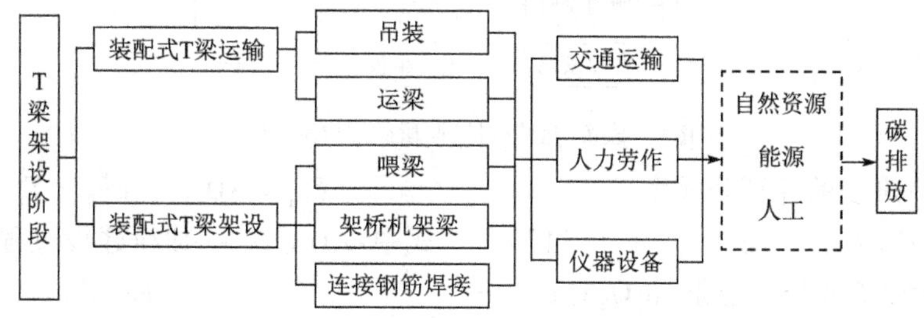

图8 架设阶段碳排放示意图

装配式 T 梁架设阶段的计算公式为:

$$E_{TT}=E_{TS}+E_{TJ} \tag{14}$$

式中:E_{TT}——装配式 T 梁架设阶段的碳排放总量(tCO_2e);

E_{TS}——T 梁运输过程的碳排放总量(tCO_2e);

E_{TJ}——T 梁架设过程的碳排放总量(tCO_2e)。

$$E_{TS}=\sum_{i=1}^{n}AD_{TSY,i}\cdot EF_{TSY,i}+\sum_{i=1}^{n}L_{TS,i}\cdot EF_{TS,i}\cdot N_{TS,i} \tag{15}$$

$$E_{TJ}=\sum_{i=1}^{n}AD_{TJY,i}\cdot EF_{TJY,i}+AD_{TJR}\cdot EF_{TJR} \tag{16}$$

式中:$L_{TS,i}$——T 梁运输过程第 i 种运输机械的运输距离(km);

$N_{TS,i}$——第 i 种运输机械的运输货物质量(t);

$EF_{TS,i}$——T 梁运输过程第 i 种运输机械的碳排放因子(tCO_2e/km);

$AD_{TSY,i}$——T 梁运输过程第 i 种机械设备的台班数量(台);

$EF_{TSY,i}$——T 梁运输过程第 i 种机械设备的碳

排放因子(tCO_2e/台);

$AD_{TJY,i}$——T梁架设过程第 i 种机械设备的台班数量(台);

$EF_{TJY,i}$——T梁架设过程第 i 种机械设备的碳排放因子(tCO_2e/台);

AD_{TJR}——T梁架设施工人员总工时(工日);

EF_{TJR}——T梁架设施工人员生活耗能碳排放因子(tCO_2e/工日)。

2.6　成桥(运营维护)阶段碳排放计算模型

成桥(运营维护)阶段包含了从T梁架设完成后至拆除废弃前的整个过程,该阶段碳排放按装配式T梁工程建设特点,分为3部分:成桥建设施工碳排放、运营阶段碳排放、维护阶段碳排放。

成桥建设施工包括T梁架设后墩顶现浇连续段混凝土浇筑、连续端负弯矩预应力钢绞线张拉、T梁翼板与横隔梁湿接缝浇筑等过程,该过程作为整桥T梁连接建设,以及T梁与其它上部结构衔接合并的重要环节,与单片T梁全生命周期不同,故在此作单独计算,其碳排放主要来源为成桥建设施工所需建材生产、人工及机械设备运行所产生的碳排放。

运营阶段碳排放主要来源为桥梁使用过程中运营设施及道路照明设施耗电所产生的碳排放,T梁作为桥梁上部结构参与桥梁运营全过程,无法单独考虑,故将T梁运营阶段碳排放按整桥运营阶段进行计算,同时若桥梁及周边配有绿化,还需要考虑植被建设及其吸收而减少的碳排放量[13]。

T梁维护分为两种,一是为防止T梁性能衰减所开展的日常性或预防性养护;二是针对T梁病害所进行的实质性养护或修缮。因此,维护阶段碳排放主要来源为T梁维护所需建材生产、人工及机械设备运行所产生的碳排放。

成桥(运营维护)阶段碳排放如图9所示。

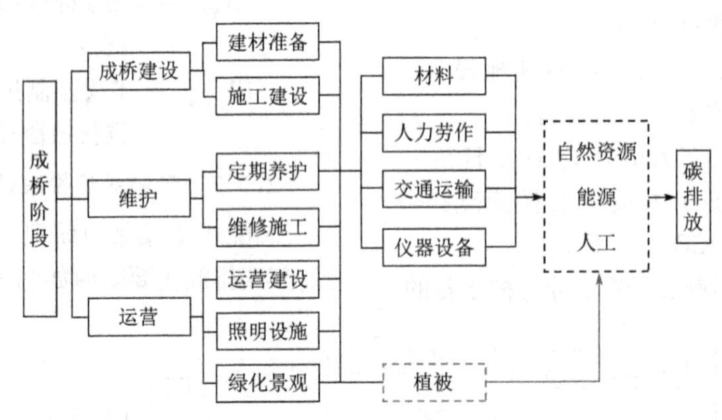

图9　成桥(运营维护)阶段碳排放示意图

成桥(运营维护)阶段的计算公式为:

$$E_{CQ}=E_{CJ}+E_{CW}+E_{CY} \tag{17}$$

式中:E_{CQ}——成桥阶段的碳排放总量(tCO_2e);

E_{CJ}——成桥建设过程的碳排放总量(tCO_2e);

E_{CW}——维护过程的碳排放总量(tCO_2e);

E_{CY}——运营过程的碳排放总量(tCO_2e)。

$$E_{CJ}=\sum_{i=1}^{n}AD_{CJC,i}\cdot EF_{CJC,i}+\sum_{i=1}^{n}AD_{CJY,i}\cdot EF_{CJY,i}+AD_{CJR}\cdot EF_{CJR} \tag{18}$$

$$E_{CW}=\left[\sum_{i=1}^{n}AD_{CWC,i}\cdot EF_{CWC}+AD_{CWR}\cdot EF_{CWR}+AD_{CWY}\cdot EF_{CWY}\right](T/T_N-1) \tag{19}$$

$$E_{CY}=AD_{CYY}\cdot EF_D\cdot T_{CYY}-A_L\cdot EF_L \tag{20}$$

式中:$AD_{CJC,i}$——成桥建设过程第 i 种原材料数量(t或m^3);

$EF_{CJC,i}$——成桥建设过程第 i 种原材料的碳排放因子[tCO_2e/(t或m^3)];

$AD_{CJY,i}$——成桥建设过程第 i 种机械设备的台班数量(台);

$EF_{CJY,i}$——成桥建设过程第 i 种机械设备的碳排放因子(tCO_2e/台);

AD_{CJR}——成桥建设施工人员总工时(工日);

EF_{CJR}——成桥建设施工人员生活耗能碳排放因子(tCO_2e/工日);

$AD_{CWC,i}$——维护过程第 i 种原材料数量

(t 或 m^3);

AD_{CWR}——维护施工人员总工时(工日);

EF_{CWR}——维护施工人员生活耗能碳排放因子(tCO_2e/工日);

T——桥梁寿命(a);

T_N——维护材料 N 的使用寿命(a);

$AD_{CWY,i}$——维护过程第 i 种机械设备的台班数量(台);

AD_{CYY}——运营过程照明设备总功率(kW);

T_{CYY}——运营过程照明设备运行时间(h);

A_L——桥梁绿化面积(m^2);

EF_L——单位面积桥梁绿化的碳排放因子(tCO_2e/m^2)。

2.7 拆除废弃(再利用)阶段碳排放计算模型

拆除废弃(再利用)阶段作为装配式 T 梁全生命周期的最后一个阶段,包括装配式 T 梁拆除、废弃及回收利用等过程。该阶段的碳排放主要来源如图 10 所示。

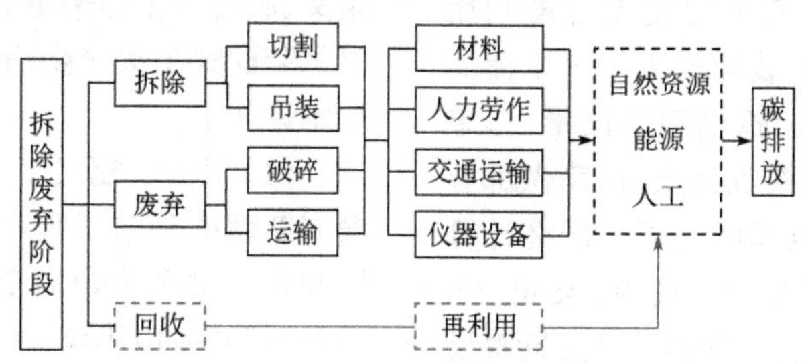

图 10 拆除废弃(再利用)阶段碳排放示意图

废弃(再利用)阶段碳排放的计算公式为:

$$E_{CF}=E_{CC}+E_{BF}-E_{HS} \tag{21}$$

式中:E_{CF}——拆除废弃阶段的碳排放总量(tCO_2e);

E_{CC}——拆除过程的碳排放总量(tCO_2e);

E_{BF}——报废过程的碳排放总量(tCO_2e);

E_{HS}——回收过程的碳排放总量(tCO_2e)。

$$E_{CC}=AD_{CT}\cdot AD_{TC}\cdot EF_C \tag{22}$$

$$E_{BF}=\sum_{i=1}^{n}AD_{BFY,i}\cdot EF_{BFY,i}+\sum_{i=1}^{n}L_{BFS,i}\cdot EF_{BFS,i}\cdot N_{BFS,i} \tag{23}$$

$$E_{HS}=\sum_{i=1}^{n}AD_{T,i}\cdot \beta_i\cdot EF_{HS,i} \tag{24}$$

式中:AD_{CT}——T 梁拆除工程量(m^3);

AD_{TC}——机械拆除单位体积 T 梁的柴油消耗量,t/m^3,取 $7.04\times10^{-3}kg/m^3$[14];

EF_C——柴油的碳排放因子(tCO_2e/t);

$AD_{BFY,i}$——报废过程第 i 种机械设备的台班数量(台);

$EF_{BFY,i}$——报废过程第 i 种机械设备的碳排放因子(tCO_2e/台);

$L_{BFS,i}$——报废过程第 i 种运输机械的运输距离(km);

$N_{BFS,i}$——报废过程第 i 种运输机械的运输货物质量(t);

$EF_{BFS,i}$——报废过程第 i 种运输机械的碳排放因子[$tCO_2e/(t\cdot km)$];

$AD_{T,i}$——第 i 种可回收材料数量(t 或 m^3);

β_i——第 i 种可回收材料的回收比例;

$EF_{HS,i}$——第 i 种可回收材料的碳排放因子[$tCO_2e/(t$ 或 $m^3)$]。

2.8 装配式 T 梁全生命周期碳排放计算模型

综上所述,装配式 T 梁全生命周期碳排放总量为:

$$E_{LC}=E_{KS}+E_{YZ}+E_{LJ}+E_{TY}+E_{TT}+E_{CQ}+E_{CF} \tag{25}$$

各生命周期阶段碳排放占全生命周期碳排放总量的比率为:

$$\alpha_i=E_i/E_{LC}\times100\% \tag{26}$$

式中:α_i——装配式 T 梁全生命周期 i 阶段的碳排放比率(%);

E_i——装配式 T 梁全生命周期 i 阶段的碳排放量。

3 工程实例分析

本文依托我国西南地区某一山区装配式 T 型梁桥,开展全生命周期碳排放实例计算分析。该桥采用整体式路基分幅设计,上部结构采用预应力混凝土先简支后连续T梁,桥跨布置为(3×30m+4×30m+3×30m),桥梁全长307m,宽度为2×12.75m,预制T梁共计100片。本工程建材产地分布于项目周边省市地区,砂、石等原材料位于本市附近料场,运输距离为50~150km,钢筋等建材位于市外,运输距离为200~400km。

通过所建立的全生命周期碳排放计算模型对该桥的装配式T梁各阶段碳排放量进行计算。由于拆除废弃(再利用)阶段工程构筑物拆成功后回收过程所抵消的碳排放量属于后续项目再利用(原材料准备)阶段,故本次装配式T梁全生命周期碳排放计算不计入回收所抵消碳排放量,作单独计算分析,本次计划将T梁混凝土、钢筋做部分回收,其余不可回收部分做填埋处理。最终计算结果具体为:全生命周期碳排放总量为24840.36t(回收过程碳排放预测值E_{HS}为2074.36t),勘察设计阶段碳排放量为44.71t,原材料准备阶段碳排放量为15577.39t,临时结构建设阶段碳排放量为457.06t,装配式T梁建设阶段碳排放量为1179.92t,成桥(运营维护)阶段碳排放量为7293.13t,拆除废弃阶段碳排放量为288.15t。各阶段碳排放占比如图11所示。

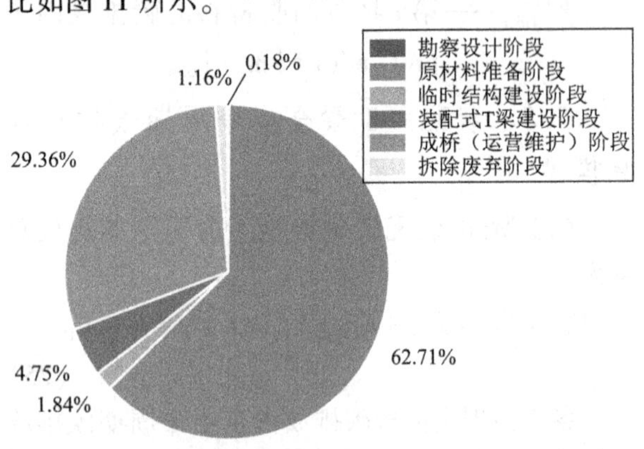

图11 各阶段碳排放占比

由图11可知,本项目全生命周期碳排放主要集中于原材料准备阶段和成桥(运营维护)阶段,分别占碳排放总量的62.71%及29.36%,其中原材料准备阶段碳排放主要由原材料开采、生产及运输产生,成桥(运营维护)阶段碳排放主要由成桥建设、照明及景观设施产生。为实现减排降碳目标,应合理规划桥梁景观和照明设施,并采用节能照明设备及绿色建材等。其他四个阶段碳排放总占比仅为7.93%,其中装配式T梁建设阶段占比4.75%,主要由施工设备与运输机械产生,该阶段属于T梁建设的主要阶段,可以通过优化施工组织、采用新能源设备等方式,减少该阶段碳排放量。勘察设计阶段碳排放量最小,仅占比0.18%,但由于设计方案是后期确定施工方案、机械设备及建筑材料的基础,故该阶段对全生命周期碳排放的影响不可忽视[15]。

4 结语

本文基于全生命周期理论,根据装配式T梁工程项目特点,通过生命周期阶段划分、边界条件定义、碳排放主体来源分析及计算方法研究等,建立了装配式T梁全生命周期碳排放计算模型。主要结论如下:

(1)根据装配式T梁施工活动特点,结合全生命周期理论总结工程项目生命周期理论框架,将装配式T梁全生命周期划分为勘察设计、原材料准备、临时结构建设、装配式T梁建设、成桥(运营维护)、废弃(再利用)等6个阶段;

(2)针对装配式T梁施工特点及能源输入输出方式,定义了全生命周期碳排放系统边界,明确了装配式T梁全生命周期碳排放主体来源分类;

(3)分析装配式T梁全生命周期框架下各阶段碳排放特征,提出了相应碳排放计算方法,构建了装配式T梁全生命周期碳排放计算模型;

(4)全生命周期各阶段中原材料准备阶段碳排放量占比最大,为62.71%,其次是成桥(运营维护)阶段29.36%,勘察设计阶段占比最小,仅为0.18%;

(5)本文所提出的装配式T梁桥全生命周期碳排放计算模型,为定量测算装配式T梁全生命周期各阶段的碳排放量提供了依据,该模型可为装配式桥梁节能减排设计、绿色低碳化施工、运营维护及废弃再利用策略提供理论指导。

参考文献

[1] HAMMERVOLD J, REENAAS M, BRATTEBO H. Environmental Life Cycle Assessment of Bridges[J]. Journal of Bridge Engineering, 2013, 18(2): 153-161.

[2] 李姗姗, 袁亮. 煤炭工业全生命周期碳排放核算与影响因素[J]. 煤炭学报, 2023, 48(7): 2925-2935.

[3] 代洪娜, 曾煜磊, 施庆利, 等. 碳达峰与碳中和背景下省域高速公路网碳排放精细化测算

方法[J]. 华南师范大学学报(自然科学版), 2023, 55(4):1-13.

[4] 张振浩, 谭荣平, 方明. T梁桥在建设期碳排放模型的建立与分析[J]. 长沙理工大学学报(自然科学版), 2018, 15(3): 71-78.

[5] 乔兰, 邓乃夫, 李庆文, 等. 公路工程建设阶段全生命周期碳排放智能估算方法[J]. 工程科学学报, 2023, 45(12): 2173-2186.

[6] 林旭坤, 张扬, 罗芷晴, 等. 高速公路网车辆碳排放测算方法研究[J]. 华南理工大学学报(自然科学版), 2022, 50(9): 22-28.

[7] 王银辉, 蒋建男, 谢含军, 等. 桥梁工程全寿命周期碳排放流计算与分析[J]. 科学技术与工程, 2023, 23(22): 9605-9614.

[8] 孙艳丽, 刘娟, 夏宝晖, 等. 预制装配式建筑物化阶段碳排放评价研究[J]. 沈阳建筑大学学报(自然科学版), 2018, 34(5): 881-888.

[9] HAKKINEN T, KUITTINEN M, RUUSKA A, et al. Reducing Embodied Carbon During the Design Process of Buildings[J]. Journal of Building Engi1neering, 2015, 4: 1-13.

[10] CHEN S Y, HUANG J T. A Smart Green Building: An Environmental Health Control Design[J]. Energies, 2012, 5(5): 1648-1663.

[11] 张孝存. 建筑碳排放量化分析计算与低碳建筑结构评价方法研究[D]. 哈尔滨:哈尔滨工业大学, 2018.

[12] 王琳, 杨木言, 高钰强. 黄土隧道施工阶段碳排放计算与分析[J]. 环境工程, 2023, 41(10): 99-107+172.

[13] YANG M, HOU Y, WANG Q. Rethinking on Regional CO_2 Allocation in China: A Consideration of the Carbon Sink[J]. Environmental Impact Assessment Review, 2022, 96: 106822.

[14] 张韦倩. 道路桥梁废弃物资源化利用生命周期节能减排效果评估体系和案例研究[D].上海:复旦大学,2014.

[15] 马佳星, 蒋建男, 谢含军, 等. 斜拉桥全寿命周期碳排放计算模型[J]. 天津大学学报(自然科学与工程技术版), 2024, 57(1): 31-41.

再生道路碳排放的参数不确定性研究

文 霞* 乔亚宁 周利君

(中国矿业大学力学与土木工程学院)

摘 要 为增强再生道路碳排放研究的可靠性,结合了生命周期评价、敏感性分析、谱系矩阵,构建再生道路碳排放的参数不确定性分析框架。首先基于生命周期评价,建立再生道路碳排放计算模型;其次通过敏感度分析,确定再生道路碳排放计算模型的敏感性参数;随后借助谱系矩阵对敏感性参数进行数据质量评分,根据数据质量和Beta概率分布函数的转换关系,通过概率分布来量化敏感性参数不确定性;最终借助蒙特卡洛模拟将敏感性参数的不确定性传递到计算结果。研究结果发现,在95%置信度下,1km单车道再生道路生命周期碳排放为325.42~326.84t二氧化碳当量,平均值为326.13t二氧化碳当量;道路结构参数、混合料设计参数、重油与柴油相关温室气体排放参数对再生道路碳排放有显著影响。因此,行业内应重视在设计阶段重视再生道路碳排放评估,推动温、冷拌再生技术广泛应用,逐步用清洁能源替代高碳材料。

关键词 再生道路 碳排放 不确定性分析 生命周期评价

基金项目:国家自然科学基金青年项目(52008388);江苏省研究生科研与实践创新计划资助(KYCX22_2678)

0 引言

再生道路是公路行业实现大规模固废循环利用的关键依托,评估再生道路碳排放是实现“双碳”目标的前提。一方面,我国公路养护里程占公路总里程已超 95%[1],未来将从建养并重转为养护为主。每年仅沥青道路维修就产生了约 2 亿 t 的废料[2,3],焚烧和填埋废料会直接造成资源浪费、土地占用、环境污染和原材料开采加剧等问题[4-6]。而道路废料经破碎、筛分,与新集料、填料、新沥青、再生剂等拌和后可形成再生混合料,用于道路基层和面层,实现固废料循环利用,响应公路“十四五”规划中发展循环经济的号召[7]。另一方面,我国道路交通运输行业的碳排放量约占全国 20% 以上[3]。其中,仅交通基础设施建设与养护的碳排放占交通运输行业 10% ~20%[8],因此,在循环经济和“双碳”目标的背景下,合理评估再生道路碳排放是前提。

生命周期评价(Life Cycle Assessment, LCA)是量化评估再生道路碳排放的普遍方法,具有全面性、系统性的特征[9]。Häkkinen 首次将 LCA 应用于比较沥青道路与水泥道路的温室气体排放[10]。随后,美国交通运输部门建立系统性道路 LCA 框架,将生命周期划分为六个阶段:原材料生产、原材料运输、混合料生产、施工、使用、最终处置(End of Life, EOL)[11]。当前再生道路 LCA 研究主要聚焦两方面,一是再生料的不同掺量对再生混合料环境影响的研究[12,13],二是不同再生工艺的环境影响对比研究[14,15],如 Chen 等[16]发现,增加 RAP 在再生混合料中掺量时,其生命周期碳排放会随之减少;Santos 等[17]将 RAP 和温拌再生技术结合,结果指出温拌再生沥青混合料具有明显环境优势。但道路 LCA 的研究结果通常以某个固定数值呈现,忽略了计算模型不确定性、参数不确定性对结果的影响,导致影响评价结论不一致,损害 LCA 结果的可靠性[18],如 Gu 等[14]发现相较于热再生技术,冷再生技术能减少 39% ~46% 的碳排放,而 Pantini 等[19]指出热再生技术较为环境友好,因为热再生技术所需的沥青乳化剂和水泥是高碳材料。虽然许多研究者认可不确定性分析在 LCA 研究中的必要性和重要性[20,21],但在道路 LCA 领域内不确定性分析尚未实现广泛使用[22]。因此,在评估再生道路碳排放时,不确定性分析是获得可靠 LCA 结果的重要环节。

本研究以参数不确定性为切入口,基于 LCA 构建系统性再生道路碳排放不确定性的分析框架。首先,基于 LCA 建立再生道路碳排放计算模型,通过敏感性分析定位计算模型的敏感性参数;其次,利用谱系矩阵评估敏感性参数的数据质量,再通过数据质量得分和 Beta 概率分布函数之间的转换关系,确立敏感性参数的概率分布曲线,量化其不确定性;最终借助蒙特卡洛模拟将敏感性参数不确定传递至结果,以概率分布的形式呈现结果。该框架完善了再生道路碳排放研究,增强了 LCA 研究结果的可靠性,为推动再生道路发展提供依据。

1 基于生命周期评价的再生道路碳排放评估

1.1 生命周期评价简述

生命周期评价(Life Cycle Assessment, LCA)是一种分析并量化材料、工序、产品或服务、系统所产环境影响的方法论,其特点为结构性、全面性。

1.2 再生道路碳排放评估

国际标准 ISO 14040 规定了 LCA 的基本准则和框架。其中,LCA 包括四个步骤:定义目标与范围、分析生命周期清单、评价生命周期环境影响、解释结果。

1.2.1 目标与范围的定义

目标与范围的关键要素包括研究目的、功能单位、系统边界、环境影响、分配方法等。

功能单位确定了研究对象的形状、使用功能。本研究将研究对象设置为长度 1km、宽度 3.75m 的单车道再生沥青道路。道路级别为高速、一级公路,服务年限 30 年,。道路进行 2 次上面层铣刨重铺。道路结构层及配合比如下:

(1)上面层、中面层、下面层的混合料类型分别为细粒式 SBS 改性沥青混合料、中粒式沥青混合料、粗粒式沥青混合料;厚度分别为 0.04m、0.06m、0.08m;密度分别为 2.363($t \cdot m^{-3}$)、2.370($t \cdot m^{-3}$)、2.377($t \cdot m^{-3}$);再生混合料中 RAP 比例分别为 20%、25%、30%;RAP 中旧沥青比例分别为 4.92%、4.58%、4.00%;RAP 中矿粉比例分别为 3.40%、4.27%、4.00%;再生沥青混合料油石比分别为 5.18%、4.80%、4.45%；再生沥青混合料中矿粉比例分别为 3.40%、4.00%、4.00%。

(2)基层混合料类型为水泥稳定碎石，厚度为 0.36m，密度为 2.300($t \cdot m^{-3}$)，再生混合料中水泥、集料的比例分别为 5.00%、89.00%，集料中 RAP 占 40%。

生命周期内再生道路的主要工序包括原材料开采及加工、混合料生产、施工、养护、拆除、回收、运输，不考虑基础设备的生产，其系统边界如图 1 所示。

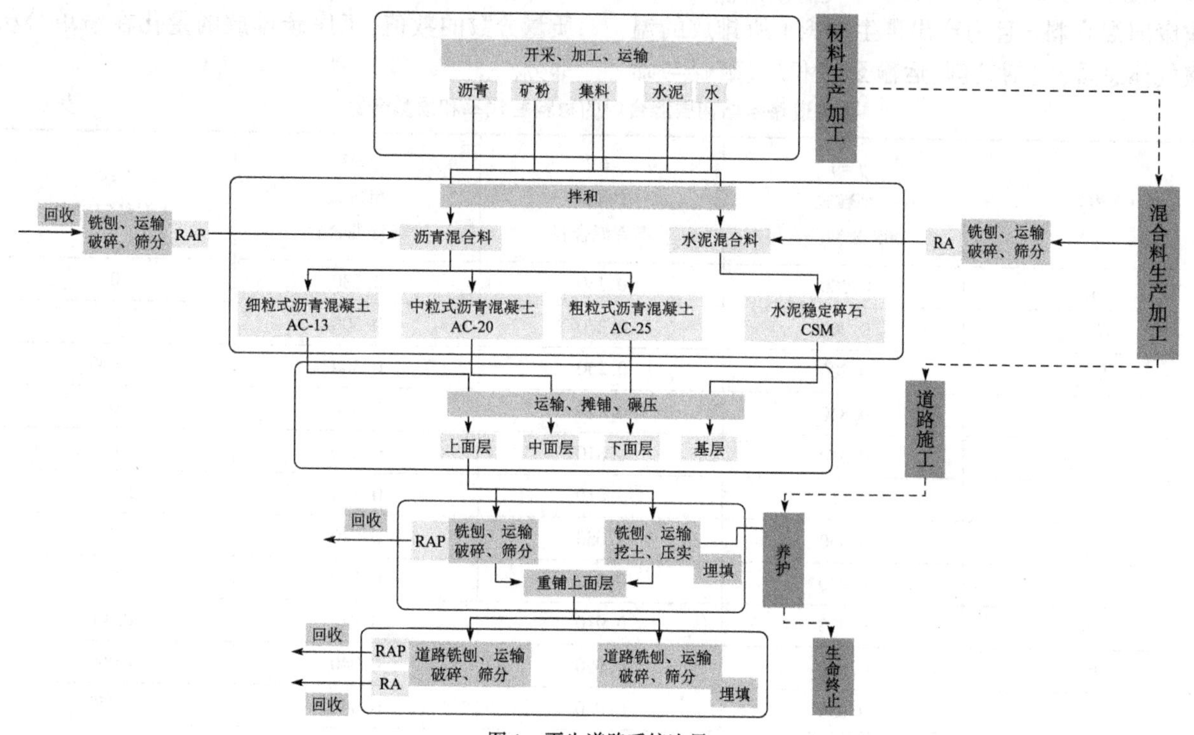

图 1 再生道路系统边界

环境影响分配方法的选择直接决定再生道路碳排放的计算公式。再生道路的环境影响分配问题是在于如何在使用再生料的系统和生产再生料的系统之间分配废料回收/再利用、原材料开采与加工工序的环境影响。现阶段，直接截断法(Cut-off)因使用简单、可重复等优势[23-25]，而在道路 LCA 中被大量采用，但其基本公式只适用于单一材料或简单产品[26]，而再生道路各结构层由不同混合料组成的复杂系统，经调整后为式(1)：

$$E_{\text{Cut-off}}^{\text{GHGs}} = \sum_{j}^{N}\left(\begin{aligned}&\sum_{i=1}^{n}(1-R_{1,j,i})\times E_{\text{V},j,i}^{\text{GHGs}} + E_{\text{P},j}^{\text{GHGs}} + E_{\text{C},j}^{\text{GHGs}}\\&+E_{\text{R,in},j}^{\text{GHGs}}\times\sum_{i=1}^{n}R_{1,j,i}\times a_{j,i} + E_{\text{R,out},j}^{\text{GHGs}}\times 0 + E_{\text{D},j}^{\text{GHGs}}\times\sum_{i=1}^{n}(1-R_{2,j,i})\times b_{j,i}\end{aligned}\right) \tag{1}$$

式(1)中：N——混合料类型总数，功能单位再生道路共 4 类混合料($N=4$)；

n——混合料中材料总数，沥青混合料和水泥稳定碎石混合料都主要包括 3 类材料，即水、集料、矿粉、沥青($n=3$)；

j——混合料代号，细粒式 SBS 改性沥青($j=1$)，中粒式沥青混合料($j=2$)，粗粒式沥青混合料($j=3$)，水泥稳定碎石($j=4$)；

i——材料代号，在水泥稳定碎石中，i 为 1、2、3，分别代表水泥、水、集料，而在沥青混合料中，i 为 1、2、3，分别代表沥青、矿粉、集料。

$E_{\text{Cut-off}}^{\text{GHGs}}$ 指 Cut-off 方法下温室气体排放总量(Greenhouse Gases, GHGs)，单位 t CO_2 eq；$E_{\text{V},j,i}^{\text{GHGs}}$ 混合料 j 中材料 i 生产所排放的温室气体总量，包括原材料开采、加工、运输至拌和厂，单位吨二氧化碳当量(t CO_2 eq)；$E_{C,j}^{\text{GHGs}}$ 为摊铺、碾压混合料 j 所排放的温室气体总量，单位为吨二氧化碳当量(t CO_2 eq)；$E_{D,j}^{\text{GHGs}}$ 为埋填废弃混合料 j 所排放的温

室气体总量,包括铣刨、运输至埋填厂、挖土与夯实,单位为吨二氧化碳当量(t CO_2 eq);$E_{R,\text{in},j}^{\text{GHGs}}$为回收废旧混合料$j$且为使用再生材料$i$所排放的温室气体总量,包括铣刨、运输至拌和厂、破碎与筛分,单位为吨二氧化碳当量(t CO_2 eq);$E_{R,\text{out},j}^{\text{GHGs}}$为回收废旧混合料$j$且为产出再生材料$i$所排放的温室气体总量,包括铣刨、运输至拌和厂、破碎与筛分,单位为吨二氧化碳当量(t CO_2 eq)。

$R_{1,j,i}$为混合料j中使用再生料替代材料i的比例,$R_{2,j,i}$为混合料j中材料i在EOL阶段可回收的比例,均无量纲。

根据混合料配合比设计,表1确定替代率和质量分数的数值,工序碳排放的量化在清单分析部分。

再生道路各结构层混合料的材料替代率和质量分数 表1

参数	$j=1$ 细粒式 SBS改性沥青	$j=2$ 中粒式 沥青混合料	$j=3$ 粗粒式 沥青混合料	$j=4$ 水泥稳定碎石
$R_{1,j,1}$	0.200	0.250	0.280	0
$R_{1,j,2}$	0.200	0.270	0.300	0
$R_{1,j,3}$	0.200	0.250	0.300	0.400
$R_{2,j,1}$	0.810	0.810	0.810	0
$R_{2,j,2}$	0.810	0.810	0.810	0
$R_{2,j,3}$	0.810	0.810	0.810	0.765
$\alpha_{j,1}$	0.050	0.050	0.040	0
$\alpha_{j,2}$	0.030	0.040	0.040	0
$\alpha_{j,3}$	0.920	0.910	0.920	0.40
$\beta_{j,1}$	0.050	0.050	0.040	0.060
$\beta_{j,2}$	0.030	0.040	0.040	0.050
$\beta_{j,3}$	0.920	0.910	0.920	0.890

1.2.2 清单分析

再生道路的碳排放源一是燃料燃烧所直接排放温室气体,二是上游生产燃料、电力、材料所间接排放温室气体。再生道路主要排放的温室气体为CO_2、CH_4、N_2O。碳排放作为重要环境影响类别之一,其量化指标为全球变暖潜能(Global Warming Potential, GWP),单位二氧化碳当量(CO_2 eq)[27]。在环境影响评价特征化时,CO_2、CH_4、N_2O要转换为100年GWP,转换系数来源于2021年政府间气候变化专门委员会(International Panel on Climate Change, IPCC)第六次评估报告,分别为1、29.8、273[28]。

生命周期清单分析的主要任务是收集和处理再生道路系统边界内各阶段各工序资源输入和温室气体排放的数据。数据类型有两类[9],一是背景数据,材料、燃料、电能在生产与使用过程中直接或间接排放产生的环境影响,即排放系数,这些数据被广泛使用,通常代表行业的平均水平;二是过程数据,各个工序消耗材料、燃料、电能的具体数值。各工序材料、燃料、电能的消耗量乘以排放系数后再累加便可求出碳排放总量。

(1)燃料、电力及材料生产与使用的碳排放。燃料生产所排放温室气体的取值可参考欧训民[23]关于中国终端能源生命周期能耗和碳排放的研究,而燃料燃烧可根据《2006 IPCC国家温室气体指南》的低位发热值和燃烧有效气体排放系数计算;电力生产可参考生态环境部公布的2022年全国平均排放因子[29];石油沥青和改性沥青的取值参考欧洲沥青协会关于沥青生命周期影响的报告[30, 31],而矿粉、水泥、集料的取值分别参考Qiao[32]、邵亦白[33]、Hossain[34]的研究。表2为燃料、电力、材料生产与使用的碳排放,可发现重油、柴油、汽油和水泥是高碳排放材料。

燃料、电力、材料生产与使用的碳排放

表2

名称	单位	数值
柴油	kg CO_2 eq/kg	9.53
汽油	kg CO_2 eq/kg	9.84

续上表

名称	单位	数值
重油	kg CO_2 eq/kg	9.00
电力	kg CO_2 eq/kWh	0.57
石油沥青	kg CO_2 eq/kg	0.15
SBS 改性沥青	kg CO_2 eq/kg	0.33
天然集料	kg CO_2 eq/kg	0.02
矿粉	kg CO_2 eq/kg	0.01
水泥	kg CO_2 eq/kg	0.89

(2)混合料拌和、施工、回收、废弃、运输工序的资源消耗量。工序的温室气体排放主要源于机械设备能耗，按照《JTG/T 3832—2018 公路工程预算定额》和《JTG/T 3833—2018 公路工程机械台班费用定额》分别估算机械台班使用量、每台班机械设备的能耗量。而运输方式为常见的公路运输，选择张孝存[35]所整理的不同运输方式的排放因子作为参考值，即每公里或每吨货物排放 0.1624kg CO_2 eq，假设原材料、混合料的运输距离分别为 50km、20km。

清单分析结果如表 3、表 4 所示。

道路各结构层在各工序的资源消耗清单 表 3

结构层	资源	混合料生产	施工	回收	废弃
上面层	改性沥青(t)	5.24E+01	—	—	—
	矿粉(t)	3.62E+01	—	—	—
	集料(t)	9.75E+02	—	—	—
	柴油(t)	1.36E-01	4.55E-01	1.32E+00	7.89E-01
	重油(t)	7.63E+00	—	—	5.43E-02
	汽油(t)	2.75E-02	—	2.31E-02	2.31E-02
	电力(kW·h)	2.85E+03	—	5.50E+03	—
中面层	石油沥青(t)	2.44E+01	—	—	—
	矿粉(t)	2.13E+01	—	—	—
	集料(t)	4.87E+02	—	—	—
	柴油(t)	6.84E-02	2.26E-01	6.16E-01	3.97E-01
	重油(t)	3.82E+00	—	—	2.72E-02
	汽油(t)	1.38E-02	—	1.29E-02	1.29E-02
	电力(kW·h)	1.43E+03	—	2.36E+03	—
下面层	石油沥青(t)	3.04E+01	—	—	—
	矿粉(t)	2.85E+01	—	—	—
	集料(t)	6.54E+02	—	—	—
	柴油(t)	9.12E-02	3.00E-01	7.70E-01	5.32E-01
	重油(t)	5.09E+00	—	—	3.62E-02
	汽油(t)	1.85E-02	—	1.80E-02	1.80E-02
	电力(kW·h)	1.90E+03	—	2.71E+03	—
基层	水泥(t)	1.55E+02	—	—	—
	水(t)	1.86E+02	—	—	—
	集料(t)	2.76E+03	—	—	—
	柴油(t)	4.45E-01	3.47E-01	3.16E+00	2.24E+00
	重油(t)	—	—	—	1.63E-01
	汽油(t)	—	—	—	—
	电力(kW·h)	8.45E+02	—	1.10E+04	—

道路各结构层的运输清单 表4

结构层	原材料运输		混合料运输		铣刨料运输	
	总量(t)	距离(km)	总量(t)	距离(km)	总量(t)	距离(km)
上面层	1063.35	50.00	1063.35	20.00	1063.35	20
中面层	533.25		533.25		533.25	
下面层	713.10		713.10		713.1	
基层	2918.70		3105		3105	

1.2.3　生命周期影响评价

再生道路生命周期碳排放总量约为 326.75t CO_2 eq,上面层和基层的碳排放量较高。上面层碳排放量包括首次摊铺和两次铣刨重铺,因此碳排放高于其他结构层。由表 5 知,面层混合料拌和的碳排放量均多于基层。虽然基层混合料的体积大于面层,但冷拌技术只消耗电力以及热拌技术还需大量重油。这表明了使用温、冷再生技术和清洁能源的必要性。

各工序下各结构层的碳排放 表5

结构层	各工序碳排放						总量
	E_V	E_P	E_C	$E_{R,in}$	$E_{R,out}$	E_D	
上面层	3.27×10^4	7.65×10^4	4.34×10^3	4.36×10^3	—	2.25×10^3	1.20×10^2
中面层	1.16×10^4	3.83×10^4	2.16×10^3	2.52×10^3	—	1.13×10^3	5.57×10
下面层	1.44×10^4	5.10×10^4	2.86×10^3	3.77×10^3	—	1.52×10^3	7.36×10
基层	4.00×10^4	1.52×10^4	3.31×10^3	8.22×10^3	—	1.05×10^4	7.73×10

2　不确定性分析

再生道路碳排放的计算模型要使用大量参数,而参数的取值因时间、空间、技术等方面的差异而不同,从而导致结果的不确定性。当前,数据质量评估与不确定分析相关理论的发展有效增强结果的可靠性。

2.1　基于单因素敏感性分析定位敏感性参数

单因素敏感性分析能直接计算每个因素对结果的影响度[20, 36],本研究将每个参数上调 10%后,按照公式(2)量化敏感度,并依据敏感度的数值大小进行排序。

$$RS_k=\frac{\dfrac{\Delta Output_k}{Output_k}}{\dfrac{\Delta Input_k}{Input_k}} \tag{2}$$

式中:RS_k——第 k 个参数对结果的影响程度,无量纲;

$Input_k$——第 k 个参数的原始数值;

$Output_k$——在第 k 个参数原始数值下的原始输出结果;

$\Delta Input_k$——第 k 个参数上调 10%后与原始数值的差值;

$\Delta Output_k$——在 k 个参数上调 10%后,输出结果数值与原始结果的差值。

再生道路碳排放计算模型的参数可划为六类,共计 199 个,各类参数占比和含义如下:

(1)道路结构参数(3%)。道路长度、宽度和各结构层厚度。

(2)混合料设计参数(18%)。各结构混合料的密度、混合料中单一材料的占比。

(3)定额设备消耗量参数(38%)。拌和、施工、回收、废弃的设备台班量。

(4)运输参数(9%)。运输方式的碳排放和运输距离,包括原材料运输至拌和厂、混合料运输至施工现场、回收后废料运输至拌和厂、废料运输至埋填厂。

(5)设备能耗参数(14%)。与拌和、施工、回收、埋填相关设备的燃料或电力消耗量。

(6)温室气体排放相关参数(19%)。燃料生产温室气体排放量、燃料燃烧的低位发热值与温室气体排放效率、材料生产和使用的温室气体排放、三种温室气体的全球变暖潜能值。

图2列出了敏感度排序前30的参数,可知:

(1)道路结构参数和混合料设计参数能显著影响再生道路碳排放计算结果。其中,道路长度、宽度、各结构层厚度与混合料密度最为显著,因为当这些参数变化时会直接影响原材料、燃料、机械设备的消耗量。因此,一方面,相关主体在道路设计阶段要重视再生碳排放的评估与控制;另一方面在再生道路碳排放对比研究中,应保持功能单位一致性。

(2)在温室气体排放相关参数中,与重油、柴油相关的低位发热值、生产时温室气体排放量、燃烧时温室气体排放效率的敏感度较高。再次侧面证明柴油和重油的高碳排放的环境劣势,而清洁能源作为替代物可有效降低碳排放。

(3)在设备中,沥青混合料拌和设备相关参数的敏感度较高。其原因一是上、中、下面层的混合料拌和均依靠该设备,消耗量多;二是运行热拌设备时,消耗大量重油和电力。因此,要进一步探索温、冷拌技术和再生技术的融合运用与推广。

参数类别	参数名称	敏感度
道路结构参数	道路宽度(m)	
道路结构参数	道路长度(m)	
温室气体排放相关参数	重油低位发热值(MJ/t)	
设备能耗参数	320t/h沥青混合料热拌设备重油消耗(t/台班)	
温室气体排放相关参数	GWP_CO_2(kg CO_2 eq/kg)	
道路结构参数	上面层厚度(m)	
温室气体排放相关参数	GWP_N_2O(kg CO_2 eq/kg)	
温室气体排放相关参数	重油生产时N_2O排放量	
道路结构参数	基层厚度(m)	
道路结构参数	下面层厚度(m)	
定额设备消耗量参数	320t/h沥青混合料热拌设备台班_上面层	
道路结构参数	中面层厚度(m)	
混合料设计参数	基层混合料密度(t/m^3)	
运输参数	公路运输碳排放(kg CO_2 eq/(t*km))	
温室气体排放相关参数	重油燃烧时CO_2排放效率(t/TJ)	
定额设备消耗量参数	320t/h沥青混合料热拌设备台班_下面层(台班/1000m^3)	
温室气体排放相关参数	柴油生产时N_2O排放量(mg/MJ)	
温室气体排放相关参数	柴油低位发热值(MJ/t)	
混合料设计参数	上面层混合料密度(t/m^3)	
定额设备消耗量参数	320t/h沥青混合料热拌设备台班_中面层(台班/1000m^3)	
运输参数	集料运输距离(km)	
温室气体排放相关参数	柴油燃烧时CO_2排放效率(t/TJ)	
混合料设计参数	基层使用后回收率(MJ/t)	
混合料设计参数	集料预处理后回收率(MJ/t)	
温室气体排放相关参数	细集料开采与加工的柴油消耗(MJ/t)	
温室气体排放相关参数	粗集料开采与加工的柴油消耗(MJ/t)	
混合料设计参数	下面层混合料密度(t/m^3)	
温室气体排放相关参数	重油生产时CO_2排放量(g/MJ)	
混合料设计参数	集料在基层的占比(无量纲)	
混合料设计参数	上面层油石比(无量纲)	

图2 参数敏感度

2.2 基于谱系矩阵量化敏感性参数的不确定性

谱系矩阵作为一种量化数据质量的方法[37,38],在LCA相关报告及研究中得到广泛运用[30]。谱系矩阵设置五个指标评估数据质量,分别为可靠性、完整性、时间相关性、地理相关性、技术相关性。每个指标得分1~5分,1代表数据质量高,而5代表数据质量低,可将平均值作为最终数据质量得分[39]。

Beta概率密度函数通过形状参数和端点范围几乎能描绘任何形状的概率分布[39,40],Beta概率函数如式(3)所示,α和β是形状参数,A和B为范围端点。数据质量得分和Beta概率分布函数的转换关系如表6所示。

$$f(x:\alpha,\beta,A,B)=\frac{1}{B-A}\times\frac{\Gamma(\alpha+\beta)}{\Gamma(\alpha)\times\Gamma(\beta)}\times\left(\frac{x-A}{B-A}\right)^{\alpha-1}\times\left(\frac{B-x}{B-A}\right)^{\beta-1} \tag{3}$$

数据质量得分和 Beta 函数的转换关系　表6

数据质量得分	Beta 概率分布的参数	
	形状参数(α,β)	端点范围(+/- %)
5	(5, 5)	10%
4.5	(4, 4)	15%
4	(3, 3)	20%
3.5	(2, 2)	25%
3	(1, 1)	30%
2.5	(1, 1)	35%

续上表

数据质量得分	Beta 概率分布的参数	
	形状参数(α,β)	端点范围(+/- %)
2	(1, 1)	40%
1.5	(1, 1)	45%
1	(1, 1)	50%

再生道路碳排放计算模型中典型敏感性参数的数据质量得分与概率密度分布如表7和图3所示。

敏感性参数的数据质量得分　表7

参数类型	参数名称	单位	数值	得分
定额设备消耗量参数	320t/h 热拌沥青设备的台班消耗量	台班/1000m^3	1.23	(1,3,2,2,4)
运输参数	公路运输的碳排放	kg CO_2 eq/(t·km)	0.1624	(5,5,4,2,4)
设备能耗	2000mm 以内铣刨机的柴油消耗量	t/台班	0.19046	(1,3,2,2,4)
温室气体排放相关参数	柴油生产时所排 CO_2	g/MJ	27.867	(4,5,4,2,5)

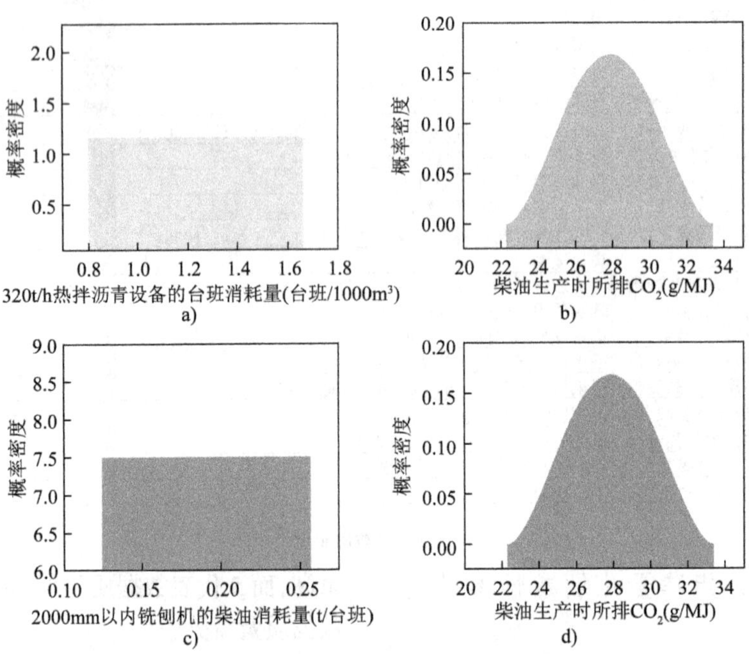

图3　典型敏感性参数的概率分布

2.3　基于蒙特卡洛模拟传递不确定性

蒙特卡洛模拟具有简单、直观的特点,在随机分析中得以广泛使用[41-43]。本研究借助甲骨文水晶球(Oracle Crystal Ball)风险分析应用程序来完成蒙特卡洛模拟,经10,000次运行后获得稳定的结果。结果发现,1km单车道再生道路生命周期碳排放的平均值为326.13t CO_2 eq,95%置信区间为[325.42, 326.84],概率分布见图4。

3　结语

本研究通过LCA建立了再生道路碳排放计算模型,结合敏感性分析、谱系矩阵和蒙特卡洛模拟,量化了再生道路碳排放的不确定性,以概率分布形式呈现再生道路碳排放的评估结果。主要结论如下。

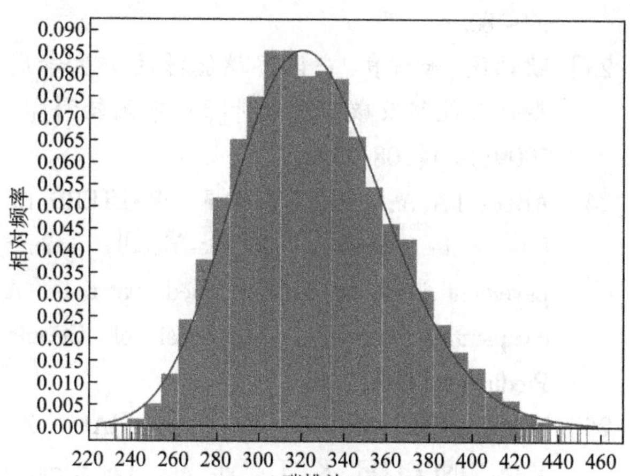

图4 再生道路生命周期碳排放

(1)在道路设计阶段应重视再生道路的碳排放评估。道路长度与宽度、各结构层厚度与混合料密度等道路结构参数、混合料设计参数是再生道路碳排放计算模型的首要敏感性参数,对计算结果的影响程度显著高于其他参数。

(2)大力推广温、冷拌再生技术。基层混合料体积大于各面层,但各面层混合料拌和的碳排放均高于基层混合料,因各面层在使用电力时还额外消耗重油。

(3)清洁能源应逐步替换重油、柴油等,控制基层的水泥使用量。重油、柴油、水泥等均为高碳排放材料,且与重油和柴油相关的温室气体排放参数也是再生道路碳排放计算模型的敏感性参数。

本研究的参数不确定性分析框架可适用于再生道路的其他环境影响研究、不同再生工艺的对比型 LCA 研究。除参数的不确定性外,碳排放计算模型的不确定性也对 LCA 结果有显著影响,后续研究可结合模型不确定性与参数不确定性,完善不确定性分析。

参考文献

[1] 谭竣,张杰.旧沥青路面混合料再生技术推广关键问题和应对分析[J].公路,2021,66(3):246-249.

[2] SCHRIJVERS D, LOUBET P, SONNEMANN G. Archetypes of Goal and Scope Definitions for Consistent Allocation in LCA[J]. Sustainability, 2020(12): 5587.

[3] 郑健龙.公路养护技术发展趋势[J].中国公路,2021(14):66-68.

[4] HAND A, ASCHENBRENER T. Tech Brief: Resource Responsible Use of Reclaimed Asphalt Pavement in Asphalt Mixtures, FHWA-HIF-22-003 [R]. U. S. A: Department of Transportation, Federal Highway Administration, 2021.

[5] European Asphalt Pavement Association. Recommendations for Road Authorities to achieve circular economy goals through the re-use and recycling of asphalt[R]. 2022.

[6] WILLIAMS B A, WILLIS J R, SHACAT J. Asphalt Pavement Industry Survey on Recycled Materials and Warm-Mix Asphalt Usage, Information Series 138 (9th edition) [R]. U. S. A: National Asphalt Pavement Association, 2021.

[7] 中华人民共和国交通运输部.公路"十四五"发展规划[EB/OL].[2022-02-21]. https://xxgk. mot. gov. cn/2020/jigou/zhghs/202204/t20220407_3649836. html.

[8] 交通运输部科学研究院.交通运输碳达峰、碳中和知识解读[M].北京:人民交通出版社股份有限公司,2021.

[9] SALEHI S, ARASHPOUR M, KODIKARA J, et al. Sustainable pavement construction: A systematic literature review of environmental and economic analysis of recycled materials[J]. Journal of Cleaner Production, 2021, 313: 127936.

[10] HÄKKINEN T, MÄKELÄ K. Environmental adaption of concrete: Environmental impact of concrete and asphalt pavements[M]. Espoo: VTT Technical Research Centre of Finland, 1996.

[11] HARVEY J T, MEIJER J, OZER H, et al. Pavement Life Cycle Assessment Framework [R]. U. S. A Department of Transportation Federal Highway Administration, 2016.

[12] AURANGZEB Q, AL-QADI I L, OZER H, et al. Hybrid life cycle assessment for asphalt mixtures with high RAP content[J]. Resources, Conservation and Recycling, 2014, 83: 77-86.

[13] AURANGZEB Q, AL-QADI I L. Asphalt Pavements with High Reclaimed Asphalt Pavement Content: Economic and Environmental Perspectives [J]. Transportation Research Record, 2014, 2456(1): 161-169.

[14] GU F, MA W, WEST R C, et al. Structural performance and sustainability assessment of cold central-plant and in place recycled asphalt pavements: A case study[J]. Journal of Cleaner Production, 2018, 208: 1513-1523.

[15] PUCCINI M, LEANDRI P, TASCA A L, et al. Improving the Environmental Sustainability of Low Noise Pavements: Comparative Life Cycle Assessment of Reclaimed Asphalt and Crumb Rubber Based Warm Mix Technologies [J]. Coatings, 2019, 5(9): 3443.

[16] CHEN X, WANG H. Life cycle assessment of asphalt pavement recycling for greenhouse gas emission with temporal aspect [J]. Journal of Cleaner Production, 2018, 187: 148-157.

[17] SANTOS J, BRESSI S, CEREZO V, et al. Life cycle assessment of low temperature asphalt mixtures for road pavement surfaces: A comparative analysis[J]. Resources, Conservation and Recycling, 2018, 138: 283-297.

[18] SCRUCCA F, SCRUCCA F, BALDINELLI G, et al. Uncertainty in LCA: An estimation of practitioner-related effects [J]. Journal of Cleaner Production, 2020(268): 122304.

[19] PANTINI S, BORGHI G, RIGAMONTI L. Towards resource-efficient management of asphalt waste in Lombardy region (Italy): Identification of effective strategies based on the LCA methodology [J]. Waste Management, 2018, 80: 423-434.

[20] GROEN E A, HEIJUNGS R, BOKKERS E A M, et al. Methods for uncertainty propagation in life cycle assessment [J]. Environmental Modelling & Software, 2014, 62: 316-325.

[21] HEIJUNGS R, GUINÉE J B, BELTRÁN A M, et al. Everything is relative and nothing is certain. Toward a theory and practice of comparative probabilistic LCA [J]. The International Journal of Life Cycle Assessment, 2019, 24: 1573-1579.

[22] BAMBER N, TURNER I, ARULNATHAN V, et al. Comparing sources and analysis of uncertainty in consequential and attributional life cycle assessment: review of current practice and recommendations [J]. The International Journal of Life Cycle Assessment, 2020, 25: 160-180.

[23] 欧训民,张希良. 中国终端能源的全生命周期化石能耗及碳强度分析[J]. 中国软科学, 2009(S2):208-214.

[24] ABDALLA A, FAHEEM A F, WALTERS E. Life cycle assessment of eco-friendly asphalt pavement involving multi-recycled materials: A comparative study [J]. Journal of Cleaner Production, 2022, 362.

[25] MASCARENHAS Z M G, PIAO Z, VASCONCELOS K L, et al. Comparative environmental performance of pavement structures considering recycled materials and regional differences [J]. Science of The Total Environment, 2023, 858: 159862.

[26] EKVALL T, BJÖRKLUND A, SANDIN G, et al. Modeling recycling in life cycle assessment [R]. Gothenburg, Sweden: Swedish Life Cycle Center, 2020.

[27] ZAMPORI L, PANT R. Suggestions for updating the Product Environmental Footprint (PEF) method[R]. Luxembourg: Publications Office of the European Union, 2019.

[28] MASSON-DELMOTTE V, ZHAI P, PIRANI A, et al. Climate Change 2021: The Physical Science Basis[R]. Cambridge, UK and New York, NY, USA: Cambridge University Press, 2021.

[29] 中国人民共和国生态环境部. 关于做好2023—2025年发电行业企业温室气体排放报告管理有关工作的通知[EB/OL]. [02-21]. https://www.mee.gov.cn/xxgk2018/xxgk/xxgk06/202302/t20230207_1015569.html.

[30] Eurobitumen. The Eurobitume life-cycle inventory for bitumen, Version 3.1[R]. Brussels, Belgium: the European Bitumen Association, 2020.

[31] Eurobitumen. The Eurobitume life-cycle inventory for bitumen, Version 2[R]. Brussels, Belgium: European Bitumen Association, 2012.

[32] QIAO Y, WANG Z, MENG F, et al. Evaluating the economic and environmental impacts of road pavement using an integrated local sensitivity model [J]. Journal of Cleaner Production, 2022, 371: 133615.

[33] 邵亦白,刘宇,郑焱,等.利废水泥熟料产品系统的生命周期清单分析方法及应用[J].中国水泥,2022(11):59-62.

[34] HOSSAIN M U, POON C S, LO I M C, et al. Comparative environmental evaluation of aggregate production from recycled waste materials and virgin sources by LCA [J]. Resources, Conservation and Recycling, 2016, 109: 67-77.

[35] 张孝存.建筑碳排放量化分析计算与低碳建筑结构评价方法研究[D].哈尔滨:哈尔滨工业大学,2018.

[36] GUO M, MURPHY R J. LCA data quality: Sensitivity and uncertainty analysis [J]. Science of The Total Environment, 2012,435-436:230-243.

[37] GALLE W, DE T N, ALLACKER K, et al. Geometric service life modelling and discounting, a practical method for parametrised life cycle assessment[J]. The International Journal of Life Cycle Assessment, 2017, 22: 1191-1209.

[38] WEIDEMA B P, WESNES M S. Data quality management for life cycle inventories—an example of using data quality indicators [J]. Journal of Cleaner Production, 1996, 4 (3-4): 167-174.

[39] YU B, WANG S, GU X. Estimation and uncertainty analysis of energy consumption and CO_2 emission of asphalt pavement maintenance [J]. Journal of Cleaner Production, 2018 (189): 326-333.

[40] BICALHO T, SAUER I, RAMBAUD A, et al. LCA data quality: A management science perspective[J]. Journal of Cleaner Production, 2017, 156: 888-898.

[41] HENRIKSSON R H, HEIJUNGS R, DAO H M, et al. Product Carbon Footprints and Their Uncertainties in Comparative Decision Contexts [J]. PLoS ONE, 2015, 3(10): 121221.

[42] ANDRÉ J C S, LOPES D R. On the use of possibility theory in uncertainty analysis of life cycle inventory[J]. The International Journal of Life Cycle Assessment, 2011,17: 350-361.

[43] HEIJUNGS R. On the number of Monte Carlo runs in comparative probabilistic LCA [J]. The International Journal of Life Cycle Assessment, 2020(25): 394-402.

Architecture of Railway Self-Coordinated Energy System Based on Polymorphic Clean Energy

Yani Sun Zhe Zhang* Muhetabaier Baihetiyaer

(School of Traffic and Transportation, Beijing Jiaotong University)

Abstract By combing the demand of the railway self-coordinated energy system, the integration mechanism of electrified railway and non-electrified railway with clean energy under the three attributes of "source-network-load" is analyzed respectively in this paper, and the characteristics of the integration mechanism of railway and clean energy are obtained. Then, for the self-coordinated energy system architecture of electrified railway and non-electrified railway, the relevant application scenario sets are sorted out and the physical architecture is designed. Finally, combined with the characteristics of the railway self-coordinated energy system, the evaluation index of the railway self-coordinated energy system is proposed from the perspective of reasonable architecture, diverse modes, environmental friendliness and notable benefits.

Funding: The work was supported by the grant from the National Key Research and Development Program of China (No. 2021YFB2601300).

Keywords Railway Clean energy System architecture Integration mechanism Evaluation index

0 Introduction

With the continuous development of the railway, its energy consumption problem has gradually become a focus of attention. Railway self-coordinated energy system as an important landing point of the railway innovation for the dual-carbon goal, can realize the railway from a single use of energy to the use of energy and supply of energy role change[1].

In terms of electrified railway, literature [2] proposed the concept of intelligent hybrid electrified railway network (SHERG) and studied its architecture. In addition to considering the energy integration of non-electrified railways, literature [3] introduced a technical scheme of auxiliary power supply for passenger trains based on energy storage and photovoltaic (PV), which injected energy into the power supply unit (PSU) of the train. Literature [4] studies the integration of alternative energy on rail vehicles from a system perspective. Literature [5] proposes to capture heat energy from the rail and charge the battery through the collected heat energy. Aiming at the utilization of renewable energy in railway energy fusion, literature [6] introduced several feasible architectures, future development prospects and key technologies of new high-speed railway traction power supply system. Literature [7] sorted out the conditions and development status of various new energy sources, and put forward the future development trend. Literature [8] explores the technical path and system model of decarbonization of rail transit energy supply, which is adapted between rail transit energy demand and renewable energy resource endowment.

In terms of application, in 2011, Japan combined lithium-ion batteries with photovoltaic panels laid along a number of railways such as Hirai Masumi and Hiraizui to form a joint power supply system; In 2017, the Dutch railway company and the electric power company deployed wind energy to 75% of the train energy system [9]. And the Jiqing high-speed railway development and application along the photovoltaic power generation project, the use of the fence side, slope protection, reservation and other restricted space along the line to install photovoltaic power generation equipment.

In summary, the application of railway systematic energy architecture is still slightly insufficient, and it is difficult to meet the needs of future development.

1 Analysis of mechanisms for integration of railway and clean energy

The integration mechanism of railway and clean energy mainly includes four links, namely, "source-network-load-storage". Analysed from the above links, the railway clean energy integration mechanism can be considered from the three attributes of "source, network and load".

1.1 Mechanisms for rail and clean energy integration that consider "source property"

Considering the integration of railway and clean energy from a "source property" perspective can be done through the placement of clean energy generation units and the deployment of energy storage devices on the carriers, infrastructure and service facilities of the railway system. For the carriers of transportation, non-electrified railway can lay clean energy power generation units on the top of the means of transportation; for the service facilities, the service facilities of the railway system are more concentrated and larger in area, and the influence of the surrounding buildings on them is smaller, which is very conducive to the construction of some clean energy power generation units such as centralized photovoltaic power stations; for the infrastructure of the railway system, the railway line is very long, the infrastructure area is large, the area of laying clean energy power generation unit is very large, and there is a clear space area, the laying angle is very free, and it has a high potential of supplying large loads, so it is possible to consider laying clean energy power generation unit within the safety protection zone on both sides of all kinds of railway lines.

1.2 Mechanisms for the integration of railway and clean energy, taking into account "network property"

The evolution mode of the railway self-coordinated energy system develops towards the clean energy microgrid mode, which presents a three-in-one type traction transformer microgrid with traction substation, energy storage unit and information unit in one. There are two operation modes of railway clean energy distributed microgrids:

a. Electrified railway whose distributed microgrids will be connected to the grid while supplying power directly to the load. When the distributed microgrid power supply is insufficient, the grid will supply power to the load; when the distributed microgrid power generation is in surplus, the surplus power will be fed into the large power grid. In addition, the grid can also play the role of voltage support to help maintain the stability of the microgrid.

b. For the non-electrified railway, the distributed microgrid will adopt the "island" operation mode, i. e., form an independent power supply system, which is specifically designed to supply power to the railway loads.

1.3 Mechanisms for the integration of railway and clean energy, taking into account "load property"

The integration of railway and clean energy will first show seasonal coupling in terms of "load property". In the traditional model, the railway system electricity is only provided by the power grid, for the power grid railway load is basically the same in all seasons. Under the new integration mechanism, clean energy generation is seasonal. Here to photovoltaic as an example, the spring and summer seasons of photovoltaic power generation is very high, can meet the railway system load energy demand and even achieve the surplus power on the Internet; and in the autumn and winter seasons of photovoltaic power generation is less, thus need to get more electricity from the grid. Other clean energy generation also has similar characteristics to photovoltaic power generation, so for the grid, the railway system load seasons are no longer the same, showing seasonal characteristics; secondly, it will reflect the spatial distribution. In the traditional mode, the power needed by railway is transmitted to the load side from power plants around the world, after the interconnection of the power grid, and then through the voltage reduction and distribution of transmission and distribution stations, and finally provided to the load. Under the new convergence mechanism, railway loads are no longer supplied by the interconnected grid, but are distributed to a large number of distributed microgrids, which present decentralized characteristics. Finally, it will also present temporal and spatial discontinuity. Under the traditional mode, the intermittent shock load of the railway will directly act on the power grid, jeopardizing the stability of the power system and affecting the power quality. And under the new integration mechanism, the intermittent impact load of the railway will be transferred to each energy storage device, which avoids the direct impact on the power grid and effectively buffers the impact of the load.

The energy flow process under this fusion mechanism is shown in Figure 1. Under this integration mechanism, energy comes from natural endowment and external power system, and after a certain conversion process, it provides electricity or gas for high-speed train, freight train and other transportation carriers and related facilities. In the process of railway and energy integration, the system through the intelligent organization, intelligent scheduling, intelligent service and intelligent maintenance of four kinds of operation and management mode for energy management, the realization of energy control and depends on the system power supply.

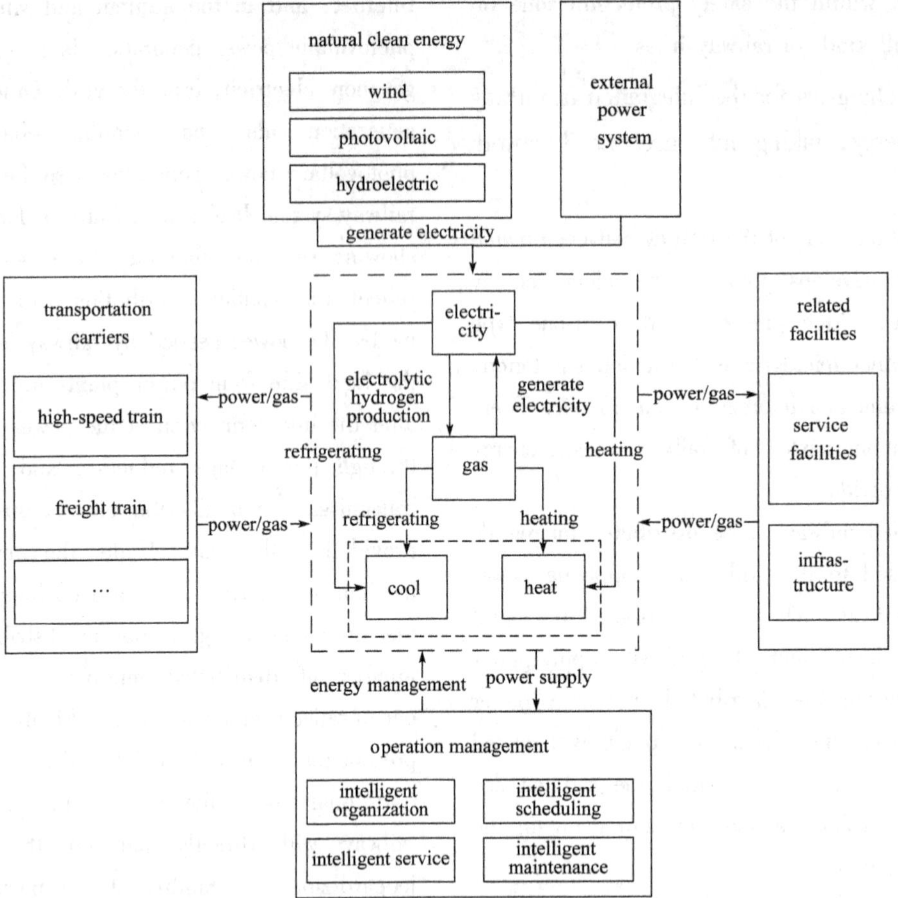

Figure 1　Railway and clean energy integration Energy flow process

2　Design of self-coordinated energy system architecture for electrified railway

2.1　Application scenario set combing

Utilizing the natural endowments and available roofs/open spaces along the railway, the clean energy generation units are reasonably implanted into different application scenarios according to the local conditions, network conditions, and load conditions to form a railway-specific clean energy system. In this system architecture, energy storage methods include flywheel energy storage, super capacitor, electrochemical energy storage and superconducting energy storage, etc. At the same time, according to the spatial location of the energy storage equipment, the set of application scenarios can be classified into aboveground centralized type and carrier distributed type. Ground centralized energy storage equipment is mainly laid in the service facilities or infrastructure, the carrier distributed energy storage equipment is mainly deployed in the carrier, the actual application can be flexible to choose the appropriate energy storage equipment space location. Such as electrified heavy-duty railway can choose the carrier distributed energy storage equipment, at the same time, because of the heavy-duty train on the large demand for electricity, can consider based on multi-machine physical reconnection and virtual reconnection in order to reduce the weight of the single-machine energy storage equipment.

2.2　Physical architecture design

Scenario application of self-coordinated energy systems for electrified railway should firstly ensure the appropriateness of clean energy generation and secondly promote the utilization of regenerative energy. The regenerative energy is preferred to the feed-back type, i. e., it is directly returned to the grid to supply energy to other loads to be used as electricity for carrier and related facilities; when conditions are limited, it can also be returned to the energy storage device as energy storage to supply energy to other loads to realize the full utilization and consumption of regenerative energy [10]. The physical architecture is schematically shown in Figure 2 and Figure 3, respectively.

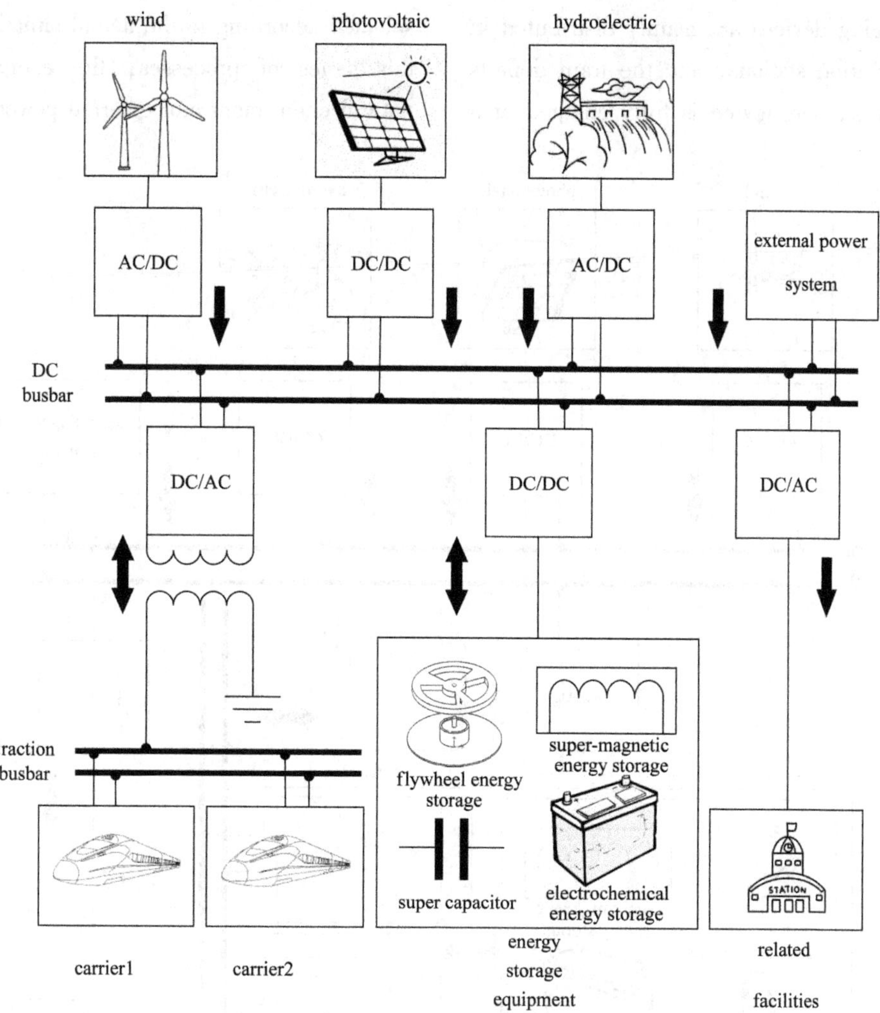

Figure 2 Centralized physical architecture of energy storage equipment for self-coordinated energy system of electrified railway

3 Design of self-coordinated energy system for architecture non-electrified railway

3.1 Application scenario set combing

A self-coordinated energy system for non-electrified railway focuses on the full development of clean energy sources around the railway and the cleaner use of energy in the means of transport. Consideration will be given to the selection of vehicles equipped with energy storage units storing electric or hydrogen energy according to the actual conditions to realize the transition of non-electrified railway from a high dependence on non-clean energy sources to the full utilization of clean energy sources. The set of application scenarios can be categorized into electric and hydrogen trains according to the type of energy used.

3.2 Physical architecture design

Scenario application of self-coordinated energy system for non-electrified railway needs to improve the resilience of the railway energy system, so that the energy of carriers can be transformed into cleaner energy. Through the synergistic mode of " source-storage-load" to support the new type of non-electrified railway carriers to use energy, and to maintain the long-term stable operation of the loads, the physical architecture of the electric train is shown in Figure 4, and its charging schematic is shown in Figure 5. Charging devices are mainly distributed in various transportation stations, and the train departs after the energy storage device is fully charged at a certain transportation station; in the process of operation, the remaining power of the train's energy storage device gradually decreases, and it can be recharged again at a suitable transportation station selected according to the actual situation later on. In this series of processes, the energy comes from natural endowment and external power supply.

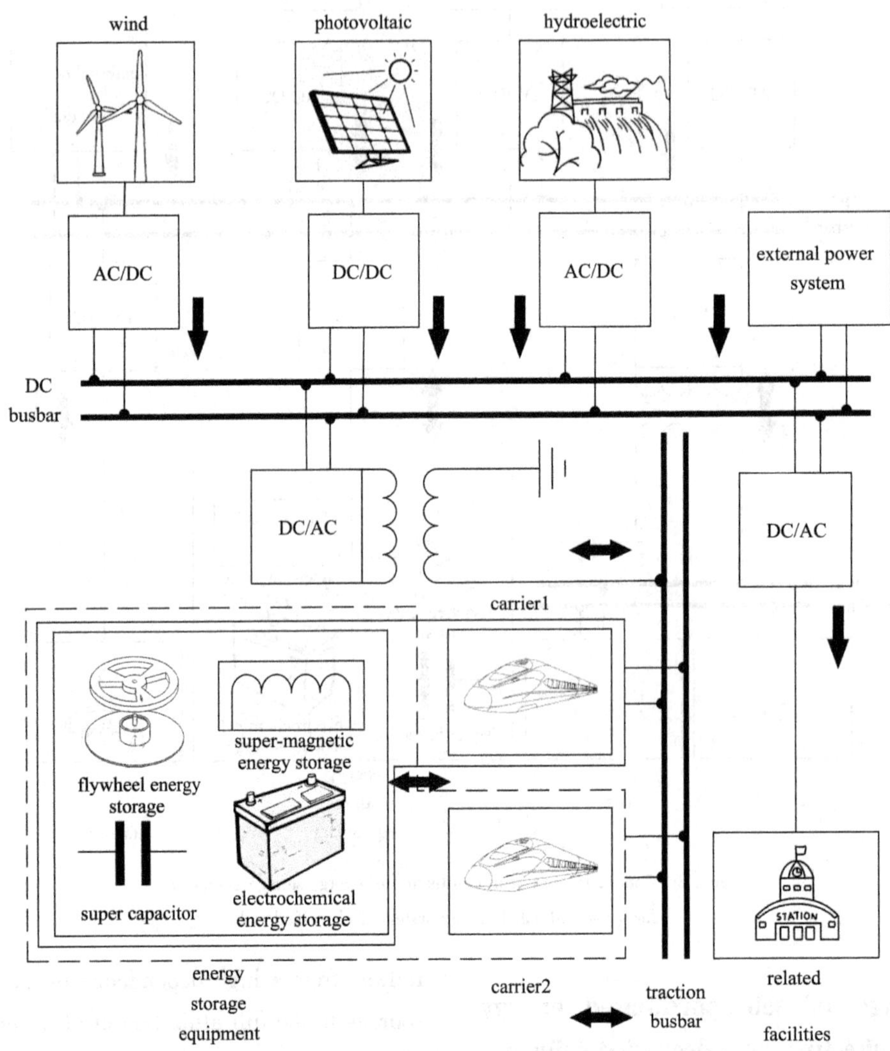

Figure 3 Electric railway self-coordinated energy system distributed physical architecture of energy storage equipment carrier

The physical architecture of the hydrogen train[11] is illustrated in Figure 6, and its hydrogen refueling schematic is shown in Figure 7. Similarly, hydrogen refueling devices are mainly distributed in various transportation stations, and the train hydrogen equipment can be refueled with hydrogen at the transportation stations, with the energy coming from both natural endowment and external power sources.

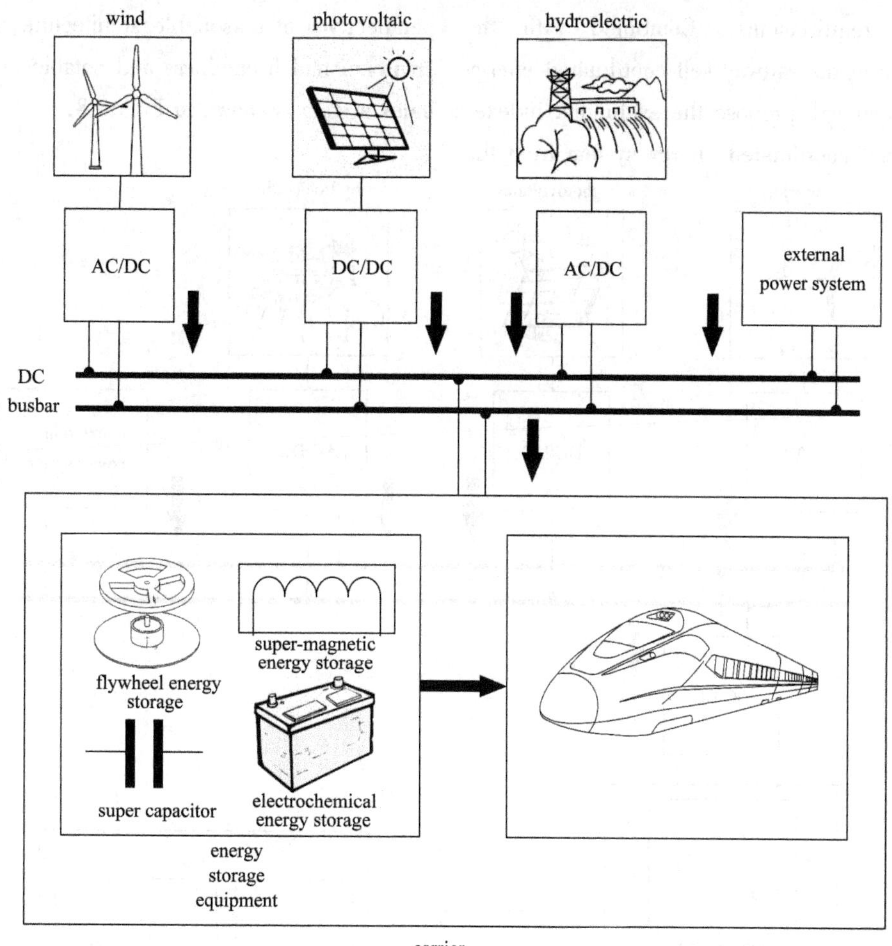

Figure 4 Physical architecture of electric train for non-electrified railway self-coordinated energy system

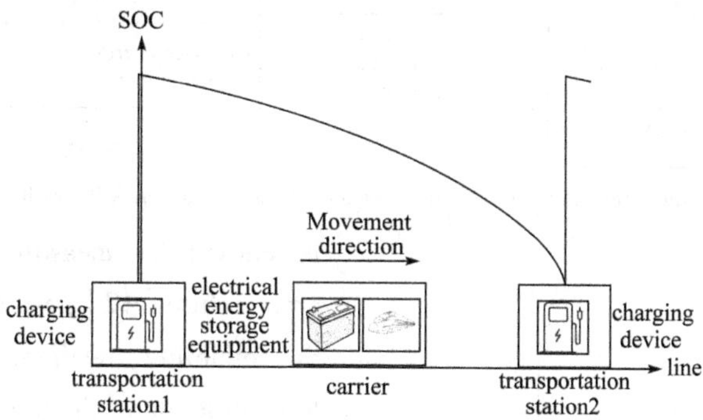

Figure 5 Electric train charging diagram of non-electrified railway self-coordinated energy system

4 Evaluation of self-coordinated energy systems for railway

Based on the four requirements of " safety, efficiency, green and economy" mentioned in the previous chapter, it is essential for railway and energy systems to meet these demands. Therefore, it is necessary to establish a comprehensive evaluation system that can assess the entire lifecycle of railway energy systems. During the design and construction phase, we can evaluate system design schemes from two aspects: reasonable architecture and diverse modes to ensure safety and rationality. In the operational phase, factors such as environmental friendliness and significant benefits need to be further considered. By integrating assessments from both stages, we can determine whether the self-consistent energy system meets railway requirements. Combined with the relevant features of the railway self-coordinated energy system, this paper will propose the evaluation indexes of the railway self-coordinated energy system from the perspectives of reasonable architecture, diverse modes, environmental friendliness and notable benefits, and the index system is shown in Figure 8.

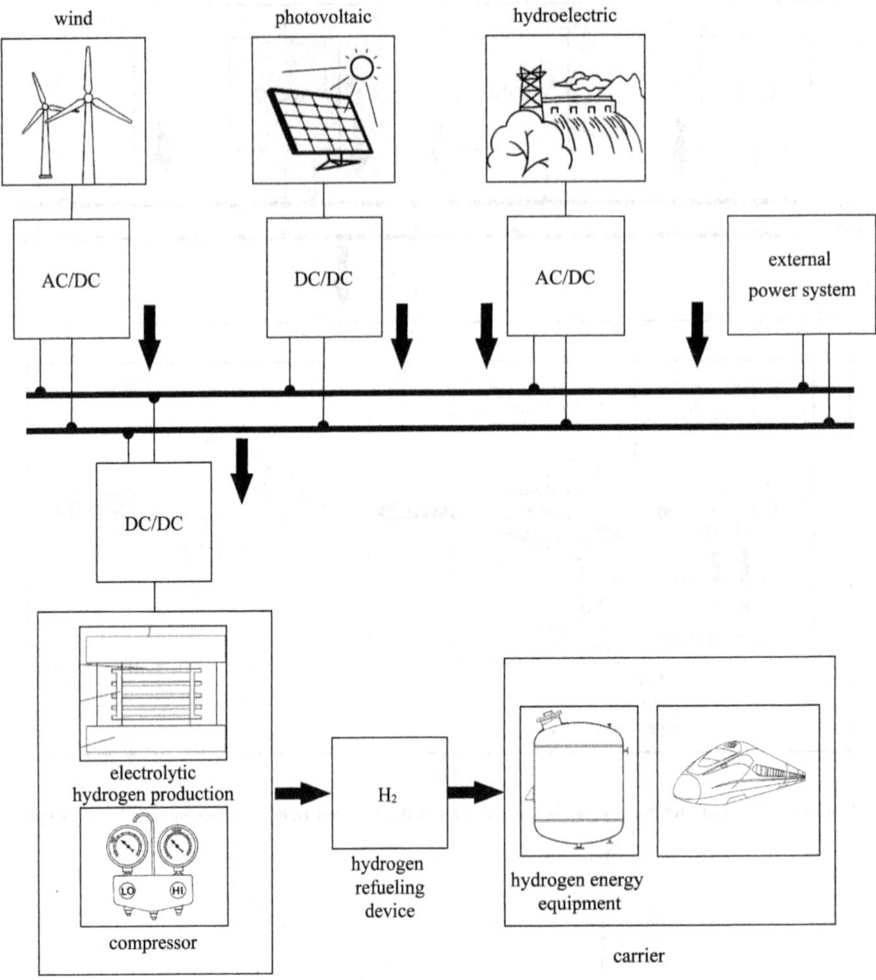

Figure 6 Physical architecture of hydrogen train for non-electrified railway self-coordinated energy system

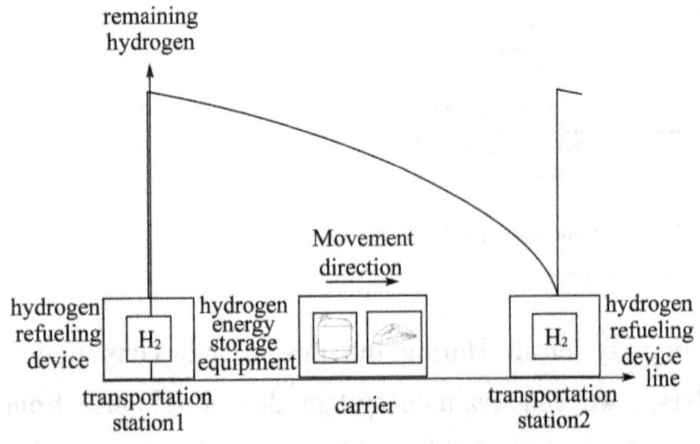

Figure 7 Non-electrified railway self-coordinated energy system hydrogen train hydrogenation schematic

4.1 Reasonable architecture

In this paper, the complex network modeling study based on graph theory in modeling methodology is chosen to measure the reasonableness of the architecture [12], which can be judged in terms of the reliability, resilience, robustness, and resistance to destruction of the architecture after constructing the railway self-coordinated energy system architecture as a complex network model.

a. Reliability.

The reliability metric measures the ability of a railway self-coordinated energy system to remain healthy and stable until it is subjected to an unexpected event. The average node degree is used to measure the reliability of the architecture for:

$$R = \frac{l_1}{l_0} \tag{1}$$

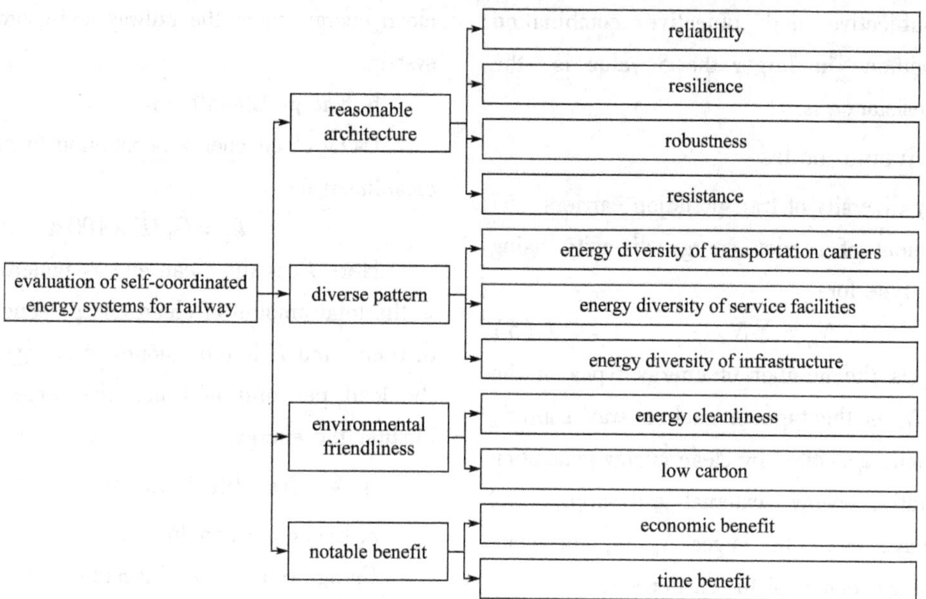

Figure 8 Evaluation index system of railway self-coordinated energy system

Here R is the reliability index, l_1 is the average node degree of the system after the failure and l_0 is the average node degree of the system before the failure. $R = 1$ means that the system is stable; if $R < 1$ after the failure attack, it means that the reliability of the system after the failure is reduced; if $R > 1$ after the failure attack, it means that the reliability of the system after the failure is increased.

b. Resilience

The resilience metric measures the ability of the system to withstand perturbations, i. e., the ability to withstand failures, when a failure occurs in the railway self-coordinated energy system. A clustering coefficient is used to measure the resilience of the system for:

$$E = \frac{N_i'}{N_i} \tag{2}$$

Here E is the resilience index, N_i' is the clustering coefficient of the system after the failure, and N_i is the clustering coefficient of the system before the failure. The larger E is, the better clustering characteristics the system has after the failure, i. e., the better the system's ability to resist the failure.

c. Robustness

The robustness metric measures the fault tolerance of the railway self-coordinated energy system in the event of a fault, i. e., it characterizes the ability to respond to and absorb faults. Residual load factor and transmission efficiency are used to measure the robustness of the system for:

$$O = k_1 G + k_2 M \tag{3}$$

Here O is the robustness index, k_1 and k_2 are the weighting coefficients of the residual load factor G and the network transmission efficiency M, respectively, which can be determined by the subjective and objective assignment method. the larger the value of the O index, the stronger the robustness.

d. Resistance

The resistance metrics measure the ability of a railway self-coordinated energy system to recover after experiencing a faulty disturbance. Complex network key measures such as degree, median, and clustering coefficient are used to measure the resistance for:

$$S = 1 - \exp(\varepsilon_1 X_{Di}' + \varepsilon_2 X_{Bi}' + \varepsilon_3 X_{Ci}') \tag{4}$$

Here S denotes the resistance of system node i after failure, X_{Di}' denotes the normalized value of weighted node degree after failure of system node i; X_{Bi}' is the normalized value of weighted median of network metrics after failure of system node i; X_{Ci}' is the normalized value of weighted clustering coefficients of the network after failure of system node i; and ε_1, ε_2, ε_3 are the weighting coefficients between the normalized value of the weighted node degree, the normalized value of the weighted mediator and the normalized value of the weighted clustering coefficients, which can be determined by using the subjective and objective combination assignment method The larger the S value is, the stronger the resistance is.

4.2 Diverse modes

a. Energy diversity of transportation carriers

Measurement of carrier energy diversity using carrier energy type for:

$$N_{to} = \sum N_o \tag{5}$$

Here N_{to} is the number of energy types of the carrier, and N_o is the type of each energy source, such as electricity generated by clean energy generation units, regenerative energy, external grid supply, and hydrogen energy, etc. The larger N_{to} is, the more diverse the energy sources of the carrier are.

b. Energy diversity of service facilities

Using service facility energy types to measure service facility energy diversity for:

$$N_{so} = \sum N_o \tag{6}$$

Where N_{so} is the number of energy types in the service facility and N_o is each energy type. the larger N_{so} is, the more diverse the energy sources in the service facility.

c. Energy diversity of infrastructure

Measuring infrastructure energy diversity using infrastructure energy types for:

$$N_{go} = \sum N_o \tag{7}$$

Here N_{go} is the number of infrastructure energy types, N_o is the type of each energy source. larger N_{go} indicates more diverse infrastructure energy sources.

4.3 Environmental friendliness

a. Low carbon

The low carbon nature of the architecture is measured using carbon reductions for:

$$E_k = (\tau_e - \tau_p) G_T \tag{8}$$

Here E_k is the carbon emission reduction, τ_e is the carbon emission factor of traditional electric power industry in the region where the railway line is located, τ_p is the carbon emission factor of electric power industry in the region where the railway line is located under the railway self-coordinated energy system, and G_T is the power generation capacity of clean energy under the railway self-coordinated energy system.

b. Energy Cleanliness

Using clean energy penetration to measure energy cleanliness for:

$$F_S = G_T / E \times 100\% \tag{9}$$

Here F_S is the clean energy penetration rate, G_T is the total amount of clean energy generated per unit of time, and E is the amount of energy consumed by the load per unit of time. the larger the F_S, the cleaner the energy.

4.4 Notable benefits

a. Economic benefit

Using return on investment to measure the economic efficiency of railway self-coordinated energy systems for:

$$\mathrm{ROI} = U/I \times 100\% \tag{10}$$

Here ROI is the return on investment, U is the profit of the whole life cycle of the project, and I is the total cost of the whole life cycle of the project. the larger the ROI, the better the economic benefit.

b. Time benefit

Measuring the time efficiency of the railway's self-coordinated energy system using the rate of improvement in effective energy supply hours for:

$$I_{tv} = (t'_v - t_v)/t_v \times 100\% \tag{11}$$

Where I_{tv} is the rate of improvement of effective energy supply time, t'_v is the effective energy supply time in the whole life cycle of the project under the self-coordinated energy system of this railway, and t_v is the effective energy supply time in the whole life cycle of the traditional railway project. The larger I_{tv} is, the better the time benefit is.

5 Conclusions

Based on the development needs of railway energy transformation, this paper proposes a self-coordinated energy system architecture for railway based on polymorphic clean energy.

a. Consider the integration mechanism of railway and clean energy under the attribute of " source", which can be played by the power generation and storage units laid on the carrier and related facilities;

consider the integration mechanism of railway and clean energy under the attribute of "network", which can be played by traction variable microgrid; consider the integration mechanism of railway and clean energy under the attribute of "load", the analysis can obtain the characteristics of the integration mechanism which are different from the traditional mechanism and the energy flow process.

b. Considering the self-coordinated energy system architecture of electrified and non-electrified railway, we sort out the relevant application scenarios, design the physical architecture and draw the relevant scenario diagrams.

c. Combined with the characteristics of the self-coordinated energy system of railway, we propose the evaluation indexes of the self-coordinated energy system of railway from the perspective of reasonable architecture, diverse modes, environmental friendliness and notable benefits.

d. The future integration of railway with clean energy can also take into full consideration the humanistic, economic, social, and cultural aspects, etc., to further improve the railway self-coordinated energy system.

References

[1] WEI X G, GAO S B, ZANG T L, et al. Social Energy Internet: Concept, Architecture and Outlook [J]. Proceedings of the CSEE, 2018, 38(17):4969-4986.

[2] KALEYBAR H J, BRENNA M, CASTELLI-DEZZA F, et al. Smart Hybrid Electric Railway Grids: A Comparative Study of Architectures [Z]. 2023 IEEE International Conference on Electrical Systems for Aircraft, Railway, Ship Propulsion and Road Vehicles & International Transportation Electrification Conference (ESARS-ITEC). 2023: 1-6.

[3] GEORGE N, CHOWDHURY S P D, IEEE. Roof-Top Solar Power Augmentation to Auxiliary Supply of Passenger Train; proceedings of the IEEE IAS/PES Power Africa Conference, Tshwane Univ Technol, Cape Town, South Africa, 2018 Jun 26-29, 2018 [C]. 2018.

[4] FEDELE E, IANNUZZI D, DEL PIZZO A. Onboard energy storage in rail transport: Review of real applications and techno-economic assessments [J]. IET Electrical Systems in Transportation, 2021, 11(4): 279-309.

[5] GAO M Y, SU C G, CONG J L, et al. Harvesting thermoelectric energy from railway track [J]. Energy, 2019, 180: 315-29.

[6] LI X, ZHU C, LIU Y. Traction power supply system of China high-speed railway under low-carbon target: Form evolution and operation control [J]. Electric Power Systems Research, 2023, 223.

[7] HU T F, LIU J H, LI T F, et al. Current Status and Prospect of the Integration of Railway and New Energy [J]. Strategic Study of CAE, 2023,25(2):122-132.

[8] CHEN C, JIA L M, ZHAO T Y, et al. Decarbonization-Oriented Rail Transportation and Renewable Energy Integration Development—Configurations, Solutions, and Enabling/Empowering Technologies [J]. Transactions of China Electrotechnical Society, 2023, 38(12): 3321-3337.

[9] LI Q S, ZHUO H. Research on the Development Path of Rail Transit Energy based on Synergistic Energy [J]. Journal of Beijing Jiaotong University: Social Sciences Edition, 2022,21(3):53-60.

[10] JIA L M, CHENG P, ZHANG Z, et al. Integrated Development of Rail Transit and Energies in China: Development Paths and Strategies [J]. Strategic Study of CAE, 2022, 24(3):173-183.

[11] PENG S J, YANG D Z, SUN C S, et al. Capacity Planning of Hydrogen Production and Storage System Based on Hydrogen Load Demand[J]. Electric Power, 2023, 56(7): 13-20.

[12] WANG S L. Important Node Mining in Wireless Sensor Networks Based on Complex Network Theory [D]. Lanzhou: Lanzhou Jiaotong University, 2023.

光伏路面板制备与性能研究

黄 宇[1] 孙 浩[1] 程 伟[1] 刘状壮[*1,2]
(1. 长安大学公路学院;2. 长安大学特殊地区公路工程教育部重点实验室)

摘 要 近年来,光伏路面作为可提供可再生能源的替代品受到广泛关注,而光伏路面的路用性能研究还处于早期的探索阶段。本研究在前人文献的基础上,采用空心结构对光伏路面板结构进行设计。通过测试光伏路面板的路用性能,包括力学性能、抗滑性能、密封性能和黏结性能,用以评价光伏路面板是否能够满足原有路面的性能要求,再测试其发电性能,分析不同纹理的透明板对发电性能的影响程度。结果表明,设计的光伏路面板具有良好的力学性能和抗滑性能,能够承受轻型交通对路面的荷载,并且光伏路面板能很好地保护内部的光伏电池,防止断裂破坏。通过试验发现细条纹透明板对太阳辐照的阻碍最小,与无遮盖的光伏电池相比其发电量减少了11%。

关键词 光伏路面 道路能量收集 空心板 太阳能路面

0 引言

截至2022年底,我国公路总里程达到535万km,道路作为交通运输中的重要基础设施需要消耗大量的能源,将道路交通系统由能源的消费者转化为能源的供应者,对解决能源消耗问题有重要的意义[1]。太阳能作为一种取之不尽、用之不竭的能源,在世界各国的能源系统中起着至关重要的作用[2]。

道路覆盖在地表,沥青可以直接吸收阳光辐射,将发电技术铺设在道路建设中,可以有效缓解能源供应压力[3],采用太阳能光伏电池代替传统路面时,不仅能够发电,还能有效缓解热岛效应的产生[4]-[5]。

Yijie Z 等[6]基于热节点有限元差分法和光伏五参数模型,提出了光伏路面(PVP)系统的热电数学模型,对比室外试验,光伏电池温度和输出的平均绝对百分比误差分别为1.68%和3.63%,组件光伏发电量的电效率可达到14.71%。Rahman M 等[7]基于薄膜光伏太阳能电池板的能量收集系统原型设计,比较不同材料透明覆盖层对系统发电性能及道路抗滑性能的影响。结果表明,光伏模块可以承受轻型交通道路、人行道和停车场的结构荷载,虽然产生的能量功率小,但在人行横道上足以提供自供电的LED照明以提高安全性。

目前太阳能路面有实体和空心两种结构,实体结构稳定性好但在路上的交通荷载传递到太阳能电池上易造成电池断裂破坏;空心结构承载力低但其内部有空间可调节太阳能电池的放置角度,效率有一定提高。

Zhou B 等[8]研究了网架单元块和中空单元块两种类型的光伏路面单元结构,通过正交试验分析了结构长度、结构宽度、底板厚度和网架或侧壁厚度等因素对单元块的力学性能影响。结果表明,两种结构的最佳尺寸为:网格单元块结构为长120cm×宽120cm×厚底板8cm×厚网格2cm;中空单元块结构为长60cm×宽60cm×厚底板6cm×厚侧壁10cm;并且光伏路面的网架单元结构块优于空心单元块结构。Hengwu H 等[9]提出了一种用于路面的聚光光伏板(CPP)结构,通过多功能材料测试系统(MTS)和模型移动荷载模拟器(MMLS3)对面板的力学性能和耐久性进行了测试。结果表明,路面CPP的最佳结构尺寸为长540mm×宽540mm×厚144.62mm;其防滑浓缩板的最大抗弯拉强度为61.67MPa;经过135万次循环加载后,无明显磨损,表现出良好的透光耐久性和优异的耐磨性。Xudong Z 等[10]提出了一种基于微型光伏阵列的自密实混凝土空心板太阳能路面,空心板太阳能路面由表面透明保护板、中间微型光伏阵列和底部混凝土基板三层组成,通过

基金项目:国家重点研发计划(2021YFB1600201)。

ANSYS 软件和 PVsyst 软对路面结构进行了三维有限元数值模拟和发电仿真。结果表明,空心板的最佳尺寸为 1000mm × 1000mm × 250mm,在微型光伏阵列最佳布局模式下,太阳能电池的倾斜度、方位角、分别为 18°和 0°。

为了提高空心结构光伏路面板在道路应用中的性能,本研究基于空心结构设计一种光伏路面板,设计了不同类型的光伏路面板透明层纹理,对其路用性能和发电性能进行测试,以期为今后的太阳能路面的研究提供参考。

1 原材料与光伏路面板制备

1.1 光伏路面板结构设计

光伏路面板基于空心结构进行设计,由上到下依次为透明层、光伏层、隔离层和封装保护层等四个部分,各结构设计尺寸如图 1 所示。

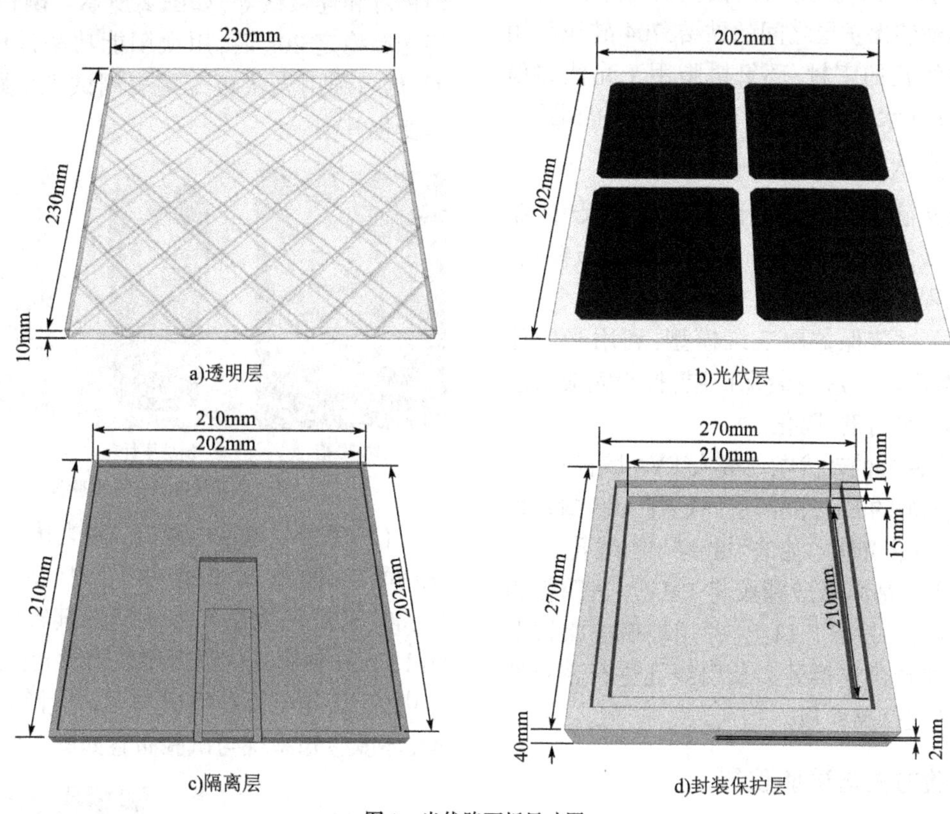

图 1 光伏路面板尺寸图

1.2 原材料

(1)透明层。透明层作为整个光伏路面的表层,直接承受荷载作用及自然环境的长期影响,需具有足够的强度、刚度、耐久性和稳定性等结构性能,还需满足抗滑性、耐磨性和平整度等功能性要求,同时透明层要保证一定的透光性,满足光伏层的发电性能[11]。聚甲基丙烯酸甲酯(PMMMA,俗称亚克力)材料制备的透明层具有密度小、抗压强度高、透光性能优异等特性,符合光伏路面板对透明层的要求,研究采用 4 种不同纹理类型的亚克力板进行研究,包括无纹理、细条纹、粗条纹和六角纹。

(2)光伏层。光伏层作为整个光伏路面的核心层,主要是利用光电效应将透过表层的太阳光转换成电能[12]。光伏电池采用单晶硅光伏电池,其基本参数如表 1 所示。

单晶硅光伏电池参数 表 1

设备参数	规格
额定最大功率(W)	5.6
最大工作电压(V)	18
最大工作电流(A)	0.312
开路电压(V)	21.6
短路电流(A)	0.337
尺寸(mm × mm × mm)	202 × 202 × 2
工作温度(℃)	-40 ~ 85

(3)隔离层。隔离层作为光伏层的内衬,起到隔水、隔热以及缓冲作用,保护单晶硅电池[13],隔离层选用乙烯-醋酸乙烯共聚物(EVA)材料。

(4)封装保护层。封装保护层作为光伏路面板的载体,起到保护光伏层、防水、传递荷载等作用。ABS韧性树脂作为3D打印材料,满足轻交通和行人荷载的要求,并且3D打印技术制作成本低、精度高,非常适合本研究光伏路面板的制备[14]。

(5)密封材料。研究采用氰基丙烯酸酯胶用于透明层和封装保护层之间的黏结,704硅橡胶用于表面和引线孔的密封,环氧树脂用于光伏路面板与不同基层(水泥路面、沥青路面)之间的黏结。

1.3　光伏路面板的制备

根据前文确定的光伏路面板的结构尺寸,制作了270mm×270mm×40mm的光伏路面板模型,具体制作流程如下:

(1)建立封装保护层三维模型,利用光固化3D打印技术打印ABS封装保护层,打印完成后进行去支撑和模型打磨、固化。

(2)将定制好的光伏电池嵌入EVA隔离层内,将嵌入光伏电池的EVA隔离层固定到ABS封装保护层空腔内,并将光伏电池的引线穿出引线孔。

(3)采用氰基丙烯酸酯胶将PMMA透明板固定于ABS封装保护层开口上,并用玻璃胶将透明板和封装保护层的连接处以及引线孔进行密封处理,从而制成光伏路面板。

2　试验方法与试验仪器

2.1　路用性能测试

(1)力学性能测试。在微机控制电液伺服压力试验机上进行光伏路面板的力学性能测试,压头采用直径15cm、厚度2cm的圆形刚性压头,将压头放置模型的正中心模拟最不利荷载的情况。

(2)抗滑性能测试。选取光伏路面板左上、左下、右上、右下和中间5个不同的区域,利用摆式摩擦系数测试仪对光伏路面板的摆值进行测定。

(3)密封性能测试。依照国家标准《道路车辆外部照明和光信号装置环境耐久性》(GB/T 10485—2007),将光伏路面板浸泡在距水面30cm深的自来水中,水温控制在15℃,浸泡72h,观察光伏路面板内部是否有水迹,浸泡期间水箱是否有气泡冒出。

(4)黏结性能测试。试验采用3D打印制备的ABS材料试件代替封装保护层,将样品(1.5cm×1.5cm)固定在电动卧式拉力试验机上,施加侧向应力,用高速摄像机记录界面破坏过程。

2.2　发电性能测试

(1)室内发电性能测试。为模拟太阳辐射,采用碘钨灯作为模拟太阳辐射的光源,自制了简易的小型太阳辐射模拟箱,包括小型摄影棚、500 W碘钨灯和连接线等,如图2所示。碘钨灯开启后,待光源稳定20s后,用太阳能功率计记录辐射强度,然后利用光伏板万用表测试光伏路面板的功率变化并记录。

a)模拟箱

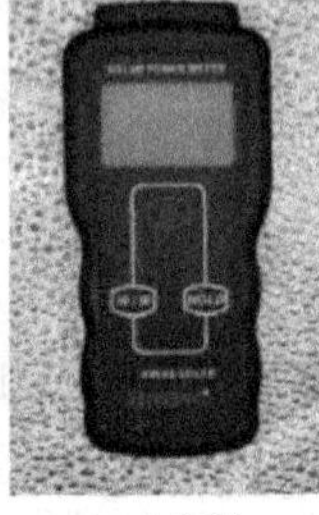
b)功率计

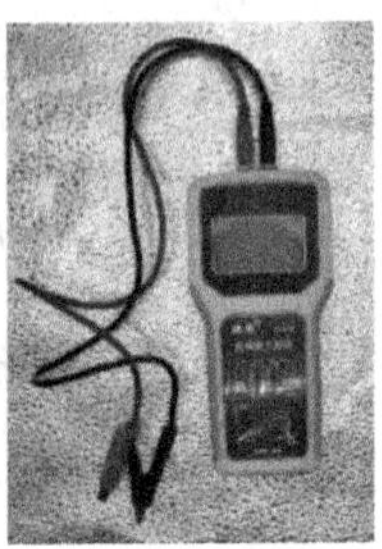
c)光伏万用表

图2　光伏发电性能试验设备

(2)室外发电性能测试。将光伏路面板放置在正南朝向、倾角26°的条件下,测试时间为9:00—17:00,采用环境感知系统测试其辐照度大小,每隔15 min利用光伏板万用表记录光伏路面板的工作电流、工作电压和输出功率,并计算其单日发电量,环境感知系统与试验布置如图3所示。

a)环境感知系统

b)现场测试布置

图3　室外测试

3　结果与讨论

3.1　路用性能

3.1.1　力学性能

图4为光伏路面板透明层受压时位移变化曲

线，从图4a）可以看出，压力与位移之间呈现良好的线性关系，在图4b）压力卸载后，PMMA透明板能够恢复原状，经试验测试，PMMA透明板的最大抗压强度为1.03MPa。

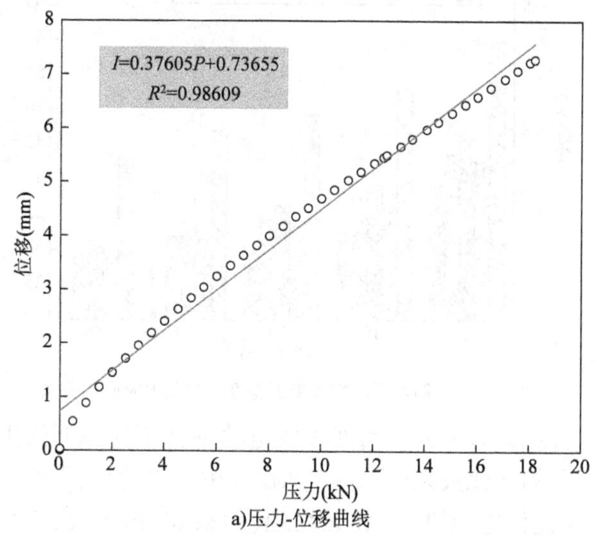

a)压力-位移曲线

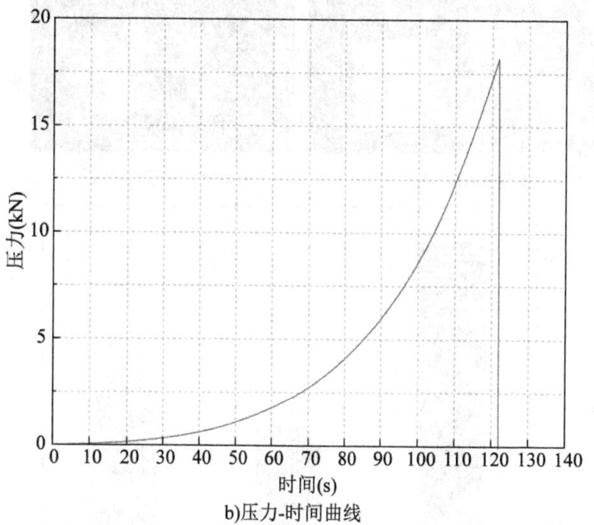

b)压力-时间曲线

图4　光伏路面板力学性能

从表2列出的人、自行车和乘用车对地面压强值可以看出，光伏路面板所能承受的压强大于路面荷载所产生的压强，因此设计的光伏路面板满足车辆和行人使用要求。

路面所受荷载类型及大小　　表2

荷载类型	压强值（kPa）
人类	5～50
公路自行车	620
山地自行车	245
乘用车	205

3.1.2　抗滑性能

从图5可以看出，六角纹透明板的摆值最大，抗滑性能最好，国家规定中高速公路、一级公路的设计摆值不小于45，试验结果显示只有无纹理的透明板摆值小于45，不考虑光伏路面板的透光系数，将光伏路面板表面设计成越粗糙类型越有利于满足抗滑性能。但是光伏路面板的发电会受到很大的影响，在既满足路面的抗滑性能要求下，减少光伏路面板透明层对太阳辐照的削弱是今后研究的重点。

3.1.3　密封性能

ABS封装保护层等材料的自身密度大于水的密度，但由于光伏路面板采用的空心结构，内部存在空气，导致光伏路面板放入水中会浮于水上，因此采用重物将其压至水底浸泡72h。结果表明，在光伏路面板浸泡期间无水泡冒出，取出水箱中压在光伏路面板上的重物后，光伏路面板依然能漂浮于水面上，且浸水后光伏路面板发电功能正常，浸水前后光伏路面板在相同太阳辐射强度下，发电功率无明显差异，本研究设计的光伏路面板密封性能良好。

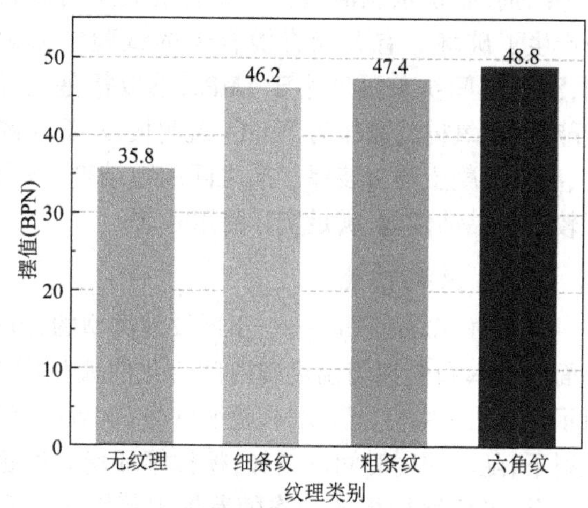

图5　不同纹理类别下光伏路面板摆值

3.1.4　黏结性能

由图6可知，使用氰基丙烯酸酯胶作为透明层与封装保护层之间的黏结剂，制成的试件层间抗剪强度为2.069MPa，此值已经达到试验仪器最大量程，因此实际的抗剪强度大于2.069MPa。试验测试水泥混凝土、沥青混凝土与封装保护层之间的层间抗剪强度分别为1.053MPa和1.338MPa，其破坏瞬间如图6a）和图6b）所示。

a)水泥黏结破坏界面

b)沥青黏结破坏界面

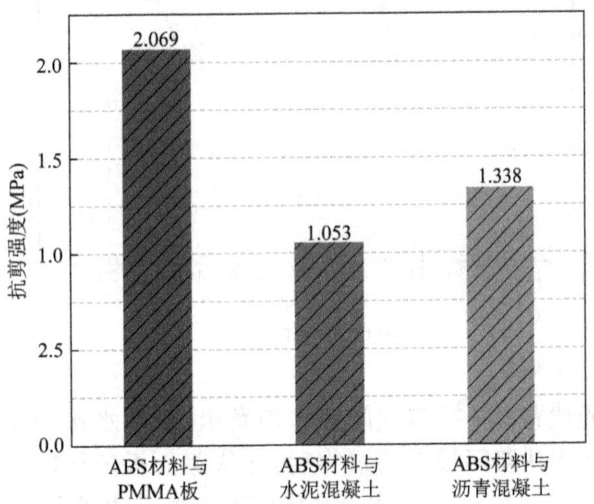

c)不同黏结层抗剪切强度

图6　黏结性能测试结果

值得注意的是，破坏的主体并不是环氧树脂胶黏结剂，而是水泥混凝土和沥青混凝土材料自身产生了破坏。有关沥青混合料的试验结果表明，沥青层间抗剪强度小于1MPa，选取氰基丙烯酸酯胶、环氧树脂胶作为PMMA透明板、水泥混凝土、沥青混凝土与封装保护层之间的黏结剂，取得了较好的黏结性能，满足实际路用需求。

3.2　发电性能

试验每10min测量一次，不同纹理类型的光伏路面板功率和模拟箱温度随时间变化曲线如图7所示。从图7中可以看出，在辐照度为620W/m^{2}的照射下，随着照射时间的增加，模拟箱环境温度稳步上升，光伏路面板的功率随着模拟箱温度的升高而降低，细条纹光伏路面板的功率在所有不同纹理类型的光伏路面板中功率最高。无纹理、细条纹、粗条纹和六角纹的PMMA透光板对太阳辐射的阻碍系数分别为1.18、1.14、1.17和1.22，对比无遮盖条件下光伏路面板的功率，透明层选择细条纹纹理对太阳辐射的阻碍作用最小。

将不同纹理类型的光伏路面板放置在室外进行测试，通过环境感知系统记录出当天的气象数据，每隔15min记录一次试验数据，从而得出不同

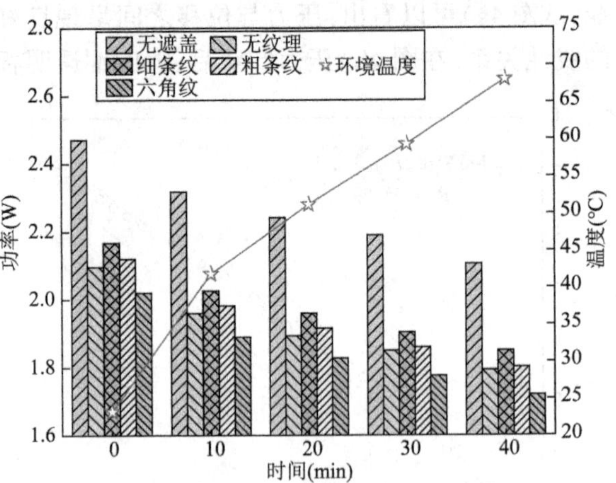

图7　光伏路面板功率和模拟温度箱与照射时间的关系

纹理类型下光伏路面板发电功率在不同辐照强度下的变化关系(图8)。从图8中可以看出，无遮盖(光伏电池原样)和无纹理、细条纹、粗条纹、六角纹透明层的光伏路面板的功率都呈现出先增大后减小的趋势，且在一天中的13:00左右太阳辐射强度最大时达到顶峰。同时，在相同光照条件下，无遮盖比加盖透明层的光伏路面板输出功率大，无纹理的光伏路面板在低辐照度的条件下输出功率比有纹理的大，但随着辐照度的增加，无纹理的光伏路面板输出功率低于有纹理的，这是由于在强光下，无纹理的PMMA板存在较大的镜面反射。相反，六角纹光伏路面板在低辐照度下的输出功率远小于其他纹理的光伏路面板的输出功率，在高辐照度下，其输出功率高于其他纹理的光伏路面板的输出功率。

4　结语

通过对光伏路面板的路用性能和发电性能进行测试，分析得出了以下结论：

(1)根据光伏路面板的路用性能测试结果，PMMA透光板的抗压强度满足轻型交通路面的承载需求，六角纹透明板具有良好的抗滑性能，光伏路面板各结构的黏结性能好，可以很好地保护光伏电池免遭外界环境的破坏，光伏路面板在性能需求上完全满足路用需求。

(2)在辐照度620W/m^{2}的照射下，细条纹透明板的太阳辐射阻碍系数最小，与无纹理透明板表面存在较大的镜面反射有关，纹理对光照的折射有一定的吸收作用。对比细条纹透明板与无遮盖之间的发电量，细条纹透明板使的光伏电池的发电量减少了11%。

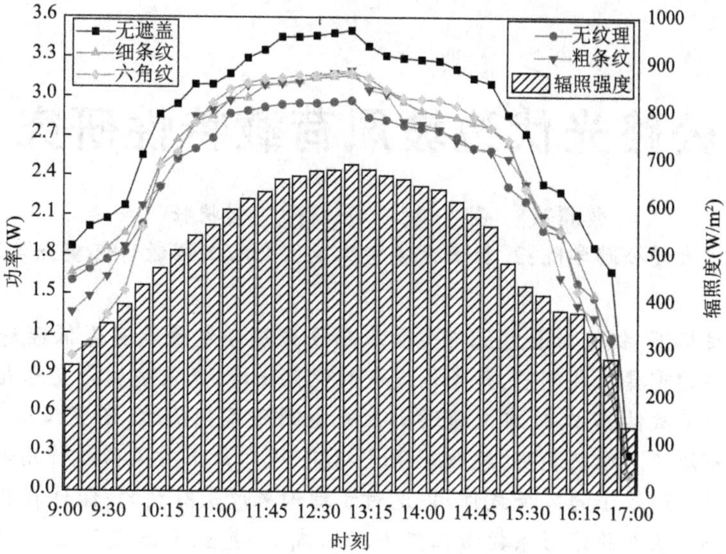

图 8 不同纹理类型对光伏路面板发电效率的影响

在今后的研究中,可以在上述基础上进一步优化结构和材料。可以通过改变光伏电池的倾斜角度来获得更多的太阳辐射,使得光伏路面板能够更方便的安装在原有的路面上。

参考文献

[1] 胡恒武,查旭东,吕瑞东,等. 基于光伏发电的道路能量收集技术研究进展[J]. 材料导报, 2022, 36(20): 133-144.

[2] SINAN L, TAO M, DENGJIA W. Photovoltaic pavement and solar road: A review and perspectives[J]. Sustainable Energy Technologies and Assessments, 2023, 55.

[3] 王海成,金娇,刘帅,等. 环境友好型绿色道路研究进展与展望[J]. 中南大学学报(自然科学版), 2021, 52(07): 2137-2169.

[4] PENGYU X, HAO W. Potential benefit of photovoltaic pavement for mitigation of urban heat island effect [J]. Applied Thermal Engineering, 2021, 191.

[5] EFTHYMIOU C, SANTAMOURIS M, KOLOKOTSA D, et al. Development and testing of photovoltaic pavement for heat island mitigation [J]. Solar Energy, 2016, 130148-160.

[6] YIJIE Z, TAO M, HONGXING Y, et al. Simulation and experimental study on the energy performance of a pre-fabricated photovoltaic pavement[J]. Applied Energy, 2023, 342.

[7] RAHMAN M, MABROUK G, DESSOUKY S. Development of a Photovoltaic-Bsaed Module for Harvesting Solar Energy from Pavement: A Lab and Field Assessment[J]. Energies, 2023, 16(8).

[8] ZHOU B, PEI J, HUGHES R B, et al. Analysis of mechanical properties for two different structures of photovoltaic pavement unit block [J]. Construction and Building Materials, 2020.

[9] HENGWU H, XUDONG Z, CHAO N, et al. Structural optimization and performance testing of concentrated photovoltaic panels for pavement [J]. Applied Energy, 2024.

[10] XUDONG Z, MENGXUAN Q, HENGWU H, et al. Simulation of structure and power generation for Self-Compacting concrete hollow slab solar pavement with micro photovoltaic array [J]. Sustainable Energy Technologies and Assessments, 2022, 53(PD):

[11] NORTHMORE ANDREW. Canadian solar road panel design: a structural and environmental analysis[D]: University of Waterloo, 2014.

[12] 曹邵文,周国庆,蔡琦琳,等. 太阳能电池综述:材料,政策驱动机制及应用前景[J]. 复合材料学报, 2022, 39(5): 1847-1858.

[13] 徐波. EVA 阻燃隔音复合材料的制备与性能研究[D]. 长沙:湖南大学, 2018.

[14] 郭猛,任鑫. 3D 打印技术在道路工程的应用综述[J]. 中国建材科技, 2021, 30(03): 60-62.

公路光伏边坡风荷载特性研究

黎耀诚[1] 孙 浩[1] 黄 宇[1] 刘状壮*[1,2]
(1. 长安大学公路学院;2. 长安大学特殊地区公路工程教育部重点实验室)

摘 要 在双碳目标下,积极推进光伏与交通基础设施融合发展是实现低碳转型的重要措施,公路边坡作为道路基础设施的重要组成部分,是光伏发电的优良场地,光伏边坡是交通与能源融合重要场景。为完善柔性光伏边坡风荷载估算方法,本文通过刚性模型测压风洞试验,研究风向角和边坡坡度等参数对光伏组件风荷载分布规律。结果表明,边坡在90°~180°风向角下对风荷载作用起到阻挡作用,使得在此风向角范围为组件所受到较小的风荷载作用,这对于结构来说是有利的;组件在0°~90°风向角度范围内,随着边坡坡度的增大,组件的体形系数由正值不断的减小,甚至于出现了较大的负值,说明边坡的存在使得组件受到不同的风荷载作用力,在进行结构设计时,应当注重边坡坡度对体形系数的影响。本文研究分析了边坡坡度对风荷载特性分布的影响,为目前尚不完善的柔性光伏边坡抗风设计提供了设计依据。

关键词 光伏边坡 风洞试验 柔性支架 风荷载 光伏组件

0 引言

随着新一轮科技革命和产业革命的深入推进,交通运输行业正面临前所未有的发展机遇。随着新基建、"双碳"和智慧绿色平安交通等理念的兴起,公众对交通服务的需求日益提升,这也为交通基础设施的完善与创新提供了强大动力。公路作为交通基础设施的核心部分,其与新技术的融合对于建设交通强国具有深远的影响。利用高速公路边坡的闲置土地来安装太阳能光伏组件,进而实现光伏发电,为高速公路的运营提供清洁能源,是一个极具前瞻性的实践。这种做法不仅充分利用了闲置资源,而且在不影响高速公路的正常使用和交通安全的前提下,实现了新能源与道路交通的完美结合。

传统光伏边坡通常采用固定支架,这种设计简单且结构刚固,但固定光伏支架占用较多地面空间,消耗大量钢材,经济效益不高,且不适合复杂环境。而大跨度柔性光伏边坡是一种更优化的方案,它不仅节约土地资源、成本较低,而适应性更强。这种设计的核心创新在于将传统支架的刚性檩条替换为柔性承重索(如钢丝绳或钢绞线),使得光伏边坡具有更大的跨度、较轻的质量和更高的柔性,这也决定了其主要承受风荷载。

近年来,一些学者针对光伏组件风荷载特性进行了一系列研究。马文勇[1-3]等通过风洞试验提出了考虑组件倾角及风致弯矩等因素的风荷载分布模型,研究底部阻塞率对太阳能光伏板表面风荷载的影响,并建立3类柔性光伏支架分析模型用于计算得到不同工况下风荷载对柔性索轴力分布;王峰[4]等通过风洞试验研究倾角与风向角对大长宽比的平单轴光伏组件风荷载特性的影响;邹云峰[5]等通过风洞试验得到跟踪式光伏结构的风压分布,并于不同规范计算所得的风荷载进行对比;杜航[6]通过风洞试验研究风向角和倾角对于平均风压系数和脉动风压系数的影响;谢丹[7]等分析了柔性光伏体系的优势,并通过软件计算得到柔性光伏支撑体系的自振周期和模态;刘志超[8]通过数值风洞研究了风向角与倾角对体形系数的影响,并提出两种带弹性抗风索的柔性光伏支架;殷梅子[9]等通过风洞试验研究风向角和倾角对组件风荷载及各关键位置处力矩作用;李寿科[10,11]等通过风洞试验对光伏车棚风荷载特性进行研究,研究表明,单坡光伏车棚屋面整体平均风荷载随屋面倾角的增大而增大,双坡光伏车棚屋面最不利风向为垂直风向;方湘璐[12]通过风洞试验研究了停车棚屋面风荷载分布特性。

基金项目:国家重点研发计划(2021YFB1600201)。

Naeiji[13]为了得到影响住宅屋顶上光伏板风荷载做重要的参数，研究了组件倾角、间隙高度、建筑高度和屋顶类型对于屋顶光伏阵列风荷载的影响，结果表明组件倾角和屋顶类型是影响屋顶光伏阵列风荷载最重要的参数。Aly[14]通过风洞试验对太阳能电池组件进行研究，结果表明风洞试验数据与 ASCE 标准所规定的数值一致。Xu[15]通过气动弹性和刚性模型风洞试验研究了柔性光伏支架风振特性，结果表明组件倾角为 10°时的光伏组件风振系数在 1.1 ~ 2.5 之间。Tamura[16]通过风洞试验研究了柔性光伏太阳能系统风振特性，研究表明垂度为 2% 时，竖向位移随着平均风速的增大而增大，在一定风向下时，悬索可能会因为过大的振动而破坏。

目前的大部分研究都集中于柔性组件倾角、风向角等对风荷载分布特性的影响，没有考虑边坡对光伏组件风荷载分布的影响。为探究公路光伏边坡风荷载特性，本文制作了缩尺比 1∶10 的光伏边坡模型，考虑风向角与边坡坡度对组件风荷载分布特性的影响。

1 试验设计

1.1 风洞简介

风洞试验在长安大学 CA-1 风洞实验室进行，试验段长 15m、宽 3m、高 2.5m，试验段风速范围 0 ~ 53m/s，均匀场紊流度小于 0.5%. 试验流场风速通过皮托管、微压计进行测量和监控. 风压测试使用美国 PSI 公司生产的量程为 ±254mm 水柱的电子式压力扫描阀、A/D 板、PC 机和自编的信号采集软件。

1.2 试验模型

图 1 为试验模型，由边坡、支架、光伏组件及支撑索组成，其中支架由上部钢梁和下部方刚组成，模型由四块光伏组件组成，其中每块光伏组件尺寸长(L)800 mm，宽(B)120mm，厚 10 mm，模型几何缩尺比为 1∶10。试验过程中通过采用在边坡底部放置不同角度的三角撑从而改变边坡坡度，除此之外，还可通过上部钢梁调整组件倾角大小。试验模型采用 ABS 板制作以确保模型的刚度，此材料具有较强的刚度和强度，能够确保试验过程中不发生变形和振动，并在模型的上、下表面共布置 46 个测压点。

图 1 试验模型图

1.3 试验工况

风洞试验采用规范 B 类地貌风场，试验风速为 12m/s，来流风为均匀湍流，样频率为 850Hz，采样时长为 60s。为了探究边坡坡度对光伏组件体系系数的影响，在组件倾角(β)为 20°时，风向角(α)考虑 0° ~ 180°，以 15°为间隔；边坡坡度(Φ)考虑 0°、20°、40°三个坡度，共 39 个工况。

1.4 数据处理

试验模型表面的压力大小通常用无量纲风压系数 C_P进行表征。测点风压系数和整体风压系数由下式计算所得：

$$C_{Pi}(t) = \frac{P_{Ui}(t) - P_{Di}(t)}{0.5\rho U^2} \tag{1}$$

$$C_P = \frac{\sum_{i=1}^{n} C_{Pi}(t) A_i}{BL} \tag{2}$$

式中：$C_{Pi}(t)$——测点风压系数；

$P_{Ui}(t)$、$P_{Di}(t)$——i 测点上表面和下表面风压；

C_P——单块光伏组件风压系数，即体型系数；

A_i——i 测点代表的面积；

ρ——空气密度，取 1.225kg/m^3；

U——风速，试验通过皮托管测得静压 P_0和总压 P，根据伯努利方程计算可得：

$$P_0 + \frac{1}{2}\rho U^2 = P \tag{3}$$

2 试验结果与讨论

为了满足柔性光伏组件的安全，必须考虑不同风向角对柔性光伏组件风荷载的影响。图 2 是不同边坡坡度下体形系数随风向角变化趋势图，体形系数为正值说明组件上表面受到风压力作用；为负值则说明上表面受到风吸力作用。

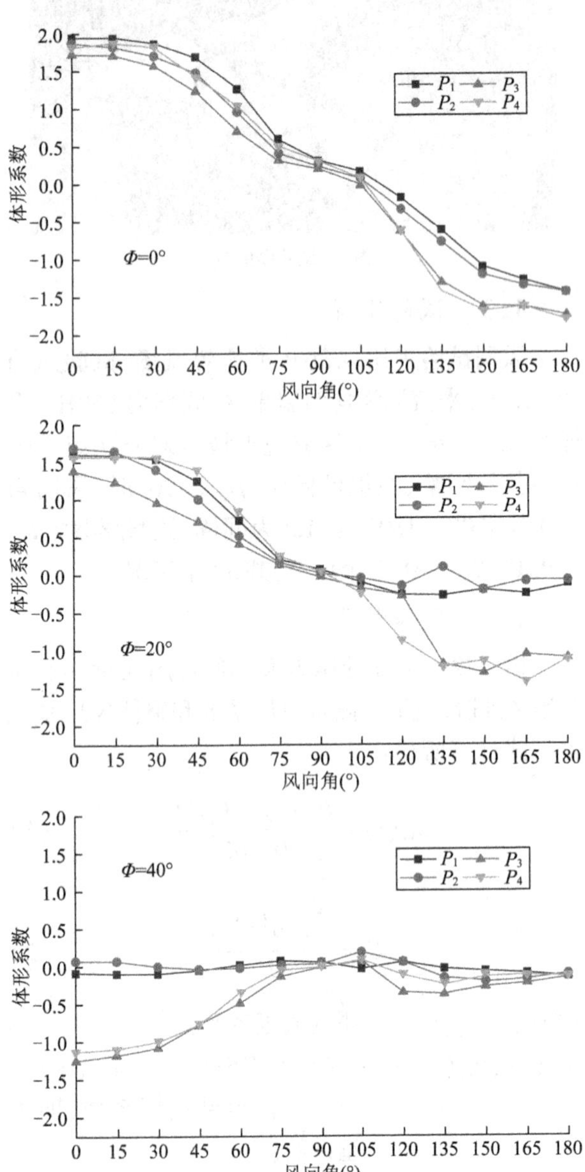

图2 体形系数随风向角变化图

由图2中可以看出，当边坡坡度为0°时，组件体形系数总体上随着风向角的增大而减小，在0°~90°风向角下时，体形系数为正值，且体形系数数值随风向角的增大逐渐减小，说明组件所受到的风压力作用逐渐减小；而在90°~180°风向角下时，组件体形系数为负值，且体形系数绝对值随着风向角的继续增大而增大，说明组件所受到的风吸力作用逐渐增大。

当$\Phi=20°$时，在0°~90°风向角范围，组件的体形系数随风向角的增大而减小；在90°~180°风向角范围时，P_1和P_2组件体形系数相较于0°边坡时进一步减小，在-0.5~0范围内变化，而P_3和P_4组件体形系数相较于0°边坡时有所减小，说明边坡的存在削弱了负风向角下的风荷载的风吸力作用。

当$\Phi=40°$时，在0°~90°风向角范围内，P_1和P_2组件体形系数随着风向角的增大变化不大，组件在0°风向角时体型系数分别为-0.08097和0.07531，出现了负值，说明此时组件由受压变为受拉。P_3和P_4组件体形系数随着风向角的增大而增大，在0°风向角下时，P_3和P_4组件体形系数分别为-1.25315和-1.12724，相较于20°边坡坡度时大幅度减小；在90°~180°风向角范围内，组件体形系数在0附近波动。

图3是组件体形系数随边坡坡度变化趋势图，由图3中可以看出，P_1和P_2组件在正风向角(0°~90°)作用下时，随着边坡坡度的增大，体形系数逐渐减小，但在较小的边坡坡度时(小于20°)，当边坡坡度增大到40°时，体形系数大幅度减小。组件在正风向角下的体形系数为负值，即组件受到风吸力作用；组件在负风向角(90°~180°)作用下时，随着边坡坡度的增大，体形系数逐渐增大，当坡度增大40°时，体形系数在0附近波动。

图3中可以看出P_3和P_4组件体形系数随边坡坡度变化趋势，在正风向角作用下，P_3和P_4组件体形系数随边坡坡度变化趋势与P_1和P_2相似，即组件体形系数随边坡坡度的增大而减小；但当边坡坡度大到40°时，P_3和P_4的体形系数绝对值要大于P_1和P_2，即P_3和P_4受到更强的风吸力作用。在负风向角作用下时，P_3和P_4组件体形系数在20°边坡坡度时随风向角变化与0°边坡坡度一致，即随着风向角的增大而减小；当边坡坡度增大到20°时，边坡对风荷载的阻挡作用逐渐显现，从而使得组件的体形系数相较于0°边坡时更小；当边坡角达到40°时，组件体形系数在0附近波动。

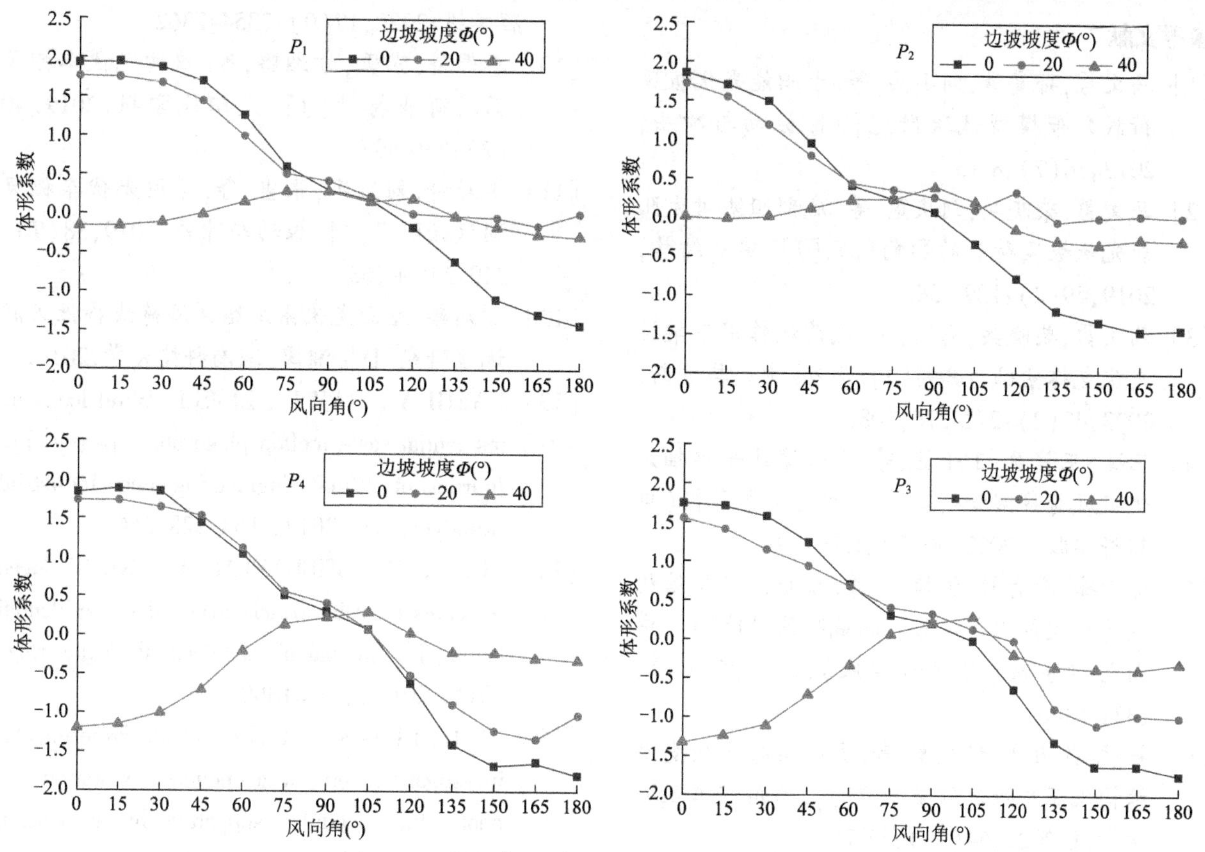

图3 体形系数随边坡坡度变化趋势

当边坡坡度较小时,组件与边坡坡面的距离较远,因此在正风向角作用下,对组件的体形系数影响不大;而在负风向角作用下,由于 P_1 和 P_2 组件的位置更低,因此在较小边坡坡度时既能够阻挡一部分风荷载作用。P_3 和 P_4 组件的位置相对来说较高,因此在较小边坡坡度时对其体形系数影响不大;当边坡坡度继续增大到40°时,组件体形系数进一步减小,并且在正风向角作用下出现了负值,说明组件在正风向角下受到了风吸力作用,来流风经过结构时,由于边坡的存在,来流风的方向发生了变化,来流风在经过边坡坡面后形成向上的气流,而此时的边坡坡顶已经高于组件最高点,P_3 和 P_4 组件下表面在边坡的正上方,从而使得组件下表面受到较大的风压力作用;随着边坡坡度进一步增大,P_3 和 P_4 组件距离边坡坡面更近,因此在组件下表面所受到的风压力作用更强。

3 结语

太阳能作为一种清洁、无污染的可再生能源,是能源结构中重要的一环,因此成为一个重要的发展方向。公路作为现代社会不可或缺的交通途径,其里程持续增长,展现了极大的发展空间。太阳能在公路上的应用,有望成为减少石油、煤炭等不可再生能源大量消耗的重要途径。边坡作为公路的一部分,通常在建筑密度较低的郊区、乡村,甚至未开发地区,其周围环境较为空旷,很少存在建筑或树木遮挡的现象,太阳能资源丰富,拥有较大的空间便于铺设光伏发电组件。

本文通过风洞试验,经过数据处理后得到不同工况下光伏组件体形系数分布,经过总结得到体形系数分布规律研究:

风向角和边坡坡度对光伏组件的体形系数影响显著。在正风向角(0°~90°)作用下,组件整体体形系数随着边坡坡度的增大而减小;当边坡坡度超过40°时,组件在正风向角作用下会受到风吸力作用,因此在设计时应注意风吸力对预应力索的不利影响;组件整体体形系数随着风向角的增大而减小。而在负风向角(90°~180°)作用下,组件整体体形系数随着边坡坡度的增大逐渐增大最终达到稳定状态,且当边坡坡度超过20°时,组件体形系数均较小,即组件受到较小的风荷载作用。

参考文献

[1] 马文勇,孙高健,刘小兵,等.太阳能光伏板风荷载分布模型试验研究[J].振动与冲击,2017,36(7):8-13.

[2] 马文勇,柴晓兵,刘庆宽,等.底部阻塞对太阳能光伏板风荷载的影响研究[J].建筑结构,2019,49(2):129-134.

[3] 马文勇,柴晓兵,高飞,等.风荷载作用下柔性光伏支撑索轴力分析[J].振动.测试与诊断,2023,43(2):271-276,408.

[4] 王峰,王佳盈,王子健,等.大长宽比平单轴光伏板风荷载试验研究[J].湖南大学学报(自然科学版),2023,50(7):130-139.

[5] 邹云峰,李青婷,殷梅子,等.跟踪式光伏结构风荷载规范规定值与风洞试验值对比[J].中南大学学报(自然科学版),2022,53(4):1331-1340.

[6] 杜航,徐海巍,张跃龙,等.大跨柔性光伏支架结构风压特性及风振响应[J].哈尔滨工业大学学报,2022,54(10):67-74.

[7] 谢丹,范军.预应力柔性光伏支承体系风振分析[J].建筑结构,2021,51(21):15-18.

[8] 刘志超.带弹性抗风索的柔性光伏支架的受力性能[D].南京:东南大学,2021.

[9] 殷梅子,邹云峰,李青婷,等.单排跟踪式光伏结构风荷载风洞试验研究[J].铁道科学与工程学报,2020,17(9):2354-2362.

[10] 李寿科,张雪,方湘璐,等.双坡光伏车棚屋面风荷载特性[J].太阳能学报,2019,40(2):530-537.

[11] 李寿科,刘智宇,张雪,等.单坡光伏车棚风洞试验研究[J].振动与冲击,2019,38(7):240-245+263.

[12] 方湘璐.屋面光伏系统组件风荷载特性风洞试验研究[D].湘潭:湖南科技大学,2016.

[13] NAEIJI A, RAJI F, ZISIS I. Wind loads on residential scale rooftop photovoltaic panels[J]. Journal of Wind Engineering and Industrial Aerodynamics, 2017, 168:228-246.

[14] ALY A M, BITSUAMLAK G. Wind-induced pressures on solar panels mounted on residential homes[J]. Journal of Architectural Engineering, 2014, 20(1): 04013003.

[15] XU H, DING K, SHEN G, et al. Experimental investigation on wind-induced vibration of photovoltaic modules supported by suspension cables [J]. Engineering Structures, 2024, 299: 117125.

[16] TAMURA Y, KIM Y C, YOSHIDA A, et al. Windinduced vibration experiment on solar wing[C]//MATEC Web of Conferences. EDP Sciences, 2015, 24: 04006.

Optimization and Scheduling of Operation and Maintenance Equipment in Expressway Service Areas Based on CPS

Biao Wang[1] Tianyan Liu[2] Jie Lü[2] Yaze Lü[2] Ji Ke*[1] Feng Ru[1] Yipu Zhang[1]
Yanbo Li[1] Gang Li[1] Jiarong Lao[3] Zhen Liao[3]
(1. Energy and Electrical Engineering, Chang'an University;
2. Electronics and Control Engineering, Chang'an University; 3. Guangxi Transportation Investment Group)

Fund projects: National Key R&D Project "Research on Key Technologies of Green Energy Self-supply and Efficient Utilization System for Expressway Infrastructure" (2021YFB1600200).

Abstract Expressways are essential in industrialization and urbanization as convenient and efficient transport infrastructures. Leveraging the expressway's road area for distributed generation and energy storage and constructing microgrid systems offers a promising energy supply approach. However, efficient operation and maintenance necessitate substantial information exchange for rational energy allocation and scheduling. Consequently, research on scheduling optimization from a Cyber-Physical System (CPS) perspective is crucial. This article proposes an optimized scheduling model to minimize costs for expressway microgrids' operation and maintenance scenarios. Significant cost reductions are achieved by optimizing the system economy through rational output scheduling under power balance and distributed power source constraints. Applying this model to a Guangxi expressway service area's microgrid illustrates reduced operating costs and load peak-valley disparities. The simulation results validate the effectiveness and rationality of the optimization scheduling model in addressing expressway operation and maintenance cost issues.

Keywords Cyber-physical system Expressway service area operation and maintenance Optimal dispatch Model Predictive Control

0 Introduction

The primary function of a highway microgrid is to dispatch distributed energy sources jointly and optimally with energy using loads on the highway side, including solar, wind, and battery energy storage. The Expressway microgrid needs to perform a large amount of data acquisition and processing, including monitoring physical quantities such as electricity, voltage, current, and power andanalyzing, predicting, and optimizing these data. At the same time, microgrids must also make control decisions, including energy distribution, transmission, and storage. In conclusion, a highway microgrid is a system that integrates physical, information, and control technologies and has the characteristics of a Cyber-Physical System (CPS). Therefore, studying the optimal scheduling problem of CPS for highway microgrids is not just crucial, but also a significant step towards promoting the high-quality development of highway energy integration.

Research on microgrid CPS has primarily focused on modelling. A proposed dynamic framework characterizes the information-physical interaction between the source and load side. The internal dynamic properties, local perception, and execution actions of each information-physical module are investigated by introducing respective input and output signals of the physical and information systems[1]. A modelling approach based on graph and queuing theories is proposed to describe the information flow and transmission process in power system communication networks, and to analyse and evaluate the system's performance[2]. About modelling information-physical interactions, [3] proposes a hybrid system-based dynamic modelling approach for power grid CPS. This approach utilizes two-hybrid system models, finite state machine and hybrid logistic dynamics, to construct a power grid CPS fusion model. The fusion model provides a more accurate description of the dynamic characteristics of information-physical interaction. A hierarchical information-physical fusion modelling framework is proposed for distribution grids[4]. Differential equations describe the physical process, while discrete events describe the information part. The proposed system is a hybrid approach based on CPS modelling and a control scheme. The framework includes separate models for the physical, control, and optimization layers. The advantages of the model in terms of viewability are verified through power quality control experiments[5-7]. A method for modelling grid CPS based on the association characteristic matrix has been designed to represent the complex relationships and interaction mechanisms of information and energy flows in power system control applications[8]. A CPS model that considers the power-information coupling relationship has been developed using matrices to describe the internal data transmission structure of the system[9]. These innovative methods enhance our understanding of microgrid CPS and inspire further research in this field.

Regarding optimal scheduling, commonly used methods for solving the optimal scheduling of microgrids include particle swarm algorithms, genetic algorithms, and MPC algorithms. A multi-objective quantum genetic algorithm has been proposed, simulated, and verified in an off-grid expressway service area microgrid model integrated with optical storage and switching. The algorithm enhances economic efficiency and clean energy self-consumption rate and reduces carbon emissions[10]. A predictive control method is proposed in this study to reduce the energy consumption and carbon emissions of the microgrid while ensuring its reliability and stability. The method considers the differentiated demand response model and can adaptively adjust and optimize according to the actual situation, making it flexible and intelligent[11]. The article proposes a method for scheduling microgrids based on robust model predictive control. The aim is to optimize the scheduling of distributed power sources, energy storage devices and switches to maximize load recovery and improve system resilience[12].

While significant progress has been made in microgrid information physics systems and optimal scheduling domestically and internationally, the optimal scheduling of highway microgrids under operation and maintenance scenarios remains challenging. Unlike traditional microgrids, the optimal scheduling of expressway microgrids under operation and maintenance scenarios necessitate the consideration of more complex and diverse issues. These include meeting the system power balance and the unique characteristics of the operation and maintenance load. Moreover, the system incorporates clean energy generation that varies with the natural environment, further complicating system scheduling. No mature scheme for CPS modelling for expressway microgrid energy consumption scenarios exist. Hence, a pressing need is to find a more suitable optimal scheduling model for O&M operation equipment in expressway microgrids during O&M scenarios.

1 CPS-based expressway microgrid architecture and optimal dispatch modelling

A CPS is a computerized system that collects, processes, analyses, and controls data and behaviours in a physical system to achieve efficient, reliable, and safe intelligent control. The optimal scheduling model forexpressway microgrid operation and maintenance equipment is established based on studying expressway microgrid information-physical system architecture and characteristics.

1.1 CPS-based expressway microgrid architecture

The architecture of the expressway microgrid CPS system is shown in Figure 1, which is mainly composed of the following three parts.

1.2 Physical device layer model

(1)PV CPS model.

The output characteristics of PV power generation can be described as the following Formula:

$$P_{\max}(t)=\frac{I_{\theta}(t)}{1000}P_{\text{pvs}}\eta[1+\gamma(T_{\text{c}}-T_{\text{ref}})] \quad (1)$$

Where $\frac{I_{\theta}(t)}{1000}$ is the number of peak hours, P_{pvs} is the rated power of PV power generation, η is the power generation efficiency of PV panels, γ is the temperature coefficient, T_{c} is the actual temperature, T_{ref} is the reference ambient temperature, and the value of 25℃ is taken.

(2)CPS model for wind power generation.

The output characteristics of wind turbine power generation can be described using the following Formula:

$$P_{\text{wt}}=\begin{cases}0 & (0\leqslant v<v_{\text{ci}})\\ P_{\text{r}}(v-v_{\text{ct}})/(v_{\text{r}}-v_{\text{ci}}) & (v_{\text{ci}}\leqslant v<v_{\text{r}})\\ P_{\text{r}} & (v_{\text{r}}\leqslant v<v_{\text{co}})\\ 0 & (v\geqslant v_{\text{co}})\end{cases} \quad (2)$$

When the wind speed v is greater than v_{ci} and less than v_{r}, the turbine will run in maximum power tracking mode; when the wind speed v is greater than v_{r} and less than v_{co}, the turbine will run in constant power output mode; when the wind speed v is less than v_{ci} or higher than v_{co}, the turbine will stop running.

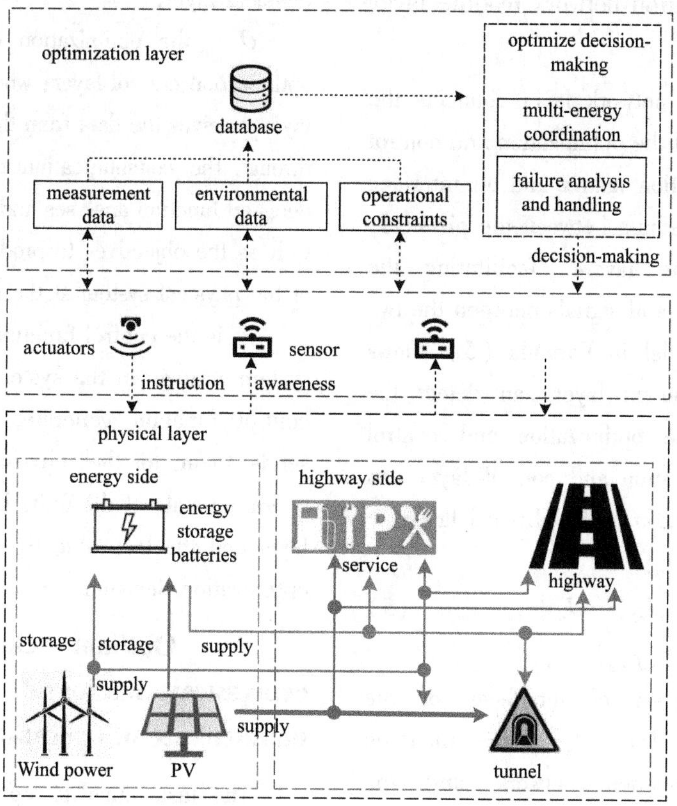

Figure 1 Expressway microgrid information physics system architecture

(3) Energy storage CPS model.

The energy storage unit can be divided into three operating states: charging, discharging, and idle.

When the power output of renewable energy exceeds the load, any excess power must be stored in an energy storage system to prevent waste. The charging power of the energy storage is shown in Formula (3):

$$P_c(t) = \min\left\{P_{pv}(t) + P_{wt}(t) - P_{load}(t),\ P_{c,max},\ \frac{(SOC_{max} - SOC(t))E_b}{\Delta t \eta_c}\right\} \quad (3)$$

Where SOC_{max} is the upper limit of the SOC of the energy storage; $SOC(t)$ is the SOC value of the energy storage at the current t instant; E_b is the capacity of the energy storage; η_c is the charging efficiency of the energy storage; Δt is the unit time.

When renewable energy sources do not generate enough energy to meet the load demand, the energy storage system must discharge stored energy to provide electrical energy. Formula (4) shows the discharge model of the energy storage:

$$P_d(t) = \min\left\{\begin{array}{l} P_{load}(t) - P_{pv}(t) - P_{wt}(t), \\ P_{d,max}, \\ \dfrac{(SOC(t) - SOC_{min})E_b\eta_d}{\Delta t} \end{array}\right\} \quad (4)$$

Where $P_{d,max}$ is the maximum discharge power of the energy storage, SOC_{min} is the lower limit of the SOC of the energy storage, and η_d is the discharge power of the energy storage.

When the energy storage SOC reaches its maximum or minimum value, the energy storage does not carry out the charging or discharging process, and it is also in standby mode when the power generated by the renewable energy source happens to meet the expressway load demand.

(4) CPS model for operation and maintenanceof operating equipment.

Expressway O&M operation and maintenance equipment loads are classified based on power supply reliability requirements and dispatchability. The loads are categorized as primary loads (total load), secondary loads (subsystem load), and tertiary loads (smaller load).

1.3 Communication network module layer type

The communication network layer connects the physical device layer and the optimization and control layer through an association matrix and an interface model. It serves as a medium between the physical, control and optimization layers, facilitating the conversion of information and signals between the two sides. The interface model in Formula (5) shows that the physical equipment layer can detect the control signals from the optimization and control layer, while the optimization and control layer can identify the state information of the physical layer:

$$\begin{cases} I = \{I_s, I_o\} \\ I_o = \{I_{o1}, I_{o2}, \cdots, I_{on}\} \\ I_{oi} = \{f_{in}^i, f_{out}^i\} \end{cases} \tag{5}$$

Where I is the set of interfaces of the communication network layer; I_s is the interface between the communication network and the optimization control layer; I_o is the interface between the communication network and the physical layer; f_{in}^i is a function that converts the uploaded information from the physical device layer into recognizable inputs for the optimization control layer; and f_{out}^i is a function that converts the downloaded information from the optimization control layer into executable inputs for the physical device layer.

1.4 Optimizing the control layer model

The optimization and control layer is the central component of the CPS. It utilizes optimization algorithms and control strategies to achieve optimal decision-making and control of the system by establishing a mathematical model. The model for this layer is presented in Formula (6):

$$H = \{Q^t, W^t, O, F_c\} \tag{6}$$

where Q^t is a data record in the optimization control layer for recording the state of the objects in the physical layer when they are running at the time of t.

W^t for optimizing the state data monitoring and recording function in the control layer, the role is to monitor the discretely varying state information in the physical layer.

O is the optimization decision function in the optimization control layer; when the optimization control layer receives the data from the physical layer t moment through the communication network, the optimization decision function analyses and solves the system state as well as the objectives to produce the operation strategy of the physical system at the next moment.

F_c is the control function, which maps the actual system strategy in the system operation process. The control function generates control commands and sends them to the physical units based on the operating state of the units in the physical equipment layer and the task objectives issued after the system optimization decision.

2 Optimal scheduling strategy for expressway microgrid CPS operation and maintenance of operational equipment

The task aims to optimize the scheduling of expressway microgrid CPS operation and maintenance and equipment operation, which is achieved by rationally arranging the amount of power purchased at each moment, scheduling the grading loads of the operation and maintenance equipment, and minimizing the microgrid's economic costs in daily operation and maintenance through the cooperation of energy storage. This task is done while considering the future 24-hour load, wind turbine and photovoltaic output prediction curves of the expressway microgrid, and the constraints of the units within the microgrid.

The MPC-based rolling optimized scheduling process is as follows and the optimization flow chart is shown in Figure 2.

Step1: Input wind speed, light intensity and other values to predict the power curve of PV and wind turbine in the next 24h;

Step2: set the prediction step and take the actual output value of each controllable unit of the current system as the initial output value;

Step3: establish the active output prediction model of the controllable units and take the active output increment as the control variable;

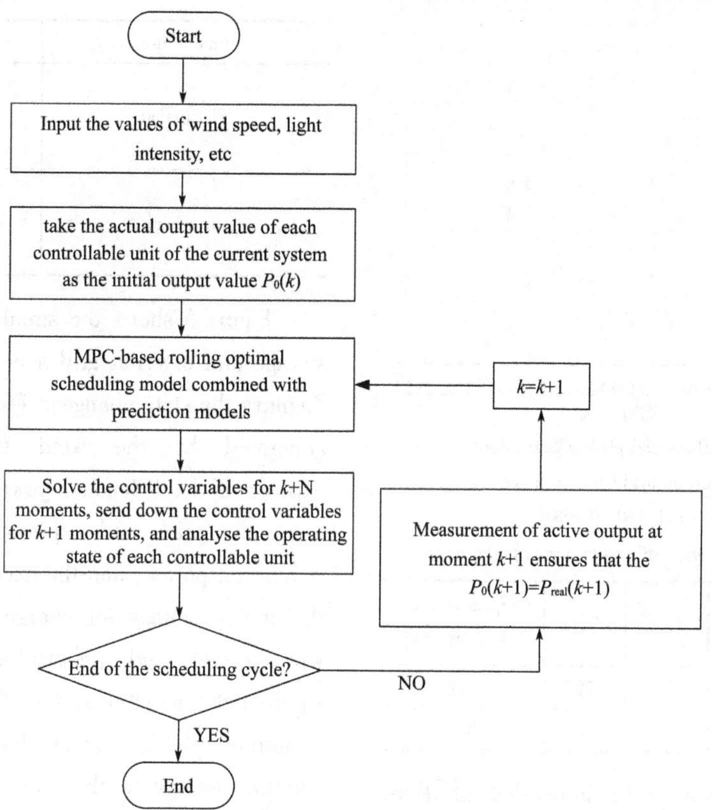

Figure 2 Rolling optimized scheduling flowchart

Step4: carry out one optimization, solve the optimized control variable sequence for future periods, send out only the first control variable sequence, and analyze the operation state of the system after each unit receives the control variable sequence.

3 Case study

This section presents a simulation of an expressway service area microgrid designed for optimal efficiency in Guangxi. The optimal scheduling takes one hour as an operation cycle, and the prediction interval is six hours, which means that the optimal scheduling control sequence is predicted for six hours at each hour. However, only the control sequence of the first hour is executed. Figure 3 shows the graded load of operation and maintenance equipment, while Figure 4 shows the predicted power of the PV, WTGs, and the load of the expressway service area. Tables 1 and 2 present the equipment and graded load parameters, respectively, contributing to the microgrid's impressive efficiency.

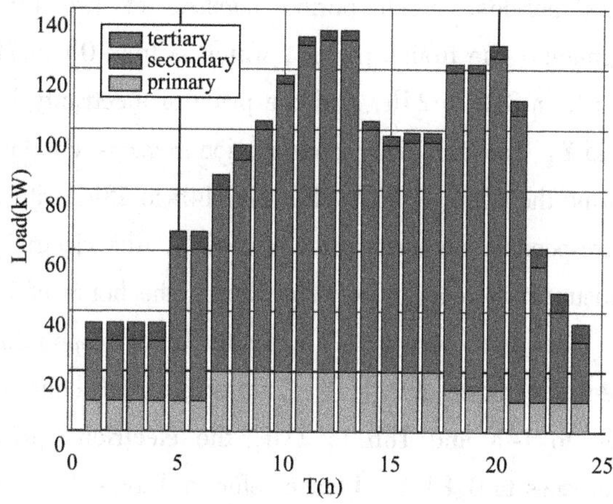

Figure 3 O&M equipment graded load power

Energy storage and grid related parameters

Table 1

typology	Power(kW)		Running cost (¥ · kWh^{-1})
	lower limit	limit	
energy storage system	-80	80	0.2
grids	0	100	time-sharing tariff

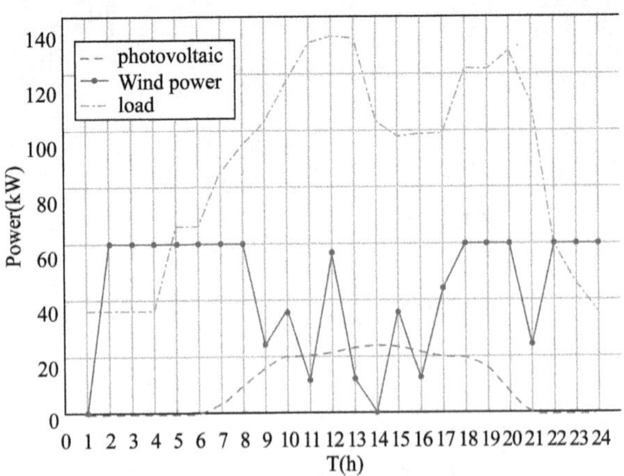

Figure 4 Wind turbine and photovoltaic output and motorway load forecast power

Parameters related to loads in service areas of expressways Table 2

typology	T^c_{min}	T^c_{max}	N_{max}	Compensation cost (¥·kWh^{-1})
tertiary load	2	5	15	0.2
secondary load	2	5	11	0.5

In the Guangxi area, a day is divided into three periods of electricity consumption: low, flat, and peak periods. Each period consists of two time segments: the trough period, which is from 0h to 7h and from 21h to 24h, and the price of electricity is 0.25¥. The electricity consumption remains constant during the hours of 7h to 10h and 14h to 18h, with a corresponding electricity price of 0.41¥. The electricity consumption remains constant during the hours of 7h to 10h and 14h to 18h, with a corresponding electricity price of 0.41¥. During the peak hours of 10h to 14h and 18h to 21h, the electricity price increases to 0.81¥. Please refer to Tables 3 and 4 for specific parameters.

Time-of-day tariffs in Guangxi Table 3

transaction method	rush hour	Flat period	rush hour
Purchased electricity (¥·kWh^{-1})	0.25	0.41	0.81

Electricity consumption hours in Guangxi Table 4

continued

time of use	times
peak period	10:00~14:00 18:00~21:00
Flat period	7:00~10:00 14:00~18:00
rush hour	00:00~7:00 21:00~24:00

Figure 5 shows the simulation results for energy storage and external grid scheduling, while Figure 6 displays the state changes. From 1h to 5h, the power generated by the wind turbine exceeded the expressway load demand power, resulting in a lower electricity price and expressway load. The system purchased power, and the excess power was stored in the energy storage for charging. From 5 to 10 am, wind power and photovoltaic energy experience significant fluctuations, resulting in electricity prices remaining stable during this period. The system supplies energy to the load through wind and grid power purchases. During the peak period of electricity consumption, from 10 am to 2 pm, the system power supply is mainly provided by wind turbines, PV, and energy storage due to the abundance of clean energy. From 3 pm to 6 pm, when the price of electricity is in the valley, electricity is purchased from the grid to supplement the wind turbine and make up for the lack of PV power. From 6 pm to 9 pm, when the price of electricity is at its peak, the price of electricity purchased from the grid increases.

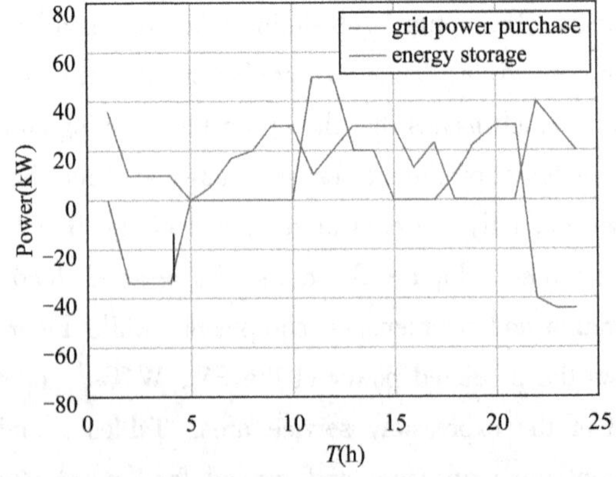

Figure 5 Purchased Power and Energy Storage Dispatch Results

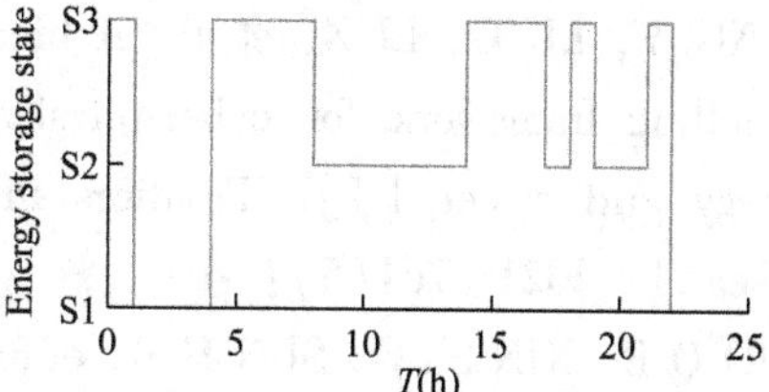

Figure 6 Energy storage state

During this time, light is scarce, so PV power is used to charge. As a result, the energy storage system begins to generate power, and the wind turbine works together to supply energy for the expressway load. From 9pm to midnight, the microgrid purchases power from the grid at a reduced price while ensuring that the wind turbine and grid power meet the expressway load demand. Maintaining a logical flow of information and avoiding unnecessary technical terms is essential. Any excess power is stored in the energy storage system to meet the next day's electricity consumption. This process ensures that the energy storage system's state of charge (SOC) returns to the set value.

Figures 7 and 8 demonstrate the changes in expressway load and state switching. During peak hours of electricity consumption, loads operate in state 2. At this time, the power purchase price exceeds the compensation cost of the system to shut down level 3 loads and weaken level 2 loads. It is preferred to control the size of level 2 and level 3 loads to maintain a supply-demand equilibrium relationship. The load operates at full power during the off-peak hours of the electricity price and some of the equally priced hours.

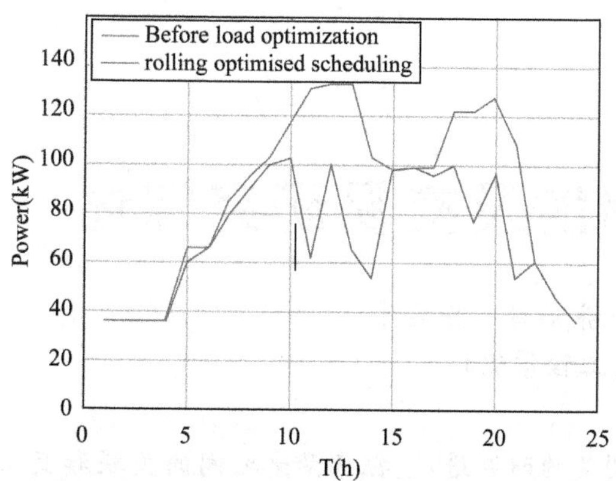

Figure 7 O&M load optimization scheduling results

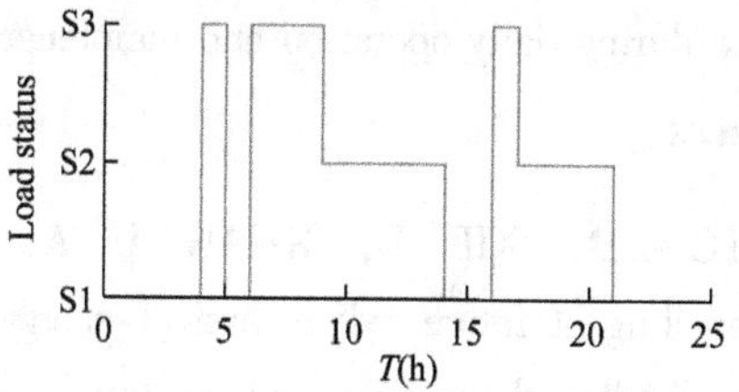

Figure 8 Load status

Table 5 displays the system's daily operation and maintenance (O&M) cost and peak-to-valley load difference with and without optimal scheduling. Without optimal scheduling, the O&M cost of the expressway microgrid is 1539.6 ¥. However, with rolling optimal scheduling, the cost is reduced by 26.5% to 1131.65 ¥. Additionally, the power consumption of the O&M load during peak hours decreased, and the peak-to-valley difference was reduced from 97kW to 67kW.

Comparison of results of different models Table 5

paradigm	Cost(¥)	Load peak/valley difference(kW)
unoptimized	1539.6	97
Rolling Optimization	1131.65	65.2

4 Conclusions

This paper presents a CPS architecture for an expressway microgrid consisting of three layers: physical, communication network, and optimization/control. The physical layer CPS model uses state machines to represent state transitions and continuous power output characteristics. The communication network function is captured through interface and neighborhood matrix models. The optimization layer model is constructed using multivariate group modeling. The expressway microgrid CPS model integrates these layers. The model minimizes daily operation and maintenance costs while ensuring equipment balance and unit output constraints. A rolling optimal scheduling model based on CPS is developed to achieve this. The model optimizes system scheduling by adjusting equipment loads and power purchases based on time-of-use tariffs. A simulation was conducted on a microgrid in a Guangxi expressway service area. The results showed a cost reduction of 407.95 ¥ and a 31.8kW load peak-valley difference during daily operation and maintenance.

References

[1] ILIĆ M D, XIE L, KHAN U A, et al. Modelling of future cyber-physical energy systems for distributed sensing and control [J]. IEEE Transactions on Systems, Man, and Cybernetics-Part A: Systems and Humans, 2010, 40(4): 825-838.

[2] ZHANG G, ZHANG F, MENG K, et al. A fixed-point based distributed method for energy flow calculation in multi-energy systems [J]. IEEE Transactions on Sustainable Energy, 2020, 11(4): 2567-2580.

[3] KWON C, HWANG I. Cyber-attack mitigation for cyber-physical systems: hybrid system approach to controller design [J]. IET Control Theory & Applications, 2016, 10(7): 731-741.

[4] WANG Y, LIU D, WENG J M, et al. Research on power grid information physical system modelling and simulation verification platform [J]. Chinese Journal of Electrical Engineering, 2018, 38(1): 130-136.

[5] YANG Y, YANG P. A hierarchical modelling approach for centralized control of microgrid info physical systems[J]. Chinese Journal of Electrical Engineering, 2022, 42(19): 7088-7102.

[6] YANG Y, YANG P. A hierarchical modelling approach for centralized control of microgrid info physical systems [J]. Chinese Journal of Electrical Engineering, 2022, 42 (19): 7088-7102.

[7] YANG Y, LU G, LI Z, et al. A hierarchical modelling framework for cyber-physical micro energy grid system [J]. Frontiers in Energy Research, 2021, 761(5):1-10.

[8] GUO Q B, XIN Sh G, SUN H B, et al. Power system information-physical fusion modelling and integrated security assessment: Driving force and research concept[J]. Chinese Journal of Electrical Engineering, 2016, 36(6): 1481-1489.

[9] PALENSKY P, VAN D M A, LOPEZ C D, et al. Simulation of intelligent power systems: fundamentals, software architecture, numeric, and coupling[J]. IEEE Industrial Electronics Magazine, 2017, 11(1): 34-50.

[10] WANG B, ZHAO W W, LIN S et al. Integrated energy management of high-speed service areas based on improved multi-objective quantum genetic algorithm[J]. Grid Technology, 2022, 46(5): 1742-1751.

[11] SUN H, ZHANG L L, PENG Ch H. Time-domain rolling optimal scheduling of microgrids based on predictive control of differentiated demand response model [J]. Power Grid Technology, 2021, 45 (8): 3096-3105.

[12] CAI S, XIE Y, WU Q, et al. Robust MPC-based microgrid scheduling for resilience enhancement of distribution system [J]. International Journal of Electrical Power & Energy Systems, 2020, 121(1): 1-20.

交通能源融合下的移动储能及交易研究综述

李积伟　许宏科*　袁康洁　张丽娜　张宗伟

(长安大学电子与控制工程学院)

摘　要　本文深入了解微电网能源交易和移动储能调度的研究进展,探索两者之间的关联和交互方

基金项目:国家重点研发计划(2021YFB2601401)。

法，进而促进交通能源进一步融合及应用。首先，提出交通能源融合的微电网移动储能及交易框架。其次，采用文献分析法，利用 CiteSpace 软件统计分析相关文献，从理论研究、模型方法、技术发展等角度概述了与交通相结合的移动储能相关研究，并对其相关领域的热点关键词进行分析和可视化。通过分析可知，目前多单独研究移动储能调度或能源交易机制，侧重于微电网能源管理和储能交易方法的优化，关于交通能源融合下的能源交易和移动储能相结合的研究不足。接着，归纳了交通网与能源网相结合的基于移动储能的能源交易相关研究。由于移动储能参与交易，必然涉及路网调度，因此，对不同交通场景下移动储能优化调度方法进行总结分析。最后，从交通能源协同发展、基于移动储能的能源交易机制等方面探讨未来发展方向，以期为交通能源融合、移动储能和能源交易的结合研究提供借鉴。

关键词 交通能源融合 移动储能 能源交易 微电网 可再生能源

0 引言

能源与交通联系紧密，交通侧是能源的重要负荷方，能源又为交通燃料需求提供支持，二者均是国家发展的重要部分。目前我国交通碳排放仅次于能源和工业领域，碳排放占比约为 10%，且在逐年增长[1]。国家大力支持风电、光伏等可再生能源产业的发展，力争减少温室气体排放，为能源可持续发展提供支持[2]。国家发展改革委和国家能源局于 2022 年 3 月发布了《“十四五”现代能源体系规划》(发改能源〔2022〕210 号)，指明要大力支持分布式可再生能源发展，并且与周边主体直接交易，促进可再生能源的就地消纳[3]。

近些年，大量电动汽车(Electric Vehicle，EV)无序接入的趋势下[4]，导致不同微电网能源供需情况不同，极易造成供电短缺或者能源浪费。因此，将一定区域内由可再生能源供电支持的微电网相联系，构成互联互供的多微电网能源自洽系统[5-6]，微电网优先满足自身能源供应，在有盈余或者短缺时参与多微电网能源交易，实时调整电价获取利润。

目前，各种能源交易方法层出不穷，端对端(Peer-to-Peer，P2P)交易机制较为成熟，为微电网间的能源交易提供了可靠的办法[7-8]，有效促进能源消纳和电网韧性提升[9]。在微电网间能源调度和交易中，一般需要配置储能系统，存储多余电量，为电力交易提供支持，解决可再生能源引入的诸多挑战[10-12]。但是，传统的固定储能存在购置成本过高、无法移动和维护费用昂贵等问题。

然而，移动储能具有移动能力强和储能共享的特点，有效补充固定储能的缺陷，同时可避免部分区域长距离、高成本的电线架设、现阶段常用于解决临时线路扩容、能源调度和紧急救援等方面的问题[13,14]。移动储能系统一般采用储能单元和辅助电路进行设计，利用汽车等载运工具实现其移动调度，为解决交通能源领域安全问题提供新的途径[15,16]，成为推动交通能源融合的重要一环。移动储能车作为能源的载体，其应用领域也逐渐延伸到能量调度和市场能源交易方面，可以在不同时间、不同地点行驶于城市道路或者高速公路交通网，补充城市微电网供电短缺下的能源供给或作为偏远自治型高速公路微电网的能源传输载体，很好地将交通网与能源网耦合起来[17]。

在城市交通领域，各工业或社区微电网之间距离较短，移动储能多用于补充能源供应不足、能源短缺等情况。在公路交通领域，服务区是公路沿线的休息区和能源补充点，是整个公路运输系统中能源消耗的重要一环。大量光伏、风电等能源分布在服务区周边和高速公路沿线，可有效降低碳排放和用电成本[18-19]。但是，服务区微电网灵活负荷变化较大，极易造成源-荷的供需不匹配，引发能源供需安全隐患。移动储能保障多服务区的灵活用电，作为能源载体辅助交易和调峰，是现阶段交通能源结合的重要体现。

综上所述，随着可再生能源设备和微电网建设应用，能源交易和移动储能车研究不断深入，如何进一步促进交通能源融合发展，保障微电网稳定运行成为研究的重点。本文从交叉学科角度对交通能源融合下的移动储能及交易相关研究进行总结分析。首先，提出交通能源融合下微电网群的移动储能交易架构；其次，利用文献分析法系统分析交通能源融合下的移动储能及交易相关研究热点；对基于移动储能的能源交易方法进行梳理，分别对城市交通和公路交通两种场景下的移动储能优化调度研究进行归纳；最后，对未来发展和面临的挑战进行展望。

1　基于移动储能的微电网能源交易架构

随着能源与交通的不断发展,二者耦合关系不断加深,移动储能车成为交通与微电网融合的枢纽。将其引入微电网的能源交易当中,为交通能源融合发展、微电网群弹性自洽和分布式能量管理提供了重要支持。

如图1所示为基于移动储能的微电网能源交易框架,不考虑从主电网购电,整个交易过程由微电网能源交易层和移动储能-调度层组成。参与主体一般包括微电网、微电网群运营商以及负责能源运输的移动储能车。微电网预测未来能源富裕或者短缺情况,及时发布购售电请求和移动储能送达时间信息,运营商及时进行交易匹配,随后安排移动储能车在路网行驶来实现能源供应,有效促进微电网群能源自洽。

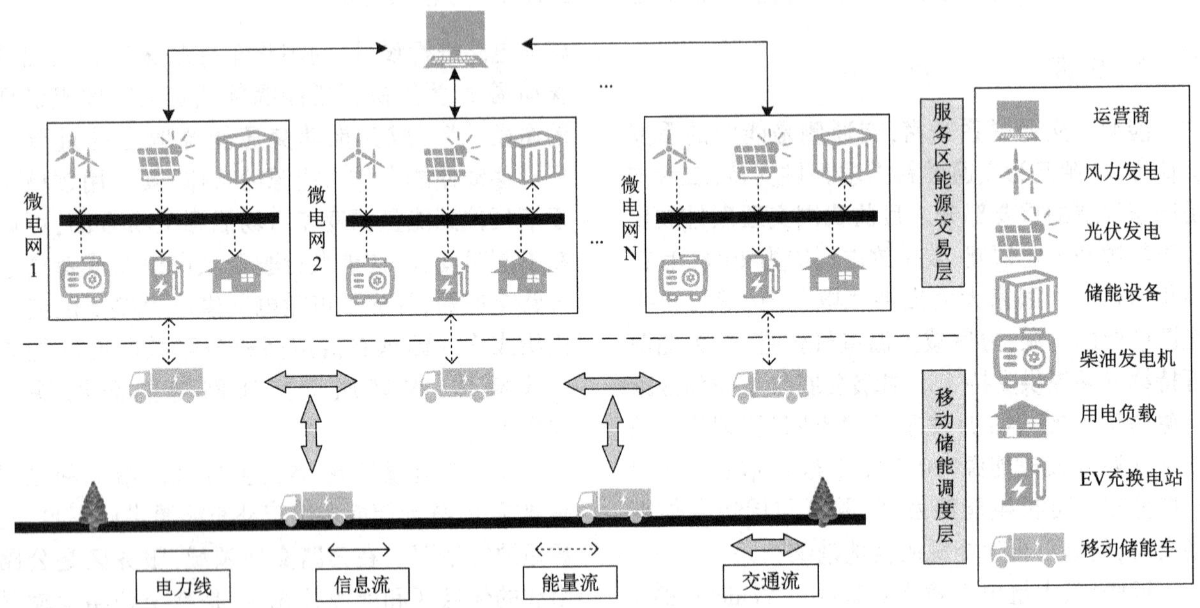

图1　基于移动储能的微电网能源交易框架

2　移动储能及交易文献分析

本文的文献数据来自中国知网CSCD数据库中的中文文献和Web of Science(WOS)核心数据库中的英文文献。文献选取的期刊日期为2012年至2023年,研究跨度为11年,文献检索以交通能源融合、能源交易、可再生能源、移动储能、EV调度和交通等为检索条目,在对文献数据进行去重和筛选后,得到了总计333篇英文文献和41篇中文文献。本文利用CiteSpace软件对移动储能及交易相关领域的关键词进行提炼,对研究热点进行归纳和分析。

图2展示了交通能源融合下的移动储能及交易领域关键词的分布情况。从时间看,整个研究历经了框架方法探索、实际应用和提升优化等阶段,各个阶段发展之间互有交叉。框架方法探索阶段,许多学者提出能源交易的概念、框架和模型,探讨了交易方法在能源领域的可行性。实际应用阶段,将移动储能用于城市交通或者公路交通领域的能源调度、紧急供能等方面,然后逐步扩展到能源交易领域,其移动储能特性为交通能源融合及交易提供了新思路。在提升优化阶段,众多学者侧重于从交易策略优化、能源管理及调度模型、交通不确定性影响分析等方面入手,提高调度、交易效率和经济效益。

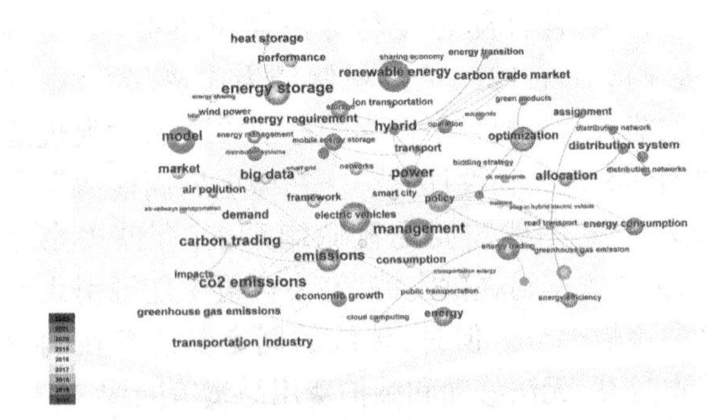

图2　移动储能及交易关键词共现时间图谱

在对文献分析后,可知国内外学者在移动储能方面的研究集中于能源调度、灾后恢复、孤岛微电网能源交易、能源自洽等方面[20-22]。它在不同主体中表现出不同价值[23,24],现将其在发电侧、电网侧、交通侧和交易市场的价值表现归纳如图 3 所示。

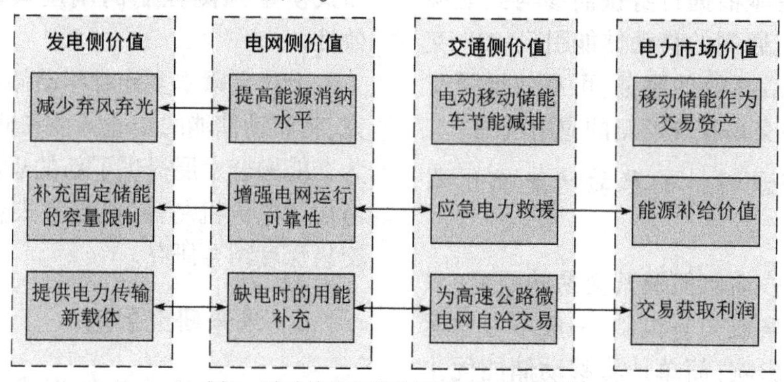

图 3　移动储能在各种场景下的价值体现

因此,将可再生能源、能源交易、移动储能和交通网络的协同发展是未来研究的重要突破口。

3　微电网能源交易及移动储能调度研究

3.1　基于移动储能的微电网能源交易研究

无论城市道路微电网还是高速公路微电网均可以运行于并网或孤网模式。由于地理位置不同,可再生能源发电禀赋差异较大,不同地区微电网的负荷情况各不相同,根据自身"源-荷"差异,购售电角色也会发生变化,可通过 P2P 交易实现能源互补[25-26]。P2P 能源交易机制大致可分为集中式和分布式两类,打破了传统的能源交易壁垒,为能源的开放互联、对等交易提供平台[27]。

然而,现阶段能源交易研究多利用线路传输能源,无法保障部分偏远地区的高速公路微电网或者供电短缺时的城市工业微电网的能源供给。移动储能的提出为解决该问题提供新的思路,它作为交能融合的枢纽,既扮演着能源载体,参与能源调度交易的角色,又以其移动特性行驶与城市或高速公路交通路网中。因此探讨交通能源融合下的基于移动储能的能源交易具有重要意义。

目前,部分学者考虑能源交易与交通侧相结合,对与移动储能相结合的 P2P 交易模型和相关方法进行研究。刘峰伟等[28]提出一种 P2P 交易模式下基于移动储能的电网系统韧性提升策略,优化了移动储能车的道路行驶路径和充放电功率,并设计了共享成本均摊机制,完成与移动储能相结合的能源交易。郭倬辰等[29]着重研究城市供电短缺场景下的能源 P2P 交易模式,并构建交通 - 电网耦合模型,提出移动储能调度策略,首先预测未来能源供需,提前申请交易,随后由移动储能完成配送。莫宇鸿等[30]提出由市场交易价格驱动的移动储能调度方案,构建考虑交通约束的储能车调度模型,同时基于主从博弈模型协调博弈双方的行为,进而提升了电网运行灵活性。郭倬辰等[31]设计了基于移动储能的面向多类型主题的 P2P 交易方法,构建双层智能合约实现移动储能容量拍卖结算,提出效益评价指标对交易双方的效益进行评价,利用以太坊仿真平台 Remix 仿真验证所提模型和策略的有效性。将上述基于移动储能的能源交易文献归纳列表,见表 1。

基于移动储能的 P2P 交易文献对比　　表 1

文献	优化目标	特点	优化求解方法
[28]	移动储能最优行驶路径和充放电功率	考虑移动储能时空转移特性;构建基于移动储能的 P2P 交易策略	利用 Gurobi 求解器以 0.1% 的误差进行求解
[29]	移动储能的调度成本最优	交通电网耦合;设计供电短缺下的微电网与移动储能的 P2P 交易及优化调度策略	利用改进遗传算法求解
[30]	移动储能车运营商利润最优;电网运行成本最低	市场价格激励移动储能车调度;电网与移动储能运营商协同	设计了一个主从博弈模型迭代算法实现求解
[31]	移动储能使用率和收益最优	构建双层智能合约,实现移动储能电量拍卖、管理结算功能;去中心化交易	—

综上所述,各主体根据自身供需参与到能源交易当中,将考虑交通侧的移动储能引入P2P交易中为电网提供灵活高效的服务,可有效增强交易可靠性,扩大能源交易在交通侧的应用范围。

3.2 考虑交通特性的移动储能优化调度研究

目前许多关于移动储能及其交易的研究,只是单独考虑调度策略或交易机制,一般不考虑运输过程的交通状态影响,简单地将移动储能优化调度描述为一个确定性模型,这与交通流随机特性不符。移动储能参与交易,必然涉及交通路网中的调度,因此有必要对考虑交通状态的移动储能调度进行研究。现阶段与交通结合的移动储能调度大致分为在城市道路和高速公路两类场景。

在城市交通中,交通路网将微电网相互连接,为移动能源的传输提供了道路运输条件。EV作为移动能源在路网运输,加强了交通与电网的结合,考虑交通侧的研究近些年逐渐受到学者的关注。Sun等[32]构建了移动储能系统,考虑时变的交通拥堵情况,研究了移动储能在交通—电力耦合网络中的经济运行。Alizadeh等[33]考虑交通对电力系统影响的基础上,研究了EV能源传输的最优定价策略,实现能源在交通网络的运输。Yao等[34]考虑了移动储能系统的巨大潜力,提出了一个既考虑交通网络,又考虑决策的时空移动储能模型,提出灾后联合恢复方案,提高了多微电网系统弹性。

在高速公路路网中,由于其呈稀疏带状分布,车辆行驶顺畅,不同于城市道路的复杂交叉路口和交通状态。研究大多将移动储能调度应用于高速公路微电网。Niu等[17]针对典型的高速公路需求场景,引入移动储能系统,提出一种分布式能量共享调度方案,维持能源供需双方的平衡,降低了能源系统的运行成本。Xia等[35]构建了动态交通系统网络模型进而使移动储能时空特性描述更加精准,在保证服务区、电池储能和充放电约束的基础上提出一种考虑电动汽车移动灵活特性的高速公路微电网能量调度模型,有效提高了微电网经济性和可再生能源的自洽水平。王虎城[36]综合考虑了高速公路电力特性和交通特性,构建基于移动储能系统的高速公路微电网能量调度模型,引入成本电价机制完成能源交易,设计了基于分布式模型预测控制的调度策略,并验证模型有效性。

上述文献中多针对移动储能调度方面展开研究,将移动储能的交通特性和储能特性深度融合,为交能融合发展提供了新的思路。虽然有些文献考虑了电价机制等,但是并未将移动储能和能源交易深度结合研究。

4 未来研究展望

4.1 交通能源协同发展

采用可再生能源供电的移动储能将交通和能源融合,清洁环保的供电方式更符合未来“清洁替代、电能替代”的号召。它有效集成了可再生能源,减少对传统能源的依赖。将移动储能应用于能源市场,实现灵活调度与交易,平衡电力系统,提高微电网群能源自洽率。

交通状态对移动储能车辆运输策略的影响是实时的,车辆需要具备快速响应能力,能够在交通情况变化迅速调整。未来需要在移动能源调度中,考虑移动储能设备的时空转移问题,在路径规划和诱导方面进一步研究,实时获取道路交通信息,针对不同交通状态完成移动储能的可靠传输。

随着高速公路建设发展,未来能源需求会愈发旺盛。高速公路服务区、道路沿线、隧道等处用能有着分布广泛、能源供应距离远、能耗高的特点,对于能源供应可靠性要求较高。公路上的边坡、服务区屋顶等安装光伏发电设备,为区域内负荷用电和EV供能提供支撑。因此,可将移动储能及交易应用于高速公路,可减少可再生能源浪费,不断扩大应用范围,加强交通—能源融合发展。

4.2 基于移动储能的交易模式

移动储能的应用为微电网固定储能提供补充,且解决了偏远地区高速公路微电网间只有信息流交互,能量流交互困难且成本高的难题,为能源交易提供了新的传输载体,有效促进多微电网群之间的能源自洽。

基于移动储能的新型储能交易模式,可有效提高能源利用效率,提升购售电双方交易灵活性和便利性,未来发展方向可列举如下:

(1)基于移动储能的区域多微电网共享。建立区域性能源共享网络,城市交通网或高速公路交通网支持了移动储能的调度,可形成更大规模的能源共享平台,提高电网弹性,减少停电事故的发生和影响。

(2)剖析电网、交通路网和基于移动储能的交易网之间的关系,了解各主体的利益关系,考虑移动储能参与时交通造成的能耗、拥堵成本问题,制定与交通侧相结合的能源交易机制。

(3)进一步推广移动储能的应用场景,像我国北方地区可再生能源出力条件好,但是各分布式微电网距离远,可依靠移动储能车增强能源交易的灵活性和高效性,转移走高禀赋地区的可再生能源余量,补给到低禀赋高负荷地区,提高能源消纳效率,实现能量流的交互。

(4)充分利用移动储能资源。在交通运输领域,除了建立专用移动储能车队完成能源调度外,可利用私家 EV 的移动储能特性,制定激励措施促进 EV 之间的能源共享和紧急用电,减少资源的闲置和浪费。

5 结语

目前关于能源交易和移动储能的研究局限于能源网或者交通网的单独建模,且多集中于 EV 充放电调度、能源交易机制的优化等方面,考虑交通侧场景及其影响的研究较少。对此,本文主要工作如下:

(1)构建了交通能源融合的微电网移动储能交易架构,对于分析能源交易与移动储能调度的结合研究,促进交通能源进一步融合具有重要意义。利用 CiteSpace 软件对相关文献进行可视化分析,深入了解微电网、能源交易和交通侧移动储能调度等方面的研究现状。

(2)对考虑交通特性的基于移动储能的能源交易、不同交通场景下的移动储能优化调度方法研究进行归纳分析。由于移动储能调度与交通状态结合较少,研究多基于理想化的假设。针对现有研究不足,后续可从交通能源协同发展、基于移动储能的交易模式等方面进行研究,进一步拓展移动储能和能源交易理论的研究深度和应用范畴。

参考文献

[1] 刘淳森,曲建升,葛钰洁,等.基于 LSTM 模型的中国交通运输业碳排放预测[J].中国环境科学,2023,43(05):2574-2582.

[2] LU Z X, XU X Y, YAN Z, et al. Multistage Robust optimization of routing and scheduling of mobile energy storage in coupled transportation and power distribution networks [J]. IEEE Transactions on Transportation Electrification, 2022, 8(2): 2583-2594.

[3] "十四五"现代能源体系规划[EB/OL]. (2022-03-22)[2024-02-01]. https://www.ndrc.gov.cn/xwdt/tzgg/202203/t20220322_1320017.html.

[4] SUN Y Y, CHEN Z Q, LI Z Y, et al. EV charging schedule in coupled constrained networks of transportation and power system [J]. IEEE Transactions on Smart Grid, 2019, 10(5): 4706-4716.

[5] YANG J, SU C Q. Robust optimization of microgrid based on renewable distributed power generation and load demand uncertainty [J]. Energy, 2021, 223:120043.

[6] 李艳波,李若尘,史博,等.基于改进模拟退火遗传算法的高速公路服务区自洽能源系统高能效优化[J].西安交通大学学报,2024,58(01):197-207+216.

[7] ZHOU Y, WU J Z, LONG C. Evaluation of peer-to-peer energy sharing mechanisms based on a multiagent simulation framework [J]. Applied Energy, 2018, 222: 993-1022.

[8] Zhang Z, Tang H, Huang Q, et al. Two-stages bidding strategies for residential microgrids based peer-to-peer energy trading[C]//IEEE. 2023 IEEE/IAS 55th Industrial and Commercial Power Systems Technical Conference (I&CPS). Calgary, AB, CANADA : IEEE, 2019: 101-109.

[9] 董旭柱,华祝虎,尚磊,等.新型配电系统形态特征与技术展望[J].高电压技术,2021,47(09):3021-3035.

[10] ZIEGLER M S, MUELLER J M, PEREIRA G D, et al. Storage requirements and costs of shaping renewable energy toward grid decarbonization [J]. Joule, 2019, 3 (9): 2134-2153.

[11] DOWLING J A, RINALDI K Z, RUGGLES T H, et al. Role of long-duration energy storage

in variable renewable electricity systems [J]. Joule, 2020, 4(9): 1907-1928.

[12] SEPULVEDA N A, JENKINS J D, EDINGTON A, et al. The design space for long-duration energy storage in decarbonized power systems [J]. Nature Energy, 2021, 6(5): 506-516.

[13] 翁晓勇,谭阳红. 考虑移动储能有功时空支撑的不对称配电网负荷恢复策略[J]. 电网技术,2021, 45(4): 1463-1470.

[14] 徐晶,赵亮,张梁,等. 考虑移动储能接入的柔性配电网运行优化策略[J]. 中国电力,2023,56(9): 112-119.

[15] 庄怀东,吴红斌,刘海涛,等. 含电动汽车的微网系统多目标经济调度[J]. 电工技术学报,2014,29(S1): 365-373.

[16] 林飞武,吴文宣,蔡金锭,等. 移动式储能装置在季节性负荷侧的应用研究[J]. 电力与电工,2013,33(1): 1-4,16.

[17] NIU M B, WANG H C, LI J, et al. Coordinated energy dispatch of highway microgrids with mobile storage system based on DMPC optimization [J]. Electric Power Systems Research, 2023, 217: 109119.

[18] 魏坤,刘洋,周立钦,等. 交能融合在高速公路服务区建设中的应用研究[J]. 交通节能与环保,2023,19(1): 86-90.

[19] ZHANG Y, DING Z H, DAI L, et al. Integrated energy management scheme for highway service zones [C]// IEEE. 2023 IEEE/IAS 59th Industrial and Commercial Power Systems Technical Conference (I&CPS), Las Vegas, NV, USA: IEEE , 2023: 1-6.

[20] 倪萌,王蓓蓓,朱红,等. 能源互联背景下面向高弹性的多元融合配电网双层分布式优化调度方法研究[J]. 电工技术学报,2022, 37(1): 208-219.

[21] LEI S B, WANG J H, CHEN C, et al. Mobile emergency generator pre-positioning and real-time allocationfor resilient response to natural di-sasters[J]. IEEE Transaction on Sma-rt Grid,2018, 9(3): 2030-2041.

[22] ALVARO-HERMANA R, FRAILE-A RDANUY J, ZUFIRIA P J, et al. Peer to peer energy trading with electric vehicles [J]. IEEE Intelligent Tran- sportation Systems Magazine, 2016, 8(3): 33-44.

[23] LARSEN M, SAUMA E. Economic and emission impacts of energy storage systems on power-system long-term expansion planning when considering multi-stages decision processes [J]. Journal of Energy Storage, 2021, 33: 101883.

[24] ELLIOTT R T, FERNάNDEZ-BLAN-CO R, KOZDRAS K, et al. Sharingenergy storage between transmission and distribution [J]. IEEE Transactions on Power Systems, 2019, 34(1):152-162.

[25] 陈修鹏,李庚银,周明,等. 考虑新能源不确定性和点对点交易的配网产消者分布式优化调度[J]. 电网技术, 2020, 44(09): 3331-3340.

[26] 张桂红,刘飞,田旭,等. 基于用户点对点交易的共享储能协同优化策略[J]. 南方电网技术,2023,17(8): 143-151.

[27] HIRSCH A, PARAG Y, GUERRERO J. Microgrids: a review of technologies, key drivers, and outstanding issues [J]. Renewable Sustainable Energy Reviews, 2018, 90: 402-411.

[28] 刘峰伟,陈佳佳,赵艳雷,等. 端对端交易模式下基于移动储能共享的配电系统韧性提升[J]. 电力系统自动化,2022, 46(16): 151-159.

[29] 郭倬辰,刘继春,杨知方,等. 供电短缺下微网客户与移动储能端对端交易模式及调度策略[J]. 电网技术, 2022, 46(12): 4873-4886.

[30] 莫宇鸿,覃智君,詹沁. 基于移动储能车的电网运行灵活性提升策略[J]. 广西大学学报(自然科学版),2021, 46(3): 651-665.

[31] 郭倬辰,刘继春,杨知方,等. 面向多用电主体的移动储能点对点交易控制方法[J]. 电测与仪表,1-10.

[32] SUN W Q, LIU W, ZHANG J, et al. Bi-level optimal operation model of mobile energy storage system in coupled transportation-power networks [J]. Journal of Modern Power Systems and Clean Energy, 2022, 10(6):

1725-1737.

[33] ALIZADEH M, WAI H T, CHOWDHURY M, et al. Optimal pricing to manage electric vehicles in coupled power and transportation networks [J]. IEEE Transactions Control Networks Systems, 2017, 4(4): 863-875.

[34] YAO S, WANG P, ZHAO T Y. Transportable energy storage for more resilient distribution systems with multiple microgrids [J]. IEEE Transactions on Smart Grid, 2019, 10(3): 3331-3341.

[35] XIA S W, ZHANG X, YUAN L, et al. An energy scheduling scheme for highway microgrids virtually networked by electric operation and maintenance Vehicles[J]. IEEE Transactions on Industry Applications, 2023, 60(1):1010-1022.

[36] 王虎城. 基于移动储能的高速公路微电网系统优化调度策略研究[D]. 西安: 长安大学,2023.

高速公路边坡光伏涉路安全性评价方法探析

史 龙[1] 唐六九*[1] 黄 磊[1] 陈 君[2] 李红星[1] 柴 彬[2]

(1. 中国电力工程顾问集团西北电力设计院有限公司;2. 西安建筑科技大学)

摘 要 在国家“双碳”和“双纲要”的政策引领下,新能源 + 交通得到了政策支持和发展,“光伏 + 高速公路”应用场景得到了大力推广,然而在公路边坡铺设光伏也引发了不利影响,涉及公路安全性评价方面的问题日益凸显。本文以高速公路为对象,分析了边坡光伏对交通安全、公路设施、公路环境的影响,在传统涉路项目安全评价的基础上,提出了光伏设施影响专项评价方法和评价结论,给出了边坡光伏安全设施核查清单内容,供“光伏 + 高速公路”项目涉路安评实施提供参考。

关键词 高速公路 边坡光伏 涉路 安全性评价 核查清单 探析

0 引言

在面临全球清洁能源需求不断增长的今天,光伏技术作为一种低成本、节能环保、清洁可再生的电力生产方式,正受到广泛关注和应用。随着光伏可利用土地资源不断减少,以及光伏用地管理要求不断提高,“光伏 + ”应用场景愈发多元化,不仅在学校、医院、企事业单位的屋顶、得到广泛应用,还在公路领域展现出巨大的潜力。光伏在公路上的应用,具有诸多优势,例如不新增建设用地、施工便捷、管理成本相对较低、可及时供高速公路运营就地消纳等,这使得分布式太阳能光伏发电系统在公路领域具有很强的应用前景。这种应用趋势也得到了国家能源局等部门的政策支持,2022 年 1 月,国家能源局等五部门联合印发《智能光伏产业创新发展行动计划(2021—2025 年)》,计划中提到为了早日达到“碳达峰、碳中和”目标,必须加快“光伏 + 交通””等融合发展项目的推广应用。这一举措进一步加速了光伏在公路领域的应用。然而,随着公路边坡光伏的推广应用,涉及公路安全性评价方面的问题日益凸显。为了解决这些问题,需要进行系统性的边坡光伏涉路安全性评价。涉路安全性评价本质是从源头减少涉路项目对公路结构和交通安全的影响;以规范基础设施建设之间的关系,预防各类事故、减少涉路行为的负面作用为目的;体现从被动到主动、从事后处理到事前预防、从经验到科学的安全管理方法,是一门控制项目总损失的技术。

根据涉路工程对现有公路不同的影响程度,常见的涉路工程主要分为以下几类:

(1)公路沿线广告设施设立;

(2)通信、电力等电缆上跨公路;

(3)电力、水务、燃气等管道平行、下穿公路;

(4)道路搭接公路;

(5)新建道路与公路立体;

(6)公路新增互通。

可见,边坡光伏并不在常见的涉路工程范围内。

边坡光伏涉路安全性评价评估过程应参考公路项目交通安全评价相关规范,以确保光伏系统的安全性和公路的可持续性。同时应结合高速公路边坡光伏的特点,提出可以为边坡光伏的安全性提供系统性的评价方法,确保其在可持续能源领域的应用更加安全和可行。本文提出的边坡光伏安全性评价方法有助于光伏和交通领域的融合发展,创造更具活力的新能源产业平台,同时改善交通系统的可持续性,助力实现"碳达峰、碳中和"的目标。

1　高速公路边坡光伏影响分析

1.1　交通安全影响

1.1.1　驾驶行为影响

光伏组件对驾驶员驾驶行为的影响主要是由于光伏组件眩光造成。光伏组件眩光影响了驾驶员视线的稳定性。在光伏组件眩光区域,驾驶员的视线呈现出变化,包括视线方向、视线角度以及视线起始点等。这是因为光伏组件眩光产生的反射光线刺激而引发了驾驶员视线的调整,导致视线在特定区域内集中且不稳定。光伏组件眩光所产生的光线强度变化会导致驾驶员的眼睛需要不断适应,从而影响了其视线的稳定性。并且由于这种视线的不稳定,也造成了驾驶员的注意力分散与心理压力。

(1)视线。

光伏组件眩光现象通常与太阳光与光伏组件之间的角度、光伏组件的反射性质以及观察者的位置有关。光伏组件眩光的主要特征包括强度、持续时间和可见光谱范围。当眩光强度足够大时,它会导致暂时性失明、视觉不适、注意力分散、驾驶危险以及对周围环境的不适应。这对公路安全、交通流畅性和驾驶员的安全感产生了负面影响。

光伏组件反射太阳光会产生眩光,导致驾驶员的视线受到干扰,这会降低他们对前方公路和其他交通参与者的观察能力,增加驾驶风险。持续暴露在光伏组件的眩光下,导致驾驶员的视觉疲劳,因为驾驶员需要不断调整眼睛来应对光线的变化,这会降低警觉性和反应速度。受到光伏组件眩光影响,驾驶员需要更长的时间来适应光线变化,因此他们的反应时间延长。这会在紧急情况下对驾驶安全构成威胁。面对光伏组件的眩光,驾驶员的注意力会分散,因为他们会更多地关注光线反射而不是公路上的其他重要信息。光伏组件的眩光降低了驾驶员的驾驶舒适度,使驾驶员感到不适,这会导致驾驶员疲劳,影响驾驶体验。

(2)心理。

部分驾驶员会因为光伏组件的眩光而感到心理压力增加。这种心理压力会影响驾驶员的决策和行为,使其更容易产生焦虑或紧张情绪。由于视线干扰和心理压力增加,部分驾驶员更容易犯驾驶错误,如变道错误、车距不足等,从而增加了事故风险。

1.1.2　二次伤害影响

车辆发生交通事故撞击在路域范围铺设的光伏组件上,可能会对驾驶人造成二次伤害。

(1)火灾。

光伏组件系统通常包括电气元件和电缆,车辆在事故中会与这些元件发生接触,可能导致电击风险或火灾风险。如果事故中的车辆与光伏组件发生碰撞,可能导致车辆的油箱或电池系统破损,从而引发火灾。特别是近年来,光伏电站组件呈现大功率、大电流趋势,随着电流的增加,也伴随着电击和火灾风险的增加。

(2)光伏玻璃碎片。

车辆撞击光伏组件,光伏组件上的玻璃覆盖物会破碎产生碎片,可能造成对驾驶员和乘客的伤害。

(3)光伏组件支架。

光伏组件支架是太阳能光伏电站中的关键组成部分,用于支撑和安装太阳能光伏组件。这些支架通常由连接件、立柱、龙骨、横梁和辅助件等部分构成。在设计中,为了保证光伏组件的稳定性以及抗拉性,光伏组件的支架往往设计的很坚固,在车辆冲出路域撞击光伏组件的支架时,可能对事故车辆、驾驶人和乘客造成伤害。

1.2　公路设施影响

1.2.1　设施冲击影响

在安装光伏组件时,由于高速公路的路基一般是用渣石土进行填充,边坡部位0.5~1m厚度采用黏土覆盖,便于种植草类。而一般光伏组件螺旋钢柱打入地下的长度在1.6m左右,在实施过程中,螺旋钢柱进入渣石土层时是无法直接旋入,需要先使用冲击钻引孔,如果安装方式不恰当可能对公路边坡造成损坏。

1.2.2 雨水冲刷影响

降雨条件下,路基边坡上铺设的光伏板承接雨水,雨水集中汇集到光伏板下方边缘形成水流,冲击和侵蚀光伏板边缘下方的边坡。落在边坡上的雨水,在边坡上形成径流,冲刷边坡。雨水渗入边坡基础,造成边坡土体含水率也发生改变,进而导致土体应力状态改变,最终影响边坡的安全性。

1.3 公路环境影响

公路边坡上光伏设施对环境的影响包括公路景观、电磁辐射和边坡植被三个方面。

1.3.1 公路景观影响

大规模的光伏组件布局改变了原有的公路景观,可能对周边居民的视觉环境造成影响,因为部分居民认为光伏组件的外观不美观。此外,光伏组件表面的眩光会对附近居民的视觉产生不利影响。

1.3.2 电磁辐射影响

尽管现有研究表明光伏设施的电磁辐射在安全范围内,但有部分居民会对光伏组件系统的电磁辐射表示担忧。公路沿线居民对于光伏设施电子辐射的担忧,可能影响到光伏项目的决策和顺利实施。

1.3.3 边坡植被影响

公路边坡铺设光伏设施后,光伏板下面原有的植被由于长期不能受到太阳光的照射可能死亡,公路边坡铺设光伏设施客观上减少了公路的绿化面积,绿化的减少对环境产生不利影响。

2 高速公路边坡光伏影响专项评价

本文给出高速公路边坡光伏安全性的评价流程、方法及评价结论,并对相关影响因素及核查清单进行说明,以下内容仅展示边坡光伏安全性专项评价部分,其余部分仍参照《公路项目安全性评价规范》(JTG B05—2015)和《公路项目安全性评价规程》(T/CECS G:E10—2021)相关要求,在这里不再赘述。

2.1 评价流程

安全性评价的实施流程可以分为前期(准备)阶段、评价阶段、评价后回应三个阶段,各阶段的前后关系及其中包含的工作内容,如图1所示。其中申请材料包括申请书、设计施工图、受项目影响的公路设计图及相关规划资料、施工方案、涉路地段实景图片等。

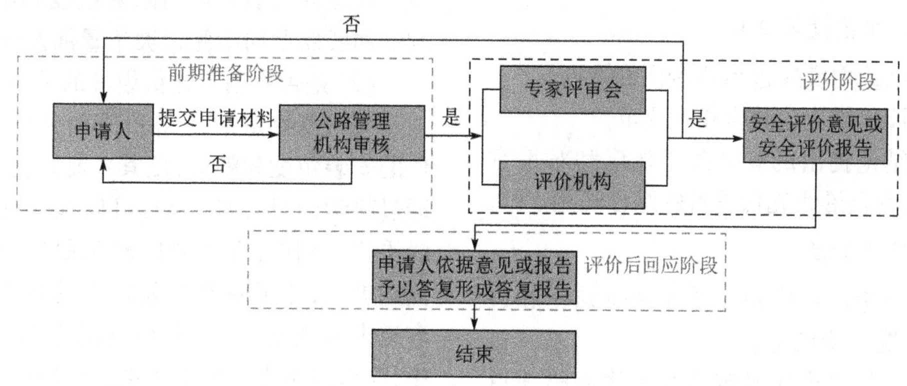

图1 安全性评价流程

2.2 评价方法

2.2.1 工程可行性研究阶段

本阶段宜采用安全检查清单进行评价。

2.2.2 初步设计阶段

(1)比选方案评价宜采用安全检查清单方法。

(2)总体评价应根据技术标准、地形、地质、气候条件、预估事故安全等级等,评价边坡光伏设施对其交通安全的影响。

2.2.3 施工图设计阶段

(1)本阶段宜采用安全检查清单等评价方法。

(2)对复杂光伏布设项目、复杂路段,可采用驾驶模拟方法对光伏布设方案设计安全性、光伏安全设施等进行评价。

2.2.4　交工阶段

公路安全状况评价应进行公路现场踏勘和实地驾驶,宜采用安全检查清单等方法进行评价。

2.2.5　后评价

(1)总体评价宜采用与光伏设备相关的交通事故统计分析、问卷调查等方法。

(2)边坡光伏安全状况评价宜采用安全检查清单等方法。

2.3　评价结论

2.3.1　工程可行性研究阶段

(1)评价结论应列出安全分析结果,明确影响项目边坡光伏涉路安全的重点问题,并针对下阶段的设计提出改进对策和建议。

(2)既有公路光伏设施应明确边坡光伏涉路安全重点问题在光伏升级后能否得到改善或解决。

2.3.2　初步设计阶段

(1)评价结论内容应包括总体评价结论、比选方案评价结论。

(2)总体评价结论应确定边坡光伏项目特点及其对交通安全的影响。

(3)比选方案评价结论应说明比选边坡光伏方案的评价结果,并从交通安全角度提出安全性占优的路线方案。

2.3.3　施工图设计阶段

(1)评价结论内容应包括总体评价结论。

(2)总体评价结论应符合相关要求。

(3)评价结论提出的安全改进建议和对策宜侧重于交通工程及沿线光伏设备的综合运用。

2.3.4　交工阶段

(1)评价结论内容应包括总体评价结论和边坡光伏安全状况评价结论。

(2)总体评价结论应确定边坡光伏涉路项目特点及其对交通安全的影响。

(3)边坡光伏安全状况评价结论应确定影响公路及边坡光伏设备开始运行后交通安全的重点问题,并结合交工阶段边坡光伏项目现状,提出可行的安全改进建议。

(4)安全改进建议应侧重于完善边坡光伏安全设施或提出管理对策。宜根据实施的难易程度,提出安全改进建议和管理对策的实施顺序,或提出分期实施建议。

2.3.5　后评价

(1)评价结论内容应包括总体评价结论、边坡光伏安全状况评价结论。

(2)总体评价结论应确定边坡光伏项目特点及其对交通安全的影响,分析与光伏相关的交通事故原因及交通安全变化趋势。

(3)边坡光伏安全状况评价结论应确定主要的安全问题和安全改善重点,并提出可行的安全改进建议和管理对策。

(4)宜根据安全改进建议实施的难易程度和实施效果,提出安全改进建议和管理对策的实施顺序,或提出分期实施建议。

3　高速公路边坡光伏安全设施核查清单

3.1　交通安全方面

3.1.1　是否减少了眩光影响

(1)是否选择了有利位置铺设。

光伏组件所产生的眩光在部分路段对驾驶员影响较大,例如在隧道入口上方处铺设光伏组件,在不采取措施的情况下,太阳眩光会进一步加剧隧道入口的"黑洞"效应,增加交通安全风险。相反,在直线段的路基边坡上铺设光伏组件,对驾驶员不产生眩光影响。在实际的工程中,应优先选择东西走向直线路段向阳侧边坡和不产生眩光影响的曲线路段向阳侧边坡位置铺设光伏组件。

(2)是否控制了光伏组件的朝向和角度。

应根据特定的公路和地理条件,调整光伏组件的安装角度和朝向,使其不易产生强烈的眩光。通过科学的设计和布局,可以最小化驾驶员的视线干扰。例如,在南北向转东西向公路的转弯内侧边坡处,位于南北向公路上的驾驶员极易受到弯道内侧边坡光伏组件眩光的影响。在此类场景中,应着重考虑铺设的角度,必要时可采取无翘起的平铺策略。

(3)是否降低了光伏组件反射性能。

应采用具有低反射率的特殊材料或涂层来覆盖光伏组件表面,以最小化光线的反射。这种技术可以有效降低光伏组件对驾驶员视线的干扰,减轻其心理压力。

(4)是否设置了视觉障碍物。

应在光伏组件周围种植树木、设置隔离带等视觉障碍物,以遮挡光线的直接入射,从而减轻光伏组件的眩光影响。

3.1.2 是否采用了高安全性光伏设施

应采用轻质无玻璃的材质光伏组件，防止高速车辆驶出公路造成二次伤害，避免因车辆撞击导致“封装材料破损、电极外露、引燃汽油”的情况发生。采用柔性支架的全隐蔽设计，避免支架的尖角锐边对人员造成伤害。

3.1.3 是否设置了适合的护栏防护等级

在路基边坡铺设光伏组件时，应在路侧设置高等级的防护栏，以阻止事故车辆冲入光伏区域，减少事故车辆的二次伤害的。护栏防护等级应满足《公路交通安全设施设计规范》(JTG D81—2017)的规定。

3.1.4 是否设置了交通警告标志

应在铺设光伏组件的公路段设置交通警告标志，提醒驾驶员注意视线干扰情况；在光伏组件周围设置明显的警示标志和路标，提醒驾驶员注意光伏组件的存在。这有助于提高驾驶员的警觉性，降低事故的风险。

3.1.5 是否开展了交通安全教育

应面向驾驶员和交通参与者开展交通安全教育，提高对光伏组件眩光问题的认识以及光伏组件撞击产生的危险性。通过安全教育，可以提升驾驶员的安全意识以及如何正确应对眩光的干扰，以减少眩光的不适和错误驾驶行为。

某“光伏+高速公路”项目交通安全方面核查清单如表1所示。

交通安全类核查清单　　表1

项目	交通安全			
减少眩光影响	(1)是否在有利位置铺设光伏组件？		否	K85+100隧道顶部铺设光伏组件 K75+100路堑边坡未降低组件角度
	(2)是否调整了光伏组件的朝向和角度？		否	
	(3)是否采用了低反射率的特殊材料或涂层？	是		
	(4)是否在光伏组件周围设置视觉障碍物？	是		
高安全性光伏设施	(1)是否使用轻质、无玻璃的材质光伏组件？		否	K1+90路堤边坡处组件采用覆玻璃材质
	(2)是否采用柔性支架的全隐蔽设计？	是		

续上表

项目	交通安全			
设置适合护栏	是否在路基边坡上设置高等级的防护栏？	是		
设置交通警告标志	(1)是否在光伏组件铺设的道路段设置交通警告标志？	是		K100+90处警示标志损坏
	(2)是否在光伏组件周围设置明显的警示标志和路标？		否	
交通安全教育	是否进行了针对驾驶员和交通参与者的交通安全教育？	是		

3.2 公路设施方面

3.2.1 是否加强了监测预警

为减少支架基础施工对边坡稳定性产生的不良影响，宜采用螺旋桩等破坏性小的支架基础形式。通过有限元分析发现，螺旋桩对土壤的力学性质仅产生轻微影响，包括密度和压缩性。在实际的工程项目中，可采取人工巡查、安装传感器和视频监控的方式对光伏发电工程、工程建设路段进行动态监测，获取监测对象的安全状态、变化特征及发展趋势，对出现的问题能够进行预警。

3.2.2 是否防止了雨水冲刷

为了防止光伏组件雨水集中冲击和侵蚀光伏组件边缘下方的边坡，可在光伏组件下方边缘设置雨水集中收集处理的装置对雨水进行收集和利用，也可采用设置护坡的方式，将雨水直接引入边沟，防止雨水对路基边坡的不利影响。边坡排水系统设计应满足《公路排水设计规范》(JTG /T D33—2012)的规定。

某光伏+高速公路项目公路设施方面核查清单如表2所示。

公路设施类核查清单　　表2

项目	道路设施			
监测预警	(1)是否采用螺旋桩等对边坡稳定性影响较小的支架基础类型？	是		全线未安装预警系统
	(2)是否进行了动态监测，采用预警系统？		否	
雨水冲刷	(1)是否采取了措施以防止雨水集中冲击和侵蚀光伏组件边缘下方的边坡？		否	K1+90~K20+90路堤边坡处未采用硬化边坡
	(2)是否满足了排水系统的设计规范？	是		

3.3　公路环境方面

3.3.1　是否降低了景观影响

应对光伏组件对环境景观的影响进行评估,通过提高光伏材料的质感和色彩等方式降低对景观的影响。在学校、医院、居民点附近,采取放弃铺设或采用遮光设施、光伏组件自动旋转装置等措施,避免眩光对周边居民造成干扰。

3.3.2　是否改变了边坡植被

在光伏组件铺设的边坡处,可采取铺设喜阴喜凉的植物,避免由于光伏组件的布置导致边坡植被覆盖率的受损。

3.3.3　是否加强了宣传引导

应加强对于光伏组件电磁辐射安全性的宣传工作,并宣传光伏发电对社会和环境的重要价值,寻求周边居民的理解。

某光伏+高速公路项目公路环境方面核查清单如表3所示。

公路环境类核查清单　　表3

项目	道路环境			
道路景观	(1)是否采取了降低景观影响的措施?		否	全线未对组件进行绿化处理
	(2)是否在需要时采取遮光设施或光伏组件自动旋转装置?	是		
边坡植被	是否在光伏组件铺设的边坡处采用喜阴喜凉的植物?	是		
宣传	是否进行了宣传工作?	是		

4　结语

本文分析了高速公路边坡光伏对交通安全、公路设施及公路环境的影响,同时结合高速公路边坡光伏的特点,依据《公路项目安全性评价规范》(JTG B05—2015)和《公路项目安全性评价规程》(T/CECS G:E10—2021)相关要求,提出边坡光伏安全性的专项评价方法及评价结论,给出了专项评价核查清单内容,可供"光伏+高速公路"项目涉路安评实施提供参考。本文提出的边坡光伏安全性评价方法能确保光伏系统的安全性和公路的可持续性,有助于能源与交通领域的融合发展,创造更具活力的新能源产业平台,同时改善交通系统的可持续性,助力实现"碳达峰、碳中和"目标。

参考文献

[1] 中华人民共和国交通运输部.公路项目安全性评价规范:JTG B05—2015[S].北京:人民交通出版社股份有限公司,2016.

[2] 李伟,沈国华,彭道月.涉路工程安全评价技术指南与案例分析[M].北京:人民交通出版社,2009.

[3] 何磊.涉路项目交通影响评价制度探讨[J].黑龙江交通科技,2013,36(7):153-154.

[4] 胡营.涉路项目安全性评价现状及技术方法研究[J].公路交通科技,2017,13(12):303-305.

GIS 技术在交通规划中的应用及展望

杨凯文*　曹　辉
(华设设计集团股份有限公司)

摘　要　新时代综合交通运输体系的发展,对交通规划提出了更高的要求,GIS 作为数字化的工具和手段,为交通规划领域的数字化转型提供了助力。本文在总结 GIS 技术及特性的基础上,结合交通规划工作,分析 GIS 技术在交通规划领域中的应用,包括 GIS 空间数字化技术、GIS 空间数据库技术、GIS 空间分析技术以及 GIS 空间可视化技术,并对未来三维 GIS 和大数据 GIS 技术应用进行展望,以期为交通规划人员提供参考,促进 GIS 技术在交通规划中的应用落地。

关键词　GIS　交通规划　数字化　三维　大数据

0 引言

GIS(地理信息系统)作为新时期发展背景下多学科交叉的产物,因其具有对地理信息的数字化、可视化等优势,已被各行各业广泛应用[1]。交通规划作为交通工程全生命周期最前置且重要的阶段,对全过程起着引领作用。进入新时代,加快建设交通强国,构建现代化高质量国家综合立体交通网,必须以高质量的交通运输规划为基础。因此,有必要将 GIS 技术与传统交通规划进行融合,通过 GIS 提供强技术支撑,提高交通规划工作的质量和效率,提升交通规划成果的科学性和合理性,推动交通规划领域的数字化转型,实现交通规划领域的高质量发展[2]。

1 GIS 技术及特性

GIS 是一种专门用于采集、存储、管理、分析和表达空间数据的信息系统。随着人们对 GIS 理解的不断深入,其内涵也在不断拓展。GIS 中的“S”也被译为“Science”(科学)和“Service”(服务),这意味着 GIS 并不只是一套系统,也是一种基于地理空间位置及信息的服务,更是一门独立的学科。

根据 GIS 提供的能力,结合其在交通规划领域中发挥的作用,主要包括以下几项技术[3-5]:

(1)空间数字化技术:将现实世界中的地理信息转化为计算机能够处理的数字形式的技术,以实现地理信息的高效管理、分析和应用。

(2)空间数据库技术:用于存储和管理空间对象实体的技术。空间数据库是 GIS 的基本功能,传统的关系型数据库只能存储结构化、非空间数据,GIS 空间数据库在此基础上拓展了空间数据类型。

(3)空间分析技术:对空间数据进行处理和分析的技术。空间分析是 GIS 的核心功能,也是 GIS 与其他信息系统的本质区别之一,包括矢量数据空间分析、栅格数据空间分析、三维分析等。

(4)空间可视化技术:利用计算机图形学和图像处理技术,对地理空间信息进行可视化表达和展示的技术。GIS 空间可视化方式包括地图、热力图、散点图、三维场景等。

2 GIS 技术在交通规划中的应用

开展交通规划是一项复杂的系统工程,涉及面非常广阔,既要掌握国家和地区社会经济发展政策,又要对地区的社会经济、人口、土地、资源和交通供需状况等做广泛调查研究,更要对上述要素进行系统的、深入细致的分析预测,对规划方案作审慎的设计和评价[6,7]。按照对交通规划工作阶段的划分,包括交通调查、需求预测、方案制订、方案评定和持续优化几个部分。根据上述对 GIS 技术体系的分析,本文以苏州市综合交通规划作为项目依托,对 GIS 技术在交通规划中的应用进行了研究和实现,包括以下几个方面。

2.1 GIS 空间数字化技术在交通规划中的应用

空间数字化技术是 GIS 在交通规划领域应用最基础也是最重要的技术。传统的交通规划成果多以纸质为主,现有的交通规划成果多以图片和 CAD 文件为主,这些规划成果形式都不能满足现阶段数字化管理和高质量发展的需求。利用 GIS 空间数字化技术,可对交通规划方案进行数字化处理,将传统的规划成果形式转换为 GIS 矢量数据格式,同时可基于统一的坐标系将各类规划成果进行整合,包括综合立体网交通规划、“十四五”交通规划以及公铁水空等各专项规划,从而实现交通规划成果的数字化管理。数字化处理流程如图 1 所示。

基于 GIS 的空间数字化技术,也可将交通运行数据、国土空间数据以及社会人口经济数据等与交通规划相关的其他数据进行数字化整合,从而为交通规划方案的科学制定提供依据。

2.2 GIS 空间数据库技术在交通规划中的应用

相较于文件存储,空间数据库具有强大的空间数据存储管理和处理能力、更好的数据组织和共享功能,以及更高的安全性、可靠性和可扩展性。

现有的交通规划成果多以文件形式进行存储,而传统的关系型数据库无法存储空间数据。GIS 空间数据库则在传统关系型数据库的基础上增加了空间数据类型扩展,如 PostGIS(基于 PostgreSQL 数据库的空间扩展)、Oracle Spatial(Oracle 数据库的空间解决方案)等。基于 GIS 空间数据库技术,可将数字化后的规划方案存储到空间数据库中,实现空间和属性数据的一体化存储。一方面,利用空间数据库的空间索引技术,可以提高空间数据检索和查询的能力,解决在交通规划数字化平台建设中遇到的地图加载慢、数据查询久等性能问题;另一方面,将交通规划方案存储到空间数据库,可以实现规划方案的在线编辑和实时更新。以文件形式存储的交通规划方案的修改一般都需要使用专业软件,方案的局部更新往往也需要对整个文件进行修改,而将交通规划方案存储到空间数据库后,无需专业软件即可完成对规划方案的修改和局部实时更新,提高了规划方案编制和调整更新过程的效率。此外,空间数据库在规划成果的共享、维护和数据安全等方面也提供了强有力的技术保障。

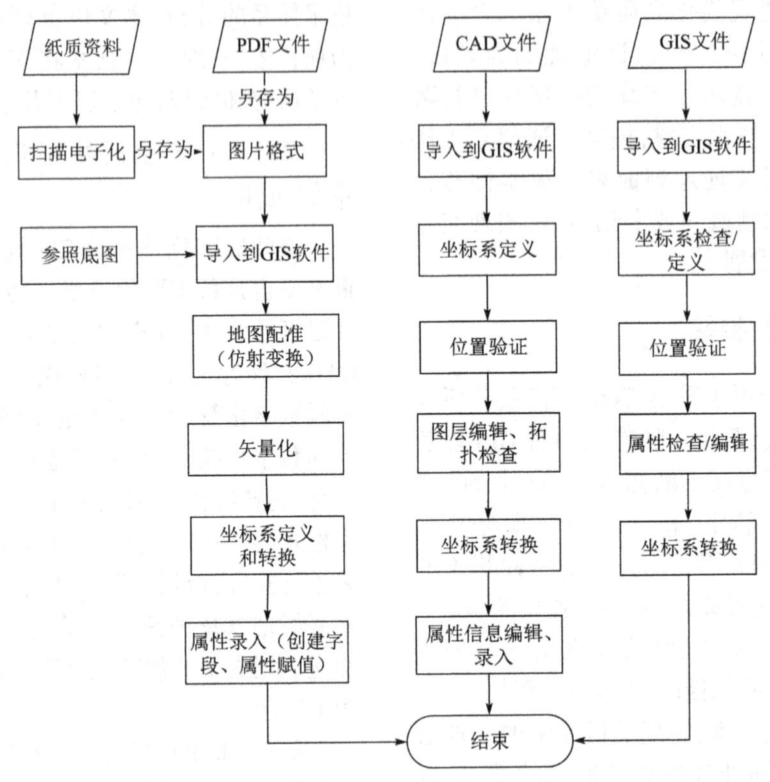

图1　数字化处理流程

2.3　GIS 空间分析技术在交通规划中的应用

空间分析是 GIS 的核心功能,也是 GIS 区别于一般信息系统、CAD 或电子地图系统的主要特征。交通规划中用到的 GIS 空间分析主要包括空间查询与量算、缓冲区分析、叠加分析、空间统计分析、空间建模等。

随着国土空间规划的提出和相关工作的不断推进,作为国土空间规划下的一项重要专项规划,交通规划需要符合国土空间规划的总体要求,这就意味着交通规划方案不能穿越生态保护红线、占用永久基本农田。利用 GIS 空间叠加分析技术,可对交通规划方案与国土空间规划“三区三线”的符合度进行自动化审查,一键式分析交通规划方案与生态保护红线、永久基本农田等控制红线的空间关系,包括是否有冲突以及每个冲突点的详细信息,并以表格的形式进行导出;也可对非交通规划项目用地与交通规划红线的冲突性进行检查,从而支撑交通行业内外方案的编制和审查。

交通规划方案评定阶段,需要对不同规划方案进行评价和对比分析,最终选定较优方案。利用 GIS 空间分析技术,结合规划方案评价指标和模型,可实现区域路网密度分析、对周边设施的覆盖度分析、与人口(GDP)的相关性分析以及交通枢纽站点的通达性分析等,从而对规划方案进行综合评估和比较。

2.4　GIS 空间可视化技术在交通规划中的应用

好的可视化效果对于表达空间数据和分析结

果具有重要的价值。GIS 空间可视化技术在交通规划中的应用主要体现在空间数据展示、专题制图以及交通分析结果的空间可视化,从而辅助交通规划决策。

相对于传统以图片作为专题图载体的制作方式,GIS 专题制图基于数字化处理、坐标系统一的矢量数据,数据精度高、质量好。GIS 矢量数据的图属一体化,也使得属性数据的变化能够同步到空间表达上,不需要重新制图,提高了制图的灵活性。同时,GIS 还提供了一整套制图模块,通过配置即可快速制作出一张专题图,提高了专题制图的效率。

交通分析结果的空间可视化是将交通运行分析的数据叠加到 GIS 地图上,从而直观地展示交通运行和空间分布情况。交通规划中常用的 GIS 空间可视化包括交通流量仿真、连线图、热力图、格网图等。如利用路网的分级分色表达交通流量的空间分布(图 2),从整体上掌握交通运行情况;利用连线图表达交通出行起讫点(OD)之间的通行量(图 3),从而支撑客货运通道分析;利用热力图表达居住和工作人口分布(图 4),可进一步用于职住分析。

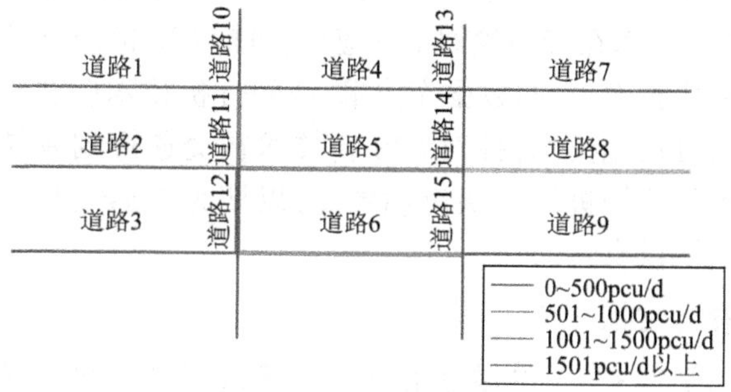

图 2　断面量分布示意图

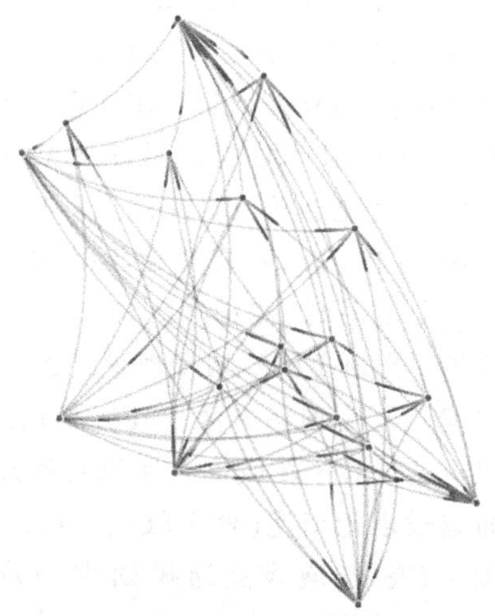

图 3　OD 分布示意图

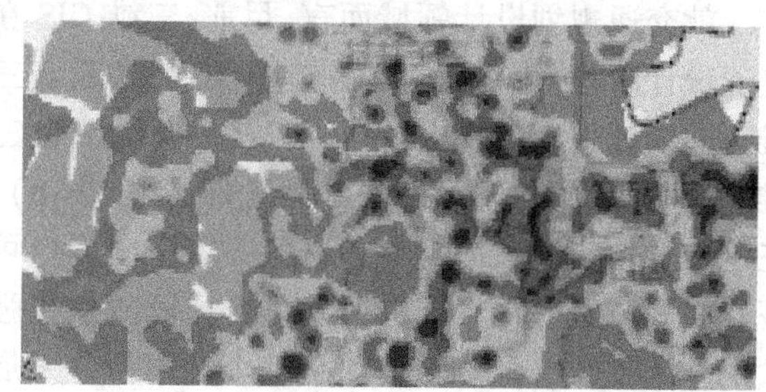

图 4　某区域居住人口热力分布示意图

3　GIS 新技术在交通规划中的应用展望

3.1　三维 GIS 技术应用

三维 GIS 是在二维 GIS 的基础上发展起来的三维空间技术解决方案。随着近几年 BIM(建筑信息模型)、CIM(城市信息模型)、实景三维、数字孪生、元宇宙等概念及相关技术的不断出现,以及智慧城市、实景三维中国建设等国家政策的不断推进,三维 GIS 技术在各行各业的应用越来越广泛。相对于二维 GIS,三维 GIS 能够更好地表达三维空间信息,提供强大的三维空间分析和可视化能力[8-10]。结合三维建模技术,三维 GIS 可以真实地模拟地形、地表、地物等三维实体和场景,如图 5 所示;通过融入 BIM 模型,还可以实现工程三维设计模型与三维地理场景的融合(图 6),从而支撑方案的制订、优化和比选。

图 5　三维 GIS 模拟真实场景

图 6　三维 GIS 与 BIM 设计模型的融合

就交通规划设计领域而言,目前,三维GIS在交通设计阶段发挥了一定的作用,特别是随着三维正向设计理念的提出,以及BIM技术的出现,三维GIS与BIM融合的需求更是逐日递增(图6)。三维GIS在三维数据采集、管理、三维空间分析可视化以及三维应用系统的开发等方面都提供了强大的技术支撑。但鉴于目前从整个交通行业发展来看,对交通规划成果的要求尚未达到三维深度,因此,三维GIS技术在交通规划领域尚未得到广泛应用。随着行业高质量发展任务的提出,对交通规划成果的要求不断提高,目前已有企业将设计阶段前置,让设计人员介入到交通规划中,对规划方案提出设计深度要求,这就意味着未来有望实现交通规划成果以三维的方式进行呈现。

3.2 大数据GIS技术应用

大数据是指无法在一定时间范围内用常规软件工具进行捕捉、管理和处理的数据集合,具备体量大、变化快、种类多和价值密度低等特征,比如和交通相关的浮动车GPS数据、公交刷卡数据、视频监控数据、手机信令数据等,需要采用新的处理模式从这些数据中分析挖掘出有价值的信息和规律,从而为我们在交通规划中提供决策支撑。

据统计,人类日常生活中80%的数据和空间位置有关,也就是说,和交通相关的大数据中有很大一部分都是空间数据。大数据技术的产生使得我们能够对大数据进行处理和挖掘,但多聚焦于非空间数据领域,对于空间数据的专业分析能力不足。传统GIS受其IT技术框架的限制,并不能很好地应对大数据对分布式存储与计算、流数据处理等的技术要求。大数据GIS技术就是将大数据技术与GIS技术进行深度融合,将GIS的核心能力嵌入到大数据基础框架之内,并打造出完整的大数据GIS技术体系。大数据GIS的核心技术如图7所示。

大数据GIS技术在交通规划中的应用主要体现在和交通相关的时空大数据的采集、存储、处理、分析和可视化,从而提高现状交通调查的效率和质量,支撑现状交通分析和需求预测,挖掘目前交通运行中存在的问题,辅助交通规划决策。例如,传统的交通调查都是通过实地调查或发放调查问卷的方式,不仅工作强度大、效率低,而且调查结果质量也难以得到保证。利用大数据GIS技术,可对浮动车GPS、监控视频、公交刷卡以及手机信令等大数据进行采集、处理和分析,一方面节省了大量的人力和时间成本,另一方面,可为交通规划提供更多样、更可靠的数据支撑,提高了交通规划成果的科学性和合理性。

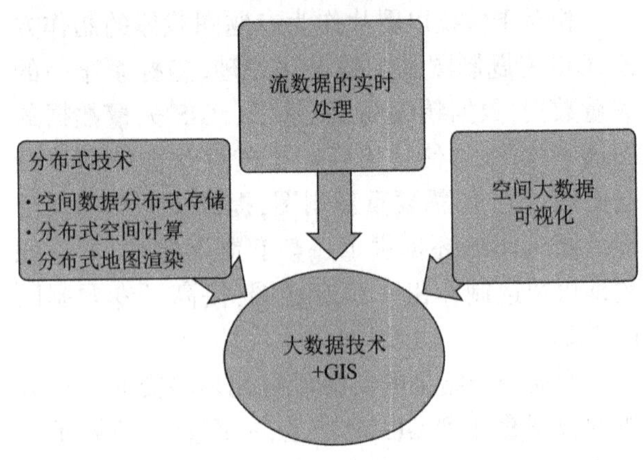

图7 大数据GIS技术体系

4 结语

GIS作为数字化的技术手段,在交通规划领域的数字化转型中发挥着重要的作用。但由于专业性的存在,传统交通规划人员很难完全掌握GIS技术,实现其在交通规划领域中的深度应用。本文以此为出发点,结合实际项目和工作,总结了GIS技术在交通规划中的应用,包括GIS的空间数字化技术、空间数据库技术、空间分析技术以及空间可视化技术,并对GIS新技术在交通规划领域中的应用进行了探讨和展望,以期为交通规划人员提供参考。

参考文献

[1] 龙娟. GIS技术在现代交通规划设计中的实践应用[J]. 中国公路,2022(13):80-82.
[2] 贾鹏鹏. 交通规划中的GIS技术应用探讨[J]. 理论与政策,2020,42(12):104-107+124.
[3] 郭雅楠. GIS技术在交通运输规划管理中的应用[J]. 交通世界,2021(15):3-4.
[4] 叶凯峰. GIS技术在交通运输规划管理中的应用[J]. 科技风,2020(6):16.
[5] 张凌博. 交通运输规划管理中GIS技术的应用研究[J]. 中国高新区,2017(24):22.
[6] 宋川. 浅议GIS在城市交通规划的应用[J]. 城市建设理论研究(电子版),2017(18):25.
[7] 齐林. GIS在城市交通规划中的应用剖析[J]. 智能城市,2016,2(7):272.

[8] 肖增华,栾旭,王宁. 城市交通规划中GIS方法的应用研究[J]. 信息化建设,2016(6):236.

[9] 席淑丽,王佑喜. 浅谈地理信息系统(GIS)及其在城市交通规划中的应用[J]. 价值工程,2010,29(21):236.

[10] 朱春节. 交通规划中的GIS关键技术[D]. 上海:华东师范大学,2009.

基于视觉 SLAM 的道路设施地图构建关键技术研究

李曙光*[1] 张 桐[1] 杨振川[2]

(1. 长安大学电控学院;2. 西安鼎城城维大数据股份有限公司)

摘 要 构建道路设施地图对于推动交通强国建设、优化交通网络和提升道路管理能力具有重要意义。本文通过实现基于改进 ORB-SLAM2 架构的道路设施地图构建系统,对道路环境进行建模并输出稠密点云,进而利用稠密点云识别设施,构建道路设施地图。首先,在数据采集部分,设计并搭建了由双目相机和视觉控制器组成的数据采集系统;接着,在算法输入部分,利用双目相机通过 SGBM 算法构建双目视差图,进一步生成深度图;然后,采用结合 Q-tree 均匀算法的 ORB 特征提取算法以减少冗余特征点;进一步,通过跟踪线程选择关键帧,经局部建图和回环检测进行位姿估计并建图;在此基础上,增加了稠密点云地图的构建;最后,利用 PointNet + + 网络对稠密点云地图中的设施进行分类。对所提出的道路设施地图构建方法进行实验验证,实验的各项指标精度满足需求。本文的研究结果在一定程度上为道路设施地图的构建提供了参考。

关键词 道路设施地图 视觉 SLAM 点云 点云分类网络

0 引言

随着科技的进步,我国公路建设取得了长足的进步,其公里数达到了 535 万 km,构建起覆盖城乡的完整公共服务体系,不仅极大地改善了人们的生活质量,而且还满足了当今时代的需求,但这也提出了对道路设施管理的新要求。因此,需要建立一个系统化、信息化的道路设施管理平台,而道路设施地图是这一管理平台的基础。通过构建道路设施地图,有助于提高管理效率、优化资源配置、完善公共服务水平、促进智能交通系统发展、辅助应急管理以及促进区域协同发展等多个方面。

随着计算机视觉、深度学习等技术的发展,研究者们提出了许多构建和更新方法[1]。这些方法可以对道路设施进行精确的提取和表达,实现对道路设施的实时监测和更新,其中同时定位和建图(SLAM)是最为火热的[2]。目前道路设施地图信息采集、生成主要是依靠激光 SLAM,激光雷达的成本,先天缺陷等问题仍是限制道路设施地图发展的关键点。SLAM 可以划分为激光 SLAM 和视觉 SLAM 两类,它们的优劣如表 1 所示。

激光与视觉 SLAM 优劣比较 表 1

	激光 SLAM	视觉 SLAM
优势	可靠性高	结构简单
	建图直观,精度高,累计误差小	无传感器探测距离限制,成本低
劣势	受雷达探测范围限制	受环境光影响无纹理时无法工作
	缺乏语义信息	动态性能差,存在累计误差
	安装结构要求高	实时性较差
	难以建立回环	需要后端优化

视觉 SLAM 具有成本效益,相机成本较低,便于推广和应用[8]。此外,视觉 SLAM 系统的硬件需求较低,有利于降低整体成本。视觉 SLAM 在消除累积误差方面的技术更加完善,所以视觉 SLAM 更适合地图构建。点云分类方面选用了 PointNet + +算法。

1 道路设施地图构建系统

在ORB-SLAM2的基础上进行了结构改进[9]，基于改进ORB-SLAM2架构的道路设施地图构建系统结构如图1所示。

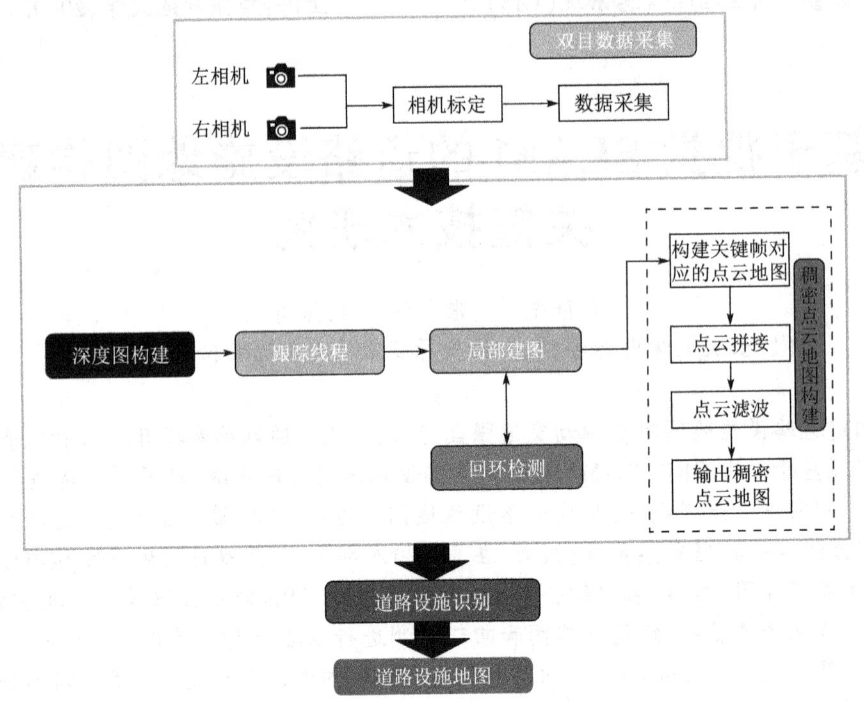

图1 基于改进ORB-SLAM2架构的道路设施地图构建系统结构

实验采用基于棋盘格的标定方法的张正友标定法，张正友标定法使用棋盘格图案作为标定目标[3]。标定后进行深度图生成，双目相机通过半全局匹配算法得到视差，进一步得到深度生成深度图。包括：①图像预处理；②成本计算；③能量函数定义；④动态规划优化；⑤视差图后处理。得到视差图后，需要通过视差计算深度得到深度图。在得到视差后即可计算目标的深度信息，最终得到深度图[4]。

首先是跟踪线程，该线程通过跟踪图像帧之间的特征点来估计相机的运动，并且通过最小化重投影误差来优化相机姿态和场景的3D结构[5]。首先，ORB-SLAM2使用FAST特征检测器检测当前图像帧的关键点；然后，使用ORB描述符描述每个关键点，以便能够在后续帧中匹配关键点；下一步，ORB-SLAM2使用光流法对上一帧和当前帧中的关键点进行跟踪；再估计相机的运动。最后，ORB-SLAM2使用BA算法优化相机位姿和场景的3D结构，以最小化重投影误差。

传统的ORB特征提取算法速度快，但可能导致特征点分布不均匀，尤其在低纹理或重复纹理环境中，影响SLAM系统的稳定性和准确性[6]。本文使用了结合Q_tree均匀算法的改进ORB特征提取算法，一方面能够去除多余特征点，另一方面还能让有效的特征点在图片中的分布更加均衡[7]。随后是局部建图线程，该线程通过维护当前相机观察范围内的地图点和关键帧，来更新局部地图，并使用算法优化局部地图，从而提高地图的准确性和稳定性，局部建图线程包括：关键帧处理、地图点剔除、创建新的地图点、相邻搜索和剔除多余关键帧。回环检测线程负责判断纠正累积误差并提高地图构建的准确性。回环检测线程对于提高系统的精度和鲁棒性非常重要。通过周期性地执行回环检测和纠正，提高地图构建的质量。稠密点云构建步骤如下：①输入关键帧对应的左相机图像与深度图，通过进一步的坐标转换就可以得到关键帧的稠密点云；②根据关键帧的姿态进行稠密点云进行组合，将上一步得到的关键帧的稠密点云投影到世界坐标系；③最后进行三层点云滤波。图2、图3为结果图。

图2 稠密点云地图主视图

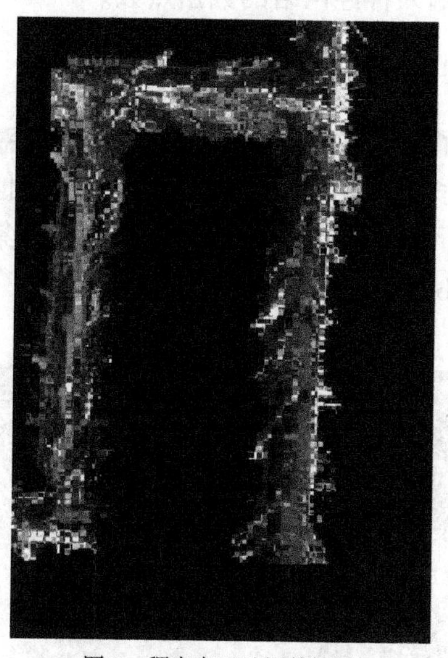

图3 稠密点云地图俯视图

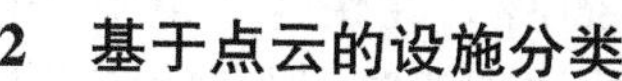

2 基于点云的设施分类

利用 PointNet + + 网络对稠密点云地图中的设施进行分类。PointNet + + 是一种高效的三维点云分类与分割算法，它是 PointNet 算法的扩展与改进，通过多层抽取和融合局部和全局特征。本文基于点云的道路设施识别数据预处理，以及基于点云的道路设施识别流程，流程如图 4 所示。

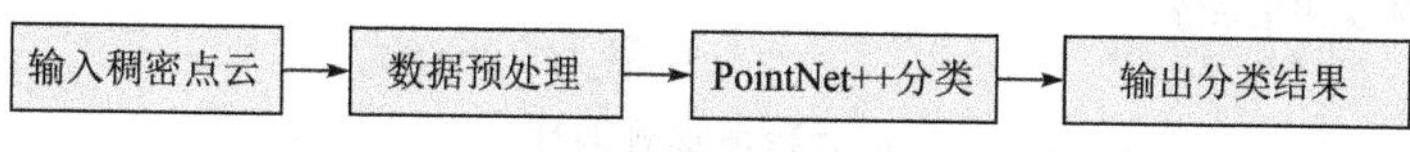

图4 基于点云的道路设施识别框架

本研究中的道路环境特征包含了丰富的两侧植被、普遍存在的低矮植被与树木以及杆状物粘连现象，这导致了沿路方向地物长度较长。所以需要对粘连地物进行分割处理，分割流程大致可以概括为以下步骤：首先，对聚类对象进行投影，然后判断主方向投影长度是否超过阈值。相较于体素或立方体分割，大尺寸粘连地物分割在保留杆状物的特征上更优，但仍有过分割及非粘连物体错误分割。应用算法恢复过分割或错误分割的非低矮植被部分，使预处理后的对象更完整。在初步分割完成之后，使用 DBSCAN 算法对每个对象进行聚类。如果对象原本就是一个完整的块，那么聚类数量为 1；如果对象在空间上存在分离的部分，根据阈值将其分为若干部分。若聚类数量为 1，则不进行任何操作；若聚类数量为 2，按照高程值将其归类为两部分，然后再进行回归操作。如果聚类数量大于 2，则需要进行回归操作。

对数据进行预处理和标注，然后按照特定的格式整理和转换，以便进行输入。首先，通过使用 Cloud Compare 打开点云，接着将对象裁剪出来。再对所有点云的数据剪辑成单一对象样本后进行标注，然后合并所有分割块，最后使用 Cloud Compare 将其保存为 txt 文件。数据集格式需遵循 modelnet10 和 modelnet40 分类数据格式的要求。

超参数调整是机器学习和深度学习模型训练过程中的关键步骤，它对模型性能和泛化能力具有重要影响。学习率是深度学习模型训练过程中的一个重要超参数。初始学习率参数测试了 8 种不同的初始学习率参数，主要依据过拟合发生时的 epoch 数以及模型在过拟合前的验证集最佳精度来评估各个学习率的优劣。本研究将学习率设定为 0.125。Batch Size 是深度学习训练过程中的一个重要概念，主要根据过拟合发生时的 epoch 数以及在过拟合前的验证集最佳精度来评估不同批次大小的优劣。选择了 Batch Size 为 12。为了在保证计算效率的同时提高模型精度，测试了如何通过调整输入神经网络的数据点数来提高模型精度，从而观察模型精度与输入点数之间的关系。针对每一组输入点数训练了相应的神经网络模型，并通过验证集对模型的精度进行了评估，选择

1024 作为输入神经网络的数据点数。

3　实验验证

设计了一个数据采集系统,该系统针对实验需求配置了双目相机、视觉控制器以及其他相关配套设备。图 5a)为道路设施地图数据采集系统侧面,图 5b)为系统正面。

a)采集系统侧面

b)采集系统正面

图 5　数据采集系统

为了测试不同道路环境中构建道路设施地图的效果,分别选取了校园道路、城市快速干道和普通城市道路的道路场景进行实验对比和分析。校园道路的路段选自西安市雁塔区长安大学内的一段校园道路,城市快速干道的路段选自西安市雁塔区南二环中段,普通城市道路的路段选自西安市碑林区文艺路的一段。在采集图像上分别进行稠密点云地图和稀疏特征点地图的生成对比实验,如表 2 所示,表中种类列的括号中 x 为校园内部路,k 为快速干道,p 为普通城市道路。

ORB-SLAM2 系统更加侧重实时性,而本研究侧重于点云质量,点云密度提升较为明显。在不同的场景中,点云密度的提升效果有所不同。在校园道路中,由于人员和车辆流动较少,移动物体产生的遮挡情况较少,道路环境较为简单,因此平均提升率达到了 3866%。在快速干道中,由于空间较为空旷,物体的纹理清晰,但车辆流动性强,产生了较多的遮挡,因此平均提升率为 2945%。在普通城市道路中,由于车辆和人员流动性强,遮挡情况严重,道路情况也较为复杂,因此平均提升率为 2268%。

点云密度提升对比　表 2

种类(场景)	编号	稀疏点云(个)	稠密点云(个)	提升比例(%)
树木(x)	5	218	7760	3559
树木(k)	15	282	8428	2988
树木(p)	20	112	5534	4941
杆状物(x)	51	155	1698	1095
杆状物(k)	22	106	1665	1570
杆状物(p)	76	35	1147	3277

对道路场景构建的稠密点云地图进行分类测试。校园道路设施分类精度结果如表 3 所示,快速干道道路结果如表 4 所示,城市道路设施结果如表 5 所示。

校园道路设施分类结果(单位:%)　表 3

指标	车辆	围栏	低矮植被	杆状物	树木	平均
精度	78.35	99.80	98.25	40.60	82.43	79.89
召回率	98.90	100.00	55.72	93.56	81.47	85.93
综合精度	87.12	99.90	70.89	56.98	81.95	79.17

快速干道道路设施分类结果(单位:%)　表 4

指标	车辆	围栏	低矮植被	杆状物	树木	平均
精度	66.24	93.47	78.56	32.18	88.42	71.77
召回率	71.93	87.62	79.35	68.24	79.03	77.23
综合精度	69.01	90.45	78.95	43.12	83.59	73.02

城市道路设施分类结果(单位:%) 表5

指标	车辆	围栏	低矮植被	杆状物	树木	平均
精度	70.56	91.35	83.21	46.32	75.89	73.47
召回率	89.23	98.67	39.15	54.29	90.47	94.36
综合精度	78.91	94.89	53.77	49.89	82.68	72.03

经过对校园、快速干道和普通城市道路场景中分类测试的实验和观察,可以发现,在不同的场景中,分类的结果有所不同。在校园道路中综合精度达到了79.17%,在快速干道中综合精度达到了73.02%。在普通城市道路中综合精度达到了72.03%。杆状物的分类精度在所有场景下都相对较低。这可能是因为杆状物与树木在形状和结构上具有一定的相似性,导致分类算法难以准确区分这两类道路设施。另外,杆状物可能因其细长的特点在点云数据中难以获得足够的特征支持,使得分类性能受到限制。围栏通常具有规律的线性或网格状结构,这使得它们在点云数据中表现出较为明显的特征,容易被分类算法识别。

在地图中将设施取中心点附加至点云地图,结果如图6所示,同种展示的是校园道路的部分路段建图情况,选取了部分设施在图中展示。

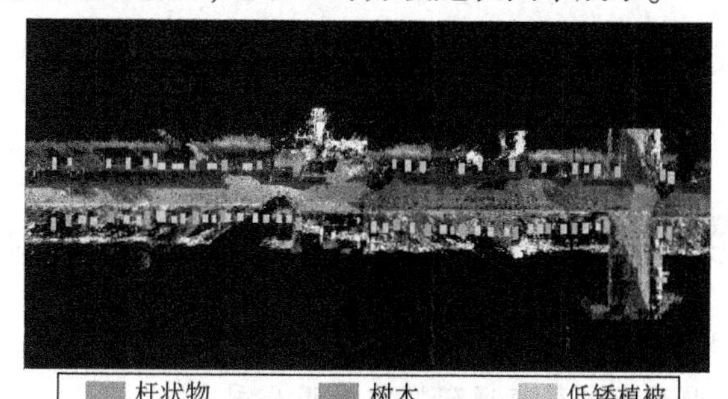

图6 道路设施地图结果

对校园、快速干道、普通城市道路三个场景的实验结果进行了综合比较,结果参见表6。

综合实验结果(单位:%) 表6

地点	点云密度提升	点云分类结果	定位误差
校园	3866	79.17	9.35
快速干道	2945	73.02	11.61
普通城市道路	2268	72.03	13.24
平均	3026	74.07	11.40

校园道路环境相对简单,人员车辆流动较小,遮挡情况较少,因此建图位姿估计更加准确,平均误差为9.35%。快速干道的环境空间较为空旷,物体的纹理清晰,但车辆流动性强,遮挡情况较多,因此建图精度略低于校园道路,平均误差为11.61%。普通城市道路的环境较为复杂,车辆和人员流动性强,遮挡情况严重,特征点不易被跟踪,因此建图误差较大,平均误差为13.24%。道路环境的复杂度对建图精度有着显著的影响。在设计和开展相关研究时,应该考虑到不同道路环境的特征,以保证建图精度的提高。

4 结语

本文通过改进ORB-SLAM2架构,实现了道路设施地图构建系统并进行建模,最后输出稠密点云,进而进行识别设施,最终构建了道路设施地图,取得了以下结论。

(1)基于改进ORB-SLAM2架构的道路设施地图构建系统研究。其内容包括:输入部分,利用双目相机通过SGBM算法构建出双目视差图,再通过双目视差图构建出深度图。在跟踪线程中,传统的ORB特征提取算法速度快,导致特征点分布不均匀,所以采用结合Q_tree均匀算法的改进特征提取算法。增加了构建稠密点云地图部分,通过对关键帧进行稠密点云构建,并进行三层点云滤波,最终生成稠密点云地图。

(2)基于点云的道路设施识别。通过PointNet++模型对道路设施点云进行分类,将分类结果标注到稠密点云地图上,得到道路设施地图,减少了人工分类步骤,降低了道路设施地图构建成本。

(3)实际场景的验证测试。通过数据采集系统在校园道路,快速干道和普通城市道路进行验证,在校园道路环境中设施识别准确率为79.17%,建图的平均误差为9.35%;在快速干道的场景中,设施识别的准确率为73.02%,建图平均误差为11.61%;在普通城市道路中设施识别准确率为72.03%,建图平均误差为13.24%。三种场景的平均分类精度为74.07%,定位误差为11.61%,实现了道路设施地图的构建。

参考文献

[1] LIAN Y, ZHANG G, LEE J, et al. Review on

big data applications in safety research of intelligent transportation systems and connected/automated vehicles [J]. Accident Analysis & Prevention, 2020, 146: 105711.

[2] WANG Z, ZHANG J, CHEN S, et al. Robust high accuracy visual-inertial-laser slam system [C]//2019 IEEE/RSJ International Conference on Intelligent Robots and Systems (IROS). IEEE, 2019: 6636-6641.

[3] ZHANG J, SINGH S. LOAM: Lidar odometry and mapping in real-time [C]//Robotics: Science and Systems. 2014, 2(9): 1-9.

[4] SHAN T, ENGLOT B. Lego-loam: Lightweight and ground-optimized lidar odometry and mapping on variable terrain [C]//2018 IEEE/RSJ International Conference on Intelligent Robots and Systems (IROS). IEEE, 2018: 4758-4765.

[5] DESCHAUD J E. IMLS-SLAM: Scan-to-model matching based on 3D data [C]//2018 IEEE International Conference on Robotics and Automation (ICRA). IEEE, 2018: 2480-2485.

[6] BEHLEY J, STACHNISS C. Efficient Surfel-Based SLAM using 3D Laser Range Data in Urban Environments [C]//Robotics: Science and Systems. 2018, 2018: 59.

[7] CADENA C, CARLONE L, CARRILLO H, et al. Past, present, and future of simultaneous localization and mapping: Toward the robust-perception age [J]. IEEE Transactions on robotics, 2016, 32(6): 1309-1332.

[8] MUR-ARTAL R, MONTIEL J M M, TARDOS J D. ORB-SLAM: a versatile and accurate monocular SLAM system[J]. IEEE transactions on robotics, 2015, 31(5): 1147-1163.

[9] MUR-ARTAL R, TARDÓS J D. Orb-slam2: An open-source slam system for monocular, stereo, and rgb-d cameras [J]. IEEE transactions on robotics, 2017, 33(5): 1255-1262.

[10] CAMPOS C, ELVIRA R, RODRÍGUEZ J J G, et al. Orb-slam3: An accurate open-source library for visual, visual-inertial, and multimap slam [J]. IEEE Transactions on Robotics, 2021, 37(6): 1874-1890.

基于语义分割的公路场景识别研究

郝艳军*[1,2] 董红霞[3] 赵晓晋[1,2]

(1.山西交通科学研究院集团有限公司;2.山西省智慧交通研究院有限公司;
3.长安大学运输工程学院)

摘 要 语义分割可以提供包括路面、护栏在内的多种语义信息,为公路三维建模提供更为详细和准确的场景信息。本研究利用语义分割技术,构建了一种适用于公路场景的深度学习模型,即K-Net模型。通过采集不同公路场景、不同时刻的公路图像数据并进行数据预处理和标注,为模型训练提供充分支持。在模型训练与评估阶段,通过调整学习率等训练参数优化模型的训练效果。研究结果表明,构建的K-Net模型在各个类别上取得了较高的IoU值,模型整体mIoU达到0.96,特别是在路面和天空的识别方面表现卓越。研究为交通管理和智能交通系统提供了先进的图像识别技术支持,为构建更安全、高效的公路交通环境奠定了基础。

关键词 语义分割 K-Net模型 公路场景识别 三维建模 智能交通

基金项目:山西省基础研究计划青年科学研究项目(202203021222427);山西省科技重大专项计划"揭榜挂帅"项目(202201150401020)。

0 引言

随着交通科技的快速发展,智能交通系统在城市交通管理中起到越来越重要的作用。在这一领域中,基于计算机视觉技术的公路场景识别是一个备受关注的研究方向[1]。公路场景识别在实际应用中具有广泛的用途,包括自动驾驶、交通监控、道路维护等。在传统的交通监测中,摄像头广泛用于采集交通信息[2]。然而,如何从大量的图像数据中精准、高效地识别出不同的公路场景成为一个关键问题。传统的图像处理方法往往难以处理复杂多变的交通场景,而深度学习和语义分割技术的兴起为公路场景识别提供了新的解决途径[3]。

国际上语义分割技术在交通场景的识别中取得了显著的进展[4]。首先,深度卷积神经网络(CNN)的引入使得模型能够自动学习图像特征,从而更好地理解不同类别的道路和道路设施[5]。研究者们普遍采用 U-Net、SegNet、以及最新的 DeepLab 等结构,通过端到端的训练实现对复杂交通场景的准确分割[6]。其次,为了提高模型对于局部和全局信息的理解能力,一些学者结合了图卷积网络(GCN)等技术,使得模型在保留像素级别细节的同时能够更好地理解场景中各个组成部分的关联性[7]。此外,一些先进的模型在捕捉时间序列信息方面也表现出色,这对于处理动态交通场景尤为重要,时序卷积网络(TCN)和长短时记忆网络(LSTM)等模型被引入[8],使得模型对于视频图像序列的处理更为高效。

国内在语义分割领域的研究同样取得了不少成果。针对中国特有的交通场景和道路标识,一些学者对模型进行了本土化的改进。对于城市交通场景中复杂多变的路况,模型的鲁棒性和泛化能力也得到了一些研究者的关注[9]。在硬件支持方面,一些研究通过引入高分辨率卫星图像、激光雷达等多模态数据,提高了模型对场景的感知能力[10]。同时,基于云计算平台的实时处理也在交通监测系统中得到了广泛应用[3]。

虽然国内外学者基于语义分割技术在交通场景识别领域的研究颇有成果,但现有研究普遍面临的问题是数据集的多样性不足。有些公开数据集虽然涵盖了一定范围的场景,但在中国特有的一些复杂交通环境下的样本较为匮乏,这可能导致模型在真实场景中的泛化能力不足。同时,目前的一些模型在处理实时性要求较高的场景时可能存在性能瓶颈。在交通管理中,实时性对于准确预测和决策至关重要,因此需要更快速、实时的模型。

为更好地解决公路场景识别问题,本文结合深度学习和图卷积网络等技术,以 K-Net 模型为基础,旨在提高模型对复杂场景的感知和理解。通过对公路场景中各个组成部分进行更为精细的语义分割,期望在数据集多样性、模型鲁棒性和实时性等方面取得更好的效果。通过关注不同基础设施上模型的 IoU 值,以评估其对各类场景的识别效果。本研究有望为智能交通系统的发展提供有力的支持,推动公路场景识别技术在实际应用中的更广泛使用。

1 数据采集处理

1.1 数据采集

数据采集是构建语义分割模型的关键步骤之一。本研究旨在获取丰富多样的公路场景数据,以确保模型在不同路况和场景下的泛化性能。选择不同地区城市和乡村的高速公路、普通道路和特殊场景,以获取包含各种交通标志、路面、护栏和绿化工程的综合性数据。数据来源主要包括:

(1)监控摄像头:利用车辆行车记录仪及交通监控摄像头获取公路场景图像,重点采集高速公路出入口、桥梁、隧道等位置数据,以捕捉不同路段的交通情况。

(2)开放数据集:基于已公开的包含丰富的城市交通场景的数据集,如 Cityscapes、ApolloScape 等,通过进一步筛选获取到满足本研究需求的数据集。

1.2 数据预处理

在获得原始数据之后,数据预处理和标注是确保数据质量和为模型训练做好准备的关键步骤。本研究数据预处理的步骤具体包括:

(1)图像尺寸标准化:将采集到的图像调整为统一的尺寸,确保输入模型的图像具有相同的大小。

(2)归一化处理:对图像的像素值进行归一化处理,将像素值缩放到 0 ~ 1 之间,有助于模型更好地处理图像特征。

(3)去噪处理:采用平滑滤波器等方法对图像进行去噪操作,以消除图像中的不必要的细节和噪声。

(4)数据增强:为增加数据的多样性和数量,采用数据增强技术,如随机旋转、翻转、缩放、亮度和对比度调整、随机裁剪等操作,以扩充数据集并增加模型的泛化能力。

(5)数据标注:对图像进行像素级别的标注,标注每个像素点的语义类别,如路面、交通标志、交通标线等。

2 模型原理

K-Net模型是一种用于图像语义分割任务的深度学习模型。其核心思想是通过堆叠卷积和解卷积层来实现对图像中不同物体的精确分割。K-Net采用了类似U-Net的编码-解码结构。编码器部分通过卷积层进行图像特征的提取和下采样,解码器部分通过反卷积层进行上采样和重建。同时,K-Net引入了"K"形结构,即将编码器和解码器连接在一起,使得网络能够更好地捕捉不同尺度的特征。

2.1 编码器

卷积层(Convolutional Layers):编码器的初始阶段包括多个卷积层,每个卷积层都包含多个卷积核。这些卷积核对输入图像进行卷积操作,提取图像的低级和高级特征。

下采样(Pooling):在编码器的每个卷积阶段之后,通过池化操作进行下采样。池化操作有助于缩小特征图的尺寸,保留最重要的特征。

2.2 解码器

反卷积层(Transpose Convolutional Layers):解码器的任务是将编码器提取的特征进行上采样,使其恢复到原始图像的尺寸。反卷积层通过卷积核的转置操作实现上采样。

跳跃连接(Skip Connections):K-Net引入了跳跃连接,将编码器的某一层的特征直接连接到解码器的相应层,有助于保留更多的细节信息。

2.3 K形结构

K-Net的创新之处在于引入了K形结构,即将编码器和解码器的特征图连接在一起形成K形。这有助于网络更好地捕捉图像中的全局和局部特征,提高语义分割的准确性。K-Net的损失函数通常采用交叉熵损失函数,用于衡量模型预测分割结果与真实标签之间的差异。

在K-Net中,核心为反卷积操作和交叉熵损失函数,其中交叉熵损失函数用于衡量模型输出与真实标签的差异,计算方式如公式(1)所示。K-Net模型通过以上结构和原理,能够有效地进行语义分割任务,区分图像中不同区域的语义信息。

$$\text{Loss} = -\sum_i [y_{\text{true}}^i \cdot \log(y_{\text{pred}}^i)] \tag{1}$$

其中,y_{true}^i——真实标签的第i个元素;

y_{pred}^i——模型预测的第i个元素。

3 模型构建与评估

3.1 模型构建

在模型构建的初期,首先对采集到的公路场景图像数据按照7:3进行划分,得到训练集数据13246条,测试集数据5677条。训练集数据用于模型的学习和参数调整,测试集数据用于评估模型在未见过数据上的性能表现。划分过程保证了训练集和测试集的图像来源于不同场景,以确保模型的泛化能力。K-Net模型的架构如上文所述,主要包括编码器、解码器和K形结构。为适应语义分割任务,模型的输出层采用了与类别数相等的通道数,并使用softmax函数进行分类。

模型训练过程中,训练轮数Epochs设置为200,初始学习率设置为0.001,之后每隔10个Epochs减小为原来的一半,优化器采用Adam优化器,以加速模型收敛过程。此外,由于语义分割是一个多类别分类问题,因此选择交叉熵损失函数。模型的训练过程包括前向传播、损失计算、反向传播和参数更新。在每个训练轮次的迭代过程中,对训练集和测试集的性能进行监控。通过在测试集上进行评估,能够及时检测模型是否出现过拟合或者欠拟合的情况。监控过程中,具体记录了模型在不同类别上的准确率、损失等指标,以便更好地理解模型的行为。模型训练过程中在训练集和测试集上的损失函数迭代曲线如图1所示,可以看到模型训练初期损失值较大,模型准确率较低,之后随着训练轮数的增加,模型损失值趋于稳定,准确率处于较高水平,表明模型趋于收敛。

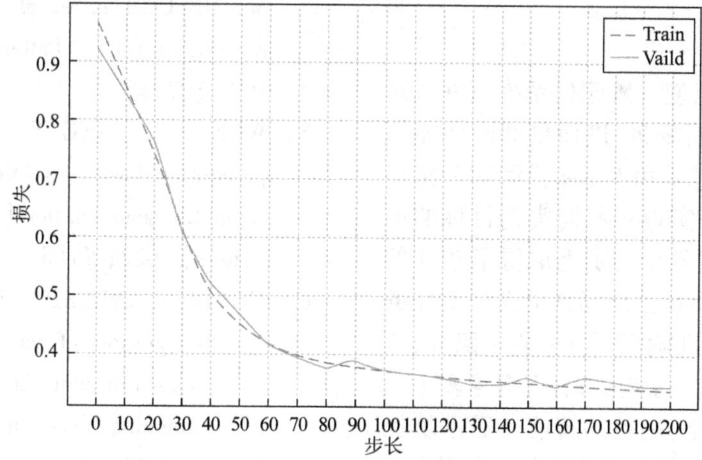

图1 损失函数迭代曲线

3.2 结果分析

在模型训练完成后，对测试集计算 Intersection over Union（IoU）、Dice similarity coefficient（Dice）、准确率（Accuracy，Acc）、精准率（Precision，Pre）和召回率（Recall）等指标，得到模型在不同类别上的语义分割结果如表1所示，其中IoU是评估语义分割模型性能的关键指标之一，它通过测量模型预测的区域与实际区域的交集与并集的比例来评估模型对各类别的分割精度。从表1可以看出，K-Net模型在各个类别上取得了较高的IoU值，模型的综合mIoU为0.87，综合mDice为0.93，说明其在不同场景下能够准确地分割出对应的目标，特别是在天空、路面和护栏的分割上，模型表现尤为出色。

模型评估指标一览表 表1

指标	IoU	Dice	Acc	Pre	Recall
天空	0.98	0.99	0.99	0.99	0.99
路面	0.96	0.98	0.98	0.97	0.98
护栏	0.95	0.97	0.96	0.98	0.96
标线	0.85	0.92	0.92	0.91	0.92
标志	0.77	0.87	0.87	0.88	0.87
绿化	0.71	0.83	0.83	0.83	0.83
综合	0.87	0.93	0.93	0.93	0.93

进一步绘制模型在真实场景中的语义分割示例图如图2所示，可以看出K-Net模型对不同类别的目标有着准确的分割，每个区域被正确地归类，验证了模型在实际场景中的有效性。

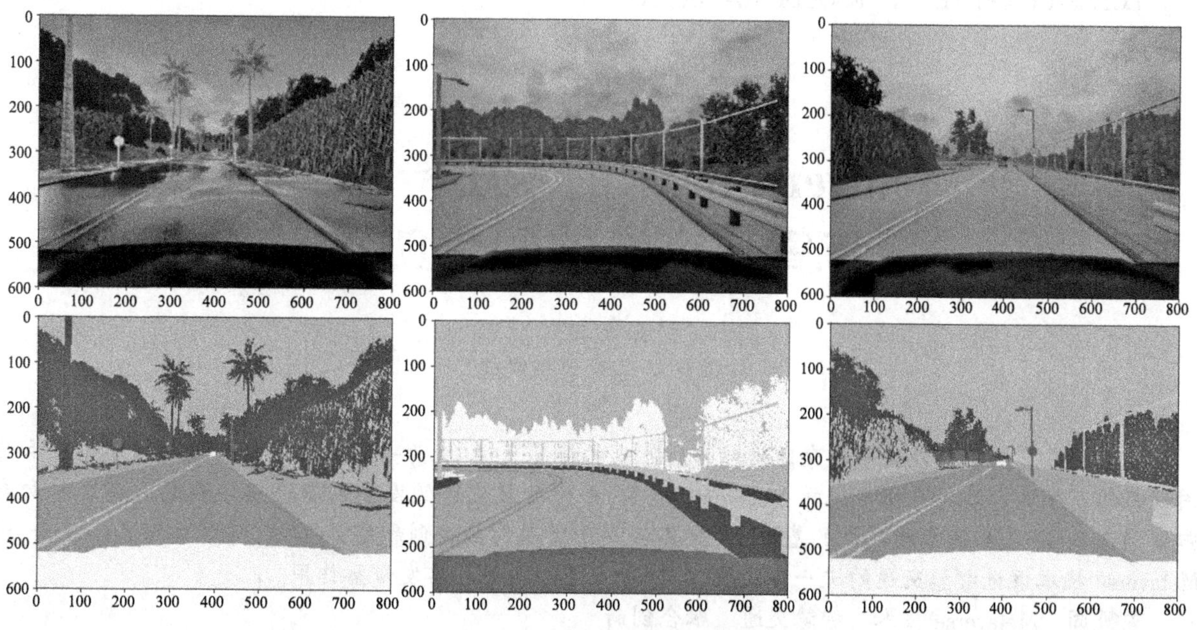

图2 公路场景语义分割示例图

4 结语

语义分割技术可以使三维建模系统更好地理解和感知公路上的不同场景,进而更准确地还原真实的公路环境。通过采用K-Net模型对公路场景图像进行语义分割,实现对不同类别目标的准确识别。K-Net模型在各个类别上取得了较高的IoU值,表明K-Net模型在公路场景语义分割任务上表现出色,模型能够准确识别并分割出路面、交通标线、交通标志、护栏、绿化工程、天空等多个类别。研究为构建更安全、高效的智能交通系统提供了有力的技术支持。未来可以考虑融合更多传感器数据,如雷达、激光雷达等,以提高对复杂场景的感知能力,同时扩大研究范围,考虑更多不同地理和气候条件下的公路场景,提高模型的鲁棒性。

参考文献

[1] 吴泽群,曹猛,韩世超,等.基于高密度激光点云和深度学习的高速公路标线识别[J].公路,2022,67(6):247-253.

[2] 谭睿俊,赵志诚,谢新林,等.基于可分离残差网络的车辆图像语义分割算法[J].太原科技大学学报,2024,45(1):26-31.

[3] 周志宇,王天一,左治江,等.小样本条件下的公路建设项目场景识别与安全预警[J].江汉大学学报(自然科学),2024,52(1):80-90.

[4] LÓPEZ-CIFUENTES A, ESCUDERO-VINOLO M, BESCÓS J, et al. Semantic-aware scene recognition[J]. Pattern Recognition, 2020, 102: 107256.

[5] WENG L, WANG Y, GAO F. Traffic scene perception based on joint object detection and semantic segmentation[J]. Neural Processing Letters, 2022, 54(6): 5333-5349.

[6] GUPTA S, DILEEP A D, THENKANIDIYOOR V. Recognition of varying size scene images using semantic analysis of deep activation maps[J]. Machine Vision and Applications, 2021, 32(2): 1-59.

[7] SHOJAIEE F, BALEGHI Y. EFASPP U-Net for semantic segmentation of night traffic scenes using fusion of visible and thermal images[J]. Engineering Applications of Artificial Intelligence, 2023, 117: 105627.

[8] WANG L, SONG Z, ZHANG X, et al. SAT-GCN: Self-attention graph convolutional network-based 3D object detection for autonomous driving[J]. Knowledge-Based Systems, 2023, 259: 110080.

[9] 王涵,赵春晖,闫奕名.基于多尺度特征注意的遥感图像语义分割方法[J].黑龙江大学工程学报(中英俄文),2023,14(4):40-47.

[10] 刘博林,黄劲松.双向信息交互的道路场景全景分割网络[J].导航定位学报,2023,11(6):49-56.

Metaverse技术的本质特性及其与智慧交通的融合创新

张焕炯*

(浙江交通科学研究院)

摘 要 先进的智能技术与交通的融合所催生的智慧交通,成为一个具有蓬勃朝气的技术创新和应用创新的新领域。近年来所出现的Metaverse技术,更为智慧交通的发展创新提供了新的支撑。本文在归纳Metaverse技术的本质属性的基础上,就其与智慧交通的融合创新展开探讨,所形成的具体结论,对Metaverse技术促进智慧交通的进一步发展,发挥着直接的指导和启发借鉴作用。

关键词 Metaverse技术 智慧交通 融合创新

0 引言

交通与以电子、通信、自动化等先进的信息技术的有机融合所催生的智慧交通,不仅为交通的有效性、安全性和便捷性等性能指标的全面提升提供了很多重要的支撑,还为进一步更充分而又全面地应用先进的理论、技术和方法,作出了一定的铺垫性尝试,并积累了很多经验。近年来所出现的 Metaverse 技术,作为各主流技术的二次融合后的集成创新,不仅具有单项针对性技术突出,更具有综合性、整体性的技术优势,它通过虚拟增强,拓展了现实世界的外延的同时,也增加了在时间维度上的持续性,从而能更本真地了解现实世界,为更好地实现物质世界的创造建设,提供了新的思路、工具和方法。

针对 Metaverse 技术与交通的融合创新,已有相关文献作了一定的研究,文献[1]对元宇宙背景下的数字交通的模式创新进行了分析,文献[2]讨论了 Metaverse 背景下的平行交通系统问题,文献[3]讨论了元宇宙对交通安全的影响分析,文献[4-5]对元宇宙技术应用到城市轨道等的城市治理进行了探析。本文则在阐述 Metaverse 技术的本质特性的基础上,就其与交通的融合创新分三个方面进行深入分析,分别为它与交通建设的融合创新、与交通运营管理和交通维护和保养管理的融合创新,并形成了一些富有创新性、建设性的相关结论。

1 Metaverse 的本质特性分析

随着信息技术,尤其是物联网技术的不断发展,2021 年前后出现的 Metaverse 技术,被认为是近段时间内最具特色的创新,它通过对已出现的技术,进行必要的再加工等方式的整合和冶融,形成数字集合,通过虚实相融,形成映射于现实世界的虚拟数字镜像,成为可仿真、可演练、可计算的数字形态,反过来为现实世界相关领域中的具体问题的解决提供可借鉴、可启发甚至是可直接采用的思路、方法和途径,使之无论在时间上、还是在解决问题所需要的投入等方面,都获得“先手”优势。

Metaverse 的概念一经面世,就被广泛关注,很多学者基于自身的知识积累和认知,给出了各自所理解条件下的表述,并随着与之相关材料的不断丰富,基于描述性的概念表述还处在不断演变和发展之中,这虽为从多角度认识 Metaverse 技术提供了新的佐证材料,很好地体现了它的与时俱进的特性,但又因它们较多地注重了相对表面的现象表述,未能较好地实现对 Metaverse 概念内涵的深入揭示,究其原因,Metaverse 技术的本质是基于对已有技术的组合性、复合性和融合性的再创造,某种意义上可看成是二次创新,可被形象地描述为一种基于所给具体“原材料”条件下的,具有明确的相关目标的“大厨(great chef)式”的创造。熟悉烹饪(cuisine)的都知道,大厨炒菜,就是基于原材料的加工模式下的一种创新,古语所言的“巧妇难为无米之炊”,强调了原材料的重要性,同样的道理,Meta verse 技术也是在基础创新的前提下,实现具体领域中的技术和方法的革新,从而延伸了真实世界的边际,为更好地实现虚实跨领域整合提供必要的支撑和保障。

进一步,结合 Matthew Ball 的相关观点,Metaverse 还具有一些其他的基本属性,具体可归纳为具有持续性、同步即时性以及场景的可无限扩充性和内容的创造性等属性。这些属性也很好地反映了 Metaverse 把现实世界的边际进行拓展,从而实现延伸现实,超越现实(beyond reality)的本质。

所以,Metaverse 作为在空间维度上虚拟,而在时间维度上真实的数字世界,从真实性来看,它既有现实世界中的数字化复制物,也有虚拟世界中的创造物,并统一于数字世界之中,具有高度的独立性;从广泛性来说,它是一个把各种网络关联在一起而又包含各种设施和人员的,具有广泛覆盖的虚拟现实和真实现实相融合的综合系统;更具有与时俱进的特性。

2 Metaverse 在智慧交通中的融合创新

智慧交通是先进技术与交通进行深入融合的产物,它以交通的具体需求和应用场景为背景,通过先进技术的浸润嵌入式的应用,来解决交通领域中所遇到的各种重大问题,进而提升交通的相关性能。随着 Metaverse 技术的不断发展,在范围的广泛性上,它深入融合了智慧交通的各个领域,几乎到了全覆盖的程度;在应用程度的深入性上,它从一般的外在辅助要素,通过硬件、软件等的不断集成提升,它不断向嵌入式的内生要素角色转化,也已成为智慧交通发展的一个重要策动因素,是体现智慧交通的先进性、高效性、安全性和前瞻性的重要着力点,成为智慧交通不断发展的一个不可或缺的支撑因素。

Metaverse 技术几乎在交通的各个方面都有相应的应用,这里仅作选择性地探究,就其在交通建设、运营管理及养护等领域中的具体融合创新展开论述。

(1)在交通建设中的 Metaverse 技术的融合创新。

交通建设领域是展现智慧交通的先进性的重要平台,交通建设的过程和场景中,应用先进的技术是实施智慧交通的一个重要领域,先进的理念、理论、技术、方法和材料、设备等都可在交通建设的各个环节中得以使用,以提高交通的质量和性能,更好地展现智慧交通的巨大威力。例如,Metaverse 中的虚拟现实技术在交通建设中的应用,它通过在具体的数字集合中,形成实际交通建设工程中的具体建构物的镜像模型,通过对该数字模型的深入分析,形成对它的整体把握和细节把控,尤其对建设进程中那些关键节点的掌握,从而可获得建设过程中需要注意的具体事项的细节,它在更精细的层面上为交通建设提供了强大而又必要的支撑。

整个过程可用图 1 表示。

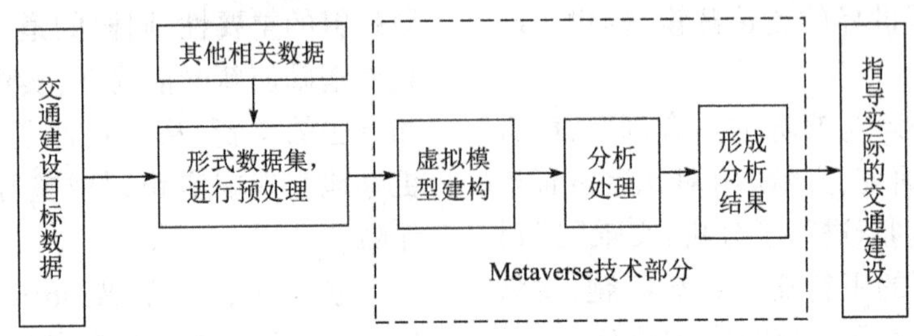

图 1　Metaverse 技术应用于交通建设示意图

从图中不难看出,它是一种“现实-镜像(虚拟)-反馈现实”的结构,整个过程中,起先的“现实”需提供正确而又充足的数字,在此基础上,通过 Metaverse 技术,对数字进行必要的建模、分析,形成在虚拟环境下的模型建构和分析,在虚拟环境中完成与现实环境相一一对应的目标物的建设,实现目标物及其建设过程的镜像,从中获得相应的分析结果,为反馈现实中的交通建设提供全方位的指导。

在交通建设中,不管是桥梁架构、隧道开凿、港口建设,还是其他诸如大型船只建造等大型交通工具的建造,经过图 1 所示的具体过程,把 Metaverse 技术中相关技术应用其中,更好地内化融合于实际的交通建设之中,使之成为一种能有效提升交通建设的一个重要支撑,发挥积极的作用。

(2)Metaverse 技术在交通运营管理方面的融合创新。

交通运营管理涉及很多方面,它是以交通基础设施与交通工具等为要素的交通系统实现有效运作的重要前提,是交通的有效性、可靠性、安全性等基本性能保障的一个基础性因素。在交通运营领域,Metaverse 技术与之有机融合,可更好地发挥智能交通的优势,为交通运营效能的提高提供必要的支撑。

交通运营管理可从事前预测判决、事中跟踪实时管理和事后分析等维度进行全方位展开,要达到这个目标,就需要有全面而又精准的数据信息采集、高效而又可靠的信息传输、先进的信息处理、及时的决策和反馈。而 Metaverse 技术因具有足够的先进性和综合性,它能较好地满足各项要求。

图 2 给出了 Metaverse 技术的具体应用图示。

从图 2 中不难发现,在运营管理的具体流程中,它的每一个环节都需与先进的技术相关联,Metaverse 作为先进技术的集大成者,它根据交通运营管理具体的目标要求,对真实的场景,可事先进行仿真等镜像化处理,从而为后续实际的运营管理提供必要的支撑,更好地实现精准化管理。

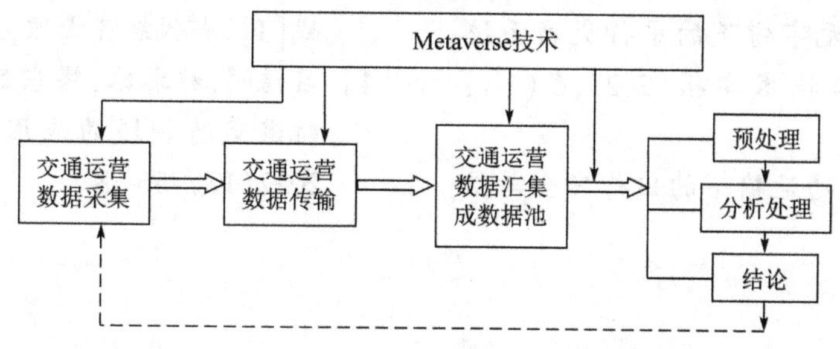

图 2 Metaverse 技术在交通运营管理中的融合创新示意图

（3）Metaverse 技术在养护管理方面的融合创新。

养护和运维管理，也是交通中的一项重要内容，它涉及交通设施的维护和保养，是促使交通基础设施及工具等正常工作的一项保障性措施，实现对交通设施的实时、动态、高效和高性价比的维护，成为养护管理的一种内在的追求目标。Metaverse 技术在实现这个目标的过程中，可发挥积极的作用，其一，它能帮助实现对基础设施的精准的预测和检测，能在第一时间，甚至是预先获得相关交通基础设施的病害信息，为及时的维护和保养提供一定的便利条件，从而实现化被动为主动；其二，在维护和消除病害过程中，通过数字孪生等技术，把病害等的程度和修复的方案等进行镜像处理，对材料、方法、工艺和修复流程等进行最优化处理，从而获得最佳的修复实施方案；其三，通过人工智能等相关技术，对维护修复的过程进行实时的最优化处理，实现在经济指标、时效等方面的最有。最后，通过对海量的维护数据的采集，为一次的维护和保养构成一个案例，对它们进行比较分析，形成面向养护管理的大数据库，进而进行必要的赋能，产生价值外溢，更好地提升交通养护管理的绩效。

除此之外，在交通基础设施资产化的背景下，借助物联网等 Metaverse 技术，构建交通基础设施的资产表体系，把病害和维护管理等看成资产表的损益，从而为精准地实施养护管理提供了新地思路和工具等。

图 3 给出了 Metaverse 技术在交通养护管理方面中融合创新的图示。

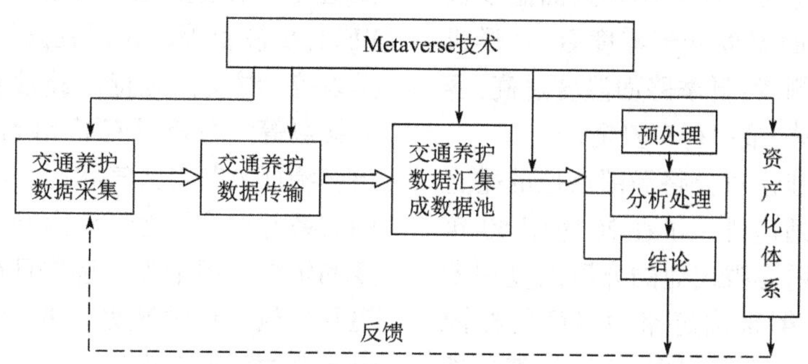

图 3 Metaverse 技术在交通养护管理中的融合创新示意图

3 结语

Metaverse 技术作为现代先进技术的集大成者，它通过构建数字世界，实现现实世界与虚拟世界的有机关联，进而拓展现实空间的外延和维度，为解决现实世界中的认知、实践等的难题，提供新的思路、工具和方法，从而展现前所未有的技术威力。

交通作为一个重要的技术创新和应用领域，它与 Metaverse 技术的融合，将智慧交通的发展提升到新的高度。本文在阐述 Metaverse 技术的基本特性的同时，就其与交通的融合创新进行了前瞻性的研究，结合交通中的建设、运营管理和维护保养等具体场景，给出了可进行相关融合创新的内容和通用性的模型，这些为进一步聚焦 Metaverse 技术与智慧交通的融合创新，指出了可实际操作的途径的同时，它们可望在实际中发挥可启发、可借鉴，甚至是可直接应用等的作用，深具方法论意蕴。

参考文献

[1] 赵光辉，张琦，金波. 元宇宙背景下的数字交通新模式[J]. 物流技术，2023，42(3)：10-14。

[2] 缪青海,吕宜生. 元宇宙下的平行交通系统[J],智能科学与技术学报,2023,5(1):32-40。
[3] 赵光辉. 元宇宙交通运输下的出行安全与挑战[J],当代经济管理,2022,44(11):31-38。
[4] 吕信明,施琳冰,缪东鹏. 浅谈元宇宙在城市轨道交通领域的应用[J]. 城市轨道交通,2022(12):56-58。

公路路面温度空间分布规律研究

文　涛*[1,2]
(1. 华中科技大学土木与水利工程学院;2. 交通运输部公路科学研究院)

摘　要　公路路面温度分布有很强的不确定性,但一条公路在建成后,受特定天气条件和固定的地理因素影响,其路面温度会呈现出重复性的变化规律。对京港澳高速公路湖南长沙—临湘段的多次路面温度连续测量的结果表明,不同次的数据结果在冬季夜晚特定的天气类型下有很强的相关性,验证了这种规律是客观存在的。一条公路在不同天气条件下所反映出的路面温度及其空间分布规律的重复性和可靠性可以看作公路的本质属性。利用该规律可以找到路段内高、低温区域,初步实现了道路温度时间维度和空间维度的双重预测。研究结论在路面结冰早期预警、安全行车、公路路面养护等方面具有良好的应用价值。

关键词　路面温度　空间分布　冬季夜晚　数据分析　温度指纹图

0　引言

路面温度预测多应用于冬夏两季路面温度极限值的预测。冬季路面温度低于零度后,会形成冰霜,导致车辆失控、侧滑;夏季路面温度过高,容易引起车辆爆胎的事故,威胁行车安全。

传统的温度预测理论对公路局部点位的垂直温度场分布有一定的适应性。早在 20 世纪 50 年代美国学者 Barber[1] 用无限表面的介质温度周期变化时热传导方程的解来确定路面温度的极限值。Williamson[2] 考虑了太阳辐射、气温等气象参数,以及路面材料的热传导率等因素,建立的沥青路面温度状况预估模型可以预测温度在路面下不同深度的分布情况。后期学者[3,4] 研究了风速、湿度对路面热量交换的影响,提高了应用热平衡理论求解路面温度分布的准确度。这些研究都是以不同气象参数对热量的影响为基础,再利用热力学方程结合不同道路材料的比热,预测温度随时间的变化规律。

而随着采集手段的丰富,学者们对大量的实测数据进行统计分析,建立路面温度与状态同当地气温、太阳辐射等环境要素之间的回归模型。代表性研究包括了 Huber[5] 建立的维度、气温和路面温度关系模型,以及 Lukanenn 等[6] 的 BELLS 和 BELLS2 模型等。我国在路面温度预测方面主要是以统计方法,对特定路段温度进行研究为主。如吴晟等[7] 分析研究了南岭山地高速公路的路面温度特征及其与天气状况、气温、风速等气象条件的关系并讨论了地形对南岭山地高速公路路面温度的影响。田华等[8] 选取日最低气温和日最高气温及日最低相对湿度构建了沪宁高速公路最低和最高路面温度与模型。曲晓黎等[9] 选取京石高速公路沿线在分析路面温度与总运量、风速、6h 降水量、露点温度、能见度、气温及相对湿度等气象因子的相关关系的基础上,运用多元回归方法建立冬夏两季路面最高温度和路面最低温度预报模型。张德山等[10] 通过统计方法建立交通路面温度与对应的环境气温关系,开展北京奥运交通路段路面最高和最低温度预报服务。

上述两种方法中,理论方法适用性更强,但相对复杂,且普通的交通气象站很难采集道路的热量信息。统计方法相对简单,但普适性不强,且多

基金项目:交通运输部科技示范工程(项目编号 2023-08);新疆生产建设兵团重大科技计划(项目编号 2020AA002)。

是路面温度极值的预测估计，难以得到基于时间序列的温度值。同时，这两种方法均不能突破定点垂直检测的局限，很难在以交通气象站为中心的温度平面辐射体系中应用。温度空间分布规律研究，不关注影响路面温度的具体原因，而是对路网温度分布特点进行描述，其产生与应用更符合当前公路气象的发展趋势。英国学者 Shao 等[11]对路面温度空间分布规律的数据采集、分析与表现方式进行了研究，初步形成了理论体系。我国在这方面的研究处于起步阶段，汤筠筠等[12]建立了基于单个交通气象站观测数据的冬季路面温度短临预测模型，吴建波[13]、彭莲等[14]利用温度空间分布规律对交通气象站选址进行了合理建议。

本文由连续路面温度采集与处理、温度数据相关性检验、路面温度空间分布规律及其表达方法、规律在路面温度预测中的应用及相关结论五部分组成，再现了发现规律的过程，证明了规律的存在。

1 数据采集与处理

1.1 研究路段与数据采集

相关文献[15]对大范围的高速公路路面温度连续采集做出了详细的规定：包括移动式温度采集设备选取，移动式 GPS 定位设备选取，路段单元划分，天气类型区分等。

本文研究的依托路段起点位于长沙市东北平江收费站，终点位于临湘市东部羊楼司镇收费站，全长 100km，属于京港澳高速公路主线。选择该路段作为研究路段，考虑了当地的气象、地理位置、交通流和监控设备布设等多方面因素。采集内容包括路面温度、大气温度、海拔高度、采集速度、采集点经纬度坐标等。路段单元划分，便携式采集设备获取的原始数据格式见表 1 和表 2；根据各次数据采集时天气条件与基本情况（表 3），可以对天气类型进行初步判定[13]。

路段单元划分情况 表 1

路段编号	起点		终点		备注
	地名	桩号	地名	桩号	
1	平江	K1427 +860	荣家湾	K1390 +630	37.23km，大荆服务区 K1407 +370
2	荣家湾	K1390 +630	桃林	K1358 +460	32.17km，岳阳服务区 K1373 +300
3	桃林	K1358 +460	羊楼司	K1316 +950	41.51km，临湘服务区 K1343 +387

数据存储格式 表 2

时间	大气温度	路面温度	经度	纬度	海拔	速度	备注

各次数据采集时情况一览表 表 3

序号	天气类型	云量	风量	能见度	路面状态
1	抑制性天气	5/8	微风	较差	潮湿
2	极端天气	2/8	无风	好	干燥
3	极端天气	0/8	微风	好	干燥
4	抑制性天气	6/8	微风	较差	潮湿
5	极端天气	1/8	无风	好	干燥

1.2 数据处理方法

路面温度空间分布规律的核心是在温度数据处理过程中建立同时刻路面温度与公路里程一一对应的关系模型。

（1）计算理论距离增量。

在数据处理的过程中，首先处理速度与时间的关系，计算理论距离增量 S。从图 1 中可以看出，距离增量是以时间为底边，速度为高度的矩形面积。将第 i 秒时的采样数量记为 n_i；用 j 表示同 1 秒内的数据项，并将一条数据项作为一个距离增量的单元，那么该条数据相对应的距离增量（以 km 为单位）可以表示为：

$$S_{ij} = \frac{v_{ij} \times 1}{n_i} \div 3600 \tag{1}$$

在获取第 N 秒数据时，距离增量总计 S 可以用以下公式表示：

$$S = \sum_{i=1}^{i=N}\sum_{j=1}^{j=n_i} S_{ij} \tag{2}$$

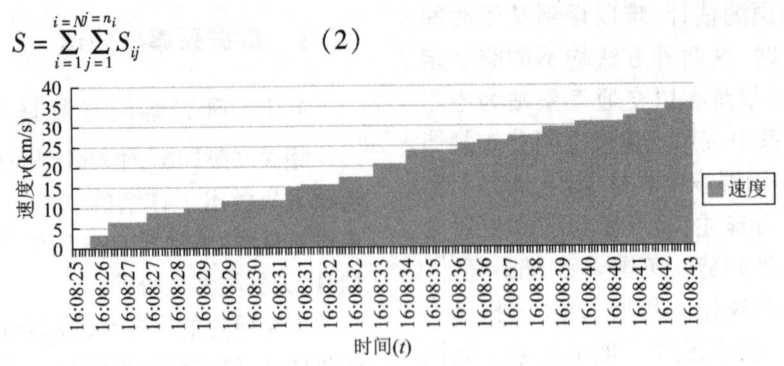

图1　车辆起步时速度 v-时间 t 关系图

(2)理论距离增量的修正。

用离散速度模型计算得到的理想距离增量和实际速度连续变化产生的距离增量是有差别的。在第 N 条数据获取时刻经过的时间为 T_N,实际的距离增量记为 S',应满足:$S' = \int_0^{T_N} vt_i$。距离增量的修正系数用 a 表示,定义 $a = S/S'$。如果在每公里均进行一次标定的情况下,取 $S = 1\text{km}$,那么第 i 条数据在标定后对应的距离增量可表示为

$$S'_{ij} = \frac{v_{ij} \times 1}{3600 \cdot n_i \cdot S} \tag{3}$$

(3)数据对应的里程桩号确定。

利用 S'_{ij} 的数值,在整公里桩号的基础上进行连续递增(上行)或递减(下行)可以准确地得到不同精度的桩号信息。在后续处理数据的过程中,将桩号近似到10m的精度。

(4)特定里程桩号位置路面温度计算。

数据中会出现大量含有相同桩号信息的项,这些项对应的温度值是不同的,因此需要通过计算温度的平均值,得到里程桩号和温度一一对应的关系。

(5)路面温度时间维度修正。

利用地表热平衡理论,预测温度随时间的变化规律,将温度值"统一"在某固定的时间点。

(6)路面相对温度计算及单次采集结果形成。

在分析路面温度空间分布规律时,更重要的是确定路面相对温度,该过程可以通过计算路段的平均温度完成,以 $\overline{T}$ 作为该路段内温度的平均值,以 T_i 作为路段内第 i 条数据对应的绝对温度,那么路段内第 i 条数据的相对温度 T'_i 可以简单表示为 $T'_i = T_i - \overline{T}$,通过该变形后,可以得到一组平均值为零的相对温度数据,如表4所示。

数据处理结果存储格式　　表4

起点桩号	起点经度	起点纬度	终点桩号	终点经度	终点纬度	路面相对温度

(7)多次采集数据的融合处理。

对不同次测量数据进行统计分析。在得到相对温度数据后,按天气类型将多次采集的数据分为两组,分别对应极端天气组和抑制性天气组。为了能够更好地表现温度空间分布的特点,在同一天气类型内,应对多次测量的数据求平均值,提高相对温度的准确性。

2　数据相关性检验

通过对在不同天气条件下路面温度差异模式呈现出的相关性和相似性进行统计分析,验证路面温度空间分布规律的可靠性。

温度数据的标准差反映了温度数据集合的离散程度,从表5中可以看出,极端天气条件下路段单元数据序列的标准差较大,抑制性天气条件下的标准差较小;在极端天气条件下,路段单元中出现的最高温和最低温差值最大达到9.3℃,而在抑制性天气条件下,最大差值仅为4.9℃。上述两条结果与表3中天气类型的初判结论是基本一致的。

各次温度采集统计表(单位:℃)　　表5

序号	最小值	最大值	均值	标准差	天气类型
1	-6.22	-2.09	-4.37	0.8	抑制
2	-9.42	-0.42	-3.88	1.44	极端
3	-4.99	4.36	-0.65	1.38	极端
4	-5.58	-0.67	-3.34	0.78	抑制
5	-8.24	0.96	-3.04	1.46	极端

从表6可以看出，同位置路面温度存在相关性。两次抑制天气条件下测得的温度数据组的线形相关系数为0.7，而与极端天气条件下的相关系数最高为0.35。三次极端天气条件下的温度数据线性相关系数最高为0.66，最低为0.62。该结果表明相同天气条件下各次温度测量值的相关系数远高于不同天气条件下的相关系数，也就是说，基于一个温度序列的记录值，很大程度上可以预测另一个数据序列的相应值。这也证明了利用上述数据处理方法获取的路面温度空间分布规律是可靠的。

各次温度采集相关系数矩阵 表6

采集序号	1(抑制)	2(极端)	3(极端)	4(抑制)	5(极端)
1(抑制)	1				
2(极端)	0.3078	1			
3(极端)	0.2895	0.6433	1		
4(抑制)	0.7031	0.2664	0.3325	1	
5(极端)	0.2438	0.6151	0.6589	0.3501	1

3 路面温度空间分布规律及指纹图

上述相关性分析证明：利用任何两组路段单元数据处理得到的路面温度空间分布规律都是客观存在且两两不同的。因此，对特定夜晚、特定路段单元的路面温度进行直观表述的图形可以形象地称为路面温度指纹图，如图2所示。图中纵坐标表示路面温度相对均值的偏差，横坐标表示里程。路面温度指纹图展示了在某个夜晚路网中不同路段路面温度的变化模式，这种模式用路面温度差异的空间分布（即有的位置路面温度高于平均值，用红色表示；有的位置路面温度低于平均值，用蓝色表示。路面温度呈现类似峰、谷的交替变化）以及差异程度（大小）表示。构建温度指纹图的主要目的是为了提取道面温度的特征，清晰地发现夜间路面上低温以及温差变化剧烈的重点路段，这种路段在冬季夜间有比普通路段更易具备形成路面冰霜的条件，对行车安全构成威胁。

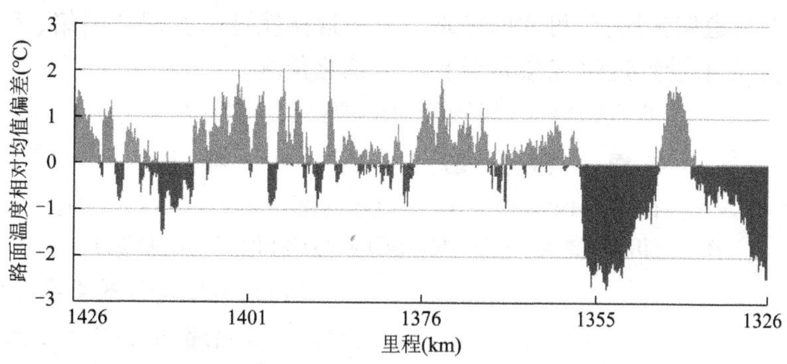

图2 极端天气条件下路面温度指纹图（京港澳高速公路1426～1326km）

在对同类型天气条件下的温度测量值进行平均值运算后，为了更好地发现路段温度空间分布的整体特点，以100km内的100个路面温度信息（1个/km）作为样本，构建里程精度低于图2的路面温度指纹图，如图3所示。抑制性天气条件下各数据点距离平均温度的波动明显小于极端天气条件，抑制性天气条件下温度的标准差为0.75℃，极端天气条件下温度的标准差为0.97℃。两条指纹图不同的变化趋势也反映出同一位置的路面温度在不同天气类型下的表现是不同的。

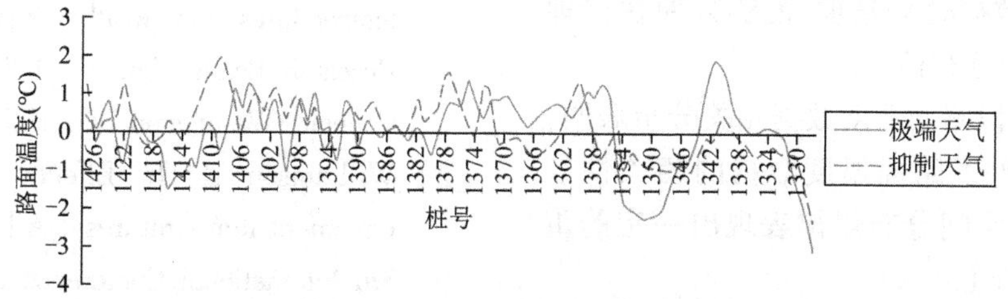

图3 不同天气条件下的路面温度指纹图

通过图3可以发现低温危险路段，道路里程从桩号1354km开始至1344km结束的10km路段是较为明显的低温区，该区域低于路面平均气温1～2℃，且温度下降速度很快，应进行重点监控。

而通过对相邻每公里路段的温度差进行分析可以发现路面温差呈正态分布,如图4所示,符合路面温度连续性的特点。

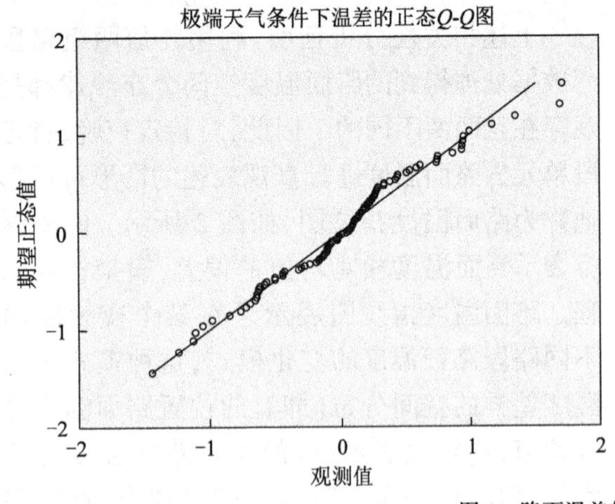

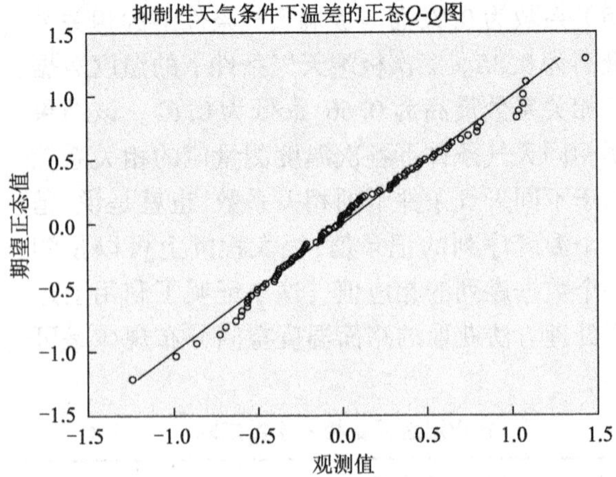

图4　路面温差的 Q-Q 图(单位:℃)

4　路面温度预测

研究路面温度空间分布规律的目的是对公路各点段的温度进行精细化监控。在公路上,只有公路气象站本地获取的温度信息是准确的,公路气象站之外的路面温度值可以通过计算差值实现。如图5所示,白点为道路传感器,可实时获取真实的路面温度,黑点为未设置道路气象站或传感器的路网其他位置,黑点下方的数值(Delta)为该点路面温度与道面传感器处路面温度的差值,这个差值可通过路面温度空间分布规律得到。利用道路气象站实时监测数据,再通过简单的加减法即可预测出黑点位置的路面温度(RST),通过合理的气象站位置选取和优化,路面温度空间分布规律就可以实现全网络、无盲区的路面温度精细化预测。

RST: 0　RST: 2　RST: -1　当前温度1℃　　RST: 2

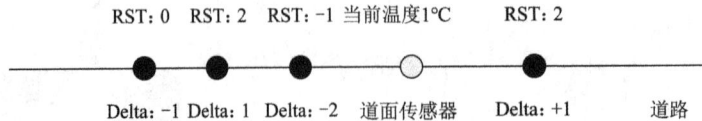

Delta: -1　Delta: 1　Delta: -2　道面传感器　Delta: +1　　道路

图5　利用路面温度空间分布规律预测未知点路面实际温度(单位:℃)

5　结语

本文利用冬季在京港澳高速公路湖南长沙—临湘段多次采集路面温度对路面温度空间分布规律进行了系统化研究,得到以下结论:

(1)实践证明本文给出路面温度数据处理流程与方法,对于采用便携式路面温度获取设备以GPS数据为位置参考信息的原始数据而言,具有很好的适用性和数据处理精度,能够方便快捷地提取路面温度空间分布信息。

(2)多次同路段路面温度数据相关分析表明:在类似的天气条件下路面温度数据的相关性较强,说明路面温度空间分布规律表现出一定的重复性和良好的可靠性。

(3)路面温度指纹图分析技术能够很好地反映出路面温度在空间范围内的波动特征,以及不同天气条件对路面温度波动幅度的影响。

(4)研究结论和成果在路面结冰早期预警、安全行车、公路路面养护等方面具有良好的应用价值,路面温度指纹图、路面温度空间分布规律可用于辨识路面温度的"温暖"或"寒冷"点段、优化气象监测设施及路面触感器的布设、进行连续式路面温度与状态预测等道路气象信息系统应用。

参考文献

[1] BARBER, E S. Calculation of maximum pavement temperatures from weather reports [A]. Highway Research Board, Bulletin 168, National Research Council, Washington DC, 1957.

[2] Williamson R H. Effects of environment on pavement temperatures [A]. Proceeding of the 3rd International Conference on Structural Design of Asphalt Pavements, 1972.

[3] PRETORIUS P C. Consideration for pavements containing soil-cement base [D]. America:

University of California Berkley, 1969.

[4] CHRISTISON J M, ANDERSON. K O, The Response of Asphalt Pavements to Low Temperature Climatic Environments[A]. Proceeding of the 3'd International Conference on the Structural Design of Asphalt Pavements,1972.

[5] HUBER G A, Weather Database for the SUPERPAVE Mix Design System [R]. Strategic Highway Research Council, Washington DC, 1994.

[6] LUKANENN, et al. Temperature Predictions and Adjustment Factors for Asphalt Pavement [R]. FHWA-RD-98-085, 2000.

[7] 吴晟，吴兑，邓雪娇，等. 南岭山地高速公路路面温度变化特征分析[J]. 气象科技，2006，34(6):783-787.

[8] 田华，吴昊，赵琳娜，等. 沪宁高速公路路面温度变化特征及统计模型[J]. 应用气象学报，2009，20(6):737-744.

[9] 曲晓黎，贾俊妹，武辉芹，等. 京石高速公路路面温度与气温的对比分析[C]. 第27届中国气象学会年会灾害天气研究与预报分会场论文集. 2010.

[10] 张德山，丁德平，穆启占，等. 北京奥运交通路段精细预报[J]. 应用气象学报，2009，20(3):380-384.

[11] SHAO J, LISTER P J. An automated nowcasting model of road surface temperature and state for winter road maintenance[J]. J Appl Meteor, 1996, 35(8):1352-1361.

[12] 汤筠筠，郭忠印. 基于自回归求和移动平均的冬季路温短临预测[J]. 同济大学学报(自然科学版)，2017，45(12):1824-1829.

[13] 吴建波. 热谱地图技术在交通气象站布设中的应用[J]. 中国交通信息产业，2010,2:120-123.

[14] 彭莲，高建平，张续光. 基于热谱地图技术的高速公路气象传感器选址研究[J]. 西部交通科技. 2012,5:1-4.

[15] 汤筠筠，李长城，廖文洲，等. 基于移动监测的冬季路面温度数据处理[J]. 同济大学学报(自然科学版)，2018，46(10):1403-1409.

Digitalization and Innovation in China-Europe Freight Trains: Transforming Logistics through the Belt and Road Initiative

Selma Magano Shuuya*

(Department of Logistics Engineering and Management, College of Economics and Management, Chang'an University)

Abstract The integration of digital technology into the logistics sector notably China-Europe freight train services under the Belt and Road Initiative (BRI) represents a substantial change toward improved operational efficiency, e-commerce integration and international trade sustainability. This study investigates the revolutionary influence of digitalization in freight logistics concentrating on the use of the Internet of Things (IoT), Artificial Intelligence (AI) and blockchain technologies as well as the critical role of e-commerce platforms in promoting cross border trade. This study provides a detailed assessment of the existing landscape, challenges and future directions in digital freight logistics, using a mixed methods research strategy that includes data analysis. The implications are the fact that the digital technologies are a key enabler to boosting freight efficiency, enhancing its dynamic link between digital commerce and logistics models, and the crucial sustainability issues in the digital transformation of freight services. The study concludes with drawing strategic implications on the part of stakeholders within BRI framework in the light of joint efforts to overcome inequality in technologies, improving cybersecurity, and stimulating innovations for a sustainable and efficient global logistics network.

Keywords Digitalization Innovation in logistics China-Europe Freight Trains The Belt and Road Initiative Supply chain technology Internet of Things (IoT) in logistics

0 Introduction

The principal findings from the study can be conceptualized as the superior merits of digital technologies on improving freight efficiency, dynamic interaction in digital commerce and logistics models, and sustainment issues fundamental to the digital transformation of freight services. The study ends with strategic implications to the stakeholders within the BRI framework, underscoring the need for united efforts in overcoming technology inequalities, enhancing cyber-security, and stimulating innovation towards a sustainable and efficient global logistics network. The Belt and Road Initiative (BRI) refers to a vast and massive global development strategy initiated by China in 2013 aiming at enhancing regional connectivity towards embracing a better economic future by building trade and infrastructural networks spanning through Asia, Europe, Africa, and even beyond. This is going to regenerate and expand the old Silk Road trade routes with a network of trains, highways, marine channels and digital infrastructure thus boosting cross continental commerce and investment. The Belt and Road Initiative (BRI) has turned into a fundamental underpinning for China's foreign policy that is applied in marking the new era of globalization entailed in mutual economic development, open markets, and diverse international cooperation (Gholizadeh et al., 2019).

Within this broad framework, the China-Europe freight rail service stands out as a key component. The establishment of such freight trains with the BRI is an epitome of the objective initiative to improve land connectivity between China and Europe with the introduction of a faster, cheaper, and environmentally friendly mode of travel other than by sea and air. Since the beginning, the service has experienced exponential expansion in both the quantity and frequency of journeys connecting an expanding number of Chinese cities to numerous European locations. These freight trains have become an important link in the global supply chain, strengthening commercial links and increasing economic integration between China and Europe (Hinings et al., 2018).

The impact of digitization and innovation on freight logistics cannot be emphasized. In the context of the BRI and the China-Europe freight train service, digital technologyhas helped to optimize logistical operations, improve supply chain visibility and increase overall efficiency. The Internet of Things (IoT), Artificial Intelligence (AI), blockchain technology and big data analytics have transformed traditional freight transportation. These technologies offer real time commodities tracking, predictive infrastructure repair, quicker customs procedures and better security measures all of which contribute to the smooth and efficient transportation of products across long distances (Koh and Yuen, 2022).

Table 1 shows that in 2023, The China-Europe freight train service registered strong growth in addition to efficient operations that showed the critical role the service plays in the facilitation of cross border trade under the Belt and Road Initiative. Throughout the year the service finished with an impressive 17000 to 17523 trips that are 6% more compared to the previous year and transported 1.9 million TEUs (Twenty-foot Equivalent Units) up 18% year-on-year. This expansion highlights balanced flows of trade with 9343 westbound trips to Europe and 8180 eastbound trips to China. The time of average transport was brought down to about 9.9 days, and hence the operational efficiency can be highlighted; therefore, rail freight among the two continents has become more desirable. However, overall, the service struggled with a sharp decrease of freight volumes on routes other than Russia, a phenomenon that points towards change trade dynamics and therefore the need for adaptation. Alashankou Port developed into a major hub in logistics, while cities such as Xi'an, Chongqing, Chengdu, and Zhengzhou confirmed their place as key contributors to the network, showcasing the collaboration and scale of efforts to keep this important link in trade logistics up and running.

China-Europe Freight Train Statistics for 2023 Data Source: CGTN Table 1

Metric	Data	Year-on-Year Change
Number of Trips	17000 (up to 17523)	+6%
Total TEUs Transported	1.9 million (up to 1901949)	+18%
Westbound Trips	9343	—
Eastbound Trips	8180	—
Peak Month (Trips)	November (1,561 trips)	—
Main Chinese Border Crossing	Alashankou Port	Highest Traffic
Freight Volume Excl. Russian Routes	211110 TEUs	-48.57% compared to 2022
Average Transport Time	9.9 days	Improved
Westbound Leader (To Poland)	117628 TEUs	-34.11% YOY
Eastbound Leader (From Germany)	58282 TEUs	-45.68% YOY

For example, digital operation monitoring systems and smart ports have been created to manage the full logistical chain of China-Europe freight trains from departure to arrival. These systems enable the smooth interchange of information between all parties involved, decreasing bottlenecks and transit times. Further, with e-commerce platforms incorporated in freight operations, new trading opportunities have arisen, allowing consumers and enterprises from Europe and China to do cross-border transactions with better convenience and reliability than they have ever witnessed before.

China-Europe freight train service actively grew in 2023, thus showing how relevant the project is within the framework of BRI. In 2023, it transported more than 17000 services and ferried 1.9 million Twenty-Foot Equivalent Units (TEUs) of products, which is an important year-on-year increase. This increase in volume, underpinned by digital progresses that have sped up its operations, is a sure indication of the responsiveness of the service toward changing demands of international commerce. As these trains run across the continent, they are not merely trains carrying goods, but actually hold within them the spirits of the BRI, opening up new routes of cooperation, understanding, and shared prosperity between China and Europe (Cichosz et al., 2020).

Figure 1 show the monthly performance in 2023 in freight train trips between China and Europe breaks down the activity-filled year for the service through 14142 trips. The data shows a high number of trips monthly with mainly trips to the west overshadowing the volume to the east, this therefore means that the volume of goods being transported from China to Europe is generally high. Notable peaks are observed in May with 1515 trips, July with 1552 trips and an unexpected decrease to 866 trips in November. The year-end figures in December recovered to 1400 trips that possibly reflect a seasonal adjustments in trade flows. The performances like this again underline the importance of China-Europe freight train service as a sustainable and a substantial element of modern international logistic and trade landscapes.

Figure 2 illustrates a strong development of the annual freight train travels between China and Europe from 2011 to 2023, which shows the rail connectivity growth developed within the New Silk Road project. From a mere 17 trips in 2011, the frequency surged to 42 by 2012, and then to 80 in 2013, indicating a steady increase. The growth gained momentum significantly since 2014, then increased by leaps from 308 trips of the previous year to 815 the following year, and further multiplied to 12406 by 2020. Although the growth rate moderated somewhat after 2020, the upward trend continued to culminate at 17,523 trips in 2023.

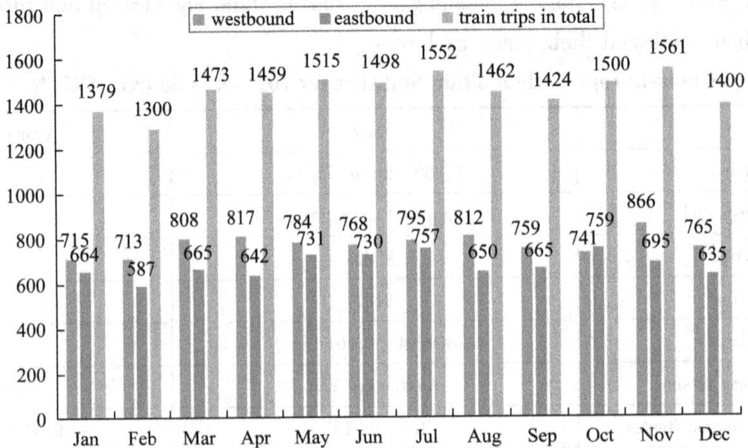

Figure 1 Monthly Freight Train Trips Between China/Europe In 2023

Data Source: New Silk Road discovery

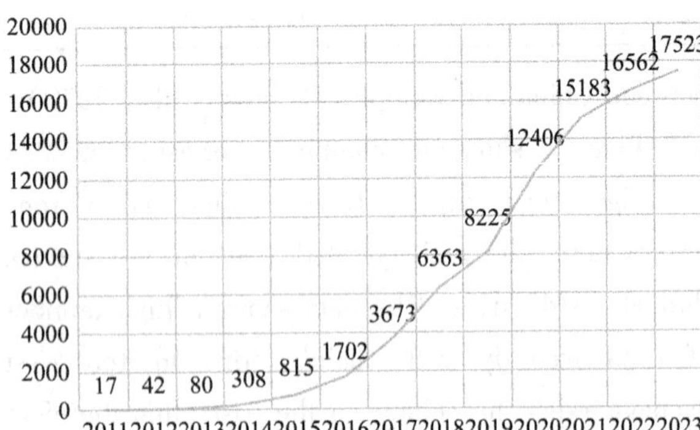

Figure 2 Annual Freight Train Trips Between China/Europe (2011-2023)

Data Source: New Silk Road discovery

1 Literature review

The literature study focuses on three key areas: digitalization and logistics innovation, e-commerce integration into freight models, and digital freight transportation sustainability.

1.1 Digitalization and logistics innovation

The digital technologies such as the Internet of Things (IoT), Artificial Intelligence (AI), and blockchain have turned logistics into a business providing heretofore impossible efficiency, transparency, and dependability in operations of freight. The Internet of Things (IoT) enables real-time tracking of goods and provides better ways of managing and controlling the supply chain proactively, thereby reducing the element of uncertainty. AI acts as a part of the predictive analytics mechanism, which helps in route optimization, demand forecasting, and, in turn, helps make better decisions toward the reduction of delay and operational costs. The information that such kind of technology brings about, confidence to the stakeholders, in the form of transparency and security, is something that the blockchain brings to them through immutable records of thetransactions and movements (Cichosz, 2018).

Theoretical frameworks for digital transformation in freight operations highlight the strategic alignment of technology with organizational goals to generate innovation and competitive advantage. Such frameworks argue for a comprehensive approach to digitaladoption emphasizing the interactions between technology, people, processes and data. The research argues that effective digital transformation necessitates not only technology skills but also a culture shift toward agility, constant learning and cross functional collaboration (Lambrou et al., 2019).

1.2 E-commerce integration in freight models

The development of e-commerce has had a considerable impact on logistics tactics forcing changes to meet growing volume and demands for timely deliveries. Studies emphasize the importance of logistics in e-commerce as order fulfilment efficiency has a direct influence on consumer happiness and business survival.

Cross border e-commerce has become more reliant on digital channels particularly in the context of the Belt and Road Initiative. They make it easier for enterprises to access a worldwide consumer base by allowing for seamless transactions and logistical operations across borders.

E-commerce integration in freight models has resulted in the creation of novel solutions to the last mile delivery dilemma such as drop shipping, crowd sourced delivery and urban logistics hubs. These approaches use digital platforms to coordinate and execute demonstrating the mutually beneficial link between e-commerce development and logistics innovation (Kern, 2021).

1.3 Sustainability in digital freight transportation

The emphasis is now on low-carbon footprints and green logistics, with environmental sustainability increasingly being a point of concern in digital freight transportation. The academia has addressed this through e. g. the efficiency that the route optimization algorithms bring in the minimization of the amount of fuel used and the emissions from such fuel usage and the IoT-based systems for regulating the energy used within the warehouses and the transport systems.

Thus, smart ports and intelligent infrastructure identify logistic sustainability benefits through their adoption. This way, these technologies promote better handling of cargo and controlling vessel traffic effectively to minimize idleness and energy use. Smart logistics systems also help to move towards more ecologically sound modes of transport like rail or electric cars by integrating with and offering efficient solutions in logistics (Chen, 2023).

Research and development in the field of digital freight transport are increasingly throwing up the potential for delivering major environmental benefits through the melding of operational efficiency with sustainability ambitions. With increasing dynamism in the logistics business under the influence of digitization, sustainability concepts integrated into technology advancements will support the realization of long term environmental, economic, and social goals.

2 Methodology

2.1 Research approach

To be able to focus on the DT within the China-Europe freight train logistics network as an element of the Belt and Road Initiative (BRI) in two stages.

In this respect, Stage 1 includes elaborative literature review wherein the major concern is related to the understanding of digital transformation in the logistics and transportation industry with special reference to the operation of freight trains between China and Europe. This review is to identify, therefore, the driving forces to successful digital integration and the barriers. We relied on insights from key studies and frameworks such as that proposed by Dreyer et al. (2019) to establish this foundation from which to understand digital transformation in this unique context.

Stage 2 includes in-depth case studies in China-Europe freight train routes, especially with regard to the application of digital technologies to improving efficiency, sustainability, and cross-border collaboration. This approach is supported by the methodological guidelines suggested by Edmondson and McManus (2007) for exploratory and theory-building research, using case studies particularly apt considering the emerging nature of DT in this sector.

2.2 Case selection

The purposive sampling strategy was employed for the case studies, in order to focus on the routes showing some important digital transformation initiatives. Taking a cue from the success of the network of China-Europe freight trains, specifically we focus on integration with the digital technologies of IoT, AI, and blockchain toward the boost in logistical operations. With such an impressive growth rate, this network of trains is set to view this network of trains as carrying an impressive amount of cargo across various countries hence showing of some of the benefits digitalization is pointing to the logistics sector

(Edmondson and Mcmanus, 2007). Take, for example, the route Duisburg, Germany-Xi'an, China, which is exemplary not only for how it increases the volumes of trade but for the manner in which it demonstrates how digitalization may inscribe the future of efficient and sustainable logistic operations.

All these were supported by investments in physical and digital infrastructure, which make it a showpiece of a model for digital transformation in the freight logistics sector.

3 Findings

3.1 Impact of digital technologies on freight efficiency

The firm has reached new operational efficiency by integrating digital technologies like Internet of Things (IoT), Artificial Intelligence (AI), and blockchain for its China-Europe freight services. This in turn is live and increases the visibility of the cargo supply chains dramatically as real-time cargo tracking through installations of the Internet of Things (IoT). This not only increases dependability of the supply schedule, but it also allows taking proactive control of the same in case any interruptions occur. Technologies driven by AI can optimize logistics operations around efficient route planning and predicting repairs, among others, of freight trucks that in turn lead to the reduced downtime and opex.

That has not only smoothed the way for paperwork procedures but guaranteed the security of data transmission between various entities participating in the China-Europe freight corridor. With immutability on the ledgers, this makes the blockchain an ideal platform for customs clearance processes and financial transactions in speeding up the cross-border logistics operations.

3.2 E-commerce integration's transformative effects

E-commerce has altered the logistics methods and strategies, particularly with the Belt and Road Initiative. Digital platforms have come out as important enablers to bridge the gap between the Chinese exporter and the European customer. These systems not only streamline transaction procedures but it works directly with logistics provider for providing flawless end-to-end fulfilment. Digital platforms provide the elasticity of freight services in responding quickly towards the fast-changing demands and providing faster and more efficient customer-centric logistics solutions. The silk road e-commerce pavilion at the second global digital trade expo is shown in Figure 3.

Figure 3 The Silk Road E-commerce Pavilion at the second Global Digital Trade Expo

Such a mixture of e-commerce with freight logistics has actually given birth to such new distribution models as "direct-to-consumer shipping," bypassing the generally established distribution routes to minimize the time and cost of delivery. That synergy between digital commerce and the freight logistics are a basis of the current digital economy, in letting flourish trade as air, without hindrances of geographical borders (Didenko et al., 2021).

3.3 Sustainability implications of digital innovations

Digital transformations in logistics and freight transport contribute greatly to environmental sustainability. Technologies that enhance efficiency in operations invariably result in a reduction in carbon emissions. For example, the route optimization algorithm eliminates unnecessary travel that results in a reduction in fuel use. Also associated with green logistics concepts is improved monitoring and controlling of vehicle emissions, which is an IoT application in fleet management.

However, digitisation has its own trade offs since energy consumption required to run huge data centres that are power-driven by AI, blockchain and

IoT applications offers a sustainable concern. While, on the other hand, it offers chances for greener logistics operations. They have also to be carefully thought over in terms of environmental impact (Wagener et al., 2020).

4 Discussion and conclusions

4.1 Synthesis of digitalization's impact

The Belt and Road Initiative (BRI) brings together new technologies and practices, such as digital technologies, e-commerce, and practices of sustainability. These together have significantly transformed how freight logistics have hitherto been done, via China-Europe freight train services. Digitalization has not only increased operational efficiency in the form of real time trackability, route optimization and swifter customs processes but also has facilitated cross border e-commerce, supporting Chinese suppliers in easily accessing European consumers. Moreover, the digital innovations are expected to sharply slash the environmental footprint of freight operations, in accordance with global sustainability goals.

4.2 Challenges and future directions

Despite encouraging advances the digital revolution of freight operations confronts several hurdles. These include technology gaps across areas, cybersecurity risks and the substantial investment necessary for infrastructure development. Overcoming these impediments requires a joint effort from all parties such as governments, private sector entities and international organizations. Future efforts should centre on defining interoperable digital standards improving cybersecurity measures and promoting public private partnerships to fund the technology changes required for smart logistics infrastructures.

Policy recommendations are mainly lobbying for harmonized regulatory frameworks to allow cross border data flows and secure digital transactions. Practice guidelines and underline the importance of ongoing skill development to prepare the workforce for the digital era. To continually increase the efficiency and sustainability of freight services more research should be conducted into emerging technologies such as 5G and drone delivery systems and autonomous cars.

4.3 Strategic implications

The strategic implications for stakeholders under the BRI framework are considerable. Policymakers should focus on building favourable settings for digital innovation through supporting legislation and incentives. Businesses particularly those in logistics and e-commerce must adapt to these technological changes to stay competitive and responsive to market demand. Finally, for customers the digitization of freight services means more access to global markets, more diverse product offers and higher service quality.

In conclusion the future of China-Europe freight trains in the digital era is hopeful with the potential to fundamentally alter global trade patterns. As digital technologies advance their strategic integration into freight logistics will not only support the BRI goals but also contribute to a more connected, more efficient and more sustainable global economy. The route to this future will need continuous innovation, cooperation and a dedication to managing the difficulties of digital change in the freight sector.

References

[1] CHEN X. Reconnecting Eurasia: a new logistics state the China-Europe freight train and the resurging ancient city of Xian [J]. Eurasian Geogr Econ, 2023. 64(1): 60-88.

[2] CICHOSZ M. Digitalization and Competitiveness in the Logistics[J]. Service Industry E-Mentor, 2018,5(77): 73-82.

[3] CICHOSZ M, WALLENBURG C M, KNEMEYER A M. Digital transformation at logistics service providers: barriers success factors and leading practices[J]. International Journal of Logistics Management,2020,31(2): 209-238

[4] DIDENKO N, SKRIPNUK D. KIKKAS K. et al. The Impact of Digital Transformation on the Micrologistic System and the Open Innovation in Logistics [J]. Journal of Open Innovation:

Technology Market and Complexity, 2021, 7:115.

[5] DREYER S, OLIVOTTI D, LEBEK B et al. Focusing the customer through smart services: a literature review: a literature review [J]. Electron Markets , 2019,29(1): 55-78 .

[6] EDMONDSON A C, MCMANUS S E. Methodological fit in management field research [J]. Academy of Management Review 2007,32(4): 1155-1179.

[7] GHOLIZADEH A, SANEINIA S, ZHOU R. Belt and Road Initiative (BRI) as a Turning Point on Chinas Infrastructure Interconnection and Talent Exchange: Case of High-Speed Railway [J]. Journal of Social and Political Sciences, 2019,12.

[8] HININGS B,GEGENHUBEr T, GREENWOOD R. Digital innovation and transformation: An institutional perspective [J] . Information and Organization,2018,28(1)1: 52-61 .

[9] KERN J. The Digital Transformation of Logistics [J]. 2021,5: 361-403.

[10] KOH L Y, YUEN K. F. Emerging competencies for logistics professionals in the digital era: A literature review[J]. Front Psychol,2022,13: 748.

[11] LAMBROU M, WATANABE D, LIDA J. Shipping digitalization management: conceptualization typology and antecedents [J]. Journal of Shipping and Trade ,2019,4(1).

[12] WAGENER N, ARITUA B, ZHU T. The new silk road: Opportunities for global supply chains and challenges for further development [J]. Logforum, 2020,16(2):193-207.

Exploring the Railway Alternative in Comparison to Maritime and Air Routes between China and Europe within the Framework of the Belt and Road Initiative

Selma Magano Shuuya* Amin Ullah Khan

(Department of Logistics Engineering and Management, College of Economics and Management, Chang'an University)

Abstract The increased commerce between the economies of Europe and China drives the search for the best mode of transportation, leading to the establishment of the Chinese New Silk Road. The diversity of the volume, cubic capacity, and weight of carried commodities opens up a field for the employment of various modes of transportation, such as aircraft, trains, and ships globally. The study compared China's railway option to maritime and air connections between China and Europe, as well as an outline of the ambitions surrounding the establishment of the Chinese New Silk Road. This study was desk research that collected data from reputable databases such as the World Bank, the China statistical office, and the European statistical office. The approach for order of preference by similarity to the ideal solution (TOPSIS) method was presented in the multi-criteria analysis. This strategy was briefly explained, and its selection was defended. The criteria used in the analysis were then provided, which included time, cost, commodities, and an ecological index.

Keywords The Belt and Road Initiative China-Europe Freight Trains Maritime Air Corridors Transportation International Trade

0 Introduction

Urban transportation has a significant impact on a city's ability to sustain its growth, especially in emerging cities where the economy is growing quickly and there is significant urban sprawl (Kenworthy, 2017). Economic and social activities may be supported by a suitable transportation system, which can also help to protect the environment and use resources efficiently. The need for urban transportation has been under significant strain due to China's rising cities' growing populations (Hayashi et al., 2004). The National Bureau of Statistics of China (NBS) reports that the number of private automobiles owned in China increased from 140 million in 2006 to over 140 million in 2015, and it is expected to increase by at least as much in the near future (Zhao et al., 2016). The road-carrying capacity in rising cities cannot handle a further rise in transportation demand due to the faster rate of increase in automobile ownership compared to that of the expansion in roadways (Hayashi et al., 2004).

1 Literature review

1.1 International trade

The opening of the China Railway Express has provided a third choice for China-European international trade, thereby providing an alternative to shipping and air transport. It has also brought a strong demand for cargo transportation for Asia-European economic and trade growth. Compared to traditional shipping, the average railway transportation distance between China and Europe is less than 9000 km. It has the advantages of fast transportation speed, short time (only one-third of shipping), no weather influence, a high safety factor, high reliability in terms of transportation time, and green environmental protection (Chi & Baek, 2013). Compared to air transport, China Railway Express has obvious economic advantages (the freight rate is only one-fifth of that of air transport). With the Belt and Road Initiative strategy in recent years, China Railway Express has developed rapidly, and with its outstanding transportation advantages, it has gradually improved its competitiveness in China-Europe trade (He et al., 2016). In the 1970s, certain developing Southeast Asian cities, including Bangkok, Jakarta, and Manila, made an effort to implement an urban rail transit system. These endeavours, however, were unsuccessful due to ineffective techniques.

The world's population, which is currently 7.3 billion, is projected to increase to 8.5 billion by 2030, which would have a significant negative impact on the environment (Hayashi et al., 2004). As a result, several nations have already seen an increase in the need for people and products to move about. According to this perspective, energy-saving solutions will become more and more vital to lessen the energy demand that transportation systems will have in the upcoming years. However, because of the numerous technological advancements that have taken place over the years in the transportation industry, energy efficiency has already grown in the previous century (Hayashi et al., 2004).

For both freight and people, railroads are an energy-efficient means of transportation. The average amount of toe covered by passenger railroads is 4.1 toe per million passenger kilometres, whereas the average amount covered by freight lines is 3.49 toe per million passenger kilometres. It accounts for 2% of the entire transportation energy demand (Zhao et al., 2016). The need for energy-saving measures to lower future energy consumption, taking into account both urban and suburban systems, is imposed by the building of new railway lines as the number of trains on the lines grows.

1.2 Railway transport

Historically rail freight has played an important role in international cargo deliveries. In recent decades as its part in total global freight has reduced. Furthermore, from 2015, rail freight container deliveries from China to Europe have shown a rapid increase (Liu et al., 2015). When considered in terms of ton-kilometres hauled per unit of energy consumed, rail transport can be more efficient than other means of transportation. For example, a rail shipment from China to the EU takes about two times less time compared to an ocean freight shipment. In most cases, rail freight is not affected by weather or traffic. Traditionally, rail has a strong safety record (Hayashi et al., 2004), as shown is Figure 1.

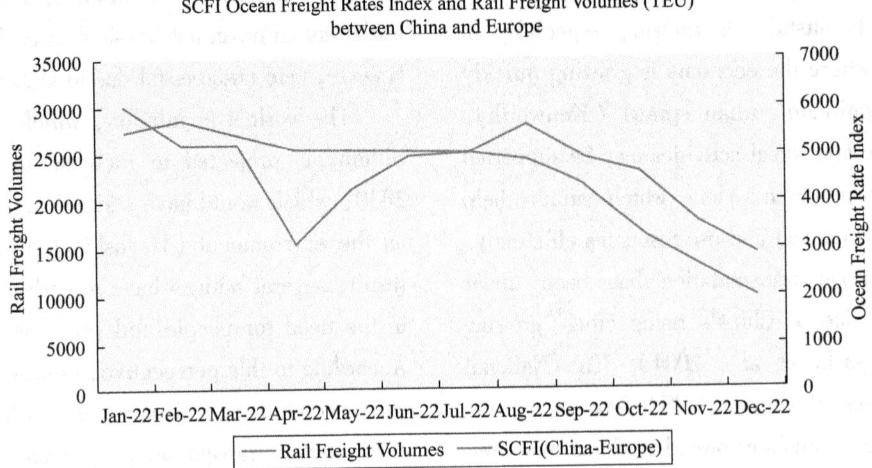

Figure 1 Rail Freight: the reconfiguration of the China-Europe Market

Numerous technological advancements made over the past century in the railway industry have increased its energy efficiency in China and Europe. From the introduction of the first onboard storage systems in 1903 to cover short distances to today's development of various types of electrified lines, both DC and AC (single and three-phase). Due to the development of highly efficient electric engines and the advancement of power electronics, trains use less energy. To minimize energy consumption and enhance the efficiency of regenerative braking, focus on speed profile, taking timetable optimization (Loo & Chow, 2006), and storage design systems into account (Mahesh et al., 2011).

1.3 Maritime transport

The most popular method of moving both people and cargo across international borders is marine transportation. 90% of the world's trade is moved by international shipping, while cruise ships carried about 25 million passengers in 2017 (Mahesh et al., 2011). Furthermore, the expansion of industrial output in emerging nations was made feasible by the accessibility, affordability, and fuel efficiency of marine transport. Notwithstanding the unfavourable economic climate in recent years brought on by the global economic crisis, the shipbuilding sector was able to adapt quickly to market needs, which allowed for these noteworthy outcomes (Mahesh et al., 2011). Today's ship designers and shipbuilders are putting a lot of work into improving the performance of ships by integrating modern technology (Mahesh et al., 2011).

1.4 Benefits of maritime transport

Ocean transport has the lowest cost per unit compared to other freight types, but it also has the longest transit time in most cases (Marsden, 2005b). For overseas transport, if the cargo size and weight are too big for air freight, ocean transport is the only option. Most of the low-cost bulk cargo, such as cereals, iron, coal etc., is moved by ocean freight (Banister & Berechman, 2001). It is also the preferred mode of transport for high-volume and heavy cargo, such as minerals, metals etc., that are just not economically reasonable to move by air. Ocean freight has the lowest environmental impact for shipped kg compared to other freight modes; therefore, many customers are preferring this (Banister & Berechman, 2001). In short, the main benefits of ocean freight are: lowest cost, good for high-volume goods, most environmentally-friendly and good for a wide range of cargos (Kitamura & Mohamad, 2009).

1.5 Air transport

The ability of air travel to provide quick

connections across continents has made it a crucial economic and social linkage all over the world. When the population of the globe is taken into account, the air transport industry carried around 4.8 billion people in 2010, or almost 30% of it (Marsden, 2005). Worldwide, air freight shipments have increased from 30.4 million tons in 2000 to roughly 43.3 million tons now, making up nearly 40% of all commodities in terms of value. Due to the unreliability or lack of alternative forms of transportation, many developing nations now rely largely on air freight for their exports (Marsden, 2005).

The aviation industry not only plays a unique role in transportation but also supports around 5.5 million direct employment globally (airlines employ 4.7 million people and the civil aerospace sector about 780,000) (Marsden, 2005). In 2007, it made a direct contribution to the world economy of about US $425 billion. The industry's supply chain, which consists of suppliers (such as off-site fuel, food, and beverage, and construction service suppliers), manufacturers (such as computer and retail), and business services, is even more influenced and indirectly impacted by air travel (call canters, accountants, lawyers, and financial services, etc.). Spending by both direct and indirect employees on things like food and drink, entertainment, transportation, clothes, and home products creates the induced effect. According to estimates, the sector indirectly supported 6.4 million employment in 2007 and contributed US $490 billion to the world economy. An additional 3 million employment were created because of the induced impact of the aviation industry, which also added $229 billion to global GDP. Around 15 million people worldwide were employed in the air transport business in 2007, which contributed more than US $1,144 billion to global GDP (Kim & Gallent, 1998).

1.6 Benefits of air transport

The benefits of air transport are that it is the fastest but also the most expensive mode of shipping. Although air cargo makes only a small portion of total international freight, it is an essential transport mode for many industries, such as high-tech, automotive, and medical, where time-critical deliveries are needed (Chang et al., 2013). Secondly, air transport has the fastest handling processes, and documentation is quite well-structured, therefore taking less time. Air cargo needs less handling, and there is no need for heavy packaging. With air transport, you can ship your cargo basically anywhere, to most of the countries and territories in the world (Chang et al., 2013).

2 The belt and road initiative

The Belt and Road Initiative aimed at building infrastructure projects around the member countries and fostering trade between China and the international community.

Almost half of the world's population and more than 60 nations are anticipated to be connected by the BRI, which consists of six overland and one marine economic cooperation corridor. The " Five Connectivities" of policy, infrastructure, commerce, finance, and socio-cultural connectedness are the most significant elements of BRI, which will include a variety of collaboration methods (Summers, 2016). In contrast to earlier periods of globalization, which were predominantly marine-based, BRI has been hailed as a new phase of globalization that will link inland and maritime sectors (Bijian, 2017). As a result, it will allow China to establish a continental and marine geostrategic area in Eurasian space (Brewster, 2017). Even though BRI is hailed as realizing the Chinese ideal of revitalizing their country and forging a regional " community of common destiny," (Bijian, 2017), Without a doubt, it furthers national and strategic objectives, including the development of Western and Central China, and the opening of foreign investment markets for state-owned firms (Ferdinand, 2016).

Compared to non-BRI nations, BRI procedures had a greater impact on Chinese outbound investments (Liu et al., 2017). Yet there are also worries about how BRI would affect the environment (Ascensão et al., 2018; Lechner et al., 2018). Most Chinese scholars have identified them as potentially impeding

China's BRI goals. In response, four Chinese ministries distributed a circular titled "Guidance on Promoting the Green Belt and Road" to all government agencies in 2017. This was followed by a second circular from the Ministry of Ecology and Environment titled "Plan for Cooperation in Ecological and Environmental Protection for the Belt and Road Initiative.

3 Methodology

3.1 Study design and setting

This study employed a Qualitative Comparative Analysis (QCA). QCA is the type of study that is aimed at searching for similarities, identities, and variances between studied variables. Furthermore, a comparative design is a study of two phenomena that are in one or another way similar (Bureau & Salomonsen, 2012). Whereas other scholars define a comparative study as ' a kind of method that analyses phenomena and then puts them together to find the points of differentiation and similarity.

In this current study, we explored, compared, cross-examined, and analysed the following variables between China and European countries: Railways, Maritime and Air transport. We have opted to choose China and Europe with the reason that China is one of the countries that are leading in supply chain and transportation with the introduction of the Silk and Road initiative, which is also part of this study.

3.2 Data sources

This study used secondary data, which were extracted from the following online databases: the World Bank, OECD, China Statistical Office, Science Direct, Research Gate, Academia, and Web of Science.

3.3 Data search strategy

In order to come up with the desired database, we used these string words: One Belt One Roald Initiative, Air Transport, Maritime Transport, Railway Transport, China-Europe Freight Trains, and Transportation.

3.4 Type of multi criteria analysis TOPSIS method

All approaches for conducting a multi-criteria analysis of a choice issue are designed to give the decision-maker the tools they need to resolve a situation in which several decision criteria are concurrently in conflict. Several writers distinguish between multi-criteria decision-making (MODM) and multi-attribute decision-making (MADM) when discussing the approaches of multi-criteria decision support (Chen et al., 2019). In multi-criteria decision-making (MODM), decision issues are investigated where the set of all potential decisions is a continuous set with an endless number of potential variations. Multi-attribute decision-making (MADM) concentrates on choice issues when the set of all admissible decisions is a discrete set with a limited number of alternative solutions.

A multi-criteria decision analysis approach is TOPSIS, or Technique for Order of Preference by Similarity to Ideal Solution. It evaluates a number of options according to a predetermined standard. Every time we need to make an analytical judgment based on data that has been gathered, the procedure is employed in business across a variety of sectors (Conejero et al., 2021).

Building a decision matrix is the first step in acquiring decision solutions. The steps needed to carry out the process are (Xu et al., 2021):

a. The normalized decision matrix calculation (R):

$$r_{ij} = \frac{x_{ij}}{\sqrt{\sum_{k=1}^{m} x_{kj}^2}} \quad (i=1,2,\cdots,m \quad j=1,2,\cdots n)$$

b. Calculating a normalized decision matrix while accounting for the relative importance of each criterion (W):

$$t_{ij} = \tau_{ij} \cdot w_j \quad (i=1,2,\cdots,m \quad j=1,2,\cdots n)$$

$$w_j = \frac{W_j}{\sum_{k=1}^{n} W_k}$$

c. Identification of the optimal and undesirable solutions:

$$A^+ = \{\langle \max(t_{ij} \mid i=1,2,\cdots,m \mid j \in J_-)\rangle, \langle \min(t_{ij} \mid i=1,2,\cdots,m \mid j \in J_+)\rangle\}$$
$$A^- = \{\langle \min(t_{ij} \mid i=1,2,\cdots,m \mid j \in J_-)\rangle, \langle \max(t_{ij} \mid i=1,2,\cdots,m \mid j \in J_+)\rangle\}$$

Where J_+ is associated with the criteria having a positive impact; J_- is associated with the criteria having a positive impact.

d. Determining the value of the distance between each alternative under consideration and the ideal and anti-ideal solutions:

$$d_i^+ = \sqrt{\sum_{j=1}^{n}(t_{ij} - a_j^+)^2}$$
$$d_i^- = \sqrt{\sum_{j=1}^{n}(t_{ij} - a_j^-)^2}$$

e. Calculating each alternative's distance from the optimal response:

$$s_i = \frac{d_i^-}{d_i^- + d_i^+}$$

f. Rank options according to their proximity to the ideal answer, ranking them from greatest to smallest, and then choosing a certain number of the best options.

The TOPSIS technique assumes that the selected option should be the "farthest distance" from the worst possible outcome and the "shortest distance" from the best possible outcome.

3.5 Multi criteria analysis

In order to rate the problem under consideration, ranking criteria must be chosen. Three criteria were chosen for this study: time, cost, and the ecological index (Stojanović et al., 2021). The first two of the four requirements are typical criteria used in preliminary or multi-criteria analyses to evaluate transit. The ecological index allows for a comparison of rail and marine transportation on other planes, for which a common ground has still been identified (Chen et al., 2019; Lukasik et al., 2019).

The distribution of weights among the analysis's criteria is influenced by a number of variables. The first is the quantity and kind of transported goods, which are dependent on the weight-to-cost and time-to-delivery ratios (Wang & Ye, 2020). The delivery time is not the most crucial factor in the company's planned approach if the ordering party wants to convey several non-perishable items. The client is more concerned with transportation expenses for the agreed-upon delivery and makes an effort to reduce them by selecting the least expensive mode of transportation. Instead, the weight of the time requirement should be greater than the weight of the transport cost when the ordering party places ad hoc orders for the items and depends on the delivery time (Chen, 2021).

a. Time.

The most accurate words for time are not used in the analysis. Days were chosen as the fundamental unit since both forms of transportation had lengthy journeys of more than 24 hours, which makes it simpler to comprehend the data throughout the comparison. In numerous analyses of many different sorts of challenges, from the analysis of project selection to the means of transportation, time is one of the most crucial elements. The cost is directly tied to this circumstance. In many instances, a task's longer length results in greater expenses since, according to a qualitative criterion, the ordering party is better if the task can be completed faster (Summers, 2016).

Maritime transport offers few opportunities to shorten travel times since the hydrographic circumstances force one to take the prescribed path. This is made feasible by utilizing innovative techniques for creating ships, power plants, and hulls. Such adjustments lack a dynamic quality since shipowners cannot rebuild their fleet every year. It was estimated from the research that it would take 45 days to transport a ship from central and eastern China to the port of Gdańsk.

Rail transportation offers more flexibility in adjusting work completion times. Due to the various fees for utilizing the infrastructure, it is possible to define several routes for the train, which is also strongly tied to the cost criteria (Pietrzak et al., 2021). Train travel times also depend on the infrastructure a country has available and how bureaucratic it is to allow for rail travel. According to the study that was done, it will take 12 days to go by train from central and eastern China to the port of Gdańsk (Tan-Mullins, 2017).

b. Expense.

As was already noted, the timing of the operation has a significant impact on the cost of travel. When one requirement, namely the maximum quantity of charge, is altered, the connection between these two criteria may diverge more noticeably. The cost is a key factor in many different analyses for a range of issues, just like time. It is also strongly tied to the transportation of both things and people; the better the offer for the intended receiver, the lower the cost while ensuring acceptable safety in the case of the transportation of goods and safety and comfort in the case of the transportation of people (Neumann, 2018; Pietrzak et al., 2021).

In the case of rail transportation, the cost of transportation is mostly determined by the fees imposed by the owner of the line and point infrastructure that the train uses to move. The form of transportation used to operate it also affects this state. In this situation, the locomotive and its effectiveness, i. e., fuel or electricity consumption, are taken into consideration (Sychova et al., 2017). It's also crucial to consider the platform carriages' technical state and the fastest speed that is permitted when they are completely loaded. 2000 USD/TEU was estimated to be the cost of the study's assessed route.

The cost of maritime transportation is heavily influenced by the geopolitical environment and the price of gasoline at the time. Similar to rail transportation, the calibre of the vehicle, in this case, a ship, is crucial. The effectiveness of the engine room has a significant impact on the amount of fuel utilized, which affects transportation expenses. The research used a cost threshold for maritime transport of 850 USD/TEU.

c. Ecology indicator.

The ecological index was the final selection made for the examination of the literature. When contrasting two distinct modes of transportation, they ought to be connected by a parameter that allows us to observe how the fuel demand varies with each load unit. This factor might be crucial in helping the contracting authority decide the action to take to lessen its "carbon footprint" (S. Chen et al., 2020). Many economic sectors, including the transportation industry, have been working harder recently to reduce the pollution that is produced throughout the process. This criterion was offered based on the amount of gasoline consumed per 20-foot container. Customers find lower fuel usage more appealing; hence, the requirement is pricey.

The "carbon footprint" of marine transportation is diminished in a number of ways. One of them is the utilization of more modern, combustion-reducing methods in ship power systems. When taking into account impurities produced during a ship's movement, the kind of fuel burned by the power plant must be taken into account (Svindland & Hjelle, 2019). The heaviest fuel kind, fuel oil, is used in larger ships, such as cargo ships. By using so-called "slow streaming," or a speed limit, it is also feasible to restrict its use and lower hazardous emissions for the atmosphere. 40% fewer contaminants can be produced with a 20% speed decrease (Zheng et al., 2021).

Rail, the second mode of transportation in the comparison, undoubtedly leaves a lesser carbon footprint than shipping, but the amount of cargo moved is also less. On the great majority of routes with combustion engines, a freight train's driving unit, or freight locomotive, is the source of pollution. Using an electric locomotive on the route under consideration is only feasible in nations with well-developed linear infrastructure. Even yet, a locomotive like this needs fuel, which in this case comes from electric traction. Due to greater infrastructure access fees, this sort of supply raises the cost of travel. A diesel locomotive was thought to be utilized across the whole route for the investigation. (Summers, 2016).

4 Results

The operation of CR Express opens a new era for rail freight, thereby providing an alternative means of freight between China and Europe. (Summers, 2016) The average transport time from Chinese seaport cities to European coastal cities by ocean shipping is 35 ~ 42 days, while that of CR Express is only 11 ~ 15 days. However, the transportation cost of CR Express is much higher than that of ocean shipping, which implies that CR Express has a challenge in competing with ocean shipping. (Summers, 2016) In order to support and guide the development of CR Express at the early stages, most local governments provide subsidies to CR Express operators. (Tan-Mullins et al., 2017) For instance, the government of Zhengzhou subsidizes the operation of CR Express (Zhengzhou-Europe) to cover the freight cost gap between CR Express and ocean shipping. The subsidy information for some CR Express routes is shown in Table 1.

Subsidy of China Railway Express Routes

Table 1

Routes	Distance (km)	Freight Rate (USD/FEU)	Subsidy (USD/FEU)	Proportion
Chongqing-Duisburg (Germany)	11,179	10,200	6400	62.7%
Zhengzhou-Hamburg (Germany)	10,214	9500	7400	77.9%
Wuhan-Pardubice (Czech)	10,100	11,000	5600	50.9%
Chengdu-Lodz (Poland)	9826	10,600	7000	66.0%

At the early stage of development, the subsidy does exert positive effects. This is so because there are usually primarily challenges linked to speed and cost-elements associated with the shipping of goods (Mahesh et al., 2011). A good example to illustrate this is to do a mode comparison between the air transport-solution and the rail transport-solution: When companies choose the air-solution, customs and inspection-related issues are only dealt with at the beginning and at the end of the journey. Although the rail-solution is less expensive, there is always the risk of stalling each time the train crosses a border. In addition to the speed-element, there is also the issue of increased costs when one may have to move from one train to another. Further, there are also tariffs and the risks of arbitrary delays and possible system manipulation along the way. (Mahesh et al., 2011; Guo et al., 2015). Therefore, the further development of CR Express should be oriented to reducing transportation costs instead of relying on subsidies from the local government to compete with ocean shipping in terms of freight rates. The further subsidy scheme should encourage CR Express operators to act towards the expected goals of local government, and it is necessary to research a subsidy scheme with more incentive effects.

5 Discussion

China Railway Express (CR Express) is an emerging freight transport mode between China and Europe that provides a new option in addition to air transport and ocean shipping (Feng et al, 2020). As an important part of the Belt and Road Initiative macro-strategy, the China Railway Express trains are operated in accordance with the international joint railway freight transport services based on fixed train numbers and lines, schedules, and whole-course operation hours between China and Europe and others on the Silk Road Economic Belt and the 21st-Century Maritime Silk Road (hereinafter referred to as the Belt and Road Initiative (BRI) countries (Guo et al., 2015).

For a long time, China-Europe trade mainly relied on shipping. With the Belt and Road Initiative strategy proposed by China, the Silk Road Economic Belt and the 21st Century Maritime Silk Road (BRI) have been established, which have promoted exchanges and cooperation between China, Europe and countries along the route. (Yigitcanlar & Dur, 2010). From the first train from Chongqing to Duisburg in Germany in March 2011 to the last train at the end of 2018, 12,937 railway container trains have already finished their journey. At present, China has established three major passages east, middle, and west through Manzhouli, Erlianhot, Alataw Pass, and Horgos. By the end of 2018, 59 Chinese cities had operated CR Express lines to 49 cities in 15 European countries (Li et al., 2019).

At the early stage of development, local governments play an important role in dealing with the problem of high operating costs resulting from the immature development of the CR Express (Figure 2). In the government's incentive policy, subsidies are regarded as an effective way to promote the sustainable development of CR Express (Yao et al., 2011). The CR Express operator is the local operator of CR Express lines in different cities, which collects goods shipped to Europe. The local government is the provider of subsidies and the decision-maker of subsidy schemes. Some local governments provide excessive subsidies for the CR Express operator to seize a competitive advantage in the fierce market competition, while others do not. The strategy of local government in the game includes providing a rationally designed subsidy scheme or excessive subsidy. Shippers select CR Express to transport goods in the Sino-EU trade, which generates freight demands. Besides the freight rate, shippers will consider the quality of freight service, such as safety, punctuality, and convenience degree when selecting a CR Express operator (Yao et al., 2011).

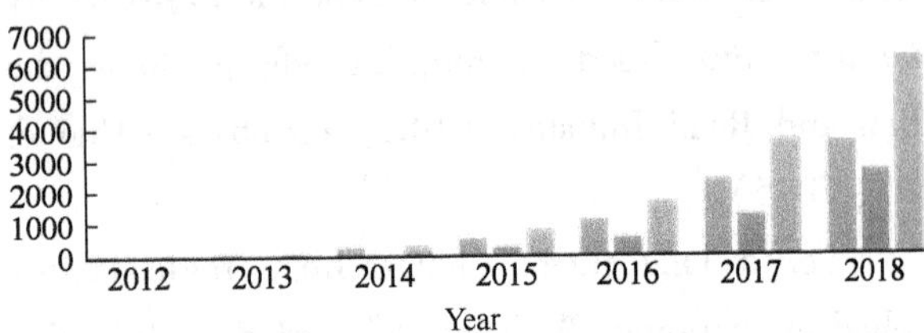

Figure 2 The number of loads of CR Express

According to Schramm & Zhang (2018), an overview of the recent development of Eurasian rail freight in the One Belt, One Road evaluates its service quality in terms of transit times and transport costs compared to other transport modes in containerized supply chains between Europe and China. The results showed that Eurasian rail freight is about 80% less expensive than air freight, with only half the transit time of conventional sea freight. The scenario analysis further suggests that for shipping time-sensitive goods with values ranging from 1.23 USD/kg to 10.89 USD/kg, as well as goods with lower time sensitivity and values in a range of 2.46 USD/kg to 21.78 USD/kg, the total logistics costs of the Eurasian rail freight service beat all other modes of transport. Hence, Eurasian rail freight seems to be an option beneficial in terms of transport cost, transit time, reliability, and service availability, which enables shippers to build up agile and sustainable supply chains between China and Europe (Eliasson & Lundberg, 2012).

BRI must be considered as a major enabler to the rapid development of Eurasian rail freight within the last decade, and it can be regarded favorable for three reasons: Faster than sea and cheaper than air: a general comparison based on the costs and transit times among rail, sea, air, and sea/air pointed out that Eurasian rail freight is about 80% cheaper than air with only half the transit time of sea. Besides, a historical shift of its positioning in the market has also been captured; its transit time has significantly shortened from one month (or more) to only two weeks or even less (Eliasson & Lundberg, 2012).

Alternative to air for time-sensitive goods: Certainly, a pure transport cost comparison is not sufficient, as other costs that occur during the transport process, like inventory-holding and depreciation costs, are worth taking into consideration (Yu et al., 2012). In the past, air used to be the only option when shipping high-value, time-sensitive goods. But as transit time shortened and transport service got more reliable, rail became a perfect alternative for time-sensitive goods, especially for those with an average cargo value that was not necessarily worth to be transported by air. Besides, rail freight with a higher capacity than air freight can accommodate almost all kinds of containerized cargo, which again demonstrates higher service availability (Yu et al., 2012).

Alternative to sea for low-value goods: Again, our scenario analysis found that when shipping goods with low time sensitivity, rail would be the cheapest option for cargo ranging from 2.46 USD/kg to 21.78 USD/kg. The sea used to be the best option for low-value goods. However, present short-term flexibility tactics executed by liner shipping companies, like slow steaming and rerouting of vessels as well as blanking of sailings, result in longer and less reliable transit times, and this cannot fulfil the requirement for today's agile supply chains. In this case, rail with a speed advantage over sea can also cover a wide range of goods from low to high value. Instead of upgrading from sea to air (or sea/air), rail gives the customer a window of opportunity to meet deadlines without bearing the full expense of air (Anand et al., 2012).

Since the global economy continues to slow down, the world searches for new engines to drive trade growth. The BRI offers "a major development framework and opportunity for connectivity, international trade, and economic development." (Anand et al., 2012).

The value of short transit time: Matear and Gray (1993) suggested that when shippers and freight forwarders make the decision on freight service choice, transit time is frequently considered more important than a low freight rate (Silvano & Bang, 2016). A substantial amount of inventory holding and depreciation costs will add up to the total logistics costs during transport if the transit time of a shipment is too long. This is especially critical for perishable or time-sensitive goods with frequent changes in consumer preferences. Eurasian rail freight, with a shorter transit time than conventional sea and higher reliability, is able to help shippers reduce total logistics costs and gain more flexibility in cash flow and liquidity (Silvano & Bang, 2016).

5.1 China's perspective on the One Belt, One Road Initiative

To fully understand the New Silk Road project, it is important to elaborate on China's perspective, role, and underlying reasons for investing in the project. Based on China's rapid economic and industrial development over the recent years, the country has experienced a vast industrial overcapacity as a result (Ercan et al., 2016). This has affected especially the segments having to do with steel manufacturing and heavy equipment. Furthermore, when President Xi of China introduced the New Silk Road project in 2013, it was not just considered to be a transportation and infrastructure project. It was based on the following five pillars: enhancing monetary circulation, improving road connectivity, promoting unimpeded trade, stepping up policy communication, and increasing understanding between people and nations (Tam & Lam, 2000).

In addition to investing in their own country, China also has and is making huge investments in infrastructure in other countries through the New Silk Road project. Two countries of importance here are Pakistan and Kazakhstan. In Pakistan, China has already pledged to invest tens of billions of US dollars in infrastructure projects like the Port of Gwadar. Furthermore, in Kazakhstan, huge investments in railway infrastructure development is ongoing. China sees these infrastructure-investments as having a stimulating effect on the wider economy and important for connectivity and access to the West (Liu et al., 2015).

5.2 Europe's perspective on the One Belt, One Road Initiative

For Europe, there are many different elements to consider when it comes to the relationship with China following the New Silk Road-project. Generally, there seems to be an underlying understanding that China is ready to take a more dominant role in terms of regional and global governance as a result of the New Silk Road project. Furthermore, the New Silk Road project seems to be a strategic tool for China, symbolizing a strategic shift towards more inclusiveness and economic prosperity in the world (Gärling & Schuitema, 2007).

Given the fact that the EU is China's largest trading partner, it has a unique opportunity to communicate its own respective interests and intentions directly to China. It is important for Europe to realize that the New Silk Road project is a "moving concept," being developed as it matures along the way. Therefore, by offering concrete proposals of collaboration through the New Silk Road project, the EU should have good prerequisites for making the project beneficial for both sides (Wang et al., 2011).

6 Conclusions

In conclusion, to curb operation-associated costs in the BRI and the CR Express as a whole, the government's subsidies to China Railway Express operators would help to reduce the freight rate of Central European trains by 60%. The most popular combinations of intermodal solutions are the rail-truck combination, followed by the truck-water combination. There is also a high demand for the truck-air combination and the air-water combination. The use of intermodal transportation solutions is made possible much due to the development related to containerization over the years, especially by the introduction of standardized containers in the transport and logistics sector (Khaslavskaya, 2016).

In this perspective, the lead time between China and Europe/Scandinavia by rail is estimated to be 17 ~ 19 days. In comparison, the lead-time by sea is estimated to be short of 37 days. These numbers indicate that rail outperforms the sea when it comes to lead time. However, the lead time by rail, actually used to be on a stable level of 14 days before the sudden increases in volumes happening around 2017, which has created various bottlenecks along the route as a result. In addition, it is projected that utilizing the potential NSR in the future may shorten the lead time between Shanghai and Kirkenes to 18 days. Furthermore, the comparison between the rail and the air alternative seems interesting. Here, air has a competitive advantage in terms of lead time, while rail has a competitive advantage in terms of cost. In the competition for potential customers, rail should therefore identify the customers who demand a relatively low lead time, but at a reasonable price. Here, the overall idea is to be an alternative for customers who usually send their deliveries by air due to lead time, but when considering the rail solution they could potentially make use of it to save some money.

References

[1] ANAND N, YANG M, VAN DUIN J H R et al. GenCLOn: An ontology for city logistics [J]. Expert Systems with Applications, 2012, 39(15): 11944-11960.

[2] ASCENSÃO F, FAHRIG L, CLEVENGER A P, et al. Environmental challenges for the Belt and Road Initiative[J]. Nature Sustainability, 2018, 1(5): 206-209.

[3] BANISTER D, BERECHMAN Y. . Transport investment and the promotion of economic growth[J]. Journal of Transport Geography, 2018, 9(3): 209-218.

[4] BIJIAN Z. China's "One Belt, One Road" Plan Marks the Next Phase of Globalization[J]. New Perspectives Quarterly, 2017, 34(3): 27-30. .

[5] BREWSTER D. Silk roads and strings of pearls: The strategic geography of China's new pathways in the Indian Ocean[J]. Geopolitics, 2017, 22 (2): 269-291.

[6] BUREAU V, SALOMONSEN H H. Comparing Comparative Research Designs [EB/OL]. https://vbn.aau.dk/en/publications/comparing-comparative-research-designs.

[7] CHANG Q, LI S, WANGY, WU J, et al. Spatial process of green infrastructure changes associated with rapid urbanization in Shenzhen, China [J]. Chinese Geographical Science, 2013, 23(1): 113-128.

[8] CHEN D, ZHANG Y, GAO L, et al. Optimizing multimodal transportation routes considering container use. [J] Sustainability (Switzerland), 2019, 11(19).

[9] CHEN P. Effects of the entropy weight on TOPSIS[J]. Expert Systems with Applications, 2021: 168.

[10] CHEN S, WU J, ZONG Y. The impact of the freight transport modal shift policy on China's carbon emissions reduction [J]. Sustainability (Switzerland), 2020, 12(2).

[11] CHEN T. The influence of traffic networks on the supply-demand balance of tourism: A case study of Jiangsu Province, China[J]. Abstract and Applied Analysis, 2014.

[12] CHEN Z S, LI M, KONG W T, et al.

Evaluation and Selection of HazMat Transportation Alternatives: A PHFLTS- and TOPSIS-Integrated Multi-Perspective Approach [J]. International Journal of Environmental Research and Public Health, 2019, 16(21):4116.

[13] CHI J, BAEK J. Dynamic relationship between air transport demand and economic growth in the United States: A new look[J]. Transport Policy,2013, 29:257-260.

[14] CONEJERO J M, PRECIADO J C, PRIETO A E, et al. Applying data driven decision making to rank vocational and educational training programs with TOPSIS[J]. Decision Support Systems, 2021,142: 113470.

[15] ERCAN T, ONAT N C, TATARI O. . Investigating carbon footprint reduction potential of public transportation in United States: A system dynamics approach [J]. Journal of Cleaner Production, 2016,133: 1260-1276.

[16] ELIASSON J, LUNDBERG M. Do Cost-Benefit Analyses Influence Transport Investment Decisions? Experiences from the Swedish [J]. Transport Investment Plan 2010-21. Transport Reviews, 2012,32(1):29-48.

[17] FENG F, TIANZUO Z, CHENGGUANG, L . China Railway Express Subsidy Model Based on Game Theory under "the Belt and Road" Initiative[J]. Sustainability, 2020,12 (5):1-16.

[18] GÄRLING T, SCHUITEMA G. Travel demand management targeting reduced private car use: Effectiveness, public acceptability and political feasibility[J]. Journal of Social Issues, 2007,63 (1):139-153.

[19] GUO J, SUN M, WANG T, et al. Transportation development and congestion mitigation measures of Beijing, China [J]. Mitigation and Adaptation Strategies for Global Change, 2015, 20(5): 651-663.

[20] HAYASHI Y, DOI K, YAGISHITA M, et al. Urban Transport Sustainability: Asian Trends, Problems and Policy Practices. EJTIR, 2014, 4(1): 27-45.

[21] HE C, CHEN T, MAO X, et al. Economic transition, urbanization and population redistribution in China. Habitat International, 2016, 51: 39-47.

[22] KENWORTHY J R . Is Automobile Dependence in Emerging Cities an Irresistible Force? Perspectives from São Paulo, Taipei, Prague, Mumbai, Shanghai, Beijing, and Guangzhou [J]. Sustainability, 2017, 9 : 1953.

[23] KHASLAVSKAYA A. . Potential Impact of the New Railway Silk Route on Eurasian Cargo Transportation: Forwarders' Perception [EB/OL]. https://urn.fi/URN:NBN:fi-fe2016090123377.

[24] KITAMURA R, MOHAMAD J. Rapid motorization in Asian cities: Urban transport infrastructure, spatial development and travel behavior [J]. Transportation, 2018,36(3):269-274.

[25] KIM K S, GALLENT N . Transport issues and policies in seoul: An exploration[J]. Transport Reviews, 1998,18(1): 83-99.

[26] LECHNER A M, CHAN F K S, CAMPOS-ARCEIZ A. Biodiversity conservation should be a core value of China's Belt and Road Initiative[J]. Nature Ecology and Evolution, 2018,2(3):408-409.

[27] LOO B P, CHOW S Y. Sustainable Urban Transportation: Concepts, Policies, and Methodologies[J]. Journal of Urban Planning and Development, 2006,132(2), 76-79.

[28] LI S, LANG M, YU X, et al. A sustainable transport competitiveness analysis of the China Railway Express in the context of the Belt and Road Initiative [J]. Sustainability , 2019, 11:2896.

[29] LIU H Y, TANG Y K, CHEN X L, et al. The Determinants of Chinese Outward FDI in Countries Along "One Belt One Road" [J]. Emerging Markets Finance and Trade, 2017, 53(6): 1374-1387.

[30] LIU S, CHEN S, LIANG X,et al. Analysis of Transport Policy Effect on CO_2 Emissions Based on System Dynamics[J]. Advances in Mechanical Engineering,2015, 7(1).

[31] LUKASIK Z, KUSMINSKA-FIJALKOWSKA

A, KOZYRA J, et al. Technological Process of Spreading Coatings Over Structural Details of Automated Guided Vehicles Used for Relocation of the Containers. TransNav, the International [J]. Journal on Marine Navigation and Safety of Sea Transportation, 2019,12(4), 787-792.

[32] MATEAR S, GRAY R. Factors Influencing Freight Service Choice for Shippers and Freight Suppliers[J] International Journal of Physical Distribution & Logistics Management, 1993, 23 (2): 25-35.

[33] MAHESH A, ZELLNER M L, ZIELINSKI S. Emerging Private Sector Roles in Urban Transport: A Case Study of an Innovative Telecom-GIS Solution in Bangalore [J]. Journal of Urban Technology, 2011, 18(3): 67-80. ,

[34] MARSDEN G. The multi-modal study transport investment plans [J]. Proceedings of the Institution of Civil Engineers: Transport, 2005, 158(2), 75-87.

[35] NEUMANN T. Telematic Support in Improving Safety of Maritime Transport. TransNav, the International [J]. Journal on Marine Navigation and Safety of Sea Transportation, 2018, 12(2):231-235.

[36] PIETRZAK K, PIETRZAK O, MONTWIŁŁ A. Light Freight Railway (LFR) as an innovative solution for Sustainable Urban Freight Transport [J]. Sustainable Cities and Society, 2021:66..

[37] SILVANO A P, BANG K L. Impact of speed limits and road characteristics on free-flow speed in urban areas[J]. Journal of Transportation Engineering, 2016,142(2):1943-5436.

[38] STOJANOVIĆ Đ, IVETIĆ J, VELIČKOVIĆ M. Assessment of international trade-related transport CO_2 emissions—a logistics responsibility perspective [J]. Sustainability (Switzerland), 2021,13 (3): 1-15.

[39] SCHRAMM H-J, ZHANG X. Eurasian Rail Freight in the One Belt One Road Era[C]. J. Stentoft (Ed.), 30th Annual NOFOMA Conference: Relevant Logistics and Supply Chain Management Research,2018 : 769-798.

[40] SUMMERS T. China's 'New Silk Roads': sub-national regions and networks of global political economy[J]. Third World Quarterly, 2016,37(9):1628-1643.

[41] SVINDLAND M, HJELLE H M. The comparative CO_2 efficiency of short sea container transport[J]. Transportation Research Part D: Transport and Environment, 2016,77: 11-20.

[42] SYCHOVA A, SYCHOV M, RUSANOVA E. A Method of Obtaining Geonoiseprotective Foam Concrete for Use on Railway Transport [J]. Procedia Engineering, 2017,189: 681-687.

[43] TAN-MULLINS M. Dancing to China's tune: Understanding the impacts of a rising china through the political-ecology framework [J]. Journal of Current Chinese Affairs, 2017, 46 (3):3-32.

[44] TAM M L, LAM W H K. Maximum car ownership under constraints of road capacity and parking space[J]. Transportation Research Part A: Policy and Practice, 2000, 34 (3): 145-170.

[45] WANG D, ZHANG L, ZHANG Z, et al. Urban infrastructure financing in reform-era china[J]. Urban Studies, 2011, 48 (14): 2975-2998.

[46] WANG S, YE F F. Environmental governance cost prediction of transportation industry by considering the technological constraints[J]. Symmetry, 2020,12(8): 1-15.

[47] XU X, ZHANG Z, LONG T, et al. Mega-city region sustainability assessment and obstacles identification with GIS-entropy-TOPSIS model: A case in Yangtze River Delta urban agglomeration, China [J]. Journal of Cleaner Production, 2021, 294: 126147.

[48] YAO H, SHEN L, TAN Y, et al. Simulating the impacts of policy scenarios on the sustainability performance of infrastructure projects. Automation in Construction, 2011,20(8): 1060-1069.

[49] YIGITCANLAR T, DUR F. Developing a

sustainability assessment model: The sustainable infrastructure, Land-use, environment and transport model [J]. Sustainability, 2010, 2 (1): 321-340.

[50] YU N, DE JONG M, STORM S. The growth impact of transport infrastructure investment: A regional analysis for China (1978-2008) [J]. Policy and Society, 2012,31(1): 25-38.

[51] ZHAO F, WU J, SUN H, et al. Population-driven Urban Road Evolution Dynamic Model [J]. Networks and Spatial Economics, 2016, 16(4): 997-1018.

[52] ZHENG Y, JIANG F, FENG S, et al. Long-range transport of ozone across the eastern China seas: A case study in coastal cities in southeastern China [J]. Science of the Total Environment, 2021:768.

driven Urban Rural Evolution Dynamic Model [illegible]. Networks and Spatial Economics, 2015, 15(4): 997-1018.

[52] ZHENG Y, JIANG F, PENG S, et al. [illegible] [illegible] China [illegible] case study [illegible] [illegible] 2017 [illegible]

sustainability assessment model: The sustainable development [illegible] model[J]. Sustainability, 2016, 8(1): 1-18.

[53] YU N, DE JONG M, STORM S, [illegible] growth impact of transport infrastructure [illegible] regional analysis for China (1978-2008) [J]. Policy and Society, 2012, 31(1): 25-38.

[54] ZHAO [illegible]